9787553114255

四川大学历史文化学院 编
四川大学古文字与先秦史研究中心

彭裕商 彭邦本◎主　编
吴毅强 李世佳◎副主编

纪念徐中舒先生
诞辰120周年
国际学术研讨会论文集

下

巴蜀书社

第三部分

古文字专题研究

槐簋铭文考释

浙江大学文化遗产研究院　曹锦炎

西周铜器铭文中册命内容的研究，一直是学术界关注的重点。天津某藏家收藏有一件西周中晚期的青铜簋，出土时间、地点不详，簋内也铸有一篇周王册命的铭文。承藏家厚意，提供拓本并允于发表。今作小考，以求正于同好。

铭文铸于簋的内底（附图），八行共 76 字（其中合文一、重文二），由于未见器盖，不知是否原有。若有，估计盖内也铸有相同的铭文。下面先按铭文原行款写出释文，然后再作讨论。

　　隹（唯）正月初吉丁亥，王才（在）宗周，
　　各于大室，卿事内（入）右槐。
　　命乍（作）典尹册命槐曰："易（赐）
　　女（汝）幽黄、鋚靳（勒），用死嗣（司）王
　　家。"槐拜頡（稽）首，敢对䫋（扬）天
　　子不（丕）显休，用乍（作）朕皇且（祖）
　　文考宝𣪘（簋）。用追孝百神，
　　其子＝（子子）孙＝（孙孙）永宝用。奠（郑）井槐。

唯正月初吉丁亥

"唯正月初吉丁亥"，是记此次册命的时间，其中"丁亥"二字作合文，是金文中首见。铭文称"唯正月"，不称"唯王正月"，从金文常例可知，是指夏正的一月而言。这里的"正"既是夏正之意，也是正月之义，一字两用。

"初吉"涵义的解释，是西周历法研究上具有关键性的问题。王国维先生在《生霸死霸考》一文中提出，"初吉"与"既生霸""既望""既死霸"皆为月相，指每月初一至初七初

八这几天①,此说影响甚大,赞成者有之,修改者有之,反对者也有之②。黄盛璋先生则主张"初吉"非朔、非朏、非月相,乃是"初干吉日"③,即认为每月初一至初十皆可称"初吉",应当是正确的。

王在宗周,各于大室

王,周王。"宗周"之周指周代王都所在地。"宗周"传统的看法指镐京,后成王迁至洛邑,称镐京为"宗周",称洛邑为"成周",先后形成两个政治中心。《书·周官》:"惟周王抚万邦,巡侯甸,四征弗庭,绥厥兆民,六服群辟,罔不承德。归于宗周,董正治官。"孔安国传:"言协服还归于丰,督正治理职司之百官。"孔颖达疏:"自灭淮夷,而归于宗周丰邑,乃督正治理职司之百官。"陈梦家先生则否定宗周指镐京,认为"岐"为大王至文王之都,"丰"为文王所宅,"镐"为武王所营,既宅丰、镐而旧都岐周尚存,周之宗庙所在,故改称"宗周"以别于东土新营的成周,宗周非指丰、镐二地④。按陈先生以岐周为宗周的出发点是释铜器铭文中的"莽京"为镐京,对此已有学者指出其非。但确如陈先生所言,铜器铭文中至今尚未出现"镐京"之名。对于西周铜器铭文中地名"宗周"尤其是"周"的具体所指,目前学术界仍未形成统一看法,尚有待于更多的新材料。

各,义为到、来。徐灏《说文解字注笺》谓:"各,古格字,故从夂。夂有至义,亦有止义,格训为至,亦训为止矣。"青铜器铭文的"各",文献皆作"格"。《书·尧典》:"光被四表,格于上下。"《礼记·月令》:"(孟夏)行春令,则蝗虫为灾,暴风来格。"郑玄注:"格,至也。"《尔雅·释诂》:"格,至也。"又《尔雅·释言》:"格,来也。"

室,宫室。《尔雅·释宫》:"宫谓之室,室谓之宫。""大室"之名常见于西周铜器铭文,是王都宗庙中心举行政治与礼制活动的厅堂类建筑,当即文献中的"太室"。《书·洛诰》:"王入太室,裸。"孔颖达疏:"太室,室之大者。故为清庙,庙有五室,中央曰太室。"

铭文先云"王在宗周",再谓"格于大室",对此唐兰先生曾有解释:"凡说'在'的是王先期来到而住在这里的,说'格'是在指王临时到那里的,都根据临时情况而定。王的来格,目的是对臣下进行册命或赏赐。"⑤可以参考。

卿事入右槐

卿事,职官名,亦见番生簋盖:"王令颡(总)嗣(司)公族、卿事、大(太)史寮(僚)"(《集成》⑥ 4326);小子𤕌簋:"卿事易(赐)小子𤕌贝二百"(《集成》3904);矢令

---

① 王国维:《生霸死霸考》,《观堂集林》卷一,北京:中华书局,1959年,第19—26页。
② 详见刘雨:《金文"初吉"辨析》所引各家观点,此不赘述。见《文物》1982年第11期。
③ 黄盛璋:《释初吉》,《历史研究》1958年第4期。
④ 陈梦家:《西周铜器断代》(上册),北京:中华书局,2004年,第366—374页。
⑤ 唐兰:《西周铜器断代中的康宫问题》,原载《考古学报》1962年第1期。故宫博物院编:《唐兰先生金文论集》,北京:紫禁城出版社,1995年,第138页。
⑥ 中国社会科学院考古研究所编:《殷周金文集成》(修订增补本),北京:中华书局,2007年。以下简称《集成》。

彝："卿事寮（僚）"（《集成》9901），本簋铭文只称其官职，未记私名，其身份为"右"者，即周王册命时傧导受命者的人。从西周青铜器铭文分析，右者的地位很高，陈梦家先生于《西周铜器断代》中有所论述①；日本学者白川静先生指出，作为右者参与廷礼，似乎是当时有权力的廷臣②；陈汉平先生亦曾对右者作过详细的讨论③。以"卿事"为"右"者，铜器铭文是首见。

槐，受册命者，器主私名。据下文，他是居住在郑地的井氏贵族。完整的册命铭文，此句及后常作"某右某入门，立中廷，北乡（向）"，此处是铭文简省的缘故，类似之例亦见他器。

命作典尹册命槐曰

命，命令。"作典"犹"作册"，史官。尹，本训为长，"作典尹"即史官之长。虽然"作典尹"名称在铜器铭文也是首见，但"典""册"为一字分化，所以"作典尹"亦即"作册尹"，是同一职官名。"册命"，宣读王的命书，《周礼·春官·序官》"典命"职，郑玄注："命，谓王迁秩群臣之书。"以"作册尹"宣读王命者，西周铜器铭文多见，如南公柳鼎（《集成》2805）、师晨鼎（《集成》2817）、休盘（《集成》10170）、辅师嫠簋（《集成》4286）、免簋（《集成》4240）、走簋（《集成》4244）等，例子很多，时代有先后，但不是同一人。"曰"下是册命即命书的内容。

赐汝幽黄、鋚勒，用死司王家

"易"读为"赐"、"女"读为"汝"，铜器铭文常见。

"幽黄"，命服中的绶带。"幽"为黑色，《诗·小雅·隰桑》："隰桑有阿，其叶有幽。"毛亨传："幽，黑色也。""幽黄"传世典籍作"幽衡"，《礼记·玉藻》："一命缊韨幽衡，再命赤韨幽衡。"郑玄注以为指佩玉上之横玉（即"珩"），当代学者有从其说者。唐兰先生指出："'韨'上的'衡'是系'韨'的'带'，它可以多到五道，可以用苘麻织成，也可以丝织，染成葱、幽、金、朱等色。我们可以再一步断定，这就是秦汉时代的'绶'。"④ 按铜器铭文"赤市（韨）、幽黄"常连言，或作"赤市（韨）、朱黄"（善夫山鼎《集成》2825；颂鼎《集成》2827；师俞簋盖《集成》4277；师𩖂簋《集成》4288等）；或作"赤市（韨）、同黄"（元年师旋簋《集成》4279）；或作"赤市（韨）、五黄"（师克盨《集成》4467）。修饰"黄"名的还有"悤黄"（毛公鼎《集成》2841；番生簋盖《集成》4326）、"綦黄"（申簋盖《集成》4267）、"素黄"（辅师嫠簋《集成》4286）、"綾黄"（鄘簋《集成》4296）、"金黄"（师嫠簋《集成》4324）等名称，尤其是1974年陕西扶风强家村窖藏出土的师𩛥鼎

---

① 陈梦家：《西周铜器断代》（上册），北京：中华书局，2004年，第406—407页。
② 白川静：《金文通释》卷二106、趞曹鼎一，神户：白鹤美术馆，昭和四十三年（1968），第378页。
③ 陈汉平：《西周册命制度研究》第三章《册命仪式》2、3节，北京：学林出版社，1986年，第104—111页。
④ 唐兰：《毛公鼎"朱韨、葱衡、玉瑹"新解——驳汉人"葱珩佩玉"说》，原载《光明日报》1961年5月9日。故宫博物院编《唐兰先生金文论集》，北京：紫禁城出版社，1995年，第93页。

（《集成》2830），铭文中"朱黄"之黄字作"巿"，为唐说提供了确凿的证据。

鋚，辔首铜饰，《说文》："鋚，铁也。一曰辔首铜。"鞥，"勒"字省写异体。按"勒"字金文或省作"革"，见康鼎："鋚革（勒）"（《集成》2786），传世文献也有之，见《诗·大雅·韩奕》："鞗革（勒）金厄。"① 本铭构形是在此省体上增加"金"旁作"鞥"，为金文首见，班簋（《集成》4341）作"鋤"，则是"勒"字繁构。"勒"指有嚼口的马笼头，《说文》："勒，马头勒衔也。"《仪礼·既夕礼》："缨辔贝勒。""鋚勒"，是称以铜装饰的马笼头。"鋚勒"亦见彔伯簋（《集成》4302），铜器铭文大多作"攸勒"，如南公柳鼎（《集成》2805）、颂鼎（《集成》2827）、师酉簋（《集成》4288）、师㝨簋（《集成》4324）等。

"幽黄"、"鋚勒"，都是周王的赏赐品。

用，介词。死，通尸，训为主。吴大澂指出："死即尸。《说文》'尸，陈也'；'𡰪，终主也。'引申之凡为主者皆为尸，经传通作尸。《书·康王之诰》叙：'康王即尸天子。'《诗·采苹》：'谁其尸之。'《穀梁》隐五年传：'卑不尸大功。'皆训尸为主。"②

嗣，为《说文》"辞"字籀文，经典作"司"③，训为主治、掌管。《说文》："司，臣司事于外者。"《诗·郑风·羔裘》："彼其之子，邦之司直。"毛亨传："司，主也。"

"死嗣（司）"一词亦见大盂鼎（《集成》2837）、康鼎（《集成》2786）、蔡簋（《集成》4340）、望簋（《集成》4272）等，王国维先生指出："死，古文以为尸字。尸，主也。盂鼎云：'𠂤绍夹死嗣戎'，追鼎云：'追虔夙夕卹厥死事'。"④"死"训"主"同于吴氏说。陈梦家先生谓："'死司'西周金文习见，如康鼎'王命死司王家'，蔡簋'死司王家……司百工'。死有永义：毛公鼎'死毋瞳余一人才立'，《文侯之命》'予一人永绥在位'，可以为证。'死司戎'即终身管理诸戎之事。"⑤ 两说有所不同。铭文"死嗣（司）"，当是同义连用。

"王家"之称，亦见于望簋（《集成》4272）、蔡簋（《集成》4340）、康鼎（《集成》2786）及大克鼎（《集成》2836）等。从西周铜器铭文所见，"王家"并非是单纯的亲属组织机构，而是一种以低层次的王族为核心的，含有百工、臣妾在内的政治、经济共同体⑥。"死司王家"，即主治、掌管王家事务，从蔡簋铭文，知其职务称为"宰"。

槐拜稽首，敢对扬天子丕显休

"拜稽首"，铜器铭文习见，或作"拜手稽首"，指跪后两手相拱至地、俯首至手，表示恭敬的一种礼节。

"对扬"，报答，称颂。《尚书·说命》："敢对扬天子之休命。"孔安国传："对，答也，答受美命而称扬之。""对扬王休"为铜器铭文习语，凡臣受君赐时多用之，表示作器者对赏

---

① "鞗"字本应写作"鋚"或"攸"（见金文），此沿下"革（勒）"字误从"革"旁，这类讹误例子出土文献常见。
② 吴大澂：《愙斋集古录》第四册"盂鼎"，上海：涵芬楼影印本，1918年，第16页。
③ 容庚：《金文编》"辞"字条注语，北京：中华书局，1985年，第976页。
④ 王国维：《毛公鼎铭考释序》，《观堂集林》卷六，北京：中华书局，1959年，第293—295页。
⑤ 陈梦家：《西周铜器断代》（上册），北京：中华书局，2004年，第104页。
⑥ 朱凤瀚：《商周家族形态研究》，天津：天津古籍出版社，1990年，第355页。

赐者的赞美感激，如咸方鼎："对扬王令（命）。"（《集成》2824）羌鼎："对扬君令（命）于彝。"（《集成》2673）小臣守簋盖："敢对扬天子休令（命）。"（《集成》4179）杨树达先生在总结若干铭文相关辞例后指出："寻金文对扬王休之句，必为述作器之原因，君上赏赐其臣下，臣下作器纪其事以为光宠，此所谓扬君之赐也。"①

"不显"读为"丕显"，金文常见，意为显赫、高贵。休，美好。

此句是器主槐赞美感激周王之辞，也是铜器铭文常见的套话。

用作朕皇祖文考宝簋

朕，第一人称代词，"我"，"我的"。皇，《说文》谓"大也"，《诗·大雅·皇矣》："皇矣上帝，临下有赫。"毛亨传："皇，大。"祖，父之父以上皆可称为"祖"。《诗·大雅·生民》序："《生民》，尊祖也。"孔颖达疏："祖之定名，父之父耳。但祖者，始也，己所从始也。自父之父以上皆得称焉。""皇祖"是对已故祖父的尊称。文，文德，《国语·周语下》："文之恭也。"韦昭注："文者，德之总名也。"《国语·晋语七》："公以赵文子为文也。"韦昭注："文，有文德。"考，死去的父亲，《礼记·曲礼》："生曰父……死曰考。""文考"，亦见《礼记·坊记》："非朕文考有罪。"是指已故有文德的父亲。

用追孝百神

"追孝"一词为铜器铭文习语，例如癫钟："追孝于高且（祖）辛公、文且（祖）乙公、皇考丁公。"（《集成》246）郜公平侯鼎："用追孝于氒（厥）皇且晨公、于氒（厥）皇考屖讼公。"（《集成》2771）兮仲钟："用追孝于皇考已白（伯）。"（《集成》66—71）虢姜簋盖："用禋（祈）追孝于皇考叀中（仲）。"（《集成》4182）又井人女钟："用追考（孝）侃前文人。"（《集成》112）相似语句亦见传世文献，如《尚书·文侯之命》："用会绍乃辟，追孝于前文人。"王引之《经义述闻》指出："《文王有声》篇：'遹追来孝。'……遹，辞也。来，往也。孝者，美德之通称，非谓'孝弟'之孝……乃上追前世之美德，欲成其功业也。前世之美德，故为往孝。犹言'追孝于前文人'耳。"② 是"追孝"谓追念美德。

神，神灵，天神。《说文》："神，天神，引出万物者也。"《周礼·春官·大司乐》："以祀天神。""百神"之称也见宁簋盖（《集成》4021、4022）、默钟（《集成》260）、猷簋③、卫簋④。对神灵用"追孝"，亦见癫钟"用追孝、敦祀、邵各乐大神"（《集成》247~250）。

其子子孙孙永宝用

青铜器铭文常见套话，希望自己的子子孙孙们永远将此簋当作宝贝来用。

---

① 杨树达：《积微居小学述林》，上海：上海古籍出版社，2007年，第348页。
② 王引之：《经义述闻》卷六"遹追来孝"条，南京：江苏古籍出版社，1985年，第161—162页。
③ 见吴镇烽：《猷器铭文考释》，《考古与文物》2006年第6期。
④ 见朱凤瀚：《卫簋与伯猷诸器》，《南开学报》（哲社版）2008年第6期。

郑井槐

奠，读为"郑"，金文习见，是畿内地名（详下）。井，氏名。槐，器主名。"奠（郑）井槐"三字说明"槐"出于畿内井氏。以往在铭文末尾注明"奠（郑）井"二字的只见于康鼎（《集成》2786），本铭是第二例。

先说"郑"。郑字原篆构形作"奠"，不从"邑"，西周铜器铭文中作为地名或氏名之郑字构形皆同①。《说文》："郑，京兆县，周厉王子友所封。从邑，奠声。宗周之灭，郑徙溱洧之上，今新郑是也。"这是指郑国的始封地及早期历史而言。郑国始封在西周晚期的宣王二十二年（前806），宣王封其庶弟友，史称郑桓公。幽王时期桓公曾担任王朝司徒，幽王十一年（前771）戎人入侵，西周覆亡，桓公死难，由其子武公掘突继位，详见《史记·郑世家》《国语·郑语》等典籍。据新出清华简，郑桓公后期徙封于今河南新郑一带，即《说文》所说"郑徙溱洧之上"②。郑国始封地之"郑"，在西周王畿内，旧时学者据《汉书·地理志》的记载，多将其与汉代的郑县相联系，认为地在今陕西华县西北；卢连城、王辉先生则将郑地与春秋时期秦都雍城一带的大郑宫相联系，认为郑地应该位于今关中西部的凤翔一带；李峰先生指出：金文中的郑地情况较为复杂，《古本竹书纪年》上讲穆王曾居郑宫，后世学者还提出周穆王以下都于西郑的说法，在西周金文中郑地的确常常是周王的活动之地，郑地可能是渭水平原"五邑"建制之一，是西周地方行政的一个特殊层位，"到西周中期，位于关中平原西端的郑地，可能已经发展成一座周王常常莅临并派官员直接管理的重要城市，成为西周地方行政管理的重要一环。郑地的发展和繁荣，与周穆王对于西北方面的兴趣可能不无关系"③。按陈梦家、郭沫若、唐兰先生曾先后提出郑地就是周穆王所都的"西郑"也是周都之一④，证据虽然不足，但从西周铜器铭文中所反映出畿内郑地的重要地位，却是不言而喻的。

再说"井"。需要指出的是，本铭的"井"字及上引铜器铭文的"井"字构形，皆作中间加点，与一般读为"邢"国之邢的"井"字写法不同。关于井氏来源，徐中舒先生曾指出，系周公之后，邢侯大宗就封于邢，其次子留居王朝，食采于畿内井邑⑤。由于上引康鼎的器主"康"又称"奠（郑）井叔康"（郑井叔康盨，《集成》4400、4401），而称"奠（郑）井叔"的还有郑井叔钟（《集成》21、22）、郑井叔甗（《集成》926）及郑井叔毁（《集成》580、581）等器，因此朱凤瀚先生认为，说明"奠井"氏有可能是"奠井叔"氏之省称，可

---

① 可参看容庚《金文编》"奠"字条、"郑"字条，北京：中华书局，1985年，第309、444页。

② 据新公布的清华简，言郑桓公"获函、訾"、"克郐"，证明《说文》作"溱"为"郐"字之讹，也证明《水经注》所引《古本竹书纪年》作"郐"准确。参看马楠：《清华简郑文公问太伯与郑国早期史事》，《文物》2016年第3期。

③ 参见李峰：《西周金文中的郑地和郑国东迁》，《文物》2006年第9期，第70—74页。

④ 陈梦家：《西周铜器断代》（上册），北京：中华书局，2004年，第373页；郭沫若：《两周金文辞大系图录考释》7.91下，北京：科学出版社，1958年；唐兰：《西周铜器断代中的"康宫"问题》，原载《考古学报》1962年第1期，故宫博物院编：《唐兰先生金文论集》，北京：紫禁城出版社，1995年，第159—160页。

⑤ 徐中舒：《禹鼎的年代及其相关问题》，《考古学报》1959年第3期。

能是井叔氏分支移居于奠地后所称；或亦可能是直接自井氏大宗分封出来的迁居于奠地的另一小宗分支，与井叔氏平行①。

总之，槐簋虽然字数不多，但西周册命铭文中的五要素（时间地点；册命礼仪；册命内容；受命礼仪；作器铭辞）齐全，同时有些字及辞为铜器铭文首见或罕见，对研究西周历史弥足珍贵，值得重视。

图一　器形照片

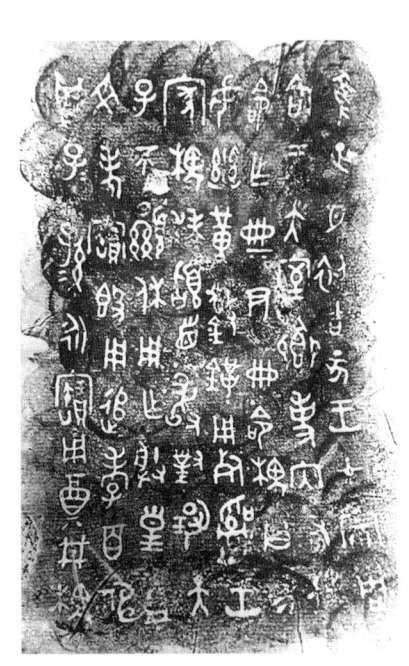
图二　拓片

作者简介：曹锦炎，男，浙江大学文化遗产研究院教授。

---

① 朱凤瀚：《商周家族形态研究》，天津：天津古籍出版社，1990年，第369—370页。

《岳麓简（伍）》"朡"字的读法与相关问题

复旦大学出土文献与古文字研究中心、出土文献与中国古代文明研究协同创新中心　陈　剑

一

新刊《岳麓简（伍）》中，有一组整理者归入"卒令丙四"的简文，系对上行"对、请、奏"等各类文书在编次、简牍规格以及相应行数与每行字数等方面的规定。其中本文要讨论的有关部分如下：

* 尺 116/1729 牒一行毋过廿（二十）二字。书过一章者，章次之凵；辤（辞）所当止，皆朡之。以别易（易）智（知）为故。书却，上對（对）而复与却书及 117/1731 事俱上者，（下略）①

上引大致与整理者原释文同，标点据我的理解略有改动。原注释又谓，或以为当在"别"字下断读，研究者亦有主张"为故"属下读者②，恐皆不可从。"以……为故"乃习见的固定搭配，不容拆开。

"次"字原释文作缺文号，但注释已指出"据残存笔画，似可隶定为'次'"。何有祖先生对此加以补证，可从。但其说引张家山汉简《奏谳书》152 号"氒视氏所言籍居一笥中者，不署前后发，毋章，朵不可智（知）"，谓"'毋章'大概是指原即未编章次。这与岳麓简'书过一章者，章次之'可合观"云云③，则尚不尽准确。《奏谳书》"毋章"之"章"系"区别、条理"一类义，即古书"上下有章"、"杂乱无章"等之"章"；而此文之"章"谓文书中的具体章节段落，二者大为不同。"书过一章者，章次之"意为"文书内容超过一章的，

---

① 陈松长主编：《岳麓书院藏秦简（伍）》，上海：上海古籍出版社，2017 年，第 106 页释文，下引注释见第 154 页。
② 陶磊：《读〈岳麓书院藏秦简〉（五）札记》，武汉大学简帛网 2018 年 7 月 1 日，http://www.bsm.org.cn/show_article.php?id=3184。
③ 何有祖：《〈岳麓书院藏秦简（伍）〉读记（二）》，武汉大学简帛网 2018 年 3 月 10 日，http://www.bsm.org.cn/show_article.php?id=3005。

按章排列它们",实即谓每章要另提行书写而不连写,以体现出章与章之间的分隔与次序。

"朡"字原注释谓:"读为'缀',标记。或读为'辍'。"按"标记"义于上下文意颇合,但"缀"字似无此训。读"辍"则于文难通。陈伟先生赞同读"缀"之说,但主张"缀"字为"连接"义,连前文解为"章中之辞所当止皆连之"。其说颇为特别,具引如下:

> "之"字之下有墨钩,原释文在其下施逗号。今按,这样处理,"章次之"以及随后的"辞(辞)所当止皆朡之"都不好理解。颇疑二者当连读。次,《庄子·田子方》:"喜怒哀乐不入于胸次。"陆德明释文引李云:"次,中也。"朡,原注释:(略)"缀"有连接义。《文选·张衡〈西京赋〉》:"左有崤函重险,桃林之塞,缀以二华。"李善注引贾逵《〈国语〉注》:"缀,连也。"《汉书·高帝纪下》"缀之以祀",颜注:"言不绝也。"简文是说在存在分章的场合,各章内行文,即使遇到语意中止的情形,也连续书写;以免与各章之间留白转行混淆。岳麓律令中,墨钩虽然多表示语意停顿,需要断读,却并不尽然。岳麓伍 134(1903)号简"吏告当行"的"吏"字之下有墨钩却当连下读。"章次之"之下的墨钩似可同样看待。①

我认为,原整理者的断读理解并无太大问题。"朡"字则当读为"乚"。
《说文·亅部》:"乚,钩识也。从反亅。读若捕鸟罬。"小徐本作"读若窫"。段玉裁注谓:

> 钩识者,用钩表识其处也。褚先生补《滑稽传》,东方朔上书,"凡用三千奏牍","人主从上方读之,止,辄乙其处,读之二月乃尽。"此非甲乙字,乃正乚字也。今人读书有所钩勒,即此。

清代说文学家多主此说,如朱骏声《通训定声》、桂馥《义证》、王筠《句读》、钱坫《斠诠》等,说皆与段注略同。徐灏《说文段注笺》:"钩识者,乚而识之,与、而识之同意。今百工度物,至其所欲止,则钩勒识之,亦不独读书用钩勒也。"桂馥《义证》、王筠《句读》亦皆引《说文·、部》"有所绝止,、而识之"云云,与此互证为说(以上皆见《说文解字诂林》第 5709 页)。段注所举褚少孙补《史记·滑稽列传》之文,注者亦多信从"乙"系"乚"字之误字之说。《太平御览》卷六百六引作"辄记其处",王叔岷先生谓"'钩识'犹言'钩记',故《御览》引乙作记"②。

简文"朡"字与《说文》"读若"字之"罬"或"窫",皆从"叕"得声,读"朡"为"乚"是非常直接的。出土简帛文献中常见的标于文字右下方代表或大或小之停顿的"乚"类形符号,应即所谓"用钩表识其处"之"钩识"符。此类符号现所见数据中最早出现于战国早期(参后文所论),秦汉简牍帛书中极为常见。前举岳麓简文的规定,意谓文书中辞意应停止处,皆标上"乚"号(当然,从出土秦文书简牍的实际情况来看,此令并未真正被全面

---

① 陈伟:《〈岳麓书院藏秦简(伍)〉校读(续四)》,武汉大学简帛网 2018 年 3 月 21 日,http://www.bsm.org.cn/show_article.php?id=3041。
② 王叔岷:《史记斠证》,北京:中华书局,2007 年,第 3377 页。

贯彻）；此与上文的"章次之"合在一起，皆以能够区别开上下文、容易使读者理解为原则（"以别易知为故"句承上要管到"书过一章者"）。简文"辞所当止，皆朡（乚）之"，与《滑稽列传》"止，辄乙〈乚〉其处"，二者极为接近，"乚"皆为"以钩识符号'⌐'标识"义。略有不同者，无非前者系就写者而言，而后者则系就读者而言。

不过，《说文》中的"亅、乚"这类字，跟"丿、乀"和"厂、乁"等一样，是否真的曾独立成字，往往是很令人生疑的。"亅、乚"会不会仅系《说文》出于字形分析需要，从其他文字中拆分出来并赋予其音的呢？从下举郭店简之例来看，此疑也可打消。

二

郭店《老子》乙本简 15—16：

  善建者不杲（拔），善伓（保）者 15 不兑（敓、夺），孙＝（子孙）㠯（以）丌（其）祭祀不乚。

其中乚形的释读尚未取得共识。此字马王堆帛书乙本（甲本残缺）、北大汉简本皆作"绝"，传世本皆作"辍"；《韩非子·解老》引作"绝"，《喻老》引作"辍"。"绝""辍"两字音义皆近。乚形《郭店楚墓竹简》引"裘按"疑为"乇"字，研究者多赞同此说，读"乇"为"辍"或"绝"。①

郭店简刊布后不久，何琳仪、白于蓝和张桂光先生就不约而同地指出，乚即《说文》"乚"字（篆形作𠃊）。② 其形与"乇"有明显区别，而与"乚"相较仅斜笔中间添加一饰点；其字与"辍"相通，犹前所论"朡"之读为"乚"。前举所谓"乚"之读若"捕鸟罼"，即《说文·网部》训为"捕鸟覆车也"之"罼"字，其重文正作"𦉞"（《说文·车部》另有一正篆字头"𨋎"，训"车小缺复合者"），由此更可见"乚"与"辍"之读音极近。

不过，"乚"的形义关系的解释问题，还可以进一步讨论。如张桂光先生谓"'乚'的本义是用作标记的符号……引申出停顿、截止的意思，引出与'辍''绝'等字相同的用义"，举下述永盂铭云云为说，此则未必是。如其说，则"乚"字即自可有"辍""绝"义，其间异文关系就变成了义近之字的换用，而其字与"辍""绝"读音的接近，也就只是偶然的事了，这显然是很不合理的。如果要弥缝这个矛盾，就只能说本系"标记符号"的"乚"，在作文字时就代表语言中的"辍"或"绝"，表示文句的"中辍"或"绝止"。但如此理解，则前举两处与"标记符号"义密切相关的辞例，就得念作"辞所当止，皆辍/绝之"，"（读书）止，辄

---

① 参看彭裕商、吴毅强编著：《郭店楚简老子集释》，成都：巴蜀书社，2011 年，第 502—504 页所收诸家说及其按语。但下举释"乚"之说此书未收，按语亦未提及。
② 何琳仪：《郭店竹简选释》，《文物研究》（第 12 辑），合肥：黄山书社，2000 年，第 187 页。收入黄德宽、何琳仪、徐在国著《新出楚简文字考》，合肥：安徽大学出版社，2007 年，第 47 页。白于蓝：《郭店楚简补释》，《江汉考古》2001 年第 2 期。张桂光：《〈郭店楚墓竹简·老子〉释注续商榷》，《简帛研究二〇〇一》，桂林：广西师范大学出版社，2001 年，第 187 页。收入同作者《古文字论集》，北京：中华书局，2004 年，第 179—180 页。

辍/绝其处",又与其文实际所表之意是不合的。所谓永盂铭云云,系谓陈邦怀先生曾举西周中期永盂铭"句"字形(《集成》10322)为说,认为其左下部分即"钩识符""⌐"①。此说虽被广为引用,其实恐不可信。吴良宝先生已经指出,"所谓的'⌐'很可能是'句'字的一个形体构件,并非用来分段的钩识符号(就已有数据来看,这种符号最早见于战国初期的曾侯乙墓竹简文字中)。在整个西周与春秋时期,数量众多的金文中只有这一例孤立的'钩识符号',本身就是一个反常的现象,从标点符号发展的历史来看,这也是不大可能的"②。研究者或以为,"古文字中没有见到单独使用的'乚'字……作为钩识符号使用的'⌐''乚',其实是'丩'或'句'的简省分化字符,后来即《说文》收录的'乚'字"③。按所谓"简省分化"一般应以读音为枢纽,"乚"字之音与"丩""句"绝远,此说恐难信④。或亦以"古文字中并没有'乚'字"而对前举段玉裁等说致疑,谓《滑稽列传》之"乙"字来源于钩形标识符号,其文可读为"止辄已其处"云云⑤,更不可信。

《说文·亅部》:"亅,钩逆者谓之亅,象形……读若橜。"段注谓"象钩自下逆上之形",又云:

  钩者,曲金也。《司马相如列传》"犹时有衔橜之变",《集解》引徐广云:"钩逆者谓之橜。"《索隐》引周迁《舆服志》云:"钩逆者为橜。"皆谓橜为亅之叚借字也。

也就是说,"读若橜"、象形表"钩"义之"亅",在当时语言中是确有其词的,"亅"不是"符号"。李家浩先生曾指出,"古代文字书写比较随便,正反不别","'亅'和'乚'在古代早期文字中显然是同一个字,后来分化为两个字,于是将其中之一的声母略加改变,以示区别"⑥。所谓"声母略加改变"云云,系就《说文》大徐本注音"亅"衢月切、"乚"居月切而言。按《玉篇·亅部》:"亅,居月切,钩逆者谓之亅也。《说文》衢月切。""乚,知卫切。钩识也。《说文》居月切。"跟《说文》两字大徐本注音互易,同时"乚"又另有"知卫切"一音。《篆隶万象名义·亅部》:"亅,居月反,钩逆也。""乚,知卫反,钩识也。""乚"则只作"知卫反"一音。此切正即"缀"字之音,与前论"乚"与"辍"读音近同更合。

---

①陈邦怀:《永盂考略》,《文物》1972年11期。
②吴良宝:《漫谈先秦时期的标点符号》,吉林大学古籍整理研究所编《吉林大学古籍整理研究所建所十五周年纪念文集》,长春:吉林大学出版社,1998年,第187页。
③洪扬:《释跟"丩"有关诸字》,《中国文字研究》(第十六辑),上海:上海人民出版社,2012年,第69页。又王丛慧说亦略同,见其《"句"字读音分化初探》,邓章应主编《学行堂语言文字论丛》第六辑,北京:科学出版社,2018年,第128—132页。
④以上所述参见程鹏万:《简牍帛书格式研究》,上海:上海古籍出版社,2017年,第189—194页。又程鹏万:《说简牍帛书上的表识符号》,中国书法院主编《简帛书法研究》,北京:荣宝斋出版社,2009年,第77—82页。
⑤朱晓雪:《据竹简标识符号校补〈史记〉一则》,张德芳主编《甘肃省第三届简牍学国际学术研讨会论文集》,上海:上海辞书出版社,2017年,第421—422页。
⑥李家浩:《仰天湖楚简十三号考释》,《中国典籍与文化论丛》(第一辑),北京:中华书局,1993年,第453—454页。收入《著名中青年语言学家自选集·李家浩卷》,合肥:安徽教育出版社,2002年,第219页。

"亅、乚"字之"居月切"、"衢月切"与"知卫切"数音,皆应本系一音之分化。其间声母关系,与"仇—雠"、"居—处"等相类。"叕"声字声母多为章系及端知系,但亦或与见系字发生关系,如《说文》"歠"字或体作从"夬"(见母)声之"㰮";《荀子·法行》"其止缀然",《礼记·聘义》作"其终诎然"(《孔子家语·问玉》其字亦作"诎","诎"系溪母字)。"叕"声字与"出"声字常可相通,除上例外又如,《诗经·召南·驺虞》三见的"茁"字,安大简作以"叕"为基本声符之"𦬇";① 训"短"之"𥏫"字,显系异两声字,其异体或作"䋽、䋱"。而"出"本身为章系字(昌母),从之得声之字既多为章系及端知系,亦多有见系字(如"屈""窟"等),皆可见其间读音关系。

由此看来,比较合理的解释是,"亅""乚"本皆取象于"钩形",正反无别,系为语言中此义之"案"所造之词,而非由"符号"变为"文字"。用作"用钩形符号标识"义者,亦应系"案"义之动词用法,而非所谓标记符号引申而为停顿、截止义。换言之,《老子》例之"乚"用为读音近同之"辍"或"绝",应只是其假借用法。

从有关论著来看,郭店《老子》 形释"乚"之说尚未获得公认,还有不少研究者并不信从。② 今与前所论岳麓简文合证,就完全可以肯定下来了。岳麓简"朘(乚)"字与《滑稽列传》"乙〈乚〉"字用例,可以说明当时语言中确有义为"钩识"、读音与"辍"近同之"词";而郭店《老子》之例,则可说明当时文字系统中,确实存在"象钩形"而读音与"辍"近同之"字"。二者可谓若合符节。

三

独立成字的"乚",既然至少从战国时代就开始在使用,而且一直延续到西汉中期,则文字系统中理应有其踪迹。《说文》分析谓从"乚"之字只有两个,即"从戈、乚声"之"戍",和"从了、乚,象形"之"子",从古文字看其说皆不可信。除此之外是否还有从"乚"之字呢?如果能确定有,无疑也可增强前文所述郭店简字形之释为"乚",以及《滑稽列传》之"乙"字说为"乚"字之误的说服力。

分析可能有关的文字,可以较为肯定的是,"札"字应系从"乚"得声的。研究者一般从《说文》之说分析"札"为"从乙声",现所见"札"字最早字形出现于睡虎地秦简和里耶秦简,右半所从与"乙"确实已看不出什么差别。但其中古音为"侧八切",据此上推上古音应在月部,与"乚"同部,其声母亦近,而与质部之"乙"不够密合。确定从"乙"声之字

---

① 见黄德宽:《略论新出战国楚简〈诗经〉异文及其价值》,《安徽大学学报》(哲学社会科学版)2018年第3期。又参看黄德宽:《释甲骨文"叕(茁)"字》,《中国语文》2018年第6期,第712—720页。

② 例如,李守奎编著《楚文字编》(上海:华东师范大学出版社,2003年)第707页已收入"乙"字下,而滕壬生编著《楚系简帛文字编(增订本)》(武汉:湖北教育出版社,2008年)第592页仍入"毛"字下。丁四新《郭店楚竹书〈老子〉校注》(武汉:武汉大学出版社,2010年)第355页已引张桂光说,但仍从释"毛"之说。陈伟等著《楚地出土战国简册(十四种)》(北京:经济科学出版社,2009年)第155页注42已引张桂光、白于蓝说,但第152页释文仍作"毛"。武汉大学简帛研究中心、荆门市博物馆编著《楚地出土战国简册合集(一)·郭店楚墓竹书》(北京:文物出版社,2011年)第17页注46、第13页释文情况同。

如"肛(臆)""礼(礼)",其表现亦与月部字关系很疏远。

"札"与齿音月部的"截"字关系极为密切。"札"字除"牒也"之常训外,古书亦多见用为"疾疫死亡"一类义者,应即得义于"截断"之"截"。《周礼·春官·大宗伯》"以荒礼哀凶札"郑玄注:"札读为截,截谓疫厉。"贾公彦《正义》解释谓"郑读从'截绝'之义故也"。《释名·释天》:"札,截也,气伤人如有断截也。"东汉建和二年(148)石门颂(又名"犍为杨君颂")有"夭秋截霜,稼苗夭残"云云,"截霜"即"截于霜"、"为霜所截"义,可为"札"字取义之旁证。用为虫名"小蝉蜩"义之"札"字(见《大戴礼记·夏小正》),或加意符作专字"蚻",《说文·虫部》则作从"截"声之"蠽"。

《诗经·商颂·长发》"相土烈烈,海外有截",汉人笔下多见用此典,而"截"字或作从"乚"旁者,显即与"札"字系从同一声符。近年重新发现确认的班固《燕然山铭》摩崖石刻,近末尾处有云"[铄]王师征荒裔,癹匈(凶)虐钆(截)海外",①"钆"字照片和拓本形如下:

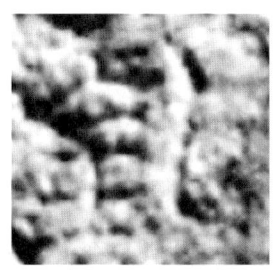 

《中国收藏》2017 年第 10 期彩图　　　《文史知识》2017 年第 12 期第 22 页图 5

发表者释"钆"没有问题②。《后汉书·窦宪传》作"铄王师兮征荒裔,剿凶虐兮截(截)海外",《文选》卷五十六《封燕然山铭》作"铄王师兮征荒裔,剿凶虐兮截海外"。宋刘球《隶韵》卷九入声屑韵下引"燕然铭"所摹录原形亦作"截",则与现所见原碑字形完

---

① 齐木德道尔吉、高建国:《蒙古国〈封燕然山铭〉摩崖调查记》,《文史知识》2017 年第 12 期。"癹"字从此文释,细审彩照和拓本应可信。按《说文·癶部》:"癹,以足蹋夷草,从癶从殳(按前人多已指出'癶'应系其声符)。《春秋传》曰:癹夷蕰崇之。"今本《左传·隐公六年》"癹"讹为"芟"。四川青川出土秦《更修为田律》木牍谓"以秋八月修封捋(埒),正强(疆)畔,及癹千(阡)百(陌)之大草","癹"字正用此义[张家山汉简《二年律令·田律》简 246"恒以秋七月除千(阡)佰(陌)之大草","除"字亦义近]。引申而为"铲除"、"治理"一类义,亦即"拨乱反正"等之"拨"。《集韵·末韵》"癹"或作"拨",是"癹"即可视为此类义之"拨"之古字。班固好用古字,此亦其一例。更为巧合的是,"癹"字古书用例很少,而其中就有一例亦见于班固笔下。《文选》卷四十五班固《答宾戏》"方今大汉洒埽群秽,夷险芟荒"云云,李善注谓"晋灼曰:发,开也。今诸本皆作芟字",前人多已指出,其字亦本应作"癹"。"癹荒"之"癹"与此文跟"征荒裔"并见之"癹"字用法甚近。下举传世文献作"剿"者,应系出于为通俗而后改。

② 见上注引文。此文未论及"钆"与"截"之文字关系。辛德勇先生则谓:"'截',原石拓本的字形无法做出清晰的判读,似稍近《隶韵》及六臣注本、胡刻本《文选》。今姑暂从《隶韵》等,定作'截'。"见辛德勇:《发现燕然山铭》,北京:中华书局,2018 年,第 74 页。

全不合。此"钆（截）"字跟字书"与釱同"之"钆"字无关（另《汉语大字典》"钆"字下及《秦汉魏晋篆隶字形表》第1005页"钆"字下所举汉简两形，皆系"钱"字草书简体）。又东汉桓帝永康元年（167年）所立度尚碑谓"龀彼海外，绩莫匪嘉"云云（原石已佚，录文见宋洪适《隶释》7.10－7.13"荆州刺史度尚碑"），"龀"《隶释》注谓"截字"，按其形显即"截"与"乚（乙）"声字之"糅合"，或谓"从截省从乚（乙）声"，亦可。

由此还可附带解决汉简中一个怪字的释读问题。《肩水金关汉简》（贰）中收有一封木两行书信残简，系一个名为"宫"的人写给"长卿"者，有关部分释文如下（前文在另一已佚之木两行上）：

敢负长卿也！即令宫负长＝卿＝（长卿，长卿）▨宫头宫不敢言！身死尚有余罪，☐（下略）73EJT21：374A

▨字原释"齔"。按字书"齔"字系"齓"字（从"七"声）异体，施于此讲不通简文。汉简"齓"字写作▨（《肩水金关汉简（肆）》73EJH1：52），与此形也大为不同。联系上文所论用为"截"之"钆、龀"，此字右半所从作"乚"形者，显亦应看作与"札"所从为一，系其声符，其字同读为"截"，文从字顺。"截头"语如额济纳汉简2000ES9S：8："三日捕斩胡虏，凡截头百五级"云云。据此进一步考虑，此字左半所从亦非"齿"而应系"▨（断）"之省简形，其字当释读为"▨（截）"。"断"乃"截"之常训，故以其省体为意符，全字就是"截"字异体。另外，古文字中"▨"本就是"断"与"绝"（古文作"▨"）共同的表意初文（两字音义皆近），如果此"▨"字有更早来源、在古文字阶段已经造出，则可以就视为以"▨（断、绝）"为意符而不必看作"省形"。

"疾疫死亡"一类义之"札"，其字亦作"殟""殈"等，即此义之专字。《左传·昭公十八年》"札瘥夭昏"陆德明《释文》："札，侧八反，一音截。《字林》作殈，壮列反，云夭死也。""殈"即"殟"字讹体，从"小"得声，其字亦或作"殈"。而《说文·小部》"小"字（音"子结切"）下正谓"读若辍"，与前述"乚"与"叕"声字的关系正合。由以上所述诸多材料来看，谓"札"字本系从"乚"得声，比传统讲法谓从"乙"得声，各方面要密合得多。

《孔子家语·观周》："焰焰不灭，炎炎若何；涓涓不壅，终为江河；绵绵不绝，或成网罗；毫末不札（本或作"扎"），将寻斧柯。"王肃注谓"札，拔也"，理解其意应该是正确的。此即著名的《金人铭》，类似语古书多见，如《战国策·魏策一》引《周书》谓"毫毛不拔，将成斧柯"，《说苑·正谏》（枚乘上书谏吴王）："夫十围之木，始生如蘖，可引而绝，可擢而拔，据其未生，先其未形也。"皆正用"拔"字。但"札/扎"字此义用例仅此一见，其何以有"拔"义仍难明。按《广韵·黠韵》"侧八切""札"小韵下谓"札，拔也。出《家语》"（《集韵·黠韵》"侧八切""札"小韵下亦谓"扎，挟〈拔〉也"），而《集韵·黠韵》"乙黠切""轧"小韵下、《类篇·手部》下，则皆以"扎"为"揠"之或体，引《说文》"拔也"。据此，则《家语》之"札/扎"即"揠苗助长"之"揠"。由此，"札/扎"字所从声符，又跟"乞"发生了纠葛。

《说文·乞部》："乞，玄鸟也（段玉裁注本改作"燕燕，乞鸟也"）。齐鲁谓之乞。"或体作"鳦"。段注谓："本与甲乙字异。俗人恐与甲乙乱，加鸟旁为鳦，则赘矣。本音乌拔反，十五部。入于笔切（按此即"乙"字之音）者非是。"其篆形 ⟨ 与"乙"之作 ⟨，仅有细微区别。其字亦不见于出土文字数据，① 字源解释尚颇成问题。很多研究者认为"乞"系从"乙"字分化，同样存在韵部不够密合的问题。"乞"字中古音"乌黠切"或"乙黠切"（两切同音），上古应为影母月部字，与"燕"声母相同、韵部月元对转，其所表"乞鸟"义之词，应即"燕"之方言变体。"燕"与"匽"声字上古声韵地位相同常可相通，"燕"之与"乞、鳦"关系，亦犹"揠、晏"字之音"乌黠切"或"乙黠切"、转入月部。

有关"乙声、乞声"诸字，说文学家和古音学家在其声首分析和归部问题上颇多歧异，此不能尽举。例如，《说文·穴部》"窫"字"从穴、乙声"，段注谓"按此篆当是从乞鸟之乞，非甲乙也"，其字或作"窫"，所从声符"㓞"是月部字，说为从"乞"声是很合理的。但"轧"字段注却又谓"此从甲乙为声，非从燕乙也"，据"乙"字"其出乙乙也"下段注，其根据应该是《史记·律书》"乙者，言万物生轧轧也"、《汉书·律历志》"奋轧于乙"一类声训材料。按"轧"与"札"可通作，如《庄子·人间世》"名也者，相札也"，陆德明《释文》："札，亦作轧。"《集韵·黠韵》："轧，《说文》'輾也'，或作札。"而"轧、窫、扎"等诸字中古音相同，皆"乌黠切"或"乙黠切"（与"乞、鳦"同）。如谓它们所从声符非一字，恐怕是说不过去的。桂馥《义证》、王筠《句读》皆谓"轧"从"乞"声，应可信。

由此看来，合理的推论似乎只能是，"乞"字也应该是由"乚"分化而来的。或者更严格地讲，系由音"居月切"或"衢月切"之"丨"字分化而来（此音与"乞"声母更近）。"轧、窫、扎"诸字皆系从"乞"而非甲乙之"乙"得声。当然，由于出土文字数据中时代较早的"乞"字以及相关的"轧"等字皆尚未见到，此推测现在把握不大，是否符合事实还有待进一步证明。

2018 年 9 月 24 日初稿
2019 年 9 月 13 日改定

附记：鲁家亮先生与本文初稿同时提交另一会议的《〈岳麓书院藏秦简（伍）〉零拾一则》一文（"第四届简帛学国际学术研讨会暨谢桂华先生诞辰八十周年纪念座谈会"，2018 年 10 月 19—21 日，重庆师范大学），亦将简文"腏"字与《说文》中的"乚"和实际文书中的符号"凵"相联系为说，请读者参看。

本文初稿蒙邬可晶、高中正先生提供宝贵意见，谨志谢忱。

作者简介：陈剑，男，复旦大学出土文献与古文字研究中心教授。

---

① 出土文字数据中旧曾或释为"乞"字者皆不确。如《集成》4152 鄁侯少子簋之所谓"乞"系"乃"字；长沙子弹库楚帛书丙篇"乞则至"之乞字，系"云"的可能性最大。后者参看徐在国编著：《楚帛书诂林》，合肥：安徽大学出版社，2010 年，第 696—702 页。又陈嘉凌：《〈楚帛书〉文字析议》，台北：花木兰文化出版社，2010 年，第 311—313 页。

金文所见西周授民授疆土再探讨

北京印刷学院社会科学部　崔存明

摘　要：授民授疆土是西周分封制的主要表现形式。正是授民授疆土逐渐发展成为周代标志性的分封制，使周王朝从制度层面完成了对商代的革故鼎新。通过对《大盂鼎铭》中尚未完全解读的关键词"或"字做文字与古史互证研究，参照《宜侯夨簋铭》以及盂的身份研究，发现康王对盂进行的授民授疆土是一种赏赐行为，不是封国。由此出发，进一步研究发现，周王朝通过推行"选建明德，以蕃屏周"、"启以商政，疆以周索"和"启以夏政，疆以戎索"等不同类型的授民授疆土，在顺应前代遗民习俗前提下，逐渐形成分封制这一新的疆土统治方法。与这一策略相伴随，周王朝曾经长期存在诸侯、诸监并存现象。诸监逐渐退出历史舞台是授民授疆土走向制度化，即分封制成熟的标志。

关键词：金文　西周　授民授疆土　分封制

授民授疆土是西周分封制的主要表现形式。正是授民授疆土逐渐发展成为周一代标志性的分封制度，使周王朝从制度层面完成了对商代的革故鼎新。这一革新的意义在于："周王以授土授民的赏赐方式改变了商代侯甸男卫的四服制……改变了殷代的生产关系，这就使殷周成为两种不同社会。"[①] 这说明授民授土之制的实行标志着与殷商完全不同的周代社会的形成。所以，充分了解授民授疆土的形成、发展、演变并最终形成分封制、取代商代四服制的具体过程，是我们准确把握商周制度转捩的关键。因此，本文在梳理传统文献的基础上，结合金文有关授民授疆土材料的新解读，对西周授民授疆土方式的演变规律再做探讨，以求对充分把握以殷周制度更新为代表的新旧制度转换经验有所裨益，不妥之处，请方家指正。

一、授民授疆土与西周分封制

所谓授民授疆土，是指由周王统一掌握土地和人民，根据王朝的统治需要、对王公贵族世袭地位的确认，以及对功臣的奖赏等目的，进行不同规模和数量的土地和民众的赏赐。这相对于商代服役性的侯甸男卫四服制度是一种新的制度设计。这一做法经过不断地发展完

[①] 徐中舒：《西周史论述》（上），《四川大学学报》1979年第3期。

善，最终定型为众所周知的西周分封制。细考西周历史的发展演变，从授民授疆土的赏赐方式开始实行，到最终确立为周王朝标志性制度的分封制，经历了漫长的过程。在这漫长的历史演化过程中，周人在顺应原有殷商旧制度的进程中，同时推行授民授疆土的新制度，最后形成稳固的屏蔽周王朝的分封制，完全摆脱了殷商旧制度的纠葛与影响，完成了周制的创建，体现出了周人深谋远虑而又持之以恒的制度承接与转换创设的历史智慧。

然而，由于历史久远，以及后来所经历的春秋战国时代长期的分裂与战争，西周以前的史料大量散佚，西周时期的历史记录相对于后世诸朝代显得相对不足。因此，就传统文献来了解西周历史，得到的往往是一些断断续续的由诸多典型史实构成的节点性历史记录。这些重要的节点性历史记录，往往是一些重要的历史事件、思想观念以及制度措施等等，是历史经验的高度概括。我们今天要正确掌握其要领，就要重新还原其形成的历史过程，体验其面对复杂的历史状况是如何逐渐形成相应对策，并最终形成成熟的分封制的思考与实践历程。以授民授疆土为特点的分封制作为西周制度建设的典型节点，其形成的过程也同样遵循了这样的规律。因此，要深入了解分封制的精髓，就有必要从早期的授民授疆土开始，对这一制度从初创到最后形成的过程进行一个回顾，从历史发展演变的规律中把握其所承载的历史智慧。如上所述，由于传统文献对于还原作为历史智慧结晶的分封制度形成过程同样显得不足，所以我们今天研究西周分封制可以结合金文数据对授民授疆土的初创、演变直至分封制的最终确立进行新一轮的分析。正如有学者认为："研究西周的官制当以西周金文材料为主体，而研究东周官制则应以文献为主体。"①

二、《大盂鼎铭》"域"字的释读与周制初创时期的授民授疆土

在众多的金文材料中，《大盂鼎铭》对于康王时期授民授疆土的记录较为完整，具有代表性。为了论述方便，现将《大盂鼎铭》记述授民授疆土部分的文字节录如下：

> 雩（粤）我其通省先王受民受疆（疆）土，易（锡）女（汝）鬯一卣，门衣、市（韍）、舄、车、马，易（锡）乃且（祖）南公旂，用遇（狩），易（锡）女（汝）邦嗣（司）三（四）白（伯），人鬲自驭至于庶人六百又五十又九夫，易（锡）尸（夷）嗣（司）王臣十又三白（伯），人鬲千又五十夫，迺▇（寰）迁自氒（厥）土②。

在《大盂鼎铭》这段集中记述授民授疆土的文字中尚有一个较为关键的"▇"字从文字的隶定，到字义的释读都还没有达成共识。由于这个字的重要性，能否对其准确释读将直接影响对处于草创时期授民授疆土的准确理解。通过对前人释读成果的分析辨正，参照战国秦汉竹简的研究成果，作者在此前的研究中尝试将《大盂鼎铭》的"▇"字释为"寰"，即战

---

① 张亚初、刘雨：《西周金文官制研究》，北京：中华书局，1986 年，第 185 页。
② 吴镇烽：《商周青铜器铭文暨图像集成》（第 5 册），上海：上海古籍出版社，2019 年，第 443 页。

国竹简中的㦴字，读为"域"①。在对《大盂鼎铭》"🔲"字的新释读基础上，本文继续从古文字与古代史互动关系出发，从古文字发展演变的规律中探究授民授疆土的发展完善过程。

我们采取的方法是把这个"㦴"字纳入到与其相关，同时也与授民授疆土发展进程有关的"或"字与"國"②字之中，进行文字演变序列的排比。然后，通过对每一个字形与相应时期授民授土关系的分析，最终就可以得出一个相对完整的文字与制度互证的演变轨迹。

我们通过对古文字史的梳理，发现这三个相关字的演变序列是"或—㦴—國"，下面就对每一个字及其相关时期的授民授疆土制度状况分别进行分析。

首先来分析"或"字。

《说文解字》："或，邦也，从囗从戈以守一。一，地也。"③今人依据出土文献进一步认为："（或）会用戈守城之意。國之初文。"④可见，"或"字本义是表示守卫固定的地域，虽然说是"國之初文"，但是那一时期的"国"可能并不是后世所理解的有一整套国家机器的国家之国，而可能只是一块初级形态的封地。之所以这么说，可以从《大盂鼎铭》的㦴字分析得到一定的印证。

再看"㦴"字。

从构形上来看，"㦴"字在或字上加了义符"宀"，表明在封地中有了重要的标志性的建筑。正如学者考察商代社会时所指出的："商代所封建的氏族，都就其采地中心建筑城邑，也可名之曰'城主政治'。"⑤《逸周书·作雒》在记述平定三监及淮夷的联合叛乱后重新建立对反叛区统治秩序时言："俾康叔宇于殷，俾仲旄父于东。"⑥朱右曾《逸周书集训校释》："宇，宅也。"亦可训："宇，居也。"《诗·大雅·绵》："聿来相宇"，毛传："宇，居也。"可见，此处的"㦴"字如果用作动词，与《逸周书·作雒》"俾康叔宇于殷，俾仲旄父于东"一句中的"宇"字义近，是在某地建屋居住（常常是有驻守之义）。这里所指的屋不是普通的屋，应该是具有某种等级标志的大型宫宇性质的建筑，所以当"㦴"字或"宇"字用作名词的时候，大致是泛指建有城邑的封地之义。这时的㦴字应该仍然是侧重地域概念的用字，依据其规模兼有政治等级含义。

至于"國（国）"字，《说文解字》："國，邦也，从囗或声。"⑦根据金文的研究，"'國'之初文作'或'……（或字）因借用为或然之'或'及疑惑之'或'，遂加'囗'旁作'國'，或加'邑'旁作'𨛷'（《金文编》826页，师𩛥簋）以表示本义；战国文字中又出现了加'土'旁的'域'（三体石经古文）和加'宀'的'㦴'字（郭店楚简《缁衣》），均为

---

①具体的释读请参见拙作《〈大盂鼎铭〉域字考释》，载《青铜器与金文》第二辑，上海：上海古籍出版社，2018年，第289—298页。
②为了便于字形分析，此处的"國"字，及下文凡涉及字形分析的"國"字，均采用繁体。
③（汉）许慎：《说文解字》，北京：中华书局，1963年，第266页。
④李学勤主编：《字源》，天津：天津古籍出版社，2012年，第1108页。
⑤丁山：《甲骨文所见氏族及其制度》，北京：科学出版社，1956年，第54页。
⑥黄怀信、张懋镕、田旭东：《逸周书汇校集注》（修订本），上海：上海古籍出版社，2007年，第520页。
⑦（汉）许慎：《说文解字》，第266页。

形声字。其中，‘𨛗’、‘㦻’二字后世不再使用，‘或’、‘域’、‘國’则分化为三个不同的字（《说文》：‘國，邦也。’戈部：‘或，邦也。……域，或又从土。’是‘或’、‘域’、‘国’古本一字）。本义指疆域、地域……引申指地区、区域……又引申指分封的诸侯国。”①

我们从“或”“域（㦻）”“國”字义的发展演变中可以发现，作为授民授疆土的对象之一：“土”的规模与形式的演变，是从“或”到“㦻”再到“国”，所授土地由偏重地域概念的内涵逐渐加强了政治概念的内涵，到“国”字阶段则完全变成了“诸侯国”的代名词。这样就会使我们对分封制的形成和发展完善的过程有一个新的认识。而《大盂鼎铭》所反映的授民授疆土，还是一个早期的形态，还不能就此判断康王对盂的授民授疆土就是封国。有如下几点原因：

第一，如上所述，从《大盂鼎铭》“㦻”字的释读，可以发现其含义大致等同于从“國”之初文“或”字向诸侯国之义的“國”字演变的中间环节“域”字的阶段，即表示“地区、区域”的阶段。“㦻”字加“宀”为形符，反映出其与加“土”为形符的区别在于，作为这一时期授民授疆土特定规模的名词，在其区域范围内有表示一定等级政治权力的标志性宫室建筑。这也是后来演变为诸侯国的重要因素之一。

第二，从《大盂鼎铭》所记授民授疆土的规模上来看，也达不到封国级的水平。

《大盂鼎铭》记授疆土：“易（锡）女（汝）鬯一卣，冂衣、市（韨）、舄、车、马，易（锡）乃且（祖）南公旂，用遷（狩），易（锡）女（汝）邦𤔲（司）亖（四）白（伯），人鬲自駿（驭）至于庶人六百又五十又九夫，易（锡）尸（夷）𤔲（司）王臣十又三白（伯），人鬲千又五十夫，𨒅[illegible]（竊）迁自氒（厥）土。”② 从这些具体的赏赐内容来看，康王共授盂十七伯及各色人等一千七百零九人。这些人作为一个诸侯国来说，数量显然不足。

与《大盂鼎铭》形成对比的是，与其同时代的《宜侯夨簋铭》关于授民授疆土的内容是：“易（锡）土：氒（厥）川三百□，氒（厥）□百又廿，氒（厥）宅邑卅又五，氒（厥）□百又卌，易（锡）才（在）圔（宜）王人十又七生（姓），易（锡）奠（奠、甸）七白（伯），氒（厥）卢□又五十夫，易圔（宜）庶人六百又□六夫。”③

首先明确记载“囗侯于宜”，明确了被封授民土者的诸侯身份。其次，从授土的种类和规模来看，仅从能明确识读的铭文来看，有“氒（厥）川三百□”，“氒（厥）宅邑卅又五”，“宅邑”应该是用来供人居住的城邑，就有三十五座，可见其所获得授土的规模之宏大。再从授民规模来看，仅从“才（在）圔（宜）王人十又七生（姓）”和“易（锡）奠（奠、甸）七白（伯）”，以及“氒（厥）卢□又五十夫，易圔（宜）庶人六百又□六夫”来看，就包括有七个姓的整族人口，以及七个伯级王官等，人口规模相当可观。

通过把《宜侯夨簋铭》授民授疆土的规模与《大盂鼎铭》相比较，就非常直观地说明盂所获得的封赏远不能与诸侯级相提并论。

第三，从鼎铭内容推测盂的身份不是诸侯。

①参见李学勤主编：《字源》，第1108页“或”字条及第559页“国”字条。

②吴镇烽：《商周青铜器铭文暨图像集成》（第5册），第443页。

③吴镇烽：《商周青铜器铭文暨图像集成》（第12册），第145页。

关于盂的身份，李学勤先生曾撰文支持陈汉平先生提出的"小司马"说："盂此时被任用为显要官职。陈汉平同志根据铭中'今余惟命汝盂绍荣'，'乃绍夹死司戎'两句，推断其职为小司马，是正确的……盂的职官是司马，可由小盂鼎证明……（小盂鼎）铭中荣在献俘时受命审讯，地位比盂高，合于大司马的身份……《尚书·顾命》传云成康间毕公为司马，大盂鼎作于康王二十三年，则荣是取代了毕公的官职，而盂是他的副手。"① 最近，亦有学者直接以鼎铭中的记载"司戎"作为盂祖南公及盂继承其祖的身份②。由此可见，无论是小司马，还是司戎，盂的身份都不是诸侯。

综上所述，通过对《大盂鼎铭》中尚未解读的有关授民授疆土关键词"或"字所做文字与古史互证的研究，再把《宜侯夨簋铭》与《大盂鼎铭》关于授民授疆土内容进行比较，参照学者对于盂的身份研究，可以得出在康王时期对盂进行的授民授疆土准确地说是一种赏赐行为，不能与通常意义上的封国级别的分封划等号。正如本文开篇所举，授民授疆土措施的实行是周王朝形成完全不同于商代社会制度的标志。这毫无疑问是其重要的意义所在。那么，这种与前朝完全不同的方式是如何促使周王朝形成与殷商完全不同的社会，则是我们要进一步揭示的重要问题。

三、启以商政，疆以周索：殷周制度交替时期的授民授疆土

《左传》定公四年记祝佗述周初对鲁、卫、晋三个姬姓进行分封的目的、策略与具体内容：

> 昔武王克商，成王定之，选建明德，以蕃屏周。故周公相王室以尹天下，于周为睦。分鲁公以大路、大旗，夏后氏之璜，封父之繁弱，殷民六族：条氏、徐氏、萧氏、索氏、长勺氏、尾勺氏，使帅其宗氏，辑其分族，将其类丑，以法则周公，用即命于周。是使之职事于鲁，以昭周公之明德。分之土田陪敦、祝、宗、卜、史，备物、典策、官司、彝器；因商奄之民，命以《伯禽》，而封于少皞之虚。分康叔以大路、少帛、綪茷、旃旌、大吕，殷民七族，陶氏、施氏、繁氏、锜氏、樊氏、饥氏、终葵氏，封畛土略，自武父以南及圃田之北竟，取于有阎之土，以共王职；取于相土之东都以会王之东蒐。聃季授土，陶叔授民，命以《康诰》而封于殷虚。皆启以商政，疆以周索。分唐叔以大路、密须之鼓、阙巩、沽洗、怀姓九宗，职官五正。命以《唐诰》，而封于夏虚。启以夏政，疆以戎索。③

鲁定公四年（前506）④，上距大盂鼎的康王二十三年（公元前998年）⑤ 近五百年，因此这时对西周分封制的记录应该是较为完整、成熟形态的记录。这种完整性表现在其对这一

---

① 李学勤：《大盂鼎新论》，《郑州大学学报》（哲学社会科学版）1985年3期。
② 参见沈长云：《谈曾侯铜器铭文中的"南公"》，《中国史研究》2017年1期。
③ 杨伯峻编著：《春秋左传注》，北京：中华书局，1981年，第1536—1539页。
④ 采用杨伯峻编著《春秋左传注》第1532页的推算结果。
⑤ 据中国社会科学院历史研究所《中国历史年表》课题组：《中国历史年表》（北京：中华书局，2013年），康王元年为公元前1020年，推算所得。

制度设立初衷的概括:"选建明德,以蕃屏周。"说明西周实行以授民授疆土为主要表现形式的分封制的目的就是为了巩固周王朝的统治。为了实现这一目的,可以从其概括的对康叔、唐叔分封的策略中看到这一赏赐方式后面的除旧布新思路:"启以商政,疆以周索",以及"启以夏政,疆以戎索"。这一思路的共同特点是思考如何在曾经的夏、商统治地区,在顺应其政策惯性的基础上,实行新的疆土统治办法。当新的疆土统治政策执行久了,大家逐渐适应新的政策,就逐渐废除旧的政策,全面实行新的政策,完成新旧制度的转换。用今天的话来理解就是"因俗为变"。周王朝在顺应夏商遗民原有政策心理惯性前提下,推行新的疆土统治的具体方法就是授民授疆土。下面通过梳理西周不同类型的授民授疆土策略来具体分析周王朝在这一时期是如何贯彻以"启以商政,疆以周索"为代表的系列制度革新策略的。

第一,"选建明德,以蕃屏周"的授民授疆土。

这是巩固周王朝统治的屏蕃式的分封,是西周取代殷商四服制的授民授疆土策略,即最终定型的分封制。这其中又包括同姓封建和异姓封建。

同姓封建如《左传》昭公二十八年:"昔武王克商,光有天下,其兄弟之国者十五人;姬姓之国者,四十人,皆举亲也。"① 及《左传》僖公二十四年:"昔周公吊二叔之不咸,故封建亲戚以蕃屏周。管、蔡、郕、霍、鲁、卫、毛、聃、郜、雍、曹、滕、毕、原、酆、郇,文之昭也;邗、晋、应、韩,武之穆也;凡、蒋、邢、茅、胙、祭,周公之胤也。"② 这两段话分别记载了周代二次规模较大的分封,一个是武王克商后的分封,另一次是周公的分封。这些都是对同姓子弟的分封,其目的是以宗法血缘的纽带巩固周灭商所获的土地与人民。

异姓封建以《国语·周语》的记载较详:"昔挚、畴之国也由大任,杞、缯由大姒,齐、许、申、吕由大姜,陈由大姬,是皆能内利亲亲者也。"③

如前所述,这种蕃屏周王朝的封建制度是有周一代区别于殷商以前的制度创建。这是周灭商之后主要推行的疆土经略制度。但是,在具体的推行过程中还面临着如何处理好殷商旧贵族及其遗民势力,以及三代圣王后裔及其利益的问题。新的制度一定要在顺应旧传统与旧习俗的同时不断增加影响,并且最后完全取代旧的制度。所以,在我们所熟知的分封制度形成的过程中周王朝曾经有针对地进行过"启以商政,疆以周索""启以夏政,疆以戎索"的制度转换策略,以及与此相适应的诸侯、诸监并行的过渡时期,直到周王朝的统治根深蒂固后,才全部推行单一的分封制。

第二,"启以商政,疆以周索"的授民授疆土。

《逸周书·作雒》载:"武王克殷,乃立王子禄父,俾守殷祀。"④《史记·殷本纪》:"封纣子武庚禄父,以续殷祀,令修行盘庚之政。殷民大说。于是周武王为天子。其后世贬帝

---

① 杨伯峻编著:《春秋左传注》,第1494—1495页。
② 杨伯峻编著:《春秋左传注》,第420—423页。
③ 徐元诰撰,王树民、沈长云点校:《国语集解》,北京:中华书局,2002年,第46—47页。
④ 黄怀信、张懋镕、田旭东:《逸周书汇校集注》(修订本),第510页。

号，号为王。而封殷后为诸侯，属周。"①《逸周书·作雒》与《史记·殷本纪》都明确说明武王封纣子武庚禄父为诸侯，以此继承殷代的统序，而且明言"令修行盘庚之政"。实际上，就是为了安抚以武庚禄父为代表的殷商贵族，并让其继续用殷代的盘庚之政管理好殷遗民，让这些贵族统领下的殷遗民在习惯性地接受旧有统治方式的同时，接受周代新创的土地人民的管理方法，即周王集中拥有天下的疆土与人民，根据不同的需要而进行授民授疆土。这实际上就是在所谓的"以殷治殷"策略下，逐渐推行新的周制。

第三，"启以夏政，疆以戎索"的授民授疆土。

周初封唐叔于晋，晋为夏之故地，又地近戎狄，所以要顺应夏政传统，借鉴戎狄的治理疆土的方法，推行周政。这是安抚包括殷商在内的先代圣王旧地人民、笼络人心、巩固自己统治的手段。文献有对三代圣王之后分封的记载，即所谓的褒封，如《礼记·乐记》："武王克殷返商，未及下车而封黄帝之后于蓟，封帝尧之后于祝，封帝舜之后于陈。下车而封夏后氏之后于杞，投殷之后于宋。"② 类似的记述也存在于《吕氏春秋·慎大》及《史记·周本纪》。当然，对这类分封的真实性，后世学者也多有质疑，本文意在探讨分封制的演变过程，暂不对此做进一步考证。

四、诸侯、诸监之消长与授民授疆土的制度化

西周授民授疆土政策采取了在因循旧制度的过程中逐渐彰显新制度的策略。与这一策略相伴随，在周王朝曾经长期存在诸侯、诸监并存的过渡时期。由于过渡时期结束后，周王朝普遍实行的分封制成为周代制度的标志，又由于周代史料的大量佚失，后世对周代分封制的认识就保持在其成熟阶段的印象，而对其面对复杂的历史变革而采取相应的策略，逐渐发展成熟的过程就很少有人能够知其详情了。所幸的是，由于大量青铜器铭文的发现，让我们重新还原历史原貌成为可能。西周晚期的《仲几父簋铭》就为我们重新认知西周时期曾经诸侯诸监并存，提供了宝贵的数据，其内容如下：

中（仲）几父事（使）几事（使）于者（诸）厌（侯）、者（诸）监，用氒（厥）宾（傧）乍（作）丁宝殷（簋）③。

铭文明确提出"诸侯、诸监"的说法，说明这一时期存在着诸侯、诸监并存的现象。提到诸监，大家熟知的是周初为监制殷遗民所设的、后来曾经武装叛周而为周公所平定的三监。这里就不再讨论。我们要继续探讨的是，西周时期所设的监不仅仅限于所谓三监，正如上举《仲几父簋铭》所反映的那样，很有可能当时曾经存在着与诸侯并立的诸监。对这一问题，近年来学者给予了广泛重视并进行了深入讨论。赵伯雄先生认为："在周初尚未大规模实施分封制之时……有鉴于殷商外服制的破坏，周王朝实行了以诸侯监诸侯的监国制度。"④

---

① （汉）司马迁：《史记》，北京：中华书局，1959 年，第 109 页。
② （清）孙希旦：《礼记集解》，北京：中华书局，1989 年，第 1025 页。
③ 吴镇烽：《商周青铜器铭文暨图像集成》（第 10 册），第 199 页。
④ 赵伯雄：《周代国家形态研究》，长沙：湖南教育出版社，1990 年，第 154 页。

赵先生这一观点较为准确地把握了周初设立诸监是适应商的外服制破坏而采取的一个过渡性措施，但是又认为实行的是"以诸侯监诸侯的监国制度"。这一看法可能是以周初三监的特点推导出来的。事实上，诸监很有可能与诸侯各自负有不同的责任，共同完成周天子所赋予的守卫与经营一定范围国土的任务。正如上文所说，诸监很有可能是负责"启以商政，疆以周索"或者是"启以夏政，疆以戎索"的授民授疆土策略的贯彻落实，从而保证周王朝按照预定目标完成制度转换。所以有学者认为："诸监实际上是为王室镇抚民众的官，与独擅一国的侯是有区别的。"① 这说明，诸监很有可能是担负镇抚处于制度转换时期的前代遗民的职责。

关于诸监的详细情况，由于史料的缺乏，尚不能得到较全面的认识。但是就现有的研究成果来看，诸监作为以授民授疆土为主要内容的分封制发展过程中的过渡性措施应该是比较可信的看法。因此，诸监的逐渐退出历史舞台可以看作授民授疆土走向制度化的一个标志，即分封制趋于成熟和定型。关于诸监制度的结束，徐中舒认为："（应监甗的器主）开始是派出来做监的，他也领有采邑，后来逐渐发展为诸侯，而诸监之名也不复为人所知了。"②《史记·卫康叔世家》载："顷侯厚赂周夷王，夷王命卫为侯。"唐司马贞《索隐》曰："比子康伯即称伯者，谓方伯之伯耳，非至子即降爵为伯也。故孔安国曰：'孟，长也。五侯之长，谓方伯。'方伯，州牧也。故五代孙祖恒为方伯耳。至顷侯德衰，不监诸侯，乃从本爵而称侯，非是至子即削爵，及顷侯赂夷王而称侯也。"③《史记》及《索隐》的这段记载说明，卫康叔及其后代六世作为方伯可能即是周王朝的监，夷王时期监的地位下降，侯的地位上升，所以卫顷侯厚赂周夷王，完成了身份的转换，由监转为侯。

作者简介：崔存明，男，北京印刷学院社会科学部教授。

---

① 晁福林：《先秦社会形态研究》，北京：北京师范大学出版社，2003年，第402页。
② 徐中舒：《西周史论述》（上），《四川大学学报》1979年第3期。
③（汉）司马迁：《史记》，第1591页。

卜辞"戈"方考*

盐城师范学院文学院　丁军伟

摘　要： 在对卜辞详细分类的基础上，本文对方国"戈"进行了梳理，通过梳理可知戈主要活动于武丁早期至康丁时期，在宾组卜辞中戈方与商王朝关系比较微妙，因为宾组卜辞中既有戈方与商王朝战争的记载，亦有二者关系融洽的记载，说明此段时间内戈方与商王朝的关系为时叛时服。历组、无名组卜辞中二者关系较为融洽，当是戈方被商王彻底征服后臣服于商王朝。卜辞中的"戈"地当位于商王朝西部今山西境内，商末周初可能居于陕西泾阳高家堡。

关键词： 卜辞　戈　地望

甲骨卜辞中所见方国众多，但各个方国活动轨迹并不一致，前辈学者对此已有论述。随着对殷墟甲骨组类及断代认识的不断加深，对相关方国仍有探讨的必要，本文在充分吸收学界分类、断代等成果的基础上，对方国"戈"有关的卜辞进行了详细的梳理，以期对其有比较全面的认识。

一、卜辞中"戈"方及其与商朝关系

卜辞中"戈""戈人"之称常见，于省吾①、饶宗颐、孙亚冰、林欢②等学者均认为卜辞中"戈"乃族名或方国名，"戈人"乃戈族之人。刘钊先生指出卜辞中有关"戈人"记载的内容皆与军事活动有关，如将"戈人"理解为戈族之人，则不能解释为何不见其族其他活动的记载这一事实。故其认为"戈人"乃持戈之步卒。③ 卜辞中有"戈受年"（合8984）、"戈逸羌，得"（合504）等与军事活动无关的卜辞，故我们认为将戈理解为族名或方国名是比较可信的。卜辞中"戈"主要见于𠂤组、宾组、历组、无名组卜辞中，主要有以下辞例：

---

* 本文为国家社科基金"殷墟甲骨文分类与系联整理研究"（项目号：16AKG003）的阶段成果。
① 说见于省吾主编：《甲骨文字诂林》，北京：中华书局，1996年，第2308-2309页。
② 孙亚冰、林欢：《商代地理与方国》，北京：中国社会科学出版社，2010年，第317-318页。
③ 刘钊：《卜辞所见殷代的军事活动》，《古文字研究》第16辑，北京：中华书局，1989年，第90-91页。

1. ……王戈……罙……   合 20308（𠂤大）
2. ……盧貞……戈任……疾亡……   合 3929（𠂤小二）
3. 丙申卜，王：令火、戈孽。   合 20245（𠂤小二）
4. 戈弗捷①戎。   屯 3706（𠂤小三）

𠂤組卜辭中"戈"比較少見，主要有以上幾例，1、2 兩辭殘缺，詞義不明，3 辭乃商王令火、戈作祟，其後當省略賓語，故作祟對象不知，4 辭乃貞問戈是否會翦滅、截獲戎。

5. 甲寅卜，王［貞］：勿乎戈𢦏……   合 10713（𠂤賓間）
6. 戊午卜，乎戈比𣥺在𥎦。二月。   合 20171（𠂤歷間）
7. 癸亥卜，王：戈受年。十二月。   合 8984（賓一 A）
8. □□［卜］，爭貞：曰雀翌乙酉至于𦾔□戈𢦏亘，捷。   合 6939（賓一 A）
9. □戌卜，賓貞：戈𡨦亘。   合 6951 反（賓一 A）
10. a.［壬］辰卜，［殼］貞：王𢦏戈。
    b. 壬辰卜，殼貞：勿𢦏戈。   合 10716+上博 21691・302+合補 1651②（賓一 A）
11. 乙未卜，殼貞：𢦏戈。   合 6959（賓一 A）

𢦏字，學者或釋為"肄"、"敢"、"𠭥"，姚孝遂先生指出均不可信。③據 8、9 兩辭來看，𢦏當與𡨦詞義相似，𡨦在卜辭中有逮捕、執獲之義，則𢦏或亦有此義，8、9 兩辭當貞問戈征伐、捕獲亘麼？由賓一 A 卜辭商王占卜𢦏戈以及"戈受年"來看，我們推測此段時期內戈與商王的關係當時叛時服。

12. a. 貞：王𢓊（遭）④戈人。
    b. 貞：王弗𢓊（遭）戈人。   合 775 正（賓一 B）
13. 丙辰卜，殼貞：王夢𠂤，戈隹尤⑤。   合 5817 正+笏二 363⑥（賓一 B）

---

①關於此字具體為何字，諸家意見不一，但均認為其義為翦滅、捷獲。諸家說法可參于省吾主編：《甲骨文字詁林》，第 2367—2383 頁；何景成：《甲骨文字詁林補編》，北京：中華書局，2017 年，592—601 頁；顏世鉉：《說"截"字的構形及其用法》，《戰國文字研究的回顧與展望國際學術研討會論文集》，上海：復旦大學，2015 年 12 月。

②吳麗婉：《殷墟戰爭類卜辭新綴五則》，《蘭台世界》2015 年第 10 期。

③于省吾主編：《甲骨文字詁林》，第 1003—1004、1588 頁。

④此字陳劍先生釋為"遭"，為遇上、遭遇之義。說見氏著：《釋造》，《甲骨金文考釋論集》，北京：線裝書局，2007 年，第 147—150 頁。

⑤此字學者有"禍""咎"等多種說法，諸家之說參于省吾主編：《甲骨文字詁林》，第 2158—2172 頁。此暫從裘錫圭先生釋為"憂"，說見裘錫圭：《說"囚"》，《裘錫圭學術文集》（甲骨文卷），上海：復旦大學出版社，2012 年，第 377 頁。

⑥何會：《〈笏之甲骨拓本集〉新綴一則》，中國社會科學院先秦史研究室 http://www.xianqin.org，2017 年 1 月 3 日。

⚛字陈剑先生释为"遭",并指出"……使人感到'遭'好像是专用于不幸的、灾难性的遭遇。卜辞云遭风雨、遭鬼日、遭忧、遭艰和遭愆等,皆为不利的事,正跟'遭'的词义特点相合。"① 据此可知,卜辞中的"王遭戈人"当理解为王遇见戈人是不祥的事情,13辞"戈佳尤"说明商人认为戈乃其忧患,此表明当时二者应处于敌对状态。

14. a. 贞:⚛(将)戈人。
　　b. 癸亥卜,宾贞:勿将戈人出正畯。
　　c. 甲辰卜,宾贞:今日勿入戈人。　　　　　　　　合8402+珠458=合补2139(宾一B)
15. 己丑卜,宾贞:翌庚寅令入戈人。　　　　　　　　合8398正(宾一B)

⚛,学者多释为"将",叶玉森读"⚛戈人"为"戕戈人",认为其义乃残杀戈人,姚孝遂先生亦有此种观点,② 此说可信。14a辞贞问是否戕杀戈人,14c辞"入戈人"或与古代的献俘礼有关,指将捕获的戈人进献于宗庙。

16. 贞:乎戈人🀄🀄。　　　　　　　　　　　　　　合8401(宾一B)
17. 辛亥卜,贞:乎戈人⚛敦……　　　　　　　　　　合8404(宾一B)
18. 贞:勿令戈人。　　　　　　　　　　　　　　　　合41509(宾一B)
19. a. 己亥卜,宾贞:翌庚子步,戈人不𠩺。十三月。
　　b. 辛丑卜,宾贞:叀羽令,以戈人伐吾方,捷。十三月。合补1845【合39868(英藏564正)+合39878(英藏569)】+合5785③(宾一B)
20. 辛未卜,殼贞:王曰戈人来复。合8403+合4174+合5397+合补611+乙补1893+乙补5888+乙补7055④(宾一B)
21. 取羊于戈。　　　　　　　　　　　　　　　　　　合3521反(宾一B)
22. 贞:曰戈以齿王。　　　　　　　　　　　　　　　合17307正(宾一B)
23. a. 己亥卜,殼贞:曰戈以齿王。
　　b. 曰戈以齿王。
　　c. 贞:勿曰戈以齿王。　　　　　　　　　　　　　合17308(宾一B)

由"乎戈人""令戈人"以及"以戈人伐吾方"来看,此时戈人是臣服于商王的,"以齿",姚孝遂先生认为指贡纳象牙,⑤ 如其所言,则"戈以齿王"指戈向商王进贡象牙,说明戈与商王朝关系融洽。据上文可知,宾一B类卜辞的12—15四辞表明商王与戈当处于敌对状态,16—23八辞表明商王与戈关系融洽,这说明此段时期内二者关系亦不稳定。

24. 贞:戈失羌,得。　　　　　　　　　　　　　　　合504正(宾二)

---

① 陈剑:《释造》,《甲骨金文考释论集》,第149—150页。
② 于省吾主编:《甲骨文字诂林》,第974—979页。
③ 张宇卫:《甲骨缀合第十三—十七则》,中国社会科学院先秦史研究室 www.xianqin.org/,2011年12月21日。
④ 张惟捷:《殷墟YH127坑宾组刻辞整理与研究》(上),辅仁大学中国文学研究所博士学位论文,2011年,第225页。
⑤ 于省吾主编:《甲骨文字诂林》,第2150页。

25. 叀戈人射。　　　　　　　　　　　　英藏 2416+合 32130+合 34667① （历二 C）
26. 叀戈人射。　　　　　　　　　　　　　　　　　合 33002（历无名间）
27. 囗寅卜，壬王叀戈田省，亡灾。　　　　　　　　合 29379（无一 B）
28. a. 庚申卜，王其省戈田 [于] 辛，屯日亡灾。
　　b. …王其省戈田于乙，屯日亡灾。侃 [王]。　　　屯 1013（无一 B）

由上面卜辞可知戈有自己的领地，27、28 两辞乃占问王省视戈田，没有灾祸，28 辞中的"屯日"义为终日，28b 辞表示王在乙日省视戈田，一整天都没有灾祸，王很喜悦。"屯日"目前所见，均为无名组卜辞，除本辞外，其余均见于田猎卜辞，无一 A 类卜辞有"王其乎戈擒虎。(合 33378)"即王呼令戈擒获老虎，据此我们怀疑，无名组卜辞中的"戈"与殷商田猎区当有密切联系。

林沄先生在论述非王卜辞的时候曾指出，"在武丁时代，根据王室卜辞的记载，商王已建立了和'武装全民'不一致的常备武装。其成员一方面来源于战争中俘获的异族奴隶，另一方面是从各家族征调的。在王室卜辞中，有'取马''取射'和各家族'勺马''勺射'的记载"②。25、26 两辞的"戈人射"或许是由戈方征调而来的射人。

据上文对有关卜辞的梳理来看，戈方最早见于𠂤组大字卜辞，最晚见于无名组一类卜辞，𠂤组大字卜辞的时代为武丁早期，③ 无名组一类的时代为大致为康丁时期，④ 说明戈方在卜辞中主要活动于武丁早期至康丁时期。在宾组卜辞中戈方与商王朝关系比较微妙，因为宾组卜辞中既有戈方与商王朝战争的记载，亦有二者关系融洽的记载，说明此段时间内戈方与商王朝的关系为时叛时服。历组、无名组卜辞中二者关系较为融洽，当是戈方被商王彻底征服后臣服于商王朝。

曹定云先生曾对卜辞中的"戈人""戈"有所梳理，其指出"……从以上卜辞中可以看出，作为夏部落后裔的'戈人'，在沦为种族奴隶之后处境难堪。他们要尽多方面的义务：缴纳贡赋，进贡奴隶，从事征伐和其他劳役"⑤。朱凤瀚先生指出"按前述'子某'名号的特点，子戈的族氏很可能即是戈氏，如是这样，则戈氏属王之同姓亲族，原系子族一支……宾组卜辞中可见卜问'乎戈'田猎，卜问戈人'伐吾方'，'执亘'，此外又见卜问向戈氏征取牲畜之事，如'取羊于戈?'。在较晚的卜辞中，如约属廪辛、康丁时期的无名组卜辞中，还可以见到卜'令戈归'，由此可知，戈氏世代服役于商王，对王室承担种种义务"⑥。

我们认为就目前所见卜辞来看，并未有充分材料说明卜辞中戈方已沦为种族奴隶，卜辞

---

① 蔡哲茂：《〈甲骨缀合集〉补缀一则》，中国社会科学院先秦史研究室 www. xianqin. org/，2008 年 8 月 28 日。
② 林沄：《从武丁时期的几种"子卜辞"试论商代的家族形态》，《林沄学术文集》，北京：中国大百科全书出版社，1998 年，第 56 页。
③ 李学勤、彭裕商：《殷墟甲骨分期研究》，上海：上海古籍出版社，1996 年，第 83 页。
④ 李学勤、彭裕商：《殷墟甲骨分期研究》，第 298 页。
⑤ 曹定云：《殷代族徽"戈"与夏人后裔氏族——从妇好墓器物铭文"戈𠂤"谈起》，《考古与文物》1989 年第 1 期。
⑥ 朱凤瀚：《商周家族形态研究》（增订版），天津：天津古籍出版社，1995 年，第 95 页。

中戈与商王朝关系时叛时服，只能说明当时二者关系并不稳定，卜辞中亦常见土方、𠯳方等方国与商王朝时叛时服的记载，学者并未据此认为土方、𠯳方为种族奴隶，亦可说明这一问题。卜辞中"子某"，刘源先生有详细论述①，目前学者普遍认为此乃商王之后裔，与商王有或近或远的血缘关系，卜辞中有"子戈"（合 32779），朱先生认为戈氏属王之同姓亲族，并进一步指出戈氏世代服役于商王，对王室承担义务。由于卜辞仅此一见，我们认为其是否与戈方有关尚待进一步考证，故朱先生所言或可商。

二、"戈"方地望及族属

卜辞中戈方最晚见于康丁时期的无名组一类卜辞，晚期的黄组卜辞中未见戈方，虽然晚期卜辞中未见戈方，但商代晚期至西周初期的青铜器中却常见以"戈"作族徽的铜器，关于铜器中的"戈"族族徽，学者作了许多有益的探讨，其中对此论述最详的当属何景成先生的《商周青铜器族氏铭文研究》、王长丰先生的《殷周金文族徽研究》二书。卜辞及族徽铭文中均有"戈"及"𢦏"，何景成等学者将二者均释为"戈"，② 王长丰先生对此有所论述，其认为"戈"与𢦏有别，二者为不同的字，应分开，③ 我们认为王先生所言可从。关于"戈"族徽，王先生指出"目前所见'戈'族徽 81 器 85 拓铭文，其时代从殷商至西周早期均见，属殷商时期者为 55 器，属西周早期者为 22 器，余 4 器时代属商末周初，其中有明确出土地点者 19 器，这 19 器'戈'族徽的出土地相当广泛，共有 7 省出土，其中河南 7 器、山西 1 器、湖南 2 器、山东 1 器、陕西 8 器、甘肃 1 器"④。

由于"戈"族徽器物出土范围比较广泛，故据此考证其地望就比较困难，目前关于"戈"的地望主要有以下几种观点：钟柏生先生认为其地在殷西⑤；何景成、孙亚冰、林欢等先生认为殷商时期的戈族，很有可能位于陕西泾阳高家堡一带⑥；郑杰祥、王长丰等先生认为殷商时期戈国即《左传·哀公十二年》"宋郑之间有隙地焉，曰弥作、顷丘、玉畅、喦、戈、锡"的"戈"，其地在今河南省商丘与新郑之间⑦；杨肇清先生认为"戈国地原在洛阳地域，在商末周初已从洛阳迁移到陕西泾阳河间的泾阳一带"⑧。张懋镕、戴应新二位先生亦有类似意见；⑨ 陈晓华先生认为"夏代的戈国应在二里头文化分布范围内，或许就在宋、郑之间的戈邑。商代的戈方应在陕西泾阳地区，安阳则是部分戈国贵族羁縻的地方。入周以

---

① 刘源：《从国博所藏甲骨谈殷墟王卜辞中的子某》，中国国家博物馆：《中国国家博物馆馆藏文物研究丛书·甲骨卷》，上海：上海古籍出版社，2007 年，第 305—312 页。
② 何景成：《商周青铜器族氏铭文研究》，济南：齐鲁书社，2009 年，第 113—127 页。
③ 王长丰：《殷周金文族徽研究》，上海：上海古籍出版社，2015 年，第 265—266 页。
④ 王长丰：《殷周金文族徽研究》，第 268—269 页。
⑤ 钟柏生：《殷商卜辞地理论丛》，台北：艺文印书馆，1989 年，第 208 页。
⑥ 何景成：《商周青铜器族氏铭文研究》，第 125 页；孙亚冰、林欢：《商代地理与方国》，第 318 页。
⑦ 郑杰祥：《商代地理概论》，第 250 页；王长丰：《殷周金文族徽研究》，第 274 页。
⑧ 杨肇清：《戈国考》，河南省文物考古学会编：《河南文物考古论集（二）》，郑州：中州古籍出版社，2000 年，第 129 页。
⑨ 张懋镕：《高家堡出土青铜器研究》，《考古与文物》1997 年第 4 期；戴应新：《泾阳高家堡戈国墓研究》，周秦文化研究编委会：《周秦文化研究》，西安：陕西人民出版社，1998 年，第 193—194 页。

后各族式微，离散各地不显于世。"①

《左传·哀公十二年》之"戈"地在今商丘至新郑之间一带学者无异议，但据此认为卜辞中的"戈"地亦在此似可商，因为就目前来看，具有明确出土地点的"戈"族徽未见有一件在此地附近出土，这就说明不能将甲骨卜辞中的"戈"与文献中的"戈"地简单对比。杨肇清等先生认为戈地原在洛阳，商末周初西迁至泾阳高家堡一带，我们认为此说或可商，因为据统计目前出自洛阳的乃🯄族徽，未见戈族徽，陕西泾阳高家堡"戈"国墓地M1出土的铜器中，🯄与"戈"同时出现，说明此二者作为族徽是有一定差距的，故我们认为洛阳当非戈族居住之地。

就甲骨卜辞来说，学者考订"戈"地地望主要据与其有关联的亘、𢍱、𠱠方，卜辞中的亘、𢍱、𠱠方学者基本认为在今晋陕交界地区，如此则"戈"亦当在此区域附近，我们认为就目前所见资料来看，甲骨卜辞中的戈地，钟柏生先生认为在殷西是比较可信的。结合"戈"族徽出土地点来看，上文何景成、孙亚冰、林欢三位先生认为商代戈地很可能位于陕西泾阳高家堡一带是有可能的，但高家堡所出带有戈族徽的器物既有商代晚期亦有西周初期的，而出该族徽器物的墓葬年代则均为西周早期，与卜辞中戈方的活动时期仍有较大的时间空隙，故甲骨卜辞中的戈是否位于此地，尚待更多资料证明，就目前资料来看，商末周初戈方居于此地或是可信的。

上古时期，部落、氏族是不断的迁徙的，因此很多地方有与相关部落、氏族有关的活动印记。就甲骨卜辞及商周时期的族徽铭文等资料来看，商周时期"戈"地应大致活动于今天的晋陕两地之间。

《左传·襄公四年》："昔有夏之方衰也……浞因羿室，生浇及豷，恃其谗慝诈伪而不德于民。使浇用师，灭斟灌及斟寻氏。处浇于过，处豷于戈。靡自有鬲氏，收二国之烬，以灭浞而立少康。少康灭浇于过，后杼灭豷于戈。有穷由是遂亡，失人故也。"②《左传·哀公元年》："使女艾谍浇，使季杼诱豷，遂灭过、戈，复禹之绩。祀夏配天，不失旧物。"③《潜夫论·五德志》："姒姓分氏，夏后、有扈……戈，皆禹后也。"④ 据上述文献来看，戈应为夏的后代，王长丰先生结合文献对"戈"族有详细论述⑤，邹衡先生亦指出："戈族既不是商人，也不一定是周人，那么他们就有可能属于其他的古族了，《史记·夏本纪》记载夏人中有戈氏，商周时代的戈族很有可能就是夏的遗民。"⑥ 此说当可信。由陕西泾阳高家堡出土戈族徽的墓地的葬俗（如腰坑）来看，商末周初戈族当受殷商文化影响较大。

作者简介：丁军伟，男，盐城师范学院文学院讲师。

---

① 陈晓华：《戈器戈国戈人》，《考古耕耘录—湖南中青年考古学者论文选集》，长沙：岳麓书社，1999年，第195页。
② 杨伯峻：《春秋左传注》，北京：中华书局，1981年，第936—937页。
③ 杨伯峻：《春秋左传注》，第1606页。
④（汉）王符著，（清）汪继培笺，彭铎校正：《潜夫论笺校正》，北京：中华书局，1985年，第396页。
⑤ 王长丰：《殷周金文族徽研究》，第271—274页。
⑥ 邹衡：《论先周文化》，《夏商周考古学论文集》，北京：科学出版社，2001年，第322页。

浅析先秦铜剑随葬位置及其礼用功能*

重庆师范大学历史与社会学院　樊森
四川外国语大学中文系　黄劲伟

摘　要：墓葬中随葬品的有规律放置现象始于新石器时期，但学界对于随葬器物放置位置的研究尚处于起步阶段。铜剑是先秦墓葬随葬锋刃器中的重要类别，特别是在高级别贵族墓葬中，其放置位置呈现出规律性时代特征。整体来看，铜剑在先秦墓葬中的位置存在一个从墓主人身侧到棺椁之间，到再回归墓主人身侧的变化过程。对墓葬铜剑出土位置的研究有利于全面观察先秦用剑制度，进而深刻理解铜剑的礼用意义。

关键词：铜剑　随葬位置　礼制　礼用意义

墓葬中随葬品具有人为放置规律的现象开始于新石器时期[①]，但学界对于随葬器物放置位置的研究尚处于起步阶段，仅有部分学者曾对此问题做过一些专题研究[②]，事实上，墓葬中"不同的器型都有序的按要求放置"是"随葬器物的意义"，"了解各类随葬品在墓葬中的方位及其位置关系，对于判断随葬品的性质与用途，了解其背后的社会意义和思想内涵，探求古人墓葬中的器用观念和方位观念都具有重要意义"[③]。

铜剑是先秦墓葬随葬锋刃器中的重要类别，特别是在高级别贵族墓葬中，其放置位置呈现出规律性时代特征，对墓葬铜剑出土位置的研究有利于全面观察先秦用剑制度，进而深刻理解铜剑的礼用意义。

---

*基金项目：重庆市社会科学规划项目"基于 GIS 空间分析技术的先秦铜剑交流演进谱系"（2017BS20）；国家社会科学基金重大项目"商周金文字词集注与释译"（13&ZD130）。

[①] 毕经纬、杨欢：《随葬品摆放规则初步研究——以海岱地区东周墓葬为例》，《华夏考古》2016 年第 2 期。

[②] 赵艺蓬、陈钢：《邻城汉墓 M132 随葬品位置分析——兼论墓葬文化因素区位分析方法》，《文博》2014 年第 1 期。毕经纬、杨欢：《随葬品摆放规则初步研究——以海岱地区东周墓葬为例》，《华夏考古》2016 年第 2 期。王琼：《鲁中南汉墓随葬品的摆放位置研究》，山东大学硕士学位论文，2016 年。祁冰：《陕西地区西周墓葬随葬品摆放位置研究》，山西大学硕士学位论文，2013 年。霍蕾：《商墓随葬品的摆放位置研究》，郑州大学硕士学位论文，2012 年。

[③] 毕经纬、杨欢：《随葬品摆放规则初步研究——以海岱地区东周墓葬为例》，《华夏考古》2016 年第 2 期。

但目前墓葬铜剑出土位置研究存在两大困难：第一，大多数发掘报告，特别是早期发掘报告对随葬器物的出土情境①不够重视，对器物的出土位置语焉不详；第二，近二十年间的发掘报告虽然在器物出土位置表述的重视程度上有所改观，但却仅重视描述青铜祭祀器的出土位置，对于兵器，特别是铜剑的出土位置却描述简略甚或只字未提。故本文的讨论仅能以原发掘报告中铜剑出土位置表述清晰的墓例作为数据基础。

在此基础上本文选取的墓例共95座，② 时间范围为商代到战国晚期，其中商代墓葬1座、西周墓葬37座、春秋墓葬18座、战国墓葬39座。参考既有先秦墓葬等级划分成果，③综合多方面标准④把95座出土铜剑的墓葬等级于周天子下分为四级，其与墓主身份等级的大致对应关系为：第一等级，列国诸侯、王朝卿大夫；第二等级，列国大夫、大夫家族的近亲成员；第三等级，各级士；第四等级，庶人及其以下各阶层。其中，第一、二等级为高级贵族墓葬，第四等级为低级墓葬。

一、铜剑随葬位置分类整理

随葬铜剑的位置信息历时分级别列为表1-4，观察可知：

表1 二级墓铜剑出土位置统计

出土位置		商代晚期	西周早期	西周中期	西周晚期	春秋早期	春秋中期	春秋晚期	战国早期	战国中期	战国晚期	合计	
棺内	头部				1							1	16
	怀中											0	
	身侧		2(强国)				2		5	3	3	15	
棺外	棺椁间		0		1					32		33	40
	棺椁盖									1		1	
	边箱									1		1	
	头箱									3		3	
	器物库											0	
	二层台		1									1	
	墓室内									1		1	
其他	盗扰											0	13
	打破											0	
	不详					1	3	1	8			13	
合计		3	0	1	2	5	1	13	41	3		69	

---

①考古学情境是在语言学、符号学大师索绪尔语言"符号"基础上改造而生的，认为考古文化遗存作为一种"符号"性的文化象征，其含义绝非可任意指定，而是要受到具体考古学情境的引导和限制。具体到本文，就是指铜剑本身的数量、纹饰、工艺等信息，以及铜剑伴出器物的类型规律、伴出器物的数量和组合等。在"事死如生，事亡如事存"的先秦社会，墓葬行为是体现社会观念和象征系统的高度制度化行为，因此对于铜剑出土详细情况的还原分析有助于揭示先秦社会的文化机制和礼制信息。

②本人博士论文《先秦铜剑礼用功能研究》中统计先秦出土铜剑墓葬约有651座（数据截止到2016年），其中商代墓葬1座、西周墓葬39座、春秋墓葬39座、战国墓葬572座（长沙楚墓513座）。

③既有成果是指涉及相关墓葬等级判定的学术专著，如孙庆伟《周代用玉制度研究》、井中伟《夏商周考古学》等，以及具体墓葬考古发掘报告，如洛阳市文物工作队编《洛阳王城广场东周墓》等。

④墓葬等级的区分标准包括很多方面，但在不同时代和地区或有所不同，据前辈学者研究，墓葬形制、墓葬规模、随葬鼎簋的数量、器物组合、有无殉人和是否随葬车马坑等均可用来判断墓葬的等级。但一方面由于墓葬本身的上述表现在不同时代和地域上存在一定差异；另一方面研究者所采取的标准不同其所得结论自然也会产生个体区别，故目前学界尚未建立起一个具有普遍适用性的墓葬等级判断标准。

表 2 一级墓铜剑出土位置统计

出土位置		商代晚期	西周早期（不含白草坡M2）	西周中期	西周晚期	春秋早期	春秋中期	春秋晚期	战国早期	战国中期	战国晚期	合计	
棺内	头部							3				3	
	怀中											0	23
	身侧		4（强3曾1）	5（强2）	1	1	1	8				20	
棺外	棺椁间		1			4	3	7		1		16	
	棺椁盖											0	
	边箱						1					1	
	头箱			1								1	31
	器物库							5				5	
	二层台	1										1	
	腰坑							1				1	
	墓室内				1			5				6	
其他	盗扰		4	1				3				8	
	打破											0	18
	不详		4					2	4			10	
合计		1	13	7	6	5	12	21	5			72	

表 3 三级墓铜剑出土位置统计

出土位置		商代晚期	西周早期	西周中期	西周晚期	春秋早期	春秋中期	春秋晚期	战国早期	战国中期	战国晚期	合计	
棺内	头部		5（强）					2				7	
	怀中							1		1		2	21
	身侧			1	1			3	6	1		12	
棺外	棺椁间		2		2	2		1				7	
	棺椁盖			2								2	
	边箱											0	
	头箱											0	12
	器物库								1			1	
	二层台		1									1	
	墓室内				1							1	
其他	盗扰											0	
	打破											0	15
	不详		2		1			2	8	1		15	
合计			10	3	4	4	0	2	15	8	2	48	

表 4 四级墓铜剑出土位置统计

出土位置		商代晚期	西周早期	西周中期	西周晚期	春秋早期	春秋中期	春秋晚期	战国早期	战国中期	战国晚期	合计	
棺内	头部								1			1	
	怀中									2		2	17
	身侧		1（强）						0	10	2	14	
棺外	棺椁间							1				1	
	棺椁盖											0	
	边箱											0	
	头箱											0	2
	器物库											0	
	二层台											0	
	墓室内			1								1	
其他	盗扰											0	
	打破							2				2	19
	不详					1		6	3	5	2	17	
合计			1	1	0	1		9	4	17	4	38	

除去被盗扰、打破以及发掘报告语焉不详者，西周早期明确铜剑出土位置的墓葬共有 17 座，随葬铜剑放置于棺内的墓葬有 12 座，其中强国墓地占了 11 座，另有一座为叶家山

曾国墓地M1，这12座墓葬无论等级高低，所有铜剑均放置于墓主人腰腹处。此外还有2座墓葬的铜剑出土于棺椁间，2座出土于二层台。另外灵台白草坡M2较为特殊，其随葬器物是分层放置的，层与层之间以白色苇席隔开，共四层，铜剑放置于第三层。

到了西周中晚期，除了彊国墓地出土的两把铜剑仍放置于棺内墓主人身侧外，其他墓葬出土铜剑均放置在棺外，主要是棺椁之间，仅有黎城黎侯墓和甘肃宁县宇村M1例外。铜剑这种放置于棺外的习惯一直持续到春秋早中期。

到了春秋晚期之后，铜剑放置于棺内的墓例又开始增多，特别是到了战国中期之后，除了大型楚墓会将部分剑器放置于棺椁之间或者边箱、头箱内外，其余地方封国的出土铜剑基本都放置于内棺墓主人身边。

整体来看，铜剑在墓葬中的位置存在一个从墓主人身侧到棺椁之间，到再回归墓主人身侧的变化过程。

铜剑出土于棺内墓主人身侧，具体又可以分为墓主人远身侧与墓主人近身侧两种，这两种放置位置的意义应该是有所区别的。出土于棺内远身侧，其放置目的可能是起到防卫作用，霍蕾等学者认为兵器出土于棺内，是将兵器看作一种防卫工具，放置于棺内可以起到防卫意义[1]，如苏埠屯商墓M8中放置戈、矛、钺、刀、弓、镞等多种兵器，将墓主人的内棺层层围护。再如山西省太原市金胜村的赵卿墓，随葬兵器主要放置在棺内，墓主人身侧随葬着大量兵器，有成对的戈、数以百计的箭镞。铜剑放置于棺内，应该是出于同样的考虑。此外，也有可能是代表墓主人的一种珍贵收藏。

以下重点讨论铜剑出土于棺内墓主人近身侧的情况。铜剑出土于墓主人近身侧，主要表现为出土于墓主人腰腹间（图1-1）、墓主人怀中（图1-2）、墓主人头部（图1-3）周围三种情况。

（一）腰腹间

剑器放置于主人腰腹间、墓主人怀中、墓主人头部周围均反映出铜剑在墓主人生前日常生活中的伴随情况，尤其是铜剑出土于墓主人腰腹位置，直接表明该铜剑应是墓主人生前日常系带之物，铜剑出土在墓主人腰间的墓葬其墓主人身份多与武备、军士有关，表达的是"剑者，君子武备，所以卫身，不可解"[2] 之意。

---

[1] 霍蕾：《商墓随葬品的摆放位置研究》，硕士学位论文，郑州大学，2012年，第54页。
[2]（汉）班固：《汉书》，北京：中华书局，1962年，第3035页。

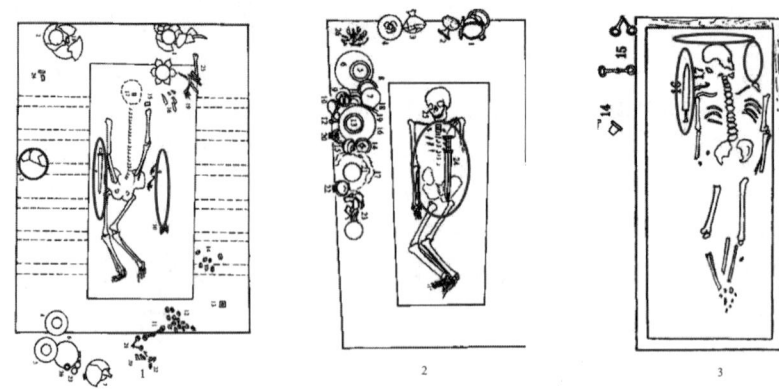

图1　剑器出土于墓主人近身侧位置示例

1. 腰腹周围　2. 怀中　3. 头部周围

资料来源：1、2.《长治分水岭东周墓地》，北京：文物出版社，2010年，第59页，图三八A、二一A；3.《山西长子县东周墓》，《考古学报》1984年第4期，图一五

（二）头端

目前最典型的铜剑出土于墓主人头端的墓例之一是江苏省邳州九女墩M3①，在墓主人头部前方的夯筑小矮墙上并排放置三把铜剑（图2），铜剑尖向一律朝向东北方，而在其前方和墓主人脚端则以同样的方式放置有3件陶器和3件玉璧。这种规律性放置器物的方式应该是有意为之，代表着某种特殊的地方葬俗。但是仔细观察M3内器物放置情况，却可发现这种特殊葬俗中存在着明显的等级区分。

M3中有殉人16，分别安置在东西侧室、南、北陪葬坑和前室中，殉人大部分同样采用在头端放置陶制品的安葬习俗，但16个殉人头端放置器物数量、类别有着明显区分。前室北部的殉人头边放置1件陶罐和1件陶纺轮，南北陪葬坑殉人头部均放置1件陶罐，东侧室3名殉人头均放置1件陶罐和1件陶纺轮，西侧室内3名殉人中部的一名（PG6）头边放置1件铜尊、1件陶盆和1件陶壶，而两侧的两个殉人头边仅放置1件陶罐和1件陶纺轮，前室随葬4人则无随葬品。16名殉人中显然以西侧室中间的殉人PG6身份最高，因为他不仅头部放置陪葬器物数量最多，而且还陪葬有1件铜器。从PG6陪葬铜尊的放置位置来推断，M3随葬器物放置的最重要位置显然是死者尸身的头部正前端，从这一点上我们可以肯定同样放置于墓主人头部前端的3把铜剑对于墓主人有着十分重要的地位和意义。

其实从这个角度我们可以试着去推测主室棺床上的两具骨架何者为墓主人本人。原发掘报告描述主室："室内有一棺一椁的板灰遗迹，内有两具人骨架痕迹（编号为YG1、YG2），仅见白色骨灰。"② 因为墓主人尸身仅存骨灰，所以报告并没有说明两具人骨何者为墓主本人，但从墓室平面图来看，3把铜剑正在YG1人骨头部正前端，故YG1应为墓主本人，YG2可能为其夫人。

---

① 孔令远、陈永清：《江苏邳州市九女墩三号墩的发掘》，《考古》2002年第5期。
② 孔令远、陈永清：《江苏邳州市九女墩三号墩的发掘》，《考古》2002年第5期。

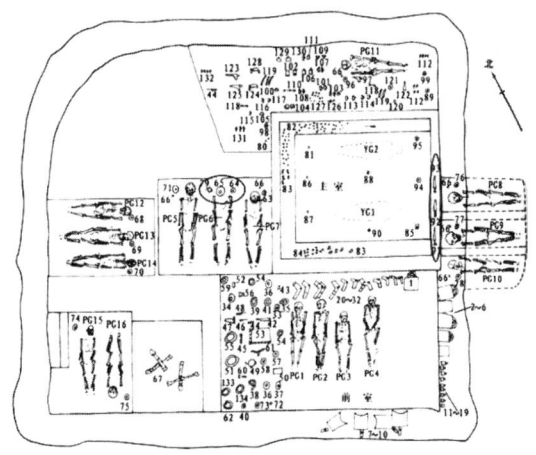

图 2 江苏省邳州九女墩 M3 平面图

91. 铜剑　　92. 铜剑　　93. 铜剑

资料来源：《江苏邳州市九女墩三号墩的发掘》，《考古》2002 年第 5 期，图三

（三）怀中

在墓主人近身侧的这三种常见出剑部位中，放置于墓主人怀中的情况应该引起我们的注意。将剑器抱于怀中的行为显然要比将剑器放置于腰腹间和头端更能表现出墓主人生前对于随身宝剑的重视程度，特别是目前出土铜剑墓例中将铜剑抱于怀中的墓葬主要出现在战国中晚期的三、四级墓中，如四级平民墓葬长治分水岭 M120、长治分水岭 M98 等，这应该是服剑人群等级下移后产生的结果。战国中晚期，由于礼崩乐坏和战事频仍，原本无缘服佩剑器的庶民阶层可以拥有、佩戴铜剑，剑器成为其提高社会身份层次的显性标识，故而生前珍视，死后随葬亦放置于重要位置。

二、铜剑随葬位置反映的礼用信息

对于剑器随葬位置所反映的礼用信息，下文拟从铜剑异器比较和铜剑同器比较中找寻线索。

（一）异器比较

所谓异器比较，就是比较墓葬中铜剑与其他兵器在放置位置上的相同处与不同处。铜钺是先秦兵器中的重器，是墓主人高级贵族身份的标识物，铜戈是先秦战事中使用最广泛、墓葬中最常见的兵器之一，所以本文对铜剑与其他兵器出土位置异同的讨论主要参照铜钺、铜戈的出土位置。我们选取先秦墓葬中同时出土钺、剑、戈三种兵器的墓例列表如下：

表 5 同出钺、剑、戈的先秦墓葬统计表

序号	铜剑位置	铜钺位置	铜戈位置	共存青铜兵器	出土单位	棺椁形制	墓葬时代
第1组	二层台西侧	棺内椁室西南侧及偏东一隅	棺内墓室西半部	铜矛35，铜戈28，铜钺6，铜镞123，铜剑3，铜刀15，镂空锋刃器1，铜镈19，铜胄1	江西新干大墓	一棺一椁	商代后期
第2组	墓主人腰部	外棺棺盖上	外棺棺盖上棺内	铜钺1，铜戈13，铜矛1，铜短剑1，弓形器1，盾牌铜饰5	竹园沟BZM7	一椁双棺	康王时期
第3组	墓主人腰腹部	外棺棺盖上	外棺棺盖上棺内	铜钺1，铜戈20，铜矛3，铜异形兵器1，铜短剑1，箭镞5，盾牌铜饰4	竹园沟BZM13	一椁双棺	康王前期
第4组	车箱前半部	车箱前半部	车箱前半部	铜戈2，短剑1，钺1，卷首刀2，矛5，戟2，镞140，铜甲片6，甲泡2	洛阳林校车马坑	车马坑	西周早期
第5组	南椁室的中部	东椁室	东椁室南椁室	铜刀2，铜钺1，铜戈5，铜剑1，弓形器3，铜镞32	鹿邑太清宫长子口墓	一椁两棺	商周之际
第6组	墓主人腰侧墓室西南部墓室南部	——	棺椁之间	剑6，戈31，戟9，钺10，矛20，镞510，镈弓1，铜镈169，杆首饰4，戈柲帽5，镦14	山西太原金胜村赵卿墓	一椁三棺	春战之交
第7组	头箱北部墓主人身侧	边箱	边箱	铜剑2，铜戈1，铜矛1，铜戟1，铜钺1，箭箙1，弓2，盾1，镞36，甲1	江陵藤店一号墓	一椁两棺	战国中期

第1组新干大洋洲商代大墓，该墓为一棺一椁制，椁室东西两端各有二层台。墓中出土的3把剑均放置于二层台的西侧。原报告指出大洋洲商墓随葬的232件兵器中，只有编号为XDM:338的带銎钺、编号XDM:117的直内戈和编号XDM:127的曲内戈放置在棺内。带銎钺"造型奇特、纹饰绮丽"，直内戈"乌黑透亮、寒光闪闪"，曲内戈极其"精美"，① 这三件兵器显然是大洋洲兵器中的精品重器，因此被特意放置于棺内墓主人的身侧。

第2组和第3组都是宝鸡强国墓地的一级墓葬，两墓均为一椁双棺，均出土了1把铜剑和1件铜钺，两墓的铜剑都是出在棺内墓主人的腰腹间，而铜钺均是放置在外棺的棺盖之上。同样放置于外棺棺盖之上的还有多件实用铜戈，而强国墓地比较特殊的是在棺内放置小

---

① 江西省博物馆、江西省文物考古研究所、新干县博物馆：《新干商代大墓》，北京：文物出版社，1997年，第6页。

型明器铜戈，2、3 两组的 BZM7 和 BZM13 也是如此，有学者指出这种放置于内棺的小戈可能是一种戈形的地方钱币，放置于棺内是财富的象征，等同于其他墓葬内棺常见的金贝、骨贝。①

第 4 组西周早期洛阳林校车马坑（图3），铜剑、铜戈、铜钺同出于车厢前半部，车厢的后半部放置铠甲、箭镞等。

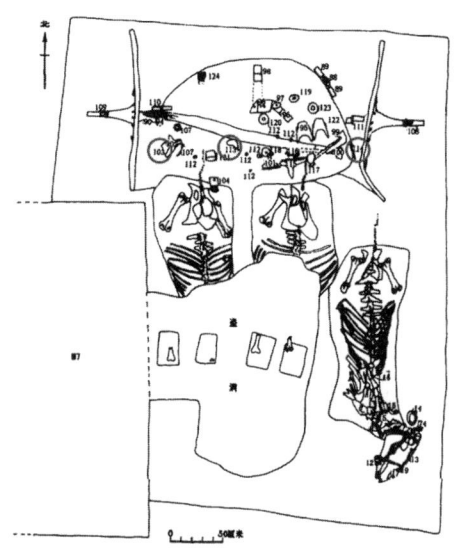

图 3　洛阳林校车马坑

103. 铜钺　　113. 铜剑　　114. 铜戈

资料来源：洛阳市文物工作队：《洛阳林校西周车马坑》，《文物》1999 年第 3 期，图五

第 5 组商周之际河南鹿邑太清宫长子口墓，铜剑出土于南椁室的中部，铜钺出土于东椁室，而铜戈则分散于东椁室和南椁室。

第 6 组春战之交山西太原金胜村赵卿墓，6 把铜剑分别出土于墓主人腰侧、墓室西南部和墓室南部，铜钺的明确出土位置原报告没有给出，仅说明铜戈出于于棺椁之间。

第 7 组战国中期江陵藤店一号墓，2 把铜剑分别出土于头箱和墓主人身侧，铜钺和铜戈则出土于边箱中。

观察表 5，可以发现除了洛阳车马坑外，铜剑和铜钺、铜戈没有放置于同一处的习俗，这表明在先秦贵族眼中，这三种兵器的地位和意义是有所区别的。整体来看，在商代，铜钺和制作精美的铜戈的地位和意义明显重于铜剑，其在墓葬中的位置往往更接近于墓主人身侧；而随着时间的变化，铜剑在墓葬中所处的位置逐渐靠近墓主人，结合上表所列范围之外的铜剑墓例，我们可以发现春秋中期以后，特别是进入战国之后，墓葬中出土的铜剑大多都放置在墓主人身侧。铜剑放置位置逐渐向墓主人靠近的趋势应该是与西周早中期剑钺地位的

---

① 王桂枝：《谈虢国墓地出土的青铜小戈》，《中国钱币》2001 年第 2 期。

替换过程有关。① 铜戈在墓中所处的位置相对比较灵活，这与随葬铜戈数量相对较多及其现实社会的普遍使用率有关。

（二）同器比较

所谓同器比较就是重点关注同一墓葬中多把铜剑各自的随葬位置，观察同为随葬剑器，在丧葬礼俗的使用中有无人为有意的区分，并探寻区分的原因。排除由于被盗扰物品随葬位置不详的墓葬、发掘报告未明确说明铜剑出土位置的墓葬后，前文所列铜剑墓例中出土超过2把剑的墓葬可列表如下：

1. 铜剑出于同一位置的墓葬

表6 铜剑出于同一位置的墓葬统计表

序号	铜剑编号	出土位置	棺椁形制	墓葬等级	墓葬时代	出土单位
第1组	XDM：339 宽刃青铜剑	二层台	一棺一椁	一级	商代后期	江西新干大墓
	XDM：173					
	XDM：340					
第2组	铜剑 M53：34	殉人处	一棺两椁	三级	西周早期	琉璃河 M53
	铜剑 M53：40					
第3组	柳叶剑 M2：35	第三层墓室北端	一棺一椁	一级	康王时期	白草坡 M2
	柳叶剑 M2：36					
第4组	BRM1乙：68	墓主人腰部	一椁两棺	一级	昭穆之际	茹家庄 BRM1
	BRM1乙：69					
第5组	双耳剑 M1：22	墓底南头	葬具腐朽	一级	西周中期	瓯海杨府 M1
	双耳剑 M1：23					
	双耳剑 M1：24					

---

① 本人博士论文统计中发现在西周中后期存在着一种剑钺地位的替换现象，这种现象的出现应该是与西周中期的礼制改革有关。

续表

序号	铜剑编号	出土位置	棺椁形制	墓葬等级	墓葬时代	出土单位
第6组	铜剑 M1052：154	棺椁间东北角	一棺两椁	一级	春秋早期	虢国墓地 M1052
	铜剑 M1052：155					
第7组	M2：76-1	外椁室东	两棺两椁	一级	春秋中期	薛故城 M2
	M2：76-2					
第8组	金柄铁剑 M2：1	棺内中部	一椁一棺	一级	春秋晚期	益门村 M2
	金柄铁剑 M2：2					
	金柄铁剑 M2：3					
第9组	M3：91	主室北部	一棺一椁	一级	春秋晚期	九女墩 M3
	M3：92					
	M3：93					
第10组	M22：16	内棺	一棺一椁	三级	战国早期	孙家徐姚 M22
	M22：17					
第11组	M12：7-1	墓主人身侧	一棺一椁	二级	战国早期	长治分水岭 M12
	M12：7-2 绿松石					
第12组	32 把剑	椁室西室	一椁三棺	二级	战国中期	天星观 M1
第13组	2：450 骨首剑	内棺	两椁三棺	二级	战国中期	荆门包山 M2
	2：444 玉首剑					
第14组	M10：10	墓主人身侧	一棺一椁	三级	战国中期	郭家泉 M10
	M10：11					

续表

序号	铜剑编号	出土位置	棺椁形制	墓葬等级	墓葬时代	出土单位
第15组	玉具剑 M1：110	墓主人腰部	一棺一椁	二级	战国晚期	辉县赵固 M1
	玉具剑 M1：112					
	玉具剑 M1：114					

表 6 所列铜剑出于相同位置的墓葬共 15 座，其铜剑出土位置的变化轨迹大致符合前文对整个先秦时期墓葬铜剑出土位置的判断。在 15 组铜剑位置中，较为特殊的是琉璃河 M53 出土的 2 把铜剑的放置位置。

第二组琉璃河 M53 的 2 把铜剑均出土于墓中殉人处，这应该是一种特例。根据前文铜剑出土墓葬等级研究结论，西周早期墓葬中的铜剑应该是墓主人身份地位的象征，一般多见于高级贵族墓葬中，琉璃河墓葬与 M53 同时期的 M253、M52 中出土的铜剑均属于墓主人本身的随葬器物，故 M53 铜剑出土处的殉人有可能是墓主人铜剑的日常保管者。类似的墓例如蒿城台西商墓 M35 和 M36，墓中青铜礼器均出土于殉人身侧，霍蕾先生认为这些随葬品不可能都属于殉人，推测"殉人生前可能有保管礼器的职责"①。

2. 铜剑出于不同位置的墓葬

本文所重点关注的出土铜剑墓葬中，铜剑出于不同位置的墓葬共 6 座，列表如下：

表 7　铜剑出于不同位置的墓葬统计表

序号	铜剑编号	出土位置	棺椁形制	墓葬等级	墓葬时代	出土单位
第1组	金剑柄 M1：124	棺椁间	两椁一棺	一级	春秋中期	山东沂水刘家店子 M1
	柳叶形剑 M1：108	北器物库				
	柳叶形剑（未编号）					
	柳叶形剑（未编号）					
	柳叶形剑（未编号）					
	柳叶形剑（未编号）					

①霍蕾：《商墓随葬品的摆放位置研究》，硕士学位论文，郑州大学，2012 年，第 54 页。

续表

序号	铜剑编号	出土位置	棺椁形制	墓葬等级	墓葬时代	出土单位
第2组	铜柄铁剑 98LDM2：12	棺椁之间	一棺一椁	一级	春秋中晚	甘肃礼县圆顶山 98LDM2
	铜柄铁剑 98LDM2：82					
	铜柄铁剑 98LDM2：83					
	鎏金铜柄铁剑 98LDM2：3	墓主人腰侧				
	石剑	腰坑				
第3组	柳叶剑 M251：333	墓主人腰侧	一椁三棺	一级	春战之交	山西太原金胜村赵卿墓
	柳叶形玉具剑 M251：334					
	柳叶形玉具剑 M251：335					
	柳叶剑 M251：336					
	柳叶剑 M251：691	墓室西南部				
	隐方块纹柳叶剑 M251：705	墓室南部				
第4组	M7：33 柳叶剑	内棺	一椁双棺	二级	战国早期	潞城潞河 M7
	M7：34					
第5组	WM1：G9 越王勾践剑	墓主人身侧	一椁两棺	二级	战国中期	江陵望山 M1
	WM1：B127	边箱				
	WM1：B109					
	WM1：T109					
	WM1：T16 木剑					
第6组	越王州句剑	头箱北部	一椁两棺	二级	战国中期	江陵藤店 M1
	绿松石剑	墓主人身侧				

表 7 所列铜剑出于不同位置的墓葬共 6 组。

第一组为春秋中期的山东沂水刘家店子 M1，长方形土坑竖穴墓，一棺双椁，椁室两侧各有木板搭建的长方形器物库 1 个，墓内殉人约有 40 个。M1 出土铜剑 6 把，5 把为青铜柳叶剑，1 把金剑柄，推测可能为复合金属剑，从西周晚期河南三门峡上村岭虢国墓地 M2001 发现的金柄铁剑来看，编号 M1：124 的金剑柄很可能也是金柄铁剑。

M1 内设置有南北器物库，其中北器物库主要放置乐器、兵器和杂器，6 把剑器中的 5 把青铜剑均放置于北器物库，唯一的一把金柄铁剑则放置在棺椁之间，这种位置的区分应该是有意为之。铁器在西周早期和西周中期均发现较少，此时的铁器应该是一种高级贵族才能拥有的珍贵金属，故 M1 墓主莒国国君将铁与金连铸成剑，并在死后将之放置于距离自己更近的棺椁之间，而区别于放置于北器物库的青铜剑和放置于南器物库的祭祀器，从这个角度来说，编号为 M1：124 的金柄铁剑对于墓主人来说，其意义的重要性应该明显超过其他随葬器物。

第二组为春秋中晚期甘肃礼县圆顶山的 98LDM2（图 4），长方形竖穴土坑墓，一棺一椁，墓底有长方形腰坑，墓内殉人 7。98LDM2 出土剑器 5 把，其中 4 把均为铜柄铁剑，1 把为石剑。编号为 98LDM2：3 的铜柄铁剑型式明显区别于其余 3 把铜柄铁剑，不仅剑格处有蟠虺纹装饰，剑首处还饰有双头兽纹，此外该剑还使用了鎏金技术，精美异常。虽然 98LDM2 墓主人尸骨已经腐朽难辨，但从器物出土平面图上仍可以分辨出该鎏金剑出土于墓主人腰身附近。而另外 3 把铜剑虽然剑柄处也透雕为繁复的蟠虺纹，但却并无鎏金，从 98LDM2 器物出土平面图上可以看到这 3 把剑均出土于内棺外的棺椁之间。从 4 把铜柄铁剑随葬位置的区别上可以看出，对于墓主人而言，鎏金铜剑 98LDM2：3 的地位和意义明显要比其余 3 把剑特殊。此外 98LDM2 中还出土了一把残石剑，从平面线图中可以看到石剑是放置在腰坑中的，出土于腰坑中的石剑的作用和意义应与出土于腰坑中的石圭意义相似（剑与圭关系另文讨论），大约均为奠基、镇墓所用。

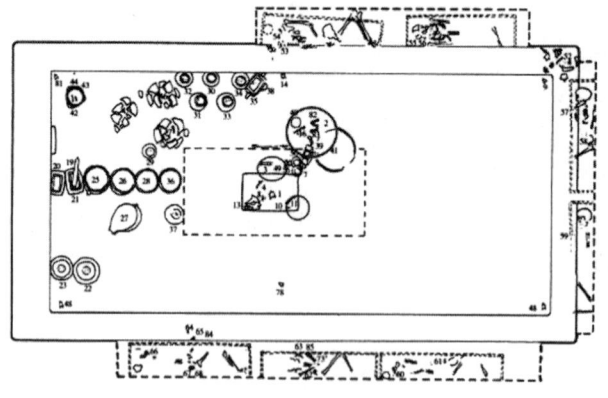

图 4　礼县圆顶山的 98LDM2

3. 鎏金铜柄铁剑　11. 石剑　82. 铜柄铁剑　83. 铜柄铁剑

资料来源：《甘肃礼县圆顶山 98LDM2、2000LDM4 春秋秦墓》，《文物》2005 年第 2 期，图三

第三组为山西省太原市金胜村的赵卿墓,长方形土坑竖穴,积石积炭,墓内殉人4。赵卿墓随葬器物放置位置极有规律,以青铜祭器和生活用具为例,二者均层层叠置于墓主人套棺的东部,发掘者特别指出:"青铜器之所以层层叠放,并非椁室狭小之故(在墓主人北侧的部位还有空间),而是要把所有的青铜礼器都放置在一个严格的范围之内。从这一部位在椁室所占的位置及堆放的铜器种类来看,它象征着是墓主人生前居室的'堂'或'庭'。"①赵卿墓出土剑器6把,其中4把都出土在墓主人腰际,原报告描述:"墓主的腰部两侧,各有2把剑。"

出土时剑上的木鞘还依稀可辨。北侧的2把剑,都有玉格,其中1件的璏和玉剑佩还在。除此之外,其他兵器都出自墓主的枊棺与属棺。"② 与铜剑同置的还有15件玉剑饰,其中剑首5件、剑璏2件、剑珌6件。值得一提的是在墓主多层套棺的间隙处还放置有2把铜环首刀,刀柄均为金镶玉环。同为玉质镶嵌的兵器,剑器放置于棺内墓主人身侧,而铜刀放置于棺椁之间,这应该是一种明显的区分放置。此外原报告称还有2把铜剑出土在墓室内,③ 观察这两把剑的形制,均较笨重粗大,有穿有鋬口,可装柲,或为一种短铍。

第四组是战国早期山西潞城县潞河村的M7(图5-1),积石积炭墓,一椁双棺。M7出土青铜剑2件,均放置于内棺中,但两剑并非放在一起,而是一剑靠近墓主人头端、一剑靠近墓主人脚端,彼此之间有一段距离的间隔,显然也是有意为之。

第五组是战国中期江陵望山M1(图5-2),为带墓道的中型土坑竖穴墓,一棺两椁。M1出土铜剑4把,其中WM1:G9即为著名的越王勾践剑。4把剑均制作精美,但只有著名的越王勾践剑出土于内棺墓主人身侧,可见墓主人生前对越王勾践剑的珍视。此外,该墓头箱中还出土了两把木剑,发掘者判断这两把木剑或为神器或舞器。④

---

① 山西省考古研究所、太原市文物管理委员会、陶正刚、侯毅、渠川福:《太原晋国赵卿墓》,北京:文物出版社,1996年,第13页。
② 山西省考古研究所、太原市文物管理委员会、陶正刚、侯毅、渠川福:《太原晋国赵卿墓》,北京:文物出版社,1996年,第13页。
③ 山西省考古研究所、太原市文物管理委员会、陶正刚、侯毅、渠川福:《太原晋国赵卿墓》,第13页。
④ 湖北省文物考古研究所:《江陵望山沙冢楚墓》,北京:文物出版社,1996年,第53页。

 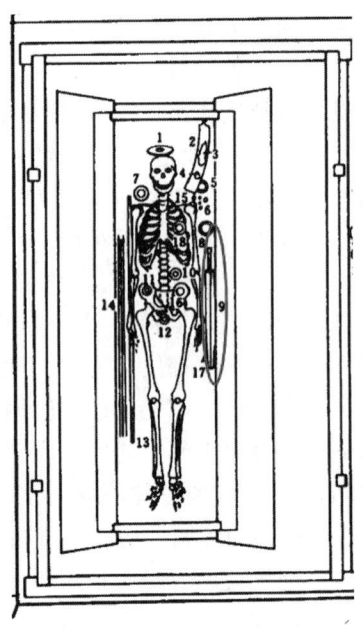

图 5　潞城县潞河村 M7 和江陵望山 M1

1. 潞城县潞河村 M7（33. 铜剑 34. 铜剑）　　2. 江陵望山 M1（9. 越王勾践剑）

资料来源：1.《山西省潞城县潞河战国墓》,《文物》1986 年第 6 期, 图四; 2.《江陵望山沙冢楚墓》, 北京: 文物出版社, 1996 年, 第 22 页, 图一七（A）。

第六组为战国中期的江陵藤店 M1, 为带斜坡墓道的长方形竖穴土坑墓, 一椁双棺。M1 出土铜剑 2 把, 其中一把为著名的越王州句剑。棺内墓主人身侧放置有另一把镶嵌绿松石的漆鞘铜剑, 应为墓主人近身兵器。越王州句剑并未放置于墓主人身侧, 而是放置于头箱北部, 发掘者判断越王州句剑应为墓主人的收藏品, 墓主人身侧的镶嵌绿松石的漆鞘铜剑应是其生前佩戴之物, 这 2 把剑不同的放置位置显然也应是有意为之。

根据对铜剑出于不同位置的墓葬情况梳理可以得出如下规则: 如果墓葬中出土多把铜剑, 则出土位置距离墓主较近的通常较为精美; 基本不存在精美铜剑距离墓主人较远而非精美铜剑距离墓主人较近的情况。

三、小结

本文根据当前所见有明确出土信息的 95 座藏剑墓葬的考古信息, 对这些不同时期墓葬的藏剑位置做了简要梳理。根据铜剑随葬位置分类整理, 本文发现铜剑在墓葬中的位置在西周中晚期和春秋晚期经过两次重大转变, 存在一个从墓主人身侧到棺椁之间, 到再回归墓主人身侧的变化过程。即:

```
墓主人身侧 ──→ 棺椁之间 ──→ 墓主人身侧
     │           │
   西周中晚期    春秋晚期
```

而墓葬中铜剑异器比较和铜剑同器比较显示，铜剑在墓葬中的位置也呈现出规律性分布：与铜钺、铜戈共出的铜剑墓葬其所葬铜剑越来越靠近墓主人身侧。而多把铜剑同出的墓葬则出土位置距离墓主越近的剑通常也越精美，基本不存在精美铜剑距离墓主人较远而非精美铜剑距离墓主人较近的情况。

"如死如生，如亡如存，终始一也"①，墓葬中随葬品的设置均是为了服务于墓主人在冥界的生活，故其种类和数量所见情境与墓主人生前的社会生活情境具有相似性。墓葬中随葬品的有规律放置具有重要的考古学和历史社会学意义。通过随葬品在墓穴中的位置，可以探析墓主人对其重视与否以及在墓主人生前所扮演的角色等。铜剑是先秦墓葬随葬兵器中的重要类别，本文将前人不太重视的先秦铜剑出土位置信息按照时代和墓葬等级进行全面梳理，并把铜剑距离墓主人的相对出土位置与铜剑的使用意义等问题关联起来。认为墓葬中"不同的器型都有序的按要求放置"是"随葬器物的意义"，了解各类随葬品在墓葬中的方位及其位置关系，对于判断随葬品的性质与用途，了解其背后的社会意义和思想内涵，探求古人墓葬中的器用观念和方位观念都具有重要意义。

作者简介：樊森，女，重庆师范大学历史与社会学院讲师。黄劲伟，男，四川外国语大学中文系副教授。

---

① (清) 王先谦：《荀子集解》，北京：中华书局，1988年，第366页。

禹鼎铭文新释

中国社会科学院考古研究所 冯 时

摘 要：西周晚期的禹鼎铭文具有重要的史料价值，虽已有很多有意义的研究，但对铭文的通读及其内容的理解，仍存在不少可供讨论的空间。本文就其中犹有可商者重做研释，特别是对关乎全篇文旨的"勿遗寿幼"的涵义，给与了符合西周制度与思想的解释。

关键词：西周 禹鼎 铭文 勿遗寿幼

西周晚期之禹鼎 1942 年出土于陕西岐山任家村窖藏，同坑出土之器百余件①。任家村今属扶风，器则藏于中国国家博物馆。

同人所作同铭之器于宋代已有出土，著录于王黼《宣和博古图》卷二之十一器，谓"得于华阴"，错称为周穆公鼎。此器与 1942 年新出土之禹鼎器形及铭文内容全同，唯文字行款有异（图一），知非一器。北宋宣和殿所藏之器于靖康之难皆为金人掠毁②，后人无缘目见，故至南宋薛尚功作《历代钟鼎彝器款识法帖》、王俅作《啸堂集古录》已无原器可摹③，只有依铭文拓本摹录而已，成为南宋金文著录一时之风尚。

---

①郭沫若：《禹鼎跋》，《光明日报》1951 年 7 月 7 日，"学术"第四十期。关于器之出土时间，又以为在 1940 年 2 月。见张天恩主编：《陕西金文集成》第 4 卷，西安：三秦出版社，2016 年，第 220 页。
②冯时：《中国古文字学概论》，北京：中国社会科学出版社，2016 年，第 84—85 页。
③今作伪者不明此事，但依《啸堂集古录》铭文以制器，且盖、器铭文错置。见《首阳吉金》第 112 页应侯簋，学者已有辨析（黄益飞：《应侯簋流传及相关问题》，《华夏考古》2012 年第 4 期）。

图一　宋人著录之禹鼎器形及铭文摹本

有关禹鼎铭文之内容，学者已有深入研究，但于准确通晓全文意旨仍不尽人意，兹就其中犹有可商者重为考释。先将铭文释写于下：

禹曰："不（丕）显趄=（桓桓）皇且（祖）穆公克夹召（绍）先王奠四方，肂（肆）武公亦弗叚（暇）朢（忘）朕（朕）圣且（祖）考幽大叔、懿叔，命禹肖朕（朕）且（祖）考政于井邦。肂（肆）禹亦弗敢憃易支朕（朕）辟之命。"乌虖（乎）哀戈（哉）！用天降大丧于下或（国），亦唯噩侯驭方逮（率）南淮尸（夷）、东尸（夷）广伐南或（国）、东或（国），至于历寒。王迺命西六𠂤（师）、殷八𠂤（师），曰："剔（扑）伐噩侯驭方，勿遗寿幼。"肂（肆）𠂤（师）弥守匌匡，弗克伐噩。肂（肆）武公迺遣禹达（率）公戎车百乘，斯驭二百，徒千，曰："于匡（𪛃）朕肃慕，叀（惠）西六𠂤（师）、殷八𠂤（师），伐噩侯驭方，勿遗寿幼。"雩禹以武公徒驭至于噩，敦伐噩，休，隻（获）氒（厥）君驭方。肂（肆）禹又（有）成，敢对扬武公不（丕）显耿光，用乍（作）大宝鼎，禹其万年子=（子子）孙=（孙孙）宝用。

"亦弗叚朢"，旧读为"亦弗遐忘"①，不可据。"遐"意训远，然铭文之意为武公对禹之先祖考常记于心，未有丝毫之忘怀，并非仅剩下了遥远之记忆。"叚"字不是"忘"的原因，即因久远而遗忘，况其时距禹先考懿叔的年代也并不旷远，而是"忘"字的状语。故"叚"当读为"暇"。《说文·日部》："暇，闲也。"《尚书·酒诰》："不敢自暇自逸。"《礼记·祭义》："祭不欲疏，疏则怠，怠则忘。"故"亦弗暇忘"意为未能有一时一刻之遗忘，也即时时记挂于心，没有遗忘。

"肖"，本作从"尸""小"声，徐中舒以为即"肖"之异文，可从。字从"小"声，也

---

①郭沫若：《禹鼎跋》，《光明日报》1951年7月7日；徐中舒：《禹鼎的年代及其相关问题》，《考古学报》1959年第3期。

可读为"肖"。《说文·肉部》："肖，骨肉相似也。从肉，小声。不似其先，故曰不肖也。"铭文"肖朕祖考政于井邦"，"肖"字正用其义，意谓效法其祖考执政井邦。此效法其先人亦即似其先人，不啻于政于刑，且于德于礼无不相似以继承之。

"禹亦弗敢惷易支朕辟之命"。《说文·心部》："惷，愚也。从心，春声。"《礼记·哀公问》："公曰：'寡人惷愚冥烦，子志之心也。'"郑玄《注》："志，读为识。识，知也。冥烦者，言不能明理此事。子之心所知也，欲其要言，使易行。"朱彬《训纂》引郑玄注《周礼·司刺》云："惷愚，生而痴骏童昏者也。"鼎铭"惷"即用此义。

《国语·晋语八》："子常易之。"韦昭《注》："易，变也。"《国语·齐语》："其事易。"韦昭《注》："易，变也。"《周易·系辞上》："六爻之义易以贡。"陆德明《释文》："易，谓变易。"《汉书·韦贤传》："不易之道也。"师古《注》："易，改也。"《史记·乐书》："移风易俗。"张守节《正义》："易是改易之称也。"是铭文"易"即变易、改易之义。

"支"，旧皆释"共"，于字形不合。"共"字秦篆作"[共]"，战国文字作"[共]"（《汇编》1880）、"[共]"（《汇编》5138），西周金文作"[共]"（亚共卣，《集成》5199），商代金文作"[共]"（亚共簋，《集成》3339），其字形之演变脉络清晰。唯善鼎铭文之"共"作"[共]"（《集成》2820），双手以上的部分本当连为一体作"[共]"，下有相连的笔势仍十分清楚，但因范铸而泐失。字体本当作"[共]"，与《汇编》5138一例形近。而禹鼎此字则作"[支]"，象双手各持一杆，当为"支"之本字，后省简作一手持杆。《说文·支部》："支，去竹之枝也。从手持半竹。"秦篆作"[支]"，秦简作"[支]"（《睡虎地》33.25），杆中之圆点后演变为横画。"支"本同"枝"。《说文·木部》："枝，木别生条也。从木，支声。"《诗·大雅·文王》："本支百世。"毛《传》："支，支子也。"《仪礼·丧服》："支子可也。"贾公彦《疏》："支者，取支条之义。"《资治通鉴·魏纪三》："择建支子以继大宗。"胡三省《注》："支，歧出也。"故鼎铭"支"同"枝"，读如翘移反。段玉裁《说文解字注》："古枝歧通用。"《周易·系辞下》："中心疑者其辞枝。"焦循《章句》："枝，歧也。"《荀子·解蔽》："心枝则无知。"杨倞《注》："枝，旁引如树枝也。"王先谦《集解》引郝懿行曰："枝与歧同，古字通用。歧者，不一也。"《史记·鲁仲连邹阳列传》："枝桓公之心于坛坫之上。"司马贞《索隐》："枝，犹疑也。"是"支"义同"歧"，有疑而自专，歧命自谋自断之义。

准此可知，鼎铭"易支"即言歧易，则"禹亦弗敢惷易支朕辟之命"意言禹不敢无知愚蠢地怀疑变改君命而自断。古以风俗可因德而教化移改，但君命不可违，不得擅改。西周金文有记因"弗厌称公命"而受刑者，即未能完全依照公命行事而自谋自专，即遭惩罚①，况其疑改乎！

"扑伐噩侯驭方，勿遗寿幼。"下文言禹增援西六、殷八二师以伐噩，也强调"伐噩侯驭方，勿遗寿幼"。两"勿遗寿幼"者，郭沫若谓即不问老幼，一律不赦②。学者多从之，按此说殊不可据。不分老幼，一律斩杀不赦，此非仁德之君所为，乃暴君所为也。周王素以崇

---

① 冯时：《周代的臣扈与陪台——兼论穆王修刑与以刑辅德》，《考古学报》2019年第4期。
② 郭沫若：《禹鼎跋》，《光明日报》1951年7月7日。

德亲仁而自警，西周金文于尚德之辞俯拾皆是，如鼎铭所记于寿幼尽除之，如此暴殄天物，岂非口惠而实不至之伪善君子，何见"郁郁乎文哉"之周风。此其一证。鼎铭显示之史实表明，侵伐周邦东国、南国之噩侯驭方终遭擒获，但也并未将其杀戮，而稍晚之噩侯驭方鼎铭则更记其与周王之饮宴，罪君尚且如此厚待，更何况无辜之寿幼！此其二证。三代之"扑伐"，本义实即轻击教训，而非灭国①。殷卜辞多见"扑周"，周未灭而终致代殷；默钟铭言扑伐反子之都，致南夷、东夷二十六邦降见周王。皆为明证。故禹鼎铭述"扑伐噩侯驭方"，目的也仅在教训，并非屠城，这与噩侯驭方鼎铭文所反映的噩侯驭方降周而与周王交好之史实恰可呼应。此其三证。很明显，有此三证，则"勿遗寿幼"之本义绝非对寿幼不赦而尽除之便十分清楚了。事实上，鼎铭所言伐噩与伐噩侯驭方有着清晰的区别，伐噩是讨伐其国，伐噩侯驭方则为讨伐其君。而铭文两言"勿遗寿幼"，其所承之上文皆在强调对噩君驭方的讨伐，而并非针对整个噩国。显然，铭文的真正意义皆在说明战争的目的仅在于惩罚噩君驭方，而于其国之寿幼则不可遗弃伤害。

《礼记·祭义》："而老穷不遗。"陆德明《释文》："遗，弃忘也。"《孟子·梁惠王上》："未有仁而遗其亲者也。"赵岐《章句》："人无行仁而遗弃其亲也。"朱熹《集注》："遗，犹弃也。"鼎铭"勿遗寿幼"即用此义。遗其亲意犹遗老幼，其于战争则谓遗弃杀戮之。故此"勿遗"是谓不要遗弃，实以使寿幼安养之。《尚书·顾命》："今予一二伯父尚胥暨顾，绥尔先公之臣服于先王。虽尔身在外，乃心罔不在王室，用奉恤厥若，无遗鞠子羞。"言年幼的康王寄望辅臣身虽在外，但心系王室而奉恤之，不要遗弃其君而使之蒙羞。此"无遗鞠子"的用法也同鼎铭"勿遗寿幼"。

《左传·僖公二十三年》记宋楚泓之战，宋襄公败而坚称"不禽二毛"，杜预《集解》："二毛，头白有二色。"《淮南子·氾论》："古之伐国，不杀黄口，不获二毛，于古为义，于今为笑。"高诱《注》："黄口，幼也。二毛，有白发者。"皆言战争勿遗寿幼。此虽为后世兵家所讥，但却可见西周社会重义亲仁的真实制度与思想。

"肆师弥守匌匡，弗克伐噩。""师"即言西六师与殷八师。"匌匡"意即合围。《说文·勹部》："匌，币也。从勹，从合，合亦声。"段玉裁《注》："匌之言合也。"《广韵·合韵》："匌，匌币也。周币也。"《说文·币部》："币，周也。"又云："师，二千五百人为师，从币，从㠯。㠯，四币众意也。"知"匌"意即谓四面合围。《说文·匚部》："匡，饮器。筥也。"《诗·小雅·楚茨》："既匡既敕。"故"匌匡"犹言四面包围如筥，匡言包围之形象，后世多有包围如铁桶，皆言其严密无疏漏。"弥守"，长久、始终之意。《广雅·释诂三》："守、弥，久也。"王念孙《疏证》："守者，《墨子·经篇》云：久，弥异时也。守，弥异所也。守与久，所与时，并同义。"《周易·系辞上》："故能弥纶天地之道。"陆德明《释文》引京房云："弥，遍也。"又引荀云："弥，终也。"王夫之《稗疏》："弥，绵亘周遍之谓。"是"弥守"即言弥久、弥终，则"弥守匌匡，弗克伐噩"意即西六师与殷八师虽长时间合围驭方，密而不透，但始终未能克胜之，遂启以下禹率武公之车、驭、徒出师之文。

"于匡朕肃慕。""匡"或作"逛"。麦方尊铭云："唯归，逛天子休，告亡尤。……用赞侯

---

① 冯时：《郭沫若早期甲骨学研究的弃中之得》，《郭沫若学刊》2015年第3期。

逆复，遥明命。"史颂簋铭云："日遥天子覭命。""遥"并读为"睢"。《说文·日部》："睢，光美也。"故睢天子休、睢天子命意即光美天子之休、天子之命而不忘。而鼎铭"匿"读为"睢"，则谓光美军威，感念禹所率之军队整肃。《尚书·洪范》："恭作肃。"蔡沈《集传》："肃者，严整也。"是其义。

"惠西六师、殷八师。""惠"本作"叀"，学者或以为语词，或与上文连读为"慕惠"，皆有可商。此言西六师、殷八师伐噩久围而不能胜，故遣禹率武公之兵予以增援，显然，"惠西六师、殷八师"意即禹率兵增援西六师和殷八师。《左传·闵公二年》："惠工。"孔颖达《正义》："惠工，加恩惠于百工，赏其利器用也。"《礼记·月令》："行庆施惠。"郑玄《注》："惠，谓恤其不足也。"《荀子·大略》："贱者惠焉。"杨倞《注》："惠，亦赐也。"《周礼·地官·司救》："而以王命施惠。"孙诒让《正义》："凡以财物与人，并谓之惠。"是禹惠西六、殷八二师显即以军力增援二师而使之强。正由于有此增援，则噩侯驭方终遭败就擒，故禹言其事"有成"，作器以旌功。此"有成"但言战事，非修德有成而得天命之谓。《周易·坤》六三云："或从王事，无成有终。"此"无成"乃修德之词，唯君所及，不关于臣。此君臣之别明矣。

2018年8月12日据旧札写讫于尚朴堂

作者简介：冯时，男，中国社会科学院学部委员，考古研究所研究员。

谈谈霸伯山簋的自名和青铜器中旧称所谓的波曲纹

上海三唐美术馆 付 强

一

霸伯山簋共有二件，出土于山西翼城大河口西周墓地 M1107：35，发掘简报对于其形制和纹饰有详细的描述，我们转录如下：

盖平面为圆角长方形，顶面和四边壁面微隆，顶面外缘一周矗立八个山峰形提手，四角提手较高，中间较低，盖子口内折，舌较短，内敛较甚。器身敞口，卷沿上翘，方唇，斜直腹，平底略圜，下接圈足，足外撇且下折成阶，足底面斜平内折，内侧有折沟，口、腹、圈足横截面均为圆角长方形。上腹左右两侧置龙首形鋬。盖顶面浅浮雕四只大鸟纹，两只一组，每组二鸟相对。鸟昂首前视，圆目凸出，长冠前部下垂向后卷折，冠羽分二股，内侧一股冠羽末端向后卷折至尾部，短身，身下一足，长尾分二股，后曳而回卷，尾下有云形分尾。鸟颈饰阴线羽纹，身饰阴线云纹。顶面中部饰一菱形纹。以阳线云雷纹为地。盖四壁浅浮雕八只鸟纹，每面两鸟鸟首相对，以简化兽面纹为界。鸟圆目凸出，冠羽分两股，前股粗壮而长，前伸而下折回卷，后股较细而短，后曳而上卷，短身，身下两足，分尾，向后平伸而上折回卷。以阳线云雷纹为地。盖顶四角山峰形捉手外面主纹为翎眼纹，地纹为阳线云雷纹，山形上部和提手间随山峰走势饰以双阴线纹。山形捉手内面饰蝉形阴线云纹，其上也以双阴线相连。器身上腹部饰八只鸟纹，每面两只，与盖壁面鸟纹略同，正、背面二鸟间以高浮雕兽头，兽头凸圆目，目中部有凹坑，弯眉上翘，高鼻梁，鼓腮，平吻，横"C"形宽大双角，额饰菱形纹，腮饰斜阴线纹。器身两侧二鸟间以龙首形鋬，双鋬空腔，龙首圆目凸出，目中部有凹窝，头上立圆柱状双角，角首略粗，宽额，棱角分明，面凹曲，鼻梁塌陷，吻部凸出，口两侧露尖齿，面饰阴线云纹，额中部饰阴线菱形纹，耳面饰阴线纹，角前面饰心形云纹，角后面饰蝉形云纹，角首面饰阴线涡纹。器身中、下腹饰宽波带纹，以三周阴线将宽波带分为宽窄不等的四重波带，波峰间饰双阴线勾勒的心形和口形纹，以阳线云雷纹为地。圈足上饰两周凸弦纹。盖和器身合范分铸，盖四壁中部兽面纹及其上部山形捉手中部各有一条竖向范线。器身拐角各有一条竖向范线。耳腔内、圈足内拐角处存有少量范土。

底面有"X"形双阳线加强筋,对角分布。圈足内壁与外底面转折处有六个三角形支撑,正、背面各二个,两侧中部各一个,对称分布。盖四壁面、山峰形捉手和外底面均有缩孔。器身底部有垫片,不甚明显。龙首耳腔内与器身结合部有方形垫片。整器打磨较好,纹饰经打磨。①

霸伯山簋

霸伯山簋铭文

盖和器底对铭,器铭七行五十字(含合文一、重文一):

隹(唯)十又一月,井叔来 (盐),蔑霸白(伯)(历),事(使)伐用 (畴)二百、丹二(粮)、虎皮二,霸白(伯)拜稽首,对扬井叔休,用乍(作)宝山簋,其万年子子孙孙其永宝用。

---

① 山西省考古研究所、临汾市文物局、翼城县文物旅游局联合考古队,山西大学北方考古研究中心:《山西翼城大河口西周墓地 1017 号墓发掘》,《考古学报》2018 年第 1 期。

发掘者对于 M1107 墓葬的年代断定为西周中期偏早阶段，晚于大河口墓地 M1 的年代①。所以我们认为霸伯山簋的相对年代也应该属于西周中期偏早阶段，大致相当于穆王时期。

铭文中自名的"山簋"，为金文中首次出现，对于其含义，发掘简报没有解释，下面谈谈我们的一点看法。山簋，山用来修饰簋，有两种可能，一是表示簋的用途，如金文中常见的旅鼎、食簋、祼同、醴壶、馨簋、沐缶、郁彝等②，但是我们看"山"没有表示用途的含义，所以这个可能是不存在的。二是用来形容簋的形制或纹饰，先看霸伯山簋的形制，簋的盖子非常的奇特吸引人，无论从正面看，还是侧面看都是三个山峰和一个象形的"山"字，所以这件簋自名为"山簋"应该就是这个含义。

霸伯山簋盖的侧面与正面

这种情况属于青铜器中的铭与器照应的现象，大致有三种情况，一是青铜器的形制与铭文内容照应，山簋就属于这种情况。还有如作册般鼋、盠驹尊、晋侯铜人、子之弄鸟尊等。二是青铜器的纹饰与铭文照应，如貉子卣等。《周礼·司尊彝》里有"山尊"，郑玄注"山"为"有山云之象"③。霸伯山簋的主体纹饰是波曲纹，也叫波带纹、环带纹、山纹④，从西周中期开始流行，西周晚期非常常见。所以"山簋"，也有可能是指这种纹饰，这也进一步证明我们现在称作波曲纹的纹饰，西周时期真正的含义不是水波的形状，而是描写山峦起伏的形状。证明郑玄注山尊，山为"有山云之象"，是可信的。三是青铜器的花纹构图与铭文文字构形照应。如尹舟簋、牛方鼎、鹿方鼎、子龙鼎等。关于青铜器中的铭与器照应的现象，大家可以参看陈英杰先生的《谈青铜器中器与铭相照应的现象》⑤一文。

下面我们附带谈一下与"山"字纹饰有关系的青铜镜，战国时期的楚国流行一种山字纹饰的镜，根据山字的数目，可以分为三山镜、四山镜、五山镜、六山镜。《藤花亭镜谱》《小檀栾室镜影》称为山字镜，梅原末治称为丁字镜，有的欧美学者称为"T"字镜⑥。这种镜

---

① 山西省考古研究所、临汾市文物局、翼城县文物旅游局联合考古队，山西大学北方考古研究中心：《山西翼城大河口西周墓地 1017 号墓发掘》，《考古学报》2018 年第 1 期。
② 付强：《谈谈青铜豆形簋的几种别称》，武汉大学简帛网，http://www.bsm.org.cn/show_article.php?id=2718，2017 年 1 月 29 日。
③ 杨天宇：《周礼译注》，上海：上海古籍出版社，2004 年，第 300—303 页。
④ 朱凤瀚：《中国青铜器综论》，上海：上海古籍出版社，2009 年，第 581 页。
⑤ 陈英杰：《谈青铜器中器与铭相照应的现象》，《出土文献综合研究集刊》第四辑，成都：巴蜀书社，2016 年，第 1—25 页。
⑥ 孔祥星、刘一曼：《中国古代铜镜》，北京：文物出版社，1984 年，第 30 页。

子上的主体纹饰到底是不是"山",《上海博物馆藏青铜镜》17 著录有一件四山四鹿纹镜,镜背饰四山字形纹,其间有四幼鹿。瑞典远东博物馆藏有一件四山一犬三鹿纹镜,另藏有一件三山一犬二鹿镜,李学勤先生认为这些山字形铜镜所饰的动物都表示了狩猎的含义,狩猎成为当时镜子上的纹饰主体,已有洛阳金的错金银斗兽纹镜等例证①。狩猎动物图像同"山"字纹结合,就证明这种纹饰确实表示的是"山"。

四山四鹿纹镜　　　　　　三山一犬二鹿镜

综上,霸伯山簋铭文中"山簋"的含义是对这件簋盖形制和簋身主体纹饰的描述,属于青铜器中的铭与器照应的现象,西周中期青铜器上开始流行的我们所谓的"波带纹、环带纹",西周时期称为"山纹"。山纹在西周中期就存在,战国时期楚国流行一种山字纹饰的镜,我们称之为山字纹是没有错的。

二

从西周中期青铜器上开始流行一种带状的高低起伏的新纹饰,类似水波,学者们多称之为波曲纹、波带纹、环带纹、波纹等。春秋早期发展到顶峰,春秋中期开始衰落,战国中期彻底消失。据彭嫦先生的统计,目前饰有这种纹饰的青铜器共有 87 件②,当然随着考古发现的不断出土,将来一定会越来越多。

典型波曲纹

---

① 李学勤:《上海博物馆的两面铜镜》,《缀古集》,上海:上海古籍出版社,1998 年,第 156—161 页。
② 彭嫦:《周代青铜器波曲纹研究》,湖南大学硕士学位论文,2016 年,第 40 页。

容庚先生在《商周彝器通考》中将波曲纹划分到几何纹饰中，并依照波带上下所填不同将其分为七类：波带上下填以窃曲纹；波带上下填以窃曲纹及环纹若字；波带上下填以云雷纹；波带上下填以两环；波带上下各异，腹部填以云雷纹；波带上填窃曲纹，下填首头；波带上下环带两重①。之后在与张维持合著的《殷周青铜器通论》中认为，波曲纹是由三角形纹进行拉长之后，使其交互角改为弧形，依照一定的距离连续形成的②。

　　马承源先生在《商周青铜器纹饰》中将波曲纹划分到兽体变形纹类，认为这种纹饰是变相兽体纹饰的一个突出创造，是龙蛇体躯变形后的图案，如果把龙纹的头部去掉，就产生了波曲纹③。

　　朱凤瀚先生在《中国青铜器综论》中将波曲纹划分到简省、变形动物纹中，认为其与龙纹中单首双身龙纹比较可以看出，单首双身龙纹中作波状身躯形的空间填心或口状纹饰的构图与波曲纹极为相似④。

　　经过梳理我们发现，在对波曲纹本质的认识上，学者们分为两派。容庚、张维持先生认为波曲纹属于几何纹饰，是由三角形纹进行拉长之后，使其交互角改为弧形，依照一定的距离连续形成的。马承源、朱凤瀚先生认为波曲纹属于省简的动物纹饰，是由龙蛇省掉头部的躯干形成的。那么到底西周时期波曲纹的构图本义是什么，这里我们提出一点看法。

　　2009年发掘的山西翼城大河口西周墓地M1107：35，出土有两件霸伯山簋。簋的时代属于西周中期偏早阶段，大致相当于穆王时期。自名为"山簋"，对于解决上述波曲纹的构图本义有重要的价值，我们先把簋的铭文转录出来：

　　佳（唯）十又一月，井叔来■■（盐），蔑霸白（伯）■（历），事（使）伐用■（畴）二百、丹二■（粮）、虎皮二，霸白（伯）拜稽首，对扬井叔休，用乍（作）宝山簋，其万年子子孙孙其永宝用。

上面我们已经对"山簋"的含义作了详细的论证，"山簋"的含义是对这件簋盖形制和簋身主体纹饰的描述，属于青铜器中的铭与器照应的现象。所以西周中期青铜器上开始流行的我们所谓的"波带纹、环带纹"西周人当称为"山纹"。

　　波曲纹是山纹，还有两个证据，一是朱凤瀚先生在《中国青铜器综论》中已经明确指出波曲纹或称山纹。二是《周礼·司尊彝》里有"山尊"，郑玄注"山"为"有山云之象"。"山尊"，郑玄认为是青铜尊上饰有山云的纹饰。其实这种纹饰就是容庚先生在《商周彝器通考》中将波曲纹依照波带上下所填不同将其分为七类中的，波带上下填以云雷纹；波带上下各异，腹部填以云雷纹；换句话说，就是以云雷文衬地的波曲纹。

---

① 容庚：《商周彝器通考》，台北：台湾大通书局，1973年，第131—132页。
② 容庚、张维持：《殷周青铜器通论》，北京：文物出版社，1984年，第108页。
③ 马承源：《商周青铜器纹饰》，北京：文物出版社，1984年，第25—26页。
④ 朱凤瀚：《中国青铜器综论》，上海：上海古籍出版社，2009年，第581页。

云雷文衬地的波曲纹

综上，我们认为青铜器中旧称的所谓波曲纹、波带纹、环带纹、波纹等，西周人称为山纹，其构图的本义并不是水波的形状，而是描写山峦起伏的形状。

作者简介：付强，男，上海三唐美术馆馆员。

甲骨文中以饕餮眼睛为字形的"目""臣"字考

台湾中正大学历史系　郭静云　邱诗萤

摘　要： 饕餮眼睛的特殊形状为内眼角下陷，外眼角上扬，并且眼瞳突出眼眶。这种形状很独特的眼睛，不仅见于龙形的饕餮文，商时期各种神秘对象，大部分都有这种形状的眼睛，所以笔者将其眼睛称为"神目"。同时，"神目"也经常被称为"臣"字目，是因为甲骨、金文的"⟨字⟩""⟨字⟩"字的字形亦相同，具有神目形状。

本文梳理相关文字资料。殷商之前虽零星可见神目作为文字符号，但均无法解读，只有甲骨文才可以破译。甲骨文中，神目即是"目"字，用法与意义均由眼睛观看的能力所衍生，并包含对此能力的崇敬之意。在甲骨文中，神目符号的直写、竖写均并无意义上的区别。在单一文字的使用意涵上，大多和眼睛的功能相关；用作名词方面的意义时，可表示人或上帝的眼睛，也可以是名称，包含人名、族名、爵名、地名、国名、祭名、祭祀对象名。在动词方面则作为注视或盯梢的动作。

只是到了西周以后，直写和竖写的字形，才可分为"目"与"臣"两个写法和意义均不同的字体。

关键词： 甲骨文　神目形象　目　臣

一、饕餮神目符号问题

饕餮眼睛的特殊形状为内眼角下陷，外眼角上扬，并且眼瞳突出眼眶。学界很早已注意到饕餮突出的眼睛形象①，并认为其有着重要的信仰意义，如艾兰先生指出："这种纹饰的特点是它的两只眼睛……眼睛本身是一带有威力的形象，它所包含的绝不仅是形式因素，眼睛的形象，不

---

① 如 Bagley, Robert W. Shang Ritual Bronzes: Casting Technique and Vessel Design. *Archives of Asian Art*, Vol. 43 (1990), pp. 6—20.

须推敲就可以感到一种未知的威力,它能看穿一切,又不可以琢磨……这个饕餮纹中的眼睛也许作为'神圣',或是'另一世界'的暗示来理解比较合适。"① 朱德珍也有类似的感受:"饕餮纹最重要的特征应当是它的眼睛。饕餮纹无论用在何处、无论怎样变形都少不了那一对炯炯有神、不怒自威的巨目。"②

这种形状很独特的眼睛,不仅见于龙形的饕餮文,商时期各种神秘对象,大部分都有这种形状的眼睛,所以笔者将其眼睛称为"神目"。同时,"神目"也经常被称为"臣"字目,是因为甲骨、金文的""""字的字形亦相同,具有神目形状。

这种文字符号最早见于早商时代硬陶上。带这种符号的硬陶壶共有三件,出土的地点亦不相同,一件出自荆南寺遗址③,一件出自三星堆二期④,一件出自偃师二里头三、四期⑤,时代均相同。虽然出土在不同的地区,但相似度很高,应该代表相同来源。鄂西路家河二期硬陶上也出现类似的眼形符号⑥,时代和文化属性一致。此外,吴城遗址也出现了类似的眼形符号⑦,说明当时不同地区广泛用它。

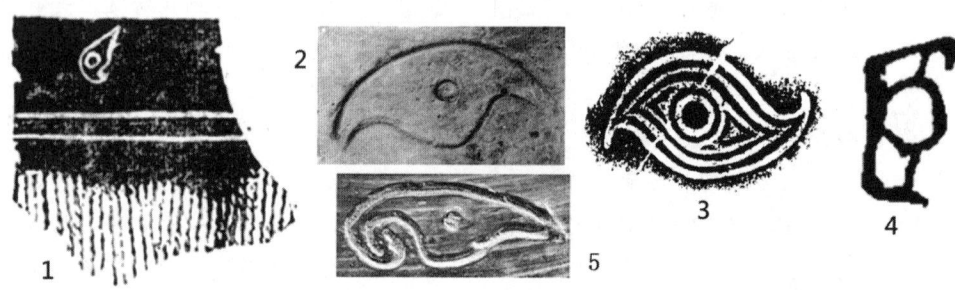

眼睛文字符号:1荆南寺遗址拓片;2三星堆高柄豆上神目刻纹(86GSDAT22:36);3路家河二期;4吴城遗址出土;5二里头出土

早商时期的神目符号,学者们已有所关注⑧。但由于只出现单字,亦不清楚这些硬陶器物的使用背景,所以目前难以得知刻上神目符号到底表达何意。我们只能推断,由于当时硬陶作为礼器,所以神目符号只出现在礼器上。不过,从殷商以来古文字资料,已足以解读该字的意义。

---

① [英]艾兰著,汪涛译:《龟之谜——商代神话、祭祀、艺术和宇宙观研究》,成都:四川人民出版社,1992年,第150—151页。
② 朱德珍:《浅析商周青铜器饕餮纹饰的特点》,《金田》2011年12期,第85页。
③ 荆州地区博物馆、北京大学考古系:《湖北江陵荆南寺遗址第一、二次发掘简报》,《考古》1989年第8期,第684页,图七:11。
④ 王毅、张擎:《三星堆文化研究》,《四川文物》1999年3期,第19页,图五。
⑤ 二里头考古队藏81IIIT22(3)。
⑥ 长江水利委员会编著:《宜昌路家河——长江三峡考古发掘报告》,北京:科学出版社,2002年,第24页,图十四。
⑦ 参江西省文物考古研究所、樟树市博物馆:《吴城:1973—2002年考古发掘报告》,北京:科学出版社,2005年,第378页,图二二八。
⑧ 赵殿增:《从"眼睛"崇拜谈"蜀"字的本义与起源——三星堆文明精神世界探索之一》,《四川文物》1997年第3期,第3—8页;郭静云,《夏商周:从神话到史实》,第70—73、307—309页。

二、甲骨金文中具神目的字形和其用意考

在甲骨金文中，神目作为单独一个文字，或者作为"目"字的部首，都相当常见。甲骨学界在甲骨文的释文中，一般都将横向的"⌖""⌖"释为"目"，而直向的"𝄞""𝄞"普遍被释为"臣"，即臣属、相臣的意思；同时学界常提出疑问，何以表达相臣的字写从目的形状？也有学者们提出，横为"目"而竖为"臣"的区分并不绝对。① 笔者首先拟强调的是，殷商文字中所有目形的字体，都是神目形状，很难找到例外；我们习惯性将横为"目"、将竖为"臣"的理解，这或许因为先入为主地受到后代文字书写规则的影响，而不是理解甲骨金文中的意义后得出的结论，所以需要重新爬梳所有神目形状的字体。

（一）用作名词表示占卜者眼睛

甲骨文中多见有王占卜疾目之事，或卜问和祈祷伤害其目之崇高对象，如：

贞：目其希（祟）疾？（字形"⌖"）

贞：目其希（祟）疾？（字形"⌖"，《合集》6016）

贞：疾目，不阑（祟）？（字形"⌖"，《合集》13628）

屮（有）疾目，其徂（徒）？（字形"⌖"）

屮（有）疾目，不徂（徒）？（字形"⌖"，《合集》13620）

贞：屮（有）疾目，龙？二告（字形"⌖"）

贞：屮（有）疾目，不其龙？（字形"⌖"，《合集》13625）

贞：王目，朧（龙）？（字形"⌖"，《合集》11018）

贞：王目，朧（龙）？

贞：王目，毋其朧（龙）？（字形"⌖"，《合集》13623）

《合集》456 有载：王作梦，因担心不吉之事而进行占卜，并接着也卜问王目之疾：

贞：王梦，佳（唯）凶（咎）？

不佳（唯）凶（咎）？

贞：王其疾目？（字形"⌖"）

贞：王弗疾目？（字形"⌖"）

乎目于河，屮来？

不吉之梦与王目之疾，这两个问题或许有关联。而且在卜甲上另有记载"乎目于河"，将"目"字用为祭名，以目祭来祭祀河流，这一祭礼或许也与上述的梦目疾之事有关联。"目于河"祭礼活动亦载于《合集》8326、19374 等甲骨上。

《合集》1748 则占卜祖辛是否伤害王的眼睛？或者是祖乙在伤害王的眼睛？

---

① 于省吾主编：《甲骨文字诂林》，北京：中华书局，1996 年，第 628—637 页。

> 隹（唯）〔且（祖）〕辛蚩王目？（字形"⟨目⟩"）
> 隹（唯）祖辛？
> 不隹（唯）祖辛？
> 不□〔隹（唯）〕□〔且（祖）〕乙？

《合集》13627残缺，但却可知，占卜类似问题："……疾……蟲目……"虽然卜辞应该类似，但此处的字形为"⟨臣⟩"，即一般释为"臣"的字形。陈炜湛先生的分析早已阐明，横为目而竖为臣的规律并不严谨，横、竖的写法经常混淆。① 其实还可以看到很多不横不竖，而斜写的字行，如上述《合集》1748；另有"⟨目⟩"②；"⟨目⟩"③；"⟨目⟩"④ 以及其他。不过，总体来说，此字用作名词时，是表达眼睛的意思，竖写的例子极少见。

甲骨文中，不仅会占卜王的眼睛疾病，王室家族也会占卜目疾的问题，如：

> 癸巳卜，贞：子渔疾目，酒（櫨）告于父乙？（字形"⟨目⟩"，《合集》13619）
> 丙卜：五日，子目既疾？
> 丙卜：三日，子目□〔疾〕？
> 子弗艰目疾？（字形"⟨目⟩"，《花东》446）

这说明，字形为神目的字，在文字中却未必限于指称崇高地位者的眼睛。《合集》21037另载："戊戌卜，贞：丁目不丧明？"丁的眼睛是否会丧明？在此"⟨目⟩"亦指非王的眼睛。

（二）用作动词表达注视和盯梢的意思

甲骨文中，"目"字亦有作动词来用，如：

> 贞：乎目舌方？（字形"⟨目⟩"，《合集》6194）
> 贞：勿乎目舌方？（字形"⟨目⟩"，《合集》6195）

舌方是与殷商敌对的国家，武丁殷王常出攻击他，上述卜辞表达盯着舌方，可能预备战争。在此"目"的用意犹如传世文献所载："目"为动词的文例。《左传·宣公十二年》："目于眢井而拯之。"⑤《史记·陈丞相世家》"渡河，船人见其美丈夫独行，疑其亡将，要中当有金玉宝器，目之，欲杀平。"⑥《合集》13621"贞：今一月……目鲁，于……""⟨目⟩"字可能也用作动词。

---

① 陈炜湛：《甲骨文异字同形例》，《古文字研究》第六辑，北京：中华书局，1981年，第237—239页。
② 王国维：《戬寿堂所藏殷虚文字》，1917年，卷3，11页。
③ 胡厚宣：《战后京津新获甲骨集》，上海：群联出版社，1954年，第183页。
④ 黄濬：《邺中片羽三集》，北平：尊古斋影印本，1942年，卷3，41页。
⑤ 杨伯峻：《春秋左传注》，台北：中华书局，1991年，第750页。
⑥ 杨家骆主编：《中国学术类编·新校本史记三家注并附编二种三》，台北：鼎文书局，1978年，第2053页。

《合集》707 另载"乎比，目沚，屮（侑）曹三十邑？"沚也曾经是殷王武丁的攻伐对象，最后被殷商吞并，因此卜辞的意思应该也是表达紧盯沚国的行动，准备战争，但是目字竖写如臣"👁"。

在前这几个例子中，目中有点，也许用来强调眼瞳和观看的动作。竖写的所谓"臣"字，亦会有强调瞳珠，如《合集》20354"👁"、《合集》20355"👁"。

甲骨文中有两个可用作动词的从"目"的字，即"👁"、"👁"（见）和"👁"、"👁"（望），可见前者写从横形的"目"，而后者写从竖形的，可隶为从"臣"的"望"，及少量的才作从斜的"👁"。但是这两种动词都表达观望的意思，从目得意。不过意思范围有所不同，望字所表达的视野更加远大。

就"见"字的意思而言，如《合集》1027 载："其来见王？不其来见王？"同时，甲骨文有如下刻辞：

贞：多鬼梦，叀（惟）〔言〕见？
贞：多鬼梦，叀（惟）言见？
庚辰卜，贞：多鬼梦，叀（惟）疾见？
辛巳卜，贞：今夕亡囚（咎）？（《合集》17450）
……屮（有）疾，庚子征，见？十月。（《合集》21034）
贞：见，亡疾？《合集》13755
壬戌，贞：见□其疾□□，亡〔囚〕（咎）〕？
□丑，疾其〔亡〕囚（咎）？（《合集》22389）

这些卜辞中，见即用作目的意思，与上述目疾的记录一致。"目"字用作动词表达注视的意思，而"见"字可以用作名词，指出看见的器官。

就"望"（望）字的意思而言，除了做方国名称和武丁大将军的名字之外，还有这种记录：

……伐舌方，受〔有佑〕？
……令雨，莽（择）多〔👁乎〕望舌方……
贞：乎以多👁伐……（《合集》546）
辛酉卜，争贞：勿乎以多👁，伐舌方，弗其受屮（有）又（佑）？
贞：勿莽（择）多👁，乎望舌方，其橐？
贞：乎伐舌？（《合集》547、548）
贞：勿莽（择）乎望舌？（《合集》549）
甲寅〔卜〕，𣪘贞：勿首莽（择）多👁，乎望舌？（《合集》550）
贞：舌方出，乎望……（《合集》6101）
贞：㭫人乎望舌方？（《合集》6181）

贞：勿燉人乎望舌方？（《合集》6182）

庚寅卜，殻贞：勿冒人三千，乎望舌〔方〕？（《合集》6185）

贞：……望……

贞：乎望舌方？（《合集》6186）

壬□〔卜〕，□贞：乎望舌方？（《合集》6187）

取目于戛，乎望舌〔方〕？（《合集》6188）

贞：勿乎望舌方？（《合集》6189—6191）

贞：勿乎弘望舌方？（《合集》6192）

很容易看出来，这些卜辞与"目舌方"的卜辞完全一致，即瞭望、注视敌方的意思。因为"望舌方"的记录多于"目舌方"，我们甚至可以推论，在此"目"为"望"的省文，目用以表达"望"的意思。

除了"望舌方"之外，甲骨文亦有记录瞭望、注视、盯梢其他敌方的记录：

丁卯卜，贞：望甶多方命乍（作）大示？七月。（《合集》25、3974）

贞：望澅，若，启（启）雀？

望澅，弗其若，启（启）雀？（《合集》6952）

癸巳卜，殻贞：乎雀伐，望危？（《合集》6983）

殷王亲自出来瞭望：

贞：亡其去？

贞：叀（惟）王？

贞：勿隹（唯）王自望？（《合集》7217）

贞：□人，叀（惟）王自望戎？

贞：勿□王自望戎？（《合集》7218）

辛卯〔卜〕，□贞：王〔方自〕望？（《合集》7220）

辛未，贞：王望？《合集》41062 丁丑贞：王弜商望其戠？（《合集》32968）

有时未必只是瞭望敌方，如《合集》14477："贞：望岳？"总体来说，"目"字与"见"和"望"两个字都很接近，甚至有互相替代的例子，虽然"望"的字形可以说是从"臣"，但是"目"还是可以用作望的意思。

《合集》4611载：

贞：生月，象至？

不其至？

贞：令亢象，目，若？

可能表达瞭望或盯伺大象。另外，《合集》22391载："乙丑卜，又（有）夌，目今日？"

"⌒"字表达观望今天的太阳。《合集》21828 载"目亡，不若？"在此"⌒"字似乎表达一种因观望不明，而不良的状态。

(三) 人名、族名和爵位

张秉权分析"目"字后，指出除了表达眼睛和眼睛观望之外，还有作祭名、祭祀对象、地名、人名等①。若用于人名，则更难知其源本读为目或为臣，如《合集》4090、4091 有"⌒"人名。《合集》20173 提及一位考母，名为妣目，其名字写为"⌒"或"⌒"。《合集》21036 则可见横、竖写不分的情况："辛丑卜，㱿贞：辟疫，子目不其骨，凡目印骨，凡目？三月。"第一个"目"写如"臣"（ ），后两者如目（⌒），但这是同一人的名字。

另有殷商王室的家属称为子目或子目㚔，如参《合集》3200、3201、10982（ ）、14034 等。其中《合集》3201 有载："其子目亦敏，佳（唯）目？"第一个"目"字写为"⌒"，第二写为" "，陈炜湛先生已指出这是同一个人之名。② 而《合集补》1708 更加可见有"小臣㚔"人名。"小臣"的"小"与"臣"二字距离通常较接近，应看作一字，作为族徽、族名，至金文中已如同合文，"小臣"并无小官的意思，这是掌握车马的一个大族，这族或许也负责王车，从西周晚期的铭文看来，"小臣"逐渐发展为车仆的官名③。我们从甲骨文"目""臣"没有严格区分的情况来看，"小臣"一族，或亦可读为"小目"，这一族的记录在甲骨文出现 100 多次，属于其族的精美殷周铜器亦有数十件，绝对是地位很高的一族。"小臣"的写法，虽然竖" "写为多，但也有横写如《合集》32994" "，或斜写如《合集》33249" "。

《怀藏》889 和 13631 各载："目入"，表达 族人供于庙。同时，《合集》1823 载" （小臣）入"。笔者推论，如果两者不是同一族，则是有关联的两族，其中小臣（或名为小目）是一个大族团，而目可能是该族的旁支。殷商文字记录中，除了小臣之外，还有多臣，有几十次记载多臣征伐方国之事；另有亚臣、州臣，都是族名，单独" "字亦指出某人，或许他们都可以名为目。青铜器上既有竖写的"臣"族徽，亦有横写的"⌒""⌒"（目）为族辉，以及众多从"目"的字形，亦为殷周青铜器上的族徽。此外，还有双目"⌒⌒"族团，同时有" "" "族团，都是两个神目形的眼睛并立，总之，青铜器上有很多从"目"的族徽，都使用神目形状的眼睛符号，横、竖、斜写的都有。族徽之外，在甲骨金文中，也常见从目的人名，如" "（夏，《合集》20232 眉）；" "（眉，《合集》20240）等众多，横、竖、斜写似乎都会混用。

进一步对照，还可以发现《合集》32929 的记录如下：

---

① 张秉权：《殷墟文字丙编考释》，台北："中央研究院"历史语言研究所，1965 年，第 210 页。
② 陈炜湛：《甲骨文异字同形例》，第 237 页。
③ 郭静云：《天神与天地之道：巫觋信仰与传统思想渊源》，上海：上海古籍出版社，2016 年，第 798 页。

叀（惟）王令侯归？
叀（惟）王令目归？

在此"目"已不是人名，侯与目是等级相近的爵位，这一"目"横写，但据上述资料可知，横、竖写并不会改变其意义。因此无论是横写的"⌒"或竖写的"𝟊"，都是可用作爵位，并应该是同一类的爵位。

武丁时代甲骨文中有一套卜辞，记载"王𝟊"，均释为王臣，但是，"王臣"的用词难以解释，殷商未见有臣属的通称。以笔者浅见，这一王臣职位之职务，在于做王的眼睛，即类似领头的角色。卜辞记载：

王目（臣）其㞢（有）刃？（𝟊）
王目（臣）其㞢（有）刃？（𝟊，《合集》117）
……羌于□収（共）王目（臣）？四月。（𝟊，《合集》5566）
贞：羌弗其以王目（臣）？（𝟊，《合集》5567）
……隹（唯）王目（臣）……茶……（𝟊，《合集》5568）
□□〔卜〕，殻〔贞〕：王以……目（臣）正……（𝟊，《合集》5569）
王固曰。
王目（臣）固曰：途首，若？（𝟊，《合集》11506）

最后一条记录王目（臣）占卜，有没有崇高的崇拜对象，授权王目（臣）出来当领队。王目（臣）基本上相当于王本身，占卜时王目（臣）与王一起"固曰"，即确定占卜的主题，并且王目（臣）有资格当途首，而在其他卜辞中通常由王当途首，如《合集》6031—6033、6037等。① 当途首，作领队者的职务，相当符合"王目"的职称。因此，《合集》32929的"目"和当途首的王臣（目）这都是很高首领者的爵位。驾马小臣、多臣、䀠等都是殷商王族团队的高等贵族，在战争时当领队者。

（四）地名与国名

"⌒"做地名见于《合集》21740、21704、29285、29286、36625、《屯南》1070、4400等；《合集》33367在目地王田猎鹿；而《合集》6946载："贞乎雀征目"，"𝟊"为殷商攻击对象，而《合集》28010提及"目方"，"⌒"国家。写从"目"的地名甚多，在此不细录。写从"目"的方国也有好几个，地望都不明，如，𝟊；又如"䀠"（昗），在殷商甲骨文和青铜器上都可见②；还有学界常释为蜀的"𝟊"（罒），或许也为方国；另还有"眔"，甲骨文写为"𝟊"，该字的结构与"𝟊"结构颇为相似。

---

① 郭静云：《天神与天地之道：巫觋信仰与传统思想渊源》，第793—794页。
② 青铜器如北京故宫收藏的䀠爵和䀠车马器（《集成》7637、11868）。

(五) 祭名与祭祀对象

"目"字作祭名者，如前文已指出目祭用于河的祭礼；《合集》10155 另载，目于㞢水的祭礼。同时，《合集》117 载："王⊗其㞢河？王⊗弗㞢河？"是与上述几条祭祀词接近，但是是用竖写的字形，因此可以考虑横、竖写法的意义没有太大差异。《合集》13624、39636："御王，目于妣己"，《合集》13626"□未卜，争贞：告王，目于祖丁"均显示，目祭礼对象不仅为河水，也会是祖先。《合集》11654，也是"⊘"为祭名。此外，亦有几种写从"目"的祭名。①

"⊘"另有作为崇拜对象，如《合集》7239："令，勿希（祟），奠目？"《合集》20332、33747、34272、34284 也是"⊘"是被祭祀者。张秉权认为这与从"口"的 ☒（昌）是同一个对象。②

《合集》974 载："帝目，三牛？"帝目明确是一种祭祀对象。《合集》974 的刻辞很多，且大部分与祈雨有关，令有载："丙申卜，㱿贞：我受年？贞：我〔不〕其受年？帝目，三牛？四牛？五牛？十牛？"也就是说，祭祀帝目与祈雨求年有某种关联。甲骨文另有帝臣的记录：

　　帝臣，宰？⊗（《合集》14255）
　　于帝臣，又（有）雨？
　　于岳宗酢，又（有）雨？
　　于戠宗酢，又（有）雨？（《合集》30298）

在这些卜辞中，也有祈雨以及用牢祭祀帝臣（目）。《合集》30298 祭祀岳和戠用宗酢，是因为他们是商宗庙的先公，而帝为崇高的天神，不能用宗庙的酢祭礼来崇拜他。笔者认为，帝臣即是帝目、崇高天目的形象，上帝的神目表现，犹如三星堆铜像张开眼睛时，崇高对象的神力强烈凸显出来。《合集》217、14223、《怀藏》897 都有记载："佳（唯）帝臣令？"上帝的神目表现会发出崇高的命令。

从甲骨记录可知，帝有五目（臣）：

　　贞：其宁秋，于帝五半臣，于日告？
　　入商，左卜吉曰：弜入商？
　　甲申，夕至，宁秋，用三大牢？《屯南》930
　　辛亥卜……五臣……
　　王又（侑）岁于帝五臣，正，佳（唯）亡雨？
　　……求又（侑）于帝五臣，又（有）大雨？《合集》30391
　　……其寻求年……大雨？吉

---

① 横写的字，另见于残缺甲骨上，意义不详，如"阜目"《合集》2516、《合集补》5947；"取目"《东京》365、《合集》6188；"出目"《合集》10936、《英藏》1781。以及其他《合集》673、750、4422、6450、⊗、8648、10342、16979、31498（⊗）；《英藏》652、785、1117。
② 张秉权：《殷墟文字丙编考释》，第210页。

......帝五臣......（《合集》31061）

庚午贞：秋大**隹**，于帝五丯臣血？才（在）祖乙宗卜。兹用。

......酉......其......**宰**？（《合集》34048）

癸酉宁秋，于帝五丯臣，其三百四十**宰**？（《合集》34049）

笔者认为，这些帝臣、帝五臣的记录是上古信仰中曾有的上帝神目的形象，祭祀上帝的祭礼乃是祭祀其神目。殷商中央是多元上古帝国都城，有信仰不同的巫师为殷王占卜，因此帝目（臣）信仰的源头不详，但是就想象而言，帝目的形象与石家河和三星堆人形崇拜对象神目的形象相吻合，都是一种独特，崇高与天有关的神目形象。

甲骨文中，有神目形状的"&"即是"目"字，用作名词时表达人或上帝的眼睛，用作动词时表达注视或盯梢的动作；用作爵名时表达领头的高位职责。上述用法，均包含对眼睛观看的本能表达崇敬之意。

三、总结

在文字中，虽然神目形状的字，从早商时期已零散可见，但只有殷商文化留下可破译的甲骨文，因此可以一窥神目在作为文字使用方面的情况。

在甲骨文中，神目符号的直写、竖写均作为文字使用，且直写和竖写并无意义上的区别，可以混同，另有作为文字部件使用。在单一文字的使用意涵上，大多和眼睛的功能相关；用作名词方面的意义时，可表示人或上帝的眼睛，也可以是名称，包含人名、族名、爵名、地名、国名、祭名、祭祀对象名。在动词方面则作为注视或盯梢的动作。

其中在族名方面，很多族徽都使用神目作为部件，和神目在信仰观念的意义及崇高地位应有关联，而使得人们乐于使用此字作为族徽的一部分。至于爵名方面，神目形状的字形除了代表地位较高之外，通常具备领头的职责，与用眼睛观看的意义相关联。而在祭祀对象方面，则可见到神目具崇高眼目之意。在殷商甲骨文中，又结合上帝的信仰，使崇高的上帝也具备神目，甚至拥有五目。

在殷商之后的古文字中，虽然还持续使用神目形状的字形，但其写法开始逐渐走样，失去原本的形状，部分弯曲成圆弧形，而部分字体将下眼睑的部分拉为一直线，贯穿眼珠的部分，例如西周晚期的佣友钟"**&**"①，战国时期舒壶"**&**"②。同时，接近于神目竖立的字形仅限于用作"臣"字。至战国时期楚地竹书简文中，可以见到"目"与"臣"已经是写法分开，"臣"字写为"**&**"，而"目"的形状圆滚形如"**&**"。这种后期的字型区分，乃影响现代人解读甲骨文时产生误解，以为该字自始至终都分为两个字形。

作者简介：郭静云，女，台湾中正大学历史系教授。邱诗莹，台湾中正大学历史系博士生。

---

① 张天恩：《陕西金文集成》第五册，西安：三秦出版社，2016年，第494页。
② 《集成》器号9734，现藏于河北省文物研究所。

垂鳞纹来源小议

四川大学历史文化学院　韩文博

摘　要：通过初步研究，我们认为垂鳞纹与横鳞纹可能存在不同的来源。具体而言，垂鳞纹应取象于禽鸟类之羽毛，而横鳞纹则取象于龙、蛇或鱼躯体上的鳞片（甲）。

关键词：垂鳞纹　禽鸟羽毛　龙蛇　鳞片

鳞纹是商周铜器上一种较为常见的装饰纹样，这种纹样大多用来装饰器物的口、腹、圈足。学者对这种纹饰的来源及形式做了很多研究，一般认为鳞纹主要来源于龙、蛇或鱼躯体上的鳞片（甲），纵向排列的称为垂鳞纹，横向排列的称为横鳞纹或重环纹。

一、已有研究的简要回顾

垂鳞纹的称呼源于何时已无考。下面仅就目前所见，学者对此种纹饰的来源及称呼作简要回顾。20世纪40年代容庚先生最先对商周铜器做了全面研究，在《商周彝器通考》一书第六章专门对青铜器上的各种纹饰进行了研究，他指出："鳞纹（按：指多排重叠式，如图四，4、5、6），其状如鱼鳞之相重，中有雷纹。通行于商代或西周后期。"[①] "垂鳞纹（按：指单排并列式，如图四，1、2、3），其状若垂鳞，中为雷纹。通行于西周后期和春秋早期。"[②] 80年代，上海博物馆青铜器研究组集中力量，对商周铜器上的纹饰进行了专门研究，关于鳞纹的来源，他们认为是"以龙蛇躯干上的鳞片纹组成的图案"，他们将鳞纹分为连续式、重叠式和并列式三种，其中重叠式就是我们所称之"垂鳞纹"，他们指出"重叠式，鳞纹的排列方式如鱼鳞相叠，布满器身，流行于西周早期到春秋早期"。[③] 日本学者林巳奈夫先生将鳞纹分为四种形式，分别是单纯列鳞纹（如本文图五，1）、长短列鳞纹（如本文图五，2）、重鳞纹（如本文图一）、垂鳞纹（如本文图四，1、2、3），他在论述重鳞纹（本文图一，亦即上博青铜器研究组所分"重叠式"）时指出，鳞纹，取象于鱼鳞，重重叠叠广阔

---

① 容庚：《商周彝器通考》，北平：哈佛燕京学社，1940年，第129—130页。
② 容庚：《商周彝器通考》第132页。
③ 上海博物馆青铜器研究组编：《商周青铜器纹饰》，北京：文物出版社，1984年，第257页。

分布于器物表面①。1988年马承源先生主编的《中国青铜器》一书正式出版，书中沿用《商周青铜器纹饰》关于鳞纹的观点②。1999年王世民等先生所著《西周青铜器断代研究》一书在前人的基础上，将鳞纹区别为垂鳞纹和横鳞纹③。2002年彭裕商先生对西周铜器的年代进行了深入研究，在《西周青铜器年代综合研究》一书第六章对龙纹（附鳞纹）和窃曲纹进行了研究，书中亦将鳞纹分为横鳞纹和垂鳞纹，并且对其作了型式划分。在论及鳞纹的来源时，他认为"是龙蛇一类动物躯干鳞片的象形"④。继容庚先生后，朱凤瀚先生对中国古代青铜器进行了系统研究，在《中国青铜器综论》第五章对各种纹饰进行了详细梳理，他将鳞纹分为两类，一类称鳞纹（按：即垂鳞纹），一类仍称重环纹（按：即横鳞纹）。关于鳞纹的来源，他指出"是取龙或蛇的鳞片为单元组成的纹饰。其排列方式或作鱼鳞状，上下交错，重叠排列，多施于器物腹部；或单个鳞片横向并列，构成带状，施于器物的圈足等部位。主要流行于西周早期至春秋早期"⑤。

综上所述，关于鳞纹的来源主要有鱼鳞和龙、蛇鳞片两种说法，但龙、蛇之鳞和鱼之鳞极有可能为同一类东西。《玉篇》："鳞，鱼龙之鳞也。"《吕氏春秋·孟春纪》"其虫鳞"高注云："鳞，鱼属也，龙为之长。"《淮南子·时则训》许注曰："鳞，龙之属也。"《后汉书·谢弼传》李贤注引谢承书曰："蛇者，阴气所生，龙之类也。"总之，目前学者们对鳞纹的来源看法是一致的。然而，通过研究我们初步认为垂鳞纹和横鳞纹可能存在不同的来源。下面就此问题略陈浅见，以供大家讨论。

二、垂鳞纹源于禽鸟之羽

垂鳞纹，主要是以多个"U"形或"◆"形为元素组合而成的一种纹饰，这种纹饰的主要特点就是多个"U"或"◆"重叠竖直排列，根据装饰需要可排列成一行乃至多行，举例详见本文第三部分。横鳞纹主要是以多个"◐"或"▬"为素材组合而成的一种纹饰，这种纹饰的主要特点是多个"◐"或"▬"并列横排，多为一行或两行。另外，还有"◐"和"▬"间相排列的，举例亦详见本文第三部分。一直以来，学者一致认为这两种纹饰来源相同，但我们发现可能并非如此。由于横鳞纹的来源，我们同意学界的看法，无异议。故而，本文着重讨论垂鳞纹的来源。

垂鳞纹（多排重叠式）最早见于商代晚期（按：也可能是西周早期），下限可到春秋时期。垂鳞纹最先有两种形态，第一种如庚册父庚壶腹部（图一，1）、正父庚卣腹部（图一，2）、大河口M1017：66霸伯簋腹部（图一，3）、伯夏父鬲腹部（图一，4）所饰，单个若U形。庚册父庚壶容庚先生定为商代⑥，正父庚卣朱凤瀚先生定为西周早期⑦，大河口M1017

---

① 林巳奈夫：《殷周青铜器综览》二，东京：吉川弘文馆，1984年，第182-183页。
② 马承源主编：《中国青铜器》，上海：上海古籍出版社，1988年，第338页。
③ 王世民、陈公柔、张长寿：《西周青铜器分期断代研究》，北京：文物出版社，1999年。
④ 彭裕商：《西周青铜器年代综合研究》，成都：巴蜀书社，2002年，第544页。
⑤ 朱凤瀚：《中国青铜器综论》，上海：上海古籍出版社，2009年，第577页。
⑥ 容庚：《商周彝器通考》，北平：哈佛燕京学社，1940年，第130页。
⑦ 朱凤瀚：《中国青铜器综论》，上海：上海古籍出版社，2009年，第577页。

的年代在西周中期前段①，伯夏父镈为西周晚期器。第二种略异于前者，有学者将其称为联羽纹②，这种纹饰十分少见，如76年扶风庄白J1：86瓿圈足（图一，4）、大河口M1017：90铜木瓿圈足（图一，5）、三门峡虢国M2001：89、80铜圆壶盖缘及腹部（图一，6）所饰，单个若◇形。扶风庄白J1：86瓿从器形来看应属西周早期，大河口M1017：90铜木瓿至少在西周中期前段，三门峡M2001：89、80壶属西周晚期。

图 一

第一种垂鳞纹西周中期以后比较常见，而第二种主要见于西周早中期，而且十分少见。对比以上两种纹饰的构造形式，我们初步认为它们应属同一种纹饰，而这种纹饰主要来源于禽鸟之羽。为不引起混乱，我们仍用垂鳞纹指代此种纹饰。下面主要从考古出土的鸟形器入手，对此加以论证。

---

① 山西省考古研究所、临汾市文物局、翼城县文物旅游局：《山西翼城大河口西周墓地M1017发掘》，《考古学报》2018年第1期。
② 河南省文物考古研究所、三门峡市文物工作队：《三门峡虢国墓》，北京：文物出版社，1999年，第58页。

图 二

1. 亚㠱尊 2. 鸮尊 3. 大河口 M2002：23 乞盉 4. 北赵晋侯墓地 M114：210 晋侯尊 5. 宝鸡茹家庄 M1 乙：24 尊 6. 宝鸡茹家庄 M1 乙：27 尊 7. 赵卿墓 M251：600 鸟尊 8. 凤鸟形尊

以上亚[?]尊、鸮尊①应为晚商之器，北赵晋侯墓地M114原报告定为西周早中期之际②，大河口M2002报道者定为西周中期前段，约当穆、恭之际③，茹家庄M1乙属西周中期穆王前后。赵卿鸟尊，出金胜村M251，墓葬年代为春秋晚期④，凤鸟形尊⑤年代暂且存疑。

从图二我们可以清楚地看到，所谓垂鳞纹实质上是取材于禽鸟之羽，尤其值得注意的是晋侯鸟尊和大河口乙盉，前者背及身上所饰为第二种垂鳞纹（同图一5、6、7），后者背及身上所饰为第一种垂鳞纹（同图一1、2、3、4），此两器同为禽鸟造型，其上所饰应是羽毛而不是鳞甲（片），这也可以由图二5、6茹家庄M1乙所出两件鸟形尊得到进一步证实。因此，我们认为垂鳞纹应源于禽鸟之羽而不是鱼、龙或蛇之鳞。通过以上诸器与图三的对比来看，这种纹饰很有可能来源于孔雀一类的鸟类。

图三　孔雀之羽毛

三、鳞纹的形式及年代

关于垂鳞纹的分类及流行年代学者已多有研究，详见文章第一部分。由于分类及年代涉及对此种纹饰来源的进一步论证，因此，在前辈学者的基础上，对这种纹饰的分类及年代简述如下。

商周垂鳞纹大致可以分为两种类型，一种是单排并列式，另一种是多排重叠式。单排并列式主要饰于器物的圈足部位，如颂壶圈足（图四，1）、三门峡M2001：67号季簋⑥圈足（图四，2）、三门峡M2012：37铜盘⑦圈足（图四，3）。多排重叠式主要饰于器物的腹部，

---

① 图片来源于：http://www.kaogu.cn/cn/kaoguyuandi/kaogusuibi/2015/0529/50411.html。
② 北京大学考古文博学院、山西省考古研究所：《天马—曲村遗址北赵晋侯墓地第六次发掘》，《文物》2001年第8期。
③ 山西省考古研究所、临汾市文物局等：《山西翼城大河口西周墓地M2002发掘》，《考古学报》2018年第2期。
④ 山西省考古研究所、太原市文物管理委员会：《太原晋国赵卿墓》，北京：文物出版社，1996年，第237页。
⑤ 图片来源于：http://www.kaogu.cn/cn/kaoguyuandi/kaogusuibi/2015/0529/50411.html。
⑥ 河南省文物考古研究所、三门峡市文物工作队：《三门峡虢国墓》，第47页。
⑦ 河南省文物考古研究所、三门峡市文物工作队：《三门峡虢国墓》，第257页。

根据布局需要可以组合成两排，如三门峡 M2012：13 铜甫①柄部（图四，4）、三门峡 M2001：148 號季铜甫②柄部（图四，5）；三排，如正父庚卣腹部（见图一，2）、三门峡 M2001：83 號季鼎③腹部；三排以上（图一、图二）。

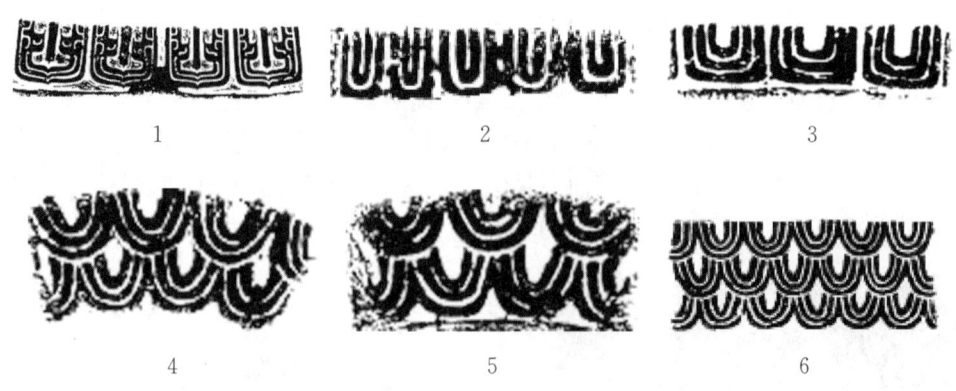

图 四

关于以上两种垂鳞纹的年代学者已多有论述，一般认为以上第一种（单排并列式）主要流行于西周晚期，第二种多排重叠式主要流行于西周早期到春秋时期。

另外，关于横鳞纹的来源，学者多认为来源于龙、蛇身上的鳞片，我们赞同这种观点。横鳞纹一般有两种形式，一种为单独的长鳞片横向排列，如 76 年扶风庄白 J1：14 痶簋④盖沿及颈部（图五，1）；另一种为长、圆鳞片相间横向排列，如 75 年岐山董家村窖藏铜豆（甲）⑤ 口沿（图五，2）。

---

① 河南省文物考古研究所、三门峡市文物工作队：《三门峡虢国墓》，第 253 页。
② 河南省文物考古研究所、三门峡市文物工作队：《三门峡虢国墓》，第 59 页。
③ 河南省文物考古研究所、三门峡市文物工作队：《三门峡虢国墓》，第 36 页。
④ 陕西周原考古队：《陕西扶风庄白一号西周青铜器窖藏发掘简报》，《文物》1978 年第 3 期。
⑤ 岐山县文化馆、陕西省文管会：《陕西省岐山县董家村西周铜器窖藏发掘简报》，《文物》1976 年第 5 期。

图五

通过仔细对比我们发现，圆鳞纹与襄汾陶寺 M3072：6 陶盘①所饰龙纹（图五，3）、曲沃曲村 M6081：2 铜盘②所饰龙纹（图五，4）、长子口 M1：92 觥③盖所饰龙纹（图五，5）、上海博物馆藏簋④所饰蛇纹（图五，6）身上的鳞片完全相同；长鳞纹与山东肥城小王庄出土铜盘⑤所饰龙纹（图五，7）、陶寺北两周墓地 M7 出土玉龙形器⑥（图五，8）身上的鳞片完全相同。由此可见，横鳞纹来源于龙、蛇躯体上的鳞片的说法是可信的。至于横鳞纹流行的年代，一般认为在西周晚期至春秋时期。

结语

通过以上简要梳理，我们认为垂鳞纹和横鳞纹应存在不同的来源。具体而言，垂鳞纹可能来源于禽鸟身上之羽；横鳞纹则取象于龙、蛇或鱼身上的鳞片（甲）。至于这种纹饰该如何命名，有待学术界共同讨论决定。

（本文在写作过程中，导师彭裕商先生给予了悉心指导，特致谢忱！）

作者简介：韩文博（1989－），甘肃礼县人，四川大学历史文化学院讲师，研究方向为商周青铜器、古文字学。

---

①中国社会科学院考古研究所、山西省临汾市文物局：《襄汾陶寺——1978－1985 年考古发掘报告》，北京：文物出版社，2015 年，第 616 页。
②邹衡主编：《天马——曲村（1980—1989）》，北京：科学出版社，2000 年，第 335—350 页。
③河南省文物考古研究所、周口市文化局：《鹿邑太清宫长子口墓》，郑州：中州古籍出版社，2000 年，第 106 页。
④上海博物馆青铜器研究组编：《商周青铜器纹饰》，北京：文物出版社，1984 年，第 220 页。
⑤齐文涛：《概述近年来山东出土的商周青铜器》，《文物》1972 年第 5 期。
⑥《山西襄汾陶寺北两周墓地考古成果丰硕》，《光明日报》2015 年 12 月 04 日 07 版。

铜器铭文所见曾国职官及其身份举隅

新疆大学中国语言文学学院　黄锦前

摘　要：通过对几组铜器铭文所见器主职任及其身份情况的总结，可见以血缘关系的远近为准任人唯亲是曾国上层贵族之间权力分配的一般原则。所见职官位高权重者如大司马、卿事、太保、太师、大工尹、都尹等，一般由曾侯之子孙或姬周同姓贵族担任；同时亦吸纳与其有姻亲关系等关系密切的别国贵族任职，但数量很有限，其所任往往也非要职，由此大概可以窥见当时各诸侯国乃至两周时期姬周王朝权力分配情况之一斑。

关键词：曾子　曾孙　宗亲　任人唯亲　姻亲

曾国的职官，过去我曾有初步讨论①，近年随着新材料的日新月异，有关内容也不断丰富，目前就铜器铭文所见，曾国职官主要有大司马（随大司马嘉有戈②、曾大司马㮃鼎③、曾大司马伯㮃簠④）、卿事（曾卿事宣鼎⑤、曾卿事梁鬲⑥、曾卿事梁簠⑦、曾卿事季宣

---

① 拙作：《楚系铜器铭文研究》，安徽大学博士学位论文（汉语言文字学，指导教师：黄德宽），2009年6月，第205—206页。
② 湖北省文物考古研究所、随州市博物馆：《湖北随州市文峰塔东周墓地》，《考古》2014年第7期，第30页图四、四一。
③《考古》2014年第7期，第25页，图一七。
④《考古》2014年第7期，第26页，图一九：4。
⑤ 吴镇烽编著：《商周青铜器铭文暨图像集成续编》第1卷，上海：上海古籍出版社，2016年，第162—164页，第0155、0156、0157号。
⑥ 吴镇烽编著：《商周青铜器铭文暨图像集成续编》第1卷，上海：上海古籍出版社，2016年，第331—334页，第0250、0251号。
⑦ 吴镇烽编著：《商周青铜器铭文暨图像集成续编》第2卷，上海：上海古籍出版社，2016年，第79—81页，第0427号。

簋①、曾季卿事奂壶②)、太保（曾大保簋③、曾太保庆盆④，曾太保㠱簋⑤)、太师（曾太师乐与鼎⑥、曾太师奠鼎⑦)、少师（曾侯乙177、210号简⑧;《左传》桓公六年"随人使少师董成"杜预注"少师，随大夫")、师（曾师季鞞盘⑨)、少宰（曾少宰黄仲酉鼎、甗、簠、方壶、盘、匜等⑩)、大工尹（曾大攻尹季怡戈⑪、曾工尹乔缶⑫)、工佐（曾工佐臣簋⑬)、大沈尹（曾大沈尹壶⑭)、阍尹（阍尹腾鼎⑮)、都尹（曾都尹法簠⑯)等，另有作为宫廷内官系统的采夫和雍人（曾伯克父簋⑰)，随着近年新材料的不断出现，有进一步深入总结讨论的必要。

分析上揭诸器，发现其器主多系曾侯子孙，或为姬周宗亲，这种现象颇为典型，也很有

---

① 此系"@融斋朱冰"在其微博上公布了一件自藏的"曾卿簋"全角拓图像数据，该微博链接为：http://weibo.com/rongzhaizhubing?from=feed&loc=nickname&is_all=1。
② 吴镇烽编著:《商周青铜器铭文暨图像集成续编》第3卷，上海：上海古籍出版社，2016年，第118—119页，第0835号。
③ 中国社会科学院考古研究所:《殷周金文集成》7.4054，北京：中华书局，1984—1994年；湖北省文物考古研究所:《曾国青铜器》，北京：文物出版社，2007年，第279-283页；陈伟武:《两件新见曾国铜器铭文考述》，《中山大学学报》（社会科学版）2009年第5期，第18-21页。
④《集成》16.10336；韩自强、刘海洋:《近年所见有铭铜器简述》，载《古文字研究》第24辑，北京：中华书局，2002年，第166-169页；湖北省文物考古研究所:《曾国青铜器》，北京：文物出版社，2007年，第416-420页。
⑤ 武汉大学历史学院、湖北省文物考古研究所、湖北荆州文物保护中心、枣阳市博物馆考古队:《湖北枣阳郭家庙墓地曹门湾墓区（2015）M43发掘简报》，《江汉考古》2016年第5期，第36-49页。
⑥ 湖北省文物考古研究所:《曾国青铜器》，北京：文物出版社，2007年，第4-7页。
⑦ 中国青铜器全集编辑委员会:《中国美术分类全集·中国青铜器全集》第10卷，九，北京：文物出版社，1998年；河南省文物考古研究所、南阳市文物考古研究所、淅川县博物馆:《淅川和尚岭与徐家岭楚墓》，郑州：大象出版社，2004年，彩版四：2，第12页图一；湖北省文物考古研究所:《曾国青铜器》，北京：文物出版社，2007年，第401-403页。
⑧ 湖北省博物馆:《曾侯乙墓》，北京：文物出版社，1989年，下册，图版二二四、二三。
⑨《集成》16.10138；湖北省文物考古研究所:《曾国青铜器》，北京：文物出版社，2007年，第444页。
⑩ 湖北省文物考古研究所、随州市曾都区考古队、随州市博物馆:《湖北随州义地岗墓地曾国墓1994年发掘简报》，《文物》2008年第2期，第4-18页；湖北省文物考古研究所:《曾国青铜器》，北京：文物出版社，2007年，第338-351页。
⑪《集成》17.11365；湖北省文物考古研究所:《曾国青铜器》，北京：文物出版社，2007年，第319-320页。
⑫《考古》2014年第7期，第27页，图二五、二六：1。
⑬《考古》2014年第7期，第27页，图一九：3。
⑭ 吴镇烽编著:《商周青铜器铭文暨图像集成》第22卷，上海：上海古籍出版社，2012年，第99-100页，第12225、12226号。
⑮ 河南省文物考古研究所、南阳市文物考古研究所、淅川县博物馆:《淅川和尚岭与徐家岭楚墓》，郑州：大象出版社，2004年，彩版一一：3、第27页图二五；湖北省文物考古研究所:《曾国青铜器》，北京：文物出版社，2007年，第338-351页。
⑯ 随州市博物馆:《随州出土文物精粹》118，北京：文物出版社，2009年，第112页；湖北省文物考古研究所:《曾国青铜器》，北京：文物出版社，2007年，第266-269页。
⑰ 吴镇烽编著:《商周青铜器铭文暨图像集成续编》第2卷，上海：上海古籍出版社，2016年，第281-286页，第0518、0519号。

趣，因而值得进一步深入总结和分析。这里主要就曾大司马伯国、曾都尹法及曾大攻尹等几组铜器铭文所见器主职任及其身份等情况试加总结，并谈一点粗浅的认识，不当之处，请大家教正。

1988年，湖北随州安居镇汪家湾春秋墓出土曾都尹法簠、曾孙法鼎等有铭铜器①，鼎铭曰"曾孙法之胆鼎"，簠铭作"曾都尹法之行簠"，两相对照，可知器主系曾侯之孙，名"法"，"都尹"系其职称，应系职掌都城管理的官员。

类似的情况在曾国铜器铭文中颇为多见，下面再略举数例。

2013年随州文峰塔曾国墓地出土一件曾孙伯国甗（M32：9）②，铭作：

　　曾孙伯国之行甗。

该墓同出曾大司马国鼎（M32：8）和曾大司马伯国簠（M32：6）各一件，铭文分别作：

　　（1）曾大司马国之行鼎。
　　（2）曾大司马伯国之饲簠。

两相对照，可见"曾孙伯国"系曾侯之孙，"伯"系排行，"国"为其字，职任曾国大司马。

文峰塔墓地又出土曾工尹乔缶（M61：11）③ 和曾孙乔壶（M61：2）④ 各一件，铭文分别作：

　　（1）曾工尹乔之沐缶。
　　（2）曾孙乔之行壶。

对照可知，器主"曾孙乔"系曾侯之孙，名"乔"，职为工尹。

《商周青铜器铭文暨图像集成续编》著录有一组曾伯克父甘娄的铜器，铭文分别作：

　　（1）伯克父鼎⑤：唯伯克父甘娄乃自得吉𠭯鎣金，用自作宝鼎，用追孝于我大丕显，甘娄其用匄眉寿，其需终万年，子孙永宝用之。
　　（2）曾伯克父簠⑥：唯曾伯克父甘娄自作大宝簠，用追孝于我皇祖文考，曾伯克父其用受多福无疆，眉寿永命，黄耇令终，其万年子子孙孙永宝用。

---

①随州市博物馆：《湖北随州市安居镇发现春秋曾国墓》，《江汉考古》1990年第1期，第8—11页；湖北省文物考古研究所：《曾国青铜器》，北京：文物出版社，2007年，第262—269页。

②《考古》2014年第7期，第28页，图三一：1。

③《考古》2014年第7期，第27页，图二五，图二六：1。

④《考古》2014年第7期，第27页，图二四：5。

⑤吴镇烽编著：《商周青铜器铭文暨图像集成续编》第1卷，上海：上海古籍出版社，2016年，第279—280页，第0223号。

⑥吴镇烽编著：《商周青铜器铭文暨图像集成续编》第2卷，上海：上海古籍出版社，2016年，第125—126页，第0445号。

(3) 伯克父盨①：唯伯克父甘娄自作搽盨，用盛黍稷稻粱，用之征行，用其及百君子宴饮。

(4) 曾伯克父簋：唯曾伯克父甘娄乃用吉父镠叔鋚金，用自作旅簋，用征用行，走追四方，用簋用爵/醴，用盛黍稷稻粱，用饮百君子、辟王，伯克父其眉寿无疆，采夫无若，雍人孔炅，用享于我皇考，子孙永宝，锡勾眉寿，曾邦氏保。

(5) 曾伯克父盨②：唯曾伯克父甘娄乃用作旅盨，子孙永宝。

我曾有小文指出，据该铜器群的器物组合情况和铭文内容看，器主伯克父为曾侯子，所任系太宰、膳夫类掌馈之官，大夫级，作为曾侯之近臣，其地位颇高③。

《商周青铜器铭文暨图像集成续编》等著录有一组曾卿事宣铜器，铭文分别作：

(1) 曾卿事宣鼎：唯曾卿事宣用其吉金，自作荐鼎。
(2) 曾卿事梁鬲：曾卿事梁自作荐鬲，用享。
(3) 曾卿事梁簋：唯曾卿事梁用吉金自作宝簋，用享于朕文考，用锡眉寿，子子孙孙永宝。
(4) 曾卿事季宣簋：唯曾卿事季宣用其吉金，自作宝簋，用享于皇祖文考，子孙用。
(5) 曾季卿事夬壶：唯曾季卿事夬用其吉金，自作宝醴壶，子子孙孙用享。

这几件器物的器主名字虽然写法各异，但应系一人无疑。"曾卿事季宣"的"卿事"应系职官名，"宣"系其私名，"季"系其排行兼氏称，系曾国公室；从器物组合、时代、器主身份及文字学等方面的证据来看，其人或即见于《左传》的春秋时赫赫有名的曾大夫季梁④。

以上所举器主主要是曾侯之子孙。下面再看其他例子。

1979 年湖北随县城郊季氏梁春秋墓葬出土一件曾大攻尹季怡戈，铭作：

穆侯之子西宫之孙曾大工尹季怡之用。

---

① 田率：《内史盨与伯克父甘娄盨》，"青铜器与金文"学术研讨会论文，北京：北京大学"出土文献与中国古代文明研究协同创新中心"，2016 年，第 87—105 页；吴镇烽编著：《商周青铜器铭文暨图像集成续编》第 2 卷，上海：上海古籍出版社，2016 年，第 192—197 页，第 0474、0475 号。
② 吴镇烽编著：《商周青铜器铭文暨图像集成续编》第 2 卷，上海：上海古籍出版社，2016 年，第 181 页，第 0467 号。
③ 拙文：《曾伯克父诸器析论》，中国文化遗产研究院编《出土文献研究》第 18 辑，上海：中西书局，2019 年待刊。
④ 拙文：《曾卿事季宣簋考释》，载刘玉堂主编《楚学论丛》第七辑，武汉：湖北人民出版社，2017 年；又《续论曾卿事宣诸器》，《楚学论丛》第八辑，待刊；《据人名称谓例谈对曾国铜器铭文中有关人物身份的理解》，未刊稿。

与之同出的周王孙季怡戈①铭曰:

周王孙季怡孔臧元武元用戈。

戈铭的"周王"应指周文王;"西宫"应即召公奭;"穆侯"应系燕穆侯②。曾、燕皆为姬姓国,燕穆侯之子季怡作为姬周宗亲,出仕曾国,合情合理。金文所见春秋早期有蔡公子射出仕尹氏的先例③,亦可佐证。

1994年湖北随州义地岗曾国墓(M1)出土有一批曾少宰黄仲酉的器物,计有鼎、甗、簠、壶、盘及匜等④,铭文分别作:

(1) 黄仲酉鼎:曾少宰黄仲之酉行鼎。
(2) 黄仲酉甗:曾少宰黄仲酉之行甗。
(3) 黄仲酉簠:曾少宰黄仲酉之行簠。
(4) 黄仲酉壶:曾少宰黄仲酉之行盂。
(5) 黄仲酉盘:曾少宰黄仲酉之行匜。
(6) 黄仲酉匜:曾少宰黄仲酉之行匜。

据铭文,器主曾少宰黄仲酉系在曾国任职的黄国贵族。《左传》僖公十二年(公元前648年):"黄人恃诸侯之睦于齐也,不共楚职,曰:'自郢及我九百里,焉能害我?'夏,楚灭黄。"这批器物的时代为春秋晚期后段,此时黄国已灭亡,因而贵族流亡他国为仕。

《左传》桓公八年:"夏,楚子合诸侯于沈鹿。黄、随不会。"文献中的"随",即汉淮一带所出铜器铭文中的"曾",已为历年的考古发现所证实⑤。由《左传》之文,可知黄、随在对楚问题上是有默契的。据出土铜器铭文材料可知,春秋时期,曾、黄之间互为婚姻关系,来往较为密切⑥。因此,与曾国邻近且互为婚姻的黄国,在灭国后其贵族徙仕曾国,也是情理之中的事情。

《左传》桓公九年:

夏,楚使斗廉帅师及巴师围鄾,邓养甥、聃甥帅师救鄾。

杜预注:"二甥,皆邓大夫。"又《左传》庄公六年:

楚文王伐申,过邓。邓祁侯曰:"吾甥也。"止而享之。骓甥、聃甥、养甥请杀楚子,邓侯弗许。三甥曰:"亡邓国者,必此人也。若不早图,后君噬齐,其及图之乎?

---

① 集成17.11309;湖北省文物考古研究所:《曾国青铜器》,北京:文物出版社,2007年,第317—318页。
② 详参拙文:《"宫伯""西宫"考——兼谈召公诸子铜器》《由叶家山M107所出"西宫"铭文谈曾国的族源问题》,未刊稿。
③ 拙文:《射壶的年代与史事》,未刊稿。
④ 湖北省文物考古研究所:《曾国青铜器》,北京:文物出版社,2007年,第338—351页。
⑤ 拙文:《曾侯與编钟铭文读释》,《中国国家博物馆馆刊》2017年第3期,第76—89页。
⑥ 拙文:《新出两件曾子鼎绎读》,载《上古汉语研究》(第三辑),北京:商务印书馆,2019年。

图之，此为时矣。"邓侯曰："人将不食吾余。"对曰："若不从三臣，抑社稷实不血食，而君焉取余？"弗从。

杜预注："皆邓甥，仕于舅氏也。"即骓甥、聃甥、养甥皆系邓侯之外甥，系邓侯姊妹之子而仕于邓者。可见当时姻亲之间为仕的现象并不鲜见。

上揭 2015 年湖北枣阳郭家庙曹门湾 M43 出土的曾太保𤼈簠（M43：3、4）①铭曰：

唯曾太保𤼈用其吉金，自作宝盂，用享。

《商周青铜器铭文暨图像集成续编》新著录有一件遗仲白庎鼎②（同书著录的一件滕□伯𣪘鼎③，其器形、纹饰及铭文与遗仲白庎鼎皆同，二者实系一器，《铭续》误以为二器，重出），铭曰：

唯正九月初吉丁亥，遗仲白庎自作铸其𩰬鼎，子子孙孙万年用之。

我曾有小文指出，从器形、纹饰及铭文风格来看，该鼎应系汉淮流域一带出土的楚系器物。器主"遗仲白庎"与枣阳出土的𤼈孙庎鼎④和𤼈孙庎簠⑤的"𤼈孙庎"或即一人，庎之先人"𤼈"或即枣阳曹门湾墓地出土的曾太保𤼈簠的"曾太保𤼈"，曾太保𤼈系遗氏之人⑥。若此推论不误，则可确定曾太保𤼈亦非曾国公室。

综观上举各例，可见曾国上层贵族之间权力分配格局之一般，总体上来讲是任人唯亲，亲疏的标准其实就是以血缘关系的远近为准。所见职官位高权重者如大司马、卿事、太保、太师、大工尹、都尹等，一般由曾侯之子孙或姬周同姓贵族担任。同时亦吸纳与其有姻亲关系等关系密切的别国贵族任职，如故黄国贵族黄仲酉曾任曾少宰，但数量很有限，其所任往往也非要职。这种情况在其它诸侯国如楚国也很普遍，如楚昭王时令尹子西即系楚平王之庶子，楚昭王之兄。因此，由此大概可以窥见当时各诸侯国乃至两周时期姬周王朝权力分配情况之一斑。

附记：据湖北随州枣树林墓地 M169 出土嬭加编钟⑦"余文王之孙子，穆之元子"，"文王""西宫"皆指周文王；"穆"与曾大工尹季怡戈的"穆侯"系一人，指曾穆侯；周王孙季怡系曾穆侯子，文王裔孙，与曾穆侯下一任曾侯系兄弟。详拙文《嬭加编钟及有关曾楚史事》，

---

①《江汉考古》2016 年第 5 期，第 41 页图版六，第 43 页图版一三、一四，拓片二、三，第 44 页图版六一五。

②《铭续》第 1 卷，第 233—236 页，第 0202 号。

③《铭续》第 1 卷，第 239—240 页，第 0204 号。

④张光裕：《新见"𤼈孙庎鼎"及"郎凡伯怡父鼎"小记》，载四川联合大学历史系编《徐中舒先生百年诞辰纪念文集》，成都：巴蜀书社，1998 年，第 122—127 页。

⑤徐正国：《湖北枣阳市博物馆收集的几件青铜器》，《文物》1994 年第 4 期，第 77—79 页。

⑥拙文：《遗仲白庎鼎及相关铜器的系联》，载《形象史学研究》，北京：社会科学文献出版社，2017 年。

⑦湖北省文物考古研究所、北京大学考古文博学院、随州市博物馆、曾都区考古队：《湖北随州枣树林墓地 2019 年发掘收获》，《江汉考古》2019 年第 3 期，第 3—8 页；郭长江、李晓杨、凡国栋、陈虎：《嬭加编钟铭文的初步释读》，《江汉考古》2019 年第 3 期，第 9—19 页。

未刊稿。据河南潢川余楼墓地等所出春秋晚期黄国铜器铭文资料，可知公元前 648 年楚灭黄后，仍使其贵族偏安其旧邦一隅，以"守其祀"，而并非彻底的"国绝祀废"。详拙文《读近刊黄子诸器》，载《秦始皇帝陵博物院院刊》第 9 辑，西安：三秦出版社待刊。07/15/2019

作者简介：黄锦前，男，新疆大学中国语言文学学院教授。

由清华简《系年》的"廉"字说到金文的"蔑廉"

郑州大学汉字文明研究中心、中国钱币博物馆　黄锡全

摘　要：清华简《系年》"飞廉"的廉作▨，与西周金文"蔑▨"之▨形同，本作▨、▨，同传抄古文▨，与▨同字，就是蓝或篮之古文，从昔。从艹、从林、从秝义近互作。此字非从"兼"。监、甘、兼音近假借。金文"蔑▨"之▨，较早作▨，所从之"丄"为义符土，后减省作▨，与金文▨（懋）"字所从之▨构形相似而实别。"蔑廉"，即勉励廉正、廉洁。

清华简《系年》第三章简014"飞廉"的"廉"字作下列形：①

▨　▨

整理者注八认为："飞▨，即飞廉，▨、廉同属谈部。"飞廉，乃秦人之祖。李学勤先生认为，"▨"从"甘"声，"廉"从"兼"声，古音相近通假。②

不少学者均表示赞同以上意见，并据此进一步探讨金文常见之所谓"蔑▨"问题。如李零先生据此认为金文的"蔑▨"即古书中的"伐矜"。蔑从伐声。▨从甘声。甘与今音近，"伐矜"是古代成语，基本含义是夸赞。③

季旭升先生对此字构形有下列意见：④

> ▨字从厂，表石山、石崖；从林从土，表示石山土边有林木，所以整个字可以释为"石山边"……因为其字与"麻"容易混淆，因此加"口"或"甘"……其上部又与

---

① 清华大学出土文献研究与保护中心编、李学勤主编：《清华大学藏战国竹简》（贰），上海：中西书局，2011年。
② 李学勤：《清华简关于秦人始源的重要发现》，见《初识清华简》，140—144页，中西书局，2013年。
③ 李零：《西周金文中的"蔑▨"即古书中的"伐矜"》，清华大学出土文献研究与保护中心编、李学勤主编《出土文献》第八辑，54—55页，上海：中西书局，2016年。
④ 季旭升：《从〈清华贰·系年〉谈金文的"蔑▨（廉）"》，李守奎主编：《清华简〈系年〉与古史新探》386—388页，上海：中西书局，2016年。

"歷"形近，因此"林"旁讹为"秝"旁；《上博三》"秝"旁又声化作"兼"旁。其后"石山边"义罕用，"堂侧边"义常用，于是"厂"旁又讹作"广"，这就形成了我们今天见到的"廉"字形……"廉"的本意为"石山边"，因此有锐利之义，引申为有能力、廉明。……"蔑历"似应读"蔑廉"，即"嘉勉官治廉能美善"。"A 蔑廉 B"即 A 嘉勉 B 官治廉能美善，"B 蔑廉"则为 B 被嘉勉官治廉能美善。

还有一些学者也作过讨论，如刘刚、王志平、范长喜先生等。①

陈剑先生对此字作了比较全面的分析，提出了个人独到见解。他认为清华简的"㦿"是从"兼"省，即省去其中的两横笔；所谓"蔑历"之"曆"，可能应该释读为"懋"；"曆"原本从"林、土（牡）、曰"，即"懋"，秝、林形义相近；清华简"飞廉"的"廉"，与金文"懋"是两个形近字别之字。"蔑"与"被"义近，"蔑懋"就是被勉励。②

以上讨论，均有一定道理。但㦿是否从"兼"省，或者所从"秝"旁又声化作"兼"旁（季旭升），我们以为还有讨论的空间。

为避免纠葛，下面直接陈述个人的几点意见，供大家讨论。

一、㦿字所从非"兼"省

兼，本为以手持二矢（如《金文编》737 页溓），或者二禾（《金文编》507 兼），廉从之：

后来所从的"又"简省为两横"＝"。如下列之例：

---

①刘刚：《试说〈清华柒·越公其事〉中的"曆"字》，复旦大学出土文献与古文字研究中心网站 2017 年 4 月 26 日。王志平：《"飞廉"的音读及其他》，李守奎主编：《清华简〈系年〉与古史新探》，390－411 页，上海：中西书局，2016 年。苏建洲、吴雯雯、赖怡璇合著：《清华二〈系年〉集解》，台北：万卷楼图书股份有限公司，2013 年。徐在国：《利用清华简考释楚玺一则》，《历史语言学研究》第七辑，178－181 页，北京：商务印书馆，2014 年 11 月。张延俊、吕晓薇：《殷周金文"蔑曆"的语法结构和意义》，《长江学术》2013 年第 4 期，90－93 页。朱其智：《"蔑曆（历）"新说》，《中山大学学报》2010 年第 6 期，53－55 页。范常喜：《金文"蔑历"补释》复旦大学出土文献与古文字研究中心网站 2011 年 1 月 9 日；等等。

②陈剑：《简谈对金文"蔑懋"问题的一些新认识》，复旦大学出土文献与古文字研究中心网 2017 年 5 月 5 日，后刊复旦大学出土文献与古文字研究中心编：《出土文献与古文字研究》第七辑，上海古籍出版社，2018 年 5 月。从"土"的不同意见，可参阅陈文所引郭沫若、陈梦家、邱德修、周忠兵等先生论文。周忠兵：《甲骨文中几个从"丄（牡）"字的考辨》，华东师范大学中国文字研究与应用中心主办：《中国文字研究（第七辑）》，139－143 页，南宁：广西教育出版社，2006 年。

1. 楚简中的"兼"多见中间之"又"省变为两横"="者：①

〖图〗、〖图〗、〖图〗《上博（四）·曹沫之陈》简 4、12、48（简 48 用为"谦"）

〖图〗、〖图〗、〖图〗《上博（八）·李颂》简 1、2、3

2. 包山简 175 用作女子私名之〖图〗，整理者释为"嫌"。②

3. 上博简三《周易》12 简中用作"谦"卦卦名的"谦"字作下列形：③

〖图〗〖图〗〖图〗〖图〗

〖图〗，从土从廉，读为"谦"，毫无疑问。中部"兼"所从"又"形简省为"="。

4. 湖北荆门左冢楚墓漆梮方框第四栏内文字〖图〗，黄凤春、刘国胜先生释读为"䜴（谦）"④，中部"兼"所从"又"形简省为"="。

5. 《清华简（陆）·郑武夫人规孺子》：⑤

甬（用）𠤎受（授）之【16】邦。……【17】

"𠤎"字作〖图〗。整理者释读为"歷"。李守奎先生引此文括注为"兼"，⑥ 可从。

以上诸例，均可看出"兼"从"又"，或将"又"简省为"="。而清华简的〖图〗字从秝，显然与上列从"兼"不同。

二、楚简〖图〗字从秝，从土，读为歷，不是从"廉"，也不是从"戀"。

《清华简（柒）·越公其事》两见"歷"字，其形在古文字中罕见：

〖图〗简 32 〖图〗简 41

简 32：亓（其）蓐（农）夫老弱堇歷者，王必酓（饮）飤（食）之。

简 40—41：凡成（城）邑之司事及官帀（师）之【简 40】人，乃亡（无）敢增歷亓（其）政以为献于王。

32 号简的"堇歷"，整理者认为"堇"，疑读为"勤"。"歷"，疑读为"歷"，《说文》："治也。"41 号简的"歷"，整理者认为从秝声，读为"益"，皆锡部字。"增益其征"指加重

---

① 马承源主编：《上海博物馆藏战国楚竹书》（四），上海：上海古籍出版社，2004 年 12 月。马承源主编：《上海博物馆藏战国楚竹书》（八），上海：上海古籍出版社，2011 年。
② 湖北省荆沙铁路考古队：《包山楚简》，北京：文物出版社，1991 年。
③ 马承源主编：《上海博物馆藏战国楚竹书》（三），上海：上海古籍出版社，2003 年 12 月。
④ 湖北省文物考古研究所、荆门市博物馆、襄荆高速公路考古队编：《荆门左冢楚墓》，文物出版社，2006 年。刘国胜、黄凤春：《记荆门左冢楚墓漆梮》，《第四届国际中国古文字学研讨会论文集》，2003 年，493—501 页。此文又见于《荆门左冢楚墓》附录六，名为《左冢三号楚墓出土的棋局文字及其用途初考》，释文略有改动。
⑤ 清华大学出土文献与保护中心编、李学勤主编：《清华大学藏战国竹简》（六），上海：中西书局，2016 年。
⑥ 李守奎：《〈郑武夫人规孺子〉中的丧礼用语与相关的礼制问题》，《中国史研究》2016 年第 1 期，11—18 页。

赋税负担。①

　　刘刚先生根据清华简"廉"字等材料，认为上列二形为从"土"、"歷"（廉）省声。32号简文的"堇壓"，读为"馑歉"，意思是说"农夫老弱和食物匮乏者，越公都会给他们提供饮食"。将41号简文的"增壓"读为"增歉"，其义与"增减""增损"相近。②

　　陈剑先生认为"壓"为"懋"省。32简"堇壓"可读为"勤懋"，农夫之老弱而又勤勉于农事者，当然是尤其值得越王存问表彰以勉励其他一般农夫的。41简"增壓（懋）"可读为"增贸"，《尚书·皋陶谟》"懋迁有无化居"之"懋"字，多书引"懋"作"贸"。"增贸其征以为献"，谓征收赋税、征取实物时，或是增加，或是改换（其种类数量等），以求进献获功及取媚于王。

　　我们认为，上列简文壓与壓不是一字。壓为从土从廉之字。土、石义近，或为礛字异体。礛，见于《说文》，为砺石，读若镰。字形内从"兼"。目前还没有见到可以确定的"兼"省作"秝"者，故壓不宜视为"兼"省。此字当是从土从麻，即壓字。壓与金文壓壓壓不是一字（详后）。

　　其文意，"堇历"即"馑历"，可能为"饥溺"，比喻生活痛苦。《论语·先进》："因之以饥馑。"刘宝楠正义："谷不熟蔬不熟皆可名馑。"③ 溺，弱也。历，来母锡部。溺，泥母药部。弱，日母药部。历、溺音近。如枥或作栎。《文选·南都赋》："枫柙枥枥。"李注："郭璞《上林赋》注'枥檿栌栎。'枥与栎同。"④

　　《孟子·离娄下》："禹思天下有溺者，由己溺之也；稷思天下有饥者，由己饥之也，是以如是其急也。"后因以"己溺己饥"或"己饥己溺"谓视人民的疾苦是由自己所造成，因此解除他们的痛苦是自己不可推卸的责任。元杨载《次韵虞彦高游阳明洞》："不妨山水乐吾乐，岂有饥溺忧民忧。"竹简的意思是说，"农夫老弱生活痛苦者，越公都会给他们提供饮食"。

　　至于"增壓"，可能如整理者所释，读为"增益"，意即不敢加重征税负担以取悦于王。

三、壓壓一字

　　玉印有一"壓"字，徐在国先生释为楚"斗廉"氏之"廉"⑤。他分析其形谓"从'石'，'歷'声，'歷'字繁体。

---

① 清华大学出土文献与保护中心编、李学勤主编：《清华大学藏战国竹简》（七）131页注8，135页注18，上海：中西书局，2017年。
② 刘刚：《试说〈清华柒·越公其事〉中的"壓"字》，复旦大学出土文献与古文字研究中心网站2017年4月26日。
③ 可参见宗福邦等主编：《故训汇纂》4725页，北京：商务印书馆，2007年。
④ 高亨纂注，董治安整理：《古字通假会典》470页，济南：齐鲁书社，1989年。
⑤ 徐在国：《利用清华简考释楚玺一则》，《历史语言研究》第七辑，178-181页，北京：商务印书馆，2014年。

包山简 181 ▨①，刘刚先生认为似也可以读为"廉"②。此字陈剑先生以为从"兼"，作为"兼"字省"又"或"="的证据。

我们以为，厂与石义近。玉印▨与包山简的▨为一字，只是包山简省去"口"（石省口常见，如厉字），均为厤，仍是以"替"为声。其与下列蓝或籃之古文类同，读为"廉"。

四、"苷"，从艸从甘，或从林，与从秝同

《说文》："苷，甘草也。从艸，从甘。"段玉裁注："所谓药中国老，安和七十二种石，一千二百种草者也。"苷即药中甘草。据《本草纲目》，陕西河东州郡皆有之，可参阅桂馥《说文解字义证》"苷"字。

这个"苷"字牵涉到下列诸字。

1. 《说文》竹部籃："大篝也。从竹，監声。▨，古文籃如此。"艸部蓝："染青草也。从艸，監声。"《汗简》录《义云章》蓝作▨，《古文四声韵》录《义云章》作▨。▨、▨从艸。《集篆古文韵海》籃作▨（2.28）、《古文四声韵》录《演说文》籃作▨、▨（2.13），从竹。《集篆古文韵海》蓝又作▨（2.28），从林。

相互比较，知上列之字所从的"广"为"厂"变。《说文》古文与传抄古文的籃和蓝之下部所从"目"实为▨形讹变。徐在国先生有专门研究，论证可信③。"甘"形演变趋势据上列文字表示如下：

新见布权（详另文） ▨ ▨ ▨ ▨

古从艸与从竹、林义近（例见下）。《集韵》笴，"竹名"。《类篇》笴，"实中大竹"。苷为甘草，笴为大竹，均以"甘"为声。替字不见于字书。上列"苷""笴""替"等所从当为形符义近互用。

蓝、籃皆从"監"声。蓝、籃，来母谈部。監、甘，见母谈部。马王堆帛书《老子》甲本卷后古佚书《明君》之"钟鼎壶泔"，整理者注云甘、監古音相近，故泔可借为鉴④。信阳简 2-09 "二方滥"之滥读为鉴⑤。又，包山楚简所见之"甘厎之岁"，刘信芳先生认为就是"▨客監固迈（适）楚之岁"之省，甘、監音通。⑥

---

①湖北省荆沙铁路考古队：《包山楚简》，北京：文物出版社，1991年。
②刘刚：《试说〈清华柒·越公其事〉中的"▨"字》，复旦大学出土文献与古文字研究中心网站 2017年 4 月 26 日。
③徐在国：《试说〈说文〉"籃"字古文》，《古文字研究》26 辑 496 页，上海：中华书局，2006年。
④可参阅王辉：《古文字通假释例》936 页，台北：艺文印书馆，1993年。
⑤可参刘信芳：《楚帛书通假汇释》51 页，北京：高等教育出版社，2011年。
⑥刘信芳：《包山楚简解诂》87 页，台北：艺文印书馆，2003年。

出土古文字"蓝"与《说文》篆文类同，从艸，监声。如下列包山楚简"蓝"字：①

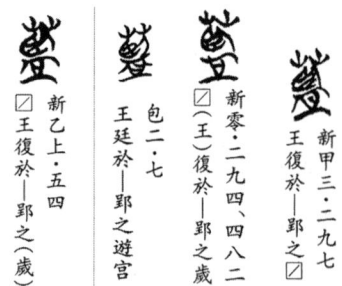

徐在国先生认为：上列从竹的"管"，与《集韵》训为"管，大竹"似无关。"管"似为"篮"字异体。"篮"或作"管"属于声符互换。②

2.《古文四声韵》录《古老子》之"兼"、"谦"（2.27）作下列形：

徐在国先生认为 ▨ 是"苷"字省体，假借为"兼"。▨ 字从言、苷声，为"谦"字异体。▨ 是从言，廉声，为"谦"字繁体。③

如此，上列"兼"、"廉"所从之 ▨ 则为"古文"▨▨ 所从之 ▨ 省变。廉，与蓝、篮同音。廉从兼声，兼属见母谈部，与甘同音。是《古老子》以"苷"或"蓝"之古文 ▨ 为兼或谦（声旁）。

《集篆古文韵海》蓝作 ▨（2.28），从林，与从竹、从艸义近，与上列"篮、蓝"古文构形类同，也是以"甘"为声，为"蓝"之古文。

3.《说文》甘部 ▨，篆体作 ▨，"和也。从甘，从麻。麻，调也。甘亦声。读若函。"。此字本从 ▨ 从甘，后来隶变从"林"。▨ 与从 ▨ 作 ▨ 不同。段玉裁《说文解字注》直接改为从"麻"从"甘"作 ▨，学者多从之。

我们不主张段注的更改。此字从"▨（麻）"，与 ▨▨ 不是一字。目前出土古文字中尚未见到从"麻"的 ▨，可能只是时间问题。

古文字中的"▨"或"▨"字所从作下列形，至云梦秦简变为从"林"，遂与树木"林"

---

① 参见滕壬生：《楚系简帛文字编》，武汉：湖北教育出版社，2008年，第60页。
② 徐在国怀疑《说文》篮字古文"▨"是"廉"字的古文，假借为蓝、篮，见《试说〈说文〉"篮"字古文》，《古文字研究》26辑496页，北京：中华书局，2006年。
③ 徐在国：《试说〈说文〉"篮"字古文》，《古文字研究》26辑，北京：中华书局，2006年，第497页。

相混；楚简多以"㯱"为"麻"：①

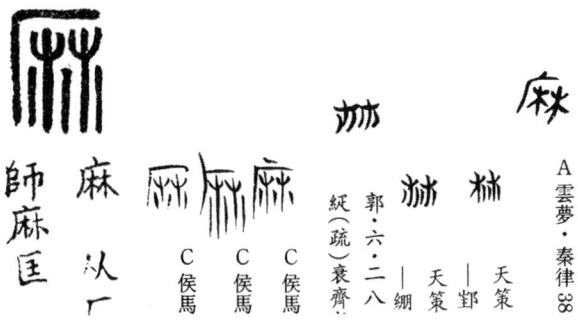

因此，《说文》的麻与上列麻、㯱不是一字，段玉裁所改不可从。

《集篆古文韵海》2.28麻作麻，与上列麻、㯱字类同，也应是"蓝"字古文，可借为"廉"，而不是从"麻（ma）"的麻本字。

因此，我们认为，清华简《系年》的㯱字与上列"蓝"作麻类同，秝、林与"艸"义近互换，下为"甘"，可隶定作麻，与上列从"苷"从"䇦"从"替"的"蓝"字类同，以"甘"为声，读为"廉"。也就是说，㯱、麻、麻等均为"蓝"或"篮"之古文，假为廉。

屮、木、禾形符互作习见，如下列诸字：②

苏，从木，又增从艸，篆书从禾

囿，甲骨文从四木，也从四屮

世，金文或从木，或从竹

焚，甲骨文从艸，也从林

春，甲骨文从林，金文从艸

莫，甲骨文从林，也从艸

蔑，从禾，也从木

秦，从秝，秦公钟从林

至于为什么楚简本有"廉"不用，而用"蓝"或"篮"字古文，这不奇怪，一用本字，一用借字，出土文献多见。如新蔡楚简"癸嬛（亥）"（甲三：8.18，甲三：204）、"乙还（亥）"（甲三：32）、"丁罬（亥）之日"（乙四：102）、"丁嬛（亥）之日"（乙四：1050）之"亥"作嬛、罬、还，而"囗亥之日"（乙二：42）、"己亥之日"（乙四：4）、"辛亥"（乙四：68）、"乙亥"、"丁亥"等作亥，是其佐证。③

---

① 参见容庚《金文编》、汤余惠主编《战国文字编》、《侯马盟书》、滕壬生《楚系简帛文字编》等著作。
② 可参阅容庚《金文编》、刘钊主编《新甲骨文编》、汤余惠主编《战国文字编》等著作。
③ 河南省文物考古研究所：《新蔡葛陵楚墓》，郑州：大象出版社，2003年。

五、金文的"蔑曆"问题

金文有下列诸字：①

1. 厤，见《金文编》662 页，毛公鼎"厤自今"，注："孳乳为歷。"此字读为"歷"，无大问题。《说文》厂部歷："治也。从厂，秝声。"《唐韵》郎击切。

2. 金文友簋，见《金文编》314 页，以为"省厂"。铭文："王蔑友䇂"。此字从二禾从口。䇂与前举传抄古文䇂字所从䇂类同，"甘"为声符，可能就是"苷"或"管"字异体，读为"廉"（见下）。考虑到此形少见，可能是下列之字省体。

3. 下列金文多与"蔑"连接。较早字形从厂、林、甘、丄，后省丄，并多从秝：②

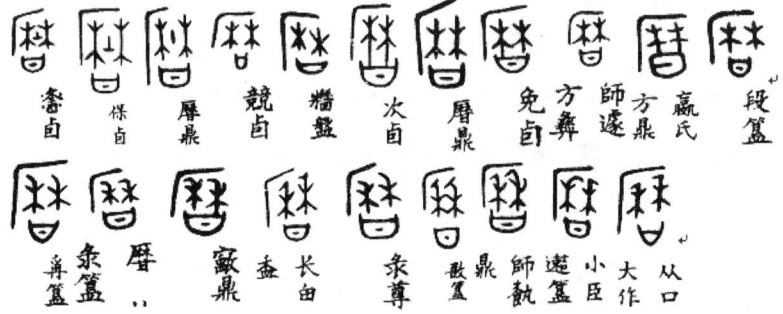

《金文编》均列入 313 页"䭽（䧹）"字条下。陈斯鹏等《新见金文字编》将这些字列入 289 页"厤"字条，案："字下所从'口'或'甘'疑为繁饰符号。此种写法之'厤'，《金文编》置卷五甘部'䧹'字条下，然《说文》云：'䧹，和也。从甘、厤，厤调也。甘亦声。'恐与此无涉。"③ 是编者不同意容庚《金文编》列入䧹字条下，而主张读为"厤"。

佣伯冉簋（文物 2006 年 8 期 8 页），铭文"益公蔑佣白（伯）冉䧹"的"䧹"，陈思鹏等列入《新见金文字编》204 页"曆"下。此字下部所从似"日"非"日"，与"口"形小别，属于个别现象。其与上列诸字为一字则无疑。前列包山简 181 的䧹与玉印䧹同字，下从"甘"小别，与此类似。

上列金文"蔑曆"的曆字，从林或从秝，过去主要有两种意见。一是读为"歷"，"蔑歷"大意为勉励，嘉勉功绩或劳绩。一是认为是从"甘"的䧹，读若函，训为"调和"。意

---

① 容庚编著，张振林、马国权摹补：《金文编》，北京：中华书局，2009 年，文中所引《金文编》均据此书。
② 《金文编》314 页所录"封簋"下部似"田"，簋之盖、器有别，见罗振玉：《三代吉金文存》8·49。季旭升先生认为：此器铭文书法水平不高，或系误剔。从"田"一形甚为可疑。季文见下面所列 383 页。
③ 陈斯鹏、石小力、苏清芳编著：《新见金文字编》，福州：福建人民出版社，2012 年。

即"勉励调和"、"懋勉调和"。①

上举清华简《系年》第三章"飞廉"的"廉"作[图],与上列金文从[图]作[图]者构形相同,简文据文意读为"廉"字无疑,故又重新引起针对这个字的讨论。

陈剑先生释读上列金文为"蔑懋",[图]就是"懋"。主要意见如下:

1. "蔑厤"之所谓"厤",最早的字形(殷末周初)作下列形:

殷末:[图]小子[图]卣(《殷周金文集成》5417;西周早期:[图]保尊(6003)、[图]保卣(5415.1、5415.2)[图]簋(《保利藏金续》33,页110)[图]作祖己鼎(2245)。

2. 所从的"[图]"与下列"懋"字所从"[图]"同,而懋字或从"矛",同意陈梦家、周忠兵之说,"[图]"即"牡",阳具形。如:

[图]、小臣[图]簋(4238.2)[图]、[图]小臣[图]簋(4239.1)、[图]小臣[图]簋(8.4239.2;4238.1亦同)[图]小臣宅簋(4201)[图]御正卫簋(4044)

3. "蔑厤"之"厤"的释读,应以"林(棶)"音为据,可径读为"懋",即"蔑懋"。

4. "蔑"与"被"义近,"懋"为勉励。最常见的"A(上级)蔑B(下级)懋"类辞例,是典型的双宾语结构,意为"A覆被B以勉励";其变式"B蔑懋(于)A",则为"B受到(A的)勉励"。

我们认为,将[图]与[图]字比较,虽有一定道理,但二字有几点明显不同:

1. [图]从"厂",而[图]不从"厂","厂"与"土"义近,与文字构形有密切关系;

2. [图]所从的"林"与"口"是一个整体,不能分割,仅截取二字上部的"[图]"进行对比是不合适的。这就好比《说文》"野"字古文作"埜",与上列二字所从相同,但不能认定上列二字就是从"野"一样。[图]、[图]是不同的两个字;

3. [图]等字所从的"[图]"很短小,与甲骨文[图]所表现的阳器"[图]"较长并不相同。懋字所从尽管也有短小之"[图]",但有异体字从"矛"者,故可判断是"牡"器。而众多的[图]或[图][图]至今未见一例从"矛",与"懋"的情况根本不同,说[图]字从"牡",只是推测,不能肯定。因此,[图]与[图]字所从"[图]"不能等同。

4. 金文"懋"罕见省"⊥"省"矛";容庚《金文编》410、董莲池《新金文编》758

---

① 可参阅陈汉平:《金文编订补》266—283页《释蔑[图]》,北京:中国社会科学出版社,1993年。邱德修:《商周金文蔑历初探》,台北:五南出版社,1987年2月。晁福林:《金文"蔑历"与西周勉励制度》,《历史研究》2008年第1期,33—42页。

"㭞"未见省矛；① 容庚《金文编》718、董莲池《新金文编》1490 懋也未见省亠或矛；其与厤厤绝大多数不从"亠"完全不同。

因此，厤字所从的"厤"不能视为"牡"。

厤从土、从厤，因屮、竹、木等均与土、厂有关，"土"为增加之义符。犹如"疆土"之疆，或无土，或有土（《金文编》897 页）。"万年"之万，郏公钟从"土"（《金文编》958 页）。艺字本从中，变从木，又增从土（徐中舒《汉语古文字字形表》109 页）：

厤与厤构形相似而义别。厤当同《集篆古文韵海》蓝作厤，与从昔之厤厤同字，就是蓝或篮字古文，读为"廉"。

厤字后来简省从"林"，因木、林与禾、秝形义相近而变从"秝"。其与从"日"的"曆"应该是形体相近的两个不同的字，不应混淆。其省变关系当如下所示：

换言之，上列金文均与"篮"或"蓝"之古文类同，就是"蓝"或"篮"字古文，假借为廉。这样，金文厤与清华简"飞廉"之厤就不矛盾。厤本为"廉"，从兼；厤为蓝或篮古文，从昔，读为廉，为假借。本是两个不同的字。

蔑，于省吾先生曾认为当读为励，即勉励。② 范常喜先生据新见楚简文字肯定于先生之说，认为："据战国楚简材料中'蔑、迈''蔑、万'相通假的现象，推测金文习语'蔑历'中的'蔑'可读作'励'训为勉励，为于省吾先生在 1956 年提出的'蔑'当读作'厉'的观点提供了直接的通假例证。"③

"蔑廉"，当如季旭升先生所讲，就是勉励廉正、廉洁。

金文"蔑"义为勉励，"廉"义为廉正；最常见的"A（上级）蔑B（下级）廉"，意为

---

① 董莲池编著：《新金文编》，北京：作家出版社，2011 年。
② 于省吾：《释"蔑历"》，《东北人民大学人文科学学报》1956 年 2 期。
③ 范常喜：《金文"蔑历"补释》，复旦大学出土文献与古文字研究中心网站，2011 年 1 月 9 日。

"A勉励B的廉正";变式"B蔑廉"或"B蔑廉（于）A",则为"B受到（A的）勉励廉正"。

用廉字表示政治行为出自《周礼·天官·冢宰》中所记载的"以听官府之六计,弊群吏之治:一曰廉善,二曰廉能,三曰廉敬,四曰廉正,五曰廉法,六曰廉辨"。汉代以后,"廉"成为官吏具备的一种职业道德。而"政"在《释名》中的解释是"正也,下所取正也",这就要求官员具有正直、正义、无私的优良品德。这表明,考察大小官吏的治绩虽包括善、能、敬、正、法、辨等六个方面,但皆以"廉"为本,都要体现"廉"的基本精神。

至于涉及到的其他文字,由于材料局限,还有待深究。

2012年3月初稿
2017年5月二稿
2018年8月修改稿

作者简介：黄锡全，男，郑州大学特聘教授，北京师范大学历史学院"双一流"特聘教授，中国钱币博物馆研究员，国家文物鉴定委员会委员，主要从事古文字、古代史、古货币等方面的研究。

花园庄东地甲骨字根的初步分析

台湾师大国文系 季旭升

中国字书、辞书的编排及检索，自来有各种办法。《尔雅》以义为主，因此采用以义分类；《说文解字》以形为主，因此探用以五百四十部的部首分类。《切韵》系的书以音为主，因此用平上去入的以音分类。此外还有笔画、笔形等种种方法。

1899年甲骨文出土后，甲骨文字典的编排及检索，是一个极为麻烦的大问题。由于甲骨文中包含太多一般使用者无法认识的字，或学者号称能辨识，但异说极多，因此要如何编排，让使用者方便查索，确实是一个难题。1923年出版商承祚先生编著中国最早的甲骨文工具书《殷虚文字类编》①，采用《说文》五百四十部分类法。其后出版的甲骨文字典类书多半都依照这个方式编排。这个编排方式的好处是，《说文》是文字学家都熟悉的一部书，依此编排，大部分的字都知道会放在那里。但是，对于不认识甲骨文的使用者、或不认识的甲骨文而言，这种编排法几乎完全无法检索。

1931年唐兰先生在沈阳首创自然分类法②，但并未真正编出成果。1967年岛邦男先生《殷墟卜辞综类》实际采用此法编成，学者称便。此后姚孝遂先生、肖丁先生主编的《殷墟甲骨刻辞类纂》，于省吾先生主编的《甲骨文字诂林》，沈建华先生、曹锦炎先生编著的《新编甲骨文字形总表》，拙作《甲骨文字根研究》，李宗焜先生的《甲骨文字编》都采用这种编排检索法。③

自然分类法虽然在一定程度上改善了甲骨文检索的困难，但要真正解决这个问题，其实

---

① 商承祚《殷虚文字类编》，1923年决定不移轩刻本；1927年删校本，木刻线装六册；1979年台北文史哲出版社；2000年北京图书馆出版社。
② 见唐兰《古文字学导论》（济南：齐鲁书社，1981年），下编，页七十四。但真正把这个方法付诸实现是在1976年，他才完成初稿《甲骨文自然分类简编》，将甲骨文分为231个部首。此书稿一直到1999年才由其子唐复年整理好，交由太原山西教育出版社出版。
③ 岛邦男《殷墟卜辞综类》（东京都：大安株式会社，1967年；1971年增订版）；姚孝遂、肖丁主编《殷墟甲骨刻辞类纂》（北京：中华书局，1989年）；于省吾主编《甲骨文字诂林》（北京：中华书局，1996年）；沈建华、曹锦炎编著《新编甲骨文字形总表》（香港：香港中文大学，2001年）；季旭升《甲骨文字根研究》（台湾师范大学国文研究所博士论文，1990年；台北：文史哲出版社，2003年）；李宗焜编著《甲骨文字编》（北京：中华书局，2012年）。

并不容易。以岛邦男先生《殷墟卜辞综类》为例，在检索方面，其书有两大缺点，一是对不识字的分类往往直接依形归类（如把"心"部归入"贝"部之类）；二是，偏旁检索太过简略，一个字有好几个偏旁，使用者不知道此书依那一个偏旁归类，常常找不到字。最理想的做法是：以偏旁分析法分出甲骨的偏旁后，再依这些偏旁，把领属的甲骨文全部纳入。一个甲骨文如果由五个偏旁构成，那么这个甲骨文应该在这五个偏旁中都能找到。岛邦男先生的检索做得非常简略，其后诸书虽有改进，但都不够全面，只有拙作与李宗焜先生的《甲骨文字编》能全面做到。

　　徐中舒先生的《甲骨文字典》是依照《说文》五百四十部编制的，但是，在每个部首的后面都会附上含有这个偏旁的字，这种方法结合了甲骨文编排检索的两大系统，是非常好的做法。例如卷一第 34 页"示"部后附了七个字，分别是"䄏：释䣙，卷五䣙部""𥘅：示典合文""䄔：释䵼，卷五豆部""䄭：释毛，卷六毛部""宀：释宗，卷七宀部""䘸：卷十二女部""𠃌：卷十二匚部"。对于我们不认得的字，这种检索法尤其帮助很大，如""字，究竟是什么字，学者看法还很不一致，但我们知道这个字包含"酉""之""土""""又"等五个偏旁，在《甲骨文字典》中，这个字就收录在 314 页"又"部、680 页"之"部、1605 页"酉"部等三个主要偏旁。这对于检索不认识的甲骨文而言，是非常便利的设计，值得大力推广。

　　当然，要真正贯彻自然分类法，必须先做好偏旁分析法。唐兰先生的"偏旁"，容易让人跟传统字典的偏旁部首相混淆。其实此法所用到的所谓的"偏旁"，最精密的分析，应该是"字根"。所谓"字根"，是指具有构字能力、有独立形音义（少数不识字例外）的最小成文单位，所有的甲骨文字都是由这些"字根"组成的。拙作《甲骨文字根研究》分析出甲骨文字根 497 个，只要掌握这 497 个字根，就可以查索到所有的甲骨文字。因此，全面分析甲骨文的字根，对编制甲骨文字典，以及探讨汉字的起源流变、及初形本义，应该有很重要的意义。

　　以下，本文以《殷墟花园庄东地甲骨》①（简称《花东》）为对象，分析其字根。字头以《花东》书后所附字表为主，校以姚萱先生《殷墟花园庄东地甲骨卜辞的初步研究》②及其后学者较好的意见。"编号"依《花东》，但以单字为主，删去非单字的"合文"及"词"。《花东》字形摹错的直接更正，"楷字"由三部分组成，中间以"/"区隔，首为《花东》隶定、次为姚萱隶定，最后是本文的补充，空白表示未隶定。字根分析以最小成文单位为主，但"、"旁往往有很多用法，故"、"予以单独析出。重复太多的字根（如"、""木""中"等），只取二个。

---

① 中国社会科学院考古研究所编著《殷墟花园庄东地甲骨》，昆明：云南出版社，2003 年。
② 姚萱《殷墟花园庄东地甲骨卜辞的初步研究》，北京：线装书局，2006 年。

编号	楷字	甲骨	字根
001	人		人
002			人
003	企		人止
004	企/		中人止
005	旨		人口
006	允		允
007	襄		襄
008	尻/屍①		尻
009	兇/堂		堂
010	兇/帚②		髟帚
011	垕/崑③		堂止
012			生人
013	何		戈人
014	老④/		罗
015	及		人又
016	羌		丫人幺
017	羌		丫人幺
018	从		人人
019	从		人人

020	并		并
021	北		人人
022	非		万万
026	洓/涉		水万万
027	休		人木
028	㞓		人余
029			
030	傅		人更又
031	舩		舟人
032	腹		人旨
033	舩		舟人
034	弔		人缴
035	大		大
040	仄（矢）		矢
041	昃		日矢
042	夫		夫
043	立		立
044	吴		口大
045	敄		口大支
046			
047	芦		芦

① 姚隶屍。此字颇为复杂，拙文《说髀》释"髀"。
② 姚从蒋玉斌《殷墟子卜辞的整理与研究》隶"帚"。按：《花》6 的摹本作 手形，与字表不同。依《花》6 摹本的字形，手的前端作"帚"形。
③ 姚隶作"崑"。
④ 此字非"老"字。蒋玉斌《释甲骨文中的"独"字初文》所释"独"字似与此字相近，姑且隶定作"罗"。

花园庄东地甲骨字根的初步分析

048	黑		黑
049	莫		口黄
050	莫		口黄
051	蘁		口黄壴
052	蘁		口黄壴
053	亦		亦
054	無		無
055	無		無
056	無		無
057	燕？		？
058			（宁大）
059	異		畱興
060	犾		戈大
061	戎		戈大盾
062	竝		立立
063	㚁		夭夭
064	赹/㚖		夭乍
065	卩/令		卩
066			
067	卻/卮①		卮
068			
069	卬/孚		
070	令		亼卩

071			生卩
072			卩又
073	卯		卩刀
074	印		爪？卩
075	卲		刀口卩
076	若		若
077	卸		午卩
078	即		皀卩
079	昤		皀卩
080	卿		皀亼卩
081	既		皀旡
082	鄉		口皀卩
083	夙𠆢		月丮
084	薮		苣丮
085	鬼		由卩
086	敖		由卩攴
087	女		女
088	女		母
089	母		母
090			
091	妾		辛女
092	奴		辛女又
093			

① 姚隶作"卻（卮）"。"卮"似当为"卮"之误。

094	妃	𦥑	女巳		139	𥅆/?	𦣷	臣臣𤔲
095	奻	𡚼	女力		140	𦣻	𦣻	臣臣𤔲
096	好	𡥂	母子		141	耳	耳	耳
097	毓/(㐰)	𠫓	母子		142	耳	耳	耳
099	婊	𡝩	女禾		144	取	取	耳又
100	妹	𥝩	女未		145			耳幺
101	妹	𥝩	女未		146			耳幺
102	娑/𤕟		女橐止		147	聞		耳欠
103	彝		母左＊又		148	自	自	自
104	妙		女肉		149	口	口	口
105	鬼		由女		150	甘	甘	甘
106	子		子		151	曰	曰	曰
125	孜		子矢		152	告		牛口
127	孟		子止		153	言	言	言
128	目	目	目		154	甾//由		由
129	罘		目水		155	甾//由		由
130	見/視		目人		156	甾//由		由
131	見		目卩		157	甾//由		由
132	覓		冕＊目卩		158	合		亼口
133	覔		𠆢目人		159	舌?		午口
134	媚		眉女		160	𦥑		口井
135			目大		161	/𦥑?		口井
136	臣		臣		162			口?
137	𠀎		臣臣		163	革		革
138	𠂤		中臣臣		164	齒		齒
					165	而		而
					166	心		心

167	止		止		194	条/(遭)		夂宋
168	步		止屮		195	歰		卜又止
169	涉		止屮水		196	櫜/(速)		木東止
170	涉		止屮水		197	櫜/(速)		中東止
171	之		止一		198	通		彳止用
172	出		止凵		199	遇		彳止馬
176	各		夂凵		200	砥		口口止
177	各		夂口		201	又		又
178	足/各		入止		203	左一工		ナ
179	帀/置		帀		204	尹		尹
180	正		口止		205			
181	韋		五口		206	叉/叉?		叉
182	犛		五執		207	叉/叉?		叉
183	夌		幺一夂		208	玖/琡		琡又
184	先		止一人		209	祭		肉又丶
185	夊/咎		夂人		210			畢?又
186	疋?足		足		211	皮		皮又
187	坒/壂		五土		212	友		又又
188	往//生		止土		213	受曼		爪
189	屮/(臺)		止宀		214	受曼		爪囚又
191	逐		豕止		215	爰		爰
192	复		旨夂		216	將		爿爪又
193	复		旨夂					

217	爰		爪幺又		241	百		百
218	徠		八丨左又		242	且		且
219	敌		午左又		243	牛		牛
220	关		丨左又		244	牢		冂牛
221	椿		左又午山木		245	牡		牛工
222	尋		左又丨		246	牝		牛匕
223	/叔摎①		左又		247	牧/羞		牛又
224	/叔摎		左又		248	羊		羊
225	/叔摎		左又		249	宰		冂羊
226			又		250	羍		冂羊工
227			又		251	牪		羊工
228	啟/攺		戶支		252	羘		羊匕
229	首		首		253			羊攴
230	消?/面		面		254	犬		犬
231	湏		水頁		255	狼		囊?犬
232	鑒		爨土		256	豕		豕
233	揹?		首目廾		257	豕/豕		豕
234	囟西/		囟		258	豜		豕工
235	鹵		鹵		259	豜		豕工
236	迺/囟		囟		260	豜		豕工
237	迺		鹵皿		261	豝		牝
238	白		白		262	豝		豕匕
239					263	豖		豕矢
240	百		百		264	豖		豕工矢
					265	剢		豕刀

①姚萱改释。

266	剢		豕刀又
267	剢		豕刀又
268	豛		豕戈
269	毅		豕殳
271	馬		馬
272	馬		馬
273	馬		馬
274	䋁		索馬
275	䋁		索馬
276	駐		馬丄
277	駐		馬丄
278	馼/駜	*	馬必
279	馹		馬匕
280	/禾馬		禾馬
281	騩		馬鬼
282	鷹		鷹
283	鷹上		鷹上
284	鷹匕		鷹匕
285	敵		虎攴
286	虩		庚虎
287	麚		麚
288	鹿		鹿
289	鹿		鹿
290	鹿		鹿
291	麤		品鹿

292	麤		品鹿
293	麳		來鹿
294	匓		匓
295	兜		兜
296	殹		兜殳
297	叙?肆		希又
298	/嚨		龍口
299	龍/各	*	夂口
300	隹		隹
301	隻		隹又
302	雈/雀		雈
303	雈/雀		雈
304	雈/		
305	叙		又隹示
306	鳴		口雞
307	雟		隹鼎
308	雋		隹冉
309	/鳥?		鳥?
310	瑪/鷖		琡鳥
311	魚		魚
312	鰻		魚爪网又
313	黽		黽
314	h/y		
316	/(爽)		(爽)

317	黽		黽
318	黿		黿（蛛）
319	虺/		五虫
320	蚊/		虫攴丶丶
321	巳		巳
322	蜎//蜎		止虫巳
323	邁		水萬水
324	邁		水萬水
325	邁		水萬水
326	翌//翼		翼（羽）
327	翌		日翼（羽）
328	h/y		
329	h/y		
330	肉		肉
331	肉		肉
332	多		肉肉
340	宜		且肉肉
341	生		生
342	封		丰土
343	莫		木木日
344	暮		中中隹日
345	暮		木木日隹
346	屯		屯

348	柚①		由木
349	榊		木申木
350	枷		木人止
351	喪		木口口口
352			
353	樓/（虞）		木虍女木
354	棗		棗
355	/祁		木几几
356	寮		寮
357	寮		寮
358			
359	奏		左又
360	奏		奏
361	求		求
362	求		求
363	㴎		夂求
364	禾		禾
365	秉		秉
366	季		禾子
368	/及		禾丮
369	黍		黍

①黄天树释。

370	來		來		405	辳		辰止
371	麥		麥		406	火山/火		火
372	登		米豆		407	丘		丘
374	秝/穄		米黍		408	灷/(金)		亼火
375	秾/穄		米黍		409	h/y		
376	穫/穄		米黍		410	臭		皀火丶丶
377	晍		日卣		411	陟		阜止止
379	日		日		412	陷		阜人止
380	昔		日巛		413	陷		阜人止
381	夕		夕		414	阺/阣?		阜夭?
382	月		月		415	陕		阜矢
383	月		月		416	陒		心阜
384	云		云		417	陒		心阜
385	旬		旬		418	隓		阜酉
386	雨		雨		419	隓		阜酉左又
387	雨		雨		420	自		自
388	雪		雨彗		421	田		田
389	/及/霍		雨卂		422	曾		凷
390	邑		邑		424	周		冃
391	邑		邑		425			
392	土		土		426			
393	小		小		427	水		水
402	司		司口		428	/叚/叚		川又
403			司肉		429	河		水水戈卂
404	磬		声殳		430	災昔		≋（昔）
					431	災昔		巛（災）

432	涿		水豕		457	𥆞		爪网又豕
433	溼		水皿丂		458	𦋅		爪网又凫
434					459	東		東
435	東		東		460	東//董		董
437	西		西		461	舟		舟
438	西		西		462	受		爪舟又
439	南青/南		南		463	朕		舟丨左又
440	南		南		464	車		車
441	/祼		口瓚		465	凡		凡
442	/祼		口瓚		466	/昇?		
443	/祼		口瓚		467	丹		丹
444	中		中(中)		468	興		臼凡左又
445	史		中(史)又		469	宁/宁		宁
447			从中(史)又		470	歨		歨
448	力		力		471	/弋		弋
449	秅/秅?		耒耒丮		472	死		人歨
450	毛/又?		又?		473	嘖皆		虍(省)几口
451	舌		毛口		474	歿		歨殳
452	召/舌		毛口		475	勻/勿		勿
453	勻/勿		勿		479	分		八刀
454	獸狩		單犬		480	召		刀口
455	獸狩		單犬		481	匃		亡刀
456	獸狩		單犬		482	呴		口亡刀

483		〔图〕	〔图〕刀
484		〔图〕	〔图〕刀
485	/刨	〔图〕	刀
486	新	〔图〕	辛斤
487	新	〔图〕	辛木斤
488	斯	〔图〕	幺斤
489	斯	〔图〕	幺斤
490	乃	〔图〕	乃
491	弓	〔图〕	弓
492	弓	〔图〕	弓
493	彈/發	〔图〕	弓
494	彈/彈?	〔图〕	彈?
495	弄	〔图〕	弓左又
496	射	〔图〕	弓矢左又
497	射	〔图〕	弓矢又
498	引	〔图〕	引
499	弜	〔图〕	弓弓
500	至	〔图〕	矢一
501	至	〔图〕	矢一
504	黃	〔图〕	黃
505	侯	〔图〕	厂（侯）矢

507	〔图〕	〔图〕	肉矢
508	畐/畐?	〔图〕	畐?
509	束	〔图〕	束
510	畀	〔图〕	畀
511	畀	〔图〕	畀
512	或/戓	〔图〕	戈口
513	咎	〔图〕	戈口
514	伐	〔图〕	人戈
515	伐/先	〔图〕*	戈人
516	戠/（待）	〔图〕	戈橃
517	戈/y	〔图〕	才戈
518	戉	〔图〕	戉
519	忒?	〔图〕	戈心
520	戌	〔图〕	戌
521	咸	〔图〕	戌口
522	歲	〔图〕	戌止止
523	歲	〔图〕	戉、、
524	戊	〔图〕	戊
525	我	〔图〕	我
526	柲/駜	〔图〕*	馬必
527	王	〔图〕	王
528	王	〔图〕	王
529	王/丰	〔图〕	丰
530	𤯌	〔图〕	㚔左又

531	執		㚔丮		557	盟/（盇）		血
532	圉		囗㚔丮		558	盟/盇		血
533	鞎/（櫓）		㚔虎		559	盇		必皿
534	逩/（奔）		彳止癶		560	/盇		必皿
535	㫃		癶口		561	鑑/（鑊?）		水隹皿
536	族		癶矢		562	㰦/㰯		皿夭
538	鼎		鼎		563	監/盜		水欠皿
539	貞		鼎（貞）		564	酉		酉
540	貞		卜鼎		565	奠/酌		酉彡
541	鬻//肆		丮鼎		565	奠		酉一
542	具		ナ又鼎		566	酓（飲）		亼酉
543	爵		爵		567	酓（飲）		亼水酉
544	爵		爵		568	畬/酓		亼水酉
545	櫼		木爵		569	配		酉卩
546	卑		卑		570	猷/猷?		酉犬
547	卑		卑		571	/醸		酉夒
548	皂		皂		572	酌		酉彡
549	皂		皂		573	覃//皋		皋
550	食		亼皂、		574	㲆/㲆		酉（祼）
551	食		亼皂		575	h/y		（?酉）
552	㫃		皂丂		576	侐/侐?		人酉
553	皿/益		水皿		577	氤/氤		气酉
554	皿		皿		578	壴		壴（鼓）
555	皿/益		水皿		579	壴		壴
556	溋/溋		水皿					

编号	字	字形	构件
580	壴/?		壴?
581	彭/?		壴?
582	豐		豐
583	/向/盇		盇
584	用		用
585	其		其
586	聶/冀		、、其广又
587	丵/丵		丵
588	雈		隹丵
589	甾		甾
590	冓		魚魚
591	再		爪魚
593	帚		帚
594	帚		帚
596	㝛/（寢）		冖帚、
597	歸		帚
598	𠂤		人厶、
599	㐭		口人幺又
600	h/y		
601	宿		人𠂤
602	疾		人、、爿
603	疾/大		大
604	疾		爿大、、
605	疾		爿大、、
606	疾死/疷		爿人、、歺

编号	字	字形	构件
607	疾/𤕫		宀爿人、、
608	葬		井人爿
609	疢		爿人、、又
610	疫/疫?		爿人殳
611	夢		爿眉人
612	h/y		丬爿
613	妝		爿女
614	蔣		爿身中中
615	彔		彔
617	率		率
618	充		幺人
619	兹		幺幺
620	幽		幺幺山
621	嗳		爪幺又口
622	絧		司幺口
623	刹		糸刀
624	鳶/𪆳		幺雀
625	索		糸广又
626	嬽		女橐止
627	敕/敕		苣攴
628	剌		索刀
629	郲		索卩
630	郲		索卩
631	櫝		苣广瓚又
632	櫝		苣广瓚

633	䕍	𦰩	苢又瓚丁	658	璧	𠂤	（璧）亏
634	𦰩	𦰩	𦰩	659	璧	𠂤	（璧）亏
635	𦰩/带	𦰩	带	660	璧	𠂤	（璧）亏
636	衣/辰	衣*	衣匕	661	璧/?	○	○（璧?）
637	/勞	衣	衣丶丶	662	䏦/辝?	辛*	亼心亏
638	振	衣	衣辰	663	h/y	开	七?亏
639	乍	乍	乍	664	𣭞	研	止止亏
640	妻	妻	又聿規	665	辟	研	卩亏
641	妻	妻	又丨（聿）規	666	醉	研	亏刂幺
642	楣	楣	木木貝口	667	/瓚	瓚	瓚
643	䚔?/則	䚔	貝刂	668	/祼	祼	瓚广又
644	貯/賈	貯	宁貝	669	亲	亲	辛木
645	貯/賈	貯	宁貝	670	斋	斋	辛木丁
646	買	買	网貝	671	庚	庚	庚
647	玉/琡	玉	琡	672	叔	叔	庚又
648	玉/琡	玉	琡	673	卯	卯	卯
649	玉/琡	玉	琡	674	册	册	册
650	/（圭）	圭	圭	675	𠕋	𠕋	册口
651	/（圭）	圭	圭	676	弗	弗	弗
652	吉	吉	圭口	677	弗	弗	弗
653	h/y	圭	圭丶丶五	678	入	入	入
654	良	良	良	679	終[冬]	冬	冬
655	工	工	工	680	今	今	今
656	亏	亏	亏	684	余	余	余
657	璧	𠂤	（璧）亏	685	㐭	㐭	㐭
				686		㐭	㐭羊
				687	京	京	京

688	//柚京	柚京			715	商		辛丙
689	//柚京		柚京		716	商		辛丙
690	//柚京		柚京		717	商		辛丙口
691	親		丮京		718	/商		竿竿丙
692	宗		宀示		719	丁		丁
693	宗		宀示		720	雍（雝）		吕
694	帚/帚		宀帚		721	吕/吕		吕水
695	室		宀至		722	宮/y		吕
696	家		宀豕		723	亞		亞
697	家		宀（豭）		725	/复		旨（复）
698	宮/宮		宀耳口		726	行		行
699	官		宀		727	纬		彳止
700	宅		宀乇		728	徝		彳丨目
701	安		宀女		729	俞		彳舟
702	宁		宀丏		730	徉		彳羊羊
703	窆		宀丏止		731	犀		彳尸辛
704	/宥		宀爿		732	永/侃		永
705	寮		宀木火		733	卜		卜
706	h/y		小宀弁		734	囚/（憂）		口卜
707	h/y		又夗宀		735	囚/（憂）		口卜
708	僕/僕?		宀攴丶		736	骨/口		口
709	泉		泉		737	占/口		口（占）
710	敘		泉又		738	斷/听		口斤
711	丙		丙		739	舍		人田
712	囷		丙丙		740	示		示
713	/丙		一丙					
714	/商		商					

741	示	丅	示		767	不		不
742	祅		肉肉示		768	不		不
743	祛		示厷		769	不		不
744	福/祼		示祼		772	利		不又
745	福/祼		示祼		773	利		不刀
746	福/祼		示祼广又		774	怀		火不
747	祝		示又丶丶		775	以		㠯（以）
748	祝		爪示		776	万		万
749	祝		示口卩		777	方		方
750	祝		示口卂		778	亡		亡
751	䥺		匚午卩		783			
752	䥺		匚率		784			
753	/		几丶丶		786	/丙		丙
754					787	h/y		
755	出/				788	h/y		
756	螁		出又		789	一	一	一
757	彡		彡		790	二	二	二
758	乞/三		三		791	三	三	三
759	學		广又××		792	四	亖	一一一一
760	學		广又×宀		793	五	㐅	五
761	學		××宀		794	六		六
762	學		广又××宀		795	七	十	七
763	于		于		796	八	八	八
764	于/丐		丐		797	九		九
765	乎		丶丂		798	十	丨	十
766	才、再		才					

799	二十	∪	十十
800	三十	∪	十十十

801	卌	山	十十十十
802	百	百	百

根据上表的分析，本文归纳出《花东》甲骨的字根共有 349 个。其中可识字 319 字，不识字 30 个。字根之中有些是比较笼统，涵盖较广的，如"丨"字根可以表示"针""聿"；"、"字根可以表示"血""谷粒""水"；有些与他处字根字形相同，但实际不是同一个字，如"厂"，我们以为象"射侯"。

花東甲骨字根表

一画
001 一
002 丨 *
003 、 *
二画
004 刁
005 𠃊
006 𠃑（肩）
007 刁（司）
008 𠂇（左）
009 勹（旬）
010 ✕
011 丁
012 丂
013 七
014 𠄞（牡）
015 丩
016 九
017 人
018 八
019 几
020 凵
021 刀
022 力
023 匕
024 匚
025 十

026 卜
027 卩
028 厂（侯）
029 又
三画
030 口
031 𠂤
032 厂（石）
033 乃
034 万
035 三
036 毛
037 于
038 亡
039 𠆢
040 凡
041 叉
042 口
043 口（圍）
044 土
045 攵
046 夕
047 大
048 子
049 宀
050 小

051 尸
052 屮
053 山
054 巛（災）
055 工
056 巳
057 幺
058 弋
059 弓
060 彡
061 彳
062 才
063 珡
064 不
四画
065 矢
066 巛
067 止
068 屮
069 口（占）
070 中（史）
071 冂（牢）
072 叉
073 廾
074 耂
075 丰

076 丹
077 云
078 五
079 井
080 今
081 允
082 六
083 勿
084 午
085 厷
086 夫
087 夭
088 尹
089 屯
090 引
091 心
092 戈
093 户
094 支
095 斤
096 方
097 旡
098 日
099 曰
100 月
101 木

102 欠	137 歺	172 由	207 豆
103 止	138 母	173 百	208 豕
104 殳	139 永	174 米	209 貝
105 气	140 甘	175 糸	210 足
106 水	141 生	176 网	211 身
107 火	142 用	177 羊	212 車
108 爪	143 田	178 而	213 辛
109 爿	144 由	179 耒	214 辰
110 牛	145 申	180 耳	215 酉
111 犬	146 白	181 聿	216 敻
112 王	147 皮	182 肉	217 敻
五画	148 皿	183 臣	八画
113 丫	149 目	184 自	218 坒
114 冄	150 矢	185 至	219 奎
115 叉	151 示	186 舟	220 興
116 囝	152 禾	187 虍	221 希
117 巳	153 立	188 虫	222 秉
118 朩（草）	六画	189 血	223 凾
119 川（潮）	154 旨	190 行	224 牵
120 且	155 从	191 衣	225 凾（曾）
121 丘	156 自	192 西	226 酉（裸）
122 丙	157 弓	193 自	227 亞
123 乍	158 队	七画	228 京
124 冉	159 辛（亏）	194 臼	229 來
125 冊	160 孖（于）	195 罗	230 兕
126 冬	161 旨（复）	196 帚	231 其
127 卯	162 坴（擒）	197 严	232 帚
128 夗	163 冏（簋）	198 余	233 庚
129 宁	164 亦	199 卣	234 彔
130 尻	165 吕（宮）	200 声（磬）	235 東
131 弗	166 囟	201 我	236 甾
132 必	167 圭	202 求	237 畀
133 戊	168 屰	203 夰	238 虎
134 戍	169 并	204 皀	239 阜
135 宄	170 戌	205 良	240 隹
136 未	171 束	206 言	241 雨

242 囧
九画
243 龟
244 罨
245 囿（圂）
246 宫
247 南
248 品
249 壴（鼓）
250 奏
251 柚
252 泉
253 爰
254 盾
255 眉
256 苣
257 若
258 盉
259 面
260 革
261 頁
262 首
十画
263 東
264 臬
265 狃（貘）
266 圅？
267 笄
268 索
269 馬
270 髟
271 쌍
272 鬼

十一画
273 冕
274 商
275 執
276 帶
277 率
278 畢
279 規
280 魚
281 鳥
282 鹵
283 鹿
284 麥
285 萃
十二画
286 董
287 單
288 寮
289 罦
290 無
291 琡
292 雈
293 黃
294 黍
295 黑
296 湄
十三画
297 鳶
298 裸
299 萬
300 鼎
十五画~
301 彈？
302 齒

303 樾
304 橐
305 龍
306 龜
307 鼀
308 爵
309 簧
310 翼（羽）
311 襄
312 鼄
313 豐
314 雞
315 夒
316 繳
317 麋
318 囊？
319 瓚
图形字
311 㓞
312 ⿰（孚）
313 ⿰
314 ⿰
315 ⿰
316 ⿰?
317 ⿰?
318 ⿰（牝）
319 ⿰
320 ⿰
321 ⿰
322 ⿰

323 ⿰
324 ⿰
325 ⿰
326 ⿰（昔）
327 川
328 ⿰
329 ⿰
330 ⿰
331 ⿰
332 ⿰
333 ⿰
334 ⿰
335 ⿰（中）
336 ⿰?
337 ○（璧）
338 ○(璧?)
339 ⿰
340 ⿰
341 ⿰
342 ⿰
343 ⿰
344 ⿰
345 ⿰
346 ⿰
347 ⿰
348 ⿰
349

作者简介：季旭升，男，台湾师范大学国文系退休教授。

释甲骨金文中的"卬"字

东北师范大学文学院　鞠焕文

俯仰这个动作是人类再熟悉不过的了，但至今甲骨文中却没有公认的"卬"（仰）字，甚为奇怪。究其原因，很可能是甲骨文中本有这个字，我们没有考释出来，或将之误释为别的字而已。

在很早之前，我们就曾怀疑过甲骨文中的"㐅"（下文以△代替）一类字形就是"卬"字，而这类字形现在学界普遍认为是"印"字。限于材料的不足，以及我们认识的不够成熟，当时我们未能将这个想法拟成文字，以就正于方家。而随着近年来新材料的不断发现和学界研究成果的不断丰富，我们认为是时候将这一想法拿出来供大家批评了。

一、关于"△"字旧释的检讨

"△"字旧释中，以释"印""抑"为最多。释字理据基本相同，我们揭取罗振玉先生的论述列次如下以便讨论：

《说文解字》："抑，按也。从反印，俗从手。"又印注"执政所持信也。从爪卪。"卜辞㐅字从爪从人跽形，象以手抑人而使之跽，其谊如许书之抑，其字形则如许书之印。……予意许书印抑二字，古为一字。后世之印信，古者谓玺节。初无印之名，而卜辞及古金文则已有此字。曾伯霁簠云："克狄淮夷印燮繁邑。"抑亦训安训治，印燮犹言安和矣。印之本训既为按抑，后世执政以印施治，乃假按印之印字为之。反印为抑，殆出晚季，所以别于印信字也。古文每多反书，而卜辞及金文印字皆正书，无一反书为许书者，则印与抑之非有二字二谊明矣。

可见罗氏据以考释的依据有如下几点：1. 字形上，"△"与《说文》所收"抑"之篆体㐅几乎全同；2. 在构形上，古文字正反无别；3. 在词义上，"印""抑"二字同源；4. 反某为某这样的现象出现较晚。所以，罗氏认为甲骨文中的"△"当为"印"字。

其他释"印"者，基本也是根据这几点得出相关结论的。释"抑"者则基本上是根据第

1 条理据得出结论。①

但是这里有诸多疑点。单就字形来说，就有几点讲不通：

(1) △及篆文"㠯"不管正与反，爪形皆在跪坐人形之前而非其上，如何会出按抑意来？姚孝遂先生曾用类比的方法予以解释：

> 契文 ⿰、⿱左右无别。或从乂作⿰、⿱，与殳字作⿰、⿱者迥异。……"印"手在前，殳手在后，此其大别。②

将从"又"之△与殳字相类比，认为△字所从"又"与殳字所从之"又"功能相同，都是使人跪坐，区别仅在于"又"之前后而已。"又"在人后，表示以手推人下跪之意可以理解，但手在人前如何有使人跪坐之意却很难解释，这是单就△字从"又"这种异体而言的。而对于从"爪"的形体，"爪"放在人面前又如何会有使人跪坐之意就更难解释了。在早期的古文字构形中，这种手肘向上的"爪"，不论左右，它在字形中若表示纵向上的施力，则基本都是向上的，而非向下。我们选取构意比较明确的字形列次如下，以便观察：

　　(合 1591)、　　(合 952 正)，象倒持禽致于神前。③ 倒持即提。

　　(合 6162)，象以手提鱼之形，故有升举之义。④ "再"字又有　　形，从臼，知臼乃有双手上提之意。

　　(合 18387)，象以手解牛角之形。⑤ 双手应也是向上拔拽，而非向下按抑。

　　(合 12814 正)、　　(合 12424)，象于木上有所持取。⑥

这些有向上施力取向的"爪"，若放在另一会意偏旁之侧，而非其上，则绝无向下按抑之意。所以，△字象"以手抑人而使之跽"恐怕讲不通。

(2) "印"字《说文》篆文作　　，从"爪"在"卩"之上；目前古文字材料中确切无疑的"印"字作　　(曾伯簠，《集成》4632，～燮繁阳)、　　(梁伯戈，《集成》11346，～威方蛮)、　　[清华简《祭公》简2，余畏天之作威，公其告我～（懿）德]，其结构与《说文》

---

① 参于省吾主编：《甲骨文字诂林》，北京：中华书局，1999年，第一册，第412—413页；古文字诂林编纂委员会：《古文字诂林》，上海：上海教育出版社，第八册，第117—118页。
② 《甲骨文字诂林》第413页。
③ 徐中舒主编：《甲骨文字典》，成都：四川辞书出版社，1989年，第29页。
④ 同上，第444页。
⑤ 同上，第481页。
⑥ 像"爰"、"受"、"争"等字，虽然它们都有手肘向上的"爪"形，但它们都不特指纵向上的施力，而基本上是横行上的施力；"妥"、"孚"也是"爪"形在人（女、子）形之侧，其施力方向虽不明确，但从词义来考察，手爪绝非用来按压是可以肯定的。皆可不论。

篆文相同。而△，从"爪"在"卩"之侧，与这些"印"字部件组合方式并不相同。释△为"印"在字形上并不密合。

（3）"归"字《说文》篆文作 🈚️，从"爪"在"卩"之侧，左右不论，在部件搭配上与"印"字不同。反"印"为"归"从字形结构上先就讲不通。再者，反"某"为"某"这样的说法，学者已指明不可信。那么，篆文" 🈚️ "若不是许慎改造之字，在古文字里它到底是哪个字？这是需要解释的。

基于以上三点，我们认为△释"印"之说大有可疑。

二、考释△字可依据的定点

古文字中有一类从"爪"在"卩"侧之字，作如下状：

A1	A2	A3	A4
（字形）	（字形）	（字形）	（字形）
毛公鼎（《集成》2841）	诅楚文·湫渊	上博简·《三德》15	上博简·《孔子见季桓子》26

其所在辞例（释文用宽式）分别为：

告余先王若德，用 A1 昭皇天。

亲 A2 大沈氒湫而质焉。

A3 天事君，严恪必信，俯视□□，务农敬戒。

好怀徙聚，A4 天而叹曰……

现在看来，A 类字释"卬"应无问题，尤其是最后二例，与"天"连读，从辞例来看，释"卬"是非常确定的。① 关于古文字"卬"的形义，禤健聪先生总结道：

与上"爪"下"卩"的"印（抑）"字不同，"卬"的"爪"旁一般居于"卩"侧，本义似是以手托人而使其仰首，然则造字本义与"印（抑）"刚好相反。②

对"卬"字的构意进行了推测，并明确提出了"印""卬"二字的区别。我们认为"卬"字如此构意无须持疑，它本就是以手拔（或托）人首而使其上仰，详下文。而对"印""卬"从结构上进行区分是禤先生的巨大贡献。由此我们明确了二字的区别，知"卬"字当是从"爪"在"卩"侧，这一点很重要。

出土战国简帛文字对于考释古文字具有巨大作用，因为它的发现量大，所记内容和辞例丰富，字形结构也更加多样，且往往保留了大量较古字形的写法，为商周甲骨金文的考释提

---

① 详参禤健聪：《释"𩒦"并论"印"、"卬"、"色"诸字》，《中山大学学报》（社会科学版）2014 年第 1 期。

② 同上，第 77 页。

供了更多更可靠的依据，极大刺激和促进了古文字研究工作。

"印"字虽然《说文》中已有，篆文作"㘍"，许慎分析其结构为"从爪从卪"。但这样一种结构如何会有"望欲有所庶及"意，历来学者都不能给出合理解释。而上博简中出现了多个"印"字，为我们讨论《说文》小篆"印"字提供了依据：

B：

　　[字形] 上博（五）《三德》15："～天事君"

　　[字形] 上博（六）《孔子见季桓子》26："～天而叹曰"

　　[字形] 上博（九）《卜书》1："兆～首出趾"

　　[字形] 上博（九）《卜书》2："兆如～首出趾"

　　[字形] 上博（四）《柬大王泊旱》14："～天呼而泣"

　　[字形] 上博（七）《凡物流形》乙15："～而视之"

上博简中的这些字形所在辞例明确，释"印"确切无疑。

关于 B 类字的构形，曹锦炎先生认为是从"卪"从"一竖笔向内弯之形"，并据此考释甲骨文 [字形]（合 34345）、[字形]（合 24122）、[字形]（合 21586）、[字形]（花东 87）、[字形]（花东 108）、[字形]（花东 252）、[字形]（花东 490）、[字形]（花东 10）、[字形]（花东 289）一类形体为"印"字。[①] 我们认为这还有待考证。因为从甲骨文字到竹简文字，字形演变中间环节缺环太多，是否是同一个字尚可置疑。

我们认为 B 类字形中所谓的"一竖笔向内弯之形"实际上存在与右侧"卪"字上部一横画共笔的现象，其实际形体应作"[字形]"形，即"爪"形之省。古文字演变过程中，"爪"由三指省作二指形其例不鲜，详下文。

由此可知，《说文》篆文"印"字中所谓的"爪"实际上是简省的"爪"字。

确切无疑的"印"字的字形发展脉络可得而知：

[字形] 　[字形] 　[字形] 　[字形] 　[字形]

"印"字从西周晚期到战国文字再到《说文》小篆，发展脉络完整。"印"字从"爪"在"卪"之侧这一点是一直没有改变的。

[①] 曹锦炎：《释甲骨文"印"》，复旦大学出土文献与古文字研究中心网站，2017 年 8 月 4 日，http://www.gwz.fudan.edu.cn/Web/Show/3095#_ednref3，2018 年 10 月 19 日。

三、甲骨金文△字考释及相关问题

△有时也用为国族名或人名,① 其所在辞例不利于探讨问题,因此在这里我们暂不以这些国族名人名用字为讨论的字形依据,而以目前学界比较公认的用为语气词②的字形为讨论基础,选取拓本比较清晰者列次如下,以便考察。根据形体结构、状态,甲骨文△大体可分为四大类,六小亚类:

Ⅰ:

ⅠA: ▨(ⅠA1,合 20407) ▨(ⅠA2,合 19780)

ⅠB: ▨(ⅠB1,合 20411) ▨(ⅠB2,合 19779) ▨(ⅠB3,合 19778) ▨(ⅠB4,合 21047) ▨(ⅠB5,合 19756)

Ⅱ:

ⅡA: ▨(ⅡA1,合 20717)、▨(ⅡA2,合 20769)、▨(ⅡA3,合 20757)

▨(ⅡA4.1、2,屯南 4310) ▨(ⅡA5,合 20468)

▨(ⅡA6,村中南 475) ▨(ⅡA7,合 22065,午组)

ⅡB: ▨(ⅡB1,合 19755)

Ⅲ: ▨(ⅢA1,合 20427) ▨(ⅢA2,合 802,宾组)

Ⅳ: ▨(ⅣA1,合 19785) ▨(ⅣA2,合 797)

Ⅰ类"爪"形与"卩"形相黏连;Ⅱ类两部件相分离;Ⅲ类变"爪"形为"又"形,古文字表意偏旁中"爪"形和"又"形往往可以通用,Ⅲ与其他三类为同字异体,这从辞例上也可以证明;Ⅳ类省"爪"形三指为二指。其中ⅠA、ⅡA两亚类从正常的"爪"形,ⅠB、ⅡB两亚类则从倒置的"又"形,乃"爪"的一种变形。

裘锡圭先生曾对这些甲骨文中的语气词有过很好的论述,详见其《关于殷墟卜辞的命辞

---

① 裘锡圭:《关于殷墟卜辞的命辞是否问句的考察》,中国殷商文化国际研讨会论文,安阳,1987 年;后发表于《中国语文》1988 年 1 期;后收入氏著:《裘锡圭学术文集·甲骨文卷》,上海:复旦大学出版社,2012 年,第 312 页。以下引裘先生文皆据后者。

② 这个语气词学界比较公认的意见是释"抑",其实它并不是"抑",详下文。为了阐述方便,行文中我们暂习旧而称它为"抑"。

是否问句的考察》一文。我们采用裘先生的意见，先将字形所在辞例移录如下，以便讨论，其中辞例前加"★"者为我们新增辞例：

(1) 癸酉卜贞：方其正＊今二月ⅠB1，不执。余曰：不其正＊。允不。(合 20411)

(2) 壬☐贞：☐牛在☐弗克以ⅠB2，其克以执。(合 19779)

(3) ☐☐卜，의：不其延雨☐ⅠB3，延雨执。(合 19778)

(4) ☐疾ⅠB4，亡执。(合 21047)

(5) ☐辰卜，王☐于(?)大方☐敦ⅡA5，不执。(合 20468)

(6) ☐获正＊方ⅢA1，弗获执。(合 20427)

(7) 贞：御妇ⅢA2，勿执。(合 802)

(8) ☐唯☐昝执，不ⅣA1。(合 19785)

(9) ★☐ⅣA2，☐执。(合 797)

(10) A：甲午卜，伇：亡☐ⅡA4.1。
B：甲午卜，伇：由(?)☐ⅡA4.2。(屯南 4310)

(11) A：涉三羌，既获ⅡB1。
B：毋获抑。　　　(合 19755)

(12) ☐王贞：马方☐亚阩日丧ⅠA1。(合 20407)

(13) 丙辰卜，丁巳其阴ⅠA2，允阴。(合 19780)

(14) A：丙寅卜：又涉三羌，其得☐ⅠB5。
B：丙寅卜：又涉三羌，其☐至☐抑。(合 19756)

(15) ☐☐ⅡA1。明阴，不其☐。(合 20717)

(16) 甲辰卜，乙其焚又☐中(?)风ⅡA2。小风，延阴。(合 20769)

(17) 庚戌卜，今日狩，不其勤ⅡA3。(合 20757)

(18) ★庚午卜：亚雀弗鼒方ⅡA6。(村中南 475)

(19) 壬午卜：☐侯☐余☐乎见尹以☐侯ⅡA7。(合 22065)

其中(5)～(13)即李学勤先生所说的"由两个正反相对的分句组成的选择问句"，裘先生认为"其实也未尝不可以就称为反复问句"，不管是哪种问句，其格式都是相当固定的，都是分句后缀以句末语气词"抑"或"执"构成。裘先生还总结道："前一分句用'抑'的比较常见。较古的古汉语里置于选择问句的两个分句之间的连词'抑'，也许就是由这种'抑'演变而来的。"① 在这固定格式上的△字都是同字异体。(14)、(15)为正反对贞的命辞，其后也加△，这些△无疑也是用为句末语气词的。(16)－(23)其后的△也用为句末疑问语气词，裘先生认为"这些命辞有的可能原来也是属于对贞卜辞的，只是跟它有对贞关系的辞没有发现而已"。上举四大类字形都是同字异体，这是毫无疑问的了。

通过以上所据字形和辞例可知，上举所列字形是一字异体，用为句末疑问语气词"抑"。

---

① 裘锡圭：《关于殷墟卜辞的命辞是否问句的考察》，《裘锡圭学术文集·甲骨文卷》，第 314 页。

下面我们对字形进行一下分析。

我们先从类形Ⅲ谈起，类形Ⅲ明显从"又"或"𠂇"，"又""𠂇"作为表意偏旁无别，且从"𠂇"之ⅢA2其"卩"旁朝右，与ⅢA1正好相反，可能是出于卜辞对贞需要造成的。不管哪种形体，其手形都在跪坐人形面前，这种形体很明显不可能会有按压意，反倒是有上推之意。此类字形对释"抑"之说极为不利，可以说它是释"抑"之反证。

"爪"形与跪坐人形黏连之形最多，包括Ⅰ、Ⅲ、Ⅳ三大类。说明这种写法的△字是标准结构，Ⅱ类两偏旁相分离当是变体。在这标准结构中，ⅠA1"爪"形基本都在人首部位，ⅠA2"爪"形三指写得比较疏阔，但中指指向面部；尤其是ⅠA1以手抓面上提之意豁然。ⅠB亚类除了ⅠB2稍有不同外，其余字形"爪"形中指皆指向面部，特点非常鲜明。这种结构方式及手旁在构字中的作用可参考早期古文字"𠬝"字。

"𠬝"字在刘钊等先生编撰的《新甲骨文编》中，作 ▨（合 20533）形，即"又"与"卩"黏连且"又"字中指指向人首部位者，确切无疑的共14例，占总收录字数（25）的一半以上，若把不黏连而"又"字中指指向人首部位的字形算上，则有24例，占到总字数的96%，其中剩下的一例为西周甲骨字形，"又"形开始下移，字形结构开始发生变化。而作为偏旁的"𠬝"字则皆作"又"形中指黏连于人首之上，如甲骨文"服"字。① 关于"𠬝"字的构形，学者或谓"象从又按跽人"，或谓"从手而抚其背"，或谓"象以手捕人之形"，② 皆于字形并不密合。唯吴其昌先生所说的"象人既以（文按：殆"已"字之误）跪伏，而仍以手撝抑其头项之状。"③ 除了"撝抑"一词稍欠妥当外，其他说法是符合事实的。吴先生对字形的分析在很多甲骨字形上都有很好的体现，如 ▨（旅顺④1、合 22231），为圆体类子卜辞，刻手刻写得十分形象，字象以手推人首使其低眉顺首状，伏服之意豁然。其他组卜辞多作 ▨（合 723 正臼）状，人首并未弯曲下伏，但手形中指指向首部应是有所指，意仍为以手推首使人俯首称服。在这些字中，我认为手的动作是"推"而非"撝抑"，因为手形皆在"卩"字后侧，而非其上，不应有按抑之意。

相似地，ⅠB亚类"爪"形中指几乎也都是指向人首处的，应指手对人首做的动作，结合前面我们考察得出的结论，即手肘朝上的"爪"形基本都有上提之意，那么ⅠB亚类为以手拔人首使其上仰之意应无问题。

类型Ⅲ则与"𠬝"字构形更加相似，区别仅在于手形的前后，以"𠬝"字例之，类型Ⅲ为以手推托人首使其上仰之意更加明显。

类型Ⅱ是类型Ⅰ的变体，当是在后者的基础上为便于书写做出的调整，类似于"𠬝"字

---

① 相关字形请参看刘钊主编：《新甲骨文编》（增订本），福州：福建人民出版社，2014年，第170—171页。
② 参《甲骨文字诂林》第一册，第407—409页。
③ 参《甲骨文字诂林》第一册，第408页。
④ 中国社会科学院甲骨学殷商史研究中心，旅顺博物馆编著；宋镇豪，郭富纯主编：《旅顺博物馆所藏甲骨》，上海：上海古籍出版社，2014年。

黏连与不黏连两种情况。但即便是将“爪”形与“卩”相分离，刻写者也是知道两偏旁之间确切关系的，如ⅡA6，通过彩色照片我们更能够看出，此字表示人首项部分的笔划写得特殊的长，而“爪”形三指基本都在首项笔划范围内，说明当时的人还是非常清楚这个字表示的是以手拔首使其上仰之意的。这也可以参考甲骨文“采”字，“采”表示于木上有所捋取之义，所以字形有作“”（合 11726）者，象意程度较高，将木上要被采摘的东西形象地画了出来；但仍有“”（合 21021）这样的简体，不将所采之物表现出来，但加长“木”形中间一竖笔，来强调“木上有所捋取”之义。

类型Ⅳ是类型Ⅰ的省变，即将“爪”形的三指省作二指，这在古文字中也不乏其例，如“及”本从“又”“人”，甲骨文中有作（合 33063）形者；“史”本从“又”，商代金文有作（《铭图》14157）者；“集”字甲骨文多从“臼”，但亦有作（合 33012）者；“遣”字甲骨文也多从“臼”，但仍有（合 35301）这样的写法。可证二指之“爪”乃三指之“爪”的简省。

而类型Ⅳ人手指形皆提于人形面部则表现得更清楚。此类字形也能很好地说明△字是以手推托或提拔人首使其上仰，而非按抑。

裘先生曾讲道：“殷墟甲骨文数量既多，内容也很丰富，比商代金文更受重视。但是能够代表商代文字的正体的却是金文，甲骨文实际上是当时的一种俗体文字。”① 对于商代字体正俗的讨论应是可信的。下面我们据商代和西周早期金文对△字再作一番讨论。

1986 年河南安阳市大司空南商代墓出土了四件同铭爵，铭文作：“寝印。”其中所谓的“印”字分别作如下形：

Ⅴ：（Ⅴ1，M25：14）（Ⅴ2，M25：16）（Ⅴ3，M29：1）（Ⅴ4，M29：5）

Ⅴ3 从二指的“爪”形，应是其他几形的省变。亦可能是拓本残缺。

这些字形所在辞例不能帮助我们判断它到底是哪个字。但从字形上来看，它毫无疑问不可能是“印”字，目前确定无疑的“印”字虽然没有更早的字形，但从曾伯簠中的“印”字（）我们能够看出它的特点，即“印”字“爪”形总是在人项背元首之上，直到《说文》小篆仍然如此，文字发展脉络可参看本文第一节第（2）点。但Ⅴ类字形“爪”形明显是在人面前的。所以释“印”并不可信。

而从字形来看，Ⅴ字应是“印”字。首先，表示人首部位的笔划皆作后弯之状，而表示

①裘锡圭：《从文字学角度看殷墟甲骨文的复杂性》，原载韩国淑明女子大学校中国学研究所《中国学研究》第十辑（1996）；后收入氏著：《裘锡圭学术文集·甲骨文卷》，上海：复旦大学出版社，2012 年，第 416 页。今据后者征引。

手臂的笔划也皆与膝盖相分离，与一般的跪坐人形不同。字象一人于后拽一跪坐之人，使其仰面朝天，由于力度过大，致使双手离膝而起。后仰之首与离膝之手以及加于其上的爪形标明，这个字应是"卬"字，而绝非具有按压之意的"印"字。

如果我们对Ⅴ的分析不误，那么它对考察甲骨文中的"卬"字是很有帮助的，它极其形象地表达了"仰"这个词，使我们对甲骨金文中的"卬"形的构意有了一个更好的理解。

西周早期的卬尊（《铭图》11648）铭文中的人名用字"卬"我们认为也可能是"卬"字。其字形作如下状：

Ⅵ   Ⅶ

字形于人形头部用肥笔表示，且稍有低垂；而"爪"形拂于人面前，也稍向左侧倾斜。这样的一种构形怎会有按压意？所以释"印"显然不对。而根据以上我们对此类构形的分析，这个字也应该是"卬"字。字形写法要比甲骨文△更原始更接近正体。

成卬鼎（《集成》2694，商代晚期）有一族氏铭文，作Ⅶ形，"亚"字内部的字形也当是"卬"字，所从"爪"旁作二指形。①

下面还有一个问题需要解决，即若将甲骨金文中旧释为"印"的△字改释为"卬"，岂不是古文字中"印"字出现很晚，直到西周晚期才有？实际情况可能并非如此，"印"作为一个常用词，它的字形应该出现较早，甲骨卜辞及金文限于体例，这个常用词可能不太容易出现。但早期字形也绝非一字不见。

商代晚期的印觚（《铭图》8928）铭中的"印"，我们认为就是确切无疑的"印"字。字形如下：

Ⅷ

字形虽无过多的语言环境限制可帮我们判断它写的是哪个词，但从字形结构来看，它应是"印"字。字形象以手从后按压人首使人向前踞跪之形。且它与西周晚期金文、春秋早期金文、战国楚简文字、《说文》小篆字体一脉相承。文字演变序列如下：

印觚　　　曾伯簠　　梁伯戈　清华《祭公》简2　　小篆

Ⅷ与其他字形仅存在正反不同而已，但构字方式相同，都是"爪"形在人脊背项首之上，它为早期"印"字当无问题。

最后，我们还想谈一下《说文》"归"字。《说文》收其小篆形体作 ，解云："按也。从反印。"前面已经讲过，"反某为某"之说往往不可信；另外，它与《说文》小篆"印"

---

① 此条承蒙李春桃先生提醒，在此谨表谢忱。

（归）字在形体上也不存在着严格的正反关系；除了正反并不严格对称外，在构形上二者实际也存在着明显差异，前者"爪"在"卩"之前，后者"爪"在"卩"之上。再从形体构意角度考察，"归"字小篆"爪"在"卩"之侧也不能会出按意来。所以，"归"字小篆形体与《说文》的说解没有任何关系，它应该属于误植。反倒是"印"字小篆符合《说文》对"归"字的解说，而"执政所持信也"当是后出之义。所以，我们认为，"印"字小篆当将"归"字置换掉；其"执政所持信也"本非溯义，可删；或置于"按也"义后。

至此，我们可以对"印"字字形演变系列作一总结，从中可以看出它的演变轨迹：

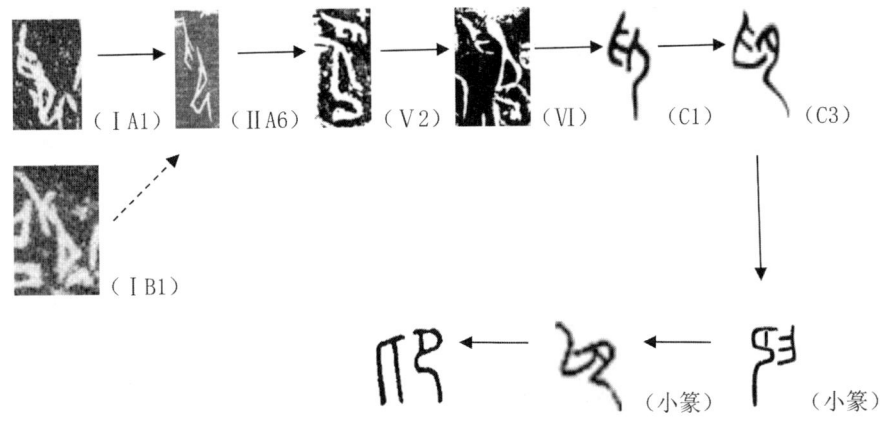

战国和小篆"印"形可能是直接继承自ⅣA2、Ⅶ等形，也可能是C1的一种变体。

由发展脉络来看，"印"字各个发展环节基本都有，没有缺环，发展脉络清晰，证明以上我们对甲骨金文中△字的考释是可信的。

四、"印"作为语气词的破读问题

关于"印"字在甲骨文中所写语气词相当于后世的哪个词，张世超师有很好的意见，我们将之移录如下：

> 被读为"抑"的字处于二选择句之间，前一分句句末，以前我们曾疑它就是后世后一选择句句首"抑"字的来源，但毕竟所处位置不同，难以说通。

所言当是。

今重释为"印"，我认为可以读为语气词"邪"。"印（仰）"，古音在疑母阳部，而"邪"古音在疑母鱼部，声为同纽，韵为对转，相通自无问题。

语气词"邪"在典籍中可以用于选择句：

> 天之苍苍，其正色邪？其远而无所至极邪？（《庄子·逍遥游》）
> 由此观之，怨邪？非邪？（《史记·伯夷列传》）

尤可注意者，当二选择分句句尾语气词不同时，"邪"往往处于前一分句尾：

> 公以为吴兴兵，是邪？非也？（《史记·淮南王列传》）
> 官之命，宜以材耶？抑以姓乎？（《柳宗元《非国语》》）

"耶"声纽与"邪"略异，然作为语气词为同一词则是没有异议的。此类句式在早期文献中，上句末大抵是用"邪"的：

> 不知天之弃鲁邪？抑鲁君有罪于鬼神故及此也？（《左传·昭二十六年》）
> 岂吾相不当为侯邪？且固命也？（《史记·李广列传》）

从语音上看，语气词"与（欤）"与"邪"是同一词，"与（欤）"亦鱼部字，声纽属"喻"，与"耶"字同。从古文字结构看，"与"之基本声符"与"即来自"牙"，与"邪"同声符。"与（欤）"用于选择句略举几例：

> 夫子至于是邦也，必闻其政，求之与？抑与之与？（《论语·学而》）
> 为肥甘不足于口与？轻暖不足于体与？抑为采色不足视于目与？（《孟子·梁惠王上》）
> 仲子所居之室，伯夷之所筑与？抑亦盗跖之所筑与？所食之粟，伯夷之所树与？抑亦盗跖之所树与？（《孟子·滕文公下》）

与以上诸例比较，卜辞中的"△"字显然不是后一分句首的"抑"，而是前一分句末的"邪"或"與"。卜辞选择句中后一语气词"执"虽尚待研究，但前一语气词读为后世的"邪"或"與（欤）"则是可以肯定下来的。

小结

通过对甲骨金文中旧释为"印"的一类字形的严格对比分析，结合近年来的新材料及学者们的研究成果，我们认为一类字形当释为"卬"而非"印"，其意义为"以手推托或提拔人首使其上仰"。同时我们还对"印""卬"二字字形的发展脉络进行了排列，发现二者自早期直到《说文》小篆形体结构都比较固定，且发展脉络都比较清晰；通过对二字字形发展脉络的分析，我们发现二字自始至终字形结构都区别明显，互不相混；"印"字"爪"形在跪坐人形之上，而"卬"字"爪"形在跪坐人形面前。同时，我们对《说文》"归"字小篆字形进行了辨析，认为它应是"卬"字。用来写甲骨卜辞语气词的"卬"字当读为"邪"或"与（欤）"。

2018 年 9 月 14 日初稿
2019 年 10 月 31 日终稿

附记：在会后与陈剑先生的交谈中得知，他在研究生的课堂上早已讲过一类字形释"印"有问题，字当释"卬"，但放在甲骨文中应如何解释，还不能很好解决，此问题还未彻底解决。

另，Ⅵ、Ⅶ二字谢明文先生在其博士学位论文《商代金文的整理与研究》（复旦大学，2012年，第173页）中已释为"印"，大家可参看其文。此条亦系李春桃先生提示，在此表示感谢！

作者简介：鞠焕文，男，东北师范大学文学院副教授。

本义从偏旁所属的字中求

北京故宫博物院　林小安

今年 10 月 15 日是业师徐中舒先生 120 周年冥诞，当此之时，我无比怀念恩师中舒先生！无比感激恩师中舒先生！怀念先师有许许多多的话要说，限于篇幅仅说一点。我是 1978 年考入中国社会科学院研究生院历史系的，师从徐中舒先生（中舒师是历史所兼职研究员）、张政烺先生习古文字学和先秦史！1978－1980 年在四川大学从中舒师学两年，1980－1981 年回北京在张政烺师指导下做硕士论文。1978 年至今已 40 年了！在这 40 年治学中，我无时无刻不感觉到中舒师对我治学指导的成效！其中有一条对我影响特别大！1979 年高教部委托中舒师举办先秦史师资培训班，中舒师每周讲两个半天，一个半天讲三小时。我们七个古文字研究生跟着听课。中舒师讲的是先秦史，但是大量引用甲骨文、金文资料，让我们听得如醉如痴。受益匪浅，受益终生！中舒师本以先秦史闻名学林，其实古文字学功底亦有精深造诣，我们几个研究生初入古文字学之门，即由先生指导编纂《甲骨文字典》这样传世钜制，成甲骨文研究不可或缺的工具书！此书的体例是中舒先生亲定，由于此体例非常科学非常符合学理，使我们得以尽情深入发挥才智！先生在讲课时传授的治学思想更是古文字学研究的重要指导思想！

中国的语言学是有着两千多年成熟的连绵不绝的优良传统的！早在东汉时期许慎编纂的《说文解字》就对当时能搜集到的 10000 个左右篆字做了造字缘起的说解！1899 年至今，中国先秦时期的古文字资料陆续出土，有十多万片殷王占卜记事刻辞（约有近 5000 个单字）、上万件殷周青铜器铭文、春秋盟书、战国秦汉简帛文字，全都是隔世 2000 年至 3000 年的"新"的语言文字资料（此处仅就语言学所言，其他学科另当别论），无不是发展中国文字起源的新说解、新学说的珍宝！使中国的语言学获得空前发展！中国的语言学研究从许慎开始就全面系统研究造字缘起。把造字归纳为"六书"（六种造字方法，转注和假借虽没有造新字形，却创造了新概念、新字义，应该也是造了新字。）由于许慎未曾见过早他上千年前的更古的殷代文字，因此，许慎对造字缘起的说解难免有相当部分流于臆测和凭空想象。改革开放以来，1980 年以后，年年有古文字学的硕士博士毕业，有关古文字学的论文、论著和工具书出了一篇又一篇，一部又一部。鸟瞰回顾这一切，仍感觉中舒师 1979 年在先秦史师资培训班所强调的古文字考释的重要方法路径，尚未得到学界足够了解和充分运用！作为中舒先生受业弟子有责任把所学介绍给大家，冀望后学传承下去，弘扬光大！

任何一种语言的语言学都离不开研究该语言的文源、字源、词源，这类课题无非是探寻每个字的初文，寻求该字的本义！寻找到了每个字的初文、本义，再探索其孳乳字、引申义、假借义，就可建立起所有文字的发展脉络！从而了解整个文字系统的横向纵向的关系！这方面的论文、专著多多，兹从距现在最近最权威最系统的论著——清华大学李学勤教授主编的《字源》（2012年12月天津古籍出版社）进行谈说。中舒师在讲到古文字溯源时强调"字之本义要从偏旁所从的字中求之"！语言学研究当然要从文源、字源、词源做起！窃以为按照中舒先生的这一指导原则去做，即可纲举目张，条分缕析，又可面面俱到，创获多多！

文字学把最原始的字形称作"初文"，把最原始的字义称作"本义"。创立了初文（原始字形）之后，即可对每个初文的字形有所增益（单体字变为多体字，或增意符，或增声符），亦可对每个初文的笔画或增繁或就简。建立了本义（最原始的字义）之后，就可逐渐发展转注义和假借义。转注义即引申义，世界上任何一种语言的字义的发展都少不了运用引申义的手段，世界上所有各种语言都要借助引申义来取得不增加字形而增加字义的发展。六书中的转注就是用"建类一首，同意相授"的方法来发展引申义的，转注就是引申的代名词！六书中的象形、会意、指事、形声、假借都不是引申的方法，只有"同意相授"才是引申造字的方法。

字形的发展是由完全象形发展为符号化。例如。金文中有完全象形的"牛""羊"字，而在甲骨文中"牛""羊"就是符号化简体字，这是笔画的简省。甲骨文中既有象形会意的繁体的"𧘇（赐）"字，也有省形简体的"𠂉（易）"字。甲骨文中有繁体的象形会意的"𧘇"字，就是"赐"字的初文。甲骨文中的简体的"𠂉"字的本义就是繁体的"𧘇（赐）"的省形。甲骨文中的"㕣（公）"字就是"瓮"的象形初文，本文后的图十一就是新石器考古发掘出土的陶瓮。"瓮"就是"㕣（公）"的本义。《说文解字》对"公"字的说解引用韩非的"背公为私"明显是主观臆断的想当然！甲骨文中的"公"字是作为假借字用作对先祖的称谓，如《粹》405："辛亥贞：壬子又多公岁?"甲骨文中的"甾（曾）"字，许慎说解为"词之舒也"，也是不明造字初始的就里！"曾"字实是甑的象形初文！本文后的图八图九的孔状物就是"甑"底部的象形。甑是与鬲配合使用的，上甑下鬲，联合成一体就是甗器，即图八左的器。图八右上两图即甑的侧视图俯视图。甲骨文的"𦮃（若）"字，就是"诺"的象形会意字。诺就是唯唯诺诺之诺。上古时期，臣下与奴才在主子面前唯唯诺诺即做跪地扬手叩首不止状𦮃！甲骨文"夨"字就是可怜的"憐"的象形会意字。夨象奔跑得大汗淋漓的可怜样。甲骨文有的夨字下部有双脚即"舛"字，意即强调其双脚奔跑状。憐字即从心从夨从舛。《说文》仅说"憐，哀也。"对造字缘起未做任何说解。《字源》也未对此初文作任何说解！把甲骨文的"夨"字说解为"憐"的初文，把"憐"说解为"夨"的本义是中舒师在课堂上讲"字之本义要从偏旁所从的字中求取"所引的生动例子！甲骨文的"也"字，《说文》说解为"女阴也"，亦纯粹是望文生义！实则是倒洗手水的水器匜的象形字！参见图十一。《字源》第1118页"匜"字下，说"象形字。……像匜之形，为'匜'之初文。"并引《说文》"匜，似羹魁，柄中有道，可以注水。"按"字之本义从偏旁所从字中求取"，则

"也"的本义应该可以肯定是"匜"无疑！而《字源》第1104页"也"字说解曰"会意字"，并引许慎说解为"女阴也"，《字源》撰著者批评许慎曰"释义说形均误"。林小安按：《字源》撰著者把"也"和"匜"分开说解，是没有掌握"字的本义应从偏旁所属的字中求之"的定律而然。

现在能看到3000年前的原始初文，说解造字缘起当然要比许慎有更明确更可靠的依据！李学勤主编的《字源》集中了全国古文字学博士精英撰著，目前来说应该是这方面的专著中水平最高的了。我们翻看了此书的许多辞条，不少辞条对造字缘起的说解运用了中舒师所倡导的方法"字之本义从偏旁所属之字中寻求！"但是也还有不采用，或采用不坚定的。兹再举例说明之：

《字源》第221页父字下，说解云："会意字。《说文》'父，矩也。家长率教者。从又举杖。'郭沫若说像手拿着斧子的形象。……若此，'父'与'斧'就是同源。是以手持斧表示从事此类劳作的家庭劳动者，从字形看，此说更为合理。'父'字究竟是以手持杖的教育者，还是以手持斧的劳作者现在还无法定论，但它的基本意义'父亲'古今是一致的。从商代至今，它一直是个常用字。"《字源》"父"字辞条的撰著者在两种说解中倾向郭沫若的说解，认为郭沫若的说解"更为合理"！撰著者的意见是完全正确的！但是，撰著者之后的说法"'父'字究竟是以手持杖的教育者，还是以手持斧的劳作者现在还无法定论"，则令人感到遗憾！笔者认为郭沫若的说解是完全正确的，是可以确定的，毫无疑义的！甲骨文的"ᛉ（父）"字是以手持杖，手持的是直杖！而金文中的"ᛐ（父）"字则明显不是直杖！是下部椭圆形上部是尖形的！在《中国新石器时代》（严文明著文物出版社2017年9月，本文下引各考古出土陶器图皆出自此书，后文不再说明）一书的第209页图五五图1图2的石斧正与金文中的"ᛐ（父）"字完全相像！完全可以说明金文中的"ᛐ（父）"字就是中国新石器时代屈家岭文化中的"斧"的符号化的象形文字。手持石斧劳作，就是新石器时代先民的写照！至于甲骨文中的"父"字是手持直杖，那是因为甲骨文是刀刻文字，是很难刻成金文那样下部呈椭圆形的！"斧"写作"ᛐ（父）"，说明甲骨文字缘起于新石器时代（庙底沟文化时期）！上面提到的甑、瓮、以及小口尖底瓶（甲骨文"酉"字的早期写法就是标准的小口尖底瓶的象形字）等陶器的象形文字都是在新石器时代仰韶文化庙底沟文化考古发掘中的常见器！小口尖底瓶器仅存于这个时期！说明中国文字的起源应该不晚于庙底沟文化时期（公元前4000年－公元前2800年）！没有此器此形，何来此器此形的象形字？

字之本义存在于偏旁所属的字中！这是中国文字发展的基本规律、基本脉络，循此即可纲举目张，寻绎出中国文字起源发展的关系网！"莫是暮的初文，暮是莫的本义。"这是文字学者耳熟能详的例子了！用"字之本义存在于偏旁所属的字中"这个定律来判定"父"与"斧"的关系不就不用犹豫了吗！"父"当然是手持石"斧"的象形会意字啦！用这个定律还可帮助我们考释出看似无解的甲骨文字来。我曾经考释甲骨文的"ᛞ"字［于思泊先生释"ᛞ"（毁）］为"夒"字。在银雀山汉简中，"夒"字作"ᛞ"。寻绎字书，我发现从"夒"从

"斗"的字"釁"，应该是甲骨文"🜚（設）"的象形会意的初文。甲骨文的"🜚（設）"字，正像用手持勺往漏斗里倾倒液体的象形！银雀山汉简的"变"作"🜚"，从"言"从"又"。汉初的"🜚"字是甲骨文🜚（設）字发展到"釁"字的中间环节。至于"變"则是"🜚"字增繁孳乳字。古文字从"又"与从"攵"、"攴"、"殳"是可以互替的！甲骨文的"🜚（設）"字就是从言从殳的象形会意字。甲骨文的"言"字应该是漏斗的原始象形字，"釁"字正是从斗从䜌，䜌亦声！"言"应该是"釁"的初文，"釁"应该是"言"的本义。犹如簋，从皀、从竹、从皿，皀本是原始象形字，从竹、从皿是意符叠加。犹如"声"本是"磬"的原始象形字，从殳从石都是意符叠加。"攴"是"鞭"字的原始象形会意字，更，从攴丙声的形声字，攴即手持鞭的象形会意字；便，从攴从人丙声，从攴从人是意符叠加。"鞭"字从人从革亦是意符叠加。攴是核心意符，丙是声符，从人从革皆后起叠加意符。"壴"是"鼓"的原始象形字，"壴"是原始初文，攴是后增的意符。遂加攴作为意符，变成象形会意字。"方"字，是"榜"的原始象形字，于省吾主编的《甲骨文字诂林》"方"字条下，姚孝遂按语："《说文》'方，并船也，象两舟总头形。'徐中舒以为象耒耜，独具卓识！"中舒师《耒耜考》"方之象耜，上短横象柄首横木，下长横即足所蹈履处，旁两短画或即饰文"，"《释文》司马注：'方，并也。古者耦耕故方有并意。'又《仪礼》柄皆作枋，耒为曲柄，故声得转为柄。"甲骨文"亦"字，是"腋"的原始象形字，"夜"字是从夕亦声的形声字，腋是从月夜声的形声字。而初文"亦"遂包含在多偏旁的字中。甲骨文"庚"字（见图十二）是"糠"字的初文，中间经过"康"字（从庚从米）的过渡，"康"被用作"健康"之"康"，再增加义符"米"或"禾"作"糠"或"穅"。"庚"即糠壳。"康"是糠壳内有米粒的象形会意。对上述各字孳乳发展路径的描述，可知中国文字最原始发展的脉络。由此可知，从偏旁所属的字中探求字之本义是从文字起源发展的实际状况得出的科学定义！

姚孝遂赞美中舒师"独具卓识"，实是中舒师牢牢掌握了"字之本义在偏旁所属的字中"的定律使然！

林小安 2018 年 9 月 15 日于旅顺海辉街寓所

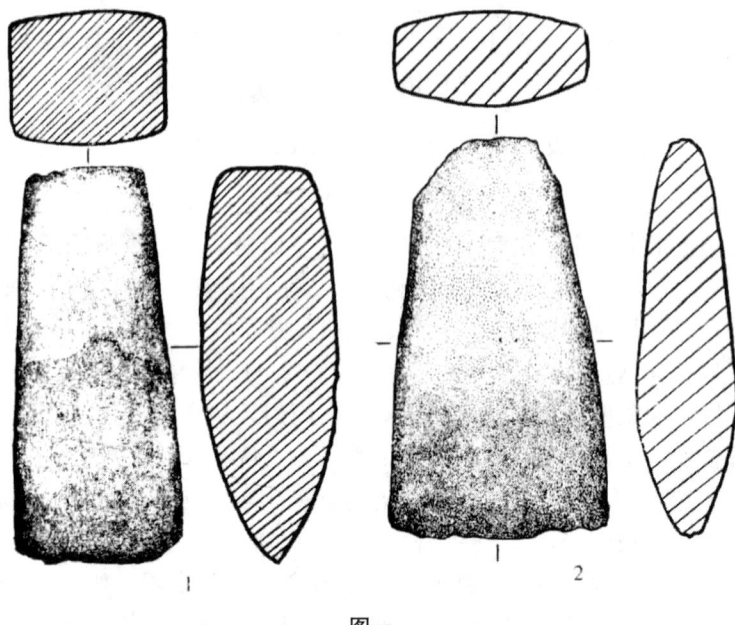

图一

(严文明:《中国新石器时代》,北京:文物出版社,2017年,第209页图五五)

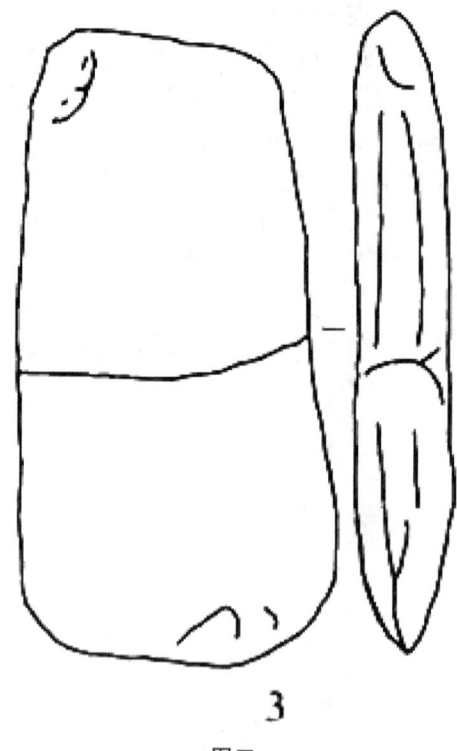

图二

(严文明:《中国新石器时代》,北京:文物出版社,2017年,第37页图八)

本义从偏旁所属的字中求　　759

合 27286

三期　　潾

图三

（李学勤主编：《字源》，天津：天津古籍出版社，2012 年，第 215 页）

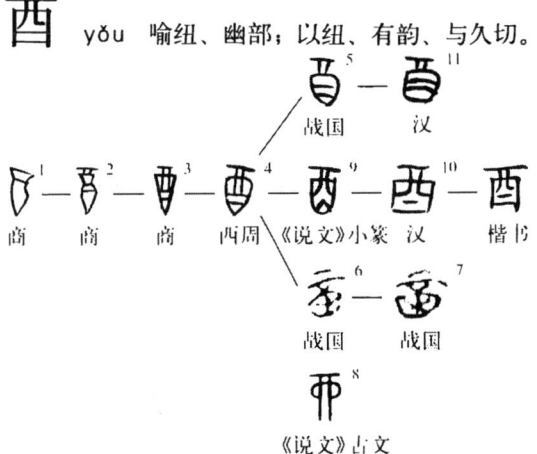

图四

（李学勤主编：《字源》，天津：天津古籍出版社，2012 年，第 1287 页）

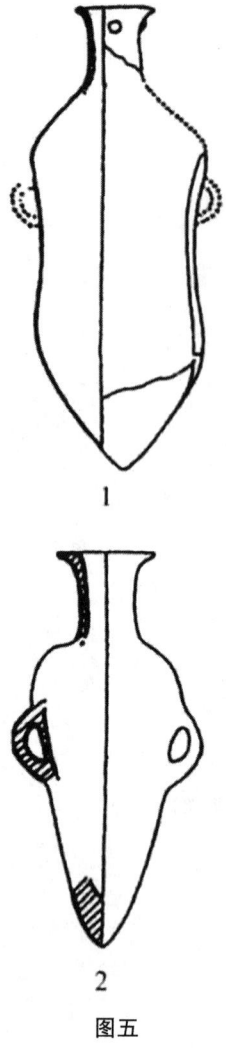

图五

(严文明：《中国新石器时代》，北京：文物出版社，2017年，第76页图一九)

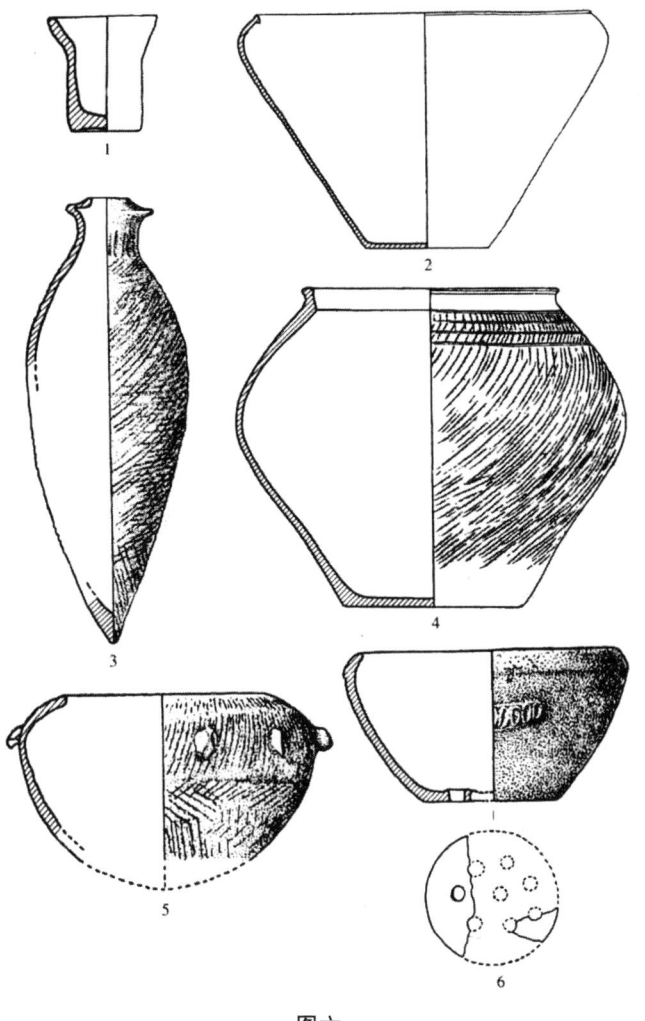

图六

(严文明:《中国新石器时代》,北京:文物出版社,2017年,第100页图二九)

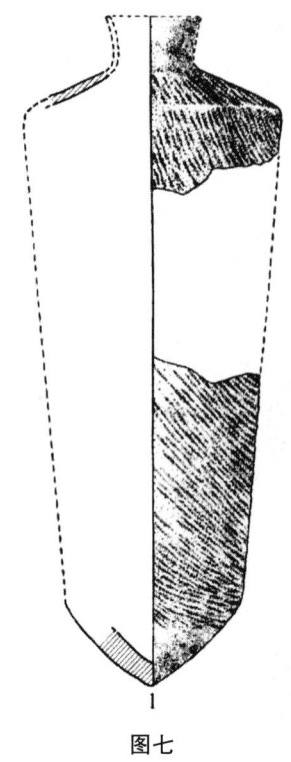

图七

(严文明:《中国新石器时代》,北京:文物出版社,2017年,第159页图四五)

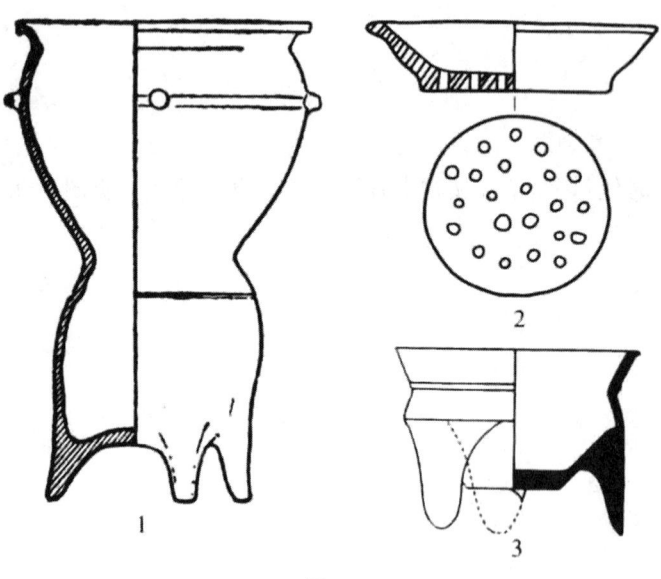

图八

(严文明:《中国新石器时代》,北京:文物出版社,2017年,第153页图四二)

本义从偏旁所属的字中求　　　　　　　　　763

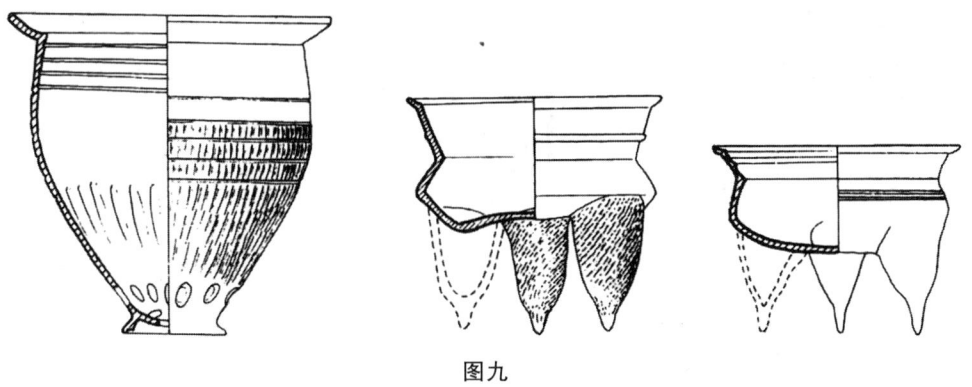

图九

（严文明：《中国新石器时代》，北京：文物出版社，2017 年，第 167 页图四六）

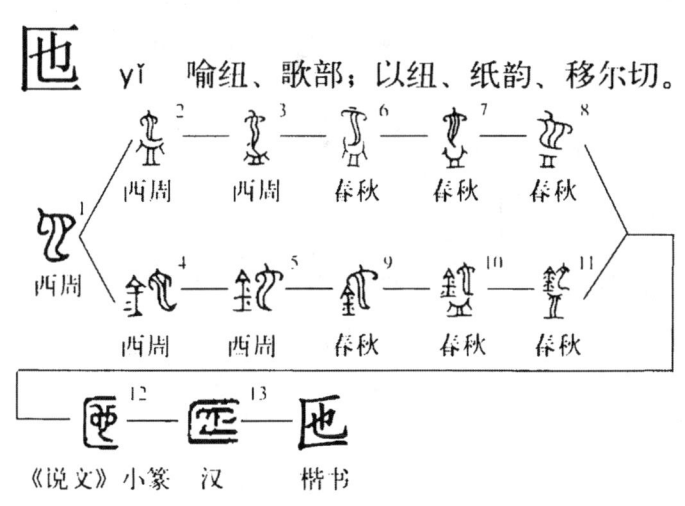

1、2、3《金文编》843 页。4—11《金文编》844 页。12《说文》268 页。13《篆隶表》906 页。

图十

（李学勤主编：《字源》，天津：天津古籍出版社，2012 年，第 1118 页）

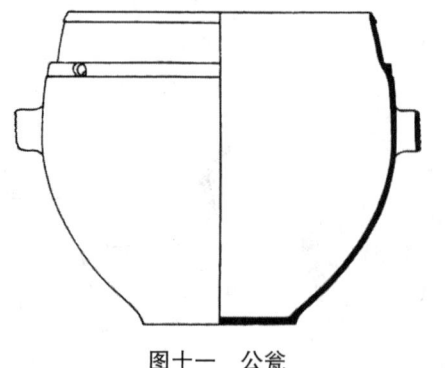

图十一　公瓮

（严文明：《中国新石器时代》，北京：文物出版社，2017年，第153页图四二）

图十二　康糠穅庚

（刘钊：《新甲骨文编》（增订本），福州：福建人民出版社，2014年，第814、882页）

作者简介：林小安，男，北京故宫博物院研究馆员。

《耒耜考》补正

吉林大学边疆考古研究中心　林沄

摘　要：《耒耜考》正确指出古耒是上端钩曲，下端分歧的翻耕农具。考古发掘证明这样的木质翻土工具在新石器时代已经存在。东周时已有装铁刃口的，在中原至少沿用到东汉，还传布到朝鲜和日本。《耒耜考》指出耒源于树杈，耜源于木棒，是不同的两种农具。很对。但应纠正✑象耜、Ｙ象耒之误解。Ｙ正象耜，亦即汉代的臿。由尖刃演为平刃或宽弧刃。《耒耜考》提出静是耕的本字，有先见之明。静乃以青或井为声符，争则表示一手在耜的柄端刺土入地，一手在耒的另一头拉拽翻土的耕地方式。是耜变为犁的先声。

关键词：耒　耜　静　争

　　徐中舒先生的《耒耜考》① 发表已经快九十年了。这是一篇综合使用古文字、古文献、考古三方面材料，从我国最古老的农具研究古代历史，在学术界产生过广泛影响的经典著作。回顾近九十年出土古文字、考古资料的新发现和研究的新进展，愿意为《耒耜考》曾论的三个问题作一些补正，以纪念这位在中国古代史研究上有重要开创之功的伟大学者。

　　《耒耜考》的第一个重要贡献，是用古文字字形恢复了我国古耒的原貌，破除了自京房、郑玄以来把"耒"当作农具的柄部的误解，正确地提出了古耒是"上端钩曲，下端分歧"的一种翻耕农具。

　　但是，当时田野考古尚未开展，还没能取得古耒是"下端分歧"的实际证据。而汉画象石上神农氏和大禹所操的歧头的工具，因为郑玄注《周礼·车人》说"今之耜歧头"，《说文》又有"枱，两刃臿也"的说法，徐先生便不认定是耒，而有可能是歧头的耜。所以他只能从排比春秋以后的空首布和平首两足布来推想古耒的实际形状。得出的结论是："可以断定：耒的演变，由木制变为金属制，由歧头变为平刃，由平首变为空首。"

　　实际上，空首布的时代比平首布早，而且各种形式的平首布的形状已经和实际农具的形状无关了。耒当然也并没有变为平刃。只有推论耒早先应该是木制的是正确无疑的。因为，

---

① 徐中舒：《耒耜考》，《国立中央研究院历史语言研究所集刊》第二册第一分册，1930 年。

后来在我国新石器时代的考古发掘中，时时遇到在坑穴壁上双尖首的工具留下的痕迹，就是在未使用金属的时代，木质的耒形工具普遍存在的证据。① 徐先生当时在文中写道："《周礼·天官·鳖人》：'以时籍鱼、鳖、龟、蜃。'郑司农注谓：'以权刺泥中，搏取之也。'郑以权刺释籍，籍、籍古字通用。'籍鱼、鳖、龟、蜃。'即以权刺泥中，与耤田以权刺地状况正同。故耒亦得称权。声转为铧、锒、钚。董作宾先生说：'今河南通行之权，揉桑木为之，长可六尺，极坚实，用以耕耤，似无不可。'此可见以木为耒，刺地而耕，亦属可能之事。"实在是有相当根据的推论。当然，考古上发现的金属制的先秦古耒，并非整个入土部分都是金属质的，而是歧头的入土部分和柄部是一体的木质，只在分开的两个头部各装一个铁质的刃口。在韩国首尔的国家博物馆藏品中，有一件年代约当我国战国时期的青铜盾形器，上有一幅脚踏前端分叉的农具耕地作垄的图象。② 在河南省灵宝县的东汉墓中出土的陶俑仍双手持歧头的耒而立。③ 日本本州多地在考古发掘中出土的木质歧头农具，年代有晚到5世纪者。④ 可见耒在中原地区直到东汉时代尚未退出使用，而且经过朝鲜半岛一直传布到日本，沿用到日本的古坟时代。

在韩国出土的那件青铜盾形器上，前端分叉的部分，亦即《周礼·车人》所谓的"庛"，和柄部形成勾折，而纪南城古井中出土的耒柄和庛部是呈直线的。这就是《周礼·车人》说的"坚地欲直庛，柔地欲勾庛，直庛则利推，勾庛则利发"。在汉画像石上神农氏用以翻耕农田的耒是长曲柄的，禹用以修沟洫的耒则是短直柄的。耒本来之所以采取歧头形式是因为可以"利推"，而在"发"时能翻起较宽的土块。但在普遍采用铁刃口的情况下，这种歧头的优势就并不明显了，所以逐渐退出使用。但现今在广西灌阳仍可见到整个头部是铁制，并附有铁横杆可供脚踏的"双齿锸"，便是古耒的遗制了。⑤

《耒耜考》的第二个重要贡献，是明确提出了"耒和耜为两种不同的农具。耒下歧头，耜下一刃，耒为仿效树枝式的农具，耜为仿效木棒式的农具"。为正确认识这两种不同农具开拓了思路。

甲骨文中本来把耒和耜分别用 ↑（耒）和 ↙（力）表示两刃和单刃的耕具的差异。可惜徐中舒先生在分析字形时，因为从力的男字有时作 ，有时又作 ；从力的加字作 ，而从加的嘉字又作 。他明知 是"从爪秉力"，却说"即耒之异体"。便推定"力象耒形，金文中从力之字，有时即从耒"。而另找甲骨文中的 和金文中的 作为表示一刃的耜的象形符号了。这造成后来有相当多的研究者信从 ↑ 和 ↙ 都是表示耒的符号，直到1996年出版的《甲骨

---

① 西安半坡博物馆等：《姜寨——新石器时代遗址发掘报告》，北京：文物出版社，1988年，第43—44页，图三三；图版一二，4。中国社会科学院考古研究所：《庙底沟与三里桥》，北京：文物出版社，2011年，中文第14—15页，图一二，图版玖贰。
② [韩] 韩炳三：《先史时代农耕纹青铜器》，《美术考古》总112集，1971年，图2。
③ 河南省博物馆：《灵宝张湾汉墓》，《文物》1975年11期，图六。
④ [日] 上原真人：《木器集成图录·近畿原始编》，奈良：奈良国立文化财研究所，1993年，第7页图7、8、11；第9页图6。
⑤ 潘伟：《中国传统农器古今图谱》，桂林：广西师范大学出版社，2015年，5页下。

文字诂林》中姚孝遂写的按语，仍主张"力象耒形"①。孙常叙《耒耜的起源与发展》论证了𠂉是双齿的耒的侧视图形②。孙淼、陈振中等则别出心裁地把𠂉起名为"单齿木耒"③。

关于㠯和以究竟能不能是古耜的象形符号，李亚农早在1939年为《铁云藏龟零拾》所作考释中就已经提出㠯是"以"字，以是它的省形④。后来，金祥恒在《释㠯》一文中提出同样见解⑤。王贵民在《"㠯"非耜形新探》一文中，更明确否定了"㠯"字是古耜的象形符号⑥。我在1986年出版的《古文字研究简论》中也把以作为㠯"截除性简化"的实例。⑦ 裘锡圭也在《说"以"》一文中作了同样的论述。⑧

像孙淼这样的研究者，实际上已经在徐中舒先生开拓的思路上，把呈𠂉形的所谓"单齿木耒"和民族学资料中的挖掘或点种用的尖头木棒联系起来了。而于豪亮早已考证了先秦秦的耜也就是汉代的臿。直到1984年裘锡圭在安阳召开的全国商史学术讨论会上发表《甲骨文中所见的商代农业》一文，才正式割断了𠂉和耒的关系。他说："'耒'跟'力'在语音上的关系，不如'耜'跟'力'的关系密切（'力''耒'古音的差别，王静如《论中国古代耕犁和田亩的发展》一文已指出，见《农业考古》1983年1期58页）。从形制上看，力、耜、臿为一系，由木棒式农具发展而成；耒则应由用树杈做成的农具发展而成。"他指出"耜"在《说文》里作"枱"，异体作"梩"，《方言·五》"臿……齐东谓之'梩'"，"梩"从"里"声，"里"和"耜"古音都是之部。而"力"古音为职部，是之部的入声部。"力"和"里"还都是开口三等字，所以，"力"跟"耜""梩"应该"由一语分化的"。⑨

裘先生还指出，商代的耜，头部已经不是尖棒式的了，已经演变成有一定宽度的铲形了。在把此文编入《古文字论集》（北京，中华书局，1992年）时，用按语引用《考古学报》1987年1期《殷墟259、260号墓发掘报告》，认为260号墓填土中出土的木锨朽痕，头长20—30、宽17—19、柄长105—120，弧刃，"可能就是木耜"。⑩ 而该墓的墓壁上还有双齿工具留下的痕迹。可以说明耒和耜是同时并存的两类器物。

由于徐中舒先生是持"耜下一刃"观点的，他说王祯《农书》中的"钁"和"锋"，以

---

① 于省吾主编：《甲骨文字诂林》，北京：中华书局，1996年，第3306页。
② 孙常叙：《耒耜的起源与发展》，上海：上海人民出版社，1959年。
③ 孙淼：《夏商史稿》，北京：文物出版社，1987年，第406、408页；陈振中：《青铜生产工具与中国奴隶社会经济》，北京：中国社会科学出版社，2007年，第184、185页。
④ 李旦丘：《铁云藏龟零拾》，上海：中法出版委员会，1939年，第3页。
⑤ 金祥恒：《释㠯》，《中国文字》第8册（1962年）。
⑥ 王贵民：《"㠯"非耜形新探》，《中原文物》1983年3期，第56—59页。
⑦ 林沄：《古文字研究简论》，长春：吉林大学出版社，1986年，第77页。
⑧ 裘锡圭：《说"以"》，《古文字论集》，北京：中华书局，1992年，第106—110页。此文作于1982年。
⑨ 裘锡圭：《甲骨文中所见的商代农业》，《农史研究》第八集，北京：中国农业出版社，1989年。
⑩ 裘锡圭：《古文字论集》，北京：中华书局，1992年，第163—164页。"木锨"朽痕照片可参看《考古学报》1987年1期，图版玖，2。

及奈良正仓院所藏唐代的"子日手辛锄","为耒的遗制"。这是很对的。我们看到"子日手辛锄"和《农书》中的"锋"都有可供脚踏发力的横棍，便可明瞭у字所以要画出一斜画的奥秘了。所以，现今在广西灵川仍可以看到的有铁质横棍的"铁镵踏犁"，也无疑是耒的遗制。①

当然，如果不局限于耒的头部一定要是尖刃的话，现在已经发现的汉代的"臿"，大量是平刃或宽弧刃的。例如马王堆三号汉墓出土的铁口木臿，就有 13.1 厘米的凹字形铁口，装在长方形的臿面上，臿面和臿柄交接处做出较宽的踏脚处，从而取消了横棍。② 这种形式的农具一直保存到今天中国南方的农村中。③

《耒耜考》的第三个贡献，是提出了"静字从生从井从耒，象秉耒耕井田中而禾黍孳生之形，当为耕之本字，耕、静古同音字"这样一个新颖的观点。

甲骨文未见静字，西周金文静字作 ▢、▢、▢、▢、▢ 等形。徐先生以为是"从耒得形"的部分，其实是两手操力（耒）形，后两例则下方的手形和力的弯笔借画，与耒形有明显的区别。到东周秦文字的秦公镈作▢，秦公簋作▢，所从"力"丢失一笔，才是小篆"争"所本。《说文》"▢，引也，从爪厂。"这是因为原来象耒的力符失去了一笔，所以只能泛泛地解释为"引也"。不知所引为何物了。值得注意的是西周约为穆王时期的小臣静卣铭，其静字所从青省为井，作从井从争的▢。④ 郭沫若、陈梦家等均释读为静。而近年发现的上博楚简《周易》第 20 简"不耕而获"的"耕"字正从井从争，作▢。可见徐中舒先生认为静字"当为耕之本字"，实有先见之明。

《说文》"静，审也，从青争声。"徐中舒先生则认为，静字是"从耒得形，从青得音"（他又说"耕井田中而禾黍孳生之形"，则认为"青"所从的井和生都兼有表意功能）。现在看来，耕之从井或从青得声，是一样的。因为青也可以理解为从井得声的字，三者古音均在耕部。而争旁则并非是耒，乃是两个手形和力（耒）形构成。赵平安说"争象两手持力（耒）"⑤ 理解还没有到位。因为在大多数情况下，一个手形是在耒形的柄端，另一个手形是在耒形的下部，有的和原来表示脚踏横棍的笔划并划处理，而且，《说文》说争的本义为"引也"，"从爪厂"的"厂"，又解释为"抴也"。段注进一步解释说："抴者，捈也；捈者，卧引也，卧引者，横引之。"因此"争"字构形的原意应该是表示一方面用力使耒具插进地里，一方面用力拉拽耒具使耒刃能翻起土块。这样翻耕农田的方式实际上酝酿着耒耕向犁耕发展的先机。当然，拉拽并不能直接用手作用于耒身，从现今用锹锨类工具翻地作业的实际方式来推测，一种方式是在耒身加绳索以便拉拽，如吉林地区之"拉锨"（图一）。⑥ 此种

---

① 潘伟：《中国传统农器古今图谱》，第 71 页、72 页上。
② 文保：《马王堆三号汉墓出土的铁口木臿》，《文物》1974 年 11 期。图一。
③ 潘伟：《中国传统农器古今图谱》，第 56 页下。
④ 阮元：《积古斋钟鼎彝器款识》五·三一；方濬益：《缀遗斋彝器款识考释》一二·一。
⑤ 赵平安：《释清华简〈命训〉中的耕字》，《深圳大学学报（人文社会科学版）》2015 年 3 期，第 35 页。
⑥ 孙常叙：《耒耜的起源与发展》。

方式可以引发用畜力助耕。一种方式是在耜身加木杆以助拉拽，如现今豫北辉县之"戗犁"，一人按一人拉，一天可戗地半亩（图二）。① 加了拉杆的耜便成为最原始的犁了，可参看现今在新疆塔什尔干地区收集的原始木犁。②

总之，先秦时期无论踏耒而耕还是踏耜而耕都是很费力的劳作，所以用耜形符号来表示力，是不奇怪的。因而操作时便想出种种助力的办法。由此还可以想到甲骨文已经出现的"幼"字，作形，岂不正是象耜柄上系绳，供不能独力踏耜而耕的未成年人，拉绳助耕之意吗？

图一　拉锹　吉林永吉县拉锹使用示意图

图二

作者简介：林沄，男，吉林大学边疆考古研究中心教授。

---

① 潘伟：《中国传统农器古今图谱》，第 56 页上。
② 陈文华：《中国农业考古图录》，南昌，江西科学技术出版社，2012 年，图 2-336。

它簋同义连用浅析

中国社会科学院历史研究所　刘义峰

它簋，亦称沈子它簋，原器仅存盖，传 1931 年出于河南洛阳，现藏比利时皇家艺术历史博物馆。盖内铸铭文一百四十九字，内容是一篇祭祷文。由于体例特殊，文辞古奥，释读起来比较困难。但该篇铭文存在同义连用的语言现象，对于全文的通读和文字的考释有极大的帮助。

同义连用是指两个或两个以上意义相同或相近的词并列连在一起使用，在句中表示一个相对完整的意义，充当一个语法成分的语言现象。我国古代训诂学家已经注意到这种现象。孔颖达称其为"重言"，《左传·成公十三年》"虔刘我边陲"，杜预注："虔、刘，皆杀也。"孔颖达正义："刘，杀，《释诂》文；《方言》云：'虔，杀也。'重言杀者，亦圆文尔。"王念孙称为"连语"，他在《读书杂志·汉书》中说："凡连语之字，皆上下同义，不可分训，说者望文生义，往往穿凿而失其本旨。"现代语言学时期，这种现象又被称为"同义并行复合词"①"同义复词"②"同义连用"③"同义连文"④ 等。

为便于讨论，先将它簋铭文释读如下：

　　它曰：拜稽首，敢𢼜（明）邵（昭）告朕吾考令（命），乃䧹（稚）沈子乍（作）綶（縕）于周公，宗陟二公，不敢不綶（縕）休同公，克成妥（绥）吾考厶（以）于显显受令（命）。乌虖，佳（唯）考肈念自先王、先公，乃妹克衣告剌成工（功）。𢼜吾考克渊克，乃沈子其頋（顾）褱（怀）多公能福。乌虖，乃沈子妹克蔑见（现）猒于公休。沈子肈𢾰狃貯啻，乍（作）丝（兹）簋。用龕乡（飨）已公，用佫多公。其孔哀乃沈子它唯福，用水（永）霝（灵）令（命），用妥（绥）公唯寿。它用褱（怀）妖（佐）我多弟子、我孙，克又井（型）𢾰，懿父乃是子。

---

① 张世禄：《"同义为训"与"同义并行复合词"的产生》，《扬州师范学院学报》1981 年第 3 期。
② 郭在贻：《训诂学》，北京：中华书局，2005 年，第 13 页。
③ 朱诚：《同义连用浅论》，《古汉语研究》1990 年第 4 期。
④ 黎辉亮：《谈古代汉语的同义连文》，《海南大学学报》1984 年第 1 期。

它簋铭文中的同义连用有：明昭、朕吾、稚沈、宗陟、繸休、成绥、顾怀、䚄䬼、㞷哀、灵命、怀佐、型斅。下面逐一分析。

敃（明）邵（昭）。敃，金文字形作"![字形]"，从陈剑所释。① 《说文·攴部》："敃，强也。"敃在金文中多读为"愍"。《左传·昭公元年》"吾代二子愍矣"，孔颖达疏引服虔曰："愍，忧也。"虢叔旅钟："得屯亡敃。""亡敃"即无忧之意。"敃"为"民"声，在本铭中应读为"明"。民、明可通用，《诗·大雅·荡》"天生烝民"，民，《韩诗外传》卷五作"明"。② 邵，读为"昭"。《说文·日部》："昭，日明也。从日召声。""明昭"连用即"明白"之义，"明昭告"即"明告"。金文中还有"明易"连用，奸蛮壶："敢明易告。"易，指阳光。《合集》11499："大启，易。"意谓："天空晴了，阳光普照。""明易告"即"昭告""明告"。

朕吾。《说文·舟部》："朕，我也。"《说文·口部》："吾，我自称也。从口，五声。"朕吾是代词同义连用。还有"朕余"连用，少虡剑："朕余名之，胃（谓）之少虡。"

雁（稚）沈。先看"沈"字。本铭多次称"乃沈子"，"沈子"一词有学者将其读为文献中的"冲子"。③《尚书·召诰》："今冲子嗣，则无遗寿耇。"孔安国传："童子。言成王少，嗣位治政。"《尚书·洛诰》："公明保予冲子。"孔安国传："言公当明安我童子，不可去。"《尚书·盘庚》："肆予冲人。"孔安国传："冲，童。童人，谦也。"近出清华简也为"冲子""冲人"的释读提供了更为直接的文献证据。简本《金縢》"惟余眷（冲）人其亲逆公"，今本作"惟朕小子其新逆"，"冲人"正对应"小子"。清华简《摄命》"毋闭于乃惟眷（冲）子小子""汝惟眷（冲）子小子"，"冲子"与"小子"连用，这三条材料说明"冲子"与"小子"近义。在《尚书》中，"小子"与"冲子""冲人"还交错出现。《大诰》成王既称"肆予冲人""越予冲人"，又称"予惟小子"；《洛诰》成王既称"予冲子"，又称"予小子"。"沈""冲"均应读为"童"。"雁沈"二字连用，是"雁"与"沈"近义。雁从丹从隹，为隹声字，读为"稚"。《广雅·释诂三》："稚，少也。"《穀梁传·僖公十年》："晋献公伐虢，得丽姬，献公私之。有二子，长曰奚齐，稚曰卓子。""雁沈"即"稚童"。《大诰》"洪惟我幼冲人"，"幼冲"即"幼童"，亦为同义连用。

宗陟。《说文·宀部》："宗，尊祖庙也。从宀，从示。"《尚书·舜典》："禋于六宗。"孔安国传："宗，尊也。"《尚书·禹贡》："江汉朝宗于海。"孔安国传："宗，尊也。"《诗·大雅·公刘》："食之饮之，君之宗之。"郑玄笺："宗，尊也。"《尔雅·释诂》："陟，陞也。"陞，同"升"。《尚书·舜典》："汝陟帝位。"孔安国传："陟，升也。"宗陟，尊崇之义。

緅（繸）休。《说文·糸部》："繸，缓也。从糸盈声。"《说文·素部》："繛，𦄂也。从素爰声。缓，繛或省。"《说文·素部》："𦄂，繛也。从素，卓声。绰，𦄂或省。"可见，繸、

---

①陈剑：《据郭店楚简读西周金文一例》，《甲骨金文考释论集》，北京：线装书局，2007年，第59—80页。
②张儒、刘毓庆：《汉字通用声素研究》，太原：山西古籍出版社，2002年，第830页。
③董珊：《释西周金文的"沈子"和〈逸周书·皇门〉的"沈人"》，复旦大学出土文献与古文字研究中心编：《出土文献》（第二辑），上海：中西书局，2011年，第29—34页。蒋玉斌、周忠兵：《据清华简释读西周金文一例——说"沈子""沈孙"》，复旦大学出土文献与古文字研究中心编：《出土文献》（第二辑），上海：中西书局，2011年，第35—38页。

缓、绰三字可以互训。《诗·小雅·角弓》："绰绰有裕。"陆德明释文："绰绰，宽大也。"则綖亦有"宽大"义，宽大则可荫庇。前文"作綖于周公"，则是求周公庇佑。《说文·木部》："休，息止也。从人依木。"本义是人在树荫下休息，由树荫引申出荫庇之义。《诗·大雅·江汉》"对扬王休"，称扬王的庇佑。綖休，即是荫庇之义。

成妥（绥）。成，金文从戌从一小竖丨。高鸿缙认为戌为古戚字，乃兵器斧之属，丨为休止动象。斧钺休止，故有和好之义。成之本义为修兵言和也。①《左传·隐公六年》："郑伯请成于陈，陈侯不许。"杜预注："成，犹平也。"成又可训为定。《周礼·地官·小司徒》："使各登其乡之众寡。"郑玄注："登，成也，成犹定也。"妥，读为"绥"。妥、绥皆可训安，《尔雅·释诂》"妥、安、定，止也"，又"绥，安也"。《广雅·释言》："绥，抚也。"《尚书·武成》："肆予东征，绥厥士女。"《诗·大雅·民劳》："惠此中国，以绥四方。"成绥，即安定之义。

雇頁（顾）褱（怀）。雇頁即是"顾"字。雇頁从乌从页，乌声。乌为孝鸟，好反哺，页字突出其目，作回视小乌鸦状。《说文·页部》："顾，还视也。从页雇声。"从古音看，乌为鱼部影纽，雇为鱼部见纽，二者韵部相同，且声母均为牙喉音，作为声符可相通。《说文·心部》："怀，念思也。"《楚辞·九歌·东君》："长太息兮将上，心低徊兮顾怀。"王逸注："徘徊太息，顾念其居也。"顾怀，即顾念之义。

飤乡（飨）。《说文·丮部》："飤，设饪也。"《说文·食部》："饪，大孰也。"《说文·食部》："飨，乡人饮酒也。"飤飨已公，"飤飨"连用，为飨祀之义。

丮哀。《说文·丮部》："丮，持也。象手有所丮据也。"多将本字解为握持，但"丮哀"两字在本铭文中同义连用，理解为握持显然不正确。丮字形作 ，应是高举双手跪拜祝祷之貌。《说文·口部》："哀，闵也。"段玉裁注："吊者在门也。引申之，凡哀者皆曰闵。"《尔雅·释训》："哀哀，怀报德也。"《诗·小雅·蓼莪》"哀哀父母"，郑玄笺："哀哀者，恨不能终养父母，报其生长己之苦。""丮哀"一词修饰器主它，形容其神情之哀敬。

霝（灵）令（命）。《广雅·释言》："霝，令也。"《尚书·吕刑》："苗民弗用灵，制以刑。"《礼记·缁衣》引之为："《甫刑》曰：'苗民匪用命，制以刑。'"《法言·渊骞》："游侠曰窃国灵也。"李轨注："灵，命也。"灵命，即令命也。

怀㚔（佐）。《说文·心部》："怀，念思也。"《诗·豳风·东山》："不可畏也，伊可怀也。"郑玄笺："怀，思也。"㚔，唐兰读为"佐"。② 佐本义为辅助。《说文》："左，手相左助也。"段玉裁注："左者，今之佐字。说文无佐也。"《诗经·小雅·六月》："王于出征，以佐天子。"怀佐，即佑助之义。

井（型）斅。《说文·土部》："型，铸器之法也。"型乃效法之义。盂鼎："令女（汝）盂井（型）乃嗣且（祖）南公。"《说文·教部》："学，篆文斅省。"《广韵·效韵》："斅，学也。"学，效法。《墨子·贵义》："贫家而学富家之衣食多用，则速亡必矣。"型斅，即效法之义。

作者简介：刘义峰，中国社会科学院古代史研究所副研究员、历史学博士。

---

① 李圃、郑明：《古文字释要》，上海：上海教育出版社，2010年，第1342页。
② 唐兰：《西周青铜器铭文分代史征》，上海：上海古籍出版社，2016年，第334页。

利簋铭文中"󰀀"隶定申论

河北师范大学　吕治

摘　要：利簋铭文中"󰀀"的隶定，学界有不同的观点。①"又事（右吏）"说。释为"又事"，读"有司"；或认为是"右吏"是官名，是王左右僚属。②"右史"说。"󰀀"是利的官职，隶定为"右史"，职掌贞卜祭祀、天文历法、记录史事和官爵册命。根据对"󰀀"字在商、西周早期、西周中期、西周晚期不同时期的青铜器铭文中出现的字形辨析，发现"史"与"事"有不同特指，有必要对"󰀀"有一个新的认识。

关键词：利簋　史　事　右史

利簋是西周武王时重要的青铜器之一，侈口，深腹，上腹近直，下腹弧内收，圈足下附方座，双兽首衔鸟头状耳，耳下有垂珥。纹饰普遍以云雷纹为地纹，主体花纹为饕餮纹。1976年3月，出土于陕西省临潼县零口公社西段大队的一处窖藏中，现藏于国家历史博物馆。利簋上铸有铭文：珷征商，唯甲子朝，岁鼎克闻（昏），夙有商。辛未，王在󰀀师，赐右史利金，用作檀公宝尊彝（图一）。记录了甲子日武王伐商的史实，它是研究商末周初历史的重要史料。

目前，学者对利簋进行了深入具体的研究，他们对于铭文中"󰀀"的隶定，有不同的观点。大致有两种：一种是"又事（右吏）"说。张政烺先生释为"又事"，读"有司"①。于省吾先生认为是"右吏"是官名，是王左右僚属②。另一种是"右史"说。赵诚、黄盛璋、刘钊先生认为"󰀀"是利的官职，将其隶定为"右史"，职掌贞卜祭祀、天文历法、记录史事和官爵册命等③。以上关于"󰀀"的隶定是基于"󰀁（史）"与"󰀂（事）"在古

---

① 张政烺：《利簋新释》，《考古》1978年第1期。
② 于省吾：《利簋铭文考释》，《文物》1977年第8期。
③ 赵诚、黄盛璋：《关于利簋铭文考释的讨论》，《文物》1978年第6期；刘钊：《利簋铭文新解》，中国古文字研究会、华南师范大学文学院编：《古文字研究》第二十六辑，北京：中华书局，2006年，第186页。

文字中可互通。下面我们对"史""吏"字在商、西周早期、西周中期、西周晚期的青铜器铭文中出现的字形加以辨析，进而对"史""吏"的隶定作出自己的判断。

图一　利簋铭文拓片

一、"史"字字形考

"史"字在各时期青铜器铭文中都出现过，按其时代早晚依次举例如下。

商代带有"史"字铭文的有史鼎（《集成》1073—1088），其中"史"字的字形为" "；史簋（《集成》2960）中"史"字为" "。西周早期的中方鼎（《集成》2785）中的"史"字为" "；史兽鼎（《集成》2778）中的"史"字为" "。西周中期的利鼎（《集成》2804）中的"史"字为" "。西周晚期的颂鼎（《集成》2827—2829）中的"史"字为" "；毛公鼎（《集成》2841）中的"史"字为" "。

据各时代"史"字字形看，它是由" "和" "两个固定字素构成，" "是手的象形。" "的解释，学者们观点不一。大致说来，有两种观点：一是中正，许慎认为："史，记事者也，从又持中，中，正也。"① 二是薄书、简策，阮元认为："中，射礼所用以实算者，……以手执之，奉中之义。"② 王国维认为："算与简策本是一物，又皆为史之所执，则盛算之中，盖亦用以盛简。简之多者，自当编之为篇。若数在十简左右者，盛之于中，其用较便。《逸周书·尝麦解》：'宰乃承王中，升自客阶。作策、执策，从中，宰坐尊中于大正

---

① 许慎撰、段玉裁注：《说文解字注》，上海：上海古籍出版社，1981年，第116页。
② 阮元：《积古斋钟鼎彝器款识》，上海：商务印书馆，1937年，第286页。

之前。'是中、策二物相将，其为盛策之器无疑。故当时薄书亦谓之中。《周礼·天府》：'凡官府、乡州及都鄙之治中，受而藏之。'《小司寇》：'以三刺断民狱讼之中，又登中于天府，乡士、遂士、方士狱讼成，士师受中。'《楚语》：'左执鬼中。'盖均谓此物也。然则史字从又持中，义为持书之人，与尹之从又持 （象笔形）者同意矣。"① 王国维的意思是，"中"是盛装筹算、简策和各种薄书的器皿，"中"也指简策与薄书。

综之，学者们虽然对 字有不同的解释，但是从我们的研究角度看，有一点可以确定的，即"史"字由 和"中"两个字素构成。

二、"事"字字形考

以上分析了"史"字在各时期青铜器铭文中的字形，下面对与"史"字字形近似的"事"字，按时代先后依次进行考察。

商代带有"事"字铭文的有小子𣪘簋（《集成》3904），其中"事"字的字形为" "。西周早期的大盂鼎（《集成》2837）中的"事"字为" "。西周中期的利鼎（《集成》2804）中的"事"字为" "；曶鼎（《集成》2838）中的"事"字为" "。西周晚期的颂鼎（《集成》2827—2829）中的"事"字为" "；多友鼎（《集成》2835）中的"事"字为" "；毛公鼎（《集成》2841）中的"事"字为" "。

由此可见，"事"由" "" 中 "和" "三部分构成。对于" "的解释，学界有两种观点，一种认为是旌旗。吴大澂认为："象手执简，立于旗下，史臣奉使之义。"② 黎虎也主张："史字所持物之上部，亦由上述诸形所构成。可知其必为旌旗之属，作为使者之凭证或标志。"③ 另一种认为是捕猎工具、战争武器，陈梦家指出："丫即干字，乃以枝干为武器之原始工具，一为凵即网形。卜辞兽（狩）所从之丫、 、 ，与 字形近，乃同类之物。"④ 袁林先生也认为："史字上半部为田猎和战争所用工具之象形。"⑤ 学者们虽然对" "的解释有不同的观点，但"事"由" "" 中 "和" "三部分构成是可以确定的。

三、"史""事"字义辨

从上文对"史""事"的字形辨析，我们可以看出，"史"字由" "和" 中 "两个字素

---

① 王国维：《观堂集林》，北京：中华书局，1959年，第266—267页。
② 吴大澂、丁佛言、强运开辑：《说文古籀补三种（附索引）》，北京：中华书局，2011年，第20页。
③ 黎虎：《殷代外交制度初探》，《历史研究》1988年第5期。
④ 陈梦家：《史字新释坍尹𣪘》，《考古》1936年第2期。
⑤ 袁林：《说"史"》，《兰州大学学报》（社会科学版）1991年第2期。

构成，"事"是由"⊌""中"和"㇏"三部分构成。"史"与"事"的区别是，前者比后者少一个"⊌"部分。我们历检青铜器铭文时，发现"▨（史）"与"▨（事）"同时出现在一篇铭文中，此情况说明，二字在表示某种词义上存在差别，不能简单地说二字在古文字中互通。下面，我们就在二字同时出现的铭文中，从词义的角度探讨"史"与"事"的异同之处。

（一）"某人命令某人出使某地"句式辨析

"▨（史）"与"▨（事）"同时出现的"某人命令某人出使某地"句式，在青铜器铭文中屡见不鲜，举例如下。

（1）唯王禘于宗周，王姜▨（史）（使）菽（叔）▨（事）（使）于大（太）保，赏菽（叔）鬱鬯、白金、趙（芻）牛，菽（叔）对大（太）保休，用乍（作）宝尊彝（叔簋，《集成》4132-4133，西周早期，图二）。

（2）公▨（史）（使）微▨（事）又（有）㠯，用乍（作）父乙宝尊彝，冉▨（遘父乙簋，《集成》3862，西周早期，图三）。

（3）唯五月既死霸辛未，王▨（事）（使）小臣守▨（事）（使）于夷，宾（傧）马两、金十钧，守敢对扬天子休令（命），用乍（作）铸引仲宝簋，子子孙孙永保用（小臣守簋，《集成》4180-4181，图四）。

（4）仲幾父▨（事）（使）幾，▨（事）（使）于者（诸）侯、者（诸）监，用厥宾（傧）乍（作）丁宝簋（仲幾父簋，《集成》3954，西周中晚期，图五）。

图二　叔簋

图三　遘父乙簋

图四　小臣守簋

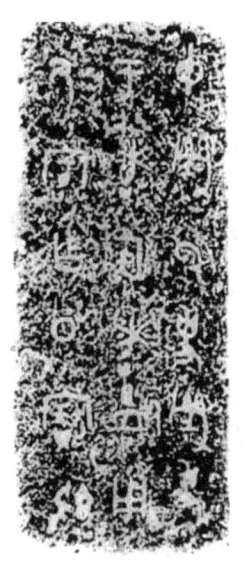

图五 仲幾父簋

由上述的例子看，"某人命令某人出使某地"句式具体表现在：①"王姜■（史）（使）菽（叔）■（事）（使）于大（太）保"（叔簋）；②"公■（史）（使）微，■（事）又（有）息"（述父乙簋）；③"王■（事）（使）小臣守■（事）（使）于夷"（小臣守簋）；④"仲幾父■（事）（使）幾，■（事）（使）于者（诸）侯、者（诸）监"（仲幾父簋）。该句式中，前一个"■（史）"或"■（事）"，为使动用法，而后一个"■（事）"字，当为出使之义。此处"■（事）"可理解为"事务"，试想，某人出使某地，一定是有具体事务要做。所以表示"出使"之"■"的词义，当为"事务"。

从"某人命令某人出使某地"句式来讲，"■（史）"与"■（事）"在使动用法上，是互通的。但是在表示"出使"之义上，只能用"■（事）"，二字不可互通。

（二）"史"指"史官""事"为"事务"析

除"某人命令某人出使某地"句式以外，还有"史"与"事"同时出现的其他铭文，从中我们发现"史""事"二字有不同的特指，即"史"指"史官"，"事"为"事务"。举例如下：

（1）利鼎（《集成》2804，西周中期，图六），器为西周中期，铸有铭文："……王乎乍（作）命内■（史）册命利……用■（事），利拜稽首……"内史是协助周王册封的官员，此处"■（史）"为"史官"之义，而"用■（事）"的"■（事）"应理解为"具体事务"。

（2）颂鼎（《集成》2827—2829，西周晚期，图七），腹有铭文："王乎■（史）虢生（甥）册令（命）颂……用■（事），颂拜稽首……"史虢生为协助周王册封的史官，"■

（史）"指史官。此处"（事）"的意思与上同。

图六　利鼎　　　　　　　　图七　颂鼎

（3）毛公鼎（《集成》2841，西周晚期，图八）是西周晚期宣王时期的青铜器，腹内有铭文："……卿（事）寮、大（太）（史）寮于父即尹……"卿事寮是处理政事的官署，"（事）"可以理解为指"具体事务"。大（太）史寮是史官的官署，"（史）"显然指"史官"。

图八　毛公鼎

从分析"史"与"事"的字义看，"（史）"的意思偏向于"史官"，而"（事）"偏向于"事务"。

综上所述，"（史）"与"（事）"在当使动用法使用时，是可以互通的。然而，二

者表示某一词义时有不同特指，"[史]（史）"指"史官"，"[事]（事）"为"事务"，两者不可互通。如果不加区别，笼统地将"[史]"与"[事]"通用，这个做法，是不可取的。

四、余论

利簋铭文中"[事]"是由"[⼝]""[中]"和"[又]"三部分构成，与"[事]（事）"相同，当隶定为"事"。然而，有的学者着眼于，利簋铭文中"[又]"与"[事]"相连，将"[事]"释为"史"，"[又事]"隶定为"右史"，以合《礼记》中出现的"右史"一职。

通过对"[史]（史）"与"[事]（事）"在青铜器铭文中出现的字形辨析，我们得知"[史]（史）"与"[事]（事）"，在意指"史官"上，二者不可通用，只能用由"[又]"和"[中]"两个字素构成的字形，没有由"[⼝]""[中]"和"[又]"三部分构成的"[事]（事）"表示"史官"之义的。所以利簋铭文隶定者这种不顾"史"与"事"字形字义的差别，将"[事]"释为"史"的做法，显然是不妥的。所以我认为利簋之"[事]"应该隶定为"事"，意为"事务"。张政烺先生将利簋铭文中"[又事]"二字的隶定为"又事"的观点是正确的，"利"是主管具体事务工作的官吏，而不是担任"右史"一职的史官。

作者简介：吕治，男，河北师范大学历史学硕士（先秦史方向），科学出版社石家庄分公司考古编辑。

甲骨文中有关帝的新材料一则——兼论卜辞中的"帝若爻""帝弗若爻"

陕西省考古研究院 牛海茹

摘 要：在殷商史研究中，卜辞中上帝权能问题一直受到学者的关注，相关研究从未间断。以往的研究多讨论上帝权能的范围，以及殷人的天神崇拜观念。除陈梦家外，很少有学者讨论上帝权能所及的对象。随着甲骨缀合的进展，我们发现关于上帝的卜辞材料还有两则。由这两则材料，可知上帝权能所及的对象除陈梦家提到的四项外，实际还有两项——䛠、爻。通过商代晚期的卜辞和金文材料，我们发现"爻"具有一定的重要地位，时常受到商王的关注，经常有贞人卜问"爻"之状况。

关键词：帝若 帝弗若 对象 爻 重要性

关于卜辞中的"帝"，学者的研究一般集中于分析上帝的权能范围，并进一步讨论上帝是否为殷人的"至上神"、上帝是否具有人格意志、上帝与其他神灵的区别、殷人是否祭祀上帝等问题。这些对探究商代后期殷人的天神崇拜观念来说非常重要。因此，从郭沫若、董作宾等学者开始，学界对卜辞中"帝"之相关问题的讨论一直都有。但关于上帝权能所及的对象，很少有学者明确提及或做专门讨论。最早提到这一点的是陈梦家先生，他很明确指出"他（帝）的权威或命令所及的对象是：天时，王，我，邑；后者当指当时殷的都邑"[①]。其后，朱凤瀚先生认为帝"在人事权能上仅作用于王本身，而从不作用于王以外的其他人"[②]，并强调"帝有随意降予商王国自然灾害与人事灾害的主动权。帝对于个人人身只作咎于王，但不涉及王以外的任何其他贵族人身"[③]。陈氏与朱氏的观点，为我们研究相关问题提供了新的角度和切入点。

[①] 陈梦家：《殷虚卜辞综述》，北京：中华书局，1988年，第571页。
[②] 朱凤瀚：《商周时期的天神崇拜》，《中国社会科学》1993年第4期，第193页。
[③] 朱凤瀚：《商人诸神之权能与其类型》，吴荣曾主编：《尽心集——张政烺先生八十庆寿论文集》，北京：中国社会科学出版社1996年版，第62页。

甲骨文中有关帝的新材料一则——兼论卜辞中的"帝若父""帝弗若父"　　781

笔者在整理相关材料时，发现两版甲骨缀合后可得到一则关于"帝"的新材料，即：《合集》14196+《续》6.18.4。该缀合图版已在先秦史网站上发表。① 具体如下：

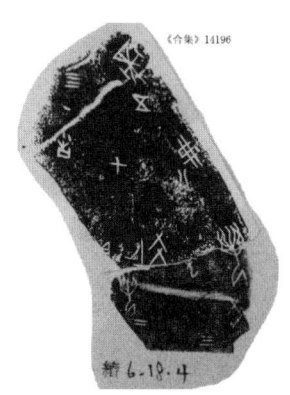

图中两版甲骨皆为龟腹甲残片，A 版为部分首甲，B 版为部分前甲。缀合后右侧边缘处的"若"字可以拼接完整，第一套序数的中数字八、九、十恰好相连，两条卜辞内容正反对贞，释文如下：

　　□贞：[帝]若父。[一]二 三
　　帝弗若父。[一 二 三] 四 小告 五 [六] 七 八 九 十

由卜辞内容可知，本组缀合为研究"帝"之权能所及对象提供了一条新材料。

结合前辈学者丰富的研究成果与卜辞材料，我们认为武丁时期上帝权能所及的对象有：商王、我、城邑、年成、父、𡆅。前四项陈梦家已经明确指出，这里不再具体论述。限于卜辞材料的不完整，以前学者没能关注到"𡆅"、"父"，本文将对这两个对象做一些讨论。

一、"帝若""帝弗若"卜辞中的"若"

上述缀合，其卜辞内容即询问"上帝会不会若父"。要进一步详细准确地理解该组卜辞含义，需要梳理武丁时期卜辞中的"帝若"及"帝弗若"材料。现将相关材料罗列如下：

　　1. □帝若。一 二 三 二告 [四] 五 六 七 [八] 九 十 [一] 二
　　□若。　　　　　　　　　　　　　　　　　　《合集》7075 正
　　王占曰：吉，帝若。　　　　　　　　　　　　《合集》7075 反
　　2. [乙亥卜亘]贞：咸称册，王🉁，帝若。[一] 二告 二 三 四 五 [六 七] 八 九 [十] 一 二 二告 三 四
　　贞：王🉁②咸，帝若。一 二 二告 三 四 [五] 六 [七] 八 九 [十] 一 二 三 四

---

① 牛海茹：《甲骨缀合一则》，中国社会科学院历史研究所先秦史网站（http://www.xianqin.org/blog/archives/6033.html），2016 年 01 月 28 日。
② 李宗焜：《甲骨文字编》，北京：中华书局，2012 年，第 977 页。

贞：王勿比戉，帝若。一二三［四］五六七二告八九十一二三四

王勿比⊿。五六七八九十［一二三］四

《合集》7407 正甲＋7407 正乙＋15065＋《乙》1713＋1720＋1722＋1727＋《乙补》1469 倒＋1470＋1471＋1477＋1481＋1484＋1488＋1491＋1460＋1174＋1177＋1178＋1181 倒①

3. 丙辰卜，争贞：沚戉启，王比，帝若，授我祐。一二三 二告 四 五［六］七 八［九］十 一 二［三］四［五 六］七［八］九

贞：沚戉启，王勿比，帝弗若，不我其授祐。八月。一二三四五 二告 六七八九十一二三　　　　　《合集》7440 正＋《乙编》7022＋7023②

4. ⊿若龣。

贞：帝弗若龣。　　　　　　　　　　　《合补》4351 正＋《乙补》794＋795＋5733③

5. 丁未⊿帝若。　　　　　　　　　　　《合集》14193 正

6. 辛丑卜，㱿贞：帝若王。一 二告 二 三 四 五 六 七 八

贞：帝弗若王。一二三 二告 四［五］二告 六 不玄 七 八 二告

《合集》14198 正＋《补编》595＋《乙补》5155④

7. 己卯卜，争贞：王作邑，帝若，我从之，唐。一二三 二告 四五六［七］八九十一二三 二告 四五六［七］八九十一二

⊿邑，帝弗若。［一 二］三 四 五 六 七［八］九 二告 十 一 二 三 四 五 六［七］八 九 二告 十 一 二［一］二 三 四 五 一 二 三［四］五 六 一 二 三 二告 四 五 一 二 二告

《合集》14200 正

8. 庚午卜，内贞：王作邑，帝若。八月。一二 二告 三四

庚午卜，内贞：王勿作邑在兹，帝若。一二三四

贞：王作邑，帝若。八月。一二［三］四

贞：［王］勿作邑，帝若。一二三［四］五　　　　　　《合集》14201

9. □戌卜，㱿贞：我作邑，［帝若］。　　　　　　　《合集》14202

10. ⊿贞：王作邑，帝若。　　　　　　　　　　　合集》14203

11. ⊿王作邑，帝若。　　　　　　　　　　　　　《合集》14204

12. 癸丑卜，争贞：勿作邑，帝若。一 二 三 四 五 六 七 八 九 十 一 二告 二 三 四

---

① 林宏明：《醉古集：甲骨的缀合与研究》，台北：万卷楼，2011 年，第 184－185、389－390 页。见缀合第 337 组。

② 来自台湾"中央研究院"历史语言研究所考古资料数位典藏数据库的甲骨缀合记录，甲骨登录号：R044449。

③ 来自台湾"中央研究院"历史语言研究所考古资料数位典藏数据库的甲骨缀合记录，甲骨登录号：R044364。

④ 林宏明：《醉古集：甲骨的缀合与研究》，台北：万卷楼，2011 年，第 174、330－331 页。见缀合第 299 组。

五 六

　　[癸]丑卜，争贞：我宅兹邑，大囗宾，帝若。三月。[一]二 三 二告 四 五 六 七 八 九 十 一 二 三

　　癸丑卜，争贞：帝弗若。[一 二 三 四]五 六 [七 八]九 十 [一 二]三 四

　　壬子卜，争贞：我其作邑，帝弗左若。三月。一 二 三 [二]告 四 五 六 七 八 九 十 一 二 三 二告 四 五 [六]七 八 九

《合集》14206 正＋《乙编》7075①

13. 贞：帝弗若𩕥。[一 二 三]四 [五]六 七 八 九 十 一 二

《补编》4351 正＋《乙补》794＋795＋5733②

14. ☐帝弗若。七月。　　　　　　　　　　　　　　　　《合集》14195

15. ☐帝弗若。四 二告 五《合集》14197

第 1 组卜辞（正面）

询问：上帝会使某事进展顺利③。

商王根据卜兆判断说："吉。上帝会使之顺利。"（反面）

第 2 组卜辞内容：

（1）询问：戎接受商王的册命④去做某事，商王𢦏，上帝会使事情进行顺利。

（2）询问：商王𢦏，上帝会使事情进展顺利。

（3）询问：商王不要联合戎，上帝会使战事进展顺利。

第 3 组卜辞内容：

丙辰日占卜，贞人询问：汕戎开始作战，商王与其联合，上帝会使这次行动顺利，给予帮助；不与其联合，上帝会使这次行动不顺利，不会给予帮助。

第 4 组卜辞内容：

……询问：上帝会使𩕥顺利。

询问：上帝不会使𩕥顺利。

第 6 组卜辞内容：

辛丑日占卜，贞人㱿询问：上帝会不会使商王顺利。

第 7 组卜辞内容：

己卯日占卜，贞人争询问：商王建造城邑，上帝会使这件事顺利，我们顺从上帝的旨

---

① 蔡哲茂主编：《甲骨缀合汇编（图版篇）》，台北市：花木兰出版社，2011 年，第 232－231 页。见缀合第 254 组。

② 来自台湾"中央研究院"历史语言研究所考古资料数位典藏数据库的甲骨缀合记录，甲骨登录号：R044364。

③ 学界普遍认为"若"为顺利的含义。笔者认为"帝若""帝弗若"中的"若"字，在卜辞中的含义为保佑某人或者某事顺利。

④ 李宗焜：《卜辞"称册"与〈尚书〉之"诰"》，《"中央研究院"历史语言所集刊》，第八十本第三分册，2009 年。

意，在唐地建造城邑。

第 8 组卜辞内容为：

（1）庚午日占卜，贞人内询问：商王建造城邑，上帝会使事情进展顺利。

（2）庚午日占卜，贞人内询问：商王不在这个地方建造城邑，上帝会保佑事情进展顺利。

第 9、10、11 组的卜辞内容与第 8 组类似。

第 12 组卜辞内容为：

（1）癸丑日占卜，贞人争询问：不建造城邑，上帝会使事情顺利。

（2）癸丑日占卜，贞人争询问：我们①在这个城邑居住，举行宾祭，上帝会使事情进展顺利。

（3）癸丑日占卜，贞人争询问：上帝不会使事情进展顺利。

（4）壬子日占卜，贞人争询问：我们建造城邑，上帝不会提供帮助使工事顺利。

由上述分析可知，"帝若"、"帝弗若"中的"若"是作为动词使用的，用法如下：

第一，不加宾语。除第 4、6 组以外的其他组中，"若"字用法皆如此。结合用字环境和卜辞的大致含义，可知殷人欲询问某具体之事，例如某与某联合作战、建造城邑、选址居住等，会先交代欲行之事的内容，然后卜问上帝会不会使之顺利。这种情况，"若"字之后不再加宾语。

第二，加宾语。这种情况很少见，如第 4、6 组②及上述缀合中的卜辞。从语法的角度来说，辞例相同的卜辞中，"王"、"爻"、"䫀"分别作为宾语时，它们的词性是相同的，也就是说"爻"、"䫀"皆为名词。

二、帝若、帝弗若的对象——䫀、爻

（一）卜辞中的"䫀"

"䫀"字形为 ＠＠，其在卜辞中出现的次数极少，除本文第 4 组外，还有两例：

16. 癸酉卜。䫀

  癸酉卜。䫀 《合集》22787

17. □亥贞：☐䫀☐ 《合集》22921

陈梦家先生认为第 16 组卜辞中的䫀为贞人名，③ 但现在没有直接的证据可以证明。甲骨文中还有一字"𣍧"，字形如 ＠＠、𧘇。它在卜辞中既作地名又作人名。商王曾下令选址居住于𣍧地，子组卜辞中也有卜问"𣍧"离开京的记录。卜辞如下：

---

①陈梦家：《殷虚卜辞综述》，第 96 页。陈梦家认为"卜辞中'我受年'，相当于'商受年'，我是集合的名词，主格宾格之'我'就是我们"。张玉金也认为"我"表示的是复数，在卜辞中可以理解为"我们"。（张玉金：《甲骨文语法学》，上海：学林出版社，2001 年，第 22 页。）

②卜辞中有"帝（？）若弃方"之辞，因疑似"帝"的文字残缺严重，因此这条卜辞暂不做讨论。

③陈梦家：《殷虚卜辞综述》，北京：科学出版社，1956 年，第 205 页。

18. 贞：呼宅🔣。四 六
    勿呼宅🔣。六 三   《合集》13663
19. 🔣出京。   《合集》21703

刘钊先生认为"甲骨文中的许多字的偏旁既可写成三个（偶尔写成四个），也可以写成二个，又可写成一个，许多情况下并不固定。从三个、二个、一个都只是繁简的不同，实际上仍是一个字。"他在列举字形解释这种文字发展变化的现象时，认为鹵和🔣属于"从二从三同"的情况。① 从他列举的很多例子来看，有些地名确实存在字形的繁简变化。但不知这种字形的变化是否同样适用分析人名中的字形结构。我们发现，宾组和师组中有一贞人，名为"卣"，辞例如下：

20. 癸亥卜，卣贞：今夕亡囚。八月。   《合集》3927
21. 贞：呼卣比亶。[一 二 三] 四
    贞：呼卣比亶。一 二告 二 三 [四] 五 六 二告
    呼卣比亶。[一 二] 三 四   《合集》14128 正
22. 卣毋往，其有囚。一
    庚辰卜：卣比糸責。三
    庚辰，贞：卣比糸責，亡囚。四月。一 二   《合集》21306

从这几条卜辞可以看出，卣是武丁时期的一个贵族人物，除占卜外，还经常联合其他族。

不知出组中的"鹵"，与子组、宾组中的"🔣"以及师组、宾组中的"卣"关系如何。因为卣既是贞人，又经常联合他人进行作战，商王会令人卜问其外出的旅程是否会有忧患。这说明，卣应该是武丁时期很重要的贵族人物。那么，商王令人卜问上帝会不会使卣顺利，这种关心就很有必要了。

关键问题是：我们找不到材料来证明鹵就是贞人名，更找不到直接的证据证明卣、鹵、🔣是同一人。根据现有的材料，只能猜测"鹵"可能是贞人名或地名。"帝弗若鹵"、"帝若鹵"可能在卜问上帝会不会使鹵这个地方或者鹵这个人一切顺利。

（二）卜辞中的"爻"

既然无法通过相同辞例"帝弗若鹵"来理解"帝若爻"、"帝弗若爻"，那么就需要具体分析甲骨文中"爻"字作为名词时的用法和含义？相关辞例如下：

23. 庚寅卜，贞：翌辛卯王🔣爻，不雨。八月。   《合集》6
24. □向己未🔣、🔣②叀逸自爻圍□   《合集》138
25. □戍□🔣叀逸自爻圍六人。八月。   《合集》139 正

---

① 刘钊：《古文字构形学》，福州：福建人民出版社，2006年，第39页。
② 🔣字仅出现两次，分别见于《合集》138、139中，辞意不明。笔者怀疑此字可能表示刍的一种。

26. 爻入☐。 《合集》9268 反
27. 丙☐多万☐入爻。若 《英藏》1999
28. ☐爻戍☐ 《合集》3512
29. 㞢于爻戍、咸戍柰（?）。 《合集》7862＋769①
30. 㞢于爻［戍］。一 《合集》15015
31. 㞢于爻戍。 《合集》16999
32. 贞：不其🖾爻。一［月］。 《合集》18808

第 23 组卜辞内容：

    庚寅日，询问：第二天辛卯日，王在爻地🖾，不会下雨。时间在八月。

第 24 组卜辞内容：

    询问：……（戊午日即将结束）快到己未日的时候，🖾、🖾刍从爻地边界逃跑……

第 25 组内容与上一组类似。
第 26 组为甲桥刻辞，记录"爻"贡纳龟甲之事。此处"爻"可能是人名或族名。②
第 27 组中"爻"为地名。
第 28、29、30、31 组中，"爻戍"为人名，代表受到商王祭祀的一位重要人物。
第 32 组内容与第 23 组类似。

由上述卜辞可知，"爻"（单字）作名词时或表示地名，或代表族名、人名。丁山先生在统计甲骨文中的氏族时，曾将"爻"列入其中。③ 山东滕县井亭煤矿一座晚商墓中曾出土 16 件青铜礼器，其中五件铜器上铸有"爻"字族徽。④ 李伯谦先生认为"爻族"铜器在滕县出土，证明此地应与"爻族"居地有关。⑤ 据严志斌先生统计，商代"爻"器共 26 件，时代为殷墟二期到四期，"爻"曾与"敢""见""◇"等族氏有复合关系。⑥ 这说明，爻族活动的时间比较长，一直从武丁后期到帝乙、帝辛时期。

三、从卜辞看"爻"的重要性

    通过上文的论述，由商代晚期的金文和卜辞，我们对爻族的情况有了基本了解。通过其

---

① 刘影：《宾组卜辞新缀五则》，中国社会科学院历史研究所先秦史网站，2009 年 10 月 10 日，http://www.xianqin.org/blog/archives/1694.html。
② 胡厚宣先生认为"'入''来''氏'三动词，既皆有呈贡致送之义，则'某'入若干一类龟甲刻辞其言'某入若干'，'某来若干'者，必谓某国或某人呈贡某种物件若干也。"（《武丁时五种记事刻辞考》，《甲骨学商史论丛初集：外一种》上，石家庄：河北教育出版社，2002 年，第 429 页。）
③ 丁山：《甲骨文所见氏族及其制度》，北京：中华书局，1988 年，第 11 页。
④ 孔繁银：《山东滕县井亭煤矿等地发现商代铜器及古遗址、墓葬》，《文物》1959 年第 12 期。
⑤ 李伯谦：《从殷墟青铜器族徽所代表的族氏的地理分布看商王朝的统辖范围与统辖措施》，《考古学研究》，北京：科学出版社，2006 年，第 122 页。
⑥ 严志斌：《商代青铜器铭文研究》，上海：上海古籍出版社，2013 年，第 335—336 页。

他卜辞材料,我们对武丁时期爻族的活动或状况可以作更深入的探讨。

首先,我们知道商代后期有爻族,它曾向商王纳贡龟甲,说明爻族与商王室来往密切。

第二,商代晚期,"爻"族的聚居地是"爻"地,其地理位置很可能在山东滕县一带,其边陲之地的"⿱"、"⿱"时有逃逸。

武丁时期,经常会卜问各地以刍、来刍之事,商王也会令人去各地征集刍,还会卜问逃跑的刍能不能被抓回来。魏慈德先生认为,从这些卜辞中可以看出商人对各地刍工的需求量是很大的。① 通过卜辞可知,"⿱"这种奴隶主要被用于祭祀和对外征伐中,商王会下令命令追捕"⿱",也会命令"⿱"去攻打舌方。综合甲骨文中有关"⿱"的卜辞来看,郭沫若先生认为"此项人物本罪隶俘虏之类,祭祀时可用为人牲,征伐时可作兵士,而时有逋逃之事……"② 卜辞中有卜问一次祭祀中是否使用五百"⿱"之事,如:

33. □子卜,㱿贞:五百⿱[用]。
贞:五百⿱勿用。
[癸]丑卜,㱿贞:五百[⿱]☒
癸丑卜,㱿:贞五百⿱用。旬壬戌出用⿱百。三月。　　　　　　　《合集》559

由此组卜辞可知,商代晚期对"⿱"的需求量应该不低,一次祭祀中就有可能会使用五百⿱作为人牲。因此,商王会下令命人去地方征集⿱,例如:

34. 乙未卜,贞:呼先取⿱☒
贞:令先取⿱于若。　　　　　　　　　　　　　　　　　　　　　《合集》557

笔者认为,对经常命令大臣去各地征集⿱、刍人群的商王来说,重视可能承担呈贡(一定数量的⿱和刍)义务的"爻"地,是很有必要的。又或者爻地对畜牧业生产来说非常重要,需要大量的劳动力,包括被俘虏的和从事打草工作的群体。因此,商王很关心爻地⿱和刍逃跑的情况。不论哪种可能性,都可以说明爻地具有一定的重要性,所以才值得商王关心。

第三,在被商王武丁祭祀的远祖先公中有一人名"爻戊"。通过第29组卜辞可知,商人会同时祭祀"爻戊"和"咸戊"。张秉权先生认为甲骨文中"咸戊"、"学戊"的"戊"都是庙号,而"咸"和"学"都是地名。③ 不论"戊"是否为庙号,笔者认为张先生对人名结构所作的分析是非常有启发性的。"爻戊"之"爻"应当既是地名又作人名。"爻戊"是武丁时期早已逝去的"爻族"的一位重要人物,死后受到商人的祭祀。关于"爻戊",有一个问题须要提及,学者多以"爻戊"即"学戊"。④ 实际上,从字形上很容易将"爻"和"学"

---

① 魏慈德:《說卜辞"某刍于某"的句式》,《东华汉学》2003年第1期,第5页。
② 郭沫若:《释臣、宰》,《甲骨文字研究》,北京:科学出版社,1962年,第77页。
③ 张秉权:《甲骨文与甲骨学》,台北:台湾编译馆,1988年,第315页。
④ 于省吾主编,姚孝遂按语:《甲骨文字诂林》第四册,北京:中华书局,1996年,第3257—3260页。

区别开来。①"爻"与"学"都作动词使用时,我们找不到两字可以互用的证据。
"爻"字作为动词使用,目前仅见两例,且皆出现在王卜辞中,如下:

35. 庚寅卜,贞:翌辛卯,王爻,不雨。八月。　　　　　　　　　　　《合集》6
36. 丙寅卜,贞:翌丁卯,王其爻,不遘雨。一　　　　　　　　　《合集》12570

"学"字作动词的卜辞有:

37. 丁巳卜,㱿贞:王学众,伐于▨方,受有祐。
    丁巳卜,㱿贞:王勿学众,▨方弗其受有祐。　《合集》32+《乙补》6022+1653②
38. 庚寅卜,争贞:王其学,不遘[雨]。一　　　　　　　　　　　《合集》39822
39. 甲寅卜:乙卯子其学商,丁侃。用。子尻。一
    甲寅卜:丁侃于子学商。用。一　　　　　　　　　　　　　　《花东》150
40. 丁亥:子其学。用。一　　　　　　　　　　　　　　　　　《花东》280
41. 甲申:子其学羌,若,侃,用。一　　　　　　　　　　　　　《花东》473
42. 乙丑卜:子学。一《花东》
43. 甲寅卜:乙卯子其学商,丁侃。用。一
    甲寅卜:乙卯子其学商,丁侃。子占曰:有咎。用。子尻。二 三　《花东》487

通过对比辞例,除了第36与38组外,我们找不到"爻"和"学"的联系。卜辞中"王其+(动词),不遘雨"的辞例很多,例如"王其田,不遘雨"。通过这种辞例,我们只能肯定"爻"和"学"都是自动词,表示商王的某一动作或行动,而不能证明两个字可以互用。"学众""学商""学羌"等词中的"学",没有一个字形为"爻"。换句话说,"爻"和"学"作为动词时,找不到两者可以互用的证据。

可以完全肯定"学"作名词的辞例有:③

44. 丁卯卜:子其入学,若,侃。用。一 二 三
45. 丁卯卜:子其入学,若,侃。用。四 五 六　　　　　　　　　《花东》450
46. 于大学寻。　　　　　　　　　　　　　　　　　　　　　　《屯南》60

通过"入学"可以知道"学"有可能是地名,也可能是建筑名。通过"于大学寻",可以判断"学"极有可能就是一种建筑的名称。"爻"作名词的用法,上文已有经详细分析。同作名词时,两者在字义内涵与字形方面都没有联系。

"学"和"爻"不论作为名词还是动词,两者都没有联系。我们不能仅凭"爻戊"、"学

---

① 李宗焜:《甲骨文字编》,北京:中华书局,2012年。"学"字号为2612,"爻"字号为4076。
② 来自台湾"中央研究院"历史语言研究所考古资料数位典藏数据库的甲骨缀合记录,登录号:R044853。
③ 因卜辞中"延"字后面既可以加名词,也可以加动词。《屯南》4035"嗣万(?)其延学嗣"中"学"字的词性不明。

戊"都分别与"咸戊"一同被祭祀，就直接认定"爻戊"即"学戊"。笔者认为，在没有坚实的证据可以证明两者为同一人的情况下，最好的处理方法就是将它们区别开来，分别看作代表不同人物的两个人名。

通过分析，正好可以发现商代晚期的爻族，其族、地、人三者名号统一。那么，由此产生了一个问题："爻戊"是否曾为爻族之长呢？通过卜辞，我们可以明确知道"爻戊"死后受到商王武丁的祭祀。不论爻族是否为商王室同姓的贵族，至少我们可以肯定"爻戊"生前是一位很重要的人物，这可能源于他的身份，也可能是因为他的贡献。总之，他去世之后受到了商王的祭祀。那么，这样一位重要的人物，其个人名号（并不一定就是私名）与族名、其族聚居地的名号相同，恐非偶然。笔者认为，"爻戊"很可能曾是"爻族"之长，其生前地位较高，死后受到商王祭祀。据朱凤瀚先生研究，"中国古代父系氏族社会晚期，氏族首长名所以与族名相混同，首先是源于在当时那种'英雄时代'对氏族首长的崇拜"，另一个原因"当在于族长名多取于地名"；同时他还强调"不仅氏族首领名号常常与族名相混淆，而且中外民族志与文化人类资料可以证明，古代氏族首领的名号还可以世世相袭"①。

那么，除过"爻戊"以及明确作地名的"爻"，其他时候作为名词的"爻"可能代表名为"爻"的贵族人物，可能是爻族（集合名词），也有可能是爻地。也就是说，"帝若爻""帝弗若爻"，可能指上帝会不会使"爻（贵族人物）"顺利，也可能是在卜问上帝会不会使爻族或爻地一切顺利。商王之所以令人卜问"上帝会不会保佑爻顺利"，正是源于爻地或爻族的重要性，以及爻族或爻族之人（爻戊）与商王室的密切联系。这种源于某人或某地的重要性，而受到商王关注的现象还有，例如"唐"。

第一，"唐"承担了向商王纳贡的义务，商王与唐地来往密切。例如：

47. 唐入十。 《合集》892 反
48. 唐来四十。 《合集》5776 反
49. 唐入十。 《合集》7440 反
50. 唐入三。在𠂤。 《合集》9269
51. 甲子卜，王贞：余令甫、章、唐子。 《合集》20314+20054②
52. □巳卜，王☒唐，不唯侯唐。一 《英藏》186

第 47—50 组，表明唐经常向商王贡纳龟甲。
第 51 组为商王亲自贞问命令甫、章、唐子等贵族大臣之事。
第 52 组卜辞残缺，但通过"侯唐"可以知道，商王很关注是否要在唐地设侯之事。
第二，唐是商王的田猎之地之一，商王到达过唐地。

53. ☒王狩唐，若。 《合集》10998 反

---

① 朱凤瀚：《商周家族形态研究》（增订本），天津：天津古籍出版社，2004 年，第 38—39 页。
② 蒋玉斌：《蒋玉斌甲骨缀合总表（300 组）》，中国社会科学院历史研究所先秦史网站（http://www.xianqin.org/blog/archives/2305.html），2011 年 03 月 20 日。

54. ☑入于唐。　　　　　　　　　　　　　　　　　　　　　《合集》1436
55. 田于唐。一 二 三 四　　　　　　　　　　　　　　　　《合集》11000

第三，"唐"的地理位置很重要，敌方有时候会出动到达唐地，"唐"会派人告知商王有敌方攻入。

56. 辛卯卜，贞：今方其出于唐。
辛卯卜，贞：方其不出于唐。五月。　　　　　　　　　《合集》6715+6716①

57. 癸卯［卜］，永［贞］：旬亡囚。王占曰："有咎。颠、🌿其有［来艰］。"四日丙午允有来艰，☑友唐告曰："舌☑入于🌿☑"　　　《合补》1767

58. ☑卜，㞢贞：𤉲在唐麓。二告。　　　　　　　　　　《合集》8015
59. 作大邑于唐土。　　　　　　　　　　　　　　　　　《英藏》1105 正

第 56 组内容：

辛卯日，贞人询问：今天敌方会出动到达唐地；今天敌方不会出动到达唐地。

第 57 组内容：

癸卯日，贞人永询问（下述之事）：一旬之内没有忧患发生。商王武丁根据卜兆判断说："会有不好的事情发生。颠、🌿会有不好的事情发生。"之后第四天丙午日，果然有不好的事情发生了。(𢀛)友唐派人告知商王："舌方出动……侵入🌿……"

第 58 组内容：

……占卜，贞人㞢询问：到唐地山麓进行种植。

第 59 组卜辞询问在唐地建筑大城邑之事。

由 56－57 可知，唐地位于商王国边域，受到舌方的侵扰。由第 7、59 组可知道建筑城邑是一件很隆重的事情，选址在唐地是顺从上帝的旨意。由第 58 组可知，商王很关心唐地农业生产之事。

总之，"唐"经常向商王进献龟甲，承担了一定的纳贡义务，商王与唐地首领之间来往密切。商王很关心"唐"地的农业生产，在唐地进行过田猎活动。商人顺从上帝的旨意在唐地建造了大城邑。因唐地的位置十分重要，位于西部边域，经常会受到敌方的侵扰。因此，商王十分关心唐邑的安危，令人占卜询问上帝会不会损毁唐邑。

---

① 黄天树主编：《甲骨拼合集》，北京：学苑出版社，2010 年。见第 289 则。

60. 贞：帝▨唐邑。一二告 二 三四五六七八九十

　　贞：帝弗▨唐邑。［一　二］三四［五］六［七］八［九］十一 二 一 二二告 三 四 一 二 三

《合集》14208 正

商王之所以令人占卜询问"上帝"会不会保佑爻地顺利，会不会损毁唐邑。这可能就像其他学者所说，"帝有广泛的自然权以及相当多的人事权能，尤其具有任何神灵所未有的对人间强大破坏力，反映商人对帝怀有深深的畏惧心理"①，"它很少干预人间的具体事务，也不怎么赐福于人，而是多降下灾难。"② 如此，具有重要地位的"爻"和"唐"，一旦发生了不好情况的，或者有迹象会出现不理想的状态时，商王就会令人占卜询问它们是不是受上帝的左右或干预。上文提到的"帝若䰣""帝弗若䰣"应该类似。

---

① 朱凤瀚：《商人诸神之权能与其类型》，第 71 页。
② 晁福林：《说商代的"天"与"帝"》，《史学集刊》2016 年第 3 期，第 134 页。

关于古代典籍的今注今译

四川大学历史文化学院　彭裕商

近日读张政烺先生《关于古籍今注今译》一文①，颇有收获和感触，撰此小文，既是对张先生观点的阐释和补充，同时也希望引起大家的充分注意。

关于今译，张政烺先生在文中说到，由于古今文法不同，再加之有些古籍诘屈难读或涉及典章制度、名物服器，不能确实理解的文章如何能译，所以他说"我看到的今译，实在找不到叫人满意的"。关于今注，张先生认为其水平参差不齐，"差的今注，有的只是旧注的转述，旧注没有涉及的，该注的也不注，新在哪里，不得而知。更有甚者，旧注里注得好的、辞书里讲明白了的，也不看、不查，只是随文敷衍，以致闹出笑话"。就目前的情况来说，张先生批评得极是。笔者近年来也看过一些今注今译的古籍，确如张先生所说，精品不是很多，而差的不在少数。要改变这种状况，除了潜心于学、积累学养而外，也还有方法上的问题。

张政烺先生指出，作古籍今注要全面参考古人的各种相关研究成果，还要重视现今文物、考古及古文字学方面的材料和新成果，笔者对此颇有感触，现略举数例，以对这一问题加以说明。

《书·君奭》有"予不惠若兹多诰"一句，句中"惠"字，历来注家说法不一，或训为"顺"（孔氏传），或训为"愿"（宋苏轼《书传》），或训为"欲"（宋史浩《尚书讲义》）等等，然如其训释，不是缺乏训诂学上的依据就是文句不顺，故均不得其解。今人也少有令人信服的训释。后来殷墟甲骨文出土，甲骨学者经研究发现，卜辞中有一"叀"字，为"惠"字初文，辞中用为语助词，与"唯"字略同，始知"予不惠若兹多诰"的"惠"字乃语词。

《逸周书·皇门》云："下邑小国，克有耇老据屏位，建沈人，非不用明刑。维其开告于予嘉德之说，命我辟王小至于大。"文中"沈人"颇费解，旧注训为"沈伏贤人"，今人或承其说，释为"沈伏在下之人"，或释为"商遗民"②，但这样的训释于上下文意均不切合。新

---

① 《张政烺文史论集》，中华书局，2004 年，第 831 页—834 页。
② 张闻玉：《逸周书全译》，贵州人民出版社，2000 年，第 197 页。黄怀信：《逸周书校补注译》，西北大学出版社，1996 年，第 260 页。

近公布的清华简为"沈人"的训释提供了可靠的证据。清华简中有《金縢》《皇门》二篇，可与传世本相对照。传世本《金縢》篇成王自称的"予冲人"，清华简作"余𩜾人"，知"𩜾"即"冲"字，𩜾从沈声，古音属侵部，冲从中声，古音属冬部，冬、侵古音相近学者早已指出，故"冲人"可写作"𩜾人"。清华简《皇门》云："朕寡邑小邦，蔑有耆耇据事屏朕位，肆朕𩜾人，非敢不用明刑，惟莫开余嘉德之说，今我卑小于大。"与传世本相对照，两者文意有些差异，但可知清华简的"𩜾人"就是传世本的"沈人"，也就是《金縢》篇的"冲人"。"冲人"犹言"小子"，意谓年岁不大，故《逸周书·皇门》下文云"命我辟王小至于大"，上下文意切合。

《逸周书·官人》："难决以物，难说以（言），守一而不可变，困而不知止，曰：愚依人也。"此又见《大戴礼·文王官人》，文稍异。《逸周书》的"愚依人"颇为费解，旧无注，《大戴礼》作"愚赣者"，赣即戆，旧注为"闇狠也"，或作"怒"，孙诒让《大戴礼记斠补》疑为"驽"之借字。两相对照，其意大略可知，盖指愚暗之人，然"依"字不得确诂。今之学者释《逸周书》该文多引《大戴礼》"愚赣者"相对照，但于"依"字无释，或又谓"依"当为"隐"，暗也①。孙诒让于《逸周书》何以作"依"也无说。其实清代学者俞樾对此已提出过很好的意见，他认为此文"依"当是《说文》古文"旅"字，古文以为鲁卫之鲁，"'愚鲁'连文，义正相近。"② 以今所见战国文字观之，"旅"字确有近似"依"字的字形③，且鲁、怒古音也极相近，俞说可取。

此外，古人读书，涉猎甚广，笔者前些时候读清代史学家章学诚的《文史通义》，是叶瑛先生的注本。叶先生于此书之注用力很深，其注文多有可观，于章书也有所补苴纠正，是一部高学术质量的注本，虽然，书中仍有可以补充之处。如《经解下》云"靴始收声，有《月令》矣"，原文注"皆谐谑事"，而未言出典。叶注云："未详。"实则此典出自《聊斋志异·王六郎》文末蒲松龄的点评，文云："异史氏曰：置身青云，无忘贫贱，此其所以神也。今日车中贵介，宁复识戴笠人哉？余乡有林下者，家綦贫。有童稚交，任肥秩，计投之必相周顾。竭力办装，奔涉千里，殊失所望，泻囊货骑，始得归。其族弟甚谐，作《月令》嘲之云：'是月也，哥哥至。貂帽解，伞盖不张，马化为驴，靴始收声。'念此可为一笑。"由此可见，古人读书不仅限于学术类典籍，像《聊斋志异》这样的短篇小说也在阅读之列。举此一例，也希望能引起日后作今注者的注意。

张政烺先生在文中还指出，要作出高质量的今注本，必须要有充裕的时间，要有厚积的功夫，绝不能急于求成。这一点也是作古书今注者所应予充分重视的。就拿上面谈到的叶瑛先生的《文史通义校注》来说，叶先生的工作始于1929年，成于1948年，二十年磨一剑，才完成了这样一部著作，其学术质量自然就能得以保证。

总之，为古籍作今注，正如张政烺先生所说，"这种工作要做得好实在太难了"。本文所

---

① 张闻玉：《逸周书全译》，贵州人民出版社，2000年，第255页。
② 俞樾等：《古书疑义举例五种》，中华书局，1983年，第131页。
③ 何琳仪：《战国古文字典》，中华书局，1998年，第564—565页。

举数例也是以阐明问题为主,希望能得到学者的普遍重视,摒弃急于求成的想法,潜心于学,以作出更多高质量的古籍今注本。

作者简介:彭裕商,男,四川大学历史文化学院教授。

秦汉文字考释三题

台湾彰化师大国文系　苏建洲

一

《说文》："朵，艸木华叶。朵，象形。𣎵，古文。"陈剑先生指出"朵"的本义是"蕊"，二者声音相近。"朵"加上"土"便是"垂"；加上"于"声便是"㝬"。① 《北大三·周驯》54"陲"作陲，下从"口"。孙诒让曾指出"垂"与"舍"草书二字形近而误，应该跟这种字形有关。② 曹全碑"邮"作邮、礼器碑"邮"作邮、张表碑"邮"作邮、《马王堆·合阴阳》07"唾"作唾，这种写法与《北大四·妄稽》06"垂"作垂相同，下从"凵"，或隶定为"𡿨"实无必要，其下本不从"缶"，同时《说文》把"垂"、"𡿨"误分为二字也不可从。《北大四·反淫》14"唾"作唾，下从"山"形。以上反映出秦汉文字口凵山讹省类化的现象。

"口"旁讹省为"凵"，如"缶"③ 本作"缶"（2330 姞曶母方鼎"宝"字偏旁），又作"缶"（3605 叔作父丁簋"宝"字偏旁）、"缶"（9991 蔡侯朱缶）。"否"又作"否"（《清华六·子产》10）。秦汉文字则可以比对"毁/毇"的演变。春秋时代的郑太子与兵壶"毁"作毁，战国楚简也多见"毁"字，如：毁（《容成氏》22）、毁（《周易》01）、毁（毁，《灵王遂申》04）。秦汉文字"毁/毇"作毇（《说文》小篆）、毁（《张家山·脉书》39）、毁（《北大五·荆决》15）、毁（《马王堆·周易》2 下），又作毁（《张家山·脉书》39）、毁（《银雀山二》

---

*本文为"《北京大学藏西汉竹书（肆）—〈妄稽〉、〈反淫〉》综合研究"的研究成果之一，获得国科会的资助（计划编号 MOST 106-2410-H-018-022-），特此致谢。
① 详见陈剑先生 2016 年上学期在彰化师大国文所"出土文献研究"的课程内容。
② 《墨子·尚贤下》："垂其股肱之力而不相劳来也"下孙注。见（清）孙诒让：《墨子间诂》，台北：华正书局，1995 年，第 65 页。
③ "缶"字结构分析参看徐宝贵、孙臣：《古文字考释四则》，《考古与文物》2001 年 1 期。

1565)。那么"垂"之于🅧、🅧，犹如"🅧"之于🅧、🅧，都是由"土"形演变为"口"、"凵"形①。至于口形讹变为山形的现象已见于战国文字，李家浩先生曾举燕国玺印"谷"作🅧②。裘锡圭先生指出复公仲簋盖"🅧"字所从的"🅧"作🅧，到战国文字写作"🅧"（每）③。当然🅧的"山"形也可能是由"凵"，甚至"土"旁直接讹变而来。

《说文》："霒，云覆日也。"《说文》所云"阴，暗也。水之南、山之北也。"二者意思相关，表示覆盖、阴暗，同时地形在水之南、山之北的背向阳光之处。古文字"阴"写作🅧（敔簋 4323）、🅧（永盂 10322）、🅧（景伯子宎父盨 4444）🅧《石鼓文·銮车》），金文写作从"阜"（竖山之形）④ 或从"水"当与《说文》所云"阴，暗也。水之南、山之北也。"表示背向阳光之水南、山北的地势有关⑤。同时"阜"与"云"又同为遮蔽日光之物。战国文字"阴"可写作"🅧"，如《清华二·系年》54🅧、55🅧，《清华二·子仪》13🅧。蔡一峰先生分析为从云从山会意，表示山巅覆以密云而不得见日，合"阴晦、覆荫"之义。同时也跟"阜"旁与"山"旁义近通用有关⑥。谨按：秦汉文字"阴"作🅧（《睡虎地·日甲》10 正）、🅧（《睡虎地·日乙》48 正）、🅧（《北大五·荆决》12），"云"旁下从"凵"形。又作🅧（《睡虎地·封诊式》18）、🅧（《马王堆·纵横家书》58）、🅧（《马王堆·十问》97），从"口"形。又作🅧（《北大五·荆决》01）、🅧（《北大五·赵正书》11），从"山"形，演变过程与上述一样。《北大五·揕舆》"阴"作🅧14、🅧17、🅧24，又作🅧47。前三形下部介于口凵山之间，简 47 则明确演变为"山"。可见汉简这种写法当是"云"旁一种讹变的现象，而与阜、山义旁通用无关，所以蔡一峰先生认为北大汉简从"山"的"阴"字可以追溯到战国文字，恐无必要。此外，由于"阴"可作🅧、🅧，上从"勹"形，下与"缶"相近，因此秦汉文字"阴"与"陶"有相混的现象。如秦封泥"乐陶右尉"之"陶"写作🅧⑦，与"阴"形近。《岳麓秦简（五）》简 53 "定阴"之"阴"写作🅧。整理者注释指出："根据本

---

① 详见陈剑先生 2016 年上学期在彰化师大国文所"出土文献研究"的课程内容。
② 李家浩：《燕国"洵谷山金鼎瑞"补释》，《中国文字》新廿四期，台北：艺文印书馆，1998 年，第 72—73 页。又见《著名中年语言学家自选集·李家浩卷》，合肥：安徽教育出版社，2002 年，第 150 页。
③ 裘锡圭：《复公仲簋盖铭补释——兼说琱生器铭"寝氏"》，《出土文献与古文字研究》（第三辑），上海：复旦大学出版社，2010 年，第 100—109 页。
④ 也有研究者认为"阜"是"象峭崖有阪级之形"，参见黄德宽主编：《古文字谱系疏证》，北京：商务印书馆，2007 年，第 715 页、李守奎：《清华简系年中的堆字及堆之构形》，《华夏文化论坛》2014 年 2 期。
⑤ 黄锡全先生说："阴与阳与山水有关，故其字既可从阜，又可从水。"见氏著：《赵国方足布七考》，《华夏考古》1995 年第 2 期。另参见田炜：《田炜印稿——论文》，上海：中西书局，2018 年，第 117 页。
⑥ 蔡一峰：《读清华简第六辑零札（五则）》，《古文字论坛》第二辑，上海：中西书局，2016 年，第 256—257 页。
⑦ 王辉主编：《秦文字编》第四册，北京：中华书局，2015 年，第 1994 页。

简下面出现的'冤句'一地来看，此'定阴'当是'定陶'之误。"① 其说亦可从。《张家山·二年律令》459"馆阴"之"阴"作▆，比对简455"阴"作▆，可知确实是"阴"②。2006年出版的《张家山汉墓竹简（二四七号墓）释文修订本》持此说，认为"馆阴"地望不详③。不过刘钊先生早已指出：秦汉时期"阴"、"陶"二字经常相混，这在古文字和典籍中都有例证。所以简文"馆阴"其实就是"馆陶"。馆陶，《汉书·地理志》隶属于魏郡④。此说已是定论⑤。

《马王堆》一号墓遣册简56"牛瘠（脍）一器"，一号墓报告云："瘠"，此字下端写作▆，汉金文曾作▆（《金文续编》第二，2页），简77"䵃"字偏旁作▆，与此类似。《说文·肉部》："脍，细切肉也。"⑥ 谨按：所云汉金文作▆（▆，中曾鼎），一号墓遣册简77"䵃"作▆。前者与"山"形无关，后者"享"所从"口"确实与"山"形相近。一号墓遣册简56"瘠"字作▆，也见于▆（57）、▆（58）、▆（59），与三号墓遣册简201作▆相比，显然也是口讹变为山的现象。

《马王堆》一号墓遣册简52："牛濯（鷟）脾、含（肣）、心、肺各一器。"其中"含（肣）"字，一号墓报告指出：当释"含"。"凵"乃"口"字之简化，上从"今"。"含"当读为"函"。《说文·马部》："函，舌也。肣，俗函，从肉今。"⑦《长沙马王堆汉墓简帛集成》亦释为"含（肣）"⑧。黄文杰先生则根据《马王堆·五星占》"岑"字写法，认为遣册简52此字是"岑"的异写，读为函，或体作肣。《玉篇》："肣，牛腹也。"⑨《马王堆简帛文字编》

---

① 陈松长主编《岳麓书院藏秦简（伍）》，上海：上海古籍出版社，2017年，第76页注六十四。附带一提，本注释所指出的放马滩秦简《日书·乙种》28"以视陶阳"，放马滩整理者释为"阴"，于是本注释遂沿用认为是"陶""阴"相混的例证。谨按：所引辞例见于"贞在黄钟"内容的简260，检视字形作▆，应该还是"陶"字。"陶阳"即"陶唐"，唐尧也。参见陈伟主编：《秦简牍合集释文注释修订本（肆）》，武汉：武汉大学出版社，2016年，第164页注2。

② 参见郑介弦：《〈张家山汉简·二年律令〉文字编》，硕士学位论文，彰化师范大学国文系，2011年，第1126页。

③ 张家山二四七号汉墓竹简整理小组：《张家山汉墓竹简（二四七号墓）释文修订本》，北京：文物出版社，2006年，第77页。

④ 刘钊：《〈张家山汉墓竹简〉释文注释商榷（一）》，《古籍整理研究学刊》2003第3期。又载氏著：《出土简帛文字丛考》，台北：台湾古籍出版有限公司，2004年，第193页。

⑤ 周振鹤：《〈二年律令·秩律〉的历史地理意义》（修订稿），简帛研究网，2003年11月23日，http://www.jianbo.org/，2018年6月7日；晏昌贵：《〈二年律令·秩律〉与汉初政区地理》，《历史地理》2006年第1期；彭浩、陈伟、[日]工藤元男：《二年律令与奏谳书——张家山二四七号汉墓出土法律文献释读》，上海：上海古籍出版社，2007年，第275页，等等均从此说。

⑥ 引自裘锡圭主编，湖南省博物馆、复旦大学出土文献与古文字研究中心编纂：《长沙马王堆汉墓简帛集成》第六册，北京：中华书局，2014年，第181页。

⑦ 引自《长沙马王堆汉墓简帛集成》第六册，第181页。

⑧《长沙马王堆汉墓简帛集成》第六册，第181页。

⑨ 黄文杰：《秦至汉初简帛文字研究》，北京：商务印书馆，2008年，第174页。类似意见又见同作者：《秦汉文字的整理与研究》，北京：社会科学文献出版社，2015年，第328页。

也将此二字归在"岑"下。①

谨按：两个字形如下所示：

⿱今口（《遣册》） ⿱山今（《五星占》）

马王堆《五星占》11 上"进而东北乃生彗星，进而东南乃生天【10 下】部（棓），退而西北乃生天欃（枪），退而西南乃生天兯（岑—櫼）。""天岑"，《史记·天官书》作"天櫼"。《左传·昭公三年》："谗鼎"，《吕氏春秋·审己》作"岑鼎"，可知《五星占》的"兯"释为"岑"有其道理。不过，《遣册》的字形释为"含"亦有其理，除了上述"口"形讹变为"山"形的原因之外，"含"、"肣"、"岑"虽然同从"今"声，但前二者皆为匣母侵部，而"岑"是崇母侵部，② 显然释为"含"与"肣"声音更加接近。同时，"肣"在楚简中多读为"禽"，如《容成氏》05"肣（禽）兽朝，鱼鳖献。"《凡物流形》甲 13、乙 9 则写作"含（禽）兽奚得而鸣"，这是"含"与"肣"相通的证据。

目前看到汉简上的"岑"都是上山下今，如北大汉简《苍颉篇》简 61 ⿱山今、敦煌简 639B ⿱山今、居延汉简 561·10B ⿱山今，写法比较固定。③ 汉印文字"岑"作 ⿱山今（《十钟山房印举》27·33）④，《汉印文字征》卷九"岑"字收有九个字形，⑤ 但有两例写作"兯"，文例是"兯定国"、"兯咸"。我们曾考虑读为"含"，《万姓统谱》："含，见《姓苑》。"⑥ 但经初步检阅先秦两汉印章、封泥资料似未见"含"姓，⑦ 因此《汉印文字征》的"兯"恐怕还是释为"岑"较为合理。⑧ 考虑的声音的因素，《五星占》"兯"当释为"岑"读为"櫼"；《马王堆》一号墓遣册简 52"兯"当释为"含"读为"肣"。另外，遣册字形的"今"旁作"念"与 ⿱今（礼器碑）相同，而与汉隶一般作"今"者不同，如上引《五行占》"兯"以及 ⿱今（念，《北大三·周驯》01，共 25 例）、⿱今（念，《马王堆·纵横家书》194）。"念"底下的"一"当是

---

① 陈松长：《马王堆简帛文字编》，北京：文物出版社，2001 年，第 522 页。

② 同从"今"声的字声母或为舌、齿音，如"贪"是透母、"念"是泥母、"岑"是崇母、"凱"是从母。

③ 参李瑶：《居延旧简文字编》，吉林大学古籍研究所博士学位论文，2014 年；白海燕：《"居延新简"文字编》，吉林大学古籍研究所，博士学位论文，2014 年；于淼：《汉代隶书异体字表与相关问题研究》，博士学位论文，吉林大学古籍研究所，2015 年，三种文字编卷九"岑"字。

④ 魏宜辉：《汉印文字考析（二题）》（三稿），"先秦两汉讹字学术研讨会"论文集，北京：清华大学，2018 年 07 月 15－16 日。

⑤ 罗随祖主编：《罗福颐集：增订汉印文字征》，北京：紫禁城出版社，2010 年，第 415 页。

⑥ 徐铁生：《中华姓氏源流大辞典》，北京：中华书局，2014 年，第 186 页。

⑦ 如杨广泰编：《新出封泥汇编》，杭州：西泠印社出版社，2010 年；施谢捷编著：《虚无有斋摹辑汉印》，京都：艺文书院，2014 年；施谢捷编著：《新见古代玉印选续》，京都：艺文书院，2017 年；李倩冉：《新出秦汉印章封泥文字整理研究》，硕士学位论文，华东师范大学中国语言文学系，2018 年。

⑧《睡虎地·为吏之道》整理者释文作"同能而异。46 壹毋穷穷，47 壹毋兯兯，48 壹毋衰衰。49 壹"，所谓"岑"字作殳，张守中先生摹作荟似可从。研究者读为"矜"、"隐"都与"今"声不合，"殳"是否一定是"岑"并无确证。参见陈伟主编：《秦简牍合集释文注释修订本（壹）》，武汉：武汉大学出版社，2016 年，第 303 页注 23。

"⌐"形省简的结果。"念"再省一横笔即为"亼",如🔲(念,武威汉简《特牲》简10)、🔲(念,长沙东牌楼《侈与督邮书》)。①

二

甲骨文"丝"(《合》11606)即"丝",是"丝"字的省写②,多假借用为代词"兹"③。西周早期"丝"可以表示"丝"与"兹",西周中期之后只表代词"兹"了④。楚简的"丝"多表"兹",只有《郭店•唐虞之道》23"闻舜兹(慈)乎弟□□□□□",表示"慈"⑤。《说文•艸部》:"茲(茲),艸木多益。从艸、兹省声(小徐本"兹"作"丝")。"又《说文•玄部》:"兹(兹),黑也。从二玄。《春秋传》曰:何故使吾水兹。"古文字学者一般认为《说文》的"茲"与"兹"本即一字,皆由古文字中"丝"字上端添加饰笔之形演变而来,《说文》的区分本无必要,"茲"与"兹"就是经典通用的"兹"⑥。《说文》对"茲"的解释"艸木多益",对应的词应当是"滋"。《说文》:"滋,益也。从水,兹声。"《睡虎地•日书》甲34正"是谓滋昌"之"滋"作🔲。"滋"可表示草木生长、蕃育。《玉篇》:"滋,长也。"《广韵•之韵》:"滋,蕃也。"《吕氏春秋•明理》:"草木庳小不滋,五谷萎败不成。"高诱注:"滋亦长也。"⑦《论衡•恢国》:"光武且生,凤凰集于城,嘉禾滋于屋。"⑧

战国文字有种写法与秦汉文字的"兹"相似但并非一字,陈剑先生指出:

> 石鼓文车工石"丝"字作🔲,上加饰笔,秦汉文字的"兹"字多由此类形发展而来,上皆非从"艸"。参看《秦汉魏晋篆隶字形表》46页"茲"字、255页"兹"字。从郭店《缁衣》简1的"兹"字作🔲来看,战国文字中确是有"从艸丝声"的"茲"字的。《古玺汇编》1508的🔲,亦当为"从艸丝声"的"茲"字。但是从秦汉文字数据看,《说文》的"茲"字似当与战国文字中"从艸丝声"的"茲"字无关。⑨

---

① 邬可晶:《利用出土文献校读古书两篇》,"出土文献与中国古典学"国际学术研讨会论文,耶鲁—新加坡国立大学学院 2016 年 4 月 7 日至 9 日。
② 裘锡圭:《释"木月"、"林月"》,《古文字研究》第 20 辑,北京:中华书局,2000 年,第 183 页。刘钊主编:《新甲骨文编》增订版,福州:福建人民出版社 2015 年,第 747 页将此字归到"丝"字下。
③ 参见《甲骨文字诂林》第四册,第 3194 页;洪扬主编:《殷墟花园庄东地甲骨文类纂》第 490 页,福州:福建人民出版社,2016 年,第 747 页。
④ 田炜:《西周金文词关系研究》,上海:上海古籍出版社,2016 年,第 172—175 页。
⑤ 徐在国:《上博楚简文字声系(一~八)》,合肥:安徽大学出版社,2013 年,第 415 页;白于蓝:《简帛古书通假字大系》,福州:福建人民出版社,2017 年,第 32—36 页、第 50—51 页。
⑥ 参见张政烺:《猎碣考释初稿》,《张政烺文史论集》,北京:中华书局,2004 年,第 7—9 页。
⑦ [战国] 吕不韦著,陈奇猷校注:《吕氏春秋新校释》,上海:上海古籍出版社,2002 年,第 358 页。
⑧ 黄晖撰:《论衡校释》,北京:中华书局,1990 年,第 829 页。
⑨ 陈剑:《上博竹书〈周易〉异文选释(六则)》,"出土简帛文献与古代学术国际研讨会",台湾政治大学,2005 年 12 月 2—3 日。又载氏著:《战国竹书论集》,上海:上海古籍出版社,2013 年,第 163 页注二。

对于《郭店·缁衣》的"兹"字，滕壬生先生隶定作"茲"是十分精准的。① 目前看到的秦汉相关文字编均未见字头作"茲"者，② 但是北大汉简《反淫》简 18"滋味杂陈"的"滋"写作：

🅐

整理者释文径作"兹"，并不精确。请比较其他"兹"字：

(1) 🅐（《睡虎地·为吏》46）🅐（《岳麓·为吏》83 正肆）🅐（北大二《老子》55）🅐（北大四《妄稽》01）🅐（北大三《周驯》86）🅐（北大三《周驯》126）

(2) 🅐（校官碑）🅐（慈，静仁等字残碑）

(3) 🅐（熹平石经 282）

第（3）形看似从"艹"，但秦汉文字并没有从"丝"的"慈"，此字仍是承石鼓文🅐而来。看得出来，《反淫》的字形比秦汉文字的"兹"多了"艹"头，显然也当隶定作"茲"。这种写法还见于王莽时期的封泥"茲平尹印章"（《新出封泥汇编》5373、5374），③《汇编》编者隶定为"茲"的字形写作🅐，上从"艹"，下与《说文》"丝（兹）"同形。石继承先生指出《汉书·地理志》西河郡下有隰成县，"莽曰慈平亭"。上揭封泥中的"兹平"当即"慈平"之异写，据此可知慈平郡应当是王莽划原属西河郡下隰成等县所新置的郡。《敦煌汉简》简 61："兹平、大原郡皆以故官行，名曰行部。"以"兹平"与"大原"二郡并称，亦为此郡存在的明证。④ 除了隶定为"兹"稍嫌不精准外，其余皆正确可从。既然此字读为"慈"，可知"🅐"的"丝（兹）"旁相当于"🅐（兹）"，也就是《说文》"兹"与"茲"确实同为一字。大徐本《说文》分析"兹"为"从艹，兹省声"，或许许慎的说法就是根据《反淫》、王莽时期封泥字体"茲"字而来。又《说文》："畜，田畜也。《淮南子》曰：玄田为畜。🅐（蓄），《鲁郊礼》畜从田、从兹。兹，益也。"将"🅐"分析为"从兹。兹，益也。"虽然不

---

① 滕壬生：《楚系简帛文字编（增订本）》，武汉：湖北教育出版社，2008 年，第 64 页。
② 参王辉主编：《秦文字编》，北京：中华书局，2015 年，第一册第 113 页 0108"兹"、第 625 页 0809"兹"；陈松长、李洪财、刘欣欣等编：《岳麓书院藏秦简（壹—叁）文字编》，上海：上海辞书出版社，2017 年，第 32 页"兹"。《秦汉魏晋篆隶字形表》，成都：四川辞书出版社，1985 年，第 46 页"兹"、第 255 页"兹"；毛远明：《汉魏六朝碑刻异体字典》，北京：中华书局，2014 年，第 1252 页"兹"字；于淼：《汉代隶书异体字表与相关问题研究》，第 26 页"兹"、第 165 页"兹"。
③ 杨广泰编：《新出封泥汇编》，杭州：西泠印社出版社，2010 年，第 224 页。
④ 石继承：《汉印研究二题》，博士学位论文，复旦大学出土文献与古文字研究中心，2015 年，第 199 页。

对，① 但将"兹"训为"益也"与"兹"相同，说明二者为一字，也可呼应󰀀字的偏旁写法。说文学家认为"兹"当改作"茲"，篆形也当改作󰀀，实无必要。② 此外，敦煌辞书《笺注本切韵》二平声之韵："兹，子之反，《说文》：草木多益也，作此󰀀。"③ 张涌泉先生将"󰀀"楷定为"茲"，并认为"徐铉校定本《说文》'兹'字从兹省声，'茲'盖即据徐铉本'兹'不省声楷定而来。"④ 张先生所说有其道理，"󰀀"应该就是直承《反淫》与王莽时期封泥的字体而来。附带一提，东汉还有"玄武"之"玄"写作󰀀（简阳画像石棺题榜），⑤ 这是"玄"字重复偏旁而来，与"兹/茲"只是同形而已。⑥

对于西汉"茲"字的来源，笔者认为当承自战国文字的"󰀀"，其"丝"旁添加饰笔演变为"兹"或"兹"，即为󰀀、󰀀。王挺斌先生认为"󰀀"上部的'艹'旁很有可能只是讹变的结果而已，恐怕不能简单地视为从'艹'旁"，不可从。⑦ "茲"的本义当是艹木滋长，与"滋"是同源词。大概由于"茲"写法太繁复，因此被"兹""滋"取代而消失。《上博三·柬先》02 "未或󰀀生"，整理者认为："'兹'疑读'滋'，指滋生。"⑧ 徐在国先生指出此字与"󰀀"为一字，⑨ 皆可从。此字也当隶定为"茲"，用的正是本义。《清华七·越公其事》简28—29 "薛（农）工（功）昃（得）寺（时），邦乃砭（暇）【二八】安，民乃蕃荠（滋）"，整理者注释云："蕃荠，读为'蕃滋'。《国语·越语下》：'五谷睦熟，民乃蕃滋。'"⑩ 其说可从。表示"滋"的"荠"作󰀀也从"艹"旁，与"茲"可以并观，证明"茲"从"艹"旁是有根据的。仆儿钟（《集成》183）"余，义楚之良臣，而逯之字父。""字父"即"慈父"。《广雅·释诂》："字，生也。"《山海经·中山经》："其上有木焉……其实如兰，服之不字。"郭璞注："字，生也。"北大汉简《苍颉篇》简9"六畜逐〈遂〉字"，"遂"

---

① "畜"，甲骨文作󰀀（《合》29415），其上的"幺"一形多用为"幽"，作为声符。《玺汇》1953 "畜"字作󰀀，其"幺"旁右边还有笔画，显然与丁佛言《说文古籀补补》"畜"字下收古玺文"徐□煭"之"煭"作󰀀为一字，这个"󰀀"也用为"幽"，丁佛言云："兹或省为󰀀，"（丁佛言辑：《说文古籀补补》，北京：中华书局，1988年，第57页）丁氏颠倒演变顺序应该是受到《说文》分析《鲁郊礼》"䤈（畜）"字从"兹/茲"的影响。《上博三·周易·无妄》简20 "不畜之幆"的"畜"，今本也是误认为"兹"遂写作同音的"菑"，整句话变成"不菑畲"[陈剑：《上博竹书〈周易〉异文选释（六则）》]。其实《鲁郊礼》"䤈（畜）"的上部䤈相当于《铭图》05243 驭簋"幽黄（衡）"之"幽"作󰀀的󰀀旁，也是"󰀀"字上端添加饰笔之形演变而来。至于《清华七·越公其事》17 "山林癹芒"之"癹"作󰀀，其上"艹"旁并未与"󰀀"相连，显然是"󰀀"（幽）上加"艹"旁，与󰀀的󰀀旁不是一回事。
② 丁福保编纂：《说文解字诂林》，北京：中华书局，1988年，第13378—13382页。
③ 张涌泉：《敦煌俗字研究（第二版）》，上海：上海教育出版社，2015年，第755页。
④ 张涌泉：《敦煌俗字研究（第二版）》，上海：上海教育出版社，2015年，第755页。
⑤ 方建国、雷建金、唐朝君、付成金：《四川兰阳县鬼头山东汉崖墓》，《文物》1991年第3期。
⑥ 于淼认为"与《说文》中训为黑的'兹'同形。"不妥。参见氏著：《汉隶异体字相关问题研究》，载《汉代隶书异体字表与相关问题研究》下编，第40页。
⑦ 王挺斌：《战国秦汉简帛古书训释研究》，清华大学历史系博士学位论文，2018年，第95页。
⑧ 马承源主编：《上海博物馆藏战国楚竹书（三）》，上海：上海古籍出版社，2003年，第289页。
⑨ 徐在国：《上博楚简文字声系（一～八）》第418页。
⑩ 李学勤主编：《清华大学藏战国竹简（柒）》下册，上海：中西书局，2017年，第129页注一五。

"字"都是生育之义。① 因此"兹"与"孳"当是音义相关的同源词。邬可晶先生进一步指出:"'兹'与'孳'应该就是同一字的异体,不过后者所用声旁兼表其语源义罢了(也可以说是义符兼音符)。这就是说,'滋生''滋长'的'滋'这个词很有可能是从'字'孳生出来的。"② 其说亦可从。

三

《北大四·妄稽》:"亲戚【四】皆说(悦)"的"戚"作🔲,与常见"戚"字作🔲(《马王堆·五行》19)、🔲(《马王堆·春秋事语》94)、🔲(《居延》65.11)有所不同。反而跟"戉"相近。请比对《妄稽》简22"签"作🔲,简24"籖(签/纤)"作🔲、简35"鐵(纤)"作🔲,看起来"戚"与"戉"形体相混了。其实这种现象在秦简已有出现,《岳麓一·为吏》48壹"毋弃亲○"、65正肆"亲○不机,不欲外交"。两处"○"字分别作:

🔲　🔲

整理者释文作"鐵(贤)"。复旦大学读书会指出:原整理者将(简65/1584)"鐵"读为"贤",这恐怕是有问题的。我们怀疑此字有可能读为"戚",但也不很确定,因此在其后加了问号。此字构形不明,也不能排除就是"戚"的误写的可能。③ 陈剑先生在文末评论指出:"此及简48/1550原释为'毋弃亲鐵(贤)'之所谓'鐵'字,皆定为从'人'从戚钺之'戚'之象形初文那类写法的亲戚之'戚'字之写讹,完全不会有什么问题(辞例、字形两方面的限制已经足够)。"方勇《秦简牍文字编》页218则归到"鐵"下,并认为"通'戚'"。叶湄也直接归在"鐵"字下。④《岳麓书院藏秦简(壹—叁)文字编》也归到"鐵"下,并读为"贤"。⑤《岳麓书院藏秦简(壹—叁)释文修订本》释文也作"鐵(贤)",注释云:"鐵:一说读为戚。"⑥

谨案:"鐵"是心纽谈部,"贤"是匣纽真部,"戚"是清纽觉部字,三者不能相通。陈剑先生认为此字是"🔲"形体的讹变,当是。现在根据《妄稽》的字形可以证明"戚"确实存在这种介于"戉"、"戚"之间的写法,此字仍应该直接归在"戚"字之下。

附记:拙文承蒙邬可晶先生审阅指正,让本文避免不少错误,笔者十分感谢!

作者简介:苏建洲,男,台湾彰化师范大学国文学系教授。

---

① 蔡伟:《读北大汉简〈苍颉篇〉札记》,复旦网,2011年07月09日,http://www.gwz.fudan.edu.cn/SrcShow.asp?Src_ID=1586,2018年06月09日。
② 2018年9月4日电子邮件。
③ 复旦大学出土文献与古文字研究中心研究生读书会:《读〈岳麓书院藏秦简(壹)〉》,复旦网,2011年02月28日,http://www.gwz.fudan.edu.cn/SrcShow.asp?Src_ID=1416,2018年07月28日。
④ 叶湄:《〈岳麓书院藏秦简(壹)〉文字编》,中山大学中文系硕士学位论文,2012年。
⑤ 陈松长、李洪财、刘欣欣编:《岳麓书院藏秦简(壹—叁)文字编》,第303页。
⑥ 陈松长主编:《岳麓书院藏秦简(壹—叁)释文修订本》,上海:上海辞书出版社,2018年,第46页注10。

甲、金文 "𤝩" 字补说

山东省枣庄市广播电视台　王宁

摘　要： 甲骨文、金文中的 "𤝩" 当如徐中舒先生所言释 "献"，卜辞和金文中或用本义为贡献、享献义，或读 "犬（官）" 为官名、为官府之称、为氏族名，或读 "观" 训 "多" 义同 "庶"，或读 "仪" 训 "来"，其用法不同，需要区别对待。自东周开始，它被 "献" "官" "仪" 等字取代，字形被废弃。

关键词： 𤝩　献　官　多　仪

清华简五《封许之命》第五简言 "柬（简）乂四方不𤝩"[①]，关于 "𤝩" 字，说法较多，可参看侯建科先生《清华简五〈封许之命〉篇集释》该句下所汇集诸家说[②]，其中笔者认为此字是格斗之 "格" 的本字，在文中是用为来格之 "格"[③]。后有朋友提出异议，认为从读音上讲，"𤝩" 是匣纽歌部，阴声，"格" 是见纽铎部，入声，二者差距较大，"𤝩" 读为 "格" 可疑。笔者经过反复思考后，觉得所言有理，这个字在此确应该是 "来" "至" 义，但是读 "格" 的确不恰当，需要重新梳理一下甲骨文和金文中关于 "𤝩" 含义的问题。

"𤝩" 这个字，甲骨文、金文中均有，而且常见，在甲骨文中，"𤝩" 主要有 4 种形体：[④]

1. ![] 合集 8631　![] 合集 8661

2. ![] 合集 7015　![] 合集 18032

[①] 清华大学出土文献研究与保护中心：《清华大学藏战国竹简［伍］》，上海：中西书局，2015 年，第 118 页。

[②] 侯建科：《清华简五〈封许之命〉篇集释》，复旦大学出土文献与古文字研究中心 2015/7/3。http://www.gwz.fudan.edu.cn/SrcShow.asp?Src_ID=2552

[③] 王宁：《读〈封许之命〉散札》，复旦大学出土文献与古文字研究中心 2015/4/28。http://www.gwz.fudan.edu.cn/SrcShow.asp?Src_ID=2507

[④] 字形选自李宗焜：《甲骨文字编》，北京：中华书局，2012 年，第 133-134 页。

3. 戌 合集 03481　戌 英藏 1291

4. 戌 合集 20070　戌 合集 21139　戌 合集 21386

金文中的字形略同：①

麋妇觚（《集成》7312）　延作父辛角（《集成》09099）

段簋（《集成》04208）　县妃簋（《集成》04269）

将甲骨文、金文对照可知，甲骨文中第1类字形是通行的写法，被金文所继承，第2、3、4类写法是异构。此字在商代和西周时期常见，西周之后就基本消失了，《春秋文字字形表》中就没收录到这个字的字形②；《战国文字字形表》中，收录的也只有本文开始提到的清华简《封许之命》中的那一例③；而在传世文献中，除了《说文》等字书收录之外，迄不见有使用者。这种情况，唯一的解释就是，这个字在东周以后被别的字代替了，本字形基本被废弃。

此字徐中舒先生最早释为"献"，云：

戌，甲骨文、金文皆作跽而两手举戈上献之形，当为献之本字。古代席地而坐，坐即跽。跽而双手上举其戈以献，其为战败而缴械投降之意，至为明显。此铭戈廾平列，有似于从廾戈声的形声字。此字形误已久，许氏作《说文》时已不识此字。《说文》：'戌，击踝也。从廾戈，读若踝'，乃据误形为说，音义并误。④

又指出"戌"字"是一个缴械投降的会意字，引申为献纳"。徐先生之说得到广濑熏雄先生的赞同，他在《说俞玉戈铭文中的"才林田俞戌"》⑤一文中梳理了诸家说之后，赞同徐中舒先生的说法释"献"，贡献、进献义；同时，把麦尊（《集成》06015）中的"戌臣"与《书·酒诰》"殷献臣"的"献臣"联系起来，云：

至于"献臣"的意思，虽然我们不同意"献之本义为降"这个说法（宁按：此徐中舒先生说），但"献臣即降臣"这种理解应该大致不误。此"戌"的用法当是上引甲骨卜辞中所见"戌"的引申义，也就是说，在殷周革命之后，有很多方国或人来周朝称臣进献，"戌（献）臣"指的可能是这种人。

---

①全部字形参看容庚编著，张振林、马国权摹补：《金文编》，北京：中华书局，1985年，第179页；董莲池：《新金文编》，北京：作家出版社，2011年，第319页；夏大兆：《商代文字字形表》，上海：上海古籍出版社，2017年，第105页；江学旺：《西周文字字形表》，上海：上海古籍出版社，2017年，第111页。
②吴国升：《春秋文字字形表》，上海：上海古籍出版社，2017年。
③徐在国、程燕、张振谦：《战国文字字形表》，上海：上海古籍出版社，2017年，第389页。
④徐中舒：《西周墙盘铭文笺释》，《考古学报》1978年第2期。
⑤广濑熏雄：《说俞玉戈铭文中的"才林田俞戌"句》，《出土文献与古文字研究》第六辑，上海：上海古籍出版社，2015年，第443—459页。下引广濑先生说均出此文，不另出注。

广濑先生的看法可以说已经比较正确，但他把甲骨文、金文中的"𤉢"都解释为"献"则可能有问题，所以这里略作补正。

笔者认为，在甲骨卜辞和殷周青铜器铭文中"𤉢"字的确当从徐中舒先生说释"献"，它在后来的传世文献中即被"献"字所取代，可它的用法并不是仅有一个义项，而是有几个义项，兹略述如下：

一、用其本义为"献"，或读为"祼"

这个义项，广濑熏雄先生做了比较详细的论述。卜辞如：

其𤉢戈一、斧九。《合集》29783

王戉（𤉢）祖［□］珌，燎三小宰，卯三大［牢］。《英藏》1291

乙酉卜：王其又𤉢于河，王受又＝（有佑）。

……𤉢于河三牢，王受又【＝】（有［佑］）。《契合集》170+《合集》30967

二祀䢴其卣：隹（惟）王二祀，既𤉢于上下帝。《集成》5412（殷）

这里面的"𤉢"当如广濑先生说，读"献"，第一条是贡献义，后面几条的"献"则用为祭名，谓献祭之意，其义可能同于"享"，《说文》："享，献也"，是说得通的。还有另一种可能，《说文》言"𤉢"音"踝"，疑作为祭名也可通"祼"，李学勤先生即读第一条卜辞中的"𤉢"为"祼"。①"祼"即祼祭，亦作灌祭（祼、灌音同），乃殷周习见的祭名，"既祼于上下帝"文意亦通顺。

另外，福格藏玉戈铭文说：

曰享（飨）王，汏（汰）。才（在）林田（甸）俞𤉢。②

这其中的"𤉢"广濑先生也读"献"，认为这件玉戈是在林田（官名）俞所献。但这个"献"很可能是和前面的"享（飨）"是相呼应的，意思是享王之物均是在林地为田官的俞所献，因为古人称与人饮酒亦曰"祼"，《周礼·春官·典瑞》："祼圭有瓒，以肆先王，以祼宾客"，《疏》："祼皆据祭而言，至于生人饮酒亦曰祼，故《礼记·投壶》云：'奉觞赐灌'，是生人饮酒爵行亦曰祼也。"这件玉戈则是俞为自己享王这件事专门做的纪念品。

二、读为"犬"，义同"官"，指某地的官长

殷周金文中还有一种"𤉢"，其用法相当于一种官职，也就是一种官名。这种用法，大量见于金文：

---

① 李学勤：《说祼玉》，《重写学术史》，石家庄：河北教育出版社，2002年，第53-60页。
② 关于该铭文字的释读，可参看王宁：《释福格藏玉戈铭文中的"香（享）"》，复旦大学出土文献与古文字研究中心 2018/7/31。http://www.gwz.fudan.edu.cn/Web/Show/4282。

1. 林𪓐鬲：林𪓐乍（作）父辛宝尊彝。《集成》613（西周早）
2. 𢎗史𪓐甗：𢎗史𪓐乍（作）旅彝。《集成》888（西周早）
3. 𢎗𪓐甗、𢎗𪓐进壺：𢎗𪓐乍（作）父辛宝尊彝。《集成》920、9595（西周早）
4. 𢎗𪓐方鼎：王赐𢎗𪓐进金。《集成》2725、2726（西周早）
5. 𢎗𪓐进壺：𢎗𪓐进。《集成》9594（西周早）
6. 段簋：令龏𪓐𨖞（馈）大则于段。《集成》4208（西周中）
7. 𡨄𪓐卣：𡨄𪓐乍（作）从彝。《集成》5193（西周早）
8. 伊器：伊𪓐延于辛事……伊𪓐赏辛事秦金。《集成》10582（西周）

以上的"𪓐"是指主管某地事务的官，"𪓐"字前面的字都是地名。第二条的"𢎗史𪓐"盖即𢎗地的史官；第3、4、5条的"𢎗𪓐进"当是𢎗地之官名进者。它可能来源比较古老，因为这种地方官在殷墟卜辞中多称"田"或"犬",① 疑官称的"𪓐（献）"可能就是从"犬"音转来的，"献""犬"晓溪旁纽双声、同元部叠韵音近，而且意思也相近（《说文》："献，宗庙犬名羹献，犬肥者以献之"）。在卜辞中就有很多这种"某犬"，是一种负责某地区田猎场的官员，如：

1. 孟犬告鹿，王其从，禽。（《合集》27921）
2. 牢犬告有鹿，王其从，禽。（《合集》27921）
3. 狈犬告曰：有大狐。（《合集》27900）
4. 王叀盖犬从，亡灾。（《屯南》4584）

这里面的"犬"前面也都是地名，和铭文中的"某𪓐"之称的格式相同。这种犬和田（负责农业的官）一样，本来职责是主管某一个地方猎场或农田，后来演变成主管该地的长官，成为一种地方官名。可能到了殷末周初，官名"犬"者以其字为可讳，乃声转若"献"而以"𪓐"书之，作为对此类官职的一种统称。

在后世文献中，由于"𪓐"通作"献"，又引申出许多音近义同的词。"献"与"宦"古音晓匣旁纽双声、同元部叠韵；与"官"晓见旁纽双声、同元部叠韵，并音近可通，"献"可读为"裸（灌）"，而"灌""官"音同，自亦可通；"宦""官"通用，"献"与"仪"亦通用，② 故这些字的含义都相同或相近。《说文》："官，吏事君也"，又云："宦，仕也。"段注：

> 按仕者，习所事也。古事、士、仕通用，贯、宦通用，故《魏风》"三岁贯女"，《鲁诗》作"宦女"。

《尔雅·释诂上》："宦、贯，事也。"郝懿行《义疏》云："宦者，《释名》云：'仪，宜也，得事宜也'，然则'宜'训'事'者，作事得宜，因谓之'宜'，故《诗·凫鹥》传：'宜，宜其事也。'贯者，下文云：'习也'，'习'与'事'义亦近。《诗》'三岁贯女'传：

---

① 王宇信、杨升南主编：《甲骨学一百年》，北京：社会科学文献出版社，1999年，第457—458页。
② 高亨纂著，董治安整理：《古字通假会典》，济南：齐鲁书社，1989年，第186页"官与宦"条，第179页"献与仪"条。

'贯，事也。'《职方氏》云：'使同贯利。'《论语》云：'仍旧贯。'郑注并云：'贯，事也。'通作'宦'，汉石经《诗》作'三岁宦女'，'宦'盖与'官'同，宦，事也；仕，事也；官，亦事也。'官''贯'声又同矣。"甲骨文中有"官"字，均用为馆舍之"馆"（或作"館"），① 与官职义无关。参考段注和郝疏可知，古音中"献""仪""宜""宦""贯""官"音义皆相近，穷本究源，可能都是从殷人的"犬"这种官职演化出来的词语，只不过后人用不同的字记录，并根据用字赋予了不同的解释而已。

三、通"祼"，读为"官"，谓官府、有司

殷周金文中还有一种"观"的用法是单用，总与赏赐有关。如：

1. 小子𰲝簋：观商（赏）小子𰲝贝十朋……唯观令伐人方。《集成》4138（殷）
2. 孝卣：观赐孝贝。《集成》5377（殷）
3. 小子夫父己尊：观商（赏）小子夫贝二朋。《集成》5967（殷）
4. 麇妇瓡：麇妇口赏于观。《集成》7312（殷）
5. 娶方鼎：丁亥，观商（赏）又（有）正婴婴贝才（在）穆朋二百。婴辰（扬）观商（赏），用乍（作）母己尊爛。《集成》2702（西周早）
6. 延作父辛角：观商（赏）延贝，用作父辛彝。亚疑。《集成》9099（西周早）
7. 凤作祖癸簋：观易（赐）凤玉，用乍（作）且（祖）癸彝。㲋。《集成》03712（西周早）

"观赏"又可称"观赐"，也说"赏于观"，"观"还可以令人伐人方，这些器物有殷器，有西周早期器，里面的"观"似乎不是个具体的人名，而更像是个机构名或某一类贵族的统称。在西周早期的金文中还有"祼赏"或"祼赐"的说法：

8. 庚嬴鼎：丁巳，王蔑庚嬴历，易（锡）𰲝（祼）𰲝（章→赏）贝十朋。《集成》02748（西周早）
9. 史兽鼎：十又一月癸未，史兽献工于尹，咸献工。尹赏史兽𰲝（祼）易（赐）豕鼎一、爵一。《集成》02778（西周早）

"[王]赐[庚嬴]祼赏贝十朋"和"尹赏史兽祼赐豕鼎一、爵一"的说法非常类似，或于"章（赏）"或"祼"下断句，② 很可能是不对的。其中的"祼赐某"或"祼赏某"应该是一种赏赐物品的名称，说明这些物品是来自于"祼赐"或"祼赏"，"赐祼赏贝十朋"就是赐予祼赏之贝十朋，"赏祼赐豕鼎一、爵一"就是赏给祼赐之豕鼎一件、爵一件，1-7条中的"观赏"或"观赐"当与此同，但"祼赏"或"祼赐"的含义却弄不明白。

---

①参于省吾主编，姚孝遂编撰：《甲骨文字诂林》第四册，北京：中华书局，1999年，第3052页赵诚、姚孝遂两位先生说。
②中国社会科学院考古研究所：《殷周金文集成（修订增补本）》第二册，北京：中华书局，2007年，第1417页、1445页《释文》。

疑这个"獻"或"祼"亦当读为"官",是指受赏者所在地方官府,第 8 条铭文说王赐祼(官)赏贝十朋,就是说王赏赐是通过地方官府赏给贝十朋;第 9 条铭文说尹赏史兽官赐豕鼎一、爵一,就是尹赏赐是通过地方官府赐予豕鼎和爵。盖这种赏赐是王或某大臣要赏赐某人,但赏赐不是由王或某大臣来颁发,而是指令受赏者所在地的官府来颁发,受赏者要到当地官府去领赏,官府颁发的赏赐,就称"官赏"或"官赐",受赏者在作器的铭文里就称"某赐官赏某物"或"某赏官赐某物"。

那么第 1—7 条里的"獻赏"或"獻赐"也是这个意思,都是指官府的赏赐,并不是哪个具体的人。第 1 条"唯獻令伐人方"则是说官府发布命令去征伐人方,也是比较通顺的。如果此说成立,那么凡是作此类器物的,都是某些地方贵族。

四、为氏族名或人名,疑亦读为"官"

1. 麃父卣、麃父尊:麃父乍(作)獻是从宗彝䄍。《集成》5348、5930(西周早、西周中)
2. 獻册鼎:獻册。《集成》1357(殷)
3. 獻觚、獻爵:獻。《集成》6705、7434(殷、殷或西周早)
4. 獻父丁簋:䘎口赐獻贝廿朋。……獻用乍(作)父丁尊彝。《集成》3905(西周早)
5. 獻乍(作)父辛鼎:獻乍(作)父辛宝尊彝。《集成》02255(西周早)
6. 獻乍(作)父癸鼎:獻乍(作)父癸宝尊彝。〔䋛〕。《集成》02324(西周早)

这些器物,可能是不同地方的官氏所作,其族属不同,所以所署的氏族名也不同,有的也直接署名"獻",盖是以獻为氏,其中第 1 条的"獻是"当读为"獻氏",疑亦当读"官",《姓氏寻源》卷十二《上平声·十四寒·官氏》:"古人以官名族,故有官氏。"可能此族的首领本为某官,故以"官"为氏。

五、读为"观",训"多",与"庶""众"同

这种用法见于金文:

1. 麦方尊:侯赐者(诸)獻臣二百家。《集成》6015(西周早)
2. 仲獻臣盘:中(仲)獻臣氒(厥)肇会以金,用乍(作)中器。《集成》10101(西周早)

其中的"獻臣",广濑先生已经指出即《书·酒诰》的"献臣",很正确,也就是说,传世典籍中是用"献"为"獻",但这个"献"不是贡献义。

《酒诰》里说"汝劼毖殷献臣侯、甸、男、卫,矧太史友、内史友越献臣百宗工",里面有"献臣"之说,实际上周人文献里不仅有"献臣",还有"献民":

《书·洛诰》:"其大惇典殷献民。"
《逸周书·作雒》:"俘殷献民,迁于九毕。"

又《商誓》:"告尔伊旧何父,□□□,几耿肃执,乃殷之旧官人,序文□□□□,及太史比、小史昔,及百官、里居献民,□□□来尹师之。"

又曰:"天王其有命尔百姓、献民其有缀艿。"

又《度邑》:"维王克殷国,君诸侯,乃征厥献民、九牧之师见王于殷郊。"

另外,《书·毕命》:"惟周公左右先王,绥定厥家,毖殷顽民,迁于洛邑。"其中的"殷顽民"的"顽",过去都以"愚顽"释之,而与上引数据对照可知,这个"顽"很可能是"献"的假借字,"献""顽"晓疑旁纽双声、同元部叠韵音近可通。

看看《逸周书》里的记载,其把"献民"和"百官""百姓""九牧之师"等并列,可知"献民"就是指庶民。"庶"本训"众",是众多义,在殷墟卜辞中,"众"是名词,是指军队,而称众多曰"多",如"多射"(合集00046正)、"多马"(合集00564正)、"多臣"(合集00628正)、"多尹"(合集5611正),等等甚多,"多"就是"众"的意思,"献民"的"献"就相当于这个"多"。故"献"疑当读为"观",二字晓见旁纽双声、同元部叠韵相近,犹上述读为"官"的情况相同,"官""观"音同见纽元部也。《尔雅·释诂》:"观,多也",郝懿行《义疏》云:

> 观者,郭引《诗》"薄言观者",又"遹观厥成"、"奄观铚艾",《笺》并云:"观,多也。""永观厥成"《释文》亦云:"观,多也。"声同"灌",灌,丛也,丛聚亦多也。《释文》云:"观、顾、谢音官,施古唤反",古唤反者读如观兵之"观","观"训"示也",示于人必多于人也,故训"多"也。

根据郝疏可知,"观""灌""官"音同,所以"观"顾、谢音"官","𢻻(献)"可读若"官",自然亦可读若"观""灌",训多,亦众多义。"献臣""献民"就是指群臣、庶民,"殷献臣"即殷人卜辞中所称的"多臣",后所谓"诸臣""群臣",又称"庶官",《书·皋陶谟》:"无旷庶官";"殷献民"即"殷庶民",亦即"黎民",《尔雅·释诂》:"黎、庶,众也",二者义同。"献臣""献民"都是原来殷商的官员和民众,所以《逸周书·商誓》里说这些人"乃殷之旧官人"。

上引1、2条铭文中的"𢻻臣"当即"庶臣",但不能理解为群臣,而是庶民之为隶臣者,服事于贵族,故某侯可以用来赏赐。

《酒诰》里说的"殷献臣"就是指故殷商的诸旧臣,即侯、甸、男、卫;后面说的"太史友、内史友越(与)献臣百宗工"是指太史友、内史友和其下属的诸臣,即百宗工,这些可能是周人。

又《大诰》里说:"民献有十夫予翼",《尚书校释译论》:

> 民献——《尚书大传》作"民仪"。按古籍中"献"亦作"牺","仪"疑"牺"之误。"民献"也可倒作"献民",见本书《洛诰》和《逸周书》之《作雒》《商誓》等篇,

都称"殷献民"。①

从文意上看,"民献"可能与"献民"意思有区别,"民献"盖即后世所言"民众",就是指人民。三监叛乱,周公要东征,很多周人说难度很大,周公说"民献有十夫予翼,以于敉宁(文)武图功",意思是说我们的人民中有很多人("十夫"的"十"代指多数)愿意帮助我们,以去完成文王、武王的伟大功业。另外,《书·益稷》说:

> 万邦黎献,共惟帝臣,惟帝时举。

对于其中的"黎献",《孔传》的解释是:"献,贤也。万国众贤,共为帝臣,帝举是而用之。"此说恐怕不正确。《说文》:"黔,黎也。从黑今声。秦谓民为黔首,谓黑色也。周谓之黎民。"可知"黎"就是人民的代称,"黎献"应该就是"民献",即后世书的"民庶""黎庶""众庶"等,如《官职·国蓄》"人君铸钱立币,民庶之通施也";《史记·秦始皇本纪》"地势既定,黎庶无繇,天下咸抚";《书·汤誓》"格尔众庶,悉听朕言",都是指人民。《益稷》里说的意思就是万国的人民,都愿意作帝舜的臣,任凭帝舜的差遣。

六、读为"仪",训"来""至"

《史墙盘》云:"方蛮亡不𢽾视",广濑先生认为"'𢽾'读为'献'的可能性仍然很大",并举出《爯伯簋》铭文"二月眉敖至视,献帛",认为"在此'视'和'献帛'并列出现,与史墙盘铭文'𢽾视'正好可以相对照"。又举了两条卜辞:

> [□□卜]贞:余勿乎□敦敖。[乙]酉既𢽾。《合集》7018
> 戊戌卜贞:弜弗其鞫敖。乙酉𢽾。《天理》171

认为这里面的"𢽾"是"进献"义。但把《史墙盘》《爯伯簋》相对照可知,前者的"𢽾视"相当于后者的"至视","𢽾"相当于"至"。"视"当即卜辞中的"示",卜辞中言方国群臣送来龟甲或兽骨称"示",每言某人"示"多少屯(纯),又称"入"。"示"可能就是"诣"或"致"的通假字,《说文》:"致,送诣也。"《小尔雅·广诂》:"诣,进也。""入"即"纳",也是缴纳义,"示""入"义略同,大约就是后来"进贡""纳贡"的意思。因此"𢽾视""至视"就是来纳贡,并不是说这个"𢽾"有进献义。

上引两条卜辞的情况,和《书·大禹谟》里记载舜服有苗的情况类似。《大禹谟》里说有苗不服,帝舜先命禹"班师振旅。"之后:

> 帝乃诞敷文德,舞干羽于两阶。七旬,有苗格。

反观卜辞,其言敖方不服,殷商准备出师征伐,到了乙酉日,敖方"𢽾",这个"𢽾"显然就相当于《大禹谟》的"格",《尔雅·释诂》:"来、格、怀,至也。"又《释言》:"格,怀,来也。"《方言》一云:

---

① 顾颉刚、刘起釪:《尚书校释译论》,北京:中华书局,2005年,第1269页。

假、各、怀、摧、詹、戾、艘，至也。邠唐冀兖之闲曰假，或曰各；齐、楚之会郊或曰怀；摧、詹、戾，楚语也；艘，宋语也。皆古雅之别语也，今则或同。

又二云：

仪、各，来也。陈颍之间曰仪，自关而东周郑之郊、齐鲁之间或谓各，或曰怀。

钱绎《笺疏》：

《广雅》："仪，招来也。"《淮南·齐俗训》："夫一仪不可以百发"，高注："仪，弩招颜也。"《说文》："招手呼也。"皆来之意也。戴氏曰："仪者，仪之而来，《周语》：丹朱冯身以仪之仪，即来归之义。"《释言》："格，来也。"卷一云："佫，登也。"注云："佫亦训来。"又："佫，至也。"注云："佫，古格字。"

《方言》中的"假""各"就是《尔雅》中的"格"，那么"钕"也当是"来""至"义，当读为《方言》二中的"仪"，"献""仪"古字通假。① 因此《说文》中说"钕"读若"踝"不是没根据的，是因为"钕"被用为"仪"而语转若"踝"，"踝""献"同匣纽双声、歌元对转韵相近，而"踝""仪"匣疑旁纽双声、同歌部叠韵相近。

同训"来""至"的"怀"可能也是"踝"音的音转，二字同匣纽双声、微歌旁转韵相近。《说文》于"婐"下云："读若騧，或若委，从女果声"，"或若委"段本作"一曰若委"，谓"婐"或读若"委"，"委"是影纽微部字；《说文》又云："委，委随也。从女从禾。"段本从徐锴本作"从女从禾声"，注云：

十六、十七部合音最近，故读于诡切也。《诗》之"委蛇"即"委随"，皆叠韵也。

桂馥《义证》：

从禾者，徐锴本作"禾声"，顾炎武曰："委，古音于戈反，《说文》从禾乃声也。"馥按：本书"捼"奴禾切，"婐"读若"委"。

此皆微部与歌部相近旁转之证。疑"怀"字本有若"踝"的读音，证之者，《淮南子·时则训》云：

其令曰：平而不阿，明而不苛。包裹覆露，无不囊怀。溥氾无私，正静以和。

其以"怀"与歌部的"阿""苛""和"为韵，则"怀"正当读若"踝"。所以这个"怀"可能就是由"踝"声转而来，而其本字也是"钕"，即"献"。

《史墙盘》说"方蛮亡不钕视"，就是方蛮没有不来纳贡的；《爯伯簋》说"二月眉敖至视，献帛"，就是说二月，眉敖来纳贡，献上了帛。在殷墟卜辞中用为"来"的"钕"还有很多，如：

---

① 《古字通假会典》，179页"献与仪"条。

1. 贞：余勿乎……敦、失猷……既。《合集》7018
2. 贞：基方猷。
   贞：基方不其猷。《合集》8445
3. 贞：犹其猷。《合集》8631
4. 丙戌卜，方其猷。《合集》8660
5. 丙子卜，殻……方猷。《合集》8661
6. 癸卯卜，王曰：端其猷。《合集》20070

这其中的"敦"、"失"、"基方"、"犹"、"方"、"端"等都是方国名，"猷（献）"都当读"仪"训"来"。《史墙盘》中的"亡不猷"就是"无不来"，传世典籍中称"莫不来"，如：

《鹖冠子·王鈇》："周阖四海为一家，夷貉万国，莫不来朝。"
《管子·小匡》："荆州诸侯，莫不来服""海滨诸侯，莫不来服"。
《大戴礼记·主言》："是以蛮夷诸夏，虽衣冠不同，言语不合，莫不来至，朝觐于王。"

又《诗·殷武》："昔有成汤，自彼氐羌，莫敢不来享，莫敢不来王"，意思类同，其中的"享"就是"献"义。古书里又称"不来"曰"不格"，如：

《逸周书·大开武》："维王其明用开和之言，言孰敢不格。"
《逸周书·和寤》："后降惠于民，民罔不格。"
《管子·小匡》："庶神不格。"

还有《书·益稷》里说"箫韶九成，凤皇来仪"，孔传："仪，有容仪"，恐怕是不对的，这里的"仪"也当训"来"，与"来"是同义连举成词，相当于"来格""来至""来到"等这种词语，"来""格""至""到"都是同义词。那么，清华简五《封许之命》言"柬（简）乂四方不猷"中的"不猷"就是"不仪"，也就是"不来"，即不来称臣纳贡，整句的意思就是要大大地整治那些不来称臣的国家。

要之，甲骨文、金文中的"猷"当如徐中舒先生所言释"献"，卜辞和金文中或用本义为贡献、享献义，或读"犬（官）"为官名、为官府之称、为氏族名，或读"观"训"多"义同"庶"，或读"仪"训"来"，其用法不同，需要区别对待。自东周开始，它被"献""官""仪"等字取代，字形被废弃。

2015 年 6 月 28 日初稿
2018 年 8 月 12 日修订

作者简介：王宁，男，山东省枣庄市枣庄广播电视台主任编辑、研究员。

商代甲骨文的"符号学美学"阐释*

四川省社会科学院　王小平

摘　要： 人类是创造符号的动物。甲骨文是中华民族在3000年以前"观物取象"创造的"意"与"象","情感"与"形式"结合的"文化符号""情感符号""审美符号"。它通过"象形""会意""指事"等造字方法创造了具有"情感性""体验性""视觉美感"的"能指",其"所指"蕴含了中国远古的"巫术礼仪""原始崇拜""农耕文明""道德观念""审美观念"。这一特征,使它成为"有意味的形式",即"审美的符号""艺术的符号"。甲骨文经常运用类似于20世纪电影的"蒙太奇"手法,以多个视觉画面"拼贴"的形式,"叙述"中国远古的故事,表达先民对世界的体认,记录先民的"原始崇拜""神灵祖先祭祀"、日常社会、生产劳动、风俗习惯,增强了传播的"趣味性"和"表现力"。它形成了中国文化几千年来以"视觉文化"(图像文化)传播中华文明的风格及传统。

关键词： 甲骨文　观物取象视觉"能指"　原始文化"所指"　情感和审美的符号

历史上,世界最伟大的哲学家都在思考"人是什么",即人与动物的本质性区别是什么的问题。西方从古希腊就开始研讨这个问题了,两千多年前,亚里士多德认为,"人是理性的动物",所谓"理性动物",即人是有参与公共事务热情的"政治动物"。19世纪马克思曾经提出,"人是审美地掌握世界"的动物,到20世纪30年代,德国哲学家恩斯特·卡西尔曾经指出,人的本质是会创造"文化符号"的动物,而动物不具备这种能力。他说,人与其说是"理性的动物",不如说是"符号的动物"。在这种"文化符号"的创造中人的主体性(人的智商和情商)得到了提升,从被动服从自然的纯粹动物状态,变成了有了一定自由度的真正人。从此,"人不再生活在一个单纯的物理宇宙之中,而是生活在一个符号宇宙之中。语言、神话、艺术和宗教则是这个符号宇宙的各个部分"①。在我们看来人更是一个

---

*本文为国家社科基金项目："商代甲骨文与儒家核心审美观念的起源及中华文明早期形象建构研究"的阶段性成果；批准号：19XZX016。

① [德] 恩斯特·卡西尔：《人论》,甘阳译,上海：上海译文出版社,1985年,第33页。

"审美的动物",是能不断创造"审美符号"——创作艺术品的动物。甲骨文在公元前 1300 多年前都已经是较为成熟的文字了,它不但是记载早期中华文明的文字,而且也带有很强的神话、宗教、艺术特征。它产生于敬畏、感恩、崇拜、热爱大自然和逝去祖先的情感之中,是观察、体验、想象、联想的产物。这一切,决定了甲骨文从一开始就是"象中含意"的"审美符号"。

"观物取象"的甲骨文

文字的产生是人类文明的标志。美国学者摩尔根在他的《古代社会》一书中,就提出文明社会始于"标音字母的发明和文字的使用"。而在中国,关于文字的起源,见于《周易》的两段话,"上古结绳而治,后世圣人易之以书契。百官以治,万民以察"(《周易·系辞下》),说明文字最早是用于记录大事,便于生活,更重要的是圣人治理天下的政治工具。更贴近文字起源的是:"古者包牺氏之王天下,仰则观象于天,俯则观法于地,观鸟兽之文与地之宜,近取诸身,远取诸物,于是始作八卦,以通神明之德,以类万物之情。"(《周易·系辞下》)它说明文字(类似文字符号的"八卦")是对丰富多彩、生生不息的大自然的模仿记载,其目的是"通神明之德"(原始宗教仪式)、"类万物之情"(描绘万物的情状,以便情感的传达和交流)。我国著名的文字学家唐兰先生认为,要准确界定文字发生的时代是很困难的,他并不完全赞同通常的关于文字起源时间的说法。指出:"《易·系辞》说:'后世圣人易之以书契。'后世是什么时候呢?战国末年人把作书归仓颉,汉初人以为是黄帝史官。又有人说《管子·封禅》既有十二家封太山,像:无怀氏、虙羲、神农、黄帝等传说,都起于六国以后,不甚可靠。对于文字发生时代在文献里没有什么明确的凭据。"[①] 唐兰先生肯定了早期文字与绘画之间的关系,同时也指出图画与文字之间不能完全等同,经过一段时间的演变,图画才最终变为了文字。他说:"文字的产生本是很自然的,几万年前,旧石器时代的人类,已经有很好的绘画,这些画大抵是动物跟人像,这是文字的前驱。但是绘画只能描写印象,表现自然,不能完全表现出作者的思想感情,所以不是文字。经过很长的时期,人类由渔猎社会,进入了农业的社会,有了相当的安定的居处,由小的部落积累成国家,有了剧烈的战争,交通一天一天地繁复起来,人与人的关系也密切起来,许多歧异的语言混合起来,有了较普通较广泛的语言。在这个时候,有人画出一只老虎,任何人见了都叫做'虎',画出一只'象',任何人见了都会说'象',有了图画,加上了统一的语言,如其那时的文化已经发展到那种需要,就立刻有了文字。文字本于图画,最初的文字是可以读出来的图画,但图画却不一定能读。后来,文字跟图画渐渐分歧,差别逐渐显著,文字不再是图画的,而是书写的。书写的技术,不需要逼真的描绘,只要把特点写出来,大致不错,使人能认识就够了。最初的文字,是书契,书是由图画来的,契是由记号来的。可是单有记号,但有图画,都还不是文字,文字的发生,要在有了统一的语言以后。"[②] 当然,我们也不能完全同意唐兰先生说的"绘画只能描写印象,表现自然,不能完全表现出作者的思想和感情,

---

[①] 唐兰:《中国文字学》,上海:上海古籍出版社,2001 年,第 55 页。
[②] 唐兰:《中国文字学》,上海:上海古籍出版社,2001 年,第 55—56 页。

所以不是文字"的说法,绘画其实就是早期人类用于传情达意的工具,已经代替了很大一部分文字的功能了。不可否认,原始祖先很早就有了对身边最熟悉事物的喜爱,将其纪录、保存下来的情感冲动。最早的记录形式是旧石器时代的岩画,先民将他们崇拜"日月星空"的祭祀活动、打仗前训练的威武场景、狩猎的壮观场面、生命繁衍的喜悦、令人敬畏、激动的植物、动物刻在相对坚固的岩石上。岩画是远古先民创造文字之前的记录生活和表达情感的训练,于是他们开始了从最早的口头交流、姿势交流到图像、文字交流的高级文明阶段。实际上,中西方的先民都曾经历了这一阶段,最后走了各自不同的道路,西方走向了发明拼音文字之路,而中国一直沿着"以图会意"的传统走到了今天,而且将其造就成了中国古代丰富、发达的审美、艺术形式——文字、绘画、书法并驾齐驱的视觉美形式,使中华民族千万年来走在"诗意的栖居"的道路上,以此修身养性,陶冶情操。"某一文化群体的成员之间,有他们共同的话题,也有他们自己的攀谈方式。这些都与其生活习惯、思想信念和价值体系有关。所以,人类的交流具有一定的规则性、体系性,具有某种'符号性',可以使人们相互之间能'读出'某种意义来。换言之,人类如果不能相互发出可以理解的信号,社会生活也就无法持续下去了。文化的开端在于交流,岩画的开端也在于交流。人们的交流方式是多种多样的,除了言语之外,在文字出现之前,图画也是一种很重要的方式。在世界各地的林壑之间、山崖之上,先民遗留下来的大量岩画,都是他们表达自己情感及交流思想时的产物,史前岩画是一种原始的语言,一种文字前的文字。事实上,这些远古的岩画艺术已成为原始时代的百科全书。"① 这种原始的用"绘画的方式"交流和传达信息的传统,不但"活在"汉族文化之中,也保存在云南纳西族的"东巴文字"之中。随后,是新石器时代原始先民在彩陶上用于记事的刻符,当然,彩陶上也有将自然界的动物、树木、花草、水波纹绘在陶器上用于"装饰"或宗教目的的,如:庙底沟彩陶就有了玫瑰花瓣的装饰图案,它说明中华民族自古就是亲近大自然、爱美的民族。这种最早的绘画训练使原始祖先逐渐萌发了审美意识,掌握了美的规则,发展成熟起很强的审美感受能力,也孕育了原始先民用图画的方式来反映客观世界的能力,最后形成了创造文字的本领。西安半坡、临潼姜寨的陶器上就有类似文字的刻划符号,郭沫若先生认为,这些"刻划符号的意义至今虽未阐明,但无疑是具有文字性质的符号"②。山东大汶口文化的陶器上还出现了像"斧钺""太阳""山巅上日出"的象形刻符,李学勤先生认为,像"斧钺"的可以解释为"斤""戍",像太阳从地平线上冉冉升起的为"炅";像太阳冒出山巅的为"炅山"。在许慎的《说文解字》里"炅"释为"日光"。浙江良渚文化的玉器也有与上面提到的大汶口文化"炅山"相像的刻划符号。"作为炅字衬底的是,鸟立于山上的形状,像山的部分有五个峰顶,和大汶口文化的陶尊的'山'字相仿。鸟在山上,可释为'岛'字。"③ 原始祖先的"象形"(最初的绘画)能力延续了几千年,逐渐孕育出了甲骨文。在甲骨文里,"鸟""鱼""马""豕"(猪)"犬""虎""大象"与现实中见到的此类动物相差无几,甲骨文的"花"字也是"谷物"(以及诸多像谷物的禾本

---

①陈兆复:《古代岩画》,北京:文物出版社,2002年,第3页。
②李学勤:《古文字学初阶》,北京:中华书局,2003年,第20页。
③李学勤:《古文字学初阶》,北京:中华书局,2003年,第24页。

科植物，它们是粟稷类植物的祖先）抽穗扬花的形状，它虽然没有大自然中的其他花那么漂亮的外形，但却散发着谷物的芳香，传达着先民丰收后的喜悦，饱含了原始祖先对养育自己的谷物的谢恩。这样的思维既契合了远古时代"实用先于审美"的原则，也形成了中华民族既强调"外表美"和"内在美"的结合（秀外慧中），更强调"内在美"比"外表美"重要的审美传统（儒家的"文质彬彬""美善相乐""善即美"）观念。商代的先民已经能通过文字进行文化、情感交流，并将其运用于占卜未来吉凶和祭祀祖先的原始宗教活动。传说文字为仓颉所创，许慎在《说文解字》序言里说："仓颉之初作书，盖依类象形，故谓之文。"东汉书法家蔡邕这样描述汉字的模拟造型特点，它们"或像龟文，或比龙鳞，舒体放尾，长翅短身，颓若黍稷之垂颖，蕴若虫蚁之梦缊"（蔡邕《篆势》）。对大自然的"仿像""描画"是甲骨文主要的造字方法，正如李泽厚先生所说："汉字是以'象形'为本源的符号。'象形'有如绘画，来自对概括性极大的模拟写实。然而如同传闻中的结绳记事一样，从一开始，象形字就已包含有超越被模拟对象的符号意义。一个字表现的不只是一个或一种对象，而且也经常是一类事实或过程，也包括主观的意味、要求和期望。这即是说，'象形'中即已蕴含有'指事''会意'的成分。正是这个方面使汉字的象形在本质上有别于绘画，具有符号所特有的抽象意义、价值和功能。"① 实际上，汉字从甲骨文延续到如今，从未脱离绘画的特征。甲骨文与拼音文字比较起来，具有如下优势，它是"形音义"的结合，这决定了它是既具有"具象性"绘画美感，又具有确定意义的"抽象性"符号，在世界文字里是最具"审美特征""艺术气质"的符号，拼音文字没有"象形"功能，因而不具有审美和艺术的"韵味"，也就不具有让人愉快的感性魅力，甲骨文像一幅画一样，会激发人们对宇宙、自然、社会、人生、历史"引譬联类"的联想、想象、情感，产生审美的愉悦。唐代书法理论家李阳冰曾经研究汉字与自然界的关系，他指出："缅想圣达立卦造书之意，乃复仰观俯察六合之际焉。于天地山川得玄远流峙之形，于日月星辰得经纬昭回之度，于云霞草木得霏布滋蔓之容，于衣冠文物得揖让周旋之体，于须眉口鼻得喜怒惨舒之分，于虫鱼禽兽得屈伸飞动之理，于骨角齿牙得摆抵咀嚼之势。随心所变，任心所成，可谓通三才之品，汇备万物之性状者矣。"（李阳冰：《论篆》）一切艺术都是客观物象与主观情感结合、孕育的产物，中国艺术更强调主观情意的表现，即："随心所变，任心所成"，"借景抒情"，在审美活动和艺术创作中传达出对"天地人"（三才）三重关系的体验、思考，社会人生价值和意义的追问。

甲骨文的"符号学美学特征"

  文字是构成语言的基础，是具有传播信息和意义功能的符号。符号学创始人瑞士的索绪尔提出，"符号是一种表示成分（能指）和一种被表示成分（所指）的混合物。表示成分（能指）方面组成了表达方面，而被表示成分（所指）方面则组成了内容方面"②。汉字的符号性特征尤为明显，甲骨文是"形音义"的统一体，"形义"的结合、统一，决定了甲骨文的符号特点。我国著名古文字学家李圃先生认为，文字学研究的目的有两个方面："一是作

---

① 李泽厚：《美的历程》，北京：中国社会科学出版社，1989年，第39页。
② [法] R·巴特著，董学文译：《符号学美学》，沈阳：辽宁人民出版社，1987年，第35页。

为记录语言的文字体系本身的内部规律的揭示;一是文字作为记录语言的符号系统同人生、社会的关系,即外部规律的揭示。"① 简单来说,文字学要研究甲骨文的造字规律,探索"字形"后面所包含的文化含义。我们认为,文字不但包含了人生、社会的意义,而且还涉及对自然、宇宙的观察、体验所保存的文化记忆,如:甲骨文的"天""日""月""雷""雨"等字,以及大量图画山川、动物、植物世界的"象形文字"。同时,李圃先生指出,汉字是"字素"构成的"形音义"的结合体。"汉字是形与音、义的统一体,字素也是形与音、义的统一体。"② 甲骨文的"能指"主要是由"象形、指事、会意"三种造字法方法形成的。东汉许慎在《说文解字》序言中曰:"《周礼》八岁入小学,保氏教国子,先以六书,一曰指事,指事者,视而可识,察而可见,'上''下'是也。二曰象形,象形者,画成其物,随体诘诎,'日''月'是也。三曰形声,形声者,以事为名,取譬相成,'江''河'是也。四曰会意,会意者,比类合宜,以见指撝,'武''信'是也。"唐兰先生指出传统的"六书"造字说法的不准确,认为中国文字造字方法只有"象形""象意""形声"三种,他说:"象形象意是上古时期的图画文字,形声文字是近古期的声符文字,这三类可以包括尽一切中国文字。"③ 甲骨文的"象形"文字起源于旧石器时代的岩画和新石器时代的彩陶装饰图画,其"能指"和"所指"具有"同一性""统一性"。这种来自对客观世界的"镜式"反映和"图绘",不同于拼音文字的字母组合形成的单词,拼音文字的"能指"和"所指"之间不具有"对等性""统一性","能指"和"所指"处于割裂、分离状态,"所指"经常是由族群、集体、社会"约定"俗成的,例如,英文"house"这个单词所指的"马",并没有以现实里"马"的形象出现在单词之中,"马"的含义是由族群集体或整个社会商讨约定而成。

"文字符号"也不只是对自然事物的单纯模仿和记录,它保存了远古时代的情感记忆,是远古祖先的"表意实践"。戴维·戴希斯在他的《文学研究》中指出:"符号在这里的运用,完全是指一种比说明包含更多意味的表现",在他看来符号不是一个与情感无关的记号,而是隐含了丰富情感意味的表现形式。因此他对符号做了这样的限定:"符号是敏感的人可以从中领悟到隐蔽于其后的意义的东西。"④ 的确,"符号"和"记号"之间存在巨大的差异,记号属于单纯的记事,为了增进记忆,以免遗忘。符号是具有丰富情感、意义,用于讲述人间悲欢离合的生活故事的图画组合。例如甲骨文的"春"字,就可作如是观,"春"为"会意兼形声"字,它由三个字组成,"日""草""屯"。"日"为太阳,"草"意指在春光里刚刚吐露地面的草木嫩芽,"屯"为"草木萌发"的意思。《说文解字》曰:"春,推也。从艸,从日,艸,春时生也。屯声。"几幅画面组合起来,展示出一幅冬去春来,雷声惊醒冬眠中的生命,春回大地,阴霾散去,阳光普照,暖意洋洋,细雨绵绵,滋润万物,草木复苏,欣欣向荣,百花争艳,蝶飞蜂舞的景象。"屯"最早来自《周易》的"屯卦":"《象》曰:'屯:刚柔始交而难生,动乎险中。大亨贞。雷雨之动满盈,天造草昧。宜建侯而不

---

① 李圃:《甲骨文文字学》,上海:学林出版社,1995 年,第 4 页。
② 李圃:《甲骨文文字学》,上海:学林出版社,1995 年,第 11 页。
③ 唐兰:《中国文字学》,上海:上海古籍出版社,2001 年,第 66 页。
④ [美] 苏珊·朗格著,刘大基译:《情感与形式》,北京:中国社会科学出版社,1986 年,第 5 页。

宁。"（其大意是："阴阳之气始相交接，从而险象就产生了，一切生机产生于艰难之中。它具有广大、通泰、贞坚的品德。屯的下卦为震，震为雷；上卦为坎，坎为雨，雷雨交加，充满宇宙，于是生成草木。这种卦象表明，宜于建国封侯，但是危险而不安宁。"）① 春天是阴和阳两种对立的力量激烈震荡、搏斗、较量、新旧交替，来之不易、充满挑战和希望的象征，美好与风险并存，给远古的先民留下了最为深刻的记忆。甲骨文的"会意字"和"形声字"都是由"象形"的字符"拼贴"而成。因此，由甲骨文开端形成的汉字到现在都具有绘画的美感，让人一看到字，顿时就会浮想联翩，产生心理愉悦，是一种"有意味"的"审美形式"，而拼音文字不是"象形"的造字方法，不具备这样的审美特征。汉字的审美特征虽然也经历了发展成熟过程，但它起初都具备了朝着这个方向发展的"潜质"。李泽厚先生指出："在早期，青铜饕餮和这些汉字符号（经常铸刻在不易为人所见的器物底部等处）都具有严重的神圣意义，根本没有考虑到审美，但到春秋战国，它作为审美对象的艺术特性便突出地独立地发展开来了。与此并行，具有某种独立性质的艺术作品和审美意识也要到这时才真正出现。"② 的确，在商代审美还不占有重要的地位，"美"这个字虽然在甲骨文里已经出现，但根据徐中舒先生主编的《甲骨文字典》卜辞举例，只有用于人名和地名的例子，还没见到用"美"字来意指人的外表的例子。经历大约七百年的演化、积淀，后人才以"美"字来形容五官带来的"美感"，《诗经》开始以"美"字来描述人的"外表美"了。到东汉时期，许慎《说文解字》开始释"美"："美，甘也。从羊从大。羊在六畜主给膳也。美与善同意。"③ 显然，许慎对"美"的定义开始从"味觉美感"和"精神层面"（伦理的"善"）来研究分析审美意识的根源了。徐中舒释"美"："美，像人首加上羽毛或羊首等饰物之形，古人以此为美。"④ 徐先生认为，许慎"将美与味觉联系起来是后起之义"，这符合人类审美发展历史的规律，即从原始巫术活动开始，逐渐延伸到五官的审美体验、感受的过程。徐中舒先生对"美"的解释契合了原始时代巫术礼仪活动的情况，"人首加上羽毛或羊首等饰物"正是远古巫师的打扮，"羽毛和羊首"是以鸟为"图腾祖先"的部落和以羊为"图腾祖先"的部落巫师主持"祭祀图腾祖先"仪式时的装扮，"鸟"和"羊"被赋予了"超世间"的神奇能力，是远古"太阳崇拜""鸟崇拜"和"羊崇拜"的证据。（东西方都有"鸟崇拜"、"太阳崇拜"和"羊崇拜"的历史，而且"太阳"和"鸟"经常是"合二为一"的，例如：中国古代传说就有太阳里面有只金乌的说法；再如成都金沙遗址出土的金箔，外面为凤鸟，里面为光芒四射的太阳。）商人发起于东夷，东夷民族的首领"太昊""少皡"都是太阳崇拜的证据，而且商人也认为自己是鸟的后代，如诗经的"玄鸟生商"的神话。因此，最迟在《诗经·郑风·叔于田》里已经广泛将"美"用于"外表美"的称赞，出现了"洵美且仁""洵美且好""洵美且武"的诗句。稍后的《左传》里也出现了用"美"字来赞颂崇高、伟大的"道德美"；《国语》则以"美"字来论述"无害之美""和谐之美""美善统一"。美国当代著名

---

① 徐子宏：《周易全译》，贵阳：贵州人民出版社，1991年，第25—26页。
② 李泽厚：《美的历程》，北京：中国社会科学出版社，1989年，第41页。
③ （汉）许慎著，（宋）徐铉校定：《说文解字》，北京：中华书局，1963年，第78页。
④ 徐中舒主编：《甲骨文字典》，成都：四川辞书出版社，1989年，第416页。

的美学家苏珊·朗格认为，凡艺术作品，如果它是美的，都富有"表现性""象征性"和"符号性"。艺术的"所指"不是无中生有，而是对人的生活经验、情感记忆、审美观念处理、加工的结果。她强调，艺术是"艺术家为自己认识到的机体的、情感的和想象的生命经验画出的图画"①。文字也不例外，因为，如前所述，甲骨文一开始就是要给人类从大千世界观察到的"物象"，赋予精神上的深刻"意义"，这种"赋予意义"的活动实际上就是一种艺术创造活动。可以说，甲骨文就是一种具有审美属性的文字，即融合"表现性""象征性""情感性"和"符号性"为一体的文字，创造甲骨文的过程就是远古祖先追求情感丰富、精神自由的审美过程。苏珊·朗格对艺术的定义为我们认识甲骨文的审美特征、艺术特征提供了有力的佐证。在谈到中华文化悠久的"龙凤"图腾崇拜历史时，李泽厚先生指出，这个过程就是审美和艺术孕育、诞生的过程："它们是原始艺术吗？是，又不是。它们只是山顶洞人撒红粉活动（原始巫术礼仪）的延续、发展和进一步符号图像化。它们只是观念意识物态化活动的符号和标记。但是凝冻在、聚集在这种种图像符号形式里的社会意识，亦即原始人们那如醉如狂的情感、观念、心理，恰恰使这种图像形式获有了超模拟的内涵和意义，使原始人们对它的感受取得了超感觉的性能和价值，也就是自然形式里积淀了社会的价值和内容，感性自然中积淀了人的理性性质，并且在客观形象和主观感受两个方面，都如此。这不是别的，又正是审美意识和艺术创作的萌芽。"② 可以说，甲骨文是具有"客观性"和"主观性"，"美的形式"和"善的社会内容"，"感性"和"理性"融合、统一特征的"视觉审美文化"，是中华民族整个审美历程最重要的组成部分。

甲骨文类似"蒙太奇"的叙事模式

甲骨文不乏由很多字组合在一起，叙述一段故事、表达一个完整意思的文字。这些字里面甚至包含原始祖先从事的活动或者经历的宗教仪式、情感故事。甲骨文里的"美"字，由两个字组成，上面为"羊"，下面为"大"，即站立着的人的象形。萧兵先生认为"美"是原始先民戴着羊头形或羊角装饰跳舞、祭祀图腾祖先的形象，他在20世纪80年代初提出了"羊人为美"的观点③，认为"美"字反映的是古氏羌人祭祀图腾祖先时激情四射、热烈奔放的舞蹈场面。从甲骨文可以看出，中华民族自古就有喜欢娱乐活动的习惯，这些活动最早是融合在图腾崇拜和宗教祭祀的巫术歌舞之中的，甲骨文的"巫""舞"二字都有跳舞的意思，徐中舒先生释"舞"："象人两手执物而舞之形。"④ "巫"，"甲骨文象二玉交错之形。巫以玉事神，故用巫所持之二玉表示以玉降神的巫祝。"⑤ 舞蹈的起源甚至可以追溯到旧石器时代的岩画，岩画记录了狩猎舞蹈、祭祀舞蹈、生殖舞蹈、战斗操练的舞蹈。"歌舞"是最能表现生命激情的艺术形式，中国古人就认识到"诗以言志""舞动其容""舞以宣情"的作

---

① 引自［法］R·巴特著，董学文译：《符号学美学》，沈阳：辽宁人民出版社，1987年，译者前言第20页。
② 李泽厚：《美的历程》，北京：中国社会科学出版社，1989年，第10页。
③ 萧兵："从羊人为美"到"羊大则美"》，《北方论丛》，1980年，第2期。
④ 徐中舒主编：《甲骨文字典》，成都：四川辞书出版社，1989年，第630页。
⑤ 谷衍奎编：《汉字源流字典》，北京：华夏出版社，2003年，第252页。

用。新石器时代距今5000年以上的青海大通上孙家寨的彩陶盆上有多人手牵手,联袂起舞的女性形象,动作协调一致、热烈奔放,颇似如今依然存在的羌族围着火塘翩翩起舞的形象。如上所述,舞蹈起源于"巫文化",最早是原始先民"以舞降神""以舞娱神""以舞媚神"的活动。甲骨文里"巫"与"舞"同源同义。《说文解字》曰:"巫,祝也。女能事无形,以舞降神者也。"① 《吕氏春秋·古乐》记载了远古舞蹈的景象:"昔葛天氏之乐,三人操牛尾,投足歌八阕。"它同青海大通上孙家寨彩陶盆上的舞蹈形象一道证明了中国舞蹈的源远流长。与之相应,甲骨文里有了"舞"字,"舞",《说文》曰:"舞,乐也。用足相背。从舛,無声。"② 本义为"乐舞",在甲骨文里"舞"字象人手持牛尾和穗状谷物的形象。这些载歌载舞的文化记忆在最早的先秦文献《尚书·益稷》里有明确的记载,"夔曰:'戛击鸣球、搏拊、琴、瑟、以咏。'祖考来格,虞宾在位,群后德让。下管鼗鼓,合止柷敔。笙镛以间。鸟兽跄跄,箫韶九成,凤凰来仪。夔曰:'於!予击石拊石,百兽率舞,庶尹允谐。'"③ 这是一幅"钟鼓齐奏""琴瑟和鸣""人神共乐"的"图腾歌舞"狂欢场面。"美"字反映的是古氏羌人祭祀图腾祖先时,既严肃庄重,也激情迷狂、热烈奔放的舞蹈场面。甲骨文的"舞"像手持牛尾和谷穗、麦穗的形象,是渔猎文明过渡到农业文明丰收后狂欢化祭祀场面的记录。考古学证明,我国北方在距今8000年以前开始进入农业文明时代(8000年前的河南裴李岗文化开始种植"粟");南方在距今7000年前进入种植水稻的农耕文明时代(浙江河姆渡文化在6000年前开始稻作文明),在距今3000多年前的甲骨文里有了"稻"和"黍稷"等字。正是这样,才有《吕氏春秋》的如下记载:"昔葛天氏之乐,三人操牛尾,投足歌八阕:一曰《载民》,二曰《玄鸟》,三曰《遂草木》,四曰《奋五谷》,五曰《敬天常》,六曰《建帝功》,七曰《依地德》,八曰《总禽兽之极》。"④ 这里的《奋五谷》包含了原始人五谷丰登后的喜悦,而举行的祭祀"谷神"载歌载舞的盛大场面。甲骨文有了"豐"字(即后来简化字丰收的"丰"字),"豐"上面是装满一串串祭祀的玉的器皿,下面是青铜器"豆"。徐中舒先生释"豐":"豐,象豆中实物之形。《说文》:'豐,豆之丰满者也。从豆,象形。"⑤ 可以看出,"豐"是中国远古时代"农神节"的记忆。笔者赞同国内学者王显春对"豐"的解释:"甲骨文豐由豆上加禾组成,表示是祭祀丰年的祭奠。"⑥ 甲骨文表示喜悦心情的"喜"字也由两部分组成,上面为"壴",在商代是"鼓"的象形。下面为"口"。两个画面组合起来表达农民丰收后的喜笑颜开和敲锣打鼓的庆祝活动。徐中舒先生释"喜":"象鼓形,上象崇牙,中象鼓身,下象建鼓之虡,为钟鼓之鼓本字。《说文》:'壴,陈乐立而上见也。从豆从中。'《说文》析形不确。"⑦ "壴"下面加上"口"字表示进入农业文明后,每

---

① (汉)许慎著,(宋)徐铉校定:《说文解字》,北京:中华书局,1963年,第100页。
② (汉)许慎著,(宋)徐铉校定:《说文解字》,北京:中华书局,1963年,第113页。
③ 江灏、钱宗武:《今古文尚书全译》,贵阳:贵州人民出版社,1990年,第65页。
④ 北京大学哲学系美学教研室编:《中国美学史资料选编》(上册),北京:中华书局,1980年,第78页。
⑤ 徐中舒主编:《甲骨文字典》,成都:四川辞书出版社,1989年,第523页。
⑥ 王显春:《汉字的起源》,上海:学林出版社,2002年,第61页。
⑦ 徐中舒主编:《甲骨文字典》,成都:四川辞书出版社,1989年,第514页。

逢丰收的季节，农民都会敲锣打鼓、载歌载舞、狂欢庆祝的场景。"甲骨文喜由壴和口组成，以示男女老少开口笑的情景。"①

《山海经》把歌舞的起源上溯到"帝俊"时代，曰："帝俊有子八人，是始为歌舞。"（《山海经·海内经》）"巫舞"在商代甚至是君王为祈雨所跳的舞蹈，时人称之为"雩舞"。据文献记载，商汤伐桀成功后，遭遇五年大旱，庄稼颗粒无收，不得不以自己作为"牺牲"，在桑林"以舞祈雨"，如其所愿，不久果然天降甘霖，农业取得了丰收。到周朝，具有原始宗教意味的舞蹈演化成了方相氏主持的"傩舞"，《周礼·夏官·方相氏》曰："方相氏掌蒙熊皮，黄金四目，玄衣朱裳，执戈扬盾，率百隶而时傩，以索室驱疫。"方相氏是传说中具有驱邪避疫能力的"神"，这里的"百兽"其实就是远古时期各个部落崇拜的"图腾祖先"。著名的舞蹈史学家孙璟琛先生认为，"在我国原始氏族中，以熊为图腾的氏族是不少的，黄帝少典之族为有熊氏，是以熊为图腾的氏族；也就是扮作熊的样子"②。"'方相氏'跳傩时率领的'十二兽'，也反映了傩仪和原始图腾信仰的血缘关系。传说中黄帝和炎帝作战时曾经率各种野兽共同驰骋疆场，而'熊、罴、貅、貔、貙'等，正是氏族大融合的体现。这些动物的形象，其实是多种原始图腾的形象。"③

"舞蹈"在古代是祭祀活动的组成部分，后来演变为具有娱乐性质的活动。与"舞"字相近的是"夨"和"吴"，它们都有跳舞的含义。甲骨文里有了"夨"这个字，其字形同"吴"，徐中舒释"夨"："夨，象人倾头之形，与《说文》篆文同。"④《说文》："夨，从大象形。"⑤"吴"在金文中才出现（师酉簋、蔡侯盘等青铜器上），释义：一为国名；二通虞，古国名；三为人名；四通虞，官名，西周始置掌管山泽禽兽之事。⑥《说文》曰："吴，姓也，亦郡也。一曰吴，大言也，从夨，口。"谷衍奎先生则将"吴""娱""虞"视为同一个字，并指出："吴，会意字。甲骨文金文从夨（歪头婀娜起舞之人），从口，表示边舞边唱，会歌舞娱乐之意。是'娱'的初文。"⑦ 谷衍奎认为，与"吴"相通的"虞"应是"娱"的初文。此言甚是。"虞"见于散氏盘和虞司寇壶的铭文，"虞"是神话传说中的一种老虎，《说文》曰："虞，驺虞也，白虎黑文，尾长于身，仁兽。食自死之肉。从虍，吴声。"⑧ 谷衍奎先生认为，"从构造上看，不如视为人戴着虎头面具在跳舞娱乐。"⑨ 谷先生对"虞"的"娱乐"解读只有部分正确，我们认为，与甲骨文的"美"字一样，"虞"是以"虎"为图腾的氏族人群戴着"虎"的面具载歌载舞，祭祀"图腾祖先"活动的记录。主要是一种"原始宗教仪式"，而不是一种纯粹的娱乐活动。后世的人在左边加上"女"字变为娱乐才真正有

---

① 王显春：《汉字的起源》，上海：学林出版社，2002年，第61页。
② 冯双白等：《图说中国舞蹈史》，杭州：浙江教育出版社，2001年，第33页。
③ 冯双白等：《图说中国舞蹈史》，杭州：浙江教育出版社，2001年，第34页。
④ 徐中舒主编：《甲骨文字典》，成都：四川辞书出版社，1989年版，第1164页。
⑤ （汉）许慎著，（宋）徐铉校定：《说文解字》，北京：中华书局，1963年，第213页。
⑥ 方述鑫、林小安等编著：《甲骨文金文字典》，成都：巴蜀书社，1993年，第764页。
⑦ 谷衍奎主编：《汉字源流字典》，北京：华夏出版社，2003年，第272页。
⑧ （汉）许慎著，（宋）徐铉校定：《说文解字》，北京：中华书局，1963年，第103页。
⑨ 谷衍奎主编：《汉字源流字典》，北京：华夏出版社，2003年，第273页。

了女人跳舞，为了纯粹娱乐的意义。与之类似，代表中国古代文艺娱乐活动的是“戲”这个字，在甲骨文里没有“戲”字，金文才开始出现。“戲”由三个字组成：“虍”“豆”“戈”。它展示的是一个带有图腾崇拜时代文化印迹的场景，即一个“虎图腾”部族战前训练的场面。谷衍奎释“戲”：“会意兼形声字，金文从戈，从壴。壴，虍，表示虎形面具，下边是一面鼓。整个字表示手执兵器，头戴虎形面具，在鼓声中比武角力之意。”① “虞”和“戲”都有“虍”这个“字素”不是偶然的，反映中华民族曾经有一些原始部落是以“虎”作为“图腾祖先”并“崇拜老虎”的，如：汉族、彝族、羌族都曾经以“虎”作为“图腾祖先”。根据刘尧汉先生的研究，中华民族的初祖“伏羲”包含有虎图腾的含义，来自远古氐羌族的虎图腾崇拜文化。“《列子·黄帝》《春秋合诚图》皆言伏羲‘虎鼻’的标志，图腾当为虎。现今在彝族及其他一些少数民族中保留了大量的虎图腾崇拜习俗，据此，刘尧汉等学者证之以考古和典籍材料，认为彝族等少数民族源于古羌戎。古羌戎被称为‘罗罗’，彝族称虎亦为‘罗罗’，说明彝族先民以虎为图腾。若从文献溯源看，古羌戎的虎图腾，最早当是被尊为中华民族三皇五帝之首的伏羲。《竹书纪年》和《帝王世纪》都说伏羲生于成纪，这正是曾为古羌戎长期活动中心的今甘南天水一带。且古籍常将伏羲写成‘虙戲’‘大皞’‘虙戲’二字均从‘虍’，‘皞’又作‘皋’，义为虎，这些都表明伏羲是远古羌戎的虎图腾名号。”② 另外，伏羲的“羲”字上面为“羊”，无疑也是远古氐羌族羊图腾崇拜遗留下来的文化证据。几千年前汉族、彝族、羌族西边的居住地区应该都是原始森林，自然老虎随处可见，“虎”在中国文化里一直被视为森林之王。《说文解字》曰：“虎，山兽之君。”③ 虎会“吃人”，是力量、威严的象征，在“神权和政权合二为一”的青铜时代，“虎”的震慑作用常常作为青铜器饕餮的主要纹饰。饕餮是传说中凶恶、贪吃的猛兽，学界公认的“饕餮”为《山海经》里记载的吃人怪兽狍鸮。“钩吾之山，其上多玉，其下多铜。有兽焉，其状如羊身人面，其目在腋下，虎齿人爪，其音如婴儿，名曰狍鸮，是食人。”④ 在中国文化里，凡能征服老虎的人肯定被视为英雄，如“打虎”的武松，长期以来都被世人所敬仰。在甲骨文里也有双手搏虎的文字“虢”；以戈搏虎的字：“虣”；以戒具（幸）执虎的文字“虩”。与“戲”紧密相关的是“豦”，同“戲”一样，“豦”也在周代金文中才出现。“劇”更是形象生动地记录了如火烈烈的部落战争中的厮杀场面。《说文》释“豦”曰：“斗相丮不解也。从豕、虍。豕虍之斗不解也。”⑤ 本意为野猪和老虎激烈缠斗，后来在“豦”的右边加上表示兵器的“利刀”变成“劇”，更加凸显了部落战争的含义。显然，这是描绘“以野猪为图腾”的部落与“以老虎为图腾”的部落之间的战斗场景。后来“戲劇”（戏剧）二字连用，既有这二字产生的历史时代语境相同的原因，也有二者都是“原始图腾崇拜”文化的遗迹，即：均为图腾部落相互争战的符号原因。在西周强盛的和平年代，这样的争斗场面就演变成了人们获取游

---

①谷衍奎主编：《汉字源流字典》，北京：华夏出版社，2003年，第235页。
②转引自朱炳祥：《伏羲与中国文化》，武汉：湖北教育出版社，1997年，第51—52页。
③(汉) 许慎 (宋) 徐铉校定：《说文解字》，北京：中华书局，1963年，第103页。
④袁珂：《山海经全译》，贵阳：贵州人民出版社，1991年，第73页。
⑤(汉) 许慎 (宋) 徐铉校定：《说文解字》，北京：中华书局，1963年，第197页。

戏、娱乐、快感的"戏剧"摹本了。根据以上资料，我们可以确定，"戲"本是部落武装戴着象征力量的"老虎面具"，手持兵器训练打仗的场面，并以震撼的鼓声来激发参战将士的意志和勇气，它是此前的"原始图腾歌舞"的延续，后来演变成为古代"戲"的雏形。"戲"和"劇"都以几个视觉图像（字素）拼贴、组合在一起，讲述发生在远古图腾部落之间，将士们为保卫自己疆土和利益而战的故事，可以被视为受到甲骨文"春"字的启发，原始先民最早运用多个视觉画面组合的形式传情达意，这种造字方法类似于而今的电影蒙太奇画面拼贴的"叙事模式"。李泽厚先生认为，原始的歌舞是"作为图腾所标记、所代表的，是一种狂热的巫术礼仪活动。后世的歌、舞、剧、画、神话、咒语……在远古是完全糅合在这个未分化的巫术礼仪活动的混沌一体之中的，如火如汤，如醉如狂，虔诚而野蛮，热烈而严谨……它们是具有神力魔法的舞蹈、歌唱、咒语的凝冻化了的代表。它们浓缩着、积淀着原始人们强烈的情感、思想、信仰和期望。"①

　　青铜时代，"国之大事，在祀与戎"。（《左传·成公三十年》）那时常常有这种战前打斗和拼杀的训练是可以理解的。例如，周代歌颂武王克商的《大武》就是这种炫耀武力和军功的舞蹈，"根据《礼记·乐记》的记载，《大武》的内容包括了周武王出师克商、扫平南疆、回师镐京、封周公、召公采邑分而治之、建立周朝的全过程，一共有六节。里面有对武王威武形象的模拟，也有对战斗场面的象征，是一场模仿武王伐纣的历史事件的演出。当然，其形式更多地还是一种队列舞蹈，仍旧带有强烈的仪式性，表演动作中的成分'象征性'多于'写实性'，由之造成舞蹈气氛的浓郁，而戏剧气氛相对薄弱"②。战争从远古走来，在夏、商、周三代，改朝换代的战争依然是常态，历史事实证明，只要有利益和欲望之争，战争就无法完全避免。因此，表现战争、颂扬战争中的功臣和英雄也就成了宫廷乐舞的重要内容。"大概从炎黄时代直到殷周，大规模的氏族部落之间的合并战争，以及随之而来的大规模的、经常的屠杀、俘获、掠夺、压迫和剥削，便是社会的基本动向和历史的常规课题，暴力是文明社会的产婆。炫耀暴力和武功是氏族、部落大合并的早期奴隶制这一整个历史时期的光辉和骄傲。所以继原始的神话、英雄之后的，便是对自己氏族、祖先和当代的这种种野蛮吞并战争的歌颂和夸扬。"③"龙"这个图腾形象里有多种其它"动物形象碎片"的组合、拼贴，就是这种氏族和部落兼并战争的结果。正如研究"龙凤图腾"起源的王大有先生所说："龙凤是炎黄子孙始祖的图腾。今天展现在我们眼前的龙凤形象，已是数千年来逐渐演化的结晶，它高度概括了中华民族形成、融合的历史。龙凤躯体上的一头、一目、一鳞、一尾、一爪、一冠、一翅、一羽，无不呈现出当年众多部族或部落联盟各自原先所崇尚图腾的标志。"④ 我们认为，类似与《大武》这样的战争舞蹈虽然并不能完全等同于后来的戏剧，但无疑戏剧是在这样的基础上孕育、发展、成熟起来的。随着战争的消歇，和平的到来，这种战争的搏击、打斗、拼杀场面到秦汉就逐渐演变为供人娱乐、消遣、观赏的"角抵百戏"。

---

①李泽厚：《美的历程》，北京：中国社会科学出版社，1989年，第11页。
②刘彦君：《图说中国戏曲史》，杭州：浙江教育出版社，2001年，第10页。
③李泽厚：《美的历程》，北京：中国社会科学出版社，1989年，第36页。
④王大有：《龙凤文化源流》，北京：北京工艺美术出版社，1988年，序言第1页。

"'角抵百戏'是西汉盛行的一种集乐舞、杂技、幻术、俳优等为一体的大型表演样式,类似于今天的'艺术节'或'综艺大观'节目形式,但乐舞在其中仍为主角。"① "从历史角度看汉代乐舞,最值得提出的大概就是汉代角抵、百戏的兴盛了。"② 关于秦汉的角抵、百戏与古代战争之间的关系,梁人任昉在《述异记》中说得很清楚:"秦汉间说,蚩尤氏耳鬓如剑戟,头有角,与轩辕斗,以角抵,人人不能向。今冀州(今河北、山西一带)有乐名《蚩尤戏》,其民两两三三,头戴牛角而相抵。汉造《角抵戏》,盖其遗制也。"③

结语

中国文化开端于旧石器时代的"岩画"、新石器时代"彩陶纹饰"这两种视觉文化,甲骨文继承了这一传统,以组合、抽象的视觉符号形式交流情感、传播审美文化信息,从岩画、彩陶纹饰、陶器刻符、甲骨文、青铜铭文走过了上万年的漫长历程。从原始的"自然崇拜""巫术仪式""图腾崇拜""祖先崇拜""神灵祭祀"到"礼乐歌舞"的形成,经历了野蛮到文明、神圣到世俗、战争到和平、必然到自由的递进、飞跃过程,最后达到审美娱乐(戏剧)的高峰。它不但反映了人类文明的"审美共性",也反映了中华民族一直保持着以"视觉文化形式"记录和反映自身发展历史的"审美个性"。"不可否认,历史上和全球范围人类社会最明显的特征之一就是与艺术的奇妙纠缠。即使没有多少财产的游牧民族,常常也会把他们真正拥有的东西装饰一番;美化自己;在一些特殊的场合使用经过润色的诗性语言;制作音乐和歌舞。所有已知社会都会实践至少一种我们在西方所说的那些'艺术',而且,对很多人类群体来说,从事艺术活动在其社会最重要的努力中处于首要地位。"④ 这一点,在中华文明演变的历史中,显得特别突出。关于中国文字的发展,日本学者藤枝晃先生将中国文字的发展总结为:"从象形符号到文字的形成"过程。中经了"部族标识""动物图像""人物图像""组合图像"阶段,最终成熟为"原始的象形文字"。当然,我们认为,藤枝晃先生的总结归纳并不十分准确,其顺序应该是:"动物图像""部族标识""人物图像""组合图像"。前两个阶段代表"图腾文化"的原始阶段;第三个阶段"人物图像"代表"祖先崇拜"和人的主体意识的觉醒和增强的阶段;最后"组合图像"阶段代表先民造字中的叙事能力增强,能用多个画面来叙述复杂的远古故事。关于中国文字的特点,他说:"众所周知,汉字是由象形符号发展而来的。"⑤ 象形具有绘画的特点,因此他把甲骨文称为"绘画文字"。在他看来,中国文字追溯得越久远,越具有绘画的特点。我们认为,正是这种从未脱离绘画特点的文字,使中国的文字和绘画艺术并行不悖地发展、成熟起来,几千年来,以"审美的形式"传递中华文明的社会发展和人文信息。从原始文化和历史的纵向维度看,"动物图像""部族标识""人物图像"代表的是"自然崇拜""图腾巫术""祖先崇拜"的时代,

---

① 仪平策:《中国审美文化史》,济南:山东画报出版社,2000年,第25页。
② 冯双白等:《图说中国舞蹈史》,杭州:浙江教育出版社,2001年,第46页。
③ 冯双白等:《图说中国舞蹈史》,杭州:浙江教育出版社,2001年,第46页。
④ [美]埃伦·迪萨纳亚克著,户晓辉译:《审美的人》,北京:商务印书馆,2004年,初版前言第7页。
⑤ [日]藤枝晃:《汉字文化史》,北京:新星出版社,2005年,第1页。

传递的多是"神权和政权结合"时代的文化信息;"组合图像"开始了中国文字"以多个连续的视觉画面"组合、拼贴,即类似于"蒙太奇"的形式,借以完整地讲述中国远古的历史故事,它增加了甲骨文的"情感性""趣味性"和"表现力"。亨利·詹姆斯认为,"艺术品就是'情感生活'在空间、时间或诗中的投影,因此,艺术品也就是情感的形式或是能够将内在的情感系统地呈现出来以供我们认识的形式。"① 甲骨文是"立象尽意"的符号系统。甲骨文的"意","外延"十分广泛,"原始崇拜"的"巫术礼仪"的、哲学的、伦理的、生活的、情感的、审美的,可以说包罗万象。甲骨文以"多个画面的组合"来表达"多重含义"的能力,是其他拼音文字望尘莫及的,它铸就了中华民族长期以来以"视觉文化"为主的"审美艺术"形式传播自身文明的辉煌历史。

作者简介:王小平,男,四川省社会科学院研究员。

---

①引自[法]R·巴特著,董学文译:《符号学美学》,沈阳:辽宁人民出版社,1987年,译者前言第19页。

商纣王都朝歌说新解

绵阳师范学院　徐明波

摘　要：《史记》记载商代从盘庚迁殷至纣王之灭，商朝再未迁都。此说与《尚书》等记载商纣王都朝歌说相矛盾。本文分析了殷墟甲骨黄组卜辞中"文武帝"之称的所指，指出该组卜辞有商末纣王卜辞，纣王曾经都于殷墟。对新出几件青铜器铭文的考察，又证明纣王确实都于朝歌。不过，现有殷墟甲骨卜辞中只有少量商纣王卜辞，我们认为纣王应该是早期都于殷墟，后期迁到朝歌。

关键词：殷墟　商纣王　甲骨文　青铜器

1898 年甲骨文发现，揭开了殷商史研究的序幕。1928 年，殷墟考古发掘开始，中国现代考古学起步了。经过考古工作者的努力，殷墟发掘取得了丰硕成果，不仅发现了殷墟宫殿区、王陵及贵族墓地、手工业作坊遗址等重要遗迹，还出土了大量甲骨、陶器、青铜器、玉器等遗物。学者们在殷墟的范围与布局、殷墟文化分期等课题的研究方面，都取得了重要收获。但是有关殷墟也还有许多问题尚未解决，如殷墟是否为商末纣王之都城在学界还有着较大争议。商纣王都于殷墟还是都于朝歌不仅仅是殷商史研究的重要课题也涉及殷墟考古年代的下限问题。本文将从殷墟甲骨文及青铜器铭文的研究出发来厘清这一问题。

一、问题的提出

《史记·殷本纪》正义引《竹书纪年》曰："自盘庚迁殷，至纣之灭，二百七十三年，更不徙都。"即自盘庚至纣王（帝辛）亡国，整个商代后期商王没有迁过都邑。盘庚所迁之都，史载称为"北蒙"，即今安阳殷墟。不过文献又多称商纣王都朝歌。如《史记·周本纪》引《帝王世纪》的材料说："帝乙复济河北，徙朝歌，其子纣仍都焉。"所记即为商王帝乙、帝辛都于朝歌。

另周灭殷后，把殷畿分为邶、鄘、卫三国。宋朱熹的《诗集传》对此作解释：

　　武王克商，分自纣城，朝歌而北谓之邶，南谓之鄘，东谓之卫，以封诸侯。

并说：

>朝歌故城在今卫州卫县西二十二里，所谓殷墟。

按卫县故城，即今河南卫县集，卫县集西二十二里，就是河南淇县。①《史记·卫世家》也说："封康叔为卫君，居河淇间，故商墟。"所说"河淇间"，学者们考证就是朝歌。所说"故商墟"，就是说该地为商的旧都。

《汉书·地理志》河内郡朝歌下说："纣所都，周武王弟康叔所封，更名卫。"

《尚书·酒诰》记录了周公对封在卫国的康叔的诰词，其开头就说：

>王若曰："明大命于妹邦。"

郑玄解释说："妹邦者，纣之都所处也。"妹和沫，声同通用，春秋以后称为朝歌。康叔封于卫，就建都朝歌。

由此可见关于商代最后一王——纣王所都之地文献中的记载是相互矛盾的。

甲骨文发现后，古文字学家王懿荣鉴定其为殷商文字。罗振玉先生经多方打探得知这些甲骨来自于河南安阳的小屯村，于是多次派人去那里收购甲骨，并对其上文字作了一些考释，认为小屯就是文献上所说的北蒙殷墟。其后，王国维对这些甲骨资料进行了考据，进一步证实安阳殷墟就是盘庚迁都的都城。不过，文献中大量的纣都朝歌的记载，使学者在甲骨文研究初期就对安阳殷墟是否为商纣王都城提出了怀疑。如郭沫若先生在1931年就提出"卜辞乃帝乙末年徙朝歌以前之物"，即殷墟卜辞的下限应为纣王之父帝乙，认为殷墟没有帝辛（商纣王）卜辞，帝辛所都应为朝歌②。1933年郭沫若又在《卜辞通纂》后记中对此加以重申，认为"帝乙末年必有迁沫之事，如无此事，不唯旧史料中有多少事实成为子虚，即卜辞中有多少现象亦无从说明"③。

二、甲骨文证据

从郭沫若先生提出这一问题以来，安阳殷墟甲骨卜辞是否有帝辛——商纣王卜辞成了学者们集中讨论的一个问题。甲骨四堂之一的董作宾先生把殷墟出土的甲骨分为五期，他认为第五期甲骨即商末帝乙帝辛的卜辞。20世纪40年代董作宾先生在《殷历谱》中曾举以下三事以证殷墟甲骨卜辞中帝辛卜辞的存在：即第五期甲骨周祭卜辞有两个系统，必分隶于帝乙、帝辛；史载纣伐东夷，所以伐人方卜辞必为帝辛时物；《殷墟书契》1·26·1"父乙"是帝辛周祭帝乙卜辞。④ 50年代陈梦家先生撰《殷虚卜辞综述》，认为据《史记》张守节正义，殷末时扩大都邑，安阳至帝辛时仍是都邑。并举周祭卜辞"妣癸"的例子，认为是帝辛称文丁之配，第五期卜辞中"文武帝"之称是帝辛称其父帝乙。⑤ 1987年，常玉芝先生指出黄组卜辞（即董作宾先生所分的第五期卜辞，下文我们统一称其为黄组卜辞）中的"妣

---

① 田涛：《朝歌为殷纣帝都考》，《中州今古》1987年第1期，第56页。
② 王宇信：《甲骨学通论》第八章第四节，北京：中国社会科学出版社，1999年增订本，第213页。
③ 郭沫若：《卜辞通纂》，北京：科学出版社，1983年。
④ 董作宾：《殷历谱》，中央研究院历史语言研究所专刊，北京：中国书店，1945年。
⑤ 陈梦家：《殷虚卜辞综述》，北京：中华书局，1988年，第396页。

癸"为武乙配偶,"文武帝"即"文武丁"是帝乙称其父文丁①。方述鑫先生也认为黄组卜辞中的"文武帝"是帝辛称文丁,以区别于帝乙时称文丁为"文武丁",并举周祭"妣癸"的例子,认为是帝辛称文丁之配②。

以上学者从分析殷墟甲骨卜辞的称谓、周祭系统来论说殷墟有帝辛卜辞的存在。我们知道商人以甲乙丙丁等十天干命名,如上甲、小乙等。在祭祀祖先时往往要在日名前依据辈分加以"祖""父""母"等字,如"祖甲""父乙""母癸"等。根据殷墟祭祀卜辞的这一特点,商纣王帝辛祭祀自己的父亲帝乙就要称其为"父乙",也就是说最直接的证明安阳殷墟有商纣王的卜辞,纣王都于殷墟的证据即黄组卜辞中有"父乙"这个称谓的卜辞③。对董作宾先生所说的"父乙"卜辞已有学者进行了考证,证明其非称谓而是祭名。而上文学者们关注的焦点"文武帝"一称成为问题的关键。"文武帝"之称所指众说纷纭,不好遽定。商纣王到底都于安阳殷墟还是已迁到朝歌仍悬而未决。

殷商史研究的进步得益于甲骨文研究的日益深入。很多文献记载语焉不详或记载相互矛盾的问题只有通过甲骨文的研究才能找到解决途径。殷墟是否为商纣王的都城,殷墟甲骨卜辞中是否有商纣王的卜辞这一问题的解决关键还是要依赖于对殷墟黄组卜辞的深入研究。

目前我们对黄组卜辞做了一番整理,进行了断代研究工作。我们从考古类型学出发,根据卜辞字体结构和书写风格将殷墟黄组卜辞分为二类。黄组一类卜辞中有"父丁""母癸"称谓,应为帝乙对其父文丁,文丁之配妣癸的称呼,因此我们把黄组一类卜辞时代定为帝乙。从黄组二类字体与黄组一类字体有同版关系来看,黄组二类卜辞的上限也可及于帝乙之世。不过,从卜辞字体结构与书体风格来看,黄组二类卜辞已迥异于黄组一类卜辞,这种差异应是时代演进的结果。从黄组二类卜辞没有出现与殷墟何组、无名组卜辞字体同版的例子来看,我们认为黄组二类卜辞时代应晚于黄组一类卜辞。不过其是否晚到帝辛时期则还要考察这类卜辞中的称谓。

由于黄组二类卜辞中还没有可据于推断时代的"父某""母某"之称,要判断其时代是有困难的。有意思的是商末甲骨卜辞中出现了"文""武""文武""康"等类似后世谥法的称号。在黄组卜辞中尤为值得注意的就是还出现了"文武帝"一称。这一称谓因无确切的商王日名,长期以来在学术界就有两种说法,一说是指帝乙,一说是指文丁④。认为"文武帝"是指帝乙的学者指出,商末青铜器四祀邲其卣有"文武帝乙"之称,周原甲骨文中也有"文武帝乙"之称。因此"文武帝"就是"文武帝乙"的简称。认为"文武帝"是指文丁的学者指出,卜辞称文丁为文武丁,亦单称文武,则"文武帝必为文丁无疑"。

从黄组卜辞中可知,商末在祭祀其祖先时,有时对祖先只用美称而略去日名。如称康丁为"康祖丁""康丁",也称"康",称武乙为"武祖乙""武乙",也称"武",称文丁为"文武丁""文武",也称"文"。我们认为"文武帝"三字应该也是时王对祖先的美称,是商代

---

① 常玉芝:《商代周祭制度》,北京:中国社会科学出版社,1987年。
② 方述鑫:《试论帝乙、帝辛卜辞》,《殷都学刊》1992年第4期,第1—6页。
③ 王晖:《帝乙帝辛卜辞断代研究》,《陕西师范大学学报》2003年5期,第65—76页。
④ 所及各家意见在常玉芝《说文武帝》一文中曾有叙述,可参阅,兹不赘述。

祖先日名前的区别字。"文武帝"就像"文""武""康""文武"一样,是附加于祖先日名之上的。"文武帝"一称,在殷墟黄组卜辞中一直是省略了祖先日名的,其究竟指谁就易引起争议。

在《殷墟黄组卜辞断代研究》一文中,我们收集了所有有"文武帝"一称的卜辞,根据这些卜辞辞例及卜祭日的规则,分析了"文武帝"的所指。我们认为黄组卜辞中的"文武帝"一称有的指的是文丁,有的指的是帝乙。其中指文丁的卜辞,其字体为黄组一类卜辞。指帝乙的卜辞,其卜辞字体特征为黄组二类。而黄组二类卜辞时代晚于黄组一类卜辞。黄组二类卜辞中的"文武帝"应该是帝辛对其父帝乙的称呼。由此可见殷墟卜辞中是有商纣王——帝辛的卜辞的,也就是说殷墟的下限可到商纣王时期。

三、金文证据

殷墟黄组甲骨卜辞的断代说明商纣王都安阳殷墟。不过商末青铜器铭文中却透露出一些不同的信息,支持商纣王都朝歌之说。

如1976年出土于陕西临潼的西周初期青铜器"利簋"。其铭文曰:"武征商,惟甲子朝,岁鼎克闻,夙有商。辛未,王在阑师。"铭文记载武王伐纣之事:甲子这天早晨向商进攻,晚上就攻克了商,到达了商都。利簋所记就是文献中著名的牧野之战。武王伐纣的"牧野之战",古籍是这样记载的:如《诗经·大雅·大明》第七章、第八章写的"牧野之战":

> 殷商之旅,其会如林……牧野洋洋,檀车煌煌,驷騵彭彭……肆伐大商,会朝清明。

另外,《尚书·周书》也详细地记载了这一战役:癸亥日,武王的军队陈于商郊,而纣旅也陈牧野。第二天是甲子日,天亮前,武王发动进攻,纣王之兵前途倒戈,周师当天晚上便追到都城,迫使商纣王自焚而死。《逸周书·克殷篇》说牧野之战"商师大崩,商辛奔内,登鹿台之上,屏遮自燔于火"。

过去由于人们对《尚书》的怀疑,对牧野之战的可靠性也打上问号。青铜器利簋的出土证明《周书》所载"牧野之战"的史实是确实的。而"牧野",据学者考证即今河南汲县西南的汲城村。该地距朝歌七十三里。文献记载,甲子日纣王兵败逃走,当天死在鹿台;武王的军队也于当日进入商国。如果纣都安阳殷墟而不是朝歌,那么两者将都是不可能的。武王伐纣牧野之战的地理是符合纣都朝歌之说的。

另《史记·周本纪》所载武王于克商次日所行善后之事:

> 其明日,除道,修社及商纣宫……命召公释箕子之囚……命毕公释百姓之囚……命南宫适散鹿台之财,发钜桥之粟……命南宫适、史佚展九鼎、保玉……乃罢兵西归。

武王修"社",释"箕子""百姓之囚",散"鹿台之财",展"九鼎"等事都是在牧野之战后第二天进行的。从时间上来看,这些都应该是在朝歌举行的。武王"罢兵西归"说明商纣王都于朝歌，否则武王必进军安阳殷墟，迁其国宝重器。此可证朝歌应为殷纣帝都。①

事实上，近几年新出现的一些青铜器，其铭文记载也证明纣都朝歌之说是有根据的。如中国国家博物馆 2003 年新入藏的晚商作册般铜鼋，铭文记述"丙申，王弋于洹，获。……""弋"字，甲骨文习见，读为"过"，意思是至。"王弋于洹"即商王到洹水上。在现已发现的十余万片甲骨卜辞中，没有商王过洹或至洹的一类文字，这是因为那时商都就在洹上（按即安阳殷墟），所以卜辞屡有洹水为兹邑祸咎，以及祷于洹源等内容。李学勤先生指出该铜器记"王过于洹"即王至于洹射猎，可能意味着纣已不常居洹上②。

2006 年，保利艺术博物馆入藏了一件晚商铜器"䚄方鼎"。方鼎铭文记有"乙未王宾文武帝乙彡日自䚄俚"。铭文中出现"文武帝乙"，可知方鼎为商纣王时所作，是祭祀其父亲帝乙的器物。黄天树先生根据商代语言表处所的介词结构"自……于……""自……"，一律放在动词之后作一句读的情况指出上引方鼎铭文应作一句读。"……自䚄俚"应是"……自䚄俚于殷"之省。另方鼎铭文"王返入䚄"的"返入"是同（近）义词连用的短语③。说明䚄方鼎铭文记载商纣王从䚄俚到殷祭祀其父帝乙，当天又返回䚄。这里殷指的就是安阳殷墟，纣王从䚄到殷祭祀自己的父亲，说明商纣王已不居住在安阳殷墟的殷都了。䚄地，史书未见，或许"䚄"为殷人对朝歌之地的称呼？

"竹书"中说盘庚至纣"更不徙都"，而《尚书》等又称纣都朝歌。殷墟黄组卜辞证明商纣王都殷墟，青铜器铭文又显示商纣王已都于朝歌。该如何解释以上矛盾呢？

仔细考察黄组二类卜辞，我们发现黄组二类卜辞数量在黄组卜辞中所占比例较小，记有年祀的仅一例（《合集》37835：二祀十二月，（甲午）彡上甲）。因此我们推测现有黄组中的帝辛卜辞只是帝辛时期卜辞的一部分。熟悉甲骨文的学者知道，商代在位时间最长的王为武丁，其在位 59 年。大型甲骨文著录书《甲骨文合集》，十二册中就有七册收录的是武丁时期的卜辞。与此对照，黄组卜辞在《甲骨文合集》中仅占一册。黄组卜辞中帝辛卜辞的数量与史籍所载商王帝辛（纣）在位至少三十三年是极不相称的④。对现有黄组卜辞的考察使我们不得不重视"纣都朝歌"之说。

从殷墟黄组卜辞有帝辛卜辞来看，商王帝乙并未徙都，帝辛都于朝歌应该是其晚年之事。当然，以上文献、现有古文字资料对证明纣都朝歌之说还不够有力，我们期待着新的考古资料的发现。

作者简介：徐明波，女，绵阳师范学院副教授。

---

① 田涛：《朝歌为殷纣帝都考》，《中州今古》1987 年第 1 期，第 56 页。
② 李学勤：《作册般铜鼋考释》，《中国历史文物》2005 年第 1 期，第 4—5 页。
③ 黄天树：《保利艺术博物馆收藏的两件铜方鼎笔谈》，《文物》2005 年第 10 期。
④ 曹定云：《殷代积年与各王在位年数》，《殷都学刊》1999 年第 4 期，第 26—30 页。

高青陈庄墓葬的礼器器用与周代族群的华夏化进程[*]

中国社会科学院中国历史研究院古代史研究所、出土文献与中国古代文明研究协同创新中心　杨博

摘　要：高青陈庄遗址的性质与族群问题向来引起学界重视。从墓葬青铜礼器器用角度考察，陈庄遗址墓葬之器用特色与广义殷人似存在密切联系之可能。周人封建体制下，殷遗民族群在青铜器用的文化特色及稳定性上有相当长的延续性，甚或在某些特定情况下对周人礼器器用施加影响。高青陈庄墓葬与其他典型墓葬一道，为考察周代族群华夏化的历史进程提供了新鲜的视角。

关键词：高青陈庄　礼器　器用

一

《左传》成公二年载孔子云："唯器与名不可以假人，君之所司也。名以出信，信以守器，器以藏礼，礼以行义。义以生利，利以平民，政之大节也。"杜预注："器，车服。名，爵号"，"名位不愆，为民所信。车服所以表尊卑"[①]。其初始含义是政治统治秩序有赖于礼制运行的通顺，而礼制的外在体现是作为"器""名"的车服和爵号。后世学者以礼器泛指古代祭祀、宴飨等礼仪活动中使用的器具，包括青铜器、玉器等。

周秦汉唐至宋，对山东地区出土及传世铜器的研究即不绝如缕。2008—2010年，山东省高青县陈庄遗址的发掘发现了城墙、房基、窖穴、陶窑、道路、水井、灰坑，以及贵族墓葬、车马坑、祭祀台基等重要遗迹，出土遗物除大量陶器、蚌器、骨器外，还有50余件青铜器和少量精美玉器、串饰等。其中西周时期的祭祀台、甲字形大墓和铜器上"齐公"铭文

---

[*] 本文为国家社科基金青年项目"西周诸侯墓葬青铜器用与族群认同研究"（17CZS005）的阶段性成果之一，得到国家社科基金重大项目（16@ZH022）和教育部、国家语委甲骨文等古文字研究与应用专项重点项目（YWZ-J020）的资助。

[①]《春秋左传正义》卷二五，阮元校刻：《十三经注疏》（清嘉庆刊本），北京：中华书局，2009年，第4111页。

均为鲁北地区首次发现。① 发掘的重要收获，引起了学界的广泛关注。其中对遗址性质、族群的探讨有齐贵族丰邑说②、齐国陵园说③、齐都营丘说④、军事城堡说⑤、周人设防薄姑说⑥、晚商逢国迁都之地说⑦、齐国别都或辅都说⑧、薄姑说⑨、西周早期为齐国公族分支属地而中期后为西周王朝派驻统领齐师的王臣驻地说⑩、前段为齐公册封庶子镇守的齐国北界边防军事重地而后段为靠近薄姑的一般居址说等多种⑪，极大地推动了相关研究的进展。虽然对陈庄遗址的讨论已取得广泛而深入的成果，但专就墓葬出土铜器器用角度所进行的讨论，似仍是值得关注的问题。

商周贵族阶层的"礼"有两种呈现方式：一是作为仪式规程的"礼仪"；一是作为物质载体的"礼器"。在具体的仪式场景中，所使用礼器的种类、区位及组合方式等皆有与礼仪相对应的规则，笔者称之为"器用"。综合器用组合关系与族属判断等问题，笔者近年来以"青铜器区位分析"来研究这一问题，提出既要分析青铜器之间的组合关系，又要兼顾青铜器在墓葬中的置放位置，还要考虑如时代、等级、性别、地域等不同因素所造成的差异。这种方法侧重位置与组合分析，试图从当时人的角度来分析青铜器的器用问题，以判断族群之特定文化内涵，继而探讨青铜器用所反映之族群认同与社会变迁等问题。笔者曾对殷末周初贵族墓葬青铜器用组合做过简单讨论，提出早在西周初期周人似已建立起较完备的以食器为中心的器用组合关系⑫，但就器用位置而言，存在着按大类分置、食、酒水器分置及酒水器

---

① 山东省文物考古研究所：《山东高青县陈庄西周遗址》，《考古》2010年第8期，第27—34页；《山东高青县陈庄西周遗存发掘简报》，《考古》2011年第2期，第3—21页；《高青县陈庄西周遗存发掘简报》，《海岱考古》（第四辑），北京：科学出版社，2011年，第72—104页。

② 方辉：《对陈庄西周遗址的几点认识》，《中国文物报》2010年3月5日，第7版；《高青陈庄铜器铭文与城址性质考》，《管子学刊》2010年第3期，第102—105页；孙敬明：《陈庄金文卜辞小笺》，《中国文物报》2010年4月2日，第7版；《陈庄考古发现比较摭谈》，《管子学刊》2010年第3期，第112—114页；李零、张学海：《山东高青县陈庄西周遗址笔谈》，《考古》2011年第2期，第24—27页；李零：《读陈庄遗址出土的青铜器铭文》，《海岱考古》（第四辑），第370—377页；赵庆淼：《高青陈庄引簋铭文与周代命卿制度》，《管子学刊》2015年第3期，第104—108页。

③ 任相宏、张光明：《高青陈庄遗址M18出土丰簋铭文考释及相关问题探讨》，《管子学刊》2010年第2期，第97—102页。

④ 王恩田：《高青陈庄西周遗址与齐都营丘》，《管子学刊》2010年第3期，第98—101页。

⑤ 魏成敏：《陈庄西周城与齐国早期都城》，《管子学刊》2010年第3期，第106—110页；王青、郑同修：《山东高青县陈庄西周遗址笔谈》，《考古》2011年第2期，第30—31页；郑同修：《高青陈庄遗址发掘的主要收获及相关问题》，《海岱考古》（第四辑），第409—417页。

⑥ 王树明：《山东省高青县陈庄西周城址周人设防薄姑说—也谈齐都营丘的地望与姜姓丰国》，《管子学刊》2010年第4期，第111—116页。

⑦ 张富祥：《逢国考》，《管子学刊》2010年第4期，第117—125页。

⑧ 徐学琳：《高青陈庄西周城址性质探讨》，《管子学刊》2011年第1期，第123—126页。

⑨ 李学勤：《论高青陈庄器铭"文祖甲齐公"》，《东岳论丛》2010年第10期；《山东高青县陈庄西周遗址笔谈》，《考古》2011年第2期，第22—23页。

⑩ 朱凤瀚：《山东高青县陈庄西周遗址笔谈》，《考古》2011年第2期，第25—26页。

⑪ 曹斌：《山东高青县陈庄遗址性质探析》，《考古》2018年第3期，第86—93页。

⑫ 杨博：《西周初期铜器墓葬礼器组合关系与周人器用制度》，《青铜器与金文》（第一辑），上海：上海古籍出版社，2017年，第525—540页。

聚置，食器分置等三种情形，前两种情形似体现出周人重食的文化特征，后一种强调酒器的置器方式或与广义之殷人（包括殷遗民）有关。青铜器用与族群认同之间的关系密不可分。① 这里拟就高青陈庄贵族墓葬的青铜器用情况再作讨论，以供师友同好批评。

二

高青陈庄出土铜礼器的西周时期墓葬有六座，M18、M27、M35、M36简报报告有相关内容，其中M18、M27似可做青铜器用区位分析的相关讨论。M18位于T7017的西北部，被H434打破，打破F1。开口距地表约11.3米。方向17度，为长方形竖穴土坑墓。墓室面积约6.12平方米，葬具一棺。墓主人头向北，仰身直肢。根据墓中所出陶器，如M18：16仿铜分裆陶鬲与张家坡中期偏早M175：5陶鬲、刘台子M2出土陶鬲形制、纹饰相近，M18：10陶罐与张家坡M175：1陶罐相类，学者推断其下限在西周中期偏早②，笔者以为可从。随葬铜礼器与陶器一道放置在头端棺外的器物箱内。

随葬礼器组合为：

食器：鼎、簋、甗；
酒器：爵、觯、尊、卣、觥、斗。

这与西周王畿及周边地区的情况亦是相合的。除斗、爵外其余七件器物均有铭文，为"丰启作厥祖甲齐公宝尊彝""丰启作文祖齐公尊彝""丰作厥祖齐公尊彝""丰启作祖甲宝尊彝"等，是"丰"为"文祖甲齐公"所作的组器。具体区位关系可如表一、图一所示：

表一　M18随葬青铜礼器区位关系表

器名	器类	相邻器物
M18：1 觯	酒器	2爵
M18：2 爵	酒器	1觯、4卣
M18：3 觥	酒器	9斗
M18：4 卣	酒器	2爵、7尊、5鼎
M18：5 鼎	食器	6簋、4卣、7尊
M18：6 簋	食器	5簋、8甗、7尊
M18：7 尊	酒器	4卣、5鼎、6簋、8甗
M18：8 甗	食器	6簋、16陶鬲、7尊
M18：9 斗	酒器	3觥

---

① 杨博：《青铜礼器的器用内涵与学术价值》，《中国社会科学报》2018年6月4日，第5版。
② 曹斌：《山东高青县陈庄遗址性质探析》，《考古》2018年第3期，第86-93页。

1. 铜觯 2. 铜爵 3. 铜觥 4. 铜卣 5. 铜鼎
6. 铜簋 7. 铜尊 8. 铜甗 9. 铜斗 10~15.
陶罐 16. 陶鬲 17、18. 铜戈

图一　M18 平面图（《考古》2011 年第 2 期第 7 页图六）

由表一可见，M18 的器用区位似可分两方面来阐述，其一，器群虽集中放置，但食器集中在器物箱中部以东，酒器聚置在西、北部，两大器类之间似仍有较明显之间隔。其二，组合器相邻放置，如鼎簋、尊卣、爵觯等均相邻置用。同时值得留意的是，作为酒器中体量较大之器类，尊、卣分别与甗、鼎相邻，尤其是鼎、簋、甗均与尊相邻。

另一年代为西周中期偏早的墓葬 M27 位于 TJ2 东侧的 T5819、T5820、T5920、T5719 内。被 H893、H895 打破，打破 TJ2 外围的第 II 期垫土。方向 28 度。长方形竖穴土坑墓，墓室面积约 10.34 平方米，葬具一棺一椁，墓主人仰身直肢，头向东北。随葬铜器与陶器一道放置在头端的棺椁之间。器用组合为：

食器：鼎、簋、甗。
酒器：爵、觯、尊、卣、壶。
水器：盂、盘。

具体区位关系亦可如表二、图二所示：

表二　M27 随葬青铜礼器区位关系表

器名	器类	相邻器物
M27：1 甗	食器	5 壶，9 盘
M27：5 壶	酒器	6 爵、10 卣，9 盘
M27：6 爵	酒器	5 壶、10 卣，8 盂、9 盘
M27：7 簋	食器	8 盂、10 卣、13 尊
M27：8 盂	水器	9 盘，6 爵、10 卣、13 尊，7 簋
M27：9 盘	食器	8 盂、5 壶、6 爵、10 卣
M27：10 卣	酒器	5 壶、6 爵、7 簋、8 盂、9 盘
M27：11 鼎	食器	13 尊
M27：13 尊	酒器	15 觯、7 簋、11 鼎、8 盂
M27：15 觯	酒器	13 尊，16 簋
M27：16 簋	食器	15 觯

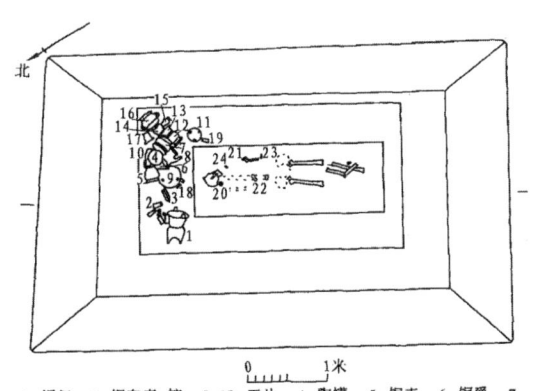

1. 铜甗　2. 铜车軎、辖　3、18. 玉片　4. 陶罐　5. 铜壶　6. 铜爵　7、16. 铜簋　8. 铜盂　9. 铜盘　10. 铜卣　11. 铜鼎　12. 角器　13. 铜尊　14. 陶鬲　15. 铜觯　19、21. 长方形玉牌饰　20. 玉坠　22. 玉柄形器　23. 玛瑙珠　24. 残玉器

图二　M27 平面图（《考古》2011 年第 2 期第 9 页图八）

如表二所示，M27 的区位关系似与 M18 存在很大不同。首先，器物并非放置在器物箱中。其次，食器甗簋分置器群两端，酒器基本聚置的情况与 M18 食酒器分别集中放置的情形有别。第三，除水器盂盘组合器相邻外，鼎簋、爵觯、尊卣的习见组合器物均不是相邻放置的。

三

两座"甲"字形大墓，M35 报道随葬铜器种类组合有铜鼎、簋、壶各两件，盘、匜各一件；M36 有铜盨、方壶各两件。盨、盘、匜均是西周厉王时期流行及确立的器物，故不同于 M18、M27，墓葬年代要稍晚，在西周晚期前后。①

上述墓葬青铜器用情况值得注意并讨论者，首先是器物箱的使用。类似情况在 2002 年 6 月山东枣庄东江村东南高土台小邾国墓葬②、1995 年发现于长清县仙人台的邿国墓地③、1993—1994、2001—2002 在河南桐柏月河镇左庄村养伯墓葬中④，同样可以见到。

伴随器物箱使用的是随葬铜礼器的偶数同形现象，小邾国、邿国与养伯墓葬中亦普遍存在此种情况。如东江小邾国墓葬 M2，墓室面积约 33.1 平方米，随葬器物在器物箱内排列有序为壶→鼎→鬲→簋、匜→盘→罍。具体随葬铜器组合为：

食器：平盖窃曲纹鼎四、鬲四（郳庆作秦妊羞鬲，其永宝用）、簋四（子皇母一"子皇母作馈簋，其万年眉寿，永宝用之"、毕仲弁一"毕仲弁作为其北善簋，其万年眉寿子子孙孙永宝用之"、鲁酉子安母盖二"鲁酉子安母肇作簋，其眉寿万年子子孙孙永宝用"、鲁宰虢器一"鲁宰虢作旅簋，其万年永宝用"、正叔止士𩵋馀器一"正叔止士𩵋馀作旅簋，子子孙孙永宝用"）；

酒器：圆壶二（郳君庆作秦妊醴壶，其万年眉寿永宝用）、涡纹罍一。

水器：凤鸟纹盘一、窃曲纹匜一。

同属春秋初期的长清仙人台邿国墓葬 M3，墓室面积约 11.9 平方米，随葬器物在椁室北部二层台的边箱内，为食器鼎二簋二组合。两鼎大小相次，形制、纹饰一致，两簋同形，有铭文"邿召作为其旅簋"。二鼎二簋等量偶数组合与小邾国墓葬情况相同；属春秋一期二阶段的 M6 亦用八鼎八簋等量偶数数量配比组合，说明其似并非个例，M2 与 M1 北南并列，二鼎二簋，亦为鼎、簋偶数等量。这种食器鼎簋、鼎簋等配比为偶数的器用组合形式，似与陈庄"甲"字形大墓 M35、M36 随葬器物的组合情况存在联系的空间。

养是淮水流域的嬴姓小国。商人与东夷的关系密切，清华简《系年》第二章：

周武王既克殷，乃设三监于殷。武王陟，商邑兴反，杀三监而立彔子耿。成王屎伐商邑，杀彔子耿，飞廉东逃于商盍氏，成王伐商盍，杀飞廉，西迁商盍之民于邾圉，以

---

① 朱凤瀚：《山东高青县陈庄西周遗址笔谈》，《考古》2011 年第 2 期，第 25—26 页。
② 枣庄市博物馆、枣庄市文物管理办公室：《枣庄市东江周代墓葬发掘报告》；尹秀娇、王琦：《枣庄东江东周贵族墓葬的发现与研究》；王琦、石敬东、李兰昌：《东江小邾国墓葬出土青铜器铭文综述》，《海岱考古》（第四辑），第 141—231、439—443、444—451 页。
③ 山东大学考古系：《山东长清县仙人台周代墓地》，《考古》1998 年第 9 期，第 11—25 页；任相宏：《山东长清县仙人台周代墓地及相关问题初探》，《考古》1998 年第 9 期，第 26—35 页。
④ 南阳市文物研究所、桐柏县文管办：《桐柏月河一号春秋墓发掘简报》，《中原文物》1997 年第 4 期，第 8—23 页；河南省文物考古研究所、桐柏县文物管理委员会：《河南桐柏月河墓地第二次发掘》，《文物》2005 年第 8 期，第 21—37 页。

御奴𦀚之戎，是秦先人，世作周⼱。①

据简文，飞廉在周公和成王攻破商邑后东逃至商奄氏。周公和成王继伐商奄，杀了飞廉，并将商奄之民西迁，是为秦的先人。已有的考古学研究成果亦显示，商人对东夷的攻势始于二里岗上层时期，商人早在二里岗上层 H1 阶段似即已到达大辛庄遗址，并出现诸如"大辛庄商文化第二类遗存"这样的"接受商文化改造的夷族后裔遗存"②。嬴秦腰坑殉狗的葬俗，亦为学界周知。腰坑殉狗是判断殷遗民墓葬族属的核心特征③。此外，殷遗民墓葬随葬器物的偶数同形现象，近来亦因周原遗址姚家墓地的发现，而逐渐揭橥④。凡此一方面说明东夷土著族群与商人间的密切联系。另一方面，若顺此思路继续延伸，陈庄墓葬虽不见腰坑殉狗，但建立在随葬礼器偶数同形现象基础之上，在铜礼器器用区位上 M18 之甗尊相邻，M27 之食器分置亦存在与广义之殷人（殷遗民）器用方式联系之可能。这里不妨一提的是 M35、M36 和其殉葬马坑，以及 M18、M27 等墓葬大致皆围绕夯土台基（TJ2）有序分布，空间布局较为紧凑。此夯土台基学界一般认为是祭坛，墓葬在城内围绕祭坛有序分布，同样是一个值得关注的现象。

学界一般认为，陈庄遗址在西周早期偏晚和中期偏早阶段，城内的贵族墓葬无腰坑和殉人，出土陶器（鬲、罐）、铜器组合均为周式，因此对陈庄遗址前段性质的讨论应建立在周系文化的基础上⑤，笔者认同此种审慎认识。惟《史记·齐太公世家》曾明记："太公至国，修政，因其俗，简其礼。"故在此亦想就青铜器用方面的特殊情况提请注意是否存在"因其俗，简其礼"之可能⑥。若然，则周人亦有根据当时当地之习俗，因应青铜礼器器用之情况。

四

高青陈庄遗址的性质与族群问题向来引起学界重视，笔者上文仅从典型墓葬青铜礼器器用之角度对此问题予以简单讨论，所论相当肤浅且未必准确，恳请方家赐正。惟所云如尚可信，则目前所得认识主要有二：

其一，陈庄遗址墓葬之青铜礼器器用特色与包括东夷土著在内之广义殷人似存在密切联系之可能。

其二，周人封建体制下，与广义殷人存在族群文化联系之东夷土著族群在青铜器用的文

---

① 清华大学出土文献研究与保护中心编，李学勤主编：《清华大学藏战国竹简（贰）》，上海：中西书局，2011 年，第 138 页。
② 徐基、陈淑卿：《论岳石文化的终结——兼谈大辛庄商文化第二类遗存的性质》，《东方考古》（第 4 集），北京：科学出版社，2008 年，第 15—29 页。
③ 郜向平：《商系墓葬研究》，北京：科学出版社，2011 年，第 77—79 页。
④ 陕西省考古研究院、北京大学考古文博学院、宝鸡市周原博物馆：《周原遗址东部边缘：2012 年度田野考古报告》，上海：上海古籍出版社，2018 年，第 492 页。
⑤ 李学勤：《山东高青陈庄西周遗址笔谈》，《考古》2011 年第 2 期，第 22—23 页；曹斌：《山东高青县陈庄遗址性质探析》，《考古》2018 年第 3 期，第 86—93 页。
⑥ 司马迁撰，裴骃集解，司马贞索隐，张守节正义：《史记》，北京：中华书局，1959 年，第 1480 页。

化特色及稳定性上有相当长的延续性，甚至会在某些特定情况下对周人礼器器用施加影响。高青陈庄墓葬与昌平白浮墓葬、济阳刘台子墓葬一道，① 为考察周人族群同化的历史进程提供了新鲜的视角。

  附记：小文有关青铜器墓葬组合与器用区位的研究思路与方法多蒙朱凤瀚教授、雷兴山教授启发，殷遗族属判定的核心标准等问题亦曾向刘绪教授请教，相关问题与张天宇先生多有交流，笔者谨致谢忱！

作者简介：杨博，男，中国社会科学院中国历史研究院古代史研究所、中国社会科学院简帛研究中心、出土文献与中国古代文明研究协同创新中心助理研究员。

---

① 杨博：《济阳刘台子西周墓葬青铜容礼器的器用问题简论》，《青铜器与金文》（第二辑），上海：上海古籍出版社，2018年，第443—451页。

论周初殷遗民所铸铜器铭文的特点与判定

江苏师范大学文学院 叶正渤

摘 要： 文章研究认为，所谓殷遗民，是指周武王灭殷后商王朝遗留下来的贵族大臣。这些殷遗民往往掌握商先进的文化知识，具有一定的统治经验或军事才能，他们当中愿意服从西周王室统治且愿意效力于周王室者因而为西周王室所用。所以在他们所铸的铜器铭文中，一方面保留了很明显的商代铜器铭文的某些烙印，另一方面也具有经过改革的周初铜器铭文的某些元素。其所属时代的判定标准，就是看这些铜器铭文中是否具有周初元素。

关键词： 殷遗民 铜器铭文 商代特征 周初元素

西周初年武成时期铜器铭文出现一种特殊现象，就是器形纹饰甚至铭文某些格式体例具有商代晚期铜器铭文的特征，而铭文所记内容、某些语词（职官名或纪时用语）或某些格式体例又是周初武成时期才出现的样式。这些铜器铭文看起来似乎有些矛盾，其实这是朝代更替初期必然会出现的现象。经过细心观察和分析研究，发现凡是这一类铜器铭文基本上都是殷遗民所铸。

所谓殷遗民，是指周武王灭殷后商王朝遗留下来的贵族大臣，即《尚书·多士》周成王所说的"尔殷遗多士"。《书序》曰："成周既成，迁殷顽民，周公以王命诰，作《多士》。"这些"多士"是商王室的遗老，他们往往掌握着商代先进的文化知识，具有一定的统治经验或军事才能。武王克商后，这些"多士"当中愿意服从西周王室统治且愿意效力者，因而为西周王室所用。所以，在他们所铸的铜器铭文中，一方面保留了很明显的商代铜器铭文的某些特征，另一方面也具有经过改革的周初武成时期铜器铭文的某些元素。这种现象就是马承源所说的："在克商之后，周人接受了青铜铸造工业和工艺奴隶，这些转而为周人服务的手工业产品，至少在一个时期内还是原来的模式，因此出现了一批商器周铭的青铜器。"① 所谓"商器周铭"，就是器型纹饰等是商代的模式，而铭文体例内容等则是周初的。这些铜器的形制花纹似商器，但实为周初武成时期殷遗民所铸。虽然时代不同了，但是铜器旧的模式

---

① 马承源：《中国青铜器》，上海：上海古籍出版社，1996年，第429页。转引自黄德宽：《古汉字发展论》，北京：中华书局，2014年，第127、128页。

未改。因为青铜器器型纹饰等要素具有一定的延续性、渐变性，周初直接沿袭商代，还没有发生显著变化，但铭文体例和内容则可以随时而变。所以，本文探讨周初殷遗民所铸铜器铭文的特点与判定方法，主要是根据铭文，所讨论的也是铭文。这种商器周铭的现象，彭裕商先生也曾有所论述。①

为便于论述，我们首先来了解一下商代铜器铭文的特征，然后再提出一些判断方法。商代铜器铭文的特征，早就有学者撰文加以探讨，本文将他们的研究结论，大致归纳如下：

1. 商代铭文是族徽兼有文字的。这是商代中后期铭文的基本特征。如 ▨ "天黾"、▨ "冉"形（隶作"冉"字是不对的）、▨ "析子孙"、▨ "疑"、▨ "束"、▨ "高"等。这些族徽符号，大概起着署名或氏族标识的作用。还有在铭文末尾题一个 ▨ "册"，作"某某册"。商代铭文不少有"亚"字，或"亚"字中另有字，如"亚疑""亚貘""亚醜"等。

2. 商代以日干为名，即以"甲乙丙丁戊己庚辛壬癸"十天干来称呼已故先祖在宗庙里的庙号，而且祖妣父母与日干合文书写，祭日也选庙号相同日干之日。

罗振玉在《殷文存》一书中概括出判别商代青铜器的两条标准："（1）有象形文字者；（2）殷人以日为名，……日名之制，亦沿用于周初，要之不离殷文者近是。"

1928年，马衡在《中国之铜器时代》一书中，提出推定商代铜器的两大方法：（1）在殷墟出土的可定为殷器；（2）以殷墟甲骨文为标尺去衡量铭文内容，凡记时方法以日、月、祀为序，祭祖妣之日与其名相符者，祭日有翌日、肜日者，均可定为商代器。②

3. 商代晚期铭文章句结构基本呈现为：某日某人因某事而作器，用以祭奠某祖先，在某祀某月。陈梦家在《殷虚卜辞综述》一书中曾对商代甲骨卜辞以及铜器铭文的纪时方式作了概括性的总结。他说，大别之为两类：

（甲）记事　干支记日——才某月——惟王某祀——祀季
（乙）卜辞　干支记日——才某月——惟王某祀

所不同者，记事刻辞常常在某祀以后记"彡日""劦（协）日""翌日"等"祀季"之名，卜辞亦偶有记之者如"惟王某祀彡日""惟王十祀彡"；以上的记时法，是以干支记日为开始，以年祀为终结。③ 如小臣俞犀尊、邲其卣三器、宰椃角铭文，与商代甲骨刻辞的纪时方式完全相同。

4. 商代铭文不用月相词语纪时。董作宾指出："在殷代月与日之关系尚疏，其时有无定点月相，以未见于甲骨文字之记录，不能臆断。然其见于甲骨文字者，则但知某一太阴月内，有此某一日（干支字）名而已。至周初载籍乃有生霸死霸之名，定其在太阴月中之某一日，即某一点。其时所用之名称，已不尽为'月相'。至金文乃更有'初吉'之一名，以代替'死霸'，是明明易不吉之词为吉语也。至汉以后，乃专以朔日为月始之定点，而更有二

---

① 彭裕商：《新邑考》，《历史研究》2000年第5期；彭裕商：《述古集》，巴蜀书社，2003年，第452—470页。
② 叶正渤、李永延：《商周青铜器铭文简论》，徐州：中国矿业大学出版社，1998年，第112页。
③ 陈梦家：《殷虚卜辞综述》，北京：中华书局，1992年，第235页。

日至廿九者卅日之排次。"①

根据以上所列商代铭文的四点特征，结合西周初年铜器铭文的实际情况，特提出商器周铭具体时代的判断原则与方法如下。

一、铜器铭文中既有商代铜器铭文的元素，同时又有周初武成时期铜器铭文的某些元素，这是殷遗民而归附于周王室者所铸之器。如，铭文置于亚形框内，有商代铭文特有的族徽，有以十天干字作亡父或亡祖的庙号，这些都是商代铜器铭文所具有的特征。如果铭文中所记载的事件结合传世文献的记载确认为属于周初武成时期的，那么这样的铜器铭文是殷遗民而为周王室所用者所铸。

例如，沬司徒疑簋铭文，铭文中既有❐（䍙、㠯）族徽，而❐也见于商代铜器铭文；但铭文所记事件"王来伐商邑，诞命康侯鄙于卫"，这是西周成王时期发生的事，这些说明沬司徒疑是殷遗民而归附于周王室者，该器之铸应在周初武成时期。

作册旂尊，铭文"隹五月，王在斥。戊子，令作册旂贶望土于相侯，赐金赐臣，扬王休。隹王十有九祀。用作父乙奠，其永宝。❐（木羊栅）"。铭文的纪时格式体例属于商代晚期，且有族徽❐，但铭文的记事"王在斥"则属于周初武成时期，所以，作册旂也是殷遗民。

盂卣器铭："兮公❐（休）盂鬯束，贝十朋。盂对扬公休，用作父丁宝奠彝。❐。"

铭文既有族徽❐，又有庙号"父丁"，但"对扬王休"，或"对扬某休"则是周初武成时期铭文才出现的颂辞，可见铸器者盂也是殷遗民而归附于周王室者。

鸣士卿尊，铭文既有商代族徽❐（子鱼），又有庙号"父戊"，可见鸣士卿也是殷遗民。

扬鼎（己亥鼎），铭文既有族徽❐（黿），又有"父庚"庙号，可见铸器者扬也是殷遗民。

复鼎铭文："侯赏复贝三朋，复用作父乙宝奠彝。❐（析子孙）。"侯，应是匽侯之省略。

复尊铭文"匽侯赏复冂（幎）、衣、臣、妾、贝，用作父乙宝奠彝。❐（析子孙）"。

铭文既有商代特有的族徽❐（析子孙），又有"父乙"的庙号，但是铭文中有"侯""匽侯"之称，那是周成王时封召公奭长子克为匽侯者（见克罍、克盉铭文），始有"匽侯"之称，可见铸器者复也是殷遗民而归附于周王室者。

商尊、商卣铭文"商用作文辟日丁宝奠彝。❐"既有族徽❐（析子孙），又有日干作亡父庙号，所以，铸器者商也是殷遗民而归附于周王室者。

这样的铜器铭文在周初武成时期为数不少。犅劫卣，整篇铭文置于亚形框之中；何簋铭文"作祖乙奠彝"；伯矩鬲铭文"用作父戊奠彝"；㠯簋铭文"用作父戊宝奠彝"，中鼎铭文"作祖癸宝鼎"，御正卫簋铭文"用作父戊宝奠彝"，小臣传卣铭文有庙号"日甲"，等。

---

① 董作宾：《"四分一月"说辨正》，《董作宾先生全集》甲编第一册，台北：艺文印书馆，1978年，第6页。

二、与第一点相反，凡是铭文中既没有以天干字为亡父或亡祖庙号，亦没有商代族徽的，则属于周初武成时期器。这是判断商器抑或周器铭文的重要标准之一。

例如，明公簋铭文，因为明公是周公旦后裔，他是地道的周王室家族成员，故其所铸铜器铭文除了字形字体而外，没有商代铜器铭文的任何要素。此外还有太保召公奭所铸诸器。

又如，禽簋、太祝禽方鼎铭文既没有族徽，也没有以十天干作亡父庙号，因为担任太祝之职的伯禽是周公旦的儿子，所以在他所铸的铜器铭文中自然没有商代铭文的元素。其他如德诸器，匽侯诸器，太史公诸器等，因为这些人物都是周之重臣，与商王室毫无瓜葛。

不过，似乎也有例外的情况。例如，匽侯旨作父辛鼎铭文："匽侯旨作父辛奠。"（集成02269，图像集成3-379）匽，即燕。燕为周王室同姓封国，始封君为召公奭，但召公奭为成王太保，未就封，故以元子就封。据考证，第一代燕侯名克（参阅克罍、克盉、克卣铭文），旨为第二代燕侯，召公的三子、姬克的三弟。这就是说，匽侯旨和周王室是同宗同祖。其父是召公奭，匽侯旨称其父庙号为"父辛"，这是商代用十天干称亡祖亡父庙号的做法。这篇铭文明显不合周王室铸器书铭的体例。但是，另外一件匽侯旨鼎铭文就没有这种用法。（集成02628，图像集成4-408）

三、纪时用语、历史事件和地名。商代晚期铜器铭文的纪时体例是：纪时干支置于铭文之首，且只有干支，或加月份，纪年用"祀"，置于铭文之末，卜辞用"旬"这个时间词语。但是，铭文如果又涉及周初武成时期的事件或使用武成时期的纪时词语等，或出现成周、宗周、莽京等周初地名，那么这样的铜器铭文也是殷遗民而归附于周王室者所铸。例如：

旂鼎二铭文"唯八月初吉，辰在乙卯，公易旂仆。旂用作文父日乙宝奠彝。族徽（析子孙）。"铭文有族徽 （析子孙），用日干"文父日乙"作亡父的庙号，铭文又用周初武成时期才出现的"初吉""辰在某某（干支）"的月相词语和方式纪日，说明此器之铸只能在周初武成时期，而非商代晚期，铸器者旂也是殷遗民而归附于周王室者。

又如，新邑鼎铭文："癸卯，王来奠新邑。〔粤〕二旬又四日丁卯，〔王〕自新邑于阑（管）"。铭文用了"旬"这个时间词，这是商代甲骨卜辞常用的。但是，"王来奠新邑"，"王自新邑于（往）阑（管）"等事件却是周初武成时期的，所以，这个未署名的铸器者也是殷遗民而归附于西周王室者。

又如，臣辰盉铭文既有族徽臣辰 （栅先），又有庙号"父癸"，但是，其记事纪时"隹王大禴于宗周，出馆莽京年，在五月既望辛酉，王令士上眔史寅（黄）殷于成周"，铭文所记内容却是周初武成时期事，有地名"宗周""莽京"，又使用月相词语"既望"纪时，则臣辰（士上）亦是殷遗民而归附于周王室者。

四、西周职官名。如果在具有商代器型纹饰特征和铭文元素的铭文中，同时出现周初才设置的职官名，那么这件铜器铭文一定是殷遗民而归附于周王室者所铸。例如，"司徒"之名见于沫司徒疑簋铭文，虽然沫司徒疑簋铭文中有商代族徽，但疑所担任的司徒之职，却是周初才设置的职官名，毫无疑问铸器者疑亦是殷遗民而归附于周王室者。

五、如果有些铭文中还用商代周祭字" （肜）、翌（翊）、祭、𠭰、𠱿（协）"等，同时又有周初武成时期铜器铭文的某些元素，那么，这也是殷遗民而归附于周王室者所铸。反之，如果有些铜器器型纹饰似周初，但铭文中仍用商代周祭字"彡（肜）、翌（翊）、祭、脅、劦（协）"等作祭名，因为周初乃至整个西周不用周祭字作祭名，且没有丝毫周初铭文的元素，那么一定是商代器，如我方鼎及铭文。①

以上是针对周初出现的商器周铭的特殊现象，根据商代铜器铭文的特征，结合周初铭文的体例内容，特提出判断其时代的几点原则和方法。总之，我们不能被铜器铭文的表面现象所迷惑，应仔细阅读理解铭文的体例以及具体内容，作出合乎事实的判断。

作者简介：叶正渤，男，江苏师范大学文学院退休教授。

---

① 叶正渤：《我方鼎铭文新释》，《故宫博物院院刊》2001年第3期。

甲骨文"歆"字补说

首都师范大学 袁伦强
西南大学汉语言文献研究所 李发

摘 要：甲骨文中有一组字形，分别作▨、▨、▨、▨，学界对其释读存在比较大的分歧。经详细分析，这些字形应视作"歆"的异体，释"监""盗""颓"诸说均难以成立。经研究，甲金文中从皿的诸"歆"异体，本义为饮水，从酉的异体，本义为饮酒，这类形体属于所谓的"专字"，在文字演变过程中从皿的字逐渐被从酉的字所替代；"酓"是由"歆"省变而来，二者在卜辞中用法有相同用例，也应该视作一字之异体。

关键词：甲骨文 考释 歆 酓

甲骨文有以下字形（下文统称时以"A"代指）：

A1：▨花东 88   A2：▨花东 92
A3：▨合 3042（合补 1234、怀 957）   A4：▨合 4284

单从字形看，上揭诸形构形相同（A3 省手部笔画），很可能是一字。目前，学界对这些字的认识还存在一些分歧。《摹释总集》① 将 A3 摹写作▨，未释，将 A4 释为"歆"。《合集释文》② 分别将 A3、A4 摹写作▨、▨，未释。《校释总集》③ 将 A1、A2 释为"歔"，将 A3、A4 释为"饮"。《摹释全编》④ 将此四字释为"颓"。"汉达文库"将 A1、A2、A4 释为"盗"，将 A3 释为"饮"（怀 957 上此字未释）。从近出的几部工具书也可以看出，对 A 字的

---

① 姚孝遂：《殷墟甲骨刻辞摹释总集》，北京：中华书局，1988 年，第 88 页。
② 胡厚宣：《甲骨文合集释文》，北京：中国社会科学出版社，1999 年，第 189、247 页。
③ 曹锦炎、沈建华：《甲骨文校释总集》，上海：上海辞书出版社，2006 年，第 6502、6503、415、554 页。
④ 陈年福：《殷墟甲骨文摹释全编》，北京：线装书局，2010 年，第 5601、5602、5507、463 页。

研究尚未达成共识。《古文字谱系疏证》将 A3 释为"歠"。① 《古文字类编》（增订本）将 A1、A2、A4 释为"饮"。②《新甲骨文编》（2009 年版）将 A2、A3、A4 释为"歠"，③ 但不知出于何种考虑，增订本又将 A 字收在附录 0133 号下，视作未释字。④《甲骨文字编》收 A2、A3、A4 于 3374 号"盗"字头下，又收 A1 于 3376 号"监"字头下。⑤《殷墟甲骨文编》将 A2 释为"监"，将 A3、A4 释为"饮"。⑥

《花东》整理者将 A1、A2 分别摹写作 、 ，不够精确，又释为"监"，说："象人跪于盛水器皿之前，并用手抚着器皿，低头监容之状。字形与《合集》4284 近似。此字亦见于 92（H3：304），用为祭名。"⑦ 姚萱先生从黄天树先生释为"盗"，说："'盗'字原释为'监'，拓本已不可见，摹本作 。又见 92.1，作 （ ），原亦释为'监'，恐不可信。黄天树师认为，此两字与卜辞 （《合集》4284、《合集》3042＝《怀特》957）为一字，字从'次'从'皿'，可能当释为'盗'。甲骨文中皆用作人名。"⑧ 裘锡圭先生在引用宁 1.52（合 4284）卜辞时，已将 A4 释为"盗"。⑨ 饶宗颐先生说："盥（宁沪 1.52），古文沫作頮，或即此字。"⑩ 《甲骨文编》将 A4 收在"沫"字头下。⑪ 姚孝遂先生在《诂林》2688 号"饮"字头下指出 A4 为"饮"之或体。⑫

以上诸种意见，我们认为释"歠（饮）"之说应该得到充分重视。先看释"监"、"盗"、"頮"是否成立。

（一）释"监"

甲骨文确定无疑的"监"字作 （合 27742）、 （屯 779）等，象人俯首在盛水的器皿旁自监容貌之形，突出"目"表示照视之义。A 形无"目"而突出"口"，则与"监"所表之意相去甚远，释"监"自然不可信。

---

① 黄德宽主编：《古文字谱系疏证》，北京：商务印书馆，2007 年，第 3883 页。
② 高明、涂白奎：《古文字类编》（增订本），上海：上海古籍出版社，2008 年，第 389 页。按：又收宁沪 2.52 之獙于"沫"字头下，系失误，宁沪 2.52＋宁沪 2.55 即合 4248。
③ 刘钊、洪飏、张新俊：《新甲骨文编》，福州：福建人民出版社，2009 年，第 498 页。按："歠"字头下所收合 3042 蕺与合补 1234 ，系重片同字，当以后者字形为准。
④ 刘钊主编：《新甲骨文编》（增订本），福州：福建人民出版社，2014 年，第 902 页。
⑤ 李宗焜：《甲骨文字编》，北京：中华书局，2012 年，第 1025 页。按：所收《花东》二形，字形摹写不准确。
⑥ 韩江苏、石金ამ：《殷墟甲骨文编》，北京：中国社会科学出版社，2017 年，第 1230、115 页。
⑦ 中国社会科学院考古研究所：《殷墟花园庄东地甲骨》第六分册，昆明：云南人民出版社，2003 年，第 1595 页。
⑧ 姚萱：《殷墟花园庄东地甲骨卜辞的初步研究》，北京：线装书局，2006 年，第 256 页。
⑨ 裘锡圭：《释"弋"》，《裘锡圭学术文集·甲骨文卷》，上海：复旦大学出版社，2012 年，第 68 页；原载《古文字研究》（第三辑），北京：中华书局，1980 年。
⑩ 转引自李圃主编：《古文字诂林》，上海：上海教育出版社，1999 年，第 223 页。
⑪ 中国社会科学院考古研究所：《甲骨文编》，北京：中华书局，1965 年，第 440 页。
⑫ 于省吾主编：《甲骨文字诂林》，北京：中华书局，1996 年，第 2674 页。

（二）释"盗"

《说文·次部》："盗，私利物也。从次，次欲皿者。"徐灏注笺："次欲皿者，说从次之意，垂次其皿，欲私其物也。"段玉裁注："从次皿，会意。次，欲也。欲皿为盗。"王筠句读："私有所利于他人之物也。"许慎等将"盗"当作会意字，从次从皿，表示垂涎于皿而欲盗之，把盗窃当作"盗"字本义解释，是附会之说，难以让人信从。"次"即"涎"的本字，本义为口液，用"垂涎"表示觊觎、想得到是其引申义，出现的时间应该较晚。

甲骨文有一字作 （合8315），从次从舟，于省吾先生据古文字从舟从皿常无别，将此字释为"盗"，读为"涎"，训为泛滥，并认为"盗"从皿次声①。张政烺先生将此字读为"羡"，并据字形与用法推测：" 就是次，因为用作水羡，写字的人随手给它加上一个舟旁用来表示水涨。"②《新甲骨文编》将此字隶定作"㳄"，也未从于先生释"盗"。从用法来看，读为"羡"，或是。

近来张富海先生从字形、声韵等角度探讨了"盗"字的来源，认为"盗"来源于表意的"铸"的一种异体，表示盗窃之盗是假借用法而非本义③。秦公钟有一字作 （～百蛮），蒋玉斌先生释为"铸"，读为"讨"④。对比《石鼓文·汧殹》之"盗"作⑤、碧落碑之"盗"作⑥，可知"铸"与"盗"在字形上存在前后演变关系。加之，"铸"上古音在端母幽部（或侯部），"盗"在定母宵部，声母只有清浊之别，韵部幽、宵、侯上古相邻，偶有交涉，故"铸"与"盗"语音也相近⑦，则"盗"来源于"铸"更可能。盗窃之"盗"本是一个抽象概念，难以用具体的部件以表意的方式造字，这类字一般都假借其他字表示。张先生的意见很有启发性，我们认为是可信的。

"盗"既是"铸"的分化字，则"'盗'上部虽然形同'次（涎）'，却本来与'次（涎）'无关。"⑧ 释A字为"盗"，将皿旁的部件视为"次"，以为象人俯身张口就皿之形，口下笔画表示口液，并不符合"盗"本来的构形。事实上，A字皿旁的部件本非"次"。甲骨文"次"作 （合8317）、 （合17934）等，象口液外溅之形，口液皆用散开的数个小点表示。再看A字，口下为竖笔，我们认为乃是吸管之类，字象人俯首饮水之形。商金文有 ，

---

① 于省吾：《释次、盗》，《甲骨文字释林》，北京：中华书局，2010年，第382—387页。按：张富海先生认为于先生所谓"盗"从皿次声，以盗、次双声为说（不见得是双声），不可信。
② 张政烺：《殷虚甲骨文羡字说》，《甲骨探史录》，北京：三联书店，1982年，第35页。
③ 张富海：《试说"盗"字的来源》，《中国文字学报》（第六辑），北京：商务印书馆，2015年，第101—104页。
④ 蒋玉斌：《释西周春秋金文中的"讨"》，《古文字研究》（第二十九辑），北京：中华书局，2012年，第274—281页。
⑤ 徐宝贵：《石鼓文整理研究》，北京：中华书局，2008年，第770页。
⑥ 徐在国：《传抄古文字编》，北京：线装书局，2006年，第872页。
⑦ 参张富海《试说"盗"字的来源》中相关论述。同门唐英杰提示，四川方言当中"铸"的读音与"盗"相同，音dào，如"～瓢""锅儿是铁～的"，或许正保留了其古音。
⑧ 张富海：《试说"盗"字的来源》，《中国文字学报》（第六辑），北京：商务印书馆，2015年，第103页。

与 A 明显是一字，象人手持吸管吸饮皿中的水。手可秉持故断不可将口下部分解释为口液，也不能将皿旁部分视为"次"。故释 A 为"盗"亦不能成立。

(三) 释"頮"

《玉篇·水部》："頮，洒面也。""頮"即"沬"字。《说文·水部》："沬，洒面也。从水，未声。𦒜，古文沬从页。"于省吾先生《释次、盗》曾引《考古》1975 年第 1 期所载原小屯南地发掘报告公布的卜辞"乙酉卜，又伐自上甲頮示"，但改释"頮"为"次"（于先生引文略有脱文）。于先生指出，"次"字既不从页也不从廾，与頮无涉。① 释 A 为"頮"字，本是据字形成说，却于字形不合，固不足为信。甲骨文另有一字作 （合 31951），象人掬皿中水洗面之形，学者一般认为这个字就是"沬"的初文，② 应是正确的。

以上否定了学者释"监"、"盗"、"頮"等意见，我们认为把 A 释为"歙"应该是正确的。虽然已有不少学者将 A 中的部分或全部字形释为"歙"，但并不能说对此字的认识已经清晰明了，而且释"歙"也不为绝大多数学者所接受，故还有必要再次申论。

卜辞中 A 字的用法如下：

(1) 甲卜：惠 A1 卯……甲……（花东 88，花东子卜辞）

(2) 甲卜：惠 A2 具丁。用。（花东 92，花东子卜辞）

(3) 贞：呼 A3、甾弋（代）画。（合 3042，典宾）

(4) 辛亥卜，𣪘贞：呼 A4 弋（代）③ 画，不 。六月。（合 4284，典宾）

上揭 (1) (2) 辞中，A1、A2 当如黄天树先生所言用作人名，而非整理者所认为的祭名，其后"卯"、"具"应是祭名。(3) (4) 辞所卜之事相同，A3、A4 为人名，指同一人。从辞例看，A 均用作人名，无义可说，难以从用法找到释读此字的线索。

商代金文有一氏族名，前文已略提及，其形如下：

B： （集成 4839、4840、5089、6566、6567、7389、8159 等）

从字形看，B 与 A 构形完全相同，明显是一字，《古文字类编》《古文字谱系疏证》等都将其与 A 的部分字形予以认同，④ 是正确的。金文 B 字，或释为"哑"，⑤ 或释为"歙（饮）"，目前学者已基本同意将其释为"歙（饮）"。⑥ 卜辞地名、族名、人名往往一体，A

---

① 于省吾：《释次、盗》，《甲骨文字释林》，北京：中华书局，1979 年，第 385 页；又见于北京：商务印书馆，2010 年，第 385 页。
② 参《甲骨文字编》第 1025 页，《新甲骨文编》第 632 页。
③ 从裘锡圭先生释，见《释"弋"》，《裘锡圭学术文集·甲骨文卷》，上海：复旦大学出版社，2012 年，第 67—71 页。
④ 见《古文字谱系疏证》第 3883 页，《古文字类编》（增订本）第 389 页。
⑤ 张亚初编著：《殷周金文集成引得》，北京：中华书局，2001 年，第 622 页。
⑥ 参《古文字谱系疏证》《古文字类编》（增订本）等。

与 B 所指很可能系同一氏族。谭步云先生曾结合甲骨文"畬"字,也将其释为"饮",颇有见地。但是,文中虽引及甲骨文"歙"与 A4 等字,却未论及 A1、A2、A3 等,也未能清楚地阐述 A 与"歙"的关系,似有未安。而且,文中将 【图】(合 3868 反)当做 A4 的异体,我们也还不能同意。谭先生指出:"汉字从人从女往往无别。例如'侄'也作'姪','伎'也作'妓',等等。因此虽然【图】无文例可征,也不妨确定为'【图】'字或体。"① 合 3868 反与合 17725 为重片,后者拓本更清晰作【图】,可处理作【图】,与 A4 的构形还有明显区别,视为一字不妥,我们怀疑是"飤"字的异体。

甲骨文旧释"即"的出组贞人名,一般写作【图】(合 22542)、【图】(合 25779)等形,我们认为应是"飤"字的异体,象人就食之形。金文中"飤"字多作【图】(集成 2600),楚简中作或作【图】(包 2.247),省"皀"上倒口,与甲骨文同形。此字从皿从女,作为部件"皿"、"皀"有时可通,如"乡"可写作【图】(集成 11732),如谭先生所言"女""人"亦可通。古文字中表示动作的一些会意字,往往会突出身体的某些部分以增强表意功能,比如:甲骨文"监"作【图】(合 27742)形,突出"目"以表照视之意;"沫"作【图】(合 31951)形,突出头的面部以表洗面之意;金文【图】(集成 642)左部的【图】,蒋玉斌先生释"沫"②,突出头部与头发以表洗发之意。【图】字突出倒口意在表吃食,皿中的方形表示食物,所会之意甚明,所以很可能即"飤"字异体。由此再看以上 A、B 类字,突出倒口形与口下竖笔,理解为以吸管饮水也应是合适的。

一般认为,甲骨文"歙"字可作如下诸形:③

C1:【图】甲释 6　　【图】合 10405 反　　【图】合 10406 反
【图】合 18014(上博 17645.694)

C2:【图】合 775 正　　【图】合 10137 正　　【图】合 10137 正

C3:【图】合 6057 正④

合 19326 有一残字作【图】,从辞例看,应是"歙"字之残。合 40722(师友 1.94)有一字作【图】,也应是"歙"。《甲骨文字编》3374 号"盗"字头下收字形【图】,是据美 291 拓本【图】摹

---

① 谭步云:《古文考释三则:释狐、释蔓、释饮/歙/畬》,《中山大学学报》2013 年第 6 期。
② 蒋玉斌:《说与战国"沫"字有关的殷商金文字形》,《战国文字研究的回顾与展望》,上海:中西书局,2017 年,第 46—49 页。
③ 见《新甲骨文编》(增订本)第 519 页、《甲骨文字编》第 1039—1040 页。
④《甲骨文字诂林》2731 号"歙"字下姚孝遂先生按语云:"亦当是'歙'之异构,字不从'酉',而从'九',当属同音假借,此例罕见。"裘锡圭先生认为与【图】(合 29687)上部【图】是一字,不同意释为"饮"。参裘锡圭:《殷墟甲骨文字考释(七篇)·释"注"》,《裘锡圭学术文集·甲骨文卷》,上海:复旦大学出版社,2012 年,第 359 页。

写，不够准确。据卡博73彩照■，此形当处理作■，较之■省口中"舌"形，也应是"歓"字异体。叶玉森先生说："《说文》■，歓也，从欠酓声，古文作■、■。按《书契精华》载■、■二字，从■，并象戴胄之人俯首向下形，酉即酒。从■，乃别构，小点象酒滴形。当并为许书'歓'字。"① 其说虽不完全可取，但释■、■为"歓"应是正确的，也已成为学界的共识，并无异议。

如上C1类字形，象人俯首吐舌，捧尊就饮之形，一般认为"酉"即酒尊，会饮酒之意。对比C1与A的字形，二者构形相近，表意也应相类，前文所述A象人俯首饮水之形，甚是。但是，也有几点区别：C1人形作站立状，A作跪坐形；C1口下作歧笔，A口下为竖笔（或一竖或两竖）；C1从酉，A从皿。首先，甲骨文中的人形跪、立多无别，如"歓""兄""监"等，而且金文此字，人本作站立形。其次，C1口中歧笔为舌头，A口中竖笔，我们认为是吸管之类。金文氏族符号往往能保留字形更原始的面貌，B象人手持吸管吸取皿中的水，十分形象。甲骨文或写作两竖笔，也意在表现吸管中空之状，皿中或有数个小点，如A1、A2，即指容器中的液体。《说文·龠部》谓："龠，乐之竹管，三孔，以和众声也。"甲骨文"龠"作■（合4720）、■（合22730）等形，象竹管编排的乐器，或在其上加倒口以示吹奏，其排管也以竖笔表示，与A字相类。再次，"酉"象尊形用于盛酒，C1的造字本义当表示饮酒；"皿"为盆盂之类器，用于盛水，如"监""益""温"等字皆从皿，A的造字本义当表示饮水。皿为敞口器，盛水之后既重也不便于饮取，故需以吸管吸取皿中的水。东巴文有■、■分别表示饮酒、饮茶②，与甲骨文A的造字意图相同。我国苗族、布依族、彝族等少数民族有饮咂酒的习俗，咂酒用杂粮混合酿造而成，饮用时盛于坛内，插入通心竿子（芦管或细竹筒等），以手扶竿而低头吮吸③，与上揭A、B字形作饮水貌有异曲同工之妙。

甲骨文另有一字作：

D：■ 合18545（坊间4.236、京2718）

此字，《新甲骨文编》（增订本）《甲骨文字编》似皆失收，《甲骨文编》收在附录中④，《古文字类编》（增订本）收在"饮"字头下⑤。由于拓本不清晰，各家的处理也不尽相同，如：《摹释总集》摹写作■？（"？"表示不确定），未释；《合集释文》摹写作■，未释；《校释总集》释为"益"；《摹释全编》摹写作■，未释；"汉达文库"释为"歓（饮）"。

---

①转引自金祥恒：《释酓》，原载《中国文字》第二十一册，1966年。又收入宋镇豪、段宏志主编：《甲骨文献集成》第十二册，成都：四川大学出版社，2001年，第383—386页。
②方国瑜编撰，和志武参订：《纳西象形文字谱》，昆明：云南人民出版社，2005年，第242页。此点蒙喻遂生先生提示。
③杜荣春：《咂酒史话》，《贵州文史丛刊》1987年第3期。
④中国社会科学院考古研究所：《甲骨文编》，北京：中华书局，1965年，第811页。
⑤高明、涂白奎：《古文字类编》（增订本），上海：上海古籍出版社，2008年，第389页。

事实上，金祥恒先生早已一并论及 A4、B、C1、C2、D 等字，并释为"㱃"，① 或因为没有详细的字形分析，也没有清楚地阐述几者之间的关系，所以对有的字的释读仍不为一些学者所接受。D 与 C2 字形相近，是一字的异体应无问题。金先生已指出 C2 不从酉而从 ⩗，象圆底瓮器，又谓 D 不从酉而从皿。其对字形的认识是比较准确的。但是，如果认同 C2 与 D 是一字之异体，从甲骨文构形规律看，C2 很可能是 D 省刻皿的圈足而成。伍仕谦先生说："甲文所举第一、二字（引按：分别指合 10405 反之 [字] 与合 10137 正之 [字]）象人在酒尊前俯吐舌吸酒之形。"② 伍先生明显是将 C2 与 C1 混同，或以为 C2 即 C1 的省形。"酉"省作 ⩗，甲骨文不见其例③，而"皿"省刻圈足却很常见，如"盈"也可写作 [字]（合 10966）、"尽"也可写作 [字]（合 3521 正）、"盖"也可写作 [字]（合 5770 丁）等④。因此，C2 应是从 D 演变而来，而非从 C1 来。既然 C2 并非来源于 C1，那么将 C2 释为"㱃"便有疑问，因为后世所见的"㱃"字均从酉作，实际甲骨文确定无疑的"㱃"只有 C1 类字。

我们认为把 C2 释为"㱃"仍可信。从字形来看，D 很可能是 A 与 C1 的结合。C2 从皿作的字，其造字本义也应指饮水。用于表示"饮"这个词，A、B、C2、D 和 C1 当视为一字，即学者所谓"专字""义类专字""语境异体字"等。⑤ 甲骨文中这类现象还很多见，如"窜"与"牢"、"[字]"与"牝"、"[字]"与"沈"等均是其例。从皿、从酉本是专指饮水、饮酒，后来词义泛化出现交叉，饮水可作从酉，饮酒亦可作从皿。甲骨文中二者的用法已经出现了交叉。

合 10405 反、10406 反卜辞作：

（5）王占曰：有咎。八日庚戌有各云自东 [字] 母，昃亦有出虹自北㱃于河。

"虹自北㱃于河"，指虹饮水于大河中。"㱃"本指饮酒，此处表示饮水。

合 775 正、合 10137 正卜辞分别作：

（6）贞：今王其 C2。
（7）贞：王 C2，有害。
〔贞：王〕C2，亡害。

---

① 金祥恒：《释酓》，《中国文字》第二十一册，1966 年。
② 转引自于省吾主编：《甲骨文字诂林》，北京：中华书局，1996 年，第 2701 页。
③ 合 36345 与合 36528 反之"尊"作 [字]、[字]，系缺刻横画所致。
④ 还可参刘钊：《古文字构形学》（修订本），福州：福建人民出版社，2011 年，第 32—33 页。刘钊先生所举例子就包括合 4284 之 [字] 与合 10137 之 [字]。
⑤ 邓章应：《甲骨文语境异体字及㱃类字考释》，安徽大学汉字发展与应用研究中心编《汉语言文字研究》第一辑，上海：上海古籍出版社，2015 年，第 65—67 页。

孟世凯先生认为C2用作祭名，即以酒浆祭祀。①《周礼·天官·膳夫》："膳夫掌王之食饮膳羞。"郑玄注："饮，酒浆也。"C2本指饮水，此处用以表示饮酒。

从卜辞内容看，从酉的"歙"与从皿的字在用法上出现了交叉，用于表示"饮"这个词，后世被"歙"所替代，而从皿之字则被淘汰。这与"宰"、"牢"的发展演变关系类似。"牢"本指大牢，"宰"指小牢，但"小宰"也可作"小牢"，如合27514、31118、34157等，"牢"的词义泛化，由具体的圈养牛泛化为圈养一切动物，遂逐渐完全取代了"宰"。所以，上揭A、B、C、D均当释为"歙"。

谭步云先生认为："⿱罒⿰⿸⿹⿺⿵⿶、⿱、⿲、⿳诸形当释为'饮'；⿴当释为'歙'。""'饮'和'歙'宜视为同义词，而不是异体字。"② 我们不赞成这个观点。"饮"字出现的时间很晚，据周宝宏先生研究，"饮字在文献中最早见于《释名》"，"字形最早见于战国初年的金文，习见于战国古玺文和汉隶，是战国东方之国文字的写法，是战国时代产生的歙字的又一异体字。"③ 从皿的"歙"在商代应该就已被从酉的"歙"所完全取代，后世不再见，不可能是出现于战国时期的"饮"的来源。

顺便讨论甲骨文中的"酓"字。甲骨文有"酓"字作⿱（合32345）形，从倒口从酉，与"食"作⿱（合11483正）构形相类。一般认为，"酓"是由"歙"省变而来，是可信的。④《新甲骨文编》《甲骨文字编》均单独收在"酓"字头下。⑤ 田炜先生认为："'酓'字从今（象器盖形）覆酉（象酒器形），其本义应该就是'覆盖'，是'盦'的初文。""在出土文献中，'酓'字或用为'饮'，是一种假借用法。"⑥ 这样的解释虽有一定道理，但显得迂曲。黄天树先生说："⿱恐怕就是⿰（饮）的简体，所从的'A'也可以看作'口'的变形，后来由于'今''饮'音近就变成声符'今'了。"⑦ 黄先生的意见，我们认为更直接、更可信。

"酓"字有如下用法：

(8) 于阜西酓，王弗〔每〕。
　　于⿰门塾酓，王弗每。（合30284，无名组）

(9) 癸卯卜：惠伊酓。

---

①孟世凯：《甲骨学辞典》，上海：上海人民出版社，2009年，第571页。
②谭步云：《古文考释三则：释狐、释菱、释饮/歙/酓》，《中山大学学报》2013年第6期。
③李学勤主编：《字源》，天津：天津古籍出版社，2012年，第773页。
④参李圃主编：《古文字诂林》，上海：上海教育出版社，1999年，第397-400页；于省吾主编：《甲骨文字诂林》，北京：中华书局，1996年，第2700-2701页；周法高主编：《金文诂林》，香港：香港中文大学，1975年，第8367-8374页。
⑤见《新甲骨文编》（增订本）第836-837页，《甲骨文字编》第1039页。
⑥田炜：《说"今""酓"——从商代甲骨文与西周金文中的"阴"说起》，《文史》2014年第2辑。
⑦黄天树：《殷墟甲骨文中的"变形声化"》，《黄天树甲骨金文论集》，北京：学苑出版社，2014年，第143页。

惠邑王畲。

惠伊畲。（合32344，历二）

(10) 乙卯卜：子其自畲，弜遽。用。

乙卯卜：子其畲，弜遽。用。（花东454，花东子卜辞）

(11) 丁卜：今庚其作丰，遽丁畲，若。（花东501，花东子卜辞）

卜辞中"乡"的用法与之相同，如：

(12) 惠王乡。

贞：勿唯王自乡。（合5245，典宾）

"畲"与上文C2的用法也相同。"畲"与"歆"既有字形上的来源关系，又有相同的用法，应该视作一字的不同形体，而非二字。

最后，本文的结论是：从皿的A、B、C2、D，本义为饮水，从酉的C1，本义为饮酒，二者属于所谓的"专字"，在文字演变过程中从皿的字逐渐被从酉的字所替代。本文所论A、B、C、D等均当释为"歆"。"畲"是由"歆"省变而来，卜辞中又有相同的用法，应该视作一字之异体。

补记：

在本文写作过程中唐英杰、杨熠君都提出了很好的意见和建议，作者非常感谢。蒙付强先生提示，谢明文先生在其博士论文中也论及A与B类字形，本文失引，现将其主要观点补于此处，以便读者参看。

谢明文先生将A1、A2、A3、A4予以认同，认为极有可能是同一个人，又认为A与B是一字，并指出"🦴示＊爵、祖己觯出土于洛阳，🦴示＊鼎出土于安阳市殷墟苗圃北地，这些地方很可能曾经有🦴族成员居住。从族名金文中的'🦴'的相关字形来看，卜辞相关之字释监、释盗皆与字形不合。""族名金文中的'🦴'，旧一般认为是'歆'字古文，从《花东》🦴形'皿'中的小点可能是代表水滴或某种流状物来看，'🦴'的字形似可理解为'手持管状物吸取皿中之水或某种流状物'，故把相关诸字释作'歆'的说法似较优，但仍缺乏证据。"[①] 可见，谢先生对这些字的认识与我们的观点很一致，但限于这些字用法单一，缺少辞例的限制，所以还不敢确定，态度十分谨慎。

作者简介：袁伦强，男，首都师范大学博士生。李发，男，西南大学汉语言文献研究所副教授。

[①] 谢明文：《商代金文的整理与研究》，复旦大学博士学位论文，指导教师：裘锡圭，2012年，第125页。

西周金文所见晋地戎祸考

郑州大学文学院　张程昊

摘　要：西周时期戎族是活跃在西、北地区的重要族群，近年新出土的多件西周青铜器铭文显示，晋地也是戎族时常侵扰的地区。传世文献、出土文献以及近年来山西地区的考古发现均表明，戎族与晋地之周人之间的互动并非仅是军事冲突，二者亦有文化交融。综合戎族的分布态势和西周晋地诸侯的封建态势分析，周王在晋地封建诸侯的主要目的之一是对当地及周边的戎族加以管控，戎族对西周时期晋地政治地理格局的形成亦有重要影响。

关键词：西周　金文　戎祸　诸侯国

戎族是商周时期活跃在西、北地区诸游牧民族的统称，其所涵盖的族群众多，活动地域甚广。由于两周时期西北之戎族对中原地区政权多有侵扰，故史家往往以"祸""乱"称之。然而，戎族又对中原地区的政治格局、政治走向、社会文化等诸多方面又有较为深刻的影响，因此又有学者如钱穆即曾以"戎祸"为线索对戎族和西周政权之间的关系进行过探讨①。通过钱穆等学者对相关历史脉络的梳理，我们认为戎、周之间的军事冲突无疑可以作为探讨二者关系及西周政治格局的重要切入点。戎族与周人交兵之事不仅载于传世典籍，更屡见于出土的西周彝器铭文，这些铜器铭文亦可作为考察戎周关系的重要依据。西周时期的山西地区诸侯林立，而诸国之中又以晋国为大，故后世多以"晋"代指山西。晋地内具汾、浍、盐池之利，外依大河之险，两翼更有吕梁、太行之固，是"表里山河"的战略要地，故为周室所重。近年山西等地出土的多件西周铜器铭文显示，西周时期的晋地也是戎人侵略的多发区域，这就为我们了解西周时期的戎族以及晋地诸侯的封建问题提供了极为重要的史料。

一、霸伯、霸仲诸器铭文与晋南戎祸

霸伯、霸仲所作之霸伯盘、霸仲鼎、霸仲簋等铜器出土于山西翼城大河口西周墓地，是近年来新出土的具有重要史料价值的西周具铭铜器。霸伯盘盘体呈圆形，口微敞，窄折沿上

---

① 钱穆：《西周戎祸考》（上、下），《古史地理论丛》，北京：三联书店，2014年。

翘，方唇，浅盘，盘腹弧壁，圜底，圈足，双附耳高出盘口。盘腹上部饰一周四组凤鸟纹，中以花瓣状扉棱隔开，其年代在西周中期早段（图一）。盘内底所铸铭文含合文共计三十六字①：

> 唯正月既死霸丙午，戎大捷于霸，伯搏戎，获讯一，霸伯对扬，用作宜姬宝盘，孙子子其万年永宝用。

盘铭显示，西周某王某年正月丙午之日，戎人侵扰霸国，霸伯搏击戎人，抓获俘虏一人。"霸伯对扬"这一用语显示，霸伯在克戎之后曾受到某人之赏赐。

与霸伯盘铭文所载戎人侵霸类似之事还见于大河口墓地所出霸仲鼎（M2002:9；图二）、霸仲簋（M2002:8；图三）铭文②。霸仲鼎口部收敛，平折沿，双立耳，腹部下垂，圜底下接三柱足。鼎上腹部饰一周窃曲纹，纹饰间以短扉棱为隔开。鼎内壁有二十九字铭文：

> 唯正月甲午，戎捷于丧邍（原），格（霸）仲率追，隻（获）讯二夫、馘二，贅（对）扬祖考畐（福），用作宝鼎。

两件霸仲簋为一对，形制、纹饰基本相同。两簋圆形盖面隆起，上有一圈形捉手，簋身之子口内敛，簋身矮扁，下有矮圈足。簋盖、簋身饰瓦棱纹，簋耳上为兽首，下有云形珥。两簋铭文相同（图三），其铭言：

> 唯正月甲午，戎捷于丧邍（原），格（霸）仲率追，隻讯二夫、馘二，贅（对）扬祖考畐（福），用作宝簋。

上述鼎、簋的作器者在铭文中均作"格仲"，国族名"格"常见于两周文字，然一直未详其地之所在。近年有学者根据相关古文字字形、音读，指出国族名号"格"实是"霸"的异写③。今霸伯、格仲所作铜器同出于翼城大河口墓地，且霸伯、格仲诸器所载之事关系密切，学者以"格""霸"实为一国之异名当可信据。

两件霸仲簋与霸仲鼎铭文除自名之器名不同，其余内容基本一致，均记载戎人侵略丧原之事。霸仲鼎、霸仲簋铭文所记戎人伐丧原之事发生在正月甲午，霸伯盘铭文所记之事发生在正月丙午，丙午、甲午在同一年之正月，其间相隔不过十余日，故两器记载的当是同一次戎人入侵。由此可知，戎人当是先于甲午之日袭扰"丧邍（原）"，霸仲曾予以追击，并有斩获。但戎人于此役之后并未远遁，而是在十二天之后的丙午之日再次入侵霸国，此次予以抗

---

① 山西省考古研究所、临汾市文物局、翼城县文物旅游局联合考古队、山西大学北方考古研究中心：《山西翼城大河口西周墓地1017号墓发掘》，《考古学报》2018年第1期。
② 山西省考古研究所、临汾市文物局、翼城县文物旅游局联合考古队、山西大学北方考古研究中心、中国人民大学出土文献与中国古代文明研究协同创新中心：《山西翼城大河口西周墓地M2002号墓发掘》，《考古学报》2018年第2期。
③ 黄锦前、张新俊：《说西周金文中的"霸"与"格"——兼论两周时期霸国的地望》，《考古与文物》2015年第5期。

击的正是霸伯。

图一　霸伯盘及铭文拓片

图二　霸仲鼎及铭文拓片

图三　霸仲簋铭文拓片

戎人两次入侵的地点不同,正月甲午日第一次入侵的地点是"丧原"。从中国古代地名构成的一般规律分析,"丧遵"之"遵"当是描述地形地貌之词。《说文·辵部》云"遵,高平之野"即是。殷墟卜辞中有地名曰"丧",如:

1. □乙,王其祕虞于丧,亡戈？　　　　　　　　　　　　　　　　　(《合集》28326)
2. 辛亥卜,贞:王其田盂,亡戈？
　 壬子卜,贞:王其田向,亡戈？
　 乙卯卜,贞:王其田丧,亡戈？
　 戊午卜,贞:王其田向,亡戈？　　　　　　　　　　　　　　　　(《合集》33530)
3. 壬午卜,贞:王[其]田向,亡[戈]？
　 乙酉卜,贞:王其田丧,亡戈？

  戊子卜，贞：王其田虞，亡𢦔？ （《合集》33543）
4. 丁酉，王卜，贞：其迍于宫，往来亡灾？
  戊戌，王卜，贞：其田丧，往来亡灾？ （《合集》37379）

  地名"丧"以及同版卜辞所见之向、盂、虞、宫等多是商王驻跸及田猎之地，均位于今山东境内。霸仲诸器铭文所载之"丧逺"在山西，与山东之"丧"地相距甚远，当非一地。或说在大河口以南三公里的浍河南岸，有一天然隆起的土堆，当地人谓之"桑古堆"，其附近平原为桑原①。该"桑原"是否即"丧逺（原）"尚不能确定，但戎人入侵丧原而霸仲予以还击，"丧逺"很显然是霸国之地，其地当在山西翼城附近。

  戎人第二次袭扰霸国发生在正月丙午之日。对于此次戎人袭扰的地点，学者认为霸伯盘铭文"戎大捷于霸伯搏戎"一句之介词"于"之下漏铸了地名，或"霸"下漏了合文符号②。考虑到霸伯盘铭文所载事件的主要人物仍是"霸伯"，那么将"戎大捷于霸伯搏戎"句断为"戎大捷于霸，伯搏戎"与文意亦能相合。总之，无论作何句读，戎人第二次劫掠的地点为"霸"当是没有疑问的。

  霸伯盘、霸仲鼎、霸仲簋是西周中期早段铜器，铭文均记载戎人侵扰霸国之事。无独有偶，与霸国相距不远的倗国也曾遭受类似的侵略事件。上海博物馆藏有一件西周铜器品鼎，该鼎垂腹，立耳，柱足，口沿下饰一周龙纹，并以细雷纹为地，是西周中期穆、恭时期铜器。品鼎内壁有铭文四十余字：

  唯七月初吉丙申，晋侯令（命）品追于倗，休有擒。侯釐品虎冑、冊、戈、弓、矢束、贝十朋，受兹休，用作宝簋，其孙子子永用。

  最早刊布该鼎铭文的马承源先生认为，地名"倗"即晋国之"蒲"地，是器主品追击敌人的终点③。今山西绛县横水西周墓地出土多件倗伯铜器，足证倗国在今山西绛县一带。倗伯诸器之"倗"与品鼎铭文中的"倗"写法一致，二者表示同一国族或地点无疑。品鼎铭文记载"品"奉晋侯之命追击敌寇之事，但疑问在于品追击的对象究竟为何。倗、霸二国相距较近，从霸伯盘、霸仲簋铭文所记戎人侵伐霸国的情况来看，品奉命追击的对象或许也是袭扰晋南地区的戎人，但也不能据此排除其他族群袭扰晋南地区的可能性，因为从文献记载和出土铜器铭文来看，位于东方的淮夷等族群也曾对晋地进行过袭扰。

  学者曾披露一件晋侯铜人，其铭言：

  唯五月，淮夷伐格（霸），晋侯搏戎，获厥君冡师，侯扬王于兹④。

---

① 李建生：《"倗"、"霸"国家性质辩证》，复旦大学出土文献与古文字研究中心，2014 年 12 月 10 日。
② 谢明文：《霸伯盘铭文补释》，《商周文字论集》，上海：上海古籍出版社，2017 年，第 283——297 页。
③ 马承源：《新获西周青铜器研究二则》，《上海博物馆集刊》，1992 年。
④ 李零、苏淑芳：《介绍一件有铭的"晋侯铜人"》，上海博物馆编：《晋侯墓地出土青铜器国际学术研讨会论文集》，上海：上海书画出版社，2002 年，第 411——420 页。

该铜人铭文显示，淮夷侵伐"格（霸）"，晋侯搏击淮夷，并俘获淮夷之君"豚师"。铜人铭文既言淮夷伐格，又说晋侯搏戎，二者似有抵牾。不过西周金文中确有以"某戎"称呼"某夷"的案例。班簋铭言："王令毛公以邦冢君、徒驭、或人伐东或（国）痛戎。"（《集成》4341）䍐方鼎铭言："䍐曰：'呜呼！王唯念䍐辟烈考甲公，王用肇使乃子䍐率虎臣御淮戎。'"（《集成》2824）东国为东夷、淮夷所在，毛公、䍐所伐之"痛戎""淮戎"必系东方之夷族。又《竹书纪年》记载有"徐戎"，《后汉书·东夷传》记作"徐夷"（见后文）。此几例足证"夷"亦可称为"戎"。"格（霸）"地在山西翼城一带，而淮夷在东方，淮夷西侵至霸地，足见其势力之强大。

传世文献及出土铜器铭文中有关东夷西侵的记载并不鲜见。今本《竹书纪年》云："（成王）二年，奄人、徐人及淮夷入于邶以叛。"又云："（穆王十三年），秋七月，西戎来宾，徐戎侵洛。"《后汉书·东夷传》云："徐夷僭号，乃率九夷以伐宗周，西至河上。"《后汉书·东夷传》引今本《竹书纪年》云："（厉王）三年，淮夷侵洛，王命虢公长父伐之，不克。"如《竹书纪年》所云，东方之徐戎、淮夷在西周早、中、晚期均有向西侵扰周人腹地的行动，甚至一度抵达成周所在的河洛地区。

西周晚期铜器敔簋铭言：

> 唯王十月，王在成周，南淮夷、娄殳内伐㳔、昴、参泉、裕敏、阴阳洛，王令敔追袭䢵于上洛㤿谷，至于伊、班，长榜截首百，执讯卌，夺俘人四百，啬于荣伯之所，于㤿衣肆，复付厥君。……（《集成》4323）

铭文表明，南淮夷大肆侵伐河洛地区，其势力已深入至洛水上游的上洛地区。霸国位于晋南地区，紧邻太行南麓，那么屡次袭扰河洛地区的东方淮夷越过诸如"虞坂"（即《左传·僖公二年》之"颠軨"）一类的隘口对其进行侵扰在地理上并无较大障碍。

晋地范围之内在两周时期一直散居有戎人，这在传世文献和山西的诸多考古发现之中均能得到体现（详后文）。但不可否认的是，两周时期戎人的主要活动范围还是在北方，散居于晋地的戎人或非主流，对霸、倗两国实施侵扰的戎人中除了附近戎人外，更多的仍应是来自北方的戎人势力。西周金文所记载的发生于晋南地区偏北部的周、戎之间的战争便是极好的证明。

陕西眉县杨家村单氏家族铜器窖藏所出卌二年逨鼎铭言：

> ……王若曰："逨……余肇建长父侯于杨，余令汝奠长父，休。汝克奠于厥师。汝唯克型乃先祖考，辟猃狁，出捷于井阿、于历岩；汝不畏戎，汝□长父，以追搏戎，乃即宕伐于弓谷，汝执讯获馘，俘器、车马……"①

此段铭文所载之事可大致分为两部分，第一部分是周宣王封建长父为杨侯，并命器主"逨"辅助长父就封；第二部分则是器主"逨"在井阿、历岩、弓谷等地追击猃狁之事。铭

---

① 陕西省考古研究院、宝鸡市考古研究所、眉县文化馆：《吉金铸华章——宝鸡眉县杨家村单氏青铜器窖藏》，北京：文物出版社，2008年，第32页。

文先说"辟猃狁",又说"追搏戎",揆度文意,"猃狁"似是戎族之一。杨国所在的"杨"地以及器主"遂"追击猃狁所到达的井阿、历岩、弓谷等地均位于今山西洪洞及附近地区①,这一地区位于晋南地区北部,地处咽喉要道,也是戎人南下的必经之路,戎人南下袭扰,该地区正首当其冲。

二、菁簋铭文与晋东戎祸

霸伯盘、霸仲簋、品鼎、册二年遂鼎等铜器铭文记载了戎人对晋南地区南部的劫掠,该地区的霸、倗等国都曾遭受北方戎人和东方夷人的侵扰。然据西周铜器铭文来看,戎人侵扰的范围并不止于晋南地区,太行山西侧的晋东地区也在戎人侵扰的范围之内。

学者曾撰文刊布一件西周具铭铜器"菁簋",该簋侈口,束颈,垂腹,圈足,两环耳下附有钩形垂珥,铜簋颈部饰长鸟文带,中间以兽首隔开。腹部饰以顾首大鸟纹,圈足饰以角云纹,通体以雷纹为地。综合形制、纹饰分析,菁簋为西周中期穆王时期铜器(图四)。菁簋铭言:

> 唯十月初吉壬申,驭戎大出于楷(黎),菁搏戎,执讯获馘,楷侯蔑菁马四匹、臣一家、贝五朋。菁扬侯休,用作楷仲好宝。

簋铭记载菁簋器主"菁"曾奉楷国之君楷侯的命令,抗击戎人的故事。"驭戎"为北方戎族的一支,或与西周铜器不嬰簋铭文所见之"驭方"有关(见《集成》4328、4329)。学者在考释菁簋铭文时曾援引西周早期铜器献簋铭文。献簋又称"楷伯簋",其铭言:

> 唯九月既望庚寅,楷伯于遘王,休亡尤,朕辟天子,楷伯令厥臣献金车,对朕辟休,作朕文考光父乙,十世不忘,献身在毕公家,受天子休。(《集成》4205)

陈梦家据簋铭"身在毕公家"指出楷国当是毕公别子所封之国②。李学勤承袭此说,并将楷国的地望定于陕北的志丹、延安一代③。从献簋铭文来看,楷国是毕公之后所封的姬姓之国当无疑问,但说楷国地望定于陕北则不妥。学者根据山西黎城县境内西周墓葬所出土的"楷仲壶"等铜器,认为"楷"即文献记载的姬姓黎国,其封地在今山西黎城境内④。菁簋铭文所载之"楷侯"、"楷伯"当是楷国(黎国)之国君,那么菁奉楷(黎)侯之命抗击驭戎的战争也发生在黎国所在的山西黎城一带。黎城县所在之地为太行山中的一处小型盆地,东与冀、豫两省相邻,素有"晋东门户"之称。周王在此建立黎国,与该地的地理位置不无关系。北方之驭戎侵伐至此,可见晋东地区也在戎人侵扰的范围之内。

---

① 董珊:《略论西周单氏家族窖藏青铜器铭文》,《中国历史文物》2003年第4期。
② 陈梦家:《西周铜器断代》,北京:中华书局,2004年,第53页。
③ 李学勤:《㝬簋铭文考释》,《故宫博物院院刊》2001年第1期。
④ 张崇宁:《西伯既戡黎——西周黎侯铜器的出土与黎国墓地的确认》,《古代文明研究通讯》第34期。

图四 菁簋及铭文摹本

西周彝器铭文中可与菁簋铭文互作参读者还有臣谏簋铭文。河北省元氏县西周墓葬曾出土臣谏簋、攸鼎、叔趯父卣等铜器①，其中臣谏簋铭言：

> 唯戎大出于軝，邢侯𢱚（搏）戎，誕令臣谏以□亚旅处于軝，从王□。臣谏曰：拜手稽首，臣谏□亡母弟，引（矧）庸有长子□，余弇（俾）皇辟侯，令肄（肆）服。作朕皇文考宝尊，唯用绥康令于皇辟侯，匄□□。（《集成》4237）

簋铭主要记载邢侯命臣谏抵抗戎人之事，由"戎大出于軝"一句可知，戎人此次袭扰的规模不小。"軝"即泜水，源出河北赞皇县西，流经元氏县②，地名"軝"位于今元氏境内，当是因泜水而得名。学者指出，邢侯所搏之"戎"当为散居于山西境内的晋东、晋东南地区的"北戎"，该族群或从元氏以北的井陉南下对軝地予以侵扰。由此可知，山西东部也是戎人袭扰的区域。

三、晋地戎族考

如前文所论，晋南、晋东地区均曾是戎人袭扰的地区。那么上述戎人来自何方，晋地范围之内是否有戎人存在等都是需要解答的疑问。首先可以肯定的是，戎人源于北方，是具有鲜明文化特征的北方族群，其活动范围也主要是在北方。但传世文献、青铜器铭文以及考古发现的诸多具有戎族文化特征的器物也表明，晋地范围之内也生活有部分戎人。

关于晋地之戎人，文献多有记载。《左传·昭公十五年》云："晋居深山，戎狄之与邻，而远于王室，王灵不及，拜戎不暇。"杜预注："言王宠灵不见及，故数为戎所加陵。"孔颖

---

① 河北省文物管理处：《河北元氏县西张村的西周遗址和墓葬》，《考古》1979年第1期。
② 李学勤、唐云明：《元氏铜器与西周的邢国》，《考古》1979年第1期。

达《正义》："数为戎所侵陵，拜谢戎师，不有闲暇。"《左传·定公四年》云："昔武王克商，成王定之，选建明德，以蕃屏周……分唐叔以大路，密须之鼓，阙巩，沽洗，怀姓九宗，职官五正。命以《唐诰》，而封于夏虚，启以夏政，疆以戎索。"杜预注："夏虚，大夏，今大原晋阳也。启以夏政，亦因夏风俗，开用其政。疆以戎索，大原近戎而寒，不与中国同，故自以戎法。"又《国语·晋语二》宰孔谓其御曰："晋侯将死矣！景霍以为城，而汾、河、涑、浍以为渠，戎、狄之民实环之。"可见晋国的周边确实居住有戎、狄之族。上述记载虽然是以晋国为主体，但晋国作为山西列国之中的方伯之国，其渐次兼并虞、霍、杨、韩、魏等周边诸侯，合诸国之疆土，成为这一地区的政治核心，因而上述有关戎人的记载对于了解当时晋地范围内的戎人分布状况极具价值。

晋国铜器戎生钟铭言：

> 唯十又一月乙亥，戎生曰："休辝皇祖宪公，赳赳趩趩，启厥明心，广经其猷，趫称穆天子歝需，用建于兹外土，牖（通）司蛮戎，用軗（榦）不廷方……"①

铭文显示，戎生之皇祖宪公是穆王时人，曾"建于兹外土"。"建"，《说文·廴部》云："建，立朝律也。"西周早期铜器小臣䑓鼎铭言："召公建匽（燕），休于小臣䑓贝五朋，用作宝尊彝。"（《集成》2556）召公受封建立燕国，在燕地"建"国，可见"建"的实质乃是设置制度，建立政治实体。戎生钟铭文"建于兹外土"表明戎生之皇祖宪公曾在晋地建立诸侯国，而其建立诸侯国的目的乃是为"遹司蛮戎，用榦不廷方"，即抵御蛮戎，镇压不服之诸方。钟铭以蛮戎和不廷方并举，我们自然会将蛮戎与北方的戎族联系起来，但从《左传》《国语》等文献记载来看，戎生之皇祖宪公所司之"蛮戎"当分布在其封国之周边。

以上传世文献及出土铭文均可说明在西周至春秋时期，晋地诸侯国周边分布有戎族。但有关晋地戎族的线索远不止此，山西境内的诸多考古发现之中亦有不少涉及戎族的实物资料。如山西天马曲村晋侯墓地中曾出土多件陶三足瓮（如M6136：3、M6209：4、M7063：2），各型三足瓮之间的具体特征虽有不小差异，但最明显的共同特征还是三空心足（图五，1—3）②。无独有偶，山西境内其他地区的西周墓葬中也出土有部分三空心足器物。如山西曲沃北赵晋侯墓地M92③与M113④出土有陶三足瓮（M92：15、M113：50；图五，4—5）、铜三足瓮（M113：37；图五，6），山西洪洞永凝堡出有陶质三足瓮（NDM14：3；图五，7）⑤，山西绛县横水西周墓地出土有陶三足瓮（M1：182；图五，8）⑥，山西闻喜上郭

---

① 刘雨、卢岩：《近出殷周金文集录》，第一册，北京：中华书局，2002年，第41页。
② 北京大学考古学系商周组、山西省考古研究所：《天马——曲村：1980——1989》，第二册，北京：科学出版社，2000年，第332页。
③ 北京大学考古系、山西省考古研究所：《天马——曲村遗址北赵晋侯墓地第五次发掘》，《文物》1995年第7期。
④ 北京大学考古文博学院、山西省考古研究所：《天马——曲村遗址北赵晋侯墓地第六次发掘》，《文物》2001年第8期。
⑤ 山西省文物工作委员会、洪洞县文化馆：《山西洪洞永凝堡西周墓葬》，《文物》1987年第2期。
⑥ 山西省考古研究所、运城市文物工作站、绛县文化局：《山西绛县横水西周墓发掘简报》，《文物》2006年第8期。

村出土有铜三足鬲（图五，9）①。上述三空心足类器物与当地周文化遗物中常见的平底、圜底或圈足瓮、鬲不类。学者在比较山西太谷、柳林、汾阳、陕西清涧、绥德等地出土的同类器物后指出，此类三空心足器物皆为北方青铜文化的典型器物②。

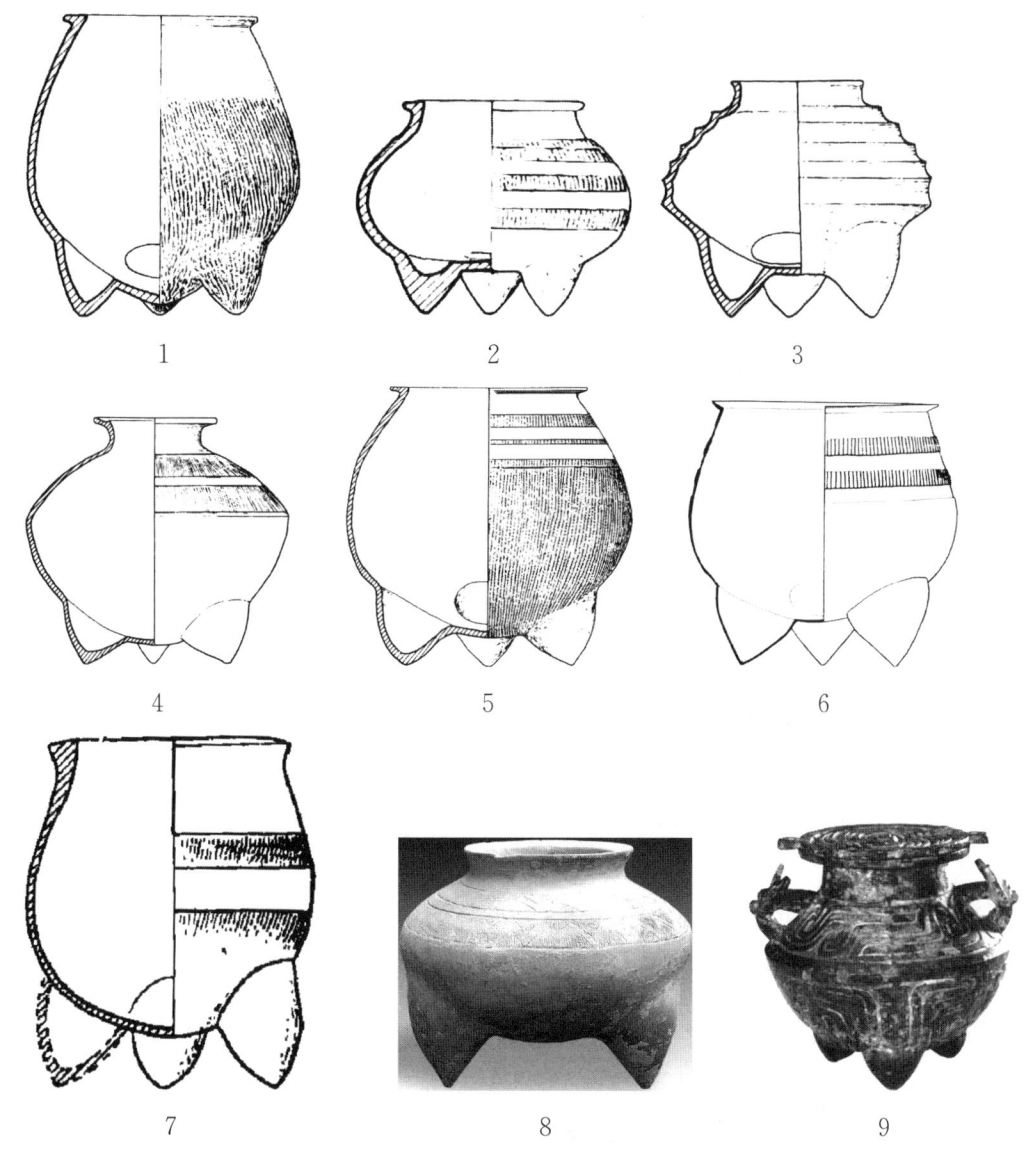

图五　山西境内所出铜质、陶质三足器

除上述三空心足类器物，山西境内出土的部分其他铜器、陶器也具有北方文化特征。山

---

① 大连现代博物馆、山西博物院、山西省考古研究所：《晋国雄风：山西出土两周文物精华》，沈阳：万卷出版公司，2009年，第56页。
② 张童心：《晋与戎狄——由M113出土的青铜三足瓮所想到的》，上海博物馆编：《晋侯墓地出土青铜器国际学术研讨会论文集》，上海：上海书画出版社，2002年，第377—383页。

西曲沃北赵晋侯墓地 M113 出土一件铜双耳罐（M113：125；图六，1），该双耳罐为敞口，束颈，折腹，双耳呈绹索状，折肩处饰一周索状纹①。学者通过对比陕西扶风刘家、甘肃永靖姬家川出土的同类器物，认为晋侯墓地出土的铜双耳罐当是戎族文化与周文化交融之后的产物②。另有学者将三足瓮、铜双耳罐等器物与所在墓葬之墓主的性别及婚姻关系相结合，亦认为三足瓮、双耳罐等器物是具有北方文化传统的器物③。此外，山西天马曲村晋侯墓地出有陶单耳杯（M6214：17；图六，2），小口，鼓腹，平底，桥形耳④。山西翼城大河口西周墓地出土一件铜单耳罐（M1：276.7；图六，3），该铜罐为侈口，束颈，鼓腹，耳錾较宽，颈、腹、錾等部位均饰有纹饰⑤。这类铜质、陶质的单耳杯、单耳罐在当地的周文化遗物中相对少见，反而与陕西扶风刘家墓地 M37：5⑥ 及宁夏固原彭堡于家庄 NM2：19⑦ 等单耳罐的形态十分接近。扶风刘家墓地出土器物包含大量姜戎文化因素，而宁夏固原彭堡于家庄墓地所属的杨郎文化又属于北方青铜文化，大河口墓地出土的铜单耳罐或许是北方青铜文化与本地周文化结合的产物。众所周知，北方青铜文化多属于游牧文化，其族群逐水草而居，游移不定。结合文献中所记载的戎狄之民环晋人而居的态势，我们有理由认为，晋侯墓地、霸国墓地出土的陶单耳杯、铜单耳罐当是晋地周文化与戎族文化在杂处过程中产生的器物。

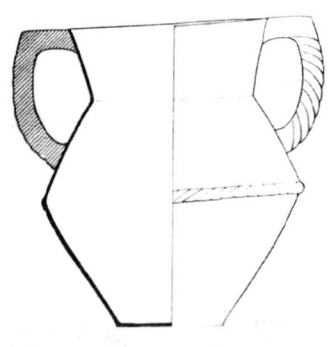

---

① 上海博物馆：《晋国奇珍——山西晋侯墓群出土文物精品》，上海：上海人民美术出版社，2002 年，第 55 页。
② 商彤流：《从晋侯墓地 M113 出土的青铜双耳罐看晋文化与羌戎的关系》，上海博物馆编：《晋侯墓地出土青铜器国际学术研讨会论文集》，上海：上海书画出版社，2002 年，第 371—376 页。
③ 陈芳妹：《晋侯墓地青铜器所见性别研究的新线索》，上海博物馆编：《晋侯墓地出土青铜器国际学术研讨会论文集》，上海：上海书画出版社，2002 年，第 157—196 页。
④ 北京大学考古学系商周组、山西省考古研究所：《天马——曲村：1980—1989》，第二册，北京：科学出版社，2000 年，第 333 页。
⑤ 成都金沙遗址博物馆、山西博物院、山西省考古研究所所：《霸：迷失千年的古国》，第 91 页，四川人民出版社，2015 年。该单耳罐又见于山西省考古研究所大河口墓地联合考古队：《山西翼城县大河口西周墓地》，图二：6，《考古》2011 年第 7 期。
⑥ 周原考古队：《扶风刘家姜戎墓葬发掘简报》，《文物》1984 年第 7 期。
⑦ 宁夏文物考古研究所：《宁夏彭堡于家庄墓地》，《考古学报》1995 年第 1 期。

图六 北赵、天马—曲村、翼城大河口所出部分器物

传世西周铜器倗仲鼎铭言:"倗仲作毕媿媵鼎,其万年宝用。"(《集成》2462)此鼎是倗国人物倗仲为其女"毕媿"所作之媵器。西周之毕氏为姬姓,那么由"毕媿"这一女子姓名可知倗国(或倗氏)乃是媿姓。学者指出,位于山西翼城一带的霸国与春秋时期的赤狄"潞国"同为一系,其历史可上溯至商代的鬼戎,至西周时期其居晋南已久①。如此,倗国、霸国很可能是晋地之内与周人关系较为密切的戎族势力。

四、晋地戎祸与晋地诸侯之封建

如上引《左传·定公四年》所言,"昔武王克商,成王定之,选建明德,以藩屏周"。周王选建明德具体作为就是在王畿之外的四土建立一系列诸侯国,以达到拱卫王庭、藩屏周室的目的。处于河东的晋地地理位置险要,自然也是周王封建诸侯的重点区域。晋南本为夏人之旧土,在商代时期又是商人的势力范围,商周之际此地仍有大量前朝遗民。同时,晋地又是戎族环伺、散居之地,时常为戎人所侵,故周王在晋地封建诸侯,不仅要处理与当地原有国族的关系,更要解决晋地的戎人问题。

对待晋地旧有的国族,周人一般采取军事、政治手段加以管控,这一政策在周人对待晋地前朝遗族的态度中表现得十分明显。周文王时期周人势力渐盛,并开始对其周边商王所封之诸侯予以打击。在这一过程中,联合当地势力攻灭强敌是周人惯用的策略。天马曲村晋侯墓地 M31 曾出土一件刻铭玉环,其铭言:"我暨唐人弘战宣人。"②"我"即周人,玉环铭文显示周人是联合晋地的唐人攻灭宣人。然而周人在攻克大邑商之后对昔日盟友唐人的态度和政策发生较大的转变。《史记·晋世家》云:"武王崩,成王立,唐有乱,周公诛灭唐。"张守节《正义》引《括地志》云:"夏后盖别封刘累之孙于大夏之墟为侯。至周成王时,唐人作乱,成王灭之,而封大叔,更迁唐人子孙于杜,谓之杜伯,即范匄所云'在周为唐杜氏'。"夏后之裔在西周成王时犹存,其曾为周人盟友,但终因"有乱"而遭到周人打击,以

---

① 黄锦前、张新俊:《说西周金文中的"霸"与"格"——兼论两周时期霸国的地望》,《考古与文物》2015 年第 5 期。
② 北京大学考古系、山西省考古研究所:《天马——曲村遗址北赵晋侯墓地第三次发掘》,《文物》1994 年第 8 期。

致国灭族迁。

周人灭唐、迁唐继而在唐人旧地封建姬姓之唐，可以看作是周人建国后重整疆土建立外服诸侯体系的典型案例，其他地区诸侯的封建亦有不少与此模式相近甚至相同者。诚然，晋地的唐、黎等旧国族拥有较大的势力，但晋地及其周边的戎狄之民亦不容忽视。如《左传·定公四年》所说，周人在唐人旧地建立姬姓唐国之初的政策便是"启以夏政，疆以戎索"，即在唐人旧地顺应夏遗民之风俗，施行戎人之法。这一方面反映出周人入乡随俗的基本政策，同时也说明戎人势力强大不容忽视。周人进入晋地之后虽然基本肃清了当地的旧国族，但如霸伯、霸仲诸器铭文所显示的，不时晋地戎族、流窜至晋地的北方戎人甚至来自东方的淮戎（夷）仍是对晋地周人政权的重要威胁，其中前两种戎族势力对晋地周人政权的威胁尤为严重。

前引春秋铜器戎生钟铭言："休辥皇祖宪公，趩趩趩趩，启厥明心，广经其猷，越称穆天子歜需，用建于兹外土，蠲司蛮戎，用榦不廷方。"戎生之皇祖宪公是穆王时人，曾在外服之晋地建立政权。西周时期外服诸侯的政治地理格局在西周早期已初具规模，但西周中晚期仍有零星的诸侯封建活动。周穆王将戎生之皇祖封在晋地为侯，其直接目的便是管理戎族，镇压不服之诸方。又晋公盨铭文云："我皇祖唐公，膺受大命，左右武王，和燮百蛮"（《集成》10342），蛮戎、百蛮、不廷方均是活跃在晋地周边的戎族势力，故周穆王在此地建立诸侯镇压、管理蛮戎以及唐叔虞和合百蛮等史迹均说明，西周春秋时期晋地周人的主要敌对势力就是戎族。

西周单氏家族铜器卌二年逨鼎铭言："逨……余肇建长父侯于杨，余令汝奠长父，休。汝克奠于厥师。汝唯克型乃先祖考，辟玁狁，出捷于井阿、于历岩；汝不畏戎，汝□长父，以追搏戎，乃即宕伐于弓谷，汝执讯获聝，俘器、车马……"此鼎铭文之"长父"即《新唐书·宰相世系表》"周宣王子尚父封为杨侯"的"尚父"。器主逨在辅佐杨侯就封建立杨国的过程中曾与玁狁等戎族发生剧烈的军事冲突，可见杨国封建之地也是戎人的活动地域。古时之道路或沿大河两岸形成，汾水作为贯穿晋地南北的大河，其河道及两岸地区必然也是南北人员往来的主要通道。杨国所在的"杨"地以及井阿、历岩、弓谷等地均位于今山西洪洞及附近地区，是沟通晋地南北部的咽喉要道，也是戎人南下的必经之路。周宣王封其子在此地建立杨国，其防范北方戎族的意图不言自明。

综上所述，山西翼城大河口霸国墓地、陕西眉县单氏家族铜器窖藏所出土的霸伯盘、霸仲鼎、霸仲簋、卌二年逨鼎以及薯簋、品鼎等铜器铭文表明，晋南、晋东地区在西周时期是戎族侵扰的主要区域。通过梳理传世文献、出土青铜器铭文以及山西境内考古发现的铜质、陶质的三足瓮、三足罍、双耳罐、单耳罐、单耳杯等具有戎族文化因素特征的器物，我们认为，戎族长期存在于晋地及周边，而且与当地的周人多有互动。晋地是周人经营的重要区域，周王在该地区建立诸侯国的主要目的是镇压、防范戎族。就地理形势而言，周王在晋地所建立的诸侯国绝大多数居于险要的地理位置，其主要的目的是为扼守重要关隘，控制交通要道。因此，晋地及其周边的戎族显然也是影响晋地诸侯国布局的重要因素。

作者简介：张程昊，男，郑州大学文学院讲师。

齐系金文及相关研究三则[*]

曲阜师范大学历史文化学院　张俊成

一、齐侯子行匜

该器 1981 年出土于山东临朐县泉头村甲墓，现藏临朐县文化馆，《集成》10233，《铭图》14939 匜底内铸铭文凡三行十五字，含重文一。铭文作：

齐医（侯）子行乍（作）其宝它（匜），子孙＝永宝用亯（享）。

器铭"子"下无重文符号，"孙"则有之。按金文的用语词例，"子孙＝"当读作"子子孙孙"。有学者考证铜器铭文中"凡子孙称谓带重文符号者，不论单号双号，皆要读作子子孙孙或孙孙子子。在释读带重文符号的铭文时，不能机械按号加字，要考虑语句的实际情况，做出合理的释读"[①]，其说甚是。

医，杨树达先生认为甲骨文侯字象射侯张布着矢之形。[②] 裘锡圭先生认为"侯"字与"候"字本是由一语分化而成。……"候"字是由"侯"分化出来的。……诸侯之"侯"却应该是由斥候之"候"分化出来的。侯的前身应该是在边境等地"为王斥候"的武官。[③]

对"齐侯子行"的称谓解释学者有不同观点，李学勤先生认为当解为齐侯之子名行，该墓可能为齐公子之墓。其主要理由是春秋时齐君没有名行者[④]。孙敬明、何琳仪、黄锡全诸先生根据先秦命名字前加"子"表示尊称的惯例，判定"行"是"齐侯"的字，齐侯则是其封爵，并通过分析两周之际齐国在位的君主及相关文献记载分析认为"齐侯子行"可能是齐

---

[*] 本文为国家社科基金项目"齐系金文整理与研究"（批准号：16BZS014）阶段性成果。
[①] 黄光武：《金文子孙称谓重文的释读及启发》，《中山大学学报》1992 年第 4 期。
[②] 杨树达：《积微居金文说》，北京：中华书局，2004 年，第 8 页。
[③] 裘锡圭：《甲骨卜辞中所见的"田"、"牧"、"卫"等职官的研究》，《文史》第十九辑，北京：中华书局，1983 年，第 1—13 页。
[④] 李学勤：《试论山东新出青铜器的意义》，《文物》1983 年第 12 期。

庄公赎①（前797—731）。曹定云先生认为"齐侯子行"非齐侯，"齐侯子行"的"子"不是"齐侯"的尊称，而是齐侯儿子之"子"，此齐侯之子名"行"，所以齐侯子行匜不是齐侯所作之器，而是齐侯之子"行"所作之器②。我们认为"齐侯子行"当如李学勤先生所解当为齐侯之子名行者，正如曾侯中子斿父鼎，斿父当为曾侯之子。曹先生通过分析 M 甲、M 乙的关系认为二者关系极为紧密，"齐侯子行"就是 M 乙出土"齐趍父鬲"的作器者"齐趍父"③。王恩田先生页认为"齐侯子行"与"齐趍父"为同一人，其中"行"应为其名，而"趍父"为其字，"行"与"趍"同义。④

我们认为，"齐侯子行"即齐庄公赎的可能性不大，和齐侯子行匜一起出土的仅有两件鼎、五鬲，盘、匜、舟、戈各一，且形制简朴，墓葬规模仅为墓底长 4 米、宽 3 米、深 5 米左右⑤，这和君主的墓葬规制不合。因此，墓主为齐国贵族的可能性更大些，且这样解释文字意义的通转过于曲折。相比而言，曹定云先生的观点更有可取之处。目前学者对于两墓为夫妻之墓观点是趋于一致的⑥，如果这个结论成立，"齐侯子行"即"齐趍父"的可能性就比较大。甲、乙两墓相距仅三米，随葬器物时代基本一致，"齐侯子行"葬 M 甲，"孟姬"葬 M 乙，M 乙有出现"齐趍父"称谓。我们认为"齐侯子行""齐趍父"当为一人，《广雅·释训》："趍，行也。"古人二十岁行冠礼而有字，字后常加父（或甫）以示美称，《礼记·曲礼》："男子二十冠而字。"《礼记·冠义》："已冠字之，成人之道也。"因此，行当为其名，趍父为其字。

该器前有长流，后有屈兽为鋬，兽尾卷起，口衔器沿，兽身饰冲环纹。器身呈瓢形，下有四只兽行足，兽头顶器底，卷尾触地。口沿外壁饰窃曲纹，腹饰瓦纹。对于该器的年代学者意见大致一致，发掘者认为器形、纹饰、风格及铭文字体结构，具有西周晚期和春秋早期的特点，认为该墓的时代应为两周之际⑦。李学勤先生认为出土齐侯子行匜的甲墓的铜器大部分形制甚早，如立耳浅腹的鼎，可以早到两周之际，但戈峰已不是三角形，在盘、匜之外

---

① 孙敬明、何琳仪、黄锡全：《山东临朐新出铜器铭文考释及有关问题》，《文物》1983 年第 12 期。该文主要是从名与字意义上的联系角度分析的，认为《史记·齐世家》中记载的庄公"购"的本字应该是《世本》《十二诸侯年表》的"赎"字，而"赎"与"子行"有意义上的联系。并引用古籍例证，《管子·五行》"赎蛰虫卵菱"。房玄龄注："赎，犹去也。"《广雅·释诂》二上："行，去也。""赎"与"行"同义，"赎"是庄公字，"子行"是其字。

② 曹定云：《山东临朐泉头村周代铜器铭文研究——兼论"齐侯子行"非"齐侯"》，《史海侦迹——庆祝孟世凯先生七十岁文集》，香港：香港新世纪出版社，2006 年。曹先生对两周金文中诸侯的称谓类型进行系统梳理，通过总结周代金文和文献记载情况得出结论认为诸侯名字中无一例用"子"来表示尊称。

③ 其理由有二：1."齐侯子行"与"齐趍父"的地位大致相合，依据是周代金文中，凡以"某父"称谓者均是拥有一定权力和地位的人。2."齐侯子行"与"齐趍父"之"趍"，其字义相近，"趍"和"行"都有"走""趋"之义，属于典型的互相辉映之字。

④ 王恩田：《上曾太子鼎的国别及其相关问题》，《江汉考古》1995 年第 2 期。

⑤ 临朐县文化馆、潍坊地区文物管理委员会：《山东临朐发现齐、鄟、曾诸国铜器》，《文物》1983 年第 12 期。

⑥ 报告者、孙敬明、何琳仪、黄锡全、曹定云等先生都有此观点。

⑦ 临朐县文化馆、潍坊地区文物管理委员会：《山东临朐发现齐、鄟、曾诸国铜器》，《文物》1983 年第 12 期。

出现了单耳的铊,推定该墓的时代可为春秋前期偏晚①。刘彬徽先生认为该墓"其中的单耳铊为东周新器种,附耳浅腹蹄足鼎亦为东周新型式,定春秋早期可信"②。孙敬明、何琳仪、黄锡全诸先生结合该器的形制、纹饰、铭文特点等,推定为西周晚期至春秋早期两周之际③。王恩田先生指出:"临朐原属纪国的邢邑,《春秋·庄公元年》'齐师迁邢、鄑、郚',注:'齐欲灭纪,故迁其三邑之民而取其地。邢在东莞临朐县东南'。临朐于鲁庄公元年以后入于齐国版图。今齐侯之子行与其妻的合葬墓出于临朐,其年代上限当不早于鲁庄公元年(前693年),李学勤定泉头村甲、乙墓的年代为春秋早期偏晚,是正确的。"④ 该器形近齐侯匜,腹部为瓦纹纹饰,只是该器口沿外壁饰窃曲纹,二者年代大致相当。

该器的器形、纹饰等方面各家都有很充分的论述,笔者重点从器物组合⑤角度谈一下该墓葬出土器物的组合情况,以帮助我们推定器物时代。泉头村墓葬出土的这批铜器的基本器物组合是鼎、鬲、盘、匜等,不见流行于西周早中期的爵、角等酒器,也未见春秋中后期出现的鉴、敦等器形。因此,综合分析该器定在两周之际是合适的,我们把其定为春秋早期。

二、齐侯匜

该器光绪十九年(1893年)易州出土,现藏于美国纽约大都会艺术博物馆。《集成》10283,《铭图》14997著录。释文作:

齐侯乍(作)朕(媵)寛(宽)圈(荐)孟姜盥盈(盂),用瀹(祈)鬒(眉)寿,迈(万)年无疆,它=(它它)=眱(熙熙),男女无朞(期),子=(子子)孙=(孙孙)永俘(保)用之。

寛,郭沫若先生:"寛从宀从萈声。萈,莧之繇文,盖古宽字。小篆从声,字形既近,音

---

① 李学勤:《试论山东新出青铜器的意义》,《文物》1983年第12期。
② 刘彬徽:《山东地区东周青铜器研究》,《中国考古学会第九次年会论文集》,北京:文物出版社,1997年,第264页。
③ 孙敬明、何琳仪、黄锡全:《山东临朐新出铜器铭文考释及有关问题》,《文物》1983年第12期。
④ 王恩田:《东周齐国铜器的分期与年代》,《中国考古学会第九次年会论文集》,北京:文物出版社,1997年,第286页。
⑤ 器物组合情况是判断墓葬年代的重要方法,东周齐国的器物组合情况与中原地区有同有异,现简叙如下:春秋早期齐国的器物组合形式和器形与中原地区较为接近,主要有鼎、鬲、簋、盘、匜等但缺少中原地区的簠、壶。春秋中晚期器物组合形式仍与中原地区相似,但不如中原地区器物组合完整。此时齐国个别器物的形制具有了明显的地区特色,如临淄淄川磁村M01出土的浅腹、平盖高蹄足腹耳鼎;临朐出土的媵壶中有一件短颈、圆鼓腹、链状体梁,下有一鼻钮的壶。这些器物都是中原地区所不见的。战国早中期齐国铜器组合形式是鼎、豆、敦、壶、盘、匜、铊。中期偏晚以后以鼎、豆、壶为基本组合形式,敦、铊不是必备之器。战国中期偏晚后组合形式基本同于战国早中期,只是礼器中豆仍盛行而敦出现较少,与中原地区豆地位下降,敦盛行的情况不同。有些器形上也有明显不同于中原地区的特色,如齐器中有盖扁球形腹或浅盘无盖的长柄豆;球形环耳、环钮敦;折腹圈足盘等。

亦同在元部，盖异作也。汉隶多作宽，从苋声。"① 徐在国先生隶作"挩"，读为"宿"。②

☒，郭沫若先生认为即虞之初文③。《双剑誃吉金文选》下三·七隶定作"圂"。☒在"史颂鼎"、"史颂簋"还作形为"☒"字偏旁，"☒"旧释为"澷"，李学勤先生释此字为"瀗"并读为"津"，李先生指出："瀗字多以为'澷'，也使文句无法读通，该字右侧于'䧹'外施以环笔，在古文字中只有'因'字相近，'因'即'茵'的初文，所以圂是'荐'字。上海博物馆藏楚简《容成氏》云'戊午之日，涉于孟瀗'，'瀗'乃'津'字，这为史颂器铭的释读提供了证据。"李学勤先生的意见无疑是正确的，此外《清华三·说命中》篇简文有"若天旱，汝作淫雨。若讼水，汝作舟。"④ 齐侯敦铭中"☒"与之相较，也应释为"圂"，即为"荐"字初文。

寡☒，历来无释，郭沫若先生释为"鲜虞"⑤，日本学者白川静也持此观点⑥，江淑惠认为此二字当是孟姜夫家国之名，"齐侯作朕（媵）寡☒孟姜膳敦"当是齐侯为其嫁至寡☒之长女所作媵器⑦。媵器铭文中女性称谓是个很复杂的问题，根据芮公鬲"内公作铸京氏妇叔姬媵鬲"铭文判断，此处可能是"夫氏+行第+姓"的类型，寡☒可能指孟姜所嫁之家的姓氏或国别。

它它熙熙，徐中舒先生指出："此它它熙熙皆形容无期无疆之辞。"⑧《诗经·鄘风·君子偕老》："委委佗佗，如山如河。"毛传："佗佗者，德平易也。"《尔雅·释训》："委委佗佗，美也。"郭璞注："皆佳丽美艳之貌。"《经典释文》："佗佗，本或作'它'。"邢昺疏引孙炎曰："佗佗，长之美也。"熙熙，即熙熙，《汉书·礼乐志》："众庶熙熙，施及夭胎；群生噉噉，唯春之祺。"师古注："熙熙，和乐貌也。"张政烺先生在释胡簋铭文"陁陁降余多福"时指出"陁"读为"施"，《孟子·离娄下》："施施从外来。"赵岐注："施，犹扁扁，喜悦之貌。"⑨ 毕经维先生指出"它它（施施）熙熙"为春秋时期海岱地区金文中的特有祝语。⑩

男女无期，徐中舒先生指出："无期之期，金文从日作㫷，或作昔，或省作其，作諆，

---

① 郭沫若：《齐侯盘》，《两周金文辞大系考释》，《郭沫若全集》卷八，北京：科学出版社，2002年，第449页。
② 徐在国：《曩甫人匜铭补释》，《古文字学论稿》第192—194页，合肥：安徽大学出版社，2008年。
③ 郭沫若：《齐侯盘》，《两周金文辞大系考释》，《郭沫若全集》卷八，北京：科学出版社，2002年，第449页。
④ 李学勤：《颂器的分合及其年代的推定》，中国古文字研究会，华南师范大学文学院《古文字研究》（二十六），北京：中华书局，2006年，第160页。
⑤ 郭沫若：《齐侯盘》，《两周金文辞大系考释》，《郭沫若全集》卷八，北京：科学出版社，2002年，第449页。
⑥ 白川静著、高广政译：《齐侯盘》，《管子学刊》2003年第1期。
⑦ 江淑惠：《齐国彝铭汇考》，台北：台湾大学出版委员会，1991年，第81页。
⑧ 徐中舒：《金文嘏辞释例》，《徐中舒历史论文选辑》，北京：中华书局，1998年，第560页。
⑨ 张政烺：《周厉王胡簋释文》，《古文字研究》第三辑，北京：中华书局，1980年，第113页。
⑩ 毕经纬：《海岱地区商周青铜器研究》，陕西师范大学博士学位论文，2013年，第228页。

或借基、魌、冀、基为之，独无从月之期。"① "朞"是"期"的异体字，《正字通·日部》："朞即期。"金文中"諆""期""记"可通，"眉寿无期"，师袁簋："折首执讯无諆。"徐王子旃钟："眉寿无諆。"上都府簠："眉寿无记。"由上，知"期"可通"记"无疑。笔者认为，该铭"无期"用其本义虽通，但此处理解为"无记"更好些。于省吾先生认为齐侯盘、庆叔匜并言'男女无朞'，无朞即无算，无算极言其男女之多，頵叔多父盘称'百子千孙'，翏生盨称'其百男百女千孙'，是其例证。传世文献、金文中"无期"用为本义者主语多为福寿等有时间持续性的名词，比如，《诗经·小雅·南山有台》："乐只君子，万寿无期。"汉班婕妤《自悼赋》"勉虞精兮极乐，与福禄兮无期。"王孙诰钟："迈（万）年无期。"冀公壶："它它熙熙，受福无期。"夆叔匜："它它熙熙，寿老无期。"而男女只是一个普通名词。另外，用男女来指称夫妻，似也有不恰当之处，这里的"男女"用来指称"子孙后代"更好讲些，"男女无期"可理解为多子多福、人丁兴旺之义。

俘，齐器铭文兼用保、俘二字，一般而言，姜齐器铭多用"俘"，譬如齐侯四器、齐侯敦等器，田陈器铭多用"保"，如陈侯四器等。但也并非绝对，鼏氏钟、齐良壶等姜齐也用"保"字。

敦是一种始于春秋中期，流行于春秋晚期至战国早、中期的青铜器类型。目前关于敦的器形来源存在两种主要观点，一种认为敦是由簋发展而来，以陈芳妹先生②、高明先生为代表③，一种认为敦是由盆发展而来，以刘彬徽先生为代表④。彭裕商先生搜罗众说、详加探究，认为敦并非由簋演变而来，而是由盆演变而来⑤。

齐侯四器的年代，陈梦家先生定鼎为春秋早期，盖为后配，铭为伪刻⑥。其他三器定为春秋晚期，亦可能已入战国⑦。郭沫若在《两周金文辞大系》目录表一七页"齐侯鼎"下标注"刻款、可疑"。马承源先生《中国青铜器》定鼎为春秋中期，敦为春秋晚期⑧。李学勤先生定四器为春秋中期偏晚，并认为齐侯鼎为真器、真铭⑨。该器器形腹壁圆曲，盖平顶，束颈、平沿外俘，器盖相合呈扁体，平面作圆形，无足，盖上有四环，口旁有三小兽首下垂，器旁有两耳环，腹饰带纹。该器器形和山东淄博瓷村编号为M01：2出土的敦器形完全

---

① 徐中舒：《金文嘏辞释例》，《徐中舒历史论文选辑》，北京：中华书局，1998年，第526页。
② 陈芳妹：《商周青铜簋形器研究》，台北故宫博物院，1985年。
③ 高明：《中原地区东周时代青铜器研究》（中），《考古与文物》1981年第3期。
④ 刘彬徽：《楚系青铜器研究》，武汉：湖北教育出版社，1995年，第151页—164页。
⑤ 彭裕商：《东周青铜盆、盏、敦研究》，《考古学报》2008年第2期。
⑥ 一种意见认为铭文为真，如王献唐《国史金石志稿》四·四八七下认为"近人或以此鼎刻款可疑，实无可疑。"李学勤也认为铭文不伪："但春秋时已有刻铭的青铜器，1973年山东滕县薛城出土的簠（见第九章）即其明证，易县的鼎并不是伪品"（李学勤：《东周与秦代文明》，上海：上海人民出版社，2007年，第82页）。
⑦ 陈梦家：《美帝国主义劫掠的我国殷周铜器集录》A248齐侯敦，北京：科学出版社，1962年。
⑧ 马承源主编：《中国青铜器》，上海：上海古籍出版社，1988年。
⑨ 李学勤：《东周与秦代文明》，上海：上海人民出版，2007年，第82页。李先生指出春秋时期已有刻铭的青铜器，1973年山东滕县薛城出土的簠即其明证，因此李先生认为此鼎并非伪品。李先生的意见是很有见地的，在一组铜器中，其中有刻铭的例证并非鲜见，如《扶风齐家村青铜器群》中，钟8枚，其中甲、乙2枚为刻铭，余为铸款，甚至会有同一件器物上，盖为铸刻，器为刻款的情况，如鲁太宰原父簠。

相同,该墓的年代简报定为春秋晚期①。也接近洛阳中州路 M6:21 出土的敦,该敦与齐侯敦不同之处在于腹较深,盖顶作圈柱形,盖缘附三垂耳。这种器形的流行年代为春秋中期,齐侯敦的大致年代亦当为春秋中期。发展到春秋晚期的齐国敦大多有三蹄足,盖上有环形纽,比如,山东胶南出土的荆公孙敦②,另外,河南新郑李家村 M1:5 出土的敦③都属春秋晚期敦形制的典型代表。李学勤先生指出:"[齐侯]敦的型式同于洛阳中州路二期,花纹也不晚,可推定为春秋中期偏晚。"④ 其说可从。

三、陈璋圆壶

陈璋壶现存两件,一件为方壶,一件为圆壶。现藏于美国费城宾西法尼亚大学博物馆的是陈璋方壶,1982 年出土于江苏省盱眙县南窑庄的是陈璋圆壶⑤,这两件铜壶的铭文只有一字不同,陈璋方壶铭文作"大",陈璋圆壶铭文作"齐",唯陈璋圆壶的内沿上,有一行记载铜壶容量的铭文,由于陈璋方壶铭文不是十分清楚,我们主要对陈璋圆壶进行考释。陈璋圆壶共有三处铭文,其中圆足内侧一处,约 2—4 字,由于铭文残泐,此处已很难辨别。壶口内沿有一行铭文,铭文较为清晰,根据字体判断,应是燕国文字。圆足外缘刻有 29 个齐国文字。释文作:

佳(唯)王五年,奠(郑)昜(阳)陳(陈)旻(得)再立(莅)事岁,孟冬戊辰,大臧钺孤,陳(陈)璋内(入)伐匽(燕),勘(勝)邦之隻(获)。

大臧钺孤,各家所释不一。郭沫若先生认为"臧"为"戫"的异读,为"咸刘厥敌"之咸,意谓剪灭⑥。张振谦先生提出方壶提出"臧"字下部所从是"酉"字的残泐之形,应隶定作"醤",读为"将","醤"字屡见于齐印和齐陶,圆壶此字作"𠂤"不一定可靠。⑦ 周晓陆先生将此句释为"齐臧戈旂",是指"齐国兴兵伐恶,金戈锵锵,旌旗飞扬的景象"⑧。"孤"字,多释为"孔"或"子",李学勤、祝敏申先生指出此字与侯马盟书"弧"字所从相似,故字当为"孤"。认为是"齐藏戈弧",意为"把兵器收藏起来,停止战斗"⑨。董珊先生径释读为"孤(壶)"。⑩ 侯马盟书所谓"弧"字,石小力先生利用清华简材料将其改释作

---

① 淄博市博物馆:《山东淄博瓷村发现四座春秋墓葬》,《考古》1991 年第 6 期。
② 王景东:《山东胶南发现荆公孙敦》,《考古》1989 年第 6 期。
③ 河南省文物研究所新郑工作站:《河南新郑县李家村发现春秋墓》,《考古》1983 年第 8 期。
④ 李学勤:《东周与秦代文明》,上海:上海人民出版社,2007 年,第 82 页。
⑤ 姚迁:《江苏盱眙南窑庄楚汉文物窖藏》,《文物》1982 年第 1 期。
⑥ 郭沫若:《陈骍壶》,《两周金文辞大系考释》,《郭沫若全集》卷八,北京:科学出版社,2002 年,第 466 页。
⑦ 张振谦:《齐铭摹误考辨四则》,《中山大学学报》(社会科学版)2014 年第 1 期。
⑧ 周晓陆:《盱眙所出重金络罍·陈璋圆壶读考》,《考古》,1988 年第 3 期。
⑨ 李学勤、祝敏申:《盱眙壶铭与齐破燕年代》,《文物春秋》1989 年创刊号。
⑩ 董珊:《从作册般铜鼋漫说"庸器"》,《古代文明研究通讯》第二十四期,2005 年。

"尼"。① "孤"字该铭从"子"从"匕",金文中"瓜"与"匕"有相混的情况,雁子嬰壶(《铭图》12157)自名作■,旧释为"壶",李家浩认为字从"亞"从"匕","亞"即酒器"鉶",是一种无盖壶。② 此字又见于信阳长台关 1 号墓遣策,写作■(简 2—1),董珊将其与雁子嬰壶自名之字相联系,释作"瓠",认为字从"亞""瓜"声,读为壶,"亞"是无盖壶专名,作为意符,雁子嬰壶"瓠"字所从"瓜"旁与"匕"相混。此说正确可从。

勑邦,陈梦家先生云:"燕亳一名仅见于《左传》……此燕之亳邦当指易水。商人以亳名其都,名其社,所以燕亳当指燕山之亳。"③ 林沄先生认为貊和亳古音同属铎部唇音字,读音近,"燕亳邦"还是理解为"燕貊之国"最为合理④。陈伟先生认为所谓陈璋入伐燕亳邦,实指齐师伐燕。燕亳连称,"亳"可能是燕国的别称⑤。燕亳之名首见于《左传·鲁昭公九年》:"我自夏以后稷、魏、骀、芮、岐、毕,吾西土也。及武王克商,蒲姑、商奄,吾东土也;巴、濮、楚、邓,吾南土也;肃慎、燕亳,吾北土也。"过去一直将这句话中的"燕亳"句读为"燕""亳"两个部族。从此铭看,"燕亳"当连读为一词。"亳"的含义来自于殷商文化,是商人对都邑的称呼,不仅中央王朝首都使用,诸侯方国的都城也使用,"亳"在商时作为地名者不止一处,例如陕西的杜亳,商丘的南亳、北亳,偃师的西亳,郑州"商亳"等。

以上几位学者虽然对"燕亳邦"的解释和断句有所不同,但都将壶铭的"■"字释为"亳"。董珊、陈剑二位先生对此字提出新的释读,读之为"胜",指出:"这个字如果释成"亳",有以下几个疑点,1. 方壶的这个字,上面所从像是"大"而非"亳"字的"古";2. 更重要的一点是,二铭无论摹本还是照片,中间部分都写成"几"而非"冂",这一点从周晓陆的圆壶摹本看得最清楚,方壶此字虽有残损,"几"的两脚还隐约可见……我们认为陈璋两铭的这个字从"大"、从"几"、从"力",实际上就是古文字中常见的那种写作从力从乘的"胜"字异体……"内"应该读为"纳",意为进献。"邦"在先秦文献中通常指邦国,侧重于国家政权方面,"胜邦"即"胜国"、"灭国"。我们虽然未能在典籍中找到胜邦这个词,但是考虑到汉代因避刘邦之讳而古书中的邦字多有被改为国的……"伐燕胜邦"的"伐"和"胜"对文出现,《孟子·梁惠王下》讲到这次齐宣王伐燕的战事,就说"齐人伐燕,胜之"。⑥ 这一改释在文字形体解释和铭文文意理解上更恰,正确可从。

铭中有人名陈璋,陈璋即陈章,陈梦家先生认为陈璋即田章⑦,为战国时齐国名将。战

---

① 石小力:《据清华简考证侯马盟书的"赵尼"——兼说侯马盟书的时代》,《"出土文献与中国古代文明再认识"青年学术论坛论文集》,河南大学历史文化学院,2016 年 10 月。
② 李家浩:《谈古代的酒器鉶》,《古文字研究》第二十四辑,北京:中华书局,2002 年。
③ 陈梦家:《西周铜器断代》,北京:中华书局,2004 年,第 383 页。
④ 林沄:《"燕亳"和"燕亳邦"小议》,《林沄学术文集》,北京:中国大百科全书出版社,1998 年,第 186 页。
⑤ 陈伟:《包山楚简初探》,武汉:武汉大学出版社,1996 年,第 12 页。
⑥ 董珊、陈剑:《郾王职壶铭文研究》,《北京大学中国古文献研究中心集刊》第 3 辑,北京:北京大学出版社,2002 年,第 48—49 页。
⑦ 陈梦家:《六国纪年》,上海:上海人民出版社,1956 年,第 95 页。

国时璋、章二字可互用，如楚王盦章，《双剑誃彝铭图录》上册所收楚王盦璋剑章便作"璋"。典籍屡见，典籍中，陈璋有章子、田章等别称。《战国策·齐策》："秦假道韩魏以攻齐，齐威王使章子将而应之。与秦交和而舍，使者数相往来，章子为变其徽章以杂秦军，候者言章子以齐入秦，威王不应。"《战国策·燕策》："孟轲谓齐宣王曰：'今伐燕，此文、武之时，不可失也。'王因令章子将五都之兵，以因北地之众以伐燕。士卒不战，城门不闭，燕王哙死，齐大胜燕。"《史记·燕召公世家》："王因令章子将五都之兵，以因北地之众以伐燕。士卒不战，城门不闭，燕君哙死，齐大胜。"《战国策·秦策》："陉山之事，赵且与秦伐齐。齐惧，令田章以阳武合于赵，而以顺子为质。"根据上述文献记载可知，陈璋活动时间应在齐威王末年和齐宣王之际。《孟子》《吕氏春秋》中还有匡章之名，《孟子·离娄下》："公都子曰：'匡章，通国皆称不孝焉，夫子与之游，又从而礼貌之，敢问何也？'孟子曰……其设心以为不若是，是则罪之大者，是则章子已矣。"《吕氏春秋·不屈》："匡章谓惠子于魏王之前曰："蝗螟，农夫得而杀之，奚故？……以贼天下为实，以治之为名，匡章之非，不亦可乎？"匡章和田章是否为一人，学界有两种意见，一种是认为二者为一人者，对此孙贯文先生指出："前人每认为陈章为匡章，见明焦竑《焦氏笔乘》卷一、孔氏不表出母条，阎若璩《四书释地又续》，《鲒埼亭集》经史答问卷八、诸史问目答郭景兆，梁玉绳《汉书人表考》卷五，焦循《孟子正义》卷七，沈钦韩《汉书疏证》卷九古今人表，陈梦家《美帝国主义劫掠我国的商周青铜器》，杨宽《战国史》，唐兰《司马迁所没有见过的珍贵史料》等处。"① 孙贯文先生所列诸家，除唐兰先生之外，皆误认为陈璋与匡章是同一人，事实上，唐兰先生认为匡章和田章或陈璋是不同的两个人，唐先生指出："匡章是齐威王宣王时的老将，所以常称为章子，但从没有称为陈章。据《吕氏春秋·爱类》说"匡章谓惠子曰：'公之学去尊，今又王齐王，何其倒也。'惠施是魏惠王与齐威王徐州之会，尊齐为王的策划者，事在魏惠王后元年，公元前334年，匡章在此时已能和惠施辩难，总有三四十岁了，从此时到前285年，经过四十九年，如果匡章还生存，岂有八九十岁的老将还被派去充当一个致邑的使者之事，可见匡章与陈璋、田章绝非一人。"② 我们认为二者非一人，俞樾《群经平义》中已指出："匡章盖齐之处士，是亦高尚其志者，故见惠子齐王而非之，又若颇不满意齐王之用兵不休者。若是章子，则历事威宣两朝，为齐大将，屡从戎事，其必不为此言明矣。"俞越之见极是，伐燕齐将并非《孟子》《吕氏春秋》所记载的"匡章"，而是《战国策》《史记》《资治通鉴》等记载的"田章""田章""章子"，与壶铭中的陈璋当为一人，"匡章"当是齐国处士，《庄子·盗跖》称匡章为"匡子"，而非"章子"。

陈璋参与了齐伐燕之事，陈璋壶铭"唯王五年"涉及到齐伐燕和该器的年代问题，但对"唯王五年"的判断学界众说纷纭。郭沫若先生认是齐襄王五年，即前279年，此器为齐军

---

①孙贯文：《陈璋壶补考》，《考古学研究》（一），北京：文物出版社，1992年，第290页。
②唐兰：《司马迁所没有见过的珍贵史料》，《战国纵横家书》，北京：文物出版社，1976年，第143页。

败燕师时所获之器①。丁山、陈梦家两位先生认为"唯王五年"是齐宣王五年，即前315年，后来陈梦家先生改为前314年②。唐兰先生认为是齐湣王五年，即公元前296年③。周晓陆先生认为"唯王五年"并非周天子某王五年，而为战国田齐宣王五年④。李学勤、祝敏申两位先生也认为"唯王五年"是齐宣王五年，即公元前315年⑤。马承源先生认为是在田齐桓公五年⑥。何琳仪先生认为"唯王五年"为齐宣王五年，即前314年⑦。综上可知，对"唯王五年"解释的有齐桓公、齐宣王、齐湣王、齐襄王四说。

齐国派陈璋率兵伐燕，并攻占燕国当在齐宣王时，但其具体年代则有出入，清代学者朱右曾《汲冢纪年存真》云："伐燕之役在周赧王元年、燕王哙七年、齐宣王六年。"杨宽先生也认为当在齐宣王六年，并对此详加讨论⑧。这与陈璋壶铭文记载的"唯王五年"相矛盾。对于此矛盾，学者多有解释，陈平先生认为："据该壶铭中陈璋称其帅兵伐燕不是在齐宣王六年，而是在齐宣王五年。一般说来陈璋以当时人记当时事，且他本人即是伐燕之役齐军统率，其所记伐燕年代应当绝对不会有误的。那么，是否应该将齐宣王继位之年向下提一年，使周赧王元年、燕王哙七年正对齐宣王五年；或将齐伐燕及燕哙、太子、子之之死年向前提一年，变成周慎靓王六年、燕王哙六年，亦正对齐宣王五年呢？《古本竹书纪年》云：'（梁惠王后元）十五年，齐威王薨。'是则齐宣王元年必在梁惠王后元十六年，亦即周慎靓王二年而燕王哙二年的前319年无疑，根本不可能向下移动一年，以就《六国年表》燕哙七年'君哙及太子、相子之皆死'之说。看来只有将齐伐燕及燕哙及太子、相子之死年由《六国年表》的燕哙七年向上提一年，改成周慎靓王六年，燕王哙六年，就与《陈璋壶》铭'唯王五年……陈璋内伐燕亳邦之获'所示齐伐燕在齐宣王五年的记载相吻合了。"⑨我们认为这种为调和矛盾而改史籍的做法是值得商榷的，古籍中对哙及太子、相子之死的年代是明确的，《六国年表》记载："（燕王哙七年）君哙及太子、相子之皆死。"《史记·燕世家》集解引《今本竹书纪年》："隐王（《史记》作赧王）元年丁未，燕子之杀公子平，不克。齐师杀子之，醢其身。"李学勤、祝敏申二位先生认为，齐宣王五年为破燕之年，孟冬戊辰之时，战事已告段落。他们根据历表推算的"孟冬戊辰"，距离周赧王年元旦还有十四天⑩。周晓陆先生则认为"孟冬戎启"，说明齐宣王五年冬初始兴兵，此役历五旬，齐用周正，那么战

---

① 郭沫若：《陈骈壶》，《两周金文辞大系考释》，《郭沫若全集》卷八，北京：科学出版社，2002年，第466页。
② 丁山：《陈骈壶铭跋》，《责善半月刊》2卷6期；陈梦家：《陈骈壶考释》，《责善半月刊》第2卷23期。
③ 唐兰：《司马迁所没有见过的珍贵史料》，《战国纵横家书》，北京：文物出版社，1976年，第143页。
④ 周晓陆：《盱眙所出重金络鎏·陈璋圆壶读考》，《考古》1988年第3期。
⑤ 李学勤、祝敏申：《盱眙壶铭与齐破燕年代》，《文物春秋》1989年创刊号。
⑥ 马承源：《商周青铜器铭文选》（第四卷），北京：文物出版社，1990年，第560页。
⑦ 何琳仪：《战国文字通论》，南京：江苏教育出版社，2003年，第87页。
⑧ 杨宽：《战国史》，上海：上海人民出版社，2003年。
⑨ 陈平：《燕史纪年编年会按》（上），北京：北京大学出版社，1995年，第366—377页。
⑩ 李学勤、祝敏申：《盱眙壶铭与齐破燕年代》，《文物春秋》1989年创刊号。

争结束应在齐宣王六年初①。钱穆先生认为："然则齐伐燕起宣王五年，而取燕则在六年。"② 把伐燕之年和破燕之年区分开来是解决这一矛盾的较好的途径，但这种解释也存在问题，此铭记载"唯王五年孟冬戊辰"，孟冬即十月，破燕的时间说法不同，《战国策·齐策二》："三十日而举燕国。"而《孟子·梁惠王下》"五旬而举之"，就是依照最长的时间说法也到不了宣王六年。此处之疑，尚待探究，但陈璋壶的年代大约在前314年或315年是大致可推的。

作者简介：张俊成，男，曲阜师范大学历史文化学院副教授。

---

①周晓陆：《盱眙所出重金络鏏·陈璋圆壶读考》，《考古》1988年第3期。
②钱穆：《齐伐燕乃宣王六年非愍王十年辨》，《先秦诸子系年》，北京：商务印书馆，2005年，第426页。

《乘盨》历日考

贵州大学先秦史研究中心　张闻玉

摘　要：国家博物馆新近刊布的《乘盨》是一件年、月、月相及日干支四全的铜器。通过运用四分术，坚持月相定点说，核检其铭文所载历日"隹三年二月初吉己巳"当为周厉王四年（前875）子正二月己巳朔。同时，《乘盨》历日合于是年子正二月己巳朔或闰丑月，建寅正，二月戊辰朔。通过贯通考察厉王三年（前876）历朔，是年有《师兑簋乙》《师晨鼎》《师俞簋盖》及《颂鼎》诸器，则于四年《㝬盨》相合，即当建丑正。然而，通过清华简《系年》"周亡（无）王九年"及"二王并立"的新材料以及宣王纪年有两个体系等史实、历日材料的佐证，《乘盨》与《㝬盨》建正不同，不只是简单的建正问题，亦与"大一统"观念解读建正，固守建子或建丑存在出入。因此，《乘盨》的重要性在于，使我们懂得秦之前"不统于王"，各自建正的史实，当反映了周厉王时期对立的两派行用不同正朔体系，分属两个不同的建正系统的史实。

关键词：《乘盨》　历日　周厉王

2018年3月30日—4月1日，中国国家博物馆田率先生在第二届古代文明研究前沿论坛会议上刊布了2017年国家博物馆新入藏的一件名为"乘盨"的青铜器。值得注意的是，该器铭文所载历日为"隹三年二月初吉己巳"，是一件年、月、月相及日干支四要素俱全的青铜器，科学合理地解读此器历日，有助于我们确定一件新的标准器，进而为排定西周铜器历谱增加可靠的铜器历日支点。

图一　《乘盨》铭文照片　　　　　图二　乘盨铭文拓片

《乘盨》通高 16.7、口长 22、口宽 16.5 厘米。无盖，器形为直口，腹部横截面为圆角长方形，腹较浅，平底，腹两侧有一对附耳，四蹄足，足内里有浅凹槽，使足之断面呈多半圆形。腹部饰瓦纹。内底铸铭 51 字（图一、图二）如下：

<blockquote>
隹（惟）三年二月初吉己子（巳），中（仲）大（太）师才（在）荾，令（命）乘䵼（总）官嗣（司）走马、驭人，易（锡）乘马乘㠯（与）车。乘敢对䵼（扬）中（仲）氏不（丕）显休，用乍（作）宝盨，乘其万年子＝（子子）孙永宝。①
</blockquote>

田率先生定《乘盨》为厉王器，是对的。历日：四年二月初吉己巳，合厉王四年（前 875 年）的实际天象。但田率先生在坚持月相四分说的基础上，则认为：

<blockquote>
经查张培瑜《中国先秦史历表》，厉王四年（前 874），正月建子，二月癸亥朔，己巳为第七日，吻合初吉月相。这件盨的时代在西周晚期偏早，铭文所记为厉王四年发生之事。②
</blockquote>

对于"初吉"，按照传统的古天文历法月相定点之观点，当为月初一。为既死霸，为朔，此不赘言。③ 故在对"初吉"的解释上，不当从月相不定点的"己巳为第七日"之说。在此基础上，我们可以核检公元前 874 年二月初吉的实际天象为二月癸亥朔，合朔时刻为 14 时 55 分，④ 明显不是己巳朔，故田先生定《乘盨》为厉王四年为公元前 874 年与实际天象是不相符的。

又，司马迁《史记》的西周纪年始自共和元年（前 841 年），《鲁世家》云："真公十四年，周厉王无道出奔彘，共和行政。"史学界专家们的意见"共和元年当年改元"。所以，田

---

① 田率：《乘盨考论》，《第二届古代文明前沿论坛会议论文集》，贵阳：贵州大学，2018 年 3 月 30 日—4 月 2 日，第 57 页。
② 田率：《乘盨考论》，《第二届古代文明前沿论坛会议论文集》，贵阳：贵州大学，2018 年 3 月 30 日—4 月 2 日，第 58 页。
③ 张闻玉、饶尚宽、王辉：《西周纪年研究》，贵阳：贵州大学出版社，2010 年，第 8 页。
④ 张培瑜：《中国先秦史历表》，济南：齐鲁书社，1987 年，第 54 页。

率先生的厉王四年在公元前874年，照此勘比下来，《乘盨》历日与天象便不相吻合了。

厉王在位三十七年，当从前878年即鲁献公九年计起，前878年即厉王元年。鲁献公在位三十二年，鲁真公元年即周厉王二十五年。《鲁世家》云："献公三十二年卒，子真公濞立。"

厉王与鲁公年次均吻合无误。

厉王四年即鲁献公十二年，即公元前875年。

四分术《西周历谱》前875年天象：

子月庚子12分（己亥18h18m）十二月
丑月己巳511分　　　　　　闰月
寅月己亥70分（己亥06h31m）正月
卯月戊辰569　（戊辰22h43m）二月
辰月戊戌128分
巳月丁卯627分
午月丁酉186分
未月丙寅685分
申月丙申244分
酉月乙丑743分
戌月乙未302分
亥月甲子801分

单从厉王四年看，子正，二月己巳朔。若置闰，变寅正，二月戊辰朔，分数大（569分），司历定己巳朔，误差在400分之内。四分历，朔策29日499分，误差在500分之内都算吻合。

由上可知，寅正二月戊辰朔，合朔时刻569分，为14时31分39秒，距离己巳日7时18分21秒，小于半日（13小时），误差在500分之内，故司历定己巳朔是可以理解的。又，张培瑜《中国先秦史历表》公元前875年寅正二月定朔合朔时刻为戊辰22时43分，与四分术经朔合朔时日相合，且与司历所定己巳朔相差仅1小时17分，当然小于13小时，由此可见司历所定己巳朔与定朔更为接近。

究竟取子正，取寅正？得从上年历日贯通考虑。

厉王三年有《师兑簋乙》《师晨鼎》《师俞簋盖》及《颂鼎》，四年只能取寅正，取子正就与上述诸器冲突了。这仅是简单处理，事实上，厉王时期的建正并不划一，远比这复杂得多。因为夷厉之世，"不统于王"，拥厉与逐厉两派各自为政，历法建正不一，事属必然。

如果以"大一统"观念解读建正，固守建子或建丑，铜器历日难于各就其位，必然乱象纷呈。懂得"不统于王"，各自建正，很多铜器历日就各就其位，分属两个不同的建正系统，问题也就迎刃而解了。可见，"诸侯力政（征）不统于王"（《说文解字叙》），并非专指春秋战国，早在西周夷厉时期已然存在。

《乘盨》的重要性还在于它明确否定了"共和元年当年改元"的错误结论，重申厉王元年在公元前 878 年,厉王在位三十七年。司马迁记载不误。

2018 年 7 月 2 日修正

作者简介:张闻玉,男,贵州大学先秦史研究中心教授。

上古汉语表方所介词"在"的对比研究——以《今文尚书》、甲骨和金文为例

山西大学国际教育交流学院 郑继娥

摘 要: 本文以《今文尚书》、甲骨文、金文中介词"在"表方所的辞例为对象进行研究。主要根据"在"字词组与谓语中心语动词的相对位置,分"在+宾+VP""VP+在+宾""在+宾+NP"三类进行定量分析,重点是对比"在"字的宾语、所修饰补充的谓语中心语成分以及定语中心语成分的异同,以期探讨上古汉语"在"表方所表达的发展变化。

关键词: 在 《今文尚书》 甲骨文 金文

引言

《尚书》位于五经之首,是中国上古早期历史的文献汇编,主要记载了上古时代(夏、商、周)最高统治者在政治活动中所形成的一些誓词、诰语和谈话,是我国思想文化史发展的源头。① 作为上古典型的传世文献,《尚书》和出土文献商周甲骨文、金文是共时的语言材料。由于"金、甲文囿于字数篇幅、行文格式等诸种限制不能全面反映商周语言实际,《尚书》却不然"②,其篇幅长,既有叙述也有描写,字数有 23540 字,主要以记录君臣的言语为主,是口语化的书面语。③ 因此,《尚书》和甲骨文、金文可以相互对比、参证,其共性是上古汉语史的特征,相异之处应看出时代、载体的发展。

"在"字是上古汉语的常用词之一,都有动词、介词的用法,学界有不少专门研究。钱宗武先生《今文尚书语法研究》(2004)对"在"作为介词的 42 例用法,从语法功能和语义

---

① 王连龙:《近二十年来〈尚书〉研究综述》,《吉林师范大学学报》(人文社会科学版)2003 年第 5 期,第 89—93 页。
② 钱宗武:《论今文〈尚书〉的语法特点和语料价值》,《湖南师范大学社会科学学报》1995 年第 4 期,第 56—62 页。
③ 钱宗武:《论今文〈尚书〉的语法特点和语料价值》,《湖南师范大学社会科学学报》,1995 年第 4 期,第 56—62 页。

特征进行了归类，也简要与甲、金文做了对比，是我们研究《尚书》语言，研究上古文献语言必要的参考数据。① 不过，相比于代词、副词、语气词和连词，《尚书》的介词研究还没有专文涉及。② 涉及甲骨文"在"字介词用法的研究比较多③，其中齐航福（2015）最细致，从语法功能和语义分类进行了定量分析。针对金文"在"的研究主要散见于金文虚词的研究中④，其中霍文杰（2009）《上古汉语"在"字词性研究》、武振玉（2007）《金文"在"字词性初探》都对"在"的动词、介词区分做了辨别，并对"在"从动词虚化为介词的过程做了探讨⑤。另外还有一些文章也涉及介词"在"的发展，有甲、金文"在"的对比⑥，也有出土文献与传世文献的对比⑦等。上述这些研究成果都为我们继续研究"在"提供了重要的参考资料，但囿于各自研究目的的不同，大多成果重在断代研究，未注意传世文献和出土文献的不同；即使是介词"在"的发展变化，也并未就其宾语、动词类型等相关成分进行细致归类，而这些成分恰巧是影响"在"字结构在句中的语义和语序的重要因素。

限于篇幅，本文拟以《今文尚书》、甲骨文、金文中⑧介词"在"引介动作行为发生或持续的方位和处所辞例为研究对象。先根据"在"字词组与动词、名词的相对位置，分"在＋宾＋VP""VP＋在＋宾""在＋宾＋NP"三类分别举例，然后进行异同的对比，主要对比"在"字的宾语、所修饰补充的谓语中心语成分、定语中心语成分的异同，以期探讨上古汉语"在"表方所的发展变化。

一、表处所的"在＋宾＋VP"

（一）《今文尚书》

《今文尚书》有3例，"在"的宾语都是名词性短语：新邑、商邑、四方；句子的谓语中心语分别为"烝""用（其）协""用……见……"

---

①钱宗武：《今文尚书语言研究》，湖南：岳麓书社，1996年。
②杨运庚、郭芹纳：《近10年今文〈尚书〉语言研究述评》，求索，2012（4）：101－104.
③张玉金：《甲骨文语法学》，上海：学林出版社，2001年。喻遂生：《甲骨文"在"字介词用法例证，古汉语研究》，2002年第4期，第51－52页。李丽艳：《甲骨文介词、连词研究》，河北师范大学学位论文，2007年。霍文杰：《上古汉语"在"词性研究》，西南大学硕士论文，2009年。王丽、罗立方：《甲骨文中兼类词"在"之研究，语文学刊》，2009年第5期，第86－87页。
④张玉金：《出土战国文献中的介词"在"、"当"、"方"》，《语文知识》，2009年第1期。霍文杰：上古汉语"在"词性研究，西南大学硕士论文，2009年。武振玉：两周金文虚词研究，北京：线装书局，2010年。
⑤武振玉：《金文"在"字词性初探》，《社会科学辑刊》2007年第6期，第304－309页。
⑥黄伟嘉：《甲金文中"在、于、自、从"四字介词用法的发展变化》，《陕西师范大学学报》1987年第1期，第66－75页。
⑦钱宗武：《今文尚书语言研究》，湖南：岳麓书社，1996年。霍文杰：《上古汉语"在"词性研究》，西南大学硕士论文，2009年。
⑧《今文尚书》介词"在"的用法主要参考钱宗武《今文尚书语法》中42例，有微调；甲骨文语料库采用香港中文大学汉达文库（www.chant.com），并参考台湾"中研院"史语所"先秦甲骨文金文简牍词汇数据库"、浙江师范大学陈年福教授自制甲骨文语料库等；金文语料库来自台湾"中研院"史语所"先秦甲骨文金文简牍词汇数据库"。

(1) a. 戊辰，王在新邑烝。（《周书·洛诰》）——戊辰这天，成王在洛邑举行冬祭①。

b. 其在商邑用协于厥邑。（《周书·立政》）——他在商都用这些官员和谐都城的臣民。

c. 其在四方用丕式见德。（《周书·立政》）——他在天下四方用这种大法显扬他的圣德。

（二）甲骨文"在"

甲骨文"在"表处所的例子比较多，这一类共有151例，如：

(2) a. 壬午卜：㞢戎，才（在）①东北只（获）。②（H20779）

b. 贞曰：师毋在兹延　（H5808）——军队不要在这里持续前行。

c. 辛酉卜尹贞：王宾岁无尤。在四月，在师非卜。（H24686）

d. 在大宗彝　（H34044正）——在大宗进行彝祭。

e. 在𠭴逐　（T999）——在𠭴地追。

上述例中，例（2a）中"在"的宾语为方位词组"东北"，此外还有"在东（H10775）""在西（H15198）""在南（H7884）""在北（7423）"等例。例（2b）"在"的宾语为代词"兹"，一共有10例，相应的谓语中心语主要是非祭祀动词；还有1例宾语为代词"之（H7361）"。例（2c）的谓语中心语为"卜"，"在X卜"共有94例，其中有36例"在"的宾语是"师某"，如：师允（H24253）、师滴（H24340）、师寮（H24273）、师劳（H24276）。有11例是"在+X+宗+卜"，如：父丁宗（H32330）、大乙宗（T2707）等，宾语也有"大宗（H30376、H41458）"。其他只出现了一次的地名有38个。例（2d）中的谓语中心语为祭祀动词"彝"，出现共5次，如"在雇彝（H36487）"等。可出现在这种句式中的祭祀动词还有：燎（H28180）、御（H19893）、㞢（H31034）、酒（28009）等。例（2e）的谓语中心语为"逐"，属于非祭祀动词，类似的还有：立（H41762）、田（H10989）、归（H21741）、见（H23581）等。

（三）金文"在"

去重，这类金文例有23例。

(3) a. 子𡂡（在）𡭗乍（作）文父乙彝。（《集成》9088，商）③

b. 唯十又三月辛卯，王才（在）𢉖𣆪（赐）趞采。（《集成》5992，西早）

---

①《今文尚书》的译文采用江灏、钱宗武译注的《今古文尚书全译》，贵阳：贵州人民出版社，1990年。

②文中的甲骨文出处所用符号：H表示《甲骨文合集》，T表示《小屯南地甲骨》，B表示《甲骨文合集补编》等。

③金文辞例的出处所用符号："集成"表示《殷周金文集成》的总序号，"商"表示商代；"西早"表示西周早期；"西中"表示西周中期；

c. 唯王十又四祀十又一月丁卯，王在毕䆴（烝）。(《集成》4208，西中)
d. 唯元年既朢（望）丁亥，王在雝𠃌（居）。(《集成》4340，西晚)
e. 王在宗周令盂。(《集成》2837①，西早)
f. 王在郑蔑大历。(《集成》4165，西中)
g. 在帝所专受天命。(《集成》285，春晚)

以上金文例，"在"字宾语都为具体的地名，分别为盩、庠、毕、雝。其中（例3a）的谓语为"作文父乙彝"，这类表示在某地为祖做器的共有5例；例（3b）的谓语为"赐"，类似的如"在沐师赐作册盩贝（《集成》2504）"等，一共7例。例（3c）的谓语为祭祀动词"烝"，同样还有"在上侯居祓祼（《集成》2736）"，共2例。例（3d）的谓语为一般生活动词"居"，此外还有"在郑飨酒（《集成》9727）""在周康寝飨醴（《集成》9827）"等，共5例。例（3e）(3f) 的谓语为"蔑大历"、受大命，类似的还有"在成周延文武福（《集成》2661）"等，这些是意义比较抽象的动词短语。

综合对比上述三种文献中的"在+宾+VP"，"在"的宾语都比较具体，大都是具体的地名，只是甲骨文中还有11例用"兹、之"表示的代词宾语。句式中的VP相同的是都有祭祀动词类，不过甲骨文数量有5例，《今文尚书》1例，金文2例。此外，甲骨文还有表示田猎、收获、卜、延等类；金文23例，VP有"作、赐、居、乘"等比较具体意义的动词，还有"受命、蔑历"等3个意义抽象的动词短语。而《今文尚书》"在"字短语修饰的谓语是"用协""用丕式见德"，是比较复杂的连动短语。

表1：表处所的"在+宾+VP"的比较结果②

	今文尚书	甲骨文	金文	共同
数量	3+2/42	151/	21	
特殊	2 表施事		31例 主之在晋为N	
在+宾+V	在新邑烝 1 在商邑用协1 在四方用…见德1	在大宗燎 9 在兹/之延 11 在东北获 5 在师某/某宗卜 94 在某逐 5 在商亡祸 3 其他 24	在毕烝 2 在岸赐 7 在盩作彝 5 在郑飨酒/在洛居 5 在成周延…福/ 在郑蔑大历 4 其他 10	祭祀 V 抽象 V

二、表处所的"VP+在+宾"

这一结构中，"在+宾"在动词谓语后作补语，对动作行为发生的处所进行补充。

---

① 同样的句式还见于集成 2788、4229、4230、4231、4232、4233、4234、4235、4236 等10条。
② 为了能看出"在"字宾语和共现的谓语中心语的搭配关系，表中例子简要列出句子，未具出处。

（一）《今文尚书》

《今文尚书》共有 11 例①，"在"字宾语有由具体处所短语充当的："王庭""家""东土""西土""商邑"等，也有非处所词语表示的，如"百僚"。

（4）a. 其有众咸造，勿亵②在王庭。（《尚书·盘庚中》）——那些民众都来了，惴惴不安地站在王庭中。

b. 肆汝小子封在兹东土。（《周书·康诰》）——所以，你这年轻人被分封在这东土。

c. 辜在商邑，越殷国灭，无罹。（《周书·酒诰》）——做恶在商都，对于殷商的灭亡，不加考虑。

d. 遏佚前人光在家，不知天命不易。（《周书·君奭》）——把前人的光辉限制在我们国家之内。

e. 有服在百僚。有服在百僚。（《周书·多士》）——在百官中有职位。

以上句子中，例（4a-c）的谓语中心语动词分别为"勿亵""封""辜"单个动词；例（4d-e）2 例是动宾短语，即"遏佚前人光"和"有服"。

这类表处所的"在"字词组，"在"的宾语还有用方位名词"上""下"表示的，如：

f. 今其有今罔后，汝何生在上？（《商书·盘庚中》）——这样下去，将会是有今天没有明天了，你们怎么能生活在这个地面上。

g. 丕显文武，克慎明德，昭升于上，敷闻在下。（《周书·文侯之命》）——伟大光明的文武王，能够慎重行德，德辉升到天上，名声传播在下土，于是上帝降下那福命给文王。

以上"在上"有 2 例，谓语中心语为"生""参［懈怠］"；"在下"有 3 例，对应的谓语中心语为"配享（《周书·吕刑》）""作配（《周书·吕刑》）""闻（《周书·文侯之命》）"。其中例（4g）中"昭升于上"与"敷闻在下"对举。

---

① 钱宗武（2004：201-202）提到 13 例，经我们考察，其中 2 例的"在"似乎是动词，如"敦叙九族，庶明励翼，迩可远，在兹"（《虞夏书·皋陶谟》），这句意思是：要使近亲宽厚顺从，使贤人勉力辅佐，由近及远，完全在于从这里做起。这里的"在兹"相当于动词"在于这里"。"其惟王位在德元，小民乃惟刑用于天下，越王显。"《周书·召诰》这句意思是：愿王树立和慰问仁德的领导，让百姓效法施行于天下，发扬王的美德。其中"在"的意思是"过问、慰问"。

② 勿亵：连绵词，不安的样子。见《今古文尚书全译》第 164 页，贵阳：贵州人民出版社，1990 年。

(二) 甲骨文处所"在"字词组表补充

(5) a. 彝在中丁宗（H38223）——（举行）彝祭在（祖先）中丁宗。b. 庚戌卜
口贞：王乎黍在𡥆，受有年（H09517）——王命在𡥆地种黍。
c. 王其田在渊北（T722）——王大概在渊北田猎。
d. 马方其围在沚（H6）——马方大概在沚地被围。
e. ……［卜］㱿贞：我……灾，衒（步）在𠈌（H6897）
f. 癸丑卜王卜贞：今囤巫九备，其酒肜日自上甲至于多毓衣，亡㽙在祸，在十月又
二（H35432/H37835）
g1. 壬辰卜在杞，贞：今日王步于𡈆亡灾（H36751）
g2. 己卯卜行贞：王其田，亡灾。在杞卜 （H24473）

上述例（5a）谓语动词为祭祀动词"彝"，"中丁宗"表示进行祭祀的场所。其他祭祀动词还有：御在鼻（H8789）、祝在父丁升（H32654）、宜在新（HD9）、用在父甲升门（T2334）、毛在弜（H30325）等，一共有 13 例。例（5b）谓语是表示耕作的"黍"，意思为种黍。这类动词还有：耤（H9503 正、H9505）、黍（H9552），共 4 例。例（5c）谓语动词"田"表示田猎，此外还有 H11017、H10737、H29012 等，一共 4 例。例（5d）的谓语为"围"，属于征伐类动词，其他还有"伐在河西洮（T4489）、征戍在东（H6906）等一共 6 例。相应的甲骨文中还有表示收获的辞例，如：获在西（H10914）等。例（5e）谓语为"步"，属于一般行为动词，甲骨文这类动词一共有：归（20594）、延（H21743）、䢜（H29011）、宿（HD9）、言（HD234）、死（HD118）等共 9 例。例（5f）"亡㽙在祸"，表示在祸地没有灾害，相同和类似的共有 8 例①。例（5g）是个对比例，（5g1）的"卜在杞"是对贞卜地方的补充说明，有时会放到辞末，如例（5g2），作为附记成分。类似"卜在 X"的辞例主要出现在甲骨文前辞中，共有 26 例②；出现在命辞中的只有 1 例，如"王卜在（T2263）"。

(三) 金文处所"在"字词组表补充

(6) a. 王易小臣𦎫（系），易（赐）在寑（寝）。(《集成》5378，商)
b. 王令中先省南或（国）贯行，𠭯（设）応在𦉫（曾）(《集成》949，西早)——周王命令中先视察南国，设立居所在曾。

---

① 这些此例为：H20576、H22668、H36529、H35432、H37835、T1018；类似的也有"有 X 在 Y"，如"有兇在行（H24391）"、"有害在祸（H3778）"等。
② "卜在 X"辞例有：H36751、Y2565、D 918、B10941、B10986、B11133、B11140、B11223、B11225、B11254、B11255、B11259、B11260、B11281、B11294、B11305、B11335、B12557、B12663、B12868、B12738、B12835、B12960、B12962、B12982、B13028、B13053、B13061、B13063 等。

c. 唯成王大𠗂才（在）宗周。（《集成》2626，西周早期）
d. 文王监在上，丕显王作省。（《集成》4261，西周早期）
e. 女（汝）毋敢坠在乃服。（《集成》2841，西周晚期）
f. 王初饔旁，唯还在周（《集成》5431，西周早期）

上述例是金文"在"在谓语后作补语的用例，一共有 21 例。其中例（6a）的谓语中心语为"赐"，类似的还有"赏"，这类例句是最多的，有 8 例。赏赐行为发生的处所都很具体，有：寝（《集成》9098）、阑（宫）（《集成》2708、3861）、新京（《集成》5987）、襄阺（《集成》2648）等。例（6b）的谓语相当于𡧁"设居"，即设立居所，另一例的宾语为"在夒𠄌真山"，也是一个具体的地名。此外表示生活的还有"飨酒"（《集成》2674）等。例（6c）的谓语为祭祀动词"𠗂"，场所在宗周，另有"宜在召大厅（《集成》5413）"。例（6d）"在"的宾语为方位词"上"，在此表示在天上。类似用法"不坠在上（《集成》270）""𩰫……作𫊸在下（《集成》358）"，其"在上/在下"所指的意思都已经虚化。例（6e）"坠在乃服"指在你的岗位上松弛或懈怠，还有一例"亡竟在服"意思也类似。例（6f）中"在周"表示归还的终点。金文中还有"归在成周（近出①）"。

三、表处所的"在＋宾＋NP"结构

表处所的"在"字词组还可以作定语，修饰限定人和事物。

（一）《今文尚书》"在"

(7) a. 越在外服，侯甸男卫邦伯，越在内服，百僚庶尹惟亚惟服宗工越百姓里居。

（《周书·酒诰》）——在外地的侯甸男卫等诸侯们，在内地的各级官员、宗室贵族以及退职后住在家里的官员们。

b. 惟以在周工往新邑。（《周书·洛诰》）——率领在镐京的官员到洛邑去。

《今文尚书》"在"字词组作定语共有 4 例，例（7a）"在"的宾语为"外服""内服"，分别表示商王直接管辖的区域、附属国管辖的地方。例（7b）"在"的宾语是"周"，还有 1 例为"王宫邦君室（《周书·大诰》）"，都表示具体的处所。

（二）甲骨文"在"字词组

甲骨文中表处所的"在"字词组也可以作定语。例如：

(8) a1. 戊寅子卜：丁归在师人/a2 戊寅子卜：丁归才（在）川人。（H21661）
b. 丙申…陷在南麋 （H10911）
c. 庚寅卜，鼎（贞）：更（惠）束人令省才（在）䧹（麋）。十□月。（H09636）
d. 在酒盂田受禾/d2 在下𡎖南田受禾 （H28231）

---

①此例来自《新收殷周青铜器铭文暨器影汇编》，见台湾"中央研究院"史语所"先秦甲骨金文简牍词汇数据库"。

e. 岁妣庚在戈大牢（HD267）
　　f. 在𠂤牧来告辰卫（H32616）

上述例中，例（8a）"在师"限定的是"人"，指丁日使在师的人、在川的人归来。例（8b）"在南"限定的是猎物"麋"，谓语为"陷"，这是田猎卜辞。类似的辞例如：逐蠱豕（H10229 反）、逐薔（/禺）鹿（H10935，H10951）、射穆兕（H28401）、获万鹿（H10945）、获兕（H10950）等 13 例，其中"在"的宾语多为 1 个字的地名。例（8c）"在"字词组限定的名词中心语为"凳（廪）"，意思为仓库，相同的辞例有 8 条。例（8d）的名词中心语为"田"，表示田地，分别卜问在酒盂的田、在下壟南的田是否丰收，这一类一共有 5 例。例（8e）的谓语为祭祀动词"岁"，"在"字词组限定的是牲品"牢"，只有 1 例。例（8f）所限定的名词中心语为"牧"表示官职名，谓语为"来告"。这类一共有 3 例，其他 2 例为：在盂犬（H27919）、在鸡犬（H37439）。

（三）金文"在"字词组
金文"在"字词组作定语的用例，共有 4 例。
（9）a. 嗣（司）女（汝）采，嗣（司）在曾噩（鄂）𠂤（师）。（NA1795，覃）

　　b. 雩厥复归在牧师　（《集成》4238，小臣谜簋，覃）

　　c. 易（赐）才（在）宜王人□又七生（姓）（《集成》4320，覃）

　　d. 丁亥，𠁒商（赏）又（有）正要婴贝才（在）穆朋二百（《集成》2702，商晚或覃）

上述例（9a–b）"在曾鄂师"和"在牧师"表示"在曾地（国）的鄂师""在牧的军队"。例（9c）"在宜王人"表示"在宜地的王室人"。例（9d）"贝在穆朋二百"表示赏赐 200 朋贝的产地是穆。

综合三种文献"在+宾+NP"句式，数量分别是《今文尚书》4 例甲骨文 32 例，今文 4 例，都用"在某地"限定后面的人和物。其中"在"的宾语在甲骨文、金文通常是单个名词充当，而在《今文尚书》中有比较复杂的名词短语充当（如王宫邦君）。句式中的中心语 NP，《今文尚书》的 NP 有 3 例后面的名词性短语是并列短语，表示职位名称；甲骨文中心语是单个名词，有人、动物名、田、官职名等；金文中的 NP 的人有"师、人"，物是"贝"。此外，金文"贝在穆"语序上是"NP+在+O"。从中可见，《今文尚书》"在"的宾语和中心语更复杂一些，表达的语义也更丰富。

四、特殊现象

（一）《今文尚书》"在+处所词"表施动者
《今文尚书》中有 4 个例子，是"在+处所"表示动作行为的施动者（钱宗武 2004：202），这与古汉语中常由"于""为""见"引导施事的用法是否一样，需要我们具体分析。如下：

(10) a. 兹亦惟天若元德，永不忘在王家。（《周书·酒诰》）——这也是上帝所赞赏的美德，王家永远不会忘记你们。

b. 弗惟德馨香祀登闻于天；诞惟民怨，庶群自酒，腥闻在上。（《周书·酒诰》）——没有清明的德政和芳香的祭祀让上帝知道，只有百姓的怨气，只有群臣私自饮酒的腥气被上帝知道。

c. 夏迪简在王庭。（《周书·多士》）——夏的官员被选在殷的王庭。

d. 迪简在王庭，尚尔事。（《周书·多方》）——辅臣被选在王庭，或能做好你们的事情。

上述例（10a–d）使用的语境都是被动句。头2例的译文把"王家"和"上"翻译成了谓语动词的施事。例（10b）"腥闻在上"的"在上"表示上天或上帝，这与前面例（4f）"汝何生在上？（《商书·盘庚中》）"很不一样，"生在上"表示生活在地面上、世上。但例（10c–d）实际上还是行为发生的处所，这与前面例（4a）"勿亵在王庭"的"在王庭"意思一样，只是所指的王朝不一样。因此我们认为例（10c–d）还应归于表处所。

（二）金文表处所的"主+之+在+宾+（号）为/为+N"

在金文中，表处所的介词"在"还有一个用法，就是用在"主+之+在+宾+（号）为/为+N"和"其+在+宾+（号）为/为+N"结构中，张玉金（2011：109）提到这一结构的重大意义在于：打破了以前对于"之"用于主语和介宾短语之间只有"之于""之於""之与"的看法，丰富了我们对上古汉语语法的认识①。其特点有三：一是"在"的宾语为"楚""晋""齐""周""申"等战国时期的诸侯国名；二是主语和"为"后的名词是同一编钟在不同地域的不同律名②；三是两种结构中"主语+之"与"其"等同，其谓语中心语是"为"或"号为"。例如：

(11) a. 穆音之才（在）楚为穆钟，其才（在）周为剌音。（《集成》290，战国早期）

b. （应）音之才（在）楚为兽钟，其才（在）周为（应）音（《集成》291，战国早期）

c. 割（姑）辨（洗）之宫，割（姑）辨（洗）之才（在）楚号为吕钟，其（反）为宣钟，宣钟之才（在）晋号为六辜（庸）（《集成》293，战国早期）

d. 寡人之于国也，尽心焉耳矣。（《孟子·梁惠王上》）

e. 鲁之于晋也，职贡不乏，玩好时至。（《左传·襄公二十九年》）

f. 秦之与魏，譬若人之有腹心疾。（《史记·商君列传》）

---

①张玉金：《出土战国文献虚词研究》，北京：人民出版社，2011年。
②这些铭文都来自曾侯乙墓出土的战国编钟，主要内容是关于宫商角徵羽五声音阶名与八个变化音名，是我国古代乐律的最宝贵数据。编钟铭文用"穆音之才（在）楚为穆钟，其才（在）周为剌音"的结构来说明曾国与晋国、楚国等诸侯国律名的对应。

上述例（a-c）都是战国初期的金文，一共有 31 例。这种用法与传世文献中的例 d-e 相似，只不过谓语中心语只是"为"或"号为"，而传世文献的谓语更加复杂。

五、结语

以上我们比较了表处所的"在"字词组在"在+宾+VP""VP+在+宾"和"在+宾+NP"三种句式在《今文尚书》、甲骨文和金文中的用法，从中我们得出了以下几点认识："在"表示施事，这是甲、金中都没有的现象。第四，金文中出现了"主语+之+在+宾+为""其+在+宾+为"的用法，这是甲、《今文尚书》中没有的现象，不过这已经是战国时代的编钟铭文，时代较后。

这说明在上古时期的三种媒介中，"在"的位置、语法功能是一致的，分别可以在谓语中心语的前后作状语和补语，也能在名词前作定语，而且这种功能一直沿用到今。不过由于时代和文体关注的内容不同，甲骨文存在表示种植、田猎和大量祭祀的谓语中心语，而金文有制作器具、赏赐物品的大量谓语中心语用例，《今文尚书》则更多对上的恭敬和在下努力工作的告诫内容上。从三种载体"在"所表处所的行为动词语义类别的不同、"在"后宾语从具体地名到方位词，到范围更大意义更加抽象的"上""下"等词语，可说明语言在随着时代和需求发展，且越来越丰富和精密。

作者简介：郑继娥，女，山西大学国际教育交流学院副教授。

甲骨文"新"字文化考释——兼论"新昏(婚)""其命维新"所体现的"天命"与人文

西南民族大学历史文化与旅游学院　周丙华

摘　要：甲骨文新字从斤，以冬至运斤伐木的月令示意顺应天时；从辛，以殷商人的刑具示意法令权威，两者会意为顺应天时的更始。新字，字本义为更始。新昏，是始于先秦时期的对婚姻的称谓，指顺应天时的人伦更始。其命维新，是说天命之新即是顺应天意的王权更始。新昏中的顺应天时的生育观念与"天命有德"观念，都源自万物滋生的冬至时令文化。

关键词：新　新昏　其命维新　德

一、释新

甲骨文新字作：𣂑（《后》2.9.1）、𣂑（《林》2.7.7），或作：𣂑（《前》5.4.4）、𣂑（《乙》4603）。①《说文》释新："取木也。从斤新声。"按《说文》体例当作：从斤亲声。段注谓当作从斤、木，辛声。②按甲骨文新字，从斤、从辛，或辛亦声。"亲"按甲骨文，当为"辛"异构字，即所从之辛，"亲"字形受伐木之意而致。学界尚未对甲骨文新字字形及字本义作以释读。许慎释新为"取木"，与新字在典籍中的训诂似乎不符，也需要进一步讨论。

《说文》释斤："斫木斧也。象形。"③是可知斤在古代是伐木专用器具。甲骨文从斤字又有析字作：𣂑（《金》472）；折字作：𣂑（《前》4.8.6）。《说文》释析："破木也。一曰折也。从木从斤。"释折："断也。从斤断草。"甲骨文从草、从木在某些字中往往互用，这反映的是在某种观念上的相通。比如《礼记·王制》："草木零落，然后入山林。"从时令的角

---

①甲骨文字形及来源皆据孙海波《甲骨文编》，北京：中华书局，1965年。
②段玉裁：《说文解字注》，《汉小学四种》，成都：巴蜀书社，2001年影印本，上册，第729页。
③段玉裁：《说文解字注》，《汉小学四种》，上册，第728页。段注据小徐本。

度看，草、木零落于相同的季节。因此，折字虽然从斤断草，并不能简单认为斤也可以用来收割草，仍然示意伐木。总之，斤为伐木专用，是可以验诸甲骨文的。如此说来，新字从斤，许慎释新为"取木"是有依据的，只是他说的是字形之意，而不是字本义。段注以为取木是新字本义，引申为始基之称。取木如何引申为始基之意，是需要讨论的。

探索与斧斤有关的古代文化观念，应是我们进一步考察的思路。

古代伐木有时令的限制。《周礼·地官·司徒·山虞》载："令万民时斩材，有期日。"伐木的具体日期是何时？《礼记·月令》载："日短至，则伐木，取竹箭。"伐木以时，典籍多有记载，现罗列如下，以见此为古代的普遍观念。

《礼记·月令》："日短至，则伐木，取竹箭。"
《礼记·王制》："草木零落，然后入山林。"
《周礼·地官·司徒·山虞》："令万民时斩材，有期日。"
《逸周书·文传解》："山林非时不升斤斧，以成草木之长。"
《孟子·梁惠王上》："斧斤以时入山林，材木不可胜用也。"
《吕氏春秋·审时》："凡农之道，候为之宝：斩木不时，不折必穗。"①
《诗·小雅·鱼丽》，毛传："草木不折，不操斧斤，不入山林。"

顺应天时，并非仅仅伐木一事，而是涉及所有的事情。如《小雅·鱼丽》所云："物其多矣，维其嘉矣。物其旨矣，维其偕矣。物其有矣，维其时矣。"携斧斤伐木所应之天时，则是一个非常关键的时令——冬至。

按现代天文学术语的表述，冬至是夏历十一月（也即仲冬之月）的节气，其时阳光直射南回归线，对于北半球的人来说，白天最短，黑夜最长。典籍称冬至或作"日短至"（《礼记·月令》），或曰日"南至""日短极"（《逸周书·周月》）。此时，阳光刚刚从南回归线向北回转，天气则是愈为寒冷，《礼记·月令》谓之"阴阳争"，《逸周书·周月》载："惟一月②既南至，昏昴、毕见。日短极，基践长。微阳动于黄泉，阴［降］③惨于万物。是月斗柄建子，始昏北指。阳气亏，草木萌荡。"冬至时节，阴阳消息体现为阴阳争：一则，阴气大盛，阳气殆尽；一则，周而复始，阳气渐起。从阳气变化的角度言之，是上一年的阳气殆尽而下一年的微阳回转的转折点。

古人为什么选择冬至始伐木？或者说，冬至伐木如何体现了顺应天时？这当是甲骨文新字（包括所有从斤字）从斤会意的深层文化意义，势不能简单以伐木视之。

草木的生长周期顺应天地间的阴阳消息，或者说，草木的生死荣枯体现的就是天地间的阴阳消息。草木之皮叶十月开始陨落，《豳风·七月》："十月陨萚"④。一直到冬至时节，草

---

① 夏纬瑛：《吕氏春秋上农等四篇校释》，上海：农业出版社，1956年，第87页。夏纬瑛谓"厚"是"候"之误，今据改。
② 此"一月"指周正月，即夏十一月。参见郑慧生：《古代天文历法研究》，开封：河南大学出版社，1995年版，第133页。
③ 据郑慧生《古代天文历法研究》，第133页。
④《说文》释萚："草木凡皮叶落陊地为萚。"

木零落殆尽，反映了"阳气"的衰落之极。上文提到，冬至时节是阴盛阳衰向阳盛阴衰转化的一个转折节点，所谓"阴阳争"的节点，可以说是阴气盛阳气衰之时，也可以说是阳气衰极而回复之时。斩伐草木，要顺应草木的生长周期，要选择草木枯落凋零殆尽的时节。《礼记·王制》载："草木零落，然后入山林。"即反映了这种时令观念。要之，冬至时至，开始伐木，此为古代的一条顺应天时的现实法令。

冬至伐木的律令与古人的生活息息相关，而斤为伐木专用之具，因此，斤与顺应天时——冬至时节紧密系联起来。于是，斧斤成为一种顺应天时的象征。冬至时节是阴盛阳衰向阳起阴衰转化的一个转折节点，然则，斧斤所象征的天时，可以是阴盛阳衰，也可以是阳气回复。甲骨文兵字、新字所从之斤则分别用了这两种"天时"进行会意。

甲骨文兵字，字形作：（《后》2.29.6），从廾持斤。《说文》释兵："械也。从廾持斤，并力之貌。"兵为杀伐器械之总名，所从之斤，则体现着殷商人的杀伐观念。斧斤可以象征阴盛阳衰之时，于是可以作为杀伐的象征符号。古人以兵为阴象，如《月令》载孟秋时行冬令则"阴气大盛"，会导致"戎兵乃来"。左阳右阴，古人称兵器为右兵。① 兵为杀伐，阴象，故《老子》三十一章云："夫兵者，不祥之器"。又言："战胜以丧礼处之。"《月令》载，冬至始伐木，立春始"禁止伐木"，以立春后阳气渐盛，"草木萌动"。与此同时，《月令》载：孟春之月，"不可以称（笔者注：称，举也。）兵，称兵必天殃。兵戎不起，不可从我始"。于"禁止伐木"与"不可称兵"之后总论："毋变天之道，毋绝地之理，毋乱人之纪。"古人所为往往取法天地，②"不可称兵"即是取法"禁止伐木"的顺应天时。古人用兵征伐，则称曰"恭行天之罚"（《尚书·牧誓》）。所谓"天之罚"，正是取法顺应天时，化作人间顺应"天意"的征伐③。殷商人以"斤"象征兵器，体现了古代慎用杀伐，杀伐以时的观念。要之，兵字从斤，取冬至时节阳气殆尽阴气大盛的气象。

甲骨文新字所从之斤，同样指顺应天时，体现的则是冬至时节阳气周而复始的意义。冬至日是历法年的岁首，《史记·天官书》载："岁始：或冬至日，产气始萌。"到了冬至节点，太阳的直射点开始由南回归线逐渐向北转移，北半球白天日益增长。因此，古人将冬至视作"阳气"回转的节点。如《夏小正》载：十一月"日冬至，阳气至始动，诸向生皆蒙蒙符矣"。《天官书》所谓"产气始萌"即是"阳气至始动"。"终则复始，天地行也。"（《易·蛊·彖辞》）冬至为岁始，从天文历法言之，是阳光直射点的由南转北；从阴阳消息的规律言之，是阳气的周而复始。

运斤之时，又是阳气周而复始之时，即更始之时。此时节气，"阳气始萌"，物候更新。"斧斤以时入山林"，斧斤于是可以象征顺应天时，且是天时之"更始"时节。甲骨文新字从斤，取其更始之意。新，为历法的更新，天地秩序"终则复始"之意。辛为"剞劂，曲刀"

---

① 《老子》三十一章："君子居则贵左，用兵则贵右。"《司马法·定爵》："吉事尚左，凶事尚右。"参郑慧生：《校勘杂志·司马法校注》，开封：河南大学出版社，2007年，第267页。

② 《司马法·天子之义》："天子之义，必纯取法天地，而观于先圣。"

③ "恭行天之罚"与下文所论的"天命有德"，其文化渊源即来源于兵字与新字从斤示意天命时令。详见下文。

（《说文》释剞），是殷商人惩罚愆罪的刑具。① 殷商人还用此曲刀锲刻了甲骨文，② 因而享有权威之意，甲骨文新字从辛，示意伐木以时是人们必须遵守的法令。

甲骨文兵字所从之斤，用其阴气之象征；新字所从之斤，则用其阳气之象征。甲骨文兵字，从廾持兵，以顺时慎伐会意杀伐之兵械。甲骨文新字从辛、从斤，以冬至阳气复始的时令会意更始。两字会意基于相同的文化观念，相反相成的会意理路，则是可以互相证明的。

许慎释新为"取木"，其实是指新字的字形之意，或者说从斤、从辛的会意所指的文化本原，并非新字的字本义。甲骨文新字或作 𣂪，从辛部分作从木之形，正是反映了殷商人是撷取伐木的时令造字的。甲骨文从斤、从辛，实则乃借伐木以时，表达天地时序的更始、更新。人们常说的"万象更新"之"新"，就是从天文历法的角度说的。我们对伐木以时的古代法令陌生了，就对许慎的"取木"费解了。新字的解释，按《说文》体例当释为：新，更始也。从斤、从辛，辛亦声。

典籍中有几则"新"的训诂，如新昏、其命维新，即用其字本义。而且，其中蕴含的顺应天时的观念也是与甲骨文新字若合符节。

二、"新昏"之"新"：顺应天时的人伦更始

嫁娶婚姻往往称作新婚（典籍多作新昏），如《邶风·谷风》云"宴尔新昏"；《小雅·车舝》云"觏尔新昏"。细究"新昏"之"新"，不能简单解释为与故旧相反之义的"新"。新婚，就是结婚嫁娶，并非新的婚姻之意，更绝非又一次（与旧婚姻相对而言）新的结婚。新婚之新，取其更始之意，也体现着顺应天时之意。

古人视婚姻为人伦之始。《礼记·内则》载："礼始于谨夫妇，为宫室，辨外内。"又《礼记·昏义》载："男女有别而后夫妇有义，夫妇有义而后父子有亲，父子有亲而后君臣有正。故曰昏礼者，礼之本也。"另《易·序卦传》载："有天地然后有万物，有万物然后有男女，有男女然后有夫妇，有夫妇然后有父子，有父子然后有君臣，有君臣然后有上下，有上下然后礼义有所错。"这些论述都是说，婚姻是伦理秩序的始基。婚姻得遂，则子嗣得兴，然后父子、君臣、上下的社会纲常秩序便得以实现。《礼记·昏义》云："昏姻者，将合二姓之好。上以事宗庙，而下以继后世。"正是赖婚姻才得以传宗接代，人伦秩序从而得以延续。婚姻而生育，开启了人伦的更始。

婚姻与生育，也是要顺应天时。在古人观念中，婚姻也是一种阴阳相合，当然也要顺应天地间的阴阳消息。

婚姻的时令在仲春之月。《周礼·地官·媒氏》载："仲春之月，令会男女。"《礼记·月令》载："仲春之月……玄鸟至。至之日，以大牢祠于高禖。"祠高禖的目的就是祈求婚姻得遂，生育子女。《月令》祠高禖与《媒氏》会男女的时令相合，正是仲春。《说文》释乳："人及鸟生子曰乳，兽曰产。从孚从乙。乙者，玄鸟也。《明堂月令》：'玄鸟至之日，祠于高

---

① 郭沫若：《释干支》，《郭沫若全集》（考古编第1卷），北京：科学出版社，1982年，第184页。
② 国光红：《古文字形意研究》，北京：文物出版社，2013年，第126页。

禖，以请子。'故乳从乙。请子必以乙至之日者，乙，春分来，秋分去，开生之候鸟①，帝少昊司分之官也。"仲春之月，是孕育的大好时节，故对于此季节到来的玄鸟称谓"启生"鸟、"请子"鸟。

生育的时令在冬至。仲冬十一月交冬至节，斗柄指北，历法谓之建子之月。②《说文》释子："十一月阳气动，万物滋，人以为称。象形。""阳气动"即是"微阳动于黄泉"（《逸周书·周月》），指地气的萌动，这个月份的主题便是万物滋生。《天官书》亦载："冬至日，产气始萌。"产气，即"阳气"，也即动于黄泉的"微阳"，可使得万物滋生，故称之为"产气"（生产之气也）。《夏小正》载：十一月"日冬至，阳气至始动，诸向生皆蒙蒙符矣"。可知，冬至时节，是阳气始萌，万物滋生的时节。

婚姻及时，生育也必然得时。生产的时节，正是冬至时节，是一个更始的时令。按此天人理路推论，古人认为婚姻及时，随之便是人伦更始；婚姻便是人伦之始，故曰新昏。新昏之新，取其更始之意甚明无疑。

《诗经》中有数篇婚姻主题的诗以"伐柯""析薪"起兴，已有学者注意。《汉广》"翘翘错薪，言刈其楚"。魏源《诗古微》云："《三百篇》言取妻者，皆以析薪取兴。盖古者嫁娶必以燎炬为烛，故《南山》之析薪，《车舝》之析柞，《绸缪》之束薪，《豳风》之伐柯，皆与此'错薪''刈楚'同兴。"③《小雅·车舝》："陟彼高冈，析其柞薪。析其柞薪，其叶湑兮。"吕祖谦《诗记》引陈氏说："析薪者，以喻婚姻。"④ 现将以伐木起兴的诗篇罗列如下，以便分析。⑤

《周南·汉广》"翘翘错薪，言刈其楚。之子于归，言秣其马。"
《周南·汝坟》："遵彼汝坟，伐其条枚。未见君子，惄如调饥。"
《齐风·南山》："析薪如之何？匪斧不克。取妻如之何？匪媒不得。"
《豳风·伐柯》："伐柯如何，匪斧不克。取妻如何，匪媒不得。"
《唐风·绸缪》："绸缪束薪，三星在天。今夕何夕，见此良人。"
《小雅·车舝》："陟彼高冈，析其柞薪。析其柞薪，其叶湑兮。鲜我觏尔，我心写兮。"
《小雅·伐木》："伐木许许，酾酒有藇。既有肥羜，以速诸父。""伐木于阪，酾酒有衍，笾豆有践。"⑥

---

① 国光红：《古文字形意研究》，第174页。国先生自注，盖避讳，或原为启生。国先生对高禖、玄鸟等文化阐释详尽，本文多所参考。
② 国光红：《古文字形意研究》，第190—192页。国先生对甲骨文子字的考释，子字有阴阳相合，"生生"之意。
③ 魏源：《诗古微》，《皇清经解续编》卷一千二百九十八，南菁书院刻本，光绪十四年刻，第11页。
④ 吕祖谦：《吕氏家塾读诗记》卷二十三，商务印书馆影印本，1937年，第476页。
⑤《魏风·伐檀》虽然记有伐木，是"赋"不是"兴"，故不涉及婚姻。
⑥ "笾豆有践"与婚姻有关，详参国光红《读史搜神》，桂林：广西师范大学出版社，2014年，第24页。

以伐柯、析薪起兴婚姻，先贤措意而未探究竟，其实蕴含着古人婚姻及时而为人伦更始的观念。伐柯非斧斤不克，实际上是说伐柯非冬至不可。娶妻非媒不得，则是说娶妻非春令不行。婚姻以伐柯起兴，将两者的顺应天时的文化意蕴绾结起来，也为我们以上的推理提供了一个有力的证明。

三、"其命维新"之"新"：顺应天命的王权更始

《大雅·文王》载："文王在上，於昭于天。周虽旧邦，其命维新。"这是周人在追述文王，有明德昭显于天，因此周代殷而膺受天命。学界曾经认为，周代的天命观念对于殷商有所变革，且在文化史上具有划时代的意义。① 然而，检索典籍，"天命"以及"天命有德"，是盛行于周代以前的观念。② 之所以认为周代的天命观于殷商有所变革，是因为对"周虽旧邦，其命维新"之"新"的理解，并不准确。"新"与"旧"相对而言，很容易让人把"新"理解为一般意义。

"其命维新"之"新"，是指顺应天命的王权更始。新字蕴含着顺应天时的更始，启发我们对周代的"天命"观念作以新的讨论。所谓先秦"天命观"，包括敬天、明德、慎罚、保民，四端之流传略述如下。

敬天始自远古。《史记·封禅书》载管子语："古者封泰山禅梁父者七十二家，而夷吾所记者十有二焉。"所述帝王无怀氏、伏羲、神农、炎帝、黄帝、颛顼、帝喾、尧、舜、禹、汤、周成王，"皆受命然后得封禅。"所谓封禅，报天之功为封，报地之功为禅。祭祀上天是帝王的特权，既受天命然后乃可行郊祀之礼。可见，天命思想源自远古。当然，我们或者认为尧舜以前乃后人追述，尧舜以来可是载诸典籍。《尚书·尧典》载，尧禅让时询问四岳"汝能庸命巽朕位？"郑玄注庸命："顺事用天命。"③ 舜受帝位后，"肆类于上帝"，是说舜摄行帝位首行祭天之礼。禹继承帝位，"受命于神宗，率百官若帝之初"。是说禹接受天命，如尧当初之时。《尚书·皋陶谟》载舜大理皋陶语："天命有德，五服五章哉！天讨有罪，五刑五用哉！政事懋哉！懋哉！"无论礼秩布德，还是征伐有罪，皆是奉天之命。

有"德"方能配享天命，《尧典》说尧"克明俊德"，说舜"玄德升闻"（《古文尚书·舜典》），《左传·宣公三年》载："昔夏之方有德也，远方图物，贡金九牧。"夏铸九鼎，遂成为王权的象征，其实也是天命的象征。春秋时期楚子觊觎王权，而问鼎之轻重，王孙满答之"在德不在鼎"。《左传·宣公三年》记载夏有德而铸九鼎，夏桀"昏德"而鼎迁于殷，商纣失德而鼎迁于周。④ 九鼎象征天命王权，因德之兴衰而三迁，可见德配天命。天命有德的观念三代一贯。

---

① 如郭沫若：《周人天道观之进展》，《郭沫若全集》（历史编，第一卷），北京：人民出版社，1982年，第337页。傅斯年：《性命古训辩证》，《民族与古代中国史》，石家庄：河北教育出版社，2002年，第320页。徐复观：《中国人性论史》（先秦篇），上海：上海三联书店，2001年，第22、26页。
② 罗新慧：《周代天命观的发展与嬗变》，《历史研究》2012年第5期。文章提到殷周天命观并无迥然之别，颇有见地。
③《十三经注疏》，第123页。
④ 又见《史记·楚世家》《汉书·郊祀志》。

征伐皆奉天命。①《尚书·甘誓》载，夏启伐有扈氏时说："今予惟恭行天之罚。"《汤誓》载商汤伐夏桀时说："有夏多罪，天命殛之"，"夏氏有罪，予畏上帝，不敢不正。"《康诰》载周公追述文王伐殷时说："天乃大命文王殪戎殷"。《牧誓》载周武王伐纣时说："今予发惟恭行天之罚。"

然则，周代的"天命"观念——敬天、明德、慎罚、保民②，皆是渊源有自，典籍所载自尧舜至周文武王并无二致。周人需要一个强有力的理论来证明自己政权的合法性，也需要一个天下人都笃信的理由去说服殷商及各方国的人们。由此推论，周人所撷取的必然是渊源有自而又深入人心的观念。那就是我们需要承认，周人并没有创"新"，而是充分利用了"新"所蕴含的顺应天命（天时）的观念。

"天命有德"，"德"是帝王享有天命的合法理据。周人宣扬"德"的资料俯拾皆是，学者多有称引，此于《诗》、《书》、金文各举一则：

> 维天之命，於穆不已，於乎不显，文王之德之纯。（《周颂·维天之命》）
> 惟乃丕显考文王，克明德慎伐……（《尚书·康诰》）
> 惟王恭德谷天，顺我不敏。（《何尊》）

也就是说，周人所宣扬的"天命维新"，实际上仍然是在大作"德"的文章。"德"是古老的观念，周人并没有灌注新鲜血液，只是充分利用和宣扬了其中的顺应天命的观念。德字本义及德与天命的关系，学者多有措意，仍需进一步的讨论。③ 我们已经论及，新字本义为更始。既然周代天命之"新"仍然体现在"德"上，这就启发了我们两者可能具有相同或想通的文化源头。

德关乎生育。《易·系辞下》云："天地之大德乃生。"又《庄子·天地》："物得以生谓之德。"又《管子·心术上》："德者道之舍，物得以生""化育万物谓之德"。天地间万物的生育赖"德"而成，或者说，"德"是万物得以生育的重要条件。进一步说，天地间的生育体现的就是天地之"德"，而拥有了"德"，才能享有天命。

那么，"德"是如何反映天地间的生育律令的呢？德字的甲骨文字形，为我们提供了探究的线索。

甲骨文德字字形作：𢔌（甲 2304）、𢔌（戬 39.7），从丨，从目，从行或彳。甲骨文是一种成系统的文字符号，我们不能仅就德字字形作凭空猜想，而是应该将其字形的部件，与甲骨文的其他字形互相发明。

---

① 慎罚，见《尚书·吕刑》。慎罚之论虽然多见周代，但征伐与刑罚皆自天命。恭行天命，故曰慎罚。
② "保民"的引述见下文。
③ 郭沫若：《周人天道观之进展》，第 336 页。郭沫若认为，周代的德包括主观方面的修养和客观方面的规模（即礼）。巴新生：《试论先秦"德"的起源与流变》，《中国史研究》1997 年第 3 期。巴新生赞同李玄伯《中国古代社会新研》中提出的观点，即德为图腾。晁福林，《先秦时期"德"观念的起源及其发展》，《中国社会科学》2005 年第 4 期。晁福林认为，殷代的德即得，意即得到上天的眷顾；金文德字从心，意味着周代的德有理性思考色彩。

甲骨文子字有字形作⿱⼧从丨，指示正北方的日影，这时候的节气正是冬至，月份正好是十一月。① 甲骨文德字，从丨，也示意正北方的日影；从行或彳，示意太阳行天的步伐，古人以日影观察太阳的运行；从目，示意对日影的观察。当观察到日影正北方向的时候，就知道冬至时节到了。要之，甲骨文德字字形之意，示意对冬至时日影的观察，用以确定太阳行天的步伐：日躔行至南回归线，北半球日影最短，历法建子。

周代金文德字从心，字形作⿱䙴心（盂鼎）。学者多以为从心，体现了周代的理性、主观色彩。② 甲骨文文字从心，字形作⿱爻心（京津2837）；周代金文文字也从心，作⿱爻心（令簋），并不能说明从心，体现了某种主观、理性色彩。而且，天文即天象，甲骨文文字本义当指天文。③ 周代金文德字从心，也不足以说明已经具有了后世道德之意，反而仍然可以说是保留了天文历法的痕迹。

时至冬至，也就是日影最短的时候，"微阳动于黄泉"（《逸周书·周月》），就是说地脉中的阳气开始升腾。甲骨文德字以冬至日影示意日躔，进以表达冬至时节阳气的升腾。《说文》云："德，升也。"即是由历法意义上阳气升腾引申而来的词义。上文已述，冬至时节，阳气萌动，万物滋生。然则，我们可以说，观测到了冬至日影，就是观察到了时变，就是接受到了万物滋生的天命。"德"原本是古人天文历法上的一种发现。"天地之大德曰生"、"物得以生谓之德"、"化育万物谓之德"等观念，正是来源于"德"的历法意义。

《老子》的"德"则是源于其历法基础上的哲学升华。《老子》五十一章云："道生之，德畜之，物形之，势成之。是以万物莫不尊道而贵德。道之尊，德之贵，夫莫之命而常自然。"《老子》的"道"即源于自然的天道，是合乎自然的法则；其"德"能"畜"（即生），应乎生生不息的律令。万物之所以尊道贵德，是因为万物得以生生不息。《老子》二十一章云："孔德之容，惟道是从。"生育为天地大德，即其所谓"孔德"；如此大德顺应天命（天道）而来，即其所谓"惟道是从"。《老子》的"德"源于历法意义的"德"，进而升华为合乎自然法则的"德"，由自然法则到哲学观念的逻辑思路是一种理性思考。

然而，"天命有德"作为一种政治哲学，则是由天文到人文的逻辑转换，也即所谓"天人之际"的思路。

观察到万物滋生的天命时令，就是掌握了天地生生之德；掌握了天地生生之德，就是顺应了万物滋生的天命时令，这是古人对自然法则（天文历法）的认识。将这种自然的法则比拟人间的秩序便是：拥有了"德"，就能获得"天命"；进言之，具有了抚育人民的"德"，就能获得"天命"，获得"天命"就能成为帝王，于是就拥有了抚育人民的权力。天地间生生之德顺应自然"天命"，人世间帝王抚育民众也是顺应天命。如《尚书·大禹谟》载："德惟善政，政在养民"，"好生之德，洽于民心"，"正德、利用、厚生"。《左传·僖公二十四年》载："太上以德抚民"，《襄公二十四年》载："太上有立德"。《论语·为政》云："为政

---

① 国光红：《古文字形意研究》，北京：文物出版社，2013年，第191页。
② 巴新生：《试论先秦"德"的起源与流变》。
③ 文即天文，将另文详论。

以德。"都是如此立意。另外，典籍中常为学者所引用被认为体现"民本"思想的一些资料，其实也是"天命有德"政治哲学的反映。如：

《尚书·泰誓》："民之所欲，天必从之。"（又见《国语·周语中》单襄公和史伯引《太誓》语。）

《尚书·泰誓》："天视自我民视，天听自我民听。"（又见《孟子·万章上》引《太誓》语。）

《尚书·酒诰》："人无于水监，当于民监。"

《尚书·多方》："天惟时求民主，乃大降显休命于成汤，刑殄有夏。"

《尚书·泰誓》："天佑下民，作之君，作之师，惟其克相上帝，宠绥四方。"

这便是"天命有德"的文化本源和天人之际的逻辑。

"天命""德"与"保民"之间的逻辑，又可由"烝"的训诂得到证明。

《大雅·烝民》："天生烝民，有物有则。民之秉彝，好是懿德。"《毛传》："烝，众也。"《大雅·文王有声》云："文王烝哉""皇王烝哉""武王烝哉"。《毛传》："烝，君也。"《尔雅·释诂》："烝，君也。"烝，释众，又释君。古人用同一个"烝"既指民，又指君，并不觉龃龉。其实，此古训亦来自冬至万物滋生时令。

烝为祭祀之名。《礼记·王制》载："天子诸侯宗庙之祭，春曰礿，夏曰禘，秋曰尝，冬曰烝。"《礼记·月令》载孟冬之月，"大饮烝（烝），天子乃祈来年于天宗，大割，祠于公社，及门闾，腊先祖五祀，劳农以休息之。"郑玄注引《七月》："十月涤场，朋酒斯飨，曰杀羔羊。跻彼公堂，称彼兕觥，受福无疆。"① 可知郑玄以《七月》所咏为十月大饮烝。《七月》篇"十月获稻"一章与"十月涤场"一章所咏场景都是十月举行的大饮烝飨宴，在第五章"十月蟋蟀入我床下"后则称"曰为改岁"，是知十月为岁末。以十一月冬至为岁首，十月则为岁末，故《月令》谓十月举行的大饮烝为"祈来年"。也就是说，举行于十月的"大饮烝"是为了庆祝十一月冬至的到来。

"烝"之称名来自于冬至。

古人将太阳的运行联系地气的变化，且将地气的变化以水脉象征。《周语上》载虢文公云："古者，太史顺时覛土，阳瘅愤盈，土气震发，农祥晨正，日月底于天庙。土乃脉发。……阳气俱蒸，土膏其动。……"② 引文所述之"土气""土脉"其实即是地中之"阳气"。古人观察天文历法认为，地气的脉动，就是阳气的蒸发。是知，古人将地脉中阳气的上升谓之"蒸"。冬至"微阳动于黄泉"（《周月》）就是微阳生于黄泉，也就是说微弱的阳气开始蒸发于地脉。《说文》："烝，火气上行也。"此与阳气"蒸"的物理相同，故而典籍常两字通假。

"烝"祭"祈来年"，是祈求来年的生产。因为"烝"祭之时的冬至，是万物滋生的时节。既然是万物滋生，也当然包括民众的生育。《说文》云："民，众萌也。"《天官书》载：

---

① 《十三经注疏》本《七月》诗作"万寿无疆"。
② 徐元诰撰，王树民、沈长云点校：《国语集解》，北京：中华书局，2002年第16—17页。

"冬至日，产气始萌。"故称民众为"烝民"。膺受天命的天子，负有养育万民的使命，拥有"烝"祭的权力，因此又以"烝"训君。

烝，释众，又释君，蕴含着"天命有德"的观念。

"天生烝民"，"文王烝哉"，与"天命有德"，两者的文化源头和天人之际的逻辑转换异曲同工，可以互相证明。

周代的"敬天""明德"与"保民"观念，仍然承接远古以来的"天命有德"观念的逻辑思路。周代流传下来的文献资料比往代丰富，就显得似乎是周代的创见了。"其命维新"，联接着天文到人文的逻辑转换，于是成为周革殷命的强有力的宣传理论。换言之，"其命维新"，在当时的文化背景下，应当是一句相当有分量的话，足以称为殷周鼎革的合法理据。

总之，甲骨文新字，字本义为更始。其字形会意源自古代伐木以时的法令。新昏、"其命维新"都用新字本义，即更始之意，蕴含着古人顺应天时的观念。新昏所体现的人伦更始之意，反映了古人的天人合一观念。"其命维新"即王权更始之意，其中"明德"与"保民"的关系，反映了一种天文到人文的逻辑转换思路。

作者简介：周丙华，男，西南民族大学旅游与历史文化学院讲师。

师虎簋铭文补释

南昌大学国学研究院　周博

摘　要：师虎簋铭文所载师虎及其祖考的职司是主管"左右戏、繁、荆"。其中"戏"应解作军事组织或其长官（职官名），"繁""荆"分别指繁（繁阳）夷、楚人。结合虎簋盖铭的分析，"左右戏"很可能与虎臣是一非二。

关键词：虎　左右戏　繁　荆

学界一般认为虎簋盖（《铭图》5399、5400①）、师虎簋（《集成》4316②）系同人所作，前者年代早于后者。多数学者将虎簋盖定在穆王世，置师虎簋于共懿时期③。关于师虎簋铭文的理解，目前学界仍存在不少分歧。笔者拟在既有研究的基础之上，试对该簋铭文作一补释。不当之处，敬请各方家指正。

为便于讨论，我们先将师虎簋铭文（图一）迻录如下：

> 唯元年六月既望甲戌，王在杜宕，格于大室。井伯内右师虎，即立中廷，北向。王呼内史吴曰："册命虎。"王若曰："虎！**哉**先王既命乃祖考事，啻官司左右戏繁荆，今余唯帅井（型）先王命，命汝更乃祖考，啻官司左右戏繁荆，敬夙夜，勿灋（废）朕命，锡汝赤舄，用事。"虎敢拜稽首，对扬天子丕杯鲁休，用作朕剌考日庚尊簋，子子孙孙其永宝用。

---

① 吴镇烽：《商周青铜器铭文暨图像集成》，上海：上海古籍出版社，2012年。本文简称《铭图》。
② 中国社会科学院考古研究所：《殷周金文集成》，北京：中华书局，1984—1994年。本文简称《集成》。
③ 陈梦家：《西周铜器断代》，北京：中华书局，2004年，第149—151；马承源主编：《商周青铜器铭文选》（三），北京：文物出版社，1988年，第167—168页；王辉等：《虎簋盖铭座谈纪要》，《考古与文物》1997年第3期；李学勤：《论虎簋盖二题》，《华学》（第4辑），北京：紫禁城出版社，2000年，第37—40页；张懋镕：《再论虎簋盖及相关铜器的年代问题》，《陕西历史博物馆馆刊》第7辑，西安：三秦出版社，2000年，第10—15页；何景成：《论师询簋的史实和年代》，《南方文物》2008年第4期。按：部分学者持不同意见，关于虎簋盖、师虎簋，彭裕商先生分别置于夷王、厉王时期，朱凤瀚先生则分别定在共王、夷王世。可参彭裕商：《也论新出虎簋盖的年代》，《文物》1999年第6期；朱凤瀚：《关于西周金文历日的新资料》，《故宫博物院院刊》2014年第6期。

图一　师虎簋铭文（《集成》4316）

铭文属于典型的册命文书，其中较难理解的是师虎及其祖考的受命职事："啻官司左右戏繁荆"。"啻官司"即主司、管理之义①。关于"左右戏繁荆"的理解，学者们有一定的分歧。"戏"，郭沫若、马承源、林沄等先生均依从《说文》"三军之偏也"的训解，但是他们对"繁""荆"的解释不同。郭沫若先生认为"緐（笔者按：即繁）当即马饰鞶缨之鞶，荆盖叚为旌"，"官司左右戏繁荆"即"管理两偏卒之马政也"②。马承源先生将"繁荆"读为"繁缨"，本义即马饰，此处指"左右军高级御马之官"③。林沄先生认为"繁"可能即繁阳之繁，与"荆"同系族名，"左右戏"是由"异族组成的特殊武装部队"④。此外，陈梦家先生将"戏、繁、荆"分别训作旗麾、繁缨、旗杆，"由此可知师虎所官是掌王之旌旗"⑤。

我们先来分析"左右戏"。与之结构相似的有"左右走马"（元年师兑簋，《集成》

---

① 陈絜、李晶：《夨季鼎、扬簋与西周法制、官制研究中的相关问题》，《南开学报》2007年第2期。
② 郭沫若：《两周金文辞大系图录考释》，《郭沫若全集·考古编》第8卷，北京：科学出版社，2002年，第165页。
③ 马承源主编：《商周青铜器铭文选》（三），第168页。
④ 林沄：《商代兵制管窥》，《吉林大学社会科学学报》1990年第1期。
⑤ 陈梦家：《西周铜器断代》，第150—151页。

4274—4275；三年师兑簋，《集成》4318—4319）、"左右师氏"（元年师旋簋，《集成》4279—4282）、"左右虎臣"（师克𬭩盖，《集成》4468；师䮂簋，《集成》4313—4314），而仲夏父鬲铭文（《集成》668）又有"右戏仲夏父作丰鬲"之语。据此推知，"左右戏"之"戏"当为某种组织或其长官（即职官名），而非地名、族名、人名。①

《说文》："戏，三军之偏也。"段注引颜师古云："戏，军之旌旗也。"可见在训诂上，上述诸家之说似均可行。然而在西周金文中并不存在左右司旗之官，左右军队却是存在的。以师旅之师为例，殷商甲骨文中已有"王作三𠂤（师）：右、中、左"（《合集》33006②）。西周中期班簋铭文（《集成》4341）记载穆王命吴伯"以乃𠂤（师）左比毛父"，命吕伯"以乃𠂤（师）右比毛父"。元年师旋簋铭讲述师旋受王命"备于大左，官司丰还（县）左右师氏"。据五年师旋簋铭（《集成》4216—4218）来看，师旋职司涉及军事事务，这里"左右师氏"或即左右师旅的长官。③《左传》中左师、右师也比较常见，如僖公二十五年"（晋）右师围温，左师逆王"；僖公二十八年"楚左师溃"。另外，《左传》文公七年"公子成为右师，公孙友为左师，乐豫为司马"，其中左师、右师均属职官名。总之，师虎簋铭文"左右戏"之"戏"以解作军事组织或其长官（职官名）为宜。

依西周金文来看，师虎簋铭文的"繁、荆"应从林沄先生的解释视作国族名。西周金文中"繁"的用法有三：第一，形容词，训多。如西周晚期禹簋铭（《集成》4242）"降余多福繁𬘫""繁𬘫"即多福之义。第二，指人名，见于西周早期的繁簋（《集成》4146），西周中期的繁卣（《集成》5430）。第三，用为族名或地名，如班簋铭文云"作四方极，秉繁、蜀、巢命"，其中"繁"一般认为即繁阳。④春秋早期曾伯霥簠铭文（《集成》4631—4632）"克狄（逖）淮夷，抑燮繁阳"，戎生编钟铭文（《铭图》15239—15246）也有"征繁阳，取厥吉金"之语。据此可知，繁（繁阳）似属淮夷一支。师虎簋铭中的"繁"当同于班簋铭文，指的是繁（繁阳）夷。这里需要说明一点，金文中属于夷族而不系夷称的情况是存在的。如师酉簋铭（《集成》4288—4291）的"弁狐夷"，师酉盘铭作"弁狐"。⑤厉王时期的伯𠙵父簋

---

①"戏"有用作地名、族名及人名的情况。《左传》襄公九年："十一月己亥，同盟于戏，郑服也。"其中"戏"为地名。西周晚期戏伯鬲（《集成》666—667）、戏伯鼎（《集成》2043）铭文的"戏伯"之"戏"当系族名。人名的用例，如西周中期豆闭簋铭（《集成》4276）的"师戏"。此外，申簋盖铭文（《集成》4267）载有"九戏祝"，与迁簋（《集成》4296）"五邑祝"结构相似，其义待考。

②郭沫若主编、胡厚宣总编辑：《甲骨文合集》，北京：中华书局，1979—1982年。本文简称《合集》。

③西安丰镐遗址的车马坑曾出土"壴师"当卢，疑"壴"为"丰"之讹字。由此可知，丰京存在师旅组织，与元年师旋簋铭文相合。参见王长启：《西安丰镐遗址发现的车马坑及青铜器》，《文物》2002年第12期。

④参见唐兰：《西周青铜器铭文分代史征》，上海：上海古籍出版社，2016年，第361页；马承源主编：《商周青铜器铭文选》（三），第109页。

⑤师酉盘仅有拓本传世，为张长寿先生首发。参见张长寿：《师酉鼎和师酉盘》，中国社会科学院考古研究所编《新世纪的中国考古学——王仲殊先生八十华诞纪念文集》，北京：科学出版社，2005年，第397页。按："狐"字从何景成先生读，参氏著《论师酉盘铭文中的"弁狐"族》，《中国历史文物》2010年第5期。

铭文（《铭图》5276—5277）云："王出自成周，南征，伐反子、莽①、桐、遹。"据翏生盨铭文（《集成》4459—4461）知，桐、遹等均属南淮夷。

"荆"在西周金文中没有作旗杆的用法，多数时候指楚，如昭王时期的过伯簋铭（《集成》3907）"过伯从王伐反荆"的"荆"即楚，霸簋铭（《集成》3732）"霸从王伐荆"之"荆"也指楚。荆、楚连称为"楚荆"，如昭王时期的臤驭簋铭（《集成》3976）云"臤驭从王南征伐楚荆"，䜭簋铭（《集成》3950—3951）有"堆叔从王员征楚荆"之语。传世文献也有相关例证。《诗经·小雅·采芑》是宣王时期的作品，其云："蠢尔蛮荆，大邦为雠。""蛮荆"即荆蛮，指的是楚人。《春秋经》庄公十年"荆败蔡师于莘"，庄公十四年"荆入蔡"，庄公十六年"荆伐郑"的"荆"均指楚。据此来看，师虎簋铭的"荆"宜解作国族名，与繁夷并举，指的是楚人。

依上述分析，"啻官司左右戏、繁、荆"中的"戏"当作军事组织或其长官（职官名）解，"繁、荆"分别指繁夷、楚人。与此结构相似的有西周中晚期的师酉簋、师酉盘、询簋诸铭，今分列于下：

  1. 司（嗣）乃祖啻官邑人：虎臣、西门夷、䍐夷、秦夷、京夷、弁狐夷、新。②（师酉簋，《集成》4288—4291）

  2. 司（嗣）乃祖啻官邑人：虎臣、西门夷、䍐夷、秦夷、京夷、弁狐、新。（师酉盘③）

  3. 啻官司邑人，先虎臣后庸：西门夷、秦夷、京夷、䍐夷、师笭侧新、□华夷、弁狐夷、䢼人、成周走亚、戍秦人、降人、服夷。（询簋，《集成》4321）

按：虎臣系周王的禁卫军，在上述金文中与庸（即各族夷人）并举。师虎簋铭的"左右戏"也与繁、楚等夷人并列。而"左右戏"与虎臣均可解为军事组织，二者是否有联系呢？为了探讨该问题，我们先将与师虎簋关系密切的虎簋盖铭文（图二）抄录于下：

  唯卅年四月初吉甲戌，王在周新宫，格于大室。密叔内右虎，即位。王呼入（内）史曰："册命虎。"曰："䦉乃祖考事先王，司虎臣。今命汝曰：更乃祖考，疋（胥）师戏司走马、驭人、罙五邑走马、驭人。汝毋敢不善于乃政……虎用作文考日庚尊簋，子孙其永宝用，夙夕享于宗。

---

① "莽"字从李家浩先生读，参氏著《读金文札记两则》，《古文字研究》第28辑，北京：中华书局，2010年，第246页。

② 师酉簋、盘铭文的"新"疑即询簋铭的"师笭侧新"。关于虎臣，陈梦家先生提出是"由夷隶组织而成"，将师酉簋铭文断作："司乃祖啻官邑人、虎臣：西门夷、䍐夷，秦夷，京夷，弁狐夷，新。"黄盛璋先生对相关金文、典籍进行系统考察后指出，虎臣是效忠于王室的卫官、卫士，因常在周王身边，为王所亲近，当具有一定的身份与地位，远非奴隶身份，也不可能由夷族构成。今从黄说。参见陈梦家：《西周铜器断代》，第244、283页；黄盛璋：《关于询簋的制作年代与虎臣的身份问题》，《考古》1961年第6期。

③ 张长寿：《师酉鼎和师酉盘》，中国社会科学院考古研究所编《新世纪的中国考古学——王仲殊先生八十华诞纪念文集》，第397页。

图二 虎簋盖铭文（《铭图》5399）

学界一般认为师虎簋与虎簋盖的作器者系同一人，名虎。关于其祖考的职司，师虎簋铭云"啻官司左右戏、繁、荆"，虎簋盖铭文仅记为"司虎臣"。刘雨先生指出，虎的"祖考所司'虎臣'与'左右戏繁荆'亦当同为王之近卫部队"。① 朱凤瀚先生提出二簋铭"职事皆有关军事"。② 这些分析透露出二簋所载职事的联系。笔者认为，师虎簋铭的"左右戏"很有可能就是虎臣，理由如下：

其一，上文已指出，"左右戏"与虎臣均可作军事组织解，在西周金文中都有与各族夷人并举的情况。

其二，在西周金文中，"虎臣"又称作"左右虎臣"，与"左右戏"情况相合。如穆王时期的彔方鼎铭（《集成》2824）云："王用肇使乃子彔率虎臣御淮戎。"同是与淮夷（戎）作战，虎臣在宣王时期的师𧧑簋铭文中称作"左右虎臣"，是曰："今余肇命汝率齐师、曩、釐、僰，殿左右虎臣征淮夷。"

其三，戏从虍声，虍为虎之简体，用与虎同。③ 从古音来看，虍、虎同在晓母鱼部，属于双声叠韵。故戏、虎二字可通。

其四，依虎簋盖、师虎簋铭文知，虎在穆王时代所受册命乃初命，④ 仅为副职，至共懿时期再受命后才完全继承其祖考职务，升作正职。这一情况似可表明二簋铭文所载师虎祖考的职司并未有所变动，从而佐证了我们对于"左右戏"为虎臣的推断。

此外，需要指出的是，虎簋盖铭文所载师虎祖考职司中省略了"繁、荆"。这种职务省

---

① 刘雨：《近出殷周金文综述》，《故宫博物院院刊》2002 年第 3 期。
② 朱凤瀚：《关于西周金文历日的新资料》，《故宫博物院院刊》2014 年第 6 期。
③ 季旭升：《说文新证》，福州：福建人民出版社，2010 年，第 416—417 页。
④ 参见李学勤：《论师兑簋的先后配置》，《夏商周年代学札记》，沈阳：辽宁大学出版社，1999 年，第 167—168 页；彭裕商：《也论新出虎簋盖的年代》，《文物》1999 年第 6 期。

略，西周金文也有例证。元年师兑簋、三年师兑簋为厉宣时器，前者年代早于后者。① 元年师兑簋铭载师兑职司为"胥师龢父司左右走马、五邑走马"。三年师兑簋铭记师兑旧有职司为"胥师龢父司左右走马"，较元年簋铭省略了"五邑走马"②。笔者认为虎臣当是师虎祖考的主要管理对象，夷人则居次要地位，且穆王的册命重在任命师虎职务，追述其祖考职司时有所简省，亦在情理之中。

综上分析，师虎簋铭文的"左右戏"应即虎臣，而"繁、荆"分别指繁（繁阳）夷、楚人。

作者简介：周博，男，南昌大学国学研究院讲师。

---

① 彭林：《关于师兑二器的排序问题》，《考古》2002 年第 4 期；朱凤瀚：《简论与西周年代学有关的几件铜器》，《新出金文与西周历史》，上海：上海古籍出版社，2011 年，第 41—45 页。

② 参见彭林：《关于师兑二器的排序问题》，《考古》2002 年第 4 期；朱凤瀚：《简论与西周年代学有关的几件铜器》，《新出金文与西周历史》，第 43 页。

毛公鼎铭研究拾遗（二则）

中山大学中文系　朱其智

摘　要：本论文为毛公鼎铭研究二则。第一则在分析各家之说的基础上，提出自己的观点："閈"跟古代汉语"门"一样，是名词活用为动词，有"进入"义。第二则基于中山王嚳壶铭"䲷（顾）"是从"鸟""寡"声字这样的事实，类推出毛公鼎铭"雒"是从"隹""寡"省声的字，亦即"顾"字；并附带证明了"雒（顾）"前之字为"女（汝）"而非"母（毋）"。

关键词：毛公鼎　"閈"　名词活用　"雒（顾）"　省声

毛公鼎为西周重器，清道光二十三年（1843）出土于陕西岐山，现藏于台北故宫博物院。全铭为481字（又重文9、合文9），为西周铭文最长者。毛公鼎自出土后，诸家多有考释，晚生暑期再读毛公鼎铭，亦有愚者一得，特撰此文，以受教于大家。

一、说"閈"

王若曰：父厝，丕（丕）显文武，皇天引猒（厌）氒（厥）德，配我有周，雁（膺）受大命，衔（率）裹（怀）不廷方，亡不閈于文武耿光。（《集成》02841 毛公鼎，西周晚期）

对于"閈"的训释，一为以声系联通假的方法，如：

徐同柏[①]认为："里门曰閈，与干城同义"。

吴大澂[②]认为："此非里閈之閈，当读如扞卫之扞。"
郭沫若[③]认为："閈假为烎，烎有二义，具见《广雅》。一曰'燓也'，《说文》以此为烎

[①] 徐同柏：《从古堂款识学》，蒙学报馆影石校本，光绪三十二年（1906年），十六卷第二六页。
[②] 吴大澂：《愙斋集古录释文賸稿》涵芬楼影印本，1930年，上册第二页。
[③] 郭沫若：《两周金文辞大系图录考释》，上海：上海书店出版社，1999年，下册第一三六页。

之本义，云'小热也，《诗》曰"忧心炅炅。"一曰'明也。'《方言》同。此义则当于《说文》覞字，云'察视也，读若镰。'覞以炅为声，自是字之后起者。本铭之閒即明义若察视义，言被文武之耿光所鉴临也。"

这样的辗转通假，似无助于"閒"字的训释。

二为以义推演的方法，如：

> 于省吾①认为："《说文》'閒，门也'，此犹言域也、限也，言无不限于文武光明普及之内。"

董作宾②继承了此说："閒、里门。门所以限内外，有限义。耿、明。《书·立政》：'以覲文王之耿光，以扬武王之大烈，'此句言'无不限于文王武王光明普及之内。'"

然"门"有"限"义，于文献无征。

三为与传世文献对勘的方法，如：

> 王国维③引《诗》《书》以证此句"《诗·大雅》'榦不庭方'，《书·立政》'以覲文王之耿光。'"

白川静④对王国维的引用做出了选择：

> 文意は必らすしも同してはない。立政の文は。
>
> 今文子文孫孺子王矣、其勿誤于庶獄、惟有司之牧夫、其克詰爾戎兵、以陟禹之迹、方行天下、至于海表、罔有不服、以覲文王之耿光、以揚武王之大烈
>
> とあり、覲·揚は對文。何れも他動詞の用法で、器銘と文の樣態が異なり、文例とはしがたいものである。思うに字は榦正の榦の義を釋すべきものであろう。詩の韓奕はその全體が金文の表現と似ており、おそらくその樣式によつた詩篇であると思われるが、その首章にいう。
>
> 奕奕梁山 維禹甸之 有倬其道 韓侯受命 王親命之 纘戎祖考 無廢朕命 夙夜匪懈 虔共爾位 朕命不易 榦不庭方 以佐戎辟
>
> "榦不庭方 以佐戎辟"とは韓侯に命する語であるが、器銘の"率懷不廷方、亡不閒于文武耿光"はその榦を被動に用いているもので、兩句をまとめていえば"亡不榦不庭方"という語がえられる。

对于王国维以《诗·大雅》"干不庭方"和《书·立政》"以覲文王之耿光"疏证"率怀不廷方，亡不閒于文武耿光"，白川静做出了选择。他认为《书·立政》篇章与本铭样态有差异，文例很难成立。而《诗·大雅·韩奕》整体上与金文的表达相似，并以"干不庭方"

---

① 于省吾：《双剑誃吉金文选》，北京：中华书局，1998年影印本，上二第七页。
② 董作宾：《毛公鼎释文注译》，《大陆杂志》第5卷第9期，1952年。
③ 王国维：《毛公鼎铭考释》，《古史新证》，北京：清华大学出版社，1994年影印本，第119页。
④ 白川静：《金文通释》第30辑，神户：白鹤美术馆，昭和四十五年（1970年），第650页。

为主动句,"干于文武耿光"为被动句。《诗·大雅·韩奕》,"干"的主语是"韩侯",而如果按照白川静"干于文武耿光"是被动句,那么主语是什么?我们要进行一番分析:

王若曰:父厝,不(丕)顯文武,皇天引猒(厭)氒(厥)德,⊙1 配我有周,⊙2 膺(膺)受大命,⊙3 衒(率)裹(懷)不廷方,⊙4 亡不閈于文武耿光,

⊙1=皇天(承上主语省); ⊙3=⊙2=我有周(承上宾语省);

如果按照白川静的说法,那么⊙4=不廷方(承上宾语省)。

此句要完整的话,就应该是"不廷方见幹于文武耿光","文武耿光"何以能"幹不廷方",文意难通。

我们再回到许慎《说文解字》① 的训释:"閈,门也,从门干聲。汝南平舆里门曰閈"。我们则从"閈"即"门/里门"语义出发,认为毛公鼎铭中"閈"跟"门"一样,是名词活用为动词的用法。俞樾② 对于古代汉语"门"活用为动词做了分析:"宣六年《公羊传》:'勇士入其大门,则无人门焉者。'上'门'字实字也,下'门'字则为守是门者也。襄九年《左传》'门其三门。'下'门'字实词也,上'门'字则为攻是门者矣。此实字而活用者也。"近人张文国、张能甫③有进一步的研究:"名词出现在介宾短语前后时,活用作动词,因为介宾短语一般出现在动词的前后作状语或补语,如:(1)公侵齐,门于阳州。(《左传》定公八年)……例(1)中,'门'出现在介宾短语'于阳州'的前面活用作动词,'攻打城门'的意思。""门字在《春秋经传》中名用时出现了79次,占69.3%;动用作'攻门'或'守门'讲时共出现了35次,占30.7%④。"

"门"活用为动词,一为"攻"义,一为"守"义。"于文武耿光"即所谓的介宾短语,而"閈"活用为动词,做何解?所谓"攻",即武力进入,"閈于文武耿光"之"閈",根据本铭上下文语境,当训为"进入"。上句是"率懷不廷方",义为怀柔那些不进贡朝拜的方国,没有用武力,"閈"应该是和平进入。"閈于文武耿光"义即进入到文王武王的光明中,让那些方国沐浴王恩的意思。

何琳仪⑤认为"閈",《广雅·释诂》二训'居',以之释毛公鼎'亡不閈于文武耿光',于义符洽。旧释扞、灭均非是",拙见与何琳仪之说近。需要补充的是,"閈"先有"进入"义,然后才能顺理成章地引申为"居住"义。

二、说"雖"

王曰:父厝,今余唯醽(申)先王命,命女(汝)亟(極)一方,囝我邦、我家,

---

①许慎:《说文解字》,北京:中华书局,1963年影印本,第248页上栏。
②俞樾:《古书疑义举例五种》,北京:中华书局,2005年,第63页"实字活用例"。
③张文国、张能甫:《古汉语语法学》,成都:巴蜀书社,2003年,第37页。
④同上第45页。
⑤何琳仪:《中山王器考释拾遗》,《史学集刊》1984年第3期。

女（汝）雝于政，勿離（雝）逮（律）庶人㱿（賈），母（毋）敢龏（拱）橐（苞），廼秒（侮）鰥寘（寡），譱（善）效乃友正，毋敢湎于酉（酒），女（汝）母（毋）敢家（惰）才（在）乃服（服），闗（固）肌（夙）夕敬念王畏（威）不賜（易），女（汝）母（毋）弗帥用先王乍（作）明井（型），俗（欲）女（汝）弗乃㠯（以）乃辟圅（陷）于囏（艱）。（《集成》02841 毛公鼎，西周晚期）

吴式芬①认为："雝""当读如唯，义近領，《大戴礼》'唯唯額額然'，《释名》額作領，云'領領然憚之'。"

徐同柏②同吴式芬。

吴大澂③认为："《说文》'領，頸也'。《书》'罔昼夜領領'，《疏》'領領是不休息之意。'疑領雝二字古通。"

郭沫若④则提出一新说："雝读为推，四字总冒下文，言汝推行于政，勿壅累庶民，征敛勿得中饱以鱼肉鰥寡，僚属应严加管束，勿使沉酗于酒。"

白川静⑤不同意郭沫若的观点："雝を郭釋に推と訓するも文義をえがたい。頁は拜頴首を卯殷に拜頁手に作り、頁に頴の音があることが知られる。また隹は經維の維に用い、字はまた纋に作る。敬雝・經雝の雝もまた隹に從う。維・雝何れも隹に從うのは、隹に秩序の意があるからであろう。頁を加えているのは、纋字が又に從うのと同意とみられる。字は經纋・經雝の意であることは疑なく、いま'經 四方'の纋の意とおく。"白川静驳郭说似有理，然自己立说释为"纋"则相当迂曲，其说难以成立。

毛公鼎铭"雝"字，西周金文仅一见，诸家有说，皆不得要领。20世纪70年代中山王诸器的出土，似乎对问题的解决有所启发。

隹（適）書（遭）郾（燕）君子會（噲），不顉（顧）大禀（宜、義），不畧（舊）者（諸）灰（侯），而臣宝（主）諯（易）立（位），㠯（以）內絕（絕）邵（召）公之䇘（業）。（集成 09735 中山王䇘壺）

新君子之，不用豊（禮）禀（宜、儀），不顉（顧）逆巡（順），旃（故）邦迄（亡）身死。（《集成》09735 中山王䇘壺）

中山王䇘壺铭文有"顉"字两见，诸家大都释为"顧"：

张克忠⑥将该字释为顉，认为"顉从叒烏声，顾的本字"。

---

① 吴式芬：《攈古录金文》，吴氏家刻本，卷三之三第六页。
② 徐同柏：《从古堂款识学》，光绪三十二年（1906年）蒙学报馆影石校本，卷一六第二七页。
③ 吴大澂：《愙斋集古录》涵芬楼影印本，1930年，第四册第七页。
④ 郭沫若：《两周金文辞大系图录考释》，上海：上海书店出版社，1999年，下册第一三八页。
⑤ 白川静：《金文通释》第30辑，神户：白鹤美术馆，昭和四十五年（1970年），第676页。
⑥ 张克忠：《中山王墓青铜器铭文简释——附论墓主人问题》，《故宫博物院院刊》1979年第1期。

朱德熙、裘錫圭①将该字释为𩁹，通"顧"。赵诚②亦释为𩁹，认为："𩁹从鳥𢍯声（𢍯字两器均用作寡），此借为顧。顧寡双声故可通假。"孙稚雏③释为𩁹通"顾"。商承祚④释为𩁹通"顧"。

于豪亮⑤、罗福颐⑥和徐中舒、伍仕谦⑦都直接将该字释为"顧"。

张政烺⑧释该字为"𩁹"，认为"𩁹，从鳥乘声。"并进一步分析"𩁹"为"鴽"的异体，通"辨"。此说学术界一般不取，《金文编》⑨和《新金文编》⑩"顧"字头下均列此字。

尽管隶定该字时有"𩁹"、"𩁹"、"顧（顾）"之细微差异，但该字为"顧（顾）"当没有什么问题。而且字正如赵诚等的观点是从"鳥""𢍯"声。张克忠认为该字从𢍯乌声不能成立，该字左部件是"鳥（鸟）"而不是"乌（乌）"，鸟首明显有点睛之笔。该字右部件"𢍯"即"寡"字，此为中山王𧊒鼎之"寡"字，此为中山王𧊒壶之"寡"字。即为从鳥寡声字。"寡""顧"不仅双声（见母），而且同部（鱼部），故可以相通。战国文字"寡""顧"相通的例子还有：上博楚竹书《孔子诗论》简九"《天保》丌（其）得录（禄）蔑彊（疆）矣，巽寡德古（故）也"杨泽生⑪说巽读为洵，而寡读为顧，意为顾惜、顾念。

董莲池⑫编著的《新金文编》"顧"字头下，除了字以外，还列沈子它簋盖字，并说明此字"从乌声"。我们同意沈子也簋盖铭中字为"顧"字，但是说该字"从乌声"值得商榷。沈子也簋盖铭有乌字，鸟首处空洞，明显无点睛之笔；而字左部件，鸟首处明显有点睛之笔。故此字不从乌（乌），而为从鳥（鸟）从頁之字，可隶定为"顥"。

西周金文"寡"字为从宀从頁即"寅"字：（集成05392寡子卣）；（集成05427作册嗌卣）；（集成02841毛公鼎）。我们认定沈子也簋盖铭中顥字，也是从鳥寅（寡）声的字，不过声旁"寅"省"宀"为"頁"，当然该字亦通"顧"。

毛公鼎铭既有"寅（寡）"字，也有"雛"字，比较下来，更容易得出这样的结论：

---

①朱德熙、裘錫圭：《平山中山王墓铜器铭文的初步研究》，《文物》1979年第1期。
②赵诚：《中山壶、中山鼎铭文试释》，《古文字研究》第1辑。
③孙稚雏：《中山王𧊒鼎、壶的年代史实及其意义》，《古文字研究》第1辑。
④商承祚：《中山王𧊒壶、鼎铭文刍议》，《上海博物馆集刊》1982年第2期。
⑤于豪亮：《中山三器铭文考释》，《考古学报》1979年第2期。
⑥罗福颐：《中山王墓鼎壶铭文小考》，《故宫博物院院刊》1979年第2期。
⑦徐中舒、伍仕谦：《中山三器释文及宫堂图说明》，《中国史研究》1979年第4期。
⑧张政烺：《中山王 壶及鼎铭考释》，《古文字研究》第1辑。
⑨容庚编著，张振林、马国权摹补：《金文编》，北京：中华书局，1985年，第627页。
⑩董莲池：《新金文编》，北京：作家出版社，2011年，中册第1261页。
⑪转引自王辉编著《古文字通假字典》，北京：中华书局，2008年，第73页"寡"字条。
⑫董莲池：《新金文编》，北京：作家出版社，2011年，中册第1261页。

  "雝"是从"隹""寅（寡）"省声字。上古文字，"隹""鳥"形旁义近可通，而且左右无别。故"雝"＝"䨄"＝"顧"。

  毛公鼎铭该句当释为："女（汝）雝（顧）于政"。"顧"为"顾念、省视"之义。

  至于《新金文编》①"顧"字头下，还列有师隹鼎（集成02774）🖼字。该字虽然清晰，但字形（左右部件）与一般金文不类，不知是铸范走样了，还是剔字有误，暂存疑待问。

  附：是"母（毋）雝于政"还是"女（汝）雝于政"？

  其实"🖼雝于政"中"雝（顧）"前一字是"母（毋）"，还是"女（汝）"，也是有歧见的。"🖼雝于政"一句是在周王对毛公的训诂语中，如果"🖼"释为"汝"，其后"雝"字当为正面义的动词；如果释为"毋"，其后"雝"字当为负面义的词语。

  比较毛公鼎中的文句："🖼女（汝）🖼母（毋）彖（惰）才（在）乃服（服）""🖼女（汝）🖼母（毋）弗帅用先王乍（作）明井（型）"。"母"是"女"字中有两点。而"🖼🖼于政"之"🖼"字比较模糊，且"女"字中只有一个点。这有可能是另一个点没有拓出，也可能现存的点只是磨损的斑痕。

  对于该字🖼，吴式芬②释为"毋"，徐同柏③释为"毋"，吴大澂④释为"毋"，刘心源⑤释为"毋"，王国维⑥释为"母"。吴闿生⑦始释该字为"女"，认为："女字旧释毋，误。"郭沫若⑧亦释此字为"女（汝）"，认为："女字有蚀花，适多一点，诸家均认为母，读为毋，语不可解。余释为尔汝字，雝读为推，四字总冒下文，言汝推行于政……"白川静⑨也释该字为"女"而非"毋"，并有说："思うにこの文は、文首に'王曰、父厝'とあつて我邦我家まで一節、ついて語端を改めて以下の訓誥に及ぶところである。その文氣語脈を以いえば、ここに一女字を加えなくては、勿壅・毋敢の句はかかるべき主語を失う。字はおそらく郭氏のいうように蝕花の加わつたもので、文を以ていえばここに女がなくてはならぬところである。かつ政に關する語は、上文の'忝于小大政'にしても、また師訽殷'螯屬于政'にしても、否定禁止の形で句を作ることがない。文はおそらく'女雝于政'とよむぶきであろう。"大意为：从"女雝于政"开始，这是此段落的第二节，语端改变为训诂语。根据文气和语脉，如果此处没有一"女（汝）"字，下文中的句子"勿雝""毋敢"将失去应有的主语。而且金文中有关"政"的语句，如上文的"忝于小大政"，师訽殷的"螯屬于政"，都没有否定禁止的形式。

---

  ①董莲池：《新金文编》，北京：作家出版社，2011年，中册第1261页。
  ②吴式芬：《攈古录金文》，吴氏家刻本，卷三之三第六页。
  ③徐同柏：《从古堂款识学》，蒙学报馆影石校本，光绪三十二年（1906），卷一六第二五页。
  ④吴大澂：《愙斋集古录》，1930年涵芬楼影印本，第四册第七页。
  ⑤刘心源：《奇觚室吉金文述》，光绪二十八年（1902）自写刻本，卷二第四五页。
  ⑥王国维：《古史新证》，北京：清华大学出版社，1994年影印本，第136页。
  ⑦吴闿生：《吉金文录》，南宫邢氏藏版，1933年，上一，第三页。
  ⑧郭沫若：《两周金文辞大系图录考释》，上海：上海书店出版社，1999年，下册第一三八页。
  ⑨白川静：《金文通释》第30辑，神户：白鹤美术馆，昭和四十五年（1970），第675页。

根据文气和语脉，小节的开端不能省略主语，"女（汝）"正当其位。而且金文文例中"……于政"的句式没有否定句。白川静从篇章到句法，证明了"女雖于政"之"女（汝）"为第二人称代词，而不是否定词"母（毋）"，其法可从。但要能对此做成铁案，还需要有该铭、特别是该字的全息照片，以确定在"女"字中是所谓的"蚀花"而不是点。

作者简介：朱其智，男，中山大学中文系教授，博士生导师。

清华简《郑武夫人规孺子》"歇吾先君"的倒装结构[*]

清华大学历史系、出土文献研究与保护中心　朱学斌

摘　要： 清华简《郑武夫人规孺子》"歇吾先君而孤孺子"句有众多解读，以往论者多试图从通假乃至合音进行分析，导致牵强迂回乃至增字为训，也未能完全疏通文义。本文一方面通过与传世文献对读推断对应的词义"死"，另一方面从语法层面进行分析，推断出"死吾先君"充当插入语，其主语不必紧跟前文"大夫"。而且，推断此处属于倒装结构，为了语用强调焦点的效果而将谓语"死"提前。

关键词： 清华简　郑武夫人规孺子　假设复句　倒装结构

一、引言

《郑武夫人规孺子》出自《清华大学藏战国竹简（陆）》，对于研究郑国乃至春秋时代有重要的文献价值。其中有如下一段郑武公夫人（武姜）规劝孺子（后来的郑庄公）的文本①，整理者释文如下：

乳＝（孺子）女（如）共（恭）夫＝（大夫），虘（且）以教女（汝）焉：

女（如）及三𢆍（岁），幸果善之，乳＝（孺子）亓（其）童（重）旻（得）良臣，三（四）䢈（邻）以虘（吾）先君为能叙（续）；

女（如）弗果善，歇虘（吾）先君而孤乳＝（孺子），亓（其）皋（罪）亦欧（足）娄（数）也。

此处文本的语义并不复杂，而异释甚多。特别是"歇吾先君而孤孺子"句，众说纷纭

---

[*] 基金项目：国家社科基金重点项目"出土战国文献汇释今译暨数据库建设（项目编号：17AYY014）"国家语委重点科研项目"汉字发展的历史文化动因研究（项目编号：ZDI135—40）"

① 此处编联依据尉侯凯先生与子居先生的意见，使简8+10，简9+13各有所安。尉侯凯《清华简〈郑武夫人规孺子〉编连献疑》，武汉大学简帛研究中心简帛网（http://www.bsm.org.cn/show_article.php?id=2573），2016年6月9日。子居《清华简〈郑武夫人规孺子〉解析》，中国先秦史网（http://www.xianqin.tk/2016/06/07/338/），2016年6月7日。

而仍存意有未安之处。

二、前人研究评述

对于整理者"歔吾先君"乃至"歔"字隶定的训释，学界论点大体可以分为以下六类：

（1）读为"歔"，训为"为难"

整理者隶定此字为"歔"①，并引《广雅·释诂一》：病也。"并认为"此段所云'果善'或'弗果善'，皆指大夫诸臣而言。如及三年，诸臣不能善政，则责以为难先君之罪。"

此说可商榷，"病"并无"为难"之义，传世文献亦未见有类似"为难先君之罪"的概念。所以后来论者鲜有从之。

（2）读为"呎"乃至"尸"，意为"主掌"

王宁先生怀疑此字为"歔"，是"呎"的或体，读为"尸"，主也。"尸吾先君而孤孺子"，意思是主掌了吾先君的位置（或权利）而孤立了孺子②。如此训诂义为"主掌吾先君"有增字为训之嫌，将难以解释"主掌"的宾语搭配，即"位置（或权利）"从何而来。

（3）读"歔"为"赽"，意为"赽趄"乃至"怀有二心"

许文献先生隶定此字为"歔"，改读为"赽"，二字声韵俱近，且同从次声，应可相通，而"赽"字本训作"行不进"，即不愿付诸行动之意，如《说文》释"赽"即云"赽趄，行不进也。"又《广韵》亦释"赽"为"赽趄，趋不进也"，其例在简文此处又可引申训作"怀有二心"之意。

由此他认为简文"赽"字在战国时期有可能是"赽趄"之专字，甚或有合音形构之关系。他由《国语》"死吾君而杀其孤"的韦注出发，根据韦昭注云"死畜吾君也"③，而联想此处"赽趄"字意同"死畜"，又因为歔字从"欠（次）"，于是又通假为"赽趄"。由此进一步产生了"歔"字是"赽趄"之专字，甚或有合音形构之关系的结论。"歔吾先君而孤孺子"，当可读为"赽（趄）吾先君而孤孺子"，殆指"对死去之国君怀有二心，现在更孤立其孺子"之意④。

但是，一来典籍文献所见"赽"字多未单独出现，"赽趄"及其同源的"踟蹰"、"踌躇"属于连绵词不可拆分再成词；二来"赽趄"并不及物，"赽趄吾先君"该如何解释？若是"大臣"赽趄，则其后附加不了"吾先君"作宾语，若是"吾先君"赽趄，则与其立意不合；三来若释为，其译文的"对"字不知从何而来。四来他也承认"比较可惜的是，此类（赽

---

①清华大学出土文献研究与保护中心编，李学勤主编：《清华大学藏战国竹简（陆）》，上海：中西书局，2016 年 4 月第一版，第 107 页。
②王宁：《清华简六〈郑武夫人规孺子〉宽式文本校读》，复旦大学出土文献与古文字研究中心网（http://www.gwz.fudan.edu.cn/Web/Show/2784），2016 年 5 月 1 日。
③关于韦注，何有祖先生的引文可供参考。即徐元诰《国语集解》引汪远孙说："吾君，谓献公，孤，谓奚齐。献公死，奚齐见杀，是死吾君而杀其孤也。《内传》襄二十一年，祁奚盈于宣子曰：'吾父死而益富，死吾父而专于国，有死而已。吾蔑从之矣。''死吾君'、'死吾父'文意正同。韦解不得其语意。"
④许文献：《清华简六〈郑武夫人规孺子〉"死次"字释读疑义浅说》，武汉大学简帛研究中心简帛网（http://www.bsm.org.cn/show_article.php?id=2937#_ftnref2），2017 年 11 月 7 日。

趑）用例时代稍晚,未来恐仍须再作补证",其所引语例跨度从魏晋至唐代①,已经属于中古汉语范畴,距离战国比较遥远。五来即使"趑趄"的"趑"可通为欼字,那么"趄"又如何合音于"欼"字? 原文并无解释。

（4）读为"訾（訛）",训为"不思报称其上之恩"

张崇礼先生隶定此字为"欼",是"欼"字省形而读为"訾"。訾,不思报称其上之恩也。《说文》:"訾,不思称意也。从言此声。《诗》曰:'翕翕訛訛。'"段注:"《释训》云:'翕翕訛訛,莫供职也。'毛传云:'翕翕然患其上,訛訛然不思称其上。'不思称其上者,谓不思报称其上之恩也。《大雅》传云:'訛訛,窊不供事也。'二传辞义同。"次,清母脂部;此,清母支部。二者音近可通②。

然而,"訾（訛）"字"不思使上司满意（不称职）"的义项,仅在迭音词"訛訛"出现,而且是结合了上下文的补充说明,单用未有类似义项③。而且"訾（訛）"就一个字,如何能表示"不思报称其上之恩"那么多内容? 此种解释为了将文义解释畅通而另外加入原文所没有的词语。"訛訛然"是用以形容"不思称其上"的样子,并不是"不思称其上"本身,体词和谓词不应混同。

（5）读为"弃"或"欺",意为"背弃"

子居先生隶定此字为"欼",而读为"弃"或"欺"④,由此他翻译"弃吾先君"为"背弃先君之命"。然而,从音韵角度分析,"死"字上古音属于心纽脂部,中古音是心纽旨韵息姊切;"次"字清纽脂部,中古音是清纽至韵七四切。而"弃"字上古音属于溪纽质部,中古音是溪纽至韵诘利切;"欺"字上古音属于溪纽之部,中古音是溪纽之韵去其切⑤。"弃"字和"欺"字双声而阴入对转,声母属于牙音。"死"字和"次"字迭韵,声母同属舌头音,发音相近。对比可知,"弃""欺"一组字和"死""次"一组字的主要元音不同,发音部位也相去甚远,难以构成通假关系。

（6）读为"死",意为"死亡"

暮四郎先生隶定此字为"欼",直接读为"死","死先君"与"孤孺子"相对,并无进一步解说⑥。何有祖先生隶定此字左从歹,右从人,从次。字从歹从人从次会意,为"死"字异体,"从人从次（欠）,表示一个有呼吸的人"。他进一步阐发先秦时期认定人死的一个

---

①许文引例为《三国志·蜀志·张裔传》:"乃以裔为益州太守,径往至郡。闿遂趑趄不宾,假鬼教曰:'张府君如瓠壶,外虽泽而内实粗,不足杀,令缚与吴。'于是遂送裔于权。"张载《剑阁铭》:"一人荷载,万夫趑趄。"韩愈《送李愿归盘谷序》:"足将进而趑趄,口将言而嗫嚅。"

②张崇礼:《清华简〈郑武夫人规孺子〉考释》,复旦大学出土文献与古文字研究中心网（http://www.gwz.fudan.edu.cn/Web/Show/4306）,2018年10月17日。

③罗竹风主编:《汉语大词典》,上海:汉语大辞典出版社,1995年第1版,第11卷第168页。

④子居:《清华简〈郑武夫人规孺子〉解析》,中国先秦史网（http://www.xianqin.tk/2016/06/07/338/）,2016年6月7日。

⑤郭锡良:《汉字古音手册》,北京:商务印书馆,2010年,第96页、第95页、第118页、第114页。

⑥简帛论坛《清华六〈郑武夫人规孺子〉初读》10楼发言,武汉大学简帛研究中心简帛网（http://www.bsm.org.cn/bbs/read.php?tid=3345&page=2）,2016年4月18日。

重要标准为是否有呼吸，即是否绝气①。他又根据《国语集解》引吴曾祺曰："谓因吾君既死而杀其孤也。"而又训"孤"为"弃"。于是他将"歁（死）吾先君而孤孺子"翻译为"因吾先君已死而弃其少子"。然而纵观全文，"弗果善"是因为"歁吾先君而孤孺子"，而不只是因为"歁吾先君"而置孺子于不顾。如果要将此句理解为因果复句，说明因果句内不会再嵌套一个说明因果的分句，会导致逻辑的混乱。

沈培先生隶定此字为"歁"从"欠"。他进一步引申认为有从"欠"的字跟心情有关，比如有"欲""欣""歆""欢""歓"，"喜"又作"歖"。简文特地在这个"死"旁加上"欠"，很可能就是为了突显"歁吾先君"的"死"是一种意动用法②。即使君主死去已成事实，但从情感上不能把他当做死人。

然而，古代汉语中的意动结构，所表示的是存在于意念之中的想法或看法，而不是见之于事实的客观事件③。也就是说，它只表示主语在主观上认为宾语具有了谓语所表示的状态或性质。"歁吾君"若是意动结构的话，那么其内容就应该释为"认为我的国君是死的"或"把我的国君当作死的"的意思，其言外之意即国君没有死。从前一分句可知，"歁吾君"之时郑武公已经去世三年（及三岁），"情感上不能把他当做死人"这种解释显然与之不符。

朱忠恒先生隶定此字为"歁"，是"死"字之异体，说是从何有祖、沈培说，但二位先生对于此字语义结构的分析各有分歧。其译文与二者皆有不同，对于"死"字的用法亦无进一步解说④。综上所述，以往各家学说仍有未安之处，需跳出原先单字训诂的局限，而以更宏观的视角去厘清这个问题。

三、主谓关系的梳理

本文认可隶定此字为歁，读为"死"，但是对其理据的解释并不同。从字形角度考虑，歁字在作 形⑤，其左上从歹从人，可视为从死；右下从上下结构的次。字音上"死"字和"次"字迭韵，声母同属舌头音，发音相近，此处构字可释为双声符。"死"和"次"同为声符而"死"兼表义。所以，此字当隶定为歁字，六书属于形声。

要确定"歁"字的字义，一方面可以通过对照出土文献和传世文献相似段落的对照，另一方面可以通过上下文对应表述的对照。由此可以确定其字义正对"死"字，而且可以释为倒装结构：

《吕氏春秋·悔过》："襄公曰：'先君薨，尸在堂，见秦师利而因击之，无乃非为人子之道欤？'先轸曰：'不吊吾丧，不忧吾哀，是死吾君而弱其孤也。'""死吾君而弱其孤"即

---

① 何有祖：《读清华简六札记（二则）》，《出土文献》2017年第1期，第119—123页。
② 沈培：《清华简〈郑武夫人规孺子〉校读五则》，《汉字汉语研究》2018年第4期，第38—55页。
③ 意动用法是指某些词用作动词充当谓语时其动作属于主观上的感觉、看待或评价。这种谓语与宾语的关系是：主语认为宾语所代表的人或事物有谓语自身所代表的性状，或者把宾语当作谓语所代表的人或事物去看待、评价。定义参考了胡安顺、郭芹纳《古代汉语》，北京：中华书局，2006年。
④ 朱忠恒：《清华大学藏战国竹简（陆）集释》，武汉大学2018年硕士学位论文，第18—20页。
⑤ 李学勤主编，贾连翔、沈建华编：《清华大学藏战国竹简（肆—陆）文字编》，中西书局2018年，第96页。

"吾君死而弱其孤"。

《淮南子·道应训》："今君薨未葬，而不吊吾丧，而不假道，是死吾君而弱吾孤也。""死吾君而弱吾孤"即"吾君死而弱吾孤"。

《国语·晋语》："三公子之徒将杀孺子……死吾君而杀其孤。""死吾君而杀其孤"即"吾君死而杀其孤"。

张觉先生由此出发①，纠正了顾炎武的《左传杜解补正》"死"有"忘记"义、惠栋《春秋左传补注》把"死君"理解为"已死的国君"这些观点以及由此引起的训诂，并认为"死君"的"死"不是修饰语，不作意动用法，而是表原义。但是，他的结论又认为"死君"和"君死"的不同，在于时间上的差异，即：["死"+人物名词]是"死"的过去式，强调"已经死了"，而[人物名词+"死"]是"死"的一般式，它只是对动词"死"的一般记述。

然而，就像前引"何故死吾天子"并未有并列话题，其语境也不需要强调"已经/既然"而只是强调"死"义，是"为什么我们的天子死了"而非"为什么我们的天子已经死了"。就本文讨论的篇章而言，"死吾先君"发生时间比"孤孺子"要早三年。"死君"已经完成（即"君主已经死了"）的含义，是由"吾先君死而孺子孤"在语境先后承接关系所产生的，而并非[死+人物名词]的语义结构所决定的。也就是说，此处并非专属"死"的特殊语法规则。

从篇章角度分析，郑武夫人对于"孺子如恭大夫，且以教焉"之后可能出现的结果，提出了正面与负面情况的两类假设复句。而两类假设复句，又各由提出假设的偏句和说明假设实现后所产生结果的正句两个分句组成。即假设复句由两个有假设关系的分句组成：前一个分句（偏句）"如弗果善，死吾先君而孤孺子"，用以假设出现的负面情况；后一个分句（正句）"其罪亦足数也"，用以说明由这种假设的情况产生的结果。

"其罪亦足数也"本身构成假设复句的正句，在句法不可或缺，所以主语也紧跟前文，用"其"指代前文的"大夫"。"死吾先君"和"孤孺子"，实际上是以"而"连接两个并列的独立结构。此处的"而"表示承接关系而非因果关系。"死吾先君而孤孺子"是偏句主体"如弗果善"的补充说明。就像在正面情况假设复句的偏句"如及三岁，幸果善之"，即便是删去插入语"及三岁"作"如幸果善之"，也不影响原有假设逻辑的成立。

而既然判断出"死吾先君"的作用在于补充说明，那么通过联系正负两种情况的假设分句，如果删去类似的插入成分"及三岁"，则整个篇章的表达可以精简为：

前提假设：孺子如恭大夫，且以教焉。
正面情况：如及三岁，幸果善之，孺子其重得良臣，四邻以吾先君为能续。
负面情况：如{及三岁}，弗果善，孺子孤，{大夫}罪亦足数也。

排除了干扰成分之后，再对比两个分句，对主语的判断就很清晰了。负面情况"其罪亦足数也"的"其"确实是指代"大夫"，但指代的不是这个分句的主语，而是前提假设"孺子如恭大夫"的"大夫"。就像正面假设分句出现的"良子"也是指代前提假设里的"大

---

① 张觉：《〈左传〉"死君"说解辨正》，《广西大学学报》（哲学社会科学版）1992年第1期，第89页。

夫"。由此可见，篇章各句的主语始终都是"孺子"。

四、倒装结构的还原

在确认篇章各句的主语"孺子"的主谓关系之后，"死吾先君"的释读问题就迎刃而解了。关键在于判断出"死吾先君而孤孺子"也存在倒装结构。此处不需要额外增减词语，就可完成倒装句的还原①。"死吾先君"恢复正常语序，即"吾先君死"，为了强调而前置谓语"死"。"死吾先君"本身的主语是"吾先君"，是为了加强整句的感叹语气，突出这种假设情况的严重性而产生了谓语前置。

上节已论及篇章主语是"孺子"而非其他人，所以本文不认为"孤"有使动用法，这与前引传世文献不同。"死吾先君而孤孺子"恢复语序即"吾先君死而孺子孤"。

"孺子"的词义由"幼儿，儿童"延伸，在先秦两汉传世文献也有直接表示"天子、诸侯、世卿的继承人"之义，例如《尚书·立政》："呜呼！孺子王矣。"《汉书·王莽传上》："立宣帝玄孙婴为太子，号曰孺子。"

"孤"字的原意为"幼年丧父"，如《孟子·梁惠王下》："幼而无父曰孤。"《论语·泰伯》："可以托六尺之孤，可以寄百里之命，临大节而不可夺也。"《礼记·王制》："少而无父者谓之孤。"在郑武公去世之后，孺子就已经是"孤"的状态。而在郑武夫人的假设中，如果大夫表现不好，就会强调先君去世三年后孺子仍孤。所以，此处的"孤"已经进一步的引申为"孤立无援"，具体而言即"孤独而得不到（大夫的）援助。"类似用法可见《韩非子·奸劫弑臣》："是以主孤于上而臣党于下。"《史记·秦始皇本纪》："子婴孤立无亲，危弱无辅。"

对于"死吾先君而孤孺子"特别是"死吾先君"的解读，学界以往"（大夫）为难我先君""（大夫）主掌了我先君的（位置或权利）""（大夫）对死去之国君怀有二心""（大夫）不思报称先君之恩"等说法，大多是把插入语与主句内容相混淆，而把"死吾先君"的主语当成前文的"大夫"，这会导致难以解释整句的语序及其对应语义。

五、结论

本文涉及的是清华简有关郑武公夫人规劝孺子的内容，先推断出了孺子在本篇章的各句都充当主语。由此进一步从字形字音到字义出发，从语义结构、分句分析到对关键句式的判定，尝试对这个问题进行相对更合理的解释。本文推断"死吾先君而孤孺子"存在倒装结构，恢复其语序即"吾先君死而孺子孤"，意为"我的先君去世了而年幼的继承人孤立无援"。

---

① 马文熙、张归璧：《古汉语知识辞典》，北京：中华书局，2004年，第606页。

第四部分

先秦、古文字交叉研究

从秦、楚《日书》看"子卯不乐"礼俗的形成问题

湖南大学岳麓书院　邓国军

摘　要：甲子、乙卯日为纣、桀忌日的观点肇始于汉儒贾逵,是其以"义"解经理念的产物。这一观点本身缺乏坚实的史实依据,贾逵、孔颖达诸儒又用它来解释"辰在子、卯,谓之疾日"及"子、卯不乐"等问题,其结论自然更不能令人信服。事实上,甲子、乙卯日在商周时期并非恶日,时至东周才演变为恶日,并与宴乐禁忌等内容结合了起来,后经汉儒附会在东汉时期演化为夏桀、商纣之忌日。甲子、乙卯日之所以在东周时期演变为恶日,或源于当时晋地流行的择日之术。

关键词：辰在子卯　子卯不乐　疾日　忌日

一、"子、卯日为桀、纣忌日"说的形成

《左传》昭公九年云：

> 晋荀盈如齐逆女,还六月,卒于戏阳。殡于绛,未葬。晋侯饮酒,乐。膳宰屠蒯趋入,请佐公使尊,而遂酌以饮工,曰：女为君耳,将司聪也。辰在子、卯,谓之疾日,君彻宴乐,学人舍业,为疾故也。君之卿佐,是谓股肱,股肱或亏,何痛如之?

《礼记·檀弓下》云：

> 知悼子卒,未葬,平公饮酒。师旷、李调侍,鼓钟。杜蒉自外来,闻钟声……平公呼而进之,曰：蒉!曩者尔心或开予,是以不与尔言。尔饮旷何也?曰：子、卯不乐。知悼子在堂,斯其为子、卯也大矣。旷也,大师也,不以诏,是以饮之也。尔饮调何也?曰：调也。君之亵臣也,为一饮一食,亡(忘)君之疾……

就其叙事结构及事实主干不难看出,上揭两则引文当具有相同或相近的史源,二者涉及

---

* 基金项目："中央高校基本科研业务费"资助,项目编号：531118010193。

的核心问题都是"子、卯不乐"这一礼俗。贾逵云:"夏桀以乙卯日死,纣以甲子日亡,故以为戒。"①贾逵率先将夏桀、商纣的死日与甲子、乙卯日联系了起来。杜预沿袭贾逵的意见,认为:"纣以甲子丧,桀以乙卯日亡,故国君以为忌日。"②孔颖达曰:"纣以甲子死,桀以乙卯日亡,王者谓之疾日,不以举乐为吉事,所以自戒惧。"③同时他为"子、卯日为桀、纣忌日"说补充了史实依据,云:"王者恶此日,不以举吉事也。《尚书·武成》篇云:时甲子昧爽,受率其旅若林,会于牧野。罔有敌于我师,前徒倒戈,攻于后以北,血流漂杵,是纣以甲子丧。《诗》云:韦顾既伐,昆吾夏桀。言昆吾与夏桀同时死也。十八年传:二月乙卯,周毛得杀毛伯过而代之。苌弘曰:'毛得必亡,是昆吾稔之日也。'昆吾之死与桀同日,知桀以乙卯日亡,以此二王之亡,为天诛之日,故国君以为忌日,恶此日也。"④经汉、唐诸儒注疏,甲子、乙卯日为夏桀、商纣忌日的观点广为后世学者所接受。

然而,在贾逵之前,翼奉对"子、卯日"曾有过另外一种解释,他认为:"北方之情好也。好行贪狼,申子主之……怒行阴贼,亥卯主之。贪狼必待阴贼而后动,阴贼必待贪狼而后用,二阴并行,是以王者忌子、卯。《礼经》避之,《春秋》讳之。"(《汉书·翼奉传》)翼奉吸收了《礼经》《春秋》中"子、卯日"的说法,提出了"王者忌子、卯"。但他并未将"子、卯"释为甲子、乙卯日,更未牵扯到桀、纣之忌日,只是从刑德理论的角度为我们理解"子、卯"日提供了一种新的思路,其观点为后世部分注疏家们所采纳。李奇首先对翼奉"王者忌子、卯"观点予以了解释,他认为:"北方阴也,卯又阴贼。故为二阴。王者忌之,不举乐。《春秋》《礼经》说皆同"⑤。张晏认为:"子刑卯,卯刑子,相刑之日,故以为忌。而云夏以乙卯亡,殷以甲子亡,不推汤武以兴,此说非也。"⑥张晏的解释不仅异于李奇,而且他对贾逵等人所说"夏以乙卯亡,殷以甲子亡"的观点也予以了否定。颜师古援引李、张二人的观点,指出:"儒者以为子、卯,桀、纣亡日,大失之矣。何儒亮以为学者虽驳云只取夏殷亡日,不论殷周之兴,以为大失,不博考其义。且天人之际,其理相符,有德者昌,无德者亡,以桀、纣之暴虐,又遇恶日,其理必亡;以汤武之德,固先天,天不违,所谓德能消殃矣,岂殃能消德也。"⑦今人许子滨先生在考察前人观点后,指出:"结合传世文献与这些出土文献来看,战国秦汉间刑德的应用,主要是在军事数术方面,至于利用刑德来占验干支之吉凶祸福,就只有《淮南子》及翼奉的《翼氏风角》了。严格来说,这些理论无疑都是战国以后的人提出来了的,用这来解释春秋时期子、卯疾日的成因,恐怕不容易取信于人……翼奉之说可能是后人用五行刑德强附其上的结果,未必得其溯意。"⑧

---

① 郑玄注,孔颖达疏:《礼记正义》卷九《檀弓下第四》,北京:中华书局,2009年,第2826页。
② 杜预:《春秋经传集解》,上海:上海古籍出版社,1988年,第1325页。
③ 郑玄注,孔颖达疏:《礼记正义》卷九《檀弓下第四》,第2826页。
④ 杜预注,孔颖达疏:《春秋左传正义》卷四十五《昭公九年》,北京:中华书局,2009年,第4468页。
⑤ 班固:《汉书》,北京:中华书局,1962年,第3168页。
⑥ 班固:《汉书》,第3168页。
⑦ 班固:《汉书》,第3169页。
⑧ 许子滨:《〈春秋〉〈左传〉礼制研究》,上海:上海古籍出版社,2012年,第643页。

总之，在传统经学氛围中，"子、卯日为王者忌日"说始终居于主流地位，历来均被官方和民间所认可，以至于"子、卯日"演变为兵家之忌日①。而"子、卯相刑为忌"说，则相对处于支流地位，仅为部分学者所支持。

二、"子、卯日为桀、纣忌日"说辨正

甲子、乙卯日为桀、纣忌日的观点，赞成者甚众，质疑者也不少。证诸史实，商纣王死于甲子日的观点可以成立②，但夏桀亡于乙卯日的说法，却因证据不足，成为诸家攻击的重点。孔颖达在论证乙卯日为夏桀之亡日时，其逻辑如下：据"韦顾既伐，昆吾夏桀"（《诗·商颂·长发》），他得出昆吾与夏桀死于同日。又据《左传》昭公十八年"二月乙卯，周毛得杀过而代之。苌弘曰：毛得必亡，是昆吾稔之日也"。得出昆吾亡日在乙卯。由以上两个结论，他推出夏桀亡于乙卯日。其论证环环相扣，看似严谨，实则甚是牵强。笔者拟在前贤研究③的基础之上，从以下三个角度来对"乙卯日非夏桀忌日"的观点予以补正。

1. 历史地理角度

《诗·商颂·长发》云："武王载旆，有虔秉钺……九有有截，韦顾既伐，昆吾夏桀。"其中韦、顾、昆吾，都是夏的方国。郑笺云："韦，豕韦，彭姓也。顾、昆吾皆己姓也。三国党于桀恶，汤先伐韦、顾，克之。夏桀、昆吾则同时诛也。"④陈奂云："《郡国志》东郡白马有韦乡，今河南卫辉府滑县东南五十里有废韦城。《左传》哀公二十一年传曰：公及齐侯郑子盟于顾，即故顾城也。今山东曹州府范县东南有顾城。昆吾国即卫帝邱，帝颛顼之虚也，夏后相亦居此，相为浇灭，而少康邑诸纶，是卫本相都……《左传》十二年传曰：楚之皇祖伯父昆吾，旧许是宅。《史记·楚世家》服虔注云'昆吾曾居于许'是也，昆吾居卫在后，居许在先……今直隶大名府开州是也。"⑤朱彦民先生进一步考证指出：韦国，在今河南省滑县附近。顾国，在山东范县东南五十里。昆吾，在今河南濮阳一带⑥。据地图来看，昆吾与夏都（学界一般认为偃师二里头遗址为夏代晚期都城，或为今河南巩义县⑦）相距300多公里，按商代车马日行速度60—70里的速度推算⑧，汤师同日灭亡昆吾与夏桀是不可能的。

再者商汤讨伐夏桀时，夏桀选择了逃跑，传世文献《史记》《书序》和上博简《容成氏》篇中都有详细的记载。《史记·夏本纪》又云："汤修德，诸侯皆归汤，汤遂率兵以伐夏桀，

---

① "甲子日为商纣王之忌日，兵家忌之"。见（唐）李延寿《北史》卷一《魏本纪第一》，北京：中华书局，1974年，第16页。
② 利簋铭文和《续汉书·律历志》引《武成》篇均有明确记载。
③ 岑仲勉先生认为，以"乙卯"日为夏桀死日，是后人的传说，西周时期还没这种说法，详见《两周文史论丛》，北京：商务印书馆，1958年版，第167页。
④ 王先谦：《诗三家义集疏》，北京：中华书局，2011年，第1114页。
⑤ 王先谦：《诗三家义集疏》，第1114—1115页。
⑥ 朱彦民：《商族的起源、迁徙与发展》，北京：商务印书馆，2007年，第497—498页。
⑦ 赵铁寒：《夏代诸帝所居考》，《古史考述》，台北：正中书局，1965年，第6273页。
⑧ 宋镇豪先生根据卜辞推算，商代行军的日平均速度在60—70里。详见宋镇豪《夏商社会生活史》，北京：中国社会科学出版社，2005年，第319页。

桀走鸣条，遂放而死。桀谓人曰：吾悔不遂杀汤于夏台，使至于此。"《史记·殷本纪》亦云："当是时，夏桀为虐政荒淫，而诸侯昆吾氏为乱。汤乃兴师率诸侯，伊尹从汤，汤自把钺以伐昆吾，遂伐桀。……桀败于有娀之虚，桀奔于鸣条，夏师败绩。"上博简《容成氏》篇亦有汤伐桀的记载，其云："汤闻之，升自戎遂，入自北门，立于中□，桀乃逃之鬲山氏。汤又从而攻之，降自鸣条之遂，以伐高神之门。桀乃逃之南巢氏，汤有从而攻之，遂逃去之苍梧之野。"① 据上揭史料可知，汤率诸侯起兵讨伐昆吾氏，灭了昆吾氏之后讨伐夏桀，夏桀先败于"有娀之虚"，再败于"鸣条之野"，后逃之于南巢氏、苍梧之野。经李零先生考证，鸣条在今山西运城东北，与故安邑临近。南巢氏，今安徽巢县东北。苍梧，即九疑山。苍梧之野，在今湖南宁远南②。如果李氏考证不谬的话，那么昆吾之地与苍梧之野相距甚远，昆吾与夏桀同死于乙卯日的说法并不成立。既然如此，《诗经》所言"韦顾既伐，昆吾夏桀"，只能说明昆吾与夏桀均被商汤灭亡这一史实，并不能证明昆吾和夏桀同日而亡。

2. 历法纪时角度

从铜器铭文来看，西周历法已经具备了年、月、日等纪时要素，且大部分铜器铭文载有具体的月份和日期，如"隹八月辰在甲申"（作册令方彝《集成》9901，西周早期），"隹廿又二年四月既望乙酉"（庚嬴鼎《集成》2748，西周中期）等。时至春秋，纪时除有精确的纪年以外，还常以四季冠月份、时日，如《春秋》文公元年载："夏四月丁巳，葬我君僖公。"《春秋》宣公二年云："二年春王二月壬子，宋华元帅师及郑公子归生帅师战于大棘。"从历法角度来看，假使夏桀果真于乙卯日灭亡，那么一年中有六个乙卯日，夏桀的死日应是其中某个乙卯日，把一年所有所有乙卯日当作夏桀的忌日的观点，并不符合历史事实。

就现存文献来看，商纣灭亡的日子是确知的。《史记·周本纪》有云："九年，武王上祭于毕，东观兵至于孟津……十一年十二月戊午师毕渡孟津。……二月甲子昧爽武王朝至于商郊牧野。"利簋铭文又云："珷（武）征商，隹（唯）甲子朝，岁鼎克闻（昏），夙又（有）商。辛未，王才（在）𣪘（阑）𠂤（师），易（锡）又（有）事（史）利金，用乍（作）𣪊（檀）公宝䕩（尊）彝。"（利簋《集成》4131，西周早期）上揭两则史料均记述了武王克商的过程，其中武王克商的年、月、日已基本明确，甚至具体时间也由"昧爽"一词揭示了出来。据《夏商周断代工程1996—2000年阶段成果报告简本》可知，武王伐纣在公元前1046年1月20日③。也就是说，公元前1046年1月20日（甲子日）这天才是商纣的忌日，这一年中其余五个"甲子"日并非商纣之"忌日"。夏桀亡日之情形亦然，不过由于文献阙如，其具体年月日不可考。

3. 传世文献记载

《逸周书·世俘》篇记载了武王克商之后举行的一系列祭祀仪式，其文曰：

辛亥，荐俘殷王鼎。武王乃翼矢圭、矢宪，告天宗、上帝。王不革服，格于庙，

---

① 马承源主编：《上海博物馆藏战国竹书》（二），上海：上海古籍出版社，2002年，第130—133页。
② 马承源主编：《上海博物馆藏战国竹书》（二），第282页。
③ 夏商周断代工程专家组：《夏商周断代工程1996—2000年阶段成果报告简本》，北京：世界图书出版公司，2000年，第47—49页。

……籥人九终。……甲寅,谒戎殷于牧野,王佩赤、白旗。籥人奏《武》。王入,进《万》,献《明明》三终。乙卯,籥人奏《崇禹生开》,三终王定。

《逸周书·世俘》篇大概作于战国时期,但其反映的则是西周早期的信史。孙诒让《正义》云:"《崇禹生开》,盖大夏之舞曲,以籥奏之者也。"刘师培认为《崇禹生开》是夏代的乐舞,表现的是禹娶涂山之女的故事①。从上揭引文来看,籥人在乙卯日奏《崇禹生开》,正好说明"子、卯不乐"的说法至少在西周早期是不存在的。换言之,在西周早期人们观念中,"子、卯"日既非王者忌日,也非不吉利的日子。《穆天子传》又云:"吉日甲子,宾于西王母,执玄圭白璧以见西王母,献锦组百屡,金玉百斤。西王母再拜受之。"②《穆天子传》成书较晚,但其所载内容是周穆王西游的事情,明言甲子日为吉日,这与王者忌甲子日的说法相互抵牾。《吕氏春秋·古乐》亦云:"昔黄帝令伶伦为律……黄帝又命伶伦与荣将铸十二钟,以和五音,以施英韵。以仲春之月,乙卯之日,日在奎,始奏之,命之曰《咸池》。"引文虽云黄帝作乐之事,但从演奏《咸池》要用十二件编钟的记载来看,引文所反映的史实不应当早于编钟产生的西周时期,也就是说西周到《吕氏春秋》成书之前的这段时间内乙卯日是可以奏乐的。此外,《荀子·议兵》又云:"故汤之放桀也,非其逐之鸣条之时也;武王之诛纣也,非以甲子之朝而后胜之也。"荀子将汤放夏桀与武王诛纣之事对举,明言武王诛纣于甲子朝,而于汤放夏桀之事,则用模糊的时间,即"逐之鸣条之时",由此可见汤放夏桀的时间,在荀子所在时期并不明确,至于其卒日就更难确知了。

总之,贾逵、孔颖达诸儒所言"子、卯日为桀、纣忌日"的观点本身就缺乏坚实的史实依据,诸儒又用其来解释"辰在子、卯,谓之疾日"以及"子、卯不乐",结果自然更不能令人信服。笔者这里否定贾逵、孔颖达等人的观点,并不意味着赞同翼奉的观点,正如许子滨先生所言,刑德理论是战国后期才产生的,用其解释"辰在子、卯,谓之疾日"未必合适。是故,笔者认为有必要回到《左传》原文中去,重新解读"辰在子卯,谓之疾日"一语。

三、"辰在子、卯,谓之疾日"释义

《左传》昭公九年云:"辰在子、卯,谓之疾日。君撤宴乐,学人舍业,为疾故也。"引文不仅交代了"子卯不乐"的具体要求,即"君撤宴乐,学人舍业",同时也指明了"子卯不乐"的具体原因——由于"疾日"的缘故,遗憾的是并未说明"辰在子卯"何以被称为"疾日"。因此,要理解其中缘由,还须考察辰、子卯、疾日诸要素之内涵及相互关系。

1. "辰在子、卯"之"辰"

《春秋》经传中"辰在子、卯"仅见一例,历代注疏家们鲜有人对该"辰"字予以过论述。他们似乎遵循着一个默认的前提,那就是"辰在子、卯"理所当然地应释为"日在子、卯"。问题在于他们所默认的这个前提是否与《左传》原义相吻合呢?笔者认为此问题的解

---

① 黄怀信等人撰:《逸周书汇校集注》(修订本),上海:上海古籍出版社,2007年,第429页。
② 宋志英、晁岳佩编:《穆天子传研究文献辑刊》,北京:国家图书馆出版社,2014年,第59页。

决，还需要通过《左传》中"辰"字的具体事例来说明，不能脱离具体的叙述语境，妄论"辰"字之含义。《左传》昭公七年明言："日月之会是谓辰，故以配日"。杨伯峻将"辰"释为"从子至亥之十二支"，接着他又指出："'日'即自甲至癸之十干。"① 其实早在杨伯峻之前，孔颖达已有过相似的阐述。《左传》襄公二十七年云："冬十一月乙亥朔，日有食之，辰在申，司历过也，再失闰矣。"孔疏曰："斗建从甲至癸十者谓之日，从子至亥十二者谓之辰。《传》言'辰在申'者，谓其日昏时，斗柄所指于十二辰，为在申也。"② 从传世文献及历代注疏来看，将"辰在子、卯"之"辰"释为"子至亥之十二支"是可行的，但是"辰在"何以能释为"日在"呢？这恐怕就与先秦时期以地支纪日的传统有很大的关系。

甲骨文材料表明，以地支纪日最早可以追溯到殷商时期。杨升南先生指出："单用地支纪日，未见于叙辞的，只在命辞部分出现，常玉芝先生发现9例。"③ 现摘其要者罗列如下：

　　乙丑卜，内：翌寅启。丙允启。（《合集》13140）
　　戊午贞：酉祈禾于岳，燎三豕，卯……（《屯南》2626）

西周时期也有用地支纪日的记载，如麦尊铭文曰：

　　粤王在𢆶，巳夕，侯易赭𦩎臣二百家……　（《集成》西周早期，6015）

铭文中的"巳夕"，是指巳日的傍晚时候。辰在寅簋铭文又曰：

　　隹十月既生霸，辰在寅。□□自作宝簋，其子孙□永宝。（《集成》西周中期，3953）

目前载有"辰在干支"的金文铭文凡见32例，本铭文是唯一一例以地支纪日的铭文，其中"寅"为"寅日"，"辰在寅"应当理解为"日在寅"。需要说明的是，商周时期虽然产生了以地支纪日的方式，但是当时流行的是干、支相配的纪日方式。时至东周，以地支纪日的方式才真正流行起来，这在战国秦、楚《日书》中习见，此外，上巳节、端午节的出现亦是其例。

总之，"辰"实为"子至亥十二地支"之统称，考虑到东周时期人们已有以十二地支来纪日的传统，这样"辰"与"日"就产生了联系。此外，《左传》中又有释"辰"为"日"的具体事例，如《左传》成公九年云："浃辰之间而楚克其三都"。贾逵注云："浃辰，十二日也。"由此观之，注疏家们将"辰在"释为"日在"大体上是没有问题的。

2. "辰在子、卯"之"子、卯"

"辰在子、卯"之"子、卯"所指较为模糊，这便给后人留下了阐释的空间，历代学者在给《左传》作注疏时大致形成两种观点，一是以贾逵、孔颖达为代表，将"子、卯"释为甲子、乙卯日；二是以翼奉为代表，把"子、卯"释为子日、卯日（即"五子""五卯"

---

① 杨伯峻：《春秋左传注》，第1297页。
② 杜预注，孔颖达疏：《春秋左传正义》，第4338页。
③ 杨升南：《商代的纪日法》，《殷都学刊》2012年第2期。

日）。哪一种观点更符合《左传》原义呢？从文献来看，"五子""五卯"日在《左传》《墨子》《楚辞》等先秦典籍中均已出现。现以《左传》为例，《左传》中所见"五子""五卯"日，多数时候是恶日，即卒日、战争、特殊天象、灾害等发生的日子。但逢丁卯、己卯、癸卯日时，也会发生诸如国君即位、娶妻、大事于大庙、举行烝祭等吉事。王绍兰先生曾指出："古者祭祀必卜日，祭与五礼属于吉礼，而有乐。《春秋》桓八年'春正月己卯，烝'，文二年八月'丁卯，大事于大庙'，是凡卯日可为吉事，可举乐，非疾之证。"① 意即逢烝祭、国君即位等重大活动时，诸侯一般会举乐。《左传》桓公六年云"九月丁卯，子同生。以大子生之礼举之，接以大牢"。文中虽然没有明言奏乐，但是很难想象鲁国国君在举行太子出生之礼时并不奏乐的情形发生。《礼记·内则》又云："凡接子择日……国君世子太牢"，由鲁桓公选择于丁卯日举行太子接生之礼可知，丁卯日在鲁人看来应为吉日而非疾日。

此外，《墨子·明鬼下》有文云："于古曰：吉日丁卯，周代祝社方，岁于社者考，以延年寿"②。《穆天子传》（卷六）又云："吉日辛卯，天子入于南郑。"③ 上揭史料表明："五卯日"全是疾日的说法显然是不妥的，由此推知，释"子、卯"为"甲子、乙卯日"的观点更接近历史事实，翼奉等人所言"五子、五卯日"与《左传》原文并不相合。

3. "辰在子、卯，谓之疾日"之"疾日"

历代注疏家们将"疾日"释为"忌日"本身是很合理的，但是他们没有具体地说明"疾日"何以能释为"忌日"等内容。"疾"，《说文·疒部》云："病也，从疒矢声"。《增韵》释"疾"为恶、憎恶也。《逸周书·武称》曰"伐乱，伐疾，伐疫，武之顺也"。朱右曾在《集训校释》中释"疾"为憎恨；《大戴礼记·曾子立事》有文云"疾其过而不补也"，其中"疾"也为憎恨之意。"忌"，《说文·心部》云："憎恶也，从心己声"。《尚书·秦誓》有文云"则曰未就予忌"，孙星衍在《尚书今古文注疏》中引《说文》，释"忌"为"憎恶"；《逸周书·小开武》云："余夙夜忌商"，朱右曾在《逸周书集训校释》中训"忌"为"恶"。"疾"与"忌"均有"恶，憎恶"之意，从字义相通的角度来看，二者可以互训。再从文献学角度来看，也有"疾、忌"互训例子，如《尚书·秦誓》"未就予忌"，蔡沈在《书集传》中言："忌，疾也"。此外，"疾日"一词也见于后世文献，如："疾日严卯，帝令夔化，慎尔周伏，化兹灵殳。既正既直，既觚既方，庶疫刚瘅，莫我敢当。"（《后汉书·舆服志下》）王正书先生指出："严卯"即"刚卯"，是汉时带的一种佩玉。"刚"与"严"都有强威之意，都表示驱鬼辟邪之意④。桂馥亦曰："大刚卯以逐鬼魅也。"⑤ 古人佩戴刚卯以避"疾日"，"疾日"实为恶日，可训为"忌日"。总之，历代注疏家释"疾日"为"忌日"是没有问题的，但此"忌日"应释为恶日，而非王者或亲人之亡日。贾逵、孔颖达诸儒将"疾日"释为"桀、纣之忌日"，已是对恶日之义的进一步引申了。

---

① 许子滨：《〈春秋〉〈左传〉礼制研究》，第644页。
② 孙诒让：《墨子间诂》，北京：中华书局，1986年，第219页。
③ 宋志英、晁岳佩：《穆天子传研究文献辑刊》第1册，第102页。
④ 王正书：《汉代刚卯正伪考述》，《文物》1991年第11期。
⑤ 桂馥：《说文解字义证》，上海：上海古籍出版社，1987年，第254页。

至此,"辰在子、卯,谓之疾日"诸要素内涵已经明晰,"辰"意指日辰,"子、卯"意为甲子、乙卯日,"疾日"实指恶日。"君撤宴乐、学人舍业"是因为"疾日"的缘故,"疾日"又与"辰在子、卯"存在着因果联系。以上逻辑关系十分清楚,问题的核心在于甲子、乙卯日何以被称为疾日。据前文分析,甲子、乙卯日在商周时期并非疾日,只是到了春秋战国时期才演变为疾日,后经汉儒附会在东汉时期又演化为夏桀、商纣的忌日。由于史料阙如,我们还无法详知春秋战国时期甲子、乙卯日缘何演变为疾日,不过春秋战国时期秦、楚之地流行的"子、卯"禁忌习俗或许为该问题的解决提供了相关的线索。

四、秦、楚《日书》中的子、卯禁忌与"子卯不乐"原因之蠡测

秦、楚之地流行的"子、卯"禁忌内容习见于战国简帛《日书》,其中"子、卯"禁忌并不局限于甲子和乙卯日,而是涵盖了所有子日和卯日。如九店楚简《日书》① 有文曰:

凡五子,不可以举大事,大成必毁,其身又大咎。(37下—38下)
凡五卯,不可以作大事,帝以命益济禹之火。(38下—39下)

楚人举大事时,往往要避开五子、五卯日,其中"五卯"日禁忌似乎与神话人物禹和益相关。睡虎地秦墓竹简《日书》② 又载:

毋以子卜筮,害于上皇。(甲种,一一正贰)
毋以卯沐浴,是谓血明,不可井池。(甲种,一一正贰)
入官良日:寅入官,吉。戌入官,吉……卯入官,凶。(甲种,一六四正)
凡有大行、远行,若饮食、歌乐、聚畜生及夫妻同衣,毋以正月上旬午,二月上旬亥,三月上旬申,四月上旬丑,五月上旬戌,六月上旬卯,七月上旬子……(甲种一二七正)

在秦人看来,凡占卜、沐浴、入官等活动,逢子日或卯日均是不吉利的,其中占卜忌子日与上皇③有关。准备远行、宴饮、奏乐及夫妻同房,要避六月上旬卯日,七月上旬子日,因为赤帝会在这些日子来到民间降下灾祸。不难发现,子、卯日在秦、楚文化中多数时候为恶日,而且秦、楚之地"子、卯"禁忌的原因较为多元,或因于五行相克之理,或缘于神话人物。

与秦、楚之地"子、卯"禁忌习俗相比,《左传》中"子、卯"禁忌则要为具体,具体表现为甲子、乙卯日禁止歌乐,二者相似之处则是同属于古代时日禁忌的范畴,《左传》中"子、卯"禁忌的原因或许与秦、楚之"子、卯"禁忌类似,源于古代流行的择日术。《史记·太史公自序》曰:"齐、楚、秦、赵为日者,各有俗所用,欲循其大旨,作《日者列传》。"

---

① 湖北省文物所、北京大学中文系编:《九店竹简》,北京:中华书局,2000年,第50页。
② 睡虎地秦墓竹简整理小组:《睡虎地秦墓竹简》,北京:文物出版社,1990年,第197、200、208页。
③《楚辞·九歌·东皇太一》:"吉日兮辰良,穆将愉兮上皇。"王逸注:"上皇,谓东皇太一也。"

足证日者占家非秦、楚独有,晋地(至少在赵地)也流行过择日之术①,遗憾的是太史公所作《日者列传》实不足以考晋地择日术之详情。但从简帛《日书》所见秦、楚择日的原则来看,"二者是一致的,这说明古代的择日术,既有明显地方特色,又有共同的文化基础"②。由此推知,晋地(赵地)择日术之原则应与秦、楚之地大体相若。此外,左氏在编撰《左传》时,主要参考资料除了各国不同体裁的史书,子产、晏子等各国卿佐的家传以外,还包括各国的卜书、梦书、杂占书、纵横家、小说、讽谏等内容③,而晋地(赵地)流行的择日习俗正属于杂占书的范畴,应当在左氏的参考的范围之内。这样看来,"辰在子、卯,谓之疾日"出现在晋国的故事里,实非偶然,其源于晋地择日之术的可能性极大。

结论

通过以上分析和论证,本文的结论可大致归纳如下:

其一,"子、卯日为桀、纣忌日"的说法肇始于贾逵,而该说法的提出与其注经理念是密不可分的。贾逵"不满足于《左传》的以史事解经,往往要深入挖掘经文中的'义',尽管这些'义'左氏丝毫不曾道及",他还是依据"《左传》所记述的史实,来赋予《春秋》以新的'义'"④。明确了贾逵的注经理念,自然就可以就理解他以桀、纣灭亡之惨事来解释"子、卯日为疾日"缘由了。如果我们跳出传统经学思维的影响,以史实为准绳来考察这一观点,便会发现:甲子、乙卯日为桀、纣忌日的说法,与"学书者讳丙日,因为仓颉以丙日死"(《论衡·讥日》)的说法一样,本身就缺乏坚实的史实依据,贾逵、孔颖达等人又用其来解释"辰在子、卯,谓之疾日"及"子、卯不乐",其结果自然更不能令人信服。

其二,甲子、乙卯日在商周时期并非恶日,时至春秋战国才演变为恶日,并与宴乐禁忌等内容结合,后经汉儒附会在东汉时期又演化为夏桀、商纣之忌日。甲子、乙卯日在春秋战国时演变为恶日,或与当时晋地流行的择日之术有关系。

综上,近年来出土的秦楚《日书》,为我们理解"子卯不乐"礼俗的生成提供了一种新思路,但不容忽视的是,《日书》中的子卯禁忌习俗与经书中的"子卯不乐"礼俗之间还存在不小的差异。此外,以史事解经和以"义"解经是古代诸儒注疏经典时常用的两种基本方式,注意区分二者的差异,这或许是对今后研究先秦典籍及诸儒注疏著作时的一点有益启发。

作者简介:邓国军,山西忻州人,湖南大学岳麓书院助理教授,主要研究先秦史和商周考古。

---

① 秦、楚战国中晚期墓葬中所出土的详细的、成熟的《日书》资料,表明择日之术至少在战国早期就已经流行了。目前还未见到赵地流行的日书,但其情形应与秦、楚《日书》应该类似,形成于战国早期或者春秋时期。从文化传承的角度来看,赵去晋未远,赵地择日之术很可能在三家分晋之前就已经流行了。
② 刘乐贤:《战国秦汉简帛丛考》,北京:文物出版社,2010年,第76页。
③ 赵伯雄:《春秋学史》,济南:山东教育出版社,2014年,第20—21页。
④ 赵伯雄:《春秋学史》,第55—56页。

由出土文献看西周君臣"仇匹"关系

四川师范大学历史文化与旅游学院 龚伟

摘 要：西周之世，辅臣与周王形成"仇匹"之关系。近来出土文献中多有反映君臣"仇匹"关系的内容，而金文及早期文献中也有与此相近的表述。这些文本内容反映了君臣搭配、"仇匹"之关系，揭示了西周君臣"仇匹"的政治伦理。"仇匹"政治伦理下，辅臣与周王是共同膺受"天命"，在法理上二者具有一定的"对等"性。由是，辅臣具有对周王天然的规谏、限制的权力。总之，西周君臣"仇匹"政治伦理下，周王并非是绝对专权的君主，其行为往往会受到身边辅政大臣的限制。

关键词：出土文献 联袂 仇匹 辅贰

西周之世常设重要的辅政大臣以佐助周王治国理政。如西周初期文、武二王，身边有周公、召公；成、康时期有毛公、苏公，《尚书·顾命》中还提到"君奭、芮伯、彤伯、毕公"；昭、穆时期有祭公，补以青铜器还有昭王时的周公（令方彝）、穆王时的祭公谋父、毛公（班簋）、虢城公；夷王时番生（番生簋）。西周晚世，厉王时有荣夷公、虢公长父、召穆公虎，宣王时有虢文公、大师皇父、尹吉甫、毛公（毛公鼎），幽王时虢公鼓、祭公敦。在既有的西周历史著作中，许多学者都注意到西周早期周公与召公对于西周政治所起到的巨大作用，如李峰先生总结道："支配（西周）政府的真正权力掌握在被尊为'公'的周王兄弟手中，他们的权威来自他们在周王族中所处的宗族地位。……周人不断对外发展壮大更多地得益于像周公、召公、明公、毕公在内的重要大臣的领导，而非周王的领导。由此也产生了一个凌驾于整个政府之上的政治特权阶层。"① 由此来看，这些西周政府中重要大臣与周王之间的政治关系并非单纯地等同于后世的君臣统属关系，还在一定程度上保留血缘关系的纽带，而这种血缘纽带给予这些重臣一些政治上的"神圣"权力。周王与这些重臣之间的政治搭配，构成西周政治中特殊的君臣关系，循此我们可以参考一段《左传》襄公十四年的

---

① 李峰：《西周的政体：中国早期的官僚制度和国家》，北京：三联书店，2010年，第67页。

记述：

> 天生民而立之君，使司牧之，勿使失性。有君而为之贰，使师保之，勿使过度。是故天子有公，诸侯有卿，卿置侧室，大夫有贰宗，士有朋友，庶人、工商、皂隶、牧圉皆有亲昵，以相辅佐也。

徐鸿修先生认为这是西周政治中的"辅贰"制度，"君之贰"作为最高执政长官与周王之间不仅存在主从、尊卑差别，还体现某种对等的敌体关系①。此说得到李启谦先生的支持，他也认为辅贰制度在西周确实存在，辅臣常常以"第二君主"的身份约束王的行为②。近来学界对于以上所举西周政治中的辅政大臣的认识不一，张懋镕先生认为这些辅政大臣代表西周的世族政治，西周中央机构主要由这些世族轮流执政③。杜勇先生认为这些辅政大臣共同组成"三公"制度，由其中某一人担任首席执政大臣，"三公"合议决策体现早期政治中的民主执政色彩④。冯时先生认为周公、召公共同辅政代表周初实行的二伯制度，二伯分治东、西二方之政，辅相王室；康王以后在二伯制度上发展出来伯老制度，由上公充任，总理百官，辅佐周王，是周王廷固有制度⑤。显然，西周辅政大臣是西周政治的重要方面，他们也常代替周王向一般臣僚行使王权，如成王初期周公便摄政行王命⑥，及西周中后期册命金文中担任右者的也多是辅臣⑦。厘清西周辅臣与周王的早期政治伦理，有益于深入认识西周政治制度的演变。近来公布的清华简《厚父》及《良臣》等出土文献中，有不少相关的表述。本文以出土文献为切入，对西周政治中的君臣政治伦理，作相应补论。不妥之处，望大方之家指正。

一、由出土文献看西周君臣联袂、搭配的文本事实

近出清华简《良臣》中将西周文王、武王与相应诸多辅臣联袂共举，其文曰：

> 文王又（有）态（闳）夭，又（有）豢（泰）颠，又（有）柬（散）宜生，又（有）南宫适，又（有）南宫夭，又（有）芮白（伯），又（有）白（伯）适，又（有）市（师）上（尚）父，又（有）虢弔（叔）。武王又（有）君奭，又（有）君陳（陈），

---

① 徐鸿修：《周代贵族专政政体中的原始民主遗存》，《中国社会科学》1981 年第 2 期。
② 李启谦：《从西周的君臣关系再释"八佾"》，《学术月刊》1983 年第 9 期。
③ 张懋镕：《金文所见西周世族政治》，氏著《古文字与青铜器论集》，北京：科学出版社，2002 年，156 页。
④ 杜勇：《清华简〈祭公〉与西周三公之制》，《历史研究》2014 年第 4 期。
⑤ 冯时：《周初二伯考——兼论周代伯老制度》，《中原文化研究》2018 年第 2 期。
⑥ 童书业：《尚书·大诰》中"王"即周公；《康诰》中"王若曰：孟侯，朕其弟，小子封"亦是周公；《左传》定公四年："周公相王室以尹天下"，俱可证明周公在摄政成王。氏著《春秋左传考证》，北京：中华书局，2008 年，第 32 页。
⑦ 日人白川静认为："金文廷礼（册命）中的右者原则上由执政者担任。"氏著，袁林译：《西周史略》，西安：三秦出版社，1992 年，第 71 页。

又（有）君牙，又（有）周公旦，又（有）邵（召）公，述（遂）差（佐）成王。①

《良臣》列举"某王有某臣"的特殊格式，与《墨子·尚贤》及《尚书·君奭》等传世文献十分近似。如《墨子·尚贤下》云：

> 是故昔者尧有舜，舜有禹，禹有皋陶，汤有小臣，武王有闳夭、泰颠、南宫适、散宜生，而天下和，庶民阜，是以近者安之，远者归之。

又《尚书·君奭》云：

> 昔成汤既受命，时则有若伊尹，格于皇天。在太甲，时则有若保衡。在太戊，时则有若伊陟、臣扈，格于上帝；巫咸乂王家。在祖乙，时则有若巫贤。在武丁，时则有若甘盘。……惟文王尚克修和我有夏；亦惟有若虢叔，有若闳夭，有若散宜生，有若泰颠，有若南宫适。……武王惟兹四人，尚迪有禄。

这类文本中的"王"与"臣"都是联袂搭配式出现，这些与"王"联袂搭配的"臣"多是政治地位显赫的辅臣。清华简《良臣》虽然是出土的战国竹书，但是它与传世文献有很多相合的地方。特别是文本所揭示的西周历史人物关系，与传世文献可资互证。如《良臣》中"闳夭""南宫适"也见《国语·晋语四》："及其（笔者按，即文王）即位也，询于八虞而咨于二虢，度于闳夭而谋于南宫。"则闳夭、南宫适都应是文王的谋策之臣。"泰颠""散宜生"也见《史记·周本纪》云："太（泰）颠、闳夭、散宜生、鬻子、辛甲大夫之徒皆往归之"，可知闳夭、南宫、泰颠、散宜生都是追随文王的重臣。"师尚父"即姜尚，历来被认为是辅佐武王伐殷的功臣。"虢叔"见于《左传》僖公五年："虢仲、虢叔，王季之穆也，为文王卿士。"可知是周之同姓贵族，担任"卿士"一级的辅臣。我们认为，《尚书·君奭》、清华简《良臣》《墨子·尚贤》等都属同一类文献，旨在强调辅臣对周王的重要性，反映了先秦时期"君"与"臣"搭配组合的关系。

西周青铜器铭文中也有这种"君"和"臣"联袂搭配的观念，往往也都是在突出辅臣对君王的重要性。这也与清华简《良臣》给我们的启示完全扣合，如《墙盘》（《集成》10175）载：

> 曰古文王，初和于政，上帝降懿德大■（屏）……■囿武王……宪圣成王……肃哲康王……宏鲁昭王……祗显穆王……（申）（宁）天子，天子■（恪）（纘）文武长烈，天子眉无匄……静幽高祖，在微灵处，雩武王既戈殷，微史烈祖迺来见武王。……惠乙祖，遶匹厥辟，远猷腹心……粦明亚祖，甄毓子孙……舒迟文考乙公，竞爽，浑沌无谏，农嗇越历，惟辟孝友，史墙夙夜不坠，其日蔑历……②

---

①清华大学出土文献研究与保护中心编，李学勤主编：《清华大学藏战国竹简（叁）》，上海：中西书局，2012年，第157页。
②中国社科院考古研究所编：《殷周金文集成释文》06册，香港：香港中文大学中国文化研究所出版，2001年，第133页。

铭辞"▨"见于《班簋》"▨"郭沫若训为"粤"假为"屏",① 如同《左传》哀公十六年"屏予一人以在位"用法,表示辅佐义。裘锡圭先生认为此名"懿德大屏"意为"有力的辅佐"②,李学勤先生以之为"辅佐文王的重臣"③,连劭名先生认为是"辅助文王、武王的贤人"④。作器者史墙以追溯自己的祖先高祖、乙祖、亚祖、乙公,且特别地褒扬历世祖先们分别辅佐西周文王、武王、成王、康王、昭王、穆王的事迹。铭文揭示史墙将自己祖先分别匹配每世周王的观念,与《良臣》一类文献所示古代君王与大臣联袂搭配的意蕴一致。二者应属于同类文献,都是强调辅臣或祖先对周王的重要性。

以上同类文献所揭示的周王与辅臣联袂、搭配的文本,在西周金文中还可以找到更近似的表述。如逨盘的作器者就将自己的祖先一一罗列,同历代周王相配对,形成一个周王与先祖的搭配组合。铭云:

> 逨曰:不(丕)显朕皇高且(祖)单公,桓桓克明慎氒(厥)德,夹(绍)文王、武王达殷,膺受天鲁令(命),匍有四方,并宅氒(厥)堇(勤)疆土,用配上帝。朕皇高且(祖)公弔(叔),克逨匹成王,成受大令(命),方狄不(享),用奠四或(国)万邦。雩朕皇高且(祖)新室中(仲),克幽明氒(厥)心,远能迩,会(绍)召康王,方裹(怀)不廷。雩朕皇高且(祖)惠中(仲)盠父,盭龢于政,又成于猷,用会邵(昭)王、穆王,盗政四方,(翦)伐楚荆。雩朕皇高且(祖)零伯,炎(粦)明氒(厥)心,不豕(弛)□服,用辟龔(恭)王、懿王。雩朕皇亚且(祖)懿中(仲),(往)谏言,克匍保氒(厥)辟考(孝)王、㝨(夷)王,又成于周邦。雩朕皇考龚叔,穆穆,龢訇(均)于政,明齐于德,(享)辟刺(厉)王。⑤

作器者逨所述之"高祖单公……夹绍文王、武王""高祖公叔,克匹成王""高祖新室仲……会绍康王""高祖惠仲父……会绍昭王、穆王""高祖零伯……用辟恭王、懿王""亚祖懿仲……克匍保厥辟孝王、夷王""皇考龚叔……享辟厉王"内容。很明显地体现了,器主逨将自己的祖先与西周历代周王进行一一配对,形成周王与祖先联袂搭配的组合。我们认为,逨盘、墙盘铭文的内容与《尚书·君奭》、清华简《良臣》及《墨子·尚贤》的内容相似,应属于同类文本。需要注意的是,逨盘和墙盘作为宗族之重器,是在家族内部强调祖先对周王的辅佐功业。而《君奭》《良臣》《尚贤》属于公开流传的文本,是强调辅臣对周王重要作用。两类文本虽然宣传对象不同,但都在宣传周王与辅臣或祖先联袂搭配的组合,应属于同一"知识"⑥的不同文本形式。

近来公布清华简《厚父》中也有近似"君""臣"联袂创生的内容。如载"古天降下民,

---

① 郭沫若:《两周金文辞大系》,《郭沫若全集:考古编7》,北京:科学出版社,2002年,第21页。
② 裘锡圭:《史墙盘铭解释》,《文物》1978年第3期,第26页。
③ 李学勤:《论史墙盘及其意义》,《考古学报》1978年第2期,第149页。
④ 连劭名:《金文所见西周初期的政治思想》,《文物》1992年第3期,第56页。
⑤ 陕西眉县杨家村西周青铜器窖藏发掘简报》,《文物》2003年第6期,第25—27页。
⑥ 我们认为,西周铭文、文献及出土文献中,出现君王与辅臣联袂搭配的文本内容,其性质应是一种"公共知识"的流传。

埶（设）万邦，作之君，作之帀（师），隹（惟）曰其助上帝（乱）下民。"① "作之君""作之师"的主语都是"天"，因而"君"和"师"都是"天"同时创生、且联袂出现。简文中的"师"与"君"对举，与前段"卿事"与"后"对举是一样的。如载"启惟后……（帝）少命皋陶下为之卿事"②，从文字学上看，"后"与"君"是相通的，那么简文中的"卿事"与"师"也应相通。整理者认为"卿事"是官名③，则"师"也应是官名，可以引申为担任师职的大臣。另外，西周金文及《诗经》中常有"大师"之职，表示地位较高的行政长官④。因此"作之君，作之师"也就是"君"与"臣"的联袂对举。

清华简《厚父》整理者认为《厚父》"作之君，作之师"一段话，与《孟子》引逸《书》内容近似。⑤ 宁镇疆师又扩充文献范围将《左传》《墨子》等中相类似的"作之君，作之师"文本内容作综合考察，他认为《厚父》所揭示的是古代民、邦、君、师一类政治学要素发生问题的"公共知识"⑥。宁说良是，《厚父》"作之君，作之师"文本中的"君""臣"联袂对举的"公共知识"在传世文献中也应有不少近似表述。如：

> 是以先王之书《相年》之道曰：'夫建国设都，乃作后王君公，否用泰也。卿大夫师长，否用佚也。维辩使治天均。'则此语古者上帝鬼神之建设国都立正长也，非高其爵，厚其禄，富贵佚而错之也。（《墨子·尚同中》）
> 故古者建国设都，乃立后王君公，奉以卿士师长，此非欲用说也，唯辩而使助治天明也。（《墨子·尚同下》）
> 天降下民，作之君，作之师，惟曰其助上帝，宠之四方。（《孟子·梁惠王下》）

《孟子》所引佚《书》之"作之君，作之师"与《厚父》简文内容极其贴合，只是少了"作万邦"。《墨子》所引《相年》之文中，"建国设都"就是"作万邦"的转述，"作后王君公""卿大夫师长"就是"作之君，作之师"的转述。这些内容显示《厚父》与《墨子·尚同》《孟子·梁惠王》中有相似的地方，它们都有"君"与"臣"联袂创生的文本。这类文本中"君"和"臣"是共同承受"天命"，与"天"或"上帝"直接联系。如《厚父》云"助上帝治下民"，《孟子·梁惠王下》云"其助上帝"和《墨子·尚同》云"使助治天明（笔者按：明，通命）"。尤其重要的是，在西周金文中也有与此类文本相近的表述。如近出西周中期豳公盨⑦云：

> 天命禹敷土，堕山，濬川；乃畴方，设征，降民，监德；廼自作配，乡民，成父

---

① 《清华大学藏战国竹简（伍）》，上海：中西书局，2015年，第110页。
② 《清华大学藏战国竹简（伍）》，第110页。
③ 《清华大学藏战国竹简（伍）》，第111页。
④ 张亚初、刘雨：《西周金文官制研究》，北京：中华书局，1986年，第4—5页。
⑤ 《清华大学藏战国竹简（伍）》，第109页。
⑥ 宁镇疆：《清华简〈厚父〉"天降下民"句的观念源流与豳公盨的再释》，《出土文献》（第七辑），第103页。
⑦ 本器最早公布于保利博物馆编：《豳公盨——大禹治水与为政以德》，北京：线装书局，2002年，第13页。

母,生我王、作臣。

此盨诸家都定为西周中期,释文断句从裘锡圭先生的意见,铭文中"设征""降民""监德"及"生我王、作臣"的主语都是"天"①。朱凤瀚先生还提供"生我王、作臣"的另一种读法的可能,即"生"上读为"民成父母生"将"生"作为句末语气虚词②。我们认为,这里"生"不宜作虚词用,应是动词,即此句主语为"天",即是"(天)生我王、作臣"。如此,豳公盨铭"天……生我王,作臣"与《厚父》云:"天……作之君,作之师"的意蕴极其相似,也应是古代"君"与"臣"同时被天创生、联袂搭配的一种文本流传形式。由此,我们想到赵平安先生曾指出《厚父》"作之君,作之师"这段话更有可能是古代常语性质的东西③。宁镇疆师也曾首倡此段是讲古代君臣等政治要素关系的"公共知识"。④ 无论是常语知识还是公共知识,都意在说明"作之君,作之师"类似文本流传的广泛性。这种广泛流传的史实,实际上反映了古人对"君"与"臣"联袂创生的观念被广泛地接受和流传。

综上,古代"君"与"臣"联袂、搭配的文本,在西周器铭、传世典籍及近出战国竹书中都有类似的表述。大致可分为两类,一是清华简《良臣》《尚书·君奭》及墙盘、逑盘等相近的表述,特别地突出"臣"对"王"的辅佐作用。二是清华简《厚父》《孟子·梁惠王》《墨子·尚同》及豳公盨一类表述,形成"君""臣"联袂搭配共同承受"天命",意在突出"君""臣"配合的重要作用。

二、西周君臣之"仇匹"关系

从西周器铭到《尚书·君奭》再到近出《良臣》、《厚父》等文献,它们共同披露出周王与辅臣或某些祖先联袂、搭配的文本事实。其背后反映了周王与辅臣怎样的政治伦理?揆诸铭辞,这种君臣联袂搭配的史实,也可以视作君臣"仇匹"关系。如《墙盘》(《集成》10175):"叀(惟)乙且(祖),逑(弼)匹氒(厥)辟,远猷腹心。"⑤ 其中铭辞"逑匹厥辟"与逑盘(《文物》2003年第6期)中"逑匹成王",𠫑尊(《集成》06014)中"克逑文王",单伯昊生钟(《集成》00082)中"逑匹先王"都有"逑"字。唐兰、于豪亮、于省吾、马承源、李仲操诸先生训为"逨",读"来"。张政烺先生训"逑"为"弼",李学勤、裘锡圭从张说训为"弼"。⑥ 陈剑先生释"逑",据郭店简《缁衣》引《诗》"执我仇仇"与《诗经》"君子好逑"中的"仇"与"逑"相通。因而"逑匹"可训为"仇匹",表示古代君臣的匹配关系。⑦ 陈剑先生此说可谓打通"逑匹"一词真义,不仅使墙盘等铭文主旨焕然新生,

---

① 裘锡圭:《燹公盨铭文考释》,《中国历史文物》2002年第6期,第18页。
② 朱凤瀚:《燹公盨铭文初释》,《中国历史文物》2002年第6期,第31页。
③ 赵平安:《〈厚父〉的性质及其蕴含的夏代历史文化》,《文物》2014年第6期,第82页。
④ 宁镇疆:《清华简〈厚父〉"天降下民"句的观念源流与豳公盨的再释》,《出土文献》(第七辑),第108—110页。
⑤《殷周金文集成释文》06册,第133页。
⑥ 麻爱民:《墙盘铭文集释与考证》,硕士学位论文,东北师范大学历史系,2002年,第52页。
⑦ 陈剑:《据郭店简释读西周金文一例》,《北京大学中国古文献研究中心集刊》,北京:燕山出版社,2001年,第379页。

而且对于我们理解古代君臣关系至关重要。

另外，在西周铭文及传世文献中有不少形容辅臣功能的辞例，可佐证君臣"仇匹"关系。如史墙盘（《集成》10175）中"远猷腹心"之"腹心"也见于《周南·兔罝》："赳赳武夫，公侯腹心"郑笺云："为策谋之臣，使之虑事，亦言贤也。"① 则"腹心"俱指辅臣。"腹心"与"公侯"的关系也是"仇匹"，如孔颖达疏云："毛以为赳赳然有威武之夫，有文有武，能匹耦于公侯之志，为公侯之好匹"②，则此"仇"与"匹"相通，与陈剑先生所训"仇匹"之义全合。此外，先秦时人常将"腹心"与"爪牙"并列，指称君侯的辅臣。在金文中也有用"爪牙"形容君王身边的辅臣。如西周晚期师克盨（《集成》04467）云：

> 王若曰："师克，丕显文、武，膺受大命，匍有四方。则繇唯乃先祖考，有爵于周邦，干害王身，作爪牙。"③

此"干害王身"同于师訇簋（《集成》04342）的"率以乃友，捍御王身"④ 都是表示辅佐周王之义。师克盨中"祖考"与"王"是联袂搭配的组合，旨在突出"祖考"对"王"的辅佐作用。而铭文中"爪牙"便是形容"乃先祖考"是"王"仇匹之臣的身份。可以推知，西周时人常用"腹心""肱股""爪牙"形容王的辅臣，以突出辅臣与周王之间"仇匹"的关系。

西周君臣"仇匹"政治伦理还广泛见于西周铜器铭文中其它语辞。如逨盘（《文物》2003年06期）铭辞："夹绍文王、武王""逑匹成王""会绍康王""会昭王、穆王""匍保孝王、夷王"。这里的"夹绍""逑匹""会（绍）""会"都是义近的词语，其中"夹绍"与"会绍"对举，则"夹"与"会"可互训。另外，《尔雅·释诂》云："邰、盍、翕、仇、偶、妃、匹、会，合也。"可知"会"与"仇""匹"互训，表示对合、等同之义。⑤ 因而铭辞"夹"与"仇""匹"也应互训，也应表示"仇匹"之义。以上也可佐证陈剑先生训"逑匹"为"仇匹"结论正确。西周铜器铭辞中"夹绍""会绍"表示为君臣辅佐、仇匹的关系，也可以证诸其他诸器。如西周早期大盂鼎（《集成》02837）"夙夕绍我一人"；宣王时期四十二年逨鼎"先圣祖考夹绍先王"⑥；西周晚期禹鼎（《集成》02833）"夹绍先王"；西周晚期师訇簋（《集成》04342）"夹绍厥辟"。这些铭辞"夹绍"与《左传》僖公四年"五侯九伯，女实征之，以夹辅周室"及僖公二十六年："昔周公、大公股肱周室，夹辅成王"中"夹辅"语义相同。以上诸多证据表明，西周铜器中大量出现以"某祖'仇匹'某王"的文本格式，无疑是昭示君臣"仇匹"的政治伦理。

---

① 阮元校刻：《十三经注疏·毛诗正义》，北京：中华书局，2009年，第590页。
② 《十三经注疏·毛诗正义》，第590页。
③ 《殷周金文集成释文》第3册，第528页。
④ 《殷周金文集成释文》第3册，第482页。
⑤ 郝懿行《尔雅义疏》云："《周礼》注：合，同也；《吕览》注：合，和也，又云：合，郊也，交、和同，皆对合之义；《楚语注》：合，会也；《诗·大明》传：合，配也；《离骚》注：合，匹也；匹、配、会又与合，互训也。"（句读为笔者所加）氏著：《尔雅义疏》，上海：上海古籍出版社，2017年，第61页。
⑥ 《陕西眉县杨家村西周青铜器窖藏发掘简报》，《文物》2003年第6期，第27页。

关于西周君臣"述匹"政治伦理，裘锡圭先生对《尚书·洛诰》中"其作周匹休"一句进行新解时，已经表述到这一层含义。他说："近人杨筠如《尚书覈诂》解释此句说'匹，诗传作妃也。作周匹，谓作周辅也。召诰其自时配皇天。盖公之作配于周，亦犹王之作配于天也。'（陕西人民出版社，1959年，第213页）杨氏把'匹'字解释得很好。西周时代的单伯钟说单伯的祖考'述匹先王'，墙盘也说墙的祖先'述匹厥辟'，都用'匹'字来表示辅佐君王的意思。张政烺先生《"奭"字说》曾指出古代认为'国之重臣与王为匹耦'，'君臣遭际自有匹合之义'，这是很正确的。"① 裘先生除了对"匹"字作了整理外，还对"休"字作了详究，引《尚书·洛诰》："休公既定宅……"又列举以下青铜器：

召卣："休王自毃使赏毕土方五十里。"（《集成》10360）
虡簋："虡拜稽首休朕匋君公伯赐厥臣弟虡井五□。"（《集成》4167）
尹姞鼎："休天君弗望穆公圣粦明□。"（《集成》754、755）

认为这里的"休"训为"美"，是下级赞美上级的意思。② 以此来看，西周时人用"述匹"或"匹""匹耦""匹休"来形容重臣辅佐君王的政治伦理于古有训。

值得注意的是，近出清华简《周公之琴舞》中有相近的表述君臣"仇匹"的政治伦理，如载："叚才（哉）古之人，夫明思慎，甬（用）𢦏（仇）亓（其）又（有）辟。"整理者认为𢦏，读为"仇"，训"配"，使相匹配也③。"又辟"为"有辟"，"辟"据《尔雅·释诂》可训为"君"。整理者引《春秋繁露·楚庄王》："百物皆有合偶，偶之合之，仇之匹之，善矣。"④ 则此"仇其有辟"就是为君设立辅臣，君王与辅臣相"仇匹"的关系。

综合以上，我们认为西周时期君王与辅臣往往以联袂搭配的组合形式出现在铭文、典籍中，这种文本事实的背后反映了当时君臣"仇匹"的政治伦理。作为君王"仇匹"之臣显然具有很高的政治地位，在家族内、外都会得到广泛的尊重。"仇匹"之臣对辅佐君王的重要作用，也为当时社会广泛认可。

三、西周"辅贰"制度的再认识

以上分析了早期铭文、简文及文献中，君王与辅臣联袂搭配的文本内容，及其所隐含君臣"仇匹"的政治伦理。对于这一现象的认识，其实也有学者关注过，他们主张这种君臣政治伦理是"辅贰"制度。⑤ 揆诸文献，《左传》桓公二年师服曰："故天子建国，诸侯立家，卿置侧室，大夫有贰宗。"杜预注曰："为贰宗，以相辅贰。"⑥ 及昭公三十二年史墨对赵简子曰："物生有两、有三、有五、有陪贰。故天有三辰，地有五行，体有左右，各有妃耦，

---

①裘锡圭：《读书札记九则》，《裘锡圭学术文集·语言文字与古文献卷》，上海：复旦大学出版社，2015年，第397页。
②裘锡圭：《〈洛诰〉'其作周匹休……'新解》，《文史》（第十二辑），北京：中华书局，1981年。
③《清华大学藏战国竹简（叁）》，上海：中西书局，2012年，注23，第136页。
④《清华大学藏战国竹简（叁）》，注18，第136页。
⑤徐鸿修：《周代贵族专政政体中的原始民主遗存》，《中国社会科学》1981年第2期，第77—78页。
⑥《十三经注疏·春秋左传正义》，第177页。

王有公，诸侯有卿，皆有贰也。天生季氏，以贰鲁侯，为日久矣。"这些"贰宗""陪贰""有贰"都应是杜预所说的"辅贰"之意，都是表示各级君臣之间的辅贰关系。有学者认为"君之贰"是作为君王敌体的对立面存在，二者某种程度上是敌体的关系①。我们认为，将辅贰之臣视作君王的对立面，这显然不合西周实际情况。从前文的分析来看，西周辅贰制度，实质就是君臣相"仇匹"，是一种搭配模式。其第一义是强调辅臣对君王的重要性，辅贰之辅佐义实远过于敌对义。还有学者认为这种辅贰制度是早期民主政治②。我们认为，对于西周政治中辅贰制度的认识，最好以文献中本义去理解，而不宜以晚近以来形成的民主抑或专制等概念来作总结。《左传》中的"辅贰"是强调辅佐之臣对君主的重要性，与前文揭示古代君臣"仇匹"关系，意蕴一致。虽然《左传》用"辅贰"，但是"仇匹"一词本就是西周铭文中用于形容辅臣与周王关系的语辞，更接近西周君臣政治伦理的本义。

另外，"仇匹"相较于"辅贰"还能更完整地体现君王与辅臣独特的"对等"关系。徐鸿修先生已经指出辅臣与周王之间有某种程度上的对等关系③，但他认为这种"对等"是敌体性质的，这显然不合实际。到底该如何理解"仇匹"政治伦理中"王"与"臣"的特殊关系？根据新出土的简文和相关铭文，我们可从辅臣与君王政治权力的法理依据上寻找线索。我们知道，殷周鼎革是"天命"所归，如《书·召诰》云："皇天上帝，改厥元子。兹大国殷之命，惟王受命，无疆惟休，亦无疆惟恤。"周公将革殷之举归结为"天降丧于殷"和"惟王受命"。通过对西周君臣"仇匹"关系的考察，有诸多证据显示，西周时期不惟周王，王之辅臣的政治权力也是来源于天命。如上举豳公盨铭文"生我王、作臣"之"作臣"主语是"天"。墙盘（《集成》10175）铭文载："上帝降懿德大屏"，其"懿德大屏"都是指辅佐先王的祖先，他们是"上帝"降生给"先王"的。这些铭文可以直接和清华简《厚父》"天……作之君，作之师"相对应，"作之师"即"作之臣"，其主语依然是"天"。除此之外，我们还可以从大盂鼎（《集成》02837）中找到近似的表述。铭文云："故天异（翼）临，子法保先王，□有四方。"原来诸家都以"天翼临子"④为断句，即"天子"之意。后来李学勤先生以"子法保先王"为断句，且认为"子"是作器者"盂"⑤。如是，全句意思是"盂"膺受天命以效法先祖辅助周王。以上可见，西周君臣"仇匹"政治伦理下"王"与"辅臣"往往都是同受天命。即上天"降生"王的同时也"降生"了相应"仇匹"之臣来辅佐他。天命是西周世俗政治合法性的唯一根源，此点已为人所共知。如前所析，西周辅臣与周王在政治地位上的独特关系，就是共同承受"天命"。如是，法理上周王与辅臣有一定的"对等"

---

① 徐鸿修：《周代贵族专政政体中的原始民主遗存》，《中国社会科学》1981年第2期，第85页。
② 李启谦：《从西周的君臣关系再释"八佾"》，《学术月刊》1983年第9期，第68页；杜勇：《清华简〈祭公〉与西周三公之制》，《历史研究》2014年第4期，第19—20页。
③ 徐鸿修：《周代贵族专政政体中的原始民主遗存》，《中国社会科学》1981年第2期，第85页。
④ 王国维：《盂鼎铭文考释》，《王国维遗书》第6册，上海：上海书店出版社，2011年，第156页。杨树达：《全盂鼎跋》氏著《积微居金文说》，上海：上海古籍出版社，2013年，第92页；陈梦家：《西周铜器断代》（三），《考古学报》1956年第1期，第96页；唐兰：《西周青铜器铭文分代史征》，上海：上海古籍出版社，2016年，第186页。
⑤ 李学勤：《大盂鼎新论》，《郑州大学学报》（哲学社会科学版）1985年第3期，第52页。

地位，而非敌体或其他什么性质的关系。西周"仇匹"君臣伦理下的辅臣，在"天命"法理上与周王形成"对等"地位，往往给他们天然的权力对周王的行为进行规谏、限制。

西周初期有太保之官，《周礼·地官·保氏》有云："掌谏王恶，而养国子以道，乃教之六艺……凡祭祀、宾客、会同、丧纪、军旅，王举则从。听治，亦如之。""掌谏王恶"与"王举则从"可以看出太保随时从王左右，对"王恶"之行为进行规谏。再如《逸周书·逸文》云："絜廉而切直，匡过而谏邪者，谓之弼；弼者，拂天子之过者也。常立于右，是召公也。"① 而此段文字同见于《大戴礼记·保傅》都是形容担任太保之职的召公。召公以"拂天子之过"形式辅弼天子，这正是君臣"仇匹"政治伦理及"辅贰"制度的解说。杨宽先生也认为周初太保职官，源自与贵族家族中的长老，具有长老监护的性质②。这种长老监护也就是辅臣拥有对周王规谏、约束的权力。

又《左传》襄公十四年师旷言于晋侯曰：

> 天生民而立之君，使司牧之，勿使失性。有君而为之贰，使师保之，勿使过度。是故天子有公，诸侯有卿，卿置侧室，大夫有贰宗，士有朋友，庶人、工商、皂隶、牧圉皆有亲昵，以相辅佐也。善则赏之，过则匡之，患则救之，失则革之。自王以下各有父兄子弟以补察其政。

这段记载，主要在阐明"辅贰"制度，其中"师保"的重要职责便是辅弼君王，让君王"勿失性""勿过度"，这也是"补察其政"的意思。可见，当周王的行为不符合善举时，身边辅臣有责任对其进行规谏。

如《国语·周语》载召穆公规谏周厉王云：

> 故天子听政，使公卿至于列士献诗，瞽献曲，史献书，师箴，瞍赋，矇诵，百工谏，庶人传语，近臣尽规，亲戚补察，瞽、史教诲，耆艾修之，而后王斟酌焉，是以事行而不悖。

此是召穆公劝谏周厉王要纳谏，若周王行事不良，则身边"公卿""列士"都应该向王劝谏。这里提到的"公卿"与前举诸文献中的"天子有公""王有公""师保"属地位相近的辅臣。这些辅臣与周王就是"使师保之""以相辅佐"的关系，周王的行为一定程度上是受辅臣约束。

综合以上，"仇匹"是西周金文及早期文献中常出现，且是形容君臣政治伦理的语辞，应是西周君王与辅臣政治伦理最贴切的表述。实际上能够与周王相"仇匹"的辅臣多是贵族上公，他们是周王治理国家的重要助手，如同文献所述之"辅贰"之臣。此外，"仇匹"语辞还更能恰当地体现，在"天命"法理上周王与辅臣有一定的"对等"性。如是，西周辅臣拥有天然规谏、限制周王的权力和责任，在"仇匹"君臣政治伦理下，周王并非绝对专权君

---

① 朱右曾：《逸周书集训校注》卷十一《佚文》，王云五主编：《万有文库》第二集七百种，上海：商务印书馆，1937年，第173页。
② 杨宽：《西周史》，上海：上海人民出版社，2016年，第337页。

主,周王的行为也会受到身边辅臣的限制。

结语

从西周铭文到传世典籍以及近来的出土文献,它们都有君王与辅臣联袂搭配的内容。这些文本内容,反映了西周君王与辅臣"仇匹"的政治伦理。与周王相"仇匹"之人,多为上公贵族,学者或以为这种君臣政治伦理为"辅贰"制度。我们认为,较之于"辅贰","仇匹"本就是西周铭文中用于形容辅臣与周王关系的语辞,当更接近西周君臣政治伦理的本义。特别是"仇匹"语辞还能更恰当地体现周王与辅臣在"天命"法理上一定的"对等"地位。总的来说,西周"仇匹"政治伦理主要有两层涵义:一、辅臣与周王形成稳固的联袂搭配,且君臣联袂创生的搭配反映君臣"仇匹"的政治伦理。二、从法理依据上看,与王"仇匹"之臣是上天"降生"给周王的,在周王身边常任师、保之职,他们拥有天然的权力对周王的行为进行规谏、限制。也就是说,"仇匹"政治伦理下的周王不是绝对专权的君王,他的行为往往要受到"仇匹"之臣的约束。

(附记:感谢导师宁镇疆教授对于本文写作的指导!)

作者简介:龚伟,四川师范大学历史文化与旅游学院讲师,中国古代史博士,研究方向为先秦史、巴蜀史。

多维视野下的战国楚地太一信仰述论

信阳师范学院 郭成磊

摘 要：在战国楚地的信仰体系中，太一居于极其重要的地位。本文通过考察出土资料中有关太一文本的地域与年代，并结合秦骃玉版、《诅楚文》及秦楚蓝田之战的史实，推断至晚在战国早中期楚人就已信奉太一，而秦地的太一神信仰可能源自楚地。对《太一生水》中太一与道、太一与水的关系进行梳理，指出战国楚地太一的神学、哲学、数术三重涵义之间具有密切的内在联系。从创世神话的角度解读楚帛书，并根据相关图像材料，探究太一与伏羲的关系，申述《九歌》"东皇太一"就是伏羲。

关键词：太一 楚地 道 水 伏羲

太一在古代的信仰体系中是一个非常特殊的概念，从有关资料的地域性来看，它与战国楚地的关系尤其密切；从这些资料的内容来说，它又涉及古代的神祇崇拜、哲学本体、天文数术、创世神话和古史传说。本文即从神学、哲学、数术、神话与图像学的多维视角，探讨战国时期楚地的太一信仰。

一、神学范畴的太一与楚地

楚人崇奉太一，于屈骚宋赋有所体现。《九歌》诸神之中，东皇太一列居首位，学者皆注以为"天之尊神"，或谓上帝之别名。[①] 宋玉《高唐赋》："进纯牺，祷璇室，醮诸神，礼太一。"刘良注："诸神，百神也。太一，天神也。天神尊敬礼也。"凡此种种似可表明楚人所信仰的太一为最高的天神。这一点可以和出土文献相印证，在目前已发现的几批楚简中就有对"太"的祭祷，现将较完整的简文择录如下：

祈福于太一驿牡、一熊牡；司祲、司折……（新蔡简甲一7）

秋三月择良月良日，举祷太……举祷大地主一犙，缨之吉玉。囟攻……疾速瘥，速

[①] 马茂元：《楚辞选》，北京：人民文学出版社，1998年，第51页；汤炳正等：《楚辞今注》，上海：上海古籍出版社，1995年，第43页。

赛之。占之吉。(秦家嘴 M99—14)

少有感于躬身，有祟。以其故说之。(13—01) 择良日霎月，举祷太一牺，司命、司祸各一牂，后土一牺；举祷大水一牺。择良日献马之月，赛 (13—02) 祷卓公顺至惠公大牢，乐之，百，赣。占之吉。集岁几中将有憙。(天星观 13—03)

……吉，不死，有祟。以其故说之。举祷太佩玉一环，后土、司命各一小环，大水佩玉一环。(望山 M1—54)

赛祷太佩玉一环，后土、司命、司祸各一小环，大水佩玉一环，二天子 (213) 各一小环，峗山一玦。迻应会之说，赛祷宫后土一羖。迻石被裳之说，至秋三月，赛祷昭王特牛，馈之；赛祷文坪夜君、郚公子春、司马子音、蔡公子家各特豢，馈之；赛祷亲母 (214) 特䝴，馈之。盬吉占之曰：吉。太、后土、司命、司祸、大水、二天子、峗山既皆成。几中有憙。(包山简 215)

在上揭简文中，"太"的位次列居诸神之首，祭品亦最贵重。据此，论者多以为"太"即太一，也就是《九歌》之"东皇太一"①。

以上所列材料是有关楚人太一神信仰的主要史料，要了解太一神信仰的起源，就有必要对这些史料的年代进行考察。

望山 M1 竹简有"齐客张果问王于戚郢之岁"和"郙客困刍问王于戚郢之岁"两组纪年材料，李学勤先生据此认为符合历日条件的是公元前 321 年，即楚怀王八年②。

天星观 M1 简有四组纪年，其中"秦客公孙鞅（鞅）问王于戚郢之岁"3 条历日，"齐客绅腾问王于戚郢之岁"11 条历日。李先生推定前者合于前 340 年（秦孝公二十二年、楚宣王三十年），后者是前 339 年（楚威王元年），并根据墓主的病情"直到年末，不再有下一年接续"，判断其死亡时间在前 339 年年末，下葬则在楚历新年以后③。按，楚历年末为献马之月，即夏正九月，墓主邸阳君番勝为楚国上卿，若按"三月而葬"的说法④，下葬应在前 339 年夏正十二月，相当于楚历前 338 年远夕之月。

秦家嘴 M99 有一条纪年"秦客公孙鞅聘于楚之岁"，李先生推断就是天星观 M1 简的"秦客公孙鞅问王于戚郢之岁"，即前 340 年，并据"至秋三月，瘥，毋死"（秦家嘴 M99—3）和"秋三月择良月良日……疾速瘥，速赛之"（秦家嘴 M99—14）两例简文，推断墓主埜

---

①参见李零：《包山楚简研究（占卜类）》，《中国典籍与文化论丛》第 1 辑，北京：中华书局，1993 年，第 438 页；刘信芳：《包山楚简神名与〈九歌〉神祇》，《文学遗产》1993 年第 5 期；晏昌贵：《巫鬼与淫祀——楚简所见方术宗教考》，武汉：武汉大学出版社，2010 年，第 80—81 页。对于"太"字，董珊先生《楚简中从"大"声之字的读法》（《古代文明》第 8 卷，北京：文物出版社，2010 年，第 285—312 页）则读作"厉"，意为厉鬼。

②李学勤：《有纪年楚简年代的研究·望山 1 号墓简》，《文物中的古文明》，北京：商务印书馆，2008 年，第 442—443 页。

③李学勤：《有纪年楚简年代的研究·天星观 1 号墓简、秦家嘴 99 号墓简》，第 439—440 页。

④按：《礼记·王制》说："天子七日而殡，七月而葬。诸侯五日而殡，五月而葬。大夫、士、庶人三日而殡，三月而葬。"

的死亡应在此年①。其说甚是,从连续两"遬"字来看,塦或已病危,"秋三月"可能即其死亡时间。若是,则下葬应在前340年"冬三月",相当于楚历前339年冬夕至远夕之间。

包山M2简有七个纪年,最后一个是"大司马悼滑将楚邦之师徒以救郙之岁",据学者的推考,其绝对年代为前316年②。又简267云:"大司马悼滑救郙之岁,亯月丁亥之日,左尹葬。"明确说墓主左尹昭佗葬于"悼滑救郙之岁"。可见,包山M2简的年代下限在前316年。

新蔡M1001简有九个大事纪年,其中"王徙于鄩郢之岁"是出现次数最多的一年,也是这些年份中最晚的一年③,即墓主平夜君成的丧葬之年,其绝对年代主要有前377年(楚肃王四年)、前398年(楚悼王四年)两种意见④。结合清华简《楚居》载有楚悼王徙居鄩郢一事,新蔡M1001简的年代下限当在前398年。

《楚辞》中亦提及对太一的祠祭,屈原的活动年代主要在楚怀王、顷襄王之世,宋玉则更在其后。通过对相关材料年代的考察,我们知道至晚到前398年,在楚地文献中就已出现对太一神的祭祷,也就是说,至迟在战国早中期之交,楚人就已开始信仰太一神。

战国之世,楚地以外的其他地区似亦有信奉太一神的现象。秦骃玉版铭文⑤:

　　句(苟)令小子骃之病自复故,告大□、大将军,人壹□□,王室相如。

大□,李零先生释为"大壹",读作"太一"⑥。王辉先生说:"'大壹'二字已残,不能十分肯定。如隶定无误⑦,'大壹'应即泰一、太一。"⑧ 可见,战国时期秦人很可能也信奉太一神。关于玉版的器主和年代(见表一),目前学界尚未达成一致意见。诸说之中,当以

---

① 李学勤:《有纪年楚简年代的研究·天星观1号墓简、秦家嘴99号墓简》,第440—441页。
② 王红星:《包山楚简所反映的楚国历法问题——兼论楚历沿革》,湖北省荆沙铁路考古队编:《包山楚墓》附录二,北京:文物出版社,1991年,第521—532页;刘彬徽:《从包山楚简纪时材料论及楚国纪年与楚历》,《包山楚墓》附录二一,第533—547页。后来学者又针对"郙"之所指,并结合有关史实进行了补充论证,参见李学勤:《有纪年楚简年代的研究·包山2号墓简》,第447—452页。
③ 河南省文物考古研究所编著:《新蔡葛陵楚墓》,郑州:大象出版社,2003年,第183页。
④ 相关讨论参见蔡丽利:《楚卜筮简综合研究》,吉林大学文学院博士学位论文,2012年,第21—22页。
⑤ 或称"秦骃祷病玉版""秦玉牍",共两件,铭文相同,传出土于陕西华山下的乡村,原为北京私人收藏,现藏于上海博物馆。
⑥ 李零:《秦骃祷病玉版的研究》,袁行霈主编:《国学研究》第6卷,北京:北京大学出版社,1999年,第536页。按:该文后被李零作为"附录四"收进《中国方术续考》,在"后记·附记"中(《中国方术续考》,北京:中华书局,2006年,第379页)中,李先生说:"本书附录四对作器者未做深入考证,近有学者提出作器者即尚未即位的秦惠文君,读者参看:李学勤《秦玉牍索隐》,《故宫博物院院刊》2000年第2期,第41—45页。"这似可看作其对己说的自我否定与放弃。
⑦ 李家浩《秦骃玉版铭文研究》(北京大学中国古文献研究中心编:《北京大学中国古文献研究中心集刊》第2辑,北京:燕山出版社,2001年,第108页)不同意这种看法,但是未作隶定。李学勤《秦玉牍索隐》(《故宫博物院院刊》2000年第2期)释作"大令",认为即县令,为地方行政长官。连劭名《秦惠文王祷词华山玉简文研究》(《中国历史博物馆馆刊》2001年第1期)释为"大邑",亦未作注解。按:"大□""大将军"皆为神祇名,告即祝告,意谓祷告于神灵,新蔡简"告大川有薑""告大司城"即其例。
⑧ 王辉:《秦曾孙骃告华大山明神文考释》,《考古学报》2001年第2期。

秦惠文王为是,郭永秉先生撰有专文论证,可参看①。据此,可判断秦人信奉太一神的年代下限为秦惠文王称王期间(前325年—前311年)。

表一 秦駰玉版器主与年代诸说

学者	"駰"之身份	玉版年代
李零	秦惠文王或秦武王的后裔	秦昭王灭西周后,秦始皇即位前(前256—前246年)②
李学勤	秦惠文王	称王期间(前325—前311年),很可能就在其末年⑤
李家浩		前324年至前311年,绝对年代在前311年⑥
周凤五③		
连劭名④		
郭永秉		各国相继称王之后到秦惠文王晚年的这一段时间⑦
王辉	可能是秦公子,也可能是某王之字	秦昭襄王五十二年(前255)至秦始皇二十六年(前221)⑧
曾宪通等	秦庄王子楚(庄襄王)	前249年至前247年之间⑨

目前发现的战国时期以"太一"为神灵的材料,除"秦駰玉版"出自秦地外,其他的都来自楚地,并且玉版的年代更晚,因此,我们推测秦地的太一神信仰可能源自楚地,而传入或就在秦惠文王之时。

根据北宋时发现的战国秦石刻文字《诅楚文》的记载,秦惠文王于后元十三年(前312)秦楚蓝田之战前夕,命宗祝祷告神灵以诅咒楚怀王,祈求战争获胜。⑩可见,秦惠文王是一个崇信鬼神之人。裘锡圭先生说:"秦王此次诅楚,所告之神大概很多,所刻之石决

---

①郭永秉:《秦駰玉版铭文考释中的几个问题》,复旦大学历史系编:《复旦史学集刊》第1辑《古代中国:传统与变革》,上海:复旦大学出版社,2005年,第280—284页。
②李零:《秦駰祷病玉版的研究》,第536页。
③周凤五:《〈秦惠文王祷词华山玉版〉新探》,《"中央研究院"历史语言研究所集刊》第72本第1分,2001年3月,第217—232页。
④连劭名:《秦惠文王祷词华山玉简文研究》,《中国历史博物馆馆刊》2001年第1期。
⑤李学勤:《秦玉牍索隐》,《故宫博物院院刊》2000年第2期。
⑥李家浩:《秦駰玉版铭文研究》,第109—116页。
⑦郭永秉:《秦駰玉版铭文考释中的几个问题》,第280—284页。
⑧王辉:《秦曾孙駰告华大山明神文考释》,《考古学报》2001年第2期。
⑨曾宪通、杨泽生、肖毅:《秦駰玉版文字初探》,《考古与文物》2001年第1期。
⑩郭沫若:《诅楚文考释》,《郭沫若全集·考古编》第9卷,北京:科学出版社,1982年,第286—295页。

不会仅有三块。但其余刻石尚未为后人所发现，也可能发现时由于不受重视而即遭毁弃。"①也就是说，秦惠文王所祷告的应不只"巫咸""大沈厥湫"和"亚驼"三神，结合秦骃玉版铭文，其中很可能就有"太一"。如果太一神信仰源于楚地的推断不误，按照"祭不越望"（《左传·哀公六年》）的说法，秦人本不该祷祠太一神。不过，两国交战期间似可例外，如晋楚邲之战，楚庄王"祀于河"（《左传·宣公十二年》）；郑国子展、子产帅师攻破陈国，"祝祓社"（《左传·襄公二十五年》）；城濮之战前夕，楚令尹子玉因"弗致"河神琼弁玉缨，遭遇兵败而自刎（《左传·僖公二十八年》）。这些例子从正反两面说明，战国时期交战一方祭祷敌对方的神祇是必要的。就此而言，蓝田大战在即，秦国面临楚大军压境的严峻情势②，秦惠文王为了赢得这场战争，很可能会向楚人的至上神"太一"祝告，以控诉怀王之罪，祈求免除对楚军的庇护。从战争的结局看③，秦惠文王的祝告最终得偿所愿。在这场关系秦楚两国兴衰的大战中，秦国竟得到了楚地太一神的护佑，基于此，秦人很可能从此就接受了对太一神的信仰，这种推测可与玉版互证。

二、哲学范畴的太一与道

在战国楚地文献中，"太一"除了神学上的属性外，亦可表示哲学上的概念范畴。郭店楚简中有一篇成书于战国中期的佚籍，整理者拟名为《太一生水》，其第一至第八简说：

> 太一生水，水反辅太一，是以成天。天反辅太一，是以成地。天【地复相辅】1也，是以成神明。神明复相辅也，是以成阴阳。阴阳复相辅也，是以成四时。四时2复【相】辅也，是以成沧热。沧热复相辅也，是以成湿燥。湿燥复相辅也，成岁3而止。故岁者，湿燥之所生也。湿燥者，沧热之所生也。沧热者，四时4【之所生也。四时】者，阴阳之所生【也】。阴阳者，神明之所生也。神明者，天地之所生也。天地5者，太一之所生也。是故太一藏于水，行于时，周而又【始，以己为】6万物母。一缺一盈，以己为万物经。此天之所不能杀，地之所7不能釐，阴阳之所不能成。君子知此之谓……8

这里，"太一"作为本根，创生出水，再经过水、天之"反辅"，以及其后生成物的不断"相辅"，依次生出地、神明、阴阳、四时、沧热、湿燥和岁。这种创生模式，显然属于宇宙论的范畴。

关于"太一"，学者多以"道"等同之，郭店楚简的整理者就说：

> 太一，在此为道的代称。《庄子·天下》："建之以常无有，主之以太一。"成玄英

---

① 裘锡圭：《诅楚文"亚驼"考》，《文物》1998年第4期。
② 《诅楚文》："今又悉兴其众，张矜怖弩，饬甲砥兵，奋士盛师，以逼吾边境，将欲复其凶迹。"又《史记·楚世家》："楚怀王大怒，乃悉国兵复袭秦。"
③ 《史记·楚世家》载："大败楚军。韩、魏闻楚之困，乃南袭楚，至于邓。楚闻，乃引兵归。"又《张仪列传》："楚大败，于是楚割两城以与秦平。"《屈原贾生列传》："魏闻之，袭楚至邓。楚兵惧，自秦归。而齐竟怒不救楚，楚大困。"

疏:"太者,广大之名,一以不二为称。言大道旷荡,无不制围,括囊万有,通而为一,故谓之太一也。"《吕氏春秋·大乐》:"道也者,至精也,不可为形,不可为名,彊为之名,谓之太一。"①

对此,郭沂先生并不认同,他说:

> 在《太一生水》中,"太一"和"道"完全不是一回事。"太一"是最高形上实体,而"道"为天地或天地之道。……至于该篇的"太一"与其他哲学家如老聃的"道"相当,甚至"太一"可能来自老聃之"道",那是另外一回事。②

郭先生的说法前后似有抵牾,究其实,在于对"太一"即"道"的观点有所保留。丁四新先生通过对整理者的引证材料进行辨析,否定简文"太一"等同于"道",并指出"太一"有自身的宇宙论和神学传统③。丁先生的看法是有一定道理的,简文第一部分(上揭1至8号简)以"太一"为本体,从中找不出"太一"即"道"的直接文本证据,此其一;第二部分(9至14号简)主要论"道"与"天道",也没有涉及"道"与"太一"的关系,此其二。据此可知,《太一生水》前后两部分的联系并没有多么紧密④,反倒是各自具备相当程度的独立性。因此,学者主张将《太一生水》前后两部分划分为独立的两篇文本⑤,也就不难理解了。

然而,即便如此,这些也不能构成否定"太一"即"道"的充分条件。更何况这一"突破"本身含有一定的风险,因为全部14枚简中7枚残缺,其中8号简的简末之阙文又有学者补入"道"字⑥。若所补无误,那么"太一"与"道"的联系就不能轻易否定。另外,9

---

①荆门市博物馆编:《郭店楚墓竹简·太一生水释文注释》,北京:文物出版社,1998年,第125页。
②郭沂:《试谈楚简〈太一生水〉及其与简本〈老子〉的关系》,《中国哲学史》1998年第4期。
③丁四新:《楚简〈太一生水〉研究——兼对当前〈太一生水〉研究的总体批评》,丁四新主编:《楚地出土简帛文献思想研究》第1辑,武汉:湖北教育出版社,2002年,第230—233页。
④比利时学者戴卡琳即持此看法,她在《〈太一生水〉初探》(陈鼓应编:《道家文化研究》第17辑《郭店楚简专号》,北京:三联书店,1999年,第341页)中说:"两段文章惟一似乎相同的地方:运动(无论是宇宙论的还是更现实的)的完美次序是基于一个静止的、空虚的中心,即连续的、可见的秩序的不可见的强大主宰。"
⑤丁四新先生《楚简〈太一生水〉研究》(丁四新主编:《楚地出土简帛文献思想研究》(第1辑),第183—249页)将前8简当作一篇,沿用《太一生水》一名;后6简当作另一篇,名为《天地名字》。曹峰先生《〈太一生水〉下半部分是一个独立完整的篇章》(《清华大学学报》2014年第2期)也持类似观点,指出《太一生水》的下半部分是一个独立完整的篇章,并命名为《天道贵弱》。
⑥韩禄伯著,邢文改编,余瑾翻译:《简帛老子研究》,北京:学苑出版社,2002年,第118页。

号简在文中略显孤悬,虽然学者对其位置提出过多种调整方案,但都没能很好地解决这个问题①,这说明《太一生水》可能存在部分竹简佚失的情况②。在这些佚简中可能就存在着对"太一"与"道"的关系进行阐述的文字。总之,仅仅通过分析《太一生水》的文本,还不足以否定"太一"与"道"之间的关联。既然无法"破",那么就不应该急于"立",而时下多数学者所秉持的"太一"即"道"的观点有着丰富的文献材料作为支撑③,应是可取的。

学界将简文"太一"等同于"道"的依据,主要来自对《老子》文本的解读。比如李零先生就指出《老子》常以"大"或"一"指道,并通过对相关章节的具体分析,认为"太一"是"大"和"一"的合成词④。但容易引起人们诟病的是,《老子》中并没有直接出现"太一"或"大一"一词。通行本《老子》第25章说:

> 有物混成,先天地生。寂兮寥兮,独立不改,周行而不殆,可以为天下母。吾不知其名,字之曰道,强为之名曰大⑤。

又《吕氏春秋·仲夏纪·大乐》说:

> 道也者,至精也,不可为形,不可为名,强为之【名】谓之太一⑥。

对比两段文字,文辞多有相似之处,《吕氏春秋》的说法应该袭自《老子》。顾颉刚先生曾从论道、修身、治民三个方面对两书进行比较,发现《吕氏春秋》中多处引用到《老子》,

---

① 李零《读郭店楚简〈太一生水〉》[陈鼓应编:《道家文化研究》(第17辑)《郭店楚简专号》,第317页]按照竹简序号顺排,将后6枚简合为一章。崔仁义《荆门郭店楚简老子研究》(北京:科学出版社,1998年,第37页)、刘信芳《荆门郭店竹简老子解诂》附录一《太一生水》(台北:艺文印书馆,1999年,第76页)、陈伟《〈太一生水〉校读并论与〈老子〉的关系》[安徽大学古文字研究室编:《古文字研究》(第22辑),北京:中华书局,2000年,第227—228页]等学者则主张把9号简置于12、13号简之间。裘锡圭先生《〈太一生水〉"名字"章解释——兼论〈太一生水〉的分章问题》[安徽大学古文字研究室编:《古文字研究》(第22辑),第220页]将9号简置于14号简之前,二者合为"天道贵弱"章。李零、曹峰等先生对多种排列方案进行过梳理和评述,参见李零:《郭店楚简校读记》(增订本),北京:中国人民大学出版社,2007年,第43—46页;曹峰:《〈太一生水〉下半部分是一个独立完整的篇章》,《清华大学学报》2014年第2期。
② 法国学者贺碧来在《论〈太一生水〉》(陈鼓应编:《道家文化研究》第17辑《郭店楚简专号》,第337页)中说:"一提到太一就马上转到道。应该指出郭店《太一生水》是一篇不够完整的文章,是否在'一'之前有太初或道我们无法知道。"强昱先生《〈太一生水〉与古代的太一观》[陈鼓应编:《道家文化研究》(第17辑)《郭店楚简专号》,第367页]也认为"《太一生水》不是一部完整严密的作品,这是由于错简脱落或传抄失误造成的"。
③ 参见丁四新:《郭店楚墓竹简思想研究》,北京:东方出版社,2000年,第91—94页。
④ 李零:《读郭店楚简〈太一生水〉》,陈鼓应编:《道家文化研究》(第17辑)《郭店楚简专号》,第323—328页。
⑤ 王弼注,楼宇烈校释:《老子道德经注校释》,北京:中华书局,2008年,第62—63页。此段引文在《老子》各版本之间存在着差异,参见刘笑敢:《老子古今——五种对勘与析评引论》,北京:中国社会科学出版社,2006年,第283、285—286页。
⑥ 清人毕沅怀疑"彊为之"下脱"名",许维遹先生亦持此看法,参见许维遹撰,梁运华整理:《吕氏春秋集释》,北京:中华书局,2009年,第111页。

他说:"《吕氏春秋》的作者用了《老子》的文词和大义这等多,简直把五千言的三分之二都吸收进去了。"① 由此可知,《老子》第25章之"大"应即《吕氏春秋·大乐》之"太一"。又郭沫若先生在《先秦天道观之进展》中曾指出《老子》"强为之名曰大"后"一字原夺",认为"太一"便是"大一",便是"道"②。对此,周勋初先生说:"郭氏此说虽然缺乏版本学上的根据,但是按照《老子》的思想体系而言,此说可以成立,故从研究思想史与宗教学的角度予以采录。"③ 现在看来,郭氏之说应该是有其文献依据的。

总之,《太一生水》中的"太一"作为哲学上的终极概念,可以与"道"等同。

三、数术范畴的太一与水

关于太一与水的关系,学者们的讨论聚讼纷纭。李学勤先生从数术的角度进行解释,认为"太一藏于水,行于时"是太一行九宫的雏形,太一是北辰之神,"'行于时'是太一的周行,'藏于水'是太一从五行属水的北方始"④。冯时先生也基于数术的视角,将"太一"视为"天一"之名的演变,认为"天"为天地之天,"一"为数之本,"天一"的本义是天数一,它强调的是"一"而不是"天",简文"太一生水"实即"天一生水",本质是"一生水",反映了天数思想与五行思想的结合;"太一藏于水,行于时"实际是对太一行九宫的描述,"太一行九宫自阳起而始于子,子属坎位,坎为水,故云'太一藏于水';八卦之宫应四时八节,故太一行九宫即'行四时'"⑤。庞朴先生则从哲学思辨的角度,指出"太一生水"的"生"字是指化生,太一化形为水后,太一不复直接存在,但并不消失,而是作为本体藏在水中,水是太一所现之象,也就是活生生的太一⑥。李零先生也认为简文说"太一藏于水",是以"水"为"太一"的实体⑦。按,庞先生以"生"为化生,容有商榷⑧;而以水为太一之具象,则可信。《三命通会》卷一《论五行生成》篇说:

由是论之,则数以阴阳而配者也。若考其深义,则水生于一。天地未分,万物未成

---

① 顾颉刚:《从〈吕氏春秋〉推测〈老子〉之成书年代》,罗根泽编著:《古史辨》第4册,海口:海南出版社,2005年,第313—317页。
② 郭沫若:《青铜时代》,《郭沫若全集·历史编》第1卷,北京:人民出版社,1982年,第351页。
③ 周勋初:《九歌新考》,《周勋初文集》第1卷,南京:江苏古籍出版社,2000年,第67页注③。
④ 李学勤:《太一生水的数术解释》,陈鼓应编:《道家文化研究》(第17辑)《郭店楚简专号》,第297—300页。彭浩先生《一种新的宇宙生成理论——读〈太一生水〉》(武汉大学中国文化研究院编:《郭店楚简国际学术研讨会论文集》,武汉:湖北人民出版社,2000年,第538—541页)基于李说展开论述,认为太一常居的北方属水,故云"太一生水"。
⑤ 冯时:《"太一生水"思想的数术基础》,艾兰、邢文编:《新出简帛研究》,北京:文物出版社,2004年,第251—253页。
⑥ 庞朴:《一种有机的宇宙生成图式——介绍楚简〈太一生水〉》,陈鼓应编:《道家文化研究》(第17辑)《郭店楚简专号》,第303页。
⑦ 李零:《读郭店楚简〈太一生水〉》,陈鼓应编:《道家文化研究》(第17辑)《郭店楚简专号》,第323页。
⑧ 参见丁四新:《楚简〈太一生水〉研究——兼对当前〈太一生水〉研究的总体批评》,丁四新主编:《楚地出土简帛文献思想研究》(第1辑),第192—193页。

之初，莫不先见于水，故《灵枢经》曰："太一者，水之尊号也。先天地之母，后万物之源。"以今验之，草木子实未就，人虫、胎卵、胎胚皆水也，岂不以为一？及其水之聚而形质化，莫不备阴阳之气在中而后成。①

学者将这则材料与《太一生水》相比较，发现二者有诸多相似之处②。其中，"水生于一"应即"太一生水"；"先天地之母，后万物之源"与"与己为万物母""以己为万物经"表达的涵义一致，都是强调"太一"的本体地位。尤其值得注意的是，将太一视为水之尊号，或可看作对"太一藏于水"的注解，其实质是把太一与水等同起来。此"太一"既等同水，说明它并非《太一生水》中作为终极概念的"太一"，而是作为"三一"之一，与"天一""地一"并列的"太一"，属于次级的"太一"③。

材料所引《灵枢经》之文虽不见于今本，但今本《灵枢经·九宫八风》篇讲到"太一游宫"，引文或系《九宫八风》佚文④。太一游宫，即太一行九宫，始于北方的叶蛰宫，依次移居东北方的天留宫、东方的仓门宫、东南方的阴洛宫、南方的上天宫、西南方的玄委宫、西方的仓果宫、西北方的新洛宫，最后复居于叶蛰宫。北方居坎位，主水。显然，太一游宫与以水为始终的五行之循行转化是相通的。由是，学者从太一行九宫的数术视角解释《太一生水》，便顺理成章了。对于二者的关系，李零先生基于"图"的考察，认为：

> 《太一生水》篇是从宇宙生成的关系讲太一，即推天地、阴阳、四时、寒暑、湿燥之源为水为太一，终端是循环不已的"岁"。它是以生成链条的图式来描述这一过程，强调的是造化过程的起点，即"太一"和"水"。而太一行九宫则是一种圆图，始于子即水，依次经过木、火、土、金，复至于水，它更强调的是四时循行的过程和过程的结果，即"岁"。两者其实是对同一过程的不同描述。前者比后者更具哲学色彩，后者比

---

① 万民英：《三命通会》，《景印文渊阁四库全书》第 810 册，台北：台湾商务印书馆，1983 年，第 8 页。按：此条材料由李二民、姚治华二位先生首先发现，参见李二民：《读〈太一生水〉札记》，李学勤、谢桂华主编：《简帛研究二○○一》，桂林：广西师范大学出版社，2001 年，第 129—136 页；姚治华：《〈太一生水〉与太乙九宫占》，庞朴主编：《古墓新知》，台湾古籍出版有限公司，2002 年，第 47—68 页。

② 参见李二民：《读〈太一生水〉札记》，李学勤、谢桂华主编：《简帛研究二○○一》，第 130 页；姚治华：《〈太一生水〉与太乙九宫占》，庞朴主编：《古墓新知》，第 47—48 页；李零：《再读郭店竹简〈太一生水〉》，《李学勤先生学术活动五十年纪念文集》编委会主编：《追寻中华古代文明的踪迹——李学勤先生学术活动五十年纪念文集》，上海：复旦大学出版社，2002 年，第 60—61 页。

③ 关于"太一"与"三一"之关系，李零先生在《"太一"崇拜的考古研究》（北京大学中国传统文化研究中心编：《北京大学百年国学文粹·语言文献卷》，北京：北京大学出版社，1998 年，第 598—614 页）、《"三一"考》（《哲学与文化》廿六卷，1999 年第 4 期）、《读郭店楚简〈太一生水〉》（陈鼓应主编：《道家文化研究》第 17 辑《郭店楚简专号》，第 322—324 页）和《再读郭店竹简〈太一生水〉》（《李学勤先生学术活动五十年纪念文集》编委会主编：《追寻中华古代文明的踪迹》，第 60 页）等文章中均有所阐发。按：前三文均收入《中国方术续考》，第 158—192、330—342 页。

④ 河北医学院编《灵枢经校释》（北京：人民卫生出版社，2009 年，第 843 页）"附录一：《灵枢经》佚文"收录此条引文，并指出其出自宋刘温舒《素问运气入式论奥》卷上《论生成数第十》。

前者更切实用（我是说数术的应用）；一个强调"因"，一个强调"果"，正好互为表里。①

根据李先生的解释及上文的论析来看，《太一生水》中的"太一"应兼具哲学与数术的双重内涵。在哲学范畴上，着力强调的是"道"，即"太一"作为造物主的绝对本原地位；在数术层面上，则更突出"术"，它是"太一"成"道"，即何以能为造物主的原因。

另外，在湖北荆门漳河车桥战国墓出土过一件有关太一的图像材料，即年代为战国中晚期的"兵避太岁"戈，戈援上的纹饰为一"大"字形神人，头戴羽冠，身着鳞甲，左手和胯下各有一形似蜥蜴之龙，右手握双头龙，足踏日月②。对此图像，学者多有讨论③。李零先生认为是"一星在后，三星在前"的"太一锋"，"大"字形神人为"太一"（"太一一星"），三龙为"天一"或"太岁"（"天一三星"）④。其立论的依据主要是戈内铭文"兵避太岁"和马王堆帛书"太一避兵"图，但这两点并非完全可靠：

其一，有学者指出戈援图像与戈内铭文和花纹的风格、制作时间、族属不同⑤。若所述不误，戈内铭文与戈援图像可能就没有关联，那么将戈援上的神人视为"太一"或"太岁"的观点也就不能成立。

其二，将戈援图像完全等同于"避兵图"的依据并不充分⑥。

其三，帛书"太一避兵"图的缀合复原可能存在一些问题，题记中的"太一"可能并非大人形神像。⑦

---

①李零：《再读郭店竹简〈太一生水〉》，《李学勤先生学术活动五十年纪念文集》编委会主编：《追寻中华古代文明的踪迹》，第60页。
②1960年5月出土于湖北荆门漳河车桥战国墓，铭文刻于戈内穿孔两侧，正背各有两字，初释作"辟兵大武"，参见王毓彤：《荆门出土的一件铜戈》，《文物》1963年第1期。
③参见李零：《中国方术正考》，北京：中华书局，2006年，第57—62页；黄盛璋：《论"兵避太岁"戈与"大一避兵图"争论症结、引出问题是非检验与其正解》，周天游主编：《陕西历史博物馆馆刊》第10辑，西安：三秦出版社，2003年，第17—34页。
④李零：《湖北荆门"兵避太岁"戈》，《文物天地》1992年3期；《"太一"崇拜的考古研究》，《中国方术续考》，第168、176—180页；《中国方术正考》，第57—62页。
⑤张勋燎：《荆门出土巴蜀铜戈图铭新探》，李绍明等主编：《巴蜀历史·民族·考古·文化》，成都：巴蜀书社，1991年，第197—205页。
⑥参见胡文辉：《荆门"辟兵"戈考述》，《中国早期方术与文献丛考》，广州：中山大学出版社，2000年，第309页。
⑦参见邢义田：《"太一生水"、"太一出行"与"太一坐"——读郭店简、马王堆帛画和定边、靖边汉墓壁画的联想》，《美术史研究集刊》2011年第30期。

图一 "兵避太岁"戈① 　　图二 "太一避兵"图②

由此看来，李先生的观点可能并非定谳。尽管如此，相较于目前已有的解读，其论证更为充分，并且多有创获，影响也更大。这种解释表明，战国中晚期楚地的"太一"已可作为星神，这与《太一生水》中"太一"的数术涵义是一脉相承的，并且将太一的天文学属性（太一星）与神学属性（太一神）建立了联系，而这两种属性本身就难以截然区分。因此，那种认为太一的神学、哲学、数术三重涵义在逻辑上应该有发生学的先后递嬗关系的观点，③ 至少目前来看，并不适于战国时期的楚国。④

四、神话范畴的太一与伏羲

战国时期楚地有关创世的文献，除《太一生水》以外，还有1942年出土于长沙子弹库的战国楚帛书，不同的是前者更具哲学性，而后者的神话色彩更浓。帛书甲篇（即《四时》篇）第一章说：

　　曰古□龍（熊）雹戏，出自□胥，居于睢□。厥□渔＝，□□□女，梦梦墨墨，亡章弼弼，□每水□，风雨是於。乃娶１虞邋□子之子曰女董（?），是生子四。□是襄，而践是各（格），参化唬（乎）逃（兆），为禹为万，以司堵（土）襄（壤）。咎（晷）而步□２，乃上下联（腾）传，山陵不疏。乃命山川四海，□熏气害气，以为其疏，以涉山陵，泷汨凼漫（漫），未有日月。四神３相代，乃步以为岁，是惟四时。

---

① 采自李零：《中国方术正考》，第58页。
② 采自傅举有、陈松长编著：《马王堆汉墓文物》，长沙：湖南出版社，1992年，第35页。
③ 钱宝琮先生《太一考》（《钱宝琮科学史论文选集》，北京：科学出版社，1983年，第207—234页）认为太一是从先秦"道"的哲学概念演变为汉代的星名，再发展为天神中的至尊者和天帝，并派生出式法。谭宝刚先生《老子及其遗著研究——关于战国楚简〈老子〉、〈太一生水〉、〈恒先〉的考察》（成都：巴蜀书社，2009年，第265—274页）认为太一的发展演变过程是由哲学概念发展为神名，再发展为星名。
④ 尽管上述出自楚地的材料在年代上有先后早晚，但并没有证据表明它们所蕴涵的"太一"概念之间是前后衔接的链条关系。

这段文字多有泐损，文句的释读因而歧见众多，但文意大致可通，叙述的主体为雹戏，也就是伏羲。帛文主要讲伏羲晷天步地，疏通山陵，推步四时以成岁，从而建立空间与时间的宇宙秩序。不难发现，这种以伏羲为主体的创世模式与《太一生水》"成岁而止"的宇宙生成模式虽不同，但归结于四时成岁是一致的，可谓"殊途同归"。以此而言，闻一多先生从"权能与功绩"方面推测太一是伏羲的化名①，实在独具先见之明。

梦梦，亦见于《诗经》，《小雅·正月》："民今方殆，视天梦梦。"《大雅·抑》："视尔梦梦，我心惨惨。"毛传："梦梦，乱也。"孔疏引孙炎曰："梦梦，昏昏之乱也。"墨墨，《管子·四稱》："政令不善，墨墨若夜。"尹知章注："言其昏暗之甚也。"又《淮南子·俶真训》："及世之衰也，至伏羲氏，其道昧昧芒芒然。"所述与帛文契合，梦梦墨墨当犹芒芒昧昧。高诱注："昧昧，纯厚也。芒芒，广大貌也。"亡章，即无形。饶宗颐先生训"章"为形，"盖言宇宙初辟，尚未成形"②。弼，可与昏、闵互通，弼弼亦有昏乱不明之意③。由此可见，"梦梦墨墨，亡章弼弼"描绘的是天地混沌未分时的广大无形、昏暗莫明之状。这一点在传世典籍和出土文献中均可找到依据：

《楚辞·天问》："遂古之初，谁传道之？上下未形，何由考之？冥昭瞢暗，谁能极之？冯翼惟像，何以识之？"

《淮南子·精神训》："古未有天地之时，惟像无形，窈窈冥冥，芒芠漠闵，澒蒙鸿洞，莫知其门。"

马王堆帛书《道原》："恒无之初，迥同大虚，虚同为一，恒一而止，湿湿梦梦，未有明晦。"

显然，这些文本呈现出了若干共同特点：其一，内容上，可与楚帛书相互印证；其二，年代上，虽有先后早晚，但不超出战国秦汉时期；其三，地域上，皆属于楚地。因此，我们可以说，战国秦汉时期楚地流传的创世神话可能具有相同的渊源，它们之间应当存在某种前后承袭的关系。

另外，帛文"□每水□，风雨是於"与"泷汩凼漢"前后呼应，盖言风雨兴作，大水横流之象。综上所述，伏羲处于一片混沌大水的宇宙状貌中。于此，或可将其视为对"太一藏于水"的神话表述。

帛文"□龕雹戏"连言，"□龕"应系伏羲之称号。"龕"上一字残作"⺈"，裘锡圭先生说："所剩三残笔，右二笔似'大'形两腿下端，左一笔似'大'形左侧手臂下端。"④ 楚帛书中"大"字字形如下：

---

① 闻一多：《东皇太一考》，《文学遗产》1980 年第 1 期。
② 饶宗颐：《楚帛书新证》，饶宗颐、曾宪通著：《楚地出土文献三种研究》，北京：中华书局，1993 年，第 235 页。
③ 冯时：《中国天文考古学》，北京：中国社会科学出版社，2010 年，第 23—24 页。
④ 裘锡圭："'东皇太一'与'大龕伏羲'"，陈致主编：《简帛·经典·古史》，上海：上海古籍出版社，2013 年，第 10 页。

编号	甲六·二五	丙四·二	丙七·二	丙八·四
字形	大	大	大	大

细审之，残字"ϒ"确与"大"字下端形似，当释为"大"。"龕"读作"熊"，为"能"的"繁形古体"；又"羆"在楚简中多用作"一"，"能"可读为"壹"，"壹""一"同音通用，故"羆"也可作为"能"的"繁形古体"。据此，裘先生认为"龕"和"羆"是同源异流的关系，"'龕（熊）'和'羆（一）'，在字形上本由一字分化，形体形似；在字音上彼此也相当接近。因此'大龕（熊）'是有可能被误读为'大（太）羆（一）'的"。至于误读的产生，裘先生推测是战国楚地的文人和方士、巫史之流中，有些人有意为之①。

也有学者认为"大能"即大龙，并以文献和出土遗物中所见人面蛇身的伏羲形象作为佐证材料②。这种意见应引起重视，因为马王堆一号墓T形帛画上部正中的人蛇合体像，被有些学者认定为太一③。既然伏羲、太一在图像上都具有人蛇合体的形体特征，那么太一即伏羲的可能性就增加了。另一方面，同墓所出《太一避兵图》中的大字形太一神像却并非人首蛇身，两者的视觉差异明显。如何释图，才能消解这种差异？我们认为，大字形神像与其胯下黄首青身之龙应视为一体，胯下之龙当为次级的"太一"，相当于"三一"中的"水"，大字形神像与其胯下之龙所反映的正是"太一"与"水"的关系。由是，《避兵图》中的太一神像亦可视为人首龙身（蛇身）。

还需要注意的是，T形帛画上的太一图像只能代表西汉初的情形④，两汉之际以后的汉画太一图像则呈现出"太一居中，伏羲、女娲或是分别左右，或是由太一左右双臂紧扣住伏羲、女娲二神"的特点⑤。也就是说，两汉之际以后的太一与伏羲已分离开来，二者不可再互为称号。由于汉初至两汉之际的太一图像尚有缺失，因而太一与伏羲分离的时间还难以从考古学上予以判定。我们推测，二者的析分很可能与伏羲、太皞的合而为一，以及汉武帝时太一神在国家祀典中至尊地位的逐步确立有关。

---

① 裘锡圭：《"东皇太一"与"大龕伏羲"》，陈致主编：《简帛·经典·古史》，第7—12页。
② 冯时：《中国天文考古学》，第21页。
③ 参见罗世平：《关于汉画中的太一图像》，《美术》1998年第4期；王煜：《汉代太一信仰的图像考古》，《中国社会科学》2014年第3期。
④ 马王堆一号汉墓的年代，整理报告定在汉文帝十二年（前168年）以后数年，参见湖南省博物馆、湖南省文物考古研究所编著：《长沙马王堆二、三号汉墓》第1卷，北京：文物出版社，2004年，第237—238页。
⑤ 刘屹：《神格与地域——汉唐间道教信仰世界研究》，上海：上海人民出版社，2011年，第23页。

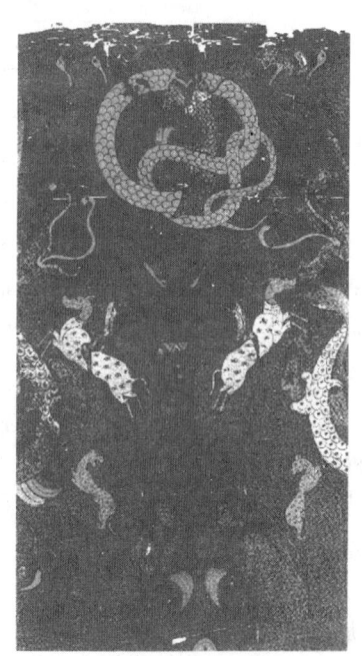

图三　马王堆一号汉墓 T 形帛画及其局部①

　　既已认定太一即伏羲，就有必要对"东皇太一"之"东皇"与伏羲的关系有所交代。闻一多先生认为东皇与西皇是相对的，"西皇是少皞，则东皇必是太皞。五帝系统中之太皞即三皇系统中之伏羲，东皇是太皞，也便是伏羲了"②。以东皇为伏羲固然不错，但是说太皞即伏羲尚容有可商。崔述《补上古考信录》卷下《太皞氏》对"太皞非包羲氏"有详考，可以参看。至于太皞与伏羲的牵合，崔氏归于刘歆，其在《炎帝氏》中说："自司马迁以前，未有言炎帝、太皞之为庖羲、神农者，而自刘歆以后始有之。"③徐旭生先生则说："可以猜想伏羲同太皞合家，在太史公以前，或者可以早到战国后期已经成功。"④ 二说固然有分歧，但在太皞并非自来就是伏羲这一点上则是一致的。另外，我们并不能肯定屈原《离骚》中的"西皇"是否就是少皞。鉴于闻说之疏漏，裘锡圭先生对伏羲称为"东皇"的原因重新进行了解析：其一，肯定顾颉刚、杨向奎先生《三皇考》提出的《淮南子》"二皇"即"二神"，可能是东皇和西皇的看法；其二，肯定闻一多先生在《伏羲考》里指出"二皇""二神"就是伏羲、女娲的意见；其三，肯定高诱二皇、二神象征阴阳的说法，"在古人的观念中，男阳女阴，与阳相配的方向是东与南，与阴相配的方向是西与北"。根据以上三点，裘先生说：

　　　　把二皇中的伏羲称为"东皇"，是顺理成章的。《离骚》的"西皇"，应该就是女娲。

---

①采自湖南省博物馆、中国科学院考古研究所编：《长沙马王堆一号汉墓》（下集），北京：文物出版社，1973年第49、55页。
②闻一多：《东皇太一考》，《文学遗产》1980年第1期。
③崔述撰著，顾颉刚编订：《崔东壁遗书》，上海：上海古籍出版社，1983年，第40、41页。
④徐旭生：《中国古史的传说时代》，桂林：广西师范大学出版社，2003年，第250页。

在西王母、东王公传说中，东王公比西王母晚出得多，情况比较特殊。但是他们的方向配置，也是反映了古人的思想定势的。①

从阴阳与方位搭配的角度阐释东皇与伏羲的关系，虽然很具启发性，但是仍存疑窦：既然伏羲为男性创世者，属阳，配东方与南方，那么为何称其为"东皇"，而不称"南皇"？更何况伏羲在古史传说中还属于南方苗蛮集团。

我们认为，"东皇"之"皇"应为美、大之名，就伏羲作为创世主的"权能与功绩"而言，宜以此尊号冠之；"东"字，从时空与方位的角度来看，实际蕴涵有初始之义：在时间上，象征着黎明（一日之初）和春季（一岁之始）；在空间上，是日月星辰初升的方位。由是，称伏羲为"东皇"，诚乃名副其实。

总之，太一即伏羲的说法应该可以成立。还需厘清的是，传说伏羲为苗蛮的先祖，为何会被楚人所奉祀？或以为楚人从北方移植于南方，占据苗蛮的原住地后，也接受了他们的宗教②。这种说法容易让人产生太一源自苗蛮的印象，我们对此持保留态度。伏羲源于苗蛮尚无可疑，而太一则最可能发轫于楚地。这就是说，太一与伏羲本各有归属，很可能是楚人基于二者的类通性，而牵合为一。

五、结语

从神格与地域关系的角度来看，太一与楚地的联系尤为密切，楚人的太一神信仰最晚可追溯到战国早中期之交。秦骃玉版铭文说明秦人也信奉太一神，结合《诅楚文》和蓝田之战的史实，秦地的太一神信仰可能源自楚地。郭店简佚籍《太一生水》表明，太一可以表示哲学上的终极概念，等同于《老子》的"道"。数术视野下的太一与水之关系，以及对"兵避太岁"戈、马王堆帛书"太一避兵"图所作的图像学分析，表明战国楚地的太一已可作为星神。楚帛书《四时篇》记载的伏羲创世神话与《太一生水》的宇宙创世模式多有类通，结合伏羲的"权能与功绩"，太一应即伏羲。要之，太一的多重属性之间并不一定就存在逻辑上的先后递嬗关系，战国楚地的太一信仰更多地表现出了共时性。

作者简介：郭成磊，男，湖北荆州人，历史学博士，信阳师范学院历史文化学院讲师，主要从事先秦史、楚文化研究。

---

① 裘锡圭：《"东皇太一"与"大嵞伏羲"》，陈致主编：《简帛·经典·古史》，第4—6页。
② 闻一多：《东皇太一考》，《文学遗产》1980年第1期。

商周时期的貊族研究*

吉林大学考古学院、古籍研究所　何景成

貊是一个古老的民族，也写作"貉"。传世古籍"四书"除《大学》之外，都提到过貊。汉代以降的文献中仍用这一族称来称呼当时实际存在的民族集团。所以貊在中国民族史研究中具有不可忽视的重要地位。①

在先秦文献中，常用"蛮貊""夷貊""四貉"指称一切异族，表明貊是在古人心目中颇有分量的异族。如《诗经·閟宫》云："至于海邦，淮夷蛮貊，及彼南夷，莫不率从。"《论语·卫灵公》云："子曰：'言忠信，行笃敬，虽蛮貊之邦，行也。'"《礼记·中庸》云："仲尼祖述尧舜，宪章文武……是以声名洋溢乎中国，施及蛮貊。"② 以上"蛮貊"是用一南一北两个有代表性的族名泛指一切非华夏族人。

先秦古籍中单称的"貊"，较早是见于《诗经·韩奕》：

> 韩侯受命，王亲命之……溥彼韩城，燕师所完。以先祖受命，因时百蛮。王赐韩侯，其追其貊，奄受北国，因以其伯。

林沄先生说，《韩奕》是西周晚期的作品，诗中说韩侯的先祖便已受周王之命统治貊和追，而为北国之伯。韩侯的都城为燕国的军队所建。则诗中所提到的貊，其地亦当近于燕。其存在之年代当可追溯到周初。③

这些记载表明，貊族的存在时间相当久远。传世文献有关貊族的记载，已有研究者做过很好地梳理。但是，出土文献中的貊族资料，或存在争议，或未被揭示，使得有关这一族属的史料，未能被充分发掘出来，从而限制了人们对先秦时期貊族的认识。

---

*基金项目：本文为教育部、国家语委甲骨文研究与应用专项科研项目的阶段性成果（项目号：YWZ-J002）。

①林沄：《说"貊"》，《史学集刊》，1999年第4期；收入《林沄学术文集（二）》，北京：科学出版社2008年版，第239-248页。

②林沄在《说"貊"》一文中，对文献中有关"貊"的记载，作了详细梳理。本文所引貊族文献资料，以及对相关文献的理解，主要依据该文。

③林沄：《说"貊"》，《史学集刊》，1999年第4期。

在以往的研究中，有关貊族的出土材料，讨论得最多的是著名的陈璋方壶和圆壶铭文。陈璋方壶，清末出土于山东，现存美国宾夕法尼亚大学博物馆；陈璋圆壶，1982年发现于江苏省盱眙县南窑庄窖藏中，现存南京博物院①。两件壶上的铭文都是齐国后来加刻的，内容基本相同（方壶上的"大"，圆壶作"齐"），其释文一般作：

陈璋方壶：
唯王五年，郑易陈得再立事岁，孟冬戊辰，大臧□孔（？）陈璋内伐郾亳邦之获。（《殷周金文集成》15·9730）

其中"亳"字的释读，最早是陈梦家先生提出的，为多数学者采信。在这个基础上，对"郾（燕）亳邦"的解释，研究者结合《左传》昭公九年"肃慎燕亳吾北土也"的记载，提出了不同的看法。陈梦家先生认为"燕亳"是都城名，丁山先生认为"燕亳"是近于幽燕之亳。周晓陆先生认为"亳"即"亳社"，宗庙之谓，燕亳当指燕国建于首都之亳社。林沄先生认为这些说法都存在问题，古注对上引《左传》"燕亳"，是分开来解释的，看作并列的两国。"亳"读为"貊"，"燕亳邦"应理解为"燕貊之国"。燕国在占有貊之故地并统治了一部分貊人之后，齐国人把燕国称为"燕貊之国"是完全可以理解的②。

传世文献有关貊族的记载，多与燕国有关系，除了已在上文中引到的《诗经·韩奕》和《左传》昭公九年的记载外，根据林沄先生的梳理，尚有以下资料：

1. 《国语·郑语》：

史伯对曰："……当成周者……北有卫、燕、狄、鲜虞、潞、洛、泉、徐、蒲。"③

2. 《山海经·海内西经》：

貊国在汉水东北，地近燕，灭之。

3. 《墨子》：

虽北者且、不著何，其所以亡于燕代胡貊之间者，亦以攻战也。（《非攻中》）④
古者禹治天下……以利燕、代、胡、貊与西河之民。（《兼爱中》）⑤

4. 《汉书·高祖纪上》：

四年……八月……北貉燕人来致枭骑助汉。

---

① 朱晓雪：《陈璋壶及郾王职壶综合研究》，硕士学位论文，吉林大学古籍研究所，2006年，第1—3页。
② 林沄：《"燕亳"和"燕亳邦"小议》，《史学集刊》，1994年第2期；收入《林沄学术文集》，北京：中国大百科全书出版社，1998年，第184—189页。
③ 《国语》，上海：上海古籍出版社，1998年，第507页。
④ 孙诒让：《墨子间诂》，北京：中华书局，2001年，第134页。
⑤ 孙诒让：《墨子间诂》，第108页。

关于上引诸条，林沄先生谓《郑语》中的"蒲"，是"貊"的通假字。《山海经》的语句，疑"燕"字下原有重文号，传抄时脱去。这条记载虽错入《海内西经》，所云"汉水东北"也未必可靠，但在燕国史料很贫乏的情况下，还是值得充分重视的。

这些记载说明，貊和燕确实关系比较密切，若陈璋壶"燕亳邦"之"亳"确实读为"貊"，则出土文献材料亦证实这一情况，这为原本就零星的貊族史料补充了一条难得的可靠材料。然而，随着古文字研究的深入，研究者指出，陈璋壶中所谓的"亳"，根据字形分析，应释为"胜"，所谓"燕亳邦"的问题并不存在①。因此，陈璋方壶和圆壶铭文中，并没有貊族的资料。

我们认为，在已经刊布的青铜器资料中，记载西周初年燕国封建情况的克盉、克罍铭文，明确提到了貊族。

克盉、克罍这组青铜器于1986年出土于北京琉璃河燕国墓地M1193。发掘报告认为，墓葬的年代为西周早期或成康时期。根据墓葬规格，这座墓的墓主人应是一代燕侯②。克盉、克罍的器、盖均有铭文，内容相同，③释文作（释文采用宽式隶定）：

> 王曰："太保，惟乃明乃心，昷（享）于乃辟。余大对乃昷（享），令克侯于匽（燕），事羌、🐾、虘、雩驭彶④。"克苂⑤匽（燕），入土眔有司，用作宝尊彝。

其中的"🐾"所代表的字形，见表一1-4所示：

表一 古文字字形

| 1. 克罍盖铭 | 2. 克罍腹铭 | 3. 克盉盖铭 | 4. 克盉腹铭 | 5.《合集》6667 | |

这篇铭文的重要价值在于，其不仅记载了周初封建燕国这一重要历史事件，还记载了周初与燕国有关的一些部族。这些族属的记载，对于了解燕国初建时，其周边地区部族的分布情况，颇有裨益。铭文中"令克侯于燕"，即周王册命克为燕侯。"事羌、🐾、虘、雩驭彶"，"事"后面跟着部族名称。秦公钟铭文记载："烈烈昭文公、静公、宪公不惰于上，昭合皇天，以赫事蛮方。"两者"事"的用法相同。《商周青铜器铭文选》谓秦公钟的"事"当训为

---

① 董珊、陈剑：《郾王职壶铭文研究》，《北京大学中国古文献研究中心集刊》（第三辑），北京：北京大学出版社，2002年，第29—54页。
② 中国社会科学院考古研究所、北京市文物研究所琉璃河考古队：《北京琉璃河1193号大墓发掘简报》，《考古》1990年第1期。
③ 周宝宏：《近出西周金文集释》，天津：天津古籍出版社，2005年。
④ 林沄：《释史墙盘铭中的"逖虘彶"》，原载《陕西历史博物馆馆刊》（第1辑），西安：三秦出版社，1994年。收入《林沄学术文集》，第174—184页。
⑤ 黄德宽：《释琉璃河太保二器中的"宕"字》，张光裕、黄德宽主编：《古文字学论稿》，合肥：安徽大学出版社，2008年，第27—30页。

"治",即治理①。谢明文先生认为"事"应读为训为"管理"义的"司"②,其说可从。克器中的"事",也应如此理解。对于"羌㝅虘雩驭髟"的解释,各家意见不一。有的研究者将"羌、㝅、虘、雩、驭、髟"理解为六个部族,也有研究者认为"羌、㝅、驭、髟"为部族名称,而将"虘雩"读为"徂于"即"往于"③。林沄先生认为,这句话中,除了髟、虘两字是殷墟卜辞已见的方国或部族名外,还有羌也是殷墟卜辞中常见的方国或部族名。在这个基础上,林先生认为这一句的读法似应作:"使羌、狸、虘于御髟"。将㝅释为"狸","驭"读作抵御之御。整句意思是说封建燕侯的任务是使羌、狸、虘三个方国共同抵御髟人④。

对这句话的理解,应该先分析其句法结构。铭文中的"雩",在西周金文中多作为并列连词,相当于传世文献中的"越",可作为词语连词和句间连词。作为词语连词的例子如:"肆皇天亡斁,临保我有周雩四方。"(师询簋)作为句间连词的例子如:"文王诰教小子有正有事,无彝酒;越庶国,饮惟祀,德将无罪。"(《尚书·酒诰》)⑤"事羌㝅虘雩驭髟"这句话的结构,与《尚书·康诰》"不能厥家人越厥小臣、外正"一致,"雩"后的"驭髟"与"羌㝅虘"应为并列结构。因此,我们认为这句话应读作"事羌、㝅、虘雩驭、髟"。铭文是说王命令克侯于燕,管理羌、㝅、虘、驭、髟族等族。

关于"㝅"字,研究者大都认为"㝅"应该和"羌"一样,是一个部族名称。如林沄先生指出,由于㝅处于明确无疑的两个方国名之间,故有理由假设它也是一个方国名⑥。对于此字的释读,有释兔(如李学勤、方述鑫等先生)、释马(如殷玮璋、陈公柔、杜廼松、刘桓、尹盛平、赵光贤、任伟、杨静刚等先生)、释龟(如王世民、陈平、孙华等先生)、释狸(如张亚初、林沄、周宝宏等先生)、释豸(如刘雨先生)、释页(如李仲操先生)等多种说法。周宝宏先生对释兔、马、龟、豸、页等说法进行了辨析,指出了其不符字形之处。其分析颇有道理,故相关诸说可以不论。主张释"狸"说的学者认为,"㝅"象狸形,西周中期狸尊(《集成》5904)的狸字所从形旁即此。至于克盉盖铭与腹铭的写法,是讹变的形体,当以克罍规范的字形为依据⑦。

我们认为"㝅"字象一动物形,当是"貘"的象形字。对于此字的释读,可从《甲骨文合集》所收 6667 版卜辞说起。该版卜辞字体属宾三类,内容作:

贞:令望乘采舆遘(御)⺩方。十一月

---
① 马承源主编:《商周青铜器铭文选》(四),北京:文物出版社,1990年,第607页。
② 谢明文:《金文札记二则》,《古汉语研究》,2010年第3期。
③ 周宝宏:《克罍、克盉铭文集释》,第72—100页。
④ 林沄:《释史墙盘铭中的"逖虘髟"》,《林沄学术文集》,第180页。
⑤ 张玉金:《西周汉语语法研究》,北京:商务印书馆,2004年,第157—165页。
⑥ 林沄:《释史墙盘铭中的"逖虘髟"》,《林沄学术文集》,第180页。
⑦ 周宝宏:《近出西周金文集释》,第98—100页。

……舆其遣（御）[虎]方，告于大甲。十一月。

……舆其遣（御）[虎]方，告于丁。十一月。

……舆其遣（御）[虎]方，告于祖乙。十一月。

  辞中的"遣"，主要有释为"途""遣""达""鐵"等多种说法。新近在周原出土的昔鸡簋铭文，亦有此字，字形在甲骨文字形的基础上添加"口"形①。昔鸡簋的这一形体，与金文"害"字基本一致，说明将甲骨文此字释为"遣"的说法，字形上的依据更为充分。"害"在金文资料中有"月部"和"鱼部"两读，以往的研究中，多将之读为月部字的"宪""割""会"等，在文句的解释上存在窒碍之处。我们认为其应读为鱼部字的"御"，训为"迎"②。

  上引卜辞中的"[虎]"字（表一：5形），一般释为"虎"。如《甲骨文合集释文》③ 和《殷墟甲骨刻辞摹释总集》④ 的释文均作"虎"。《甲骨文字编》⑤ 和《新甲骨文编》⑥（增订本）亦均将其收入"虎"字头下。汤余惠先生将此版"[虎]方"释作"象方"，认为旧释"虎方""豸方"皆不确⑦。曹锦炎、沈建华编著的《甲骨文校释总集》作此版"[虎]方"释文为"象方"⑧。宋华强先生在讨论该版相关问题时，对"[虎]"字的释写采用了释"象"的意见⑨。从字形来看，此字与虎确实有一定区别，甲骨文中的"虎"字，其虎头一般作血口大张形⑩，而此字形则强调下垂的鼻子。因此，将此字改释为"象"，比释"虎"要合理。然而，将此字释为"象"，我们觉得仍存在问题。

  细审甲骨文的"象"和从"象"的"为"字⑪，其字形特点是象鼻画得很长，象尾下垂，尾部或作分叉状。这与"[虎]"字，鼻形较短，尾部上扬是不一致的。因此，我们认为将此字释为"象"，也需再作考虑。从该字所像动物与"象"相似，但又有一定区别的特征来看，我们认为此字是"貘"的象形字⑫。

---

① 张天恩主编：《陕西金文集成》，西安：三秦出版社，2016年，第一册，第46—61页。
② 何景成：《新出昔鸡簋与甲骨文"害"字考释》，《青铜器与金文》（第二辑），上海：上海古籍出版社，2018年，第278—288页。
③ 胡厚宣主编：《甲骨文合集释文》，北京：中国社会科学出版社，1999年。
④ 姚孝遂主编：《殷墟甲骨刻辞摹释总集》，北京：中华书局，1988年，第168页。
⑤ 李宗焜：《甲骨文字编》，北京：中华书局，2012年，第594页。
⑥ 刘钊主编：《新甲骨文编》（增订本），福州：福建人民出版社，2014年，第303页。
⑦ 汤余惠：《释遣》，《吉林大学社会科学学报》，1992年第2期。
⑧ 曹锦炎、沈建华：《甲骨文校释总集》，上海：上海辞书出版社，2006年，第831页。
⑨ 宋华强：《楚文字数据中所谓"箴尹"之"箴"的文字学考察》，《古文字研究》第29辑，北京：中华书局，2012年，第614页，注45。
⑩ 李宗焜：《甲骨文字编》，北京：中华书局，2012年，第593—596页。
⑪ 李宗焜：《甲骨文字编》，第584、585页。
⑫ 关于此字释读详细论证，可参看何景成：《释甲骨文、金文中的"貘"》，《古文字研究》（第32辑）。

孙机先生对古文物中的貘，做过细致分析。从孙先生的论述可知，貘的主要特征是："鼻子的前端很突出，能自由伸缩，犹如象鼻，但比象鼻短些。"① 商周时期，中原地区有貘这种动物，古人喜欢在器物中展现貘的造型，足见他们对貘这种动物是比较熟悉的。在古文物造型中，貘与象颇为相似，也突出其较长的鼻子，以至于会被误认为是象的造型。文物造型中貘与象的区别主要是貘的鼻子要比象鼻短。甲骨文"[貘]"字与甲骨文"象"字相似，都是以突出的长鼻为特点。"[貘]"字形表现的鼻子相较要短些，其字构形与貘的造型极为相似，因此，"[貘]"当释为"貘"。

克盉、克罍铭文中的"[貘]"，可与甲骨文的"貘"相比照。"[貘]"在克盉与克罍中的写法存在一定差异。克盉器、盖铭文所显示的"[貘]"字的写法，是颇值得注意的。在克盉中，"[貘]"的两个字形表示动物头部前方的部位，均用两条不闭合的线条表示，且下面的线条较为突出。这和甲骨文"貘"字表现特征极为相似，甲骨文"貘"字，也是用两条不闭合的线条表示头部前方的部位。差别只在于"[貘]"突出下部的线条，而甲骨文"貘"字突出上部显然是表示鼻子的线条。这估计是字形在使用中已经脱离其刻意象形的阶段，只是依然保留"貘"字头部前方有突出长线条的特征。依此对照克罍盖铭"[貘]"字的写法，可以看出，该字形还是比较强调头部前方突出的鼻形，与金文"狸"字的意符仍有所区别。因此，我们认为，克器中的"[貘]"与甲骨文中的"貘"为一字。

在甲骨卜辞中，"貘"被称为"貘方"，说明它是一个方国或部族名称。在克盉、克罍铭文中，"貘"与"羌""虘""髟"等部族名称并提，也是指称一个部族。对先秦文献中有关"貊"的资料分析表明，在先秦时期，燕、貊的关系是比较密切的，貊地近燕。克罍、克盉铭文表明，"貘"是服事于燕侯的部族。貘、貊音近，均为明母铎部字。段玉裁《说文解字注》谓："貘，字亦作貊，亦作狛。"② 克盉、克罍中表示族称的"貘"，应即先秦文献中的貊族。克盉、克罍铭文所揭示的貊族与燕国的关系，与传世文献相一致。在甲骨文中，"貘"被称为"貘方"，也是表示一个部族名称。甲骨文和金文中同是表示族称的"貘"，很有可能是指称同一个部族。克器中的"貘（貊）"应该即甲骨文中的"貘（貊）方"，该铭中的"貘（貊）"和与其并提的"羌""虘""髟"一样，都是殷墟卜辞已见的方国或部族名称。

克盉、克罍铭文所提到的部族有"羌""貘""虘"和"髟"。林沄先生认为，其中的"髟"，根据辽宁喀左县北洞村青铜器窖藏出土的带有"髟"族族氏铭文的青铜器，可推测商末周初的髟人主要活动于辽西的大凌河流域和河北唐山地区的滦河流域。"虘"可能是《墨子·非攻》中和"不著何"并举的"且"。孙诒让指出"不著何"即《逸周书·王会》的"不屠何"，其地汉为徒河县，在今天的锦州地区。可设想虘方分布于周初燕国的东北面。"羌"并非指西方的"羌"，有可能是指在商代晚期已东进到渤海之滨而和周人本有历史联系

---

① 孙机：《古文物中所见之貘》，原载《文物天地》，1986年第5期；收入《从历史中醒来——孙机谈中国文物》，北京：三联书店，2016年，第32—37页。
② 段玉裁：《说文解字注》，上海：上海古籍出版社，1988年，第457页。

的羌人。① 貊族之分布地域,也是在周初燕国周边地区。

通过对克盉、克罍铭文中的"貘"字的考释,我们揭示出殷墟时期甲骨卜辞和西周早期铜器铭文存在称为"貘"的方国或部族,它们应该就是先秦文献所记载的地近燕地,或称为"貊"的部族。貊族是先秦时期的一个重要部族,早期出土文献中貊族数据的揭示,对于考察这一重要古族的历史,有着一定的意义。

作者简介:何景成,男,吉林大学考古学院、古籍研究所教授。

---

① 林沄:《释史墙盘铭中的"逖虘髟"》,《林沄学术文集》,第180—181页。

略论指定服役制度下的两类西周册命金文

陕西师范大学中国西部边疆研究院　黄明磊

摘　要：在指定服役制度下，西周初年王畿内的各家族对王室都世代承担某项固定义务，周王则以指定某族专服某役的方式，将之固定于王朝的管理体系中。到了昭王穆王时期，随着人口的膨胀，有大量的小宗被迫从家族中分离出去，这意味着他们同时也脱离了指定服役制度的控制。于是王室创立了册命制度，将直属人口和山林川泽等资源、物资以及贵族间纠纷的调节权等委派给这些小宗贵族们管理，以将他们重新纳入王朝管控之中。随着册命礼逐渐成为王朝重典，众多出身大宗的宗主出于提升政治地位的目的而谋求王室册命。因此才出现了大宗贵族受册命时多无具体职事授派，小宗受命却任命新职事的现象。

关键词：徐中舒　指定服役　西周　册命制度

一、指定服役理论的提出与完善

指定服役是 20 世纪四五十年代徐中舒先生在借鉴西南少数民族史料的基础上形成的关于商周时期内外服制的新认识。徐先生在研究周代社会性质时，有感于古典文献记载的零散及后世注家"往往以自己所在的社会来体察古代社会"的弊端，因此主张利用"中国边裔，或人类社会发展阶段相同的资料，加以补充"①，以"逐渐补充、复原"先秦时期历史的本来面貌。徐先生所说的"中国边裔，或人类社会发展阶段相同的资料"即民族史、民族学、民俗学、人类学等各个方面的史料。这是对王国维先生所提出的"二重证据法"的一次重要补充，即著名的"古史三重证"研究方法②。

指定服役理论便是"古史三重证"在先秦史研究领域的一次成功实践。徐先生在解释殷的内外服官制时，根据对三国时期夫余族和辽代契丹族的研究而指出"服就是服役之意"，契丹人的部族制类似殷"侯"服，主要是防守边境的部族；契丹人的"捺钵"相当于殷人的"甸"服，献纳皮革及农产品；"南面官"相当于殷之"男"服，任一切人力物力之徭役；

---

① 徐中舒：《试论周代田制及其社会性质》，《四川大学学报》1955 年第 2 期。
② 彭裕商：《徐中舒："古史三重证"的提出者》，《中国社会科学报》2009 年 8 月 27 日。

"斡鲁朵"相当于殷之"卫"服,是担任保卫工作的近卫军。因此殷代的内服在王朝内服役,外服在王朝外服役,都是为殷王服役①。在《巴蜀文化绪论》一文中,徐先生又提到"殷代奴隶主对于部族的统治,采取的是指定服役制"②。1982年在与唐嘉弘先生合写的一篇论文里,徐中舒先生再次重申了该项制度③。

此后,唐宏嘉先生对指定服役理论略作了一些补充。唐先生认为"服"为职事,殷代的"外服"、"内服"即"外职"、"内职",是一种指定服役制度。它的源起可上溯到部落联盟制下各部落间根据历史地理条件产生的自然分工。具体而言,邦内"甸服"的职事就是以狩猎为主要任务。邦外"侯服"以"分镇边圉"为职事。"男服"乃南国主要从事农耕的方国或部族,多为江淮地区被征服者,包括淮夷在内。"卫服"类似女真的"巴牙刺",是"精锐内兵"或"手下兵",可以"为王捍卫",他们基本上是忠于统治者的同族青壮年男子。而这一制度早在原始社会末期就已经萌芽于各氏族部落的分工之中,只是国家出现后赋予了其剥削和役属的意义④。

可以说,直到此时,指定服役理论仅仅停留在提出、设想的阶段上,并未得到专题性阐述和充分而详实地论证。直至1999年赵世超先生发表了论文《指定服役制度略述》⑤,这是以先秦时期指定服役制度为专门研究对象的第一篇学术论文。

赵先生将指定服役定义为:分工具体、指定某部分人专服某役,且世代相传、长期不变的服役形式。它是早期国家阶段的特殊产物,广泛存在于古代中原地区。那么,为什么上古时期的中原王朝会普遍采用指定服役的剥削制度呢?赵先生认为,由于这一时期血缘关系的影响仍然强固,尚未被地域关系取代,因此当时最基本的社会细胞仍是家族甚或氏族,故而剥削关系主要出现在两类族团之间。统治者无法突破血缘界线直接针对单个的人实施奴役,只能针对集体,指定某族专服某役,并以被统治各族的族长作为实施剥削的代理人。只有当族团解体,统治者所面对的将是人数众多、独立分散、一家一户、必须重新编制的庶人,那时较为原始的指定服役制度也就无法继续下去了。

另一方面,早期国家国土相对狭小,为指定服役制度存在提供了前提。无论是夏、商,或是西周,王室及各地诸侯、部族直接控制的地域并不广大,统治者只能根据自身需求将繁杂而具体的劳役固定到各个被奴役的家族、邑落中去,并要求域内的民众亲履其事。

最后,指定服役制度也是早期国家阶段社会分工不发达的产物。在家族或其他形式的族团仍普遍存在的情况下,生产只能在狭小范围内、以自给自足的方式进行。由于整个社会分工不发达,王室、公室和各级贵族名目繁多的需求在很大程度上必须依靠指定服役来满足。

到了春秋战国时期,随着"辟土服远"浪潮的到来,大量小国被兼并,出现了一批初具规模的领土国家,此时若还要求方圆数千里内的民众承担繁重且固定的劳役,显然已不现

---

① 徐中舒:《论西周是封建社会——兼论殷代的社会性质》,《历史研究》1957年第5期。
② 徐中舒:《巴蜀文化绪论》,《四川大学学报》1960年第1期。
③ 徐中舒、唐嘉弘:《论殷周的外服制——关于中国奴隶制和封建制分期的问题》,《人文杂志》增刊1982年。
④ 唐嘉弘:《略论夏商周帝王的称号及国家政体》,《历史研究》1985年第4期。
⑤ 赵世超:《指定服役制度略述》,《陕西师范大学学报(哲学社会科学版)》1999年第3期。

实。同时,血缘家族纷纷解体,个体家庭开始涌现,也使得以家族为基本单位的指定服役制度失去了存在的基础。这一切最终迫使各国的统治者开始将按家族摊派劳役的剥削方式变为按地区征役和允许以实物代役。指定服役制度最终退出历史舞台。

此后,周书灿及卢中阳等学者先后对商周时期的指定服役制度略做了一些补充和引申①,兹不赘述。

二、册命的定义与西周册命铭文的统计

经过徐中舒、唐嘉弘、赵世超、卢中阳及周书灿等几代学者数十年的持续论证与补充,指定服役理论已经可以成为一项指导我们从事商周政治制度史、官制史研究的重要理论。很多历史现象必须在指定服役理论下才能得出正确解读,例如西周册命金文的分类问题。

册命是西周时期最具特色的政治制度之一。但历来的研究者们对册命的定义并无统一认识,有学者将册命定性为分封和任命百官的一种仪式②,也有视册命为"国家正式授命之行政制度"者③,或将之理解为"宣读王的命册(命书)"之行为④。何树环先生则别出心裁地将"册命"与"锡命"看作是层次不同的两种概念,册命的范畴要大于且包含锡命。而册命的本意是指"以策命之",这里的"命"除了"学界所熟知的王赐爵禄、命官之语外",还包括"凡王有所命,不论是对百官臣民的诰教之语、王命臣工执行某项任务,甚或祝告神祇之事、有所赏赐之命,并皆载诸简策,实不以赐爵禄为限"。而锡命仅专指金文中记载的封官授职、赏赐命服之事⑤。

正因为对册命的定义不同,学者们所选定的西周册命金文总数也有各不相同,有 75 篇⑥、72 篇⑦、76 篇⑧、80 篇⑨、102 篇⑩等说。

上述学者虽然研究的结论有异,但在研究思路和方法上却基本相同:即从早期的古典文献,如《诗经》《尚书》《左传》及《国语》等出发,搜集与册命相关的史料来确定其定义,然后再以此定义为标准审视西周金文,以寻找册命性质的铭文材料,将之作为研究西周册命制度的补充。如何树环先生在分析了前代诸家关于"册命"定义上的各自不足后指出,"欲探究'册命'之名是否妥当,当先就文献所言之'册命'进行探讨",于是他搜集了先秦典

---

① 周书灿:《殷代外服制探讨》,《河北大学学报(哲学社会科学版)》2003 年第 2 期;卢中阳:《商周指定服役制度研究》,博士学位论文,陕西师范大学历史文化学院,2012 年。
② 齐思和:《周代锡命考》,《齐思和自选集》,北京:首都师范大学出版社,2010 年,第 46 页;陈汉平:《西周册命制度研究》,上海:学林出版社,1986 年,第 2 页。
③ 黄然伟:《殷周青铜器赏赐铭文研究》,《殷周史料论集》,香港:三联书店(香港)有限公司,1995 年,第 137 页。
④ 陈梦家:《西周铜器断代》,北京:中华书局,2004 年,第 407—408 页。
⑤ 何树环:《西周锡命铭文新研》,台北:文津出版社,2007 年,第 18、27、59 页。
⑥ 齐思和:《周代锡命考》,《齐思和自选集》,第 60 页。
⑦ 陈梦家:《西周铜器断代》,第 400—403 页。
⑧ 何树环:《西周锡命铭文新研》,第 43 页。
⑨ 陈汉平:《西周册命制度研究》,第 21—25 页。
⑩ 何树环:《西周锡命铭文新研》,第 209—218 页。

籍中与册命相关之材料共 11 则作为判断册命定义的基础史料①。此类研究思路和方法存在着严重弊端，因为早期的古典文献中含有"册命"一词的西周史料仅《尚书·顾命》"御王册命"一语，但是此处"册命"的对象乃是周王，与传统观念中周王册命臣下的形式相忤。既然能够用以界定册命定义的有效史料稀缺，学者们在选择材料时往往就凭各自感觉任意取舍，有些学者甚至仅因为某些史料含有"命""册"或"策"等字词，就将之视为西周时期的册命案例，然后通过分析、解读这些案例来界定册命的定义与内涵。正因为研究的思路和方法普遍存在着这种含糊和不确定性，才导致学者们在判定册命的定义和划定册命金文的范畴等问题上出现了较大分歧。

因此，问题的关键在于尽量克服不确定性因素对研究过程的干扰。笔者注意到，现已面世的西周金文中，有 54 篇含有"册命"一词，此类铭文确属册命金文。我们可以通过比对这些铭文文本，找出其共同特征，然后再以此特征为依据检索其它西周金文，将那些虽不含"册命"一词但确系册命性质的铭文全部找出，作为我研究西周册命制度的基础史料。只有遵循这一思路，才能获得最坚实的基础性史料。现将此 54 器名称、相关内容及出处列出如下：

序号	器名	册命	册命内容	出处
1	利鼎	王呼作命内史册命利	用事	《集成》2804
2	南宫柳鼎	王呼作册尹册命柳	司六自牧、陽（場）大□，司羲夷陽（場）佃事	《集成》2805
3	師𡚓父鼎	王呼内史駒册命師𡚓父	用司乃父官、友	《集成》2813
4	無叀鼎	王呼史翏册命無叀	官司𤔲王遺側虎臣	《集成》2814
5	師晨鼎	王呼作册尹册命師晨	疋師俗司邑人，佳小臣、善夫、守□、官、犬、眔奠人、善夫、官、守、友	《集成》2817
6	此鼎	王呼史翏册命此	旅邑人、善夫	《集成》2821—23
7	善夫山鼎	王呼史𡊥册命山	官司飲獻人于㝬，用作憲司貯	《集成》2825
8	大克鼎	王呼尹氏册命善夫克	昔余既令汝出内朕命，今余唯申𢍰乃命	《集成》2836
9	師毛父簋	内史册命	无	《集成》4196
10	免簋	王受作册尹书，卑册命免	疋周師司廩	《集成》4240
11	走簋	王呼作册尹[册命]走	騏疋益	《集成》4244
12	楚簋	内史尹氏册命楚	司𦵹𥐨官、内師舟	《集成》4246—49
13	師察簋	王呼尹氏册命師察	用楚弭伯	《集成》4253—54

---

① 何树环：《西周锡命铭文新研》，第 13—15 页。

续表

序号	器名	册命	册命内容	出处
14	师藉簋	王呼内史尹氏册命师藉	用事	《集成》4257
15	害簋	王册命害	用更乃且考事，官司尸僕、小射、底鱼	《集成》4258
16	申簋盖	王命尹册命申	更乃且考疋大祝，官司丰人眔九戏祝	《集成》4267
17	王臣簋	乎内史敖册命王臣	用事	《集成》4268
18	望簋	王呼史年册命望	死司毕王家	《集成》4272
19	元年师兑簋	王呼内史尹册命师兑	疋师龢父司ナ右走马、五邑走马	《集成》4274—75
20	豆闭簋	王呼内史册命豆闭	用抄乃祖考事，司窒舲邦君司马、弓、矢	《集成》4276
21	师俞簋	王呼作作册内史册命师俞	觐司保氏	《集成》4277
22	元年师事簋	王呼作册尹克册命师事	备于大左，官司丰还左右师氏	《集成》4279—82
23	师瘨簋	王呼内史吴册命师瘨	官司邑人、师氏	《集成》4284
24	谏簋	王呼内史微册命谏	先王既命女觐司王宥	《集成》4285
25	辅师嫠簋	王呼作册尹册命嫠	更乃祖考司辅	《集成》4286
26	伊簋	王呼命尹封册命伊	官司康宫王臣妾、百工	《集成》4287
27	师酉簋	王呼史𠭯册命师酉	嗣乃祖啻官邑人虎臣，西门夷、𩁾夷、秦夷、京夷、𢑓身夷	《集成》4288—91
28	鄀簋	王呼内史册命鄀	昔先王既命汝作邑，觐五邑祝；今余唯申𢖽乃命	《集成》4296
29	扬簋	王呼内史先册命扬	作司工，官司量田甸、眔司工、眔司巳、眔司寇、眔司工司	《集成》4294
30	师颖簋	王呼内史遣册命师颖	先王既令汝作司士，官司汸阍，今余唯肇申乃令	《集成》4312
31	师虎簋	王呼内史吴曰：册命虎	载先王既令乃祖考事，啻官司左右戏繁荆	《集成》4316
32	三年师兑簋	王呼内史尹册命师兑	余既令女疋师龢父，司ナ右走马，今余佳申𢖽乃命，令女觐司走马	《集成》4318—19
33	师嫠簋	王呼尹氏册命师嫠	既令汝更乃祖考司小辅，今余唯申𢖽乃命，命汝司乃祖旧官小辅眔鼓钟	《集成》4324—25
34	颂簋	尹氏受王命书，王乎史虢生册命颂	官司成周贮廿家，监司新造贮用宫御	《集成》4332

续表

序号	器名	册命	册命内容	出处
35	蔡簋	王呼史散册命蔡	昔先王既令女作宰，司王家。今余佳申乃命，令女眔翏觏定對各，从司王家外内，毋又敢不闻。司百工，出入姜氏命，毕又见又即令，厥非先告蔡，毋敢疾又入告，女毋弗善效姜氏人，勿事敢又疾止从狱	《集成》4340
36	牧簋	王呼内史吴册命牧	昔先王既令汝作司士，今余唯或改，令汝辟百寮	《集成》4343
37	趞尊	王呼内史册命趞	更厥祖考服	《集成》6516
38	曶壶盖	王呼尹氏册命曶	更乃祖考作冢司土于成周八𠂤	《集成》9728
39	吴方彝	王呼史戊册命吴	司𦆷眔叔金	《集成》9898
40	盠方彝	王册命尹赐盠	用司六𠂤王行三有司，司土、司马、司工。王命盠曰：𩁹司六𠂤八𠂤埶。	《集成》9899、9900
41	宰兽簋	王呼内史尹仲册命宰兽	昔先王既命女，今余唯或又申稟乃命，虔乃且考事，司康宫王家臣妾，奠庸外入，毋敢无闻知	《近出》490
42	虎簋盖	王呼入史曰：册令虎	更乃祖考疋师戱司走马、驭人眔五邑走马驭人，女毋敢不善于乃政	《近出》491
43	师道簋	王呼尹册命师道	无	《新收》1394
44	士山盘	王呼作册尹册命山	于入𦰷侯，出征蠚荆方服眔大虘服履服六孳服。𦰷侯、蠚方	《新收》1555
45	𩰬簋	王呼作册尹册申命𩰬	更乃祖服，作冢司马，汝乃谏讯有粦，取征十锊	①
46	古鼎	王乎内史尹册命古	命女作服	②
47	四十三年逨鼎	史減授王命书。王呼尹氏册命逨	令汝官司历人	③
48	召簋	王乎内史册命召	用事	④
49	驭簋	王乎内史册命驭	无	⑤
50	吕簋	册命吕	更乃考𩁹司奠师氏	⑥

① 吴镇烽：《殷周青铜器铭文暨图像集成》（十二），上海：上海古籍出版社，2012年，第118—119页。编号：05362。
② 吴镇烽：《商周青铜器铭文暨图像集成》（五），第295页。编号为02453。
③ 吴镇烽：《商周青铜器铭文暨图像集成》（五），第395—400页。编号为02501—02502。
④ 吴镇烽：《商周青铜器铭文暨图像集成》（十一），第273页。编号为05230。
⑤ 吴镇烽：《商周青铜器铭文暨图像集成》（十一），第307页。编号为05243。
⑥ 吴镇烽：《商周青铜器铭文暨图像集成》（十一），第341页。编号：05257

序号	器名	册命	册命内容	出处
51	羚簋	作册尹册命羚	令邑于奠，讯讼	①
52	畯簋	王乎作册尹册命畯	今朕丕显考共王既命女更乃祖考事，作司徒，今余唯申先王命女觏司西朕司徒，讯讼	②
53	戚簋	微史册命戚	用司霍駛，用楚（胥）乃长	③
54	槐簋	命作册尹册命槐	用死司王家	④

笔者准备从三个方面着手：一是册命铭文的格式；二为周王册命受命者的内容；三是册命铭文的特有用语。

首先，关于册命铭文的格式。通过铭文文本比对，一篇正规的册命金文在行文中会具备六项要素：1. 册命之时间；2. 册命的地点；3. 宣命的史官；4. 右者；5. 赐物；6. 周王委派于受命者的职守等。在六个要素中，又以周王委派的职事最能反映出册命制度的本质。在 54 篇铭文中，六要素齐备者共 44 篇，占总数百分之八十强。有 10 篇铭文或多或少缺一二项要素：如士山盘、吕簋未记载册命时的"右者"；师毛父簋、师道簋、驭簋、利鼎、王臣簋、师藉簋、召簋等 7 器铭文缺少周王授予的职事；大克鼎铭则未记载册命的具体时间。如果一篇西周金文同时具备以上六项要素，即使没有册命一词，也可断定其为册命金文。但册命金文毕竟不同于现代政府公文，严谨规范不是它必备的品质。因此，当六项要素不齐备时，我们还需综合考虑其他方面的因素。

其次，周王册命受命者的内容。54 篇册命金文中周王委派于臣属的职事主要局限于以下两个领域：

一是对王室直属的群体或领地范围的管理权。经过统计，以册命的形式授予受命者管理的群体主要有：师氏（元年师事簋、师瘨簋、吕簋）、虎臣（無叀鼎、师酉簋）、邑人（师晨鼎、此鼎、师瘨簋、师酉簋）、佃人（师晨鼎、南宫柳鼎、扬簋）、走马（元年师兑簋、三年师兑簋、虎簋盖）、祝（申簋盖、鄁簋）、膳夫（此鼎）、百工臣妾（伊簋、蔡簋、宰兽簋）、驭人（虎簋盖）等。

还有很多群体，无法归于上述各类，如善夫山鼎铭曰："官司饮献人于㿞，用作宪司贮。"陈梦家认为饮献人可能是供奉饮酒与膳献之人，相当于《周礼·天官》中的"兽人"和"酒人"，"㿞"则为地名。⑤ 而"贮"，李学勤释为"贾"，作动词时有交换、交易之意。

---

① 吴镇烽：《殷周青铜器铭文暨图像集成》（十二），第 344——346 页。编号：05258。
② 吴镇烽：《商周青铜器铭文暨图像集成》（十二），第 176 页。编号：05386。
③ 吴镇烽：《商周青铜器铭文暨图像集成续编》（一），上海：上海古籍出版社，2016 年，第 139 页。编号：0450。
④ 吴镇烽：《商周青铜器铭文暨图像集成续编》（一），第 146 页。编号：0453。
⑤ 陈梦家：《西周铜器断代》，第 289 页。

作名词时，则指商贾①。因此，"司贮"即"司贾"，意为周王命贵族山管理商贾。据颂簋铭文，周王命颂"官司成周贮廿家"，贵族颂所管理的"贾"是以家为单位的，可见"贮"与"饮献人"一样，都是隶属于王室的某类群体。

害簋铭曰："用更乃且考事，官司尸仆、小射、底鱼。"陈梦家认为尸仆即夷仆，而底鱼可理解为刺鱼、射鱼之职②；小射，《周礼》有射人，郭沫若认为"射人"即趞簋铭之"射"③。张亚初、刘雨则认为害簋铭中之"小射"与"射人"也相似。只是《周礼》中的射人其执掌偏重于礼仪性质，而西周金文中的射多带有军事性质④。因此，夷仆、小射、底鱼均为隶属于王室的某类群体。

望簋铭中，周王命其"死司毕王家"。郭沫若认为这是主管在毕地的先王宗庙，与伊簋相似⑤。王家的"家"可能是指周王的家族及财产，当不止宗庙一项，还有隶属于宗庙的臣妾、百工、仆庸等群体。当贵族望受册命管理王家时，就相应获得了管理某些依附于王室的各类群体的权利。

四十三年逑鼎铭曰："令汝官司历人。"关于"历人"，诸家释读的虽有不同之处，但都认为是指隶属于王室的犯罪群体⑥。

除了隶属王室的群体外，山林、川泽和土地等资源也是以册命的形式委托于贵族管理的。在西周时期，受命负责管理王室山林川泽及土地等资源的贵族大多担任了"司土"一职，或受命管理某地之司土。如𢻰簋（《集成》4255）铭文曰："王曰：令女汝作司土，官司耤田。"𢻰受命管理的是王室"耤田"。再如免簋铭记载，周王"命免作司土"，负责管理"郑还林罟虞罟牧"，可见"林""虞"和"牧"亦属司土的管理范围。如此，很多贵族受命时虽未明言，但由执掌可判断其出任的也当是司土一职。如免簋铭（《集成》4240）文显示，周王在命免"作司土"之前曾命其"疋周师司林"，可见免曾是辅佐周师管理"林"的司土，后经拔擢才成为郑地管理"还林罟虞罟牧"的司土。周王册命南宫柳"司六𠂤牧、场、大□，司羲夷场、佃事"。牧，于省吾认为是掌管牲畜放牧之官⑦；场，《周礼》设有"场人"一职；佃事，当指从事农耕等劳作之事，《周易·系辞下》曰："作结绳而为罔罟，以佃以渔。"《韩诗外传》卷三亦有"使各度其宅，而佃其田"。扬簋铭也有"官司量田佃"，与此同义。南宫柳的职事与免簋铭文有部分重合，南宫柳应是六𠂤的司土，但其职权被明确局限于"牧"

---

① 李学勤：《重新估价中国古代文明》，《人文杂志》编辑委员会编辑：《先秦史论文集》，人文杂志编委会出版社，1982年，第6页。
② 陈梦家：《西周铜器断代》，第226页。
③ 郭沫若：《两周金文辞大系考释》，《郭沫若全集（考古编）》第八卷，北京：科学出版社，2002年，第132页。
④ 张亚初、刘雨：《西周金文官制研究》，北京：中华书局，2004年，第18页。
⑤ 郭沫若：《两周金文辞大系考释》，《郭沫若全集（考古编）》第八卷，第177页。
⑥ 李学勤：《眉县杨村新出土青铜器研究》，《文物》2003年第6期；李零：《读杨家村出土的虞逑诸器》，《中国历史文物》2003年第3期；董珊：《略论西周单氏家族窖藏青铜器铭文》，《中国历史文物》2003年第4期。
⑦ 于省吾：《关于〈论西周金文中"六𠂤"、"八𠂤"和乡遂制度的关系〉一文的意见》，《考古》1965年第3期。

"场""佃事"等方面,说明他还不是六自的最高司土。另据曶壶盖铭(《集成》9728)文记载,周王命贵族曶"更乃祖考作冢司土于成周八自",则曶的地位要高于南宫柳。

由于各群体生活的领地相对固定,所以受命者获得了对某地的管理权,往往也意味着得到了对当地民众的支配权,故两类管理权往往是交叉授予,并不会严格区分。

除上述外,受命者管理的王室领地或资源还包括以下部分:旗帜(吴方彝、师虎簋)、舟船(楚簋)、弓矢(豆闭簋)、乐器(辅师嫠簋、师嫠簋①)等。

二是对臣属周天子的内外服家族、诸侯的管理权。这种管理权主要涉及对各家族、诸侯国之间纠纷的调节和贡赋、劳役的征收,尚不涉及民事行政等。

親簋铭文中,周王命其"作冢司马",同时还赋予"谏讯有粦,取征十锊"之权。《说文》曰:"讯,问也。"《诗经》常有"执讯获丑"、"执讯连连"之语,郑玄曰:"讯,言也。执所生得者而言问之。"本意为生获而准备询问之敌俘,后来逐渐有了讯问诉讼之意。西周金文中的"讯"与文献暗合,如师同鼎(《集成》2779)铭曰:"折首执讯,孚车马五乘。"多友鼎(《集成》2835):"多友折首执讯。"也有诉讼时主管者对被诉者的讯问,如:五祀卫鼎(《集成》2832)铭曰:"正乃讯厉曰:'汝賨田不?'""正"指长官,"讯厉"即质问邦君厉。而册命金文中的"讯"指的是周王赋予贵族的讯讼之权,并允许受命者在"讯讼"时取徵若干。那么讯讼的双方是什么人?陈絜先生认为,西周时期的社会基础是宗族与家族,家族内部的纠纷和家族成员的过失是由家族长处置,王室在一般情况下不会干预家族长处置族人的权利,而贵族之间或家族之间的纠纷才会由政府出面调停②。记载周王授予讯讼之权的还有畯簋和黔簋。

周王还会以册命的形式将部分征收服贡的权力也授予少数受命者。如士山盘铭曰:"于入荜侯,出征鬲荆方服罖大虞服履服六孳服。"有学者将"征"释为索取贡纳,士山奉命征收鬲与荆方需向周王室缴纳的"服",即"大虞服、履服、六孳服"三种③。晁福林先生认为士山先是到荜侯之国巡视,然后检查鬲、荆、方诸国的"服"④。而服乃是各族对周王应尽的劳役和贡赋之职。⑤

最后,关于册命的特有用语。54篇"册命"金文中受命者的受职情形大致可分为三类:第一类最为常见,详细记载了周王委派于受命者的具体职事;二是无命职记载,如师毛父簋、师道簋及驭簋3器;第三类仅有"用事"而无职事任命,如利鼎、王臣簋、师藉簋及召簋4器。但第一类册命铭文中的15器有周王对受命者有"用事"的诰诫,且无一例外均出

---

① 陈梦家与郭沫若均认为"辅师"之辅为乐器之"镈",见于《西周铜器断代》,第196页;郭沫若:《两周金文辞大系考释》,《郭沫若全集(考古编)》第八卷,第315—316页。
② 陈絜、李晶:《南季鼎、扬簋与西周法制、官制研究中的相关问题》,《南开学报(哲学社会科学版)》2007年第2期。
③ 黄爱梅:《士山盘铭文补义》,《中国历史文物》2006年第6期。
④ 晁福林:《从士山盘看周代服制》,《中国历史文物》2004年第6期。
⑤ 董珊:《谈士山盘铭文的"服"字义》,《故宫博物院院刊》2004年第1期。

现于赏赐物品之后①。据此，笔者以为"用事"乃是周王于任命职事时叮嘱受命者谨记使命之意，是册命金文中的特用语。

综上所述，最能反映西周册命制度本质的乃是周王通过册命的形式授予受命者的职事。这些职事的范围主要集中于管理直属于周王室的财产上，也有少数涉及调解贵族纠纷及王室服贡的征收等方面。只要具备此一特征，即可断定该铭文为册命文。若其他五要素齐备，而受命者职守的要素缺乏时，也可认定其为册命性质的金文。如果周王之命超出了笔者所界定的范围，而册命时间、地点、右者、宣命史官、周王赏赐等要素及用语特征又不具备者，则不能划入册命文行列。我们以此判断为标准再选出虽未含"册命"一词但符合册命铭文特征的西周金文，如下：

序号	器名	职守	周王赐物	出处
1	柞钟	司五邑甸人事	截、朱黄、銮	《集成》133
2	南季鼎	用又右俗父司寇	赤๏市、玄衣、黹屯、銮旂	《集成》2781
3	七年趞曹鼎	无	截市、冋黄、銮	《集成》2783
4	康鼎	死司王家	幽黄、鉴勒	《集成》2786
5	微䜌鼎	䵼司九陂	无	《集成》2790
6	趩鼎	无	册易：玄衣、屯黹、赤市、朱黄、銮旂、攸勒，用事	《集成》2815
7	寰鼎	无	册易：玄衣、黹屯、赤市、朱黄、銮旂、攸勒、戈琱、厚柲、彤沙	《集成》2819
8	善鼎	昔先王既令女左疋𩁹侯，今余唯肇申先王令，令女左疋𩁹侯，监䡇师戍	乃祖旂，用事	《集成》2820
9	师䰙鼎	用井乃圣祖考，𨒥明䇴辟前王，事余一人。	玄衮、䋣纯、赤市、朱衡、銮旂、大师金膺、攸勒。	《集成》2830
10	曶鼎	令女更乃且考司卜事	赤๏市、銮旂，用事	《集成》2838
11	燮簋	无	缁市、㡰	《集成》4046
12	卲盨簋	用嗣乃且考事，作司土	哉衣、赤๏市	《集成》4197
13	恒簋盖	更㝬克司直啚	銮旂，用事	《集成》4199、4200
14	𩰬簋	无	赤市、朱亢、銮旂	《集成》4202
15	卫簋	王曾令卫	易赤市、攸勒	《集成》4209—12

①15器分别为：免簋、走簋、望簋、师虎簋、辅师嫠簋、𤼈簋、颂簋、曶壶盖、伊簋、师嫠簋、虎簋盖、宰兽簋、大克鼎、师𩰬簋、吕簋。

续表

序号	器名	职守	周王赐物	出处
16	免簋	命免作司土，司郑还㯱眔吴眔牧	𢘓衣、銮	《集成》4240
17	救簋盖	用大备于五邑守堰	玄衣、黹屯、旂四日	《集成》4243
18	𢦏簋	作司土，官司藉田	𢘓衣、赤⦵市、銮旂、楚走马，取征五寽，用事	《集成》4255
19	二十七年裘卫簋	无	𢦏市、朱黄、銮	《集成》4256
20	趞簋	作幽自家司马，啻官僕、射、士，讯小大又隣，取徴五寽	赤市、幽亢、銮旂，用事	《集成》4266
21	同簋	左右虞大父，司昜、林、吴、牧，自淲东至于河，厥逆至于玄水。世孙孙子子左右吴大父，毋汝有闲	无	《集成》4270
22	即簋	司琱宫人虢旖，用事	赤市、朱衡、玄衣、黼纯、銮旂	《集成》4272
23	询簋	啻官司邑人，先虎臣后庸，西门夷、秦夷、京夷、𤉩夷、师筭侧新、□华夷、弁身夷、匒人、成周走亚、成秦人，降人服夷	玄衣、黹纯、𢦏市、同黄、戈琱𢦏、厚柲彤沙、銮旂、鋚勒，用事	《集成》4321
24	师询簋	今余唯申𢟃乃命，命汝惠雍我邦小大猷，邦佑潢辥。敬明乃心，率以乃友捍御王身，欲汝弗以乃辟陷于艰	秬鬯一卣、圭瓒、夷允三百人	《集成》4342
25	四年㝩盨	无	册易：叔靳、虢钹、攸勒	《集成》4462—63
26	免尊	作司工	𢦏市、同黄	《集成》5418
27	十三年㝩壶	无	册易：画靳、牙僰、赤舃	《集成》9723—24
28	虤簋	司成周里人眔诸侯、大亚，讯讼罚，取徴五寽	夷臣十家，用事	《集成》4215
29	师克盨	昔余既令女，今余隹申𢟃乃命，令女更乃且考司十右虎臣	秬鬯一卣、赤市、五黄、赤舃、牙僰、驹车、贲较、朱虢、靳靳、虎冟、熏裏、画轉、画辀、金甬、朱旂、马三匹、攸勒、索戈	《集成》4467—68
30	吕服余盘	更乃祖考事，疋备仲司六自服	赤市、幽黄、鋚勒、旂	《集成》10169

续表

序号	器名	职守	周王赐物	出处
31	走马休盘	无	玄衣黹屯、赤市、朱黄、戈琱、彤沙、厚柲、銮旂	《集成》10170
32	静方鼎	司在曾噩𠂤	鬯、旂、市、采𩵦。曰：用事	《近出》357
33	殷簋	更乃且考友司东啚五邑	易市、朱黄	《近出》487
34	雕鼎	无	冋黄、僪𣂪。	①
35	舁鼎	用□□□□王家	□□，琱戠、旂五日	②
36	采隻簋	作司土	哉衣、𠦪市、銮旂、用事	③
37	召簋	司奠马	哉市、冋黄、□□。曰：用事	④
38	虎簋	用疋师戏司𠂤人	銮旂	⑤
39	引簋	更乃祖𩁹司齐𠂤	彤弓一、彤矢百、马四匹	⑥
40	七年师兑簋	无	𩵦膺，用事	⑦
41	卫簋	无	佩、𢦏市、殳兀、金车、金□。曰：用事	⑧
42	獄盉	无	佩、𢦏市、殳兀。曰：用事。	⑨
43	逨盘	今余唯经乃先圣祖考，申䚃乃命，令汝疋荣兑，𩁹司四方虞、替，用宫御	赤市、幽黄、鋚勒。	⑩

　　从现有材料来看，97篇册命金文中时代最早的是西周早期晚段或中期前段的静方鼎。那么册命制度大概创始于距西周建国已有百年左右的周昭王末期或穆王初期。那么，西周为何会在此时出现册命制度？若要回答这一问题，我们还须考察受命贵族的出身和政治地位。

---

① 吴镇烽主编：《商周青铜器铭文暨图像集成》（五），第147页。编号：02367。
② 吴镇烽主编：《商周青铜器铭文暨图像集成》（五），第266页。编号：02437。
③ 吴镇烽主编：《商周青铜器铭文暨图像集成》（十一），第116—119页。编号：05154—55。
④ 吴镇烽主编：《殷周青铜器铭文暨图像集成》（十一），第247页。编号：05217。
⑤ 吴镇烽主编：《商周青铜器铭文暨图像集成》（十一），第434页。编号05295。
⑥ 吴镇烽主编：《商周青铜器铭文暨图像集成》（十一），第444—446页。编号：05299—05230。
⑦ 吴镇烽主编：《商周青铜器铭文暨图像集成》（十一），第449页。编号：05302。
⑧ 吴镇烽主编：《商周青铜器铭文暨图像集成》（十二），第130—136页。编号：05368—05369。
⑨ 吴镇烽主编：《商周青铜器铭文暨图像集成》（十二），第453—455页。编号：05676。
⑩ 吴镇烽主编：《商周青铜器铭文暨图像集成》（二五），第605—607页。编号：14543。

三、指定服役理论指导下对西周两类册命金文的分类

　　97篇册命铭文明显可以分为两类：第一类主要特点是周王对受命者有明确的职务授派，而且这种职务不是继承祖考的旧职，此类铭文有 55 篇；在另一类册命金文中，周王仅命受命者继承其祖考之旧职，或只记载赏赐而无具体职事的授派，此类铭文共 42 篇。这两类册命铭文的差异是由受命者的出身决定，第一类册命金文中的受命者大多出身小宗家族，第二类册命有相当部分是针对某家族大宗宗主而举行的。

　　在受命者中区分大宗与小宗，主要根据作器者对祖考的称谓或其本人的排行①。按周人的命名习惯，凡祖考称谓中有仲、叔、季者，受命者必然为小宗身份。但反过来，称父祖为某伯者，未必就一定是出身大宗。因为小宗家族的第一代虽然只能称为仲、叔、季，但从第二代起，小宗家长也能称伯，如康鼎铭中贵族康称其父为"文考釐伯"，但铭文末有"奠井"的标志。井氏是当时的畿内大族，奠井氏应该是从井氏中分离出来的，所以康的父亲虽称釐伯，其实是小宗。

　　因此，若要解释大宗贵族与小宗贵族所接受的册命之差异及其原因，最合适的方法就是由已知推未知，从信息明确的案例出发，再反推那些缺乏有效信息铭文。先看 1975 年陕西岐山县董家村发现的一处西周时期的青铜器窖藏②，其中的二十七年裘卫簋（《集成》4256）即属册命金文，同出的还有五祀卫鼎（《集成》2832）。通过铭文分析，该家族以裘为氏名，李学勤认为裘卫实为掌管王室皮裘的职官，主供王服③。正因为裘卫家族有固定的职责，所以作为家族宗主的裘卫接受册命时，周王没有另外授予新职务，仅赐予赏物。我们可以将此类册命视为荣誉性册命，即周王将册命当作一项政治奖励授予某些贵族，而并非以授职为目的。

　　另一个更明显的例证是关于微氏家族的。1978 年扶风县庄白大队一号窖藏共发现微氏家族铜器 103 件，按照作器者可将之分为折、丰、墙、瘨四组④。通过对该铜器群铭文的综合分析可知，瘨被称为微伯，当为微氏宗主无疑。据瘨之父史墙所作之史墙盘铭文记载，该家族早在周初被周人安置于宗周地区，世代担任王室史官。所以具有册命性质的四年瘨盨和十三年瘨壶铭文都只记载了周王对瘨的赏赐，而没有言及具体职事的授派。此类册命也当属于荣誉性质的政治奖励。而微欒鼎铭中，微氏家族的另一个成员微欒在接受王室册命时，获得了"司九陂"之职。微欒没有"史"的头衔，应当出自微氏小宗，故无法继承家族旧职。

　　小宗受命时有具体职务授派的例子还有宣王时期的贵族逨。2003 年陕西眉县杨家村出土了一处西周时期的青铜器窖藏⑤。根据逨盘铭文记载，该家族出自单氏，其世系为：

---

①有些册命金文没有留下有效的信息，因此我们无法通过铭文判断出该受命者的具体出身，此类金文共有二十余篇之多，我们姑且将它们搁置于本文讨论之外。
②陕西文管会、岐山文化馆：《陕西省岐山县董家村西周铜器窖穴发掘简报》，《文物》1976 年第 5 期。
③李学勤：《试论董家村青铜器群》，《文物》1976 年第 6 期。
④陕西周原考古队：《陕西扶风庄白一号西周青铜器窖藏发掘简报》，《文物》1978 年第 3 期。
⑤陕西省考古研究所：《陕西眉县杨家村西周青铜器窖藏发掘简报》，《文物》2003 年第 6 期。

| 文、武时期 | 成王时期 | 康王时期 | 昭、穆时期 | 共、懿时期 |

高祖单公————皇高祖公叔————皇高祖新室仲————皇高祖惠仲盠父————皇高祖零伯

孝、夷时期　　厉王

皇亚祖懿仲————皇考龚叔

　　从始祖单公之后，逨的家族就不断分化。他的第二代直系先祖被称为"皇高祖公叔"，由"公叔"的名号就可判断此人绝非高祖单公的嫡子。第三代先祖"新室仲"和第四代的"惠仲盠父"也非小宗嫡子，直至第五代先祖才有了"伯"的称谓。零伯应当是"惠仲盠父"之嫡子，小宗的宗主。但是逨又并非零伯一脉的嫡系，因为逨的祖父被称为"懿仲"，父亲为"龚叔"。那么逨本人只能算是单氏家族小宗中的小宗。按理说，血缘关系疏远到如此地步，周王室不可能再注意到他们。但是到了宣王时期，逨却两次接受册命，并受王室派遣，承担了"肇建长父侯于杨"的重任，还曾与长父"追搏戎"。宣王册命逨时道："唯乃先圣考，夹召先王，譬勤大令，奠周邦。"宣王所说的先王便是周厉王，在位时曾发生了"国人暴动"，出奔于彘。夹召即辅助之意，逨的父亲"龚叔"可能有追随厉王共同出奔的经历劳。所以宣王才会两次册命其子。但逨不是单氏大宗，所以只能授予新职，而不能继承单氏家族的世职。

　　在逨之前的一百多年间，单氏每代都会衍生出众多的旁系小宗，起初此类小支近亲还能够留在家族内服事宗主，但单氏家族所拥有的资源不可能无限制的吸收每一代新生的小宗家族。像单逨这样在血缘关系已经疏远的支庶，若要维持其贵族身份，就只能寻找新的主君以求获得其家族生存所必需的资源。

　　又如受册命"死司王家"贵族康，其父为"鳌伯"，应该是奠丼氏的宗主。奠丼氏则从丼氏中分离出来的小宗，出身丼氏大宗的穆公、司马共及武公，都未接受过王室册命。觐簋铭文虽记载了丼伯觐曾受册命作王室"冢司马"，但铭文说得很清楚，这是"更乃祖服"。说明司马一职为丼氏家族的世职，则王室对丼伯觐的册命亦属于荣誉性质。

　　我们可以用指定服役制度来解释以上现象。由于商品经济还处于非常落后的状态，西周时期王室对畿内各族的统治与剥削是通过指定服役的模式来实现的，即臣属于王室的家族、部族都要在宗主的率领下向周王承担相应的义务，此义务一旦确定就会由该族世代承袭，固定不变。在此统治模式下，各族的宗主就会逐渐演变为王朝中负责某项具体事务的官吏，因为职务是世袭的，又导致了世官现象的出现。而西周实行的宗法制则决定了每个家族的财产与官职都将由大宗宗主继承，对于那些不断从大宗中分离出来的小宗贵族而言，要么留在本族内，成为大宗的臣属，服事宗主；或者彻底从大宗中分离出去，从其他地方谋得本家族生存必需的资源。

　　前者本是西周中前期小宗家族的主要出路，如禹鼎铭文记载："禹曰：丕显桓桓皇祖穆公，克夹召先王，奠四方。肆武公亦弗遐忘朕圣祖考幽大叔、懿叔，命禹纂朕祖考，政于丼邦。"同时期的叔向父禹鼎（《集成》4242）铭还有"作朕皇祖幽大叔尊簋"之语，陈梦家判断禹与其祖考幽大叔、懿叔都属井叔氏家族①。井氏宗主武公命禹继承其祖考之职"政于井邦",说明出身小宗的禹自其祖以来就世代服务于井氏大宗。

至西周中期,宗周与成周地区经过近百年的生息繁衍,各家族的人口不断增殖,而他们在周初所获得的生存资源(主要指领地)却无法同步增加,这就使每个家族都面临着严峻的人口压力。当家族财富不足以保证每一个成员都能享受到相应级别的生活水平时,必然会迫使那些血缘较疏远、在继承家族财产和权利方面无任何优势的成员不得不为寻找新的生存资源而努力。王畿外的诸侯尚可以通过对广大"野"的开辟,在"国"之外设"都"或"邑"来缓解因人口繁衍造成的压力,但王畿内的贵族在这方面就没有太多的优势。因此,除了从事战争掠夺外,依附于占据雄厚资源的周王室无疑就成了小宗家族的最佳选择,而册命制度就是依附于王室的途径。这也就解释了,为何小宗受命时周王一般要委派具体职事。

册命礼发端于距西周建国近百年的昭穆时代,很可能是由于王畿内各族人口增殖的巨大压力恰在此时普遍达到了临界值,进而会催生出一种新的政治体制以接纳那些即将从各族中溢出的小宗家族。要知道,族是西周时期最基层的政治单位。周王要通过大大小小的族来实现对民众的统治,王室的政令也只能靠各族宗主来贯彻,《尚书·梓材》记载了周公旦告诫康叔治理卫地殷民时说:"封,以厥庶民暨厥臣达大家。"以,由也;达,通也。此为倒装句式,实则意为"由大家达厥庶民及厥臣"。周公这是告诉康叔,若要对卫地实施有效治理就需要借助殷人"大家"的力量,所谓"大家"就是大宗宗主。因此,只有将各族纳入王朝的统治秩序之中,才能将分散在各族的底层民众置于管控之下。正如《白虎通·宗族》所言:"大宗能率小宗,小宗能率群弟,通其有无,所以纪理族人者也。"在指定服役制度下,每个家族都要向王室承担某项固定的义务,这就等于将该族固定控制在这项义务之上。但是到了西周中期,各族都出现了大量的小宗从本族中溢出的现象,而在当时环境下又找不到任何其他政治体制能够接纳他们。这种局面不仅对小宗家族的生存不利,同时也意味着脱离了王室的管理和约束。一旦身陷此种境地的小宗家族达到一定数量,定然会对原有的政治体制现状造成巨大的冲击。

出于稳固王朝统治的需要,周王室必须采取有效的措施将那些从大族中溢出的小宗尽可能的纳入王朝的掌控之中,而不能听之游离于现存的管理体系之外。因此开创一套新的控制体系或制度,使这一群体能够以另一种模式重新与周王室结成人身依附关系就显得势在必行。这就是西周中期册命制度出现的历史背景之一。所谓的册命制度,究其实质而言,就是周王室将其财产委托给那些从大族中溢出的小贵族们管理以便将之纳入王室管控之中的一种统治模式。在这套制度的背后,则是王室与小宗贵族在旧政治体系之外,确立起两者间的依附关系。这种依附关系的基础不是血缘,因为小贵族的构成极其复杂,既包含了周人,又包含了大量的异姓群体;这种依附关系也不是建立在战争与征服的基础上,因此它并非是周王室单方面要求受命者必须履行某种义务的硬性规定,而是在双方自愿——甚至是小贵族群体更加主动、迫切的基础上逐渐形成的,它的强迫性色彩较为淡泊,具有一定程度的契约性质。

---

① 陈梦家:《西周铜器断代》,第272页。

由于册命礼受王室主导,所以迅速演变为令人瞩目的政治荣誉,逐渐成了那些政治地位不高的中下层贵族们接近王室、提升政治地位的新途径。因此才会有一些原本只是承袭父祖遗职的大宗宗主也热衷于接受王室册命。但他们按规定要继承家族世职,所以受命时一般不会有职务的委派。同时,还出现了上级长官为下属、宗主为家族成员谋取册命的现象,如卫簋铭文记载"朕光尹仲倗父右告卫于王",于是周王"易卫佩、戠巿、殺亢、金车、金□",并叮嘱其"用事"。分析铭文可知,卫的受命与自己的"光尹"仲倗父有关,而且册命时无新职事授派,可见此次册命也是荣誉性的。

1959年陕西蓝田南寺坡村出土了弭叔师察簋①,记载了周王册命弭叔"用楚弭伯"。郭沫若将"用楚弭伯师察拜稽首"断句为"用楚,弭伯师察",故认为弭伯、弭叔为同一人,"察是其名,叔是其字,师是其官,伯是其爵,弭其封邑",其释"楚"为胥②。1963年在距离弭叔师察簋出土地点13公里外的蓝田县东南又发现了弭伯师藉簋③,学界这才意识到弭叔与弭伯之间为兄弟关系。因此,陈梦家认为弭伯是弭叔所辅佐的主官,而弭叔即师察,弭伯是师藉。弭伯是"用楚"的宾词④。弭伯师藉是弭氏宗主,需继承家族世职,因此周王册命时并未委派新职。而册命弭叔师察时却命他辅佐其兄弭伯师藉,这说明师察虽接受了王室册命,但他仍为弭伯臣属。此次册命可能是弭伯为其弟争取的荣誉性奖励。

综上,在97次册命案例中,凡是能确定的出身大宗宗主的贵族,在受命时只有赏赐而均无新职授派;凡有新职委派者,均属小宗出身的贵族。我们可以通过这些已知的情况反推那些不能确定受命者身份的册命事例,再结合指定服役理论,重新思考并判断西周时期册命的真实性质和政治功能。

四、结语

只有结合指定服役理论,我们才能明晰西周册命的真实内涵。册命礼实质上是指定服役制度的补充,是昭穆时代王室根据局势的变化而采取的一种补救旧体制的政策,其目的是为了将那些从各家族中被迫分离出来的小宗纳入王朝的管控之中。

册命制度虽然在一定程度上缓和了各族面临的人口压力,但同时也给王室带来了严重的政治危机。为了家族的生存与发展,受命者必定设法谋求将已取得的某类王室财产管理权世袭化,这种世袭化又很容易导致对王室财产的世袭占有。另外,各家族每隔一代又会分离出大量的小宗贵族急需王室册命,这等于将人口膨胀的压力转移到了王室肩上,王室财产却不可能得到同步增加以满足上述需求。从本质上讲,册命制度是通过牺牲王室利益的方式来安抚中下层贵族,对西周政府而言这是一种无法长期推行的应急政策。此外,当时的周王室还扮演着中央政府的角色,这就决定了它还必须为承担这一角色付出相应的代价。不论自身遇到了什么样的危机,作为天下共主所应承担的义务都不会减少丝毫,而册命制度却以加速度

---

① 段绍嘉:《陕西蓝田县出土弭叔等彝器简介》,《文物》1960年第2期。
② 郭沫若:《弭叔簋及訇簋考释》,《文物》1960年第2期。
③ 应新等:《陕西省城固、宝鸡、蓝田出土和收集的青铜器》,《文物》1966年第1期。
④ 陈梦家:《西周铜器断代》,第206页。

的方式瓦解了周王室履行其中央政府职责的能力①。所以厉王时期推行"专利"政策,宣王有"料民"之举,都可视为王室为解决财政压力而付出的努力。但是这种开辟财源性质的努力无法解决册命制度带来的消极作用,因此最终均以失败告终。到了幽王时期,王室已经极度虚弱,根本承受不住任何形式的冲击。恰在此时,却爆发了西周历史上罕见的废嫡立庶事件,致使平王母家申侯联合缯与犬戎攻破镐京,幽王败死,西周至此灭亡。申、缯和犬戎攻杀幽王的过程并不曲折,没有遇到幽王一方任何实质性的抵抗。进入春秋时期,申、缯迅速被灭,犬戎也不见于历史记载。这说明此三国之所以能灭幽王并不代表他们自身的力量有多么强大,只能反映周王室的实力被册命制度彻底掏空,王室的领地与人口被受命贵族侵占、分割,根本无法集解力量抵抗三国的攻击,幽王不过空有天子的名号罢了。

作者简介:黄明磊,男,陕西师范大学中国西部边疆研究院讲师。

---

① 据张亚初、刘雨对西周早、中、晚三个时间段金文所见职官数量的统计,明显可看到职官数量随着时代有逐渐增加的趋势,见于氏著《西周金文官制研究》,第104—109、148页。这种趋势其实反映了越往后期,从各家族中分离出来的小宗数量就越多,需要周王室设置更多的职位予以安置,而并非政府的官僚机构趋于成熟。

秦汉简牍研读札记

湖南大学岳麓书院　李洪才

一、里耶秦简一四二四与二二四三缀合

《里耶秦简（贰）》中公布了两枚简，原释文作：

急心心心心□☒（一四二四正）
心心心□心□☒（一四二四背）
☒心心心心心（二二四三正）
☒心□心□☒（二二四三背）①

这两枚简都在第九层，而且字体茬口都非常吻合，可以缀合为一枚，缀合示意图如图一。缀合后释文当整理为：

急心心心心心心心心心心（一四二四正＋二二四三正）
心心心心心心心心心心（一四二四背＋二二四三背）

这是一枚习字简，简正面第一字为"急"后面及背面都是"心"的杂写练习。另外，这里面有个值得注意的现象，其中的"心"形出现了两种形体，一种作下A形，一种形体作下B形。

A　B　恒 五一背　急 二八二　志 一四四一正

按照形体特点来说，A形小篆特点明显，但这种写法在秦简牍中并不多见。B形与简正面"急"所从"心"形一致，是秦简牍中常见的写法，比如里耶秦简贰五一背的"恒"、二八二的"急"、一四四一简中的"志"等字所从的"心"，就是B形写法。A形具有流畅线条，而装饰特点较强，但在日常书写中这种写法不能适应快速实用书写的需要。B形虽缺少

---

① 湖南省考古文物研究所：《里耶秦简（贰）》，北京：文物出版社，2018年，第160、238页。

装饰，但点画简洁呼应，更适应快速书写。这个现象很容易让我们想到《说文》序中所说的"秦书八体"的问题。许慎所说的秦书八体中有小篆和隶书。不过小篆和隶书本质区别究竟在哪里，众说纷纭。以 A、B 两形而言，两者的突变还是从线条转变为点画。另外，我们现在所见的小篆除了后世翻摹之外，基本是金文石刻，墨迹的小篆实在少见。而金文石刻的小篆，与墨迹的小篆绝不会一致，汉代石刻隶书与简牍墨迹隶书的巨大差距就是最好的例证。

二、里耶秦简八五八与一八三八背缀合

《里耶秦简（贰）》中有两枚简，原释文作：

☐月及☐（八五八）
☐如急☐（一八三八正）
☐☐心☐☐（一八三八背）

以上八五八简未公布背面图，下残断。一八三八简上下残断。两简都出自第八层，且茬口吻合，可缀合。且缀合后茬口处"急"字笔画交接顺畅。缀合后释文当重新整理为：

☐如急☐（一八三八正）
月月急☐心☐☐（八五八＋一八三八背）

这枚简也是一枚习字简，简上文字具有明显的楚简笔法特点，同时笔画牵连，透露出草书萌芽痕迹。

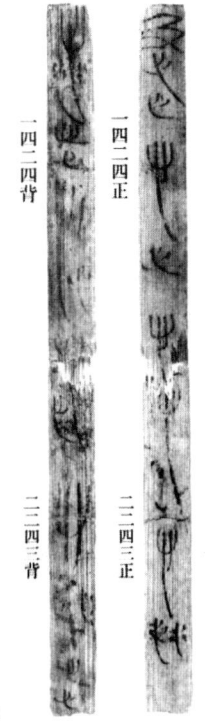

图一：

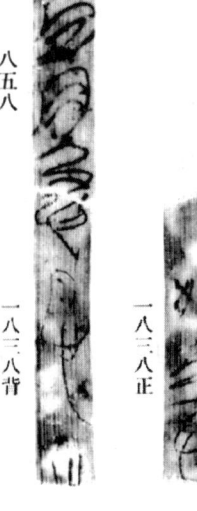

图二：

三、岳麓秦简肆 1230 简释文补

《岳麓书院藏秦简》第四卷①中 1230 简，原整理释文作：

之。十月户赋，以十二月朔日入之，五月户赋，以六月望日入之，岁输泰守。十月户赋不入刍而入钱（1230）

此简是讨论秦代户赋问题的重要材料。细察原简，"望"后并无"日"，原释文误衍。其实，先秦文献中表示"望日"时仅用单音节"望"字。如：

朔日，利入室，毋哭。望，利为囷仓。（睡虎地秦简 155 背）
官，恒令令史官吏各一人上攻劳吏员，会八月五日。上计最、志、郡（群）课、徒隶员簿，会十月望。同期，（岳麓秦简肆 2148）

四、肩水金关汉简 73EJT21：270 释读

《肩水金关汉简（贰）》② 73EJT21：270 原整理者释文如下：

☑□医脣文四下方骊□聊屏不骊久左肠甘□☑
简中"骊"后未释字原简图如下 a 形

a 居新 EPT27·56B   b   c

此形当释作"插"。此形左部从"扌"无疑。右部的"舌"形如上举居延新简可参照。简中屏原简图作上 b 形，疑此字就是"尾"。
肠，原简图如上 C 形。此形右部残缺，疑此形为"脾"。悬泉简中有"久左脾"（IVT06173：18），文例可与此处相合。脾通髀。髀即是大腿。久左脾意思就是在大腿处烙印。

五、肩水金关汉简 73EJT9：264 简释读

《肩水金关汉简（壹）》73EJT9：264 和 73EJT9：268 缀合并重新释读如下：

☑不愿召对，久□不食，未耐任衣。有罪辅不肖，☑为部治马官，辅有疾，不敢望见，早想召部中
☑谨入不愿诣，辅得毋有失，过而不自省，愿闻其说。☑幸＝甚＝［幸甚幸甚］。部中事何以教使卜，辅即有（73EJT9：268B+73EJT9：264A）

---

① 陈松长主编：《岳麓书院藏秦简（肆）》，上海辞书出版社，2015 年。
② 甘肃简牍保护中心等编：《肩水金关汉简（贰）》，上海：中西书局，2012 年。

☑为辅请侯予平君伿，欲以诸☐☐☑问报，叩头重幸＝甚＝［幸甚幸甚］（73EJT9：268A+73EJT9：264B）

这两枚简由何茂活先生缀合，并对原简文作了修订。① ☐☐不食，原释文作"……不使"，何文改释为"久☐不食"，认为是说写信人近来患病，饮食欠佳。未耐任衣，原释作"未转☐☐"，依何文改释。任衣，意犹"胜衣"。本简中的"久☐不食，未耐任衣"即指身体疲病，衣食起居都很困难。肖，原缺释。辅有疾不敢望见，原释作"县有疾不愿望见"。事，原皆释为"予"。辅即有，原释作"☐即有"。

以上为何文对本简所作的释读，皆可从。但仍有进一步补释之处。

第一行的"部"，何文释作"邮"，汉简中部、邮形近易混，所以从字形上很难分辨，不若保持原释。请侯予，何文作"请侯事"。此处的"予"字形与第二行"事"有差距，而且此处的文意当是辅请侯给平君某物，故当保持原释。

第二行"愿诣"前有三个未释字，疑为"谨入不"。"使"与"辅"之间偏右，原简本有小"卜"字，这应该是表示句读作用的符号。

第三行，伿，原释文作"使"，原简作疢，右侧从"夜"，此处用作人名。"问"，原释文缺释，原简字形如下1形，此当释作"问"，此为汉简中常见的草书写法，汉简类似此种写法"问"的草书如下：

1. 问：敦488B、额99ES17SH1：6A、居新EPF22·841

六、《肩水金关汉简》（伍）73EJF2：34 释文补

《肩水金关汉简》（伍）② 73EJF2：34

☐☐到☐人付☐☐☐☐
☐☐延还思想君丙在边☐

第一行标下划线未释字，原简作，当释为"杀"。左侧所从"杀"明显，右侧尚见"攵"少许笔画。

第二行未释字原简作，上部从非，下部为"心"之草写，当释为"悲"。

七、肩水金关汉简中的几处"闒"补释

73EJF3：3 右前骑士关都里任宪
73EJF3：47 右前骑士关都里李谊

---

① 何茂活：《肩水金关汉简缀合校释一则》，复旦大学出土文献与古文字研究中心网站（http://www.gwz.fudan.edu.cn/Web/Show/2415），2015年1月7日。
② 甘肃简牍保护中心等编：《肩水金关汉简（伍）》，上海：中西书局，2016年。

按：简中的"关"原简形分别如下

非是，当释作"闗"。此处省"曰"形。其实张俊民先生在《肩水金关汉简（壹）释文补例》，中就已经指出这个字的释读问题，他说："记得 1998 年校读简文时有个地名叫"闗都里"，"闗"字或有省略"曰"的写法，即成门内"羽"字。简 3（73EJT3：7）的写法应该释读为"闗"字。"①

此外还有几处也应改正：

  73EJF3：11＋4 右前骑士关都里赵严
  73EJF3：415＋33 右前骑士关都里李谊

还有居延新简中也有几处也应引起注意：

  E.P.T51：356 第卅三长居延关都里邹□去
  E.P.T68：125 迺六月十九日丙戌万岁士吏居延关都里□长
  E.P.T68：164 迺十二月甲午第十三助吏高沙队长居延关都里王尊

八、肩水金关汉简 73EJF3：104、73EJF3：118A、73EJF3：150B 补释

  始建国三年三月辛酉朔辛未列人守丞　别送治薄卒张掖居延移□＝南代卒（73EJF3：104）
  始建国元年六月壬申朔乙未居延居令守丞……（73EJF3：118A）
  /掾尉史章（73EJF3：150B）

第一简上"掖"，原简作"液"，从水。未释字疑为"鄣"之草书。第二简"乙"，原简作，显然是"己"字，但六月壬申朔则无"己未"，此"己"或为"乙"之讹。第三简"尉"，原简作，为"令"之草书。

作者简介：李洪才，男，湖南大学岳麓书院副教授。

---

① 张俊民：《肩水金关汉简（壹）释文补例》，简帛网（http://www.bsm.org.cn/show_article.php?id=2112。），2014 年 12 月 16 日。

郭店楚简所见"子思之儒"政治观辨析

青海师范大学黄河文化研究院　李健胜

摘　要：郭店楚简所见"子思之儒"的禅让观,其实质在于借禅让故事表达贤人政治观;郭店楚简所见礼法并用的政治观,是"子思之儒"在慎刑思想的前提下所继承的上古时代的一种为政思想,不是"援法入儒"的结果,亦非荀子思想的渊源;郭店楚简所见"子思之儒"自由主义政治观,源于先秦贵族政治及其文化传统,体现了这一学派的思想特质。

关键词：郭店楚简　先秦儒家　政治观　自由主义

郭店楚简出土以来,孔孟之间的儒学研究呈现出蓬勃兴盛之势,尽管学术界对于郭店楚简儒家类文献的归属还有一定争议,但它们与"子思之儒"的密切联系的确是不容否认的事实。这些出土文献除了能直观地反映"子思之儒"的思想主张外,也能反映出孔孟之间儒学思想的多元性、丰富性。本文通过分析郭店楚简所见"子思之儒"的几种政治观,探析这些政治观的思想内涵及其时代影响,藉此梳理"子思之儒"政治观的特质。

一、郭店楚简所见儒家的禅让观

郭店楚简所见儒家政治观中,禅让观是颇有影响的一种政治观念。郭店楚简《唐虞之道》云:"唐虞之道,禅而不传。尧舜之王,利天下而弗利也。禅而不传,圣之盛也。利天下而弗利也,仁之至也。故昔贤仁圣者如此。身穷不贪,没而弗利,穷仁矣。必正其身,然后正世,圣道备矣。故唐虞之[道,禅]也。"①《唐虞之道》以"利天下"阐发尧舜禅让,标榜举贤让能,表达出一种颇具冲击力的政治观念。

禅让学说的学派归属,向来有争议,顾颉刚先生认为禅让学说起于墨家,"是墨家因为

---

① 原文见《郭店楚简·唐虞之道》,荆门市博物馆:《郭店楚墓竹简》:北京:文物出版社,1998年,第157页。此处引文采用李零先生的校读版本,详见李零:《郭店楚简校读记》(增订本),北京:中国人民大学出版社,2007年,第123页。

要宣传他们的主义而造出来的"①，从出土文献看，上博简《子羔》、《容成氏》也宣扬禅让学说，当代学术界对这些楚竹书的学派属性也有争议②。事实上，就先秦儒家而言，禅让学说应当是渊源自有的一种政治观念，《论语·颜渊》云："舜有天下，选于众，举皋陶，不仁者远矣。"《论语·尧曰》亦云："尧曰：'咨！尔舜！天之历数在尔躬，允执其中。四海困穷，天禄永终。'舜亦以命禹。"其中，"选于众""舜亦以命禹"等，已然包含着禅让思想。从《唐虞之道》所反映的禅让观看，"子思之儒"把以"孝"为核心的家庭伦理观念和以尊贤为主体的治国理念结合起来，"尧舜之行，爱亲尊贤。爱亲故孝，尊贤故禅"③。使尊贤让能的政治观念与儒家的伦理观相匹配，从而进一步夯实禅让观的说服力。战国中后期，儒家对禅让观的看法出现分歧，孟子认为尧舜禅让是"天"的旨意，《孟子·万章上》载孟子之语："使之主祭而百神享之，是天受之。使之主事而事治，百姓安之，是民受之也。天与之，人与之，故曰天子不能以天下与人。舜相尧二十有八载，非人之所能为也，天也。尧崩，三年之丧毕，舜避尧之子于南河之南，天下诸侯朝觐者不之尧之子而之舜，讼狱者不之尧之子而之舜，讴歌者不讴歌尧之子而讴歌舜，故曰天也。夫然后之中国，践天子位焉。而居尧之宫，逼尧之子，是篡也，非天与也。《泰誓》曰：'天视自我民视，天听自我民听。'此之谓也。"孟子强调禅让问题上"天"和"民"的决定性因素④，认为在王权更替问题上，无论是世袭还是禅让，都取决于"天"的意志，也取决于"民"的力量，这说明孟子的禅让观已然超越了举贤让能的思想表达，把它推衍为具有终极背景的政治观，也将它视为民本观的一种思想表达。荀子则明确反对禅让，《荀子·正论》云："世俗之为说者曰：'尧、舜擅让。'是不然。……是虚言也，是浅者之传、陋者之说也，不知逆顺之理，小大、至不至之变者也，未可与及天下之大理者也。"禅让观中以贤者为王的思想主张与荀子的王权观是格格不入的，因此，他不主张禅让也在情理之中。

作为一种时代思潮，禅让观并非仅仅停留于观念史层面，它对当时的现实政治也有一定影响。在先秦诸多禅让故事中，最为著名的事件当属公元前316年发生的燕王哙之"让国"，据《战国策·燕策一》和《史记·燕召公世家》记载，燕王哙将王位禅让给子之，燕国将军市被和太子平攻击子之，中山、齐国趁机出兵攻打燕国，禅让一事引起内乱、外患。1974—1978年，在河北平山中山王墓发现的铜器铭文云："□（适）□（遭）郾（燕）君子□（哙），不□（顾）大宜（义）不□者（诸）侯，而臣宗易立，目（以）内□（绝）邵（召）公之□（业），乏其先王之祭祀；外之则□（将）□（使）□（上）勤（觐）于天子之庿（庙），而□（退）与者（诸）侯齿□（长）于□（会）同，则□（上）逆于天。下不

---

①顾颉刚：《禅让传说起于墨家考》，《顾颉刚古史论文集》（卷一），北京：中华书局，2011年，第425页。
②彭裕商：《禅让说源流及学派兴衰——以竹书〈唐虞之道〉、〈子羔〉、〈容成氏〉为中心》，《历史研究》2009年，第3期。
③原文见《郭店楚简·唐虞之道》，荆门市博物馆：《郭店楚墓竹简》，第157页。此处引文采用李零先生的校、读版本，详见李零：《郭店楚简校读记》（增订本），第123页。
④艾兰著，孙心菲、周言译：《世袭与禅让——古代中国的王朝更替传说》，北京：北京大学出版社，2002年，第22页。

□（顺）于人旃。□（寡）人非之。"① 这说明传世文献所载燕王哙禅让确有其事，铭文反映出诸国国君对此举甚是反感。最终，子之为齐国所擒，赵国送燕国公子职入燕为王。鼓吹禅让的孟子听说燕王哙把王位禅让给子之后，声称"子哙不得与人燕，子之不得受燕于子哙"②，又反对起禅让来。禅让思想虽有尧舜禅让故事为依据，蕴含着贤人执政的政治理想，但在现实政治中，不仅甚难变为现实，也甚难对既有政治秩序形成有效挑战，因此，燕王哙禅让王位之后，迅速萎顿③。

笔者认为儒家禅让观的思想内涵在于借历史故事表达他们的贤人观，"子思之儒"应当也曾力倡这一政治观，在他们看来，统治者与其任用凭血统获取权益的旧贵族，还不如任用贤能之人，这样才能振兴国家，在诸国争霸的乱世中博得优势，并告诫统治者"乱之至，灭贤"④，当时的统治者也意识到，"将国家交给才德优秀的人去治理，比交给世袭官位的人去治理，有更大的生存机会"⑤。禅让观的萎顿可能与燕王哙禅让失败有关，但更为主要的原因在于，战国时代各国的变法运动中，统治者在任用血统高贵的旧贵族还是任用贤能之人的问题上，与包括儒家在内的士阶层达成一致，因此，知识界不再标榜禅让。

郭店楚简所表达的禅让观虽然在先秦未能成为儒家政治观的主流，但其中蕴含着的贤人政治观是儒家政治观的主要内容，是儒家关于治国之道方面的重要主张，从这个角度讲，禅让观在儒学思想史上具有较高的地位。另外，儒家的禅让观导致禅让故事模式化，"瞽子，父顽，母嚚，象傲；克谐以孝，烝烝乂。不格奸"，"釐降二女于妫汭，嫔于虞"⑥ 等的禅让故事以文本的形式固定下来，对后世产生重要影响。比如，王莽代汉的思想动因，与昭、宣以后流行的禅让传贤以及汉家气数已尽的说法有一定联系⑦，汉魏易代时，儒家辅佐曹丕、曹爽通过礼遇汉室、笼络耆宿、纳献帝之女、打造"魏家舜后说"等，以禅让之礼完成汉魏鼎革⑧。这些史实说明，儒家的贤人政治观具有深远的历史影响。

二、郭店楚简所见儒家礼法并用的政治观

郭店楚简儒家类文献数处提及礼法并用的政治观，从对为政者的要求、赏刑并举的意义等角度，论证了礼法并用在治国理政中的重要作用。

郭店楚简《缁衣》中有"子曰：政之不行，教之不成也，则刑罚不足耻，而爵不足劝

---

①考古报告中该器铭文以手写体录入，笔者以缺字符"□"处理模糊难辨之字，不影响整体文意，参见河北省文物管理处：《河北省平山县战国时期中山国墓葬发掘简报》，《文物》1979 年第 1 期。
②《孟子·公孙丑下》，焦循撰，沈文倬点校：《孟子正义》，北京：中华书局，1987 年，第 285 页。
③李振宏：《"禅让说"思潮何以在战国时代勃兴——兼及中国原始民主思想之盛衰》，《学术月刊》2009 年 12 月期。
④原文见《郭店楚简·唐虞之道》，荆门市博物馆：《郭店楚墓竹简》，第 158 页。此处引文采用李零先生的校读版本，详见李零：《郭店楚简校读记（增订本）》，第 124 页。
⑤邢义田：《天下一家：皇帝、官僚与社会》，北京：中华书局，2011 年，"序"，第 8—9 页。
⑥《尚书·尧典》，顾颉刚、刘起釪：《尚书校释译论》，北京：中华书局，2005 年，第 86 页。
⑦邢义田：《天下一家：皇帝、官僚与社会》，第 174—175 页。
⑧朱子彦、王光乾：《曹魏代汉后的正统化运作——兼论汉魏禅代对蜀汉立国和三分归晋的影响》，《中国史研究》2011 年第 1 期。

也。故上不可以亵刑而轻爵"①。这条贯以"子曰"的语录也见于世传本《缁衣》,清人孙希旦注曰:"刑罚必加于有罪,则民知所耻,民知所耻则政行;爵禄必加于有德,则民知所劝,民知所劝则教成。所刑者不必有罪,则刑亵而民不耻;所爵者不必有德,则爵轻而民不劝矣。"②《缁衣》为"子思之儒"的作品,但这条语录是出自孔子之口,还是借托孔子阐述子思见解,学术界还是有争议的。李零先生认为,此篇中的"夫子曰""子言之曰""子曰"中的"子"都指的是孔子,他的依据是其中一些语录同见于《论语》或为贾谊所引③。战国儒家文献中,"子曰"类语录数量颇多,加之郭店简、上博简的出土,使这一类材料的数量更加庞大,加上其他诸子及汉儒诸书中的相关材料,"子曰"类语录材料的数量已然大大超过了《论语》中孔子语录的总和。受春秋时期口耳相传的授教方式,孔子"述而不作"的学术特点,孔子后学往往假托孔子表达观点等因素影响,这些"子曰"类语录显然不一定都出自孔子之口,而这条主张为政者要有功必赏、有罪必惩的语录,与郭店楚简《六德》"作礼乐,制刑法,教此民尔,使之有向也,非圣智者莫之能也"④的主张是相一致的,应当是"子思之儒"的言论,而非出于孔子之口。

郭店楚简中还有从施政效果角度论证赏刑并用意义的言论。《性自命出》载,"未赏而民劝,贪福者也,未刑而民畏,有心畏者也"⑤。意思是说要以"赏"来激发民众的积极性,用"刑"使民众有畏惧之心,使他们不敢以身试法。除主张赏刑并举外,上述材料也反映了儒家的德政思想,提倡的是"未刑而民畏",而非用刑而使民畏。《尊德义》进一步论证了赏刑并举的意义,"赏与刑,祸福之基也,或前之者矣。爵位,所以信其然也。征侵所以攻□〔也〕。刑〔罚〕,所以□与也。杀戮,所以除害也。不由其道,不行"⑥。这条材料的作者一方面主张赏刑并举的必要性,强调了刑罚在为政中的意义,但同时又说"不由其道,不行",意思是说无论是有功行赏,还是有罪必罚,都必须符合"道",统观《尊德义》,这个"道"应当是指儒家的"重义集理"⑦。

从以上分析可知,尽管郭店楚简儒家类文献表达礼法并用思想的文字并不算多,但显然郭店楚简中的确有礼法并用的思想主张,也说明孔孟之间的儒家主张礼法并用。

从学派归属角度讲,这种礼法并用的观念到底是哪个儒家学派的主张,学术界也有争议。从文本归属角度看,尽管郭店楚简公布之初,学术界并没有从礼法并用角度去辨析儒家

---

①原文见《郭店楚简·缁衣》,荆门市博物馆:《郭店楚墓竹简》,第130页。此处引文采用李零先生的校读版本,详见李零:《郭店楚简校读记(增订本)》,第79页。
②孙希旦:《礼记集解》,北京:中华书局,1989年,第1326—1327页。
③李零:《郭店楚简校读记(增订本)》,第86页。
④《郭店楚简·六德》,荆门市博物馆:《郭店楚墓竹简》,第187页。此处引文采用李零先生的校读版本,详见李零:《郭店楚简校读记(增订本)》,第170页。
⑤原文见《郭店楚简·性自命出》,荆门市博物馆:《郭店楚墓竹简》,第181页。此处引文采用李零先生的校读版本,详见李零:《郭店楚简校读记(增订本)》,第139页。
⑥原文见《郭店楚简·尊德义》,荆门市博物馆:《郭店楚墓竹简》,第173页。此处引文采用李零先生的校读版本,详见李零:《郭店楚简校读记(增订本)》,第181页。
⑦原文见《郭店楚简·尊德义》,荆门市博物馆:《郭店楚墓竹简》,第174页。此处引文采用李零先生的校读版本,详见李零:《郭店楚简校读记(增订本)》,第183页。

类文献的归属,但从人性论等角度分析文本归属时已然涉及思想主张的归属问题。随着研究的深入,一些学者对郭店楚简中的政治观及其学派归属问题提出意见,比如,白奚先生认为郭店楚简所见的赏刑并举观念是荀子礼法互补治国理论的重要来源①。顺着白先生的思路,那些反映赏刑并举的篇章及与之相关的反映人性论的作品,应当与荀子学派有关。其实,无论从郭店楚简儒家类文献的学派归属,还是从包括礼法并举的思想主张角度看,明确反映赏刑并举的文献应当都为"子思之儒"的作品,或者是与该学派相关的文献②。

蒙文通先生通过分析世传本《子思子》,提出:"子思氏之儒,固援法而入于儒者也。"③事实上,"子思之儒"的一个思想特色就是"闻见杂博"④,郭店楚简儒家类文献中有礼法并举的思想观念不足为奇,进而言之,其实不存在子思学派所谓"援法入儒",因为从《论语》等材料看,正如孔子所言:"道之以政,齐之以刑,民免而无耻;道之以德,齐之以礼,有耻且格。"⑤ 以刑罚治民本来就是儒家的一贯主张,只是他们更看重德政,主张慎刑。郭店楚简《成之闻之》载,"君子之于教也,其道民也不浸,则其淳也弗深矣。是故亡乎其身而存乎其辞,虽厚其命,民弗从之矣。是故威服刑罚之屡行也,由上之弗身也。昔者君子有言曰:战与刑,人君子之坠德也"⑥。该文认为,"刑"是"坠德",主张统治者的身教和垂范作用,包含其中的慎刑思想显然与孔子一脉相承,而这也可以证明儒家向来主张以法治民,不存在"援法入儒",儒家思考该问题的重心在慎刑方面。

统合郭店楚简反映礼法并用思想的诸篇文献,可以发现,"子思之儒"主张赏刑并举,但他们更看重德治,提倡慎刑,在他们的观念中,礼法并用的前提是慎刑,这一点与荀子及战国法家的主张有很大不同。就慎刑思想而言,郭店楚简反映出的慎刑思想也并非儒家所专有,汉初出土简文《盖庐》是一篇"有浓厚的兵阴阳家色彩"的文献,其文云:"治民之道,食为大葆,刑罚为末,德正(政)为首"⑦。这说明慎刑思想是先秦诸子的一个思想共域,它是上古统治思想中的宝贵治国经验,也是从上古时代流传下来的具有普遍意义的治国理念,并非是某一战国诸子的发明创造。

就"子思之儒"的政治观而言,郭店楚简反映出的礼法并用主张,虽然是他们政治观的组成部分,但并不是占核心地位的政治观。总的来看,"子思之儒"更强调教化的作用,主

---

① 白奚:《从郭店儒家简看荀子礼法互补治国理论的思想渊源》,《中原文化研究》2017年第3期。
② 李健胜:《"子思之儒"著述辨正》,《中原文化研究》2018年第1期。
③ 蒙文通:《儒学五论》,刘梦溪主编:《中国现代学术经典·廖平、蒙文通卷》,石家庄:河北教育出版社,1996年,第603页。
④《荀子·非十二子》,(清)王先谦撰,沈啸寰、王星贤点校:《荀子集解》,北京:中华书局,2013年,第110页。
⑤《论语·为政》,程树德撰,程俊英、蒋见元点校:《论语集释》,北京:中华书局,2014年,第88页。
⑥ 原文见《郭店楚简·成之闻之》,荆门市博物馆:《郭店楚墓竹简》,第167页。此处引文采用李零先生的校读版本,详见李零:《郭店楚简校读记(增订本)》,第157页。
⑦ 张家山二四七号汉墓竹简整理小组:《张家山汉墓竹简(二四七号墓)》,北京:文物出版社,2001年,第275页。

张"教非改道也，教之也。学非改伦也，学己也。……是以君子，人道之取先"①。他们把教化首先设定为培养君子以控御权力，同时也重视教化民众，并在治民问题上并不排斥用刑罚管理庶民的为政之道。

总之，郭店楚简中的礼法并用政治观实际上是"子思之儒"继承孔子思想而来的一种观念，不存在"援法入礼"的问题，亦不是法家意义上的礼法并举，只是在慎刑思想的前提下，主张用赏罚并举的理念来管控庶民。这一政治观反映了"子思之儒"承续并遵守诸子普遍认可的治国之道的思想特征。

三、郭店楚简所见儒家自由主义政治观

郭店楚简儒家类文献还反映出战国儒家的自由主义政治观，这是颇具儒家特色的一种政治观，也体现出"子思之儒"政治观念的根本特质。

郭店楚简《六德》中有"为父㡭（绝）君，不为君㡭（绝）父"②的言论，其意为父子之亲先于君臣之义，可以为了父子之亲而弃绝君臣之义，反之，则不能。这种政治观与惯常理解的儒家君臣父子大相径庭，却反映了孔子、子思、孟子构成先秦仁学谱系及其政治观的基本内涵。③ 这里的"父"指代的是先秦时期在政治、经济及文化上具有相对独立地位的贵族集团，"君"则指具有共主地位的君上，而该文的意义也可以理解为贵族在地方上相对独立的诸项权利优先于王权，反映的是夏、商及西周时期贵族的自由主义文化传统。

无独有偶，郭店楚简的其他篇章中也有类似的观点，比如，郭店楚简《语丛一》载，"㣛（友）君臣，毋（无）䍆（亲）也。……君臣、朋㣛（友），其䍆（择）者也"④。郭店楚简《语丛三》载，"父亡亚（恶），君猷（犹）父也，其弗亚（恶）也，猷（犹）三军之旗也，正也。所以异于父，君臣不相才（在）也，则可已；不敚（悦），可去也；不我（义）而加者（诸）己，弗受也"⑤。《语丛一》把君臣关系与朋友关系对等看待，认为他们都是可"择"的一种社会关系，《语丛三》则认为君臣关系"不相在"，且"不悦可去"，一旦"不义而加诸己"，可以"弗受"。两条材料都反映出尊尊可易而亲亲不能移的思想，不过，在论述亲父尊君，不说其可能存在的昏恶一面。子游曾说："事君数，斯辱矣；朋友数，斯疏矣。"⑥ 这句话反映出《论语》中也有君臣、朋友并列的现象，说明当时的儒家认为君臣关系与朋友关系有相类似之处，从话语意义上看，显然有主张个体独立、人格尊严的意味，李泽厚先生认为这是建构社会性公德的重要资源⑦，而从思想渊源看，《论语》所载与郭店楚

---

① 原文见《郭店楚简·尊德义》，荆门市博物馆：《郭店楚墓竹简》，第 173 页。此处引文采用李零先生的校读版本，详见李零：《郭店楚简校读记（增订本）》，第 182 页。
② 原文见《郭店楚简·六德》，荆门市博物馆：《郭店楚墓竹简》，第 188 页，此处引文采用李零先生的校读版本，详见李零：《郭店楚简校读记（增订本）》，第 171 页。
③ 李健胜：《子思研究》，西安：陕西师范大学出版社，2009 年，第 129 页。
④ 荆门市博物馆：《郭店楚墓竹简》，第 197 页。
⑤ 荆门市博物馆：《郭店楚墓竹简》，第 209 页。
⑥《论语·里仁》，程树德撰，程俊英、蒋见元点校：《论语集释》，第 364 页。
⑦ 李泽厚：《论语今读》，合肥：安徽文艺出版社，1998 年，第 122 页。

简《语丛》之间显然有前后相继的思想关联。

郭店楚简《语丛》类文献内容大体上是格言类的文句，可能是战国时期流传至楚国或由楚地儒家创制的格言警句，用于记录作者思想或者作为教学材料。上述材料中反映的思想首先与先秦仁学谱系的自由主义政治观是相一致的，说明这些材料的作者与孔孟之间传承这一政治观的"子思之儒"有密切的关联。其次，这样的观念之所以能够在楚国流传，与楚国开放的文化风气①，且在政治上秉持贵族执政的传统，都有关联。楚国向来有浓厚的贵族政治文化传统，在中央，令尹把持朝政，"以令尹当国执政……若敖氏、成氏、蒍氏、邃氏、阳氏，皆公族子孙，世相授受"②，在地方，各级贵族牢牢掌控着地方权柄，任人惟亲的政治气氛也颇为浓厚，③ 其政治体制很大程度上与上古贵族社会相类似。在这样的政治形势下，楚王的权力受到贵族集团的抑制，而贵族集团在政治上有较多的自由空间。受到这种政治环境影响，思想文化界形成尊尊可易而亲亲不能移的思想，也就不足为奇了。上博简楚国类文献也反映了这一点，《昭王毁室》记载了楚昭王"为室于死**沮**（滑）之**滤**（浒）"，卜尹陈省地说："**僕**（僕）之父之骨才（在）于此室之**階**（階）下"，楚王不得不"毁室"④ 日本学者汤浅邦弘认为，这个楚王故事类材料反映了楚王的才智与果断⑤，但笔者认为这显然是误读了文献的真实意义，在楚国强大的贵族集团力量面前，楚王不得不退让，以"毁室"来平息争执，而对于卜尹陈省来说，亲亲为先的观念是他敢与楚王交涉的心理动因。

显然，儒家自由主义政治观脱胎于先秦贵族政治，集中代表了贵族集团在思想观念上的独立诉求与观念表达。"子思之儒"承继了这一政治观念，且成为儒家自由主义政治理念的主要承载者。无论是从文献归属还是思想传播方面，郭店楚简《六德》及《语丛》类材料反映出的儒家自由主义政治观应当与"子思之儒"有着密切的关系，"子思之儒"不仅以亲亲为先来表达他们的自由主义政治观，且在君臣父子关系的伦理意义及社会评价方面，比上述主张更为激越。郭店楚简《鲁穆公问子思》声称，"恒尔（称）其君之亚（恶）者，可胃（谓）忠臣矣"⑥。子思认为总是直陈君上之恶者为忠臣，前提是公开宣称君臣有"恶"，这与《语丛一》认为君臣父子皆"无恶"的主张相比，更具有思想的张力，其所表达的自由主义观念也更为彻底。"子思之儒"自由主义的政治观，还体现于该学派以德抗位的思想主张上，《孟子·万章下》载，"……缪公亟见于子思曰：'古千乘之国以友士，何如？'子思不悦曰：'古之人有言曰，事之云乎？岂曰友之云乎！'子思之不悦也，岂不曰以位，则子君也，

---

① 张正明：《郭店楚简的几点启示》，武汉大学中国文化研究院编：《郭店楚简国际学术研讨会论文集》，武汉：湖北人民出版社，2000 年，第 43 页。
② 顾栋高：《春秋大事表·春秋楚令尹论》，北京：中华书局，1993 年，第 1840 页。
③ 李玉洁：《论任人惟亲制度对楚国的负面影响》，《河南大学学报》（社会科学版）2003 年第 5 期。
④ 马承源主编：《上海博物馆藏战国楚竹书》（四），上海：上海古籍出版社，2004 年，第 182—186 页。
⑤ 汤浅邦弘著，白雨田译：《竹简学——中国古代思想的探究》北京：东方出版社，2017 年，第 150 页。
⑥ 荆门市博物馆：《郭店楚墓竹简》，第 141 页。

我臣也，何敢与君友也。以德，则子事我者也，奚可以与我友？……"① 以德抗位的思想动因是君子以完善的道德和高超的学识去控御权力，集中反映了先秦儒家的自由主义政治观。

儒家自由主义政治观的思想渊源来自先秦贵族政治及其文化传统，是先秦贵族社会遗留下的宝贵思想观念，孔子继承了这一观念，并试图通过恢复周礼来激活其中活跃且颇具意义的思想内涵。孔子没能在鲁国真正建立功名，有生之年也没发现与之有关的差事符合其在权力运用方面设立的标准②，但这种思想的活力及其价值经过"子思之儒"的传承与发扬，成为该学派的思想特质，至孟子时仍然保持着很强的思想生命力。与此同时，战国时代的政治环境，为追求思想自由的儒家也提供了一定的社会空间③，当时社会环境也为他们扩充自由主义政治观的思想内涵提供了一定的机遇，使得这一宝贵的思想观念得以流播。秦汉以来，随着君主专制的官僚政治的发展，儒家自由主义的政治观逐步受到抑制，甚或消失于历史长河。如今，在弘扬传统文化的时代大潮中，如何在累世形成的多元繁复的儒家思想观中，挖掘出与当代人类文明形成共鸣的儒家思想观念，恐怕才是当务之急。

作者简介：李健胜（1975—），青海贵南人，历史学博士，青海师范大学黄河文化研究院教授、博士生导师，主要从事先秦史及中国古代思想文化史研究。

---

① 《孟子·万章下》，焦循撰，沈文倬点校：《孟子正义》，第 721 页。
② 狄百瑞著，黄水婴译：《儒家的困境》，北京：北京大学出版社，2009 年，第 26 页。
③ 赵世超、卫崇文：《论战国时期的百家争鸣运动》，《陕西师范大学学报》（哲学社会科学版）2006 年第 4 期。

春秋楚国"棠"地地望补证

四川大学历史文化学院 李世佳

摘　要：《左传》鲁昭公二十年（前522）记载楚有"棠君（伍）尚"其人，关于伍尚任职的楚国"棠"地，其地望究竟在何处，囿于相关史料的缺乏，学界诸说纷纭莫衷一是。通过对西周穆王时期伯戏组器铭文中所见历史地名之地望的详细分析，并结合伍尚之弟伍子胥（伍员）任职、逃亡经历的细致考辨，判定楚国"棠"地宜在今河南省遂平县附近。

关键词：楚"棠"　地望　遂平

终春秋之世，伍氏宗族系楚国较为显赫的异姓之一。《左传》鲁昭公二十年（前522）记载，伍氏重要成员伍尚任职楚"棠君"，杜预注："棠君，（伍）奢之长子（伍）尚也，为棠邑大夫。"① 陆德明《经典释文》云："棠君尚，君或作尹。"② 顾颉刚申之："'君'与'尹'本是一字……'君'和'公'又同属于见纽，可以通用。"③ 今人徐少华先生亦言："古文献中'君'和'尹'通假的例证多有，楚县尹称'君'，也并非只此孤例。"④ 以上诸多学者皆视"棠"为楚县，"棠君"为楚棠县县公，可从⑤。

"棠"，系楚国县名，多数学者持此看法。至于楚"棠"究竟在何处，前辈学者业已作过深入的探讨，由于历史文献不足征，书缺有间，颇有争议。本文拟在前贤已有研究成果基础

---

*本文为国家社科基金项目"周代晋国公族社会研究"（项目批准号19BZS032）阶段成果之一。
①《春秋左传正义》卷四九，《十三经注疏》，杭州：浙江古籍出版社，1998年，第2090页。
②（唐）陆德明：《经典释文·春秋左氏音义》卷十九，北京：中华书局，1983年，第285页。
③顾颉刚：《顾颉刚古史论文集》卷五《春秋时代的县》，北京：中华书局，2011年，第235页。
④徐少华：《春秋时代楚国县制的性质问题》，《江汉论坛》1990年第02期。
⑤按，又杨宽先生指出："近人因为'君'字是从'尹'字发展而来，认为楚的县尹也可称为县君，这是一种误解。春秋时代楚国县尹没有称'君'的，称'君'的当是封君性质。"视"棠君"为"棠"地封君。郑威先生调和"县尹""封君"二说，指出："'棠君'是对棠邑管理者伍尚的尊称，他可能是棠县县尹，也有可能是在棠邑有封地的封君。对于棠君的性质二说，即封君说与县公（或尹）说，都不宜轻易否定。"本文观点，楚国封君至战国时期始大量出现，春秋晚期所出现的"棠君"称谓，似将其理解为棠县县公更加合理一些。参见杨宽：《春秋时代楚国县制的性质问题》，《中国史研究》1981年第4期；郑威：《楚国封君研究》，武汉：湖北教育出版社，2012年，第8—9页。

上，据相关材料就楚"棠"地望问题展开讨论，谈点个人浅见，以就正于方家，不当之处尚祈方家不吝赐正。

一、前贤关于楚"棠"地望的已有观点

迄今为止，学界关于楚"棠"地望所在大致有三种不同的观点，即"江苏六合说""河南遂平说""安徽六安说"，详列如下：

1. 江苏六合说

《括地志》："扬州六合县，本春秋时棠邑，伍尚为大夫也。"①《路史·国名纪三》："堂，棠也。伍尚封号棠君，今扬之六合。"②《嘉庆重修一统志》卷七十四："棠邑故城，在六合县北，春秋时，楚棠邑……又伍尚为棠邑大夫。"又日本学者竹添光鸿、今人刘信芳先生观点同③。

对"江苏六合说"，前辈学者多有驳斥。杨伯峻先生云："（六合说）恐不确。"④ 指出问题而未加以考证，石泉先生申之，云：

> 棠邑果在今江苏六合县境，则楚地且深入吴之内地矣。夫即以旧说为据，则今巢湖以南、无为以至长江皆尝目为吴楚兵争之地矣，而楚安得复于吴边境之后据有棠邑？果有之，则将为吴人腹心之疾，吴人当屡攻此地以绝后顾之忧，而史所载吴楚战役仅此一见（按，《左传》鲁襄公十四年："子囊师于棠，以伐吴"），明其非冲要之区也。夫楚之鸠兹、衡山并不能在江南，棠之不能在江苏六合，理同也。⑤

谨按，《史记·刺客列传》载："专诸者，吴棠邑人是也。伍子胥之亡楚而如吴也，知专诸之能。"是吴国亦有"棠"邑，今江苏六合应该是吴"棠"所在，非楚"棠"。

2. 河南遂平说

《左传》鲁定公五年（前505）载有吴国夫概王奔楚为"堂谿氏"一事，"堂谿"条下，杨伯峻注："堂谿在今河南遂平县西北……《广韵》作'棠谿'，'堂'、'棠'字通。"⑥ 诸多学者皆以"堂（棠）谿"来释"棠君"之"棠"。清沈钦韩在《左传》鲁昭公二十年（前522）"棠君（伍）尚"条下，云："《方舆纪要》：'棠谿城，在汝宁府遂平县西北百里。'"⑦

---

① （唐）李泰撰，贺次君辑校：《括地志辑校》卷四，北京：中华书局，1980年，第215页。
② （南宋）罗泌撰：《路史》，《文渊阁四库全书》第383册，台北：商务印书馆，1986年，第287页。
③ ［日］竹添光鸿：《左氏会笺》，成都：巴蜀书社，2008年，第1938页；刘信芳：《包山楚简解诂》，台北：艺文印书馆，2003年，第45页。
④ 杨伯峻：《春秋左传注》（修订本），北京：中华书局，2009年，第1408页。
⑤ 石泉：《古代荆楚地理新探·续集》，武汉：武汉大学出版社，2004年，第313—314页。
⑥ 杨伯峻：《春秋左传注》（修订本），第1552页。
⑦ （清）沈钦韩：《春秋左氏传地名补注》，（清）阮元、王先谦编：《清经解 清经解续编（拾壹）》卷九五，南京：凤凰出版社，2005年，第3017页。

今人吴树平先生云："楚伍尚为棠邑大夫，即棠谿也。"① 徐少华先生亦力主此说②。

3. 安徽六安说

是说由著名历史地理学家石泉先生最早提出。《左传》鲁襄公十四年（前559）载有楚国令尹子囊（公子贞）伐吴一事，如下：

> 秋，楚子（楚康王）为庸浦之役故，子囊师于棠，以伐吴。吴人不出而还。子囊殿，以吴人不能而弗儆。吴人自皋舟之隘而击之。楚人不能相救。吴人败之，获楚公子宜谷。

石泉先生分析此条史料，大致有两点结论：其一，上"子囊师于棠"之"棠"系楚"棠"，正是伍尚所任职的"棠"地，与《史记·刺客列传》所载专诸居住的吴"棠"（江苏六合）非一地。其二，概从楚师行军路线来看，楚"棠"当在今安徽六安以北之地，"皋舟之隘"，"当在棠邑左近也"③。

郑威先生对于石泉先生之说有所补证，指出在今安徽六安地区以"皋""皋陶"命名者不少，且古时六安州下白沙城实际包含白沙、六合二城，二城遥相呼应，中间或有隘口，恰好即是"皋舟之隘"④。

二、楚"棠"在"安徽六安说"辨析

检于史料，春秋时期径以"棠"字命名的都邑并不鲜见，除去楚、吴二国外，齐国亦有。《左传》鲁襄公二十五年（前548）载："齐棠公之妻，东郭偃之姊也。"杜预注："棠公，齐棠邑大夫。"⑤ 杨伯峻："棠，江永《考实》谓即十八年《传》之郲棠，疑在今山东平度县东南。《大事表》则以为在今之棠邑镇（棠邑废县治）。"⑥ 齐"棠"与楚"棠"、吴"棠"悬隔殊远，便于区分；而楚"棠"与吴"棠"基于地理形势相近的缘故，则易于混淆。

楚、吴二国各自的棠邑，如上所述，集中见于三条史料：1.《左传》鲁昭公二十年（前522年）伍尚任职"棠君"。2.《左传》鲁襄公十四年（前559年）楚国子囊伐吴"师于棠"。3.《史记·刺客列传》记载专诸出生于"棠邑"。

第1条、第3条所显示的"棠"邑分别归属于楚、吴二国，无疑义，关键问题在于第2条史料当中"子囊师于棠"之"棠"地，究竟是何国之"棠"？石泉、郑威二位先生皆将其视为楚"棠"，似可商。详析鲁襄公十四《传》文："秋，楚子（楚康王）为庸浦之役故，子囊师于棠，以伐吴。"仅据字面逻辑来看，很容易得出楚令尹子囊师师驻扎之"棠"地系楚邑的结论，然考于《左传》的语辞格式，不尽如此。

---

① （汉）应劭撰，吴树平校释：《风俗通义校释》，天津：天津人民出版社，1980年，第482页。
② 徐少华：《周代南土历史地理与文化》，武汉：武汉大学出版社，1994年，第281页。
③ 石泉：《古代荆楚地理新探·续集》，第314页。
④ 郑威：《楚国封君研究》，武汉：湖北教育出版社，2012年，第107页。
⑤ 《春秋左传正义》卷三六，第1983页。
⑥ 杨伯峻：《春秋左传注》（修订本），第1059页。

《左传》鲁文公九年（前618）记载有楚穆王（前625－前614年在位）伐郑一事，云：

> 范山言于楚子曰："晋君（晋灵公）少，不在诸侯，北方可图也。"楚子（楚穆王）师于狼渊，以伐郑。囚公子坚、公子龙及乐耳。

引文当中出现的"狼渊"一地，杜预："颍川颍阴县西有狼陂。"① 杨伯峻："（狼渊）当在今河南省许昌市西，《太平寰宇记》谓之狼沟，《水经·潩水注》谓之狼陂，云：'陂南北二十里，东西十里，《春秋左传》曰楚子伐郑师于狼渊是也。'"② 显而易见，"狼渊"属郑地。"楚子（楚穆王）师于狼渊，以伐郑"与"子囊师于棠，以伐吴"句法结构类似，既然"狼渊"为郑地，则"棠"宜为吴地。子囊伐吴至"棠"旋班师返国，《传》文云："子囊殿，以为吴人不能而弗儆。"意思是说子囊为全军殿后，本应保持戒备，由于轻视吴人而放松警惕。假若前辈学者鲁襄公十四年（前559）"棠"为楚邑且在安徽六安的说法成立，则楚师在国内行军何需主帅殿后，且需全军戒备？若"棠"为吴地，就易于理解了。子囊伐吴，深入吴境乃及吴国棠地（江苏六合），"吴人不出"而被迫从棠地撤军，由于最起始一段回师路程是行走在吴国境内的，故主帅子囊亲自殿后以防吴军偷袭就是很正常的军事行为了。

既然《左传》鲁襄公十四年（前559）所见之"棠"确定为吴地，则一方面，楚"棠"在安徽六安的说法就失去了立论根基；另一方面，吴国不太可能有两"棠"邑。因此，上史料2、史料3所见之"棠"当为一地，皆在今江苏六合。

三、"伯戏"组器铭文所见历史地名分析

"江苏六合""河南遂平""安徽六安"三种观点中，"六合"是吴"棠"所在，"六安说"的立论依据业已否定，则楚"棠"地望宜在今河南遂平。前辈学者虽有主"遂平说"者，然仅在行文中偶有提及，寥寥数语过于简略，此处可作进一步的补证。

1975年3月，陕西省扶风县法门公社庄白大队一西周墓葬出土了十八件青铜器，罗西章、王世民、彭裕商诸先生从器形、纹饰、铭文字体诸方面考证此组器系西周穆王时期之物③，可从。有铭文的十一件，器主之名作"戏"（或"伯戏"）者有八件，方鼎2（戏鼎一、戏鼎二），圆鼎1，簋2（戏簋一、戏簋二），甗1，壶2。其中，戏簋一所铸铭文如下：

> 唯六月初吉乙酉，在堂𠂤（师），戎伐𢆶，戏率有司、师氏奔追御戎于槭林，搏戎默（胡）。……获馘百，执讯二夫，俘戎兵：盾、矛、戈、弓、箙、矢、裨、胄，凡百又卅又五款，捋戎俘人百又十又四人。……（《集成》4322④）

---

① 《春秋左传正义》卷一九上，第1847页。
② 杨伯峻：《春秋左传注》（修订本），第573页。
③ 罗西章、吴镇烽、雒忠如：《陕西扶风出土西周伯戏诸器》，《文物》1976年第06期；王世民、陈公柔、张长寿：《西周青铜器分期断代研究》，北京：文物出版社，1999年，第60页；彭裕商：《西周青铜器年代综合研究》，成都：巴蜀书社，2003年，第301－308页。
④ 中国社会科学院考古研究所编：《殷周金文集成（修订增补本）》（第四册），北京：中华书局，2007年，第2698－2699页。《殷周金文集成（修订增补本）》本文简称《集成》。

上器铭是说在周穆王某年六月的乙酉日，"戎"伐西周"🅥（菜）①"地，伯𢦚从堂地率领官吏与师氏急赴御"戎"于棫林之地，搏击"戎"于𢶉（胡）地，战果丰硕。"戎"，𢦚方鼎二（《集成》2824②）作"淮戎"，当即淮夷。

传世西周青铜器尚有一件彔𢦚卣，现藏美国普林斯顿大学美术博物馆，器盖同铭，计6行49字，所述史事与𢦚簋一铭文所载周与淮夷的战争有密切关联，如下：

王命𢦚曰："䖒！淮尸（夷）敢伐内国，汝其以成周师氏戍于古𠂤（师）……"（《集成》5419、5420③）

铭文大意说的是周穆王命令𢦚率领成周师氏在古地戍守以防御胆敢内侵的淮夷。

在上所引𢦚簋一、彔𢦚卣两篇铭文中，先后出现了"堂""🅥（菜）""棫林""𢶉（胡）""古"五个地名。"堂"，𢦚伐淮夷的驻屯之地，宜与后世所见伍尚任职的楚"棠（堂）"邑系一地。原因有二，一者地名相同；再者大致范围皆在淮水流域。"🅥（菜）"，为淮夷所侵的西周东南边鄙之地，可具体到汝水上游的溹水流域一带④。又"棫林""𢶉（胡）"两地地望，一个在今河南叶县东北，一个在河南郾城⑤。"古"，系周王朝防御淮夷的战略军事要地，宜与《左传》鲁昭公二十九年（前513年）所见的楚之"固城"为一地，在今淮水上游的河南息县一带⑥。

合之，"🅥（菜）""棫林""𢶉（胡）""古"四地俱位于今河南南部、汝水中游及入淮水处附近。既然如此，则与上四地在军事地理上有密切关联的"堂（棠）"，其大体位置亦当在淮河中上游以北而溹水以南的区域范围内，断不会远到江、淮间的安徽六安。揆诸舆图，不难发现遂平恰好处在叶县（"棫林"）、郾城（"胡"）至息县（"古"）南北一线的中间位置上，故西周金文所见之"堂（棠）"与《左传》记载中的楚"堂（棠）"，地望俱当在今河南遂平。

四、春秋楚国伍氏蒙难事件分析

除去铭文材料佐证外，可再对伍奢、伍尚父子二人蒙难一事作详细考证。便于说明，将《左传》鲁昭公十九年（前523）、二十年（前522）所载相关史料详录如下：

1. 十九年：（楚平王）生大子建……使伍奢为之师，费无极为少师，无宠焉……费无极言于楚子曰："……若大城城父，而置大子焉，以通北方，王收南方，是得天下也。"

---

① 周博：《伯□组器铭文释地二则》，《古籍整理研究学刊》2016年第3期。
② 中国社会科学院考古研究所编：《殷周金文集成（修订增补本）》（第二册），第1494页。
③ 中国社会科学院考古研究所编：《殷周金文集成（修订增补本）》（第四册），第3393-3395页。
④ 周博：《伯□组器铭文释地二则》，《古籍整理研究学刊》2016年第3期。
⑤ 裘锡圭：《裘锡圭学术文集·金文及其他古文字卷》，上海：复旦大学出版社，2015年，第36-38页。
⑥ 周博：《伯□组器铭文释地二则》，《古籍整理研究学刊》2016年第3期。

……故大子建居于城父。

2. 二十年：费无极言于楚子曰："建与伍奢将以方城之外叛……"王信之……王执伍奢……无极曰："奢之子材，若在吴，必忧楚国……"王使召之……棠君尚谓其弟员曰："尔适吴，我将归死……"

分析上面两条史料，史料1中提及太子建离开楚郢都，镇守城父。城父地望，杜预注："城父，今襄城城父县。"① 定位在今河南襄城西南。史料2费无极言太子建与伍奢将以方城之外叛，关于楚方城，杜预注："方城山在南阳叶县南。"② 《汉书·地理志》"南阳郡"之"叶县"条下："楚叶公邑，有长城，号曰方城。"③ 结合考古资料所见楚长城遗迹，大体上方城北端在古叶县南一带，南端应接于淮水北岸一线④。以地理形势考之，城父所在的河南襄城，南距叶县、淮水间的楚方城不远，言太子建以方城之外叛，有其可能；而伍奢身处郢都，为何费无极以"方城之外叛"来诬陷他会大获成功呢？若联系到伍奢之子伍尚所任县公的棠地在今河南遂平，恰好就在楚方城以东不远处，就易于理解了。伍尚、太子建二人在楚方城外一东一西，近相呼应，朝中伍奢又可做内应，故楚平王对费无极言太子建、伍奢以方城之外叛一事深信不疑。

又史料2显示，楚执伍奢于郢都之际，伍尚、伍胥兄弟二人并未奉父左右，由"我将归死"之语，可断定二人当皆在伍尚担任县公的棠地。伍尚在棠地系职责所在，易于理解，伍胥何以亦在棠地？是闻父有难逃奔至棠地吗？那他又是从何处逃奔而来？此处可细加推敲。

征于史料，伍胥有多重称谓，或称为"伍子胥"，或"子胥"，或"伍员"，员，其名，胥，名之字。而见于《国语·吴语》《国语·越语下》《越绝书》《楚辞·九叹·惜贤》⑤诸文献资料，以及湖北江陵张家山汉墓竹简《盖庐》篇⑥中，"伍胥"又皆谓"申胥"，韦昭解释道："鲁昭二十年（前522），奢诛于楚，员奔吴，吴子与之申地，故曰申胥。"⑦ 对此田成方先生业已驳斥："伍员奔吴，起初不受重用，'耕于鄙'；阖闾篡位上台后，亦未见封子胥于申的记载。"且引用《说苑·奉使》指出"早在伍子胥奔吴之前，伍氏盖已有申氏之称"⑧，进而认为"或因后人混淆伍子胥与申包胥，进而产生误会，或与楚伍氏曾食采、居

---

①《春秋左传正义》卷四八，第2087页。
②《春秋左传正义》卷一二，第1793页。
③（汉）班固撰，（唐）颜师古注：《汉书·地理志上》卷二八上，北京：中华书局，1962年，第1564页。
④左鹏：《楚国历史地理研究》，武汉：湖北教育出版社，2012年，第159页。
⑤徐元诰撰：《国语集解》，北京：中华书局，2002年，第537、581页；李步嘉：《越绝书校释》，武汉：武汉大学出版社，1992年，第112、282页；汤炳正、李大明、李诚、熊良智注：《楚辞今注》，上海：上海古籍出版社，2012年，第354页。
⑥张家山二四七号汉墓竹简整理小组编著：《张家山汉墓竹简［二四七号墓］（释文修订本）》，北京：文物出版社2006年，第161-168页。
⑦徐元诰撰：《国语集解》，第537页。
⑧按，《说苑·奉使》篇云："昔者，荆平王为无道加诸申氏，杀子胥父与其兄，子胥被发乞食于吴，阖闾以为将相，三年，将吴兵复仇乎楚，战胜乎柏举，级头百万，囊瓦奔郑，王保于随。"

住在申地等有关"①。"伍胥"又称为"申胥"似可有另外一种解读，即伍胥为官于申地。推测在伍奢蒙冤遇难之时，伍胥与其兄伍尚皆有官职在身，一在南阳申县，一在遂平棠县，两地相距不远，这就是二人没有与其父俱被执于郢都的原因所在。申地较棠地距郢都为近，概伍胥先闻听其父之事，进而逃奔至其兄所在的棠县与其商议，这才有鲁昭公二十年《传》文所载两兄弟之间的对话，最终伍尚归死赴难，而伍胥选择逃亡复仇。

关于伍胥的逃亡路线，《史记·伍子胥列传》记载得非常详细，如下：

> ……伍胥遂亡，闻太子建之在宋，往从之……伍胥既至宋，宋有华氏之乱，乃与太子建俱奔郑。郑人甚善之。

伍胥由棠地出逃，首选目的地是中原的宋、郑二国，除去太子建的因素之外，应该尚有棠（河南遂平）北距宋、郑甚近之地理形势的考量。假若棠地在今江苏六合或者安徽六安，从安全角度出发，伍胥投奔之国当系吴而非中原之宋、郑。

撮上论大要，通过对出土材料及传世文献记载的细致考辨，判定《左传》鲁昭公二十年（前522年）所载伍尚任职的楚国"棠"地，其地望宜在今河南遂平县附近。

作者简介：李世佳，男，1984年生，山东莒县人，四川大学历史文化学院副教授，研究方向为先秦史、出土文献。

---

① 田成方：《东周时期楚国宗族研究》，武汉大学博士学位论文，2011年05月，第179页。按，《左传》鲁定公四年（前506年）载："初，伍员与申包胥为友。"

上博藏楚简《有皇将起》分章释文与解说

安徽大学历史系 刘信芳

摘　要：本文提出的释读意见主要有：1. 郙应读为"封"。"无封"者，如《史记·项羽本纪》："劳苦而功高如此，未有封侯之赏。""同封"者，周公、召公同时受封，史称"同封"。"有封"者，如《吴越春秋》卷一太伯曰："其当有封者，吴仲也。"2. "三夫"职分与"三公"（太师、太傅、太保）对应，乃王室辅政重臣。3. "胶䐑"应读为"䜌䐑"，以"秀荼"承托祭祀炙肉"䜌䐑"之仪，委政任命"三夫"，是为人臣至尊之礼。

关键词：教保子　三夫　䜌䐑

《有皇将起》公布于《上海博物馆藏战国楚竹书（八）》①。整理者指出，本篇现存简六支，完残不一。全篇起首及篇尾完整，中间有残缺，内容大致上可以相连（第271页）。读书会也认为除简四与简五可能原本相连外，各简难以连读，只能以意相属，故难解处亦尚多②。马楠、高佑仁皆指出，《有皇将起》篇简3应与简1下部缀合，其说可信③。《有皇将起》与《鹠鹠》篇竹简形制类似，当属同册编联，但内容是否属于同一篇诗赋，因简文残缺过甚，实未可知。我们这里仍遵从整理者的意见，将《有皇将起》与《鹠鹠》篇看作两篇赋文。本篇的编联仍有待进一步研究，我们释文仅吸收较为确定的简3应与简1下部缀合这个说法。

---

①本文为国家社会科学基金重点项目"简帛诗学文献释读与研究"（13AZD034）的阶段性成果。马承源主编：《上海博物馆藏战国楚竹书（八）》，上海：上海古籍出版社，2011年，《有皇将起》图版见第105—110页，释文考释见第271—283页。以下引原整理者意见仅括注页码，不再详注。
②复旦吉大古文字专业研究生联合读书会（简称"读书会"）：《上博八〈有皇将起〉校读》，复旦大学出土文献与古文字研究中心网站 http://www.gwz.fudan.edu.cn/SrcShow.asp?Src_ID=1598，2011/7/17。参文后"学者评论"。
③讨论意见尚有：程少轩认为《有皇将起》与《鹠鹠》同册编联。（参程少轩：《上博八〈鹠鹠〉与〈有皇将起〉编册小议》，《中国文字（新三十八期）》，第113—120页，台北：艺文印书馆，2012年12月）。李锐怀疑《有皇将起》与《鹠鹠》本应为一篇。（读书会所具"学者评论"）子居提出的编联意见为：1A、5、6、2、3、1B、4A、4B、鹠鹠1、鹠鹠2。参子居：《上博八〈有皇将起〉再编连》，清华大学简帛研究网 http://www.confucius2000.com/admin/list.asp?id=4993，2011/7/24。

本篇可分三章。第一章翼贤才将起，助"余"教"保子"，以"游于仁"为德之依归。言王室后裔无封者或有讽，同封者或异心，盖以史鉴戒保子。第二章寄望余子速长成为丈夫，将担大任，虽有分离，但望同心。日月昭明于天，上帝临视于下，不敢有贰心。第三章以"秀荼"承托祭祀炙肉"爒𤊸"之仪，任命"三夫"。"三夫"犹"三公"，三公乃《顾命》委政重臣。保子将承继先王事业，事关邦国之固，社稷之安，可谓重于泰山。

王室培养教育子弟，辑之经史，仅得粗略。惟此篇言之具体，不可多得。断简残篇，亦弥足珍贵。

又（有）皇（凰）牂（将）记（起）含（今）可（兮），董（蕫、助）余孝（教）保子含（今）可（兮）。由（使）游于忎（仁）【1A】……自誨（悔）含（今）可（兮），又（有）怣（过）而能改含（今）可（兮）。亡（无）邦（封）又（有）风（讽）含（今）可（兮），同邦（封）异心含（今）可（兮），又（有）邦（封）……【2】

大逄（路）含（今）可（兮），敬（雕）栽（械）与楮（榖）含（今）可（兮）。慮（虑）余子丌（其）速长（长）【3】含（今）可（兮），能与余相董（蕫、助）含（今）可（兮）。可旹（期）成夫含（今）可（兮），能为余拜楮（诸）𣏗（孤）含（今）可（兮）。【1B】……含（今）可（兮），鹿（丽、离）尻（居）而同欲含（今）可（兮）。迿（周）流天下含（今）可（兮），牂（将）莫【4A】皇（遑）含（今）可（兮）。又（有）不善心耳含（今）可（兮），莫不燮（变）改含（今）可（兮）。如女（汝）子牂（将）深（泣）含（今）可（兮），【4B】若余子力含（今）可（兮）。族援援必龏（慎）毋瑩（辂）含（今）可（兮），日月卲（昭）明含（今）可（兮）。

视毋以三〔夫〕誆（柱） 【5】也含（今）可（兮），諭三夫之旁也含（今）可（兮）。胶（爒）膰（𤊸）秀余（荼）含（今）可（兮），蜀（属）諭三夫含（今）可（兮）。胶（爒）膰（𤊸）之脯也含（今）可（兮），諭夫三夫之祷（请）也含（今）可（兮）。【6】

1. 又（有）皇（凰）牂（将）记（起）含（今）可（兮）

又，读为"有"。皇，整理者释：鸟名，古代传说中的瑞鸟，后世字写作"凰"。《尔雅·释鸟》："鷗，凤。其雌凰。"（第272—273页）牂，楚简"将"字如是作。上博藏一《诗论》17"《牂（将）中（仲）》之言"，牂中，今《诗·郑风》篇名作"将仲子"。记，"起"之古文。郭店简《老子》甲31"哉（奇）勿（物）慈（滋）记（起）"，记，王本作"起"。含可，双音节语助词，整理者读为"含兮"，论者多读为"今兮"，无从是正。谨以目前所见楚简"含"多读为"今"，姑取"今兮"一说。

以上以"凰"喻贤才也，《楚辞·九章·涉江》"鸾鸟凤皇，日以远兮"，王逸注："鸾、凤，俊鸟也。有圣君则来，无德则去，以兴贤臣难进易退也。"句谓：翼贤才将起，助我教"保子"也。

2. 董（蕫、助）余孝（教）保子含（今）可（兮）

董，整理者释为"蕫"，读书会认为：董字作𦯧形，当为清华简《皇门》所见蕫字的省体，以前有学者直接释为"助"，若此处读为助，可谓文从字顺。请参侯乃峰《古文字中的"助"字补说》一文①。

孝，同"教"。上博藏二《容成氏》3"孝（教）而悔（诲）之"，9"尧为之孝（教）"，49"文王时故时而孝（教）民时"，皆其例。郭店简《老子》甲17"是已（以）圣人居亡（无）为之事，行不言之孝（教）"，孝，帛本乙、王本作"教"。

保子，整理者释：本指襁褓中的婴儿。《大戴礼记·王言》："上之亲下也，如腹心；则下之亲上也，如保子之见慈母也。"从本篇上下文意来看，简文之"保子"指未成年的贵族子弟，很有可能是楚国君位的继承人，即嗣君（董仲舒《春秋繁露·精华》谓"春秋之法，未逾年之君称子"）。诗人担任"教保子"之事，其职司相当于保傅之职（第273页）。

3. 囟（使）游于忎（仁）

整理者认为："囟"（思），表示希冀。读书会："囟"当读为"使"。

游，整理者释：求学。《墨子·公孟》："有游于子墨子之门者。"

忎，整理者释为"惎"，解为"爱"字或体（第274页）。读书会认为：简文"忎（仁）"作忎形，与爱字上部不同，整理者释为爱，不确。

按："游"前一字的隶定及释读有问题。楚简"思"读为"使"，其例多见，楚帛书甲6"□思（使）敩（捊）奠（定）四亟（极）"，8"思（使）又（有）宵又（有）朝，又（有）昼又（有）夕"，上博藏二《容成氏》20"思（使）民毋惑（惑）"，皆其例。论者隶作"囟"，读为"使"之字，其实是"思"之省形，其例亦多见。②《说文》思，"从心，囟声"，《韵会》作从心从囟，段玉裁、朱骏声解"思"为会意字。囟为真部心纽字，使为之部生纽字，韵部不同，声纽有隔，其通假不合音理。将该字隶作"囟"，读为"使"，恐怕要重新考虑。

游于仁，《论语·述而》"子曰：志于道，据于德，依于仁，游于艺。"知"游于仁"用孔子语而有所裁取也。

4. ……自誨（悔）含（今）可（兮）

自，读书会：此简首字整理者阙释，其字作忎形，当即"自"字。

誨，整理者：同"诲"。古从"每"之字或从"母"旁，上海博物馆藏楚竹书《凡物流形》"九区出誨（诲），箸（孰）为之逆"，"诲"字亦作"誨"。诲，教导，训诲。亦指教诲、劝谏的话。《书·说命上》："朝夕纳诲，以辅台德。"（第275-276页）。自誨，高佑仁读为"自谋"，程少轩读为"自悔"。③ 以读为"自悔"为义长，《孔子家语·冠颂》："子路惧而自悔。"

5. 又（有）惥（过）而能改含（今）可（兮）

又，读为"有"。惥，读为"过"。郭店简《性自命出》49"人不慎（慎），异（斯）有惥

---

① 侯乃峰：《古文字中的"助"字补说》，李学勤、冯克坚主编《中国文字博物馆系列丛书·第五届中国文字发展论坛论文集》，郑州：中州古籍出版社，2015年，第108-118页。
② 参刘信芳《楚简帛通假汇释》，北京：中国高教出版社，2011年，第62-63页。
③ 读书会所具"学者评论"。

（过）",上博藏五《三德》5"唯福之亚（基），悠（过）而改",上博藏四《曹沫之陈》63"君乃自悠（过）吕（以）敓（悦）于蕈（万）民",悠亦读为"过"。郭店简《老子》丙4："乐与饵，悠（过）客堂（止）",悠，帛本甲、乙，王本作"过"。整理者引《左传》宣公二年："人谁无过？过而能改，善莫大焉。"（第276页）

6. 亡（无）郼（封）又（有）凤（讽）含（今）可（兮）

亡，读为"无"。郭店简《成之闻之》39"型（刑）丝（兹）亡（无）惄（赦）",亡，今《书·康诰》作"无"。上博藏楚简《诗论》8"雨亡政",今《诗·小雅》篇名作"雨无正"。

郼，整理者认为：读为"奉"。奉，奉承，顺从。又，此处"郼"字若读为"逢"，亦可。马王堆帛书《经法·四度》"功成而不废，后不奉（逢）殃（殃）","逢"作"奉"。"逢"、"郼"皆从"奉"声，故可相通。逢，迎合，奉承。"又"，读为"有"，典籍习见。"凤"，通"讽"，讽谏，劝告（第276页）。

按：亡（无）郼，简文又有"同郼"、"又（有）郼"，郼应读为"封"。郼从奉声，而奉从丰声；说文"封"之籀文"从丰土"，段注："从土，丰声也。"上博藏二《容成氏》18"禹乃因山陵坪（平）湿之可垟（封）邑者而繇（繁）实之"，垟，同《说文》封之籀文。无封者，如《史记·项羽本纪》："劳苦而功高如此，未有封侯之赏。"同封者，周公、召公同时受封，史称"同封"，如《郝氏续后汉书·诸葛诞传》："周召同封。"有封者，如《吴越春秋》卷一太伯曰："其当有封者，吴仲也。"有封者往往为始封，《春秋穀梁传》僖公十五年"始封必为祖"，注："若契为殷祖，弃为周祖。"《史记·六国年表》："秦襄公始封为诸侯。"

凤，整理者解为"讽"，是也。《左传》昭公十二年："昔我先王熊绎，与吕伋、王孙牟、燮父、禽父并事康王。四国皆有分，我独无有。今吾使人于周求鼎以为分，王其与我乎？"知有功劳而不得分封者，讥刺而外，力量强大者将"求鼎"以自封。

7. 同郼（封）异心含（今）可（兮）

整理者认为："同"，共同，一起。"郼"，读为"奉"，奉承。"异"，不同。"异心"，二心，想法不同。"异心"，亦见《左传·昭公三十一年》："若得从君而归，则固臣之愿也，敢有异心？"以上两句谓，不会奉承者能够讽谏劝告，一起奉承者却心不一致（第276页）。

按：同郼，同封也。同宗同封而异心者，史鉴斑斑可考。武王"封弟叔鲜于管，弟叔度于蔡"，管蔡失道，周公诛之。是为显例。

8. 又（有）郼（封）……

整理者认为："又"，读为"有"。郼，读为"逢"。逢，遭遇，遇到。《说文》："逢，遇也。"《楚辞·离骚》："夏桀之常违兮，乃遂焉而逢殃。"（第277页）

按：又（有）郼，有封也。整理者读前两郼字为"奉"，读后一郼字为"逢"，自乱其例。

以上为第一章。翼贤才将起，助"余"教"保子"。以"游于仁"为德之依归，乃"余"教保子之训，助余教保子者当知吾义，余之子弟当记取也。孔子谓"由之不才也"，例举"舜起布衣，积德含和而终；以帝纣为天子，荒淫暴乱而终"，"冉有以告子路，子路惧而自悔"（《孔子家语·冠颂》）。"自悔"云云，保子若有荒废学业之类，当如子路闻夫子语而"自悔"，过而能改也。自古王室后裔，无封者或有讽，同封者或异心，"有封"云云，有封者有成亦有败也。前事不忘，后事之师也。"余"教保子之义，可谓有方。

9. 大迯（路）含（今）可（兮）

迯，整理者解为"路"字异构，是也。《礼记·明堂位》"大路，殷路也"，郑玄注："大路，木路也。"

10. 敚（雕）栽（槷）与楮（榖）含（今）可（兮）

敚，整理者解为"戟"字或体。读书会：敚字整理者释戟，此字亦见于包山楚简270号"雕敚"，李家浩认为其字从朝省声，"雕敚"即包山一号椁的"雕辀"（《信阳楚简"乐人之器"研究》，《简帛研究》第三辑，广西教育出版社1998年）。

栽，整理者解为"栽"字繁构（第277页）。读书会：蔵字简文作䒾，即楚文字常见"蔵郢"之蔵，整理者释为"栽"，不确。

按：敚，论者释为"辀"，是也。《说文》"辀，辕也"，又"辕，辀也"，辀、辕互训。段注："考工记：辀人为辀，车人为大车之辕。是辀与辕别也。许浑言之者，通称则一也。"

栽应读为"槷"，《说文》"槷，槷木，可作大车辋"，段注："辋，车网。《考工记》之牙也。"《六家诗名物疏》卷八："如辀者谓之辀，揉而相迎者谓之牙。"疑简文以车辋所用槷木而以"槷"代指车辋。

楮，读为"榖"。《说文》："榖，辐所凑也，从车殻声。"《说文》："楮，榖也。从木，者声。"榖，《说文》"榖，楮也。从木，殻声。"楮、榖互训，为同一树木。而榖、榖皆从殻声，知楮可以读为"榖"，车榖也。明冯复京《六家诗名物疏》卷八："其为车也，有长榖者，有短榖者；有杼轮者，有侔轮者；有反辋者，有仄辋者。"

若读"与"为"舆"，则辀、辋、舆、榖承上为"大路"之部件。若读敚为"雕"，① 则谓"大路"之辀、辋与榖皆有雕饰。本篇作者以近于王者语气行文，以后说为义长。所以言"大路"以及路车之饰，盖以车马之御比邦国之御也。可参银雀山汉简《唐勒》"唐革（勒）与宋玉言御襄王前"、《淮南子·览冥》"钳且大丙之御，除辔衔，去鞭弃策，车莫动而自举，马莫使而自走"。

11. 慮（虑）余子亓（其）速伥（长）含（今）可（兮）

整理者认为："慮"，即"虑"字繁构。虑，忧虑，担心。"余"，我。"子"，指上文之"保子"。"亓"，读作"其"。"速"，其构形也见于望山楚简、天星观楚简、包山楚简及郭店楚简等，所从声旁为"束"字繁构。速，迅速。《说文》："速，疾也。""伥"，即"长"字繁构。《礼记·缁衣》"下难知则君长劳"、"长民者衣服不贰"，郭店楚简本"长"作"伥"（上海博物馆藏楚竹书本作"长"同）。长，长大，成年。"速长"，迅速长大。（第278页）张峰认为："虑"《尔雅·释诂下》训为"思也"。② 可从。

---

① 雕谓刻镂。《周礼·春官·巾车》"王之五路，一曰玉路，锡，樊缨十有再就"，注："王在焉曰路。玉路，以玉饰诸末锡马面当卢，刻金为之，所谓镂锡也。樊读如鞶带之鞶，谓今马大带也。"《广雅·释言》："雕，镂也。"

② 张峰：《〈上博（八）·有皇将起〉读书笔记》，简帛网 http://www.bsm.org.cn/show_article.php?id=1526，11/7/24。

12. 能与余相蕳（菹、助）含（今）可（兮）

蕳，读为"助"。参简1注引。《书·康诰》："亦惟助王宅天命。"

以上二句谓：车之雕饰，有"大路"之用；余子长成，有辅政之用，将为国驱驰也。

13. 可昏（期）成夫含（今）可（兮）

可，论者读为"何"。按应依字读。

昏，整理者释"哀"，读书会改订作"昏"，云："昏可能读为'几'。"按：昏，同"期"。葛陵简甲三 17 "□昏（期）审（中）无咎"，包山简 20 "鄀司败李听受昏（期）"，104 "昏（期）至屈柰之月赛金"，198 "昏（期）中有意"，其例多有。

夫，《说文》"夫，丈夫也"，段注："依《御览》宜补'冠而后簪，人二十而冠，成人也'十二字。"

"可昏（期）成夫"承上句谓，余子速长成丈夫，可期也。

14. 能为余拜楮（诸）柧（孤）含（今）可（兮）

楮柧，整理者释："楮"，木名，即榖木。《说文》："楮，榖。""柧"，本指有棱之木。《说文》："柧，棱也。"也指用作书写的多棱木牍。"楮柧"，用楮木制作的木牍，此处代指学书识字。"能为余拜楮柧"，犹言拜我为师接受教育（第 275 页）。读书会认为：拜，整理者释为跪拜之拜，谓"拜楮柧"为拜师。按此处"拜"亦可能如《诗经·甘棠》"蔽芾甘棠，勿翦勿拜"之拜，文献尚不足征，志之存疑。邬可晶、子居、张峰等释"拜"为"拔"，释"楮"为恶木。①

按：拜，依字读，行礼有拜也。楮，读为"诸"，楮、诸谐声可通也。柧，读为"孤"，柧、孤亦谐声字也。《周礼·春官·巾车》："服车五乘，孤乘夏篆，卿乘夏缦，大夫乘墨车，士乘栈车。""孤"在"卿"上，非王即侯也。王侯自称孤寡不穀，谦辞也。期余子成长为丈夫，"能为余拜诸孤"，代行王侯之职，行邦交之礼也。礼之交往对象既为"孤"，知作者"余"以王侯语气行文也。②

15. 麗（丽、离）尻（居）而同欲含（今）可（兮）

麗，整理者读为"独"。读书会改读为"离"。引《诗·小雅·雨无正》"正大夫离居，莫知我勚"，郑玄笺："长官之大夫于王流于彘而皆散处。"《左传》文公十六年："百濮离居。"其说是。尻，同"处"，或作"处"。郭店简《性自命出》54 "蜀（独）尻而乐"，尻，上博藏一《性情论》23 作"居"。欲，《礼记·礼运》："饮食男女，人之大欲存焉。"欲而当，则为天理。欲而不当，则违失于礼。《论语·宪问》："克伐怨欲。"

离居与下文"周流天下"相照应。简文"同欲"乃"余"对"余子"之寄语，用正面义。"余子"长大成人，将各有前程。期望"余子"同一欲望，犹今言心往一处想也。

16. 逍（周）流天下含（今）可（兮）

整理者认为："逍"，读为"周"。《诗·小雅·大东》："舟人之子。"郑玄笺："舟当作

---

① 读书会所具"学者评论"。
② 孤似可释为"三孤"之"孤"。因"拜诸孤"乃作者对"余子"成长为丈夫之期望语，谨依"孤寡不谷"之"孤"为释。

周，声相近故也。""周流天下"，指四面游荡，周行各地。《抱朴子·内十五》："若能乘蹻者，可以周流天下，不拘山河。"（第279页）

17. 牁（将）莫皇（遑）含（今）可（兮）

整理者认为："牁"，读为"将"，副词，相当于"乃"。"莫"，副词，表示劝戒，相当于"不要"。"皇"，读为"惶"，"惶"从"皇"得声，可以相通。惶，惶惑，恐惧。《说文》："惶，恐也。""将莫惶"，意思是说不需要惶惑（第279页）。读书会认为：整理者释为"将莫惶"，即"不需要惶惑"。疑此处莫或读为"慕"，皇读为"凰"。

按：皇，读为"遑"。《诗·小雅·四牡》"王事靡盬，不遑启处"，毛传："遑，暇。"句谓"余子"将担重任，周流天下，勤于邦国之事而无闲暇也。

18. 又（有）不善心耳含（今）可（兮），莫不叀（变）改含（今）可（兮）

上句，整理者认为："又"，副词。"善"，擅长，善于。"心"，古人以心为思维器官，故沿用为脑的代称。《国语·周语上》："夫民虑之于心，而宣之于口。"引申为思想、思虑、谋划。"耳"，听觉器官，引申为听，闻。"心耳"，心与耳，犹言"闻识"（第279页）。读书会认为：又不善心耳，整理者以又为副词，训善为擅长、善于，以"心耳"为心与耳。疑此处又似宜读为有，不善即不好、不嘉之意。依韵读，此句当与下句协韵，下句"改"为之部字，耳为之部字，两字古韵相同。如以耳为句末语气词，则以心为韵，心为侵部字，传统上虽有"幽侵对转"之说，甲骨文从占（侵部）之𢚈字，裘锡圭先生即读为幽部之忧字。然其韵部终较远，似仍以不把耳理解为语气词为宜。

下句，叀，整理者隶作"吏"，读为"使"。读书会认为：简文𢚈字整理者释"吏"，不确。此字显为楚文字"弁"字，此处当读为变。

改，整理者隶作"攸"，读为"修"（第280页）。兹从读书会改订。变改，张峰引《史记·礼书》："自天子称号下至佐僚及宫室官名，少所变改。"①

按："又（有）不善心耳，莫不叀（变）改"，有如父母教子女苦口婆心，古代大白话，并无难解。"耳"为句末语气词，"含（今）可（兮）"为拖腔。原文以"耳"、"改"韵，有挂脚韵之嫌。古朴如此，不必苛求。

19. 如女（汝）子牁（将）深（泣）含（今）可（兮），若余子力含（今）可（兮）

原简"女=子"，"女"下有重文符，整理者释为"如女子"，解女子为未嫁女（第280页）。按本文立意甚高，无关女子事，兹改读为"如汝子"。汝子，犹"汝小子"。《书·康诰》："汝惟小子。"又："肆汝小子封。"传："称小子，明当受教训。"

深，读书会认为：简文𣲖字当分析为从水从罙，罙亦声，即泣字，郭店简《五行》简17"泣涕"之泣作𣲖，与此正相类。整理者隶定为㴱，对字形认识有误，其解说自亦不可从。

若，从读书会隶定。

---

①张峰：《〈上博（八）·有皇将起〉读书笔记》，简帛网 http://www.bsm.org.cn/show_article.php?id=1526，11/7/24。

力，《说文》："力，筋也，象人筋之形。治功曰力，能御大灾。"

以上句意谓，如果你这小子要哭泣，若是我家小子，就应自力自强。此乃训诫小子不得自卑，期望孩子长大后以自己的力量建功立业。

20. 族㥄㥄必龘（慎）毋䓖（悟）舍（今）可（兮）

族，整理者认为：通"奏"，节奏（第281页）。按依字读，族谓亲族同姓也。就本文内容而言，可理解为王族。《国语·楚语上》："在中军王族而已。"

㥄㥄，连语，犹盘桓、桓桓。《易·屯》："初九，盘桓，利居贞，利建侯。象曰：虽盘桓，志行正也。"《书·牧誓》"勖哉夫子，尚桓桓"，传："桓桓，武貌。"《诗·周颂·桓》"桓桓武王，保有厥士，于以四方，克定厥家"，郑笺："我桓桓有威武之武王。"《鲁颂·泮水》"桓桓于征"，毛传："桓桓，威武貌。"

龘，读为"慎"。上博藏一《诗论》28"《墙（墙）又（有）茨（茨）》龘（慎）窭（密）而不智（知）言"，上博藏四《曹沫之陈》48"不可不龘（慎）"，龘亦读为"慎"。郭店简《五行》16"君子龘（慎）丌（其）蜀（独）也"，龘，帛书《五行》184作"慎"。

䓖，整理者疑是"劳"字之讹。劳，劳累，辛苦。"族缓缓必慎毋劳"，意思是说节奏要缓慢，务必不要劳累。乃承上句"余子力"而言（第281页）。读书会认为：当从五得声，或当读为忤、悟一类字。兹从读书会说读为"悟"，逆也。

21. 日月卲（昭）明舍（今）可（兮）

卲，读为"昭"。葛陵简甲三21"卲（昭）告大川有汾"，卲亦读为"昭"。包山简203、205、214、240、243"卲王"，经史作"昭王"。《诗·大雅·文王》："文王在上，于昭于天。"《诗·大雅·大明》："上帝临女，无贰尔心。"又："天监在下，有命既集。"

以上为第二章。寄望余子速长成为丈夫，将担大任，御邦理政，拜诸孤以成邦交之礼。周流天下，无有闲暇。余子将各有前程，虽有分离，但望同心。有不善者，必改而从新。余子不得自卑，应自力自强。我王族桓桓有威武，"余子"必慎守先王教诲，不得有违。日月昭明于天，上帝临视于下，不敢有贰心也。

视毋以三〔夫〕①

22. 詫（枉）也舍（今）可（兮）

视，省视，考察。《淮南子·说林》："视之可察。"三夫，说参下。

詫，整理者认为："詫"，从"言"，"室"声，当为"诳"字或体。诳，欺骗。《说文》："诳，欺也。"（第281—282页）按：字应读为"枉"，曲也。《论语·为政》"举直错诸枉，则民服"，何晏注引包咸曰："错，置也。举正直之人用之，废置邪枉之人，则民服。"古三公之任命"不必备员，惟其人有德乃处之"，此亦"毋以三夫枉也"之义。

23. 諭三夫之旁也舍（今）可（兮）

整理者认为："諭"，从"言"，从"命"，即"命"字繁构，赘增"言"旁。命，告诉。《国语·吴语》："吾问于王孙包胥，既命孤矣。敢访诸大夫。"韦昭注："命，告之。""三夫"，多人的意思。"旁"，读为"谤"。谤，毁谤，诽谤。"三夫之谤"，多人传布的毁谤流

---

① 整理者云："据下文，'三'字下漏抄'夫'字。"其说甚是，兹据补。

言，犹成语"三夫之言"。"三夫之言"与简文"三夫之谤"意思相同，可以互参（第282－283页）。

按：諭，同"命"，谓官员任命。《书·舜典》："帝曰：夔，命汝典乐。"

三夫，《书·周官》"立太师、太傅、太保，兹惟三公。论道经邦，燮理阴阳。官不必备，惟其人。少师、少傅、少保，曰三孤"，传："三公之官不必备员，惟其人有德乃处之。""三公"乃天子之制，简文"三夫"为楚之王制拟或封君所备，无从考证。然"三夫"职分与"三公"对应，可推而知也。

旁，辅佐也。《楚辞·九章·惜诵》"曰有志极而无旁"，王逸章句："旁，辅也。"

以上二句谓：考察任用"三夫"须用正直之人，废置邪枉之人。须任命"三夫"为王之辅佐。

24. 胶（獠）膰（膰）秀余（荼）含（今）可（兮）

胶，整理者认为："胶"，古代学校名。《礼记·王制》："周人养国老于东胶，养庶老于虞庠。"郑玄注："东胶亦大学，在国中王宫之东。"（第283页）

按：胶，读为"獠"。獠，上古音宵部来纽字，胶，幽部见纽字。胶从翏声，翏，幽部来纽字。胶、翏谐声，而翏、獠声纽同，韵部则宵、幽旁转，知胶可读为"獠"也。《说文》"獠，炙也。从炙，尞声，读若龜燎"，段注："其义同炙，其音同燎。"若读为"膫"，亦通。膫字亦作"膋"。《诗·小雅·信南山》"取其血膋"，毛传："膋，脂膏也。"《说文》膫："诗曰：取其血膫。膋，膫或从劳省声。"《礼记·郊特牲》"膟膋燔燎"，注："膟膋，肠间脂也。与萧合烧之。"权此二者，以读胶为"獠"，解为祭祀之炙肉为义长。

膰，同"膰"，经史多作"燔"，亦作"膰"。《说文》"膰，宗庙火孰肉，天子所以馈同姓。《春秋传》曰：天子有事，膰焉"，段注："《左传》释文云：膰，《周礼》又作膰，皆古文之存焉者也。"《周礼·春官·大宗伯》"以脤膰之礼，亲兄弟之国"，郑注："脤膰，社稷宗庙之肉，以赐同姓之国，同福禄也。"

秀，整理者认为："秀"，读为"诱"，"诱"从"秀"得声，可通。诱，引诱，受诱惑。此句谓多人毁谤诗人是因为受"胶膰"（意思是好的待遇）之诱而担任教职，即诋毁其动机不良（第283页）。

按：秀依字读。余，读为"荼"。《诗·郑风·出其东门》"有女如荼"，毛传："荼，英荼也。"郑笺："荼，茅秀。"秀荼乃扬花之茅，美荼也。古祭祀用茅，或以缩酒，或以包裹供品。《左传》僖公四年"尔贡包茅不入，王祭不共，无以缩酒"，注："茅，菁茅也。束茅而灌之以酒为缩酒。"《礼记·郊特牲》"缩酌用茅"，郑注："藉之以茅缩去滓也。"《周礼·天官·甸师》"祭祀共萧茅"，注引郑兴云："萧字或为茜，茜读为缩。束茅立之祭前，沃酒其上，酒渗下去，若神饮之，故谓之缩。"《诗·召南·野有死麕》"白茅包之"，陆玑《毛诗草木鸟兽虫鱼疏》卷上："白茅包之，茅之白者。古用包裹礼物，以充祭祀缩酒用。"上文"胶膰"乃祭祀之炙肉，《礼记·礼运》："玄酒以祭，荐其血毛……醴酸以献，荐其燔炙。"则"秀荼"以解为包裹炙肉之茅为义长。

25. 蜀（属）諭三夫含（今）可（兮）

蜀，整理者认为：读为"嘱"。嘱，叮嘱，嘱咐。"諭"，"命"字繁构，告诉。"嘱命"，嘱咐（第 283 页）。

按：蜀，读为"属"。《楚辞·九章·惜往日》"属贞臣而日娭"，王逸章句："委政忠良而游息也。"

26. 胶（燎）膰（燔）之腈也含（今）可（兮），論夫三夫之裑（请）也含（兮）可

腈，上博藏六《天子建州》甲 3、4："豊（礼）之于宗（宗?）宭（庙）也，不腈为腈，不娧（美）为娧（美）。义反之，腈为不腈，娧（美）为不娧（美）"，腈，《集韵》解为"肉之粹者"。

裑，读为"请"。《汉书·外戚恩泽侯表》："求聘四皓。"《后汉书·隗嚣传》，隗嚣为上将军，"遣使聘请平陵人方望以为军师"。凡君王请臣，上将军请军师，以上礼下，名为请，实为委命也。

以上为第三章。《书·顾命》"乃同召太保奭、芮伯、彤伯、毕公、卫侯、毛公"，传："太保，毕、毛称公，则三公矣。""三夫"辅佐君王，与周官"太师、太傅、太保"类，可断言也。以"秀荼"承托祭祀炙肉"燎燔"之仪，委政任命"三夫"，是乃为人臣至尊之礼。以祭祀炙肉"燎燔"之精粹，委命"三夫"，既以宗庙之礼为请，则"三夫"受命当鞠躬尽瘁，死而后已也。

事关邦国之固，社稷之安，故反复交代，王之后嗣当恪守谨记也。

本文初稿形成得到侯乃峰先生的帮助，谨致谢。

作者简介：刘信芳，男，安徽大学历史系教授。

早期"官人"之术的文献源流与清华简《芮良夫毖》相关文句的释读问题*

上海大学历史系 宁镇疆

摘 要: 早期"官人"之法,虽以《大戴礼记·文王官人》《逸周书·官人解》为渊薮,但《尚书·皋陶谟》《立政》以及《国语·齐语》《管子·小匡》《墨子·尚贤中》等篇都不乏一些"碎片化"的表述。清华简《芮良夫毖》的"必探其度,以貌其状;身与之语,以求其上"同样是讲"官人"之法。其中"必探其度"与《大戴礼记·文王官人》的"探取其志"相应,意在通过探知一个人的心智来准确地"以貌其状";而所谓"身与之语,以求其上",即通过与被考察者亲自交谈(即《逸周书·官人解》的"考言")来对其进行考核,然后举为上官。《齐语》中桓公选贤的"召而与之语"、《史记·殷本纪》武丁得傅说的"得而与之语"以及大戴、周书两篇所谓的"方与之言",甚至《墨子》的"迹其言",均是其事。《芮良夫毖》在"官人"之法上与上述文献之间的关联,对我们认识该篇的年代学特征以及早期"官人"之法的源流都是很有价值的。

关键词: 官人 大戴礼记 芮良夫毖 与之语 必探其度

一

所谓"官人"之术,即古代的选贤任官之法。关于此法,最早以《大戴礼记·文王官人》和《逸周书·官人解》两篇论述最为集中和详致。稍后,其中具体的"察人"之法又散见于《庄子·列御寇》、《吕氏春秋·论人》、《荀子·君道》、《吴越春秋》卷九等文献[1],最终至曹魏时,在品鉴人物的社会风气之下,刘劭以此为基础,撰成我国历史上最早系统研究

---

*本文系国家社科基金重大课题"《诗经》与礼制研究(课题编号:16ZDA172)"阶段性成果。承张怀通、萧旭二先生及本校中文系郑妞博士提出宝贵意见,谨致谢忱。

[1] 参罗家湘《〈逸周书〉研究》,上海:上海古籍出版社,2006年,第230—231页。

人之才性及政治功用的专书《人物志》①。

关于"官人"之法,《大戴礼记·文王官人》和《逸周书·官人解》两篇所论大体相同,彼此之间的关系属于晚近学者讨论比较多的"互见"或"重文"②,而就完整性来说,尤以《大戴礼记》为甚,内容较之《逸周书》也稍多。两篇的性质,前人谓即"周家官人之法"③。具体来说,就是提出从六个方面全面考察一个人,即观诚、考志、视中、观色、观隐、揆德,也就是所谓"六征",然后再"因方而用之,此之谓官能也"(此大戴语,《逸周书》无),正扣"官人"之题。至于这么做的目的,《大戴》后面的"任七属"中已说得很明白,即"先则任贤",其以举贤为先④,可谓昭昭明甚。上述"六征"中的"考志",《逸周书·官人解》作"考言",王念孙鉴于下文言"以观其志""弱志者也",主原本当从大戴作"考志"为是⑤。王说是正确的。除王氏所举,下文尚有"志殷以渊"⑥"烦乱以事而志不营""志不能固",且该段主要讲的就是一个人的诸如"有质"与"无质"以及"质静""心不移""心变易""愚赣""果敢"之类心智、品性内容,故大戴的"考志"确存其真。当然,《逸周书》的"考言"也能够解释。那就是该段种种的"考志",是通过与被考察者的交谈来进行的⑦,该段开头即言"方与之言,以观其志",已说得很清楚了。它揭示要准确了解一个人,必须要近距离与之交谈("与之言"),通过近身交谈来深入了解一个人的各方面质量。后世的"听其言,观其行"约略相近。揆诸文献,这种通过交谈即"听其言"来察人、用人的"官人"之术还是多有痕迹可寻的。

我们先来看《国语·齐语》《管子·小匡》的记载。这两篇内容也大部雷同,同样是"互见"或"重文"关系。我们感兴趣的是两文中关于举荐贤才的所谓"三选"之法,为论述方便计,兹将两篇内容俱列如下:

《国语·齐语》:桓公令官长期而书伐,以告且选,选其官之贤者而复用之,曰:"有人居我官,有功休德,惟慎端悫以待时,使民以劝,绥谤言,足以补官之不善政。"桓公召而与之语,訾相其质,足以比成事,诚可立而授之。设之以国家之患而不疚。退问其乡,以观其所能而无大厉,升以为上卿之赞。谓之三选。国子、高子退而修乡,乡退而修连,连退而修里,里退而修轨,轨退而修伍,伍退而修家。是故匹夫有善,可得

---

① 这方面可参伏俊琏先生的两本书,即《人物志研究》,兰州:甘肃人民出版社,1999年,及《〈人物志〉译注》(该书的"前言"对于我国历史上察人之术及其文献的源流有简要的介绍),上海:上海古籍出版社,2008年。
② 或曰"重文"、"同文"。
③ 黄怀信、张懋镕、田旭东《逸周书汇校集注》,上海:上海古籍出版社,2007年,第757页引刘师培之说。
④ 学者或将"先"解为"先生"(王聘珍《大戴礼记解诂》,中华书局1983年,第197页),如此则与前面的"学则任师",似嫌重复。其实,"先则任贤"系"任七属"的最后一项,尽管前面的六属国、乡、官、学、族、家多为名词,但最后的"先则任贤"却未必与它们属并列的关系,此处"先"当理解为"优先",意指同等条件下要以"贤"者为先。
⑤ 黄怀信、张懋镕、田旭东《逸周书汇校集注》,第758页。
⑥ 大戴"渊"作"㴱","㴱"实为"深"之古体,而"深"与"渊"义同。
⑦ 罗家湘先生也认为是"以言官志",参其《〈逸周书〉研究》,第230页。

而举也；匹夫有不善，可得而诛也。

《管子·小匡》：于是乎乡长退而修德进贤，桓公亲见之，遂使役之官。公令官长期而书伐以告，且令选官之贤者而复之，曰："有人居我官，有功休德，维顺端悫，以待时使，使民恭敬以劝。其称秉言，则足以补官之不善政。"公宣问其乡里，而有考验，乃召而与之坐，省相其质，以参其成功成事，可立而时。设问国家之患而不肉，退而察问其乡里，以观其所能，而无大过，登以为上卿之佐。名之曰三选。高子国子退而修乡，乡退而修连，连退而修里，里退而修轨，轨退而修家，是故匹夫有善，故可得而举也。匹夫有不善，故可得而诛也。

两篇文献关于举荐贤才的所谓"三选"，其实就是指选拔贤才要分别经过乡里推举、官长举荐、君主亲自考核等三个步骤①，显示古代于举荐贤才程序上是极严格的。值得注意的是，"三选"之中的第三选，《齐语》的表述是"召而与之语，訾相其质，足以比成事，诚可立而授之"，所谓"召而与之语"，其实即通过与贤才的交谈、察其言论来考察对方。这正是上述《大戴礼记·文王官人》《逸周书·官人解》的"方与之言"，通过"考言"来"官人"的方法。此句《管子·小匡》作"召而与之坐"，"坐"字当系"语"字之误：味同嚼蜡且流于想当然——"与之坐"是要干什么呢？其明显当系文献辗转因袭中的误讹。两篇都说"三选"的目的是"选其官之贤者"，《小匡》甚至还说"修德进贤"，准此，此法为举贤所专用是很明确的。

再来看《史记·殷本纪》的记载。该篇提到武丁得傅说的过程，其中有语云：

武丁夜梦得圣人，名曰说。以梦所见视群臣百吏，皆非也。于是乃使百工营求之野，得说于傅险中。是时说为胥靡，筑于傅险。见于武丁，武丁曰是也。得而与之语，果圣人，举以为相，殷国大治。

其中值得注意的是"得而与之语，果圣人，举以为相，殷国大治"这样的记载，所谓"得而与之语"与《齐语》"召而与之语"的说法基本一致。尤其是武丁一开始"梦得圣人"，但"所见群臣百吏皆非也"，不过一旦傅说至，武丁虽曰"是也"，也只是就外貌而言。而下文的"得而与之语，果圣人"，一个"果"字，说明这个"与之语"的途径显然承担了考察人才的功能。我们今天已很难知道史公此处的文献来源，但就其"得而与之语"与《齐语》《文王官人》等篇表述上的一致性看，这应该不会是史公的想当然之语，而当是有着确凿之文献依据的。

与武丁得傅说类似，《说苑·尊贤》还记孔子向齐景公述秦穆公得百里奚的过程，其中有语云：

---

① 对于"三选"，韦注谓："谓乡长所进，官长所选，公所訾相"；陶鸿庆则认为"三选"分别是"令官长选官之贤者而复之、公省相其质、退而察问乡里"（黎翔凤《管子校注》，北京：中华书局，2004年，第422页）。就"三选"所经历的范围看，无论是韦注的"乡长所进"还是陶氏的察问乡里，都说明乡一级的考察都是存在的。

>（秦穆公）亲举五羖大夫于系缧之中，与之语，三日而授之政。

其中又有"与之语"①！这与《殷本纪》的"得而与之语"类似，同样应该是通过"考言"来举人的"官人"之法。武丁得傅说与秦穆得百里奚这两则例子还有更值得重视的地方，那就是他们都是古代具有典范意义的"举贤"例子，这与《齐语》《小匡》说三选的目的在于"选官之贤者"正相呼应。它昭示这种"得而与之语""召而与之语""方与之言"的言论考察，几乎是早期考察贤才的必由步骤。

此外，《史记·周本纪》还记周文王能"礼下贤者"，且"日中不暇食以待士"，故"太颠、闳夭、散宜生、鬻子、辛甲大夫之徒皆往归之"。其中的辛甲本为纣臣，《集解》引刘向《别录》述此人由事殷到事周的转变过程：

>辛甲，故殷之臣，事纣。盖七十五谏而不听，去至周，召公与语，贤之，告文王，文王亲自迎之，以为公卿，封长子。

请注意，辛甲至周接受考核的一个重要环节就是"召公与语，贤之"，"与语"云云者，明显也是与《齐语》《小匡》《殷本纪》《说苑》之"与之语"一致的"考言"步骤。再次说明大戴、《逸周书》两篇"官人"文献所谓"方与之言"之类的"官人"之法，是普遍存在的。

由上述例子可以看出，所谓"与之语""与之言"的"官人"之法，多出现于古代的举贤例子中。其实，说到举贤及尚贤，墨子一书更是辟有专篇，而我们在墨子关于举贤的论述中，其实也能找到上述"官人"之法的蛛丝马迹。《墨子·尚贤中》云：

>贤者，举而上之，富而贵之，以为官长。不肖者抑而废之，贫而贱之以为徒役，是以民皆劝其赏，畏其罚，相率而为贤。是以贤者众，而不肖者寡，此谓进贤。然后圣人听其言，迹其行，察其所能而慎予官，此谓事能。故可使治国者，使治国。可使长官者，使长官。可使治邑者，使治邑。凡所使治国家、官府、邑里，此皆国之贤者也。

其中的"听其言，迹其行"，也当是与《齐语》的"召而与之语"、《殷本纪》的"得而与之语"、《文王官人》的"方与之言"类似的通过考察言论来举贤之法。关于这一点，《说苑·尊贤》也有类似记载："夫取人之术也，观其言而察其行。"所谓"观其言而察其行"与墨子此处的"听其言，迹其行"可以说基本一致，都强调"考言"的重要性。还要提到的是，墨子提到"察其所能而慎予官，此谓事能"，强调"能"，而《大戴礼记·文王官人》下文提到"九用"时也说"因方而用之，此之谓官能也"——"事能"与"官能"，其义一也。更值得注意的是，墨子还提到对考察合格的人才使用，如"可使治国者，使治国。可使长官者，使长官。可使治邑者，使治邑"，而《大戴礼记·文王官人》最后讲到对于考察合格人才使用原则的"九用"中亦有"平仁而有虑者，使是治国家而长百姓；慈惠而有理者，使是长乡邑而治父子；直愍而忠正者，使是莅百官而察善否"，这里的"治国家""长乡邑""莅

---

① 此事又见《史记·孔子世家》《孔子家语·贤君》，二书此处俱作"与语"，大致相同。

百官"与墨子的"治国""长官""治邑"可以说完全一致（次序微有差异）①。而且，所谓"治国""长官""治邑"的三级分配，也与前述《齐语》《小匡》的"三选"约略近之。这充分证明墨子所讲，同样是以古代的"官人"之法为背景的，其与上述《国语·齐语》《管子·小匡》《史记·殷本纪》《大戴礼记·文王官人》《逸周书·官人解》的记载可以说都是相通的。这也说明，古代诸如"与之言""与之语"的"官人"、举贤之法，既可以说久有源流，也可以说流传是很广的。

当然，从史源学来讲，所谓"官人"之法，《齐语》《小匡》《墨子》《史记·殷本纪》甚至《说苑·尊贤》等书中所见不过是只鳞片爪、吉光片羽，而《大戴礼记·文王官人》《逸周书·官人解》等篇才真正是这种观念的"大本营"。《文王官人》篇中，所谓"方与之言，以观其志"仅仅是六法之一，而单是这一法的文字篇幅就达到将近五百字，详细讨论诸如"日益""日损""有质""无质""平心而固守""鄙心而假气""有虑""愚赣""洁廉而果敢""弱志""质静""始妒诬""治志"等十三种情况，分类之细，论述之委曲，都让人叹为观止。由此还要谈到《大戴礼记》与《逸周书》的"方与之言"之"方"。《国语》《管子》的"召"以及《史记》的"得"都系动词，而"方与之言"之"方"则应为副词。关于此字，有释为"并""常""遍"诸说②，笔者以为还是以释"遍"为宜，而"遍"即"广"也。所谓"遍与之言"或"广与之言"，即指"与之言"之时，从多个方面对待察之人进行考核，这种考察的细致程度，可以说与上述多达十三种的复杂情况亦相符合。顺便说一句，文中笔者论及《大戴礼记》《逸周书》《国语》《墨子》《管子》《史记》《说苑·尊贤》等书关于"察言"的"官人"之法重在"举贤"，我们进而认为，"官人"之法设计的初衷可能就是为了"举贤"的。当然，关于"举贤"，我们还有一个和传统不太一样的认识，那就是在我们看来，早期对"贤"的界定，其实是仅限于那些出身异族或身份低贱的人，而贵族在仕途中的正常晋升，本不属于"举贤"③。正因为"举贤"对象是出自那些出自异族或身份低贱的人，相较于本族或朝廷旧官，无疑更缺乏了解，这才是"官人"之术需要从各个方面全面考察一个人的真正原因。

当然，一旦我们厘清上述文献之间的史源学关系，特别是《大戴礼记·文王官人》《逸周书·官人解》两篇才是"官人"之法的大本营，则对上述《齐语》与《小匡》之间的文字

---

① 《左传·襄公十五年》提到公子午等人分任令尹、右尹、大司马、左司马、右司马、莫敖、箴尹、连尹、宫厩尹，可以说从冢卿到基层官员一应俱全，因此《左传》引君子的评价说："楚于是乎能官人"，亦属"官人"。《左传》所记虽是楚国官制，但就其记载官从高到低的系统性来讲，确可左证《大戴礼记》《墨子》中所谓"治国"、"长官"、"治邑"的说法非虚。

② 可参黄怀信、张懋镕、田旭东《逸周书汇校集注》，第765页；方向东《大戴礼记汇校集解》，北京：中华书局，2008年，第1033页。

③ 详参拙文《说〈芮良夫毖〉之"五相"兼申"尚贤"古义》，《出土文献与传世典籍的诠释国际学术讨论会论文集》，复旦大学出土文献与古文字研究中心，2017年10月。此文后刊于《学术月刊》2018年第6期。本文所举的例子中，傅说、百里奚可谓出身贱役，而辛甲由于本系纣臣，则明系"异族"。学者认为《逸周书·官人》系"周代对士大夫任官的观察考核"，因此"士人在学习训练阶段要以这样的标准来要求"，与我们的看法不同。参见季旭升《〈上博五〉"毋钦毋去"解》，《出土文献研究》第十六辑，中西书局2017年，第12页。

歧异，也会有正确的判断。如《齐语》云"设之以国家之患而不疚"，而《小匡》作"设问国家之患而不肉"，"疚"与"肉"差别明显。韦昭注《齐语》云："疚，病也。豫设以国家之患难问之，不病不能也。"而学者注《管子》径自以《小匡》为是，注云："其人既可，将立之，又时设问国家之患，以知智谋之深浅，不直相其骨肉而已。肉者，所谓皮相也。"① 其实，在《逸周书·官人解》六征的第一征中有这样的话："设之以谋以观其智。"② 其第二征中又言："设之以物而数决，敬之以卒而度应，不文而辩，曰有虑者也。"③ 二句俱言"设"，其实即韦注所说的"豫设以国家之患难问之"，或者依《逸周书·官人解》，对要考察的人，要么问之以"谋"，要么问之以"物"，进而考察他们的反应或回答。准此，上述《齐语》与《小匡》之间"疚"与"肉"的差异，显当以前者为是，理解为"不病不能"，而《小匡》的"肉"当系误讹④，至于学者所谓"骨肉""皮相"的解释，无疑就离题万里了。

二

所谓"与之言""与之语"的"官人"之法，貌似卑之无甚高论（从大戴、《逸周书》来看，仅仅是"听其言"的"官人"之法也不是那么简单的），但从上述的文献梳理看，此法既可以说久有源流也可以说影响甚广。地不爱宝，我辈之幸，在近年刊布的新出土材料中，我们竟然也发现了与上述《大戴礼记·文王官人》《逸周书·官人解》《齐语》《小匡》《墨子·尚贤中》《史记·殷本纪》《说苑·尊贤》"与之言""与之语"类似的"官人"之法。有上述文献作为背景，对这些新材料可能就会有更为准确的理解。试看清华简《芮良夫毖》下面几句文字（宽式）：

恂求有材，圣智勇力。必探其度，以貌其状。身与之语，以求其上。

据多位学者的看法，这几句明显也是讲举荐贤才⑤，其中的"恂求有材，圣智勇力"尤可证。有意思的是，在这样以举荐贤才为背景的语言环境中，我们又看到了熟悉的话，即所谓"身与之语，以求其上"。这两句没有释字疑难，但此前学者的理解却较少中肯綮者，关键还是没有找到准确的文献源头。其实，这两句同样是上面所述"官人"之法，意思是对于举荐过来的贤才，君王要亲自与之谈话，观其言论，即所谓"身与之语"。所谓"身与之

---

① 黎翔凤《管子校注》，北京：中华书局，2004年，第417页。
② 《大戴礼记·文王官人》此句作："挈之以观其知。"
③ 《大戴礼记·文王官人》"设"字作"执"，当系误讹。参王引之《经义述闻》卷十三，"大戴礼记下"之"执之以物"条及裘锡圭《古文献中读为"设"的"埶"及其与"执"互讹之例》，《裘锡圭学术文集》第四册，复旦大学出版社2012年，第451页。
④ 王念孙认为《小匡》的"肉"其本字或作"疚"，篆书字形作"疚"，与"肉"相近而致误（王念孙《读书杂志》，南京：江苏古籍出版社，2000年，第446页）。后瞿镛《铁琴铜剑楼藏书目录》卷十四述及曾见宋本《管子》，其字作"𤶠"，与王说近，亦服其精于小学（此承萧旭兄赐告）。
⑤ 王瑜桢曾依文义将《芮良夫毖》分成若干段，此处属王氏所划第四段，其文义即总结为"毖王与重臣应当德举贤"（参王瑜桢《〈清华大学藏战国竹简三·芮良夫毖〉释读》，《出土文献》第六辑，中西书局2015年，第184页）。曹建国总结这几句所在的段落也说："这段简文是说要同心协力，并求推荐贤才"，参曹氏《清华简〈芮良夫毖〉试论》，《复旦学报》2016年第1期。

语"，与《国语》《史记》《墨子》《大戴礼记》《逸周书》所谓"召而与之语""得而与之""听其言""方与之言"都可谓绝类①。《芮良夫毖》还提到如果考察合格，就"以求其上"，"上"应该是使动词，使居上位的意思。巧合的是，前述《齐语》下文说对于"三选"合格的人，就会"升以为上卿之赞"，《小匡》的"登以为上卿之佐"②，甚至前述《墨子》也说："贤者，举而上之。"所谓"上卿之赞"或"上卿之佐"，特别是前举《墨子·尚贤中》的"举而上之"，以及同书《尚贤下》篇说武王将闳夭、泰颠等人"推而上之"，其中之"上"，已经足以昭示《芮良夫毖》"以求其上"之"上"字的意蕴了。《芮良夫毖》与上述文献的关联，再次说明古代关于举荐贤才的"官人"之法流传是很广的。

　　当然，一旦我们厘清《芮良夫毖》篇与《大戴礼记·文王官人》等"官人"文献之间的关系，这又会为我们理解《芮良夫毖》"身与之语，以求其上"前面尚存疑难的"必探其度，以貌其状"提供准确的文献背景。这两句尤其是前一句"必探其度"，迄今没有令人满意的解释。学者或以为"探"字早期材料未见，指其相对晚出③。其实，这两句夹在"恂求有材，圣智勇力"和"身与之语"之间，同样也应该与举荐贤才的"官人"之法有关④。"必探其度"，其中之"度"整理者原释"宅"，但无说。王瑜桢认为释"宅"不确，主张释为"度"，并引《左传·昭公十二年》"思我王度"为证，认为"简文这一段都是在说明寻求人才的条件，因此君主务必探知人才的器度才能"。所谓"器度"一语，颇为抽象，亦觉未安。其实，《大戴礼记·文王官人》的一处表述或许会对此字的释读提供参照。该篇观人六法的第一法中，有这样的句子："探取其志，以观其情。"⑤ 所谓"探取其志"应该是与《芮良夫毖》"必探其度"最接近的辞例。但作为"探"的宾语，一则为"志"，一则为"度"，何者为是？《芮良夫毖》对应"宅"的字为楚文字中常见字形，目前以释"宅"和"度"较为常见，两字读音也很接近，经书中古文常作"宅"，而今文多作"度"。这恐怕也是整理者释为"宅"和王瑜桢释为"度"的缘由。其实，《文王官人》的"志"读音与它们也很相近。"宅"字上古音属定母铎部字，"志"是章母之部字。声母同属舌音，韵部之、铎为旁对转。我们认为，《芮良夫毖》此字确以释"度"为佳，但王瑜桢"器度"的理解则恐又偏离了正途。其实，参考《文王官人》的"志"，"度"当理解为"意度"或"谋"。"志"与"谋"或"意

---

① 子居认为此"身与之语"与《左传·襄公二十六年》的"左师闻之，聅而与之语"相近（参子居《清华简〈芮良夫毖〉解析》，孔子 2000 网站：http://www.confucius2000.com/admin/list.asp?id=5589)，可以说并没有找到此处文句的准确出处，因此理解上也就存在着膈膜。
② 李学勤先生认为《小匡》的"佐"当系对《齐语》之"赞"的"浅明"化改换，参李学勤《〈齐语〉与〈小匡〉》，《古文献丛论》，上海远东出版社 1996 年，第 176 页。
③ 子居《〈芮良夫毖〉解析》（http://www.360doc.com/content/16/0626/12/34614342_570842178.shtml）。
④ 后来，笔者得见高中华、姚晓鸥《清华简〈芮良夫毖〉疏证（上）》一文（赵敏俐主编《中国诗歌研究》第十四辑，中国社会社会科学文献出版社 2017 年），知高、姚二氏亦主"必探其度"以下四句为"古代官人铨选之法"，实与拙说不谋而和，惜乎未有详论。而且，对其中"度"字，高、姚依然取王瑜桢般理解为"法度"，依本文的讨论看，又未为尽善。
⑤ 《逸周书·官人》作"复征其言，以观其精"，所谓"复征其言"云云，当系误讹，因为与下文的"方与之言"明显重复。

度"均属心智语汇,明显较"器度"更近。更重要的是,古文献中"度"训为"谋"或"意度"较为多见。《书·吕刑》"何度非及"、《诗·大雅·皇矣》"爰究爰度"其中之"度",均以释"谋"为常。《大戴礼记·五帝德》:"三王用度",王聘珍亦解"度"为"意度",《楚辞·九章·惜往日》"君无度而弗察兮",前人解其中之"度"又为"心中分寸"①。《芮良夫毖》中"必探其＊",作为"探取"的宾语,"＊"肯定是名词,故此字仍当以释"度"为优,理解为"谋"或"意度"。我们推测,《文王官人》的"志",由于读音与"宅""度"接近,其实不过是用另一个更好理解的心智语汇"志"来代替罢了。该篇反复言之的"考志""观志""弱志""治志""诚志"等等,充分说明"志"在考察一个人过程中所起的重要作用。所谓"志",即"度"或"意度"②。《芮良夫毖》篇下文还说"不秉纯德,其度用失营",其中之"度"字与前同形,整理者释为"度",其实读为"志"亦可:前面强调"不秉纯德"之"德",后面接着说其"志"如何如何,"德"与"志",都属心智语词。整理者在注释这一句时,也引到了《大戴礼记·文王官人》篇"烦乱之而志不营"及卢辩注"营,犹乱也"③。整理者主要想解释"营"。但请注意,所谓"烦乱之而志不营",而上文提到《芮良夫毖》有语"其度用失营",如若将其中的"度"替换为"志",即为"其志用失营":一则为"志不营",一则为"志用失营",辞例可谓极为接近。总结上述讨论,我们认为《芮良夫毖》的"必探其度",其具体意思就是通过"探度"即"探志",也就是弄清一个人的内心所思、所想来详细考察一个人,用大戴的话说即是"考志",这依然是"官人"之法。另外,由《芮良夫毖》的"必探其度"以及上文提到的古书中"宅""度"每多混用,还应该提到《尚书·立政》篇。该篇主旨即是讲"官人"、任官之法,其中所谓"立民长伯",以及任人、准夫、司徒、司马、司空等具体职官均卓然可见。值得注意的是,在这样一篇主要讲"官人"之法的篇章中,"宅"字出现达十余处,所谓"宅乃事""宅乃牧""宅乃准""宅人""三有宅、克即宅""三有宅心""克宅厥心"等等,这成为该篇用词上非常"特异"的现象。其实,既认识到该篇以"官人"为主旨,再联系到《芮良夫毖》的"必探其度"以及古书中"宅""度"每多混用,则其中"宅"字的高频率出现肯定不是偶然的。当然,《芮良夫毖》的"必探其度"之"度"本为名词,而《立政》篇的"宅"则多为动词,学者释为"度量"④,实即考虑、考察。但所谓探知其心智,其实即考察之;而所谓"度量"之,又何尝不包括心智呢?篇中明云"宅心",《书·康诰》亦有"宅心知训","宅心"实即"度心",考察其心智也。《诗·大雅·皇矣》云"帝度其心",《清华简·祭公》亦说"唯时皇上帝度

---

① 以上及更多辞例,可参宗福邦等主编《故训汇纂》,北京:商务印书馆,2003年,第696页。
② 这也提醒我们,出土文献中很多释为"度"的,读为"志"可能同样也是合适的。像最新的证据,清华简七《子犯子余》篇蹇叔的话有"凡民秉度端正僭式",其中之"度"亦与上述《芮良夫毖》所谓"探取其＊"之"＊"同形,"度"为整理者所释(李学勤主编《清华大学藏战国竹简(七)》(下册),上海:中西书局,2017年,第96页)。其实,此处读为"志"同样也很合适:"凡民秉志端,正僭式",非常明顺。
③ 李学勤主编《清华大学藏战国竹简(三)》,上海:中西书局,2012年,第152页。
④ 可参曾运乾《尚书正读》,上海:华东师范大学出版社,2011年,第261页;周秉钧《尚书易解》,上海:华东师范大学出版社,2010年,第249页。

其心",均是其证。还应指出的是,《尚书·立政》不但以"官人"为主旨,而且每每以"文王"之"官人"、用人为法则,其说谓:"亦越文王、武王,克知三有宅心,灼见三有俊心""文王惟克厥宅心,乃克立兹常事司牧人,以克俊有德。文王罔攸兼于庶言;庶狱庶慎,惟有司之牧夫是训用违;庶狱庶慎,文王罔敢知于兹""自古商人,亦越我周文王立政……",其以"文王"为典范是很明显的,《诗·大雅·棫朴》小序又云:"棫朴,文王能官人也。"故《大戴礼记》之言"官人"术,又径以"文王官人"为篇名,看来确有所本。大戴及《逸周书》两篇,篇首俱以"王"对"太师"之言起始,《文王官人》篇此后讲"官人"之法的主体,亦以"王曰"领起,适应"文王"官人之题,但《逸周书·官人解》此后内容却是以"周公曰"领起,《周书序》谓:"成王访周公以民事,周公陈六征以观察之,作《官人》。"学者或据此谓其中的"王"为成王者。刘师培因谓:"盖此为周家官人之法,始于文王,迄于武王,成王之时作辅之臣咸举斯言相勖,惟所举之词互有详略异同,此则周公述文王言以语成王也。"所谓"周公述文王言以语成王"①,可谓近是。

"必探其度"既明,再来看下一句"以貌其状"。"貌"字整理者原释为"亲",后来陈剑改释为"暴",读为"貌"②,广为学者所引述。陈氏改释从文字学上说,证据已很充分。现在我们也可以据《大戴礼记·文王官人》篇为陈氏之说补充点文献方面的证据。此篇"官人"之法的第二条中提到:"其貌直而不侮,其言正而不私。不饰其美,不隐其恶,不防其过,曰有质者也。其貌曲媚,其言工巧,饰其见物,务其小征,以故自说,曰无质者也",下文还称"多稽而俭貌"是"质静"。在第五条的"观隐"之法中又提到"面宽而貌慈"是"隐于仁质也","观忠尽见于众而貌克"是"隐于交友也",第六条的"揆德"之法中又说到"饰貌者不情"。如此种种,看来在古代的"官人"之法中,对于一个人的"貌"与其品性、质量之间的复杂关系有详尽的考虑。或者说由于"饰貌"和"隐"的原因,仅仅看一个人的"貌"还无法准确判断一个人的质量。由此我们再来看《芮良夫毖》的"必探其度,以貌其状"——如果能探知一个人内在的"意度"或"志",无疑就有利于"描绘、形容、表现出其'状'"③,可谓文从句顺。尽管《文王官人》篇之"貌"多系名词,而《芮良夫毖》的"以貌其状"之"貌"实为动词,但它们关注的问题无疑是有很大共性的。顺便说一句,《芮良夫毖》"必探其度,以貌其状。身与之语,以求其上"这样的"官人"之法,尤其是重视一个人的质量与外貌之间的复杂关系,而且非常强调考察一个人的"言",而我们发现另一篇同样打上"芮良夫"标签的文献,对此也有惊人一致的表述,《逸周书·芮良夫解》云:

> 我闻曰:以言取人,人饰其言。以行取人,人竭其行。饰言无庸,竭行有成。惟尔小子,饰言事王,寔蕃有徒。王貌受之,终弗获用。面相诬蒙,及尔颠覆。

这段文字和本文所论最相关切处有两点值得注意。其一就是所谓"以言取人,人饰其

---

① 参黄怀信、张懋镕、田旭东《逸周书汇校集注》,第757页。
② 陈剑《清华简(五)与旧说互证两则》,复旦大学出土文献与古文字中心网站(http://www.gwz.fudan.edu.cn/SrcShow.asp?Src_ID=2494)。
③ 参上揭陈剑文。

言""饰言无庸""饰言事王",既说明"言"的欺骗性,也说明察"言"的重要性。且所谓"饰言无庸,竭行有成",对于"言"与"行"的关系论述,又依稀让我们看到了《墨子·尚贤中》"圣人听其言,迹其行"的影子,凡此可以说与前述察"言"的"官人"之术都不无关联。其二,可能也是更为重要的是,其中提到所谓"王貌受之",同样涉及"貌"。所谓"王貌受之",即指王受到伪饰之"貌"的迷惑而率尔任用其人,最终"面相诬蒙,及尔颠覆"。这与前述《文王官人》篇对"貌"特别是"饰貌"的讨论亦相一致,而《芮良夫毖》的"必探其度,以貌其状"——通过"探度"来"貌"即描摹一个人的"状",讨论的基本上也是此类问题。由此看来,三篇讨论的话题可以说有惊人的共性。《逸周书·芮良夫解》一般认为系芮良夫劝谏厉王之语,而《芮良夫毖》公布之后有不少学者怀疑其并非芮良夫所作,甚至指其为战国人所委托。就两篇所涉察人、"官人"之法的一致性,特别是《逸周书·芮良夫解》与《芮良夫毖》两篇关注问题的共性上看,我们认为《芮良夫毖》作为芮良夫的作品可以说是确定无疑的。另外,由《文王官人》《芮良夫毖》《芮良夫解》的多言"貌",特别是三篇文献相关内容多与"官人"内容相关,又让我们想到前述《尚书·立政》篇。如前所言,此篇同样是有关"官人"的,值得注意的是,其中有"谋面用丕训德,则乃宅人,兹乃三宅无义民"的句子。其中"谋面",尽管孔、蔡二传俱以本意解,但王引之独以"谋面"为"黾勉",并援其父之说,以"义"为"邪"①。由于王氏父子治小学的过人声望,其说虽"惊俗",但依旧景从者不绝②。其实,从"官人"的背景看,王氏之解恐怕有求之过深的嫌疑。窃以为此处"谋面"句的理解当以曾运乾先生之说最为精当。曾说谓:"谋面,犹言以貌取人也。丕,读为不,急气言之。训,顺也","此以观行观心为官人之法也","此以观色听言为官人之法也","文言观人者不考诸行,不审其心,徒听言观色,是谋面用不顺德"③。曾先生之解紧扣"以貌取人"及"官人之法",这与上述《文王官人》《芮良夫毖》《芮良夫解》三篇对"貌"及相关问题的关注正相呼应,也甚切《立政》篇的主旨及上下文环境,诚可谓精确不磨。曾先生并批评王引之读"面"为"勔",读"义"为"俄",都是"迂曲怪僻,不可从",我们认为也是公允的④。更值得注意的是,曾先生并指《尚书·皋陶谟》之"巧言令色孔壬"亦与"官人"有关,可以说极有启发性。考《皋陶谟》"巧言令色孔壬"句前皋陶的话尚有"在知人""知人则哲,能官人"(所谓"知人",实即"察人"),此与《逸周书·谥法解》的"官人应实曰知"可谓相应,故《皋陶谟》此处确亦是讲"官人"之法,而所谓"巧言令色"云云,其突出"貌"的欺骗性,显然与《芮良夫解》的"饰

---

① 王引之《经义述闻》,南京:江苏古籍出版社,2000年,第97、101页。
② 可参杨筠如《尚书核诂》,西安:陕西人民出版社,1959年,第266页;顾颉刚、刘起釪《尚书校释译论》,北京:中华书局,2005年,第1668—1669页。孙星衍虽于"谋面"以《周书·官人解》有考言观色说之,可谓得其正解。但于"义"字,依然取王氏"邪"字为说,参孙星衍《尚书今古文注疏》,北京:中华书局,1986年,第470—471页。
③ 曾运乾《尚书正读》,上海:华东师范大学出版社,2011年,第261—262页。周秉钧之说与曾先生同(如称"以面貌取人"云云,参周著第249页),但周书后出,且杨树达先生为此书作序明云其"复撷曾、杨之善说"。
④ 曾先生治《尚书》,向以精于"训诂""辞气","卓绝一时"(参《尚书正读》前"出版弁言"),由"谋面"之疏解从"官人"之义立论并对高邮王氏亦不苟同看,不得不佩服曾氏之精核。

言"、《文王官人》的"饰貌"又是一致的。顺便要提到,上文笔者引及《史记》所载武丁得傅说的过程,尤其是同样要经过"言论"考察之后武丁才相信他。关于傅说其人,古书所载有两点值得特别注意。其一,他身份低贱,《墨子·尚贤中》说他"被褐带索,庸筑乎傅岩"①,可谓起于贱役;其二,更重要的是,他天生异骨、长相怪异。清华简《说命上》专门提到"厥说之状,鹘肩女(如)惟(椎)"②。同样提到"状",颇应《芮良夫毖》的"以貌其状"。既出身低贱又长相怪异,要举荐这样"来路不明"的人为上官无疑是需要慎之又慎的。或者说要弄清楚傅说表面的怪异之"状"背后究竟有没有实际高人一等的才能就成为非常迫切的问题。这与《芮良夫毖》篇所讲的要通过"探""度"来"貌"其"状",以及《芮良夫解》篇所讲的"言""行"矛盾,特别是告诫王不能受"饰言"的迷惑而"貌受之",其实都是同类问题。由此,我们再来看《大戴礼记·文王官人》《逸周书·官人解》两篇关于考察人的种种繁琐、细碎甚至苛刻的规定,恐怕就更容易理解了。

还要指出的是,《芮良夫毖》在"必探其度"句前,尚有"和专同心,毋有相放"两句。其中之"放"整理者认为当读为"负"③,学者后来结合郭店简材料主张释为"饰",意为"巧饰"④。今按,后说是。可资证明的是,《大戴礼记·文王官人》篇多处亦提到考察一个人时,要充分注意其"饰"的问题。如上举第二条中的"不饰其美""饰其见物"(亦见第五条),第五条中还有"人有多隐其情,饰其伪"、第六条还提到"饰貌者不情",最后总结时又说到"伪饰无情者可辨",均是其例。更重要的是,"揆德"一条中还提到"合志如同方,共其忧而任其难"是"交友"之道⑤。所谓"合志""同方""共其忧"与"毋有相放"前的"合专同心"辞例可以说极为相近。然则,所谓"合专同心,毋有相饰"就是说要同心合力,不应有所伪饰。因此下面的"必探其度,以貌其状。身与之语,以求其上"不过是就如何破除伪饰,得其本真,从而达到准确选人而提出的具体的"官人"之法。

由上述所论看,古代意在"举贤"的"官人"之法,从《尚书·皋陶谟》《尚书·立政》到《国语·齐语》《逸周书·芮良夫解》《墨子·尚贤》《管子·小匡》《史记·殷本纪》,都有不同程度的记载。当然,作为"官人"之法的专篇论述,还是要以《大戴礼记·文王官人》或《逸周书·官人解》篇为"大本营"。清华简《芮良夫毖》相关文句同样也属"官人"之法,因此只有放到《大戴礼记·文王官人》或《逸周书·官人》这样"官人"文献背景下,才能获致正确的理解。如果《芮良夫毖》为西周芮良夫的作品可信,则其与《大戴礼记·文王官人》《逸周书·官人》《国语·齐语》《管子·小匡》甚至《史记·殷本纪》等篇在"举贤"或"官人"之法上的关联,对于我们重新认识这些文献的材料来源及年代学特征,

---

①《墨子·尚贤下》作"衣褐带索,庸筑于傅岩之城"。
②可参虞万里《清华简〈说命〉"鹘肩女惟"疏解》、胡敕瑞《读〈清华大学藏战国竹简(三)〉札记》,二文并见于《出土文献与中国古代文明——李学勤先生八十寿诞纪念文集》,北京:中华书局,2016年,第165、276页。
③李学勤主编《清华大学藏战国竹简(三)》,上海:中西书局,2013年,第151页。
④邬可晶《读清华简〈芮良夫毖〉札记》,《古文字研究》第三十辑,上海:中华书局,2014年,第408页。
⑤《大戴礼记》作"至友",此从《逸周书·官人》改。

都是非常有价值的。晚近以来，由于出土材料研究的进展，《逸周书》一书的材料价值重获重视，但也多限于其中的《世俘》《祭公》《尝麦》《皇门》等"书"类文献，以及最新的"三训"，对于《官人解》一篇可以说关注得还比较少，《大戴礼记》的《文王官人》篇亦同样如此。间有涉及者，也仅仅是从单纯的"察人"角度立论，罕有从史学的角度将其作为周代选官、举贤材料使用者。从《芮良夫毖》这样的出土材料所载"官人"之法与二篇的密相关联看，我们过去的成见恐怕应该检讨。像上述与"官人"之术关涉的文献，《皋陶谟》《立政》均属《尚书》篇目，时代非常之早。尤其是《皋陶谟》还属于《尚书》中最早的"虞夏书"，其中所谓"官人""巧言令色孔壬"等明确属"官人"之术的内容更是出自大禹的话①，然则对于"官人"之术的源起及其在早期政治生活中所发挥的作用，恐怕有必要作进一步探究。另外，如上所述，《国语·齐语》(《管子·小匡》)、《史记·殷本纪》《墨子·尚贤中》甚至《芮良夫毖》篇中所谓"与之语"、"与之言"的举贤之法都只是"官人"之术的片鳞只爪，而《大戴礼记·文王官人》或《逸周书·官人解》才是这种"官人"之术的"大本营"。但我们千万不要以为《大戴礼记》与《逸周书》这两篇是对上述"碎片化"材料的"总其成"，从而在年代学上将他们拉得很靠后。实际上，无论是《芮良夫毖》，还是《国语·齐语》(《管子·小匡》)、《史记·殷本纪》、《墨子·尚贤中》各篇，限于语境、言说重点、文章性质等因素，要它们面面俱到地把"官人"之术所有细节都交代出来，显然是不现实的。真相只能是：当时"官人"之术及其文献肯定广有流传，而《国语·齐语》等文献不过是具体而微或得其一偏。在目前古书年代学的研究中，一个常见的逻辑是：学者总习惯认为那些"碎片化"的材料是更早的，而那些"总其成"的材料则相对较晚，从本文讨论的古代"官人"之术的文献源流看，这种逻辑显然是过于简单化了。

作者简介：宁镇疆，男，上海大学历史系教授。

---

① 《论语》中孔子曾多次言及"巧言令色"并诋斥之，看来是用自古相传的成语。

襄成环权铭文校释*

陕西师范大学文学院　王伟

《商周青铜器铭文暨图像集成》18846号著录一件战国晚期的环权，表面錾刻铭文2字（图一），原定名为"衣成环权"①，释文为"衣成"。此权后改称"黾成环权（渑城环权）"，刻铭改释为"黾（渑）成（城）"。②

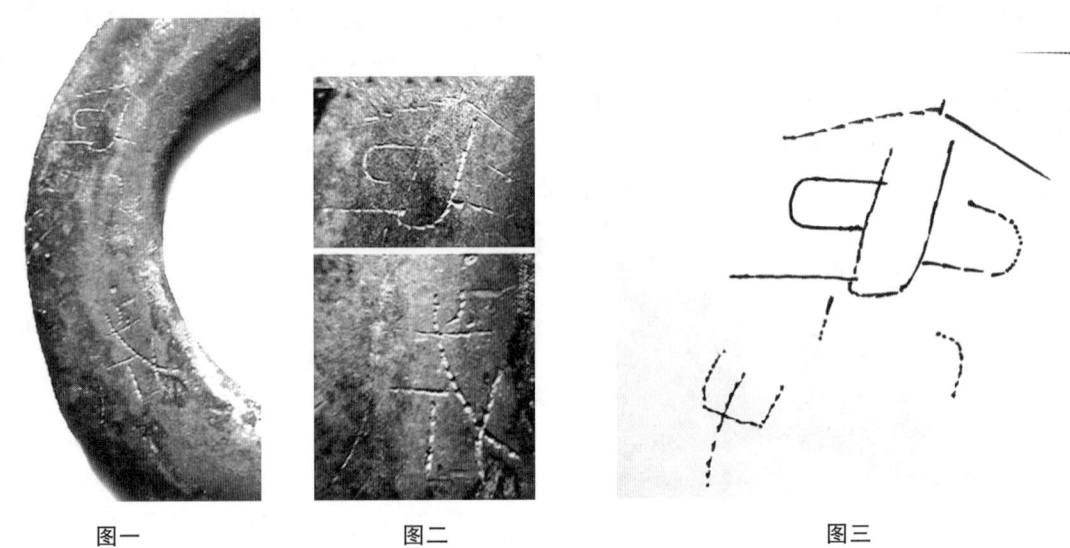

图一　　　　　图二　　　　　图三

原释文中第二字"成"没有问题。铭文照片（图一）的首字与局部放大图（图二）所示不完全相同，即局部放大图将首字下部的一些残画误裁掉了；我们据铭文全景照片所做摹本如上（图三）。

---

　　*本文是国家社科基金基金项目"秦印集成暨新秦印文字编（官印篇）"（批准号16BYY120）和国家社科基金重大项目"商周金文字词集注与释译"（批准号13&ZD130）中期成果。

　　①吴镇烽编著：《商周青铜器铭文暨图像集成》第34卷，上海：上海古籍出版社，2012年，第313页。

　　②吴镇烽：《〈商周金文资料通鉴〉检索系统》（版本1.2）18846号。

无论是释为"衣"还是"黾（渑）"均与铭文所见字形的差距较大，似不可信据。因为秦简中"衣"作 等形①，而据《商周青铜器铭文暨图像集成》给出的铭文全景照片以及首字放大图版，可知放大图版中的 形并不是该字的全形，其下部还有残存部分笔画。将我们所做摹本所示的字形与"衣"字对照，二者字形上明显有较大差距，可见刻铭首字并非"衣"字。

同样，"黾"字金文作 形，《说文》古文作 形，小篆作 形②。字形虽与摹本所示 形的上部笔画有几分相似，但 下部残存的笔画似乎并没有被注意到，则 字也不应该是"黾"字。

此外，无论是早前的释文"衣成"，还是后来改释的"黾（渑）成（城）"，其含义均难以明了；况且见于先秦典籍的"黾"或"渑池"似亦未见被称为"黾（渑）成（城）"者。

今按，秦文字中"襄"字常见，如图四（1）所示睡虎地秦简中"襄"字③；（2）（3）（4）所示《秦印文字汇编》所录玺印封泥文字中"襄"字④；（5）所示《新出封泥汇编》0981 号"襄成丞印"之"襄"字⑤，（6）所示《古陶文明博物馆藏封泥集》第 24 册 7 号"襄成丞印"之"襄"字⑥，（7）（8）所示《酒余亭陶泥合刊》344、345 号"襄成丞印"之"襄"字⑦，（9）所示《盛世玺印录》024 号"襄安夫人"之"襄"字⑧等。

参照上举秦文字中"襄"字上部的写法，我们认为该环权刻铭首字上部的笔画与"襄"字几乎全同，虽然该字下部笔画难以全部看清，但此字极有可能是"襄"字。另外，珍秦斋藏战国戈刻铭的"襄"字作⑩ ⑨，字形虽然潦草，但是有助于理解环权铭首字下部看不清楚的笔画。

---

① 方勇编著：《秦简牍文字编》，福州：福建人民出版社，2012 年，第 203 页。
② 参李学勤主编：《字源》，天津：天津古籍出版社，2012 年，第 1173 页。
③ 陈伟主编：《秦简牍合集（壹）·睡虎地秦墓简牍》（下册），武汉：武汉大学出版社，2014 年，第 932 页。
④ 许雄志编：《秦印文字汇编》，郑州：河南美术出版社，2001 年，第 163 页。
⑤ 杨广泰编：《新出封泥汇编》，杭州：西泠印社出版社，2010 年，第 41 页。
⑥ 路东之编：《古陶文明博物馆藏封泥集》（原拓本，4 函 40 册），路东之及文雅堂制作，2011 年 11 月。
⑦ 周晓陆编：《酒余亭陶泥合刊》，京都：艺文书院，2012 年，第 43—44 页。
⑧ 吴砚君编著：《盛世玺印录》，京都：艺文书院，2013 年，第 14 页。
⑨ 萧春源：《珍秦斋藏金·秦铜器篇》，澳门：澳门基金会，2006 年，第 134—138 页。

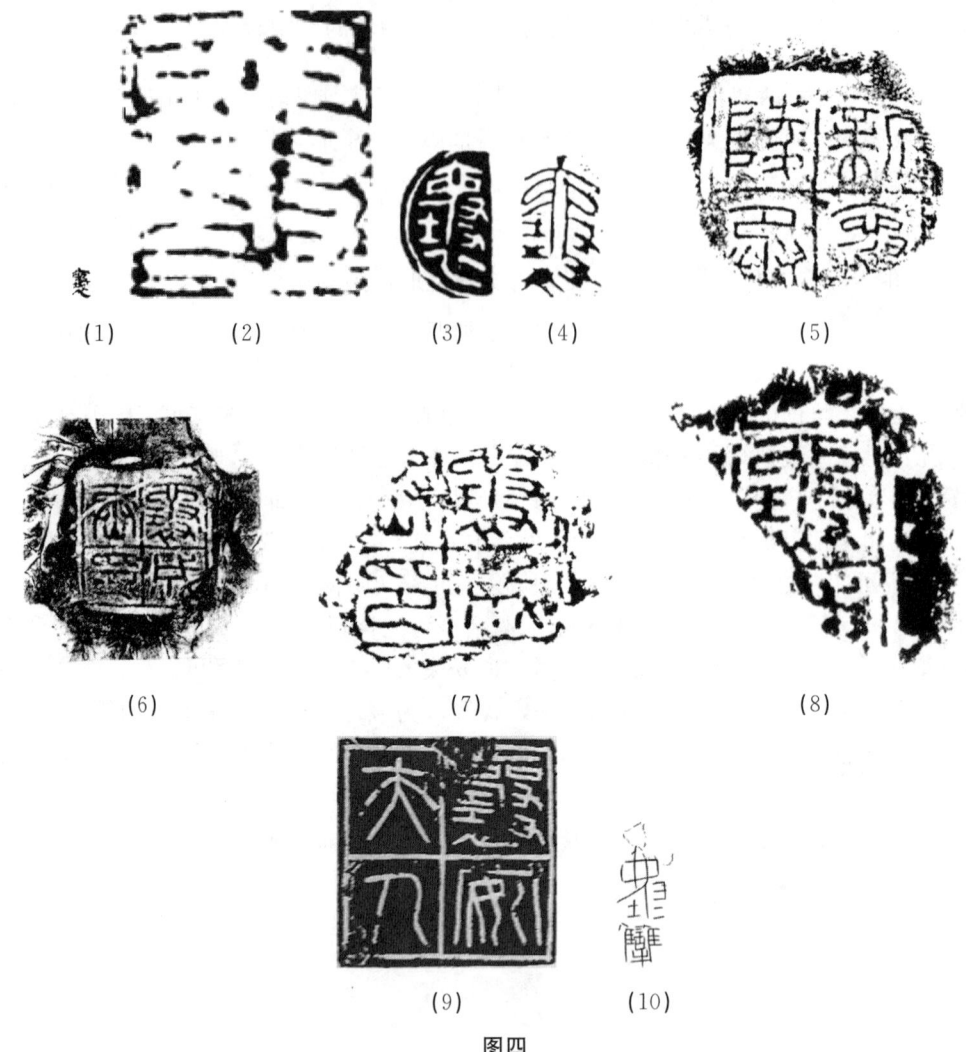

图四

综上，我们认为环权刻铭"襄成"应该就是见于文献的"襄城"。据《汉书·地理志》，颍川郡有"襄城"县，治今河南襄城县。出土秦文字中"襄成"屡见，如多枚"襄成丞印"秦封泥（图五-六①）和秦兵器刻铭（图七）等②。

---

① 周晓陆辑：《酒余亭陶泥合刊》，京都：艺文书院2012年，第43页。路东之辑：《古陶文明博物馆藏封泥集》第24册7号，北京：文雅堂，2011年。另外，"襄成"封泥也见于周晓陆、路东之编著：《秦封泥集》，西安：三秦出版社，2000年，第303页。路东之编：《问陶之旅——古陶文明博物馆藏品掇英》，北京：紫禁城出版社，2008年，第173页。

② 董珊：《论阳城之战与秦上郡戈的断代》，北京大学中国考古学研究中心、北京大学震旦古代文明研究中心编：《古代文明》第3卷，北京：文物出版社，2004年，第350-351页。

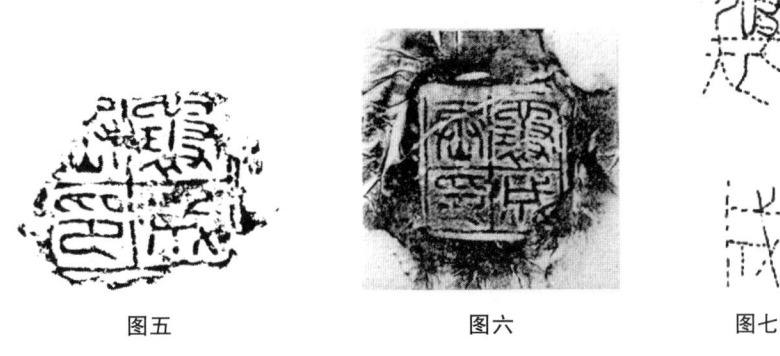

图五　　　　　　　图六　　　　　　　图七

另外,《商周青铜器铭文暨图像集成》仅标注该权时代为"战国晚期",未明确国别。今将权铭与上举秦文字中有关的"襄"字和"襄成"的资料对比,二者在文字结构和书法风格方面与秦文字较为接近,故我们推测"襄成环权"应是秦文字资料。

作者简介：王伟,男,陕西师范大学文学院副教授。

甲骨文 "冎" "骨" 辨释*

山东大学历史文化学院 王晓鹏

摘　要： 甲骨文⿱字旧释"骨"（或"冎"），或释"囚"，现今许多学者释作"肩"。依据⿱字诸形在甲骨卜辞中的用法，以及古文字和传世典籍等材料，从⿱字与（囚）等相关文字的用法和形音义来分析，⿱释"肩"依据不充分、不妥当，释"骨"更为合理。辨释⿱、⿳的形音义关系可以看出甲骨文⿱（骨）、⿳（囚）应当区分为两个字（词），⿳（囚）应释读为"祸"。在卜辞"⿱（叶）朕事"中⿱字不应释读作"肩"，而应释读为"骨"，"骨"与"克"上古语音相近，在卜辞"⿱（骨）叶朕事"中"骨"借作"克"。甲骨文中⿱（骨）与⿳（冎）已明显分化为两个字（词）。

关键词： 甲骨文　骨　祸　冎

殷商甲骨文中有"⿱"字，通常写作如下诸形：

合集 13870① 典宾	合集 32224 历组	合集 35166 历组	合集 21050 师小字	合集 35202 师宾间	合集 35202 历组	合集 1677 典宾
合集 13880 典宾	合集 13874 典宾	合集 811 典宾	合集 223 典宾	合集 709 典宾	合集 13871 典宾	合集 10936 宾组

---

*本文为教育部人文社科规划项目"甲骨文义位系统综合研究"（项目号 19YJA740057）、山东省社会科学规划项目"甲骨文的义位系统研究"（项目号 18CYYJ01）阶段性成果。

① 郭沫若、胡厚宣主编：《甲骨文合集》，北京：中华书局，1979—1982年，简称《合集》。

从这些字形在甲骨卜辞中的用法来看,应为一字,但学术界对其释读有不同的观点,成为多年来争论的一个焦点。与"👹"字密切相关的还有"👹""👹"等字,释读"👹"字必然涉及"👹""👹"的释读问题。以下将论述:甲骨文"👹"究竟应释读为何字?通过释论字形"👹",进而辨释"👹""👹""👹"及其相关诸字的形、音、义的关系,辨明这些字与其所表词的关系。

一、"👹"字隶释旧说与释"肩"存在的问题

甲骨文"👹"等形有不同的隶释之说,主要如郭沫若、陈梦家、李孝定等先生隶释作"凸",即"骨"。① 张玉金先生隶作"骨",认为在"👹凡"一语中读"祸"(训"毁")。② 宋镇豪先生释"骨"。③《甲骨文字诂林》姚孝遂先生按语释"骨"④,《殷墟甲骨刻辞类纂》亦隶作"骨"⑤。《甲骨文编》将这种字形与👹等形隶为"冎"⑥,《甲骨文字典》则将其与👹等形一并释为"凸"的初形⑦。现在许多学者则将"👹"字隶释作"肩",《新甲骨文编》(增订本)从其说,隶作"肩"⑧。仔细分析各家释说,"👹"等形释"骨"(祸或冎),释"肩",各有所依据,各有其道理。但是从"👹"字形音义关系来看,释"肩"略欠妥当,释"骨"依据充分,更为合理。

释"肩"者,大致来说,主张"👹"等形像占卜所用之牛肩胛骨形,又据卜辞"亚克兴有疾"与"👹兴/凡(同)有疾""鼓(壴)……👹叶朕事……"等用例比较,且典籍文献中"克"训"肩"(肩任义),"肩"亦训"克"(胜任义),因而将"👹"释为"肩"。此说主要代表者有吴匡、裘锡圭、蔡哲茂等先生。

裘锡圭先生赞同"👹凡有疾"的"👹"(裘先生隶作"冎")像卜用牛肩胛骨之形,又据石鼓文"獮"字之偏旁"肩"与甲骨文👹、👹等形(隶作"冎")相似,从而认为"甲骨文此字(引者按:即我们所说的'冎'字)有可能是'肩'字的象形文",在卜辞中用如传世典籍中的"肩",训"克"、训"任"之义。⑨

---

① 郭沫若:《殷契粹编考释》,北京:科学出版社,1965年,第189页;于省吾主编:《甲骨文字诂林》,中华书局,1996年,第2163—2164页;李孝定:《甲骨文字集释》第四册,台北:"中央研究院"历史语言研究所,1965年,第1498页。
② 张玉金:《说卜辞的"骨凡有疾"》,《考古与文物》1999年2期,第89页。
③ 宋镇豪:《商代的疾患医疗与卫生保健》,《历史研究》2004年2期,第13页。
④ 于省吾主编:《甲骨文字诂林》,北京:中华书局,1996年,第2173页。
⑤ 姚孝遂、肖丁:《殷墟甲骨刻辞类纂》,北京:中华书局,1989年,第833页。
⑥ 中国科学院考古研究所编:《甲骨文编》,北京:中华书局,1965年,第150页。
⑦ 徐中舒主编:《甲骨文字典》,成都:四川辞书出版社,1998年,第464—465页。
⑧ 见刘钊主编:《新甲骨文编》(增订本),福州:福建人民出版社,2014年,第267—268页。
⑨ 裘锡圭:《说"冎凡有疾"》,《故宫博物院院刊》2000年1期,第6页。

蔡哲茂先生同意吴匡①和裘锡圭将"🀆"（🀆、🀆）释为"肩"，认为裘先生将"肩"训为"克"是可信的。他进一步指出了相关辞例依据："除了说'肩凡有疾'可以写作'克兴有疾'（合 13754）之外，'肩🀆（赞）朕事'（合 20075）就是'克🀆（赞）王令（命）'（合 36909）之意。"②

《合集》20075"🀆🀆朕事"和《合集》36909"克🀆王令"中的"🀆"，现通常释读为"叶"（于省吾先生释"甾"，即"载"，释"载"有行义，表示承担或施行，亦有道理）。这两例卜辞中的"🀆（叶）朕事"和"🀆（叶）王令"分别指的是协王事、协王令之义，显然这两辞中"🀆（叶）"字前面的"🀆"与"克"语义相当。两辞拓片如下：

图一　左《合集》20075，右《合集》36909 及其局部

认为"🀆"等形读"肩"的学者，所据另一例是《合集》13754：

a. 壬子卜，贞：亚克兴有疾。
b. 弗其克。

因"亚克兴有疾"与"🀆兴有疾""🀆凡有疾"之间的关系，又据"🀆"像牛之肩胛骨形，以及典籍和字书训诂中"克"与"肩"互训，故而释"肩"。

---

①吴匡的观点见蔡哲茂《殷卜辞"肩凡有疾"解》一文，台北图书馆、"中央研究院"历史语言研究所、台湾大学中国文学系：《屈万里先生百岁诞辰国际学术研讨会论文集》，2006 年。
②蔡哲茂：《殷卜辞"肩凡有疾"解》。

图 2 左《合集》13754，右《合集》13754 局部

从《合集》20075 辞可以看出，"👕"字表示"克"义是可以肯定的，或者说此句卜辞中的"👕"用为"克"之义。那么，由此是否就可以推断"👕"就一定是"肩"字呢？从所据资料和逻辑上看，"👕"表示"肩"之音义的依据并不充分，也就是说，以上《合集》20075、36909 并不能充分证明"👕"一定就读作"肩"字，或者说"👕"字表示"肩"这一词，而仅可以证明"👕"有"克"之义。

二、"凸"释"骨"的辞例和文字依据

甲骨卜辞中"凸"字诸形通常与"凡有疾"连语，或偶与"興有疾"连语，此"凡""興"或释"同"（读"痛"）。典宾类卜辞有"王其疾凸"（《合集》709），表示商王身体之凸有疾病。"屮（有）疾凸""疾凸"（《合集》13696 正、13696 反），表示身体之凸有疾病。可见在这类用法中"凸"等字形表示人身体某方面或身体某部位是没有问题的，又因其字形像占卜所用牛肩胛骨形，所以其字形造意应该与骨类意义有关，至于表示的是骨类方面的哪一个字（词），仅据卜辞文义尚不能确定，所以还必须有相关文字和语音、语义方面的证据，才可释读出该字（词）。

甲骨文"凸"字诸形的另一常见用法是表示凶忧祸害一类意思，通常隶释作"囚"，卜辞常见"屮（有）囚/亡（无）囚"。这种用法的"囚"在历一、历二、历无、历草、无名组等卜辞中，字的构形内无"卜"，即写作 凸、凸、凸、凸、凸 等形。另一种情况是，"囚"在宾组、典宾、宾出、师宾间、师历间、师小字、出组、何组、午组、屮类等卜辞中，写作 凸、凸、凸、凸、凸、凸 等形，其构形内有"卜"，即从凸（或凸、凸、凸、凸 等形）

从卜。

在甲骨卜辞中，"㊉"字诸形的这两种用法最为常见，此外，还有一些用法很值得注意。遍查甲骨卜辞，"㊉"字用法有：

    a. 用于"疾～""～凡（或興）有疾"，表示身体方面的一类意义；
    b. 用作（或借作）"㊉"（囧），表示凶忧祸害一类意义；
    c. 用于"乞＋数字～"或"乞＋～数字"格式；
    d. 用于"～告"；
    e. 用作人名或贞人名（出组卜辞贞人名多写作㊉、㊉）；
    f. 表示地名或国族名（用㊉、㊉或㊉、㊉表示）。

"㊉"字诸形可用作凶忧祸害一类意义的"㊉"（囧），而从㊉从卜的"㊉"字主要表示凶忧祸害义，也可用作地名（或国族名），但是"㊉"字诸形不用作"疾㊉""㊉凡（或興）有疾"中的"㊉"，亦即不用于表示人身体方面的"㊉"；"㊉"字也从不用作"乞＋数字㊉/乞＋㊉数字"和"㊉告"格式中的"㊉"，也极少用作贞人名。《合集》26624 等辞中㊉用作贞人名与"亡（无）㊉（囧）"同辞，可证两者是不同的字，而且在《合集》20576 正和《合集》13505 正中"㊉"与"㊉"同辞，可证两者有别①。显然，从卜的"㊉"与不从卜的"㊉"两种字形的用法并不完全相同，在有些用法上（上列 a、c、d、e 四种情况）是有区别的。

可见"㊉"（囧）与"㊉"是两个不同的字，但是"㊉"却可以替换"㊉"，用作凶忧祸害义，说明两者音同或音近。

《汉字汉语研究》2018 年 1 期刊登了黄锡全先生的《甲骨文"祸"字新证》一文，为卜辞"㊉囧/亡囧"及"亡㊉"等读为"有祸""无祸"提供了新的证据。此即仲㊉父鼎铭中的"㊉"字，作者于 2015 年新见仲㊉父鼎及其铭文照片，尚未著录，据器型、字体及纹饰可判断为西周器。此铭"㊉"字左旁从户囧，"户"与"囧"为一个整体，读音与"户"接近，右旁从犬或豕。黄锡全先生认为，此"㊉"与卜辞"㊉"（祸/冎）构形类似，其间存在演变关系，"即㊉之左旁由㊉之左旁演变，上部演变从'户'。户上笔拉长，下部保留囧。""因此，㊉字左旁就是对㊉字左旁有意地改造，将囧即㊉形的上笔延长变为'户'形，并以此为声，可隶定作貈，即猧、獹。"也就是说，金文㊉字偏旁㊉与甲文"㊉"的偏旁㊉构形类似，应当是同一形体的演变关系。黄锡全先生分析古音"户"在匣母鱼部，"冎"在见母鱼部，

---

① 《甲骨文字诂林》姚孝遂按语已指出过《合集》13505 中"㊉"与"㊉"现于同辞且用法不同，可证两字有别（见于省吾主编：《甲骨文字诂林》，第 2173 页）。

"祸"从"冎"声,在匣母歌部,户祸双声鱼歌旁转,读音相近,由此可证卜辞中的"囚""&"读为"祸"①。

再看石鼓文中的&(貓)字。裘锡圭先生认为,&字偏旁象形部分的写法与甲骨文中像牛肩胛骨的"&、&"等字形相似,应由此字讹变而成。②但是,从黄锡全先生提供的金文&字来看,其形左偏旁&(从户囚)正与&字右偏旁&(肩)上部&(户)相近,&、&两字形接近,有可能存在沿革变化关系,即&旁下部囚中之"卜"变形为横画,作&,又增"月"(肉)即为&形,而增加了"月"的&(肩)与&(户)读音相异,&、&两字用法和意思也不同,应是不同的字(词)。退一步讲,即使两字形没有明确的沿革变化的证据,但有一点还是可以肯定的:即金文偏旁&从户囚与石鼓文偏旁&之上部&(户)读音相近——正如黄先生所分析"户""冎""祸"音近。因此,依据石鼓文&(貓)字并不能证明"&、&"等形有"肩"的读音,反而可以证明"&"(囚)读"冎"或"祸",进而可以证明"&、&"等形与"冎"或"祸"读音相近。

《甲骨文"祸"字新证》一文还引据郭沫若先生曾经指出的一例卜辞,进一步证明"&"(囚)释读"祸"是正确的,也证明"&"字与"&"(囚)不仅字形有密切关系,其读音亦相同或相近。此例卜辞如下:

(1)癸酉贞:旬亡囚?
(2)癸酉贞:旬亡火?

即《合集》34797,历组同版甲骨四组卜辞对贞:

图 3 《合集》34797

---

①黄锡全:《甲骨文"祸"字新证》,《汉字汉语研究》2018年1期,第26—27页。
②裘锡圭:《说"凵凡有疾"》,《故宫博物院院刊》2000年1期,第6页。

同版四组卜辞，"旬亡[囚]"之"[囚]"表示凶忧祸害之义，写作"[图]""[图]"，又有"旬亡火"上下四组为对贞之辞，"[图]"亦作"火"，表明"火""[图]""[图]"三字可以替代，有通假关系，三字音同或音近。

"[图]"字，郭沫若释作"祸"，他认为此对贞之辞中"火、祸同纽，而音亦相近。……故得通假。是则之为咼，为祸，确不可移矣。"①

除此例外，宾组卜辞又见"业（有）乍（作）[囚]"，可写作"业（有）乍（作）火"：

(1) a. 壬寅卜，㱿贞：不雨，隹（唯）兹商业（有）乍（作）[囚]？
    b. 贞：不雨，不隹（唯）兹商业（有）乍（作）[囚]？（《合集》776 正）
(2) a. 辛卯卜，内贞：王业（有）乍（作）[囚]？
    b. 辛卯卜，争贞：王亡（无）乍（作）[囚]？（《合集》536）
(3) a. 贞：曰子[图]至于丁业（有）乍（作）火，戋？
    b. [图]（勿）曰子[图]至于丁业（有）乍（作）火，戋？（《合集》6571 正）

据此"火"与"[图]""[图]"音近，三字可通假，"[图]"释作"祸"正确无疑，这是"[图]"释读为"祸"的直接证据。"[图]"字从[图]从卜，"[图]"与"[图]"读音相同或相近，从字的构形、形符和声符关系分析，显然"[图]"读"祸"，即从"咼"声，"[图]"与"[图]"音同或音近，字形差别仅在于其构形有卜无卜，因此"[图]"也应当从"咼"声，其读音不可能与"肩"字相同或相近，"[图]"释为"骨"更合理。

另一重要证据，陈梦家、于省吾等先生早已指出，西周早期明公簋（鲁侯簋）铭"鲁侯有[图]工"之"[图]"，"[图]工"即"过功"。"咼"上古音在见纽歌部，"过"与之同音，"祸"在匣纽歌部，"骨"在见纽物部，"过""祸""骨"均从"咼"得音，上古读音非常接近。从字的构形分析来看，"[图]"应当是从[图]从卜，[图]亦声，西周早期金文字体和笔势比殷商甲骨文更为圆润，偏旁[图]与甲骨文[图]、[图]、[图]、[图]等形应当是一字，"[图]"与甲骨文的"[囚]"（[图]、[图]、[图]等形）是同一字。

据此可将"[图]"读作"祸"。"[图]""[图]"读音与"过""祸"相近，又字形像牛肩胛骨，其字的形义以及字所表示的词义和概念为骨类，因此将"[图]""[图]"等形读为"骨"，从字的形、音、义关系来看均为合理。

此外，我们认为"[图]"不应读作"肩"还有另一依据：即古人占卜所用之骨称"卜骨"，从来未有称"卜肩"者。古代文献如《三国志·魏书》（卷三十）裴松之注、唐代段公路

---

① 转引自于省吾主编：《甲骨文字诂林》，第 2158 页。

《北户录》卷二、元代马端临《文献通考》卷三百二十四"四裔考一"等，均记载占卜有"灼龟以卜""灼骨以卜"用决吉凶，而从未出现过灼肩以卜一类的说法。殷商卜辞中还常有"✿告"一语，见《合集》4330、13505、20576、18573 等辞，应释为"骨告"，意为"卜骨以告"。就这一点来说，若将"✿"等字形释读为"肩"，不合乎古人习惯用法，而释为"骨"字，无疑是正确的。

三、"占"作 ▦、▦、▦、▦、▦ 形与 ✿ 字释读问题

"✿"字诸形释读为"肩"还是释读为"骨"，与"▦"（固）、"▦"（固）、"▦"（口）、"▦"（囚）的音义关系问题密切联系。

甲骨卜辞常见"▦（固）曰"之▦（固），在黄组卜辞写作"▦"（固）、"▦"（口），众所周知，"固""固"为一字，学术界一般释为"占"。值得注意的是，"▦（固）曰"之"固"在出组卜辞中有三例写作"囚"，且"王占曰"在出组卜辞仅见此三例，即：

(1)《合集》24117 写作"王▦曰"
(2)《合集》24118 写作"王▦曰"
(3)《合集》24917 写作"王▦曰"

由此"占"写作"囚"形可有两种推断：一是卜辞借"囚"为"固"（占），也就是说"囚""固""囚"音近，三种字形都表示"占"。二是"囚"并非借为"占"，"占"写作"囚"可能是"固"形的省写（省刻）或笔画磨泐不清所致。

若确如第一种情况的话，那么"固""囚""囚"音近。而"囚"旧释"祸"，上古音"占"在端纽谈部，"祸"在匣纽歌部，语音相差甚远，因而据此认为"囚"释"祸"是有问题的，裘锡圭先生撰文指出了这一点，并由唐兰之说启发而将"囚"释为"兆"，认为"囚"是"兆"之本字，在"出囚/亡囚"中读"忧"，由此用"占"与"兆"古音宵谈对转关系来解决"占"与"囚"的关系，并且认为"✿"释"肩"亦可将"占"之"固""囚"二形与"囚"的关系从音近方面解释得通。① 这样从"占"与"兆"古音宵谈对转看这种解释的确很有道理。

但是，在《合集》24117、24118、24917 三辞中"囚"是否借为"固"呢？如果说"囚"为"兆"之本字，上古音在定母宵部，在"亡囚"中读"忧"（影母幽部），那么如何解释《合集》34797 中"亡囚"又写作"亡✿"和"亡火"，以及《仲▦父鼎》铭"▦"字偏旁▦从户囚等这些现象呢？况且将"囚"读为"忧"，裘先生释"囚"为"兆"之本字，"兆"在

---

① 裘锡圭：《从殷墟卜辞的"王占曰"说到上古汉语的宵谈对转》，《中国语文》2002 年 1 期，第 71—73 页。

定母宵部，"忧"在影母幽部，声纽相隔较远，而我们知道上古字是否可通假，除其韵部关系外声纽关系亦至为重要，且古文献语言中亦未见"兆"与"忧"用字相通之例。

另，甲骨卜辞"虫（有）囚/亡囚"之"囚"表示凶忧祸害一类意思时，还常与"作""降"等动词连语，即"作囚"（《合集》6086、等辞），"降囚"（《合集》11423等辞），传世典籍文献中则多见"作祸""降祸"，正与此相合。上古汉语中"憂"虽然可以表示忧患之事或所忧患之凶咎，但其常用义是表示心理活动所忧之事，传世古籍文献不见"降忧"用法（表示降下忧患凶咎）之例。

甲骨卜辞还有"遘囚"如：

庚午卜，王曰贞：翌辛未其田，往来亡灾，不冓（遘）囚。（《合集》24502）

传世文献则有"遘祸"一语，如《后汉书·孔融传》云："故毫错念国，遘祸于袁盎"。"遘祸"表示遭受祸患，此正与卜辞"冓（遘）囚"用法相合，而传世文献不见有"遘憂"组合用法。可见卜辞"亡囚"之"囚"读"祸"为宜，若读"憂"则证据并不充分。

值得注意的是，遍查卜辞"王占曰"近两千条用例可以看到，除出组卜辞《合集》24117"王贞曰"，《合集》24118"王⬚曰"，《合集》24917"王⬚曰"三例外，黄组卜辞还有几例：

（4）《合集》37403"王占曰"之"占"作⬚

（5）《合集》37408"王占曰：吉。"之"占"作⬚

（6）《合集》38289"王占曰：吉"之"占"作⬚

（7）《合补》① 12338"王占曰：[吉]"之"占"作⬚

黄组卜辞"王占曰"之"占"从囚从丿，"占"通常写作⬚、⬚、⬚、⬚、⬚等形，丿在囚右下侧，隶作囚（⬚、⬚等形或隶作口）。与黄组卜辞中"囚"形比较，（4）～（7）辞之"占"字与"囚"形之偏旁囚的写法一致，显然，其中⬚、⬚、⬚、⬚均为"囚"省"丿"之形，或者因其字偏旁"丿"磨泐不清而失掉所致。由于甲骨片多磨泐，右下"丿"形常常显得短小或不清晰，如《合集》36533作⬚。有些"囚"字形写法是"丿"紧连贴"囚"右下，很容易与"囚"的右下边笔画重合，若重合多则不易看出有笔画"丿"，如《合集》37707、《合集》37408。有些因磨泐失形所致难以辨清，如《合集》37809、《合集》37890

---

① 彭邦炯等：《甲骨文合集补编》，语文出版社，1999年，简称《合补》。

中"囧"还是"囧"难以辨清。

 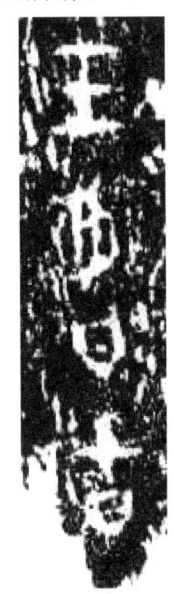  

《合集》37707　　《合集》37809　　《合集》37890　　　《合集》37408

图 4　黄组卜辞"囧""口"（占）省写（省刻）之形或磨泐不清字形举例

甲骨卜辞中字形省简情况并不少见。例如，"受年""奉年"之"年"，在历组卜辞中习惯写成"禾"，此即"年"之省简，或可看作"年""禾"二字同用现象。但"年"与"禾"语音不同，表示不同的词。

又如，无名组卜辞中，《合集》30657、30658"典至"，《合集》30650、30652、30653写作"册至"。殷商甲骨文"典""册"已区分为两个字，语音不同，表示不同的词，"典至"又作"册至"可以看作是"典""册"二字同用现象，或可以看作"册"是"典"的省简。

再如，历组卜辞中有《合集》33954"兹用"之"兹"简省作"幺"，或因刻写时漏刻，或因磨泐失去笔画所致的省简特例。

再看《合集》24117 中的"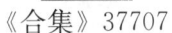"，其右下角仍显出有笔画痕迹，也应是笔画磨泐造成的。而《合集》24118"囧"与《合集》24917"囧"之"囧"应当是"囧/口"（囧/口）的省写（刻）形式，即"占"字省写（刻）形式。在用字上，"囧"未必是借作"囧"（占），在语音关系上，"囧"形虽然从囧从 丿，但未必一定就是从囧得声，也就是说"囧"与"囧"（或囧）未必音同或音近。正如上举"年"与"禾"，"年"非从禾得声；"典"与"册"，"典"非从册得声；"兹"与"幺"，"兹"非从幺得声一样，此种逻辑道理显而易见。

如上所述，相对于近两千例"王占曰"，出组、黄组卜辞中"占"作"囧"形只能算偶作之例，通过字形辨识分析，应当是"囧""口"（占）省写（省刻）之形或磨泐不清所致。因此"囧"释"兆"之本字仅是一种推测，并无直接可靠的证据，而《合集》34797"亡囧"写作"亡△"和"亡火"则是确凿无疑之证，可见"囧"释读"祸"更为可信。

由此来看，"☖"（☖等形）或"☖"（因）未必与"圄""圆"（占）音同、音近，"☖"读"肩"的依据也并不充分。

四、从"☖"与"克"的语音和用字关系看"☖"（☖）应读为"骨"

前举卜辞"☖（骨）〇（叶）朕事"（合集 20075）与"克〇（叶）王令"（合集 36909），"亚克興有疾"（合集 3754）与"骨凡/興有疾"，其中"☖"（骨）与"克"的语音和语义关系都很密切：上古音"骨"在见纽 [k]，"克"在溪纽 [k']，同属牙音，旁纽，"骨"在物部 [ət]，"克"在职部 [ək]，主要元音相同，韵尾发音部位不同，都是入声字。关于"骨"与"克"在上古音的读音关系如何，可通过"骸""核""刻"诸字及其与"骨""克"的语音关系来进行辨析。

"骸"字，学者一般认为其上古音在匣纽，属牙音，之部韵 [ə]，王力先生则将"骸"的上古音列在见纽之部，拟音 [keə]①，从"骸"与"核"（核1：见纽之部/核2：匣纽职部）、"荄"（见纽之部）的上古音关系来看，王力先生的观点更有道理。至于"骸"与"骨"的关系，则如《左传·宣公十五年》有"析骸以爨"唐·陆德明《经典释文》曰："骸，本又作骨。"也就是说"骸"可写作"骨"。"骸"字，《玉篇·骨部》训"骨"，《玄应音义》释"骨之总名"，《慧琳音义》卷五十一"尸骨"注引《韵谱》："骨亦骸也。""骸"表示"骨"或"尸骨"义。

再看"骸""核""骨"的关系。《广雅·释器》"骸，骨也。"王念孙疏证曰："骸之言亦核也"，《说文·木部》朱骏声通训定声谓："核假借为骸"。可见"骸""核"古音相同或相近。郑张尚芳先生上古音系研究中"骸"的声符和韵部为"亥之"，拟音 [gruɯ]，"核"声符和韵部为"亥职"，拟音 [gruɯg]；② 同时上古音中"核"还有另一读音，郑张尚芳先生根据古代字书韵书材料"核"字训读"棚"，认为"核"字上古音声符和韵部为"骨物2"，拟音 [guud]，上古音"骨"字声符和韵部亦为"骨物2"，拟音 [kuud]。③ 此"核"读"棚"，与"骨"的读音很接近。根据典籍、韵书材料并结合王力和郑张尚芳两先生的研究来看，"骸""核""骨"的语音、语义关系应该很密切，三字上古音是相近的。

"骸"与"骨"在上古音的声纽同属牙音见纽，主要元音均拟为 [ə]，其读音有着特殊的关系。尽管上古音之部韵与物部韵分属不同类韵部，相距较远，但也不能完全排除某些字之间有之部与物部通转的可能性。例如否定词"不"与"弗"的关系——"不"在帮纽之部，拟音 [pǐwə]，"弗"在帮纽物部，拟音 [pǐwət]，双声，韵部有通转关系，语义相近，故而王力先生认为是同源词。④ 虽然上古音之部、物部通转情况较少见，但由于某些原因在个别字之间也可能会发生，上古音"骸" [keə] 与"骨" [kuət] 的读音大概属于这种情况，在上古典籍中"骸"训"骨"，其语义相同或相近，"骨"有时还可以写作"骸"。

---

① 见王力《同源字典》拟音，北京：商务印书馆，1982 年，第 249 页。
② 郑张尚芳：《上古音系》，上海：上海教育出版社，2003 年，第 346 页。
③ 郑张尚芳：《上古音系》，上海：上海教育出版社，2003 年，第 337 页。
④ 王力：《同源字典》，北京：商务印书馆，1982 年，第 102 页。

同时，上古职部与物部之间亦有通转之例，如"或"和"郁"在影纽职部，拟音[iuək]，"鬱"在影纽物部，拟音[ʔuət]，"或""郁"与"鬱"相通。那么，上古音"克"在溪纽职部，"骨"在见纽物部，两者也存在通假可能性。

另，上古音"克"与"核""刻"音同或音近。上古典籍有"克"通"核"之例，如《书·吕刑》："其罪惟均，其审克之。"《汉书·刑法志》引作"其审核之"。又《管子·七臣七主》："数出重法，而不克其罪，则奸不为止。"清王念孙《读书杂志·管子九》谓："引之曰：克读为核，不克其罪，谓不核其罪之虚实也。"①

又"刻"字，上古音在溪纽职部，与"克"音同，上古典籍中"克"可借作"刻"，如《诗·大雅·云汉》有"后稷不克"郑玄笺云："克，当作刻。刻，识也。"

"核""刻"与"骸"的声符相同，其上古音相同或相近，如《说文》谓："刻"从刀亥声，"核"从木亥声，"骸"从骨亥声。"刻""核""骸"造字均从"亥"声，"刻"音略有变化，声转为溪纽职部。

从"克"与"核""刻""核""刻"与"骸"以及"核"与"槅""骸""骨"之间的读音关系可以看出，上古时期"骨"与"克"语音是接近的。而"肩"在见纽元部[kan]，从读音看，"骨"比"肩"更接近"克"的读音。因此，可以认为，有可能《合集》20075"<g>(骨)<g>(叶)朕事"中的"骨"用作（按：很可能是借作）"克"，《合集》3754"亚克兴有疾"中的"克"用作（很可能是借作）"骨"。

由此我们认为，依从旧说将<g>字诸形释读为"骨"字，从字的形音义关系看更为合理、更为可据、可信。

五、甲骨文中"<g>"读"骨"，"<g>"读"冎"，表示两个不同的词

"<g>"字的释读还与"<g>"字密切相关。甲骨文中有<g>、<g>、<g>等字形，与西周金文過伯簋"過"字偏旁<g>(冎、咼)、春秋时期鱼鼎匕"𦞦"字偏旁"骨"的上部<g>(冎)、简帛文字"骨"之偏旁<g>、<g>(冎)以及小篆<g>字形相合，有明显的文字沿革关系，故通常隶释作"冎"字，对此古文字学者的意见基本一致。

"冎"，《说文》谓："剔人肉置其骨也"。"冎"字的形体演化大致为：

<g>、<g>（甲骨文）——<g>、<g>（金文偏旁）——<g>（楚简偏旁）、<g>（秦简偏旁）——<g>（小篆）。

此已为学术界所公认。显然"<g>"（冎）与"<g>、<g>、<g>"（骨），字形有同源关系。许多学者已提出，从其字形繁简变化中可以看到两种字形之间有一定的关联迹象，在字形的演化

---

① 引例自罗竹风主编：《汉语大词典》第 2 卷，第 2004 页 "克" 字条。

关系上是有联系的。陈梦家、李孝定、刘钊、常正光等多位先生曾论证过 "🦴" 与 "🦴" 等字形的演化关系。黄锡全先生也提到单育辰《再谈甲骨文中的"囧"》一文引据《甲补》10769 片，对比🦴等形与🦴、🦴等形以及🦴字形，认为找到其两竖中间断开演化关联的证据，甲骨卜辞中🦴等形与🦴、🦴等形以及🦴字并存，前者像牛肩胛骨之形，后为其简省之形①。

另一种观点认为 "🦴"（冎）与 "🦴"（骨）是孳乳关系。于省吾先生认为甲骨文 "🦴" 字 "本象骨架相支撑之形……金文藉字从骨作🦴系从肉冎声的形声字"，"冎" 是 "骨" 的初形"，由 "冎" 而孳乳为形声字 "骨"②。

无论 "🦴" 与 "🦴" 是有繁简演化关系——更确切地说是 "🦴" 表示骨，其字形受到 "🦴"（冎）的影响而有简化现象，还是如于省吾先生所说两者是孳乳关系，我们可以肯定的是，"🦴" 与 "🦴" 两种字形有同源关系。那么甲骨文 "🦴" 与 "🦴" 是同一字还是不同的字？

"🦴" 字用法见于如下卜辞：

(1) 癸丑，贞：王令🦴（冎、副）🦴（刖）。（《屯南》912③，历组）
(2) 庚……贞……🦴（冎、副）🦴（刖）……（《合集》3236，宾组）
(3) ……🦴（刖）🦴（冎、副）

……令途，叀子🦴（妻）。（《合集》32770，历组）

"🦴"（刖）在卜辞中通常表示以刀斧锐器割解祭牲的用牲法，从（1）~（3）卜辞句义来看，显然 "🦴"（刖）表示用牲法，而 "🦴"（冎）与 "刖" 连语，可推知 "冎" 亦为用牲法，且与 "刖" 是相类或相关的一种用牲法。"冎" 即 "副"，作为一种用牲法与《玉篇·刀部》释 "冎" 为 "剔肉置骨" 相合，义即剔肉离骨，此又与《说文》将 "冎" 训 "剔人肉置其骨" 相合，但在殷商时代 "冎" 表示 "剔肉置骨" 是不限于人的。由卜辞用法来看，古代字书将 "冎" 字造意解释为 "剔肉置骨" 不误。（按：另有《合集》18837 有 "🦴" 字，学者们多认为是 "冎" 字，仅依稀辨出这片卜辞为 "宗（或释"方"）……🦴……不……"，但因骨片残泐不全、字迹不清，其辞句及 "🦴" 字义不明，故不必论列。）

与 "🦴" 等字形用法相比较，卜辞中 "🦴" 字绝无用于 "有疾/亡疾" 之例，也无表示

---

① 黄锡全：《甲骨文 "祸" 字新证》，《汉字汉语研究》2018 年 1 期，第 29 页；单育辰：《再谈甲骨文中的 "囧"》，《出土文献》第 5 辑，上海：中西书局，2014 年，第 3 页。
② 于省吾：《甲骨文字释林·释冎》，北京：中华书局，1979 年，第 368—369 页。
③ 中国社科院考古所编：《小屯南地甲骨》，北京：中华书局，1980—1983 年，简称《屯南》。

"㞢（有）囧/亡囧"之例。因而我们看到，两种字形尽管有一定关联，但其构形已有明显差别，重要的是两者在卜辞中的用法截然不同。可推知甲骨文中的"⌐"" "已明显分化为两个字，其用法截然不同，与殷商之后"冎""骨"两字的分别是相当的。就这一点，我们更赞同于省吾先生将其区分为两个字的观点。

因此可以认为，"⌐"释读为"冎"，" "等字形则应释读为"骨"，表示的是两个不同的词。先秦传世文献和后来的字书、韵书均将"冎""骨"区分为两个不同的字（词）。

六、余论

甲骨文" "字诸形虽然像占卜所用牛肩胛骨形，但是字形与语言（词语）是不同的符号层面，不能将字形所像之形（形象义）与字的造字所表示的词和词义等同起来。也就是说，尽管" "字诸形像牛肩胛骨形，但并不等于说该字一定是"肩"字——亦即表示"肩"这个词。

" "是象形字。对于象形字来说，字形造意所像是形象义，有的是以事物的具体（个体）的形象义与它所表词所反映的事物概念义相联系，有的是以事物局部的形象义与它所表词所反映的事物整体的概念义相联系，等等。" "字诸形即属于后一种情况，字形所像为牛肩胛骨形，但表示的是"骨"这个词的概念义。从殷商所用卜骨来看，"骨"的概念外延不仅包括牛骨也包括其他动物之骨和人骨，而且占卜所用之骨也并非全都是肩胛骨（以牛肩胛骨为主，还有少量肋骨、头骨①）。甲骨文字中这类情况较多，如字形" "（羊）以像羊头著角之形表示"羊"这一词所概括的动物羊的概念，我们不能说字形" "（羊）表示的词和词义仅指称羊头或羊角，如此等等，不必赘举。字形造意所像是形象义，尽管与其所表示的词和词义有密切的联系，但毕竟不等于词、词义及其概念义。

综上，通过辨识"⌐"" "形、音、义的关系，从而可以辨清此二字所表示的词、词义及其概念义，笔者认为甲骨文"⌐"字应释读为"冎"，" "应释读为"骨"。

2019 年 9 月 8 日修改稿

---

① 参用王宇信先生提供的意见。

清华简《厚父》性质探析*

四川大学历史文化学院　吴毅强

摘　要： 本文对该篇的文本属性，就当前学界的不同看法，进行了详细的梳理与检讨，指出目前学界判定《厚父》定性时，使用的方法，如依据文本用词、称呼、观念和思想等方法，都有一定的局限性。通过对文本自身的研读，以及和《尚书》其余篇章的对比，认为《厚父》应属《商书》之逸篇，并提出厚父可能即《鬻子》所载汤之大臣"庆辅"。

关键词： 厚父　商书　明德　天命　肆祀　酒

一、引言

最近公布的清华简五《厚父》，是一篇重要的文献，全篇为王与厚父之间的对话，王通过回顾夏代历史，总结如何才能永保邦国。厚父则从德、天命、民心、戒酒等几方面阐明保国之道。关于该篇的属性，当前学界有几种不同观点。整理者赵平安先生对文本性质做了初步探讨。[①] 此外，程浩、李学勤、郭永秉、福田哲之、杜勇、张利军、黄国辉等多位学者先

---

*本文为2021年度国家社科基金项目"清代民国学者商周金文拓本题跋研究"（编号：21BZS045）和2019年度国家社科基金项目"战国竹书所见东周列国史料整理与研究"（编号：19BZS031）的阶段性成果。

①李学勤主编：《清华大学藏战国竹简（五）》，上海：中西书局，2014年，第111—116页。

后亦有研讨。① 笔者在研读《厚父》过程中，亦有些许看法，今尝试对该篇性质以及厚父的身份进行探讨。

二、《厚父》性质诸家观点综述与检讨

关于《厚父》的文本性质，多数学者已指出属《尚书》，但具体是《尚书》中何书，目前有不同看法，整理者赵平安先生未明言属何书，李学勤、程浩、杜勇等认为是《周书》，福田哲之、张利军、马文增等认为是《商书》，郭永秉、王坤鹏等主《夏书》。

1. 《尚书》逸篇，未进一步细分

该篇的整理者赵平安先生云：

> 既然"古天降下民，䂄（设）万邦，复（作）之君，复（作）之帀（师），隹（惟）曰其勩（助）上帝䛳（乱）下民"是"天降下民，作之君，作之师，惟曰其助上帝宠之"的早期形态，那么它有没有可能就是《梁惠王下》所引的《书》呢？从体式、内容、文句和用词看，《厚父》都与《尚书》相类，因此这种可能性是极大的。如果是这样，《厚父》就是《尚书》的逸篇。赵岐注《孟子》时，只说是《尚书》逸篇而不出篇名，说明当时已不知有此篇。这样看来，至少东汉末年此篇已经亡佚。

> 但是，考虑到"古天降下民，䂄（设）万邦，复（作）之君，复（作）之帀（师），隹（惟）曰其勩（助）上帝䛳（乱）下民"是类似于常语性质的东西，因此这段话在不同的《尚书》篇章中出现也是可能的。换句话说，《厚父》虽可能是《尚书》文献，但也有可能不是《梁惠王下》所引的《尚书》逸篇。②

赵先生的看法相当审慎。

---

① 赵平安：《〈厚父〉的性质及其蕴含的夏代历史文化》，《文物》2014年第12期，第81—84、88页；程浩：《清华简〈厚父〉"周书"说》，《出土文献》第五辑，上海：中西书局，2014年，第145—147页；杨家刚：《追述先王与夏殷之监：清华竹简〈厚父〉与〈尚书〉篇目之比较稿》，复旦大学出土文献与古文字研究中心网站，2015年1月5日；李学勤：《清华简〈厚父〉与〈孟子〉引〈书〉》，《深圳大学学报》（人文社会科学版），2015年第3期，第33—34页；马楠：《清华简第五册补释六则》，《出土文献》第六辑，上海：中西书局2015年；郭永秉：《简说清华简〈厚父〉篇应属〈夏书〉而非〈周书〉》，简帛网，2015年5月6日；又《论清华简〈厚父〉应为〈夏书〉之一篇》，载《出土文献与先秦经史国际学术研讨会论文集》，2015年10月；《出土文献》第七辑，上海：中西书局，2015年10月，第118—132页；马文增：《清华简〈厚父〉为"太甲"与"伊尹"之对话实录》，简帛网，2015年5月9日；王坤鹏：《简论清华简〈厚父〉的相关问题（一）》，复旦大学出土文献与古文字研究中心网站，2015年6月26日；福田哲之：《清华简〈厚父〉的时代暨其性质》，台湾大学文学院：《先秦两汉出土文献与学术新视野国际研讨会论文》，2015年；杜勇：《清华简〈厚父〉与早期民本思想》，《西华师范大学学报》（哲学社会科学版）2016年第2期，第15—22页；张利军：《清华简〈厚父〉的性质与时代》，《管子学刊》2016年第3期，第103—111页；黄国辉：《清华简〈厚父〉新探——兼谈用字与书写之于古书成篇与流传的重要性》，《清华大学学报》（哲学社会科学版）2016年第3期，第61—71页；王永昌：《清华简〈厚父〉篇的文献性质研究》，《鲁东大学学报》（哲学社会科学版）2016年第4期，第67—69页。据不完全统计，关于《厚父》的研究论著，至少有论著40余篇，笔者现搜集到27篇，另有几篇只见别人引述，但找不到原文。

② 赵平安：《〈厚父〉的性质及其蕴含的夏代历史文化》，《文物》2014年第12期，第81—84、88页。

2. 夏书

郭永秉先生认为《厚父》是《夏书》之一篇,是夏代孔甲之后某王与厚父的对话。

> 首先,文中两次出现所谓"三后",整理者已经正确指出,就是"指夏代的三位贤君",这在我看来是完全正确的。这位王是问厚父,作为"后王"来缵国并祭祀夏代三后,到底是该怎么样?为什么要问厚父,这显然是因为下面王提到的,"惟时余经念乃高祖克宪皇天之政功,乃虔秉厥德,作辟事三后",即因为厚父的高祖曾有效法继承皇天政功,且秉德事奉夏之三后之功绩的缘故。厚父是夏代早期三后辅佐大臣的后代,王没有忘怀这一点,所以才特地问他前文人之德、小人之德如何。既然如此,所谓要祭祀三后的"后王"(即继承前代王位的王),和前文提到的"夏之哲王"一样,无疑皆是指夏代的君主,而断不可能是周王。我们不能简单因为通篇多称"夏之哲王"、"夏邦"、"夏邑"就贸然判断说话者是在与己身对立的立场上讲这些内容的,而应该综合地从全篇文义、主旨来判断……
>
> 其次,"王乃遏佚其命,弗用先哲王孔甲之典型,颠覆厥德,淫湎于非彝,天乃弗若,乃坠厥命,亡其邦;惟时下民罩帝之子,咸天之臣,民乃弗慎厥德,用叙在服"这一段话,对全篇的理解,十分关键,至今似仍有再研究的必要。整理者将上一句"惟曰其助上帝乱下民之匿"的"之匿"二字属下,读为"之匿王乃遏佚其命",成为一句颇怪异的句子。我想,整理者一定不是没有考虑过"之匿"二字属上读。他们这样处理,推测除了"助上帝乱下民"的话本来很通之外,《孟子》作"惟曰其助上帝宠("乱"之误字)之"应也是一个理由,当然更重要的是,似乎只有所谓"之匿王"(即那恶王的意思)才能成为下文"遏佚其命,弗用先哲王孔甲之典型,颠覆厥德,淫湎于非彝"相称的主语,否则一个孤零零的"王",所指究竟是谁呢……按照常理,在对话体文献中,称述历史上某个朝代的某王,总是要有一个限定语,似不可能突然冒出一个"王",指的是夏代某个不争气的昏君。这个"王",我认为其实应是厚父对问他话的这位王的称呼。研究者之所以没朝这个角度去考虑,主要是因为这个"王"后面是一连串坏事,除了说周之前覆灭王朝的王之外,似乎不存在其他可能……
>
> 依《洛诰》为周公训教成王之例的口气来推断,《厚父》篇的厚父一定也是夏王朝年高德劭的重臣,而这位孔甲之后的夏王则春秋鼎盛,执政经验还并不丰富。揣测厚父口气,大概文章开头所谓"嘉绩"已是粉饰之辞,实际应已接近《夏本纪》所谓"自孔甲以来而诸侯多畔夏"的状况了。①

王坤鹏先生也认为是《夏书》,并认为《厚父》与"虞夏书"的关系比较密切,指出:

> 虽然具有早起历史的若干史影,但从其表达的思想以及用词来看,多具有比较浓厚

---

① 郭永秉:《简说清华简〈厚父〉篇应属〈夏书〉而非〈周书〉》,简帛网,2015年5月6日;又《论清华简〈厚父〉应为〈夏书〉之一篇》,载《出土文献与先秦经史国际学术研讨会论文集》,2015年10月;《出土文献》第七辑,上海:中西书局,2015年10月,第118—132页。

的战国时期的子学色彩。①

笔者认为，郭先生的第一、第二两条理由，皆可商。

首先，郭先生指出："所谓要祭祀三后的'后王'（即继承前代王位的王），和前文提到的'夏之哲王'一样，无疑皆是指夏代的君主，而断不可能是周王。"笔者同意这一看法，"其在时后王之享国，肆祀三后，永叙在服。"这里的"后王"，泛指"启"之后的夏王。但要注意的是，与厚父对话的"王"，和要祭祀"三后"的"后王"，是不同的王。从前后对话内容来看，郭先生所说的"后王"，正是从与厚父对话的王之口说出的，那么他所说的"后王"，自然不可能是自己（详下分析）。这样就直接排除是夏王的可能。张利军先生已对郭先生的观点进行了辩证，观点和笔者的看法基本相同，读者可参看。②

厚父紧接着所说："王乃遏佚其命，弗用先哲王孔甲之典刑，颠覆厥德，淫湎于非彝，天乃弗若，乃坠厥命，亡厥邦。"既然已经"坠厥命，亡厥邦"，说明夏朝已经灭亡。当然，我自己在此处的理解，和郭先生不同。

郭先生认为这段话"应是厚父对夏王所说的教诫之辞"，提出：

> "王乃遏佚其命"以下，并非已然之事，而是一种警示之辞。在《尚书》中，"乃"字有一种类同于假设连词"若"的用法。
>
> 这个"乃"一直管到"淫湎于非彝"，都是假设之辞（如果这个"乃"不是表假设而是表顺接，那么它就前无所承了）；后面"天乃"、"民乃"的"乃"，则都是一般的表示就、才等副词义的"乃"。全句意思即王你如果断绝天命，不用孔甲留下的常法，颠覆其德，淫湎于不合常规之法，那么天就不会顺着你，要让你坠命亡国的；下民自然在职事中也不能慎德。③

郭先生之说也有一定道理。但笔者反复绎读，认为仍有讨论的余地，首先，此处"乃"，断不可理解为"若"。依据上下文意，乃，只能解释为"于是"之意。其次，与厚父对话的王，当不会是夏王。篇首王在回顾夏代几位先王时，径称"禹""启"，若是自己的祖先，这种称呼似不合理，有大不敬之嫌。第三，厚父所言："王乃遏佚其命，弗用先哲王孔甲之典刑，颠覆厥德，沉湎于非彝，天乃弗若，乃坠厥命，亡厥邦。""弗用先哲王孔甲之典刑"之"王"显然是夏王"孔甲"之后的某位，而其"乃坠厥命，亡厥邦"，指明夏王已失去天命，而亡国，则此亡邦之王当指"夏桀"。那么，从与厚父对话的王口中说出的王，自然是夏桀之后的王。

郭先生论证"与厚父对话的王"是夏王，故而认为该篇是《夏书》。笔者认为与厚父对

---

① 王坤鹏《简论清华简〈厚父〉的相关问题（一）》，复旦大学出土文献与古文字研究中心网站，2015年6月26日。
② 张利军：《清华简〈厚父〉的性质与时代》，《管子学刊》2016年第3期，第103—111页。
③ 郭先生指出："在对话体文献中，称述历史上某个朝代的某王，总是要有一个限定语，似不可能突然冒出一个'王'，指的是夏代某个不争气的昏君。这个'王'，我认为其实应是厚父对问他话的这位王的称呼。"

话的王，身份至关重要，能直接决定该篇性质。通读全篇，与厚父对话的"王"断不可能是夏王，只能是灭夏之后的另一朝代的王。①

古人对天命看得非常重要，认为国家的兴替皆由"天命"，现举《尚书》为例：

《仲虺之诰》："予闻曰：'能自得师者王，谓人莫己若者亡。好问则裕，自用则小。'呜呼！慎厥终，惟其始。殖有礼，覆昏暴。钦崇天道，永保天命。"

《汤诰》："天道福善祸淫，降灾于夏，以彰厥罪。肆台小子，将天命明威，不敢赦。敢用玄牡，敢昭告于上天神后，请罪有夏。聿求元圣，与之戮力，以与尔有众请命。上天孚佑下民，罪人黜伏，天命弗僭，贲若草木，兆民允殖。俾予一人，辑宁尔邦家。"

《咸有一德》："惟尹躬暨汤，咸有一德，克享天心，受天明命，以有九有之师，爰革夏正。"孔传："所征无敌，谓之受天命。"

《武成》："我文考文王，克成厥勋，诞膺天命，以抚方夏。"

《大诰》："已！予惟小子，不敢替上帝命。天休于宁王，兴我小邦周，宁王惟卜用，克绥受兹命。"

此外，《尚书》提到"坠厥命"时，往往是已然之词，如：

《酒诰》："封，予不惟若兹多诰。古人有言曰：'人无于水监，当于民监。'今惟殷坠厥命，我其可不大监抚于时？"

《召诰》："我不可不监于有夏，亦不可不监于有殷。我不敢知曰，有夏服天命，惟有历年。我不敢知曰，不其延，惟不敬厥德，乃早坠厥命。我不敢知曰，有殷受天命，惟有历年。我不敢知曰，不其延，惟不敬厥德，乃早坠厥命。今王嗣受厥命，我亦惟兹二国命，嗣若功。"②

《君奭》："周公若曰：'君奭，弗吊，天降丧于殷，殷既坠厥命。我有周既受……天命不易，天难谌，乃其坠命，弗克经历。嗣前人，恭明德，在今予小子旦。'"

种种证据表明，"王乃遏佚其命，弗用先哲王孔甲之典刑，颠覆厥德，淫湎于非彝，天乃弗若，乃坠厥命，亡厥邦"，是对夏桀亡邦的记述。如此，既然夏桀已经亡邦，那么与厚父对话的王，自然是夏朝之后的王。如此，《厚父》就不会是夏书。

3. 商书

也有部分学者持此观点，如马文增、日本学者福田哲之、张利军等先生。

---

①张利军先生指出："从厚父与王的对话讲述夏的建国以至灭亡的历史，亦说明《厚父》不太可能为夏代的历史档案，只能是夏代以后的记录，简文中与厚父对话的王不可能是夏王。"参张利军：《清华简〈厚父〉的性质与时代》，《管子学刊》2016年第3期，第103—111页。杜勇先生也指出："从清华简《厚父》有关内容看，篇中'王若曰'之'王'肯定不会是夏代任何一位君王。因为简文已言及夏朝'亡厥邦'的情况。"参杜勇：《清华简〈厚父〉与早期民本思想》，《西华师范大学学报》（哲学社会科学版）2016年第2期，第15—22页。

②孔传："以能敬德，故多历年数。我不敢独知，亦王所知。言桀不谋长久，惟以不敬其德，故乃早坠失其王命，亦王所知。纣早坠其命，犹桀不敬其德，亦王所知。其夏殷也，继受其王命，亦惟当以此夏殷长短之命为监戒，继顺其功德者而法则之。"

马文增先生认为《厚父》是楚国史官以楚文字抄录的、原保存于周王室的商代源文件，其内容是商王"太甲"与"伊尹"（"厚父"是太甲对伊尹的尊称）的一段对话，不同意《孟子》引文出自《厚父》。其说云：

> 以《尚书》中的《伊训》、《太甲（三篇）》、《咸有一德》作为参照，从内容、结构、言辞的比对上看，《厚父》的谈话对象必定是"太甲"与"伊尹"，而不可能是"周武王"与"夏人后裔"。①

福田哲之先生认为：

> 《厚父》中王与厚父的问答，是将夏的灭亡作为历史的教训，以天与民作为主题展开的，包括对于戒酒的言及，以及以民为中心的后半部分的问答，也应该在这一贯的背景之中来理解。因此，可以说将与厚父问答的王直接理解为商王最为稳当。②

张利军先生通过分析对王的称谓方式以及该篇的主题思想后，指出：

> 《厚父》中的王与夏的亡国之君桀为同时代人，一为新王朝的王，一为亡国之君王，新王朝的王自当为灭夏桀的商汤，而不大可能是隔一朝代的周武王。从现有文献材料看，周人虽也称述夏史，但大都是夏商并言，称"有夏""有殷"。
>
> 简文《厚父》所述夏史的背景放在商初更为稳妥，可能是商汤灭夏后，商汤以夏史为鉴，向夏贵族厚父垂询夏的先哲王恭敬明德之事。
>
> 从《厚父》所反映的主题思想亦可判断其《商书》性质。《厚父》所载为商汤与夏贵族厚父所述夏代先哲王恭明德事迹，商汤借鉴夏代哲王"明德"事迹为该篇主旨。周初周公在诸诰中多次谈到"明德"的主题，尤其是提到商汤灭夏后实行了"明德慎罚"的措施，周文王学习殷先哲王"德言"的治国方略。由此知明德慎罚治国方略并非周人独创，自成汤至帝乙的殷先哲王都贯彻"明德慎罚"的治国方略。③

笔者认为，马先生虽认为《厚父》属《商书》，但论证方式过于武断。他认为"厚父"是太甲对伊尹的尊称，并否认"厚父"是"夏之后裔"，并没有给出让人信服的理由。其持论的依据是认为整理者对王曰："钦之哉，厚父！惟时余经念乃高祖克宪皇天之政功，乃虔秉厥德，作辟事三后……"这句话断句有问题。并重新断句为王曰："钦之哉，厚父，惟时、余经念！乃、高祖克宪皇天之政功；乃虔秉厥德，作辟，事三后……"认为这句话中的"三后"指的是"商汤""外丙""仲壬"；而"其在时后王之飨国肆祀三后"中的"三后"，指的是"禹""启""仲康（即简文"夏之哲王"）"，两者完全不是一回事。清华简整理者将"乃高祖"三字连读，并将前后两句话中的"三后"都理解为夏代君主，是导致其误解"厚父"是

---

① 马文增：《清华简〈厚父〉为"太甲"与"伊尹"之对话实录》，简帛网，2015年5月9日。
② 福田哲之：《清华简〈厚父〉的时代暨其性质》，台湾大学文学院：《先秦两汉出土文献与学术新视野国际研讨会论文》，2015年。福田先生本文，笔者未能找到，此处转引自张利军先生文。
③ 张利军：《清华简〈厚父〉的性质与时代》，《管子学刊》2016年第3期，第103—111页。

"夏之后裔"的直接原因。① 张利军先生的分析思路,笔者基本赞同。

张利军先生的分析,与笔者暗合。尤其是他指出的"明德慎罚治国方略并非周人独创,自成汤至帝乙的殷先哲王都贯彻'明德慎罚'的治国方略",甚有见地。

4. 周书

李学勤、程浩、杜勇、黄国辉等先生持此说。

李学勤先生认为《厚父》是《周书》,该篇中的王是周武王。指出:

> 《厚父》中的"王"乃是周武王,所以尽管篇中多论夏朝的兴亡,该篇应是《周书》,不是《商书》。《厚父》篇尾"民式克敬德,毋湛于酒"一段,与《尚书·酒诰》和大盂鼎铭文关于酒禁的论旨相同,均为针对商朝的覆灭而言。②

刘伟浠赞同李先生之说。③ 程浩先生从《孟子》引《书》、文辞语言以及治国理念等方面论述,指出:

> 孟子以文王、武王的事迹训诫齐宣王"无好小勇",并援引了《诗》、《书》以为证。于文王之功,引用了《诗·大雅·皇矣》的文句,并称"此文王之勇也";于武王之德,则称引了《厚父》中的这句话,并且说明了"此武王之勇也"……因此,《孟子》论武王之勇时,与之对举的也应该是一篇以武王为主人公的《书》。宋人疏《孟子》既云:"此《周书》之文也。《孟子》所以又引此《书》云者,盖又欲言武王之勇而陈于王也。"称"《周书》"虽然有可能是受到伪古文的影响,但其对《孟子》引《书》用意的揣摩大致不谬。

由于《厚父》篇的主旨为王向厚父请教前文人之明德,因此该篇充斥着当时流行的一些统治思想与治国理念。简文开篇说"帝亦弗恐启之经德少",厚父在与王的对话中也是先追忆了夏之懿王"颠覆厥德"导致"亡厥邦",而后王又赞美厚父的祖先能够"虔秉厥德"。可见在当时存在着浓郁的"敬德"思想。

我们可以发现《厚父》篇无论是语言还是思想都与周初的文献比较接近,而且从简文记载的对话内容来看,其发生在周初的历史背景下也是合情合理的。④

程浩先生指出《孟子》引《书》旨在论述"武王之勇",且宋人已认为所引即《周书》。此说无疑有着极大的合理性,但宋人并没有举证说明,是否如此,还有待进一步深入探讨。此外,程浩先生举出的文辞语言,如"格于上""肆祀""沉湎于非彝""先哲王""康乐"等,认为常见于《周书》以及西周金文等。笔者认为,从文辞语言相近方面去判断书的属

---

① 马文增:《清华简〈厚父〉为"太甲"与"伊尹"之对话实录》,简帛网。案:"三后",作者原文作"三後"。
② 李学勤:《清华简〈厚父〉与〈孟子〉引〈书〉》,《深圳大学学报》(人文社会科学版),2015年第3期,第33—34页。
③ 刘伟浠:《〈清华大学藏战国竹简(五)〉研究综述》,《牡丹江师范学院学报》(哲社版),2016年第4期,第81—85页。
④ 程浩:《清华简〈厚父〉"周书"说》,《出土文献》第五辑,上海:中西书局,2014年。

性，有一定的风险。语言文辞，只能说明该篇的写作时代，而不一定能反映该篇所记故事的发生时代。

思想观念上，如"敬德""畏天威""戒酒"，程浩先生认为是周代广泛流行的观念。固然不错，但此类观念，笔者认为当有更早的源头，并非一定是周人独创。如"敬德"思想，谢维扬先生曾指出：夏商周三代国家更迭时，王统治合法性的要件之一就是"王本身的德行"①。

杨家刚初步赞同程浩先生之说，并指出：

> 《厚父》言"以庶民惟政之恭"，以论夏王，《无逸》言"以庶邦惟正之供"，以论文王，又言"以万民惟正之供"以戒后王。而《无逸》之"以庶邦惟正之供"，《国语·楚语上》引作"惟政之恭"，《后汉书·郅恽传》注引作"吕万人惟政之共"，可见与《厚父》之"以庶民惟政之恭"相通，而一论文王，一论夏王，亦可见其言辞之相近，以及于当时语境下二者于敬德观念中形象之相近。又因厚父是以当时言辞追述夏代史事，故《厚父》之语言时代当与《无逸》相近。渊源于夏代之《甘誓》亦见有"恭"字用于政事，曰"今予惟恭行天之罚"，与《厚父》所言"以庶民惟政之恭"相较，则前者天命观念浓重，后者敬德观念显明，可见其与《甘誓》言辞之异处。②

杜勇先生亦认为《厚父》中的"王"是周武王，提出《厚父》中的"王"非"商王"，如《厚父》充满"天"、"德"观念，与《尚书》周初诸诰有一样的时代特征；商王不称天子；把禁酒纳入基本国策，非殷人所为③。其说云：

> 这种帝天合一并以德为依归的天命思想，是周人独特的创造，与殷人的宗教观念是迥然相异的。
>
> 周人成王为"天子"，金文屡见，较早见于献簋、邢侯簋、麦方尊等康世之器。文献上的反映要早一些，如《尚书·立政》称成王为"天子王"，《康王之诰》称康王为"天子"，可证天子之称始于周初。在清华简《厚父》中，厚父称时王为"天子"，也说明它不会是商代文献。
>
> 禁酒被纳入基本国策亦非殷人所为。在《厚父》简文中，厚父对时王说："民式克敬德，毋湛于酒"。这是对时王治国施政的建议，并非谈夏代戒酒的情况。不宜理解为夏代后裔的酒诰。虽然夏代也有饮酒之风，但未达到全面酗酒以致亡国的程度。《厚父》

---

① 谢维扬：《中国早期国家》，杭州：浙江人民出版社，1995年，第393页。转引自宁镇疆：《清华简〈厚父〉"天降下民"句的观念源流与幽公盨铭文再释——兼说先秦"民本"思想的起源问题》，《出土文献》第七辑，上海：中西书局，2015年，第103—117页。
② 杨家刚：《追述先王与夏殷之监：清华竹简〈厚父〉与〈尚书〉篇目之比较稿》，复旦大学出土文献与古文字研究中心网站，2015年1月5日。并云："程浩文章又疑《厚父》为武王与厚父对话，今仅就其天命思想而论，《厚父》文本时代当早于《无逸》，至于篇中之'王'为武王或成王抑或周公代宣成王命，以及其时代较《康诰》、《酒诰》、《梓材》、《召诰》、《多士》、《多方》诸篇之先后，尚待整理报告刊布始得进一步探研。"
③ 杜勇：《清华简〈厚父〉与早期民本思想》，《西华师范大学学报》2016年第2期，第15—22页。

建议禁酒,《酒诰》实施禁酒,二者有所区别,尽管诰文都把殷人以酒误国作为必须吸取的历史教训。可见《厚父》中的"王"不可能是商王。因为任何一位商王都不会把禁酒作为一项基本国策来考虑,否则发生殷人"率肆于酒,故丧师"(大盂鼎)的结局就成了一件无法理解的事情。

由于清华简《厚父》不是商代文献,商王不称天子,也不以禁酒为基本国策,故篇中的"王"既非夏王,亦非任何一位商王。这样,《厚父》中的"王"就只能在周代诸王中加以别择了。

杜先生之说也有一定道理,但不能将称呼、观念、思想等绝对化。虽然周人盛称"天""德"观念,但这些观念并非周人独创;商王不称天子,但《厚父》作者可用当时的称呼,来称述前朝夏商等王。笔者认为《厚父》虽属《商书》,但并不是说《厚父》就是商代写定的文献,正如多数研究已指出的,《厚父》文本的写定可能相当晚。笔者认为其写定年代应在春秋晚期至战国中期。那么,周人在写作《厚父》时,完全可能将当时的称呼、语言习惯、思想观念加进去。其实杜先生也注意到这种现象,如《尚书·西伯戡黎》载祖伊称商纣为"天子",商纣亦以"我生不有命在天"为辞,杜勇先生就认为"这是用周代的观念言说商代之事"①。

又《尚书·洪范》:"箕子乃言曰:'我闻在昔,鲧陻洪水,汩陈其五行。帝乃震怒,不畀洪范九畴,彝伦攸斁。鲧则殛死,禹乃嗣兴。天乃锡禹洪范九畴,彝伦攸叙……凡厥庶民,极之敷言,是训是行,以近天子之光。曰天子作民父母,以为天下王。'"《左传》曾三引《洪范》,皆称《商书》②;今通行本《尚书》则归入《周书》。据《洪范》所述,"洪范九畴"是天赐于大禹的,但已把"王"称"天子"。可见,这是周人按照自己的称谓习惯称述前朝往事。

关于"德"的观念,《尚书》之《虞书》《夏书》《商书》,多次提到"德",如《虞书·尧典》:"克明俊德,以亲九族。""否德忝帝位。"《舜典》:"玄德升闻,乃命以位。""柔远能迩,惇德允元。"《大禹谟》:"黎民敏德","帝德广运,乃圣乃神,乃武乃文……正德、利用、厚生,惟和"。"禹曰:'朕德罔克,民不依。皋陶迈种德,德乃降,黎民怀之。'""益赞于禹曰:'惟德动天,无远弗届……'"《皋陶谟》:"曰:'允迪厥德,谟明弼谐。'""皋陶曰:'都!亦行有九德。亦言其人有德,乃言曰,载采采。'……天命有德,五服五章哉!"《夏书·禹贡》:"祗台德先,不距朕行。"《五子之歌》:"灭厥德,黎民咸贰","弗慎厥德,虽悔可追"。《胤征》:"惟时羲和,颠覆厥德,沈乱于酒,畔官离次";《商书·汤誓》:"夏德若兹,今朕必往。"《仲虺之诰》:"有夏昏德,民坠涂炭","德日新,万邦惟怀;志自满,九族乃离。王懋昭大德,建中于民,以义制事,以礼制心,垂裕后昆"。《汤诰》:"夏王灭德作威,

---

① 杜勇:《清华简〈厚父〉与早期民本思想》,《西华师范大学学报》(哲学社会科学版)2016年第2期,第15—22页。
② 《左传·文公五年》:"《商书》曰:'沈渐刚克,高明柔克。'"杜注:"此在《洪范》,今谓之《周书》。"《成公六年》:"《商书》曰:'三人占,从二人。'"杜注:"《商书》,《洪范》。"《襄公三年》:"《商书》曰:'无偏无党,王道荡荡。'"杜注:"《商书》,《洪范》也。"

以敷虐于尔万方百姓。"《太甲上》:"天监厥德,用集大命,抚绥万方。"《太甲中》:"王拜手稽首,曰:'予小子不明于德,自底不类……'"《盘庚上》:"非予自荒兹德,惟汝含德,不惕予一人……无有远迩,用罪伐厥死,用德彰厥善。"

不胜枚举。德的观念有着非常早的渊源,参上引谢维扬先生的观点。退一步说,即使否认虞夏商时期,就有这些"德"的观念,那么《虞书》《夏书》《商书》多次提到的"德",就应是周人按照自己对贤王圣君的标准,将"德"的观念加给这些人的,进一步塑造和美化的结果。不过也说明,利用"德"的观念来判断文献的属性,将失去有效性。

王永昌先生从《厚父》篇中的"德"观念、天命观与"民心惟本"观念等思想内容,以及"明德""敬德"等词的出现情况等方面,论述了《厚父》为《周书》,推测抄写者可能是一位外来的在楚国任职的师或大师。① 指出:

> 《厚父》篇应该是周代作者以"夏代孔甲以后某王与其大臣厚父的对话"为素材,融入了当时的思想观念进行演绎而成。或者是依托夏代的某位王与其大臣厚父为对话主体,阐明当时作者的治国理念,《厚父》篇当为《周书》中的一篇。②

不难看出,王永昌先生混淆了《尚书》分类的标准和成书时间的问题。通过对《尚书》现存篇章的分析,可知,《尚书》基本上是按照该篇中故事发生的时代分类的。既然王永昌先生主张《厚父》是"夏代孔甲以后某王与其大臣厚父的对话","或者是依托夏代的某位王与其大臣厚父为对话主体",那么,就应该归为《夏书》。

黄国辉先生通过考察用词(如乃、廼、其、厥等字)、书写风格和思想内容后指出:

> 清华简《厚父》记述的应当是西周早中期的思想内容,但他带有浓厚的西周中晚期以来的用词与书写风格,说明《厚父》的内容是渊源有自的,其文本写定时代至迟可以上溯到西周中晚期。这些用词与书写的留存,反映出清华简《厚父》可能是一个不完全的转抄本,而不是一个完全依据战国文字写成的新写本。
>
> 从文本创作背景上看,《厚父》显然是周王要借鉴夏王朝的美德,吸取他们灭亡的教训,以史为鉴,达到巩固自身王朝统治的目的。这种创作目的符合周初历史背景。
>
> 从思想内容上看,《厚父》所论天命与民心,勿淫湎于酒等,也都是周初周人所重点关注的内容。③

黄先生从用词、创作背景及思想内容方面来分析。用词的问题,上文已分析,不能过分依赖。思想内容上,天命、民心、戒酒思想,也不能说是周人独创。如常金仓先生亦指出:

---

① 王永昌:《清华简〈厚父〉篇的文献性质研究》,《鲁东大学学报》(哲学社会科学版)2016年第4期,第67—69页。
② 王永昌:《清华简〈厚父〉篇的文献性质研究》,《鲁东大学学报》(哲学社会科学版)2016年第4期,第67—69页。
③ 黄国辉:《清华简〈厚父〉新探——兼谈用字与书写之于古书成篇与流传的重要性》,《清华大学学报》(哲学社会科学版)2016年第3期,第61—71页。

"三代国家皆以民本主义作为统治的基础"①。宁镇疆先生曾对先秦"民本"思想有过系统的梳理,亦主张"民本"思想有着古老的源头②。赵平安先生已指出"天降下民,设万邦,作之君,作之师"是"类似于常语性质的东西"③,宁镇疆先生称作"公共知识",是广为知识阶层接受的流行观念④。这些意见较为公允。

三、《厚父》为《商书》说

通过总结学界目前的研究,可看出,当前在判断《厚父》性质时,基本上是从思想内容、用字特征、语言习惯等方面来论证。笔者认为这一方法,有一定的局限性,并不能准确判断尚书的分类。诸位学者使用的方法不外乎以上提到的几点,但得出的结论却截然不同,这也从一个方面说明当前使用方法所存在的问题。其实,从用字习惯、思想内容,也只能大致判断文献书写的时代,并不能确定故事发生的时代。故而不能仅凭该篇所反映的思想内容,使用的语言习惯,来判断该篇的性质。

《尚书》中的《虞书》《夏书》和《商书》部分,基本上并非是当时的实录,必然会受到后世撰作时代观念的影响。部分学者已注意到这一现象。陈梦家先生将《尚书》体例分为三类:诰命、誓祷、叙事,并分析了这三类文体的撰作时代。指出诰命类时代为西周初期至西周中期以后,誓祷类为西周中期以后至战国晚期,叙事类为战国初期至战国晚期。《尚书》中并无周以前书,所谓夏、商之书大多数是春秋晚期、战国初期晋、宋人的追拟之作。⑤

笔者基本赞同这一看法。从《左传》引用《尚书》可知,在《左传》成书的时代(大致是战国中期前后),《尚书》已经有《虞书》《夏书》《商书》《周书》的划分了。从传世的《尚书》以及出土的《尚书》篇章来看,《虞书》《夏书》《商书》《周书》划分的标准是以该篇所记事情发生的时代为依据。当然,《尚书》更可能是春秋晚期以后产生的著作。如杨家刚先生指出:

> 如此,篇中之"王"所接纳之夏代史事必然有当时"敬德"思想之烙印,可见时代观念对前代历史表述之影响。
>
> 就《尚书·周书》诸篇所追述殷商先王而论,由甲骨文可见,殷商鬼神崇拜风行,

---

① 常金仓:《中国古代国家产生的形式及影响》,《二十世纪古史研究反思录》,北京:中国社会科学出版社,2005年,第258页。转引自宁镇疆:《清华简〈厚父〉"天降下民"句的观念源流与豳公盨铭文再释——兼说先秦"民本"思想的起源问题》,《出土文献》第七辑,上海:中西书局,2015年,第103-117页。

② 宁镇疆:《清华简〈厚父〉"天降下民"句的观念源流与豳公盨铭文再释——兼说先秦"民本"思想的起源问题》,《出土文献》第七辑,上海,中西书局,2015年,第103-117页。此外,杜勇先生亦认为"民本思想的形成不是孤立的,乃是与君权天赋的国家起源论相与伴生的。"但他仍主"早期民本思想从周初发轫,到孔孟时代逐渐形成比较成熟的理论形态。"杜勇:《清华简〈厚父〉与早期民本思想》,《西华师范大学学报》2016年第2期,第15-22页。

③ 赵平安:《〈厚父〉的性质及其蕴含的夏代历史文化》,《文物》2014年第12期,第81-84、88页。

④ 宁镇疆:《清华简〈厚父〉"天降下民"句的观念源流与豳公盨铭文再释——兼说先秦"民本"思想的起源问题》,《出土文献》第七辑,2015年,第103-117页。

⑤ 陈梦家:《尚书通论》,北京:中华书局,2005年。

略如《礼记·表记》所云"殷人尊神，率民以事神，先鬼而后礼，先罚而后赏，尊而不亲；其民之蔽：荡而不静，胜而无耻"，然周公所追述之殷商先哲王，如《康诰》《酒诰》《梓材》《多士》《多方》诸篇，除敬事上天之外，率皆如《多方》所言"乃惟成汤……以至于帝乙，罔不明德慎罚"，"明德慎罚"已是周代观念，而诸王并无鬼神崇拜之气象。①

杨先生将此种现象归纳为"周代观念对殷商历史之改造"。
《尚书·皋陶谟》："天聪明，自我民聪明；天明畏，自我民明威。"杜勇先生引了这句话后指出："似乎民本观念早在尧舜时代即已出现，实则《皋陶谟》成书甚晚，此所反映的应是周人的思想。"② 应该说，这一看法有不少合理性。再一次提示，依据文本的思想内容分析文本属性的不可靠性。

《史记·夏本纪》："帝孔甲立，好方鬼神，事淫乱。夏后氏德衰，诸侯畔之……孔甲崩，子帝皋立。帝皋崩，子帝发立。帝发崩，子帝履癸立，是为桀。帝桀之时，自孔甲以来而诸侯多畔夏，桀不务德而武伤百姓，百姓弗堪。乃召汤而囚之夏台，已而释之。汤修德，诸侯皆归汤，汤遂率兵以伐夏桀。桀走鸣条，遂放而死。桀谓人曰：'吾悔不遂杀汤于夏台，使至此。'汤乃践天子位，代夏朝天下。"

据《史记·夏本纪》，孔甲之后，依次是皋、发、履癸（桀），三世而亡。那么，《厚父》中"弗用先哲王孔甲之典刑"的"王"，因"颠覆厥德，淫湎于非彝，天乃弗若，乃坠厥命，亡厥邦"，也只能是这三位中的一位，最有可能在说"夏桀"。如此和厚父对话的王，就不可能是夏王了。笔者认为，《厚父》是《商书》的可能性较大。

细思《厚父》的叙述思路，首先是"王"回顾夏朝的贤君"禹""启"以及之后的"王"，皆能敬畏天命，祭祀、不逸乐，故而永保夏邦。然后厚父回答，夏王因颠覆厥德，沉湎非彝等，上天不眷顾他，遂坠命亡邦。恰好是从一正一反两方面来说。这样，厚父说的这位王，理应就是夏桀。紧接着，与厚父对话的王说："钦之哉，厚父！唯时余经念乃高祖，克宪皇天之政功，乃虔秉厥德，作辟事三后。"厚父的"高祖""辟事三后"，此处"三后"当是前文王提到的夏三后。而看其语气，看他对前朝往事了如指掌，似乎是夏朝灭亡不久后所说。"厚父"当是夏遗民，此篇中与其对话的王就应是"商王"，则《厚父》属于《商书》的可能性最大。

此外，一个不是很充分的理由，在这里提出来，周代在提到前代历史时，常常是夏商连言。如《尚书》中，凡是周人在回顾前朝时，一般都是夏商连言，若谈到夏，必定言及商。

《泰誓中》："今商王受，力行无度，播弃犁老，昵比罪人……有夏桀，弗克若天，

---

① 杨家刚：《追述先王与夏殷之监：清华竹简〈厚父〉与〈尚书〉篇目之比较稿》，复旦大学出土文献与古文字研究中心网站，2015年1月5日。
② 杜勇：《清华简〈厚父〉与早期民本思想》，《西华师范大学学报》（哲学社会科学版）2016年第2期，第15—22页。

流毒下国。"

《召诰》："王其疾敬德！相古先民有夏。天迪从子保，面稽天若，今时既坠厥命。今相有殷，天迪格保，面稽天若，今时既坠厥命。今冲子嗣，则无遗寿耇。"

《召诰》："我不可不监于有夏，亦不可不监于有殷。我不敢知曰，有夏服天命，惟有历年。我不敢知曰，不其延，惟不敬厥德，乃早坠厥命。我不敢知曰，有殷受天命，惟有历年。我不敢知曰，不其延，惟不敬厥德，乃早坠厥命。今王嗣受厥命，我亦惟兹二国命，嗣若功……上下勤恤，其曰，我受天命，丕若有夏历年，式勿替有殷历年。"

《多士》王若曰："尔殷遗多士，弗吊，旻天大降丧于殷……我闻曰：'上帝引逸。'有夏不适逸，则惟帝降格。向于时夏。弗克庸帝，大淫泆有辞。惟时天罔念闻，厥惟废元命，降致罚。乃命尔先祖成汤革夏，俊民甸四方。自成汤至于帝乙，罔不明德恤祀。"

《多方》周公曰："王若曰，猷告尔四国多方。惟尔殷侯尹民，我惟大降尔命，尔罔不知。洪惟天之命，弗永寅念于祀，惟帝降格于夏，有夏诞厥逸，不肯戚言于民，乃大淫昏，不克终日劝于帝之迪，乃尔攸闻。""王若曰，诰告尔多方，非天庸释有夏，非天庸释有殷。乃惟尔辟，以尔多方，大淫图天之命，屑有辞。乃惟有夏图厥政，不集于享，天降时丧，有邦间之。乃惟尔商后王，逸厥逸，图厥政，不蠲烝，天惟降时丧。"

《立政》："古之人迪惟有夏，乃有室大竞，吁俊尊上帝……桀德惟乃弗作往任，是惟暴德，罔后。亦越成汤陟，丕釐上帝之耿命……呜呼！其在受德暋，惟羞刑暴德之人，同于厥邦。乃惟庶习逸德之人，同于厥政。帝钦罚之，乃伻我有夏，式商受命，奄甸万姓。"

《周官》："唐虞稽古，建官惟百。内有百揆四岳，外有州牧侯伯。庶政惟和，万国咸宁。夏商官倍，亦克用乂。"

而《厚父》在总结前代的历史经验时，只提到夏，也从一个侧面说明与厚父对话的王，应是商王。张利军先生指出：

> 从篇首记述事实发生背景的纪事体例看，《厚父》与《尚书》诸篇相近。《厚父》第一简虽残，但"王若曰"前的"王监嘉绩，问前文人之恭明德"应是史官的叙事之辞。《左传》昭公二十六年所引逸《诗》"我无所监，夏后及商。用乱之故，民卒流亡"，此为商周鼎革之际，周人追监夏、商灭亡皆以乱故的诗篇。《诗·大雅·荡》载周文王谓"殷鉴不远，在夏后之世"，《尚书·召诰》载周公谓"我不可不监于有夏，亦不可不监于有殷"，皆与简文所述王以嘉绩为监有相近主旨，以前代历史为鉴。①

如果《厚父》是《周书》，那么，该篇就应该将夏、商的贤君与昏君一起来说。后来看到张利军先生也注意到这一点。而《商书》部分，多数篇章也经常谈及夏，如：

《汤誓》王曰："格尔众庶，悉听朕言。非台小子，敢行称乱。有夏多罪，天命

---

① 张利军：《清华简〈厚父〉的性质与时代》，《管子学刊》2016年第3期，第103—111页。

殛之。"

《仲虺之诰》：仲虺乃作诰，曰："呜呼！惟天生民有欲，无主乃乱，惟天生聪明时乂，有夏昏德，民坠涂炭，天乃锡王勇智，表正万邦，缵禹旧服，兹率厥典，奉若天命。夏王有罪，矫诬上天，以布命于下。帝用不臧，式商受命，用爽厥师。"

《汤诰》："王归自克夏，至于亳，诞告万方。王曰：'嗟！尔万方有众，明听予一人诰。惟皇上帝，降衷于下民。若有恒性，克绥厥猷惟后。夏王灭德作威，以敷虐于尔万方百姓。尔万方百姓，罹其凶害，弗忍荼毒，并告无辜于上下神祇。天道福善祸淫，降灾于夏，以彰厥罪。肆台小子，将天命明威，不敢赦。敢用玄牡，敢昭告于上天神后，请罪有夏。'"

《伊训》："呜呼！古有夏先后，方懋厥德，罔有天灾。山川鬼神，亦莫不宁，暨鸟兽鱼鳖咸若。于其子孙弗率，皇天降灾，假手于我有命，造攻自鸣条，朕哉自亳。惟我商王，布昭圣武，代虐以宽，兆民允怀。"

《太甲上》："惟尹躬先见于西邑夏，自周有终，相亦惟终。其后嗣王，罔克有终，相亦罔终，嗣王戒哉！"

《咸有一德》："夏王弗克庸德，慢神虐民。皇天弗保，监于万方，启迪有命，眷求一德，俾作神主。惟尹躬暨汤，咸有一德，克享天心，受天明命，以有九有之师，爰革夏正。"

可见，《厚父》属《商书》的可能性最大。再从《厚父》中王对前朝王的称谓来看，多少也可以说明问题。如称"禹""夏之哲王""先哲王孔甲"。如果与厚父对话的王是夏王的话，不应该这样称呼自己的祖先。

笔者认为，从用词来判断文献性质有一定的危险性。诸学者在讨论《厚父》性质时，同样是依据用词，得出的结论却截然不同。如张利军先生认为其创作于商初，他指出《厚父》中保留了一部分夏商时代语言特色，举了"都""如台""乃"等例子。[1] 而程浩、黄国辉先生则得出周代的结论，程浩先生举了如"格于上""肆祀""沉湎于非彝""先哲王""康乐"等例子，认为常见于《周书》以及西周金文等。张利军先生也注意到这一点：

> 受辨伪古书与古史学术思潮的影响，学者多据今传本《商书》中的文辞字句"平易简洁"或不见于殷墟卜辞，而晚到西周金文或东周文献，以此作为判断今存《商书》各篇的写作时代。这个研讨方法有一定的风险性，《尚书》类文献多用古代流传下来的成词，如同后世使用典故一样。所以仅据一些词汇出现的时代确定《商书》创作时代的做法并不科学，还应结合文献反映的思想主题来综合判断。[2]

从思想内容判断文献性质同样具有一定的局限性。据前引文，李先生认为《厚父》"毋湛于酒"一段，与《酒诰》和大盂鼎铭文关于酒禁的论旨相同，均为针对商朝的覆灭而言。

---

[1] 张利军：《清华简〈厚父〉的性质与时代》，《管子学刊》2016年第3期，第103-111页。
[2] 张利军：《清华简〈厚父〉的性质与时代》，《管子学刊》2016年第3期，第103-111页。

针对李先生之说，黄国辉先生则提出疑问："能否认为《厚父》酒禁之事就是明确针对商朝覆灭而言，则尚需考虑。因为通读清华简《厚父》全篇，可以发现它并没未言及任何商事，而后世文献亦记夏桀淫湎于酒事，如《大戴礼记·少闲》记：'禹崩，十有七世，乃有末孙桀即位。桀不率先王之明德，乃荒耽于酒，淫洪于乐，德昏政乱，作宫室高台污池，土察，以民为虐，粒食之民惛焉几亡。'"① 此外，其他文献也有记载：

《战国策·魏策二》：昔者帝女令仪狄作酒而美，进之禹，禹饮而甘之，遂疏仪狄绝旨酒，曰："后世必有以酒亡其国者"。

《古列女传》：末喜者，夏桀之妃也。美于色，薄于德，乱孽无道。女子行，丈夫心，佩剑带冠。桀既弃礼义，淫于妇人，求美女积之于后宫，收倡优侏儒狎徒能为奇伟戏者聚之于旁，造烂漫之乐，日夜与末喜及宫女饮酒，无有休时。置末喜于膝上，听用其言。为酒池可以运舟，一鼓而牛饮者三千人，其头而饮之于酒池，醉而溺死者，末喜笑之以为乐。

赵平安先生在引了上述两条材料后指出："从《厚父》看，宣传戒酒其实从夏代就开始了，《厚父》中的戒酒词可以说是夏代后裔的酒诰。从某种程度上说，《厚父》可以看做是夏代酒文化在其后裔中的延续和映现。"②

上述文献，尽管也有可能是后世人对桀暴行的想象，不过些许存有若干史影。"淫洪于乐""荒耽于酒""惑于女色""暴虐昏德"，后人对夏商西周末代君王的看法，基本上都是这样的标签。

可见并非只有周初禁酒，正如黄先生所引《大戴礼记·少闲》，既然提到的夏桀恶的一面，多是昏德、耽酒、淫洪，那么后世明君（如汤）自然会从这几方面评论前朝覆灭的原因。明德、民本、禁酒等思想主题，并非只是周人的发明，《尚书》中的《虞书》《夏书》和《商书》，也可见这些思想。如前引《仲虺之诰》《汤诰》《咸有一德》，皆言及天命。故而，不能依据用词和思想去判断《厚父》的性质。在这一问题上，我们应该持更为谨慎的态度。③

最后，附带谈谈厚父，个人倾向于是商初人物。关于商初的大臣，传世先秦文献记载大致有：

《书序》："伊陟相太戊，亳有祥桑谷，共生于朝，伊陟赞于巫咸，作《咸乂》四篇。太戊赞伊陟，作《伊陟》《原命》。"

《尚书·君奭》："闻在昔，成汤既受命，时则有若伊尹，格于皇天。在太甲时，则有若保衡。在太戊，时则有伊陟、臣扈格于上帝，巫咸乂王家。"

《墨子·所染》："汤染于伊尹、仲虺。"

---

①黄国辉：《清华简〈厚父〉新探——兼谈用字与书写之于古书成篇与流传的重要性》，《清华大学学报》（哲学社会科学版）2016年第3期，第61—71页。
②赵平安：《〈厚父〉的性质及其蕴含的夏代历史文化》，《文物》2014年第12期，第81—84、88页。
③关于《厚父》的写作和成篇时代，本文暂不讨论。

《吕氏春秋·仲春纪·当染》："汤染于伊尹、仲虺。"

《韩非子·难一》："成汤两用伊尹、仲虺。"

《孟子·尽心下》："由汤至于文王五百有余岁，若伊尹、莱朱则见而知之。"

《庄子·则阳》："汤得其司御门尹登恒，为之傅之，从师而不囿，得其随成，为之司其名之名，赢法得其两见。"

《列子·汤问》："殷汤问于夏革曰：'古初有物乎？'"

《鹖冠子·汤政天下至纣第七》："汤之治天下也，得庆辅、伊尹、湟里且、东门虭、南门蝡、西门疵、北门侧。得七大夫佐以治天下，而天下治，二十七世，积岁五百七十六岁，至纣。"①

清华简《良臣》："康（汤）有伊尹，有伊陟，有臣扈。"

笔者认为，厚父很可能就是《鹖冠子》中的"庆辅"，厚、庆，二字字形比较接近，容易讹误。"厚"，清华简作"𠫔"（清华简·系年91），"𠫔"、"𠫔"（清华简·厚父1）；秦简作"𠫔𠫔"（青川木牍）；"庆"字，战国文字作"𢈻"（上博简·缁衣8），"𢈻"（上博简·周易53）；秦简作"𢈻"（睡虎地·日乙60），"𢈻"［里耶秦简J1（9）10］；汉简作"𢈻"（马王堆帛书·五十二病方347）。虽然在古文字中，目前还没有找到二字讹误的具体例子。不排除在后世刻本中，二字讹混。

父、甫，以及父声字和甫声字常常通假，二字古音同。如《诗·大雅·绵》"古公亶父"，《经典释文》："父本亦作甫。"《唐石经》"父"作"甫"，《孟子·梁惠王下》《太平御览》引"父"作"甫"；《春秋·桓公十四年》"齐侯禄父卒"，《史记·齐太公世家》"父"作"甫"；《左传·僖公八年》"太子兹父"，《史记·宋世家》"父"作甫；《国语·周语上》"仲山父"，《诗经·大雅·烝民》《史记·周本纪》作"仲山甫"；《国语·周语上》"伯阳父"，《史记·周本纪》作"伯阳甫"；《仪礼·士相见礼》"若父则游目"，郑注："今文父为甫。"此外，如斧与甫、䩱；釜与䩱；胶与辅，《周易·艮·六五》"艮其辅"，"辅"，马王堆帛书本作"胶"，上博简本作"䪴"；《周易·咸·上六》"咸辅颊舌"，"辅"，马王堆帛书本作"胶"，阜阳汉简本作"父"，上博简本作"䪴"。郭店简《性自命出》"弗校不足"，"校"读为"辅"。② 故而，笔者推测，厚父可能就是《鹖冠子》所载之"庆辅"。

四、结语

清华简五《厚父》全篇为王与厚父之间的对话，王通过回顾夏代历史，总结如何才能永保邦国。厚父则从德、天命、民心、戒酒等几方面阐明保国之道。本文在梳理学界研究的基础上，立足传世文献，结合出土材料，重新就字词、断句、文意等基本方面进行了疏通。此

---

① 此段材料承张卉先生提示。
② 父、与甫以及从甫声字通假之例，参高亨、董治安：《古字通假会典》，济南：齐鲁书社，1989年，第913－915页。白于蓝：《简牍帛书通假字字典》，福州：福建人民出版社，2008年，第80页。

外，对该篇的属性，就当前学界的不同看法，进行了详细的梳理与检讨，指出目前学界在给《厚父》定性时，使用的方法，如依据文本用词、称呼、观念和思想等方法，都有局限性。通过对文献本身的研读，以及和《尚书》其余篇章的对比，认为《厚父》应属《商书》之一篇，并提出厚父可能即《鬻子》所载汤之大臣"庆辅"。

2015 年秋学期初稿
2017 年 6 月 5 日定稿

作者简介：吴毅强，男，四川大学历史文化学院副研究员。

从清华简《金縢》看"书"类文献的若干问题

湖南人文科技学院　谢科峰

摘　要： 关于"书"类文献的概念和认定，学界目前尚有一定争议。笔者通过对清华简《金縢》篇的分析，认为先秦时期的"书"类文献并没有定本，也没有明确的分类。我们今天对"书"类文献的种种误解，可能源自按看待历史问题的"后见之明"所致。

关键词： "书"类文献　《尚书》　《金縢》

《尚书》作为中国古代最重要的典籍之一，其重要性毋庸置疑，其存在的问题也困扰了学界数千年，清华简的重见天日，特别是其中许多与今传《尚书》文体相类似的简书，为我们研究《尚书》提供了新的突破口。关于"书"类文献的热烈讨论也随之展开，在此笔者不揣谫陋，想以清华简《金縢》为例，对相关问题展开讨论，以求教于大方之家。

一、"书"类文献研究概述

2008年清华简入藏清华大学之后，李学勤先生在一次采访中首先披露称清华简中发现有多篇《尚书》，并称其中的《保训》篇"完全是《尚书》体裁"[1]，不久又撰文将清华简的相关文献称之为"《书》类文献与《书》类似的文献"[2]，之后陆续有学者对这一问题展开研究，刘光胜先生开始将此类文献称为《书》经[3]，后来又改成"清华简《书》类文献"，[4] 刘成群先生亦从其说[5]。艾兰先生则指出，"《书》是所有宣称为先王演讲的即时记录的文本"，主张"把《书》定义为一种书面作品的样式，而不是已知史料汇编的章节"，并总结了《书》的三个特点：

（1）《书》是——或假称是——即时的历史记载。

---

[1] 李江涛：《清华简惊人发现，可窥尧舜秘史》，《新华日报每日电讯》，2009年4月27日。
[2] 李学勤：《清华简与〈尚书〉、〈逸周书〉的研究》，《史学史研究》2011年第2期。
[3] 刘光胜：《清华简与先秦〈书〉经流传》，载《史学集刊》2012年第1期。
[4] 刘光胜：《清华大学藏战国竹简（壹）整理研究》，上海：上海古籍出版社，2016年，第158页。
[5] 刘成群：《清华简与古史甄微》，上海：上海古籍出版社，2016年，第52—73页。

(2)《书》包括古代（西周或者更早时期）君臣的正式演讲。
(3) 很多《书》包含'王若曰'这样一种表达方式。①

程浩先生根据艾兰先生之说，结合余嘉锡先生和李零先生关于古书流传的相关理论，提出了"书"类文献的概念，认为在先秦时"诗""书""礼""乐"是"类名"而非"书名"，所以不加书名号②。这一观点也得到了许多学者的认可。

从现在已知的情况来看，《尚书》得名及其定本确实发生在汉代以后，先秦时期并没有一本完整的《尚书》，那么将先秦时期流传的这类与后来的《尚书》有密切关系的文献称之为"书"类文献，当然有助于我们研究的展开。但有待讨论的问题依然不少，比如"书"类文献的"书"该如何定义，其和《尚书》的"书"究竟是什么关系？早在清华简刚刚披露不久，李零先生就曾经对此提出过疑问③，李学勤先生之所以提出"《尚书》体裁"的说法，正是对这一问题的思考。随着这一问题的展开，势必引出关于"书"类文献的判别标准问题，这也是目前学界争讼不已的问题，就清华简已披露的各篇中，大家对各篇章是否属于"书"类文献的意见分歧如下④：

	清华简篇章	李守奎	程浩	刘光胜	刘成群	杨博	备注
第一册	尹至	○	○	○	○	○	
	尹诰	○	○	○	○	○	即《尚书·咸有一德》
	程寤	○	○	○	○	○	《逸周书》存目
	保训	○	×	×	○	○	
	耆夜	(×)	×	○	○	×	
	金縢	○	○	○	○	○	见今本《尚书》
	皇门	○	○	○	○	○	见今本《逸周书》
	祭公	○	○	○	○	○	见今本《逸周书》

---

① 艾兰：《论〈书〉与〈尚书〉的起源——基于新近出土竹书的视角》，《"清华简与儒家经典"国际学术研讨会论文集》，上海：上海古籍出版社，2017年，第277—284页。
② 程浩：《"书"类文献辨析》《出土文献》（第八辑），上海：中西书局，2016年，第136—145页。
③ 李零先生指出，清华简《尚书》的概念和范围是什么？只限《书》百篇，还是包括《逸书》？或者讲西周故事的都算？参见李零：《读清华简〈保训〉释文》，《中国文物报》2009年8月21日，第7版。
④ 本表主要根据黄泽钧先生在"出土文献与《尚书》学研究"国际学术研讨会上提交的《出土文献中"书类文献"判别方式讨论》一文中的相关表格，同时结合了刘光胜先生的意见综合而成。

续表

清华简篇章		李守奎	程浩	刘光胜	刘成群	杨博	备注
第三册	傅说之命	○	○	○	○	○	《尚书》存目
	芮良夫毖	(×)	(×)	(×)	(×)	×	整理者赵平安认为是《书》
	赤鹄之集汤之屋	×	(×)	○	○	×	
第五册	厚父	○	○	○	○	○	部分文字见于《孟子》引《书》
	封许之命	(×)	○	○	○	○	
	命训	○	×	○	○		见今本《逸周书》
	汤处于汤丘	×	(×)	(×)	○	×	
	汤在啻门	×	(×)		○	×	
	殷高宗问于三寿	(×)	(×)		○	×	

综合这些意见，笔者认为，各家之说之所以存在争议，重要的前提之一就在于对"书"类文献的相关概念和认识还存在一定的差异，这就需要对相关问题进行厘清。而在清华简已披露的各篇之中，《金縢》是大家公认的属于"书"类文献的篇章，同时它又能与今本《金縢》对应，这就为我们检讨目前关于"书"类文献的认识提供了一个绝佳的样本，本文的有关讨论也正是基于这一基础展开。

二、清华简《金縢》的特点分析

关于清华简《金縢》的研究，许多学者已经有了很精到的讨论，本文在此不再过多展开，只就与本文有关的内容展开分析和讨论。在笔者看来，清华简《金縢》的如下特点值得我们关注。

1. 简本和今本互有所长

清华简《金縢》释文公布之后，关于简本与今本的优劣比较问题的讨论一直很热烈。有学者认为今本要优于简本，如廖名春先生指出，"竹书本《金縢》从整体上要晚于今本，要劣于今本"①，程元敏先生亦持同样观点②，黄怀信先生则认为"简本总体上较今本晚出"，"今本则更多地保留了原始面貌"③；也有学者认为简本要优于传本，比如刘光胜先生就指出，清华简《金縢》与今本之间有许多异文，而这些异文，"很多地方简本都优于今本"④，陈剑先生则认为，今本《金縢》在整体上要晚于简本，也劣于简本⑤。诸位先生的见解各有所据，这之中黄人二先生的观点尤为值得重视，他认为二者皆为佳本，"简本很好，传世本也相当好"，简本和今本之间的某些差别"纯意气之争，非真理之辨"⑥。事实上，我们判断简本今本孰优孰劣，可能会基于的立场不同而有所不同，对于古书流传而言，接近古本原貌的"真"和文义上的"佳"在一定情况下会存在矛盾，"真"未必"佳"，"佳"未必"真"，如果预设的立场不一，所得出的结论自然就会不一样。因此对于简本与今本的优劣问题，抛开双方谁更接近原貌这一"求真"的立场，仅从文义出发考量，我们不难发现，简本与今本其实互有所长，难言优劣。

我们可以找到很多简本较今本为佳的例子，如简本作"尔之许我，我则晋璧与珪；尔不我许，我乃以璧与珪归"。今本作"今我即命于元龟，尔之许我，我其以璧与珪，归俟尔命，尔不许我，我乃屏璧与珪"。从文义上看简本为佳，今本"我其以璧与珪，归俟尔命"尤难说通，若"归"字上读，则文义不通，若下读，则整句缺乏谓语⑦。又如简本载"王亦未逆公。"今本"逆"作"诮"，《鲁世家》作"训"。从文义来看，简本"逆"字为佳，⑧ "诮"或系传抄中出现的讹误⑨。但有些地方又是今本见长，如简本载"王得周公之所自以为功，

---

① 廖名春：《清华简与〈尚书〉研究》，载《文史哲》2010年第6期。
② 程元敏：《清华楚简本〈尚书·金縢篇〉评判》，收入上海社会科学院《传统中国研究集刊》编辑委员会编《传统中国研究集刊》（九、十合辑），2012年，第37页。
③ 黄怀信：《清华简〈金縢〉校读》，载《古籍整理与研究学刊》，2011年第3期。
④ 刘国忠：《从清华简〈金縢〉看传世本〈金縢〉的文本问题》，载《清华大学学报》（哲学社会科学版）2011年第4期。
⑤ 陈剑：《清华简〈金縢〉研读三题》，收入氏著《战国竹书论集》，上海：上海古籍出版社，2013年，第433页。
⑥ 黄人二：《清华简〈周武王有疾周公所自以代王之志〉通释》，载彭林主编《中国经学》（第八辑），桂林：广西师范大学出版社，2011年，第21页。
⑦ 程浩先生认为此处可能存在人为的颠覆，"我其以璧与珪，归俟尔命，我乃屏璧与珪"应与"我乃屏璧与珪"的位置互换，整句变为"尔之许我，我乃屏（奉）璧与珪。尔不许我，我其以璧与珪归，俟尔命。"如此则文义通顺，与简本的差别也不大。程浩：《清华简〈金縢〉研究——兼论"书"类文献在秦以前的流传特点》，上海大学2012年度硕士学位论文，第16页。
⑧ 萧旭先生认为简本此"逆"字与"诮""训"同义，参见萧旭：《清华竹简〈金縢〉校补》，见复旦网，2011年1月8日。刘国忠先生、陈剑先生皆将此字和简文下文出现的"逆"同解为"迎接"，参见刘国忠：《走近清华简》，北京：高等教育出版社，2011年，第137页；陈剑：《清华简〈金縢〉研读三题》，收入氏著《战国竹书论集》，上海：上海古籍出版社，2013年，第411—412页。今本此处完句为"王亦未敢诮公"，简本无"敢"字，难以作"诮"或"训"之解，且下文的"逆"系"迎接"之义无疑，故此处"逆"当为"迎接"之义，刘、陈二氏之说当是。
⑨ 陈剑先生指出，古"逆""御""迎"三字音义相近，常有异文互作的现象，本有同源关系。此处的"逆"字或有作"御"之本，而"御"又写作"卸"形，与"诮"形近而产生了讹误。参见陈剑：《清华简〈金縢〉研读三题》，收入氏著《战国竹书论集》，上海：上海古籍出版社，2013年，第412页。

以代武王之说",今本做"乃得周公所自以为功,代武王之说"①。最典型的例子当属祝词的部分,双方各有优劣之处②,究其原因,当正如李锐先生所指出的,简本和今本可能都经历过一定的改动,说明它们在流传中有各自独立的传流系统。

2. 简本与今本的有分歧之处往往各自有据

简本与今本虽然有许多不同之处,但如果仔细分析这些差异,可以发现,简本与今本之说往往都有各自的根据,而并非简单地其中一方发生了讹误。如武王克商是两年还是三年的问题③,又如是"以启金縢之匮"还是"以启金縢之书"的问题④。需要指出的是,简本和今本的许多差异,往往是和其文本内容相关。前文的比较中有多处涉及这样的例子,特别是出入最大的祷祝部分,我们可以发现,两者之间的差异,往往是因为要顾及各自文本的前后文,要保证文本的一致性所致,如简本作"祝告先王曰",而今本无"告先王"三字,是因为简文前文就无此三王,所以此部分有,而今本前面已经有具体三王的名称,所以此处无。又如简本作"惟尔元孙发也,不若旦也,是佞若巧能,多才,多艺,能事鬼神"之处,今本作"以旦代某之身,予仁若考能,多材多艺,能事鬼神;乃元孙不若旦多材多艺,不能事鬼神。"⑤ 两者各有其相对独立的表述方式。像这样的差异,很难用某一种文本出错来解释,

---

① 黄怀信先生认为今本要更为通顺,简文"王得周公之所以自以为功"中的"之"字系后人所增,参见黄怀信:《清华简〈金縢〉校读》,载《古籍整理与研究学刊》2011年第3期。从文义上看,简本"王得"确实不如今本"乃得"通顺。

② 李锐先生对简本和今本的祝词进行了比较,认为两种祝词各有优劣之处,虽然在文句上相差很大,但是两者之间的基本内容皆有且相差不大。参见李锐:《〈金縢〉初探》,载《史学史研究》,2011年第2期。

③ 简本载"武王既克殷三年"而今本作"二年",杜勇认为两者之间的差异缘自人们对"既克商二年"的纪年表述有不同的理解,一种将之理解为是不包括克商之年的后二年,司马迁《史记·周本纪》载为"武王已克殷,后二年……武王病"便是此例;另一种则将之理解为包括克商之年的第二年,楚地经师根据自己所掌握的知识和理解,将武王崩逝的时间由其所见原本的"既克商二年"改为"既克殷三年"。参见杜勇:《清华简〈金縢〉有关历史问题考论》,载《古籍整理研究学刊》2012年第3期。马卫东先生则据平势隆郎的观点,认为简本《金縢》与今本之间在年代上的差异是因为今本《金縢》使用逾年纪元法,而清华简《金縢》可能采用的是立年纪元法,今本与简本在"二年""三年"上的差异只是对纪年方式理解的不同,在内涵把握上是一致的。参见马卫东:《周公居东与〈金縢〉疑义辨析》,载《史学史研究》2015年第2期。杜、马二氏之说有可取之处,此问题或如黄人二先生所言,系古文、今文经说不同所导致,这种差别,"乃门户之争,非真理之辩",参见黄人二:《清华简〈周武王有疾周公所自以代王之志〉通释》,载彭林主编《中国经学》(第八辑),桂林:广西师范大学出版社,2011年,第9—21页。

④ 简本载"以启金縢之匮",今本作"以启金縢之书"。从上下文来看,简本和今本均提到周公将祷祝之辞放进了"金縢之匮",因此此时成王开的应该是"匮"而不是"书",简文无疑更为准确,但今本之说并非毫无根据,屈万里云:"谓占兆之辞书为书",从这个意义上说,放在"金縢之匮"里的周公祷祝之辞确实能称之为"书",不过即便如此,"书"也是难以用"启"的,考虑到汉初《尚书》传播的种种特殊情况,此处可能是今本在此时口传中的口误所致。

⑤ 今本明显较简本更繁,对此程浩先生认为"并非简本有缩写,而是传本有'衍生'",因为今本"予仁若考能,多材多艺,能事鬼神"句后接"乃元孙不若旦多材多艺,不能事鬼神",这两句有重复甚至显得繁芜,若删去后一句中重复部分并前移至前一句,则此句为"乃元孙不若旦,予仁若考能,多材多艺,能事鬼神",亦能读通,且和简本的差别就不大了。参见程浩:《清华简〈金縢〉研究——兼论"书"类文献在秦以前的流传特点》,上海大学2012年度硕士学位论文,第15页。

这也再次印证了前文所提到的观点：简本和今本在流传中都经历过一定的改动，说明它们在流传中有各自独立的传流系统。

3. 简本有明显楚地化的特点

这一特点最典型的体现在简本的人物称谓上，简本对周王室成员称谓的记载与今本相比差别甚大，如开篇便有今本所无的"武王"，对周公不像今本一样单称"公"，在祝词中直呼武王名"发"而不像今本一样称"某"。这些例子并不是像有些学者认为的那样说明简本晚出，而是由于简本自身的特点所造成的，其目的是为了使简本更为清晰。这一点在篇题上也能得以充分的体现，对于简本的篇题"周武王有疾周公所自以代王之志"，曾有人质疑为何在战国时代周王室尚存的情况下还有人直呼"周武王"之名，对此刘国忠先生指出，楚王的谥号常常与周王相同，如果在楚国的典籍里出现相关的人物要是不加以具体区分，是很容易搞混的，比如"武王"到底是"周武王"还是"楚武王"，"文王"究竟是"周文王"还是"楚文王"。因此楚人在抄写像《金縢》这样的《尚书》类经典时，有意对相关的人物在称谓上有所加工以加以区别①。刘氏之说，不仅很好地解释了简本篇题的相关问题，同样也解答了简本在其他地方所出现的类似人物称谓上的问题。从这里也可以看出，简本是一个带有明显楚地特点的抄本。

三、对"书"类文献的两点认识

根据这些认识，我们来分析一下"书"类文献可能具有的一些特点：

1. 先秦时期"书"类文献的流传并无"定本"

其实仔细分析许多学者认为简本比今本差的主要依据，往往在于其先预设在先秦时期，《金縢》有一个定本。程元敏先生就认为简本是根据齐鲁写本《金縢》改造而来的，冯时先生的观点亦是此例，其在对清华简《金縢》篇的文本性质进行分析时指出：

> 可知同一经书的不同文本，其主要差异实际仅在于用字的通假与异体等区别，偶存误字与误句，至于文本本身，则无实质的不同。这种情况说明，同一经书的不同文本实出一脉，原为一本。东汉荀悦《申鉴·时事》云："仲尼作经，本一而已，古今文不同，而皆自谓真本经。古今先师，义一而已，异家别说不同，而皆自谓古今。"六经虽非孔子所作，但经文原本只有一本，经义也只有一种解释，这种情况当为事实。其后囿于先秦用字习惯的宽泛及辗转传抄的原因，经书才逐渐形成了不同的文本。显然作为经书本身，尽管后世文本多有用字的差别，但就其内容与整体形式而言。应该是严谨而规范的。②

冯时先生之说主要借鉴了高明先生的观点，高明先生曾在分析汉代今古文相关问题时

---

① 刘国忠：《试析清华简〈金縢〉篇名中的所谓称谓问题》，载清华大学出土文献研究与保护中心编《清华简研究》（第一辑），上海：中西书局，2012年，第177页。
② 冯时：《清华〈金縢〉书文本性质考述》，载《清华简研究》（第一辑），上海：中西书局，2012年，第164页。

指出：

> 由于古代经书各有不同的同音假借字，以及误字误句，因此原来的经文虽只是一本，而反映在各个抄本当中却有多种多样，成为各种不同名称的版本了。如果把他们当中的假借字、异体字、误字、误句统一改正，他们就是经文完全相同的一本书。①

需要指出的是，高明先生的论断，是建立在对汉代今古文字考察的基础之上的，其用以分析的对象，多是汉代经典，其中用得最多的例子，便是武威汉墓出土的汉简《仪礼》②。这一理论验之先秦能否成立？以《金縢》为例，冯时先生之说，预设的前提是在春秋战国时期，经典的流传都已经有了一个底本，也就是我们常说的"定本"，《金縢》便是如此，因此既然简本与今本有一定差异，那么必然是简本的性质与今本不同。冯先生的观点不是孤例，许多学者在研究清华简《金縢》的文本性质时，都不自觉地用这种传统上的"定本"观念来对简本进行衡量，自然会对简本的性质有所怀疑。但实际情况是，在先秦时期，《金縢》的流传，是否会有一个定本存在呢？

回答这个问题，我们必须要考虑到当时的学术环境。来国龙先生曾经指出，文本的权威至少有两种来源：政治权威和知识权威，我们往往比较熟悉前一种权威，研究的也更多，但对于后一种权威却知之不多。而其实在政治权威宣布某一部书成为经之前，文本经典化的过程早就已经开始甚至完成③。来氏的观点，对于我们认识"书"类文献和之后《尚书》的流传，具有非常重要的启示作用，我们都知道，《尚书》虽然具有特殊的地位，但是在政治上被立于学官而获得官方的正统地位，是汉代以后的事情了，那么在先秦时期，在政治权威没有提供足够的保障的情况下，其知识权威是否可以使此时的"书"类文献在流传时形成相对固定的文本呢？其实从清华简《金縢》的情况来看，恐怕答案是否定的。最典型的例子便是简本的篇题与今本不同，李学勤先生指出，这说明墓主人没有见过《书序》或者不承认《书序》④，杨振红先生认为这可能说明孔子没有删订过《尚书》，也没有作《书序》⑤，刘光胜先生亦有类似看法⑥。其实这倒未必能够证明，因为虽然从孔子生活的时代（前551—公元前479）到清华简的时代（前305±30），两者之间有大约二百年，即便对于古书流传来说时间也是比较漫长，但需要看到，孔子此时并没有取得政治权威的支持，在知识权威上也没有达到汉代那样尊崇的地位，如果他整理了《尚书》并作了《书序》，依当时的流传条件，他的成果并没有成为大家所奉行的"定本"是很正常的。刘国忠先生据《左传》鲁昭公二十六

---

①高明：《从出土简帛经书谈汉代的今古文学》，载《高明论著选集》，北京：科学出版社，2001年，第322页。

②这在高明先生的《据武威汉简谈郑注〈仪礼〉今古文》和《从出土简帛经书谈汉代的今古文学》里表现得最为典型，参见氏著《高明论著选集》，北京：科学出版社，2001年，第298—323页。

③来国龙：《论战国秦汉写本文化中文本的流动与固定》，载《简帛》（第二辑），上海：上海古籍出版社，2007年，第523页。

④李学勤：《清华简与〈尚书〉、〈逸周书〉研究》，载《史学史研究》2011年第2期。

⑤杨振红：《从清华简〈金縢〉看〈尚书〉的传流及周公历史记载的演变》，载《中国史研究》2012年第3期。

⑥参见刘光胜：《清华简与先秦〈书〉经流传》，载《史学集刊》2012年第1期。

年"王子朝及召氏之族、毛伯得、尹氏固、南宫嚚奉周之典籍以奔楚"的记载，认为王之朝之乱时，曾携带了大量周王室的典籍到楚国，清华简中出现众多儒家经典，应该认为是一种巧合，未必是儒家学者在楚地传播儒学的结果①。这也从另一个侧面说明，此时的《金縢》在楚地的流传，并没有我们今天意义上的一个"定本"存在，这一点还可以从当时的著作观和文本的流传上体现出来。

首先，从著作观来看，当时著作观与今人有明显的不同，对此李零先生早就指出，古书往往不题撰人，没有概念明确的作者②，龚鹏程先生则指出，先秦时期有"神圣性作者观"，与我们今天"所有权作者观"完全不同，人人皆可参与作品，而且视参与作品为一神圣性的活动，"任何人都不敢垄断或独居创作者之名"③。龚氏之说可以在简帛古书中得到一定的佐证，在我们所见的简帛古书实物中，尚未有署名的情况出现，在能形成互见的文本中，也基本上或多或少存在一定的差异。具体到《金縢》的例子，前文提到李锐先生曾指出，简本和今本在流传中都经历了一定的改动，其实从本质上看，这就是当时著作观的一种体现，即每一个参与《金縢》流传的人，都可能会根据自己的理解或需要，对《金縢》加以一定的改造。黄怀信先生也指出，从清华简《金縢》与今本的比较可以看出，"可见古书流传，传抄者多可改易增删文字，乃至移动句子，改变句式"④。而这种改造，当然会限制在一定的范围内，不会改变原文的主旨和主要内容，所谓"述而不作"便是此义。在当时的人看来，这种改造后的文本，仍然和改造前的文本是同一类的，这也解释了为什么在汉代，同一类文献会出现许多不同的版本的原因⑤。

其次，从文本的流传上看，在汉代，出现文本之间的不同最主要的原因是因为学派，汉代有较为严格的家学和师法，蒋伯潜先生就曾经指出，"西汉传经之儒最重'师法'，师之所传，弟之所受，即一字亦不敢出入"⑥，因此文本之间出现不同最主要的是因为师法和家法的不同所致。但是先秦时期的情况与汉代有所不同，其学派活动的变化上要较汉代更为频繁⑦，这也是与当时的政治环境有关的。而如此频繁的学派变化，必然使相关的文本变动非常频繁，这也从另一个侧面反映出当时学术权威的衰弱。而在这种情况下文本的流传，就很容易因为学派的变化而产生不同的文本。黄人二先生认为，从清华简《金縢》和今本的比较来看，两者的一些主要差异恰好也反映了某些汉代今古文之争，说明今古文的问题，应该在战国时期就已经产生。其观点当然有可以讨论的地方，但是他指出汉代今古文之争在一定程

---

① 参见刘国忠《清华简〈金縢〉的篇名及相关问题》，"出土文献与《尚书》学研究"国际学术研讨会提交论文。
② 李零：《出土发现与古书年代的认识》，载《李零自选集》，桂林：广西师范大学出版社，1998年，第27页。
③ 龚鹏程：《汉代思潮》，北京：商务印书馆，2008年，第63页。
④ 黄怀信：《清华简〈金縢〉校读》，载《古籍整理与研究学刊》2011年第3期。
⑤ 典型的例子便是刘向在整理文献时，常常需要整理很多种同类性质的文献，比如其对《晏子》的整理。
⑥ 蒋伯潜：《经与经学》，北京：九州出版社，2011年，第223页。
⑦ 典型的便是孔子之后，儒分为八。

度上只是"门派之争，非真理之辨"是非常切中肯綮的①。历史上围绕《尚书》文本的不同，今古文两派之间纷争不已，但从简本和今本的比较来看，他们之间的许多差异，可能正如黄人二先生所指出的，只是对不同文本的字句解读不同而已。从本质上说，这种分歧，是古书在漫长流传过程中受无"定本"的影响，在不同的传流系统中有各自不同的文本共同存在所致。而在这漫长的流传过程中，这些不同的文本，往往优劣并存，互有所长，难以轻易断言孰优孰劣。

总之，从清华简《金縢》的情况来看，先秦时期"书"类文献的流传可能并没有我们今天意义上的"定本"观念，关于这一点，我们在传世文献的记载中也能找到一些佐证，刘起釪先生就曾指出，先秦时期各家引《书》会出现不小的分歧，并举了《甘誓》和《仲虺之诰》等例子，这其实就反映出在先秦时期，各家在引《书》时，并没有一个"定本"的观念在约束他们。因此，我们应该对先秦时期早期《尚书》流传无"定本"的现象有充分的认识，由此出发，改变原来禁锢我们头脑的一些传统观念，在遇到类似的文本比较的问题上，不能出现在简文与今本的比较中，一有抵牾，便认为必然其中有一个是错，而要看到它们可能都有彼此相对独立发展的可能。当然许多问题，并不是一篇简文出现就能得到圆满解答，但是我们必须在态度上对这一问题予以足够的重视，这是毋庸置疑的。

2. 先秦时期"书"类文献并没有明确的分类

不仅没有定本，先秦时期的"书"类文献可能也只是个宽泛的概念，并没有明确的分类。关于这一点，我们还是来看看《金縢》的例子。清华简《金縢》问世之后，学者们关于简本的性质有过十分热烈的讨论。李学勤先生最早指出，简本与今本应分属不同的流传系统②，李锐先生进而指出，简本和传本是同源异流的关系，二者在流传过程中都可能经过过不同程度的改写③，杜勇先生亦有类似表述④；程元敏先生认为，清华简《金縢》系齐鲁写本《金縢》在战国中叶或稍晚一点的时间南传至楚，有楚国人抄写并加以改造的，"以便诠解讲论，用授生徒"⑤。冯时先生则认为，清华简《金縢》应是《志》书⑥，刘国忠先生也有类似的观点。

冯、刘二先生的看法，主要针对清华简《金縢》的篇题展开，根据整理者的报告，清华简《金縢》第十四简简背下端提有篇题《周武王有疾周公有所自以代王之志》，与今本《金縢》篇题截然不同。冯时先生认为"其半取《书序》，半取经文"，篇题的"志"与正文的"说"含义相近，应为古书的原始名称。并进一步分析指出，清华简《金縢》实为《书》教

---

①黄人二：《清华简〈周武王有疾周公所自以代王之志〉通释》，彭林主编《中国经学》（第八辑），桂林：广西师范大学出版社，2011年，第18—22页。
②李学勤：《清华简九篇综述》，载《文物》2010年第5期。
③李锐：《〈金縢〉初探》，载《史学史研究》2011年第2期。
④杜勇先生认为简本和今本在传习过程中都有一定程度的加工和改造，已成为与初始本有别的两种变异本。杜勇：《清华简〈金縢〉有关历史问题考论》，载《古籍整理研究学刊》2012年第3期。
⑤程元敏：《清华楚简本〈尚书·金縢篇〉评判》，收入上海社会科学院《传统中国研究集刊》编辑委员会编：《传统中国研究集刊》（九、十合辑），2012年，第36页。
⑥冯时：《清华〈金縢〉书文本性质考述》，载《清华简研究》（第一辑），上海：中西书局，2012年，第168—169页。

之作，其文本脱胎于《尚书·金縢》，并做了必要的省简说解①。刘国忠先生则指出，这里的"志"是不能读为"诗"的，清华简中出现众多儒家经典，应该认为是一种巧合，未必是儒家学者在楚地传播儒学的结果。而"周武王有疾周公所自以代王之志"的篇名提醒我们，该篇文献很可能是被楚人视为是"志"的一种，其目的是"使知废兴者而戒惧焉"②。

对此刘光胜先生有不同的意见，他认为这很有可能只是个序言，而不是个篇名，理由是先秦文献里还没有见到这么长的标题③，刘先生的观点或有可商之处④，但他所指出的"清华简尚未形成固定的篇题书写制度"这一看法无疑是准确的，程元敏先生曾经指出：

> 《尚书》各篇原为天子或诸侯国公文（理论上如此，但其中有后人述古之作），出史官撰写（《召诰》、《洛诰》及《多士》），作册逸撰，召、洛二诰本经犹具明文，初为散篇，或存档公府，或颁行四国晓谕天下，原无亦毋需标识所谓篇名于简端。⑤

程先生的本意是要说明"书"在先秦时作成之后无需题写篇名，但他所说的情况反映出此时的"书"类文献并没有固定的篇题书写制度的事实。程浩先生在此基础上进一步指出，"书"类文献篇名的拟定在战国中晚期已经是非常普遍且逐渐趋于稳定⑥。我们当然能够看到此时许多文献里已经有明确的"书"类文献的篇名的事实，但是清华简《金縢》简背后面的十四个字，不管其是不是篇名，都提醒我们，至少在楚地的这个文本并非以《金縢》作为篇名。究其原因，恐怕还是和前面所提到的缺乏政治权威和知识权威有关，说明此时楚人对《金縢》这个文本的处理和使用，都和我们今天所看到的文本有很大的不同，两者可以确定属于不同的传流系统。

如果将简本归于当时"志"书的一种，关于"志"，我们都知道《国语》里申叔时的那段话：

> 教之《春秋》，而为之耸善而抑恶焉，以戒劝其心；教之《世》，而为之昭明德，而废幽昏焉，以休惧其动；教之《诗》，而为之导广显德，以耀明其志；教之礼，使知上下之则；教之乐，以疏其秽而镇其浮；教之《令》，使访物官；教之《语》，使明其德，而知先王之务，用明德于民也；教之故《志》，使知废兴者而戒惧焉；教之《训典》，使知族类，行比义焉。

从这个意义上说，如果将清华简《金縢》归入"志"一类，似乎也没有什么问题。但从

---

① 冯时：《清华〈金縢〉书文本性质考述》，载《清华简研究》（第一辑），上海：中西书局，2012年，第168—169页。
② 刘国忠《清华简〈金縢〉的篇名及相关问题》，"出土文献与《尚书》学研究"国际学术研讨会提交论文。
③ 刘光胜：《清华简与先秦〈书〉经流传》，载《史学集刊》2012年第1期。
④ 在今年十月的"纪念徐中舒先生诞辰120周年国际学术研讨会"上，笔者宣读此小文时在刘光胜先生曾在点评时指出，他认为简背的文字可能还是篇题，不过同时兼具类似后来《书序》的性质。
⑤ 程元敏：《尚书学史》，上海：华东师范大学出版社，2014年，第39页。
⑥ 程浩：《从出土文献看〈尚书〉的篇名与序次》，《史学集刊》2018年第1期。

形制上看，清华简《金縢》完简简长 45 厘米，与同时公布的《尹诰》《程寤》《祭公》等篇简长一致，而长于《保训》等篇①，可见在抄写者看来，简本是属于我们今天所说的"书"类文献的范畴。而且简本抄有标题，简背标有次序，这都是出土简帛实物中极为罕见的，说明抄写者对此篇极为重视，这也符合我们所设想的"书"类文献的经典地位。因此即便简本属于当时楚人的"志"书，但在楚人看来，这就是他们的"《金縢》"文本。我们当然可以说楚国不能代表当时古书作成与流传的全部情况，可问题在于，在没有政治权威和知识权威的时代，楚国的情况恐怕不是孤例，各国都不会存在一个大家都公认的《金縢》文本。

这一认识有助于我们理解现在围绕"书"类文献产生分歧的关键所在，在笔者看来，问题可能在于我们已经知道了现存有《尚书》这一文献的结果，根据这一结果来推想先秦时期与此相关的文献的种种情况。在这种思考方法下，我们很容易基于今本《尚书》的形态，去思考先秦时期"书"类文献可能具有的种种情状，带有历史解释上的"后见之明"②。实际上，从目前我们掌握的情况来看，先秦时期"书"类文献远比我们想象的要更为复杂。黄泽钧先生指出，我们现在已知的各种判断"书"类文献的方法，包括从竹简形制、文本体例和思想内容做区分，基本上都还难以成立③，这其实就从一个侧面提醒我们，先秦时期"书"类文献的作成与流传，并没有我们今天所设想的这样的分类概念，可能仍然还处在较为无序的状态，种种记载着古代君王和统治者言行的早期的"书"类材料，在这一时期以各种方式流传着，它们最早只是"政事之纪"的"书"，随着周王室的衰落在各国之间传播，有着各自不同的传流方式，但是都被时人承认是"书"④，其中以儒生为代表所传播的一种，最终成为我们今天所看到的《尚书》的文本。

因此，基于这些认识，笔者认为：

"书"类文献应该是春秋战国时期介于当时被视为"政事之纪"的"书"到后来《尚书》文本形成之间的一种状态，对于这类文献，当时人并没有我们今天这样的分类概念。如果一定要将其和后面成书的《尚书》联系起来，我们可以将与之相关这类文献称为《书》类早期文献，或者按刘光胜先生的提法称之为先秦《书》经，他们的作成和流传范围，可能就仅限于在一些比较特定的人群，比如儒生们的圈子里。这里面，可能就包含着孔子许多影响到后来文献的工作。但是在当时，它们还仅仅是当时浩如烟海的"书"类文献活动中的一种，并没有处于后来的绝对优势的地位。

四、余论

程浩先生在将"书"类文献定义为"君臣在行政过程中言论记录所形成的文本，它是一

---

①同时公布的其他几篇中，《楚居》略长而《保训》稍短。
②关于"后见之明"的阐述，参见王汎森：《执拗的低音——一些历史思考方式的反思》，北京：三联书店，2014 年，第 48—60 页。王先生的论述虽然主要围绕近代史以来的一些问题展开，但其理论对本文所论述主题亦有相合之处。
③黄泽钧：《出土文献中"书类文献"判别方式讨论》，"出土文献与《尚书》学研究"国际学术研讨会提交论文。
④因此在这一时期，也就没有《书》和《逸周书》之分。

种官方性质、记言体裁的文献,由史官记录并负责保存,有教化后嗣的功用"时。所引的依据之一就是郭店简《性自命出》里的一段话①:

《诗》《书》《礼》《乐》,其始出皆生于人。《诗》,有为为之也;《书》,有为言之也;《礼》《乐》,有为举之也。

可见在先秦时期,也有人开始对相关文献进行分类。但实际上,这一努力有多大效果,能否得到当时人的承认和遵循,其实是很值得考量的事情。至少从清华简《金縢》的情况来看,楚人对这一材料完全采取了拿来主义,根据自己的需要对这一文本进行了改写,其能否符合我们后来所认为的《书》,我们当然要有所怀疑。在缺乏知识权威的先秦时期,"书"类文献在流传中到底有多大程度上能不受各地风俗的影响,又有多大程度上能完全按照我们后来所设定的标准来进行文本的制作与流传,我想这恐怕是很值得思考的问题。在这些问题还没有得到完全的厘清之前,我们不妨谨慎一点,认识到包括"书"类文献在内的古书的作成和流传可能存在的复杂情况,承认其可能存在的多样性,这样才能更有助于我们的研究更为扎实地推进。

作者简介:谢科峰,男,湖南人文科技学院讲师,上海大学中国史博士。

---

① 程浩:《"书"类文献辨析》,《出土文献》(第八辑),上海:中西书局,2016年,第141页。

传世曾伯漆簠及相关问题说略^{*}

武汉大学历史学院　徐少华

传世曾伯霖（漆）簠，因其铭文涉及曾伯漆帅师参与征伐淮夷、保障南方青铜资源北上中原之路畅通等重要信息①，学界曾有较多的讨论与分析，然一直没有取得一致的意见。随着近年湖北京山苏家垄墓群的发掘以及整理工作的展开，曾伯漆墓葬材料的不断刊布②，使我们对此前感到迷惑的若干疑难问题有了逐渐明晰的认识。本文拟在综合前人论说的基础上，就曾伯漆簠的年代、国族及其身份等做进一步补充说明，以期总结经验、增进共识，为今后的深入研究奠定有利的基础。

一、关于曾伯漆簠的著录与年代

传世曾伯漆簠，由于早年器、盖分别于异地流传，器之部分后毁于火灾，以致部分金石著录书籍将其作为两件器物看待③，其实是同一件（合）簠的器、盖之上下两半。关于该簠的流传、著录、铭文格局和内容，以及作器年代、国族与背景等，屈万里先生曾有比较详细的说明和考释④，创见良多，值得借鉴。该簠现存上半合的器盖部分，收藏于国家博物馆，湖北省文物考古研究所编著的《曾国青铜器》一书对其有进一步的介绍，并配有清晰的器形照片（见图一：1），⑤ 基本情况大体明确。

---

*本文为国家社科基金重大招标项目"周代汉淮地区列国青铜器和历史、地理综合整理与研究"（批准号：15ZDB032）、武汉大学重大委托项目"两周汉淮地区列国青铜器和历史地理探析"（2016年）的阶段性成果。

①中国社会科学院考古研究所编：《殷周金文集成》（修订增补本，以下简称《集成》）第04631—04632器，北京：中华书局，2007年，第3008—3011页。

②方勤、胡长春等：《湖北京山苏家垄遗址考古收获》，《江汉考古》2017年第6期。

③罗振玉编：《三代吉金文存》卷10，第26页，第1—2器，北京：中华书局，1983年，第1051—1052页；郭沫若：《两周金文辞大系图录考释》图132、录207、考186"曾伯霖簠"，上海：上海书店出版社，1999年。

④屈万里：《曾伯霖簠考释》，《历史语言研究所集刊》（台北）第33本（1962年），第331—349页。

⑤湖北省文物考古研究所编：《曾国青铜器》"曾伯霖簠"，北京：文物出版社，2007年，第440—441页。

该簋器底内壁有铭文 11 行 88 字,又重文 4;盖底内壁有铭文 11 行 86 字,另有重文 4(见图一:2—3),比较而言,器铭更为完整:

> 唯王九月初吉庚午,曾伯㯱(漆)哲圣元武,元武孔黹,克逖濉(淮)夷,抑燮繁汤(阳),金道锡行,具既俾方。余择其吉金黄镥,余用自作旅簋,以征以行,用盛稻粱,用孝用享于我皇祖文考,天赐之福,曾伯漆叚不黄耇万年,眉寿无疆,子子孙孙永宝用之享。①

据铭文记载,曾伯漆曾于周王的某年九月初参与了征讨淮夷的战争,抚定"繁阳"诸地,保障了由南方向周王室及中原列国运送青铜资源的"金道锡行"的畅行。该器物的年代,早年郭沫若先生在《大系》一书中认为是"春秋初年之物"②;吴其昌先生则言此乃"(周)宣王初年……征服淮夷之事"③。刘节先生赞同这一看法④,以时代为西周晚期;屈万里先生结合《春秋》经传的记载,考定该器铸作于"鲁僖公十七年夏到十九年夏这两年的期间"⑤。即公元前 643—641 年之间,属于春秋中期偏早;日本学者白川静先生所著《金文通释》则遵从屈说⑥;曾昭岷、李瑾先生推测"应是春秋早、中期间之物"⑦;《集成》和吴镇烽先生的《金文人名汇编》均定为"春秋早期"⑧;前些年出版的《曾国青铜器》,根据器物形制和纹饰特征,将其断为"春秋早期偏晚阶段"⑨。

今按,以目前铜器断代更加全面、精细的标准来衡量,后一种说法当更为可信。若就现存的器盖部分细加比较,该簋的四边直口有了一定的高度,且每边正中有一个兽形鋬卡,曲尺形足正中的缺口已由早期的长方形变为长椭圆形,口沿直壁上的窃曲纹在向蟠螭纹转化过渡,腹壁饰较粗疏的蟠螭纹,其形制与纹饰风格,明显晚于湖北枣阳郭家庙 M1 出土的 2 件曾孟嬴剈簋⑩,但又早于枝江百里洲所见的考叔㲴父簋⑪,而与 1971 年河南新野小西关、信阳平桥 M2 诸墓随葬的铜簋接近⑫。郭家庙 M1 的年代,发掘报告定于"春秋早期后段",

---

① 《集成》第 04631 器,第 3008—3009 页;《曾国青铜器》第 440—441 页。文下着重号为引者所加,下同。
② 郭沫若:《两周金文辞大系图录考释》"考释"第 186 页。
③ 吴其昌:《金文历朔疏证》卷 6,第 9 页,武汉:武汉大学丛书,1934 年。
④ 刘节:《寿县出土楚器考释》,收入氏著《古史考存》,北京:人民出版社,1958 年,第 123 页注 1。
⑤ 屈万里:《曾伯㯱簋考释》,《历史语言研究所集刊》(台北)第 33 本(1962 年),第 345 页。
⑥ 白川静:《金文通释》卷 4,第 226 器"曾伯㯱簋",神户:白鹤美术馆,1973 年,第 515—516 页。
⑦ 曾昭岷、李瑾:《曾国和曾国铜器综考》,《江汉考古》1980 年第 1 期。
⑧ 见《集成》第 4 册"铭文说明"之"曾伯㯱簋",第 3448—3449 页;吴镇烽编撰:《金文人名汇编》(修订本)"曾伯㯱"条,北京:中华书局,2007 年,第 327 页。
⑨ 湖北省文物考古研究所编:《曾国青铜器》"曾伯㯱簋",第 440—441 页。
⑩ 襄樊市考古队等:《枣阳郭家庙曾国墓地》,北京:科学出版社,2005 年,第 91—94 页,图版 10:2—3。
⑪ 湖北省博物馆:《湖北枝江百里洲发现春秋铜器》,《文物》1972 年第 3 期。
⑫ 郑杰祥:《河南新野发现的曾国铜器》,《文物》1973 年第 5 期;河南省博物馆等:《河南信阳平桥春秋墓发掘简报》,《文物》1981 年第 1 期。

是正确的;枝江百里洲的青铜器,整理者认为属"春秋早期",从鼎腹较浅、底部较平坦,簋的直口较高、足部缺口向两边凹进,盘腹较浅、外表饰蟠螭纹的特征分析,当不早于春秋早中之际,更可能在春秋中期的早段;新野小西关器组,简报言在"春秋早期",结合墓内所出上下分铸、均有附耳的圆体甗,敦形鼎,器腹与盖面均饰蟠螭纹的盆(简报作"盨")以及蟠螭纹簋等过渡性作风来看,应为春秋早期晚段且接近早中之际;信阳平桥春秋墓,发掘者说是"春秋早期至中期",我们曾通过比较,认为属于"春秋早期偏晚,不迟于春秋早中之际"①。曾伯漆簋既晚于枣阳郭家庙M1的曾孟嬴剈簋、又早于枝江百里洲的考叔脂父簋,而与新野小西关、信阳平桥M2出土的铜簋相似(参见图二),其时代当为春秋早期偏晚而接近早中之际,绝对年代约在公元前680年前后。

从铭文内容可知,在春秋早期偏晚,曾伯漆曾率领曾国之师参与征伐淮夷的战事,建功立业,协助稳定了繁阳等地的动乱形势,保障了南方青铜资源输运王室和中原列国的畅通。簋铭之"繁阳",又见于传世韩城所出晋姜鼎和1974年洛阳出土的"繁阳之金"剑等器铭②,一般认为即《左传》襄公四年楚师驻扎之"繁阳",在今河南新蔡县北③,陈伟先生据《续汉志》推论更可能在今安徽太和县以北地带④,两者相去不远,均位于淮河以北、今河南与安徽两省接境的汝水、颍水之间,这里正是当时中原列国与东边淮夷族系之间的交错地带,也是由长江中下游青铜资源富集带通往中原的交通要道和必经之地,繁阳有可能是当时南铜北上的一个转运与加工中心或集散地,故而享有盛名,淮夷的内侵当直接危及青铜资源的运输、流通安全,因而招致中原列国的征讨,曾伯漆帅曾师参与了这次军事行动,保障了"金道锡行"的正常流通。这次列国征伐淮夷事件不见于传世典籍,簋铭的内容正好弥补了文献记载之缺失。

二、曾伯漆的国族与身份

关于曾伯漆的国族与身份问题,学界一直存在不同的意见。郭老在《大系》一书中虽未明言曾伯漆的族属,但却将所收录、分析的7件有铭曾国青铜器称为"鄫器",并与《春秋》经传之"鄫"相关联加以考释⑤,很显然,郭老是将曾伯漆之"曾"作为淮河下游以北、今山东南部的姒姓之鄫国看待的;而刘节先生在考释寿县楚器时举证分析、论定曾伯漆当是与楚相近的姬姓之曾⑥;屈万里先生则认为"曾伯漆簋之曾,是姒姓之鄫,而不是姬姓之缯。"

---

①徐少华:《樊国铜器及其历史地理新探》,《考古》1995年第4期。
②晋姜鼎见《集成》第02826器,第1496页;"繁阳之金"剑,见洛阳博物馆:《河南洛阳出土"繁阳之金"剑》,《考古》1980年第6期。
③顾祖禹:《读史方舆纪要》卷50,河南汝宁府新蔡县"繁阳亭"条,北京:中华书局,2005年,第2368页;杨伯峻:《春秋左传注》(修订本),北京:中华书局,1990年,第931页。
④陈伟:《楚"东国"地理研究》,武汉:武汉大学出版社,1992年,第36页。
⑤见《大系》下册,"考释"第186—188页。
⑥刘节:《寿县出土楚器考释》,载氏著《古史考存》,第122—123页。

即文献所载今山东境内的姒姓鄫国①，与郭老的认识相近；白川静先生亦同意这一观点②；曾昭岷先生等通过排比，推测东周时期存在三个姒姓曾国，而曾伯漆属于今河南东部、汝颍之间的曾国之族③，就族系而言，还是姒姓；陈秉新先生等赞同刘节先生的看法，认为此簠铭之曾属于南土的姬姓曾国④。

随着近四十年来随枣走廊及附近地区大批曾国铜器和墓葬的相继出土，越来越多的材料证明刘节先生早年关于周代南方楚国附近另有一姬姓曾国的说法是正确的，渐为多数学者所接受、遵从。《曾国青铜器》可谓这方面的集大成者，同时亦将曾伯漆簠纳入该曾国的铜器范围⑤，值得信从。就现有的资料和研究而言，早年郭老在《大系》中所论述的7件曾器，均应是南方姬姓曾国的遗物，而非位于今山东南部的古姒姓鄫国之器。

通过近年湖北京山苏家垄曾国墓地的系统发掘与整理，尤其是M79和M88曾伯漆夫妇墓及多件曾伯漆铭文铜器的面世⑥，给学界多年来关于曾伯漆国族问题的讨论画上了一个完满的句号。当然，前辈学者的讨论和认识，虽有诸多分歧，但给我们当今以及此后的进一步探索，奠定了非常有利的基础，需要我们继承和发扬。

至于曾伯漆的身份，屈万里先生认为"伯是爵称"，曾伯漆当即"曾国的国君"；曾昭岷先生亦推测此"伯"是该曾国之"爵称"，"与琅邪之曾称'子'，淮西曾国称'侯'者有别"；陈秉新先生等言"曾伯漆，曾国之君"；吴镇烽先生则说是"曾国族首领"⑦。

今按，此论恐不确实，到目前为止，随枣走廊及附近地带的姬姓曾国铜器发现甚多，其国君一律称"曾侯"，如西周早期的曾侯谏、曾侯犺，春秋中晚期的曾侯宝、曾侯㠱、曾侯与、战国早中期的曾侯乙、曾侯丙等，⑧几无例外，由此可见，曾伯漆之"伯"不应作为爵称理解，而是行辈之称，即曾国公室某小宗内的长子，"漆"为其私名，与器铭所见的曾伯文、曾伯从宠、曾伯陭等类似，⑨不应作为国君或国族首领看待。

---

①屈万里：《曾伯黍簠考释》，《历史语言研究所集刊》（台北）第33本，第345页。

②白川静：《金文通释》卷4，第226器"曾伯黍簠"，第515—516页。

③曾昭岷、李瑾：《曾国和曾国铜器综考》，《江汉考古》1980年第1期。

④陈秉新、李立芳：《出土夷族史料辑考》第七章"曾伯黍簠"，合肥：安徽大学出版社，2005年，第234—236页。

⑤湖北省文物考古研究所编：《曾国青铜器》"曾伯黍簠"，第440—441页。

⑥见方勤、胡长春等：《湖北京山苏家垄遗址考古收获》，《江汉考古》2017年第6期。

⑦屈万里：《曾伯黍簠考释》，《历史语言研究所集刊》第33本，第337页；曾昭岷、李瑾：《曾国和曾国铜器综考》，《江汉考古》1980年第1期；陈秉新、李立芳：《出土夷族史料辑考》第七章"曾伯黍簠"，第235页；吴镇烽编撰：《金文人名汇编》（修订本）第327页。

⑧关于诸位曾侯时代、次序的说明，参见方勤：《曾国历史的考古学观察》，《江汉考古》2014年第4期。

⑨曾伯文器组，1970年出土于湖北随州均川熊家老湾，见鄂兵：《湖北随县发现曾国青铜器》，《文物》1973年第5期；曾伯从宠鼎为1965年初武汉市文博单位所收集，见蓝蔚：《武汉发现曾伯鼎一件》，《文物》1965年第7期；另参《曾国青铜器》第422—424页；曾伯陭壶，见《集成》第09712器；曾伯陭钺，见襄樊市考古队等：《枣阳郭家庙曾国墓地》第19、25—27页，彩版16。

结　语

　　结合传世曾伯漆簠的器物形制、纹饰以及湖北京山苏家垄墓地的发掘材料来看，该簠的铸作时代当在春秋早期偏晚并接近早中之际，即公元前 680 年前后。曾伯漆既非位于今山东南部的古姒姓曾国之属，亦非其国君或国族首领，而是今湖北随枣走廊内周代姬姓曾国的小宗首领。

　　就文献记载和目前已有的出土资料来看，从两周之际至春秋中期前段，是曾国历史与文化比较兴盛、发达的时期，作为姬姓侯国、南土方伯内的小宗首领——曾伯漆于当时帅师参与征讨淮夷、襄助周王室及中原列国维护社会秩序的稳定和经济命脉的通畅，自是情理之中的事。

1. 曾伯漆簠（盖）　　2. 曾伯漆簠铭文（器）　　3. 曾伯漆簠铭文（盖）

图一　曾伯漆簠及铭文

1. 曾伯漆簠（盖）　　2. 信阳平桥铜簠（M2：5）

3. 新野小西关铜簠　　4. 枝江百里洲铜簠

图二　相关铜簠比较

作者简介：徐少华，男，武汉大学历史学院教授。

《李君碑》《裴君碑》释文补正*

中国石油大学（华东）文学院　伊强

摘　要：《李君碑》《裴君碑》是 2011 年在成都出土的两方东汉石刻。《李君碑》中，旧释"丛恶"之"恶"，当分析为上並下心，"丛恶"即古书中的"丛薄"；旧释"昭辅"之"昭"，当是"胎"字，"胎辅"即古书中的"台辅"。《裴君碑》中，旧释"萧曹"，当改释为"两曹"；"耆遵"当即古书中的"稽滞"。

关键词：李君碑　裴君碑　丛薄　两曹

2011 年 11 月成都天府广场出土两方东汉石碑，被称作《李君碑》和《裴君碑》。学者们对这两方碑刻的文字内容及相关历史问题做了多方面的探讨，① 本人在研读过程中，发现个别释文仍有可商榷的地方。这两方碑刻，研究者所作释文，各有不同。本文所引释文主要依据何崝先生文。②

《李君碑》

《李君碑》始刻于阳嘉二年（133 年），碑阳铭文记载其担任蜀郡太守期间的政绩，碑阴则是捐刻人的姓名。

碑阳第 7 行：

内省于政，田畯惟乾。公绰不欲，以正厥身。庶职丛恶，一以贯思。

---

*基金项目：国家社科基金重大项目"云梦睡虎地 77 号西汉墓出土简牍整理与研究"（16ZDA115）、"中央高校基本科研业务费专项资金"。

① 罗开玉：《〈李君碑〉、〈裴君碑〉初探》，四川大学博物馆四川大学考古系成都文物考古研究所：《南方民族考古》（第八辑），北京：科学出版社，2012 年；何崝：《成都天府广场出土二汉碑考释》，四川大学博物馆四川大学考古系成都文物考古研究所：《南方民族考古》（第八辑）；罗开玉：《成都天府广场出土石犀、汉碑为秦汉三国蜀郡府衙遗珍说》，《四川文物》2013 年第 3 期；赵超、赵久湘：《成都新出汉碑两种释读》，《文物》2012 年第 9 期；董宪臣、毛远明：《成都新出汉碑两种字词考释——与赵超、赵久湘两位先生商榷》，邓章应主编：《学行堂语言文字论丛》（第四辑），成都：四川大学出版社，2014 年。

② 何崝：《成都天府广场出土二汉碑考释》，四川大学博物馆四川大学考古系成都文物考古研究所：《南方民族考古》（第八辑）。

这几句话记述的是李君任郡守时的为政情况。其中的"恶"字，何崝先生解释为"过"，并串解"庶职丛恶，一以贯恩"两句为"大略谓担任各种职务的官吏，若有过失，都一概给予恩典，不加惩罚"①。赵超、赵久湘先生则释作"並"，解释说："並，平列，齐並，见《荀子·儒效》：'俄而並于尧舜'。及《汉书·高帝纪》：'诸侯並起。'"② "恶"原作㤈，碑阳第1行"並"作㗊，对比可知，赵超、赵久湘先生对此字的释写是正确的，大概是排版输入的原因而将其直接释写为"並"。因此，此字当分析为上並下心，可严格释写为悲。但从前后文意看，赵超、赵久湘先生将其理解为"平列、齐並"则是有问题的，因为在古书里见不到"丛並"一类的说法，且语法上也滞碍难通。我们认为此字当读作薄。悲，当以並为声，並上古音是并母铎部，薄是并母鱼部，二者双声，鱼铎阴入对转。大徐本《说文·日部》："普，日无色也，从日从並。"《说文解字系传》作"並声"。章太炎《小学答问》："《天文志》'日月薄食'，孟康曰：'日月无光曰薄。'京房《易传》'日月赤付为薄'，《河图帝览嬉》亦云'日月赤黄无光曰薄'。薄正普之粗也。"③因此从古音上说並、薄相通是合适的。"丛薄"见于古书，有草木相杂之义。《楚辞·刘安〈招隐士〉》："丛薄深林兮，人上栗子。"《淮南子·俶真》"夫鸟飞千仞之上，兽走丛薄之中，祸犹及之"，高诱注："聚木曰丛，深草曰薄。"又《齐俗》："高山险阻，深林丛薄，虎豹之所乐也，人入之而畏。"《文选·鲍照〈芜城赋〉》"丛薄纷其相依"，吕向注："草木相杂也。"碑文中"丛薄"当表众多之义，这一用法，类似下面的"仆遬"，《汉书·息夫躬传》"诸曹以下仆遬不足数"，颜师古注："仆遬，凡短之貌也。"王引之说："古者谓小为仆遬。"④仆遬为联绵词，或作朴樕、仆樕、扑朔等，《辞通》解释说："皆小木名，引申为凡陋之义。"⑤ "庶职丛悲（薄），一以贯恩"，句意上还可参照《北海相景君碑》中的"微弱蒙恩"⑥，亦可作"庶职丛悲（薄）"为庶职众多之意的旁证。

碑阳第9行：

　　知配昭辅，隐德未信。

此二句，是称赞李君的话。何崝先生解释说："'昭辅'指辅佐帝王。'隐德'，为人所不知的德行。'信'读如伸，伸张，使人了解。李君的才智足以辅佐帝王，但他的德行还都不

---

①何崝：《成都天府广场出土二汉碑考释》，四川大学博物馆四川大学考古系成都文物考古研究所：《南方民族考古》（第八辑），第96页。
②赵超、赵久湘：《成都新出汉碑两种释读》，《文物》2012年第9期，第68页。"並"，赵超、赵久湘先生原文如此。需要说明的是，在简化汉字里，"並"字已简化并入"并"字，为讨论方便，本文在讨论中涉及"悲"的字形及释义时，保留使用"並"这一字形。
③丁福保编纂：《说文解字诂林》，北京：中华书局，1988年，第6858页。普、薄相通之说，又见章太炎讲授、朱希祖、钱玄同、周树人记录、王宁主持整理：《章太炎说文解字授课笔记》，北京：中华书局，2008年，第286页。
④王引之：《经义述闻》卷二十八，南京：江苏古籍出版社，2000年影印本，第669页。
⑤朱起凤：《辞通》，上海：上海古籍出版社，1982年，第2261页。
⑥洪适：《隶释》卷六，见《隶释·隶续》，北京：中华书局，2003年影印本，第72页。

为人们所知。"① 今按,"昭"字原作▨,可与以下昭、胎二字对比:

昭	胎
▨鲁峻碑▨桐柏庙碑▨衡方碑②	▨逢盛碑▨孔耽神祠碑③

很明显将▨释作"昭",与字形不合,且"昭辅"在古书里面也找不到例证。此字无疑当是"胎"字。上表中《孔耽神祠碑》的"胎",原所在文句为"背有胎表",洪适指出"胎作台"。④ 因此,碑文中的"胎"也当读作"台","台辅"则常见于古书,《后汉书·孝桓帝纪》:"永惟大宗之重,深思嗣续之福,询谋台辅,稽之兆占。"《后汉书·杨震传》:"臣蒙恩备台辅,不能奉宣政化,调和阴阳。""信",当即伸张、伸展之义。"隐德未信",是说"内在的德行没有得到很好的伸张施展"。

《裴君碑》

《裴君碑》始刻于建康元年(144),碑阳铭文记载了裴君的生平事迹,碑阴则是捐款刻碑的属吏职务及姓名。

碑阳第9行:

> 不贵难成,断绝玩好。约己惠下,性同宣蒙。留心萧曹,理罪听怨。虽得其情,哀矜原宥。

这几句话,都是赞扬裴君品德及任职为政的,其中"留心萧曹",各家释文未见异议,在解说时皆与汉初的萧何、曹参二人相联系。如何崝先生就解释说:"'萧曹'谓萧何和曹参。……'留心萧曹',实为认真实行法治之意。"又云:"'理罪听怨',言审理罪案采取宽恕处理的办法。"⑤ 细审原碑文字,"萧"原作A⑥,汉代隶书里"两"字上面有赘加两笔"丷"的例子,见下图B-D⑦;这种写法的"两"字,也见于后世的俗字中,如敦煌俗字,见下图E-G⑧。

---

① 何崝:《成都天府广场出土二汉碑考释》,四川大学博物馆四川大学考古系成都文物考古研究所:《南方民族考古》(第八辑),第97页。
② 字形俱见顾蔼吉:《隶辨》,北京:中华书局,1986年影印本,第50页。
③ 字形俱见顾蔼吉:《隶辨》,第29、30页。
④ 洪适:《隶释》卷二,见《隶释·隶续》,第60页。
⑤ 何崝:《成都天府广场出土二汉碑考释》,《南方民族考古》(第八辑),第85页。
⑥ 字形取自赵超、赵久湘:《成都新出汉碑两种释读》,《文物》2012年第9期。
⑦ 字形皆引自《汉语大字典》字形组编:《秦汉魏晋篆隶字形表》,成都:四川辞书出版社,1985年,第531页。
⑧ 字形皆引自黄征:《敦煌俗字典》,上海:上海教育出版社,2005年,第244页。魏晋六朝时期这种写法的"两"字,详细论述见刘乐贤:《释魏晋南北朝时期解注文中的"两"字》,复旦大学出土文献与古文字研究中心编:《出土文献与传世典籍的诠释——纪念谭朴森先生逝世两周年国际学术研讨会论文集》,上海:上海古籍出版社,2010年。

A	B（郙阁颂）	C（武威医简）	D 流沙简 屯戍十六. 六	E	F	G
兩	兩	兩	兩	兩	兩	兩

因此，上文所讨论的A当也是"两"字。"两曹"一词见于汉代文献，《说文·曰部》："曹，狱两曹也。"段玉裁注："两曹，今俗所谓原告、被告也。曹犹类也。《史记》曰'遣吏分曹逐捕'，《古文尚书》'双方具备'。《史记》'双方'一作'两遭'。两遭、双方即两曹。古字多假借也。曹之引申为辈也、群也。"① 又司马彪《续汉书》卷四《胡广》："旬日拜尚书郎，恪勤职事，所掌辨护，兼苾两曹，转左丞（相）。"② 从碑文"留心两曹，理罪听怨"的前后文意看，"两曹"的释读也合乎上下文意。"留心两曹，理罪听怨。虽得其情，哀矜原宥"，这几句话可对参以下文字，《尚书大传》："子曰：'听讼，虽得其情，必哀矜之。死者不可复生，断者不可复续也。《书》曰"哀矜折狱"。'"③ 对参可知，"虽得其情"之"虽"，不必如赵超、赵久湘先生读作"惟"，即常见的纵使、即使之义④。"情"，实也。"哀矜原宥"，则是宽大处理的意思。

碑阳第11行：

> 帅人以正，孰敢不正。苞钼痌塞，耆遴辟用。取士乡人，违绝上来。奸轨（宄）息集，百谷丰炽。

这几句也是赞扬裴君行政的，"耆遴"之"耆"，赵超、赵久湘先生释作"者"，认为乃"诸"之别体⑤。按何崝先生将此字释为"耆"，引《礼记·曲礼上》"六十曰耆"为解，"遴"通"滞"，"耆滞辟用"意即年龄偏大或被废弃的人才，都被召用⑥。今按，"耆"原字形作耆，当以释"耆"为是⑦。更不必如何崝先生说，拘泥于《礼记》中的"六十曰耆"。"耆遴"实为一词，即古书中的"稽滞"，拖延留迟之义，东汉蔡邕《幽冀二州刺史久阙疏》："三府选幽冀二州刺史，逾月不定。……苟避轻微之科，窃见日月拘忌，选既稽滞，又未必审得其人。"⑧ "耆遴"意同"幽滞"，《后汉书·董卓列传》："幽滞之士，多所显拔。""取士乡人，违绝上来"，何崝先生解释说："此二句，意为裴君取士于乡人，杜绝来自上面的请托。"⑨ "来"字，董宪臣、毛远明先生提出不同意见，认为当释作"求"，并认为"违绝上

---

① 许慎撰、段玉裁注：《说文解字注》，上海：上海古籍出版社，1981年影印本，第203页。
② 周天游辑注：《八家后汉书辑注》，上海：上海古籍出版社，1986年，第413页。
③ 皮锡瑞：《尚书大传疏证》，《续修四库全书》，上海：上海古籍出版社，2002年影印本，经部，第55册，第779页。
④ 赵超、赵久湘：《成都新出汉碑两种释读》，《文物》2012年第9期，第70页。
⑤ 赵超、赵久湘：《成都新出汉碑两种释读》，《文物》2012年第9期。
⑥ 何崝：《成都天府广场出土二汉碑考释》，《南方民族考古》（第八辑），第86页。
⑦ 汉代文字数据中的"耆"字，可参见蒋文《汉君忘忘镜铭新研》，复旦大学出土文献与古文字研究中心编：《出土文献与古文字研究》第五辑，上海：上海古籍出版社，2013年。
⑧ 《蔡中郎集》卷二，《续修四库全书》，上海：上海古籍出版社，2002年影印本，集部，第1583册，第371页。
⑨ 何崝：《成都天府广场出土二汉碑考释》，《南方民族考古》（第八辑），第86页。

求"即"避开、断绝求上以干禄之人"。① 李洪财先生通过对汉代相关文字资料的梳理，归纳指出："来的上部一笔横画末尾一般顺势而出，不会出现类似'点'的笔画。而'求'字上部的横画末尾都有一个上扬的笔画，这个笔画是'求'字古文字形体遗留的痕迹。"② 从字形看，"来"原作"![字形]"，因此当以释"求"为是。在古书里，"上求"一般指"上之所求"，如《后汉书》卷四十一："郡国所举，类多辨职俗吏，殊未有宽博之选以应上求者也。"此碑文中的"上求"似也当作此解。"取士乡人，违绝上求"两句，大概是说裴君从本地选拔各种人才，并不按照上级的要求来做。

作者简介：伊强，男，中国石油大学（华东）文学院讲师。

---

① 董宪臣、毛远明：《成都新出汉碑两种字词考释——与赵超、赵久湘两位先生商榷》，邓章应主编：《学行堂语言文字论丛》（第四辑），成都：四川大学出版社，2014年。
② 李洪财：《五一广场东汉简的文字问题》，《中国书法》2016年第5期，第175页。

西周中晚期册命金文所见"五邑"新探

西南大学历史文化学院　邹芙都　查飞能

摘　要： 西周中晚期册命金文中的"五邑"并非"五个邑"，而是一座位于岐周东面漆水流域的城邑。"五邑"建制有三：一是军事统帅"师""太师"及辅助管理军事人员走马、驭人的官员；二是行政官员"邑人"及管理甸人、水利设施的官员；三是神职官员"祝"。三类人员以"师""太师"为核心领导者，其下属或行政官员一般由师、太师举荐。"五邑"既可加强岐周、丰镐防御，又是西周农业区。

关键词： 西周　册命金文　五邑　岐周　漆水

西周中晚期有六件册命金文出现"五邑"一词[①]。陈梦家先生认为"五邑当指西土五个城邑"[②]，马承源先生认为"五邑"可能是官位尊贵等次的名称[③]，刘雨先生认为"五邑"是在东土某地的行政单位[④]，陈絜先生认为"五邑"是五个提供给农作者居住的基层农村聚落[⑤]，观点不一而足。我们据西周中晚期涉及"五邑"的册命金文内容可知，中央政府在"五邑"设有军事官、行政官、神事官，亦有为军队服务的马政人员、从事生产的甸人及水利设施等，五邑地位的重要性由此可见一斑。本文在以往研究的基础上，拟对西周中晚期册命金文所见"五邑"一语的相关问题作一全面研究，不当之处，敬请学界批评指正。

[①] 西周中晚期六件册命金文分别是：殷簋（《铭图》11·05305－05306）、救簋盖（《铭图》11·05278）、虎簋盖（《铭图》12·05399－05400）、元年师兑簋（《铭图》12·05324－05325）、迁簋（《铭图》12·05342－05343）、柞钟（《铭图》27·15343－15349）。《铭图》是吴镇烽先生编著《商周青铜器铭文暨图像集成》（上海：上海古籍出版社，2012年）的简称。文中凡引此六件铭文相关信息及此书收录铜器如无特别说明均简称《铭图》，并标有著录卷数、编号，不再单独注释。
[②] 陈梦家：《西周铜器断代（上）》，北京：中华书局，2004年，第241页。
[③] 马承源主编：《商周青铜器铭文选（三）》，北京：文物出版社，1988年，第277页。
[④] 刘雨：《近出殷周金文综述》，《故宫博物院院刊》2002年第3期。
[⑤] 陈絜：《周代农村基层聚落初探——以西周金文资料为中心的考察》，见朱凤瀚主编：《新出金文与西周历史》，上海：上海古籍出版社，2011年，第108－109、165－166页。

一、"五邑"考订

如上所述，学界对"五邑"的认识存在三方面分歧：一是"五邑"是单一名词还是"数+名"形式的"五个邑"；二是"五邑"地理位置为西土或东土的分歧；三是"五邑"是农村聚落抑或城邑性质的争议。

（一）"五邑"非"五个邑"辨析

陈絜、陈梦家先生认为"五邑"是"数+名"形式的"五个邑"，马承源、刘雨先生认为是单一名词。事实上，"五邑"之"五"如作数量词"五"，不符合西周金文数量表达方式。西周中晚期册命金文中的"五邑"，除殷簋称"东鄙五邑"之外，救簋盖、虎簋盖、元年师兑簋、迁簋、柞钟均称"五邑"，说明"五邑"是中心语，"东鄙"是一个限定"五邑"方位的定语词组。"数+名"形式的"五个邑"理解方式，把"五邑"分开解之，视"五"为数量词，与金文中"名+数"的数量表达习惯不符合。尽管带有"五邑"的西周中晚期册命金文只有六件，但是称为"邑五"则一件也没有，此可说明"五邑"理解为"五个邑"不恰当。

从语法角度来看，"五邑"不构成任何语法成分，是一个单一名词。但是如果解为"五个邑（邑五）"，则是一个数字定语后置结构，"邑"是中心词，数字表示中心词的数量。数字定语后置在西周金文中很普遍，习见于带有数量多少的品物赏赐铭文中，表达方式是"名+数"的形式①，完全与"五邑"相悖。需要说明的是，殷簋铭云"东鄙五邑"的结构并非数字定语后置，中心语是"五邑"，而非"东鄙"。

根据金文中类似称谓，"五邑"名"五"。西周金文中邑前之字是邑的名称。新邑鼎（《铭图》5·02268）铭"新邑"，指"成周"②，意指"成周"是新建的。柞伯鼎（《铭图》5·02448）铭"昏邑"，是"昏"地之邑。又瓒比盨（《铭图》12·05679）铭的"邑"也有具体名字，"猷、言二邑"、"竞、楂、甲三邑"、"州、泸二邑"，是名猷、言、竞、楂、甲、州、泸的邑。西周中晚期册命金文中"五邑"若是"五个邑"，很难理解这些册命金文中一次也没有出现五个邑的具体名称，故类之其当与常见的"邑"之称谓相似。

据上，"五邑"应是一个单一名词，马承源先生"官位尊贵等次说"、刘雨先生"行政单位说"虽亦均属于单一名词。然马承源先生将"五邑"与"官位尊贵等次"相联系最难信从，所引《左传·昭公二十七年》传文为证尤为牵强。杨伯峻注引章炳麟先生《左传读》卷一认为传文中"五邑"之"邑"是《说文》训为"书囊"之"裛"的省体，是装策书之囊。③是年传文记载陈成子召集在隰之役为国战死者之子，册封他们士的身份，以弥补国难多艰之际未能体恤、嘉奖之事。传文还特别记载陈成子召集颜涿聚之子晋："召颜涿聚之子晋，曰：'隰之役，而父死焉。以国之多难，未女恤也。今君命女以是邑也，服车而朝，毋

---

① 赵平安：《两周金文中的后置定语》，见氏著：《金文释读与文明探索》，上海：上海古籍出版社，2011年，第199—200页。
② 陈梦家：《西周铜器断代（上）》，北京：中华书局，2009年，第64、366页。
③ 杨伯峻：《春秋左传注》，北京：中华书局，2009年，第1733页。

废前劳!'"① 结合前后文来看,章炳麟先生所解最为通达。传文"系五邑"指装有赐予战死者之子用以表明具有乘坐两马之车的士之身份的五袋命辞简册,引而证之西周中晚期册命金文中的"五邑"是官位尊贵等次名称,可谓失之千里。

至此我们以为刘雨先生认为"五邑"是"行政单位"无疑最为允恰,根据金文中常见邑的称谓来看,"五邑"应是名"五"之邑。

(二)"五邑"地理位置考辨

关于"五邑"的地理位置,陈絜先生认为在"岐周东面",陈梦家先生认为在"西土",刘雨先生认为在"东土某地"。

实际上,出土地与册命地点是判断"五邑"位置的两个重要信息。西周中晚期册命金文涉及"五邑"且有出土信息的有殷簋、虎簋、迁簋、柞钟。殷簋,1984年出土于陕西耀县丁家沟西周铜器窖藏,耀县即今陕西铜川市耀州区,位于岐周以东。虎簋,1996年8月出自陕西丹凤县西河乡山沟村。迁簋,《考古图》明确记载"二敦得于扶风"②。柞钟,1960年10月陕西省扶风县法门公社齐家村一座西周铜器窖藏。以上铜器多出扶风县,扶风县位于岐山县以东,毗连先周核心区域岐山县,扶风县东边即渭河支流漆水。从地理位置上看,五邑正位于岐周以东漆水流域的扶风县一带,这一地域与西周中晚期册命金文涉及"五邑"者出土区域符合。救簋铭是册命救为"五邑守堰",即五邑地区的水利官,漆水就在岐周以东,五邑有堤坝等水利设施,也是其在扶风县漆水流域一带的明显证据。而铜川市耀州区在扶风县东边,亦与漆水临近。需作说明的是,虎簋所出丹凤县,位于宝鸡市西南,南接汉中,西接甘肃。与其他器所出之宝鸡市扶风县或与之相近的铜川市耀州区相比,虎簋所出地较远,这种情况说明虎生前在王室为官,其采邑在丹凤县一带。

从册命地点来看,殷簋在"周新宫","周"指"岐周"③。"周"亦见于西周早期保尊、保卣。保尊、保卣铭文"遘于四方会,王大祀袚于周",陈梦家先生模棱两可指出是岐周、宗周④。实际上,保尊、保卣铭文"周"即成王岐阳之盟的地点⑤,也即岐周。殷簋铭"东鄙五邑","东鄙"即岐周东鄙,铭文中的册命地点"周"是"岐周"正好能够把"东鄙"与"五邑"金文出土区域紧密联系起来。

《中国史稿》"商代黄河长江中下游地区地图"把"周"定于渭河之北,漆水以南、以西⑥。"西周黄河长江中下游地区地图"则把"周原"定于漆水流域⑦。"周原"是广义称谓,岐山以南、渭河之北较高台地均是"周原","五邑"即位于周原地区的漆水流域,与地图中所定周、周原符合。

---

① 杨伯峻:《春秋左传注》,北京:中华书局,2009年,第1733-1734页。
② 吕大临等著,廖莲婷整理校点:《考古图(外五种)》,上海:上海书店出版社,2016年,第36页。
③ 尹盛平:《试论金文中的"周"》,《考古与文物》丛刊3号《陕西省考古学会第一届年会论文集》,1983年11月;宗德生:《试论金文中的"周"》,《南开学报》1985年第2期。
④ 陈梦家:《西周铜器断代(上)》,北京:中华书局,2004年,第366页。
⑤ 李学勤:《斗子鼎与成王岐阳之盟》,《中国国家博物馆馆刊》2012年第1期。
⑥ 郭沫若主编:《中国史稿地图集》,北京:中国地图出版社,1996年,第11-12页。
⑦ 郭沫若主编:《中国史稿地图集》,北京:中国地图出版社,1996年,第12-13页。

一般来说，西周时期的东土，指成周以东地区。刘雨先生云东鄙五邑位于"东土某地"说，似与事实不符合。而西土则指渭河平原，陈梦家先生所说五邑在西土范围过大。陈絜先生所云"岐周东面"鄙野之地是较为符合的，漆水正在岐周东面不远处。

综上分析，结合相关西周中晚期册命金文记载的册命地点、铜器出土地域来看，"五邑"位于岐周以东漆水流域的宝鸡市扶风县一带，这一区域邻近岐周所在岐山县，正在"岐周"以东，与位置限定词"东鄙"密切吻合。

（三）"五邑"是一个城邑

前文已明"五邑"是一个"行政单位"，虽然"农村聚落""城邑"均符合行政单位之说，但到底是"农村聚落"，还是"城邑"，仍需探讨。先秦至秦代的基层农村聚落户数在二三十户左右①，西周时期一个农村聚落的户数常态是十余户至二十余户②。但这个户数范围与西周中晚期册命金文中"五邑"的管理者、人员成分等极为矛盾，故"五邑"之"邑"应是"城邑"。

第一，从"五邑"管理者角度来看，"五邑"由军事官、行政官、神事官组成，以军事官为核心，负责管理五邑，职官体系齐全，这一点详见五邑建制部分。"五邑"拥有如此完善的建制，至少是一个中等城邑的规模。一个十余户、二十余户人家组成的基层农村聚落，人口也就一、二百人，根本无法支撑起如此庞大的建制。

第二，从"五邑"人员成分来看，"五邑"具有军政合一特点。刘雨先生说："'五邑'是一个特殊行政单位，金文有走马、佃人、祝等职，但却同时设有以'五邑'为单位的同名官职。"③ 此言既指出"五邑"的性质是行政单位，又指出"五邑"人员成分。据虎簋盖铭文来看，"五邑"还有"驭人"。走马是马政人员，驭人是车政人员，甸人是农业人员。在车战时代，走马、驭人属于军事人员。"五邑"既有军事服役人员，也有农业生产人员，西周基层农村聚落虽然是军政合一的，但是一二十户的聚落完全没必要划分人员成分，只有中等城邑才有必要细分军事服务人员、农业生产人员。

此外，殷簋铭"东鄙"之"鄙"非边鄙、鄙野之鄙，鄙亦有国、都、邑之义。沫司徒疑簋铭"诞令康侯鄙于卫"，杨树达先生引《广雅·释诂》"鄙，国也"解"鄙于卫"之"鄙"为邦、国、邑之义④。杜勇先生同之，并引《周礼》"都鄙"连言及相关注解与分析沫司徒簋铭文证之⑤。殷簋"东鄙"虽是限定词，但"五邑"却一般不加"东鄙"，说明"东鄙"是一个可以省略的并列性质的限定词，"鄙"可代"五邑"。"岐周"与"东鄙五邑"对文，犹如"都"与"邑"对文。"都"是"国都"，直属"国"之大城邑及卿大夫采邑称为"都"

---

① 陈絜：《里耶"户籍简"与战国末期的基层社会》，《历史研究》2009年第5期。
② 陈絜：《周代农村基层聚落初探——以西周金文资料为中心的考察》，见朱凤瀚主编：《新出金文与西周历史》，上海：上海古籍出版社，2011年，第112页。
③ 刘雨：《近出殷周金文综述》，《故宫博物院院刊》2002年第3期。
④ 杨树达：《积微居金文说》，上海：上海古籍出版社，2013年，第380页。
⑤ 杜勇：《关于沫司徒疑簋考释的几个问题》，《西华师范大学学报（哲学社会科学版）》2018年第3期。

鄙","野"之广义包含"都鄙"与"遂"①。"岐周"与"东鄙五邑"关系即是"都"与大城邑的关系,"东鄙""五邑"是并列成分,即岐周东边都邑名"五邑"者。

二、"五邑"建制

据西周中晚期册命金文涉及"五邑"的册命命辞来看,"五邑"建制完备,职官体系齐全。大致可分为军事官、行政官、神事官三类及相关下属人员。

(一) 军事职官

在涉及"五邑"的西周中晚期册命金文命辞中,提到受册命者上级有救簋盖、柞钟、虎簋盖、元年师兑簋,节引如下,释文尽量采用宽式:

(1) 虎簋盖:更厥祖考,胥师戏司走马、驭人眔五邑走马、驭人,汝毋敢不善于乃政。(《铭图》12·05399—05400)

(2) 元年师兑簋:胥师和父司左右走马、五邑走马。(《铭图》12·05324—05325)

(3) 救簋盖:王在师司马宫太室,……内史尹册锡救:……于五邑守堰。(《铭图》11·05278)

(4) 柞钟:仲太师佑柞,……司五邑甸人事。(《铭图》27·15343—15349)

四例铭文大致可分两种情况。一是直接显示受册命者上级是"五邑"军事职官。第(1)虎簋盖铭是"胥师戏司走马、驭人眔五邑走马、驭人",第(2)元年师兑簋是"胥师和父司左右走马、五邑走马"。铭文中的"胥",郭沫若先生解为"续",前任已逝,代前任之职司②。陈梦家先生训为辅、助③,可从。《方言·卷六》:"胥、由,辅也。吴越曰胥。"郭璞注:"胥,相也。由,正。皆谓辅持也。"④《广雅·释诂二》:"胥,助也。"司即管理,《说文·司部》:"司,臣司事于外者。"⑤两例铭文的受册命者均是辅助军事职官师管理五邑。

二是间接显示受册命者上级是"五邑"军事职官。第(3)救簋盖是"王在师司马宫太室"册命救,周王亲自前往师司马宫太室册命救,此可说明救是师司马的下属或私臣。"师司马"称谓很特殊,"司马"冠以"师",说明司马具有双重身份,师是军事长官,司马掌管六师或八师,军事上仅次于太师⑥。第(4)柞钟是"仲太师佑柞"接受册命,柞钟铭由仲太师作为佑者册命柞,"佑"是引导之义,太师与其引导的受命者柞存在上下级关系。

四例铭文中受册命者的上级身份是"师"或"太师",师是军队长官,即六师中每一师的长官,而太师则是最高军队长官,还出任执政大臣⑦。由四例铭文可知,"五邑"的管理者是军事职官"师"和"太师"。在师、太师之下的军事职官,则是辅助管理走马、驭人之

---

①童书业著、童教英校订:《春秋左传研究(校订本)》,北京:中华书局,2006年,第163—164页。
②郭沫若:《两周金文辞大系图录考释》,北京:科学出版社,2002年,第154页。
③陈梦家:《西周铜器断代(上)》,北京:中华书局,2004年,第153—154页。
④扬雄:《方言》,北京:中华书局,2016年,第73页。
⑤许慎:《说文解字》,北京:中华书局,2013年,第184页。
⑥杨宽:《西周史》,上海:上海人民出版社,2003年,第348页。
⑦杨宽:《西周史》,上海:上海人民出版社,2003年,第331—333页。

人，四例铭文中的虎、师兑即是师的辅助军事职官。

（二）行政职官

册命金文中"五邑"的行政职官主要是"邑人"，水利长官、甸人事物官。第一，邑人。见于殷簋、迁簋铭文：

> （1）殷簋：王若曰："殷，命汝更乃祖考友司东鄙五邑。"（《铭图》11·05305－05306）

> （2）迁簋：王呼内史册命迁。王曰：迁，昔先王既命汝作邑，䚄五邑祝，今余唯申就乃命。（《铭图》12·05342－05343）

第（1）殷簋铭文是殷继承祖辈管理"东鄙五邑"，简报认为殷"是'东鄙五邑'的地方行政长官"，"身份当为'上士'一级"①。从铭文本身来看，殷是"五邑"的地方行政长官可信的，但身份为"上士"则很难证明。

第（2）迁簋铭文是周王册命迁继承祖辈"作邑"，具体职责是管理"五邑"的祝。马承源先生解释"作"为"治"，"作邑，治理邑的政事。《周礼·地官司徒·稻人》：'以涉扬其芟作田。'郑玄《注》：'作，犹治也。'"②窃以为这个提法可商，按照一般理解，周王册命是授予被册命者一个具体官职，"作邑"当"成为邑"之义，"作"训为"为"，即"成为"。《尚书·尧典》"伯禹作司空"，孙星衍云："作，为也。"又"汝作司徒"，《史记·五帝本纪》引作"汝为司徒"③。舲簋（《铭图》11·05258）铭"令邑于奠"，即令舲出任奠地之长④。西周金文有"邑人"，如卫盉（《铭图》26·14800）铭"三有司……司工邑人服"，五祀卫鼎（《铭图》5·02497）"三有司……司土邑人逋"。所引"邑人"是一邑长官，相当于《周礼·遂人》"为邑者"⑤。邑人即"乡邑之长"。⑥迁簋"作邑"视为"作邑人"简称与授予官职符合。

第二，水利长官、甸人事物官。见于救簋盖、柞钟铭文。

救簋盖铭册命救为"五邑守堰"，陈絜先生认为"守堰"是保护水利设施之义。⑦然守本身亦可作"守官"解，《说文·宀部》："守，守官也。"⑧《周礼·夏官·司士》："凡士之

---

①转引自陈絜：《周代农村基层聚落初探——以西周金文资料为中心的考察》，见朱凤瀚主编：《新出金文与西周历史》，上海：上海古籍出版社，2011年，第161页。

②马承源主编：《商周青铜器铭文选（三）》，北京：文物出版社，1988年，第277页。

③司马迁：《史记》，北京：中华书局，1982年，第39页。

④张光裕：《读新见西周舲簋铭文札迻》，见《古文字研究（25）》，北京：中华书局，2004年，第175页。

⑤杜正胜：《编户齐民——传统政治社会结构之形成》，台湾：台北联经出版公司，1990年，第211页。

⑥杨宽：《西周史》，上海：上海人民出版社，2003年，第333、415页。

⑦陈絜：《周代农村基层聚落初探——以西周金文资料为中心的考察》，见朱凤瀚主编：《新出金文与西周历史》，上海：上海古籍出版社，2011年，第108页。

⑧许慎：《说文解字》，北京：中华书局，2013年，第148页。

有守者。"郑玄云:"守,谓有职事治守政者,通官守、地守言之。"① 又《周礼·地官·小司徒》:"乃分地域而辨其守。"孙诒让正义:"守即所谓地守也。"② 证之此类记载,说明"守"与职司、职务相关。甚至"守"直接可以理解为职官,《战国策·秦策五》:"赵以为守相。"鲍彪注:"守,假官也。"册命救保护五邑水利设施,显然不如理解为册命救成为管理五邑水利设施的官员。

柞钟铭周王册命柞"司五邑甸人事"。"事"是"司五邑甸人"的补充性说明,有职事、职守之义。《说文·史部》:"事,职也。"③《诗经·小雅·北山》:"偕偕士子,朝夕从事。"事即职守、职事,谓朝夕恪守职事。即任命臣工职事。《荀子·大略》:"主道知人,臣道知事。"注云:"人谓贤良,事谓职守。"④ 皆可证明,事有职事、职守之义。"司五邑甸人事"即负责"五邑"甸人的职务,属于行政事务。

综合来看,"五邑"行政职官有一邑长官邑人⑤,水利职官及负责甸人事物的职官。

(三) 神事职官

西周中晚期有关"五邑"册命金文中涉及神事职官的目前所见有迁簋。周王册命迁成为"五邑"行政长官,具体职司是"飘五邑祝"。

飘,郭沫若、白川静、周法高等先生释"飘"为"摄",有"兼官"之义⑥。常与"司"连称,用于册命、任命铭文之中,后面多接册命或任命的职务、官位。"飘五邑祝"即"管理五邑祝"。

祝是神职人员的通称。马承源先生认为祝司神事,此祝或为太祝属官,负责五邑神事,故称"五邑祝"⑦。《说文·示部》:"祝,祭主赞词者。"⑧《礼记·郊特牲》:"祝将命也。"孔颖达疏:"祝,传达主人及神之辞令。"⑨ 概言之,祝即人、神沟通的中间者,传达主人和神的辞令。迁簋铭文中"五邑祝"应是五邑中神职人员的泛称,而不应理解为"祝"这一类单一的神事人员。被册命的迁仅管理"太祝"的属官"祝",所指对象较为狭窄,当泛称为"五邑"所有神职人员。据《周礼·春官》记载,周代的"祝"有"大祝""小祝""丧祝""甸祝""诅祝"五类。"五邑"有军事、行政职官体系,神事职官亦当成体系,迁簋铭文中的"祝"也应包括一系列"祝"类神事人员,负责"五邑"不同神事。

---

①孙诒让:《孙诒让全集·周礼正义》,北京:中华书局,2015年,第2979页。
②孙诒让:《孙诒让全集·周礼正义》,北京:中华书局,2015年,第978页。
③许慎:《说文解字》,北京:中华书局,2013年,第59页。
④王先谦:《荀子集解》,北京:中华书局,1988年,第595页。
⑤前文已明"五邑"以军事长官为核心领导,是一座军事性质的城邑。"五邑"军政合一的特点源于西周时代尚处于寓兵于农的社会。军队既是国家军事组织,又是地方公民地域组织,军队统帅"师"既是高级军事长官,又具有地方行政长官性质,直属官员有"邑人"(杨宽:《西周史》,上海:上海人民出版社,2003年,第417页)。
⑥参见周法高主编:《金文诂林补》,台北:"中央研究院"历史语言研究所,1982年,第4598—4604页。
⑦马承源主编:《商周青铜器铭文选(三)》,北京:文物出版社,1988年,第277页。
⑧许慎:《说文解字》,北京:中华书局,2013年,第2页。
⑨阮元校刻:《十三经注疏·礼记正义》,北京:中华书局,1980年,第1457页。

综上，西周中央政府在"五邑"设有完备建制，主要包括三方面：一是军政统帅"师""太师"及辅助管理军事人员走马、驭人的官员；二是行政官员"邑人"及管理甸人、水利设施的官员；三是神职官员"祝"。三类人员以"师""太师"为核心领导者，其下属或行政官员一般由师、太师举荐，共同管理与维持"五邑"军政、神事职官系统的运作。

三、"五邑"功用

西周中晚期册命金文中的"五邑"是一座以军事职官为核心领导者的城邑，"五邑"地理位置、人员构成等说明其能加强岐周、丰镐防御，又是西周农业区。

(一)"五邑"加强岐周、丰镐防御

第一，"五邑"可以加强岐周与宗周丰镐地区的军事安全。在西周早期，周人一直致力于开拓和稳定东、南疆土，并建设洛邑作为控制天下的中心。相对来说，"岐周"作为先周根据地有所衰落。在穆王时期，出现了一个新的册命地点"周新宫"，"周"即"岐周"，"新"说明是新建的。"岐周"出现"新宫"，说明尽管周人已经成为天下共主，但对崛起之地依然有着浓厚感情，所以穆王时期对岐周进行了新建。与此同时，在"岐周"以东营建"五邑"加强对岐周和丰镐的军事防御。

五邑地理位置也有利于强化岐周和宗周丰镐防御。五邑在岐周与丰镐之间距离岐周较近的漆水一带，漆水再往东就是渭河最大支流泾河。渭河和泾河流域狭长谷地是古代重要交通要道，中国古代少数民族常沿这两条路线进犯关中地区。从地理位置上看，漆水发源于岐山腹地，有一条狭长的谷地连接泾河谷地，也是一条潜在的入侵路线①，而且容易割断岐周与宗周丰镐的联系。在漆水出岐山一带营建五邑，能够加强岐周和宗周丰镐的军事安全，向西可以为岐周形成后方军事保障，向东可以协防泾河下游关中平原，为丰、镐提供侧翼安全。由此可见，"五邑"是一座军事上具有重要地位的城邑。

第二，西周中央政府在"五邑"有驻军。从军事建制的角度来看，"五邑"的管理者是军队统帅师和太师。同时"五邑"的军事服务人员有走马、驭人。走马，学界一般认为即"趣马"②。据《周礼·夏官》载："趣马，下士，皂一人，徒四人。"郑玄注："趣马，趣养马者也。"③《尚书·立政》篇载："虎贲、缀衣、趣马小尹，左右携仆、百司庶府。"孔传："趣马，掌马之官。"④ 概言之，"走马"是马政之官。驭人，与驾车有关的仆人。驭、御同，《说文·彳部》："御，使马也。从彳、从卸。驭，古文御从又、从马。"⑤《周礼·秋官·条狼氏》："誓驭曰车轘。"孙诒让正义："驭则谓驭夫。"⑥ 西周盛行车战，走马、驭人均是为军队服务的人员。

---

① 李峰著，徐峰译，汤惠生校：《西周的灭亡》，上海：上海古籍出版社，2007年，第45—47页；高景明：《丝绸之路长安——陇州道》，《文博》1988年第6期，第46—50页。
② 徐宗元：《金文中所见官名考》，《福建师范大学学报（哲学社会科学版）》1957年第2期，第21页；王翰章、陈良和、李保林：《虎簋盖铭简释》，《考古与文物》1997年第3期，第80页。
③ 孙诒让：《孙诒让全集·周礼正义》，北京：中华书局，2015年，第861页。
④ 阮元校刻：《十三经注疏·尚书正义》，北京：中华书局，1980年，第231页。
⑤ 许慎：《说文解字》，北京：中华书局，2013年，第37页。
⑥ 孙诒让：《孙诒让全集·周礼正义》，北京：中华书局，2015年，第3514页。

西周中央政府在宗周的军事组织有"西六师",一般认为其驻地在丰镐地区,但是岐周与丰镐相距不远,在岐周以东与宗周丰镐以西之间的五邑,也应是西周中央政府"西六师"的驻地之一。这种认识最重要的根据就是"五邑"建制是以军事为核心,主要领导者是"师",甚至"太师",他们都是"西六师"的统帅或最高统帅。且"五邑"有走马、驭人,完全是为军事服务的,相应的也应有军队驻扎,与车战时代相符合。

(二)"五邑"是西周农业区

"五邑"位于岐山之阳、渭河之北的较高开阔台地,在先周时期"五邑"一带既已称"周原",是周人核心农业区。"周原"之称盖源自古公亶父时期,《史记·周本纪》载古公亶父"止于岐下",《集解》引徐广言"山在扶风美阳西北,其南有周原",又引皇甫谧言"邑于周地,故始改国曰周"①。原即《说文·辵部》训为"高平之野"的"邍"②,"周原"是周人较高台地之意。据《诗经·大雅·绵》载,"周原"在漆水流域,土地肥沃,诗云"自土沮漆",又云"周原膴膴,堇荼如饴"、"迺疆迺理,迺宣迺亩",毛传:"膴膴,美也。"郑玄笺注:"广平曰原,周之原地在岐山之南,膴膴然肥美其所生菜。"③是言周原土地肥沃,适宜发展农业④。

最为关键的是,岐周东面的"五邑"正位于漆水一带,漆水出岐山之后就是"周原"地区。周原地势北高南低,漆水出岐山后逐渐向南流,在漆水流域"五邑"一带有必要修建一些水利设施,为农业发展提供了重要水源。据救簋盖铭"五邑守堰"来看,"五邑"地区有"堰",堰也作隁,《集韵·愿韵》"堰,或作隁",也称"阪""隄""陂隁"⑤。堰可塞水、壅水、障水,是农业灌溉的基本水利设施。通过册封救管理"五邑"水利设施,可知"五邑"一带是重要农业区。

此外,"五邑"地区有大量甸人。柞钟铭载柞被册命"司五邑甸人事",说明"五邑"有农业耕作者。西周时期的国家地域形态是国野乡遂制,以中心城市为核心,周边聚居农村聚落,甸人居住于城市之外(郊外),与国人相对,相当于《周礼》中的"遂人"。郊外的甸是征发力役和物产的对象,亦可从中征发军队所需力役和物产⑥。据《周礼·天官·甸师》载:"甸师掌帅其属而耕耨王籍,以时入之,以共粢盛。祭祀共萧茅,共野果蓏之荐。"⑦即甸人耕作籍田与采集区域内萧茅、瓜果等物。

从"五邑"所在周原地理环境及"五邑"有水利设施、甸人等来看,可以肯定"五邑"是西周中晚期周人在漆水流域的农业区与经济中心。

作者简介:邹芙都,男,西南大学历史文化学院教授。查飞能,男,西南大学历史文化学院博士。

---

① 司马迁:《史记》,北京:中华书局,1982年,第114页。
② 许慎:《说文解字》,北京:中华书局,2013年,第36页。
③ 阮元校刻:《十三经注疏·毛诗正义》,北京:中华书局,1980年,第510页。
④ 杨宽:《西周史》,上海:上海人民出版社,2003年,第43—44页。
⑤ 参见宗邦福等主编:《故训汇纂》,北京:商务印书馆,2003年,第2429页。
⑥ 杨宽:《西周史》,上海:上海人民出版社,2003年,第417页。
⑦ 阮元校刻:《十三经注疏·毛诗正义》,北京:中华书局,1980年,第662页。

《尚书·多方》编次问题新探*

四川大学历史文化学院　邹家兴

摘　要：《尚书·多方》在汉代以后《尚书》传本中被置于《君奭》之后，不合于周初相关史事的发生顺序，可能源于《尚书》传承过程中的再编纂行为。原本按照史事顺序叙述《尚书》各篇制作背景的《书序》，也随之发生了编次变化。《书序》中与周初伐奄有关《多方》诸篇序文也被移置于《君奭》序之后。这一变化可能与战国秦汉间周公辅成王形象变化有关。战国秦汉时期古书的整理和编纂存在受到当时流行的历史叙事影响的可能。

关键词：《尚书》　《多方》　《书序》　周公　成王

《多方》在《尚书》中的编排顺序，以及它所涉及的征奄事件的发生年代，学界久有分歧。汉代学者对《多方》在《尚书》中编次的认知较为一致，都将之置于《君奭》之后而与周公平叛、封卫及营洛诸诰拉开距离。①《尚书》伪孔传承之，认为《多方》是"周公归政之明年，淮夷、奄国又叛"，"王亲征奄，灭其国，五月还至镐京"②之后作。郑玄最早对这个排序提出质疑，他认为"伐淮夷与践奄，是摄政三年伐管蔡时事，其编篇于此，即云未闻"③，"凡此伐诸叛国，皆周公谋之，成王临事乃往，事毕则归"④。清代学者自顾炎武以降大多认为《多方》应排在《多士》的前面⑤，其中尤以崔述辩之最详⑥。当代学者更从周

---

*本文为国家社科基金青年项目"地理格局与西周王朝政治演进研究"（21CZSD58）、四川省社科规划项目"金文与西周政治文化研究"（21EZD004）的阶段性研究成果。
①陈梦家：《尚书通论》，北京：中华书局，2005年，第82—83页。
②孔颖达：《尚书正义》卷十七，阮元校刻《十三经注疏》，北京：中华书局，1980年影印版，第227页。
③同上。
④孔颖达：《毛诗正义》卷八，阮元校刻《十三经注疏》，第398页。
⑤顾炎武著，黄汝成集释：《日知录集释》，上海：上海古籍出版社，2006年，第98—99页。
⑥崔述撰，顾颉刚编订：《崔东壁遗书》，上海：上海古籍出版社，2013年，第209—213页。

初伐奄的史实论证《多方》应作于周公摄政三年,深化了对《多方》编次问题的认识①。

《多方》编次问题牵涉甚重的是该文篇首一句记载:"惟五月丁亥,王来自奄,至于宗周。"这句记载显示,周成王亲身参与了征奄的行动。由于史书记载成王继位时年纪尚幼,历来学者多认为他不太可能亲至前线。因此,学者对于这句话的理解就出现了分歧:成王亲政之后进行了第二次征奄行动;或这里的"王"并非指成王,而是指摄政称王的周公。也有学者指出两者皆非,而是成王在周公东征结束时到过东方②。

澄清史实是我们认识《多方》编次问题的基础,自然是很重要的。但本文认为这个问题可能超越了《多方》所涉及的史实本身,而与《尚书》的编纂行为有关。《多方》的编次可能反映了编者对周公、成王形象的认识和定位,而非对史实本身的认识。本文结合战国秦汉间流行的对于周公形象的历史叙事,尝试对这一问题提出新解。

一、周初征奄史实与《多方》制作年代

杜勇指出,"《尚书》的编次顺序并不是随意的,它实际反映的是《尚书》整编者对各篇成书年代先后的基本看法"③。杜先生所说的"成书年代",是指相关篇章的制作年代。换言之,《尚书》篇章排序体现了编者对各篇章所对应的历史事件发生年代的认识。本文认为,这种编次顺序不能简单地归结为编者对文献制作年代的认识,也可能是编者基于某种学术目的有意将篇章错位编排。当然,我们首先得解决《多方》相关的史实问题,也即"成王践奄"的年代。

段渝认为,"成王践奄"发生在周公东征三年的最后一年,成王是在周公残奄之后前往奄地的④。他将"践"字理解为"往",并将成王往奄和周公残奄相区别。杜勇则主张将《多方》"王来自奄"的"王"理解为称王的周公,其事发生在周公摄政三年⑤。本文根据新见资料,在段、杜二位先生的讨论基础上,对周初征奄相关史事做一些补考。相关的传世文献和出土文献记载有以下一些:

1. 《逸周书·作雒》:周公立,相天子,三叔及殷东徐奄及熊盈以略。周公、召公内弭父兄,外抚诸侯。[九](元)年夏六月,葬武王于毕。二年,又作师旅,临卫政殷,殷大震溃。降辟三叔,王子禄父北奔,管叔经而卒,乃囚蔡叔于郭凌。凡所征熊盈族十有七国,俘维九邑。

2. 《孟子·滕文公下》:周公相武王诛纣;伐奄三年讨其君,驱飞廉于海隅而戮之。

---

①程元敏:《〈尚书·多方〉篇著成于〈多士〉篇之前辨》,《台大文史哲学报》(台北)1974年第23期;段渝:《〈多方〉〈多士〉的制作年代及诰令对象》,《四川大学学报》(哲学社会科学版)1986年第1期;杜勇:《〈尚书〉周初八诰研究》,北京:中国社会科学出版社,2017年,第78—84页等。
②段渝:《〈多方〉〈多士〉的制作年代及诰令对象》,《四川大学学报》(哲学社会科学版)1986年第1期,第92—95页。
③杜勇:《〈尚书〉周初八诰研究》(增订本),第71页。
④段渝:《〈多方〉〈多士〉的制作年代及诰令对象》,《四川大学学报》(哲学社会科学版)1986年第1期,第92—95页。
⑤杜勇:《〈尚书〉周初八诰研究》(增订本),第83页。

3.《书序》：成王东伐淮夷，遂践奄，作《成王政》。成王既践奄，将迁其君于蒲姑，周公告召公，作《将蒲姑》。

4.《尚书大传》：周公摄政，一年救乱，二年克殷，三年践奄。

5.《史记·周本纪》：召公为保，周公为师，东伐淮夷，残奄，迁其君薄姑。

6. 清华简《系年》：成王敉伐商邑，杀𧻨子耿，飞廉东逃于商盖（奄）氏，成王伐商盖，杀飞廉，西迁商盖（奄）之民于朱围。①

7. 今本《竹书纪年》：（成王）二年，奄人、徐人及淮夷入于邶以叛。秋，大雷电以风，王逆周文公于郊。遂伐殷。三年，王师灭殷，杀武庚禄父。迁殷民于卫。遂伐奄。灭蒲姑。四年春正月，初朝于庙。夏四月，初尝麦。王师伐淮夷，遂入奄。五年春正月，王在奄，迁其君于蒲姑。夏五月，王至自奄。迁殷民于洛邑，遂营成周。②

8. 禽簋：王伐蓋（奄）侯，周公某，禽祝。禽又振祝，王赐金百孚，禽用作宝彝。（《集成》04041）

9. 犅劫尊：王征蓋（奄），赐犅劫贝朋，用作朕高祖缶宝尊彝。（《集成》05383）

综观上述材料，不同文献对周初东征史事的记载虽然稍有出入，总体上仍可相互支持和补充。

首先，伐奄之事与三监之乱是紧密联系的。《逸周书·作雒解》云"三叔及殷东徐、奄及熊盈以略"，今本《竹书纪年》载"（成王）二年，奄人、徐人及淮夷入于邶以叛"。"邶"即"邶鄘卫"之"邶"，属卫地，表明奄人是和武庚一起发动叛乱的。武庚失败后，参与叛乱的飞廉逃至奄国，于是成王、周公进一步东伐奄、蒲姑。奄不论是主动还是被动地参与了三监及殷武庚的叛乱，都是这场动乱中的一个重要角色和周公东征的战略打击对象。《书序》所说的"践奄"，古人解释颇有不同，《尚书大传》谓"践之云者，谓杀其身，执其家，潴其宫"③，《史记》释为"残"④，高诱释为"往"⑤。有学者认为，这次践奄，只是令奄国遭受重创，直到周公二次东征才将之灭掉⑥。但《书序》和今本《竹书纪年》均载成王践奄之后

---

① 清华大学出土文献研究与保护中心编，李学勤主编：《清华大学藏战国竹简（贰）》，上海：中西书局，2011年，第141页。
② 今本《竹书纪年》过去多被认为是伪书，难以征信。晚近以来，有学者论证其内容的可靠性，夏含夷甚至指出它可能直接源于西晋荀勖与和峤的整理本。（参见陈力：《今本竹书纪年研究》，《四川大学学报丛刊》，1985年；夏含夷：《也谈武王的卒年——兼论〈今本竹书纪年〉的真伪》，《文史》第29辑，1988年；夏含夷：《重写中国古代文献》，上海：上海古籍出版社，2012年，第151—209页等。）
③ 皮锡瑞：《尚书大传疏证》卷5，光绪二十二年师伏堂刊本，第3页。
④《史记》卷五《周本纪》，北京：中华书局，1959年标点本，第133页。
⑤ 许维遹：《吕氏春秋集释》，北京：中华书局，2009年，第128页。
⑥ 杜勇：《〈尚书〉周初八诰研究》（增订本），第81页。

"迁其君于蒲姑",显然已经灭其国①。清华简《系年》第三章是新见的关于周初践奄的重要记载,对于澄清周初伐奄的史实非常重要。这条记载表明,成王东征奄国,不仅占领了其土地,还杀了其君长,迁徙了其人民②。周初分封鲁国时,"因商奄之民,命以伯禽,而封于少皞之虚",此"少皞之虚"就是指奄国故地曲阜③。由此可见,奄国在周公东征之后就灭亡了,其地由鲁国接管。

其次,上述材料中言成王征奄者有三条,言王征奄者有二条(其中一条王与周公共见),言周公征奄者有二条,言周公、召公征奄者有二条,可见周成王、周公、召公都参加了征奄行动。这与周初东征平叛之事的情况大体相同,周初金文记载,周公和召公均参加了东征平叛的战事,周成王也参与了统筹决策。卿盨铭文云:"周公朿伐商,浂休卿,赐金,用作宝彝。"(《铭图》14432)小臣单觯铭文云:"王后反克商,在成师,周公赐小臣单贝十朋,用作宝尊彝。"(《集成》06512)这是对周公在东征过程中活动的记录。大保簋铭文载:"王伐录子听,䇂厥反,王降征令于大保,大保克敬无遣,王派大保,赐休集土,用兹彝对令。"(《集成》04140)又旅鼎铭文载:"唯公大保来伐反夷年,在十又一月庚申,公在盩师,公赐旅贝十朋。"(《集成》02728)这是对召公参与东征的记载。周王曾向大保发布征伐命令,表明周成王在东征期间并非幼不更事。

不少学者囿于战国秦汉间关于成王幼弱,周公践天子之位的流行说法,把《多方》中的"王"理解为称王的周公。但上引禽簋铭文中王与周公同见,大保鼎铭将王与召公同载,这个王显然只能指周成王。至于成王继位时的具体年岁,文献没有记载,前人多有推测之词。《史记·鲁周公世家》"武王既崩,成王少,在强葆之中",可以说是对成王年幼的代表性的说法。历来较为通行的说法是成王继位年十三,在周公摄政七年后亲政,年二十。杨宽则认

---

①《书序》"成王既践奄,将迁其君于蒲姑",《周本纪》作"残奄,迁其君蒲姑",省去一个"于"字。前人或据此以为奄君名蒲姑,其实不然。蒲姑是商末东土诸侯,后被周所灭,其地为齐国所有。《左传·昭公二十年》晏子对齐景公说:"昔爽鸠氏始居此地,季萴因之,有逢伯陵因之,蒲姑氏因之,而后大公因之。"《汉书·地理志下》叙齐地云:"少昊之世有爽鸠氏,虞、夏时有季萴,汤时有逢公柏陵,殷末有薄姑氏,皆为诸侯,国此地。至周成王时,薄姑氏与四国共作乱,成王灭之,以封师尚父,是为太公。"今本《竹书纪年》亦载周人迁奄君于蒲姑,与《书序》相合,《史记》遗漏了一字。
②《孟子》"伐奄三年讨其君,驱飞廉于海隅而戮之",与《系年》"飞廉东逃于商盖(奄)氏,成王伐商盖(奄),杀飞廉"相合。飞廉者,秦人之先世,东夷之人,嬴姓。《左传·昭公元年》"周有徐奄",杜预注:"二国皆嬴姓。"又《逸周书·作雒解》"三叔及殷东徐、奄及熊盈以略",学者或认为徐为盈姓,奄为熊姓,不确。刘师培指出盈即嬴,盈姓就是嬴姓,熊亦为嬴声之转,熊、盈、应三者可通用,故徐、奄同为嬴姓之说可信。[参见黄怀信、张懋镕、田旭东:《逸周书汇校集注》(修订本),上海:上海古籍出版社,2007年版,第515—516页。]综上,飞廉有可能就是奄君,《史记·秦本纪》说他与其子恶来俱事殷纣,其在三监之乱中与纣子武庚串通谋反乃情理中事,及武庚被灭,才逃回本国。成王、周公于是乘胜追击,灭掉奄国,杀了恶来,迁其民于西陲。《系年》"西迁商盖(奄)之民于朱圉,以御奴虘之戎,是秦之先,世作周㪋",就是指这件事。《书序》云"迁其君于蒲姑"者,大抵成王征奄灭之,迁其君飞廉于蒲姑,后又杀之。蒲姑在奄之东,近海,《孟子》所谓"趋飞廉于海隅而戮之"即此,而《系年》云"成王伐商盖(奄),杀飞廉"者,乃檃栝言之。
③杨伯峻:《春秋左传注》(修订本),北京:中华书局,2009年,第1537页。

为周公摄政之初，成王已有十七八岁①，屈万里甚至主张成王即位时年龄已在二十以上②。说成王继位时尚在襁褓，要人抱着朝见诸侯，自然不切实际，前人辨之甚明③。汉人敷衍故事，往往随文更易，如贾谊《新书》卷十"故成王处襁褓之中朝诸侯，周公用事也"，其卷九却说"周成王年六岁（卢文弨校本作二十岁），即位享国"④。周公摄政七年，即反政成王，说明成王在继位时不太可能低于十三岁。假若成王十三岁即位，至其四年为十六岁，已经有较大的活动能力了，在东征的最后阶段参与征伐行动是完全有可能的⑤。《左传·襄公九年》载晋悼公宴享鲁襄公，问得对方年纪为十二岁时曾说："国君十五而生子。冠而生子，礼也。君可以冠矣。"可见古人对于年龄的认识并不刻板，而是随着身体和能力状况而定。总之，本文认为成王在东征的最后一个阶段，亲身参与了对奄的征伐行动，《多方》的"王"自然是指周成王。

最后一个问题是，《多方》到底作于哪一年？《尚书大传》说"三年践奄"，似乎是说周公摄政三年即灭掉了奄。今本《竹书纪年》将救乱、克殷、践奄之事分属四年，而在此之前插入了"周公居东"的二年。《尚书·金縢》："周公居东二年，则罪人斯得。"自古以来学者对"居东"到底指避居于东还是东征平乱就意见不一。清华简《金縢》则记作"周公宅东三年"⑥，不少学者据此将"周公宅东"理解成周公东征，并否定传世本"居东二年"的记载⑦。学者已指出，这样理解会产生不少抵牾之处，故"宅东"仍应该理解为避居于东⑧。这里结合诸家之说，将"居东"不能理解为东征的理由概括如下：第一，周公"居东"是因为管蔡流言，其时三监未及反叛举事，周公没有实施东征的理由。第二，周公因流言而"居东"，显为避嫌，不太可能冒天下之大不韪而仓皇兴师，更与《大诰》等文献所载东征之前的隆重动员情况不合。第三，成王和召公也参加了东征，与《金縢》周公独自"居东"不同，说明两者不是一回事。第四，古文献记载周公东征，都直截了当，《金縢》却用"居东"或"宅东"来表达，意涵显然有别。总之，出土本不见得所有记载都准确，传世本也不宜轻

---

① 杨宽：《西周史》，上海：上海人民出版社，2016年，第149页。
② 屈万里：《西周史事概述》，《历史语言研究所集刊》第42本第4分册，1971年，第782页。
③ 杨朝明：《周公事迹研究》，郑州：中州古籍出版社，2002年，第87—92页。
④ 贾谊撰，阎振益、钟夏校注：《新书校注》，北京：中华书局，2000年，第391、371页。
⑤ 杨振红指出："成王即位时心智已相当成熟，已具备独立思考和判断的能力，并且已经介入或主导国政。"（杨振红：《从清华简〈金縢〉看〈尚书〉的传流及周公历史记载的演变》，《中国史研究》2012年第3期，第55页。）
⑥ 清华大学出土文献研究与保护中心编，李学勤主编：《清华大学藏战国竹简（壹）》，上海：中西书局，2010年，第158页。
⑦ 李学勤：《清华简九篇综述》，《文物》2010年第5期，第54页；黄怀信：《清华简〈金縢〉校读》，《古籍整理研究学刊》2011年第3期，第27页；刘国忠：《从清华简〈金縢〉看传世本〈金縢〉的文本问题》，《清华大学学报》（哲学社会科学版）2011年第4期，第43页；杜勇：《清华简〈金縢〉有关历史问题考论》，《古籍整理研究学刊》2012年第2期，第61—68页；邢文：《清华简〈金縢〉与"三监"》，《深圳大学学报》（人文社会科学版）2013年第1期，第68—71页等。
⑧ 杨振红：《从清华简〈金縢〉看〈尚书〉的传流及周公历史记载的演变》，《中国史研究》2012年第3期，第56页；彭裕商：《〈尚书·金縢〉新研》，《历史研究》2012年第6期，第153—162页；马卫东：《"周公居东"与〈金縢〉疑义辨析》，《史学月刊》2015年第2期，第5—10页等。

易否定,"周公居东"仍应理解为避居于东为宜。

"居东二年"的时间起讫,彭裕商先生认为是从成王元年之初到二年秋管蔡兴反之后①。上引《逸周书·作雒解》:"(成王)元年夏六月,葬武王于毕。二年,又作师旅,临卫政殷,殷大震溃。"武王死后,管、蔡害怕才能秀出的周公得势,迫不及待地设法阻扰周公当政。但他们远驻东土,要散播流言势必要等到回到宗周参加武王的丧礼才能实现,而周公也不可能未等武王下葬即只身避走。因此,周公居东的时间应该是从成王元年夏"葬武王于毕"之后到二年秋,跨度为两年。正如主张"周公居东"为东征的学者所论,周公对东土的政治隐患肯定有所察觉,但没证据表明他曾先发制人。读《金縢》可知,周公曾对太公、召公"二公"表述心迹,谓"我之弗辟,我无以告我先王",显然有意提醒二公要对东土有所防备。

成王二年秋,管、蔡叛周则"罪人斯得",成王迎回周公,开始东征平叛。所谓"罪人斯得",非谓擒杀管叔、蔡叔,而是弄明白了挑起叛乱的二叔才是真罪人。今本《竹书纪年》对东征过程的记载,是从成王二年秋开始,到成王三年就平定了武庚的叛乱。然后,继续东征淮夷、奄、蒲姑,"凡所征熊盈族十有七国,俘维九邑",将战果扩大到原本未能掌控的东夷地区。从成王、周公的行程及《多方》的诰文内容来看,此时周师已入奄,东征基本结束②。《尚书大传》云"周公摄政,一年救乱,二年克殷,三年践奄",从成王二年迎周公于郊,兴师平叛算起,到第三年是成王四年③。

总之,按照事件的发生顺序,《多方》应置于《大诰》和《召诰》之间,《大诰》为东征之始,《多方》为东征之结束。东征期间,又发生了唐叔献禾及在灭武庚之后封宋、卫等事,故《多方》宜置于《梓材》之后《召诰》之前。

《多方》的后置并非单一现象,而是《尚书》中与东征践奄有关的篇章包括《成王政》《将蒲姑》《多方》和《周官》等被统一后置了。只是这一组文献只有《多方》真本存世,才成为争议的焦点。那么,这个现象是在什么时候造成的?这样编次又有什么理由呢?下面先从与《尚书》编次有密切关系的《书序》谈起。

---

① 彭裕商:《〈尚书·金縢〉新研》,《历史研究》2012 年第 6 期,第 153—162 页。
② 今本《竹书纪年》对周初东征的记述颇为错乱,周公营成周的时间在三月,却置于五月之后,要么是叙述错乱,要么是时间排布有问题。又如三年"伐奄、灭薄姑",四年"王师伐淮夷,遂入奄","五年春正月,王在奄,迁其君于蒲姑"是割裂同一事入于三年。以情理推之,周公于成王二年(即摄政元年)秋伐武庚,次年灭之,随后征奄,若于当年夏灭奄则显得甚易且时间过于紧凑。《诗经·豳风·东山》记周初东征事"自我不见,于今三年",是东征历时三年。当自成王二年秋始,迄于四年夏,历时将近两周年,跨越三个年度,较为合理。
③ 文献载有成王四年四月尝麦之事,如今本《竹书纪年》又云:"(成王)四年春正月,初朝于庙。夏四月,初尝麦。"《逸周书·尝麦》:"维四年孟夏,王初祈祷于宗庙,乃尝麦于大祖。"不过这个"四月"的记载存在疑问,孙诒让曾指出《尝麦》"维四年"《玉烛宝典》引作"维四月",刘师培则指出《北堂书钞》注引《周书》作"四月孟夏",并认为四月为确。[黄怀信、张懋镕、田旭东:《逸周书汇校集注》(修订本),第 720 页。]《尝麦》篇下文云"是月,王命大正正刑书",亦可证篇首当作"四月"。又《周书序》云:"成王既即政,因尝麦以语群臣而求助,作《尝麦》。"可见《周书序》的作者也认为《尝麦》篇所载之事发生于成王亲政之后,而非周公摄政期间。

二、《书序》条文的错位现象

《书序》是檃栝《尚书》各篇内容或述其本事的作品,在汉代以后附于《尚书》而被传习。关于其作者和作成年代,唐以前基本尊信孔子作的说法①,宋以后学者多质疑旧说,并提出种种新说,主要有先秦经师作、史官作、周秦间人作、汉人作等观点②。陈梦家认为《书序》见于《史记》征引的内容在公元前第二个世纪作成,不见于《史记》的内容为公元前第一个世纪所补③。蒋善国认为《书序》源于齐、鲁经师在秦并天下后整编《尚书》时整理的先秦史氏旧文④。程元敏认为《书序》是秦政十九年到秦二世二年之间有孔家人士撰成的,并列举了十三点参考证据,来证明其说⑤。李锐根据新发现的古书资料,从《尚书》称名、篇名及《书序》的内容来源等方面对《书序》的成书作了考察,并辩证了前人对《书序》内容的一些误解。他对《书序》的成书年代的看法比较谨慎,只是认为当在秦以前,《孟子》之后,有可能是孟、荀以外其他儒家流派的作品⑥。《书序》书写风格简明扼要,以介绍《尚书》各篇本事为主,极少主观议论,作成时间不会太晚,但这并不意味着其内容在后来的流传中一成不变。

目前能见到或考知的《书序》版本主要有两个,一个是被纳入《尚书注疏》的孔传本、一个是东汉郑玄注本。此外,《史记》引《书序》数十条,东汉石经残石保存了部分《书序》文字,亦可以考见汉代《尚书》的编排顺序。汉代《书序》的三种版本即《史记》征引本、石经今文本、马郑古文本(即郑玄注本)和传世的孔传本大同小异,大概源于同一个系统的祖本⑦。值得注意的是,《多方》的编次在这些版本中都是一样的,意味着《多方》的编次至少在这些版本生成之前也即西汉早期以前就已经固定了。那么这个编次是在《书序》作成伊始就存在了,还是后来调整的?

孔传本《书序》关于周公摄政前后诸诰的部分有如下诸条:

1. 武王崩,三监及淮夷叛;周公相成王,将黜殷,作《大诰》。
2. 成王既黜殷命,杀武庚,命微子启代殷后,作《微子之命》。
3. 唐叔得禾,异亩同颖,献诸天子。王命唐叔归禾周公于东,作《归禾》。

---

①汉代此说流行,如司马迁、班固均如此记载。《史记·孔子世家》:"追迹三代之礼,序《书传》,上纪唐虞之际,下至秦缪,编次其事。"《汉书·楚元王传》:"(孔子)自卫反鲁,然后乐正,《雅》《颂》乃得其所;修《易》,序《书》,制作《春秋》,以纪帝王之道。"
②程元敏:《书序通考》,台北:台湾学生书局,1999年,第373—443页。
③陈梦家:《尚书通论》,第283—285页。
④蒋善国:《尚书综述》,上海:上海古籍出版社,1988年,第65页。
⑤程元敏:《书序通考》,第445—523页;又氏著《尚书学史》,上海:华东师范大学出版社,2013年,第115—117页。
⑥李锐:《由近年出土文献论〈尚书序〉的有关问题》,《古代简牍保护与整理研究》,上海:中西书局,2012年,第50—59页。
⑦孔传本、马郑本及《史记》引《书序》之间的异同,参见陈梦家:《尚书通论》,第76—84、249—285页;程元敏:《书序通考》,第55—128页。

4. 周公既得命禾,旅天子之命,作《嘉禾》。
5. 成王既伐管叔、蔡叔,以殷余民封康叔,作《康诰》《酒诰》《梓材》。
6. 成王在丰,欲宅洛邑,使召公先相宅,作《召诰》。
7. 召公既相宅,周公往营成周,使来告卜,作《洛诰》。
8. 成周既成,迁殷顽民;周公以王命诰,作《多士》。
9. 周公作《无逸》。
10. 召公为保,周公为师,相成王为左右。召公不说,周公作《君奭》。
11. 蔡叔既没,王命蔡仲践诸侯位,作《蔡仲之命》。
12. 成王东伐淮夷,遂践奄,作《成王政》。
13. 成王既践奄,将迁其君于蒲姑。周公告召公,作《将蒲姑》。
14. 成王归自奄,在宗周,诰庶邦,作《多方》。
15. 成王既黜殷命,灭淮夷,还归在丰,作《周官》。
16. 周公作《立政》。
17. 成王既伐东夷,肃慎来贺。王俾荣伯作《贿肃慎之命》。

上述十七篇书,《微子之命》《归禾》《嘉禾》《蔡仲之命》《成王政》《将蒲姑》《周官》《贿肃慎之命》的内容已经失传,见于伪《古文尚书》者殆不可信。根据《书序》,这些篇章的主体内容仍然可以大体确定。这些篇章大体上可以归为几组:黜殷(1—2)、归禾(3—4)、封卫(5)、营洛(6—8)、践奄灭淮夷(12—17)、无法归类(9—11)。

细读这些序文,其作者似乎有自己的叙述逻辑。第1和第15条序文内容"将黜殷"与"既黜殷命"相对应,"三监及淮夷叛"和"灭淮夷"相对应,表明这些内容应该归入同一个大类。孔颖达曾指出,《书序》有时前后相顾为文①,若将与东征平叛及营洛迁殷相关的序文连缀起来,就可以看到关于周公、成王克殷践奄过程的整个叙事。"武王崩,三监及淮夷叛,周公相成王,将黜殷","成王既黜殷命,杀武庚,命微子启代殷后","成王既伐管叔、蔡叔,以殷余民封康叔","成王东伐淮夷,遂践奄","成王既践奄,将迁其君于蒲姑","成王归自奄,在宗周,诰庶邦","成王既黜殷命,灭淮夷,还归在丰"。又叙营洛事云"成王在丰,欲宅洛邑",正好上承"还归在丰"。从这个叙述顺序来看,第11—17条序似乎应该前移到第5和第6条之间。也即是说,《书序》作者所见到或所整理的《尚书》编次,很可能是将《成王征》到《贿肃慎之命》等篇列置在《梓材》与《召诰》之间的。那么,传世本《书序》条文次序,未必合于原作者的意见。

《书序》的顺序有可能在传承过程中遭到了扰乱。蒋善国指出,今本《书序》虽源于秦季儒家整理之旧文,却经过了汉人的窜改,已不再是原来的面貌②。根据对出土战国秦汉古书情况的了解,战国秦汉时期的书籍传抄和整理情况非常复杂,经常伴随着字词改换、文句

---

①孔颖达《尚书·大诰序》正义云:"序上下相顾为文。此言三监及淮夷叛,总举诸叛之人也。下云成王既黜殷命,杀武庚,命微子启代殷后,又言成王既伐管叔、蔡叔,以殷余民封康叔。此序言三监叛,将征之。下篇之序历言伐得三人,足知下文管叔、蔡叔、武庚即此三监之谓。"

②蒋善国:《尚书综述》,第65—67页。

增损和段落挪动。夏含夷对出土和传世的三个《缁衣》版本做的对比研究,进一步论述了这个问题。郭店竹简本《缁衣》与上博简《缁衣》在章节、段落、文句等方面保持了较高的一致性,而与传世本在章节顺序、段落分合、文句繁简等方面出入甚大。他指出,汉代学者在整理已然散乱的简书时,对《缁衣》进行了充满创造性的整理。这造成了许多错简现象,打乱了文章原来的章节和句子顺序。在这个过程中,整理者会有意或无意地将自己的理解带入其中,促使整理出来的文本带上整理者的思想特征和观念色彩①。《书序》在战国秦汉间的传承很可能也经历了这样一个过程,导致上引第11—17条序文发生错位。

不过,《书序》条文的顺序变动不太可能来自错简,应与《尚书》本身的编次改变相关。《尚书》及《书序》很可能在某个时期经历了二次编纂,导致其编次发生了改变,原本按照时间顺序编排的周初诸诰誓被调整成了我们现在看到的次序。如果这种推测成立,这种调整应该与战国晚期周公形象的重要变化有关。也就是说,《尚书》编者将《多方》诸篇后置未必由于对周初史事的误解,更可能是出于因应周公新形象的需要。

三、战国晚期周公辅成王形象的变化

杨振红曾指出,周公及周成王的历史事迹在战国到西汉中期经历了层累叠加的过程②。这个过程最显著的特征是战国晚期以降成王、周公形象的主次颠倒。

在战国中期以前的文献中,成王在东征平乱和分封营成周等史事中的形象比较独立和正面,而周公也只是成王重要的辅佐之一。《左传·昭公二十六年》:"昔武王克殷,成王靖四方,康王息民,并建母弟,以蕃屏周。"《昭公三十二年》:"昔成王合诸侯城成周,以为东都。"《定公四年》:"昔武王克商,成王定之,选建明德,以蕃屏周,故周公相王室,以尹天下,于周为睦。"又《襄公二十一年》:"管蔡为戮,周公右王。"上述记载可见,在春秋时人的眼中,成王是平定四方的主角,周公则是其重要辅佐,主次关系不乱。至于《僖公二十四年》"昔周公吊二叔之不咸,故封建亲戚以蕃屏周"一条,不过是"周公相王室以尹天下"的注脚,不能颠覆成王和周公的主辅关系。

《管子·小问》说"周公旦辅成王而治天下,仅能制于四海之内矣",与《左传》的记载相表里。清华简《系年》和今本《竹书纪年》,均如上文所引,两者对周初东征平乱的记载都以成王为主,周公为辅。上博简有一篇残存的《成王即邦》,讲述成王即位后向周公请教修身之道,其开首云:"成王即邦,周公二年,而王厚亓赁,乃访……"③ 在这段叙事中,成王的形象也是主动的。

喜欢宣扬尧、舜、文、武、周、孔之道的孟子,对周公形象的定位仍然比较传统。《孟子·万章上》:"继世以有天下,天之所废,必若桀纣者也。故益、伊尹、周公不有天下……周公之不有天下,犹益之于夏,伊尹之于殷也。"又如前引《滕文公》:"周公相武王诛纣,

---

① 夏含夷:《重写中国古代文献》,第59—82页。
② 杨振红:《从清华简〈金縢〉看〈尚书〉的传流及周公历史记载的演变》,《中国史研究》2012年第3期,第61页。
③ 濮茅左:《新出土战国楚竹书研究》,上海:上海辞书出版社,2017年,第531页。

伐奄，三年讨其君，驱飞廉于海隅而戮之。"孟子眼中的周公，是一个能继文王之德，光文武之业，德能兼备而可以"有天下"的圣人。但周公虽有其质，而不得其时，"继世以有天下"而无"天之所废"，故不能如汤、武一样得天下，可见孟子仍然视周公为贤辅。

到了战国晚期，学者对成王、周公形象的认知发生了重要变化，两者的主次关系颠倒。成王从一个能主动参与军政事务的王变成了一个幼不更事的少主，而周公则成了平定叛乱、统理天下的中心人物。这种认识的变化可能源于荀子，荀子及其弟子韩非均说周公曾"履天子之籍"，"假天子之位"。《荀子·儒效》："武王崩，成王幼，周公屏成王而及武王以属天下，恶天下之倍周也。履天子之籍，听天下之断，偃然如固有之，而天下不称贪焉。"又说："周公屏成王而及武王，履天子之籍，负扆而［坐］（立），诸侯趋走堂下。"《韩非子·难二》："周公旦假为天子七年，成王壮，授之以政，非为天下计也，为其职也。"这类说法在战国末到西汉广为流传，并进一步地推衍附会，产生了成王幼在襁褓的说法。荀子关于周公负扆朝诸侯的说法也进一步演生出周公抱成王以朝诸侯的故事，甚至出现周公背负成王的图画形像①。可以说，周公辅成王成为一种模式化的历史叙事，或者说，秦汉间学者不断地对周公辅成王的形象进行重塑。此类记载甚多，不能具引，兹举较有代表性的几条材料如下②：

1. 《逸周书·明堂解》：既克纣六年而武王崩，成王嗣，幼弱，未能践天子之位。周公摄政君天下，弭乱六年而天下大治。

2. 《礼记·文王世子》：成王幼，不能莅阼。周公相，践阼而治。

3. 《大戴礼记·保傅》：昔者周成王幼，在襁褓之中，召公为太保，周公为太傅，太公为太师。（《新书·保傅》同）

4. 《尸子》：昔者武王崩，成王少，周公旦践东宫，履乘石，祀明堂，假为天子七年。

5. 《淮南子·泛论训》：武王崩，成王幼少，周公继文王之业，履天子之籍，听天下之政，平夷、狄之乱，诛管、蔡之罪，负扆而朝诸侯，诛赏制断，无所顾问，威动天地，声慑四海，可谓能武矣。（《韩诗外传》卷七略同）

6. 《春秋繁露·郊事对》：武王崩，成王立而在襁褓之中，周公继文武之业，成二圣之功，德渐天地，泽被四海，故成王贤而贵之。

7. 《史记·鲁周公世家》：武王既崩，成王少，在强葆之中。周公恐天下闻武王崩而畔，周公乃践阼代成王摄行政当国。

虽然上述战国秦汉间的诸多记载之间可能存在复杂的文献渊源（如同源或抄袭）关系，但这些书的作者或编者起码或多或少认同对周公辅成王的模式化叙事。这种被普遍接受的历

---

① 《汉书·霍光传》："上乃使黄门画者画周公负成王朝诸侯以赐光。"
② 除了下引各条，类似叙述还见于《礼记·明堂位》《淮南子·齐俗训》及《要略》《新书·胎教》《春秋繁露·五刑相生》《盐铁论·未通》《说苑·尊贤》等。这些文献基本可以确定写定于西汉时期，其资料来源可能更早，但诸如"成王幼在襁褓"的说法在战国中期以前的资料中完全见不到踪影，应该早不过战国晚期。其中有一些例子甚至可以肯定是作者依据口耳相传的流行说法而施诸笔录的，这正说明这些文献写定时这种说法已大为流行。

史叙事无疑代表了一种成王、周公形象的新模式。

四、对于《尚书》编次的相关推测

前文论及，《书序》中包括《成王政》《将蒲姑》《多方》《周官》等伐淮夷、践奄有关的条文很可能被《尚书》的再编纂者后置了。由于《书序》是附《尚书》而行，《书序》条文顺序的变动与《尚书》编次的变动密切相关。这种调整不像是一次偶然的失误，更可能是一种有意识的行为①。

《书序》在对周初东征史事的叙述中，比较重视成王的存在，多以成王为主，以周公为辅。这与战国晚期以降学者多推尊周公、弱化成王形象的做法很不一样。与《书序》的叙事方式相对照，《尚书大传》直接抛开了成王，而以周公为主线。《尚书大传》云："周公摄政，一年救乱，二年克殷，三年践奄，四年建侯卫，五年营成周，六年制礼作乐，七年还政成王。"周公的功业在这里被更加条理化地总结，型塑了一个完美的政治人物形象。在"践奄"之事上，《大传》避开成王而归功于周公，较之《书序》差异明显。《尚书大传》是记录伏生解经的作品，与伏生所传的今文《尚书》紧密相关。今文《尚书》已经呈现出这种脱离历史实际的编次，而伏生《尚书》来自秦焚书以前的版本。这就意味着，《尚书》学者在秦焚书之前的某个时候就对《尚书》进行了再编纂。那个时候，成王幼弱、周公履天子之位听天下之政的说法正好开始流行。

《书序》中《多方》等篇序文的后置自然也可以看作是顺应了这样一种潮流，以符合新的周公形象设定。而对于另外一种可能性，也即《尚书》的编纂者是由于误解了《多方》等篇的制作时间而将之后置，也可以找到这种误解发生的原理。编者由于受到"成王幼在襁褓"之类说法的误导，不相信年幼的周成王能在周公东征时期能参与军事行动，而将涉及成王亲征的《多方》等诸篇排到了成王亲政之后的位置。当然，《尚书》再编纂者可能具备更强的主观意志，将提及成王亲征的《多方》诸篇后置，具有推尊周公，强调周公摄政功业的效果。周公辅成王是久已流行的历史故事，到战国晚期发展为周公代成王治天下的形象。及至汉代，周公故事更成为政治家及学者反复演绎的典故和不断征引的历史论据。

综上所述，《多方》及《成王政》《将蒲姑》《周官》等篇原本应该次于《召诰》之前。到了战国晚期，随着周公辅成王的新形象流行，叙及成王亲征之事的《多方》诸篇被《尚书》的再编纂者后置。《书序》也发生了相应的变化，《多方》一组四则序文被后置，失去了与《大诰》《召诰》等篇序文之间原有的连贯性。《多方》的编次问题可以看作是古书面貌因流行观念的影响而发生改变的一个有趣的案例。

附本文引用简称：

《集成》，中国社科院考古研究所：《殷周金文集成》（修订增补本），中华书局，2007年。

---

① 夏含夷曾指出，现存于《逸周书》的《祭公解》原本应该是《尚书》中的一篇，后来可能因为《尚书》学者对祭公的不了解而被移出经典。这可以视为《尚书》再编纂过程中出现的另一种情况的案例。（夏含夷：《重写中国古代文献》，第54—55页。）

《铭图》，吴镇烽编著：《商周青铜器铭文暨图像集成》，上海古籍出版社，2012年。

作者简介：邹家兴，男，1990年生，湖南株洲人，四川大学历史文化学院专职博士后。

巴蜀历史记忆的类型及意义解读

四川省社会科学院　陈世松

摘　要：经过明清易代变迁之后，四川各姓氏家族在追述和书写祖先历史的过程中，无不存在一个政治态度的选择和表达的问题。通过族谱所建构起来的历史记忆，究竟在多大程度反映历史固然重要，但更应该关注的是，这一建构究竟基于何种背景、意欲表达什么样的思想和感情。这才是解读巴蜀历史记忆的意义之所在。至今仍在川、渝地区普遍流传的创伤性记忆、苦难性记忆、想象性记忆，蕴藏着诸多历史信息，其在巴蜀历史记忆传承上的意义，值得治巴蜀文化史的学者深入探讨。

关键词：巴蜀地区　历史记忆　记忆类型　记忆建构

在巴蜀历史上，由于战争和社会动乱而造成的史料毁灭和文化断裂，使整个社会陷于"结构性失忆"之中，这样的重大历史事件发生过多次。当动乱平定之后，人们出于生命本源的思考，自然便会唤起对于"过去"的"了解"和记忆的建构，于是通过传说、旧闻、故事的整理来"了解过去"，重建历史记忆就成为巴蜀史上屡见不鲜的事情。秦灭巴蜀之后，汉、晋人为重建蜀史记忆而努力，曾经撰写了诸多蜀史著作。明末战乱后，当四川社会再次经历一场巨大浩劫，使得传承文化的机制出现断裂之时，重建地方历史记忆的场面再次上演。只不过这一次构建历史记忆的主要载体是民间族谱。鉴于原有族谱在战乱中大多丧失，及至清代社会安定后，各姓氏家族才将重修族谱提上日程。由于家族成员在叙述祖先历史，往往会自觉不自觉地会将自己的立场和感情带进族谱编纂之中，并用以来表达其与当下的关系，因此通过族谱所建构起来的记忆，究竟在多大程度反映历史固然重要，但更值得关注的是，这一建构究竟基于何种背景、意欲表达什么样的思想和感情，这才是解读巴蜀历史记忆的意义之所在。本文借用记忆的理论①，并结合明清以来巴蜀地区人们编纂族谱重构历史的实践，拟将至今仍在民间流传的历史记忆归纳为三种类型：创伤性记忆、苦难性记忆、想象性记忆，进而通过对其产生背景的剖析，用以探讨它在巴蜀历史记忆传承上的意义。不当之处，敬请方家指正。

一、创伤性记忆

创伤性记忆（精神创伤或心理创伤）是指那些由于生活中具有较为严重的伤害事件所引起的心理、情绪甚至生理的不正常状态②。集体创伤记忆不仅存在于受害者群体中，也见之于加害者群体。受害者的创伤和加害者的创伤，不仅浮现于个体记忆中，也是各自社会环境的集体特征和标志③。

在明末清初四川历史中，没有比"张献忠剿四川"更让人关注的事件了。郭沫若早在《我的童年》中即描写道："四川人在明末清初的时候遇过一次很大的屠杀，相传为张献忠剿杀四川。四川人爱说：'张献忠剿四川，杀得鸡犬不留。'这虽然不免有些夸大，但在当时，地主杀起义农民，农民杀反动地主，满人杀汉人，汉人杀满人，相互屠杀的数量一定不小。在那样广大的地面，因而空出来许多吃饭的地方来。在四川以外，尤其是以人满为患的东南，便有过一个规模相当大的移民运动向西发展。"④ 近年来，随着"江口沉银"水下考古重大成果的公布，"张献忠剿四川"的问题再度成为社会各方关注的焦点。

关于记述张献忠屠蜀事件的文献，以《蜀碧》最为著名。鲁迅评该书是"讲张献忠祸蜀的书，其实不但四川人，而是凡有中国人都该翻一下的著作"⑤。张献忠屠蜀事件既让外省人关注，更让四川人纠结。任乃强先生曾经写过一篇《关于张献忠史料的鉴别》的文章⑥，对张献忠的史料做出详细的总结，其所列的文献中，如新都费密的《荒书》，康熙八年撰成，因记永历帝事，惧以书贾祸，故当清修明史求书时，不肯献，并嘱子孙秘藏之，直至康熙六十年始由席帽山人史照作序，后世刊行。又如四川广安生员欧阳直的《欧阳遗书》（亦叫《蜀乱》），记叙了他身经目击四川三十五年（1627—1661年）战乱的真事。他自言二十余

---

① 20世纪80年代以来，社会人类学在研究族群认同的过程中，创建了记忆的理论。记忆理论可以分为社会记忆、集体记忆和历史记忆三种。所谓"社会记忆"，是指所有在一个社会中藉各种媒介保存、流传的"记忆"；所谓"集体记忆"，是指在前者中有一部分的"记忆"经常在此社会中被集体回忆，而成为社会成员间或某次群体成员间分享之共同记忆；所谓"历史记忆"，是指在一社会的"集体记忆"中，有一部分以该社会所认定的"历史"形态呈现与流传，人们借此追溯社会群体的共同起源（起源记忆）及其历史流变，以诠释当前该社会人群各层次的认同与区分（参见王明珂：《历史事实、历史记忆与历史心性》，《历史研究》2001年第5期）。
② 百度百科。
③ [英] 杰拉德•德兰迪、恩靳•伊辛主编，李霞、李恭忠译：《历史社会学手册》，北京：中国人民大学出版社，2009年版，第595页。
④ 郭沫若：《郭沫若选集》（一）卷上《我的童年》，成都：四川文艺出版社，1994年版，第10页。
⑤ 鲁迅：《且介亭杂文•病后杂谈》，《鲁迅全集》第6卷，北京：人民文学出版社1981年版。
⑥ 任乃强：《关于张献忠史料的鉴别》，载《张献忠在四川》，第203页，成都：《社会科学研究丛刊》第二期，1981年2月。

年,转仕于大西、明、清诸将间,历数十官,倾家十余次,流转数千里,七次娶妻。由于他的历史较为复杂,所以他的子孙不敢暴露。至道光二年(1822),他的第五世孙欧阳鼎才在成都将其公开梓行。笔者近年来留心搜集保存在川、渝地区族谱中,以年谱形式载录传主在明末、清初蜀乱中离难见闻的民间文献,其中有:宜宾樊氏家族《紫霞散人年谱》,宜宾李氏家族《开平公行述年谱及家训》,简阳傅氏家族《五马先生自叙纪年》,遂宁张氏家族《烬余录》,泸州曾氏家族《言善堂纪略》,荣昌余氏家族《家传实录》,荣昌喻氏家族《喻思恂宦略年谱》。除傅氏《五马先生纪年》、张氏《烬余录》在此前公开出版过外,其余五种年谱均是新近发掘整理即将面世的。① 从这些民间文献也可看出,"张献忠屠蜀事件"是巴蜀历史记忆中难以回避的重大问题。

上述这些文献形成的时代背景,正值太平天国、蓝大顺起事,以及随后的辛亥保路风暴、军阀混战等动乱不断发生之际。这些事件在很大程度上激发了民众对于战乱的记忆,强化了人们对历史上张献忠"屠蜀"的记忆,从而使得张献忠"屠蜀"的故事被不断地制造出来。上述著述的作者,多为四川人,或有过在四川的生活经历。因为"张献忠剿四川"事关重大,其所撰著作虽然并无刊印的动机,只是作为见闻保存下来。后来随着时代变化,这才逐渐作为一种历史记忆公之于世。可见,"张献忠剿四川"不失为牵动川人神经的最具"创伤性"特点的"集体记忆"。

至于这些文献所记录的"张献忠屠蜀"是否真实客观的问题,在"江口沉银"水下考古重大成果公之于世的今天,再就其所谓的"历史真相"继续纠缠下去已无多少价值。如果另从"历史记忆"视角做一些解读分析,或许能发掘出更多的新意。20世纪末,伴随着后现代史学对科学实证研究的挑战,传说与历史二元对立的关系遭到质疑。一种把传说视为与历史同等意义的"历史记忆",并强调在思想史意义上进行解读的方法风靡一时。这一研究问题的主旨取向,不在于对传说本身的真伪进行评说,而在于解析其"如何"真伪和"为何"真伪。在这样研究思路下,人们有理由设问:在明末清初改朝换代的斗争中,在各派政治、军事势力竞相争斗的巴蜀战场之上,各方的杀戮行为不绝于书。为何事后人们只抓住张献忠一人大加挞伐,而放过其他各方不加责问?换言之,为何张献忠会成为各方一致讨伐的对象?

美国原创思想家汉娜·阿伦特(Hannah Arendt,1906—1975)在《论革命》一书中,在介绍卢梭建构《民众共同体》的理论时曾经指出:"为了他的这个民众同一体的建构,卢梭求助于一个貌似简单有理的例子。他从日常经验中获得灵感,两种相互冲突的利益在遭遇与他们均为敌对的第三方时就会团结起来……问题的关键在于,只要将所有的特殊意志和利益加起来,这个隐藏起来的敌人就可以上升至共同敌人的层次,从内部实现民族统一就有了着落。这个民族内部的共同敌人就是所有公民特殊利益的总和。"② 卢梭还引用德·阿冉松侯爵的一句名言:"两个特殊利益,通过与第三方的对抗而达成一致",进一步补充说:"也

---

①反映明末清初蜀难经历的民间文献,包括纪年性质的年谱资料,与行状、传记性质的资料,已整理汇编为《"江口沉银"历史文献汇编(谱牒卷)》,即将由巴蜀书社出版。

②[美]汉娜·阿伦特著、陈周旺译:《论革命》,上海:译林出版社,2007年版。

许还应加上一句,所有利益达成一致是通过与每个特殊利益的对抗而实现的。如果没有利益分歧,就很难感觉到共同利益,因为它畅行无阻。如果所有人都我行我素,政治就不再是一门艺术了。"这就告诉我们,从政治斗争的艺术上讲,"两个特殊利益,通过与第三方的对抗而达成一致",是一个普遍适用的原则,它有助于我们厘清古往今来各种复杂政治军事斗争局势。结合明末清初的历史实际,可以发现在"张献忠剿四川"历史记忆广泛流传的背后,是另有隐情可探的。如果从现实利益获得者角度来分析,不难找到问题的关键。

　　清朝初年,统治者在剿灭了张献忠在川的势力,恢复巴蜀地域的统治秩序之后,从维持统治利益的立场出发,急迫需要一种舆论,既抹黑张献忠,同时又为自己在剿灭中的大肆杀戮行为辩护。可以说这是统治阶级的惯用伎俩,不须多费笔墨加以解释。散播"张献忠剿四川"的舆论,正好可以洗清自己也是"加害者"的名声,同时使自己的统治合法化,清朝统治者显然是现实利益的最大获得者。而对于普通老百姓来说,接受并传播这种传说,也并非没有实际好处。置身于这一传说的场景之中,普通老百姓的"受害者身份"得到了进一步的确认,这有助于他们在社会关系中获得互相的同情与支持,显然普通老百姓也是受益者。尤其是在明清易代的特殊历史背景下,在持续动乱的局势中,四川各地一度被各派政治势力(包括清军、南明军、张献忠农民军及其余部,还有吴三桂的叛军)所控制,斗争错综复杂,内部矛盾重重,社会因此四分五裂。可以设想,在被各种政治军事势力控制的四川地盘上,各地的人们未必都是始终如一地、坚定地站在反对张献忠,支持清朝统治者的立场。但当动乱既已平定,社会秩序恢复正常之际,地域社会关系面临重新建构与整合。这时从维持社会关系的平衡出发,急需有一种舆论来对既往的地域社会历史背景、乡村内部关系和村际关系中出现的问题作出合理的解释。正好"张献忠剿四川"的传说为之提供了最为便利的根据。因为整合地域社会的需要出发,官、民双方在共同对付"第三方"中找到了"特殊利益"的结合点,这个第三方就是"张献忠剿四川"这个靶子。于是"张献忠剿四川"的舆论得以在清代社会中畅通无阻,广泛流传,各种有关"张献忠剿四川"的野史秘闻纷纷破土而出,竞相被挖掘刊印出来了。

　　在"张献忠剿四川"历史记忆的背后,土著四川人不管其祖先在明清易代中的政治立场如何,在复杂纷繁的斗争中分属何种派政治势力,大家都可以把过去的利害冲突一笔勾销,都可以在现实社会中找到共同有利的立足点。即大家都是"张献忠剿四川"的受害者,都是四川地域社会的参与者,新的历史的创造者。而对于在清初移民运动中新迁入的外省移民,这一传说也为自己迁居四川的合法性找到了依据,难怪迄今人们谈起"湖广填四川"运动,无不把它与"张献忠剿四川"联系在一起,进而得出"如果不是张献忠屠四川,就没有湖广填四川"的结论。显然在清代官府、民间士绅与普通百姓的社会网络中,无论土著还是外省移民,大家都在追溯自己祖先的历史,解释自己祖先在明清易代中的立场与表现,以及因何故来到四川等等问题上取得了一致,实现了"利益的总和"。这样,张献忠就从明清各派政治势力对立中被孤立出来,毫无争议地成了四川社会内部的"共同敌人"。

　　当"张献忠剿四川"作为整合四川地域社会的最早起源,成为人们的"集体记忆"之后,它即积累沉淀在巴蜀地域文化之中,成为一种历史事实知识而代代相传。远离这段历史的巴蜀后代,由于对这段历史的"茫然无知",他们在追忆这段轶事时,往往有意无意地

"重复"着长辈流传下来的张献忠"屠蜀"的故事，甚至还根据自己对现实生活的历史背景的理解，而不断增加一些新的内容，或添油加醋，或随意夸大，这也是在所难免的。这正是百姓"历史记忆"的典型做法，在全国各地普遍存在，四川也概莫能外。正如有学者指出的，百姓的"历史记忆"表达，常常是他们对现实生活的历史背景的解释，而非历史事实本身。乡村社会研究者的学术责任，不在于指出传说中的"事实"的对错，而是要通过对百姓的历史记忆的解读，了解这些记忆所反映的现实的社会关系，是如何在很长的历史过程中积淀和形成的①。因此，从这个意义上讲，只有将"张献忠剿四川"的传说置于四川地域社会具体的时间序列之中，才能更有"地点感"地（不是空洞式地）理解这些故事的内容和表达方式，从而也才能找到破解这一"创伤性记忆"奥秘的入门钥匙。

二、苦难性记忆

苦难性记忆是以人生的苦难经历为依据而引起的心理活动。给一个民族、一个家族、一个家庭乃至个人带来苦难遭遇的因素很多，范围很广，大至战争、社会动乱，天灾人祸，小至生老病死、人生际遇；但对于一个有着移民迁徙经历的家族、家庭和个人来说，迁徙途中所遭遇的苦难、挫折，无疑是最刻骨铭心的。在有着悠久移民迁徙历史的巴蜀地区，长期以来广泛流传着"解手"的传说，以及四川人祖先是被"捆绑入川"的故事，就是这类苦难性记忆的典型案例。

早在抗战时期，寓居四川的顾颉刚先生就曾经以杂记的形式，对流传于该地的"解手"一词的含义和来历做过一番考证。他在文章中说："俗谓溲溺为'解手'。初不明其义，及入四川，乃知明末蜀人未遭张献忠屠戮者仅得十之一二，膏沃之地尽化草莱。故清初政府强迫移民，先以湖广之民填四川，继以江西之民填湖广。当移民之际，悉系其手，牵之而行，若今日之拉壮丁然。被移者内急，辄请于解差曰：'解手！'遂相承以解手作便溺之代称，流传外方，莫诘其义。犹学童应试，就厕时必领出恭牌，亦遂称就厕为'出恭'也。"②

在四川各地，至今仍流传的关于清初移民被"捆绑押送入川"的民间故事，讲述了一个关于大小便为何叫做"解手"的来历，还把对四川人的祖先如何在清初被官府"捆绑押送入川"的经过，描述得绘声绘色、娓娓动听。两百多年来，这样的民间传说遍及城乡，几乎到了家喻户晓、妇孺皆知的地步。按照常理来分析，一般一群人双手被反剪着捆绑，强行押解到很远的地方，途中的花费不是一个小数目。在清初四川社会普遍荒芜、各级官府人力、财政普遍吃紧的情况下，不惜增大"移民成本"，舍近求远地到外省去捆人入川，地方财力是承受不起的。再说，移民也不可能在迁川途中短短几个月的时间内，就养成一种足以影响后代的"双臂反背在背上走路"的习惯。就算少数人因此养成了这种习惯，而"奉旨入川"的移民，也不可能去学双手被反捆着走路这样名声极不好的走路姿势。因此，无须具备多少历史常识，仅凭常理就可以判断，在这一传说背后，肯定存在着附会历史的情况。

---

①参见陈春声、陈树良：《乡村故事与社区历史的建构》，《历史研究》2003年第5期；赵世瑜：《祖先记忆、家园象征与族群历史》，《历史研究》2006年第1期等。
②顾颉刚：《蕲弛斋小品》，北京：北京出版社，1998年版，第121页。

根据笔者的研究①,这一传说的产生完全是附会历史的产物,即是把发生在明初的强制移民现象,附会到清初历史中来的结果。我们知道,"解手"一词出现的时代较早,但是,等同于"解溲"、解便之义的"解手",只是到了明代才普遍流行于市井与军营之中,证明明代才是"解手"一词的滥觞阶段。在当今中国,"解手"一词流行之广,遍及四川、湖北、山西、山东、河南、安徽等省,此外,在北京、邯郸、呼和浩特、齐齐哈尔、锦州、哈尔滨、郑州、西安、西宁、重庆、贵阳、徐州、崇明等地,也都有这个用法②。各地有关"解手"的传说,俯拾皆是,内容大同小异,都认为它与历史上捆绑"押解犯人或移民有关"。而且,在四川以外的地区,几乎都认定"解手"是明初强制移民政策的产物。

环顾国内流行"解手"传说的地区,无不在这一时期的重点人口迁入迁出区域范围之内,包括四川地区概莫能外。在明代,无论是迁往太行山以东的洪洞移民、江西徙楚的赣民,还是由楚上川的湖广移民,都是根据皇帝敕旨由当局派员组织实施的。移民关系到明王朝统治秩序的维护,必须实行;组织移民是各级官员的任务,必须遵旨完成;这样,各地移民也就不得不被驱赶上路了。结合《明史·刑法志》的有关规定,凡处以流刑的人,在上路前还要根据所犯罪行的大小,先分别处以杖刑或笞刑。加上道路的险峻、气候的恶劣、押送者的折磨,旅途之艰辛困苦是可想而知的。各地传说中内容与细节的相似性,证明它们是在同一个明代皇权专制下的产物。正如移民史专家曹树基所指出的:"至今在华东、华北、西南、西北的许多地区,都流传着关于先祖流徙而至的动人传说。这些传说所具有的某些细节的相似性,使人相信这是当年某种制度的产物。"③

四川作为大明王朝下的一个行政区划,自然摆脱不了推行强制移民的背景,因此,同其他众多地区一样,流传同样内容的"解手"传说,应该是毫不奇怪的。根据目前所见族谱资料,明初被政府作为移徙对象而在四川安置的楚民,在移徙动因上大致有以下几种说法:其一是"德化"入川说④;其二是"麻城好反","流罪入川"说等⑤。这表明,在明代作为移徙对象迁入四川的湖广人中,确实存在着强制迁徙的现象。

而在明末清初,为了填补四川人口的空虚,这时除了湖北地区以外,长江中下游的湖南、江西,以及岭南地区的广东、福建等省,也加入向四川输送人口的行列。这一形势就决定了,类似明初政府那样强迫某一地区向四川地区迁民的可能性大大降低了。换言之,四川地区在接受移民的来源上,已不像明初那样,仅仅依赖毗邻地区湖北黄州、麻城一途。再

---

①陈世松:《"解手"的传说与明清"湖广填四川"》,《中华文化论坛》2003年第3期。
②刘淑萍:《"解手"的起源》,长江日报主办《汉网》。
③曹树基:《中国移民史》第5卷,福州:福建人民出版社,1997年版,第8页。
④如《黄氏族谱·先世事迹》(《隆昌县志·社会风土上》)载:"明洪武初,以为四川乃近西隅夷地,非德化不能测也。惟孝感乡人民可以化之,诏饬差遣之。凡明初来者,皆麻城孝感乡人也。"
⑤如麻城《陶氏宗谱》中保存的《五户叙》一文称:"妣(陈氏)携三幼入金刚台(河南商城县)。大明定鼎六年方归麻邑。邑只有秦、黄、陶、李、毛五姓,以麻城好反,众皆掉入四川矣!"(李敏:《从麻城各姓氏族谱看湖广麻城孝感乡移民现象》,载陈世松主编:《移民文化与当代社会——纪念"湖广填四川"340周年论文集》,成都:四川人民出版社,2009年版,第331页。)又如民国资阳《陈氏宗谱》卷一载:"明太祖初起兵时,曾在麻城受人民反对,既而太祖登位,欲将麻城的人民概行杀戮;诸臣恳免不从。刘伯温再三谏阻,始以流罪入川。并且入川的人,尽以绳索系来。"

说，清朝政府在四川地区一直推行鼓励移民的政策，强迫某部分民人来填四川是行不通的。在这样的政策背景之下，很难相信，数量如此众多的移民，会是被清朝政府采取强制手段，捆绑押解入川的。最后从移民动机而论，当时迁川的移民，不管是谋生和致富，都属于移民自愿的行为，与带有政治和军事原因的强制性移民，是根本不相同的。

既然如此，为什么四川地区不把"解手"的传说归源明初，而是归源于清初呢？这并不是因为四川历史上真的发生了可以超越于当时国内形势和社会背景之外的普遍存在的强制移民现象，而仅仅是因为，四川地区在明初兴起"湖广填四川"的移民活动之后，继又在清初再一次出现了规模更大的外省移民填川潮流。由于在这两次移民活动中，湖广人占大多数，因此都被称为"湖广填四川"，而且两次移民中都有"奉旨填川"的说法，这样，在民间难免不发生混淆。"解手"一类故事，原本是前一次移民运动的产物，却被人为地附会到后一运动身上。

由此可见，肇源于元末、历经明清两代的大规模移民活动，长达300多年，对四川后代的影响特别深远，因此，移民迁徙始终是巴蜀集体记忆中经久不变的主题。在四川，移民家族的迁徙经历不仅是一部赞美先世的英雄史诗，更是一部值得传诸后世的生动教材。苦难记忆不仅对于每个民族，而且对于一般家族也是不可缺少的一课。当年移民们在沧桑岁月中，在罕见的迁川途中所经历的旷世磨难，痛苦遭遇，悲欢离合，为前人与后人、古人与今人、历史与现实、昨天与今天的对话沟通，架设了一座心灵感应式的精神桥梁。正是在这样的背景下，采用移花接木、张冠李戴的手段，为自己祖先建构一段苦难传奇经历和动人传说，炮制出一个与众不同的、有关"解手"来历的四川版本出来，完全是顺理成章的事情。在这里，它既可以从历史中找到存在影子，又符合移民家族迁徙的经历；至于其中附会历史的做法，不过是将故事发生的场景略作置换而已。

三、想象性记忆

在心理学中，"记忆"与"想象"是两个概念。前者是过去意识，后者是现在意识。当代科学实验的最新成果表明，人的大脑对过去的记忆与对未来的想象有着密切的关系[①]。人们出于应对未来挑战，经常唤醒对自我过去的记忆，这时人脑中的"现在意识"与"过去意识"就形成密不可分的心灵图像。所谓"想象性回忆"，就是在这样的心灵图像网络中，为应对现实需要而唤起的一种对自我过去回忆的心理意识活动。

"想象性回忆"现象广泛存在于社会生活的各个领域，不胜枚举。这里仅结合川、渝民众心中普遍存在"麻城孝感乡"现象作一解剖和说明。

众所周知，孝感乡作为麻城县所辖的一个乡，在明代历史上确实是存在过的，它的地理方位在麻城县西。从康熙《麻城县志》的记载可知，孝感乡的行政建置的撤销，始于成化八年（1471），其原因是"户口消耗"，孝感乡因此并入到了仙居乡。90多年后，到了嘉靖四十二年（1563）建置黄安县的时候，太平、仙居二乡又划分一部分地方归并到黄安县。按理

[①]《大脑对过去的记忆和对未来的想象有着密切的关系》，中国科技信息网，Chinainfo，2007-1-5，9：13：15。

说，随着行政建置机构的调整，"孝感乡"这个地名应该从此逐渐消失了，然而，它非但没有退出历史舞台，反而在中国移民史上占据着重要位置。

"麻城孝感乡"作为一个地名实体，它之进入四川，与元末明初特殊政治背景下的移民迁川活动紧密相连。根据史书记载，早在元初，在崇州即出现了两处以"孝感乡"命名的军屯，据考这与主持屯田的军事机构来自淮西黄州府不无关系，很可能屯垦的军户，即从当地麻城孝感乡民招募而来的①。元末至正十一年（1351）红巾军起义爆发期间，就有许多麻城人进入四川。尤其是明玉珍在重庆自立为帝，建立了大夏政权之后，吸引了不少处于战火中的湖北难民，包括不少人麻城人投奔到了四川。明初有鉴于元末战乱带来的人口损耗，为了充实一些地区的人口，朱元璋曾经在全国范围内启动有组织的迁民运动。明初的"徙民之令"始于明太祖，其后明成祖又因之②。其所涉及的地域，遍及大江南北。四川也在其中。崇祯年间泸州分巡金事吴登启为招抚流民颁布的《招民榜文示》证实："迨我国初，亦移麻城孝感之民，以实富、荣二邑"③。

随着元末明初以来湖广人的大量涌入四川，到了明代，四川已然形成为一个以湖广人为主体的社会。各种地方志、家谱的统计数据显示，在湖广移民中，来自麻城籍的人户的比例已经占到大多数。由于明代麻城经济发展迅速，原本多世家大族，有所谓"楚士大夫仆隶之盛甲天下"④ 之称，即使迁川后仍有较为雄厚的经济实力。加之麻城人文底蕴深厚，素有"俗习诗书，争荣科第"的传统，有明一代占士籍者多达五百余人，是享誉国内的文教中心，"外省有不远千里来麻城就益者"⑤。来自如此背景的麻城移民，在进入四川后，迅速与巴蜀土著融合，并在经济、社会、文化等各个领域取得了显著的成功，以至"四川世家大族故多麻城籍"⑥。

在麻城籍移民之中，自明初迁入的"孝感之民"堪称佼佼者。由于他们入川时间早，资格老，凭借其长期在四川的经历形成的对四川的认识与经验，故能较早融入当地社会，率先在各个领域取得成功，成为名著一时的显赫大族。我们仅从清嘉庆《四川通志》收录到的七例墓志铭⑦，与近年来在成都市出土的两通墓碑⑧，以及保存在明人文集中的两篇墓志铭⑨

---

① 《元史》卷一百《兵志》，北京：中华书局标点本，1976年；参见陈世松：《元代川西军事移民屯垦区探微》，四川大学历史文化学院：《吴天墀百年诞辰纪念文集》，成都：四川人民出版社，2013年，第509—528页。
② 赵翼：《廿二史札记》卷三十二《明初徙民之令》，上海：世界书局，民国二十五年，第470页。
③ 吴登启：《招民榜文示》，沈绍兴等：《直隶泸州志》卷二《古迹·碑记》，嘉庆二十五年刻本。碑文镌刻在豸角山（今泸州市江阳区蓝田镇境）石壁内。
④ 王葆心：《蕲黄四十八寨纪事》卷一《鄂寨篇》。
⑤ 郑重修等：《麻城县志前编》卷六《选举志》，卷十五《杂志》，民国二十四年刻本。
⑥ 郑重修等：《麻城县志前编》卷十一。
⑦ 常明等：《四川通志》卷44—47《舆地·陵墓》，嘉庆二十一年刻本。
⑧ 参见成都市博物院、成都市考古研究所编：《成都出土历代墓铭券文图录综释》，北京：文物出版社，2012年。
⑨ 吴伟业：《监察御史王君慕吉墓志铭》，载《吴梅村全集》卷四十五，上海：上海古籍出版社，1990年；熊遇：《江君文博墓志铭》，载黄宗羲：《明文海》卷四百五十六，北京：中华书局，1987年。

中，辑录到 9 例孝感乡移民迁川家族。这些墓志的作者，均为明代社会中的政要或文化人；墓志作品的书写年代，大多在明代中后期，属于当代人记当代事，其可信度相对是较高的。从这些墓志铭对墓主生平的叙述中可以了解到，明初迁川的麻城孝感乡移民家族，到这时大多居于社会的显要地位。

正是在这种历史背景下，在一个湖广人口不算集中的川西地区，在明末四川总督朱燮元撰写的一篇《蜀事纪略》中，记录下成都市民在与他的对话时，竟然都自称来自孝感乡。天启六年（1626），成都城被来自永宁（今四川叙永一带）的奢崇明叛军围困 102 天，正当人心惶惶之际，当地市民告诉他说："成都自古不守，不见元人（即原住居民）"，"今生齿皆黄陂孝感人"①。这里的"黄陂"疑为"黄州"之误，明代黄陂县隶属于黄州府（今湖北黄冈）。在元末明初的移民活动中，由于明玉珍占据重庆建立政权后，来自麻城的移民主要集中在川东、川南一带，川西地区数量应该是十分有限的。但是到了明末，居然连居住在成都城的居民都称自己是孝感人，由此可以证明，孝感乡在明代后期的四川民间获得了较高的认同度。

从时间上看，此时已为明代末期，距离明初移民入川已经两百多年，一些名家大族在祖籍记忆问题上已经存在明显的传说色彩，何况城中百姓如何能准确清晰地记得入川前的原祖籍地呢？从逻辑上看，即便是政府发动的大规模移民活动也不可能将一地之人移至一城，而此城再无原居民或他地之移民；从地点上看，成都作为四川首府，这样的一座城池充当了相当重要的政治、经济、文化中心的地位，这样的一座都会城市也必然成为一处人员汇聚、百姓趋会之所，入明两百年来必然吸引了众多外地人士，来此求学读书、经商贸易、游历定居。因此，从某种意义上讲，我们可以推论：至明末，孝感之民填川的传说已经基本形成。

到了清代和民国年间，有关"麻城孝感乡"的记忆在巴蜀地区得到进一步的流传。这具体表现在大量出现在这一时期编写的地方志和族谱资料之中，只是到了清末民国时期，才被作为移民祖籍而大量出现，或者换句话说，"孝感乡"是直到清末民国年间才被四川民众所认同的。而这时，距离成化八年（1471）孝感乡行政建置被撤并的时间，已经长达 500 多年。试问此时的人们，何以对一个早已消失半个世纪的孝感乡反而记忆得如此清晰？

清初社会的身份区分，为孝感乡记忆提供文化认同基础和历史依据。清初席卷全川的移民浪潮，极大地改变了巴蜀的人口结构。新来的移民在户籍登记上与土著有着明显区分。例如，在巴中县，他们就分别以"红"、"黑"两种户籍簿来区分。凡明迁入巴中者，进"黑册"，凡清迁入巴中者，进"红册"②。明代土著居民死里逃生从外地返回四川，在入籍时大多选择孝感乡作为自己祖先的原籍。据新津县调查，清初从洪雅陆续返籍的"土著"，"询其原籍，概系湖广麻城孝感乡"③。正如清光绪《牟氏祠堂记》有云："（四川地区）大抵今日

---

① 朱燮元：《蜀事纪略》，北京：书目文献出版社，1991 年影印明天启刻本。
② 马传芝等：《巴中县志》第二编《人民志上》（民国十六年石印本）载："元末明初之际，邑地荒废，间有自楚迁入者，插占为业，旋经献贼扰蜀，搜屠无遗，其窜匿保全者遂为土著。清初招垦来者日众，大约楚赣来者十之六七，闽粤来者十之二三。明中叶入巴者黑册，清代陆续入巴者红册。户口滋生日益繁衍。"
③ 禄勋：《新津县乡土志》卷一，宣统元年排印本。

所谓土著者,率皆国朝鼎定以后,自粤东、江右、湖南北来。其来自前明洪武初年麻城孝感乡者,则旧家矣。"① 这样,"麻城孝感乡"就成为清初许多家族确认现实生活身份的最佳选择。正因为如此,所以康熙七年(1668)四川巡抚张德地,在对战乱之后的四川人口籍贯的调查时,才得出了这样的结论:"查川省孑遗,祖籍多系湖广人士……访问乡老,俱言川中自昔每遭劫难,亦必至有土无人,无奈迁外省人民填实地方。所以见存之民,祖籍湖广麻城者更多。"②

在清代,将原籍归属于麻城孝感乡的做法,不仅被归籍的土著所普遍采用,而且对清初以来迁入的外来移民也具有极大的吸引力。这是因为,清初以来次第入川的新移民,在落业某一具体地方时,由于人生地疏,必然面临着更为强大的土著势力和众多外省移民的竞争对手。为了在恶劣的自然环境与复杂的人文环境中求生存,立住脚,他们不得不动用一切有利的社会资源,求图"荫以自庇",得到当地社会名望家族的支持与保护。特别是对于有的势单力薄、需要"求荫自庇"的外省籍移民,这种做法更具必要性。例如,渠县李氏的先祖,李君讳佑,是一个自称"本籍湖北黄州府麻城县孝感乡细鼎子高阶堰谢家庄人士"。但再追询其家世背景,族谱上所记载的历史却是:"当是时,同来楚黄而居者众,惟雷氏最为枭雄,人莫敢犯。"故李氏祖先与友邻"向、左、李、温、周五姓,共议姓雷",并"依龄为序,以避残杀之害"。这显然是一个依附土著旧家的新移民家族。如果该家族本来就是旧家,又何必依附于同样是楚黄强宗呢?重新构建的这个移民家族的历史,不仅是麻城孝感乡人,而且早在"元末因仕入川,后家于蜀北渠县云合里刘家湾。其后,因为兵乱不能归"③。

除了冒籍之外,也还有因为误籍和隐籍而附会于麻城孝感乡的现象存在。由于移民的绝大多数是没有文化的贫民,经过在战乱中、转辗迁移,由于年代久远,几代、十几代后的后裔已经不知道祖籍的确切地点,因此从众附会也就在所难免④。此外,还有一些由于某种政治敏感原因(如参与过明玉珍、张献忠的部队或为逃避封建王朝政治迫害等),在对祖先的历史刻意隐瞒的情况下,选择附会麻城孝感乡。总之,在清初那个社会特殊年代,不管是土著、移民还是流民,不管是冒籍、误籍还是隐籍,都可以找到重新转换入籍的充分依据和存在的空间。而正是这样的身份区分,变成为一种文化积淀之后,它就会成为后代追述自己祖先的一种文化认同基础和历史依据。

清末民国以来的社会巨变,为孝感乡记忆的泛化普及提供了土壤。到了清末、民国年间,随着科学知识的输入,以及物质文明和精神文明的进化,社会风气逐渐发生改变。为了适应日益扩大社会交往的需要,随之地缘祖籍观念的内涵也有拓宽的必要。恰逢此时,四川各地开展乡土志和县志的编修工作为之提供了展现的平台。于是,有的县志在对本地居民普遍宣称来自麻城孝感乡的现象进行了记录的同时,也不乏对此提出质疑者。如民国十八年出

---

① 光绪《牟氏族谱》卷十。
② 中央研究院历史语言研究所:《明清史料》丙编第十本,上海:商务印书馆,1936年,第1000页上。
③ 渠县《李雷族谱·源流》,参见傅昌志:《渠县明清时期迁入姓氏探源》,载陈世松主编:《四川移民与客家文化学术研讨会论文集》,成都:天地出版社,2005年,第349页。
④ 葛剑雄:《中国历史上的移民发源地之一》,《寻根》1997年第1期。

版的《荣县志》主笔赵熙称:"明太祖洪武二年,蜀人楚籍者,动称是年由麻城孝感乡入川,人人言然……殆后人经张献忠之乱,故实无凭,遂以传疑为据耶?书备存参。"① 民国二十一年出版的《南溪县志》主笔钟朝照称:"南溪经明季丧乱,土虚无人。康、雍之际,粤、闽、湘、赣之民,纷来插占,而以湖广麻城县孝感乡为最伙。土著人摈斥之,力弱不胜也。""今蜀南来自湖广之家族,溯其往始,多言麻城县孝感乡。核其人数,即使尽乡以行,亦不应有若是之伙。且湘楚州县与蜀比邻者,尽人皆可移住,何以独迁孝感一乡。岂若大之川南,仅为一孝感乡人殖民之地乎?"②

民国年间,"麻城孝感乡"从私家族谱走出来,成为地方志的书写对象,这一现象本身就说明,它已经在社会生活中得到广泛的传播。尽管有人在质疑它,但并不妨碍它已成为某些地区湖广人整体祖籍的认同符号。例如,民国十七年(1928年)出版的《泸县志》,在记述该县的人口祖籍来源时写道:"泸人自明末遭(流寇)之乱,死亡转徙,孑遗无多,自外省移实者,十之六七为湖广籍(麻城县孝感乡),广东、江西、福建次之。"③ 民国十八年(1929年)出版的《合江县志》,在记述该县的人口祖籍来源时也写道:"县人氏族自明季遭献贼屠戮,孑遗者仅千之一二,其自外省移实者,十六七为湖广籍(麻城孝感乡),江西、福建、广东、贵州等省次之。"④ 这里两处采取了在正文中间加注解的表达方式,来记述本县的湖广籍人口比例;在湖广籍之下,明确标注就是"麻城孝感乡"。夹注在正文中的字形虽然比正文细小,但它却为读者提供了一个准确理解正文涵义的答案。通过这两处书写形式可以看到,在编修者心中,湖广籍就是来自于"麻城孝感乡"。即是说,起码在泸县和合江两个地域中,"麻城孝感乡"已经具有了从整体上代表湖广的意义。这表明,"麻城孝感乡"已由代指个体祖籍地,到代指群体祖籍地,再发展到了代指某个地域祖籍地的阶段。

随着"孝感乡"指代含义的不断丰富和认同度的不断扩展,可以认为"孝感乡"不仅是清代社会的一种身份象征,而且到了民国时期,它更成为整合地域文化、增强族群认同的一种符号。至此,"麻城孝感乡"就成为川、渝地区民众想象中的祖籍地了。

四、余论

通过上述分析可见,至今仍在川、渝地区流传的民间记忆——创伤性记忆、苦难性记忆与想象性记忆,都是清代以后针对明末清初大动乱之后文化传承断裂的实际,而重构历史记忆的产物。300年来通过一代又一代人的传承,这三种记忆为广大民众所熟知铭记,以至到了老少皆知、妇孺尽晓的地步,其影响之深之广可想而知。如果将这样的民间记忆传承,放在巴蜀历史记忆的建构和传承史上来考察,它究竟有何重要意义?

首先,清代以后形成的这三种民间记忆,堪与汉晋人重构蜀史的努力比肩。秦军占领巴蜀,使得巴蜀典册、珍宝被摧毁,物质文化和精神文化遭受到毁灭性的破坏,有关巴蜀祖先

---

① 廖世英等:《荣县志》卷十五《事纪》,民国十八年刻本。
② 李凌霄等:《南溪县志》卷四《礼俗下》,民国二十六年排印本。
③ 王录昌等:《泸县志》卷三,民国二十七年排印本。
④ 王玉璋等:《合江县志》卷四《礼俗》,民国十八年排印本。

的历史被从记忆和口头流传遭到了彻底扫荡①。经过这次事件之后,巴蜀地区的人们失去了对过去了解的依据,为了唤起对蜀国历史的记忆,不得不致力于搜寻既往的掌故旧闻。徐中舒先生曾经撰文描述蜀汉时代文人学士搜寻蜀中掌故旧闻的过程,指出:"刘焉为益州牧时,就有一班文人学士随之入蜀。在这个偏安小朝廷内,又有一班宾客陪着他谈宴寻欢,经常以蜀中掌故旧闻作为剧谈的资料……先蜀故事,既为刘焉时代文人学士达官贵人经常谈宴的资料,因此,就有人多方搜寻先蜀故事笔之于书,来敏、秦宓特其中最知名者。谯周少从秦宓问学……谯周作《古史考》既是阐述秦宓旧说,其掇拾先蜀掌故旧闻,亦当是承秦宓的余绪。"②汉晋以来400多年间的蜀人基于先秦与秦汉之间存在的失忆状态,以及蜀地在整个华夏中居于边缘位置所带给当时人的心理感受,为了把这一文化断裂衔接起来,为了给这种边缘化的地位寻找合法的祖源和现实的立足依据,于是竞相为建构蜀史而撰写蜀史著作。据《华阳国志》统计,从汉人司马相如、扬雄、郑伯邑,到蜀汉的秦宓、来敏、谯周,再到成汉时代的常璩,蜀中史家以搜集传说、整理典籍为使命,撰写的蜀史著作多达20余种。台湾学者王明珂以此为个案,通过进一步解读,认为这些蜀人作者在整理典籍的过程中,不惜以"蛮荒化"、"遥远化"、"神话化"的手法,同时借鉴西南各地方族群使用的"弟兄故事"来合理化其与邻近民族的关系,编造"英雄祖先历史"的叙事模式,来解释古蜀祖先的来源③。汉晋时代蜀人通过集体回忆来重新建构巴蜀历史的不懈努力,由此可见一斑。清代以后巴蜀地区的人们,针对明清易代中巴蜀社会中的集体失忆,在编修族谱的过程中,以创伤性记忆、苦难记忆、想象性记忆的叙事模式,来解释自己祖先迁川的合法依据,同样体现了建构地方历史的顽强追求。二者在做法上一脉相承,颇有异曲同工之妙。

其次,这三种民间记忆的产生背景,都与明清移民运动有直接的关联。创伤性记忆源自明末张献忠屠蜀事件,而该事件正是清初大移民的直接诱因;想象性记忆系由明初大移民的原籍地麻城孝感乡所引发;而苦难性记忆则由清初大移民迁徙的苦难经历附会到明初的强制移民。巴蜀是中国一大移民区,古往今来移民迁徙活动绵延不断。随着巴蜀历史上多次大规模移民入川的发生,相关的同乡移居传说也不断盛行起来。其中,以唐末五代、元末明初和明末清初三个乱世最为突出。由于唐末、五代曾经发生过关中及中原士族为避难而大量南迁巴蜀的事件,这就为中原移民在追忆自己祖先来源时,提供了充分的依附皇室贵胄的历史依据。以至到了宋元时期,在一些北方移民家族中,利用修谱、托请撰写墓志铭的机会,有意识地攀援附会皇室,极力淡化其祖先平民出身的记忆,因而编造强化其祖先"皇室扈从"的记忆,也就成为十分自然的事情了④。由此形成了围绕唐末"皇帝扈从"入川而展开的盛极

---

①参见谭继和:《巴蜀文化研究趋向平议》,《社会科学研究》1996年第2期。
②徐中舒:《论巴蜀文化》,成都:四川人民出版社,1982年,第144页。
③王明珂:《历史事实、历史记忆与历史心性》,《历史研究》2001年第5期。
④费著:《岁华纪丽谱·氏族谱》(《巴蜀丛书》第一辑,巴蜀书社,1988年)载录成都士族共45家,其中安史之乱后至五代入蜀者22家,几乎占到一半。他指出,在其所采集的家谱世系中,有的家族明明谱系无考,但"耻"于祖先"初微",之所以造出"扈从"唐皇的说词来,不过是为"求附甲族而过于附会"而已。

一时的"祖先同乡传说"①。不过到了元明之世和明清以后,当湖广移民迁川潮兴起之后,所谓唐末"皇帝扈从"入川的传说,遂被"洪武二年"奉旨入川②以及清初"奉诏填川"③之类的传说所取代。可见,巴蜀历史记忆的传承过程,本身就是一个不断沉淀、不断重构的过程。在这一过程中,免不了会有文化筛选、遗忘、置换、取代、附会、嫁接等情形发生。

再次,这三种民间记忆与清代官方主导的地方记忆,虽然同属巴蜀历史记忆建构的组成部分,但二者似不在一个频道上。清廷完全控制成都以后,官员们主导的社会重建活动,很注重与文翁、李冰、诸葛亮、杜甫等相关的庙堂遗迹的修复,凸显他们的爱国、爱民的特征。只是到了乾、嘉以后,随着移民大潮的结束,地方文人们才逐渐重视本地历史传统或著名历史人物与本地相关的事迹。于是这以后,官方主导的地方历史记忆建构活动,与通过族谱所建构的民间记忆,二者风云际会,才最终汇流到了一起,共同成为塑造地方认同和荣耀感的推动力,有关情形另当专题论述。

作者简介:陈世松,男,四川省社会科学院研究员。

---

① [日] 牧野巽:《中国的移民传说》,载《牧野巽著作集》卷五,东京:御茶水书房,1985年。
② 参见陈世松:《明初胶东半岛川滇移民由来考》,《历史研究》2016年第5期,第47—48页。
③ 参见陈世松:《大迁徙:"湖广填四川历史解读"》,成都:四川人民出版社,2005年,第433页。

民国时期西康地区贡噶岭事件考论

西华大学文学与新闻传播学院　陈鹤

摘　要：民国时期，西康地区经过了较大的政治变动。特别是刘文辉在"二刘大战"失败后，将统治重心放在西康，使得二十四军与西康土头势力之间的矛盾尖锐化。1937年，康南贡噶岭地区便发生事变，地方土头势力直接武装对抗政府力量。事变发生后，刘文辉集团积极出兵平息。平息贡噶岭事变后，民国年间整个康南地区几乎再也没有大的事变发生，由此可见此事件的长远影响。

关键词：康南地区　贡噶岭事件　曾言枢

近年来，民国时期西康南部地区的政治经济、民族关系等问题引起了研究者的瞩目①。因为民国时期西康南部地区形势极为复杂，尤其是乡城、稻城，号为难治，几乎成为化外之地。光绪三十二年（1906），赵尔丰攻破乡城桑披寺后，即在乡城、稻城推行改土归流。光绪三十四年（1908），四川总督赵尔巽与川滇边务大臣赵尔丰联名会奏："（改）乡城为定乡县，稻坝为稻城县……贡噶岭设县丞一员，隶于稻城县。"② 自晚清以来，贡噶岭一向作为稻城的分县存在，"距县一百二十里之贡噶岭，设一分县，亦分贡左贡右两区"③。由此可见，整个稻城县其实有两个重心，即稻坝和贡噶岭。稻坝分为四区，即稻上区、稻下区、木拉区、巨龙区④。贡噶岭则下辖赤土、日窘、东宜、蒙自四个区，"贡（噶）岭者，日洼

---

*基金项目：四川省哲学社会科学重点研究基地"青藏高原经济社会与文化发展研究中心"2019年度一般项目"民国西康军政领导人曾言枢《日记》整理与研究"（项目编号：QZY1910）。

①比较具有代表性的论著有：秦和平：《乡城、稻城土头统治的由来及其嬗变》，《西藏研究》2007年第2期；李沛容、王海兵：《乱世求存：20世纪50年代前川滇边地的历史与社会》，北京：民族出版社，2016年。

②四川省民族研究所《清末川滇边务档案史料》编辑组编：《清末川滇边务档案史料》，北京：中华书局，1989年，第205—206页。

③董用霖：《稻城县概况》，《边政》（第4期）1930年9月。

④李中定：《康南八县纪要——稻城》，载赵心愚、秦和平编：《康区藏族社会历史调查资料辑要》，成都：四川民族出版社，2004年，第444页。

〔窪〕、赤土、东义、蒙自四区之总名"①。但贡噶岭一直是民国前期稻城治理的一个盲区，1937年爆发的贡噶岭事件充分说明了这一状况。但因为历史记载的缺失，致使这一事件扑朔迷离，产生了许多不真实的传言。今笔者依据民国时期的川康报刊、档案，特别是稀见史料《成声周报》，对这一事件进行详细考论，力求还原历史事实，探寻前因后果，指明历史影响。

一、稻坝和贡噶岭的土头势力

（一）稻坝地区的相对安定

1930年代的稻坝地区，由新兴的土头甲骨倾贞等统治。

甲骨倾贞（又作甲骨倾珍，甲骨倾真，1885－1956）是乡城人。甲骨倾贞曾"自叙生平，少小曾舍身为佛徒，因赵大臣（赵尔丰）摧毁乡城桑披寺，遂漂零无所归，愤而为匪，出入山泽，铆张为约，无所顾惜"②。"民国三年（1914），为稻城色拉村络绒家之赘婿，遂为稻城人"。另外，传说甲骨倾贞曾为彭错大吉守水碾，"乡人多忽之。稍长，豪迈任侠，操刀行劫，得微之，购枪弹，买骏马，裹绿林英杰数十人，掳掠富商大贾。不数年而家道以兴，乡人咸称之曰：真丈夫也。倾珍闻而喜，肆意恣行，自是康南不堪其扰矣"③。1924年，甲骨倾贞由稻坝来理化经商，同行八人各携手枪，以厚礼往访驻军团长，不得见，甲骨倾贞怀愤而去。副官、连长等跟踪欲拘捕甲骨倾贞等，甲骨倾贞退守营官寨民房，闭门拒战，击毙副官、连长和士兵数人，从容离开理化④。后甲骨倾贞感觉"幸佛缘未绝，了悟前非，迄今已二十年矣，垂垂朽老，但以劝人为善，奉公报国，以求改过，其他不敢望"⑤。但甲骨倾贞依然利用其财富与地位，在民众与官府之间，纵横捭阖，谋取利益。"有某县长未予任用，竟致发生兵围县府的事；又某县长亦未任倾珍，发生了民众抗粮、县府被窃的事件。因之历任县长莫不重其委任，厚其食饩，听其计划，以循其指使，所以今天的甲骨倾珍有'无形本波'（按：头人）之称。"但"稻坝政令之所以稍能推行，也就全靠甲骨倾真的力量，倾真已是五十几岁的人了，原系乡城人，入赘于稻坝，为人有胆略，善口辩，壮年时期，为著名之夹坝（按：藏语，即强盗），可以说，他的家当，就是从枪上取来的，现在家中奴婢成队，当然不必再抢人了，对于政府，确有很大帮助，稻城县府对面，一箭之地，有一保正公所，凡县中催差上粮，诸般政务，无不由此保正公所办理，此保正公所，是听令于倾真的；稻城县府的生命，是掌握在这保正公所手里的，单就一桩极小的事例来说，如县府

---

① 蓝希夷：《定乡素描》，载赵心愚、秦和平编：《康区藏族社会历史调查资料辑要》，成都：四川民族出版社，2004年，第422页。
② 曾言枢：《宣抚康南日记》（1937年8月15日），《成声周报》（第43期）1937年8月30日，第12页。
③ 乔鉴平：《稻城县四大势力之分析》，载赵心愚、秦和平编：《康区藏族社会历史调查资料辑要》，成都：四川民族出版社，2004年，第429页。
④ 四川省稻城县志编纂委员会编纂：《稻城县志》，成都：四川人民出版社，1997年，第10页。
⑤ 曾言枢：《宣抚康南日记》（1937年8月15日），《成声周报》（第43期）1937年8月30日，第12页。

所烧之柴，所用之水，皆由此保正公所按日晨早派人送来，催差揹来，必等柴来了，水来了，县政府的人员，乃得烧，乃得吃，倘一旦保正公所，停止送柴揹水，则水还可由县长率领秘书科长，鱼贯前临河滨揹运，惟此柴薪，非远至数十里外，不能樵採，将何以为计？县府没钱用，向倾真借，没糌粑吃，向倾真借，只有倾真才肯借，无论县府有大小的事，都请倾真来商议，只有和倾真商议妥善了，才能行，倾真真是稻城县府的太上县长"①。

甲骨倾贞调解驻军与民众以及民众之间的矛盾。"稻上集易村，加波、木底两家，隔河居住，因有小故成了仇敌，时相械斗，死伤四十余人，双方莫不用尽各种手段，以图报复，当时有驻军营长某人，受木底家怂恿，出兵围击加波，大败而还，以为是木底家走透消息，将其家长拘押遂结怨人民，木底、加波两家合兵以围县府，粮断水绝，危急万分，此时甲骨倾珍以一平民资格，挺身调解，使势形趋于和缓，并请得定乡彭错大吉率民兵百余前来予以威胁，木底、加波之兵方退去，又为该二家调解，仇怨虽未冰释，但是从此以后，再无械斗事件发生。"②

借粮放贷则是甲骨倾贞聚敛财富的重要手段。"区长甲骨倾珍每年的薪俸青稞二十石，是不能因政令而改变数目的，借给公务员的钱和物品，必须以三元一斗的杂粮来偿还，人民借他的银钱和粮食，加四加五归还的都有，巨龙的波射、郭瓦两村人民，都成了他的农奴，有时他的青稞借不完，还要喇嘛寺帮他摊借出去，照这样年复一年的利子利孙堆积起来，他便成了稻城的一个大资产阶级，但是当地的一般公务员和人民遭了这样大的剥削，还是随时随地地去恭维他"。为什么借了高利贷，还要感谢债主？这是"因为借贷事件除了甲骨倾珍一人而外便找不到第二个了"。由此也可想见稻城金融事业的落后。甲骨倾珍除了放高利贷的一面，也有他的好处。甲骨倾贞常常设法维持稻城地方经济社会稳定。"比如有时驻军和县府没有粮食，还能大批接济，私人受了窘迫也能通融，不要抵押品，为康人中绝无仅有的事。"③

后来，甲骨倾贞"入国民党为党员"，影响很大。加上甲骨倾贞"自奉甚约，家拥百万，仅旧衣数袭而已"。因此甲骨倾贞在稻城一带还有一定威信。正因为如此，甲骨倾贞先后被任命为稻城县村、保、区长、特种保安大队队长、副总保队长、总保队长、县参议长等职。

(二) 处在争斗中的贡噶岭

而1930年代，控制贡噶岭的则是扎西宜马和阿依多。

扎西宜马本是定乡加拉黑打村人，其父（按：一说其叔父）扎西充本（按：充本为藏语"商人"之意）拥资百万，经商印度、云南间。扎西宜马幼年曾于云南中甸出家为喇嘛（小扎巴）。1930年，其父扎西充本死，扎西宜马就继承父业，还俗弃僧经商。他善于积蓄，家财雄视一县，能以财力号召定乡人民。后来，扎西宜马与土头沙牙登巴发生矛盾，试图联合

---

① 任汉光：《康南的土头世界》，《康导月刊》第3卷第5-7期，第24页。
② 蓝希夷：《乡稻见闻录》，载赵心愚、秦和平编《康区藏族社会历史调查资料辑要》，成都：四川民族出版社，2004年，第435-436页。
③ 蓝希夷：《乡稻见闻录》，载赵心愚、秦和平编《康区藏族社会历史调查资料辑要》，成都：四川民族出版社，2004年，第437页。

另一位土头降错宜马，共同对付沙牙登巴。然而在斗争中，降错宜马坐山观虎斗，静观其变，让扎西宜马与沙牙登巴斗得两败俱伤。扎西宜马不得不暂时退出定乡，移居稻城贡噶岭的赤土区，"民二十年（1931）秋，扎西（宜马）筑别墅于贡岭而家焉，是为稻城人"①。同时，扎西宜马采用巴昭巴登的计策，将自己的妹妹嫁给赤土麦色阿依多，与阿依多结成姻亲，巩固了他在贡噶岭的势力。

阿依多为赤土麦色，其父罗松共布为当地土司，故其地位系世袭而来。传说"阿依多年数岁，其父病将死，嘱之曰：汝年长，勿忽视汉官，当竭力诚归之。自是阿依多无叛逆之志"。此传说虽有附会嫌疑，但总体来说，阿依多的确比较亲近汉人政府。除了父亲的遗嘱之外，试图利用驻军的力量扩大自己的势力，也是阿依多的考量。阿依多与扎西宜马结为姻亲后，势力更加壮大。稻城县政府任命阿依多为赤土保正。因其亲汉立场，当时有人将稻城团总甲骨倾真、木龙区保正四郎邓朱、赤土区保正阿依多，称为稻城"亲汉分子"②。此外，扎西宜马也应算一位"亲汉分子"。

与此同时，扎西宜马的对手降错宜马，也将势力从定乡伸到贡噶岭来。降错宜马试图联合贡噶岭的地方势力，对付扎西宜马等人。

二、蒙自麦色遇害与甲噶竹青代起

贡噶岭分为四区，即蒙自、赤土、日窘、东义。统辖四区的则是当地"麦色"（又译为墨色，类似于土百户）。其中"蒙自麦色，所辖土地人民稍多，地位优于其他三麦色"③。然而，到了1936年春，蒙自麦色惨遭杀害，蒙自一区发生极大变化。据徐耘耔调查所知，事件经过详情是，"稻城县属贡噶岭，计四区、四麦色（等于土百户），蒙自麦色所辖毗连木里、滇边，气候温暖，年收两季，人民约二百四十户，全区位于山腹，地势峻急，下临深流，不可涉，山颠多林木，耕地与民居散见山间，以险巇闻。蒙自麦色与所属甲衣家比邻，两姓因耕地界不协。廿五年（1936）甲衣之子，偕仆由菝地醉归，途遇蒙自赘婿，作猥亵状，婿恐为所窘，就马上击枪，均中要害，死。甲衣为扎西宜马至戚，赤土属民毛瓦家之子，与扎西善，以甲衣案商扎西。扎西乃乡酋扎西聪本之子，有乡望，识大体，以依理说息答之。毛瓦本非善类，又觊觎蒙自多藏，遂密集赤属子顶阿思居民数户，蒙自莠民六十余户，焚掠蒙自麦色住宅，惨杀蒙自眷属仆役二十三人。麦色年老仓猝率哑女幼孙，携珍贵器物，匿经堂内，四周皆土墙，得不蒸死，匪众绐之曰，如以所携见遗，当无事，麦色遂尽其所赍，由窗投下，匪以梯支窗前，麦色偕女孙三人，乃得出，寄居邻家。越日，匪突至，反结麦色引至他舍，饮以酒，麦色沉醉狂呼，匪以刃割其腹，肠出满地死。蒙自骤失统驭，大

---

① 乔鉴平：《稻城县四大势力之分析》，载赵心愚、秦和平编：《康区藏族社会历史调查资料辑要》，成都：四川民族出版社，2004年，第431页。
② 佚名：《治理康区意见书》，载赵心愚、秦和平、王川编《康区藏族社会珍稀资料辑要》，成都：巴蜀书社，2006年，第370页。
③ 集白（张朝鉴）：《贡噶岭之解剖》，《戍声周报》（第47期）1937年9月27日，第6页。

紊乱。稻坝甲骨倾珍、扎西宜马迭经邀集蒙自、甲衣两姓亲属调处,无结果"①。蒙自麦色仅遗哑女、孤孙,从此一蹶不振。"蒙自麦色遇害后,甲噶(竹青)隐有起而代之之势。"②甲噶竹青取代了蒙自麦色后,为日后贡噶岭事变埋下了伏笔。

三、康华尊部开赴贡噶岭

　　1937年初,曾言枢率部进驻理化,整理康南。当时稻城县府正好修好,时任县长乔雁臣请求省政府派遣驻军,刘文辉、曾言枢"调二十四军一三六师第一团第一营的三个步兵连,一个迫击炮排,一个机枪排,由营长康华尊率领进驻于贡噶岭赤土村"③。不久康华尊奉命,率全营到贡噶岭驻防。

　　康华尊(1900-1937),字岳阶,四川永川来苏乡人。其父名康朝骞,曾为乡里教师,后应赵尔丰主办的四川藏文学校④考试,成绩优异,曾主持康南乡城、稻城一带的教务,民国年间"巴、理闻人,多其门下生也"。后"因赵氏败亡,康藏纷纷,不可朝夕",于是康朝骞回归乡里。因森姆拉会议的刺激,康朝骞希望儿子康华尊继承父业,戍守康藏,还"检匈奴、西域、吐蕃、傅介子、班定远、李广、霍去病诸史传为课义,以授华尊"。民国九年(1920),康华尊从四川陆军讲武堂毕业,到刘文辉部队出任排长,1924年升任第三军一一师二二旅三四团一连上尉连长,1925年升任营长,"十六年(1927)复修业二十四军军事政治校特别训练班毕业,次第以劳绩擢三师八旅六团上校团长"。1933年,二刘大战(刘湘、刘文辉大战)中的嘉定(今乐山)之役中,因刘文辉部队溃败,康华尊曾打算跟随旅长余中英(余兴公)隐退,但没有得到批准。1935年又参加国民党中央军事委员会主办的峨眉军官训练团。1936年1月,康华尊与工农红军在雅州紫石里激战。1936年9月,"以本军(按:即二十四军)一三八师步二旅三团中校团坿,代理第一营营长,跟随旅长兼康南宣抚司令曾言枢,戍理边政"。1936年11月16日,作为先遣部队,"康华尊营长率所部并附机枪连,已于十六日由康定出发开赴理化"。"二十日午后到达雅江……十一月三十日该营始自雅江向理化进发。"12月4日到达理化。1937年2月3日,"第一营营长康华尊,率步兵两

---

①筠山:《蒙自麦色之死》,《戍声周报》(第43期)1937年8月30日。李中定也说:"蒙自麦色年老,廿五年被邻人甲衣家,聚众谋杀,举家罹难"。(见李中定:《康南八县纪要——稻城》,载赵心愚、秦和平编:《康区藏族社会历史调查资料辑要》,四川民族出版社,2004年,第445-446页。)蓝希夷则说:"贡岭蒙自保正与降错宜马关系密切,年老无子,拟招甲噶竹青入赘,约议已成。扎氏(扎西宜马)闻之,于己不利,乃劫杀蒙自保正,欲以阿衣多之弟入赘蒙自,以扩充势力。但甲噶竹青尚在,仍有问题。"(见蓝希夷:《乡райен见闻录》,载赵心愚、秦和平编:《康区藏族社会历史调查资料辑要》,成都:四川民族出版社,2004年,第432页。)恐系误传。

②集白(张朝鉴):《贡变发生之前前后后》,《戍声周报》(第46期)1937年9月20日,第22页。

③李次良、邓俊康:《贡噶岭事件概述》,中国人民政治协商会议四川省甘孜藏族自治州委员会编:《甘孜藏族自治州文史资料选辑(第五辑)》,出版者、出版年不详,第22页。

④四川藏文学校,即四川藏文学堂,系清末四川总督赵尔丰应驻藏大臣联豫等请求,为培养办理康藏边务通事(翻译)人才,而于1906年7月成立。校址现在成都昭忠祠,后迁东马棚街。1907年更名为四川省城官立方言学堂。参见四川大学校史编写组编:《四川大学史稿》,成都:四川大学出版社,1985年,第26页;《四川大学史稿》编审委员会编:《四川大学史稿(第一卷)》,成都:四川大学出版社,2006年,第45页。

连，机炮各一排，开赴稻城，定乡县长伍进修随队前往，是日下午二时（理化）张（朝鉴）县长宴请团本部团体官佐"。2月14日，曾言枢团"第二连续开稻城"。康华尊率第一营到达稻城后，来信向曾言枢报告："该地（稻城）民众，极表欢迎，'汤打役'自动来者，供过于求，康营长一本建委会之新规定，给予工资云，又息，军队抵稻城之前夕，县府煮饭之锅，被人偷去，军队既到，则又安然无事，于此可见无力之可贵也。"康华尊部抵稻前，"乡稻两县久不完粮当差，形同化外"，康华尊部到达后，稻城"八区，四十八村，而来上下两区已完粮六十余石"①。同时，"定乡县长伍进修，前以定乡县民作梗，逗留理化未获赴任，自本团戍南路，素称狡悍之乡稻民众已不复作态，比接伍县长自定乡来信谓：于本月（四月）八日接事，即召开差粮会议，而护送伍县长到任之王文明连长，在定乡极为持重，不许士兵外出，以防宵小挑衅云"。

以理化、稻城为后盾，定乡县长伍进修在连长王文明的护送下，进驻素称难治的定乡②。

曾言枢认为康华尊能独当一面，故派遣康华尊率部前往贡噶岭镇守。5月8日，康华尊"奉命率步兵两连，机炮各一排，由稻城出发，进驻稻属之贡噶岭，行程三日，安全抵贡，驻仲都村"。康华尊"对于地方建设，尤为热心，乃于此间建一仲都公园，园之四周草深木茂，园内广殖花木草亭等，中竖旗杆，景致幽雅，空气清新，每早晚间升降国旗之际，莫不心神为之一快，军民暇时，咸往游览"③。

因为贡噶岭并未修建营房，康华尊全营分驻爱赤土村几家大房子内。士兵人数较多，良莠不齐，扰民之事不时发生，老百姓感到十分不满。同时，稻城县政府任命赤土村的土百户阿依多为保正，积极拉拢，希望在贡噶岭建立据点，要求阿依多为军队筹集军粮，为县政府征收赋税，还要为军政两方催派差役（乌拉等）。但康华尊在贡噶岭地区的军食相当困难。当时蒙自、日窑人民正在收获大麦，但"对完粮事，仍抗不理"，甚至贡噶岭土头扎西宜马前往开导，也无济于事④。"稻属贡岭公然敢抗差粮"，不得已康华尊向当地村长头人设法购粮，"但所炒之青稞未熟，而面粉粗劣，食难下咽，勉强吞之，则腹立泻，而每包之价又超出平时一倍"⑤。军粮的困难加剧了贡噶岭驻军的困难，也引起了当地土头的轻视。

四、事变前的谣言

1937年3月，定乡、稻城一带忽然谣传，"驻乡某连，催粮过急，人枪被剿缴，康（华尊）被诱杀，事态扩大"⑥！这一谣言传到巴安。蒙藏委员会驻巴安调查员李忠定和巴安县

---

① 佚名：《消息摘要》，《戍声周报》（第1—30期合订本），出版者、出版年不详，第100—102、104—105页。
② 王文明：《稻城到定乡》，《戍声周报》（第1—30期合订本），出版者、出版年不详，第45—46页。
③ 邓裕奎：《瞿变志》，《戍声周报》（第46期）1937年9月20日，第25页。
④ 康华尊：《康营长华尊呈有电》，《戍声周报》（第34期）1937年7月5日。
⑤ 朱名坚：《军食志》，《戍声周报》（第46期）1937年9月20日，第37页。
⑥ 曾言枢：《曾旅长呈刘委员长暨唐师长电》，《戍声周报》（第1—30期合订本），出版者不详，1937年，第95页。

长吴文渊获悉后,立即向上级报告。蒙藏委员会委员长吴忠信和二十四军军长(西康建省委员会委员长)刘文辉、一三六师师长唐英,分别致电曾言枢询问真相。曾言枢不敢大意,驰电询问康华尊。康华尊答以并无异常。曾言枢遂据此上报,答复各方并无异状。贺觉非也回忆:"先是巴安方面即谣传定乡发生事变,经蒙藏委员会驻巴安调查员告该会传电刘文辉委员长询真象〔相〕。曾旅长力辨其妄。时三月间事也。"①

事后,曾言枢分析谣言产生的原因,一是定乡"未驻兵,已经二十年,王(文明)连护伍(进修)复任",定乡人民多不情愿,"八阁活佛,鱼由巴函,亦请撤回驻乡部队"。二是康华尊进驻贡噶岭后,征收差粮,"日窪删(日)完粮二十石,欲陆续完纳,蒙自请求缓上,东义仍无消息",康华尊认为"非武力到达,难期收纳",拟派兵前往收纳。多年来极少纳粮的贡噶岭地区,感到极不适应!三是乡稻民情彪悍,抗拒政府已久,对驻军极为敌视②。

五、事变的经过及二十四军的应对

由于当地人民不满情绪的扩散,加以贡噶岭土头之间的勾心斗角、争权夺利。贡噶岭事变终于还是发生了。

蒙自麦色于民国二十五年(1936)被杀害,代起者则为甲噶竹青。

甲噶竹青为蒙自喇嘛,"甲噶为印度之译音,竹青即罗汉。该喇嘛幼为贡岭寺僧,以行为多谬见黜,退居蒙自小寺,家居贡格霞村,现年二十五六,多资才,蒙民之向其贷予者至多,故拥有一部份势力,能调集多人。蒙自麦色遇害后,甲噶隐有起而代之之势"③。常驻贡噶岭的扎西宜玛和赤土麦色阿依多,为了打击敌对势力降错宜马和甲噶竹青,独霸贡噶岭地区,将甲噶竹青的矛头引向驻军。使甲噶竹青和康华尊的矛盾尖锐化。

1937年6月29日,"晨升旗,全体肃立,刚唱党歌时,突闻园之四周草丛中枪声四起,中弹者相继倒扑,其余皆惊惶束手,惟携枪而逃。康氏见事变发生,即于□兵手中取得步枪一枝、弹一板,于枪林弹雨中大呼卧倒勿跑,当此时也,天尤朦胧不明,云雾笼罩山林,凄风凛凛,不辨东西,士兵们尤在昏昧中,皆为之溃退逃生,惟我慷慨忠勇之康团长,始终不离此地,伤者见康氏以致身中数弹,犹大呼卧倒勿逃,终亡于升旗台前,青天白日旗帜之下,康氏(康华尊)为国成仁,何等光荣也!"副营长徐智东重伤,但仍裹伤指挥逃生官兵反击。电报员刘醒泉幸免于难,在甲噶竹青等撤走后。连长王全斌与刘醒泉急忙电报曾言枢:"十万急,日、蒙、赤民数百,乘今晨升旗正唱党歌时,来场袭击,团长阵亡,营副受伤,官兵伤亡,人数不明,职率部出击,机砲全获回,现正激战中,蒋连俭到,今后如何处理,盼立示。"曾言枢立即向刘文辉、唐英等报告,并着手平息事变④。曾言枢指示驻贡噶岭部队:"驻贡(噶岭)部队,由该连长(王全斌)负责指挥,死力抵抗,一面飞调驻稻部

---

① 贺觉非:《西康纪事诗本事注》,拉萨:西藏人民出版社,1988年,第118页。
② 曾言枢:《曾旅呈杨(永浚)秘书长、唐(英)师长电》,《戍声周报》(第1—30期合订本),出版者不详,1937年,第93—94页。
③ 集白(张朝鉴):《贡变发生之前前后后》,《戍声周报》(第46期)1937年9月20日,第22页。
④ 刘文辉对贡噶岭事变非常气愤,但认为康华尊应该负主要责任,曾骂康华尊死有余辜。参见李东川:《西康县政人员训练所回忆录》,载《雅安文史资料选辑》(第3辑),出版者不详,1986年,第66页。

队兼程来援，一面飞告驻乡各连勿听谣言，严密戒备。此间已令龚营长率兵两连，完全驰马前来，希沉着应战，不可一误再误为要，余情望续告。"与此同时，得荣"县长，以兵至乡、稻，始得到任，方集头人商差粮，以贡变而中止。乡城迫政府驻军，即日移加拉，迟则治安、军食概不负责。稻之巨龙、木拉，差粮俱停，谣诼繁兴，莫知所届"①。整个康南，特别是稻城、定乡、得荣三县陷入了前途难卜的危险境地。据事后侦查，甲噶竹青方面"亡二十余人，伤约三四十人"，贡噶岭驻军捕获四人，进行审讯②。

贡噶岭事变爆发不久，稻城以西的定乡也发生了地方土头威胁驻军的事件。"乡城迫政府驻军，即日移加拉，迟则治安、军食概不负责。"③ 驻定乡的部队，也向曾言枢报告："乡民谣言甚重，要挟政府，迁移驻地，粮亦观望，款亦无着。"④ 据事后曾言枢回忆，"初贡案发生时，乡民乘势迫现任县长伍进修及驻军三日内由桑披岭移此（按：指加拉），经王仲良、闵玉泉两连长商同伍令，给其重要土酋二十四人，佯与商榷，出其不意，尽数扣留，拍电到理，请示于余，余当令在贡案未解决以前，应行拘禁，以为缓冲乡乱挟持之资，至贡变已平乡境果无事也"⑤。定乡的稳定，有利于贡噶岭事变的解决。

贡噶岭事变的第二天，即6月30日，曾言枢即命第三营营长龚耕云率军一营开赴稻城贡噶岭，平息叛乱，镇守地方。据《戍声周报》报道："六月卅日，本旅第一团第二营营长龚耕云奉命开赴乡稻。午前七时，该营官兵齐集营官坝草场，旅长率驻理官佐，到场送行，此间张（朝鉴）县长、蓝所长及士绅均到场欢送，草坝坐谈，官兵欢乐。至十时各村赶到，乘马百匹。官兵整理行装毕，龚君集合队伍，请旅长训示，谢宾友盛情。旅长训以服从营长命令，随处小心谨慎，并严守军纪各节。训毕，官兵乘马整队出发，飞奔稻城而去，士气异常旺盛云。"⑥ 据说，行前曾言枢曾告诫龚耕云："虽说派你前去（贡噶岭）救援，但康营已全军覆没，已无救援，是派你营去镇守地方，等候康定军长处理。所以你营到达贡噶岭后……必须做到三条：第一，如果无人抵抗，不准先放枪和抓人；第二，不准抢掠夺枪者家中的财物；第三，不准侮辱妇女。"⑦ 徐耘弖还赋诗《送龚耕云营长》为龚耕云壮行。⑧ 7月3日，龚耕云抵达稻城，筹集军粮。龚耕云先到稻城，"会同县长乔雁臣召集各区头人讲话：

---

①集白（张朝鉴）：《贡变发生之前前后后》，《戍声周报》（第46期）1937年9月20日，第23页。
②王全斌：《王连长呈曾旅长东电二则》，《戍声周报》（第46期）1937年9月20日，第43页。但此数字存疑。
③集白（张朝鉴）：《贡变发生之前前后后》，《戍声周报》（第46期）1937年9月20日，第23页。
④龚耕云：《龚营长呈曾旅长真酉电》，《戍声周报》（第46期）1937年9月20日，第51页。
⑤曾言枢：《宣抚康南日记》1937年9月29日，《戍声周报》（第55期）1937年11月22日，第11页。
⑥佚名：《龚营率部开赴乡稻》，《戍声周报》（第35期）1937年7月5日，第18页。
⑦冯有志：《西康史拾遗》，成都：巴蜀书社，2015年，第163页。
⑧徐耘弖：《送龚耕云营长》，《戍声周报》（第36期）1937年7月12日，第11页。全诗为："蹉跎抱殷忧，光阴不可留，人生幻变车轮转，漫衍飘零海上鸥，西来层云弥天黑，东风惨惨正飓飓，夜入苍莽寒澈骨，燐火荧荧鬼啾啾！绝壑万仞，匈訇氏倾，天地震恐，沈泉崩迸，违掌高蹛惟一巴，有志须学傅介子，汉德威积伏大宛，龟兹乐奏承明殿，扫穴斩□楼兰王，壮烈奋起班定远，丈夫岂老蓬艾间。饮马直到阿富汗，几度怅望哲孟雄，中原无人增叹惋，羡君早挥祖生鞭，掉臂去来一何难，有为安让古人先，行矣行矣君自勉。"

(一)国家保护人民,人民有完粮之责任;(二)汉满蒙回藏五大民族,是一家人;(三)国家与人民连带的关系各项。详细解释,多方比喻,并晓以大义。各头人均为之感悟,在一星期内,即将廿五年度欠粮九十余石,催完清楚"①。7月9日,抵达赤土区,会晤赤土保正阿依多和扎西宜马,当天又行抵仲都。7月14日,第二营营长高华宝又"率李、胡两连及机枪一排,由理化开赴乡、稻",与龚耕云一道,平息贡噶岭事变②。龚耕云针对地方武装的驻守情况,部属进攻,除以部分兵力攻打东宜、日窝外,集中主力攻打蒙自。7月23日,龚耕云向蒙自"匪徒"发起进攻。受到进攻后,甲噶竹青等退往蒙自喇嘛寺。龚耕云下令将寺庙包围,使用迫击炮掩护步兵强攻。后来部队严密封锁包围寺庙,并截断了寺内的水源。地方武装在缺水缺粮的条件下,从庙后突围溃逃。于是,龚耕云"分函九龙县府、木里黄喇嘛各处,请其派丁截堵匪首甲噶竹青等,以遏乱源而绝根株,果尔一周以内,匪匿山林而饿死者达数十人,当此进退维谷之际,惨不忍闻,于是扎西(宜马)从中转圜,泣恳自愿缴械投诚,(龚耕)云虽慎重考虑,究以良善者众,叛逆者寡,以此准予自新,并书降状为据,计缴来步枪十五枝,认罚钢洋二千三百枚,并以骡、马各一匹折抵洋一千二百枚。自克复蒙自以后,稻城谣言顿息"。

1937年9月16日,曾言枢在贡噶岭为康华尊举行公祭,曾言枢"演词(康)华尊团长伍、王两排长事略,恻怆难已,何能尽言"③。徐耘刍撰写公祭文,曾言枢为康华尊遗像题写赞言:"穆穆肃肃,雍容而刚,胸怀日月,严若秋爽,高瞻远瞩,志奢谋强,功垂千载,泽遗边氓,俯仰低徊,如何可忘。"1938年9月,康华尊之子搬运康华尊的灵柩回川,道经理化,曾言枢还为康华尊举行公祭。"理化军政各界举行追悼,分别公祭礼祭文为张子惠科长所拟,悲壮慷慨,闻者增哀,祭典隆重,祭毕曾旅长详述康氏生平略历,张直皆(张朝鉴)县长、徐耘刍秘书并有激昂沉痛之演讲。"④

六、贡噶岭事变的影响

第一,打击了二十四军驻康南的势力。据事后统计,"此次事变,经时不过卅分钟,阵亡团长一员(康华尊),排长一员(伍国臣),士兵十九名,负伤营副一员,排长士兵三十余名,损失步枪三十余枝"⑤。同时,二十四军在稻城、定乡、得荣的统治,也受到一定程度威胁。

第二,由于刘文辉、曾言枢等人处理得当,贡噶岭事变也在一定程度上成为康南治理的转机。自民国以来的康南政局,得到一定程度的改观。正如有评论所言,康南"有此一役,建威消萌,风声所播,顿改前观。迨曾旅长抵稻,正平津沦陷之后,而百里郊迎,连骑支帐,不及一月稻属全境差粮□复原额,团学均其始基。定乡之降错宜马与彭错大吉极不相

---

① 佚名:《龚营长勤慎厥职》,《戍声周报》(第38期)1937年7月26日,第23页。
② 佚名:《高华宝营开赴稻城》,《戍声周报》(第37期)1937年7月19日),第18页。
③ 曾言枢:《宣抚康南日记》(1937年9月16日),《戍声周报》(第52期)1937年11月1日,第9页。
④ 德柔:《康团长灵柩运理,公祭隆重》,《戍声周报》(第97期)1938年9月12日,第22页。
⑤ 邓裕奎:《瞿变志》,《戍声周报》(第46期)1937年9月20日,第26页。

能，相煎日急，妨害乡政极大，忽于此时，自动相约赴加拉，伍县长一同参加，解释夙〔宿〕怨，既而咸集县府，共商庶政，学校成立，有生七二人，各村纷纷筹备粮赋，此皆贡案先后官兵热血所铸"①。徐耘耒（毅公）亦认为，平息贡噶岭事变也许能"扫除康南之障碍，打开光昌之局面"。"赵尔丰之有建树于西康者，以能战胜一桑披寺也，而此战争之铁血，遂铸成一段治平之勋绩，遗留亘古之历史，今之宣抚亦不能逃此例外。然则此次贡变战绩存在性之于将来历史，亦可以推知也。"② 历史证明，的确如张朝鉴、徐耘耒等人所言，平息贡噶岭事变后，直到新中国成立前整个康南地区几乎再也没有大的事变发生了。

第三，稻城土头扎西宜马、阿依多的势力得到增强，而定乡土头降错宜马的势力受到打压，使降错宜马向贡噶岭地区发展的势头受挫。扎西宜马"助兵平乱，并杀祸首甲噶竹青"，独霸了贡噶岭地区。而降错宜马不甘心失败，曾组织力量反击扎西宜马，但又遭失败。③

总体来看，贡噶岭事件之后，西康政府的统治力量有了增强，康南土头势力之间出现了消长变化，为民国后期康南的社会治理营造了一个新环境。

作者简介：陈鹤，男，四川师范大学历史文化与旅游学院讲师，历史学博士。

---

① 集白（张朝鉴）：《贡变发生的前前后后》，《戍声周报》（第46期）1937年9月20日，第23—24页。
② 毅公（徐耘耒）：《别矣贡岭》，《戍声周报》（第47期）1937年9月27日，第2、3页。
③ 蓝希夷：《乡稻见闻录》，载赵心愚、秦和平编：《康区藏族社会历史调查资料辑要》，成都：四川民族出版社，2004年，第434页。

"不闻蜀人有善书者"：书法史视野下的汉唐巴蜀文化解析

四川大学历史文化学院　黄博

巴蜀自古多奇士，学问文章、德慧权略，落落可称道者，两汉以来盖多，而独不闻解书。……唐承晋、宋之俗，君臣相与论书，以为能事，比前世为甚盛，亦不闻蜀人有善书者。

——黄庭坚《跋秦氏所置法帖》

北宋最著名的文学家、书法家黄庭坚在流寓巴蜀之时，在一个偶然的机会结识了一个叫作秦世章（字子明）的黔州籍军官，此人当时任"左藏库副使、东南第八将"，可以说是北宋后期地方禁军系统的高级统兵官了[1]。秦世章在长沙任职时曾摹刻了一套古代书法的"法帖"，后来带回家乡黔州（治今重庆彭水），安置在为战争期间阵亡将士追福的绍圣院中，成为当地一处书法名迹，秦世章还特地请了北宋书坛四大家之一的黄庭坚为此专门写了一篇题跋[2]。在黄庭坚所撰的《跋秦氏所置法帖》中，黄庭坚突然意识到一个奇怪的现象，巴蜀地区从汉代以来在各方面虽然人才辈出，但书法人才却相当不济，"巴蜀自古多奇士，学问文章、德慧权略，落落可称道者，两汉以来盖多，而独不闻解书"。接着他还发现，下接魏晋，直到唐代，巴蜀书坛都没有产生过著名的书法家，"唐承晋、宋之俗，君臣相与论书，以为能事，比前世为甚盛，亦不闻蜀人有善书者"，诗文书法在当时俱称一流的黄庭坚不免感到不解，而发出了"何哉"的疑问与感叹。

---

[1] 左藏库副使为从七品武阶官，而其东南第八将的官职则属于神宗以后实施将兵法的新型禁军编制，当时将各地军队统一编制为将、部、队三级，将是最高一级的军事单位，管辖路一级的"系将禁军"，据《长编》记载，元丰四年（1081）将东南地区十一路（淮东、淮西、浙西、浙东、江东、江西、湖北、湖南、福建、广东、广西）的禁军编制为十三将，其中第八将驻守荆湖南路的潭州（长沙）。据王曾瑜考证，东南第八将的兵力当在5000人左右。参见王曾瑜：《宋朝军制初探》（增订本），中华书局，2011年，第126页。

[2] 黄庭坚：《黄文节公全集·正集》卷二十五《跋秦氏所置法帖》，(宋)黄庭坚著，刘琳、李勇先、王蓉贵校点：《黄庭坚全集》，成都：四川大学出版社，2001年，第2册，第651页。

一

从"两汉以来"的"独不闻解书",到"唐承晋宋"的"亦不闻蜀人有善书者",黄庭坚非常困惑又触目惊心地揭示了汉唐间巴蜀文化的一个特殊之处:在其他各方面都孕育出杰出人才的巴蜀文化,在书法方面却乏善可陈。唐代书论家张怀瓘在《书断序》中说,"文章之为用,必假乎书,书之为征,期合乎道,故能发挥文者,莫近乎书"①。这是书法家对书法与文学之间密切关系的真切体会,事实上,文字是文化的载体,书法的发达,恰是文化繁荣的一种最直观的表现,然而从汉代以来就以文化发达著称、文学名士辈出的巴蜀地区却偏偏不符合这个惯例,因为巴蜀地区从汉代到唐代却没有书法名家闻世。那么这个"判断"是黄庭坚的个人感受,还是巴蜀文化在汉唐间书法史中的实际表现呢?

汉代以来巴蜀文化进入繁荣期,在文化领域的各方面都可谓人才济济,"自汉兴以来,迄乎魏晋,多士克生,髦俊盖世"②。特别是汉代文学史上的司马相如,经学史上的扬雄,二人都是闻名于世的奇才,正应了黄庭坚"巴蜀自古多奇士"的称许。司马相如与扬雄,在后世的文学史和经学史上都是绕不过去的人物,足见两汉以来巴蜀文化的繁盛局面。但在书法上,巴蜀人物确实无足称道。不过后人也有以扬雄为书法家的认知,如《中国书法史·两汉卷》所梳理的汉代书法家中,就把扬雄排列到士大夫书家的第一个,但在如何体现扬雄是一个"书法家"这个问题上,作者不过是认为曾有人向扬雄学作奇字,而扬雄又在古文字上颇有研究,而做出扬雄是一位"古文字书法家"的推断,并且以扬雄的书为心画之说,认为他提出了书法与书写者性格之及思想感情的关系,对后世论书、创作、鉴赏都产生了巨大的影响③。

如果上述说法属实,扬雄在书法史上的地位自应举足轻重才是,然而这恐怕是作者的"误读",《汉书·扬雄传》并无他善书的记载,精研古文字的人,也不一定就会是擅长书法的人。而"书为心画"之说中,更是扬雄与"书法"之间的一段的最易被后人误会的公案,他在《法言》中所提出的"书,心画也"的著名论断,现代书法史大多认为这与作为艺术的"书法"并无关系④。显然,扬雄虽然在文学、经学上成就突出,为后世称道,但确实不是什么书法家。

唐初房玄龄夸赞唐太宗的才华,用的套话是"笔迈钟、张,辞穷班、马"⑤。司马相如作为巴蜀文化孕育出来的杰出人物,显然是占据着重要的位置,汉魏时代巴蜀地区没有杰出的书法家应是事实,且从两汉以至于唐代,巴蜀书法似乎都默默无闻,在钟繇、张芝所代表的书法谱系中,蜀人是没有位置的。"汉、魏有钟张之绝,晋末称二王之妙"⑥,唐初孙过庭在《书谱》中所说的这句套话,基本上是唐宋士人的书法史共识,唐宋书法史的系谱上确实

---

① 张怀瓘:《书断》,《历代书法论文选》,上海:上海书画出版社,1979年,第154页。
② 常璩著,任乃强校注:《华阳国志校补图注》,上海:上海古籍出版社,1987年,第521页。
③ 华人德:《中国书法史·两汉卷》,南京:江苏教育出版社,2007年,第180页。
④ 华人德:《中国书法史·两汉卷》,第194页。
⑤ 刘昫等撰:《旧唐书》卷六十六《房玄龄传》,北京:中华书局,1975年,第2465页。
⑥ 孙过庭:《书谱》,《历代书法论文选》,上海:上海书画出版社,1979年,第124页。

没有巴蜀人物的位置。《书断》评品古今书家(迄唐初),分列神品25人,妙品98人,能品107人,竟然无一人是蜀人,黄庭坚说两汉以来直到唐代"不闻蜀人有善书者"还真是如此。黄庭坚敏锐地意识到,从汉到唐将近千年的时间里,正是中国书法从蔚然兴起到蔚为大观的重要时段,从汉代起就已经号称文化发达的巴蜀地区居然缺席,似乎和中国文化发展的大势"不同步",这是为什么呢?

秦汉时代进入四川的中原移民与巴蜀土著的汉化,文学的吸引最快,巴蜀本土丰厚的原始神灵信仰,给巴蜀文化蒙上怪力乱神的特点,使巴蜀地区的经学具有创造性,文学充满浪漫主义色彩,因此文学家、经学家不但多,而且有杰出的、一流的人物,"写字"是文化的表象,是文化繁荣的副产品,文化发达,"书法"也应该发达,但书法却是高度发达的文化的产物,需要积累,也需要某些文化"特质",汉唐书法重在法度,魏晋强调风韵,这些难道恰恰是巴蜀文化所不具备的,或者说缺乏的?对巴蜀地区如此奇特的文化现象,黄庭坚以三国时代为例,尝试作了一段解析:

> 诸葛孔明拔用全蜀之士略无遗材,亦不闻以善书名世者,此时方右武,人不得雍容笔研,亦无足怪。

在今人编著的大型书法通史《中国书法史》的"魏晋南北朝"分卷中,编写者用了两章分别论述魏国书法和吴国书法,但却没有蜀国书法的内容,显然是因为蜀国在书法史上没有什么值得称道的业绩,特别是没有代表性的书家可以称述。黄庭坚以三国乱世,崇尚武力为由来解释蜀国没有以"善书名世者",但魏、吴两方的书法成就,恰恰映衬出这种历史普遍性的解释模式的乏力,因为同样是军阀混战的乱世,三国中的另外两方,北方曹魏政权中有宗师级的大书法家钟繇,东吴政权也有对后世书法影响很大的《天法神谶碑》书写者、书法界的一流人物皇象,魏、吴政权内以书法闻名的二、三流人物就更多了①。显然,黄庭坚的解析,基本模式是在讨论文化发展与历史大势之间的关系,是一种普遍性视角下的区域文化解读,这个文化发展与时局好坏成正比的逻辑换到任何的一个地方都可以运用,它恰恰回避了问题的核心:巴蜀文化史发展进程中,究竟因为什么特质导致了整体文化比较繁荣、各方面人才辈出的巴蜀地区不能产生有影响力的书法家的?

二

汉魏之际是中国书法的第一个高峰,所谓"钟张"即这个时代的象征,值得注意的是,这一时期的巴蜀地区没有"书法家",但却不等于没有"书法",东汉后期盛行的碑刻书法在巴蜀地区其实相当普遍,四川地区有大量的东汉后期的碑刻存世,特别是巴蜀地区有大量存世的石阙铭文和崖墓题记,但几乎清一色地出自民间匠人之手,虽然有着汉代隶书的基本风格,但总体书风放纵恣肆,笔画奇逸开张。带有强烈的地域风格,为其他地区碑刻书法所不

---

① 参见刘涛:《中国书法史·魏晋南北朝卷》,南京:江苏教育出版社,2007年,第13—70页。

见，可谓呈现出一种非常强烈的地域书法特色①。当然，这些民间书法在唐宋时代自然不入书论写作者的法眼，但却也从侧面反映了汉魏时期巴蜀地区的书法环境并不差，是有孕育出书法家的文化土壤的。

事实上，蜀汉其实是有以"善书"名世的人，就是著名学者谯周，陈寿在《三国志》中称许谯周"尤善书札"②，跟谯周差不多同时期的魏国的钟繇、吴国的皇象，都是书法史谱系上的格外璀璨的明星，但在晋唐以来的书法史谱系中，谯周是被完全遗忘的人物，在谈论善书者时没有人会提到他。实际上，"不闻蜀人有善书者"至少包含两层意义，一是蜀人的"书法"确实不怎么样，实不足为人所称道，二是蜀人其实有善书者，只是外间不知道蜀人的书法成就，无从谈起，实际的情况可能两者兼而有之。

显然，我们今天重新审视汉魏之际的巴蜀地区的书法实况，巴蜀书法既是中国书法的一部分，而且也在中国书法的兴起与发展的关键期参与其中，所以"不闻蜀人有善书者"的背后，真正的问题可能是巴蜀书法在士大夫群体中缺乏杰出的代表人物。与魏、吴两方在精英人士中拥有众多的善书者不同的是，蜀汉似乎只有一个被后世遗忘了的谯周，显然在汉魏之际的巴蜀地区，书法在精英文化中是有所缺失的。如何理解这一现象呢？

观察中国书法史的发展可以发现，"书法家"群体是在汉魏之际集体涌现的。钟繇、张芝皆是出自这一时期，而所谓"书法家"群体出现的时机，又恰恰和另一个群体，即所谓的"士族"的形成相关，前之钟、张，后之二王实际上都是出身于世代簪缨之家。可以说，从汉魏之际到六朝隋唐的五六百年间，士族是产生"书法家"最集中的群体，所谓书法，不是简单的"写字"，而是在写字中体现出对笔墨的控制能力，运用笔墨的点画运行构造字形与布局，即所谓的用笔、结字、章法等等技术性的路线，但掌握这个还远远不够，还得在熟练的技艺基础上，依靠书写者精神，也就是气韵、境界之类的综合文化素养，在具象的笔墨之上抽象出高尚的精神境界来，因此精英文化中的"书法"，既需要技艺的磨练，又需要文化的根底，可以说笔法的传承与创新，配合书写者的文艺气质，才能写出为世人所称道的一流书法，所以书法家的产生需要深厚的文化积淀，这简直是士族素质的标配。

汉代蜀中最有名的文化人司马相如、扬雄实际都是贫寒人家走出来的天才，司马相如在和蜀中富豪卓氏联姻前，是"家贫无以自业"③，扬雄的祖上迁居入蜀，"有田一壥，有宅一区，世世以农桑为业"。到扬雄时，"家产不过十金，乏无儋石之储"④，他们都是靠着自己的好学深思、勤奋努力，以文学才华而成为知名人士的。他们和钟、王那种根基深厚的世家大族子弟的成长道路完全不同。以"书圣"王羲之为例，琅邪王氏是魏晋时代第一流的高门大族，该家族发迹于汉魏之际的王祥，官至太保，且以孝行著称，有"二十四孝"的"卧冰求鲤"的故事，可谓那个时代家喻户晓的名人⑤。到了东晋，王家已经世代公卿将近百年，

---

①参见华人德：《中国书法史·两汉卷》，第147—149页；冷柏青：《四川东汉崖墓题记书法研究》，中国艺术研究院硕士学位论文，2015年。
②陈寿撰：《三国志》卷四十二《谯周传》，北京：中华书局，1982年，第1027页。
③班固撰：《汉书》卷五十七上《司马相如传上》，北京：中华书局，1962年，第2530页。
④《汉书》卷八十七上《扬雄传上》，第3513页。
⑤详见《晋书》卷三十三《王祥传》，北京：中华书局，1974年，第987—990页。

"王与马共天下",琅邪王氏更是因为主持了东晋政权的建立与稳定而成为门阀士族的代表。显然,"家贫无以自业"和"家产不过十金"的司马相如、扬雄的家底跟王羲之比起来,根本不在一个层次上。

司马相如、扬雄出身普通人家,没有家底,自然也无所谓"家学",其在文学、经学上的成就,完全是自己的天才式的发挥的结果,书法不是一个靠"聪明"就可以有所成就的文艺类型,笔法的基本功的训练,综合文化素养的长期陶冶,再加上书法家笔下创造性的发挥,才能有所成就。这样,传承与积淀就显得比个人的天才式突破更重要,王羲之的书法成就,家学渊源本就是很重要的因素。琅邪王氏都善书法,王僧虔《论书》评东晋名臣王导说,"导书甚有楷法,师学钟卫,爱好无厌,丧乱狼狈,犹怀钟尚书宣示帖过江"。王羲之的父亲王旷也精善书法,"旷与卫氏,世为中表,故得蔡邕书法于卫夫人,以授子羲之"①。王羲之的叔父王廙,也是晋唐间人眼中的一流书法家,《书断》称"廙工于草隶飞白,祖述张卫遗法,亦好索靖之风。其飞白志气极古,垂雕鹗之翅羽,类旌旗之舒。时人云王廙飞白,右军之亚"②。因此,王羲之能够成为"书圣",显然并非仅凭借其个人的艺术天赋与努力。

陈寅恪先生论及士族的特点,曾说"夫士族之特点,即在其门风之优美,不同于凡庶。而优美的门风,实基于学业之因袭"③。琅邪王氏为第一流高门士族,除了政治上的世代公卿相标榜以外,利用政治上的特权和优势获得的深湛的家学渊源才是最值得世人称道的内容。优秀的书法家基本上是产生于第一流的士族家族中,张芝的父亲张焕为"太常卿",《书断》还要特别强调他提"名臣之子",其弟张昶的书法则被《书断》列在"妙品",也是闻名于世的书法家。六朝隋唐时代公认的一流的书法大家,基本上都出自汉魏以来形成的衣冠世族之家,以《书断》为例,"章草入神,小篆、隶、行、草入妙"的卫瓘④,出自著名的河东卫氏,相传王羲之后来即是从卫夫人处得授的笔法。高平郗氏的郗鉴,"草书卓绝,古而且劲,"其子郗愔,"长于章草,纤浓得中,意态无穷,筋骨亦胜"⑤。谢安,"隶、行、草入妙",兄谢尚,弟谢万,并工书⑥,陈郡谢氏,在东晋南朝也是"王谢并称"的一流高门。

然而魏晋六朝以至隋唐时代的数百年间,巴蜀地区的社会结构,恰恰是一个衣冠世族缺失的时代。两晋时期的蜀中豪族大姓,据常璩的观察总体上是"家有盐铜之利,户专山川之材,居给人足,以富相尚",其做派则是"工商致结驷连骑,豪族服王侯美衣,娶嫁设太牢之厨膳,归女有百两之徒车,送葬必高坟瓦椁,祭奠而羊豕夕牲,赠襚兼加,赗赙过礼"⑦,颇有今日所谓"土豪"的气息,巴蜀的豪族大姓,无论是与江南六朝,还是中原北朝的大家族相比,都显得和文质彬彬的士族气质格格不入。巴蜀"大姓"与南北士族之间的差别非常

---

① 陶宗仪:《书史会要》。
② 张怀瓘:《书断》,《历代书法论文选》,第186页。
③ 陈寅恪:《唐代政治史论稿》,上海:上海古籍出版社,1997年,第71页。
④ 张怀瓘:《书断》,《历代书法论文选》,第179页。
⑤ 张怀瓘:《书断》,《历代书法论文选》,第186页。
⑥ 张怀瓘:《书断》,《历代书法论文选》,第187页。
⑦ 常璩著,任乃强校注:《华阳国志校补图注》卷三《蜀志》,上海:上海古籍出版社,1987年,第148页。

明显，巴蜀大姓是本地土著，是古蜀人、古巴人的后裔，或者是在中原混不下去的中原移民，巴蜀大姓与中原士族在文化上的差异就很大，巴蜀大姓们虽然有钱，但是却很"土"，不是诗书传家的那种，而是僮仆万人，家资亿万的土豪，家风传承上的不同造成巴蜀上层文化特质上的不同，书法是家法，巴蜀地区无书法家族，自然无法涌现出书法名家。

三

唐人讲究门第，魏晋以来的士族右姓成为士大夫间的谈资，唐人柳芳所称，后世所宗尚的士族右姓，"过江则为侨姓，王、谢、袁、萧为大；东南则为吴姓，朱、张、顾、陆为大；山东则为郡姓，王、崔、卢、李、郑为大；关中亦号郡姓，韦、裴、柳、薛、杨、杜首之；代北则为虏姓，元、长孙、宇文、于、陆、源、窦首之"①。唐人眼中的士族右姓分布南北，甚至包括入主中原的鲜卑大姓，但经过魏晋南北朝的历史沉淀，唐代的巴蜀地区却没有所谓的士族右姓的。

其实汉代以来，随着社会的长期安定，文治得到推崇，蜀地在三国时代也渐渐有了"家学"发达的趋势，如谯周，"耽于古学"，"研精六经"，"颇晓天文"，而其父谯岏，"治尚书，兼通诸经及图、纬"②。尹默，曾"远游荆州，从司马德操、宋仲子等受古学。皆通诸经，又专精于左氏春秋"，死后其子尹宗，"传其业，为博士"③。李㧑，其父李仁，"与同县尹默俱游荆州，从司马徽、宋忠等学。㧑具传其业"④。但蜀国的灭亡，加上后来成汉政权的兴亡，以及南北朝时期巴蜀的时局动荡，造成了巴蜀地区的历史文化发展与中原和江南异趣，在士族成为最重要社会政治文化主体的两晋南北朝，巴蜀地区却甚至上连"士族"这个群体都是缺失的。

蜀汉灭亡以后不到40年，秦雍六郡流民入蜀，西晋官方措置失当，导致入蜀流民起事，以流民为基础建立起来的成汉政权，最终颠覆了西晋在巴蜀的统治，其间的动乱使汉代以来的巴蜀地区的土著居民遭到毁灭性的打击。当时，"蜀民皆保险结坞，或南入宁州，或东下荆州。城邑皆空，野无烟火"⑤。据史籍记载，在永兴元年（304），巴蜀人民在战乱期间仅逃亡到荆州避难的就高达十余万户，⑥ 到永嘉五年（311），"巴蜀流民布在荆、湘间，数为土民所侵苦"，晋朝的荆州当局又迫害蜀民，最终"流民大惧，四五万家一时俱反"，流民拥立本为成都名士的杜弢为主，造成震动荆湘数年的杜弢之乱⑦。

杜弢本为蜀郡成都人，其祖父杜植，"有名蜀土"，祖、父皆出仕郡县，他自己，"初以才学著称"，后因秦雍六郡流民入蜀引发的战乱而流移出蜀，在荆湘的南平郡（治所在今湖南省安乡县）避难。有意思的是，杜弢所率领的流寓荆湘的蜀民起义军被攻破后，"贼中金

---

① 柳芳：《姓系论》，董诰等编：《全唐文》，北京：中华书局，1983年，第3778页。
② 陈寿：《三国志》卷四十二《谯周传》，第1027页。
③ 陈寿：《三国志》卷四十二《尹默传》，第1026页。
④ 陈寿：《三国志》卷四十二《李㧑传》，第1026页。
⑤ 《资治通鉴》卷八十五，第2728页。
⑥ 见《资治通鉴》卷八十五，第2741页。
⑦ 见《资治通鉴》卷八十五，第2806页。

宝溢目",但晋军主将应詹,"一无所取,惟收图书"①,蒙文通先生指出,"此携图书以俱徙之流民显皆衣冠士流之辈也"②。杜弢及其率领的流亡荆湘的蜀人的经历,正是成汉政权建立前后,巴蜀土著中的有文化的大家族流亡衰败的鲜明写照。

成汉政权建立前后的战乱,以及巴蜀土著的大量流亡,使得成汉政权统治下的巴蜀地区人口骤降,"李氏据蜀,兵连战结,三州倾坠,生民歼尽"③,于是成汉时期,出现了著名的"僚人入蜀"事件,僚人在当时从南方进入蜀地,"从山而出,北至犍为、梓潼,布在山谷,十余万落"④,成汉亡国后,僚人更是成为四川盆地中丘陵地带的主要居民,"自桓温破蜀之后,力不能制,又蜀人东流,山险之地多空,獠遂挟山傍谷"⑤。史籍上颇能反映这一时期巴蜀人口结构的状况,比如东晋时期,巴西、宕渠二郡,"为群僚所复,城邑空虚,士庶流亡,要害膏腴,皆为僚有"。因此南北朝时期,巴蜀地区的人口结构与汉代大异,僚人在巴蜀地区所占的比重极大,北魏时"立巴州以统诸獠",仅所立的"隆城镇","所绾獠二十万户"⑥。而此前刘宋统治下的巴蜀地区,三十五郡仅有五万余户⑦。足见南北朝时期巴蜀地区人口结构中汉人不占优势。

据《北史》所说,僚人"种类甚多,散居山谷,略无氏族之别。又无名字","其俗畏鬼神,尤尚淫祀"⑧,其社会经济文化处于相当落后的状态,成汉政权前后的战乱,造成两汉四百年文治培育起来的巴蜀土著大姓损失殆尽,加上僚人入蜀改变了巴蜀地区的人口结构,巴蜀地区的社会经济和文化状态实已不复当年。在这种情形下,巴蜀文化出现"倒退"也就不足为奇了,蒙文通先生曾慨叹说,"宋人只见蜀在南宋关系的重大,就说东晋不知用蜀,而不知僚人入蜀以后四川已就荒残,故《南齐书》比蜀于蛮陬,蜀早已不足用了"⑨。其实东晋南北朝时期,巴蜀地区不但没有"书法家",就连两汉三国时代人才辈出的经学、文学等领域的人物也基本上在史籍上绝迹了,大概只有史学一脉,还在陈寿、常璩、李膺间不绝如缕地传承着,但他们都是一些政治文化上的边缘人。

江原常氏本是巴蜀大族,常璩的族祖常宽,"治毛诗、三礼、春秋、尚书,尤耽意大易,博涉史汉,强识多闻"。但成汉政权建立前后,常氏流散,家道中落,常璩虽然颇以文学自负,在成汉政权颇多撰述,但成汉亡国后,随桓温入建康,却遭到江东衣冠世族的轻视,任乃强先生说常璩写《华阳国志》,"其主旨在于夸诩巴蜀文化悠远,记述其历史人物,以颉颃中原,压倒扬越,以反抗江左士流之诮藐"⑩。后世所谓的"地方史"的书写发源于《华阳

---

① 《晋书》卷七十《杜弢传》,第 2620—2624 页。
② 蒙文通:《汉唐间蜀境民族之移徙与户口升降》,《蒙文通全集·四》,成都:巴蜀书社,2015 年,第 309 页。
③ 常璩著,任乃强校注:《华阳国志校补图注》卷十二《序志》,第 723 页。
④ 《晋书》卷一百二十一《李势载记》,第 3047 页。
⑤ 《北史》卷九十五《獠传》,第 3154 页。
⑥ 《北史》卷九十五《獠传》,第 3155 页。
⑦ 《宋书》卷三十八《州郡四》,第 1169 页。
⑧ 《北史》卷九十五《獠传》,第 3154 页。
⑨ 蒙文通:《僚人入蜀研究提纲》,《蒙文通全集·四》,成都:巴蜀书社,2015 年,第 337 页。
⑩ 常璩著,任乃强校注:《华阳国志校补图注·前言》,第 2 页。

国志》,是巴蜀史学对中国史学的重大贡献,但这其实是常璩在东晋以来巴蜀地区"失势"状态之下的发愤之作,恰恰说明巴蜀士人在东晋南北朝以来政治文化中所处的不利地位。

值得注意的是,巴蜀精英的边缘化,也是两晋之际至南北朝时期巴蜀历史发展的一个颇为持续的特色。这一时期巴蜀地区在政治版图上一直处于纷乱之中,304年六郡流民占据成都,347年东晋灭成汉收复巴蜀,但此后蜀中政局一直不稳,373年前秦攻占梁、益二州,东晋再次失去巴蜀地区。但十多年后,前秦因淝水之战的重创而衰败,385年东晋收复梁、益二州,又再次将巴蜀纳入治下。直到553年西魏攻占成都,巴蜀地区从此归属北朝,其间先后有谯纵之乱(405—413)、刘宋时有赵广之乱(433)、南齐时有刘季连之乱(499—503)、王谦之乱(580)等众多的变乱事件①。在这个背景下,错过了"衣冠世族"的关键成长期的巴蜀精英群体,无论是在南朝,还是在北朝,都处于远州寒门的地位,在政治上和文化上都遭到南北两方士族的排斥,《南史》在论及蜀士时说,"蜀土以文达者,唯(罗)研与同郡李膺"而已②,然而二人最终也不过官至州别驾,对朝中政局基本无影响力。

东晋南北朝以来,巴蜀地区反对暴政的起义,以及主政巴蜀的军政长官的割据混战,加上南北朝在巴蜀地区的频繁争夺易主,巴蜀士人不但难以得到各方朝廷的重用,而且人心思变之下,一有异动,巴蜀地区的本就不多的精英士人,反倒容易成为叛乱者的拥戴的首领,如东晋末年的谯纵之乱,谯纵其人本为"巴西南充人,祖献之,有重名于西土。纵少而谨慎,蜀人爱之"。但在东晋末年因桓玄挑起的乱局中,作乱的军将"共逼纵为主。纵惧而不当,走投于水,晖引出而请之,至于再三,遂以兵逼纵于舆上"。谯纵败后,其"同祖之新"皆被诛杀③。谯纵及其家族的悲剧,充分展现出巴蜀地区精英家族的困境。巴蜀精英在当时,或像常璩、李膺那样发愤著史以待将来,或则遁入空门别开生面,以避开主流的政治文化生活中的风险与苦闷。

实际上,东晋南北朝时期,巴蜀地区颇有些影响力的文化人,多是宗教界人士,如"善天文,有术数,民奉之如神"④的道教首领范长生。同时,巴蜀地区也出现不少有学问的佛教高僧,如北周时期的释宝象的事迹颇有代表性,祖籍安汉,后居绵州,婴孩时代抓周,他"止取书疏",幼年时巴西太守跟他有一段对话,问"承儿大读书,因何名为老子?"象曰:"始生头白故也。"可见他自幼虽然熟读的典籍,但读的却是道书而非儒家的经典,反映的是南北朝时期巴蜀文化宗教氛围浓厚的特点。他出家为僧后,"开化道俗,外典佛经,相续训导","又钞集医方,疗诸疾苦",后又撰作《大集经》《涅槃经》《法华经》的经疏⑤,足见他是一个僧人群体中的文化人,也足见当时的巴蜀文化的另外一种面相的繁荣。

书法的兴起与繁荣的东晋南北朝时期,恰恰是巴蜀文化从汉代的高峰跌落谷底的时期,而宋代恰恰又是巴蜀文化的另一个高峰,宋人看到了汉代巴蜀地区的人才济济,见识了宋代

---

① 参见《四川通史》(魏晋南北朝隋唐卷)第一章第三节《东晋南北朝时期巴蜀地区的动乱》,第16—37页。
② 李延寿撰:《南史》卷55《罗研传》,北京:中华书局,1975年,第1369页。
③ 《晋书》卷100《谯纵传》,第2636页。
④ 《太平御览》卷123《偏霸部七》引崔鸿《十六国春秋·蜀录》,四部丛刊本。
⑤ 道宣撰,郭绍林点校:《续高僧传》卷《释宝象传》,北京:中华书局,2014年,第268—第269页。

巴蜀英贤的风云荟萃，却似乎忘却了汉唐间巴蜀历史与文化的这段长达三百年的失落期。可以说衣冠世族的缺失只是巴蜀书法不彰的直接原因，而汉魏之后巴蜀地区动荡不安的历史，才是形塑出汉唐间巴蜀文化的独特风貌。特别是成汉政权的建立，以及獠人入蜀，导致两晋以后巴蜀文化与中原的文质特性的疏离，两汉巴蜀文化的发达，本来使书法在巴蜀地区有机会发展起来，但这个冲击使巴蜀书法失去了孕育的机会，造成了巴蜀书法的发展道路与中原不同步。因此，"不闻蜀人有善书者"呈现出来的巴蜀地区的某种文化特质，恰恰不是那种所谓的抽象的地域文化特点所造就的结果。魏晋以来的巴蜀历史塑造了汉唐间巴蜀文化独特的风韵气质，巴蜀文化是巴蜀历史进程的结晶。

作者简介：黄博，男，四川大学历史文化学院副教授。

秦人入蜀与蜀地农业发展探论——兼论蜀守遴选问题

西华大学人文学院 李钊

摘　要： 秦灭蜀后，鉴于蜀地农业发展的重要性，即将蜀地视为其谋求全国统一的粮食供应基地而予以经略。根据蜀地自然和社会特质，秦人采取了多项推进农业发展的措施。本文谨结合传世文献记载和考古发现，就其中遴选郡守统筹协调蜀地农业发展以及农田水利、耕地、劳动力、生产关系、生产技术等传统农业发展要素的优化组合情况略予论述，以就教于学界。

关键词： 秦人　蜀地　蜀守　农业发展

"六王毕，四海一"，挟灭六国之势一统天下的秦王朝尽管存在仅十余年就短促而亡。但秦人对蜀地的统辖时间则相对长得多，从周慎靓王五年（前316）秦灭蜀，直至秦二世三年（前207）秦亡，秦人经略蜀地垂百余年。在此期间，为了尽快将蜀地建设成其兼并天下的"王业之基"，秦人根据蜀地自然和社会特质，在军事、政治、经济与文化等方面都制定了诸多针对性的发展措施。这些措施的推行与实施，无论对蜀地还是对我国传统社会的发展都产生了重要历史影响。马克思唯物史观认为，农业是促使人类传统社会产生变迁的原动力，这已为人类传统社会实际发展历程和多种理论研究所证实。从这个意义上讲，秦人入蜀后推行的发展农业的措施无疑是秦人经略蜀地最为关键的一个环节。因此，很有必要对这一问题予以全面考察。统揽学界既有研究成果，学者一般将此问题归结为"都江堰"的研究范畴①，

---

*基金项目：四川省哲学社会科学重点研究基地"地方文化资源保护与开发研究中心"重点项目"四川农业考古研究汇要"（16DFWH003）；四川省哲学社会科学重点研究基地"李冰研究中心"重点项目"李冰文献整理研究"（lbyj2018-001）。

① 由于都江堰主体工程的修建是在秦人入蜀之后，故学界一般将秦人入蜀后蜀地农业发展问题归结为"都江堰"的研究范畴，代表性的论文有：徐中舒：《古代都江堰情况探原》，《四川文物》1984年第1期；彭曦：《初论战国、秦汉两次水利建设的高潮——兼说都江堰工程史》，《农业考古》1986年第1期；雷玉华：《考古所见川西先秦两汉水利》，《古今农业》1992年第1期；罗二虎：《四川青川秦律与稻作农业》，《四川大学学报》（哲社版）2001年第4期；王双怀：《"天府之国"的演变》，《中国经济史研究》2009年第1期等。代表性的著作有：北京市第二师范学校语文组、政史地组编著：《李冰与都江堰》，中华书局，1959年；四川省水利局、四川人民出版社合编：《都江堰》，成都：四川人民出版社，1975年；谭徐明：《都江堰史》，科学出版社，2004年等。

或者将其列为四川区域史通论性著作的组成部分①。彭邦本师曾就其中的水利建设和农业发展概貌予以了考察②,开启了学界对这一问题自身的探究。但除此之外,尚无专文对其进行全面和深入的探讨。因此,本文谨结合传世文献记载和考古发现,就其中遴选郡守统筹协调蜀地农业发展以及农田水利、耕地、劳动力、生产关系、生产技术等传统农业发展要素的优化组合情况略予论述,以就教于学界。

一、遴选郡守,统筹协调蜀地发展农业

既然自秦图谋伐蜀,即将蜀地视为其兼并天下的"王业之基",那么控蜀之后遴选官员担任郡守,全面经略蜀地建设,当是秦人迫切需要解决的首要问题。而要讨论这一问题,我们首先必须了解秦之郡守的行政职能、选任标准与程序等基本问题。

(一) 秦之郡守的行政职能、选任标准与程序

学界一般认为,我国地方官制的完整体系实创于秦,《汉书》卷十九《百官公卿表》记云:

> 自周衰,官失而百职乱,战国并争,各变异……郡守,秦官,掌治其郡。③

此条史料反映出,秦国郡守作为地方最高行政长官,负责处理全郡政务。秦之郡县制与周之分封制重要区别之一,就在于中央对地方的统治,避开了周代诸侯国封君的间接掌控,而将统治触角直接深入到地方社会④。刘宋裴骃《史记集解》引汉班彪注曰:

> 凡郡掌治民、进贤、劝功、决讼、检奸。常以春行所至县,劝民农桑,赈救乏绝;秋冬遣无害吏案讯诸囚,平其罪法,论课殿最,岁尽遣吏上计。⑤

在上层统治者看来,"掌治其郡"的郡守作为联结中央与地方的枢纽,担负着传递与执行中央行政命令的重任。郡守的执政能力,不仅直接关系到中央将自己的统治意志能否及时地、不折不扣地完全贯彻到地方,而且也关系到普通民众对中央统治意志的理解与遵从。因此,上层统治集团通常将郡守视为稳固政权的"吏民之本"。《汉书》卷八十九《循吏传》载:

> (汉宣帝) 常称曰:"庶民所以安其田里……以为:太守,吏民之本也,数变易则天

---

① 代表性的著作有:邓少琴:《巴蜀史稿》,重庆:重庆出版社,1986年,第99—107页;蒙默、刘琳等:《四川古代史稿》,成都:四川人民出版社,1988年,第51—60页;童恩正:《古代的巴蜀》,重庆:重庆出版社,1988年,第142—176页;郭声波:《四川历史农业地理》,成都:四川人民出版社,1993年,第13—18页;郑德坤:《四川古代文化史》,成都:巴蜀书社,2004年,第63—77页;罗开玉:《四川通史·秦汉三国》,成都:四川人民出版社,第1—34页等。
② 彭邦本:《秦人治蜀时期蜀地水利与农业的发展》,《西华大学学报》(哲社版) 2012年第1期。
③ (汉) 班固:《汉书》,北京:中华书局,1962年,第722、742页。
④ 沈刚:《简牍所见秦代地方职官选任》,《历史研究》2017年第4期。
⑤ (汉) 司马迁:《史记》,北京:中华书局,1959年,第2415页。

下不安。民知其将久，不可欺妄，乃服从其教化。"①

而在地方普通庶民眼中，郡守发挥的行政作用甚至比中央官吏更大，百姓习惯上把郡县官吏称为"父母官"，即是此意。《后汉书》卷三十一《杜诗传》载：

> （召信臣）为人兴利，务在富之，开通沟洫凡十数……（杜诗）性节廉而政治清平，以诛暴立威，善于计谋，省爱民役。造作水排，铸为农器，用力少，见功多，百姓使之。又修治陂池，广拓土田，郡内比室殷足……故南阳为之语曰："前有召父，后有杜母。"②

先后担任南阳太守的召信臣、杜诗因为注重发展农业生产，与民休养生息而被当地百姓称为"父母"，充分证明了郡守在中央政府掌控地方社会稳定与发展过程中发挥着关键作用。此两条史料反映的虽是汉人对郡守行政作用的认识，据此来分析秦国郡守的行政职能颇有"以后推前"之嫌，但从继承与发展的角度分析，作为创制郡守这一行政职务的秦国，对郡守行政职能应该有着同样的深刻认识。

关于秦国郡守遴选的标准和程序问题，现存传世文献和考古资料虽均未发现直接记载，但近年来相继出土的秦简资料为我们提供了相关的佐证信息。如《岳麓书院藏秦简》（叁）所见两条记载：

> [上。今狱史洋]得微难狱，……毋（无）征物，难得。洋以智治訮（研）诇，谦（廉）求而得之。洋精（清）絜（洁），毋（无）害，敦愨（悫）；守吏（事），心平端礼。[劳、年]中令。（《同、显盗杀人案》）③
>
> 一人杀三人田壄（野），去居邑中市客舍，甚悍，非恒人殹（也）。有（又）买大刀，欲复（？）盗杀人，以亡之𩇨（魏）。民大害殹（也）。甚微难得。触等以智治鐖（纤）微，谦（廉）求得。……今狱史触、彭沮、衷得微难狱，……触为令廿（二十）二岁，年卌（四十）三；彭沮、衷劳、年中令，皆精（清）絜（洁），毋（无）害，敦愨（悫），守吏（事），心平端礼。（《𩇨盗杀安、宜等案》）④

《云梦秦简》言：

> 凡为吏之道，必精絜正直，慎谨坚固，审悉毋私，微密鐖（纤），安静毋苛，审当赏罚。严刚毋暴，廉而毋刖……宽俗（裕）忠信……吏有五善：一曰中（忠）信敬上，二曰精（清）廉毋谤，三曰举事审当，四曰喜为善行，五曰龚（恭）敬多让。五者毕至，必有大赏……凡治事，必为固。⑤

---

① （汉）班固：《汉书》，北京：中华书局，1962年，第3624页。
② （南朝）范晔撰；（唐）李贤注：《后汉书》，北京：中华书局，1965年，第1049页。
③ 朱汉民、陈松长主编：《岳麓书院藏秦简》（叁），上海：上海辞书出版社，2013年，第180—181页。
④ 朱汉民、陈松长主编：《岳麓书院藏秦简》（叁），上海：上海辞书出版社，2013年，第190—191页。
⑤ 云梦秦墓竹简整理小组：《云梦秦简释文（一）》，《文物》1976年第1期。

另外，《张家山汉墓竹简·奏谳书》所引秦国案卷中也出现了类似的表述：

> 六年八月丙子壬辰，……令曰：狱史能得微难狱，上。今狱史举䦎得微难狱，为奏廿二牒，举䦎毋害，谦（廉）絜（洁）敦穀（愨），守吏也，平端。①

四条考古材料皆属于地方官员中狱史侦破地方刑事案件的案卷。狱史，按照《里耶秦简》和《云梦秦简》所记，属于县级官吏。四条考古材料对狱史行政职能的要求有高度吻合之处：即"请（清）絜（洁），毋（无）害，敦穀（愨），守吏（事），心平端礼。"从中可以看出秦国对县级狱史人选的基本标准：一是清正廉洁；二是恪守职责；三是品行端正；四是行政能力突出；五是任职期限和年龄限制②。

至于遴选程序，从《张家山汉墓竹简·奏谳书》所引秦国案卷中"䦎"因符合选任标准而得到举荐来看，秦国地方官吏的任选采取的是"保举制"，即由地方各级主管官吏根据官方拟定的遴选标准，将符合标准的人选备案向上级主管部门举荐。这种举荐又有严格的法律规定，《史记·范雎列传》载："秦之法，任人而所任不善者，各以其罪罪之。"③文中"任人"之"任"，即"保举"之意。故三国时苏林在《汉书·汲黯传》中注曰："任，保举。"④两相对照，《史记》所载应当不谬。

上引材料虽是秦国县级官员人选的基本标准和程序，但可以相见，作为"掌治其郡"郡守人选的标准和程序应当比县级官员的标准要高，而且程序也相对更为复杂，以保证遴选出的郡守能够胜任其职。

（二）遴选蜀守，统筹协调蜀地农业发展

秦人对蜀地的经略，从整体上讲，郑德坤先生认为，"实可分为军事、政治及物质建设三个时期。计划灭蜀亡巴，司马错之谋也；指挥军事，长驱直入，亦司马错之力也；建郡县，绥抚之，安定之，张若之功也；兴办水利，巴蜀殷富，李冰之业也"⑤。郑氏观点可谓精确，《战国策·秦策》载秦惠王欲并天下，集群臣商议战略计划，司马错献计曰：

> 臣闻之，欲富国者，务广其地，欲强兵者，务富其民……夫蜀……取其地足以广国也；得其财，足以富民。⑥

---

①张家山二四七号汉墓竹简整理小组编：《张家山汉墓竹简［二四七号墓］》，北京：文物出版社，2006年，第100-111页。
②关于狱吏任职期限和年龄限制问题，《岳麓书院藏秦简》（叁）后则材料说狱史"觸"年四十三，为狱史二十二年，据此，狱史的任职期限当是以稳定为前提，任职期间倘若没有出现行政过错，一般不会被免职，这也与上引汉人对郡守行政职能的认识高度吻合。至于狱史任职年龄的下限，《岳麓书院藏秦简》（肆）有明确规定："县除小佐毋（无）俸者……益除君子子、大夫子、小爵及公卒、士五（伍）子年十八岁以上备员。"可见，秦国担任地方官员的人选年龄下限当在十八岁以上。
③（汉）司马迁：《史记》，北京：中华书局，1959年，第2417页。
④（汉）班固：《汉书》，北京：中华书局，1962年，第2323页。
⑤郑德坤：《四川古代文化史》，成都：巴蜀书社，2004年，第63页。
⑥（汉）刘向编集；贺伟、侯仰军点校：《战国策》，济南：齐鲁社，2005年，第32页。

案此虽为司马错说惠王伐蜀之理由，但足以证明秦伐蜀是将其视为成就"王业"的图谋，《华阳国志·蜀志》记载更为详实：

> 蜀国富饶，得其布帛金银，足给军用。水通于楚，有巴之劲卒，浮大船舶以东向楚，楚地可得。得蜀则得楚，楚亡，则天下并矣。①

惠王采纳了这一建议，并于周慎靓王五年（前316年）派遣张仪、司马错等从石牛道伐蜀，蜀亡，秦人开始了对蜀地正式统辖时期。遴选郡守，全面贯彻将蜀地视为其兼并天下的"王业之基"之战略，是秦人首要解决的问题之一。《华阳国志·蜀志》又言：

> 周赧王元年（前314年），秦惠王封子通国为蜀侯，以陈壮为相，置蜀郡，以张若为蜀国守。②

学界一般据此认为张仪是秦灭蜀之后第一任蜀守。罗开玉先生援引《史记·太史公自序》所载"惠王使错将伐蜀，遂拔，因而守之"以及《集解》引苏林注解"守，郡守也"两条史料，认为司马错是秦灭蜀之后的第一任蜀守③；胡大贵等学者通过对《史记》《战国策》《华阳国志》等文献的考据，结合战国郡县制的特点、秦人的传统政策，认为司马错在秦灭蜀后即担任蜀守，直至前280年因军事需要而离职④。虽然目前尚未发现其他佐证材料，但将上述几条史料合观，可以发现，秦灭蜀在周慎靓王五年（前316）十月，而对其封国、设相、置郡却是在周赧王元年（前314），前后相差近两年时间。这期间，秦政府不可能、也没有理由不对蜀地加强政治建设。任乃强先生考证认为，这一时期秦人在蜀地采取的是"守相并置"的制度⑤。蒙文通先生进一步阐释说，秦人采取这一统辖制度主要是基于将蜀地视为少数民族地区的考虑，故"虽设置郡县，但邑侯王仍然存在"⑥。综合来看，蜀地是秦人首次完成的领土扩张，前辈学者关于秦灭蜀后，根据蜀地的实际情况而推行的封国与郡县并行制度的观点，是比较合理的。由此推之，司马错担任蜀地第一任郡守的说法应当是符合史实的。其后，张若担任蜀郡第二任蜀守，负责蜀郡社会安定问题，学界已多有论述，此不赘言。另一个需要着重讨论的是李冰担任蜀守的问题。

现存传世文献最早记载李冰由保举途径担任蜀守史迹的是东汉应劭《风俗通义》，清严可均《全后汉文》引该书佚文《新秦》曰：

> 秦昭王听田贵之议，遣李冰为蜀郡太守，开成都两江，溉田万顷，无复水旱之灾，岁大丰熟。⑦

---

① （晋）常璩：《华阳国志》，北京：中华书局，1985年，第30页。
② （晋）常璩：《华阳国志》，北京：中华书局，1985年，第31页。
③ 罗开玉：《中国科学、神话、宗教的协和——以李冰为中心》，成都：巴蜀书社，1990年，第12页。
④ 胡大贵、冯一下：《蜀郡设置和第一任蜀守考》，《四川师范大学学报》（社科版）1993年第2期。
⑤ 任乃强：《华阳国志校补图注》，上海：上海古籍出版社，1987年，第130页。
⑥ 蒙文通：《巴蜀古史论述》，成都：四川人民出版社，1981年，第58页。
⑦ （清）严可均辑：《全后汉文》，北京：商务印书馆，1999年，第338页。

隋虞世南《北堂书钞》卷 156 言：

> 秦昭王听田广之议，伐蜀郡，平之后，命李冰为守。①

"田贵"，参稽史料，史无其传。学界一般认为，《风俗通义》佚文所载"田贵"与"田广"应是同一人姓名的讹写，当为《华阳国志》所记与司马错一起主张伐蜀的"中尉田真黄"②。又据清人刘沅《李公父子治水记碑》言：

> 张仪③筑城不就，兼苦水灾，乃强荐公于秦而任之。④

上述史料合观，可知：李冰担任蜀守，是由田贵与张仪合力举荐的。按照秦律，秦国遴选地方官吏采取的"保举制"，这种制度"实质上是把连带责任原则在官吏的选举和任用过程中加以引申和扩大"⑤。田、张二人敢于冒着"连带责任"的风险合力"强荐"李冰担任蜀守的具体原因，文献缺乏详细的载记，仅《华阳国志·蜀志》言李冰"知天文地理"⑥。据此不难判断：秦人据蜀之后，经过司马错、张若两任郡守的经略，蜀地社会已渐趋稳定。在此情况下，运用行政手段统筹协调蜀地农业发展，将其尽快打造成图谋天下的"王业之基"势在必行。而要在蜀地统筹协调农业发展，就必须立足于蜀地特有的自然和社会特点，遴选一位熟谙水脉、乐于奉献、德才兼备的官员担任郡守。照此看来，田、张二人合力"强荐"的李冰不仅极其符合秦之郡守的遴选标准（需要指出的是，关于李冰出任蜀守的具体年龄，现有的文献记载和考古发现尚未形成相对完整的证据链，还不足以支撑李冰生平问题的复原工作），而且因为"知天文地理"，应当善于考察或者说在一定程度上熟知蜀地的自然地理特质和风土人情，是贯彻执行秦人的"王业之基"战略的最佳人选。

二、兴修农田水利，扩展耕地面积

秦举巴蜀之前，经过几代蜀王的经略，尤其是杜宇氏"教民务农"、开明氏"决玉垒山以除水害"⑦，蜀地已经基本形成了以成都平原为稻作农业区、盆地中部与东部丘陵为旱作农业区、川西高原为牧业区的农业生产区划⑧。另一方面，从自然地理环境方面分析，杜宇氏、开明氏进行农业生产活动的核心区域成都平原是由发源于川西北高原的岷江、沱江及其

---

① 冯广宏编：《都江堰文献集成·历史文献卷（先秦至清代）》，成都：巴蜀书社，2007 年，第 14 页。
② 冯广宏著，刘道国主编，孙小铭、尹邦军副主编：《都江堰创建史》，成都：巴蜀书社，2014 年，第 114−115 页。
③ 有学者认为文中"张仪当为张若"，参见孙华：《巴蜀为郡考》，《社会科学研究》1985 年第 2 期；赵毅：《试论张若治蜀》，《西南师范大学学报》（社科版）2000 年第 3 期。
④ 冯广宏主编：《都江堰文献集成·历史文献卷（先秦至明清）》，成都：巴蜀书社，2007 年，第 753 页。
⑤ 王彦辉、于凌：《浅议秦汉官吏法的几个特点》，《史学月刊》2006 年第 12 期。
⑥（晋）常璩：《华阳国志》，北京：中华书局，1985 年，第 32 页。
⑦（晋）常璩：《华阳国志》，北京：中华书局，1985 年，第 30 页。
⑧ 李钊：《试论杜宇、开明王朝的嬗替与先秦时期蜀地农业发展的关系》，《西南民族大学学报》（社科版）2015 年第 9 期。

支流连缀而成的冲积扇平原，水系格局特殊，呈纺锤形，河流出山口后分成许多支流奔向平原，分支交错，河渠纵横域内地表松散，沉积物巨厚，地势平坦，平均坡度仅3‰—10‰，地表相对高差在20米以下，有利于开展自留灌溉①；同时，平原内四季分明，日照少、气候温和，降雨充沛，属暖湿亚热带太平洋东南季风气候区。据竺可桢先生的研究，近五千年期间，仰韶和殷墟时代是中国的温和气候时代，其间气候的变化较之现代，不过二三度。②可以说，在当时社会发展条件下，成都平原是开展农业生产活动的理想之地。但是，成都平原整体上由西北向东南倾斜，地面高程730—460米，地面比降3‰—11‰，且降水一般集中在7—9月份。③这种地理格局和汛期的相对集中又使得成都平原极易发生洪涝灾害，而汛期季节恰恰又是水稻的成熟期。因此，在成都平原开展农业生产活动必须先治理水患。蒙文通先生在谈及蜀地古史问题的时候，指出"成都平原，总须经过治水才能居住，也必须在农业发展时才能显得重要"④，可谓一语中的。

秦人入蜀，在蜀地社会渐趋稳定伊始即开展水利工程的修建。《华阳国志·蜀志》载："惠王二十七年，仪与若城成都……筑城取土，去城十里，因以养鱼，今万岁池是也……城北又有龙坝池，城东有千秋池，城西有柳池，冬夏不竭……平阳山亦有池泽。"⑤这充分表明了秦人已经深谙在蜀地治水的重要性。显然，张若治水的目的主要还是减免成都遭受洪水的侵害，而非发展农业。张若调离蜀守之后，秦昭王遴选"知天文地理"的李冰担任蜀守⑥，才开始在蜀地大规模地兴修农田水利设施。最早记载李冰治水史迹的《史记·河渠书》曰："蜀守冰凿离堆，避沫水之害，穿二江成都之中。此渠皆可行舟，有余则用溉浸，百姓飨其利。至于所过，往往引其水益用溉田畴之渠，以万亿计，然莫足数也。"⑦其后，《汉书》《风俗通》等文献均沿用了这一说法。然汉代文献均未言李冰主持修建的具体水利工程，直至东晋蜀人常璩撰写的《华阳国志》才有了详实的记载："冰乃壅江作堋，穿郫江、检江，别支流，双过郡下，以行舟船。梓柏大竹，颓随水流，坐致材木。又灌三郡，开稻

---

①《中国农业全书·四川卷》编辑委员会编：《中国农业全书·四川卷》，北京：中国农业出版社，1994年，第15页。
②竺可桢：《中国近五千年来气候变迁的逐步研究》，《考古学报》1972年第1期。
③《中国农业全书·四川卷》编辑委员会编：《中国农业全书·四川卷》，北京：中国农业出版社，1994年，第19页。
④蒙文通：《巴蜀史的时间问题》，载《巴蜀古史论述》，成都：四川人民出版社，1980年，第79页。
⑤（晋）常璩：《华阳国志》，北京：中华书局，1985年，第30页。
⑥关于李冰担任蜀守的具体时间，诸书所载不一，《华阳国志》卷三《蜀志》记为"秦孝文王以李冰为蜀守"；《风俗通义·佚文》载为："秦昭王听田贵之议，遣李冰为蜀郡太守"；《水经·江水注》亦载为："秦昭王以李冰为蜀郡守"。考古资料亦未发现李冰担任蜀守的确切证据。因此，学界关于李冰守蜀的时间，就相应地形成了秦昭襄王时和秦孝文王时两种说法。杨宽《战国史》、林剑鸣《秦史稿》、罗开玉《四川通史·秦汉三国》、翦伯赞《中国史纲要》等学者均持"昭襄王说"（参见杨宽：《战国史》，上海：上海人民出版社，1955年，第62页；林剑鸣：《秦史稿》，上海：上海人民出版社，第279页；罗开玉：《四川通史·秦汉三国》，成都：四川人民出版社，2010年，第18—25页；翦伯赞：《中国史纲要》，北京：人民出版社，1983年，第73页）。由于此四种著作分别为学界较有影响力的断代史、国别史、地方史之专著以及通行之教材，而使此说成为学界普遍的看法。
⑦（汉）司马迁：《史记》，北京：中华书局，1959年，第1407页。

田。于是蜀沃野千里，号为陆海。旱则引水浸润，雨则杜塞水门……穿石溪于江南……自湔堰上分穿羊摩江、灌江……凿平（南安）溷崖，通正水道……僰道有崖嶄峻不可凿，乃积薪烧之……又通笮道文井江……导洛通山，出瀑口……会新都大渡……绵水出紫严山，经绵竹入洛，东流过资中，会江江阳。皆溉灌稻田，膏润稼穑。是以蜀川人称郫、繁曰膏腴，绵、洛为浸沃也。"① 另据《水经注·江水》载："江水又东南迳南安县西，有熊耳峡，连山竞险，接岭争高，汉河平中，山崩地震，江水逆流，悬溉有滩，名垒坻，又曰盐溉，李冰所平也"；同书记绵水（实为今沱江）："又东迳资中县，又迳汉安县……自上诸县，咸以灌溉。故语曰：'绵洛为没沃野。'"② 有学者考证指出，李冰主持修建的水利工程至少包括创建都江堰、疏通成都"二江"与笮道文井江和洛水、开凿羊摩江与石犀溪、凿平南安溷崖与僰道崖滩、平掉雷垣与盐溉险滩、疏通绵水等③。为了清晰地说明秦人入蜀之后在蜀地开展大规模的兴修水利工程的具体情况，勾稽史料，特列表如下：

表一 秦人蜀地兴修水利工程一览表

所在县	工程名称	修建时间	主持官员	修建目的	资料来源	合计
成都	万岁池、千秋池、龙坝池、柳池、平阳山池泽	秦惠文王二十七年（前311）	张仪、张若	城防、漕运	《华阳国志》卷三《蜀志》	
成都	二江	秦昭襄王时（前274～前250）	李冰	防洪、漕运	《史记》卷二十九《河渠书》	
湔氐道	都江堰及其附属水利工程	秦昭襄王时（前274～前250）	李冰	防洪、溉田、漕运	《华阳国志》卷三《蜀志》	
临邛	文井江	秦昭襄王时（前274～前250）	李冰	防洪、溉田	《华阳国志》卷三《蜀志》	
南安	凿平溷崖、垒坻（盐溉）	秦昭襄王时（前274～前250）	李冰	防洪、溉田、漕运	《华阳国志》卷三《蜀志》、《水经注》卷三十三《江水》	
僰道	凿平崖滩	秦昭襄王时（前274～前250）	李冰	防洪、溉田、漕运	《华阳国志》卷三《蜀志》	

①（晋）常璩：《华阳国志》，北京：中华书局，1985年，第31页。
②（北魏）郦道元原注、陈桥驿注释：《水经注》卷三十三《江水注》，杭州：浙江古籍出版社，2010年，第519、521页。
③罗开玉：《四川通史·秦汉三国卷》，成都：四川人民出版社，2010年，第19页。

续表

所在县	工程名称	修建时间	主持官员	修建目的	资料来源	合计
什邡	疏通洛水	秦昭襄王时（前274~前250）	李冰	防洪、溉田、漕运	《华阳国志》卷三《蜀志》	8
资中、汉安	疏通绵水（实为今沱江）	秦昭襄王时（前274~前250）		防洪、溉田	《水经注》卷三十三《江水》	

  秦人在蜀地大规模兴修水利工程的同时，也注重加强对水利工程的行政管理。1974年在都江堰渠首外江河道的疏浚过程中，发现了东汉建宁元年（168）所造李冰石像一躯，题记为"都水掾"。有学者据此指出，"都水"当为秦人在蜀地专设负责水利日常事务的行政管理部门①。这种认识尽管只是推证，但并非孤证。1980年四川青川县秦墓出土的《为田律》木牍明确规定："十月为桥，修坡堤，利津隘"②。此条材料反映出，负责水利工程修缮与管理的应当即是"都水官"。另据《风俗通义·佚文》载："始皇得其利以并天下，立其祠也"③。始皇专为李冰立庙加以祭祀，亦反映出秦人对以都江堰为核心的蜀地农田水利工程重要作用的认识④。

  秦人在蜀地大规模兴修水利工程及其推行的系列管理措施带来最直接的效果集中指向两点：其一，扩大了耕地面积。上引文献所载秦人在蜀地兴修的农田水利工程涵盖湔氐道、临邛、僰道、南安、什邡、资中、汉安等区域，说明了可耕土地面积已经从成都平原扩展至盆地中部与东部的丘陵及低缓的山区，几乎覆盖了整个成都平原。《史记》所言"溉田畴之渠，以万亿计，然莫足数也"、《风俗通》所云"溉田万顷"应是对此有力的释证。按照梁方仲先生的推算，1汉亩约折合0.6916今市亩，则秦人入蜀后，可耕土地面积已扩展至今70余万亩⑤，约占当今成都平原可耕土地面积的1/10⑥，在当时的社会生产力发展状况下，已然是卓有成效的成绩。其二，改善了农业生产条件。上述系列水利工程的修建将之前河网密布、冲击而成、混乱不堪的成都平原改造成集灌溉、运输与防洪于一体的灌区水系网。

  毫无疑问，秦人根据蜀地特有的自然和社会特质兴修的这些水利工程，进一步优化了蜀地农业生态环境，实现了蜀地农田精耕细作生产体系，在一定程度上保证了粮食的高额丰产。故清人朱河龄赞誉说："史称岷山之下，沃野千里，与汉中俱号天府之国，盖成于李冰，而肇于神禹也。"⑦ 郑德坤先生亦指出："兴办水利，巴蜀殷富，李冰之业也。"⑧ 这些评价

---

① 张莉红：《成都平原稻作农业区的形成与经济社会影响》，《社会科学研究》2005年第4期。
② 四川省博物馆等：《青川县出土秦更修田律木牍》，《文物》1982年第1期。
③ （汉）应劭撰，王利器校注：《风俗通义校注》，第584页，北京：中华书局，1981年。
④ 罗开玉：《四川通史·秦汉三卷》，第398页，成都：四川人民出版社，2010年。
⑤ 梁方仲：《中国历代户口、田地、田赋统计》，北京：中华书局，2008年。
⑥ 《中国农业全书·四川卷》编辑委员会编：《中国农业全书·四川卷》，北京：中国农业出版社，1994年，第12页。
⑦ （清）朱鹤龄：《禹贡长笺》卷八，清抄本。
⑧ 郑德坤：《四川古代文化史》，华西大学博物馆印行，1946年，第43页。

均表明了秦人入蜀之后蜀地农耕文明的突出成就。可以说，秦人据蜀后，在蜀地大规模地兴修农田水利工程，为秦人实施"王业之基"战略提供了坚实的物质基础。

三、移民入蜀，充实劳动力数量

从本质上讲，劳动力作为我国传统社会农业生产活动中最活跃的因素，在具体的生产过程中具有主导性的作用①，这已成为学界共识。移民入蜀，从充实劳动力数量的角度分析，至少应当考察两个方面的问题：即移民入蜀的大体数量、分布区域、移民身份、移民目的以及由此而对农业发展产生的历史作用。

秦据蜀后，出于稳固政权、军事需要以及发展农业生产的考虑，先后不断地迁民入蜀。《华阳国志·蜀志》说："周赧王元年（前314），秦惠王封子通为蜀侯……戎伯尚强，乃移秦民万家实之。"又说："秦惠文、始皇克定六国，辄迁其豪侠于蜀，资我丰土……临邛县，郡西南二百里，本有邛民，秦始皇徙上郡民实之。"②《史记》亦有多处记载，卷六《秦始皇本纪》称，秦始皇九年（前238），秦王嬴政翦灭嫪毐叛乱之后，"及其（嫪毐）舍人，轻者为鬼薪，及夺爵迁蜀四千余家"；卷七《项羽本纪》称："秦之迁人皆居蜀"；卷八十五《吕不韦列传》称："始皇十年，免相国吕不韦……其与家属徙处蜀"；卷一百二十九《货殖列传》又称："蜀卓氏之先，赵人也，用铁冶富。秦破赵，迁卓氏……诸迁虏……处葭萌。……唯卓氏……至之临邛……程郑，山东迁虏也，亦冶铸，贾椎髻之民，富埒卓氏，俱居临邛。"③《太平寰宇记》卷七十七《剑南道》载："严道县，秦始皇二十四年灭楚，徙严王之族以实此地。"④ 有学者考证出，荥经曾家沟发现墓葬群即为秦时楚国之移民墓⑤。为了清晰说明秦人移民入蜀的史实，特列表如下：

表二 秦移民入蜀一览表

时间	移民史迹	迁出地点	迁入地点	数量	类型	目的	资料来源
周赧王元年（前314）	乃移秦民万家实之	泾水流域	峨眉县、峡江县	万家	庶民	充实劳动力	《华阳国志》卷三《蜀志》、《古今图书集成·方舆汇编·职方典》
惠文、始皇时期	辄迁其豪侠于蜀	上郡	临邛		豪侠	稳固政权	《华阳国志》卷三《蜀志》
始皇九年（前238）	迁蜀四千余家	长安		四千余家	罪犯	改造犯罪分子	《史记》卷六《秦始皇本纪》

---

① 车明诚等：《农业经济学——理论与政策》，哈尔滨：黑龙江人民出版社，1993年，第300页。
②（晋）常璩：《华阳国志》卷三《蜀志》，北京：中华书局，1985年，第29、31-32、35页。
③（汉）司马迁：《史记》，北京：中华书局，1959年，第30、316、2513、3277-3278页。
④（宋）乐史：《太平寰宇记》卷七十七《剑南道》，页1551，北京：中华书局，2007年。
⑤ 罗开玉：《论秦汉政府向巴蜀的移民、徙民与迁虏》，《巴蜀新论》1990年第3期。

续表

时间	移民史迹	迁出地点	迁入地点	数量	类型	目的	资料来源
	巴蜀道险，秦之迁人皆居蜀				伐蜀士卒及其亲属	稳固政权	《史记》卷七《项羽本纪》
始皇十年（前237）	免相国吕不韦……其与家属徙处蜀	长安			罪犯	改造犯罪分子	《史记》卷八十五《吕不韦列传》
始皇十九年（前228）	赵人卓氏、程氏	赵国统辖地域	葭萌、临邛		战俘	改造战俘	《史记》卷一百二十九《货殖列传》
始皇二十四年（前223）	徙严王之族以实严道	楚国	严道		战俘	改造战俘	《太平寰宇记》卷七十七《剑南道》

由上表所列可以清晰地看出，秦人移民实蜀的时间从灭蜀第三年（前314）一直持续到始皇二十四年（前223），前后近百年时间。尽管学者对秦人移民入蜀的开始时间颇有争议，如徐中舒先生认为秦移民入蜀发生在公元前311年秦国派兵攻伐丹犁之时①；马非百先生认为该事项是在惠王时期"办竣"的②；杨宽先生则把这一事件"安排在"张若守蜀时期③。此三说各有依据，难言孰是孰非，但都符合秦人移民入蜀以达到巩固其在蜀地新生政权的需要。这也恰恰表明，秦人移民入蜀并非一时之策，而是一种常态化的制度。

目前学界在讨论这一历史事实时，一般将其视作我国历史上第一次大规模的移民④。既然如此，那么下一个问题就牵涉到持续近百年的移民活动中，到底有多少人口迁入蜀地呢？由于我国自西汉平帝元始二年（2），方有关于全国人口统计的具体数字⑤，而且史料也缺载在此之前的户均人口数，这就为我们了解移民入蜀的确切数量造成了一定困难。但我们可以借助两汉时期的户均人数以及汉人普遍认同的"五口之家"的普通农民家庭结构来作为参考量予以粗略估算。据梁方仲先生的研究，西汉平帝元始二年（2）每户平均口数为4.87，东汉明帝永平十八年（75）每户平均口数为5.82⑥，取其平均数为5.34。《汉书·食货志》引述晁错言："今农夫五口之家，其服役者不下二人，其能耕者不过百亩。"⑦可见，五口之家当是西汉初年农民家庭结构的常态。两相结合，若每户以5口计算，仅表二所列，秦政府在近百余年的移民活动中，至少将包括秦人、赵人、楚人在内的15,000余家迁入蜀地。据此推算，前后大约有近8万人入蜀。抛却移民的昔日王族、豪侠的身份，假设每户又有2个农

---

① 徐中舒：《巴蜀文化初论》，《四川大学学报》（社科版）1959年第2期。
② 马非百：《秦集史》，北京：中华书局，1982年，第230页。
③ 杨宽：《战国史》，上海：上海人民出版社，2003年，第355页。
④ 罗开玉：《四川通史·秦汉三国卷》，成都：四川人民出版社，2010年，第30页。
⑤ 齐涛：《中国古代经济史》，济南：山东大学出版社，2011年，第43页。
⑥ 梁方仲编著：《中国历代户口、田地、田赋统计》正编甲表一，北京：中华书局，2008年，第6页。
⑦ （汉）班固：《汉书》，北京：中华书局，1962年，第1677页。

业劳动力,那么蜀地至少增加了3万余劳动力。暂且不论这些迁入蜀地劳动力的劳动技能和劳动素养问题,单从数量上而言,无疑大大扩充了蜀地的劳动力资源。

再看移民入蜀的具体地点,表二反映出,秦人移民入蜀,除了卓氏、程郑等六国豪族迁入临邛之外,峨眉、峡江、葭萌等县域亦有移民迁入。《古今图书集成·方舆汇编·职方典》"嘉定州部""嘉定州山川考""峨眉县"条载:"秦水,在县西南二十里,秦惠王克蜀,移秦人万家实际之";"嘉定州古迹考""峡江县"条载:"故泾口,去县西北五里,昔秦惠王徙秦人万家于南安。"① 此次秦人徙民聚居的南安属于"开明故治"的"青衣江会处",这一区域在开明时期虽已得到初步开发,但较之成都平原还是比较落后的。有学者考证指出,秦人徙民入蜀,由蜀郡郡治成都沿江水南下,依次散布在眉嘉平原旷阔的土地上。向西达到今金河口一带,向西北沿青衣江达到今夹江县。② 按此观点,秦人移民入蜀的主体分布在成都、郫县与临邛构成的成都平原农业发展的核心三角区域内。这一举措,无疑加大了对成都平原近缘岷江河谷地带的农业开发。劳动力的迁入,再次将杜宇、开明时期蜀地的农业发展推向了一个新的高度。故《华阳国志·蜀志》说"蜀川人称郫、繁曰膏腴,绵、洛为浸沃也。"③ 时人的赞誉固然与都江堰水利工程的修建有关,但人口的迁入当是"郫、繁膏腴""绵、洛浸沃"的另一重要因素。值得注意的是,为了加强蜀郡边陲之地的开发,秦人又以法律的形式规定迁入之民不得离开迁入地。《云梦秦简》云:"迁蜀边地县,令终身毋得去迁所。"④ 秦律专定此条,说明了秦政府对迁入蜀地之民的强化管理。

由上,秦控蜀之后,出于稳固政权、改造各种犯罪分子以及充实蜀地劳动力数量的多种考虑,将至少包括一般秦民、犯罪分子以及被秦认为是潜在威胁的地方豪族等三类人强行迁徙至蜀地,扩充了当时蜀地的劳动力资源,进一步加强了蜀地核心农业区以及边远山区的农业开发,对蜀地的农业发展起到了相当大的推动作用。

四、调整农业生产关系,提高农民生产积极性

秦人入蜀之前,蜀地政权尚停留在部族向王权与国家演变的历史进程中。在此行政体系下,贵族占有大量的土地,从事农业生产活动的广大蜀人在身份上还是农奴。目前尚未发现文献记载、考古发现以及学界研究成果支持秦并巴蜀之前蜀地已实行土地自由买卖制度的确切证据。

秦人入蜀,在完成军事控制、政治建设之后,即着手调整生产关系。上引青川县秦墓出土的《为田律》木牍证明了秦政府于武王二年(前309)由丞相甘茂主持在蜀地更修、颁布与实施农田相关法令。该木牍正面与背面均有文字,正面一百二十余字,虽有残缺,但还是十分清楚地记录了这一史实:

> 二年十一月己酉朔日,王命丞相戊(茂)、内史匽、□□更修《为田律》:田广一

---

① (清)蒋廷锡:《古今图书集成》,北京:中华书局,1934年影印本。
② 干树德:《"秦民实蜀"刍议》,《文史杂志》1990年第1期。
③ (晋)常璩:《华阳国志》,北京:中华书局,1985年,第31页。
④ 云梦秦墓竹简整理小组:《云梦秦简释文(三)》,《文物》1976年第8期。

步，袤八则，为畛。亩二畛，一百（陌）道。百亩为顷，一千（阡）道。道广三步。封，高四尺，大称其高。捋（埒），高尺，下厚二尺。以秋八月，修封捋（埒），正疆畔，及发千（阡）百（陌）之大草。九月，大除道及阪险。十月，为桥，修坡堤，利津梁，鲜草离。非除道之时而有陷败不可行，辄为之。

背面文字与正面颇有关联：

> 四年十二月，不除道者：
> □一日，□一日，辛一日，
> 壬一日，亥一日，辰一日，
> 戌一日，□一日。①

该牍文应当属追述记事性质，叙述了农田面积和封、畛、阡、陌、除草、修道、修陂堤以及不按规定执行者应受的惩戒等内容。显然，这是一项属于农田规划、生产指导与土地管理方面的律令。学界一般认为是为保护巴蜀地区土地私有制而专门制定的一项法令②。

另外，《史记·秦始皇本纪》云："昭王四年初为田，开阡陌。"③《汉书·地理志》称："秦昭王开巴蜀。"④ 两条史料虽均未言明"开阡陌""开巴蜀"的具体区域。但蒙文通先生考证认为，这两条史料记载的是同一件事，即昭王把商鞅变法以来秦国实行的辕田制在巴蜀广大的地区推行开来⑤。按此观点，秦在昭王四年（前303）在蜀地大规模地变革土地制度和调整农业生产关系当无异议。昭王"初为田，开阡陌"的具体内容，段渝先生有很全面的分析：

> 第一，"初为田"，即指在蜀地首次改变田制，把过去贵族占有制下的"换土易居"的授田制，改变为私有制下"自爰其田"的辕田制，使农田耕作者占有一定数量的土地，也就是将农奴变成个体小农。第二，"开阡陌"，即割裂蜀地原有的土地界限，按照秦制重新规划土地面积，在扩展田亩面积的同时，使人尽其力，地尽其利。第三，全面发展私有制，允许土地买卖，"为田开阡陌"即是秦制"除井田，民得买卖"在蜀地推行的真实写照。⑥

段先生的观点可从上引青川《为田律》及史载得到印证。《为田律》规定每一顷田地上（实即每一户人家的田边）要筑"封"与"埒"，即户与户之间划分土地的界限标志。二者不仅要建的高大、显眼、牢固，而且在每年的秋天还要培修一次。这种以法令的形式强调每家每户设立田地界限的措施，其目的就是确保农户的土地私有权不受侵犯，以便最大限度地保

---

① 四川省博物馆等：《青川县出土秦更修田律木牍》，《文物》1982年第1期。
② 罗开玉：《青川〈为田律〉再研究》，《四川文物》1992年第3期。
③（汉）司马迁：《史记》，北京：中华书局，1959年，第290页。
④（汉）班固：《汉书》，北京：中华书局，1962年，第1641页。
⑤ 蒙文通：《巴蜀古史论述》，成都：四川人民出版社，1981年，第65—66页。
⑥ 段渝：《论秦汉王朝对巴蜀的改造》，《中国史研究》1999年第1期。

证土地私有制的合法化。《史记·货殖列传》说,秦之所迁卓氏在临邛"即铁山鼓铸""富至僮千人"①;《华阳国志·蜀志》亦云,同样被迁至临邛的山东程、郑②"各(有僮)八百人"③。西汉董仲舒在评价秦之商鞅变法时说:"秦用商鞅之法,改帝王之制,除井田,民得买卖,富者田连阡陌,贫者无立锥之地。"④ 这表明,秦在蜀地推行的土地私有制,引起了剧烈的土地兼并和社会阶层分化。大批在此土地变革中"无立锥之地"的"贫者"被迫从事其他职业以谋生存,卓氏、程氏及郑氏才能拥有巨量田产,占有千百僮仆。

秦人在蜀地调整农业生产关系的系列措施,不仅打击与分解了蜀地占有大量土地的旧贵族,培植出了一大批新兴的土地阶层,而且也将从事农业生产的主体——农奴变为自耕农,极大地激发了自耕农进行农业生产的积极性,在一定程度上解放了农业生产力。其后,李冰兴修水利,"溉田畴之渠以亿计"⑤,又进一步保证了土地私有制的最大效益。无疑,这种生产关系的调整顺应了当时蜀地农业发展的要求,从而将农业发展推向了一个新的高度。

五、推广农业生产技术,提高农业生产力

生产力在本质上是指"生产的力量和能力"⑥,农业生产技术是促进我国传统社会农业发展的最基本要素之一,它是以具体的农业耕作、生产工具、农学知识和农田水利设施为主要存在形式的社会生产力。秦灭巴蜀之前,中原地区已普遍使用铸铁冶炼和柔化技术制作的铁农具。三星堆、金沙文化遗址铜镰以及成都罗家碾战国晚期蜀文化墓葬铜凿、铜斤等农业生产工具的相继发现,证明了成都平原在战国晚期还流行铜质农具⑦。秦人据蜀后,随着移民的不断迁入,即把这种先进的农业生产工具带入蜀地。20世纪90年代初期成都市近郊发现的秦人墓葬中,即出土有斧、锸、凿、镰、铧等铁制农具⑧,表明秦人入蜀后蜀地已经普遍使用铁制农具。至西汉时,铁制农具依然集中在上述秦人迁入区。1957年四川双流牧马山灌溉渠汉墓出土铁制钁2件、铁制镰3件⑨;同年成都市郊汉墓出土的"执铁钁残陶俑"及铁钁各1件⑩;成都东汉墓出土画像砖"收获"图。图上六人属于集体收获劳作,左边三人正弯腰荆取谷穗,所用工具,正是单手使用的铁制镰刀⑪。

值得注意的是,四川盆地缘边丘陵山区铁制农具的普及可能略早于盆地内部,岷江上游

---

①(汉)司马迁:《史记》,北京:中华书局,1959年,第3277页。
②《史记·货殖列传》言"程郑,山东迁虏也",按此解读,"程郑"当指一人或一个家族;《华阳国志·蜀志》则云"卓王孙家僮千数,程、郑各八百人",据此分析,"程、郑"当指两个家族。两相对照,本文取《华阳国志》所载。
③(晋)常璩:《华阳国志》,北京:中华书局,1985年,第34页。
④(汉)班固:《汉书》,北京:中华书局,1962年,第1137页。
⑤(汉)司马迁:《史记》,北京:中华书局,1959年,第132页。
⑥《马克思恩格斯全集》第1卷《政治经济学批判大纲》,北京:人民出版社,1972年,第596页。
⑦罗开玉等:《成都罗家碾发现二座蜀文化墓葬》,《考古》1993年第2期。
⑧周尔泰:《我市发现一批秦人墓》,《成都晚报》1992年6月11日。
⑨四川省博物馆:《四川牧马山灌溉渠古墓清理简报》,《考古》1959年第8期。
⑩徐鹏章:《成都站东乡汉墓清理记》,《考古通讯》1956年第1期。
⑪刘志远:《考古材料所见汉代的四川农业》,《文物》1979年第12期。

区域石棺墓及川南大石墓中均有发现铁镰等铁制农具,时代为战国晚期至汉初①。这一"反常"现象作何解释?文献记载或为我们提供一些推证。《史记》《华阳国志》俱言赵之以"用铁冶富"卓氏、程氏、郑氏迁入临邛后,"大喜,即铁山鼓铸,运筹策",而"货累巨万亿"。说明卓氏、程氏、郑氏入住临邛后,看到蜀地冶铁业巨大的市场需求,继续从事冶铁业。在这一过程中,他们制造的铁制农具数量应当相当可观。同时,秦据蜀后,将15,000余家、8万余人迁入成都,郫与临邛三角地带构成的成都平原核心农业区,为了提高农业总产量而在全域内强行推广铁制农具。另一方面,在铁制农具尚未大量在蜀地推广之前,铁制农具输至成都平原,价格相对较高,盆地缘边丘陵山区贵族可能先行从中原地带购置部分农具。而成都平原的贵族受限于这种价值规律和习惯使用铜制农具的生产观念不予购置或购置数量相对较少,这种解释应当是符合史实的。

至于牛耕,蜀地始于何时,目前学界尚无定论,但考古资料已证秦人入蜀之后,蜀地稻田耕作基本使用水牛、丘陵山地与高原旱作区则基本使用黄牛。成都平原及其周边出土的秦铁铧犁表明,即使牛耕在这一时期蜀地尚未普及,至少也应当使用人力进行犁耕了②。另据新津县汉墓③、成都汉墓出土的陶水田、陶水塘模型、双流牧马山汉墓出土的陶池田等均证,至迟在两汉时期四川地区已经形成了精耕细作的农业生产体系。这种现象显然创始于秦人治蜀时期。

结 语

马克思主义唯物史观认为:历史过程中的决定性因素归根到底是现实生活的生产和再生产④。秦据蜀后,在蜀地采取的上述诸项发展农业的措施,使得行政调控、农田水利、耕地、劳动力、生产关系、生产技术等传统农业发展要素得到空前的全面优化,首先使蜀地成为秦成就"王业之基"的粮食供应基地。《战国策·秦策》云:"蜀既属,秦益强富厚,轻诸侯。"⑤《华阳国志·蜀志》言:"周赧王七年(前309),司马错率巴、蜀众十万,大船舶万艘,米六百万斛,浮江伐楚,取商于之地为黔中郡。"⑥《蜀鉴》则称:"(秦)灭六国而一天下,岂偶然哉,由得蜀故也。"⑦ 其次,提升了蜀地农业经济在全国的影响力,不仅为"天府之国"从指代形势险峻、土地肥沃、农业经济发达的地区成为成都平原的专称提供了前提预设,而且使蜀地成为后世救济灾荒的首选之地,对维护社会稳定做出了重要历史贡献,从而对我国古代社会的发展产生了深远的历史影响。

作者简介:李钊(1972—),男,山东泰安人,历史学博士,西华大学人文学院副教授,李冰研究中心副主任,文化产业系主任,主要从事巴蜀文化与隋唐史研究。

---

①茂县羌族博物馆、阿坝藏族羌族自治州文物管理所:《四川茂县牟托一号石棺墓及陪葬坑清理简报》,《文物》1994年第3期;四川省金沙江渡口西昌段、安宁河流域联合考古调查队:《西昌坝河堡子大石墓发掘简报》,《考古》1976年第5期。
②郭声波:《四川历史农业地理》,成都:四川人民出版社,1993年,第14—15页。
③四川省博物馆文物工作队:《四川新津县堡子山崖墓清理简报》,《考古》1958年第8期。
④《马克思恩格斯选集》,北京:人民出版社,1995年,第695页。
⑤(汉)刘向编集,贺伟、侯仰军点校:《战国策》,济南:齐鲁书社,2005年,第33页。
⑥(晋)常璩:《华阳国志》,北京:中华书局,1985年,第38页。
⑦(宋)郭允蹈:《蜀鉴》,北京:中华书局,1985年,第4页。

四川盆地的文明化进程新探

四川大学历史文化学院　林向

长江上游的四川盆地是我国西南地区的古代文明中心,它是吾中华古代文明中的有机构成部分。古代的东亚大陆上曾先后形成过许多文明中心,它们相互间有着密不可分的文化亲缘关系,但又有其自身的区域特征。鉴于本区先秦文献的匮乏,用考古新发现来对本区的文明化进程特点的分析,尤其是对四川盆地东部的三峡古文化和西部的成都平原古文化在文明化进程中表现出不同特征的分析,将有助于对我国有关文明化演变进程问题的深入认识,本文拟从五个方面来观察和探讨。

四川盆地的地理环境与世界古文明中心的西亚肥沃新月地带美索不达米亚、北非尼罗河谷、南亚印度河谷等地的环境条件十分相似:同处于北纬30°,土地肥沃、水源充足、物产丰富、交通便利、有利于抵抗天灾人祸①。所不同的只是规模不大,而别有特点。且看本来北纬30°线上应属于亚热带回归高压带,干热少雨,所以西亚几乎都是荒漠或半荒漠所围绕的绿洲;而四川盆地则是一个亚热带常绿阔叶林景观的红色盆地中的明珠,它有多样化的回旋空间。四川盆地因地处青藏高原的东侧,改变了行星风系,使之具有明显的季风气候,且盆地内地形复杂,气候也复杂多变。从热量带来看,有南亚热带、中亚热带、北亚热带、暖温带、温带、寒温带、甚至亚寒带。从水分条件看,以湿润地区为主,西部有半干旱或干旱地区。值得注意的是,盆周山地因高程差异,"一山分四季,十里不同天",气候垂直带谱结构的多样性很是罕见②。因此,带来了本地区生物圈内容的兼容性和多样性。由于地理位置正处在我国以稻作农业为主的东南文化板块与以粟作农业为主的西北文化板块的交接线上③,所以古文化的面貌在内部呈显多样性,在外部则呈显出独特的个性④。例如本地区的

---

* 本文是根据笔者参加国家社科基金西部项目"长江上游古文化与中国文明起源——从宝墩文化、三星堆文化到金沙遗址"课题,自己写作的结语部分改写而成的。

① H. J. 德伯利:《人文地理:文化、社会和空间》第15章,北京:北京师范大学出版社,1988年。
② 西南师大地理系:《四川地理》第2、3章,《西南师大学报》编辑部出版,1992年。
③ 石兴邦:《中国新石器时代文化体系及其有关问题》,《亚洲文明论丛》,成都:四川人民出版社,1986年。
④ 林向:《论古蜀文化区》,《三星堆与巴蜀文化》,成都:巴蜀书社,1993年。

新石器时代晚期文化有明显的区域性差异：除了成都平原的宝墩文化外，可以分为川东峡江地区的哨棚嘴遗址和魏家梁子遗址；川北山地地区的张家坡遗址和擂鼓台遗址；大渡河青衣江地区的狮子山遗址；岷江上游地区的营盘山遗址和下关子遗址；川西南安宁河流域的横栏山遗址等各有特点①。目前知道得比较清楚的可分成东、西两大区：西区以成都平原宝墩文化的古城群遗存农耕文化为代表；东区以峡江地区的哨棚嘴文化遗存则是以渔猎盐业生产遗存为代表。这是长江上游文明化进程的特点之一。

第二，四川盆地西区的文明化进程当始于距今五六千年以前，川西北山地已发现距今约七千年前的广元中子铺遗址含有细石器的早期新石器文化遗存，但正式报告尚未发表②。就目前比较清楚的考古发现而言，西区在距今 4500 年前后相当于龙山时代的宝墩文化时期（约等于三星堆遗址一期文化）已经不是文明化进程的初始出发点了，因为当时的居民已经过着农业定居的生活，聚落已出现了分化，既有几千平方米的小型村落，也有面积广大的建有夯土城墙的中心聚落，最大的宝墩古城达 60 万平方米，最小的都江堰芒城遗址也有 10 多万平方米③。

宝墩文化时期的古城，在城墙高耸的中心聚落拥有一个象征神权的祭祀中心，如郫县古城中心地区面积达 550 多平方米的大房子正是聚落中心的宗教建筑④。2005 年成都文物考古研究所与美国哈佛大学等合作在郫县古城遗址周围所作的区域考古调查证实，在大型城址的周围分布着密集的小型村落，这些小型村落与中心聚落相比则处于从属的地位⑤。

宝墩文化时期这些设防的聚落，如宝墩古城这样巨大的城邑，营造所需的劳务量是十分惊人的，城墙周长达 3200 米、宽处约 25 米、高处约 5 米以上，初步估算土方量大大超过 30 万立方米，需要成千劳力、成年累月的劳作，并需要集中的指挥与调度，说明当时社会生产已有相当的剩余，社会结构已超出原始氏族组织而变成复杂的酋邦制社会了⑥。郫县古城中的大型庙殿建筑已经耸立在文明时代的门道上，城邑已成为政治权力与宗教文化的中心了。

这些具有两面呈斜坡高大坦荡的城墙的城邑，与其说是用于攻守争战，不如说是在平原低地是防备洪灾的必要设施；在荆莽草莱之中是防御猛兽袭击的屏障；高大的城墉还是部落联盟酋长势大力强的鲜明标识；也是举行盛大祭祀仪式的祭坛⑦。无论如何，宝墩古城群是长江上游地区文明化进程中展现出来的重要一步，是长江上游城市文明的滥觞与前奏是无可怀疑的。

到了三星堆文化时期（即三星堆遗址的第二、三期，距今 4000 年前左右）相当于中原地区的夏商时期，出现的三星堆古城是多个城濠相套，有宫殿与民居基址，出土大量的酒食

---

① 赵殿增：《三星堆文化与巴蜀文明》第二章，南京：江苏教育出版社，2005 年。
② 《四川广元市中子铺细石器遗存》，《考古》1991 年 4 期；王仁湘、叶茂林：《四川盆地北缘新石器时代考古新收获》，《三星堆与巴蜀文化》，成都：巴蜀书社，1993 年。
③ 江章华、王毅、张擎：《成都平原先秦文化初论》，《考古学报》2002 年 1 期。
④ 《四川省郫县古城遗址调查与试掘》，《文物》1999 年 1 期。
⑤ 资料存成都博物院，承江章华研究员相告，谨致谢忱。
⑥ 易建平：《部落联盟与酋邦》，北京：社会科学文献出版社，2004 年。
⑦ 林向：《宝墩文化的古城址群试析》，《成都文物》，2001 年 4 期。

器皿、漆、玉、铜、象牙、陶制作的礼乐器和雕塑艺术品的中心聚落。那里有神巫们在祭祀后埋下的象牙、青铜神人像、神树和玉石礼仪器，罕见的黄金权杖、金面罩等稀世珍宝。说明三星堆古城已具备了文明社会的标志，应是古蜀文明的中心聚落，古蜀国的都城①。由此可见，长江上游的城市文明从宝墩文化进入三星堆文化显示了较清晰的进程。

本区的青铜时代文化可以划分为"三星堆文化""十二桥文化"（典型遗存如金沙遗址的商周堆积）和"青羊宫文化"或"上汪家拐遗存"等三个阶段。前两个阶段基本上与历史上的古蜀国文化相对应，后一个阶段则是因巴文化的西进与蜀文化融合而形成考古学上的巴蜀文化②，"青羊宫文化"或"上汪家拐遗存"或即相当于东周时期四川盆地内与巴国同时的蜀国文化。

第三，川东峡江地区新石器时代的发现有距今7000年前的丰都玉溪遗址。但资料比较丰富，脉络清晰的要数与"宝墩文化"大致同时的以忠县哨棚嘴、中坝、丰都玉溪坪、万州苏和坪等遗址的新石器时代遗存为代表的"哨棚嘴文化"，其年代也在距今5000—4000年之间③。此后的青铜时代文化与成都平原基本一致，同步发展，如在峡江地区广泛分布的石地坝文化④、万州中坝子遗址⑤，忠县哨棚嘴与中坝遗址的夏商遗存等，基本上是具有区域特点（如特有的尖底杯、角杯、圜底罐等）的三星堆文化——十二桥文化的遗存。乃至于在三峡东部的宜昌中堡岛⑥为代表的遗址群也被称为"三星堆文化鄂西类型"⑦。值得注意的是，这些遗存都不是高等级的中心聚落，由于三峡地区自然环境条件制约，农耕文化显然不如西部的成都平原，渔猎经济占据了很大的比重⑧。这与《华阳国志》所记载的"（蜀）后有王曰杜宇，教民务农……巴亦化其教"的历史信息是相吻合的。

忠县中坝遗址是一处从新石器时代至秦汉时期连续发展的大型聚落，它最引人注目的出土物是大量圜底罐和尖底杯、角杯的存在⑨。成都平原的十二桥文化虽然从西周中、晚期也出现一定数量的平口圜底罐（釜），但数量远不如渝东地区，而不见花边口圜底罐和角杯。许多研究者都认为大量出土的圜底罐和尖底杯、角杯应是专业性的生产用器，即盐业生产用器。无论是文献记载，还是考古材料显示，盐业生产乃是后来为巴人传承的最重要产业⑩。

尖底杯、角杯在忠县中坝遗址的发掘中是商代晚期至西周早期出土量最大的器物，这种现象在哨棚嘴、瓦渣地、李园、邓家沱等遗址中均是如此。这种角杯口径4.5、高6—14厘

---

① 林向：《殷墟卜辞中的"蜀"》（1989年），《巴蜀考古论集》，成都：四川人民出版社，2004年。
② 林向：《"巴蜀文化"辨证》，刊《巴蜀文化研究（第三辑）》，成都：巴蜀书社，2006年。
③ 江章华：《关于哨棚嘴文化的几个问题》，《四川文物》2010年2期。
④ 白九江、李大地：《试论石地坝文化》，《三峡考古与多学科研究》67—90页，重庆：重庆出版社，2007年。
⑤ 王建新、王涛：《试论万州中坝子遗址商周时期文化遗存》，中国考古学会第十次年会论文，1999年。
⑥ 国家文物局三峡考古队编著：《朝天嘴与中堡岛》，北京：文物出版社，2001年。
⑦ 林春：《宜昌地区长江沿岸夏商时期一支新文化类型》，《江汉考古》1984年第2期。
⑧ 参见《宜昌路家河》，附录二、路家河遗址出土动物遗骸鉴定报告，北京：科学出版社，2002年。
⑨ 孙智彬：《中坝遗址新石器时代遗存初论》，中国考古学会第十次年会论文，1999年。
⑩ 任乃强：《说盐》，刊《华阳国志校补图注》，第52—59页，上海：上海古籍出版社，1987年。

米,原以为是酒杯,美国的巴盐(Dr. Ian Brown)根据国外资料,认为是制作盐块的模子和运输的容器。郑州大学的李峰还以实验加以证明。花边束颈圜底罐在商代即有出土,至西周大增,到东周时大盛,已占出土陶片总量的95.98%,经四川省文物考古研究院的孙智彬先生等实验证明也是煮卤制盐的容器①。

可见,三峡地区的盐业发展与社会文明的进程是同步的,这是与成都平原古蜀以农业立国是大不相同的。任乃强先生甚至认为东周时峡江地区盐业的盛衰与川东巴国的建立强大及其衰微有密切关系。②

第四个特点是本地区的聚落形态可称为"坝子文化",本地区的古代遗存大都分布在被丘陵切割的江河沿岸阶地的平坝上。据《广韵·祃韵》:"蜀人谓平川为坝",故以"某某坝"为地名在西南云贵川地区比比皆是,何止千数。成都平原就被称为"川西坝子",它是一块镶嵌在四川盆地西边山前的东北——西南向伸展的新月形冲积平原,长约140公里,最宽处约50公里,也是四川盆地一块最大、最富庶、古文化最发达的坝子。此外的大小坝子一般地势不开阔,例如嘉陵江支流涪江自射洪金华镇以下,就有猫儿坝、牯牛石坝、于家坝、太平坝、大宫坝、张家坝、小榆坝、水洲坝、大中坝、柳树坝等以坝命名的河阶平坝,最大的长宽尺度在9.5×1.8公里,小的不过2.5×0.8公里③。所以在这些小坝子上发现的古文化遗址规模都不会很大,不可能形成如黄河流域、江汉平原上那样的大规模聚落。但它们三五成堆大小配搭形成聚落群,若即若离地沿着河谷呈线状分布,形成一连串交通孔道上的节点。成都平原地势较开阔,环境条件优厚,自然形成中心聚落。可是成都平原又不算太大,几个大聚落挤在一起,又不可能具备古代黄河流域大平原上聚落间所有的间隔隙地"瓯脱",因此为了各部落自身的安全和观瞻,为了本部落疆域的封树,人们不惜人力物力,建造起高耸的城堡,逐步形成设防的城邑群落。它们正是通过周围四面串珠状分布的大小聚落,逢水搭(笮)桥,逢山开(栈)道与祖国大地上的其他同时代聚落,千丝万缕地联系在一起④。所以,巴蜀地区虽然四面环山,但因此就认为"蜀道难自古以来封闭"的观点是不确切的,亲来考察过的司马迁在《史记·货殖列传》中就这样写道:"巴蜀亦沃野……然四塞,栈道千里,无所不通,惟褒斜绾毂其口,以所多易所鲜"。

当然,问题的另一面是夏商西周时期的长江三峡地区未能形成大规模聚落,还是受这种"坝子文化"制约的社会发展模式所造成的结果。峡江地区崇山峻岭,平坝更小而少,可以云阳佘家嘴遗址先秦聚落为例,"因为这一地区长江水道狭窄,水流湍急,两岸均为陡峭悬崖,自古以来就有'巴阳峡'之称,行船艰难,捕鱼不便……由于受到交通条件的限制,这里聚落规模较小,文化遗存零星,只能与山内丘陵地带构成一个相对独立的土著人文聚落"。只有到了汉唐以后随着长江航运的发展才有了在此小地盘上重复建起稍具规模的聚落,一直

---

① 四川省文物考古研究院、北京大学考古文博学院、美国加州大学洛杉矶分校(UCLA)、中国科技大学科技史与科技考古系、自贡市盐业历史博物馆:《中坝遗址的盐业考古研究》,《四川文物》2007年第1期。
② 任乃强:《说盐》,刊《华阳国志校补图注》,第52—59页,上海:上海古籍出版社,1987年。
③ 四川省地方志编纂委员会:《四川省志·地理志》385页,成都:成都地图出版社,1996年。
④ 林向:《四川盆地的龙山时代文化》,刊《三星堆与长江文明》,成都:四川文艺出版社,2005年。

沿袭至今①。

到了东周时期，因巴人受楚国的挤压而西进，深入到盆地东部，就出现《华阳国志·巴志》记载的"巴子时虽都江州，或治垫江，或治平都，后治阆中，其先王陵墓多在枳"这样的中心聚落。研究表明，目前在涪陵小田溪发掘的战国墓地很可能就是"先王陵墓多在枳"的遗存，而其他"巴子四都"还不清楚，对其探索应该成为今后本区田野考古的工作重点。

由此而形成的第五个特点是本地区的古代部族众多，此兴彼伏，而又各有中心，可从四川盆地巴蜀的历史发展中看到这一点。我们知道四川盆地在夏商周时代是有"蜀"无"巴"，巴是东周后才迁入四川盆地，这已成为学界的共识。早期的"巴"是活动在汉水流域的，对此童书业、徐中舒、蒙文通、邓少琴、张正明等先生等都有明白的论述，此不赘述②。

四川盆地先秦时期的土著民族有多少？蒙文通先生曾从文献典籍中剔抉出数十个，如：彭、卢、僰、鱼、资、青衣、丹犁、枳、蔓、鄛、果、杨、髳、巫咸等等。并指出古代蜀王的蚕丛、柏灌、鱼凫、杜宇、开明也都各为一族，互相有时联盟、有时征战，此兴彼亡有变化③。那么，古代巴国内的上层也当如此，文献中记载有许多"巴夷王""白虎夷王""夷侯""邑长""邑君"等等名目繁多的族长的名号，又有"廪君蛮""板楯蛮""巴賨""枳巴"等名目。直到秦汉时期巴蜀之地的民族还是很多的，《华阳国志·巴志》载："（巴）其属有濮、賨、苴、共、奴、獽、夷、蜑之蛮。"《华阳国志·蜀志》载蜀地的外族奴仆有："〔蜀有〕滇、獠、賨、僰，僮仆六百之富。"我们认为本区的民族系属虽然复杂，而其本底一部是氐羌，一部是濮越，夏商周时的古蜀国和东周以来的巴国就是在对这些古蛮族的统治基础上建立起来的。

笔者曾在《四川盆地巴文化的探索》中指出：这种此消彼长、错综复杂的古代民族关系，在我国先秦史上也是比较突出的。但有一点可以肯定，蜀国只有一个，即文献记载的由蚕丛、柏灌、鱼凫、杜宇、开明各部族轮流坐庄的"蜀国"，考古发现证明成都平原就是蜀国的中心，其核心区的广汉的"三星堆文化"与成都的"十二桥文化"，辐射至四川盆地及邻近地区的蜀国领域内，诸多发展不平衡的民族（统称为"蜀人"）的文化在其涵盖之下，这就是"蜀文化"或"蜀文明"，共同形成了一个"古蜀文化区"④。

同理，文献记载的"巴"甚多，而巴国也只有一个，即"武王既克殷，以其宗姬封于巴"的那个"巴国"，西周时是与濮、楚、邓等国相邻的"周之南土"，巴国的属下也有许多发展不平衡的诸民族如常氏《巴志》所载，但因巴国在江汉被楚所逼而西迁四川盆地，致使领域变化较大，也就是说此后四川盆地东部是巴的领域，虽有消长，而此地区内的诸族可统称为"巴人"，其文化也就是"巴文化"了。

东周以来巴国与蜀国同处一域——四川盆地内，虽然时有不和，史称"巴蜀世战争"，

---

① 钟礼强、李宁：《峡江地区古代聚落成长的探索——从佘家嘴文化遗存的时空分布谈起》，《重庆2001年三峡文物保护学术研讨会论文集》266—269页，北京：科学出版社，2003年。
② 参见林向：《四川盆地巴文化的探索》，刊《中华文化论坛·巴蜀文化研究专集》，2005年4期；收入黎小龙主编：《巴蜀文化暨三峡考古学术研讨会文集》，重庆：西南师范大学出版社，2006年。
③ 蒙文通：《巴蜀史的问题》（1959年），《蒙文通文集·古族甄微》，成都：巴蜀书社，1993年。
④ 林向：《巴蜀文化区导论》（1993年），刊《巴蜀考古论集》，成都：四川人民出版社，2004年。

其实"巴"与"蜀"在社会经济文化方面已拧成了一股绳,互为依存而不可分离,共同构筑起中国先秦史上辉煌一地的"巴蜀文化区"。战国后期秦为统一六国而先灭巴蜀作为基地,就是利用了巴蜀之间的不和,得以分而破之,历史明鉴发人深思。

综上所述,本地域的文明化进程的特点直接影响到社会历史的发展,这中间地理环境和人文环境有密不可分的因果关系,直到今天,我们同样还会感觉到这种巨大的历史文化影响力的存在。

作者简介:林向,男,四川大学历史文化学院教授。

羌人南迁与"蜀汉徼外"民族关系的递变

四川大学历史文化学院　刘复生

《后汉书·西羌传》是较早叙述"西羌"本末的最集中的文字。《传》文叙其地理范围"南接蜀、汉徼外蛮夷,西北接鄯善、车师诸国"后,叙述了一大段西羌之前夏、商、周三代的"戎"事。如成汤伐畎夷、武丁征西戎等,后记有文王率西戎事纣:"及文王为西伯,西有昆夷之患,北有猃狁之难,前攘戎狄而戎之,莫不宾服。乃率西戎,征殷人叛国以事纣。"后平王东迁,"秦襄公攻戎救周"①。所叙之"戎",羌在其中。和西南民族密切相关的,是羌人南迁到"蜀汉徼外"地区的故事。

一、羌人南迁及其"内属"

《后汉书·西羌传》载戎事之后为"羌"事,且以羌为戎之一支:"羌无弋爰剑者,秦厉公（前476—前443）时为秦所拘执,以为奴隶。不知爰剑何戎之别也。"这说明,《后汉书》作者南朝宋范晔（398—445）的时代,已经不能分辨八九百年前羌人首领无弋爰剑是戎人中的哪一支了。这里需要说明,在早期典籍关于"西羌"的叙述中,并不都是后世所说的羌族,在后世建构的"羌族史"中,往往将分布在我国西北的羌戎都作为羌族的先民予以追述,这是需要检讨的。

据《后汉书·西羌传》,西羌原居住地为"滨于赐支,至乎河首"②,是乃甘肃、青海东部一带。它的南面,是"蜀、汉徼外蛮夷",此"蜀、汉"指汉代蜀郡、广汉郡,"徼外"则为今四川甘孜、阿坝两州之地,此为与西羌不同的"蛮夷"聚居之地。这一势态,后来被大规模的羌人南下打破。《后汉书·西羌传》载秦国奴隶羌无弋爰剑逃归之后,历经种种奇异之事,诸羌"推以为豪"且"其后世世为豪",继而载:

---

① 《后汉书》卷八七《西羌传》,北京:中华书局,1982年校点本,第2869—2872页。
② （北魏）郦道元《水经注》:"司马彪曰:西羌者,自析支以西,滨河首左右居也。河水屈东北流径于析支之地,是为河曲矣。应劭曰:《禹贡》析支属雍州,在河关之西,东去河关千余里。羌人所居,谓之河曲羌也。"大致在青海东部至甘肃中东部地区。见《水经注》卷一《河水》,据《永乐大典》影印本,北京:文学古籍刊行社,1955年,第33页。

> 至爰剑曾孙忍时，秦献公（前384—前362）初立，欲复穆公（前659—前621）之迹，兵临渭首，灭狄獂戎。忍季父卬（昂）畏秦之威，将其种人附落而南，出赐支河曲西数千里，与众羌绝远，不复交通。其后子孙分别，各自为种，任随所之。或为牦牛种，越嶲羌是也；或为白马种，广汉羌是也；或为参狼种，武都羌是也。①

据此，自秦献公后，羌人开始大规模向"南"迁徙，因方位的偏差，不一定是正南，可能还包括向西南方向的迁移。秦兼并天下之后，使蒙恬将兵略地，"西逐诸戎，北却众狄"；汉兴，武帝征伐四夷，"北却匈奴，西逐诸羌"。这表明，不仅战国时期羌人的迁徙是因为"畏秦之威"，秦汉时期羌人的迁徙继续迁徙也是因为秦汉帝国的强大。《后汉书·西羌传》又载，自爰剑后，子孙演分为一百五十种，除"发羌、唐旄等绝远，未尝往来"而外：

> 其九种在赐支、河首以西，及在蜀、汉徼北，前史不载口数。唯参狼在武都，胜兵数千人。其五十二种衰少，不能自立，分散为附落，或绝灭无后，或引而远去。……牦牛、白马羌在蜀、汉，其种别名号，皆不可纪知也。②

这段记载当来自传闻口碑，南迁的羌人各部分布于蜀、汉西部，与汉朝政府的接触有限，各部详情"不可纪知"，确得其实。

羌人众多族群南下并无"统一指挥"，各部族群是随着自己的首领行动。南徙羌人必然与当地原住民即"蜀、汉徼外蛮夷"发生冲突，据史料所载来看，这种冲突是相当激烈的。虽然现在难以找到直接材料来说明，但是可以通过汉朝政府对当地羌、夷频繁的"内属"或"反叛"活动的记载中得以证实。这里需要说明，这里提到的羌、夷是两种不同的族类，前辈学者对此已有充分的论证③，这里不再赘述，"夷"即当地的原住居民"巴、蜀徼外蛮夷"。《后汉书·西羌传》载：

> 建武十三年（37），广汉塞外白马羌豪楼登等率种人五千余户内属，光武封楼登为归义君长。至和帝永元六年（94），蜀郡徼外大羘夷种羌豪造头等率种人五十余万口内属，拜造头为邑君长，赐印绶。至安帝永初元年（107），蜀郡徼外羌龙桥等六种万七千二百八十口内属。明年，蜀郡徼外羌薄申等八种三万六千九百口复举土内属。冬，广汉塞外参狼种羌二千四百口复来内属。桓帝建和二年（148），白马羌千余人寇广汉属国，杀长吏，益州刺史率板楯蛮讨破之。④

---

① 《后汉书》卷八七《西羌传》，第2875—2876页。羌人没有文字，这段文字当是史官据爰剑后代的传说"记忆"而书，虽然不能简单指为"信史"，但这却是讨论羌人"南迁"的早期基础史料。
② 《后汉书》卷八七《西羌传》，第2898页。
③ 参见蒙默《试论汉代西南民族中的"夷"与"羌"》，原刊《历史研究》1985年第1期，收入氏著《南方古族论稿》，第212—246页。石硕教授认为："蒙默先生此文对我们从民族系统（族系）上重新认识青藏高原东缘横断山脉地区的古代民族具有里程碑的意义。"见氏著《藏族族源与藏东古文明》，成都：四川人民出版社，2001年，第164页。
④ 《后汉书》卷八七《西羌传》，第2898页。

这段记载述说了东汉时期南下到蜀郡、广汉郡"徼外蛮夷"地区羌人活动的重要信息。如果说,关于爰剑及其曾孙忍、季父昂时的许多材料是出于"口碑"相传,是一种并不能确定的历史记忆;那么东汉时期,蜀郡徼外羌人与东汉政府发生了某种关系而被记录了下来却是可靠得多的材料。这段记载有反叛者一,而"内属"族群五:广汉塞外白马羌豪楼登、蜀郡徼外大牂夷种羌豪造头、蜀郡徼外羌龙桥、蜀郡徼外羌薄申、广汉塞外参狼种羌,其中有四起为羌人,一起为"大牂夷种羌豪"。后者一次内属人数竟达"五十余万口",超出其他几次之和的数倍,笔者理解,应系羌豪率领已被征服夷民的总数。这些"内属"之羌后世多半失去了原先固有的"名号",表明南迁的羌民社会的动荡加剧,与其他民族的融合进程加速,但这是一个漫长的过程。

羌民大规模南迁中的"内属"活动是在南迁中与夷民的冲突及其与中原政权的交往而产生的,中原政权采取了相应措施,或置州县,或派兵以讨。据唐《元和郡县志》载:

> 茂州通化县,"开皇六年(586),以近白狗生羌,于金川镇置金川县,十八年改为通化县。"
>
> 翼州,"梁太清中,武陵王萧纪于蚕陵旧县置铁州,寻废。周武帝天和元年(566)讨蚕陵羌,又于七顷山下置翼州。"州治蚕陵县,今汶川县蚕陵镇。
>
> 维州,"初,蜀将姜维马忠北讨北汶山叛羌,此其地也,今名姜维城,即维所筑。自晋以后,羌夷或降或叛。隋开皇四年,讨叛羌,以其地置薛城戍,属会州,后又没贼。武德七年(624),白狗羌首领内附,于姜维城置维州以统之。"州治今阿坝州理县薛城镇。
>
> 当州,"本汉蚕陵县地。贞观二十一年(647)割松州通轨县置当州,仍以羌首领为刺史。"当州谷和县,"文明元年(684)开生羌置。"悉州归诚县,"本生羌,垂拱二年(686)从化,三年置县以处之。"
>
> 静州,"本汉蚕陵分割成地,天授元年(690)于此置静州。"①

可见羌人的内属活动延续到唐代仍然不断。"蜀汉徼外蛮夷"在南下羌民的冲击下,部分被羌人征服,部分东向归附中原政权,史籍大量的"内属"或"内附"记载正是对这一历史变迁的最好注脚。有许多夷民向南迁徙,"夷"系民中的彝族、纳西族等族向南迁徙皆有迹可寻。还有部分留在故地,与其他民族错居,变迁相对较小。比如,汉代"蜀汉徼外"即今阿坝州的嘉绒藏族还保留着浓厚的以牦牛为图腾的遗俗,他们或许就是古代"嘉良夷"的后裔。

二、"羌戈大战"与羌语支民族

前面提到,羌人南迁时,与"蜀汉徼外"原住居民发生过激烈的冲突,汉和帝永元六年(94)内属的"大牂夷种羌豪造头"极可能就是率领被征服的夷民的行为。如果说,这还只是"极可能"的话,那么,被称为"羌戈大战"的羌夷冲突则在类似事件中具有"典范"意

---

① (唐)李吉甫:《元和郡县志》卷三二《剑南道中》,北京:中华书局,1983年,第813—817页。

义。或许有学者不喜欢"典范"这个词，不过这里的本意是指在羌夷冲突史实湮没的情况下，唯有此"大战"被传说描述得淋漓尽致而已。当然，传说在流传过程中，内容越益丰富，想象的成分也更多。

据今住在阿坝州羌民的传说，"戈基人"是他们迁居此地之前的居民。羌人的强势迁入遭到了戈基人的顽强抵抗，后来羌民战胜了戈基人，成为当地的主人。据《史记》《汉书》和《后汉书》的"西南夷列传"，汉武帝时设置的汶山郡即冉駹夷聚居地，也就是后来羌人战胜戈基人之地，这意味着，羌人所说的戈基人就是《史》、《汉》所记的冉駹夷。现存羌族比较集中居住在四川阿坝州汶、理、茂、北川数县境内，人数不足二十万，但操羌语支的居民却远不止此数。《后汉书》所载的羌人南迁，当地羌民中长期流传的史诗《羌戈大战》无疑予以了双重印证①。史诗叙述了羌民的迁徙，如何与茂汶地区的先住居民戈基人相遇，并战胜戈基人，定居茂汶，以及其后的子孙繁衍。史诗唱道：

羌族弟兄九支人，魔兵冲散各逃生；战火滚滚染血腥，九支兄弟难见面……
三座大雪山，矗立云中间；挡着魔兵前进路，羌人脱险得安全……
阿巴白构率大军，飞兵直往脱苏山；羌兵前哨遇强敌，探马不断情报传。日补坝上有妖魔，戈基人生性很凶悍……
羌戈血战日补坝，乌云遮天天暗淡；双方相持无胜负，战争一连多少年……
羌人首领白构跃马相待，戈人首领格波整兵备战。几波尔勒神走上前，发给羌人白云石；几波尔勒神来阵中，发给戈人白雪团……
白构出阵很沉着，三块白石击戈人；白石击中格波头，头破满脸鲜血淋……
阿巴白构率羌人，进驻格溜建家园。戈人有流散，逃亡山林间……
戈人有流散，逃亡山洞间……
羌人进驻格溜地，建村筑寨扎营盘；阿巴白构令羌兵，上下九沟把寨安。格溜本是戈人地，此多水足广出产。十八大将驻隘口，各沟各寨设栅栏。②

据译本原注，日补坝、格溜等，均羌语音译，在今茂汶境内。首领"阿巴白构"，"阿巴"是尊称，"白构"是其名，显然就是古文献所载的白苟羌（白狗羌）。经过"羌戈血战日补坝"，阿巴白构率领羌人最终把原住民戈基人征服，他的九个儿子分驻九处大寨，分布在今茂汶、松潘、汶川、理县、灌县、北川等县，大致与今茂汶羌族居住地域相近。打败戈基人是借助天神（几波尔勒神）发给羌人的"白石"，后来在羌民中普遍流行的白石崇拜源

---

① 研究"羌戈大战"的成果甚多，如林向《"羌戈大战"的历史分析——岷江上游石棺葬的族属》，载氏著《巴蜀文化新论》，成都：成都出版社1995年，228—246页；邹立波《"羌戈大战"与岷江上游古羌人的族群认同》，《西南民族大学学报》2007年5期等。
② 1983年，四川民族出版社出版羌族民间叙事诗集《木组珠与斗安珠》，该集包含两部叙事诗，一集与书名同；另一集为《羌戈大战》，罗世泽整理，载该书第79—124页，本书所引《羌戈大战》，均见于此。"几波尔勒神"即天神之意。王明珂认为这个故事"代表由西方藏区传来的一种'我族起源传说'，这也是此种'猕猴生人'传说流布的东方边缘"，见氏著《羌在汉藏之间》，北京：中华书局，2008年，第243页。我以为这个假设尚需作更多的讨论。

于此。

"白狗"又写作"白构""白苟"等,显然系译音。他们何时南迁?汉文献关于白苟羌的记载以刘宋朝为最早。司马光《资治通鉴》卷一二〇载,宋文帝元嘉元年(424)四月,西秦伐"白苟"等国。胡三省注:"白狗国至唐犹存,盖生羌也。其地与东会州接。"白狗的记载以唐代为多,活动在当时的维州、茂州、保州、恭州、笮州等地,与白构九子的分布大致相当,《唐会要》说白狗羌"与会州接"①,即乃茂州一带,白苟羌来到茂汶显然是在唐朝之前。唐武德七年,"以白狗羌户于姜维故城置"维州维川郡②,唐有"西山八国",它们于贞元九年(793)诣剑南西川内附,其中即有"白狗国王罗陀忽"③。羌族传说,戈基人生住岩洞,死葬无底石棺,今留下大量的"戈基嘎补",即戈基墓葬,此即考古学界称的"岷江上游石棺葬"。近几十年对墓葬进行过多次发掘,其上限为战国中期,下限则为两汉之际,应该就是阿巴白构这支羌人迁来茂汶的时间。所以我以为,那种视石棺为羌人文化遗存的观点是完全不能成立的。

羌人南下是在战国秦汉政权的强势威迫下的被迫之举,沿着南北走向的山水之势亦即"藏彝走廊"或"藏羌彝"走廊趋而向南,各部任随所之,流动于今阿坝、甘孜的广大区域,也就是我们说的"蜀汉徼外"。除由阿巴白构率领的南下羌人而外,理应还有大量的古羌人部落流寓在今甘孜、阿坝州地区。除茂汶羌语、普米语等外,近几十年还新发现了十多种属于羌语支的独立语言:尔苏语、纳木依语、史兴语、木雅语、贵琼语、尔龚语、扎巴语(扎坝语)、拉坞戎语、霍尔-上寨语、却域语、纳木义语(纳木依),分布于四川阿坝、甘孜、凉山、雅安四州地,多与汉、彝、藏民族杂居,使用人口多的十多万,少的仅约二千人,多半处于消亡的边缘。我以为,这些众多羌语支族群正是战国至东汉时期南下羌人的产物,它为我国西部民族流动留下了一道道深深的历史印记,是我们探寻"蜀汉徼外"地区民族关系递变的值得重视的密码④。民国时期及之前他们多被称为"西蕃"(西番),1950年代划分民族成分时多归划为藏族。这些羌语支族群与藏族在文化上差异较大,例如居住在冕宁、西昌、盐源、木里、九龙五县的纳木依人中,"使用一种不同于藏语的语言","一般群众把藏文称为'喇嘛字',迄今未能在纳木依居民中成为通行的文字";甘孜州康定县鱼通区自称

---

① (宋)王溥《唐会要》卷九八"白狗羌"条,民国《丛书集成》本。史林撰有《唐代白狗羌探考》,可参考,载《西南民族学院学报》1993年第3期。
② 《新唐书》卷四二《地理志六》,北京:中华书局,1975年校点本,第1085页。
③ 《旧唐书》卷一九七《西南蛮》,北京:中华书局,1975年校点本,第5297页。
④ 早前"羌语支"没有得到确认,或将羌语附于藏语支或彝语支中,孙宏开《羌语支属问题初探》提出"在藏缅语族中,除藏语支、彝语支和景颇语支外,还应再立一个羌语支",得到民族语言学界的认同,见《民族语文》编辑部编《民族语文研究文集》,青海民出版社1982年。1999年,台湾"中研院"语言所组织召开了"藏缅语族羌语支语言及语言学研讨会",参见孙宏开《藏缅语族羌语支语言及语言学研讨会述评》,北京,《当代语言学》2000年第二期。西夏语也是会议的讨论范围,但西夏民族属党项羌,其与南下羌人的关系有待探讨。现居甘孜州的木雅人藏语称为"弥药",被认为与西夏有渊源关系。参见邓少琴《西康木雅乡西吴王考》(1945年),今据《邓少琴西南民族史地论集》下册,成都:巴蜀书社,2001年,第761页。

"贵琼"的藏族居民,其所使用语言的"基本词汇和语法构造更多的接近羌语,属羌语支"①。而冕宁和爱乡庙顶地区历史上一直被称为"西番"的里汝人和尔苏人,"特别崇拜白石,家家户户的屋脊正中都摆着一至三块白石,至今不少人家的屋顶上仍供白石,认为白石既是天神又是家庭的保护神",同时"信仰万物有灵的原始宗教"②,与喇嘛教并不相同。从民族史角度视之,十多支羌语支族群的发现无疑证实了《后汉书·西羌传》所载羌人"南下"的文字的可靠性,对羌民族的发展演变研究无疑有着十分重要的意义。

三、夷系民族的"内属"与南迁

战国秦汉时期,"蜀、汉徼外蛮夷"处于"或土著、或移徙"的社会发展状况,他们无力抵御游牧民族羌人的强势南下。部分夷民被征服而最终与羌民融合,或者杂居,部分夷民内附,部分夷民则向南迁徙,川西高原地区的民族关系发生了重大变化。

据《后汉书·笮都夷传》载:元鼎六年(前111),以笮都夷地为沈黎郡。至天汉四年(前97),"并蜀为西部,置两都尉,一居旄牛,主徼外夷;一居青衣,主汉人"。这里显然是一个夷汉相接的地区,旄牛是汉县名,县治所在尚难确定,一般认为在今汉源县,或以为在泸定,均滨大渡河。旄牛县管理"徼外"即乃笮都夷所居之地。旄牛徼外指大渡河以西地,即今四川甘孜州,以及滇西地区。笮都夷"居处略与汶山夷同",都是半农半牧的山区。笮都夷与益州(治今四川广汉北)官府有着较多接触,于是东汉明帝永平(58—75)年中出现了夷汉交流中激动人心的一幕。时益州刺史梁国朱辅"在州数岁,宣示汉德,威怀远夷",使"自汶山以西,前世所不至,正朔所未加"的少数民族地区居民大规模地归附汉王朝:

> 白狼、盘木、唐菆等百余国,户百三十余万,口六百万以上,举种奉贡,称为臣仆。……今白狼王唐菆等慕化归义,作诗三章。路经邛来大山零高坂,峭危峻险,百倍歧道。襁负老幼,若归慈母。远夷之语,辞意难正。草木异种,鸟兽殊类。有犍为郡掾田恭与之习狎,颇晓其言,臣辄令讯其风俗,译其辞语。今遣从事史李陵与恭护送诣阙,并上其乐诗。

史官所录之歌,便是著名的三首《白狼王歌》,分别是《远夷乐德歌》《远夷慕德歌》《远夷怀德歌》。《白狼王歌》是以"白狼"为代表的归附汉王朝的笮都夷留下的,这是无可置疑的。经当时"与之习狎,颇晓其言"的犍为郡掾田恭意、音对译,汉字为176字。近世学人考释者六七家,多认为属彝语支民族,与纳西语和彝语相近,也就是属于与羌人不同的夷系民族。

白狼王率"六百万以上"的人口内附,虽然人数可能有夸张,但无论如何都是一件了不

---

① 刘辉强:《锣锅底纳木依语》,载郎维伟、袁晓文主编《民族研究文集》,成都:巴蜀书社,2000年,第445页;《纳木依语概要》,李绍明、童恩正主编《雅砻江流域民族考察报告》,北京:民族出版社,2008年,第365页;刘辉强、尚云川:《贵琼语研究》,载袁晓文主编《民族研究文集》,成都:巴蜀书社,2004年,第421页。

② 陈明芳等:《冕宁县和爱公社庙顶地区藏族社会历史调查》,李绍明、童恩正主编《雅砻江流域民族考察报告》,北京:民族出版社,2008年,第162页。里汝、尔苏均是羌语支分支,20世纪50年代划归藏族。

得的大事。是什么力量促使这种内附发生？如果仅以"汉德"之"威怀"来解释，显然是缺乏说服力的。这种行为的发生，必然受到强大压力，我以为这就是羌夷激烈冲突的结果。所谓"内属"或"内附"是一种寻求保护的行为，并不与"内迁"划等号。羌人南下蜀郡、广汉郡"徼外"，致使当地成为夷、羌和中原政权三方争斗的交织点，"内属"或"反叛"事件接连不断，正是这种矛盾冲突的反映。《后汉书·莋都夷传》还记载有：

  永元十二年（100），旄牛徼外白狼、楼薄蛮夷王唐缯等，遂率种人十七万口，归义内属。

  永初元年（114），蜀郡三襄种夷徼外汗衍种并兵三千余人反叛，攻蚕陵城，杀长吏。二年（115），青衣道夷邑长令田，与徼外三种夷三十一万口，赍黄金、旄牛毦，举土内属。

  延光二年（123）春，旄牛夷叛，攻零关，杀长吏，益州刺史张乔与西部都尉击破之。

  永寿二年（156），蜀郡夷叛，杀略吏民。

  延熹二年（159），蜀郡三襄夷寇蚕陵，杀长吏。四年，犍为属国夷寇郡界，益州刺史山昱击破之，斩首千四百级，余皆解散。①

在唐代，青藏高原的吐蕃势力崛起并东向发展②，加剧了藏彝走廊地区民族社会的动荡，当地众多族群的"内属"活动频仍有加，《旧唐书》载：

  贞元九年七月，其王汤立悉与哥邻国王董卧庭、白狗国王罗陀忽、逋租国王弟邓吉知、南水国王侄薛尚悉囊、弱水国王董辟和、悉董国王汤息赞、清远国王苏唐磨、咄霸国王董藐蓬，各率其种落诣剑南西川内附。其哥邻国等，皆散居山川。弱水王即国初女国之弱水部落。其悉董国，在弱水西，故亦谓之弱水西悉董王。旧皆分隶边郡，祖、父例授将军、中郎、果毅等官；自中原多故，皆为吐蕃所役属。其部落，大者不过三二千户，各置县令十数人理之。土有丝絮，岁输于吐蕃。至是悉与之同盟，相率献款，兼赍天宝中国家所赐官诰共三十九通以进。西川节度使韦皋处其众于维、霸、保等州，给以种粮耕牛，咸乐生业。

《新唐书·韦皋传》载此为"西山羌女、诃陵、南水、白狗、逋租、弱水、清远、咄霸八国酋长，皆因皋请入朝"。此"羌女国"即《新唐书》所载"东女国"。同时，又有"西山松州生羌等二万余户，相继内附"③。上述内附后来称为西山八国，常被视为西山诸羌。但是，其中有羌人，如"白狗国"显然是上文提到的羌人，但可能更多是夷人，如"哥邻国"董氏，实即嘉良夷之后，为今嘉戎藏人之先民④。众多族群受到吐蕃势力的强大压力和冲

---

① 《汉书》卷八六《西南夷传·莋都夷》，第2857页。
② 石硕《西藏文明东向发展史》对此有深入的论说，成都：四川人民出版社，1994年。
③ 《新唐书》卷一九七《西南蛮传》，第5279页。
④ 参见李绍明《唐代西山诸羌考略》，《四川大学学报》1980年第1期。

击,纷纷东向唐朝寻求保护,这是唐代羌、夷内属的新因素。

"内属"或"反叛"事件持续不断,不仅规模大,而且相当频繁,表明徼外民族社会正处于剧烈的变动之中。如前所述,我以为大量羌人南下所造成的压力是促成这种变化的重要因素。除了"内属"和"反叛"而外,"蜀、汉徼外蛮夷"还有大量的向南迁徙了。

徼外夷人的南迁有许多材料可以证明,我们看到,由于筰都地区变乱事件不断,东汉朝廷对它的管理颇费周折。延光二年(123)平定旄牛夷叛后,分置蜀郡属国都尉,领四县。东汉后期灵帝时,又以蜀郡属国为汉嘉郡。"属国"是走向郡县制的过渡形式,由属国而郡县,筰都夷地区与中原政权联系更为紧密,民族融合的步伐在加快。《后汉书·筰都夷传》记徼外内属之民还有"楼薄",白族学者张旭《白族的52种他称简释》考今纳西、彝、傈僳、哈尼、普米等族对白族的十八个他称,都与"楼薄"读音近似,认为楼薄为白族先民。内属之民中又有"槃木",云南宁蒗彝族县之纳西族称彝族为傈僳或"老槃"。槃木之"木"为"人"或"族"意①。盐源地方志有载,传元初重新发现盐源井者叫"槃木戛喇",意为白狼女神。还有旄牛夷,蜀郡西部有旄牛道,学者谓旄牛夷即晋之摩沙夷、唐之么些蛮。同时,也不断发生反叛事件,事件平后,东汉政权在当地加强了边疆地区的管理。如上所引,内属的白狼王等是从"邛来大山"(今雅安以西)里出来的,那么他们显然有一个南迁的过程。

夷人南迁还可以从以下的材料中得到证实。筰人是纳西、彝、傈僳先民,六朝后汉文不见"筰"名,但傈僳族的一支"永白",自称"傈僳",或"昨濮",即"昨人"。云南藏族称傈僳为"筰巴",亦意为"筰人"。彝语支民族包括彝族、纳西、哈尼、傈僳、白族等。各地彝族都有来自北方的传说,贵州《安顺府志》卷二二引古彝民《罗鬼夷书》说:来自"旄牛徼外",就是大渡河以西的广大区域。纳西族葬俗,祭司达巴念送魂经,要将死者送到老家"司布阿拉瓦",此地在木里县以东不远,或言在贡嘎岭一带②,今贡嘎岭东麓有地名"磨西",应是"么些"的异写。《么些典经》说:"么些人自以为居天地中央,观其四至:东为汉人,南为民家,西为藏人,北为郭洛。"青海有果洛州,以果洛山与四川阿坝、甘孜为界。近世纳西距果洛颇远,显然为历史记忆。哈尼族现在主要分布在云南红河州。哈尼普遍传说,哈尼先民原游牧于"努美阿玛"平原,在遥远的北方,靠近一条大江,后逐步南迁,在"谷哈"平原居留过,后又继续南下到现今居地。傈僳族主要分布在滇西北,川西南也有。傈僳最早见于唐樊绰的记载:"栗粟两姓蛮、雷蛮、梦蛮,皆在邛部台登城东西散居,皆乌蛮、白蛮之种族。"③ 邛部今越西县,台登今冕宁县之泸沽区治,乌、白蛮毕彝族支民族先

---

① 中国社科院民研所、云南历史所编印《宁蒗县纳西族调查报告》之三,1964年。
② 中国社科院民研所、云南省历史所编印《云南省宁蒗县纳西族调查材料》之二,1977年5月,第2页;王承权《试析纳西族葬俗》,《思想战线》1981年第10期。
③(唐)樊绰《云南志》,赵吕甫校释本,北京:中国社会科学出版社,1985年,第173页。赵氏认为,栗粟两姓蛮、雷蛮、梦蛮三蛮皆当为乌蛮,故"白蛮"二字为衍。又,乌蛮、白蛮的区分,学界有不同意见。或认为二者有族别上的重要意义,方国瑜认为,二者只是社会经济文化上的不同,"白蛮"要进步些,"乌蛮"要落后些。参见氏著《滇史论丛》之《关于"乌蛮"、"白蛮"的解释》一文,上海:上海人民出版社,1982年。

民。说明傈僳族在唐代还居住在安宁河上游一带。明景泰《云南图经志书》说："栗粟者，亦罗罗之别种也。"则傈僳族很可能是彝族在发展过程中分化而形成的，故见于文献较晚，其早期历史应即在彝族先民中。白族的一支那马人，其方位词，"所谓'江上截'和'江下截'实际是'北方'和'南方'"①，这与彝族、纳西族一致。

前面提到，冉駹夷就是戈基人，戈基人被羌人征服后，留下了许多石棺。冉駹夷被羌人打败后部分南迁，实即今彝语支先民。也就是说，彝语支先民就是行石棺葬的民族，但众所周知的是，今彝语支的两个主要民族彝族和纳西族均行火葬。其实，有多种迹像显示，彝、纳西先民是行过土葬的。贵州古彝文典籍《论撮阻却必杓》说："撮阻杓阿余，撮阻细产了，火葬的底啊！"意谓：彝族先民原行土葬，后来有叫"杓阿羿"者吃人，包括死人，所以改行火葬了。石棺葬是土葬的一种形式。云南古彝文典籍《六祖魂光辉》说："尼家老母亲，安置石冢中，骑马长途奔，做祭葬老母。"尼家为彝族"六祖"之一，即糯家，大约相当于战国时期②。虽然已经改行火葬，但石冢已经成为他们的悠远记忆。另如纳西族，四川甘孜南部（康南）地区发现过一些石板墓，有石棺葬和石板盖土坑墓。分布面积很广，包括甘孜州的康定、雅江、新龙、巴塘中等，西邻的西藏芒康、贡觉等县，当地藏族认为它是纳西族先民的墓葬。四川凉山州的木里和盐边也有一些发现。康南石板墓应该是古白狼人留下的遗迹，白狼人是纳西族的先民，所以，康南石板墓是纳西先民留下来的。其他如青衣道夷，也留下有石棺葬，但青衣道夷去向未明，推测无外乎融合于其他民族之中，或者迁徙他乡。也就是说，纳西族人有一个南迁的过程。纳西族流行一种传说，他们祖先是从北方一个名为"多弥"的地方，迁徙到西南来的。又，《木氏宦谱》记纳西木氏土司也有传说始祖出于北方昆仑③，现在的纳西族人聚居地在川滇之交泸沽湖一带，其族人应该有南迁的历史。

综上所言，在秦汉政权强势威迫之下，原本活动在西北地区的部分羌民向蜀郡、广汉郡"徼外"地区迁徙，引起了这一地区民族社会的一系列反应。在此过程中，大量羌民"内属"。羌人南下引起原居地的"蛮夷"社会发生剧烈振动，羌、夷之间发生激烈冲突。大量夷民内属，同时也不断向南迁徙。"蜀汉徼外"民族关系的这种递变深刻地影响了西南民族关系史的格局变化，值得研究者深入思考。

2019 年 9 月

作者简介：刘复生，男，四川大学历史文化学院教授。

---

① 龚友德等《那马人的时空表述法》，《中央民族学院学报》1984 年第 2 期。白族语的归属学术界意见有分歧，赵衍荪《白语的系属问题》分析了对白语的不同认识，认为白语与彝语相近，应属于彝语支语言。本文取彝语支说，见《民族语文研究文集》，西宁：青海民族出版社，1982 年。
② 本段内容，参见蒙默《试论汉代西南民族中的"夷"与"羌"》，《历史研究》1985 年第 1 期。
③ 李绍明《康南石板墓族属初探——兼论纳西族的族源》，《思想战线》1981 年第 6 期。研究者多认为纳西族人是从北方迁来的羌人之后，我以为这是值得进一步研究的。此"族属"问题历来有争论，此不详辨。

介绍一本美国学者关于谯周的著作

美国洛杉矶西来大学　龙达瑞

徐中舒教授的学问博大精深，令人高山仰止。值此纪念徐老诞辰120周年学术会议召开之际，谨译介一位美国学者麦克法默（Michael Farmer，中文名方博源）的著作《蜀才：谯周及早期蜀地思想文化》[①]，以纪念徐先生开创巴蜀文化研究学术领域之功。

方博源是位中年学者，年轻时在得克萨斯大学奥斯汀分校念本科，受到老师的影响，对中国历史开始感兴趣。本科毕业后到了威斯康星大学主攻中国历史和中国文学。他受业于莫里斯迈斯纳教授[②]，指导教授有Robert Joe Cutter[③]，William H. Nienhauser[④]。方博源于2001年在威斯康星大学获得博士学位。后来在科罗拉多大学、犹他大学、杨百翰大学历史系任教，2007年起在得克萨斯大学达拉斯分校的人文学院任教至今。

方博源的这部著作是他的博士论文，为了收集论文资料，他曾于1998年、2000年和2001年三次来到四川访学。论文特别提到了四川大学历史系的方北辰教授和缪元朗教授，南充西华师范大学历史系的龙显昭教授对他的支持。

方博源的这本《蜀才：谯周及早期蜀地思想文化》分为六章：

第一章，早期蜀地的思想界；
第二章，谯周的生平；
第三章，学术与政治体制；
第四章，经学研究的方法；

[①] J. Michael Farmer, *The Talent of Shu: Qiao Zhou and the Intellectual World of Early Medieval Sichuan*. Albany: State University of New York, 2007.

[②] 莫里斯迈斯纳（Maurice Meisner, 1931–2012），汉文名字马思乐。著有《李大钊与中国马克思主义的起源》，北京：中共党史出版社，1986年。《马克思主义、毛泽东主义与乌托邦主义》，北京：中国人民大学出版社，2005年。

[③] Robert Joe Cutter，中文名高德耀，亚利桑那州立大学教授，研究曹植和三国历史。

[④] William Nienhauser，德籍美国汉学家，威斯康星大学教授，正在全译《史记》为英文。《史记》已经有好几个英文译本，但都不是全译。中国有杨宪益和夫人戴乃迭有《史记选》，外文出版社，1979年。Watson Burton 在1961年有一个翻译节选，Watson, Burton, trans. (1961). *Records of the Grand Historian of China*. New York: Columbia University Press. 后来再版，大约翻译了一百三十卷中的九十卷。

第五章，古代史研究的方法；

第六章，地方史研究的新方法。

方博源在序言中综述了研究三国历史的情况。他认为，三国历史是中国历史上人们谈论最多却又误解最多的一个时代之一。东汉末年，朝廷内斗不断，皇亲国戚，宦官和士大夫官僚相互倾轧，极大地削弱了皇权。公元184年的黄巾起义失败后，各地军阀表面尊崇皇帝，却争夺地盘，并互斗企图控制朝廷，形成了魏、蜀、吴三国鼎立的局面。人们普遍认为，三国时期既是政治动荡时期，也是英雄辈出的时代，各色各样的武将和政治人物处于动荡和站在的舞台中心，是人们崇拜的偶像。

方博源认为，诸如此类的观点多受到元末明初罗贯中的小说《三国演义》的影响，（英文翻译为"Romance of the Three Kingdoms,"他认为应该翻译为"Extended Meanings of the Records of the Three States"）甚至衍生出大量的媒体、连环画、电视连续剧和电子游戏①。由于这些大众媒体的传播充斥市场，排挤了早期保存下来作为第一手资料的历史文献，其后果是普通民众对三国时期的历史和人物的熟悉，而这些熟悉的背面却带有很多不正确，甚至是歪曲的观点。

三国时代不仅仅是战争，在思想和文化方面还有很多长足发展。这个时期目睹了抒情诗歌的发展，道教的建立，佛教的传播，思想和文学的发展，新的文学批评模式。

方博源认为，一部全面论述三国的思想和文化的历史仍待学者们今后继续努力，这是因为大多数学者的研究都集中在曹魏地区的思想的研究，如何晏（190－249）和王弼（226－249）的伦理玄学；建安七子的文学和哲学思想；竹林七贤的任性放诞。法国汉学家白乐日曾撰文《虚无的反抗还是神秘的避世：论中国三世纪的思潮》。这篇文章探讨的内容几乎仅限于曹魏地区②。文章发表于1948年，一直是国际汉学界公认的权威论文。北方的文化思潮，也称为"魏晋复兴"（renaissance）与后汉的传统经学的僵硬形成对照。方博源认为"魏晋复兴"这一观点忽略了经学解释方面所具有的活力和其他学术形式。另外，"魏晋复兴"的术语也存在地域歧视。一般用"魏晋"笼统地概括第三至第四世纪的情况，其根本原因在于用来说明魏晋接踵于后汉的政治上的合法继续，忽略了同时期的吴国和蜀汉的存在，也就忽略了南方地区的思想和文化的发展。近来对曹魏的思想和文化的重视反映了北方文化对南方文化的偏见，其结果是曲解了中国中古时期的思想。近来有一些研究长江流域的思想活动的论文出现，而位于西南的蜀汉思想史的研究仍然受到学界的忽略。

对整个成都平原的忽视，造成了一种流传甚久的流行观点，即蜀地缺少严肃的学术，甚至说诸葛亮是蜀国唯一的大学者的观念。尽管世人都承认诸葛亮的天才，但是现有的历史资料并没有证据支持这一说法。陈寿（233－297）编撰的《三国志·诸葛亮传》列举了诸葛亮撰写的24篇有关民政、军事、法律、书信、杂言著作③。这一目录，连同诸葛亮传记，展

---

① 方博源这里有一条较长的注释，甚至提到了毛泽东主席对三国故事独有所钟。

② 白乐日（Étienne Balazs，1905－1963），匈牙利出生的法国汉学家，曾在马伯乐的指导下学习。著有《中国文明与官僚主义》，台北：台湾久大文化公司，1992年。

③ 陈寿，《三国志》，北京：中华书局，1964年，第929页。

示了诸葛亮是一个由隐士到政治家的形象,强调了他在蜀汉统治者刘备死后参与管理行政和军事方面的角色。然而缺少的是诸葛亮参与文学活动的证据。也许可以更准确地把诸葛亮看成是文人学者的保护人,而诸葛亮本人不应该看作文人①。然而,绝大多数非专业人士或是研究三国时期的专家都很难在蜀地找到一位类似诸葛亮的人物。遗憾的是,民众的评价往往都没有讲到关键问题。上述观点可以说是方博源决定对后汉和三国时期的蜀地的学术活动进行深入研究的动因。

本书的重点是研究谯周。谯周是一位方士、经学家、史学家,又是政治家,可谓是公元三世纪蜀地知识界的代表人物。学界普遍认为,谯周继承了蜀地的学术传统,这一传统结合了观天象和谶言,尤其是对政治前途能预言吉凶。正是由于谯周具有这些知识和能力,所以他终身受到蜀汉政权的重用。对谯周作为学者在朝廷服务的各种活动的研究,可以加深我们对蜀地在中古时期的学术与政治的关系的认识。从个人的学术来看,谯周的学术是传统的经学,他既是经学家,又是历史学家,特别精于地方历史,有批判的眼光。谯周的学术著作充分表现了他对古典经学的热忱,勇于指出经学文献和经释中的错误,这些用同时代的观点来理解经学文献使人们对经学产生了误解。谯周的学术著作既是坚实的,有时是很艰深难懂的。他的著作基本上是属于后汉传统。谯周的著作具有独创性:他应用了史评方法,对经学文献和史料进行研究。因此,谯周的思想包括了过渡时期的个变化。他参与的方士和经学活动无疑是属于"古文学派",而他的史学研究开辟了新的领域。方博源认为,通过对谯周的生平的研究,有助于进一步发掘成都地区丰富的思想传统。研究谯周的生平必然对谯周的著作进行深入分析,同时也对谯周参与的蜀地和中国的学术和政治活动的来龙去脉进行梳理。

第一章介绍了谯周生活的时代的背景。从汉初到公元第三世纪,成都平原地区的学术活动发展有其独特形式。汉初,蜀地的学者的文学成就引起了朝廷的注意。到了汉代中期,经学与神秘的谶纬之学开始融合,开始出现隐逸,不肯入仕途的中古时期以名士为代表的玄

---

① 第164页上有一条将近一页的注释,把这条注释翻译出来也许对关心海外的诸葛亮研究的读者有用。方博源罗列出来的主要是中国、日本和西方学者对诸葛亮的研究。研究诸葛亮的英文论文大多讨论史学问题,讨论诸葛亮在历史文献中的记载。见 Eric Henry, "Chu-ko Liang in The Eyes of His Contemporaries," *Harvard Journal of Asiatic Studies* 52.2 (December 1992): 589—612. Hoyt Tillman 田浩(亚利桑那州立大学)曾发表过多篇关于诸葛亮的论文,"Historic Analogies and Evaluative Judgments: Zhuge Liang as Portrayed in Chen Shou's *Chronicle of the Three Kingdoms* and Pei Songzhi's Commentary," in "Dimensionen der historischen Kritik in China," a special issue edited by Achim Mittag for *Oriens Extremus* (Hamburg, Germany), Vol. 43, 2003 [2004], 60—70; "Textual Liberties and Restraints in Rewriting China's Histories: The Case of Ssu-ma Kuang's Re-construction of Chu-ko Liang's Story," In Thomas H. C. Lee, ed., *The New and the Multiple: Sung Senses of the Past* (Hong Kong: The Chinese University Press, 2004), 61—106; and "Some Historical and Philosophical Sources of the *Sanguo yanyi*: Sima Guang and Chen Liang on Zhuge Liang," in Kimberly Besio and Constantine Tung, eds, *Three Kingdoms and Chinese Culture* (Albany: State University of New York Press, 2006). 关于诸葛亮的军事活动研究,见 John Killegrew, "Zhuge Liang and the Northern Campaign of 228—234," in *Early Medieval China* 5 (1999): 55—91. 中国学者对诸葛亮的研究从略。日本学者研究诸葛亮的情况大多反映了中国学者对诸葛亮的颂扬。参见 Nakahayashi Shino 中林史朗 and Watanbe Yoshihiro 渡边义浩, ed, *Sangojushi kenkyu yoran* 三国志研究要览 (*Essential Research on The Record of the Three States*), Tokyo: Jinbutsu Oraisha, 1996, 100—105.

学。到了后汉出现了政治与经学相结合的谶纬学说，为统治者预测吉凶。在成都平原地区的方术得到了发展，谶纬之术在蜀地传播达两百多年之久。统治者不遗余力地寻求谶纬之术（同时也有畏惧心理），期盼利用谶纬之学助其实现建立朝廷的雄心。本章简明扼要地阐述了第三世纪时期蜀汉朝廷的学术活动，尤其是早期的本地学术传统与外来学术的碰撞情况。

第二章为谯周的生平及其学术传统的背景。谯氏家族自汉初就在蜀地成都平原很有影响。部分成员曾担任过地方官员。谯氏家族以"文士"著称。谯周出生时，家道中落，但他却能"耽古笃学"。本章的第二部分讨论了谯周所受的教育。谯周的父亲是一位经学的饱学之士，但他去世很早。谯周未能得到其父亲自传授家学，从兄长或同族贤者学习。他从耆宿杜琼学习天文、谶纬知识，预卜吉凶。又从秦宓习史学和史评。谯周从杜琼和秦宓学到知识与家学和蜀地传统学术相结合，这些知识为谯周一生的学术活动打下了基础。

第三章讨论谯周如何运用他的知识为蜀国服务。因其天文、谶纬知识，谯周大约在21岁或22岁就被任命为蜀国官僚。也就是蜀汉刚建立政权的公元221年，他就开始为新政权服务，直到蜀国政权终止的263年。前三十年为"劝学从事"，主管益州教育。刘禅立太子时任命谯周为太子仆，调令家令。后来做了朝廷的命官，有资格直接向皇帝发表政见，参与重要政策的制定的辩论。谯周据其方术、谶纬和历史知识，在魏国军队紧逼的情况下，劝后主降魏。历来正统史家把谯周看作卖国奸臣，对其学术著作采取冷落的态度。

以下三章重新梳理了长期被人忽略的谯周的学术著作，包括经学、史学、史评、地方史，后汉、三国和魏晋时期的发展关系和学术思潮。这三章不仅讨论了谯周的学术活动，而且比较了成都平原地区和中原地区的异同。第一至三章多探讨谯周的生平，而第四至六章则探讨文献。

第四章分析了谯周对经学的解读和考证，特别是对礼祭的解读，分析了中古时期的经学研究状况。从存世的谯周著作来看，他与后汉的注疏传统和郑玄（127-200）的注释大致是符合的，而郑玄的观点后来成了的正统解释。但是，到了公元3世纪，郑玄和谯周的观点被时人认为过时，北方兴起了玄学，各地崇奉玄学的学者逐渐用形而上的观点来解释经学，从而代替了郑玄和谯周的解释。在这一点上，针对新流行的解经方法而言，谯周可以看作是固守经学传统的保守派，然而从谯周对经学的解读的批评来看，他的解经方法超越了后汉学界解经的详章句训诂的方法。方博源认为，成都地区的经学是传统经学的堡垒。

如果说谯周在经学研究方面是保守的，那么他在史评方面就是重要的创新者。他的主要著作《古史考》是第一部对司马迁的《史记》作出评论的著作。第五章试图就这一观点扩充。谯周在《古史考》扩充了中国古代史。尤其是《古史考》清楚地说明了谯周把经学看作历史，竭力订正其明显的错误。如果把谯周的史评与其他中古时期的著作做比较就会发现，谯周是一个被人们误解的创新者。《古史考》应该是最早对历史著作进行解读的著作。后来绝大多数学者承认他的著作为史评，引用他的著作为根据，却忽视了他的史评的方法。只有唐代的司马贞（745）和清代的梁玉绳（1745-1819）承认了谯周对古代历史的史评方法。

第六章阐述谯周在地方史方面的创新。他编写了成都平原地区的历史，清楚地表明他对早期地方历史文献的把握，写作时又有自己的新方法。谯周的地方史，把朝廷举行活动的地方联系起来，凸显了地方的色彩，为后代地方史家所仿效。

方博源说，两位历史学家赞扬了谯周，而他的这部书就是向读者提供数据，证明他们对谯周的评价是正确的。其中一位称谯周是当时最伟大的历史学家；一位称谯周是后汉的"良史"，本书的目的是通过对蜀地学术传统的研究，包括对谯周的生平和著作作为蜀地代表人物的深入研究，以发掘公元三世纪时蜀地的学术生机。方博源批评了那些贬低蜀地，认为三国时期蜀地缺少学术的观点。他认为，谯周既是代表蜀地的学者，也是在大范围代表中国的学者。

　　从公元4世纪起，不少学者对谯周的生平做了评价。魏晋时期起，不少成都平原的学者或在蜀地任职的官员高度评价谯周的功绩。可是正面的评价很快就消失了，变成了对他的政治生涯的苛刻批评。他们对谯周在说服后主投降的过程中的作用，提出了尖锐的批评。遗憾的是，后来的许多负面的评价多来自关于三国的小说，而非历史记载。对谯周的评价，无论是传统或现代，绝大多数都集中在他的从政的经历，基本上都是负面评价，然而最早的评价却是对他的学术成就。这就是陈寿的《三国志》。"谯周词理渊通，为世硕儒，有董、扬之规。"① 谯周与陈寿是师生关系，陈寿对他的高度评价一点也不奇怪。然而，把谯周与另外两位前汉学者相提并论，说明陈寿眼里的谯周是与董仲舒和扬雄齐名的经学家。陈寿的《三国志》的"杨戏传"里有这样一段话："又时人谓谯周无当世才，少归敬者，唯戏重之，尝称曰：'吾等后世，终自不如此长儿也。'有识以此贵戏。"②

　　方博源认为这段话里杨戏的话在上下文中不太清楚。但是杨对谯周学术成就的尊敬溢于言表。方北辰先生在《三国志注释》中指出"长儿"既是指人的身高，又是一语双关。

　　常璩的《华阳国志》也是直接用陈寿的《三国志》的描述，"渊通，散骑常侍、城阳亭侯谯周，字允南，岍子。在刘氏光禄大夫"③。谯周为陈寿和常璩所推重。常璩作《华阳国志》大量采用谯周等人的方志著作，甚至称谯周为"圣人"，这表明常璩对谯周怀着极大的崇敬。

　　遗憾的是，早期对谯周的学术成就的正面评价逐渐被忽略了，代替的是对他的政治活动的评价。谯周的政治活动方面有两条评价都在裴松之的注里面。两条注叙述了谯周在蜀汉了投降的过程中的角色。陈寿写的谯周传记的结尾"刘氏无虞，一邦蒙赖，周之谋也"。裴松之的两条注释则源于孙绰（301—380）和孙盛。"孙绰评曰，谯周说后主降魏，可乎？曰：自为天子而乞降请命，何耻之深乎！"孙绰批评刘禅苟且偷生，葬送了刘备创立的蜀汉政权。孙绰并没有对谯周作更多的批评。孙盛则指责刘禅投降造成了蜀汉亡国，尖锐地批评谯周在此事中的作用。

　　方博源回顾了他在成都学习的经历，他感到谯周的评价是正面和负面交织在一起的。2000年他在成都调研时，很多人对他做谯周的研究感到不解。回答要么是"谁呀？"或者是"汉奸！干嘛要研究他呀？"这些回答说明了固化在人们头脑中的谯周的形象，即谯周要对蜀汉亡国负责。基本上这也是中国的大学教授、大学生、出租汽车司机的共识。根据一个网上

---

① 陈寿：《三国志》，北京：中华书局，1964年，第1042页。
② 陈寿：《三国志》，北京：中华书局，1964年，第1078页。
③ 常璩著，任乃强校注：《华阳国志校补图注》卷十二，上海：上海古籍出版社，1987年，第681页。

讨论三国历史和文化的座谈会的参加者的统计，谯周被列为第十二位憎恨的人。要解读这样的情况，显然谯周的形象不仅受到《三国演义》的影响，而且受到影视录像和游戏机的影响。总的说来，现代媒体对谯周的形象的评价更多是源于文学描写，而不是历史事实根据。

另外，把谯周说成是"算命先生"、"汉奸"、"迂腐"的观点大概在十五世纪后形成了共识，这一观点抹杀了谯周在中古时期作为重要的影响人物的地位。谯周作为历史学家的活动被谴责他的政治投机行为的声音淹没了，谴责他的人往往在政治辩论到"忠诚"和"合法性"的时候利用谯周的形象攻击对方。但是，宋代以前，中国知识界还是把谯周看作经学家和历史学家、蜀地的编年史家。魏晋南北朝时期和唐代的学者广泛引用谯周的著作，并没有对他参与政治活动提出异议。

直接对于谯周的学术作出的评价很少流传下来。关于谯周论述"礼"的部分，只有少量的引文或评论流传于世。杜佑的《通典》里收录了赞成或反对谯周的《礼祭集志》的学者的观点。谯周的《古史考》引起了传统历史学家的注意，他们给予谯周很高的评价。司马彪一方面纠正了谯周的错误，尊崇谯周为后汉和三国时期"良史"之一。唐代的刘知几赞誉《古史考》仿《春秋》。近人龙显昭认为，"谯周治史的求实精神还开辟了考古证史之风。"① 逯耀东认为谯周的《古史考》是"史学脱离经学迈向独立历程中，所出现的一本系统的史学评论著作。"对谯周著写的地方史的直接评述也没有流传下来，他的历史方面的著述只在后人的历史著作和地方志中有所提及其重要性。而谯周的学术活动却被忽略了，古代学者和现代学者对谯周的评价与大众观点相比之下显得比较孤立。既然谯周作为第三世纪蜀地的代表，那么怎样评价其学术和思想呢？

方博源提出，谯周的思想的研究，应该从谯周本身受到教育和训练着手。谯周的家学渊源有今文经学，有杜琼传的杨门之谶纬之学，有秦宓的史学。他经历了后汉到三国这一动荡历史时期，也是知识的转型时期，继承了诸家学术，构筑了包含谶纬学、经学、史学、古文献学、政治学等内容庞杂的体系。谯周在经学方面是保守的，另一个角度看，他的崭露头角的批评奠定了他在史学的地位。谯周深于经学，尤长礼祭，著有《礼祭集志》。他是中古时期最早对礼祭关注的学者。他把经学看作历史，订正以前史书中的错误，其《古史考》是最早的史评。谯周对蜀地历史的整理表明，他在地方史方面是创新者。其方法也为后世学者所借鉴。

方博源在书结束时谈了写作本书的目的，即重新评价谯周的学术和政治活动。更重要的是，希望为西方学界呈现一个更清晰的后汉和三国时期蜀地的文人活动。在正常情况下，他的任务是解决中古思想史中的未知的问题，但是在处理三国时期的蜀地史料时，其任务变得复杂了，他需要解决误解的问题。大众熟悉的历史却是文学作品中的夸张占了很大成分。结果呈现给读者的著作却是新的信息，与大众接受的认识正好相反。因此这本书旨在通过对地方传统的代表人物进行个案的仔细研究，以更好地了解中古时期的思想史，而地方史及其传统的研究很少受到人们的注意。这也是对谯周的生平和学术进行多方位研究的结果。本书力图改变传统中原历史学家对成都平原地区的偏见，他们认为成都与世隔绝，文化落后。而方

---

① 龙显昭：《龙显昭学术论文集》，成都：巴蜀书社，2015年，第586页。

博源却举出大量例证，说明从前汉到三国时期差不多四百年成都地区丰富的学术活动。蜀地有自身特点的学术传统，朝廷和地方政权对此也是有目共睹的。前汉时期的文学风格是汉赋，汉赋在蜀地十分兴盛。到了汉代中期，兼收并蓄的风气在成都流传。庄遵和扬雄将经学的伦理融合于早期道家传统的"玄学"成分，后来成为玄学的基础。庄、扬与道家保持一致，宁可隐居也不愿到朝廷为官。以后两个世纪广汉郡的杨氏对蜀地的学术影响很大。杨门学说在天文和谶纬方面，将其知识应用到政治方面。当刘备建立蜀汉政权时，召聘了不少学者为其服务，有杨氏门人，也有非蜀地的经学之士。陈寿对蜀汉朝廷内不同派别的文人之间的倾轧的记载也从另一方面看出朝内的学术活动。现存的数据可以看出蜀地政权招募的谋士与曹魏政权招募的谋士在素质上的差异。

现代学者很重视北方的曹魏时期的文人。后汉时期，传统经学式微。曹魏时期兴起了乐府诗、清谈、玄学。它们打破了汉代经学传统，北方的学术活动基本上成了三世纪的代表。继续沿着经学解读的学者被人认为守旧，僵化，或者被边缘化了。在这种以北方文化为中心，汉代的经学解读和史学研究传统基本上被北方文化为中心和新潮流的大趋势淹没了。

本书呈现的是另一种学术潮流。作者认为，谯周所代表的蜀地知识界的活动是很重要的，为中国三世纪的思想史的研究是有贡献的。谯周等学者继承和发扬了汉代学术传统。谯周等学者在蜀地继续坚持这一传统。杨门的谶纬充分说明了学术和政治的交叉，而谯周终身运用谶纬方法为朝廷服务也证明了知识传统的生命力。谯周对经学的史评是有创见性的。他对地方史的编撰是有贡献的。谯周对蜀地历史的梳理方法为后世学者所效仿。

作者最后说，他撰写这部书的目的是重新改写历史，成都的历史表明，成都是一个有着生气盎然的思想史的地方，谯周是最成功的学者之一。今后撰写一部全面的中国三世纪的思想史，蜀地作为地方，谯周作为个人都要考虑写进去。

2018 年 7 月

作者简介：龙达瑞，男，美国洛杉矶西来大学教授。

论早期巴人的起源于汉水上游及其迁徙

西南大学历史文化学院 马强

摘　要：历史上巴人的起源与分布变迁是一个十分错综复杂的历史地理问题，需要将历史文献、考古发现与实际地理情况结合起来综合考察。本文认为，巴人最早出现在汉水流域上游汉中盆地及安康盆地，为太昊伏羲氏羌人一支。商代中后期除了仍然在城固、洋县及汉中以东的安康一带定居外，有部分巴人向豫西南及中原地区迁徙，并不断与商发生战争但最终被商征服，余部向西南地区迁移。西周后期向东南迁徙至长江三峡及清江一带，春秋前期建立巴国，在楚人的压迫下向西迁徙至嘉陵江中下游地区，最后在楚、秦的双重压迫下渐渐迁移至川北阆中直至被秦所灭。巴灭国后，其遗民继续存在数百年，秦汉之际分别被军事移民至陇东南及其商洛地区，逐渐湮没。

关键词：早期巴人　汉水上流　宕渠賨人

历史上巴人及其巴文化的起源是一个十分复杂的问题。由于早期文献记载的十分有限，且多有语焉未详、互有抵牾之处，因而尽管多年来学界探究者众，研究论著也十分丰硕，但诸多问题仍然众说纷纭，莫衷一是，其中巴人的起源地、迁徙路线及其巴文化的地域范围、巴的灭国、巴人与蜀、賨、氐、羌的关系，賨人的兴起与消亡等，这些历史疑案至今并没有真正解决。当然这些问题一方面需要学者进一步梳理历史文献给予科学求实的疏证，但可能更需要期待考古发现与文物证据来进一步坐实诸假说。笔者虽然提出上述存在问题，实际上限于学力也力不从心，这里借助考古资料仅仅就其中巴人的起源与迁徙等加以探讨。

一、关于巴人起源于秦岭汉水上游的辩证

巴人、巴国、巴文化的起源均历史悠久邈远，但究竟起源何处？学界分别有三峡清江流域说、晋西南说、洞庭湖说、陇右说、川北说及汉水上游说等多种假说。梳理各说，虽然皆有一定文献学依据，但大部分缺少坚实有力的考古学资料证明。相对而言，巴人汉水上游起源之说，既有历史文献的记载，又有考古文物发现的支持，有较大的合理性和可能性。

巴人曾自汉水流域迁徙至宝鸡，虽然较早有学者提出，但一直没有得到应有重视。现在看来，这一假说虽然文献记载较微弱，但随着20世纪80年代关中西部考古学的重大发现而

获得了新证据。《山海经·海内经》谓:"西南有巴国,太昊生咸鸟,咸鸟生乘厘,乘厘生后照。后照是始为巴人。"太昊伏牺氏都陈,陈即陈仓,今陕西宝鸡市。何光岳认为,巴人既为伏牺(伏羲)氏之一支,亦当起源于陕甘一带,"因伏牺氏乃甘肃青海一带羌人部落的一支,这样一来,巴人属于羌人系统是符合事实的"①。因《山海经》一书神话传说与山川地理记述相互参杂,以往学者对《山海经》这一说法不大重视,因而对巴人源于羌人伏羲羌的说法未予多大关注。但20世纪80年代陕西宝鸡茹家庄、竹园沟一带发现的西周弓鱼国的家族墓地中,出土多件带有"弓鱼伯"、"弓鱼季"字样的青铜铭文,同时出土的还有三角援戈、环耳铜鼎、陶尖底罐等,均与陕南早期巴蜀文化相似。有学者认为,弓鱼国是早期巴族一支,经陕南进抵宝鸡渭河两岸,并有学者提出太伯奔荆蛮实际上就是投奔到古鱼国的说法。考古发掘者认为,茹家庄、竹园沟一带墓葬为文献失载之古鱼国文化遗存,属于古代氐人的一支,后迁到四川,与早期蜀文化有密切关系,应是早期巴文化的重要源头。发现的弓鱼人墓实际上就是随蜀人伐商后周王所封诸侯巴国早期遗存②。历史上汉中盆地于殷商间即与秦岭以北的渭水流域很早就产生了联系③,《散氏盘》记载的"周道"即汉中西北循嘉陵江河谷北通宝鸡周原孔道在商周间已经通行,这条"周道"就是有史记载的后来秦岭南北最古老的交通孔道—故道,也称嘉陵陈仓道。秦岭以北宝鸡古弓鱼国与汉水上游地区的青铜文化有直接的关联,应该是汉中盆地巴人青铜文化沿嘉陵江谷道北传宝鸡渭水流域的证物。而宝鸡地接古秦州(今甘肃天水),因此《山海经》说巴人为太昊伏牺(伏羲)氏也并非空穴来风,应该是上古部落历史传说的折射,并且现在已经获得了考古学的支持。只是宝鸡地区的巴文化是从秦岭以南的汉中盆地北传而至的,衔接上了《山海经》中的伏羲神话,因而何光岳的解释恰好倒置了二者之间的先后关系,但巴人与羌人有密切的族属关系,这一点何氏倒是没有说错。

根据商周甲骨文卜辞,殷商后期即有巴方④,周初有巴国。一般认为巴人参加了武王伐纣战争,因功受封为诸侯国,为"汉阳诸姬"之一。关于巴人的起源,史籍记载最具经典意义也为学者所熟悉的是《后汉书》的说法:"巴郡南郡蛮,本有五姓,巴氏、樊氏、瞫氏、相氏、郑氏皆出于武落钟离山。其山有赤、黑二穴,巴氏之子生于赤穴,四姓之子皆生黑穴。未有君长,俱事鬼神。乃共掷剑于石穴,约能中者,奉以为君。巴氏子务相乃独中之,众皆叹。又令各乘土船,约能浮者当以为君。余姓悉沈,唯务相独浮,因共立之,是为廪君。乃乘土船,从夷水至盐阳"⑤。基于《后汉书》这段巴人的创世纪神话,传统观点多认为巴人来源于清江流域的武落钟离山,具体地说,在今日清江下游湖北长阳县境内。

---

①何光岳:《巴人的来源和迁徙》,《民族论坛》1986年第1期。
②陕西省考古研究院商周考古研究部:《陕西夏商周考古发现与研究》,《考古与文物》2008年第6期。卢连成、胡智生:《宝鸡茹家庄、竹园沟墓地有关问题的探讨》,《文物》1983年第2期。
③马强:《论早期汉水上游与渭水流域的关系及意义》,《炎帝与汉民族国际学术研讨会论文集》,陕西宝鸡,2002年。
④《殷墟甲骨刻辞类纂》列有"巴"或"巴方"有关材料多达39处。在甲骨文中,巴是商的敌对国,商王朝曾经多次征伐巴。详参杜勇:《说甲骨文中的巴方》,《殷都学刊》2010年第3期。
⑤《后汉书》卷一百一十六《南蛮西南夷传》。

然而，巴人发源于清江说有自身难以圆通的缺陷。从历史地理的空间角度而言，巴人参加过武王伐商战争，这在先秦典籍中有明确记载：《左传·昭公九年》周大夫詹桓伯说："及武王克商……巴、濮、楚、邓，吾南土也"。这个位居"南土"的巴国，童书业认为"当近汉水上游"[①]。张正明更是依据这一阶记载中的"巴、濮、楚、邓"排列方位推测，邓在襄阳，最东；向西依次是楚、濮、巴，巴最靠西，当"位居汉中盆地或安康盆地"[②]。也说明直到春秋时期，巴国仍然在汉水上游地区。

如按《后汉书》记载的清江说，巴人既然地处封闭荒蛮的鄂西险江深山之中，而且从鄂西经夔峡赴周原千里迢迢，间隔崇山峻岭、无尽荆莽丛林及其诸多原始部族的阻隔，甚至需要穿过莽莽苍苍的神农架原始森林，限于当时的交通与信息传递条件，要按统一约定的时间赴近一千公里外的秦岭以北周原参加战前会盟，再随军远征豫北朝歌参加灭商战争是难以想象的。而且《后汉书》成书于南朝刘宋，属于晚近文献，所据可能系南朝时流传于荆楚一带的民间传说，反映的应该是秦汉以后的巴人一支聚居与分布情况，从史源学角度看，清江作为巴人起源的说法可信度较低，而巴人起源于汉水上游既有文献学依据，又有考古学的支持，蒙文通、童书业、李伯谦、张正明、蔡靖泉、段渝等皆提出过类似观点。特别是经过20世纪90年代考古工作者对城固宝山商代遗址的挖掘，出土文物以陶器中釜的数量最多，其中高柄豆和高颈小底尊、扁腹壶、小底尊形杯、有錾圈足尊等各占一定比例，与同时期中原商文化有鲜明差异，而与鄂西路家河二期后段遗存（或称路家河文化）有较多的相似性。因此学者推断"路家河二期后段遗存当属于巴文化，而与路家河后期二段遗存有亲缘关系的宝山文化，其性质亦为巴文化"[③]。这样，汉水上游作为商周时期巴人的族居地，也就有了考古学上的源头证据[④]。

汉水上游城固、洋县青铜器有一鲜明特征，就是实用兵器占有很大比例，其中戈111件，矛27件，钺15件，戚2件，镞32件，弯（镰）形器59件，计246件，约为青铜礼器4.5倍[⑤]，其中弯（镰）形器为全国所独有，应该也是兵器一种。大量兵器的出土，是巴人尚武精神的重要体现。这与甲骨文中每每记载的巴方勇武难以征服情况正相吻合。因此有学者认为，"甲骨文的巴方应即文献中的古巴国，陕南的汉水上游一带即是巴国长期活动的历史舞台"[⑥]。有学者进一步认为，城固、洋县出土的青铜器"应是巴族文化的遗物"[⑦]，城、洋青铜器多有虎的纹饰，兵器中有柳叶短剑和戈，尹盛平认为属于古代巴人的器物，并且指出"巴蜀文化中的圆壶式的铜罍，其源头当在城固巴文化"[⑧]。特别是2001年安康市坝河发

[①] 童书业：《春秋左传研究》（校订本），北京：中华书局，2006年，第219页。
[②] 张正明：《巴人起源地综考》，《华中师范大学学报》2006年第4期。
[③] 赵丛苍：《从考古发现看早期巴文化——附论巴蜀文化讨论中的相关问题》，《华中师范大学学报》2006年第4期。
[④] 杜勇：《说甲骨文中的巴方》，《殷都学刊》2010年第3期。
[⑤] 赵丛苍：《城固洋县铜器群综合研究》，《文博》1996年第4期。
[⑥] 杜勇：《说甲骨文中的巴方》，《殷都学刊》2010年第3期。
[⑦] 唐金裕：《汉水上游的巴文化与殷周关系的探讨》，《文博》1988年第1期。
[⑧] 尹盛平：《略论巴文化与巴族的迁徙》，《文博》1992年第5期。

现的巴人祭祖遗物与"巴蜀图语"①，更进一步印证了早期巴人主要活动于汉水上游的史实。基于上述考古发现，近年来在讨论巴人起源问题上，清江说已经日渐式微。随着近几十年来的考古文物的发现，巴人起源于秦岭以南，汉水上游的迹象日益凸显。

巴人起源于汉水上游还有源远流长的历史地名学依据。地名具有历史悠远性与长期延续性与稳定性，在上古时期是部族地域活动的地理标志。汉水上游现有与巴文化相关的大量古老地名存在，且不说一直延续至今日的大巴山，历史上汉水上游汉中盆地的南北均有带"巴"的地名，至今犹有"巴岭""小巴山""巴中""巴溪"等地名，《水经注》卷二七《沔水》中就记载了诸如"巴岭山""巴溪戍""巴岭"等地名。邓少琴先生注意到汉水之北秦岭河道地名与巴文化的关系："由南郑至安康之间，有多处记载与巴蜀有关的地名和一些文物事迹，汉水以南的支流发源于巴岭巴山不足为奇，而特异的是汉水以北之子午河道，竟蒙'巴溪'之名。汉高祖率賨民还定三秦，系出故道而暗度陈仓，不由此子午道，而子午道汉世已立专称，此或为得之当地自古相传之地名。……此可反映在殷周之世，汉水流域早为巴族聚居地区。"② 一直到隋唐之时，在洋川郡故黄金县以北六十里秦岭一带还设置有巴岭镇③。这些地名，应该说都带有古老的历史印记，当为纪念商周时巴人在此长久活动而逐渐形成的历史地名。

二、关于巴人的迁徙路线及其迁徙原因

巴人在西周以后至战国时期曾经多次迁徙，综合考察历史文献，再结合近几十年来的考古发现，我们大致可以梳理出巴人迁徙的大致年代及其迁徙路线。商代中期巴人势力曾经一度向东发展，据甲骨文卜辞资料，巴人在武丁时曾与商发生两次战争，战争的地点在"沚"："壬申，卜，争，贞命妇好从沚𢦚伐巴方，受又！"④ "辛未，卜，争，贞妇好其从北，沚𢦚伐巴方。王勿自东……于妇好立。"⑤ 沚乃商之属国，《左传·僖公五年》云："会王世子于首止。"这里关键是"沚"在何地？杜预注："卫地，陈留襄邑县东南有首乡。"陈留襄邑县东南即今河南睢县东南，今睢县东有巴河，当与"巴方"的活动有关。与杜预的注释有别，李伯谦以山西灵石旌介商墓青铜器与晋中、陕东北黄河岸边发现的青铜器比较研究后认为沚、唐诸国族则"均分布于从灵石往南至今曲沃、侯马一线"⑥，与李学勤研究甲骨文所得"沚应在山西南中部"⑦的结论大致相同。这说明巴方势力的一支在商代向东曾经迁移至今日山西中南部一带。甲骨文中的这个"巴"方国是否就是我们所要探讨的巴方，目前还不好定论，因为这涉及对甲骨文中"巴"字的科学释义及其准确的空间定位。但在没有绝对的反

---

① 马玉龙等：《安康发现巴人祭祖遗物及巴人文字》，《陕西日报》2001年12月18日文博版。
② 邓少琴：《巴蜀史迹探索》，成都：四川人民出版社，1983年，第23页。
③ （宋）乐史：《太平寰宇记》卷一百八十三《山南西道·洋州·真符县》，北京：中华书局，1986年，第2692页。
④ 郭沫若、胡厚宣主编：《甲骨文合集》，北京：中华书局，1982年，第6479页。
⑤ 罗振玉：《殷墟书契后编》第二卷，1916年版，第27页。
⑥ 李伯谦：《从灵石旌介商墓的发现自晋陕高原青铜文化》，《北京大学学报》1988年第2期。
⑦ 李学勤：《李学勤早期文集》，保定：河北教育出版社，2008年，第234页。

证材料情况下，我们也不能否认卜辞中的"巴"与起源于汉水上游地区的"巴"之间的关系。文献中没有巴人进入晋中南的记载，但有巴人紧邻濮、邓的间接反映。《左传·昭公》九年有"及武王克商……巴、濮、楚、邓，吾南土也"的记载，则说明至少在商末巴已与今日豫西南与陕西东南部相连，地理空间上并不遥远，不至于毫无联系。《左传·桓公九年》说："巴子使韩服告于楚，请与邓为好。楚子使道朔将巴客以聘于邓，邓南鄙鄾人攻而夺之币，杀道朔及巴行人……楚使斗廉帅师及巴师围鄾……邓师大败。鄾人宵溃"。可知春秋初年巴与邓、楚仍相邻近。故巴欲与邓结好，特派使臣前往楚国沟通，因中途发生变故，遂半途而废。《左传·庄公十八年》："及（楚）文王即位，与巴人伐申，而惊其师。巴人叛楚而伐那处，取之。"《左传·文公十六年》："秦人、巴人从楚师。群蛮从楚子盟，遂灭庸。"可见巴与申（今河南南阳）、庸（今湖北竹山）、秦（今陕西凤翔南）、那处（今湖北荆门东南）均相距不远，便于结盟或相互攻伐。巴、濮、楚、邓分别在汉水流域的上游与中游，那么巴在春秋初的东进当沿汉水谷地东下，但原来的汉中、安康盆地仍然留有不少巴人在"根据地"生存。这应该就是为什么春秋文献会出现数个"巴地"的原因。

　　春秋末期，巴人逐渐从汉水中流进入夔峡、清江流域，这就是《后汉书·南蛮西南夷传》记载的"廪君"巴人。这一时期的巴人处于楚、蜀、庸、秦等国的夹缝之中，特别是受到强大楚国的压迫，时而与楚结盟，时而又与楚战争，总体上国力较为弱小，艰难求生存。公元前477年"巴人伐楚败于鄾"①，遭受重创，被迫向西迁移，一部分进入清江流域，另一部分则进入嘉陵江中下游地区，也即今日重庆地区及川东北，形成战国前期巴人活动地域的基本空间。公元前504年，吴军攻陷楚国郢都，乘胜西进，攻伐巴、蜀。《吕氏春秋·简选篇》说："（吴阖闾）与荆（楚）战，五战五胜，遂有郢，东征至于庳庐，西伐至于巴、蜀，北迫齐、晋，令行中国。"吴国西征与巴、蜀交战，不可能是在今日嘉陵江下游，只能在楚国西部边缘，也即宜都以西的清江流域。此后一百多年，巴在楚、蜀、秦间时叛时附，摇摆不定。楚肃王四年（前377）。蜀、巴曾联合攻楚，《史记·楚世家》谓："肃王四年，蜀伐楚，取兹方，于是楚为扞关以距之。"这里司马迁可能有笔误，蜀在巴之西北，蜀要伐楚则必须越过巴国，而且蜀与楚间隔巴，并无接壤，也没有利害冲突，何以要远道"攻楚"？因此《史记·楚世家》的说的"蜀"很可能是"巴"笔误。兹方即今湖北松滋，"扞关"今有秭归、宜昌、奉节等不同说法。从战国中期楚、巴的所处政治地理对峙形势看，宜昌说较为符合实际。而楚国设扞关以拒巴，可见巴一度势力甚炽，连南方大国楚国也对巴采取退避之势。但好景不长，楚很快再复强盛，开始反击，并向西步步进逼。《太平寰宇记》卷一四六《松滋》条称"《左传》巴人伐荆。《荆南记》云：'巴人后遁而归，因有巴复村在山北'"。这次在楚的强大反攻下，巴人势力退至三峡以西，并且循嘉陵江向川北发展，形成了战国后期的巴的基本版图："其地东至鱼复，西至僰道，北接汉中，南极黔涪……其属有濮、賨、

---

① (晋) 常璩著，任乃强校注：《华阳国志校补图注·巴志》，上海：上海古籍出版社，1987年，第11页。

苴、共、奴、獽、夷、蜑之蛮。"① 巴迁至三峡以西后，择枳为国都，"枳"即今之涪陵，《华阳国志·巴志》载："巴子虽都江州，或治垫江。或治平都，后治阆中……其先王墓多在枳"。最终在楚、秦的夹击下国势日蹇，不断向北迁移，公元前316年，最终被秦亡于阆中。陈寿《益部耆旧传》说："楚襄（威）王灭巴子，封废子城濮江之南，号铜梁侯。"② 巴虽然最后亡于秦，但主要原因却是楚国不断向西进逼的结果。

巴国灭亡后，巴国遗民并没有随之灭绝，在川东仍有相当一批巴人留居，不过所居住地由巴国变成"巴地"。扬雄《蜀都赋》云蜀地"东有巴、賨，绵亘百濮"。巴地在秦始皇时还出现了著名女商人巴寡妇清，以采取渝东南丹砂致富，富可敌国，秦始皇"筑女怀清台"于涪陵。川东的"巴渝舞"在西汉初曾经引入长安，成为为汉高祖表演的宫廷舞蹈。应邵《风俗通义》说"阆中有渝水，賨人左右居，锐气喜欢舞，高祖乐其猛锐，后令乐府习之，因名'巴渝舞'"。秦汉至南北朝时期，巴人支系賨部族几度兴盛，频繁见载于史籍。賨人早期的活动中心在大巴山南麓的宕渠（今四川达州渠县及南充市营山县一带），《华阳国志·巴志》记载："宕渠盖为故賨国，今有賨城、卢城。"③。可见在东晋时期賨人就离开了川北宕渠一带，原聚居地已成故址，只留下了賨城、卢城这样一些遗迹。也可以推证东晋以前宕渠一带确实为賨国的聚集中心。既以"賨国"存在，则必有政治中心与城池、军队、衙署等建制。有学者认为，"早在春秋战国前，他们就在嘉陵江流域建立了自己的国家。后被西迁巴人同化，賨人演变为巴人一支"④。此说虽有合理成分，但嘉陵江流域自秦陇至巴渝，长达一千多公里，到底哪里为賨人的"国家"，论点过于笼统，无法确指。也有学者认为早在春秋战国前，賨人就在嘉陵江流域建立了自己的国家。后被西迁巴人同化，賨人演变为巴人一支，并认为《华阳国志》所载周武王伐纣时所"实得巴蜀之师，巴师勇锐，歌舞以凌殷人"中的"巴师"应为賨人，此可备一说。2010年考古工作者在重庆北碚东阳镇黄桷老街发现了战国晚期至西汉早期墓葬17座，挖掘者认为是嘉陵江中下游该时段考古发现的重大突破，其中最重要的是首次发现历史上零星记录的"渝水賨人"活动的重要线索。此次发掘，出土器物110余件，有铜器、铁器、陶器、漆木器、柳叶剑、矛、印章等⑤。尽管这批墓葬是否就是賨人所遗留还有待于进一步研究，但賨人悍勇善战，从出土的柳叶剑等兵器来看，符合巴人的兵器特征，应该说与賨人有一定关联性。汉末三国时，大巴山地区的賨人因作战勇猛，为各路军阀集团所争取。巴西郡汉昌县⑥是一个賨人聚集区，《魏志》卷一《魏武纪》提及賨

---

① （晋）常璩著，任乃强校注：《华阳国志校补图注·巴志》，上海：上海古籍出版社，1987年，第5页。
② （宋）王象之：《舆地纪胜》卷一五九注引《益部耆旧传》，北京：中华书局，1992年影印本，第4321页。
③ （晋）常璩著，任乃强校注：《华阳国志校补图注·巴志》，上海：上海古籍出版社，1987年，第49页。
④ 《北碚发现2000多年前疑为重庆早期土著賨人》，《重庆晚报》2010年11月12日。
⑤ 东汉和帝永元三年（91）置巴西郡，划宕渠之北，包括今巴州区、通江、南江、平昌及万源等县的巴河流域地区置汉昌县，治今巴州区巴州镇。
⑥ 《北碚发现2000多年前疑为重庆早期土著賨人》，《重庆晚报》2010年11月12日。

人为巴七大姓之一①;《三国志》卷一五《蜀志·程季然》载:"季然名畿,巴西阆中人也。刘璋时为汉昌长,县有賨人,种类刚猛,昔从高祖以定关中。巴西太守庞羲以天下扰乱,郡宜有武卫,颇招合部曲。"但巴渠一带的这支賨人后来受到曹魏强制性的军事移民,賨人首领李虎率族众500余户附魏受封将军并将族众尽迁略阳北(今甘肃秦安县东南),遂号为"巴氏"。《晋书·李特载纪》载:"值天下大乱,自巴西之宕渠迁于汉中杨车坂,抄掠行旅,百姓患之,号为杨车巴。魏武帝克汉中,特祖将五百余家归之,魏武帝拜为将军,迁于略阳北土,复号之为巴氏。"《晋书》中的这段记载有三个方面值得注意,一是在汉末天下分崩离析之际,宕渠賨人曾经翻越大巴山北迁略阳杨车坂。"杨车坂"在什么地方?目前尚难考证清楚,但从后来魏晋南北朝汉中西北部曾经有杨氏仇池国长期割据,"杨车坂"应该就在今陕西汉中与陇东南交界处一带。二是宕巴賨在军事上与西征汉中的曹操结盟,并接受曹魏的统辖;其三也是最为重要的一点,宕渠賨人北迁秦陇后,与当地的氐羌融合,演变成为后来的"巴氏",本民族称谓消逝,进而在文献中也就失去了民族记忆。但《魏书》仍然称李雄为"賨李雄",可见认定李氏政权出自賨人。五胡十六国期间,李雄在西蜀成都建立成汉政权并维持统治达三十余年,应该保留了宕渠賨民族的最后活动的记录。

秦汉之际,渝东川北地区的巴人另一部分则经中央的强制移民,迁移至关中东南秦岭山中的商洛一带。《隋书·地理志》载:"豫州上洛、弘农,本与三辅同俗,自汉高祖发巴、蜀之人定三秦,迁巴之渠率(帅)七姓居于商、洛之地,由是风俗不改其壤,其人自巴来者,风俗犹同巴郡。淅阳、淯阳亦颇同其俗云。"汉高祖刘邦对巴渠賨人豪酋的迁徙商、洛与三国初曹操对宕渠賨人的强迁徙略阳实质上如出一辙,都是鉴于巴賨民居大巴山之南,民性悍勇,不易制服。征调北方,既可以使其离开根基,防止后患,又便于军事役调,为中央王朝所用,可谓一箭双雕。但这一政治、军事策略运筹的结果,却是一个古老而英雄的民族渐渐分化、泯灭,最终成为史籍中一个遥远的回忆。

作者简介:马强,男,历史学博士,西南大学历史文化学院教授,博士生导师,主要从事中国历史地理学、中国古代史、出土石刻文献、中国地理学史兼及史学理论等方向的研究。

---

① 《三国志·魏志》卷一《魏武纪》:"(张)卫等夜遁,鲁溃奔巴中。公军入南郑,尽得鲁府库珍宝。巴汉皆降,复汉宁郡为汉中,分汉中之安阳、西城为西城郡,置太守。分锡、上庸郡置都。尉八月孙权围合肥,张辽、李典击破之。九月,巴七姓夷王、朴、胡、賨邑侯杜濩举巴夷賨民来附。"

再论秦与巴蜀文化——从出土文物看秦与巴蜀文化的互动

四川师范大学文学院 秦彦士

摘 要：东周特别是战国时期，秦与巴蜀之间的互动增多，传世文献之外，中华人民共和国成立以来的考古发现也提供了更多的佐证。秦与巴蜀之间的互动可以分为巴蜀主动期和秦主动期，政治军事、移民和经济是影响双方互动的主要因素。秦与巴蜀文化之间的互动无论对秦还是巴蜀都有着深远的影响。

关键词：秦 巴蜀文化 互动 出土文物

商周文化初期，秦与巴蜀文化一直处于中原文化的边缘地带，它们之间的文化互动也很少。其对于中华民族文化的影响同样十分有限，但随着时间的推移，两个地区的文化对中华大文化的贡献价值不断突显。尤其是在统一中国的过程之中，秦并巴蜀成为一个非常重要的历史事件，它对于战国后期及其以后中国历史的发展都十分重要的意义。在这一历史过程中，秦与巴蜀的文化互动也显示了不同的特点。对于这个重要的问题，作者过去曾经依据出土文献做过一些初步的探讨。现在依据一些新的资料对作者的观点进行新的补充。

秦与巴蜀在春秋以前皆为边鄙之地，此前双方虽互有往来，但相互之间的经济文化交往极少。进入春秋战国时期以后，随着社会的激变与经济交往的增加，双方往来增多。尤其是秦灭巴蜀之后，秦文化对巴蜀文化产生了决定性的影响。然而，以前人们很少意识到的事实是，后者也对前者有潜移默化的影响。过去由于史料记载甚少，学界对这一历史现象缺乏认识，当然更谈不上分析与研究。近几十年来，随着大量地下文物出土，秦与巴蜀文化的互动日益清晰地展现在我们面前。尤其是近年来在陕西、四川等地出土了不少相关的文物，比较集中且具有代表性的有荥经、什邡、大邑等地的秦墓葬中的陶器、铜器、漆器、钱币等。尤其是青川秦墓出土的木牍，更成为秦文化影响巴蜀文化最直接的证据。其中不少文物甚至可以与史料记载互证，因此极具说服力。

荥经位于四川的南部，但墓中出土的陪葬物却具有明显的秦文化特征。墓葬位于荥经城关镇的古城坪，共发现随葬器物41件，主要是漆器与铜器，而以前者为主。漆器计有圆盆、耳杯、奁盒、双耳长杯、扁壶等，其造型与制作与湖北睡虎地出土的漆器具有同样风格①。其中有一件圆盆，底与盖外部各有一朱书"王邦"二字，底上烙印"成亭"二字②。墓中的铜器则有釜、鍪等物。前者侈口、浅腹、圜底、腹部上方有双环耳，后者侈口、束颈、长鼓腹、圜底、单环耳。此类铜器同样具有秦文化特征。

在出土文物中，一些兵器也非常明显地反映了秦与巴蜀文化的相互关系。1987年，四川青川县白河乡发现了吕不韦戟。此戟出土时完整无缺，戈为长胡四穿，矛身略为柳叶形，其上的铭文将秦与巴蜀直接联系在一起。其戈内部两面都有铭文，正面铭文为："九年相邦吕不韦造蜀守金东工守文居戈三成都。"背面铭文为："蜀东工。"据学者研究，已知的吕不韦戈戟纪年的时间有二年、三年、五年、七年、八年，此戟当为最晚的一件。按秦国兵器制造的体制，其兵器分中央督造与地方督造两大系统。中央督造的署有督造者大良造、相邦之名。从秦孝公十六年（前3）到秦二世元年（前209）的130余年中，即有商鞅、吕不韦、李斯等。地方督造已知的有上郡11件，陇西郡、临潼郡、蜀郡各1件，这些大都刻有郡守的名字。③ 而此次发现的吕不韦戟则与其他地方发现的都不一样：它既有中央的吕不韦又有地方的蜀郡金两级督造者的名字。这种独一无二的现象突出地说明了秦与巴蜀的关系（其形制略为柳叶形也显巴蜀特点）。据《史记·吕不韦列传》记载，吕不韦因嫪毐"事连"而迁蜀，事在秦王十年，则此戈仅在此前一年所造。吕不韦曾在拥立秦王嬴政朝的建立中立有大功，然而也正因为功高震主而处于不利地位。加之他与太后的特殊关系，更成为秦王政必欲除之的对象。据此我们似乎可以这样推测：当他日益感到巨大的威胁时，也许试图以死一搏，而蜀正是他觊觎之处。铭文"蜀东工"正是蜀郡成都以制造兵器为主的机构，而吕不韦采用这样的特殊铭文形式似乎隐含了某种意味深长的含义。

此外，考古发现的兵器还有"三十四年蜀守戈"，其文字内容为：

卅四年蜀守□
造，西工帀（师）□，丞□，工□（内背面）
成，十，邛（邛），陕（内正面）

这件蜀戈的出土，正好印证了《华阳国志·蜀志》的记载："秦大夫张仪、司马错、都尉墨等从石牛道伐蜀。蜀王自于葭萌拒之，败绩……冬十二月，蜀平，司马错等因取苴与巴。周赧王元年，秦惠王封子通国为蜀侯，以陈壮为相，置巴郡，以张若为蜀国守……三十年，疑蜀侯绾反，王复诛之，但置蜀守。"④

另外，考古工作者又在原四川涪陵县（现属重庆）小田溪战国秦墓中发现了"二十六年蜀守武戈"，戈上同样刻有文字：

---

① 孝感地区第二期亦工亦农文物考古训练班：《湖北云梦睡虎地十一号秦墓发掘报告》，《文物》1976年第6期。
② 四川省博物馆考古队：《四川荥经古城坪秦汉墓葬》，《考古与文物》1992年第6期。
③ 尹显德：《四川青川出土吕不韦戟》，《考古》1991年第5期。
④ 王辉：《秦出土文献编年》，台北：新文丰出版公司，2000年，第75页。

武廿六年蜀守武造
东工师宦，丞
工口

发掘者认为此戈作于昭襄王二十六年。而童恩正等学者则据《史记·秦本纪》"（昭王）三十年，蜀守若伐楚"等记载，推测昭王二十六年之蜀守为张若而非"武"，而秦始皇二十六年蜀守为"武"。同时"长胡四穿"形制为始皇时秦戈定制，而此器正合。

在至今发现的出土文物中，最直接反映秦对蜀文化影响的当为四川青川秦墓出土的器物，尤其是其中的木牍上的文字记载。青川秦墓不仅出土了不少陶器如陶罐、陶釜，也有铜鼎、铜鍪等铜器，而漆器中竟有和荥经秦墓漆器相同的"成亭"烙印戳记。据考证，此墓中器物应为秦民入川所携之物，这些器物正是秦文化影响巴蜀文化的证据。反过来，烙有"成亭"戳记的漆器证明巴蜀文化对秦文化有明显影响。而青川木牍文字这一更为有力的证据值得特别注意。

青川木牍所记更田律的时间为秦武王二年，具体推行之人为时任蜀相的甘茂。其内容大体如下：1. 秦王下令更修田律；2. 新颁律令的具体内容；3. 律令实施的办法。牍文不仅明确规定实行统一的秦田律，而且规定了田亩的大小（每240步为一亩），还要求田主在自己的土地边界修筑矮墙作为地界的标志。同时牍文除要求修整土地外，还要修治道路，其目的均在鼓励农业生产。这条牍文纠正了朱熹《开阡陌辩》以为开陌"乃破坏刻削之意，而非创制建立之名"的错误。同时也提供了商鞅变法鼓励耕战之后秦国为发展生产的又一重大举措。

从秦与巴蜀文化关系的角度看，这一木牍的文字记载更是为我们提供了多方面的启示。同时它也对史料记载与其他相关文物提供了印证资料。据《华阳国志·蜀志》记载，秦灭巴蜀以后，因"戎伯尚强，乃移秦民万家实之"。在秦统一巴蜀前后，这种移民绝不仅此一次。《史记·货殖列传》："秦破赵，迁卓氏。"此外，以冶铁为业的山东程氏亦被迁到巴蜀。青川秦墓中有桥形的铜饰，有学者认为这是巴蜀特有的饰物。同时墓中的无把豆、侈口、束颈的深腹罐、陶釜等，均体现出明显的巴蜀文化特征。墓中漆器有的还刻有"成亭"字样，表明它是成都产品。而墓主族属为秦人。但此时的秦人已有新、故之分。故秦人是原本就居住在秦国的百姓，而新秦人则为招来的山东等地的外邦人。青川秦墓正好证明了这一点。

从历史上看，秦与巴蜀互动影响大致可以分为两个不同的时期。春秋之前，由于秦的势力还不够强大，而巴蜀则处于较为鼎盛的阶段，故前期交往多以巴蜀为主动，甚至出现过巴人蜀人进攻秦国而取胜的例子。据《华阳国志·蜀志》记载："开明立，号曰丛帝，丛帝生卢帝，卢帝攻秦至雍。"时在春秋早期。又据《史记·六国年表》，公元前441年"蜀有褒汉之地"。而在巴蜀具有悠久使用历史的陶釜即在宝鸡市郊谭家村、茹家庄秦墓中被发现。此外茹家庄还有下体作釜形的陶瓯，与一般颅下部作鬲的形制有别。这类器物同样具有明显的巴蜀文化特征。此外，陶釜本为巴蜀文化中一种历史悠久的典型器物，而秦文化中原无此器。但春秋中叶或略晚，谭家村、茹家庄等地的秦墓突然有陶釜发现，而且是形态完备的典型陶釜，而秦地其他地方出现此类器物的时间则晚得多，因此有学者推断这肯定是巴蜀文化影响的结果。有学者进而还推测蜀攻秦的路线是沿嘉陵江越秦岭、宝鸡至雍①。对于巴蜀文化给予秦的影响，出土文献有力地证明了这一事实。在宝鸡茹家庄、谭家村等地的墓葬中可以明显看到多种文化交融的显示。但据学者考证，其中最突出的却是巴蜀文化：几乎每座墓内都有尖底陶罐、尖底和圆腹小平底铜罐、柳叶形青铜短剑、三角援戈等典型巴蜀文化器物随葬物。在谭家村出土的文物中还发现了腹部饰有交错绳文的陶釜②，工而绳文陶器正是典型的巴蜀器物。茹家庄一、二号墓还出土了小铜人像一件，其造型风格与三星堆大型铜人像一致，张天恩先生认为"这些墓葬的族属应为巴蜀民族。由此可见，他们已在商周之际，越过秦岭，在关中西南隅觅得一块落脚之地，开始居住下来。从茹家庄出土的鱼尊、虎等铜器，可知直到西周中晚期，他们还有人生活在这里，先后长达两百年之久"③。据此，则巴蜀文化对秦文化影响的深度与广度要大大超出人们以往的认识。

但战国以后，秦与巴蜀双方势力消长向相反方向发展：一方面是秦国国势不断强大，另一方面则是巴蜀在内忧外患之下势力不断削弱，最终为秦所灭。因此，第二时期双方文化影响便表现为秦不断侵入巴蜀，最后取而代之，使后者最终融入了中华文化的整体。而考古发现文物也恰恰证明了这一点。公元前387年（秦惠公十三年），秦伐蜀取南郑。而城固发现的五郎铜器窖藏中体现北方青铜文化的镞与巴蜀铜器同时出现即与此有关。公元前316年秦灭蜀，同年灭苴及巴。

而成都羊子山172号墓出土铜甗、盘、陶茧形壶，巴县冬笋坝（现属重庆九龙坡区）、涪陵小田溪战国晚期墓出土的铜壶、带钩、秦半两钱正是秦灭巴蜀的证据。

秦灭巴蜀虽然以一种强力打破了原有的文化生态，并在很大程度上推动了巴蜀文化的发展，但这一过程并不像人们想象的那样是在很短的时间内完成的。巴蜀文化融入华夏主流文化圈的过程长达几百年之久，这一点也为出土文献所证实。近年来在巴蜀文化中心地带成都出土的战国至西汉墓葬群中的文物不仅有力地证明了这一事实，同时更如编年史一样显示了这一历史的进程。

1992年12月至1993年12月，成都市文物考古工作者在郫县风情园及花园别墅战国至西汉墓葬群进行了考古发掘。此次共发掘清理的墓葬共27座。除了5座空墓之外，考古工作者在其余22座墓葬中发现了大量的随葬品，其中有大量的铜器、铁器、陶器以及钱币等。考古工作者将这些墓葬群按时代分为四期：第一时期为战国晚期墓葬。它们均为大型墓，随葬品以陶器为主，其余为铜器、铁器。器形有釜型鼎、圈足豆、圜底釜、大口瓮等，铜器有钺、鍪、剑等。这些器物与什邡城关、大邑五龙等地战国晚期墓中出土的器物相同或相近。其器物中的主要随葬品铜器、兵器以及绳纹陶器均为典型的巴蜀式器物。据专家推测，这些墓葬应为公元前316年秦灭巴蜀之后至秦统一中国这段时间的墓葬④。这一事实说明，在秦代以前，巴蜀文

---

① 张天恩：《巴蜀文化与中原文化的关系试探》，《考古与文物》1998年第5期。
② 宝鸡市考古工作队：《宝鸡市谭家村春秋及唐代墓》，《考古》1991年第5期。
③ 张天恩：《巴蜀文化与中原文化的关系试探》，《考古与文物》1998年第5期。
④ 成都市文物考古研究所、郫县博物馆：《郫县风情园及花园别墅战国至两汉墓群发掘报告》，载《成都考古发现》，北京：科学出版社，2004年，第314页。

化是以本土因素占据主导地位,而秦文化的影响并不明显。第二时期为秦代墓葬。这一时期墓中随葬物和前期基本相同,其陶器仍以釜型鼎、圈足豆圜底釜、大口瓮等为主。但已出现了一些新的形制变化,如折腹钵、折腹盆、陶甑之类灰陶与褐陶器物,其中12件陶钵腹部转折处在腹中部靠上,8件腹部转折处在腹中部略靠下。这类器物与属于秦代墓葬的什邡、大邑同类器物相似,仍然保持着晚期巴蜀文化的特征。但特别值得注意的是墓葬中出现了秦半两钱。这一事实突出地显示了秦文化对巴蜀文化已经产生了影响,但从总体上看,秦文化的影响仍然不大。第三时期为西汉早期。巴蜀文化特征进一步减少,这从墓中随葬物的铜器和陶器上体现得非常明显。其中出现了汉代的钱币,铜器中已出现了铜镜与饰件,但已经不见有巴蜀的铜器。同时,陶器中汉代样式的平底罐、陶井模型已经出现。但体现巴蜀文化特征的釜型鼎、圈足豆、圜底釜、大口瓮等仍占相当大的比例。这说明即使在汉代初期,巴蜀文化的影响仍未完全消失。第四时期为西汉中期。具有晚期巴蜀文化典型特征的釜型鼎、圈足豆已经完全消失,而以汉代样式的平底罐占据了绝对主导的地位。虽然墓中还有折腹钵、大口瓮等器物,但数量极少,显然处于附属地位,这一事实说明传统巴蜀文化这种相对独立的区域性文化已经退出历史舞台,而以中原文化为主流的汉文化占据了主导地位。

秦与巴蜀文化消长的历史有着非常复杂深刻的原因。从出土文物与历史记载提供的材料来看,虽然在早期巴蜀曾对秦采取过攻势,但由于前者始终不能发展出新的生产力,而秦国在历史积累中尤其是在商鞅变法之后实行新的政治经济措施,其结果便是代表新的时代发展方向的生产力迅速促进秦国的强大,因而历史的发展便只能是秦攻取巴蜀。在双方文化影响下,我们看到下面三个因素起了明显的作用:

首先是政治军事因素。在秦不断攻占直至最后灭掉巴蜀的过程中,秦不仅以强大的武力推行自己的文化,同时依靠郡县制实行对巴蜀的统治。其具体措施一是直接派官员治理;二是使用怀柔政策,任用原来当地的上层人物推行自己的政策。《华阳国志·巴志》记载巴人王陵在涪陵一带,这与涪陵小田溪墓葬中发现的陪葬物的强烈巴文化特征吻合。而《后汉书·蛮夷传》更记载,秦惠文王并巴中,以巴氏为蛮夷君长。而无论采取何种具体措施,秦的政治意图必然得到贯彻,这在出土文物中也可以得到印证。比如在秦灭巴蜀之前,秦文字与巴蜀文字有过一段并行的时期,但从涪陵小田溪三号墓铜戈来看,其器为四川本地所造,而戈上的铭文则为秦篆,这与万县、郫县等地出土的铜戈文字完全不同(关于巴蜀早期铜器上的文字,学者虽然有争论,但像郫县出土的戈上文字与符号并列的情况看,它们显然是有明显区别的。但秦灭巴蜀以后这种文字就再难见到了)。这一事实有力证明至迟在秦始皇时代,巴蜀本土文字已经被废止,而以秦文字代替了。秦统一之后实行了一系列推广大一统的文化措施,其中一条是对六国文字"罢其不与秦文合者",而对巴蜀文字,则因其与秦文相去太远,只能彻底废除而以秦文代之。

第二是移民因素。秦文化影响巴蜀的一个直接原因正是几次较大规模的移民。据《华阳国·蜀志》记载,秦灭巴蜀之后,因"戎伯尚强,乃移秦民万家实之"。而在秦统一中国的前前后后,强制性的移民对蜀地产生过重要影响。《史记·秦本纪》曾记载秦王对嫪毐家族的处置:"(秦王)发卒攻毐……二十人皆枭首,车裂以殉,灭其宗。及其舍人,轻者为鬼薪,及夺爵,迁蜀四千余家房陵(注:房陵,古楚汉中郡地,是巴蜀之境)。"《吕不韦传》

亦记载"仲父（吕不韦）与家属徙处蜀"。《货殖列传》："蜀卓氏之先，赵人也。用铁冶富。秦破赵，迁卓氏……处葭萌……乃求远迁之临邛，大喜。即铁山鼓铸，运筹策，倾滇蜀之民。富至僮千人，田池猎射之乐，拟于人君。"卓氏，为超级富商，他们的冶铁技术和经商活动不仅为发展蜀地与西南的经济作出了重要贡献，同时他们的生活方式也影响到当地的民风民情。《华阳国志》记载巴蜀之风本尚质朴，但从秦汉以后"富贵拟于人君"的宏侈风气便为蜀地的风俗开了新风。直至武帝时期出现司马相如等蜀中大赋家，这种影响正是流风所及。吕氏家族也是上层贵族，同时他们的门客也不乏学者级的高级知识分子，大批这样的文人迁蜀，必然会对促进巴蜀地区的文化起到非常巨大的作用。秦汉以来的巴蜀文化的发展有力地证明了这一点。

第三是经济因素。《史记》曾载巴蜀"沃野千里"，盛产"丹砂""铜铁"，巴寡妇清以丹砂致富而受到秦始皇的礼遇，卓氏亦因蜀地之民"工于市，易贾"而"求迁致之临邛"。频繁的经济活动必然影响到人员的交往。可以肯定的是，除了军事作战之外，平时往来于秦与巴蜀通道上的百姓大多是在进行经济活动，大量的出土文物正与这种经济活动有关。我们相信，随着未来的考古新发现，秦与巴蜀文化的早期交往将得到更多的实物支撑。

从历史文化的影响来看，秦与巴蜀文化的互动影响具有多重重要的意义，概括而言其影响可以从以下三个方面加以认识：一、从物质文化层面看，巴蜀地区的人力物力为秦统一中国提供了强大的物质保证，这种历史性的贡献从秦攻取巴蜀之后对于楚国的战争就已经表现得非常显著。据《华阳国志》的记载，秦王取巴蜀之地后得"巴蜀众十万，大舶船万艘，米六百万斛"，乃"浮江伐楚，取商於之地为黔中郡"（《华阳国志·蜀志》）。而巴蜀归秦之后，大量的秦人涌入巴蜀（仅吕不韦等大户的迁蜀即有数万人之多）这些人带来了大量的秦国先进的生产工具和耕作方法，使巴蜀之地的经济得到极大的发展。尤其是李冰父子通过都江堰水利工程的建设，更使成都平原变成水旱无忧、物产丰富的"天府"，进而促进了巴蜀地区物质文化的飞速发展。二、秦国的制度文化在巴蜀地区的推行，消除了过去的政治混乱根源，促进了地区的社会稳定。在秦统一巴蜀之前，不仅有蜀地政权的外部威胁（楚、巴、秦等），而且蜀朝的内部矛盾也冲突不断，但在秦行郡县制之后，迅速镇压了蜀地上层贵族的反叛，使巴蜀地区的社会秩序得到稳定，自此之后，巴蜀地区一直成为中华大帝国相对最为稳定的地区之一。在历史上比起"天下未乱蜀先乱，天下已定蜀未定"，巴蜀地区在从古至今的中华文明危急时刻，更多的起到了全民族大后方的重大作用。三、秦统一巴蜀为当地的精神文化的发展带来巨大推动作用。在蜀地早期，其与中原华夏文明"莫同书轨"（《华阳国志·蜀志》）。统一之后巴蜀地区推行"书同文"政策，加之吕不韦等大家族带来的秦文化，巴蜀地区的文化也得到极大的发展，为后来的地方文化发展打下了良好的基础。再到文景时期，更是形成全国著名的蜀文化：据《华阳国志》记载："承秦之后，学校陵夷，俗好文刻。（文）翁乃立学，选吏弟子就学。遣隽士张叔等十八人东诣博士授七经，还以教授。学徒鳞萃，蜀学比于齐鲁。巴汉亦立文学。孝景帝嘉之，令天下郡国皆立文学。"从最初的"学校陵夷"到汉初即"比于齐鲁"甚至蜀地办学成为全国推行的榜样，如果没有秦的统一，巴蜀地区的文化事业绝对不可能取得这种巨大的进步。

作者简介：秦彦士，男，四川师范大学文学院教授。

"蜀"之上古音辨与形义考

四川大学历史文化学院　沈博

摘　要："蜀"之古音，由于语音的流变而使得今音与上古音相去甚远，中间又历经几次语音的大改变，文献对其上古音又多有误注，不利于对蜀早期文化、族属的研究。蜀之字形，许慎《说文》本于篆字，解读为"从虫，上目象蜀头形，中象其身蜎蜎。"这本是许慎对于篆字之解读，亦包含了当时蜀之意义，但绝不能用来解释甲骨文中的"蜀"字，更不应将其作为"虫"之类的意义理解为殷商时期所具有的字义。本文从音韵学的角度，结合先秦及秦汉文献，讨论蜀的上古发音问题；并从文字学的角度结合考古材料，试论蜀在甲骨文中的构字意图，对蜀的上古音和字形作了一些粗浅的考释，以论证"蜀"的上古音当与"独"同，"蜀"在殷商时期所表达之意义即古蜀纵目人蚕丛氏族。

关键词：蜀　上古音　甲骨文　金文　蚕丛　纵目人

凡文之起，必先有字；凡字之起，必先识音。研究蜀字的上古发音和其字形起源，有助于进一步研究先秦时期，蜀被作为一个国家名称和地域名称的原因，也有助于探讨先秦时期"蜀"的族属问题。

一、蜀的上古音

研究蜀字的上古发音，必须遵从两个规律。其一，是否有音韵学一般规律的支持；其二，蜀字发音本身是否有证据表明其遵循音韵学的一般规律。

（一）禅母古归定

蜀字，今音汉语拼音写作 shu，国际音标写作［ʂu］，是舌上音。广韵记作"市玉切"，声纽从禅母[1]，这反应的是蜀在中古时期的发音。虽然关于上古音的声纽问题音韵学界有很多的争论，但按照汉语音韵学之理论，古（上古）无舌上音是学者们普遍接受的一个说法，而禅母上古发音与定母相同或近似于定母是相当一部分学者的共识：比如黄侃论上古十九纽

---

[1] 黎庶昌辑：《宋本重修广韵》，上海：华东师范大学出版社，2017年，第455页。

将禅母归入定母①；周祖谟在《问学集》中从禅母的本母字及他母字两个方面进行互证参照，支持了这一论点②；李方桂在讨论高本汉将禅母字标注为舌面塞音时表示反对，并认为禅母字是从舌尖塞音［d］加上介音［j］颚化而来③；郑张尚芳在讨论李方桂的上古31声母系统时说："十九纽中'帮滂并明、见溪群疑、端透定泥、心'13母上古属基本声母，大家没有分歧……"这就表明了他是赞同李方桂将中古禅纽归入定母的④。除了上述诸位学者先贤的著作，白一平和潘悟云将禅母上古音标为［djan］，说明他们也是认同禅母上古归定的说法⑤。虽然大多数学者都认为上古禅母归定，但也有一些学者并不认同，如高本汉认为禅母发音为［ɖ］，王力认为禅母仍是舌面音［ʑ］，因此我们就不能直接认定蜀即属禅母，上古归定，声纽就应发为［d］，而要单独分析此字。

（二）上古蜀音与独同

汉字结构中带"蜀"字的汉字有：躅、镯、浊、獨、噣、斶、觸、裋、歜、髑、斣、蠋等字。这些字今音各不相同，以汉语拼音标注，有的读如zhu，有的读du，有的读shu，有的读chu，但许慎在《说文解字》中对这些字的表述都是"从某蜀声"，某是形符，蜀即标音。有些字还专门标注"读若蜀"，比如"裋，短衣也。从衣蜀声，读若蜀"⑥，说明这些字至迟在东汉发音都是相同的⑦，实际上即便是今音，也可发现这些字的韵母相同或者相近，若按照"古无舌上音"这条音韵学的理论来看，则上古时蜀之发音只能与今独字的发音相同或相近。西汉桓宽《盐铁论》卷六《散不足》："古者，椎车无柔，栈舆无植。……常民漆舆大轱蜀轮。"这里的蜀轮就是独轮之意。西汉扬雄《方言》卷十二："一，蜀也。南楚谓之独。"郭璞注：蜀，犹獨耳。则蜀不但音与独同，且还含有独的意义。《管子·形势》曰："抱蜀不言，而庙堂既修。"郭沫若引俞樾说："（《管子》）影宋本第一卷《音释》曰'蜀音独'，宋（宋于庭）谓'犹'乃'独'字之误，是固然矣，然'蜀'不当音'独'，二也。窃疑《管子》原文当作'抱樕'，'樕'即梀字也。"⑧ 其实宋于庭所说是正确的，而俞樾是不知蜀，独，樕上古音皆同也。郭沫若言"抱蜀"之"蜀乃镯之假借……故'镯'亦犹铎耳。"⑨ 无论管子之言"蜀"是什么意思，郭、俞、宋诸君以为蜀与独、铎等音近是不错的。而《尔雅·释山》更是直言"独者，蜀。"郭璞注曰："蜀亦孤独。"⑩ 毛亨引《礼记》注"予美亡此，谁与独处"句曰："《礼》：夫不在，敛枕箧衾席，韣而藏之。"⑪ 陆德明《经典

---

①黄侃：《音略（续）》，《华国月刊》第1卷第5期，1924年1月。
②周祖谟：《禅母古音考》，《问学集》，北京：中华书局，1966年，第139页-161页。
③李方桂：《上古音研究》，北京：商务印书馆，1980年，第11页。
④郑张尚芳：《上古音系》，上海：上海教育出版社，2003年，第43页。
⑤禅母两家的标音，参考东方语言网上古音查询系统。http://118.24.95.172/oc/oldage.aspx。
⑥段玉裁：《说文解字注》，北京：中华书局，2013年，第398页下栏。
⑦有个别带"蜀"的字《说文》没有收录，比如鸀；也有收录了但不发蜀音的字，比如蠋，许慎说："马蠋也。从虫目，益声。"说明这个字本身蜀是形符而不是声符，这些例外当然不在本文讨论范围之内。
⑧郭沫若：《管子集校》，《郭沫若全集》卷五，北京：人民出版社1984年，第64页。
⑨郭沫若：《管子集校》，《郭沫若全集》卷五，北京：人民出版社1984年，第65页。
⑩王世伟：《尔雅注疏》，上海：上海古籍出版社，2010年，第354页。
⑪李学勤编：《十三经注疏》卷四，《毛诗正义》，北京：北京大学出版社，2000年，第470页。

《释文》注:"韣,本亦作襡,又作㯰,徒木反。"① 是韣、襡解读如㯰,即独之音也。

综上所述,蜀的上古音当读如独,国际音标当为[djuk]或[djok]。

二、蜀的早期字形

蜀,许慎在其《说文解字》中云:"葵中蚕也。从虫,上目象蜀头形,中象其身蜎蜎。《诗》曰:'蜎蜎者蜀。'"。许慎将蜀释义为一种类蚕的虫,原是其时蜀字意义中的一种。但我们必须特别注意的是,许慎说"上目象蜀头,中象其身蜎蜎"描述的是篆文中的蜀字,写作蜀,而非甲骨文中的蜀。孙诒让《契文举例》释蜀中说:"上作目,乃头形之省……"② 徐中舒先生《甲骨文字典》认为可从,李孝定《甲骨文字集释》说:"字为全体象形,上目象蜀头,古文多以目代首者,许解不误。"③ 李孝定这里没有列举字例来解释古文多以目代首者,也没有说明所谓古文是哪一种文字,但是我们以为无论是甲骨文、金文还是后来的篆书,并不存在以目代首这样的规律。指代动物或昆虫的如龙、虎、豹、蛇、犬、牛、羊等字皆不从目,唯"马"字有从目或从头者,然其从目者,也绝非头形之省,盖因目、头并非"马"字之主要特征,所以甲骨文有时将马写作 （《合集》161-1），或者写作 （《合集》945 正-4），或作 ④（《合集》6664 正-8），又或作 ⑤（《粹》1554），这几个"马"字不变者马鬃及马尾,而用目或用张嘴之头形,大概与刻字者对马的理解有关,用目者注意的是马目明,用张嘴之头形者注意的是马嘴,总之用目用头并不影响对"马"字之认知。而对与人相关的汉字,"头"有专门的字表示,即"首"字或者"页"字。许慎《说文解字》释 云:"百同。古文百也。巛象发,谓之鬊,鬊即巛也。凡𦣻之属皆从𦣻。"又在 字下云:"头也。从𦣻从儿。古文䭫首如此。凡页之属皆从页。𦣻者,䭫首字也。"并在其下列从页之字:"頭、颜、顾、顶、额、颏、颊、颔、项"等数十字,多包含头的意思⑥。实际上, 和 两字甲骨文和金文中皆有出现,而从头之字形多与此二字相关。如"囗囗[卜],㱿鼎(贞):出(有)疒(疾)首囗不……"(《合集》13615),首即写作 ;又如"乙子(巳)卜,中母𢀄五[子]祭页。"(《合集》22215-1)页即写作 。《花东》00053 有两句卜辞,说:"戊卜:曹匕(妣)庚,湏于……",湏,写作 ,是洒面之意。《说文解字》:"沬,洒面也。

---

① 陆德明:《经典释文》卷五,上海:上海古籍出版社,2013 年,第 266 页。
② 转引自徐中舒《甲骨文字典》,成都:四川辞书出版社,2014 年,第 1425 页。
③ 李孝定:《甲骨文字集释》第十三卷,台北:"中央研究院"史语所专刊之五十,1982 年,第 3912 页。
④ 此图取自徐中舒《甲骨文字典》1067 页,标注:《乙 5408》,同《合集》6664 正,观察合集拓片,《甲骨文字典》之描摹更加准确,此字如马张口,因取《字典》之描摹而舍《合集》。
⑤ 图取自徐中舒《甲骨文字典》1067 页,《粹》1554 如徐注。
⑥ 许慎《说文解字》页部下有从页之字数十个,绝大多数与头相关,兹不一一列举。文见段玉裁:《说文解字注》,北京:中华书局,2013 年,第 424 页。

湏，古文沬从頁。"须，写作 ▨（《合集》816 反－4），或者 ▨（《合集》675 正）。这些与头有关的字，其部件皆为头，绝不从目。从目的字自有其与眼睛有关的意义。如：相，写作 ▨（《合集》18410）或 ▨（《合集》19793－1），《说文》：相，省视也，从木从目；甲骨文中常有一字，写作 ▨（《合集》22317，03368，03402，06839，24249），厘定为眪字，乃瞬字之异体，以目指使人之意。▨（《合集》00242－2），厘定作瞀字，《说文解字》解作"目无明也"。省，视察之意，甲骨文写作 ▨（《合集》06115－5），从目，音生。综上，甲骨文字目即目也，头即头也，从目从头，迥不相涉，盖无目为头形之省的迹象。（显，金文写作 ▨《集成》2837，从日、从丝、从见，像人在日下张目视丝之形，《说文解字》：众微杪也，从日中视丝。古文以为显字。是显本从目，篆文误以为页，并非目乃头形之省）

图一　　图二　　图三　　图四

　　蜀字在殷商甲骨文中有多种写法，如上图所示（图一，合集 03456－2；图二，合集 09774－11，－12,；图三，合集 06858；图四，合集 21723）。除此之外，徐中舒先生《甲骨文字典》还列出另外几种写法，凡九种①；赵殿增列出 20 个甲骨文蜀字②。甲骨文字之构型，具有多变性，往往一字有多种写法，比如前文列出的"马"字；比如"衣"字，左衽或右衽不分；比如方，左右常相反；比如羊、牛、鸟等笔画无定。同时又有一致性，这些字无论如何变化，有一些突出特征是不变的。比如马始终突出其鬃毛和尾巴，羊、牛始终突出其角，鸟始终突出其嘴。因此，同一甲骨文字在分析其结构和意义时需要通过不同写法去掉无关紧要的元素而概括出其共同要表现的特征便可知其字初起时候所要表达的意义。用这种方法，分析蜀字，便可以看出蜀的字形无论有多少变化，总是有两条固定的特征：一、上像人目。二、下部弯曲。因为上部为人眼是始终不变的特征之一，则孙诒让在《契文举例》释蜀中说"上作目乃头形之省"，便很让人怀疑，因为若是指头的话，蜀字的上部甲骨文字形就不应始终是人目，而可有其他变化，比如用本来就表示头的"页"代替"目"。那么甲骨文"蜀"字上部为目，突出眼睛到底是因为什么呢？窃以为此正符合早期蜀人的面部特征。《华阳国志·蜀志》："有蜀侯蚕丛，其目纵，始称王。死，作石棺石椁，国人从之，故俗以石棺椁为纵目人冢也。"③ 刘琳注曰："纵目未详其义。"但三星堆发掘以来，出土的青铜人面像充分揭示了所谓"纵目人"的象形意义：如图五④和图六。三星堆二号祭祀坑总共出土青铜人面像 15 件，A 型 3 件，B 型 8 件，C 型 4 件，包括上述两件在内，其眼睛皆有不同程度

---

① 徐中舒：《甲骨文字典》，成都：四川辞书出版社，2014 年，第 1425 页。
② 赵殿增：《从"眼睛"崇拜谈"蜀"字的本义与起源》，《四川文物》1997 年 3 期。
③ 刘琳：《华阳国志校注》，成都：巴蜀书社，1984 年，第 181 页。
④ 图片来源于四川省文管会《广汉三星堆二号祭祀坑发掘简报》，《文物》1989 年 05 期，第 8 页。

的突出①，这就清楚明白地指出所谓"纵目"，即眼球突出之意。纵目人即突目人正是早期蜀人的重要特征之一，因此甲骨文中的"蜀"才将眼睛作为其字的重要构件，"蜀"字的上部为人目绝不是巧合，而是有意识的写成这样。

图五　广汉三星堆二号祭祀坑 A 型青铜人面像 K2②：148　　　图六　广汉三星堆青铜人面像 K2②：142

　　由此可以看出，甲骨文之象形文字，取其所要表达之事、物最明显的一个或几个特征进行构字，这些构件一旦选定，便始终不变。这是我们考释古文字中，应该把握的一条规律。

　　既然"蜀"字的上部不是"头"，许慎所凭又是篆文而非甲骨文，那么下部说他是"其身蜎蜎"便显得比较勉强。实际上甲骨文中的方国和族群名称自有其一定之规。

　　甲骨文中的"鬼方"，《甲骨文合集》08591 和 08592 皆有一条相同的卜辞："己酉卜，宁（宾）鼎（贞）：鬼方昜亡囚（忧）。五月。一 二 二告 三 四 五"，"鬼"字写作 。甲骨文中的方国"望"，《合集》28089 正-2："王于犀史人于髳，于之及伐望，王受又又（有祐）。"望字写作：。05535："史（使）人于望"，写作：。又如《合集》28000："成兴伐刞方，食……"这里的方国"刞"写作：。又如巴方，《合集》6475 正："鼎（贞）：王比沚貳伐巴。"巴字写作。《合集》466 中的 6 条卜辞都与羌人有关，记录了伐羌的事情。这些卜辞中，羌字写作。《合集》41457："甲寅，上甲彳伐羌十。五月。"羌字写作：。仔细观察这些方国或族群的名称（包括"人方"），就会发现结构中有"人"的方国名称不少，甲骨文写作或。鬼，下有人字；望，似一人站于高处；刞，为一人跽坐于某物之前；巴，一人跽坐，手持某物；羌，从羊从人，乃指"西戎牧羊人也"。此外，还有一些方国名称也与人相关，比如刞方、沚方、召方等。因此甲骨文中族属或方国的名字有很大比例从人或者从与人相关的字，"蜀"字亦在此列。前面已经列举过殷商时期甲骨文中的蜀字，看似与"人"字相去甚远，但它下部实乃人字之改写，这一点从西周时期的"蜀"字字形便可

---

①四川省文管会：《广汉三星堆二号祭祀坑发掘简报》，《文物》1989 年第 5 期。

以清楚的看到。

汉字最早产生的阶段，只单纯利用绘制物形的方法创造汉字，这便是我们今天所说的象形文字，随着社会的发展和新生事物的不断出现，象形文字已不能满足人们的需求，于是就产生了会意字，再之后表意汉字因其形体构造比较困难，难以适应汉语之要求，再加上新词不断增加，于是汉字由表意发展为音意结合，这就是我们今天所称之形声字。形声字发展之初，是取两个现成的字体组合而成。这一发展的表现分为两种方式：其一，在原有字体上增加一个已有汉字，表示形符，从而区别意义；其二，在原有字体上增加一个已有汉字，表示其音。本文着重讨论第二种现象。

商周之际，汉字有过一系列的改造，其中最重要的措施之一就是在原有的甲骨文字基础上添加声符。进行这一项改革的原因除了前面所说的汉字之孳乳以外，大概还因为周人之语言与商人的语言不完全相同，需要将商代的甲骨文进行标音，以便识别。

比如"宝"字，《英藏》00430，殷商时期写作▢①；西周早期的吕仲仆爵上写作▢，是增加了其声旁：缶。

再比如"其"字，殷商时期多写作▢（《合集》00006-2），西周时期又写作▢，（虢季子盨，《集成》5376）增加了声符：丌。

再如"凤"，殷商甲骨文常借作"风"字，写作▢（《合集》34137），西周早期铭文上写作▢（中方鼎，《集成》2752），右上即是声符：凡。

"耤"，殷商甲骨文写作▢，指持耒耕作，西周令鼎写作▢（集成2803），是在甲骨文字下加"昔"字表音。

这些例子还很多，囿于篇幅不再多列。而"蜀"字正符合这样的规律。周原甲骨写作▢②，班簋的金文写作▢（《集成》4341）。参考之前殷商时期甲骨文的"蜀"字，可以明确地看出西周时的蜀，是在"罒"字下加上了"虫"字。值得注意的是，西周的蜀字并没有像上列其他形声字一样在殷商甲骨文▢的基础上增加声符。而是在▢字下面加上了虫的声符。西周蜀字保留了上部目的结构，下部并没有用弯曲的线条而是改用了"人"字的结构。这就说明了一个问题：殷商甲骨文中蜀字的下部并非"其身蜎蜎"，而应当是省"人"字之形。这便符合了前文所论殷商时期对方国和族属的造字规律。那么为什么甲骨文字不用"人"字作为蜀的下部结构呢？这是因为在甲骨文中已有上目下人的字"视"，写作▢或"见"，写作▢，徐中舒先生统一释为"见"字③。《甲骨文字典》中的见下部有"人"形，也有跽坐之"人形"，因而"蜀"字字形就必须与"见"字相左；又因为"见"与"蜀"的时音相去甚远，使得同音假借亦不可能，时人便不得不另用一字表示"蜀"，以区别二字，因此便以一

---

①中国社会科学院历史研究所：《英国所藏甲骨集》，北京：中华书局，1985年。
②图片引自徐中舒《甲骨文字典》，成都：四川辞书出版社，2014年，第1424页。
③徐中舒：《甲骨文字典》，成都：四川辞书出版社，2014年，第977页。

条弯曲的线代替"人"的结构。但西周之后因为加上了"虫"这一声符,所以"蜀"与"见"字不会同形混淆,因此周人便将蜀字的形符改回了它本应有的结构。

尽管如此,还有一点是应当注意的,即"蜀"字下部弯曲是其不变的特征之一,这就不得不加以考虑。甲骨文中有一字写作 ● (《合集》32390),乃祭祀之祀的初文,后加一神主的象征写作 ●,是为祭祀之祀字,象一人跽坐或一小儿在神主前之形。此字下部省跽坐之人形,乃为避免与"祝"字混淆,甲骨文写作 ● (《合集》787-11) 或 ●。所以甲骨文字结构 ●,恐乃省人身弯曲之形。

综上所述,蜀之本字下部应当为"人"字,其义与虫或蚕本无关,不是"上目象蜀头形,中象其身蜎蜎",而正是纵目之人的独体象形字。

作者简介:沈博,男,四川大学历史文化学院博士。

历代周敦颐文集的版本源流与文献价值

四川大学历史文化学院　粟品孝

摘　要： 周敦颐文集的编纂始于南宋，至明代形成别集、专志和全书三大系列，形式多样，版本繁复。已知宋代至少编刻有七种，元代一种，其中宋刻十二卷本内容丰富，至今仍存。明清两朝则不下三十种，分属以明朝弘治年间周木重辑《濂溪周元公全集》，明朝万历三年王偁、崔惟植编《宋濂溪周元公先生集》和万历二十一年胥从化、谢贶编《濂溪志》为核心的三大系统。各本繁简不一，多具有很高的文献价值，或可对周子生平事迹有更准确的认识，或可梳理周子诗文的汇集过程并做必要的辨正，或可从中发掘大量新的甚至是独有的重要文献。

关键词： 周敦颐　文集　版本源流　文献价值

宋儒周敦颐（1017—1073），道州（治今湖南道县）人，世称濂溪先生，被誉为"道学宗主""理学开山"，对宋以来的中国乃至东亚各国的社会文化都有广泛而深远的影响。其文集编纂始于南宋，明代衍生出《濂溪志》和《周子全书》。别集、专志和全书三大系列相互影响，主体内容非常相近，可统称为周敦颐文集[1]。周敦颐文集版本众多，情况复杂，目前关注和研究者不算多。祝尚书先生可能最早论其版本源流，他在《宋人别集叙录》中对由宋迄清的部分周敦颐文集（含一种《周子全书》）做了梳理介绍，有开创之功[2]。之后研究生刘小琴著成《周敦颐文集版本考略》，对周敦颐文集的别集、专志和全书三大系列的版本情况做了进一步梳理，并构拟有版本源流系统的图示。近些年王晚霞博士致力于《濂溪志》的整理和研究，对明以来多种《濂溪志》的版本情况和学术价值有专门论析，最近发表的《历代〈濂溪志〉的编纂与濂溪学的传播》一文更是分别从集系统、志系统、全书系统和遗芳集

---

[1] 梁绍辉《周敦颐评传》（南京：南京大学出版社，1994年）书末所附"周敦颐全集版本"、刘小琴《周敦颐文集版本考略》（《北京大学中国古文献研究中心集刊》第4辑，北京：北京大学出版社，2004年）均如此处理，本文也依此而行。

[2] 祝尚书：《宋人别集叙录》卷六，北京：中华书局，1999年，第248—255页。

系统对历代二十多种周敦颐文集做了梳理和图示①。寻霖先生在周敦颐诞辰千年之际，也发表《周敦颐著述及版本述录》，对周敦颐文集各系统、各版本情况有简要论述②。笔者搜集整理历代周敦颐文集的版本也有十多年的时间，发表相关论文多篇，深感已有研究既有重要推进，也存在诸多不足，尚有明显遗漏和失察之处。鉴此，笔者不揣浅陋，撰成小文，期能对周敦颐及其代表的理学文化的研究有所深化。不妥之处，敬请方家教正。

一、周敦颐文集的由来及其在宋代的多次编刻

周敦颐著作不多，据其好友潘兴嗣撰《濂溪先生墓志铭》所述，主要有"《太极图》《易说》《易通》数十篇，诗十卷"③。而且由于周子在当时地位不高，这些论著最初只是"藏于家"，没有刊布流传。南宋初期以来随着理学和周子地位的上扬，其著作开始以《通书》或《太极通书》等形式在各地刻印流传。这些版本以周子本人作品为主，核心是其《太极图说》《通书》，另外还附有关于周子生平的"铭、碣、诗、文"，或者朱熹所写的周子《事状》④。

真正从文集的观念出发，并大量采录周子本人作品之外的内容，来汇编成周子文集者，开始于南宋孝宗淳熙十六年（1189）道州州学教授叶重开所编的《濂溪集》七卷（已佚）。据其自序，此本内容较之前所有的《通书》或《太极通书》版本都要丰富，编者不但注意"参以善本，补正讹阙"，还注意"采诸集录，访诸远近"，把"诸本所不登载，四方士友或未尽见"的内容汇集起来，比如重新收录朱熹过去编刻《太极通书》时删去的"铭、碣、诗、文"，把朱熹、张栻两位理学大儒注解周子《太极图说》的著作也补充进来，最后"以类相从，分为七卷"⑤。整个说来，此本突破了过去《通书》或《太极通书》时周子本人作品为主的情况，"遗文才数篇，为一卷，余皆附录也"⑥，主要内容已经是他人赠答、纪述、褒崇周子和诠释周子著作的有关文献。

叶氏编纂周子文集的原则、观念和规模，长期为后人所继承。在叶氏之后，用心搜求周子遗文遗事最勤者，是朱熹晚年弟子度正（1167—1235）。度正出生和成长于周子为官之地合州（治今重庆市合川区，周子曾任签书合州判官事五年）和周子为代表的理学快速发展的南宋中期，这一时空环境促使度正很早就确立了理学的信仰，并注意搜求周子的遗文遗事。

---

①王晚霞：《〈濂溪志〉版本述略》，《中南大学学报》2011年第3期；《〈濂溪志〉修撰的学术价值及启示》，《南华大学学报》2014年第4期；《日藏两种〈濂溪志〉考论》，《南昌大学学报》2017年第4期；《历代〈濂溪志〉的编纂与濂溪学的传播》，《船山学刊》2019年第5期。王博士还先后编纂出版《濂溪志（八种汇编）》（长沙：湖南大学出版社，2013年）和《濂溪志新编》（北京：中国社会科学出版社，2019年）二书。

②寻霖：《周敦颐著述及版本述录》，《图书馆》2017年第9期。

③（宋）潘兴嗣：《先生墓志铭》，见宋本《元公周先生濂溪集》卷八，长沙：岳麓书社，2006年，第135页。一些学者认为《太极图》《易说》实际是一本书，应该标点为《太极图·易说》，见侯外庐等《宋明理学史》，北京：人民出版社，1997年第二版，上册，第46页。

④参见梁绍辉：《周敦颐评传》，南京：南京大学出版社，1994年，第62—68页。

⑤（宋）叶重开：《舂陵续编序》，见宋本《元公周先生濂溪集》卷八，第142页。

⑥（宋）陈振孙著，徐小蛮、顾美华点校：《直斋书录解题》卷十七，上海古籍出版社，1987年，第503页。

科举入官特别是在问学朱熹之后，度正更是加快了这一步伐，并最终在积累近三十年之功的基础上编纂出周子文集。据其《书文集目录后》，度正"遍求周子之姻族，与夫当时从游于其门者之子孙"，获得大量有关周子的文献，或"列之《遗文》之末"，或"收之《附录》之后"，或对"遗事""复增之"①。从这些用词来看，他在编定周子文集时必定有一个底本，极有可能就是上述叶重开编刻的《濂溪集》七卷本。其文集内容除了《太极图说》和《通书》外，还包括遗文、遗事和附录等卷目。值得注意的是，度正在编纂周子文集的同时，还编有周子《年谱》（或称《年表》），但是否附在周子《文集》中，不得而知。

度正所编文集久佚，是否直接刊印，也不清楚。但萧一致在嘉定十六年至宝庆二年（1223—1226）知道州期间刻印的《濂溪先生大成集》七卷，正好是度正编定周子文集两年后不久的一段时间，故笔者怀疑此本是依据度正编定的文集来刻印的。此本已佚②，但其目录则附在明朝弘治年间（1488—1505）周木编刻的《濂溪周元公全集》后面保存了下来。据目录可知，《大成集》七卷的内容依次是太极图说、通书、遗文、遗事和附录（三卷），应该是叶氏七卷本《濂溪集》奠定的基本结构和顺序。而且，上述度正《书文集目录后》提到的周子诗文，正好都在《大成集》目录中，这就进一步证实《大成集》是根据度正所编文集而来。

在萧一致刊《濂溪先生大成集》后十余年，连州（时属广南东路，治今广东连县）州学教授、周敦颐族人周梅叟曾将其翻刻于州学，时间约在淳祐元年（1241）、二年（1242）间，时人称其"取《太极图》《通书》《大成集》刊于学宫"。③ 此《大成集》当是周梅叟从道州赴任连州时将萧一致主持刻印的道州本带来翻刻的。据时知广州府的方大琮所见，"其遗文视舂陵本稍增"④，也就是内容较道州本（道州古为舂陵郡）略有增加。笔者推测，增加的很可能就是附在周木编刻的《濂溪周元公全集》后面的《濂溪先生大成集拾遗》所收的两方面内容：一是周子在合州与人游龙多山时唱和的八首诗，二是所谓"家集"的七篇遗诗。据方氏所见，道州和连州在刊印周子文集时，曾刊印周子年谱，即所谓"道本年谱"、"连谱"，两者或许就是依据度正所编的周子年谱，只是后者较前者略有变化而已⑤。但周木《濂溪周元公全集》后面所附《濂溪先生大成集目录》及其《拾遗》都不见有周子年谱，说明当时的

---

①（宋）度正：《书文集目录后》，见宋本《元公周先生濂溪集》卷八，第142页。曾枣庄、刘琳主编的《全宋文》卷六八六九据《永乐大典》卷二二五三六亦收载，题名《书濂溪目录后》，见该书第301册，第143页，上海：上海辞书出版社，合肥：安徽教育出版社，2006年。这里引录的个别文字已据《全宋文》订正。

②清初钱谦益《绛云楼书目》（粤雅堂丛书本）卷三"宋文集类"曾著录此书："宋板《濂溪先生大成集》，二册，七卷"。说明此本明清更替之际尚存世间。

③（宋）方大琮：《铁庵集》卷四《举连州教授周梅叟乞旌擢奏状》，此据《全宋文》卷七三六六，第321册，第76页。

④（宋）方大琮：《铁庵集》卷二十一《与周连教书一》，此据《全宋文》卷七三八五，第321册，第402页。

⑤（宋）方大琮：《铁庵集》卷二十二《与田堂宾（灏）书》，此据《全宋文》卷七三八六，第322册，第13页。参见粟品孝：《宋儒度正编纂周敦颐文集的渊源、过程及其流传考述》，《湖南科技学院学报》2017年第5期。

周子年谱或许是单独刻印的。

在萧一致刊《濂溪先生大成集》稍后，江西进士易统在萍乡（今属江西省）又刻成《濂溪先生大全集》七卷（已佚）。南宋晚期的目录学著作《郡斋读书附志·别集类三》中曾记载二书道：

> 《濂溪先生大成集》七卷，《濂溪先生大全集》七卷。右周元公颐字茂叔之文也。……始，道守萧一致刻先生遗文并附录七卷，名曰《大成集》。进士易统又刻于萍乡，名曰《大全集》。然两本俱有差误，今并参校而藏之。①

从这段文字的表述语气来看，《大成集》与《大全集》两者不但卷数一致，内容可能也相当接近。而且可以肯定的是，《大全集》必定吸收了度正所编文集的内容，因为此本就有度正所写《书萍乡大全集后》这一跋文②。

宋理宗宝祐四年至景定五年间（1256—1264），又有学者编刻《濂溪先生集》（已残，现藏中国国家图书馆）。此集虽然没有分卷，但仍像萧一致七卷本那样，内容依次是太极图说、通书、遗文、遗事和附录，因此可以肯定此本是承袭之前的七卷本而来。不过与之前的文集不同，此本在卷前列有周子的《家谱》和《年谱》，这大约是对之前周子文集编纂的一个增补。

至宋度宗咸淳末（约1271—1274），又有学者在江州（治今江西九江）编刻《元公周先生濂溪集》十二卷（下称江州本，现藏中国国家图书馆）。江州本虽然增至十二卷，但在结构顺序上仍像之前的七卷本一样，依次是太极图说、通书、遗文、遗事和附录，前后承继关系十分清晰。不过，江州本与之前的不分卷本《濂溪先生集》可能渊源于不同的底本。如不分卷本的卷前为《家谱》《年谱》，江州本卷前则名《世家》《年表》，两本著录的一些人名也有明显不同，内容上亦繁简不一。不分卷本和江州本所收周子著作的题名，也多有差别，如前者的《香林寺饯赵虔州》一诗，后者则题为《万安香城寺别虔守赵公诗》（此与《濂溪先生大成集》的著录同），并有注文道："别本云：清献自虔州赴召，舟至造口，同游香林寺，石刻可考。《大成集》以为万安香城，非也。"另外就是江州本的相关内容明显比不分卷本要丰富得多。这些说明，江州本固然可能参考了不分卷本，但更多的则是参考了其他版本，并做了新的搜罗和整理。

二、明代以来周敦颐文集的主要版本及其源流

继宋之后的元代是否编辑和刊刻过周敦颐文集？目前所见资料非常有限，仅知清末江苏省常熟县"小藏家"赵宗建的《旧山楼书目》有著录："元刊《周濂溪集》，八本。"③ 明初

---

① （宋）赵希弁：《读书附志》卷下，见（宋）晁公武撰、孙猛校证：《郡斋读书志校证》，上海：上海古籍出版社，1990年，下册，第1186—1187页。
② 跋文见宋本《元公周先生濂溪集》卷八，第143页。
③ （清）赵宗建：《旧山楼书目》，上海古籍出版社，2005年，第60页。"小藏家"之说见该书"出版说明"。

纂修的《永乐大典》卷八二六九曾两次提到一种《周濂溪集》："宋《周濂溪集》附录篇载《南安书院主静铭》""《周濂溪集》附录篇载《谨动铭》"①。从现存的宋刻周子文集目录来看，附录部分都不见这两篇铭文，因此笔者怀疑此《周濂溪集》就是赵氏所见的元刊《周濂溪集》。

从明代开始，周敦颐文集则有大量新的编刻，且形式更为丰富，不但延续了宋本的别集体，还新出现了《濂溪志》和《周子全书》。它们虽然在我国传统书目中分属集、史、子三个部类，但实际上交互影响，编排格局和主体内容也大同小异，因此一般把它们同视为周敦颐文集。明代以来这样的周子文集版本繁复，梳理下来，主要有三个系统。

（一）始于明朝弘治年间（1488—1505）周木重辑的《濂溪周元公全集》十三卷本

此本是在几乎全部照录宋末江州本十二卷内容并在结构顺序上有所调整的基础上，进一步补充若干内容而成，大体可称其为江州本的扩展版。其扩展的依据，有稍前周子十二世孙周冕编的《濂溪遗芳集》。比如在卷六《遗文》部分载录有周子《书窗夜雨诗》《石塘桥晚钓》，其中在《石塘桥晚钓》诗题下有小字注文："旧无此五字，而此诗又连上共作一首，今从《遗芳集》改正。"在卷九《附录》中载录朱熹《爱莲诗》，诗后注道："此诗近见《遗芳集》录之。"《濂溪遗芳集》久佚，今仅存时人方琼弘治四年（1491）的序言一篇。据方序，此集收录的是周子《太极图说》《通书》（誉为"芳"）之外的作品（誉为"遗芳"），包括周子本人的诗文，他人的赞咏、赠答、褒崇、记序②，与之后家集性质的《世系遗芳集》不同，是目前所见明代第一个周子文集版本。

三十余年后的嘉靖五年（1526年），关中大儒吕柟编成《周子抄释》。其自序说他"得（周子）全书于宁州吕道甫氏"③。此"全书"当指周木《濂溪周元公全集》，因为：第一，笔者比对二书，发现《周子抄释》的内容没有超出《濂溪周元公全集》，其中卷二恰有周木从《濂溪遗芳集》过录而来的周子《书窗夜雨》和《石塘桥晚钓》二诗；第二，《周子抄释》在"附录"中既载朱熹《先生事状》，又载其《濂溪先生行录》，这种载录情况之前只见有《濂溪周元公全集》如此。不过，《周子抄释》仅有内外两篇（两卷），卷首卷末文字都不多，属于特别简略的类型，因此此本虽然一直受到重视，多次重印，甚至收入《四库全书》，但它在周子文集版本源流史上并无多大地位，后来都没有得到任何版本的依仿。

周木《濂溪周元公全集》在明清时期流传不广，很长时间不见有人提及。直到清朝康熙中期，大儒张伯行才在北京一座寺庙得见其书，他在康熙四十七年（1708）编成的《周濂溪先生全集》十三卷的序言中写道："甲戌岁（康熙三十三年，1694），余馆中垣，居京师，乃于报国寺中偶得《濂溪全集》，如获至宝。"④过去我们一直不知道张氏这里所谓的《濂溪全

---

① （明）解缙等：《永乐大典》卷八二六九，北京：中华书局影印本，2012年第2版，第4册，第3847页。这两篇铭文被《全宋文》编者作为周敦颐作品收入，实为疏误。
② （明）方琼：《濂溪遗芳集序》，胥从化、谢蜕编《濂溪志》卷七下，明万历二十一年刻本，第38页a。
③ （明）吕柟：《周子抄释序》，见《周子抄释》卷首，明嘉靖十六年汪克俭重刻本。
④ （清）张伯行：《周子全书序》，张伯行编《周濂溪先生全集》卷首，康熙四十七年正谊堂刻本。

集》为何，最近笔者将张本《全集》与周木《全集》比对，才发现张氏所谓的《濂溪全集》就是周木编的《濂溪周元公全集》，张氏所编《全集》是对周本《全集》的改编。①

张伯行是康熙时名儒，其《周濂溪先生全集》十三卷问世后影响极大。乾隆二十一年（1756）任江西分巡吉南赣宁道的董榕编辑《周子全书》二十二卷、光绪十三年（1887）关中大儒贺瑞麟辑《周子全书》三卷，一繁一简，主要依据的就是张本《全集》。其中贺本简明，是1990年中华书局出版的陈克明点校本《周敦颐集》的"基础"本。

张本《全集》在清代和民国时期多次刷印，如福州正谊书院曾在名臣左宗棠的直接支持下，将其收入清同治至光绪年间刻印的《正谊堂全书》中；光绪六年（1880）又为洪汝奎辑入《洪氏唐石经馆丛书》；民国学者又依据福州正谊书院刻本收入《丛书集成初编》和《国学基本丛书》中，书名简题为《周濂溪集》，影响深广，成为学者了解和研究周子及其开创的理学思想、理学文化的重要典籍。现代周子文集的整理本一般也参考过张本，如1990年中华书局出版的陈克明点校本《周敦颐集》三卷、1993年江西教育出版社出版的周文英主编本《周敦颐全书》八卷等都是如此；1996年由海南国际新闻中心出版的曹杨整理本《周敦颐集》四卷（《传世藏书》之一）本，更是以张本为底本。

（二）以万历三年（1575）王俸、崔惟植编的《宋濂溪周元公先生集》十卷为核心

此本主要参考之前的三种周敦颐文集而来：嘉靖十四年（1535）周伦编、黄敏才刻于江州的《濂溪集》六卷，嘉靖十九年（1540）鲁承恩的《濂溪志》，嘉靖二十二年（1543）王会的《濂溪集》三卷。受命参与编纂此本的蒋春生在序言中说："志（按指鲁承恩本）则博而泛，其失也杂；集（按指王会本）则简而朴，其失也疏，皆弗称。乃参取江州集，荟萃诠次类分焉。"② 三本各有优劣，相对说来，两部《濂溪集》比较简明，而《濂溪志》则相当庞杂。此本虽兼取三本，但更多还是渊源于内容丰富的《濂溪志》。只是此本已综合了之前三部周子文集的优长，在编排和书名上均作了新的处理，结构谨严，内容丰实，是后世周子文集编撰者非常重视的版本。

从发展源流来看，继承万历三年本的周子文集主要存在两个子系统：一是万历二十七年（1599）润州大族刘汝章在万历三年本基础上改编的《宋濂溪周元公先生集》十卷，刘本变化很小，几乎是对万历三年本的重刻；天启三年（1623）永州府知府黄克俭所编《宋濂溪周元公先生集》十卷又主要是依据刘汝章本而来；黄本问世不久又为天启四年（1624）李嵊慈编《宋濂溪周元公先生集》十三卷参考借鉴。二是开始于万历四十二年（1614）苏州周与爵父子所辑的《宋濂溪周元公先生集》十卷、《世系遗芳集》五卷。前面十卷从书名到内容都承袭自万历三年本，仅有少量诗文的补充；后面五卷则是新增的，实际属周氏家族文集性质。之后康熙三十年（1691）苏州周沈珂父子以"重辑"为名，对周与爵本进行重印，并将各卷所题"吴郡守祠奉祠孙与爵编辑"或"吴郡十七世孙与爵重辑"挖改为"裔孙周沈珂同

---

① 参见粟品孝：《周敦颐文集三个版本的承续关系》，载《宋代文化研究》（第20辑），成都：四川大学出版社，2013年。

② （明）蒋春生：《宋濂溪周元公先生集序》，王俸、崔惟植等编《宋濂溪周元公先生集》卷首，明万历三年刻本。

男之翰重辑"或"裔孙周沈珂同男之屏、之翰、之桢重辑",并删去原本的周与爵辑刻书凡例;雍正六年(1728)周有士父子(当与周沈珂同族)再度以"重辑"为名,重印周沈珂本,各卷卷首又改题"裔孙周有士炳文甫重辑"。至乾隆时,朝廷编修《四库全书》,收入周沈珂本,并做若干处理,一是删去十卷中的前两卷,二是剔除后面的五卷《遗芳集》,三是将书名省称为《周元公集》。其中周与爵、周沈珂、周有士三本跨越明清两朝,朝代已经更换,但版刻一直延续,足见其家族传承力量的强大。四库本《周元公集》八卷影响深广,1993年周文英主编的《周敦颐全书》参考过此本,2002年岳麓书社的点校本《周敦颐集》八卷更直接以此为底本。

这里要特别补充说明嘉靖十四年(1535)周伦编、黄敏才刻于江州的《濂溪集》六卷本(下称江州本)。江州本前有宋萍乡本《濂溪先生大全集》的胡安之序和署名度正的《(周濂溪先生)年表》,似乎渊源于宋萍乡本。但据笔者比勘,其底本应是宋末江州刻本《元公周先生濂溪集》。其收录中有些值得注意:一是在卷首载录元末明初大儒宋濂的周子像记,开启了后来各种形式的周子文集收载此记的先河;二是在卷二周子著作部分,将之前版本中的《思归旧隐》改题为《静思篇》,《万安香城寺别虔守赵公诗》改题为《香林别赵清献》,误收朱熹的《天池》诗。江州此本在二十多年后即嘉靖三十七年(1558),为在江州为官的丁永成重刻,其中在卷六增多10多篇诗文。江州本在周敦颐文集发展史上还有着特殊的地位,首先表现在对后世有深远影响的万历三年的《宋濂溪周元公先生集》十卷就借鉴吸收过此本部分内容,比如最明显的就是卷四《元公杂著》部分,收录了题名《静思篇》《香林别赵清献》和《天池》的诗文;卷首收录王汝宾的《刻濂溪集跋》,可能也是直接来源于此本。其次,同样对后世有深远影响的胥从化《濂溪志》十卷本,在卷二《元公杂著》部分也如同万历三年本一样收录,在卷七《古今纪述》部分还收录有江州本的王汝宾和林山的跋语。第三,江州本在《周子全书》系列的发展史上也起过重要作用。万历二十四年(1596)山东按察司副使、管直隶淮安府事张国玺所编《周子全书》六卷就是依据江州本而来,是《周子全书》系列发展史上的第一部。笔者比对发现,这个《周子全书》六卷实际是江州本的翻刻,只是书名作了更改,序跋文字也全部换掉,而其他内容则一仍其旧。

江州本最大的特点是简要,但似乎有些过分,比如周子的诗文很不全,书信也未收,附录的内容也不多,因此难以独立构成一个发展系统中的一环,只能为其他有关版本提供部分内容而已。这种情况在所有过于简要的周子文集中都存在,比如上面提及的嘉靖二十二年(1543)王会编的《濂溪集》。不过,王会本在卷首著录有濂溪故里图、月岩图、书院图,并有图说文字,卷二的年谱后有度正、度蕃兄弟的跋语,均为后来众多周子文集版本所继承。但它只有遗书(含事状)、年谱和历代褒崇三卷,而且《太极图说》和《通书》均无注解和相关论释,附录也仅仅九篇记文而已,因此也很难独立构成一个发展系统中的一环,只能为其他有关版本提供参考而已(如万历三年本就对此有借鉴和吸收)。

(三)以万历二十一年(1593)胥从化、谢贶编《濂溪志》十卷本为核心

此本上承明朝嘉靖十九年(1540)永州府同知鲁承恩编的《濂溪志》。鲁本是周子文集编纂史上第一部名实相符的《濂溪志》,"首之图像,以正其始;次之序例、目录,以明其

义；次之御制，以致其尊；次之遗书，以昭其则；次之著述、践履，以纪其迹；次之事状、事证，以详其实；次之谱系、谱传、谱稽，以衍其裔；次之奏疏、公移，以取其征；次之表、说、辨、赋、诗、记、序、跋，以备其考；次之祭文、附录，以稽其终"①，内容极为丰富，甚至有些庞杂。万历三年（1575）永州府知府王俸、道州知州崔惟植编《宋濂溪周元公先生集》十卷，曾参考鲁本，比如卷五的书信部分，就完全是照抄鲁本而来。当然，从书名和内容上，依仿鲁本更多的则是万历二十一年（1593）胥从化、谢兑编的《濂溪志》十卷。

胥从化本《濂溪志》在明清两代有很大影响。之后万历三十七年（1609）知道州林学闵编《濂溪志》四卷，就是依据胥本改编而来，版刻多数照旧，结构则作了很大调整，内容也有一些变化，尤其增多了数十篇诗文；万历末又有人挖改林学闵本，形成旧题"李桢辑"的《濂溪志》四卷（旧题"九卷"），版刻和内容基本上还是林学闵本，只是凡有"林学闵"字样处，均作了剜改。这三部万历时期的《濂溪志》在版刻上前后相续，内容大同小异，可以相互补充。其中林学闵本卷首收载的周子画像，为后来众多版本所承袭，流传广泛的中华书局点校本《周敦颐集》也如此，几成周子标准像。②

胥从化本《濂溪志》及其改编本后来仍很受重视。如明末天启四年（1624）知道州李嵊慈编《宋濂溪周元公先生集》十三卷，主要就是依据胥从化本及其改编本《濂溪志》，并参考了天启三年（1623）永州府知府黄克俭所编《宋濂溪周元公先生集》十卷。李本虽以"集"为名，但版心题"濂溪志"，其序言名为《濂溪周元公志序》，其卷目安排也是志书形式，因此明显更多的是参照胥从化本《濂溪志》而来。至清朝康熙二十四年（1685）知道州吴大镕修《道国元公濂溪周夫子志》十五卷，也主要是参照胥从化本《濂溪志》及其改编本。之后乾隆二十八年（1728）周子后裔周南等人甚至直接重刻胥从化本《濂溪志》十卷。至道光十九年（1839），也是周子后裔的周诰编《濂溪志》七卷，又主要是在康熙《道国元公濂溪周夫子志》的基础上新编的，并参考了康熙三十年（1691）苏州周沈珂父子"重辑"的《宋濂溪周元公先生集》十卷，其中附录的《濂溪遗芳集》一卷内容基本同于康熙《道国元公濂溪周夫子志》卷十五的《古今艺文志》，只是标题、作者和顺序有些变化。道光二十七年（1847）湖南大儒邓显鹤编《周子全书》九卷，尽管书名已无"志"，但实际上其底本就是道光《濂溪志》，该书卷首下尚有"道州濂溪志原本"字样。最近王晚霞博士编著《濂溪志新编》（中国社会科学出版社，2019年），虽然综合了宋明清《周濂溪集》《周子全书》《濂溪志》等各种版本的文献26种，但在体例上则依仿康熙《道国元公周夫子志》，足见其影响之深远。

值得注意的是，万历三十四年（1606）南京吏部考功郎中徐必达校正《周子全书》七卷，也主要是参考胥从化本《濂溪志》，以及嘉靖二十二年（1543）知道州王会编的《濂溪集》三卷。此本最初是与记述张载的《张子全书》合刻的，后在日本延宝三年（1675）重刻。万历四十年（1612）巡按江西监察御史顾造在南康府（治今江西星子县）也编有《周子

---

① （明）鲁承恩：《濂溪志序》，胥从化、谢兑编《濂溪志》卷七下，明万历二十一年刻本，第43页a。
② 参见粟品孝：《万历〈濂溪志〉三种及其承继关系》，未刊稿。

全书》七卷，主要是依据徐必达本而来，只是编排顺序略有变化而已。

三、周敦颐文集诸版本的文献价值

周敦颐文集从最初的版本开始，就有一个明显特点，即周子本人的作品很少，主体内容是其他人撰述的有关周子的文献。而周子本人的作品主要是《太极图说》和《通书》，二者单行本易得，因此过去学界似乎不太重视周子文集的版本问题。笔者多年致力于此，深感过去的一些认识有偏差，周子文集的各个版本多具有很高的价值。下面仅从文献学的角度略做举例。

（一）可以大体梳理出周子本人诗文的汇集过程，并对一些误收误题现象进行辨正

诚如前述，周子本人的诗文在其死后很长一段时间没有整理刊印，散佚严重，南宋以来才逐渐为人汇集。笔者在梳理历代周子文集版本的著录情况后发现，南宋末期周子文集的诗文已形成赋1、文5、书6、诗24、行记5总计41篇的规模，明朝时新增《任所寄乡关故旧》《春晚》《牧童》3诗，误收《宿大林寺》（或题《宿崇圣》）、《天池》2诗，清朝时新增行记5则，误收《暮春即事》《观易象》2诗。在此基础上，我们来观察中华书局点校本《周敦颐集》，就会发现，其收录的《宿大林寺》《暮春即事》《观易象》3诗均非周子作品，应当剔除。①

而中华书局本《周敦颐集》所收《书窗夜雨》和《石塘桥晚钓》二诗的著录也存在不足。此二诗实际是一首诗，应题作《夜雨书窗》。这在已知的多种宋刻本周子文集中是很清楚的。南宋后期的《濂溪先生大成集》（七卷）虽然久已失传，但其目录还完整地保存在明代周木重编的《濂溪周元公全集》卷十三后的附录中，其中有《元公家集中诗七篇》，内有《夜雨书窗》诗，而无《石塘桥晚钓》诗。较《濂溪先生大成集》稍后刊刻的《濂溪先生集》不分卷本，其目录同样有《家集中七首》，也只有《夜雨书窗》诗，而无《石塘桥晚钓》诗。以上二本所收《夜雨书窗》诗虽然仅存目录，但明言出自"家集"，是很有说服力的。宋亡前夕刊刻的《元公周先生濂溪集》十二卷，无有《石塘桥晚钓》诗，但有《夜雨书窗》诗。该诗共12句，其中前6句与中华书局本《周敦颐集》所收《书窗夜雨》诗完全相同；后6句与《石塘桥晚钓》诗也基本相同（仅有个别字微异）。这就说明，中华书局本《周敦颐集》所收《书窗夜雨》和《石塘桥晚钓》二诗，本为一诗，题名是《夜雨书窗》；《周敦颐集》将其析为两首著录，并将《夜雨书窗》改为《书窗夜雨》，是不符合历史实际的。

当然，这并非点校者的臆改，他的失误渊源有自。中华书局本《周敦颐集》的底本是清朝光绪年间贺瑞麟所编《周子全书》，而贺瑞麟又主要是依据康熙年间张伯行所编《周濂溪先生全集》。张本卷八有《夜雨书窗》和《石塘桥晚钓》二诗，在《石塘桥晚钓》诗的标题后有小字一段："旧无此五字，而此诗又连上共作一首，今从《遗芳集》改正。"这一情况包括注文恰好在张本所依据的明朝周木编的《元公周先生濂溪集》卷六中就有。这就说明，

---

① 详见粟品孝：《周敦颐诗文的汇集过程及若干考辨》，《宋史研究论丛》（第23辑），北京：科学出版社，2018年。

《夜雨书窗》和《石塘桥晚钓》二诗最初是联为一首著录的，题名就是《夜雨书窗》。将此诗析为《夜雨书窗》和《石塘桥晚钓》两首来著录，源于明朝弘治四年（1491）周敦颐十二代孙周冕编刻的《濂溪遗芳集》，后来明朝周木编《元公周先生濂溪集》加以承袭，张伯行本出自周本，贺瑞麟踵而继之，中华书局点校本又沿而不改，及至后来的《全宋诗》卷四一一也延续了这一失误。

（二）可以对周子生平事迹有更准确的认识

周子文集各本一般都收录了关于周子生平事迹的年谱，但不同版本的著录往往有所差别。过去我们一般倚重清代张伯行的《周濂溪集》（丛书集成本），后来又常用中华书局点校本《周敦颐集》，二者均有署名南宋度正所编的周子《年谱》。其实，这两本的《年谱》完全相同，都是经过删改的，只有宋刻本《元公周先生濂溪集》所收度正的《濂溪先生周元公年表》才是原貌（至少更加接近）。从中我们对周敦颐的生平事迹有一些新的认识：

比如在天禧元年丁巳条叙述周敦颐出生情况时，《年谱》载："（周敦颐父亲）先娶唐氏……唐卒，［继娶］侍禁成都郑灿女，是生先生。"《年表》则载："（周敦颐父亲谏议公）先娶唐氏……唐卒。左侍禁郑灿，其先成都人，随孟氏入朝，因留于京师。有女先适卢郎中，卢卒，为谏议公继室，是生先生。"很明显，《年表》显示周敦颐的父母均是再婚之人，他的母亲是再嫁之妇。可是《年谱》却把这一重要事实抹去了，这肯定与清代以妇女再嫁为耻有关。

再比如嘉祐二年丁酉条关于周敦颐在合州的教学情况，《年谱》载："九月，回谒乡士，牒称为'解元才郎'，今不详为谁氏子。盖当时乡贡之士，闻先生学问，多来求见耳。"《年表》则载："九月，回谒乡士，牒称为'解元才郎'，今不详其为谁氏子。当是去年乡贡，今年南省下第而归者，闻先生学问，故来求见耳。"两相对比，《年谱》美化周敦颐形象的情况是十分清楚的。

另外，周敦颐出生的具体月日和地点，南宋度正编的《年表》失载，并在小字注文中写道："先生之生，所系甚大，当书其月、日、地，而史失其传，今存其目而阙之，以俟博考。"之后的周子文集和年谱也长期未记，但清朝道光十九年（1839）周诰编的《濂溪志》，在《年谱》中则明确写道："宋真宗天禧元年丁巳，五月五日，先生生于道州营道县之营乐里楼田保。"这一记载现在为很多人接受，但依据为何？并未说明，让人不免生疑。

（三）可以从中发掘大量新的文献，有些文献往往是独有而重要的

周子文集的文献量很大（而且越是后来的版本新增的内容往往越多），不少文献往往是其独有的，或是最原始的。

最突出的是南宋大理学家张栻《太极解义》的重新发现和完整再现。张栻注解周子《太极图说》的《太极解义》，久不传世，十多年前的点校本《张栻全集》也没有收录。实际上，宋刻《元公周先生濂溪集》中就保存有张栻《太极图解》初本的内容，这首先是20世纪80年代由北京大学的陈来先生发现的[①]，本世纪初韩国学者苏铉盛博士利用这一发现为核心资

[①] 陈来：《朱熹哲学研究》第124页注①，北京：中国社会科学出版社，1993年。

料,在其博士论文中集中讨论了张栻《太极解义》中的重要观念和一些问题,并附有他复原的张栻《太极解义》(初本)①。后来他又写成《张栻的〈太极解〉》一文,并附上《张栻〈太极解义〉》发表②。之后德国慕尼黑大学汉学研究所苏费翔(Soffel,Christian)先生又在此基础上进一步探讨,尤其在考证方面做了一些恰当的纠正与补充③。不过,这只是张栻《太极解义》的初本,而笔者则在中国国家图书馆馆藏的另一个更早的宋刻本《濂溪先生集》(不分卷)上找到了张栻《太极解义》的定本,可惜有缺页,内容不全。后来几经努力,终于在明代周木重编的《濂溪周元公全集》中发现了完整的张栻《太极解义》定本④。这不仅对周敦颐研究是个重要文献,对张栻研究应该也很有帮助,中华书局最近出版的点校本《张栻集》(2015),就利用了这一发现。

另外,周子文集还保留了不少其他传世文献失收的宋人诗文。据统计,在现存宋刻《元公周先生濂溪集》中,有13人共19首诗为《全宋诗》失收,其中王子修、周刚、鲍昭、薛被、文仲琏和周以雅等6人未入《全宋诗》作者之列;有37人共47篇文章为《全宋文》失收,包括周敦颐的蜀籍门人傅耆所写的《与周敦颐书》和《答卢次山书》这两通对了解周敦颐诗文之学有重要帮助的书信。何士先、徐邦宪、胡安之、陈纬、刘元龙、蔡念成、余宋杰、冯去疾、卢方春、曾迪和傅伯崧共11人甚至未入《全宋文》作者之列。另外还有11篇文章为《全宋文》收录不全或有明显差异者。如游九言《书太极图解后》,《全宋文》卷六三一○依据嘉靖《建阳县志》,题为《太极图序》,但内容止于"先识吾心",而缺"澄神端虑"以下的大段内容;林时英《德安县三先生祠记》,《全宋文》卷七二一一依据《永乐大典》卷七二三七,题为《德安县学尊贤堂记》,文字与此处差异较大。⑤

以上只是对宋人诗文的补充。我们知道,周敦颐文集在明清还有很多刻印,其中又陆续新增了大量明清人的诗文,我相信也有不少珍贵的文献资料有待发掘。

这里要特别强调的是,周子文集的一些重刻本、改编本、挖改本也不能忽视,内中往往也有一些新的文献。比如,嘉靖三十七年(1558)丁永成在江州为官时据嘉靖十四年周伦编、黄敏才刻《濂溪集》六卷本重刻的《濂溪集》。虽是重刻本,但在卷六增刻了15篇诗文,绝大多数不见于后来的周子文集。再如万历三十七年(1609)知道州林学闵依据万历二十一年(1593)胥从化本《濂溪志》十卷改编而成《濂溪志》四卷,版刻多数照旧,结构则作了很大调整,内容也有一些变化,尤其增多了数十篇诗文。更重要的是,林本卷首的周子像,区别于之前所有的版本,而为后来众多版本继承;而挖改自林学闵本的万历末旧题"李

---

① 苏铉盛:《张栻哲学思想研究》第四章《太极论》,北京大学博士学位论文,2002年,第87—117页。
② 收载陈来主编的《早期道学话语的形成与演变》第372—403页、第516—520页,合肥:安徽教育出版社,2007年。
③ 苏费翔:《张栻〈太极解义〉与〈西山读书记〉》,载台湾《嘉大中文学报》2009年第1期。后又以《张栻〈太极解义〉与〈西山读书记〉所存张栻佚文》为题,入载刘东主编《中国学术》(第29辑),北京:商务印书馆,2011年。
④ 参见粟品孝:《张栻〈太极解义〉的完整再现》,《地方文化研究辑刊》(第6辑),成都:巴蜀书社,2013年。
⑤ 详见粟品孝:《现存两部宋刻周敦颐文集的价值》,《四川大学学报》2010年第3期。

桢辑"的《濂溪志》四卷（旧题"九卷"），也有一些新的诗文收录。

总之，周子文集形式多样，内容丰富，如果超越文献学的视角，从思想史、教育史、社会史、经济史等方面着力，其价值自然会更加凸显。目前我们已经注意到，清康熙二十四年（1685）吴大镕修、常在编《道国元公濂溪周夫子志》十五卷的影印本收入《中国哲学思想要籍丛编》（台北：广文书局，1974年）、明万历四十二年（1614）周与爵父子重辑的《宋濂溪周元公先生集》十卷《世系遗芳集》五卷（哈佛大学藏本）被选入《中国古代思想史珍本丛刊》影印出版（北京：海豚出版社，2018年），中国科学院中国古代社会生活史料编委会编《中国古代社会生活史料》二编第二十八册（北京：蝠池书院，2013年）还专门辑录宋刻《元公周先生濂溪集》的众多"祭文"。这些都说明，周敦颐文集的价值，文献学之外的天空或更为广阔。

作者简介：粟品孝，男，1969年生，四川大竹人，四川大学历史文化学院教授，主要从事中国古代史教学和宋史、巴蜀文化史研究。

从李冰治水看秦之治蜀

四川大学历史文化学院　汤新钊

摘　要： 李冰在担任蜀郡郡守期间，通过成功的治理蜀郡水患，有效地解决了蜀地地区民众长期面临的洪水灾害问题，他不仅赢得了蜀地人民的爱戴，为蜀地后世人民所纪念，同时也有效的为秦国巩固了秦对于蜀地的控制，使其能够真正为秦国发挥出战略后勤基地的作用。以此管中窥豹，从中也能看出秦国君臣对蜀地的重视，从中挖掘出秦人治蜀的信息。

关键词： 李冰　治蜀　秦国

一、李冰治水之探

关于李冰治水的信息，我们可以从文献记载中进行发现，《华阳国志·蜀志》与《史记·河渠书》对李冰治水进行了比较详细的记载。

《华阳国志·蜀志》中记载：周灭后，秦孝文王以李冰为蜀守。冰能知天文地理，谓汶山为天彭门；乃至湔氏县，见两山对如阙，因号天彭阙。仿佛若见神，遂从水上立祠三所，祭用三牲，珪璧沉濆。汉兴，数使使者祭之。冰乃壅江作堋，穿郫江、检江，别支流双过郡下，以行舟船。岷山多梓、柏、大竹，颇随水流，坐致材木，功省用饶；又灌溉三郡，开稻田。于是蜀沃野千里，号为"陆海"。旱则引水浸润，雨则杜塞水门，故记曰：水旱从人，不知饥馑，时无荒年，天下谓之"天府"也。外作石犀五头以厌水精；穿石犀溪于江南，命曰犀牛里。后转置犀牛二头：一在府市市桥门，今所谓犀牛门是也；一作渊中。乃自湔堰上分穿羊摩江，灌江西。于玉女房下白沙邮作三石人，立三水中。与江神要：水竭不至足，盛不没肩。时青衣有沫水出蒙山下，伏行地中，会江南安，触山胁溷崖，水脉漂疾，破害舟船，历代患之。冰发卒凿平溷崖，通正水道。或曰：冰凿崖时，水神怒，冰乃操刀入水中与神斗，迄今蒙福。僰道有故蜀王兵兰，亦有神作大滩江中。其崖崭峻不可凿，乃积薪烧之，故其处悬崖有赤白五色。冰又通笮通汶井江，径临邛，与蒙溪分水白木江会武阳天社山下，合江。又导洛铜山洛水，或出瀑口，经什邡，与郫别江会新都大渡。又有绵水，出紫岩山，经绵竹入洛，东流过资中，会江阳。皆灌溉稻田，膏润稼穑。是以蜀川人称郫、繁曰膏腴，绵、洛为浸沃也。又识齐水脉，穿广都盐井、诸陂池，蜀于是有养生之饶焉。

《史记·河渠书》也记载：于蜀，蜀守冰凿离碓，辟沫水之害，穿二江成都之中。此渠皆可行舟，有余则用溉浸，百姓飨其利。至于所过，往往引其水益用溉田畴之渠，以万亿计，然莫足数也。

通过文献记载可以看出，李冰在担任蜀郡郡守期间，在蜀地治水是明显取得了成效的。首先，李冰治水，成功解决了蜀地人民长期以来面临的洪水灾害问题，有利于蜀地人民的生存，这是功不可没的，其次，李冰在蜀地治水的范围之广，不仅仅是在成都地区，还深入到了川南地区的僰道等地，成功地治理了当地的水患问题，并在客观上促进了蜀地民族间的团结。第三，李冰治水的成功，使得蜀郡各地的农业得到了有效的发展，此外，还促进了蜀地水路交通的发展，有利于加强蜀地之间各地之间的联系，这有利于加深秦统治者对蜀地的控制。

由此可见，李冰在蜀地治水的成功，对当时的秦国国运来说，其意义是影响深远的。透过李冰治水，我们还可以从中对秦人治蜀再进行挖掘，从中得出更多有意义的信息。

二、从李冰治水探秦人之治蜀

李冰担任蜀郡的郡守来管理蜀地，很明显，他是奉了秦国国君之命到蜀郡来担任郡守的。

我们从前面已经知道，李冰是善于治水的，他在蜀地的治水工作是取得了明显的成效，这是毋庸置疑的。从秦国历史的角度出发来看，这明显也是秦国的商鞅变法在客观上所取得的成就所致。由于秦国的变法最为彻底，率先跃入了强国中的地位，对过去的旧贵族造成了沉重的打击，尤其是对世卿世禄制的打击，有利于为秦国选拔出真正的人才，同时，郡县制的推行，方便了秦国国君对地方的控制，加强了秦国国君权力的集中，这就有利于推动秦国政治工作的开展。

因此，秦国国君任命李冰担任蜀郡郡守，很明显是因为秦国国君看重了李冰的才干与忠诚，才任命李冰为蜀守的。

蜀地对于秦国君臣来说，其地位是十分重要的，是秦国走向霸业与统一大业的重要战略后勤基地，《战国策·秦策》记载，司马错曰："不然。臣闻之，欲富国者，务广其地；欲强兵者，务富其民；欲王者，务博其德。三资者备，而王随之矣。今王之地小民贫，故臣愿从事于易。夫蜀，西辟之国也，而戎狄之长也，而有桀、纣之乱。以秦攻之，譬如使豺狼逐群羊也。取其地，足以广国也；得其财，足以富民；缮兵不伤众，而彼已服矣。故拔一国，而天下不以为暴；利尽西海，诸侯不以为贪。是我一举而名实两副，而又有禁暴正乱之名。今攻韩劫天子，劫天子，恶名也，而未必利也，又有不义之名，而攻天下之所不欲，危！臣请谒其故：周，天下之宗室也；齐，韩，周之与国也。周自知失九鼎，韩自知亡三川，则必将二国并力合谋，以因于齐、赵，而求解乎楚、魏。以鼎与楚，以地与魏，王不能禁。此臣所谓'危'，不如伐蜀之完也。"惠王曰："善！寡人听子。"卒起兵伐蜀，十月取之，遂定蜀。蜀主更号为侯，而使陈庄相蜀。蜀既属，秦益强富厚，轻诸侯。

从中由此可见，蜀地对秦的霸业与发展是非常重要的，因此秦国国君必须要选择德才兼备之人，才能担当治蜀的重任，才能有效地巩固秦对于蜀地的统治，因此才会选择让李冰担任蜀郡郡守,这也表现出秦王对李冰的信任。当然,我们不能把蜀地之富的功劳全部归于李冰一人,这是秦国几代君臣与蜀守共同努力的成果。

秦并蜀之初,为巩固秦对于蜀地的控制,秦统治者不得不对蜀地采取羁縻政策来进行统治。《华阳国志·蜀志》中记载:周赧王元年,秦惠王封子通国为蜀侯,以陈壮为相。置巴郡,以张若为蜀国守。

通过文献记载看出,秦统治者为了巩固对于蜀地的控制,将原来古蜀国开明氏政权的蜀王子通国封为蜀侯,以安定蜀地民心,同时任命张若为蜀国守,刘琳先生在《华阳国志·蜀志》的注中指出:"既置侯、相,又置守(郡守),说明当时秦对蜀的统治方式还是分封制与郡县制并用。"① 由此可见,尽管秦并蜀之初,在蜀地采用羁縻政策来进行统治,但是同时又设置了蜀守,这也反映出羁縻政策不过是秦统治者治理蜀地的权宜之计而已。

至于秦所分封的蜀侯到底是蜀公子还是秦公子,虽然目前依旧存在争议,但是,通过对文献的认真解读与挖掘以及对秦国历史的分析,还是可以得出蜀侯当是蜀公子的结论。我们知道,秦国的"商鞅变法"在战国时期的各大诸侯国里是最为彻底的,经过变法,秦国正式在国内确立并推广了郡县制,并且赐爵方式也改为了靠军功受爵的方式,这就有效地打击了过去的世卿世禄制,让秦国成了一个官僚政治的诸侯国。因此,在这样的背景之下,分封制在"商鞅变法"后的秦国是受到了严重打击,分封秦公子到蜀地去担任蜀侯,这难以得到秦国君臣的认可。此外,我们从当时秦灭蜀的战争来看,在文献记载中,并没有出现秦公子的记载,当时指挥灭蜀的秦军将领是秦大夫张仪、司马错与都尉墨,《华阳国志·蜀志》中记载如下:

> 周慎王五年秋,秦大夫张仪、司马错、都尉墨等从石牛道伐蜀。蜀王自于葭萌拒之,败绩。王遁走,至武阳,为秦军所害。其相、傅及太子退至逢乡,死于白鹿山,开明氏遂亡。凡王蜀十二世。冬十月,蜀平,司马错等因取苴与巴。

《史记·秦本纪》中关于秦灭蜀的记载,也没有提到秦公子,而是记载"九年,司马错伐蜀,灭之"。《蜀王本纪》中也记载"秦惠王遣张仪、司马错定蜀",无论是常璩的《华阳国志》,还是司马迁的《史记》,抑或是扬雄的《蜀王本纪》,其中关于秦灭蜀的记载中,都没有提到秦公子,以这些史家的治史精神,是不可能犯这种漏记的低级错误的,既然秦公子没有军功,那么自然不可能被秦王封到蜀地去担任蜀侯。《史记·张仪列传》中也记载"卒起兵伐蜀,取之,遂定蜀,贬蜀王更号为侯"。文献中明显用了一个贬字来形容蜀侯,试想,如果秦国国君真是分封秦公子为蜀侯,把他分封到地位如此重要的蜀地去,怎么可能是"贬"呢,以司马迁严谨的治史精神,是不可能犯这样的低级错误,这只能证明蜀侯应当是原来的蜀公子,而不是秦公子。

因此,秦人对于蜀地的羁縻政策,只是暂时的,故而秦王会不断地为蜀侯制造麻烦,借故来杀掉蜀侯,反复三次废立蜀侯之后,便不再设立蜀侯,而是直接将蜀地交与蜀守管理,当时的蜀守则是张若,《华阳国志·蜀志》记载:三十年,疑蜀侯绾反,王复诛之,但置

---

① 刘琳:《华阳国志校注》,成都:成都时代出版社,2007年,第99页。

蜀守。

其实，通过以上分析，我们从中就可看出，秦国统治者其实是很想将秦国的制度搬到蜀地来的，虽然起先通过设立蜀侯的方式来进行羁縻统治，但同时又设置了蜀守，待秦对蜀的统治稳定之后，秦统治者终于借故除掉蜀侯，从此不再在蜀地设立蜀侯，而是直接交予蜀守进行管理，这样，蜀地终于正式成为了秦国的蜀郡。

并且，蜀守是直接由秦王任命的，他是代表秦王来统治蜀地的，那么，自然蜀守也会将秦国的制度与文化传入蜀地，以巩固秦对于蜀的统治。我们通过《华阳国志·蜀志》的记载中就可看出：

> 惠王二十七年，仪与若城成都，周回十二里，高七丈；郫城周回七里，高六丈；临邛城周回六里，高五丈。造作下仓，上皆有屋，而置观楼射兰。成都县本治赤里街，若徙至少城内。营广舍府，置盐、铁、市官并长、丞；修整里阓，市张列肆，与咸阳同制。

这还是在蜀地尚有蜀侯之时所做出的改革，很明显，当时蜀守张若这么做，就是要巩固秦对蜀的控制，从而将秦制搬入蜀地，同时筑成都城、郫城、临邛城为秦控制蜀的据点城市，除此之外，秦还大量移民入蜀地，《华阳国志·蜀志》记载：戎伯尚强，乃移秦民万家实之。从中可见，当时的成都城、郫城、临邛城应该是秦早期移民的重要安置点，同时把秦制与秦文化也带入了蜀地。很明显，秦王是不愿意长期将蜀地以羁縻政策来进行统治，而是要把"商鞅变法"的措施与结果推行入蜀地中来，加强秦统治者对蜀地的控制，以便蜀地能真正为秦国发挥出战略后勤基地的作用。

无疑，张若在担任蜀守期间所取得的成效是可观的，他成功地将秦制移入到了蜀地之中，巩固了秦对于蜀地的控制。同时，蜀地在交通上靠近楚国，以蜀地向楚国进军，不仅可以削弱楚国，一旦楚国的实力得到削弱，则东方六国的整体实力亦是得到了削弱，因为当时楚国是东方六国中实力强劲的国家，是秦国的重要竞争对手，因而秦占有蜀地之后，先后从蜀地进攻楚国，得到了楚国的商於之地与江南地，削弱了楚国的实力，这对于秦国的霸业与统一战争，是十分有利的。

继张若之后的李冰担任蜀郡郡守，更是推动了蜀地社会经济的发展，其中尤以治水为其重要功绩，受到万世景仰，李冰在蜀地治水的范围之广，成效之大，不仅是抗击自然灾害的胜利，同时也促进了蜀地社会经济的发展，而作为蜀郡郡守的李冰并没有沉浸在这场喜悦之中，而是积极地投身到蜀地的社会经济建设中来，《华阳国志·蜀志》中记载的"又识其水脉，穿广都盐井、诸陂池，蜀于是盛有养生之饶焉"正是对此的反映。

李冰之所以要这么做，正是要为秦国建立起一个强大的后勤保障基地，为秦国的国家利益服务，因此，李冰才要下决心努力地治好蜀地的水患问题，而且，李冰治水所采取的手段是灵活的，他尊重蜀人的民间信仰，将其应用到治水之中，才能有效地取得治水上的成就，如《华阳国志·蜀志》中记载："外作石犀五头以厌水精……于玉女房下白沙邮作三石人，立三水中，与江神要：水竭不至足，盛不没肩。"这充分利用了蜀人对数字"五"的崇拜和大石崇拜，故而得到了蜀人的拥护。同时，李冰在蜀地的治水范围之广与治水的成功，也有

效的巩固了秦对于蜀的统治,如李冰治水,甚至远赴川南的僰道。罗开玉先生①曾引光绪《庆符县志》卷二十二《武功志》说:

> 李冰——秦时僰道王拒守横江,李冰破之,追北于汉阳山。

从中可以看到,李冰在僰道地区,不仅治水成功,还成功的镇压了当地人的反抗,为秦国统治者扩大了在蜀地的统治基础,并且,对僰道治水的成功,还拓宽了僰道的江面宽度,有利于推动僰道地区水路交通的发展,这对于蜀地的社会经济发展是有利的,同时也有利于加强秦对于蜀的政治控制。

但是我们必须要看到,李冰能够取得这样的成就,也离不开他的前任蜀守以及秦国君臣的努力,正是因为秦国君臣以及他的前任蜀守的努力之下,才在政治上将秦制与秦文化移入蜀地,在这种稳定的社会秩序下,李冰才能发挥出自己的实干能力,才能集中力量治理好蜀地的水患问题,并促进蜀地社会经济的发展,正是在秦国君臣和几代蜀守的努力之下,蜀地的社会经济得到了飞跃性的发展,正如《史记·货殖列传》中记载的那样:"吾闻汶山之下,沃野,下有蹲鸱,至死不饥。民工于市,易贾。"这话出自当时的卓氏之先,被秦灭国后主动要求迁居蜀地,从中也可看出秦对于蜀地社会经济发展所作出的巨大贡献。

小结

综上所述,可见,秦国几代君臣与蜀守对蜀地社会经济发展所作出的贡献是巨大的。秦人并不满足于对蜀地的羁縻统治,为了真正将蜀地变为秦国的战略后勤基地,秦人努力将秦制与秦文化移入蜀地,也正是在秦制在蜀地能得到确立的前提下,蜀地的社会经济才能取得如此大的成效,也正因为如此,才能造就李冰治水的成功,而李冰治水的成功,还得得益于他能尊重蜀民的信仰,团结蜀民,这也从侧面反映出秦国对于蜀地秩序稳定的重视,除开移秦民入蜀之外,秦统治者还能对当地的蜀民采取较为宽松的统治政策,故而才能有效地控制蜀地,并促进蜀地的社会经济的发展。

作者简介:汤新钊,男,四川大学历史文化学院博士。

---

① 罗开玉:《中国科学神话宗教的协和——以李冰为中心》,成都:巴蜀书社,1989年,第112页。

中上古蜀人的来源、结构与层次[*]

西南交通大学中文系　汪启明

摘　要：蜀地自古以来是多民族聚居区，中上古时期蜀地移民以传说、文献、考古三重证据可得确认。上古蜀地居民呈多元混生形态，蜀地居民因移民、民族融合而产生历史层次性，其底层是上古蜀人；秦汉时期的移民，是蜀人的第二层次；魏晋南北朝时期的古蜀移民，成为蜀人的第三个层次。秦汉移民有不同的模式，所形成的接触与融合，致使古蜀人的构成呈动态性。魏晋南北朝时期，经少数民族入蜀、侨置郡县，古蜀人的面貌基本定形。

关键词：古蜀　移民　蜀语　融合

蜀人、蜀地、蜀语都是发展的概念。不同的时代，蜀人有不同的构成，蜀地有不同的范围，"蜀语"有不同的含义。历代传承的涉蜀文献往往歧解甚多，使蜀人、蜀地、蜀语研究迷雾重重。例如《蜀王本纪》："七国称王，杜宇称帝。"任乃强先生校注："七国称王，在周显王世，距灭蜀只数十年，杜宇死已四百余年矣。'七'字，应是'巴'之讹。形近，时间亦合。"然古时"七"可作为虚数或多数，常不确指，即所谓"以定数代不定数"。联系下文"号曰望帝，更名蒲卑，自以功德高诸王"，且战国虽有七雄但非只"七"国，则任先生以此"七"为春秋战国七雄之"七"，可商。下文杜宇"自以功德高诸王"的"诸"，说明这七王肯定不是中原的那些"王"，而是蜀地疆域的"王"。如果"蜀人"指的是杜宇部落，则七国是他周围的其他群落；如果七个称王的"国"也是蜀人部落，"杜宇"就是这"七国"的统治者。《华阳国志》卷三又有"蜀先称王"、蚕丛"始称王"、柏灌、鱼凫叫"次王"、杜宇先叫"王"、后称"帝"之语。但这一时期"蜀"的范围都不会太大，更不会有疆域很大的大一统蜀国，这没有疑问。

文献记载，蜀人与中原各民族有着共同的祖先，[①]进入农耕社会后，蜀人逐渐与中原隔绝，连孔子、左丘明这样的大学问家也不知有川蜀之"蜀"。我们已经讨论过，在秦灭蜀之前，虽然华、蜀同源，但蜀人语言与中原语言已经有了很大的差别。语言是民族认同最重要

---

[*] 基金项目：国家社科基金项目"魏晋南北朝方言研究"（项目编号14BYY112）的部分成果。
[①] 汪启明：《蜀语、汉语、羌语同源说》，《上古汉语研究》（第2辑），中国社科院语言所。

的标志。秦人入蜀之后，原始蜀语作为秦汉蜀语的底层，并吸收了秦语、楚语的成分，成为独具特色的华夏语地域方言。据此，则中上古时期的"蜀人"不是"蜀族"，而是一个混合了蜀地少数民族、中原华夏族、蜀地华夏族，多元一体的混合概念。

一、古蜀人的底层：传说时代

神话学（Mythology）原理表明，古代神话、史诗和传说是一个民族和国家的宝贵精神财富，是幻化的现实世界，并被称为"人类的童年美丽的事"。文献记载的古蜀传说最重要的母题就是古蜀民的迁徙，通过这样的迁徙，改造了蜀人的结构。

1.《蜀王本纪》蜀人起源传说

扬雄《蜀王本纪》是目前关于蜀地先民来源较完整的最早叙事史料，但其中羼杂着神话、传说的成分，加上内容残缺，很难做出合理的解释。虽然有人提出并非扬雄所著[①]，但此书早在阮孝绪《七录》中即著录于史部，所载史实又多与《华阳国志·蜀志》密合，在当时的学术条件下，结合扬雄本人的治学态度与学风，不大可能臆造出《蜀王本纪》。言及蜀民迁徙，则：

> 蜀之先名蚕丛，后代名曰柏濩，后者名鱼凫，此三代各数百岁，皆神化不死，其民亦颇随王化去。鱼凫田于湔山，得仙，今庙祀于湔。时蜀民稀少。后有一男子，名曰杜宇，从天堕，止朱提。有一女子名利，从江源井中出，为杜宇妻。乃自立为蜀王，号曰望帝。治汶山下，邑曰郫，化民往往复出。望帝积百余岁，荆有一人名鳖灵，其尸亡去，荆人求之不得。鳖灵尸随江水上至郫，遂活，与望帝相见。望帝以鳖灵为相，时玉山出水，若尧之洪水，望帝不能去。使鳖灵决玉山，民得安处。鳖灵治水去后，望帝与其妻通，惭愧。自以德薄不如鳖灵，乃委国受之而去，如尧之禅舜，鳖灵继位，号曰开明帝。帝生卢保，亦曰开明。
>
> 蜀王据有巴蜀之地，本治广都樊乡，徙居成都。

文字传说中的"化去""田于湔山""从天堕""井中出""复出""亡去""随江水上""委国受之而去"，"杜宇，从天堕。一女子名利，从江源井中出"，"徙居成都"，一连串的迁徙移民跃然纸上。"化去""亡去"是指出蜀，而"天堕""井中出""复出""随江水上"则是入蜀。这表明蜀人的祖先，是频繁迁徙的民族。

这段文字提到蚕丛、柏濩、鱼凫、杜宇、鳖灵的来历及消亡，与《华阳国志·蜀志》所述"蚕丛—柏灌—鱼凫—杜宇—开明"序列略同。前人对蜀地这五大史前王朝的族属、来历、去向解读各异[②]。但我们认为，无论将这段记载看成蜀地部落政权更迭的纵向线型序列，还是看成横向的共时状态，亦即同时存在的几个民族政权，部落之间的接触与融合都不可避免。文献用"蜀之先"统五王，也表明不应把"蜀人"看成单一民族，而是蜀地众多民族的共称。推而申之，无论以暴力方式还是非暴力方式，民族融合是这些部落的更替或并存

[①] 参见周生杰：《蜀王本纪的文献学考论》，《四川图书馆学报》2008年第1期，第66页。
[②] 段渝：《三星堆与巴蜀文化研究七十年》，《中华文化论坛》2003年第3期，第11页。

的必要前提。

古蜀移民现象很普遍。如古蜀国第一个王蚕丛氏①，从天而降的望帝杜宇及由水而出的江原女，最后一个政权开明氏，都是迁徙而来的蜀人。孙华认为开明氏是中土西迁的崇人②，童恩正在《古代的巴蜀》第七章中说："开明族可能是从川东迁徙来的一种民族，熟悉水性，善于治水。最初到达川西时，定居在今乐山一带。《水经注·江水》：（南安）县治青衣江会，衿带二水矣。即蜀王开明故治也。"③ 川东属巴，巴、蜀族源各异，语言有别，自可称融合。开明氏十二世长期治蜀，迁徙民族的语言或替代蜀语，或与蜀语结合成新面貌的蜀语，从而成为古蜀族认同的基础。从《蜀王本纪》看，蜀人有一支应该是楚人迁徙而来。验以文献，《华阳国志·序志》："荆人鳖灵死，尸化西上，后为蜀帝。"《后汉书·张衡传》载张衡《思玄赋》："鳖令殪而尸亡兮，取蜀禅而引世。"唐李贤注："鳖令，蜀王名也。令音灵。殪，死也。禅，传位也。引，长也。"鳖灵取代杜宇，必然推动楚族和蜀族的融合。《山海经》楚语、蜀语兼备亦可得一解。

开明时代之前的原始蜀人，是古蜀人的第一个层次，也是整个中上古时期蜀人，以及后来的蜀人的最底层或化石。相应地，也是蜀人形成核心族团的基础。近年来对四川广汉三星堆、金沙出土文物和船棺的研究成果，使我们已有可能对其中一些部落的兴衰过程和大致时间作出新的判断，至少证明了扬雄的说法并非完全出于后人的附会和想象。

2.《史记》黄帝娶嫘祖传说

古蜀人是华夏民族大家庭的一员，他与中华民族同构，具有多元一体的本质特性。亦即是说，蜀地的居民不是单一成分，其来源比较复杂。除了《蜀王本纪》所载的五大首领更替或并存外，华夏族的势力也在蜀地有所体现。

《史记·五帝本纪》："黄帝居轩辕之丘而娶西陵之女，是为嫘祖。"黄帝时代距今五千年。《一统志》："轩辕丘在开封府新郑县。"嫘祖又作傫祖、累祖、雷祖，是中华人文始祖黄帝之妻、西陵氏之女。《史记·五帝本纪》："黄帝居轩辕之丘，而娶于西陵之女，是为嫘祖。嫘祖为黄帝正妃。"司马贞《索隐》引皇甫谧："元妃西陵氏女，曰累祖。"《世本·帝系》："黄帝居轩辕之丘，娶于西陵氏之子，谓之嫘祖。"戴德《大戴礼记》云："黄帝居轩辕之丘，娶于西陵氏，西陵氏之子谓之嫘祖氏。"《山海经·海内经》："黄帝妻雷祖。"《路史·后纪》："黄帝元妃西陵氏女曰傫祖，以其始蚕，故又祀之先蚕。"刘恕《通鉴外纪》："西陵氏之女嫘祖，为黄帝正妃，始教民养蚕，治丝茧以供衣服，后世祀为先蚕。"西陵，亦蚕陵。《汉书·地理志》云："蜀郡有蚕陵县。"蚕陵故城在茂汶羌族自治县松坪河和岷江会口的叠溪，今茂汶羌族自治县北叠溪城废墟东北有蚕陵山，这就是传说中古蜀国最老的都城，后来逐渐迁移到郫邑（今郫县境）、瞿上（今彭县境）和成都。④《水经注·江水》官刻本作"西陵"；沈炳巽《水经注集释订讹》谓："西陵"乃"蚕陵"之误。据此，邓少琴认为："黄帝所娶之西

---

① 范勇：《蚕丛考》，《中华文化论坛》2009年第5期，第96页。
② 孙华：《蜀人渊源考》，《四川文物》1990年第4期，第6页。
③ 童恩正：《古代的巴蜀》，重庆：重庆出版社，1998年，第76页。
④ 谭其骧：《中国历史地图集》第2册，北京：中国地图出版社，1982年，第29—30图。

陵氏之女，是为蚕陵氏也。蚕陵在今四川旧茂州之叠溪。"① 嫘祖籍地一说在今天盐亭。四川盐亭县金鸡、高灯等地世世代代流传着许多关于嫘祖饲蚕治丝、嫘祖与黄帝的传说，还存留着嫘祖早年生活的历史遗址、人文地名、祭祀嫘祖的宫观庙宇、传统的祭祀习俗以及许多与嫘祖有关的地方文献资料、名胜古迹、出土文物②。嫘祖，蜀人，这折射出黄帝部落曾经迁移入蜀，或者蜀人的影响已深入中原。

3.《史记》黄帝二子娶蜀山氏传说

《史记·五帝本纪》载黄帝正妃嫘祖生有二子，其后皆有天下。一名玄嚣（青阳），一名昌意；一个降居江水，一个降居若水。"昌意娶蜀山氏女，曰昌仆，生高阳，高阳有圣德焉。"司马贞《索隐》："降，下也。言帝子为诸侯，降居江水。江水、若水皆在蜀，即所封国也。《水经》曰：'水出旄牛徼外，东南至故关为若水，南过邛都，又东北至朱提县，为泸江水。是蜀有此二水也。'"《华阳国志·蜀志》："蜀之为国，肇于人皇，与巴同囿。至黄帝，为其子昌意娶涂山氏之女，生子高阳，是为帝喾，封其子庶于蜀，世为侯伯。历夏商周，武王伐纣，蜀与焉。"《史记·三代世表》正义引《谱记》："昌意娶蜀山氏女，生帝喾。立，封其支庶于蜀，历夏、商、周。""涂山"一作"蜀山"，《路史·前纪》引《益州记》："岷山禹庙西有姜维城，又有蜀山氏女居，昌意妃也。"《太平寰宇记》卷七十八剑南西道"茂州"下："蜀山，《史记》黄帝子昌意娶蜀山氏女，盖此山也。"黄帝子娶蜀山氏女，黄帝子娶蜀山氏女，并居住于蜀地，也是一种部落间由通婚而移民的现象。

4.《世本》《史记》蜀人为黄帝后裔传说

文献中除了黄帝与蜀人是姻亲关系的传说外，还有文献说蜀人是中华民族的始祖黄帝的支系。《世本》："蜀之先，肇于人皇之际，无姓。相承云黄帝后。"《史记·三代世表》："传云天下之君王为万夫之黔首请赎民之命者帝，有福万世。黄帝是也。五政明则修礼义，因天时举兵征伐而利者王，有福千世。蜀王，黄帝后世也。"司马贞《索隐》："《系本》：蜀无姓，相承云黄帝后。且黄帝二十五子，分封赐姓，或于蛮夷，盖当然也。《蜀王本纪》云：朱提有男子杜宇从天而下，自称望帝，亦蜀王也。则杜姓出唐杜氏，盖陆终氏之胤，亦黄帝之后也。"张守节《正义》："《谱记》云：蜀之先肇于人皇之际。黄帝与子昌意娶蜀山氏女，生帝喾，立，封其支庶于蜀，历虞夏商。周衰，先称王者蚕丛，国破，子孙居姚、嶲等处。"③可见，秦灭蜀，国破后，蜀人迁徙到"姚、嶲等地"，姚是云南姚安，嶲是四川西昌。蜀人的这次迁徙，可谓背井离乡。这种"国破"后的迁徙，也会给当地的民族和语言面貌带来深刻变化，蜀语和当地语言会融合为新的语言，或者融合进当地语言，或者代替当地语言。

以上情况表明，或者蜀人本身即华夏族，或者上古时期蜀地至少有一支或两支是中原华夏族迁徙而来。黄帝娶蜀人为妻、封子到蜀、为子娶蜀山氏等，均寓含着上古时代大规模移民。黄帝娶妻是蜀民出蜀，为其子娶妻并居蜀是入蜀，可以断言，相应地，古蜀人与华夏人也本是同源的。

---

① 邓少琴：《邓少琴西南民族史地论集》，成都：巴蜀书社，2001年，第103页。
② 赵钧中、何天度：《嫘祖与盐亭》，《文史杂志》1994年第5期，第41页。
③ 汉·司马迁：《史记》卷十三，北京：中华书局，1959年，第507页。

二、古蜀人结构演变：传世文献证

除了传说中的古蜀先民迁徙，对古蜀人的形成产生了重要影响。在文献记载的信史中，也有不少蜀人迁徙的内容。秦汉时期的迁徙对蜀人结构的演变同样具有重要的作用，成为古蜀人的第二层次。

我们先看蜀地原住民的迁徙。《后汉书·西羌传》：

> 至爰剑曾孙忍时，秦献公初立，欲复穆公之迹，兵临渭首，灭狄伐戎。忍季父卬畏秦之威，将其种人附落而南，出赐支河曲数千里，与众羌绝远，不复交通。其后子孙分别，各自为种，任随所之。或为牦牛种，越嶲羌是也；或为白马种，广汉羌是也；或为参狼种，武都羌是也。

据此，羌人的一部分在公元前四世纪后期曾经有过一次大迁移，"附落而南"，从渭河上游迁至黄河上游河曲地区，又南下直到今四川西部和云南，"任随所之"。由于这段文字相当简略，有关这次移民的具体情况语焉不详。但根据现有的考古发现，在今横断山脉地区、四川岷江上游和川西其他地区存在一种"石棺葬文化"，具有明显的游牧民族特色；又有"邛笼—石碉"文化，在语言词汇上也有所体现①，其渊源应该就是西北甘青山区的氐羌文化。

秦汉时期，蜀民的迁徙多与政治有关，且往往有政府的影子。这里从迁徙的发生学原理出发，归纳蜀人迁徙的十三种形态，也可从中窥见中上古蜀人的社会结构和来源地域结构。

1. 国破迁蜀

《史记》卷一二九《货殖列传》："蜀卓氏之先，赵人也，用铁冶富。秦破赵，迁卓氏。卓氏见虏略，独夫妻推辇，行诣迁处。诸迁虏少有余财，争与吏，求近处。处葭萌。唯卓氏曰：'此地狭薄。吾闻汶山之下，沃野，下有蹲鸱，至死不饥。民工于市，易贾。'乃求远迁。致之临邛，大喜，即铁山鼓铸，倾滇蜀之民，富至僮千人。田池射猎之乐，拟于人君。""程郑，山东迁虏也，亦冶铸，贾椎髻之民，富埒卓氏，俱居临邛。"葭萌，《集解》引徐广："属广汉。"《正义》："葭萌，今利州县也。"《正义》："芋也。言邛州临邛县其地肥又沃，平野有大芋等也。《华阳国志》：'汶山郡都安县有大芋如蹲鸱也。'"蹲鸱，古蜀语词。这两段材料中的迁徙，均是因为国破而迁。

2. 罪犯迁蜀

秦代严刑峻法，罪人迁蜀不少。《史记·项羽本纪》："秦之迁人皆居蜀。"所谓"迁人"，多为不法之民。《汉书·高帝纪》引如淳注："秦法：有罪，迁徙之于蜀汉。"《史记·吕不韦列传》："诸嫪毐舍人皆没其家，而迁之蜀。"《索隐》："家谓财产资物，并没入官，人口则迁之蜀也。"又始皇《赐文信侯书》："其与家属徙处蜀。"《史记·始皇本纪》："不韦死……其舍人临者……秦人六百石以上夺爵，迁。五百石以下不临，迁，勿夺爵。"又据《始皇本纪》载，秦始皇九年（前238）嫪毐事发，"车裂以徇，灭其宗。及其舍人，轻者为鬼薪，及夺

---

① 谭继和：《论古巴蜀巢居文化渊源及其历史发展》，《巴蜀文化辨思集》，成都：四川人民出版社，2004年，第134页。

爵迁蜀四千余家。家房陵。"房陵今在湖北,时为蜀地。《华阳国志·汉中志》:"秦始皇徙吕不韦舍人万家于房陵,以其隘地也。"

两汉时期,同样也有官员因犯罪而放逐到蜀。有些是举家而来。如汉初的淮南王、梁王等便是。《三国志·蜀志·吕凯传》引孙世《蜀世谱》:"初秦徙吕不韦子弟宗族于蜀汉。汉武帝时开西南夷,置郡县,徙吕氏以充之,因名曰不韦县。"不韦县在今天的云南保山县,这可以说明,蜀汉之地在当时是比较广阔的。这些官员和随从文化程度都比较高,会将一些语言因素带到蜀地。

3. 豪侠迁蜀

《华阳国志》卷三《蜀志》:"然秦惠王、始皇克定六国,辄徙其豪侠于蜀,资我丰土。"刘琳注:"秦统一巴、蜀之后,特别是秦始皇统一中国后,不断将内地贵族豪富、罪犯和一般人民迁入巴蜀,一则充实边地,一则削弱反抗力量。卓王孙,程郑之先即最著名的例子。"又:"临邛县,(蜀)郡西南二百里。本有邛民,秦始皇迁上郡实之。"任乃强注:"上郡,谓关东中原诸郡……秦徙赵、齐迁虏于临邛,见《货殖传》。"

4. 政治原因迁蜀

扬雄《蜀都赋》:"秦汉之徙,充以山东。"谓秦汉时期,曾从关东之地迁徙了一部分人口到蜀地。"充",《古文苑》作"元",章樵注:"成都由秦汉而徙,谓惠王及武帝时,其始基在山之东,谓蚕丛、望帝,皆治郫城,在岷山之阳也。"韩熙祚《古文苑校勘记》:"'元'字误,《文选·魏都赋·注》引作'充',此谓秦汉徙山东民以实蜀地。章氏以徙都释之,误矣。"刘邦曾任汉中王,领有巴蜀、汉中。刘邦将领多出山东。考之史实,秦代和西汉都有徙民于蜀地的记载。楚国的斗氏、杨氏、樊氏、昭氏等,皆在蜀国活动,其中一些家族,还产生了深远的影响,对巴蜀文化的发展曾起到了重大作用。春秋二百四十年间,斗氏在楚国为执政大臣。樊氏、扬氏(扬雄的祖先)都是晋国贵族,因内部权力之争,不得不投奔楚国,再转辗迁入蜀地定居。《汉书·扬雄传》:"周衰,而扬氏或称侯,号曰扬侯。会晋六乡争权,韩魏赵兴,而范、中行、知伯弊。当是时,偪扬侯。扬侯逃于楚巫山,因家焉。楚汉之兴也,扬氏溯江上处巴江洲。"可见扬雄先祖亦是从山西迁到楚地,再从楚到蜀地巴郡江州,最后才到蜀郡郫县定居的外地迁民。

5. 大饥迁蜀

《汉书·高帝纪》载,高祖二年(前205):"关中大饥,米斛万钱,人相食。令民就食蜀汉。"《汉书·食货志》:"汉兴,接秦之敝,诸侯并起,民失作业,而大饥馑,凡米石五千,人相食,死者过半。高祖乃令民得卖子,就食蜀汉。"这两条史料都是政府让关中饥民就食蜀汉的记载,这次救荒,实际上又是一次向蜀汉地区的人口大迁移。中原之地受秦汉战争之苦最甚,必然有大批人口流往蜀地。常璩《华阳国志》卷三《蜀志》载汉武帝时,"山东被河灾,乃岁不登数年,人或相食,方一二千里,……下巴蜀粟以赈之"。又《汉书·高帝纪》载,汉高祖十一年(前196):"六月,令士卒从入蜀汉、关中者皆复终身。""复"是指国家赋税,这是汉高祖时期用鼓励的办法实施向关中和蜀地移民。

6. 避乱入蜀

《后汉书·隗嚣公孙述列传》又有因战争引起的移民,同书言"延岑、田戎为汉兵所败,皆亡入蜀。岑字叔牙，南阳人，始起据汉中，又拥兵关西。所在破散，走至南阳，略有数县。戎，汝南人，初起兵夷陵，转寇郡县，众数万人。岑、戎并与秦丰合，丰俱与女妻之。及丰败故二人皆降于述。"

7. 派遣入蜀

两汉时期，朝廷除了政府或鼓励、或行政强制向蜀地移民外，一些官员也从外地派来。这些移入的人口有的多有的少，但由于身份特殊，对蜀语的影响很大。例如文翁是庐江舒县（今安徽庐江）人，到蜀郡任太守，就创办学校，施行教育。这样对蜀的文化和语言都会产生很大的影响。

8. 自愿入蜀

除国家鼓励外，还有自愿移民的，例如《后汉书·隗嚣公孙述列传》："蜀地肥沃，兵力精强，远方士庶多归往之，邛、筰君长皆来贡献。"

9. 征人入蜀

西汉末年和东汉末年，中原都曾长期战乱，大量躲避战乱的外地百姓进入社会较为安定的巴蜀地区。《三国志·蜀书·刘二牧传》《华阳国志·公孙述刘二牧志》等记载，东汉末年，刘焉、刘璋集团率领大量军民入蜀，其中仅从南阳等地迁入的"东州士"、"东州兵"就有数万家之多。《后汉书·刘焉传》："南阳、三辅民数万户流入益州。"《资治通鉴》卷六十三："刘焉悉收以为兵，名曰东州兵。"不久，刘备、诸葛亮集团又率大量军民（其中以荆州人士为最多）入蜀，而16名高级将领中，河南有8人，湖南、湖北有5人，山东、陕西、河北各1人。① 这些外来将领，带了大量的士兵和人口，而且长期定居于蜀中。《三国志》曾为蜀国七十多人立传，而蜀地人不到四分之一。蜀汉灭亡以后，蜀人又大规模外迁，"并三万家于东及关中"（《华阳国志·大同志》）。

10. 少数民族入蜀

这当中既有短期的，也有长期的。长期者如僚人入蜀，短期者，如汉朝冉夷者，有六夷、七羌、九氐，"冬则避寒入蜀为佣，夏则违暑反其聚邑"（《后汉书·西南夷传》）。

11. 传教入蜀与出蜀

宗教人士的迁徙。出蜀者，如"到吴而能蜀语"的李宽；入蜀者，则道教天师张陵为沛国丰（今江苏丰县）人，据说曾入巴郡江州为官，后挂印而去；入江西龙虎山，结茅山中，炼丹筑坛。汉顺帝（115—144）时，张陵"闻蜀人多纯厚，易可教化，且多名山，乃与弟子入蜀，住鹄鸣山（即鹤鸣山，在今成都市大邑县西北三十里），著作道书二十四篇"。张陵客居蜀鹤鸣山，最初是为了"学道"，而不是布道。《三国志·魏志·张鲁传》："（鲁）祖父陵，客蜀，学道鹄鸣山中。"《华阳国志·汉中志》："汉末，沛国张陵学道于蜀鹤鸣山。"《后汉书·刘焉传》："（鲁）祖父陵，顺帝时客于蜀，学道鹤鸣山中。"张陵、张鲁学道和传道，道徒甚众，他们都离不开语言的交流，这对语言和民族的面貌有很重要的作用。

12. 政府开边出蜀

为了打通向西南的官方经济流通孔道，汉代屡次"开西南夷"，向盆地边境地区进行了

---

① 蓝勇：《西南历史文化地理》，重庆：西南师范大学出版社，1997年，第27页。

移民。如《华阳国志·南中志》晋宁郡下载："司马相如、韩说初开，得牛马羊属三十万，汉乃募徙死罪及奸豪实之。"永昌郡下载："孝武时通博南山，……徙南越相吕嘉子孙宗族实之。"

13. 秦地移民的挤压

石硕经过研究认为，因秦地移民挤压，"蜀地人群及部落向越巂和南中的迁徙当是一个持续、漫长的过程，迁徙时间亦各有早晚"，汉代存在于西南夷地区的一个特定人群——由蜀地流散到西南夷地区的"南迁蜀人"。如"蜀王子"和居姚、巂等处"留有政权组织的蜀人势力"。南迁年代可能是公元前316年前后秦灭蜀之际。① 又如《水经·叶榆水注》引《交州外域记》："交趾昔未有郡县之时，土地有雒田，其田从潮水上下，民垦食其田，因名为雒民。设雒王、雒侯生诸郡县。县多为雒将，雒将铜印青绶。后，蜀王子将兵三万来讨雒王、雒侯，服诸雒将。蜀王子因称安阳王。后，南越王尉佗举众攻安阳王，安阳王……遂败。安阳王下船径出于海。"交趾，地在今越南河南东北。②

秦汉时期的移民，以入蜀为主。政府组织的迁民大量入蜀，与当地蜀人的语言发生接触、融合，这使蜀语在这一时期成为一种典型的移民语言。尤其是"数万家""秦之迁民皆居蜀"等语，表明迁徙的规模很大，因为秦是"严刑峻法"，罪人的数量非常大，其迁徙的规模也不会小。蜀地虽然还是主要以蜀语作为交际工具，但是必然有一些新的语言成分融进蜀语中，使蜀人蜀语出现新的面貌。

三、古蜀人结构演变：出土文献证

1. 简文

（1）秦简《封诊式》曾列举一个蜀地迁徙的典型案例：

爱书：某里士伍甲告曰："谒鋈亲子同里士伍丙足，迁蜀边县，令终身勿得去迁所，敢告。"告法（废）丘主：士五咸阳才（在）某里曰丙，坐父甲谒鋈其足，迁蜀边县，令终身勿得云迁所论之。迁丙如甲告，以律包，今鋈丙足，令吏徒将传及恒书一封诣令史，可受代吏徒，以县次传诣成都。成都上恒书太守处，以律食。废丘已传，为报，敢告主。③

这段材料说"迁蜀边县"，咸阳士伍丙是被迁往蜀地去的。《封诊式》这一段材料非常有典型意义。说明秦灭蜀之后，一直将开发巴蜀作为大事。当时的巴蜀，少数民族很多，秦的势力相比之下极其微弱，要改变这种局面，当然要大量迁民。材料正反映了战国末年秦大规模往巴蜀迁民的现实。

---

①石硕：《汉晋之际西南夷中的"叟"及其与蜀的关系》，《民族研究》2011年第6期，第71页。
②徐中舒先生著有《交州外域记蜀王子安阳王史迹笺证》（《四川大学学报丛刊5·四川地方史研究专集》，1981年）、蒙文通先生著有《越史丛稿·安阳王杂考》（北京：人民出版社，1983年）、孙华先生著有《蜀人南迁考》（《成都大学学报》1991年1期），都专门讨论了蜀人南迁的问题。
③睡虎地秦墓竹简整理小组：《睡虎地秦墓竹简》，北京：文物出版社，1978年，第261页。

2. 蜀碑

（1）1966年4月，四川省郫县犀浦公社二门桥出土了东汉顺帝永建三年（128）《王孝渊碑》墓碑，碑文共13行，漫漶不清，可识的部分碑文为：

  永初二年七月四日丁巳，故县功曹郡掾□□孝渊卒。呜呼！□孝之先，元□关东，□秦□益，功烁纵横。汉徙豪杰，迁□□梁，建宅处业，汶山之阳。崇誉□□，□与叱功，故刊石纪，□惠所行，其辞曰：惟王孝渊，严重毅□，□怀慷慨。①

碑文记载墓主为王孝渊，死于东汉永初二年（108）。王孝渊先祖祖籍关东，在秦代时被迁徙到了关中地区，即碑文所言"□孝之先，元□关东，□秦□益，功烁纵横"，和扬雄在《蜀都赋》中所言一致。西汉初年作为关东豪杰又被迁徙到了蜀地，即所谓"汉徙豪杰，迁□□梁，建宅处业，汶山之阳"。按：梁，即指巴蜀之地。扬雄《蜀都赋》："蜀都之地，古曰梁州。"又《益州箴》："礛礳岷山，古曰梁州。华阳西极，黑水南流。""汶山之阳"的汶山，即岷山。汶山，即岷山。《王孝渊碑》所载王孝渊先祖的迁徙经历与景云先祖的迁徙经历极为相似。

（2）2004年，在重庆市云阳县双江镇建民村的旧县坪遗址出土了《汉巴郡朐忍令景云叔于碑》，②碑文隶书，共13行367字，其文有云："汉巴郡朐忍令广汉景云叔于，以永元十五年季夏仲旬己亥卒。君帝高阳之苗裔，封兹楚熊，氏以国别。高祖龙兴，娄敬画计，迁诣关东豪族英杰，都于咸阳，攘意蕃卫。大业既定，镇安海内，先人伯沇，匪志慷慨，术（述）禹石纽、汶川之会，帏屋（帷幄）甲帐，随车留滞，家于梓潼。九族布列，裳娩（冕）相袭，名右冠盖。"碑文记载蜀地朐忍（今重庆云阳）令景云东汉时期的籍贯是广汉郡梓潼县人，而他的先祖却是经历了西汉初年两次迁徙才到梓潼的。所谓"君帝高阳之苗裔，封兹楚熊，氏以国别"，表明景云是楚国贵族的后代。《史记·楚世家》载："楚之先祖出自帝颛顼高阳。高阳者，黄帝之孙，昌意之子也。""熊绎当周成王之时，举文、武勤劳之后嗣，而封熊绎于楚蛮，封以子男之田，姓芈氏，居丹阳。"从"仲春上旬朐忍令梓潼雍君讳陟宇伯宁为景君刊斯铭兮"款识，可知此碑立于东汉熹平二年（173）。景云先人伯沇籍楚，一迁关中，再迁蜀地梓潼。"帏屋（帷幄）甲帐，随车留滞"一语，表明这次移民到蜀地的人很多。"术（述）禹石纽、汶川之会"，其中的"汶川"指岷江，"衍（述）禹石纽、汶川之会"，指来到了大禹的家乡岷江一带，继承大禹的功业。

（3）四川博物馆还收藏有一块年代为东汉的墓门石枋石刻，其文为："唯吕氏之先，本丰沛吕□子孙。吕禄，周吕侯。禄兄征过，徙蜀汶山，□□□□□□□建成侯怠征过，徙蜀汶山，□□东杜（社）造墓藏丘冢。"③

吕后死后，吕氏家族便有迁往蜀者。碑刻中的"周吕侯"为吕太后的长兄吕泽，死于高祖八年（前199）；"建成侯"为吕太后的次兄吕释之，死于惠帝二年（前193）；"吕禄"为

---

① 高文、高成刚：《四川历代碑刻》，成都：四川大学出版社，1990年，第13页。
② 李乔：《从景云碑看景氏起源及汉代以前的迁徙》，《中原文物》2009年4期，第55页。
③ 孙亚冰：《眉县杨家村卌二、卌三年逨鼎考释》，《中国史研究》2003年第4期，第27页。

建成侯吕释之的少子;"征过"为吕禄之兄,则当为建成侯之子,很可能是建成侯的长子。《史记·吕太后本纪》:"建成康侯释之卒,嗣子有罪,废,立其弟吕禄为胡陵侯。"则这个被废的"嗣子"可能就是迁徙到蜀地的吕征过。从建成侯死亡的时间看,吕征过迁徙到蜀地的时间可能在惠帝初年,即西汉初年。"徙蜀汶山",即迁徙到岷山脚下。联系到《王孝渊碑》"建宅处业,汶山之阳",《汉景云碑》"衍(述)禹石纽、汶川之会""家于梓潼"等语,我们有理由相信,在西汉初年,确实从关中地区迁徙了一部分原籍是关东的贵族、豪杰到蜀地,即今四川地区,特别是今四川中北部地区,即汉碑所谓的"汶山之阳"或"汶川之会"地区。①

3. 蜀器

蜀地出土的器物与中原多有联系,前修时贤论述不少,此从略。述少者胪列如次:

(1) 赵地出现的"蜀西工"器。1970年至1972年,先后发掘了位于邯郸南部东端张庄桥村北的两座东汉砖拱多室墓(居南的一座为M1,居北的一座为M2)②。在张庄桥1号、2号汉墓的考古中,出土了刻铭为"建武廿三年蜀郡西工造乘舆大爵酒樽","乘舆"器至少是诸侯王用器。该墓还出土了东汉永元三年(91)、永元四年(92)铜鉴等一批铜器,故该墓可能是死于东汉赵国最后的三代赵王(赵惠王刘乾、赵怀王刘豫、赵献王刘赦)中的一位赵王的陵墓。

(2) 朝鲜出土的"蜀西工"器。1924年,在王氏墓发现的汉永平十二年(69)铭神仙龙虎画像漆盘,有25字隶书铭文:"永平十二年蜀郡西工夹纻行三丸治千二百户卢氏作宜子孙牢"。③ 1933年在朝鲜旧乐浪郡王光墓出土有"蜀西工长广成亟"为代表的铭漆器,其年份最早者为西汉始元二年(前85),最晚者为东汉永元十四年(102)。属元始三年(3)"蜀西工"造器有3件;元始四年"蜀西工"造器有7件。在朝鲜平壤出土的一批由广汉郡工官于元始年间制造的漆耳杯,也有同样格式与内容的铭文。

(3) 贵州出土的"蜀西工"器。贵州清镇M15曾出土过一件由广汉郡工官制造的漆耳杯,其上铭文:"元始三年广汉郡工官造乘舆髹洦画木黄耳杯,容一升十六龠;素工昌、髹工立、上工阶、铜耳黄涂工常、画工方、洦工平、清工匠、造工忠造,护工卒史恽、守长音、丞冯、掾林、守令史谭主"。④

这些漆器铭文与"蜀西工"造铜器的记载格式完全相同,都详细记载了制器的年代和器物的"乘舆"属性以及工官机构、官吏名称,但稍有区别在于,它们在记载器物名称和制造漆器的工种与铜器有所不同。建武廿一年"蜀郡西工造乘舆一斛承旋"器,建武廿三年"蜀郡西工造乘舆大爵酒樽"器,制造铜器的工匠为"铜工""金银涂""文工""造工"。而制造

---

① 袁延胜:《新出汉景云碑及相关问题》,《中原文物》2007年第3期,第58页。
② 陈光唐、王昌兰:《邯郸历史与考古》,北京:文津出版社,1991年,第94页。
③ 张飞龙:《中国漆文化的外传和影响》,《中国生漆》2005年第2期,第1页。
④ 王仲殊:《汉代考古学概论》,北京:中华书局,1984年,第47-49页。

漆器的工匠则为"素工""髤工""上工""黄涂工""通工""洀工""清工""造工"①。由"蜀西工"铜器和漆器铭文可知,汉"蜀西工"组织体制可分为制造、监造、主造系统。这与同时期设在其他地方的工官机构的组织体制相同。根据汉代官吏的设置,在东汉时期的工官机构中,"护工卒史"应为少府派驻,是总领工官的官吏,并有督察、协调各职官吏的职能。"长",其全称为"守长",是工官中负责行政的最高官吏。无论是用何种方式将这些古器物运到赵地、贵州还是朝鲜,都需要以语言作为重要的交际工具,这也扩大了蜀语的传播范围。

4. 蜀字

20世纪中期以来,就有不少学者研究"巴蜀图语"。1985年,成都西郊十二桥遗址中期,发现了一件陶制纺轮,其中两个字,与常见的"巴蜀图语"完全不同,应属于甲骨文系统。这个事实表明,"至迟在商代后期,蜀人可能已经使用和甲骨文同属一个系统的文字"。城固遗址出土的许多商文化遗物,如铜面具、铜泡、人面纹钺,与蜀地三星堆器物极其相似②。冯广宏先生通过研究发现,在同一器上既有汉字又有古蜀文字至少有八个:王、中、田、日(明)、十、大(或方)、老、弜。"有这么多汉字与巴蜀文字兼容,说明巴蜀文字的构造体系必然与汉字同类"③,结合蒙文通先生所举"氏"这个巴蜀的字来看,古蜀有一部分文字与中原文字是有着同一个来源,应该没有疑问。关于蜀人同时使用中原及巴蜀文字,冯广宏、王家祐有同样意见④。佟柱臣则认为蜀人商代已使用汉字,但蜀人当时并未有自己的文字⑤。从现在不断出土的文字看,应该说冯广宏、王家祐先生的意见较为可靠。

两汉时期的蜀地迁徙,较之先秦时期又有新的特点:一是规模更大;二是迁徙原因更复杂;三是既有主动的迁徙,也有被动的迁徙;四是迁徙是双向的,既有蜀地向中原甚至域外如朝鲜等地的迁徙,也有中原等向蜀的迁徙;五是迁徙不是一次完成,而可能经过多次,这样,蜀语的层次也就不能像大树的年轮一样分明,错综复杂的层次,为蜀语的层次性研究带来了极大的障碍。

四、中古时期:少数民族入蜀与侨置

汉末到魏晋时期,中原战乱,蜀地迁徙活动也没有间断。《后汉书·刘焉传》《三国志·蜀书·刘二牧传》《华阳国志·公孙述刘二牧志》等记载了三辅的老百姓数万户进入益州,刘焉把他们收编为"东州兵"。刘备三国时期进入四川,也带来大量的外地士兵,他们不少后来成为蜀汉政权的骨干。《三国志》曾为蜀国七十多人立传,而蜀地人不到四分之一。

这一时期,最重要的移民现象是僚人入蜀、李特流民和侨置郡县三大事件。

---

① 王仲殊:《汉代考古学概论》,北京:中华书局,1984年,第47—49页。
② 郑红利:《商蜀文化互动交流的考古学观察》,《四川文物》2003年2期,第59页。
③ 冯广宏:《巴蜀文字的期待》(十),《文史杂志》2005年第4期,第60页。
④ 冯广宏、王家祐:《邵之飤鼎疑辨》,《四川文物》1997年1期,第38页。
⑤ 佟柱臣:《巴与蜀考古文化对象的考察》,《南方民族考古》第2辑,成都:四川科学技术出版社,1989年,第188页。

1. 僚人入蜀

魏晋南北朝时期，有一次重要的入蜀大移民，一批蜀地边缘地区的少数民族来到了蜀地的腹心地带。《水经注》卷八："李寿之时，僚自牂柯北入，所在诸郡，布在山谷。"宋郭允蹈《蜀鉴》卷四载，晋康帝建元元年（343）"蜀李寿从牂柯引僚入蜀"，且"徙傍郡户三丁已上以实成都，又徙牂柯引僚入蜀境，自象山以北尽为僚居。蜀本无僚，至是始出。巴西、宕渠、广汉、阳安、资中、犍为、梓潼，布在山谷十余万落。时蜀人东下者十余万家，僚遂依山傍谷。"《太平御览》卷一六八、《寰宇记》卷一三九并引《四夷县道记》载："至李特孙寿时，有群僚十余万从南越入蜀汉之间，散居山谷。因思流布在此地，后遂为僚所据。"另载"初，蜀土无僚，至此……布在山谷，十余万落"。《通志》卷一九六、卷一九七所载事略同。《寰宇记》卷七十五引《益州记》："李寿从牂牁引僚入蜀境。"《资治通鉴》卷九十七载晋永和二年（346）冬，"蜀土先无僚，至是始从山出，自巴西至犍为、梓潼，布满山谷，十余万落，不可禁制，大为民患。"又卷一四六梁武帝天监五年（506）载："初，汉归义侯势之末，郡僚始出，北自汉中，南至邛、笮，布满山谷。"

西晋初年，僚迁入蜀，较之当时最多只有二十二万多户的蜀地，大规模地增加了户口。两汉时期计算少数民族的数量单位为"落"。"落"的单位比"家"大，有时指部落、村落、夷落，有时则等于"家"或"户"之义。换言之，这"十余万落"，也就是"十余万户"。入蜀僚人，每户又以五口计，至少有五十余万人。僚人所到，郡县皆废，人民流离。《元和郡县志》载，邛、简、普、资、嘉、雅等近二十个州"没于夷僚"。据《宋书》卷三十七、三十八《州郡志》，刘宋大明八年（464）四川地区三十五郡（包括侨郡）仅五万六千余户，二十九万七千余口，略为晋太康时户口的四分之一。① 僚人入蜀后，分布很广，西晋时期设立的蜀地十五郡，有十四郡都有僚人居住的记载，范围包括蜀、犍为、汶山、汉嘉、江阳、朱提、越巂、梓潼、广汉、新都、涪陵、巴郡、巴西、巴东、建平。这样大规模的人口迁徙，必须会在蜀语的发展中有表现。

2. 李特流民入蜀

晋元康八年（298）大量西北的流民入蜀地。《晋书·李特载记》载侍御史李苾给朝廷的奏章说："流民十余万口，非汉中一郡所能赈赡，东下荆州，水湍迅险，又无舟船。蜀有仓储，人复丰稔，宜令就食。"朝廷只好让大量的流民进行蜀地。公元301年，朝廷要求这些流民返回本土，益州刺史罗尚却处处设卡，流民起义爆发。宋郭允蹈《蜀鉴》卷四："晋太安二年（303），益州流民十余万户徙荆州。李特之乱，三蜀民流并南人东下……其人荆州者十余万户羁旅贫乏，镇南江军刘弘大给其田及种粮……流民稍安。"永兴元年（304），李特攻入成都。306年，子李雄即帝位，国号大成。338年，李寿改国号汉，史称成汉。六郡流民大起义，人口大量入蜀。《晋书·地理志》记载，晋初蜀郡、犍为、梓潼、巴西、广汉、新都六郡总人口约为11.18万户，秦、雍二州流民蜂拥入蜀后，短短数月间，蜀地人口剧增数万，已近20万户。

---

① 李世平：《四川人口史》，成都：四川大学出版社，1987年，第68页。

3. 侨置郡县

20世纪30年代，谭其骧先生曾著《晋永嘉丧乱后之民族迁徙》一文，对各地移民情况做过详细的研究。其中谈及四川境内仅有十余侨郡，移民多来自陕西、甘肃及本省之北部。少数系河南人，所设地点在成都东北、川陕通途一带。共有白水、永昌、始康、南汉、巴西、江阳、南阴平、晋西、安固、南汉中、北阴平、武都都、南新巴、南晋寿、天水、怀宁15郡。① 至于人口，"益州地区《宋书·州郡志》载益州领郡29，其中可以查证的各类侨郡达15个，占1/2；全州总户数54042，而侨郡县领户达14791，占1/4强，由此可见益州侨郡县规模确实不小。"② 而且没有土断之举，北周时代，益州侨郡县才消失殆尽。可见，外地移民的方言岛现象应该保留得较久。

僚人入蜀、流民起义、侨置郡县三大移民事件给这一时期蜀人的面貌带来了深刻的影响。如果说，先秦两汉时期蜀语的接触与融合主要体现在他与相邻方言之间，而这一时期，少数民族语言对蜀语语音、词汇也会产生重要的影响。相应地，对整个这一时期的蜀人成分也有很大的影响，他决定了明末清初以前一千年中蜀人的基本面貌。

结语：通过民间传说、传世文献、出土文献的三种证据，虽然不能说是完全形成了证据链，但其大略可知，中上古时期的蜀人是一个多元混合系统。这个系统从地理分布上看，在某些时段，其核心地域应该是以华夏民族为主体，周边少数民族为辅。从结构和层次上看，蜀地原生民是古蜀人的底层和核心，通过移民的外来迁民是中上古蜀人的重要组成部分，通过民族融合和魏晋南北朝时期的侨置郡县是中上古蜀人的上层。到这一时期，蜀人的面貌基本定形，这一情形一直延续到明末清初。

（原刊于《社会科学研究》2019年第3期）

作者简介：汪启明，西南交通大学特聘教授，编审，博士生导师。人文学院教授委员会主任，中华传统经典普及基地主任，国家社科基金重大项目首席专家，四川省学术和技术带头人；中国训诂学研究会副会长，中国音韵学会常务理事，四川省语言学会副会长；教育部长江学者通讯评审专家，教育部学位与研究生教育通讯评审专家、四川省"五个一"工程图书评奖专家，四川省社科奖评审专家，省新闻出版局图书评奖专家组专家、国家重大出版基金项目《汉语大词典》（修订）编委，国家重大社科基金项目《巴蜀全书》语言咨询专家，国家十二五规划项目《辞源》（修订）审稿专家。研究方向为汉语言文字学、编辑出版学。承担国家社科基金项目"中上古蜀语考论""魏晋南北朝方言研究"，国家社科基金重大项目"方志中方言资料的整理、辑录及数字化工程"。本文是国家社科基金项目"中上古蜀语考论"的部分成果。

---

① 谭其骧：《晋永嘉丧乱后之民族迁徙》，《燕京学报》1934年第15期，第64页。
② 陈干康：《论东晋南朝的侨州郡县》，《四川师范大学学报》1995年第2期，第103页。

清代郫县诗人盛大器研究三题*

西华大学人文学院　王燕飞

摘　要：盛大器是清代嘉庆、道光间郫县籍著名诗人，早负才名，志高行卓，学富品优。他在嘉庆十三年中举后，曾七次参加科举考试，均以失败告终，后决意科举，教授乡里，晚年主讲岷阳书院。他曾参与（嘉庆）《郫县志》的编纂工作，交游广泛，著有诗集，惜已不存。本文通过相关文献的勾稽，从三个方面对盛大器的家世、生平、交游、著述等情况进行了研究。

关键词：盛大器　家世　生平　交游　著述

一、盛大器的家世与生平

（一）盛大器的家世

关于盛大器的家世，（同治）《郫县志》卷三十《孝友》载有其弟基立传，略述其家世云：

> 其先世讳卿公以游击随良栋平吴逆入川，迨孝子祖敦敏公始迁郫居焉。父讳瑭，字德修。母戴孺人。季子。①

同卷载有乃祖盛世芳小传，略云：

> 盛世芳，字又安。为人慷慨有古义士风。少读书，工文艺。及壮，娴弓马，然不屑介意，曾一试，获隽，辄弃之。生平笃于孝友，父母兄弟无间言。尝置庄田，在锦城西，悉分诸弟，无德色。独迁于郫，薄治田产，劝耕课读，以诗书自娱，至老不倦。及卒，其乡谥之曰"敦"，前庶常吉士仪部主政姜锡嘏为之传。平日常吟咏弗绝口，皆不存稿，故存者寥寥。孙大器搜其遗箧，仅得《翔鹤堂上梁文》一篇，载入《艺文志》。

---

*本文系四川省社科联重点研究基地"西华大学地方文化资源保护与开发研究中心"重点项目"《孙锖诗集》整理与研究"（项目编号18DFWH-057）阶段性成果。

①同治《郫县志》卷三十《孝友》，同治九年刻本。

碎金片玉可宝，正不在多也。孙大器，举人。大镛，训导。曾孙辉绍，监生。礽绍，把总。心绍，复初文生。①

按，良栋，即赵良栋（1621—1697），字擎之，号西华，甘肃宁夏（今宁夏银川）人，清初著名将领，河西四汉将之一。据《清史稿》本传，良栋平吴三桂入四川在康熙十九年（1680）②，则大器先世卿公当于是年入川。据以上两文，可知卿公子世芳迁居于郫县，遂为郫人。世芳生瑭，瑭娶戴氏，生三子：大器、大镛、基立③。又有后人辉绍、礽绍、心绍。其世系如下简表：

卿公—盛世芳（敦敏公）—盛瑭—大器、大镛、基立—辉绍、礽绍、心绍

（二）盛大器的生平

关于盛大器的生平，（同治）《郫县志》卷二十八，（同治）《重修成都县志》卷七，《全蜀诗钞》卷三十五，（民国）《郫县志》卷三等均有记载。大器同乡、著名诗人孙锓在其死后，作有一篇哀辞《盛汝舟哀词》，悼念大器，对他的生平有所介绍，这应该是最早有关大器生平的记载，其文略曰：

檬园盛汝舟大器，里人也。……人固望而畏之，独尝昵就予，谭上下古今，恣为汪洋荒怪。……君既有名于时，嘉庆戊辰（十三年，1808），弋乡荐，益思大建白。七上春官，得而复失者再。中年教授乡土，诸生多所成就，杂出其才知，为诗赋词章。家居作楼台亭圃，招客往游，常郑重迟予共晨夕。顾君意致儒雅，而予粗疏；君心计精审，而予浮泛。君学问词翰，无不多人；而予拙滞，与时相左；又君豪于饮，而予至不能名杯勺。因是交相知，而行相违。

……

今汝舟负才与知，而其气未尝一载与俱出，表襮天壤，或养之有未至与！抑我辈同生太平，既不得位，无能自显与！道光壬辰三月以病终，年五十有四。呜呼哀哉！独念十年来，与汝舟江乡柴荆相望，方约吾两人者暇则乘蹇驴相访，优游闾巷，白头如新，称岷阳素士足矣。曾不一瞬，当日之促膝抵掌，谈天说怪，有如洪荒浩渺，忽为陈迹。吾党交游乡曲中，负气多才艺，不随俗頫俯如夫夫者，而今亡矣。④

结合这篇哀辞，再参酌相关方志记载，我们可以对大器的生平有一个大体的勾勒。

第一，关于盛大器的生卒年，文中云"道光壬辰三月以病终，年五十有四"，道光壬辰为道光十一年，公元1832年，逆推54年，为公元1778，根据古人年龄的计算方法，一出

---

① 同治《郫县志》卷三十《孝友》，同治九年刻本。
② 赵尔巽等：《清史稿》卷二五五《列传四十二》，北京：中华书局，1998年。
③ 孙锓：《瘦石诗钞》卷6《盛孝子诗》注曰："孝子名基立，邑诗人汝舟之弟。"（《清代诗文集汇编》，第555册，据道光二十九年补刊白云村舍藏版影印本，上海：上海古籍出版社，2010年，第30页。）
④ 孙锓：《瘦石文钞》卷十二，《清代诗文集汇编》第555册，据道光二十九年补刊白云村舍藏版影印本，上海：上海古籍出版社，2012年，第325—326页。

生便算为一岁，大器当出生于乾隆四十四年己亥（1779）。因此，大器的生卒年当为公元1779—1832。

第二，关于大器的籍贯。（同治）《重修成都县志》记载为"成都人"[1]，误。按，文中曰"里人"，孙锓为郫县人，又（同治）《郫县志》卷二十五、《全蜀诗钞》卷三十五、（民国）《郫县志》卷三均载其为"郫县人"，故大器籍贯当为郫县人。

第三，关于大器的字号。大器，字汝舟，号竹溪子、檬园。（同治）《郫县志》卷二十八"文苑"载："盛大器，字汝舟，号竹溪子。"哀辞中曰"檬园盛汝舟大器"，又（嘉庆）《郫县志》卷首大器《序》亦自称"檬园盛大器汝舟"[2]，亦可证。

第四，关于大器的科考及事迹。大器早负才名，志高行卓，学富品优，意量辉宏，于嘉庆戊辰（1808）中举，后七次参加科举考试，均无所获，遂决意科举，教授乡里，晚年主讲岷阳书院。（同治）《郫县志》卷二十八《人物志·文苑》载："晚主讲岷阳书院，如优贡周泽浓、举人吴文光等皆出其门。"[3]

第五，大器曾于嘉庆十七年（1812）参与《郫县志》的纂修工作[4]。（嘉庆）《郫县志》卷首《序》称："己巳（1809）年，余客京师，闻同邑卫君楷园与刘君甫田、何君致庵慨然以重修县志为己任，纂辑数月……事遂中止。至辛未年（1811），余自京归里，适值大宪咨请重修省志，檄下州县，俱令修志，送呈以备采辑。时则陆公古山明府他调，故未遑及。洎壬申（1812），朱春舫明府来摄郫篆，下车伊始，延余属以此事。余谢不敏，固辞不获，遂与乡前辈李君安之、徐君嵩亭、杨君春山，兼同学中诸友等商榷，乃取前志……于暮春朔日开纂，至晦日蒇事。嘉庆十七年仲秋月，檬园盛大器汝舟氏谨识。"

第六，大器无嗣，有兄弟数人，可考者有：大淮[5]、大镛、基立、图南[6]。

二、盛大器交游考

由于相关文献的缺失，盛大器的交游情况不是很明确，然而，通过对相关方志和与其交游人员诗文集的勾稽，还是可以有所收获。以下通过三个方面考查大器的交游情况。

（一）与修志人员的交游

据（嘉庆）《郫县志》卷首罗列参与修志的人员，计有赵佩湘、李馨、沈芝、陆光宗、李宝曾、朱鼎臣、钱枚、杨如桂、李敦美、王瑊、杨嵑、刘国仕、卫道凝、刘倬、盛大器、何其祥、应让、徐步高、李绥来、杨孚甲、傅鹏飞、严安、倪朝缙、高步云、范国章、李学

---

[1] 同治《重修成都县志》卷七《人物志·文苑》，同治十二年刻本。
[2] 嘉庆《郫县志》卷首，《四川大学图书馆藏珍稀四川地方志丛刊》第1册，据嘉庆十八年版道光二十四年墨韵堂补刊本影印，成都：巴蜀书社，2009年，第13页。
[3] 同治《郫县志》卷二十八《人物志·文苑》，同治九年刻本。
[4] 同治《郫县志》卷二十八《人物志·文苑》载："嘉庆辛未（1811），修辑县志，推汝舟主其事，匝月而书成。"误，当为嘉庆十七年壬申（1812）。
[5] 同治《郫县志》卷二十八《人物志·文苑》载："无嗣，以弟大淮子后。"
[6] 孙锓《瘦石文钞》卷七《为欧阳艺垣、盛汝舟诗集序》云："今岁秋七月，厥（汝舟）弟图南学博，抱遗集见委。"第296页。

嵩、王元兴、余纯蝦、叶凤楼、宗兆麟、唐廷芝、朱深适、骆蹈平、李宗瓒、袁大谟、杨景、范守贞、徐镧、施自南、赵遵训、张采侯、曹宣昭、孙嘉恩、赵熊诏、骆维健、孙际昌、萧芳芝、盛大鹏、孙久昌、张学溥、孙支秀、孙澍、骆蹈平、郑运泰、王廷辅、文端策、雷开震、杜杰、吴万友等59人①。又据卷首大器序云："己巳年，余客京师，闻同邑卫君棩园与刘君甫田、何君致庵慨然以重修县志为己任，纂辑数月……事遂中止。至辛未年，余自京归里……时则陆公古山明府他调，故未遑及。洎壬申，朱春舫明府来摄郫篆，下车伊始，延余属以此事。余谢不敏，固辞不获，遂与乡前辈李君安之、徐君嵩亭、杨君春山，兼同学中诸友等商榷。"可知，其与交游者主要是卫道凝（卫棩园）、刘倬（刘甫田）、何其祥（何致庵）、陆光宗（陆古山）、朱鼎臣（朱春舫）、李绥来（李安之）、徐步高（徐嵩亭）、杨孚甲（杨春山）等人，其他人员据嘉庆、同治《郫县志》所载，亦略为介绍如下。

1. 与《郫县志》续纂人员的交游

陆光宗，字古山，浙江嘉兴府海盐人。由捐职军功议叙，嘉庆十年（1805）任郫县知州，曾参与（嘉庆）《郫县志》的续纂工作。生平见（嘉庆）《郫县志》卷二十四《职官》。

李宝曾，江苏直隶通州人。举人。嘉庆十四年（1809）任郫县知州，曾参与（嘉庆）《郫县志》的续纂工作。生平见（嘉庆）《郫县志》卷二十四《职官》。

朱鼎臣，字靖叔，广西桂林府临桂人。嘉庆三年（1789）举人。嘉庆十七年（1812）任郫县知州，曾参与（嘉庆）《郫县志》的续纂工作。生平见（嘉庆）《郫县志》卷二十四《职官》。

钱枚，浙江嘉兴府嘉善县人。举人。由教习议叙。嘉庆十八年（1813）任郫县知州，曾参与（嘉庆）《郫县志》的续纂工作。生平见（嘉庆）《郫县志》卷二十四《职官》。

杨如桂，甘肃直隶秦州人，举人。嘉庆十八年（1813）任郫县知州，曾参与（嘉庆）《郫县志》的续纂工作。生平见（嘉庆）《郫县志》卷二十四《职官》。

2. 与《郫县志》分纂人员的交游

李敦美，潼川府三台县人。由廪生捐训导。嘉庆十七年（1812）任郫县教谕，曾参与（嘉庆）《郫县志》的分纂工作。生平见（嘉庆）《郫县志》卷二十四《职官》。

王璣，嘉定府夹江县人，举人。嘉庆十七年任郫县教谕，曾参与（嘉庆）《郫县志》的分纂工作。生平见（嘉庆）《郫县志》卷二十四《职官》。

3. 与《郫县志》采访人员的交游

杨喝，安徽人。监生。嘉庆十五年（1810）任郫县典史，曾参与（嘉庆）《郫县志》的采访工作。生平见（嘉庆）《郫县志》卷二十四《职官》。

刘国仕，华阳县人。嘉庆十四年（1809），由行伍任郫县驻防把总，曾参与（嘉庆）《郫县志》的采访工作。生平见（嘉庆）《郫县志》卷二十四《职官》。

---

① 其中"骆蹈平"前后出现两次，不知是重出还是同名者。

4. 与《郫县志》编次人员的交游

卫道凝（1762—1823）①，字涣之，号桤园。世居子云亭。幼而聪颖，长好读书。年十七入邑庠，旋食廪饩。二十五岁，领乡荐第一。五试礼闱不遇，退而讲身心性命之学，历主岷江、崇阳，并八旗书院。曾参与（嘉庆）《郫县志》的编次工作。著有《六经精义》《周易集注》《太常朝践礼补》《春秋传举要》《忠说遗言》《蜀编年志》《史评》《谨独前后篇》《诸子精醇》《敬信录》（嘉庆）《崇宁州志》十卷首一卷、《桤园彙草》《桤园诗集》《杨子云蜀都赋注解》等。生平见（同治）《郫县志》卷二十八《人物志·儒林》。

刘厚滋，原名刘卓，号甫田。嘉庆甲子（1804）科举人，历署上蔡、尉氏、河内等地。所至弘奖士类，立限课士。戊子关中解首刘世勋、乡试榜元申启元等，皆其门人。河内柏乡镇有肥饶地，苦无水灌溉，乃设方计，于河堤上作一孔，可启闭，而于堤固无损。得溉田数千顷，民德之。遂于镇立生祠，以祀之。曾参与（嘉庆）《郫县志》的编次工作。生平见（同治）《郫县志》卷二十八《人物志·宦迹》。

何其祥（1773—1844），号致庵，由廪生领嘉庆丁卯（1807）科乡荐。曾参与（嘉庆）《郫县志》的编次工作。嘉庆二十二年（1817），补授三台教谕。历署遂平、正阳、罗山、信阳州、确山、浚县等处，所到卓有正声。道光十四年（1834），调充文闱供给，官复署汝阳县。二十三年（1843），充河南同考官。明年，卒于登封任所，年七十有二。生平见（同治）《郫县志》卷二十八《人物志·名贤》。

徐步高（1741—1832），字嵩亭。诗学以优等食饩，后开馆授徒，教人子弟，一言一行，随事指点，须思养成德器，徒拘拘词章之末，非所以培植人才也。嘉庆中，春舫朱县尊奉文修志，聘嵩亭与李安之董其事，谓众绅曰："此事专门委之二老者。"蒇事归，未尝以只字阿所好。道光四年（1824），授江津训导。晚年行吟自适，督小孙辈读书尤严。享寿九十有二。生平见（同治）《郫县志》卷二十八《人物志·惇行》。

李绥来，字安之。贡生。生平见（同治）《郫县志》卷二十五《选举》。曾参与（嘉庆）《郫县志》的编次工作。

杨孚甲，字春山，洪雅人②。幼随起父宣溯江适岷，止郫之柳树村，因家焉。年二十，为邑明经，设皋比训学者五十载。及门多举于乡，人称之曰"笋里杨夫子"。曾参与（嘉庆）《郫县志》的编次工作。年七十五卒。（嘉庆）《郫县志》卷三六收其《培修圣庙碑记》文1篇。生平见孙锽《瘦石文钞》卷三《杨春山传》、（同治）《郫县志》卷二十八《人物志·文苑》。

5. 与《郫县志》参阅人员的交游

高步云，初号雨亭，举人。正直端方，乐善勇义。嘉庆初，合邑举公孝廉方正。三赴春官，两次获荐，几得，复失。曾参与（嘉庆）《郫县志》的编次工作。嘉庆二十二年

---

①关于卫道凝的生卒年，王晓波主编：《清代蜀人著述总目》（成都：四川大学出版社，2009年，第102页）著录其生年为公元1762。据同治《郫县志》卷二十八《儒林》记云："嘉庆丁丑（1817）大挑一等，请改广文，补江南训导。癸未（1823）卒于任。"可知卒年为道光三年（1823）。

②《清代蜀人著述总目》谓其为"郫县人"，第103页。

(1817)，署筠连教谕。半年馀，解任。次年，补荣昌，数月卒。生平见（同治）《郫县志》卷二十八《人物志·名贤》。

傅鹏飞，字图南，郫县孙村人。家世业儒。年弱冠，与其兄秀渭俱为诸生，有文名。鹏飞尤刻苦读书。举进士，初仕为湖南桂东令。十馀稔，官久不进。肆解组归。曾参与（嘉庆）《郫县志》的参阅工作。年七十，与妇以病终。生平见（同治）《郫县志》卷二十八《人物志·宦迹》。

倪朝缙，郫县孙村人，由选贡生为武昌鹤州牧，以勤著。曾参与（嘉庆）《郫县志》的参阅工作。生平见（同治）《郫县志》卷二十八《人物志·宦迹》。

严安，乾隆三十九年（1774）举人。嘉庆初，宰山西蒲县。邑有贫民无田无业，年皆照例上纳公项，不能除。公筹之幕友，谓不能免。公遂自为文卷，请免。上宪亦谓不能免，如强则罢官。公遂独与子向臣筹办，虽罢官不惜。多方设计，始免。民至今德之。曾参与（嘉庆）《郫县志》的参阅工作。生平见（同治）《郫县志》卷二十八《人物志·宦迹》。

李学嵩（1778—1857），字中岩。三岁背父，家贫如洗，励志苦读，其母绩纺助膏火。年十五游泮，中乾隆壬子（1792）副车。为文理境深细，有国初诸老风。曾参与（嘉庆）《郫县志》的参阅工作。晚年家居批点四子讲书，年八十卒。生平见（同治）《郫县志》卷二十八《人物志·儒林》。

王元兴，号勉亭。幼贫，为人佣。窃喜读书，馆师嘉其意，命之读书，昼夜勤奋。中癸酉（1813）举人，任三台教谕。归，掌教岷阳书院。曾参与（嘉庆）《郫县志》的参阅工作。生平见（同治）《郫县志》卷二十八《人物志·惇行》。

6、与《郫县志》分校人员的交游

范守贞，字介夫，号固庵。嘉庆癸酉（1813）拔贡。道光壬午（1822）举人。曾参与（嘉庆）《郫县志》的分校工作。生平事迹见（同治）《郫县志》卷二十八《人物志·惇行》。

（二）与孙锜、孙澍等人的交游

如果说大器与修志人员的交游没有直接的诗文作为证据，那么，他与孙锜、孙澍二兄弟的交游则有文献可征。在孙锜的《瘦石诗钞》《瘦石文钞》和孙澍的《春皋诗集》《春皋文钞》中，提及大器的诗文有21首（篇），而且据孙锜《盛汝舟哀辞》所云"独念十年来，与汝舟江乡柴荆相望"，可见大器与孙氏二兄弟的交游当有十年左右的时间。

孙锜（1787—1849），先名澈，后改锜，号草桥，又号瘦石、岷阳大布衣，晚乃号子畏。郫县人。少颖敏，好读书，先世有田百余亩，所入除自给外，多购书藏之。初习举子业，嘉庆年间游京师，入太学。文思敏捷，下笔立就。后取道山东，扁舟吴楚，览名山大川，遨游缙绅间，声名日起。归而杜门著述，尤重前人遗集。如李白、张俞、虞集、许儒龙、岳钟琪等集，与弟澍手订付梓。又刊行《古棠书屋丛书》，收录经史子集著作十六种，保存了大量蜀中著述，颇可珍贵。孙锜为文尚奇崛，诗学汉魏，颇有根柢。道光二十九年（1849）病卒，年六十五岁。著有《蜀破镜》三卷、《郫书》六卷、《瘦石诗钞》三十三卷、《瘦石文钞》十三卷、《瘦石文钞外集》二卷等。生平见（同治）《郫县志》卷二十八《人物志·儒林》。

孙澍，字雨庵，号雨皋，又号子皋。锴弟。嘉庆二十四年（1819）举人，官綦江教谕，期年，既告归，与锴著书不辍。居乡，遇年歉，能出谷以赈灾其近乡人。又立义塾，以教乡子弟，是皆足多者。著有《商丘史记》十卷、《杜主开明前志》四卷、《孙春皋诗集》二卷《文钞》二卷《外集》二卷、《国朝古文选》二卷、《太玄集注》四卷、《补费仲若明蜀诗》十五卷等。生平见（同治）《郫县志》卷二十八《人物志·儒林》。

据检索，《瘦石诗钞》卷六《盛孝子诗》《莲池庵盛汝舟寓斋》，卷七《岷阳精舍访盛汝舟山长》，卷十一《己丑上元盛汝舟枉唁鹅溪村舍》《春晴出游逢盛汝舟偕过东门酒家》《同子皋过城东登盛汝舟书楼》《岁暮寄盛汝舟》，卷十二《寄怀盛汝舟园居》《上巳盛汝舟招集檬园》《同子皋出东门再过盛汝舟园居》，卷十三《庚寅九日同人集东城卖酒楼次盛汝舟孝廉韵》《盛汝舟病起移居成都作歌送之》《寄怀盛汝舟同庚寅九日韵》，卷十四《盛汝舟挽诗》《校订盛汝舟诗集感题》，卷十九《景德寺佛图览古感怀盛汝舟》，卷二十《反自犀浦经过盛汝舟檬园二首》，卷二十二《九月既望周尉村招饮东门酒家是昔年与盛汝舟买醉处得诗一首》；《瘦石文钞》卷七《为欧阳艺垣盛汝舟诗集序》，卷十二《盛汝舟哀词》等20首（篇）诗文，《春皋文钞》卷一《释病送盛汝舟移家成都序》有1篇提及大器，可见他们之间交游之情形。

又，据（同治）《郫县志》卷二十八《人物志·文苑》载："（大器）与垫江李惺、大竹王怀曾昆仲，交契尤密。"卷三十《人物志·孝友》卷三十《人物志·孝友》："（基立）兄汝舟与惺为同年友。"① 可见，大器与李惺、王怀曾、王怀孟等人亦有交游。

李惺（1787—1864），字伯子，号西沤，别号拙修老人、清微道人。垫江（今重庆垫江县）人。嘉庆二十二年（1817）举人。历官翰林院检讨、詹事府右赞善。后主讲锦江书院讲席二十年。著有（咸丰）《阆中县志》八卷、《西沤全集》八卷外集八卷。生平见宋宝械《西沤先生传》、（同治）《大邑县志》卷一六下、（光绪）《垫江县志》卷七、卷八等。

王怀曾，字鲁之，四川大竹人。中嘉庆十五年（1810）副榜，道光二年（1822）举人。历任山东费县、安丘、长清、东平、兰山等县知县。与弟怀孟同纂修县志。著有《待鹤楼诗钞》四卷。生平见（道光）《大竹县志》卷二十七。

王怀孟（1787—1840），字小云，怀曾仲弟。嘉庆十五年（1810）举人，任咸安宫教习、长宁县教谕。编纂有（道光）《大竹县志》四十卷，著有《零砾诗存》三卷、《小云词縢》一卷。生平见（道光）《大竹县志》卷二十七。

(三) 与弟子的交游

（同治）《郫县志》卷二十八《人物志·文苑》载："（盛大器）晚主讲岷阳书院，如优贡周泽浓、举人吴文光等皆出其门。"可知其与弟子周泽浓、吴文光亦有交游。

周泽浓，字慰村，号澹园居士，郫县东关人。自少开爽英敏，才气豪迈，有不可羁鞠之概。生父之桢出继叔之翰，后叔父母待之如亲身。公亦以诚孝得亲欢。髫年游泮，旋食饩。

---

① 据同治《郫县志》卷三十《孝友》"盛基立传"末云："西沤李惺序"，可知基立传乃是采辑李惺之序，然检索李惺《西沤全集》，并未找到此篇，或可补缺。

字、诗、文皆英气逼人。往游锦江书院，官师课及决科，屡第一。以优行人贡，随入都试。归，放意诗歌，与大令李公甫、李红樵及邑中长于诗者，更倡迭和，诗益肆以奇。弟子从之，从游者众。著有《竹根书屋诗》四卷、《壮游草》二卷，杂诗六十馀首。生平见（同治）《重修成都县志》卷七《人物志·文苑》、（同治）《郫县志》二十八《文苑》。

吴文光，生平事迹无考。（同治）《郫县志》卷三十五《艺文》收其诗《题彭太孺人抚孤图》《杨文泉先生凉山踏雪图》2首。

三、盛大器的著述及流传情况

关于大器的著述，目前可考知者仅为两部，一是大器曾主纂方志一部，即（嘉庆）《郫县志》四十四卷，卷首一卷。关于此书之编纂原委、刊刻时间，大器曾在该志编纂完成之后写有一篇序文如下：

> 郫邑旧志失传，乾隆十六年李少白明府令郫蒐罗访辑，草创成书，规模略具，嗣经沈兰谷明府续修，亦未大备。己巳年，余客京师，闻同邑卫君桤园与刘君甫田、何君致庵慨然以重修县志为己任，纂辑数月，因部署章程，与县令龃龉，事遂中止。至辛未年，余自京归里，适值大宪咨请重修省志，檄下州县，俱令修志，送呈以备采辑。时则陆公古山明府他调，故未遑及。洎壬申朱春舫明府来摄郫篆，下车伊始，延余属以此事。余谢不敏，固辞不获，遂与乡前辈李君安之、徐君嵩亭、杨君春山，兼同学中诸友等商榷，乃取前志，繁者节之，漏者补之，讹者正之，并将数十年来人物事迹添载其后，于暮春朔日开纂，至晦日蒇事。余跋以诗云……皆纪实也。编次毕，县尊朱春舫复以稿质于赵芸浦学宪，报曰："可。"爰缮写二册，一呈省志局内，一存县镂版。时将付剞劂，因为叙其颠末如此，馀不赘言。嘉庆十七年仲秋月，檬园盛大器汝舟氏谨识。

据大器序文可知，郫邑旧志，久失其传，迄清乾隆十六年，县令李馨始为草创，成《郫县志》十卷①。嘉庆十七年，四川总督表修志，檄下各府厅州县，令修辑志乘，以备采择。时郫令朱鼎臣奉檄纂修，乃延请邑人盛大器诸人，据乾隆李馨旧志，增辑删补，撰成新志四十四卷。将刊而鼎臣以忧去，终成其事者，继任知县钱枚也。道光二十四年（1844），县令杨得质复以嘉庆旧版蠹蚀过半，于县署后斋墨韵堂鸠工补刊。书前附有乾隆、嘉庆、道光诸版序言，叙其书缘起甚详。此本今存两部，分藏于四川大学图书馆、国家文物局文物保护科学技术研究所资料组。②姚乐野、王晓波主编《四川大学图书馆馆藏珍稀四川地方志丛刊》第一册据嘉庆十八年版道光二十四年墨韵堂补刊本影印，巴蜀书社2009年9月出版。

二是大器的诗集。《全蜀诗钞》著录其《碧檀栾斋诗草》，（民国）《郫县志》作《碧檀栾室诗钞》，均不著录卷数。关于该诗集的情况，和大器有交游的郫县人孙锴曾为其作序，并校订之，孙锴《为欧阳艺垣、盛汝舟诗集序》曰：

---

①该书名为乾隆《郫县志书》，有刻本传世，收于《故宫珍本丛刊》第205册《四川府县志》第1册，海口：海南出版社，2001年。

②参看嘉庆《郫县志》"提要"。

道光四年（1824），予莅郫。郫，故古邑……帖括之余，兼为歌诗。时岷阳讲舍邑诗人汝舟为之主，诸生多所成就。其为人有守负气，与言必根于志节，往□□，稔如一日。初刻制艺文若干篇，尝出相商订。予听讼余间，品题及之，汝舟谬许知言。后计偕北上，终无所遇……予方几冀夫夫，终当树功业，不仅托诸空文以自见。讵意富才啬命，客春一病，遂成古人邪！

　　今岁秋七月，厥弟图南学博，抱遗集见委，并请序行，且曰："亡兄意也。"

　　予不忍辞，慎择其尤雅，订为二卷，壮心苦志，于是具存……独是与汝舟交近十年，始不欲汝舟之以诗鸣，而图南抱鹡鸰孔怀之戚，为哲兄谋身后名者，固在一吟一咏，世所谓穷人具也。呜呼！①

据孙锓文中"予不忍辞，慎择其尤雅，订为二卷"可知，《碧檀栾斋诗草》当为两卷，大器生前并未刊刻流传②，死后由其弟图南收藏，并按照大器遗愿请孙锓为之作序。孙锓不仅为之作序，还作诗一首以悼念，《校订盛汝舟诗集感题》云：

　　一代黄金尽，斯文孰赏音？敢循常士习，孤负淡交心。风雨诗书晦，泥涂岁月深。秋魂归应晚，何处哭枫林？③

诗人对大器的去世表示悲伤，并对其诗文后世无人赏识表现出无奈之情。

大器的诗集或未经刊刻，后散佚不存，现只能在孙桐生选辑的《全蜀诗钞》卷三十五、（同治）《重修成都县志》卷十一、（同治）《郫县志》卷三十五等总集、方志中略窥一二，吉光片羽，弥足珍贵。通过勾稽相关文献，我们共辑得文1篇，诗歌12题15首④，残句5句。研究这些残存的诗歌，我们可以粗略地了解大器诗歌创作以七律为主，节奏鲜明，音节和谐，喜用典故等特色⑤。

作者简介：王燕飞，男，文学博士，西华大学文学与新闻传播学院副教授。主要从事中国古代文学和古典文献学的教学和研究工作。

---

①孙锓：《瘦石文钞》卷七，第295—296页。
②同治《重修成都县志》卷七载大器生平，云："为诗若干卷，未梓而卒。"
③孙锓：《瘦石诗钞》卷十四，第84—85页。
④《清代蜀人著述总目》谓大器"存诗八首，文一篇"，误。
⑤笔者另撰有《清代郫县诗人盛大器诗文辑佚及笺注》一文，待刊。

巴蜀原始交换的发生与早期商贸活动

四川省人民政府文史研究馆 张学君

由于缺乏直接的文献资料证明，有关古代巴蜀地区的早期商业贸易问题，研究成果一向比较稀少。虽然巴蜀地区环境闭塞、与外界交通极为困难，但是自然资源丰富且极具特色，可资交换的物产、手工业产品相当丰富。文献记载的古蜀市集、巫载行盐，近年来对西南丝绸之路的研究，三星堆石璧、海贝、铜贝等疑似交换媒介的大量出土，无不显示古代巴蜀地区存在早期商业贸易活动。特别是三星堆、金沙、十二桥古蜀遗址重见天日，发掘出震惊世界的黄金饰品、大量青铜器、玉石器以后，古蜀发达手工业与商业贸易相互促进的关系更是不容置疑的①。

一、古蜀的市集与商贸活动

常璩《华阳国志》卷三《蜀志》记载：蜀地物产，"则有璧玉、金、银、珠、碧、铜、铁、铅、锡、赭、垩、锦、绣、罽（毛织品）、牦、犀、象、毡、氀（毛织品）、丹（朱砂）、黄（石黄）、空青（铜矿石之结核者，研细则为石绿，皆染料，空青还可入药）、桑、漆、麻、纻之饶"。蜀地先民为迫于生存需求，很早就开始开发利用本地的矿产品、蚕茧、家畜皮毛等生产出石器、陶器、蚕丝、皮毛织品等基本生活用品；也制造出蜀王、贵族等需要的玉石器、黄金制品、青铜器、漆器等奢侈品。社会分工和专业性生产的出现，必然导致商业交换的产生②。

由于环境闭塞，巴蜀经济受到生产与需求的限制，蜀人生产的手工业品，大部分用于自给，剩余的部分才用来交换自己缺乏的生活必需品③。例如，臣服于蜀国的"汁方"是专门生产生漆的部族，所产生漆当首先供给古蜀国发达的手工业之需；然后剩余产品才有可能或才会被允许同蜀之蚕丝一道，东北上中原，与殷商进行交换。与此同时，"汁方"部落的大批髹漆好手亦会随着"汁方"之漆一道，进入三星堆手工作坊，参与手工艺品的制作，承担

---

① 徐中舒：《论巴蜀文化》，成都：四川人民出版社，1981年，第1—6页。
② 任乃强：《四川上古史新探》，成都：四川人民出版社，1986年版，第173—174页。
③ 郑德坤：《四川古代文化史》，成都：巴蜀书社，2004年，第45—62页。

髹漆关键工序并培训蜀族漆工。殷商时期的三星堆髹漆技术无疑成为以后数千年名噪天下的蜀中漆工艺的先导。商末周初,随着古蜀国政治经济文化中心的西南移向郫县、成都,遂使这两处的髹漆业也接踵发生、兴隆起来,以致进入战国以后,形成成都—郫县—雒县(广汉)鼎足而立的四川髹漆业中心和与三大中心为支撑点的中国漆文化区。生漆与漆器成为蜀与邻国贸易的重要商品①。

古蜀时代蜀地已有原始商业,互通有无。文献记载:"耆旧相传:古蚕丛氏为蜀主,民无定居,随蚕丛所在致市居,此其遗风。蜀有蚕市,每年正月至三月,州城及属县循环一十五处。"② 古蜀族最初在成都平原随畜群迁徙,每一临时聚处即为集市,进行以物易物的原始交易活动。这种集市,成为后来蚕市循环举行的最早习俗。蜀地城市兴起后,人口增加,除蜀王、贵族、富人等外,城市有大量手工业者、商人、商贩从事商品生产与交换,城市生活必需品的需求大幅度上升。据学者推算,商代三星堆古蜀都城市面积约为 2.6 平方公里,大约有人口 16383 户,户以 5 口计,应有 81915 人。东周时期成都人口大大超过此数。据考古发掘推测,成都东西长约 5 公里,南北宽约 3 公里,共约 15 平方公里,应有 94517 户、472585 人。似乎过多,如以战国临淄故城面积与人口比例计算,每户占地约 268 平方米,成都约有 55970 户、279850 人③。如此众多的城市人口,需要消费大量的农副产品和生活日用品。据学者分析,东周时期,成都城市范围只圈养家禽、家畜,不再是野羊出没之所,但在成都各个遗址中,均发现不少羊骨,指挥街遗址还出土一件白唇鹿犄角,这些羊骨遗骸很明显是与川西高原游牧部族交换而来。成都城市商品丰富,蜀地生产的生丝、麻布、毛织品、漆器、玉石器、金银制品、家禽、家畜等均有出售。外地的食盐、野生动物、皮毛也在商品市场销售。《蜀王本纪》记载,春秋时老子为关令尹喜著《道德经》,临别言:"子行道千日后,于成都青羊肆寻吾。"肆为货栈,崔豹《古今注》载,"肆所以陈货鬻之物也"。市肆是商业贸易兴盛的产物,"青羊肆"一说表明,成都已有各种商品专门市场,"青羊肆"④,可能为专门销售川西北高原的野生动物岩羊或黄羊的市场。从考古发现的各类建筑遗址、繁多的器物说明,经济领域的专业分工业已形成,足以证实商品种类、数量增加,交易规模扩大。由此可以断定,从事各种商贸交易的商人群体业已出现,蜀商的源头应在这一阶段⑤。

二、巴人的食盐贸易

长江上游的巫溪河流域,是与湖北神农架极其相似的一个山险水恶的不毛之地。只因先民发现了大宁宝源山的两处自然盐泉,开始煮盐销售,逐步发展成长江上游的文化中心(巴楚文化中心),即《山海经》所云"载民之国",又称"巫载",或叫"巫山"。任乃强先生认为,今人所谓"巫山十二峰",以北岸神女峰为主峰,乃是唐宋人因宋玉《高唐》《神女》两

---

① 任乃强:《四川上古史新探》,成都:四川人民出版社,1986 年,第 173 页。
② (宋)黄修复:《茅亭客话·鸑龙骨》。
③ 段渝:《四川通史》卷一,成都:四川人民出版社,2010 年,第 260 页。
④ 在今城西青羊宫,其地正是先秦成都城市中心区域之一,汉代至今仍为繁华商业地段,可见《蜀王本纪》记载属实,言之有据。
⑤ 段渝:《四川通史》卷一,成都:四川人民出版社,2010 年,第 259—261 页。

赋附会而成的。其实宋玉所赋"神女"实指巫盐,巫溪沿岸诸山才是巫山。《山海经·大荒南经》说:

> 有载民之国,为人黄色。帝舜生无淫,降载处,是谓巫载。巫载民盼姓,食谷。不绩不经,服也。不稼不穑,食也。(郭璞注:"谓自然有布帛、谷物。")爰有歌舞之鸟。鸾鸟自歌,凤鸟自舞。爰有百兽,相群爰处。百谷所聚。

这段记载说,载民来自中原,是帝舜之后。他们在巫溪大宁找到了乐土,不用耕织,丰衣足食,歌舞升平。载民不稼不穑而能过上好日子,自然因为他们发现了自然盐泉,利用食盐产品与周遭农牧民交换生活必需品,成为"百谷所聚"、贸易兴盛的富庶之国。其后,又不断有部族投靠巫载或循着载民之路寻找到更多的自然盐泉。《大荒经》还记载说:

> 大荒之中,有山名曰丰沮玉门。日月所入。有灵山,巫咸、巫即、巫盼、巫彭、巫姑、巫真、巫礼、巫抵、巫谢、巫罗,十巫从此升降。百药爰在。

丰沮,显然指的是盐泉。玉、巫两字,篆书常易混淆。玉门可能指巫峡。灵山,也可能是巫山的别写。由于盐泉利厚,聚人愈多,百业兴盛,山区禽兽、药材也成奇货,所以打猎、采药者很多。巫咸之名见于《尚书》,为殷商宰相;巫彭即世传为殷太史的彭祖;"咸彭"联称,又屡见于《楚辞》,都可证实有其人。这就说明,殷商时代,三峡地区存在着一个独立的、文化发展达到较高水平的小国。巫盼的"盼",发音与巴相近,可能就是巴人的祖先之一。

巴人原本定居于洞庭彭蠡间巴丘、巴水附近的渔民,称为"巴诞"①,大概为有穷后羿氏所灭,一部分西上,进入三峡地区,被称为巫诞。大约在夏代,善于水上交流的巴人与巫载联合,为之载盐远销,深入长江上游水系。其间又发现多处盐泉,先后拥有羊渠、朐忍、监溪、涂溪盐泉。开煮之后,食盐增产。巫载因之强盛,巴人也由此强大,臣服了农牧部族,建成了巴国,初都故陵。考古发现的重庆市忠县中坝、巫山大溪文化遗址是盆周东缘新石器时代文化,距今约 7000—5300 年,彩陶是其文化特征。

上古四川盆地、荆楚地区都是缺盐区,需要仰给于外来食盐。巴人擅长驾驭独木舟,溯水西上,蜀人聚居区都有他们运销食盐的踪迹,对蜀文化产生很大影响;顺流而下,行盐荆楚,又促进了楚文化的发展。三峡考古发掘材料证明,巴楚两国文化有其共同点,先有巫载文化,后才衍生为巴、楚文化②。

常璩《华阳国志》列举巴地贡物有:"厥贡璆(一种美玉)、铁、银、镂(钢)、砮(可作箭镞的石)、磬、熊、狐、织皮"③,与《尚书·禹贡》所载"厥贡璆、铁、银、镂(钢)、砮、磬"相同。但是先秦时代巴蜀地区并不生产钢铁,这个记载可靠吗?任乃强先生认为,

---

① 范晔:《后汉书》卷一百一十六《南蛮、西南夷列传》注。
② 任乃强:《说盐》,见《华阳国志校补图注》,上海:上海古籍出版社,1978年,第53页。
③ 常璩:《华阳国志》卷一《巴志》。

这些矿产,实际上是周代蜀、巴地区营销中原的商品①。那么,远在殷周时代,巴蜀地区与中原地区应当也有了频繁的商贸交流关系。保持如此高质量商品的贸易,巴人凭借的商品主要是食盐,峡江地区所出食盐让他们与相对缺盐的荆楚地区进行着长时间的换货贸易,从而获得上述珍贵商品。这是巴国维持强大国力的基本原因,一旦失去峡江食盐资源,巴国就走向衰亡。楚国与巴国对峡江地区食盐资源的争夺,逐渐演化为关系巴国存亡的生死之战。战国初,楚国夺取巴人汉水中游和峡江地区分置汉中郡、巫郡以后,巴人只能以江关(在今奉节县)、阳关(在今长寿县)为界,最终失去赖以生存的盐泉命脉,变得衰疲不堪②。

三、巴蜀与周边地区的贸易

徐中舒先生说:"四川是古代中国的一个经济文化区,但是它并不是孤立的;也不是与其他地区,尤其是中原地区没有联系的。四川的地形,山高水急,唐代诗人李白形容它说:'蜀道之难,难于上青天',这样过分的夸张,既不是事实,实际上这样艰险的环境,也不能限制勇敢勤劳的祖先的足迹。"③ 徐先生列举了索桥、栈道、盐井、蜀锦等辉煌业绩,无不证实巴蜀先民的非凡创造力。他们在开拓周边交通路线和对外商贸交易上,同样充满勇于进取的精神。

(一)陇蜀贸易

最早的蜀道,可能追溯到古蜀先民在岷江上游活动的夏商时期。据历史文献记载,蚕丛到柏灌氏都生活在今茂汶一带,《蜀王本纪》记载:"蚕丛始居岷山石室。"《竹书纪年》记载:"桀伐岷山,得其女二人,曰琬、曰琰,斲其名于苕华之上,苕是琬,华是琰也。"殷墟甲骨卜辞记载,殷武丁时伐"羌蜀"(铁1053),挞"缶于蜀"(后上·9·7)。学者认为,羌为羌方,在殷之西,蜀在羌之南,缶应为褒(属汉中),褒之南为蜀国。殷商出征,先羌而后蜀,先褒而后及于蜀,应无疑义④。此说肯定了夏商时期秦蜀通道已经开通,但夏商时代蜀道处于探索期,先民最早是从岷江河谷、嘉陵江河谷,还是褒斜水河谷开辟出通道,已不得而知。但是,我们从古文献中,还是可以发现一些蛛丝马迹。

秦、蜀间的主要通道——金牛道不始于传说的周显王时(战国时期),应始于卢帝(开明二世)攻秦至雍(今陕西凤翔)。《竹书纪年》说:梁惠王十年(前361),"瑕阳人自秦道岷山青衣水来归"。瑕,晋地,战国时属魏,道应如《禹贡》导山导水之导。此瑕阳人为蜀人导岷山青衣水,至此自秦来归,这说明蜀在当时已具备国家机构,所以能从楚、魏引进交通、水利建设人才。

因此,我们可以推测,秦蜀之间虽有崇山峻岭阻隔,但至少在春秋时期,蜀人已开凿了川陕间穿越秦岭的栈道,即褒斜道,即《货殖列传》所称"褒斜绾毂其口"是也。其路线是从眉县入斜谷,翻越分水岭,沿褒谷至褒城。然后进入石牛道(或称金牛道),从陕西沔县

---

① 任乃强:《华阳国志校补图注》,1994年版,第2-3页。
② 任乃强:《四川上古史新探》,成都:四川人民出版社,1986年,第219-232页。
③ 徐中舒:《论巴蜀文化》,成都:四川人民出版社,1981年,《巴蜀文化初论》第1-6页。
④ 邓少琴:《巴蜀史迹探索》,成都:四川人民出版社,1983年,第155-156页。

西南行，越七盘岭进入四川，经广元朝天驿进入嘉陵江河谷。栈道于悬崖绝壁凿孔，嵌入木梁，辅以木板，故又称"阁道"，李白《蜀道难》有"地崩山摧壮士死，然后天梯石栈相钩连"。李白的诗，反映了蜀人开凿栈道交通的壮烈和艰险。川陕交通改善后，蜀人与秦国贸易也密切起来。有关史实，史籍有翔实记载：

> 及秦文、孝、缪居雍，隙陇蜀之货物而多贾……南则巴蜀。巴蜀亦沃野，地饶卮、姜、丹砂、石、铜、铁、竹、木之器。南御滇僰，僰僮。西近邛笮，笮马、牦牛。然四塞，栈道千里，无所不通，唯褒斜绾毂其口，以所多易所鲜。①

秦文、德、缪居雍（岐州雍县）时间，大约在公元前764—前659年间。当时陇蜀之间通道已有货物流通，商人来往不断。巴蜀地区物产丰富，农副产品、手工业品、矿产品成为区域贸易的主要商品，甚至南部的僰僮、西部的笮马、牦牛也作为交易商品。虽然巴蜀环境闭塞，与外界交通不易，但秦蜀之间，栈道千里，没有什么商品不能交流，唯有褒斜道可以沟通秦蜀两地，互通有无。《战国策·秦策》说"栈道千里，通于蜀汉"，足证秦蜀之间的交流已成常态。蜀地缺乏的食盐，除与巴人巫载交易外，也当通过褒斜道交换来自秦国的安邑池盐。

为穿越绝壁深渊、悬崖激流，蜀地先民发明了"索桥"，亦称"笮桥"。这种桥以竹或茅类纤维搓索，作两河谷间牵引联系。渡河方法，一种用"溜筒"滑行，桥有两索并行，"往南者北绳稍高，往北者南绳稍高"，渡者"手足循索处皆有木箐，缘之护手易达，不但渡空人，且有缚行李于背而过者"②。由此看来，先民的智慧可以战胜任何阻碍相互交流的艰难险阻。

（二）蜀与巴、楚的贸易

蜀与巴、楚的贸易开发很早，主要受益于长江上游的水路交通优势。上文谈到巴人巫载营销食盐，其中就包括对长江上游蜀人的食盐贸易。多年来，巴蜀地区考古发现的大量独木舟、船棺葬，充分证明了上古先民在水上交通方面的优势。在蜀地水路交通方面，自蜀族曾经整治了成都平原的河道，使岷江、沱江均能行舟。战国时，蜀人死后多用船棺，反映了他们习惯水上生活。蜀国造船技术精良，"蜀艇"与"越舲"齐名。蜀地有"舫船"，将两船相并，使其增加平衡和载重力。前377年，"秦伐楚，取兹方，于是楚为捍关以距之。"秦武王三年（前308），司马错伐蜀，曾在蜀造"大舶船万艘"，由此可见蜀族水上运输之发达。

蜀与巴、楚的贸易，以漆器、纺织品为大宗，回购食盐、金属制品等。在三星堆遗址曾发现有雕花漆木器，以木为胎，外施土漆，木胎上镂孔，器表雕有花纹，"表明当时已熟练地掌握了割漆、生漆加工、制胎、上漆工艺技术"。位于今什邡县的古汁方部族，在整个商周时期，"汁方"部落都是以割漆与髹漆作为主要文化特征的，任乃强先生认为，"汁方""发明了割漆、即以漆业行商华夏，彼称为'汁方'，与蜀族之以蚕丝行商而被称为'蜀方'

---

① 司马迁：《史记》卷一百二十九《货殖列传》。
② 姚莹：《康輶纪行》卷七十五《笮桥》。

是一样的"①。童恩正先生也认为,公元前4世纪末,在巴蜀地域就形成了一个以成都为中心的商业、手工业区,其中漆器产地主要为成都、郫县及雒县(故城在今广汉县城北)②。

(三)"西南丝绸之路"

20世纪90年代前后,在广汉三星堆遗址中发现了大量环纹海贝,引起了有关西南丝绸之路的研究热潮。这种环纹贝产于印缅海岸,在同时期中原考古发掘中很少发现,因此,有学者认为,"这无疑证明早在商周时期南方丝绸之路就至少可通向缅甸了"③。还有学者依据广汉三星堆出土的青铜群像、神树、黄金面罩、金杖、金箔等不见于国内考古发掘的实物,与同期西亚艺术品进行比较后认为,"广汉三星堆青铜文化与西亚青铜艺术存在着某些类似的因素。透过这些文化现象,不能不提出这样一个问题,古代巴蜀文明与西亚文明有无可能存在着某种联系或影响呢?"④

以考古出土器物证实西南丝绸之路的开通时间与走向,是一个大胆的设想,但应进一步研究这些器物与印度、西亚诸国器物的实际关系。根据目前学者们的研究与考古资料的推断,古代南方丝绸之路可能开通于公元前4世纪,到两汉时期达到兴盛。其商道可能有两条主要商道:一是从蜀(成都)出发,经南安(乐山)、僰道(宜宾)、南广(川南高县、珙县、滇北威信、镇雄)、味县(云南沾益、曲靖)、滇池(昆明)、到达楚雄,称为"南夷道"或"五尺道"。一是从蜀出发,经双流、新津、临邛(邛崃)、雅安、汉源、越嶲(西昌)、会无(会理)、三绛(会理、黎溪)、青蛉县(永仁、大姚)、弄栋(姚安)、至楚雄与南夷道汇合,称为"西夷道"或"灵关道"。汇合之后,再从楚雄出发,经叶榆(大理)、博南(永平)、永昌(保山)、滇越(腾冲)出境,前往中南半岛或南亚印度等国⑤。

四、古蜀的货币与衡器

上文谈到古代巴蜀地区已有相当发达的手工业和商业,特别是峡江食盐生产和流通的出现,区域间的商品流通已经存在。顺理成章的是,作为充当一切商品的一般等价物的特殊商品——货币应当存在,同时,与商品交换有直接关系的度、量、衡器也应当存在。下面仅就巴蜀地区出土器物做一些归纳和分析。

(一)古蜀的货币——海贝、铜贝、金块

货币是实现不同商品相互交换的一般等价物。古代巴蜀地区用于商业流通和商品交换的货币是什么?它们在先民的经济生活中起着多大作用?

1. 海贝

广汉三星堆殷商遗址出土大量环纹海贝(Monetariaamnulus),一号祭祀坑出土124余

---

① 任乃强:《四川上古史》,成都:四川人民出版社,1986年,第173页。
② 童恩正:《略谈秦汉时代成都地区的对外贸易》,《巴蜀考古论文集》,北京:文物出版社,1987年,第154页。
③ 蓝勇:《南方丝绸之路》,重庆:重庆出版社,1992年,第44页。
④ 霍巍:《广汉三星堆青铜文化与古代西亚文明》,《四川文物》(广汉三星堆遗址研究专辑),1989年。
⑤ 参见蓝勇:《南方丝绸之路》,重庆:重庆出版社,1992年,第12—25页。

枚：其中 62 枚出自龙虎尊内，被火烧后几乎全部成为碳化物，仅少量完好；62 枚出自两具铜像内，鉴定为海贝，属于环纹贝和虎斑纹贝。二号祭祀坑出土 4600 余枚，其中 3300 枚较为完整，残破者约 1300 枚。贝分黑、白两色，主要出自尊、罍内①。

从三星堆器物的投放堆积看，是具有先后顺序的，首先投放海贝、玉石礼器等，然后投放大型青铜器件及立人像，最后投放象牙，而遍布坑内的尊、罍、彝等青铜容器，外涂朱色、内装海贝。这充分显示出先民对海贝的珍视程度，数量庞大而又特别加以珍藏的海贝，不应只是作为装饰品或者珍宝收藏，而应当具有货币功能。从古蜀经济的发展程度，特别是前述手工业的高度发展看，海贝显然已经是流通货币。以贝作商品交换媒介，并非古蜀独有的现象，当时的中原大多数地区已用自然贝作为货币使用，《尚书·盘庚篇》记载人们贪求贝玉，将贝壳视为"货宝"。贝的使用单位为"朋"，甲骨文中"朋"的写法是一根绳索将贝贯穿的形象。

卜辞中多有以数量不等的贝朋赏赐臣下或馈赠亲友的记载②。每朋有多少贝？其说不一，郭沫若多次引用周初钟鼎铭文中记载的"姜赏令贝十朋、臣十家、鬲百人"，并解释说："贝十朋"占第一位，价值最高；人鬲数量虽多，最贱③。可见，贝以十为计数单位。从古蜀经济发展程度看，从三星堆遗址发现的大量海贝的确是当时流通的货币。其中数量较多的环纹贝，大部分被磨出大孔，或呈扁平状，这是为着以绳贯穿，携带方便，便于使用，说明它们与殷商市场流通的贝币具有相同的功能和作用。

2. 铜贝

作为货币而言，古蜀铜贝产生在海贝之后。首先是因为，铜贝的出现需要冶铸业的兴起，而海贝是现成的自然物。再者，随着商品经济的发展、交换的扩大，原有的海贝已不能满足市场交换的需要，必须有更多的货币投入使用。当古蜀冶铜业得到更大发展的时候，顺理成章地开始制造类似海贝的货币——铜贝。过去认为，铜贝产生于战国时期的楚国，俗称"鬼脸钱""蚁鼻钱"④。但是，进一步的研究纠正了上述成说。在殷墟卜辞中，已有铜贝的记载⑤。

更有说服力的是，1953 年，在河南安阳大司空村商墓出土了三枚铜贝，"系仿海贝铸造"⑥。以后陆续在殷墟西区商墓发现两枚铜贝，在山西保德林遮峪村晚期商墓发现 109 枚铜贝，后者还与 112 枚海贝收藏在一起⑦。据考古研究报告披露，相当于商代中期到晚期的三星堆一、二号坑，均出土了仿海洋生物的青铜铸件，其中已经鉴定出二号坑出铜扇贝形挂

---

① 四川文物考古研究所编：《三星堆祭祀坑》，北京：文物出版社，1999 年，第 150、158 页。
② 周谷城：《中国通史》上册，上海：上海人民出版社，1981 年，第 47 页。
③ 郭沫若：《奴隶制时代》，北京：科学出版社，1961 年，第 76 页。
④ 《中国大百科全书·考古学》，北京：中国大百科全书出版社，1986 年，第 102 页；马承源主编：《中国青铜器》，上海：上海古籍出版社，1988 年，第 315 页。
⑤ 朱活：《商币篇——兼谈建国以来出土的商代货币》，《四川文物》1985 年第 1 期。
⑥ 马德志等：《1953 年安阳大司空村发掘报告》，《考古学报》第 9 册，1955 年。
⑦ 屈小强、李殿元、段渝：《三星堆文化》，成都：四川人民出版社，1993 年，第 163 页。

件48枚①。这说明，当时古蜀王国已经拥有了自己的金属货币——铜贝。同时也进一步否定了"中国的金属铸币出现于春秋末期"的成说②。由此可以肯定，至迟在公元前11世纪，古蜀王国与中原殷商王国成为殊途同归的两个独立演进的区域经济典范，在高度发达的青铜文化和商业贸易的基础上，都铸造出了可以作为货币使用的铜贝。到战国时期，蜀国还流通形制如璜的铜币，学者称之为"桥形币"③。这种铜币在成都平原及附近地区多有出土，说明它具备一定的流通范围。此外，黄金在早期蜀国就已作为贵重装饰品。而在战国时代蜀人墓葬中，常有金块出土，这应是具有储藏手段的货币，与中原储藏黄金的手段一样④。

（二）古蜀的衡器——石璧

商业贸易出现后，即需"均物平轻重"的衡器⑤。在古蜀出土器物中，用于商品流通的衡器已大量使用。在广汉出土的玉石器中，有数十件过去称之为"石璧"的器物，加工粗糙，大小轻重不一。其最大者外径70.5厘米，孔径19厘米，厚6.8厘米，重达百斤以上；其小者外径11厘米，孔径4厘米，厚1厘米⑥。后来在成都羊子山等地也发现大量石璧，其大小、厚薄、轻重有序，大者重达百斤以上。有学者断定，这些石璧是古蜀用以"均物平轻重"的权衡（砝码）⑦。

这类器物与古代文献记载的衡权（砝码）形状完全一致。《尔雅·释器》："肉倍好谓之璧"，《汉书·律历志》释权说："圜而环之，令之肉倍好者，周旋无端，终而复始，无穷已也。"从衡器通常重量看，《汉书·律历志》所载种类有铢、两、斤、均、石，一石的重量已达120斤，与广汉大石璧差不多。衡器的质料，春秋战国时有铜制，也有石制，称为"衡石"⑧，《礼记·月令》："同度量，均衡石。"衡器的问世，应当是社会分工和商业贸易出现的重要标志。谷物、肉食品和日用品在市场上进行交易时，一种实物与另一种实物按交换比例和价格交易，都需要有衡器加以衡量，达到双方都能接受的公平程度，衡器则充当了交易平台。

作者简介：张学君，男，20世纪60年代就读于四川大学历史系，得母校教授特别是徐老教诲甚多，毕业后曾在自贡市盐业历史博物馆从事盐业史研究工作；80年代以后在四川省地方志编纂委员会工作，任编审、副总编；现任四川省人民政府文史研究馆馆员。著有《明清四川井盐史稿》《四川近代工业史》《成都城市史》《实业之梦——张謇传》《刘鸿生大传》等社会经济史论著和人物传记百余种。

---

① 四川文物考古研究所编：《三星堆祭祀坑》，北京：文物出版社。
② 《中国大百科全书·考古学》，北京：中国大百科全书出版社，1986年，第671页。
③ 李光廷：《吉金志存》卷一，清末刻本。
④ 段渝：《四川通史》第一册，成都：四川大学出版社，1993年，第149页。
⑤ 《汉书》卷二十一《律历志》。
⑥ 戴谦和：《四川古代数种石器》，《华西边疆研究杂志》第4期，第101页。
⑦ 张勋燎：《古璧和春秋战国以前的权衡（砝码）》，《四川大学学报》1979年，第1期。
⑧ 高至喜：《湖南楚墓中出土的天平与法马》，《考古》1972年第4期。

论先秦时期的蜀族及其四川得名"蜀"之由来

重庆工商大学马克思主义学院　钟周铭

摘　要：蜀地的得名与蜀族有关，是他称而非自称，这支族群本活动在中原地区，后由于种种原因辗转迁徙至今天的四川省境内。由于中原人对该地区的不熟悉，遂以自身熟悉的蜀族之名命名当地，称其为蜀地，意为蜀族所到之地，但对该地区的情况并无了解，"不得与春秋盟会，君长莫同书轨"。四川地区被纳入中原大一统的王朝之后，当地土著族群彻底丧失话语权，蜀之名称遂成为定制，一直流传至今。

关键词：蜀族　蜀地　四川地区　迁徙　他称

蜀地在何处？这似乎是一个不成问题的问题，因为据《华阳国志·蜀志》记载，蜀地"其地东接于巴，南接于越，北与秦分，西奄峨嶓。地称天府，原曰华阳"，蜀地的得名，应该同蜀人有关，这一般为学术界的共识。但问题也随之而来，蜀人是否为世居蜀地的族群？《蜀志》中明确提到的蜀地"地称天府，原曰华阳"似乎暗示此地原先并不称为蜀地，这又当如何理解？在传世文献、出土文献中，多次谈到蜀人同黄帝、颛顼、夏人、殷人、周人、秦人的广泛联系，又该作何解？由于对文献的理解不同，所持的解释系统、运用的研究方法各异，故此问题在学术界存在着不同的声音。余试谈谈个人粗陋的想法，以求正于方家。

一、先秦时期的蜀族

（1）传说时期

蜀族是一支古老的族群，早在龙山文化时期，便同黄帝、颛顼集团发生了联系。关于黄帝、颛顼集团同蜀族的关系，主要见于《世本》《大戴礼记·帝系》《史记·五帝本纪》《山海经·海内经》等传世文献以及《竹书纪年》《容成氏》等出土文献。如《世本·帝系》载曰："黄帝居轩辕之丘，娶于西陵氏之子，谓之嫘祖，产青阳及昌意。"又如《山海经·海内经》载曰："黄帝妻雷祖，生昌意。昌意降处若水，生韩流。韩流擢首、谨耳、人面、豕喙、麟身、渠股、豚止，取淖子曰阿女，生帝颛顼。"再如《史记·五帝本纪》载曰："黄帝居于轩辕之丘，而娶于西陵之女，是为嫘祖。嫘祖为黄帝正妃，生二子，其后皆有天下：其一曰玄嚣，是为青阳，青阳降居江水；其二曰昌意，降居若水。昌意娶蜀山氏女，曰昌仆，生高阳，高阳有圣德焉。黄帝崩，葬桥山。其孙昌意之子高阳立，是为帝颛顼也。"等等，不一而足。由此可以看出，蜀族是一支同黄帝、颛顼部落关系密切的族群，甚至还有过通婚的行为，实力之大可见一斑。

而黄帝、颛顼作为传说人物，原本可能就活动在中原地区一带。如黄帝，《集解》引皇甫谧曰："有熊，今河南新郑是也。"又如《庄子·逸篇》言"黄帝立巫咸"。《汉书·地理志》河东郡安邑条目下载："巫咸山在南。"《水经注·涑水》又云："涑水西南迳监盐县故城，城南有盐池，上承盐水。水出东南薄山，西北流迳巫咸山北。《地理志》曰：山在安邑县南。"《大清一统志》卷五十二曰："轩辕丘，在新郑县西北故城。"又如颛顼，《吕氏春秋·古乐》文曰"帝颛顼生自若水，实处空桑。"《殷本纪》索隐在"伊尹名阿衡"句下引皇甫谧曰："伊尹，力牧之后，生于空桑。"又引《吕氏春秋》曰："有侁氏女采桑，得婴儿于空桑，母居伊水，命曰伊尹。"《淮南子·本经训》亦云："舜之时，共工振滔洪水，以薄空桑。龙门未开，吕梁未发，江淮通流，四海溟涬，民皆上丘陵、赴树木。"高诱注曰："空桑，地名，在鲁北。"《山海经·东山经》亦云："东次二经之首，曰空桑之山。"郝懿行注曰："此兖地之空桑。"《左传·昭公二十九年》载："少昊氏有四叔……世不失职，遂济穷桑，此其三祀也。"《文选·思玄赋》旧注曰："少昊金天氏居穷桑，在鲁北。"种种文献的相关记载，都不约而同地指出了黄帝、颛顼集团的活动区域，同时也反映出在传说时期蜀族活动的大致区域。

蜀字，在《尔雅注疏》里又写作獨，蜀山亦可写为獨山或者独山。《山海经·东山经》有云："又南三百里，曰独山，其上多金玉，其下多美石。"杨名先生认为此山在今河南省南阳市①。据此蜀山氏应在南阳，似有误。《山海经·东山经》在独山后面接着又说："又南三百里，曰泰山，其上多玉，其下多金。"泰山，在今山东省泰安市，北三百里为独山，似独山又在今山东省北部，蜀山氏又当在山东。看似矛盾的地方，其实并不矛盾。颛顼虽本为华夏集团，但同东夷集团关系密切，所住的地方最东②。《山海经·大荒东经》云："东海之外大壑，少昊之国，少昊孺帝颛顼于此。"《左传·昭公十七年》云："卫，颛顼之虚也，故为帝丘。"《左传·僖公三十一年》亦云："冬，狄围卫，卫迁于帝丘。"杜预注曰："帝丘，今东郡濮阳县，故帝颛顼之墟，故曰帝丘。"《史记·五帝本纪》"帝颛顼高阳者"句下《集解》引皇甫谧注曰："都帝丘，今东郡濮阳是也。"《吕氏春秋·古乐》云："帝颛顼生自若水，实处空桑，乃登为帝。"前文已论述过空桑的大致地望，综合以上文献来看，颛顼属华夏集团，生于汝水流域，同东夷集团关系密切，后北上定都濮阳，应该离史实较为接近。古人聚族而生，迁徙时往往是集体之行为，蜀族为颛顼的母家，颛顼北上期间，蜀族随同迁徙必不为少，因而在今山东北部留下了独山（獨山）的名称并不足为奇，《左传》中亦有不少蜀地存有蜀名的记载。杨伯峻先生注曰："蜀，鲁地，或以为在今山东省泰安县西，或以为今汶上

---

① 杨名、桂珍明：《颛顼诞生地若水的历史地理考》，《重庆科技学院学报》（社会科学版）2014年第5期。
② 徐旭生：《中国古史的传说时代》，北京：文物出版社，1985年，第86页。

县西之蜀山湖当之。据成二年《传》，其地当与阳桥相近，则前说较确。"① 此外，《史记·魏世家》索隐引《纪年》曰："惠成王伐赵，围濁阳。"《水经注·滱水》引《纪年》曰"燕人伐赵，围濁鹿。赵武灵王及代人救濁鹿，败燕师于勺梁。"濁，即蜀，《史记·汉兴以来将相名臣年表》有"濁湔氏反"的记载，湔氏在蜀地无疑，则"濁湔氏反"其实就是"蜀湔氏反"，濁、蜀互通可见一斑。《后汉书·郡国志》在颍川郡下面还这样记载道："长社有长葛城。有向乡。有蜀城，有蜀津。"文后刘昭注曰"《史记》曰魏惠王元年韩、赵合军伐魏蜀泽。"《史记·魏世家》也记载道："惠王元年……乃与赵成侯合军并兵以伐魏，战于浊泽，魏氏大败。"《史记·韩世家》亦云："十六年，秦败我脩鱼，虏得韩将鲠、申差于濁泽。"《史记·田完世家》也说："(齐) 败魏于濁泽而围惠王。"杨宽先生指出，濁泽即为蜀族当时活动之地②。事实上，这些古地名可能都同蜀族长期生活在该地区而遗留下来有关。

由此可见，蜀族是中原地区之旧族，同华夏方面密切相关，在传说时期与黄帝、颛顼两大集团发生联系，同黄帝部落通婚，又为颛顼部落之母家。

(2) 历史时期

进入历史时期，蜀族似乎实力不再如前，但亦活动在中原地区一带。《太平御览》卷一三五引《竹书纪年》："桀伐岷山，得女二人，曰琬，曰琰。桀受二女，无子，刻其名于苕华之玉，苕是琬，华是琰。而弃其元妃于洛，曰末喜氏。末喜氏以与伊尹交，遂以间夏。"岷山，实为蒙山，岷、蒙古音都为明母，音近互通，《楚辞·天问》"桀伐蒙山，何所得焉"可证。《论语·季氏》曰："夫颛顼，昔者先王以为东蒙主。"刘宝楠《论语正义》对此解释曰："蒙山，即东蒙山，在鲁东，故云。"《后魏志》曰："新泰县有蒙山。"《徐州记》曰："蒙山高四十里，长六十九里，西北接新泰县界。"《元和郡县志》亦曰："蒙山在新泰县。"《汉书·地理志》泰山郡蒙阴条目下注曰："《禹贡》蒙山在西南，有祠。颛顼国在蒙山下。"由于蜀族是颛顼的母家，颛顼集团中蜀族的数量当占相当部分之比例，颛顼国可能就是蜀族位于蒙山区域的另一大分支所建立。这在文献上有一定程度的体现。《左传·宣公十八年》记载："楚庄王卒，楚师不出。既而用晋师，楚于是乎有蜀之役。"《左传·成公二年》记载："冬，楚师侵卫，遂侵我师于蜀。"《左传·昭公七年》记载："楚子成章华之台，愿与诸侯落之。大宰薳启彊曰：'臣能得鲁侯。'薳启彊来召公，辞曰：'昔先君成公命我先大夫婴齐曰：吾不忘先君之好，将使衡父照临楚国，镇抚其社稷，以辑宁尔民。'婴齐受命于蜀……"

蜀族随颛顼北上，活动于鲁西蒙山区域，春秋时人仍知道、使用蜀这一古地名，并载入史册。值得注意的，中原人还有以蜀命名自己称呼的情况存在，如《左传·文公十七年》提到的"周甘蜀败戎于垂"、《左传·文公十八年》提到的"齐懿公之为公子也，与邴蜀之父争田，弗胜。及即位，乃掘而刖之，而使蜀仆"，即是中原士人以蜀命名之例。又如《史记·仲尼弟子列传》有孔子学生"石作蜀字子明"的记载，表明蜀族在中原之根基颇深，虽历经时光的洗礼，仍然在当地保有一丝蜀族之讯息。假如上述文献中的所取名之蜀来源于四川盆地之蜀，而蜀字从虫又为中原人士视为蛮夷，孔子的学生、齐国的贵族邴蜀应该不至于选择

---

① 杨伯峻：《春秋左传注》，北京：中华书局，2009年，第778页。
② 杨宽：《西周史》，上海：上海人民出版社，1999年，第512页。

蛮夷之地名（国名、族名）作为自己的称呼，"吾闻用夏变夷者，未闻变于夷者也"①。实际上，该历史时期四川盆地同中原地区的交往尚不清晰，两地有无沟通还需进一步论证，以目前所见材料来看，两地为独自发展之文明、官方性的交往并未发生的可能性更大一些，清儒所言"其时（春秋时期）蜀道亦未通"② 可能并非无稽之谈。因而石作蜀取蜀字用在自己的称谓上（郲蜀取名亦如此），应该同迁徙之前活动在中原地区之蜀族遗留下来的"历史讯息（传说、地名等等）"的关系更为密切，也更为合理一点。

进入殷商王朝，蜀族同商人时常发生联系，可能是受殷王朝的统领。卜辞里面多有殷王至蜀、在蜀，殷王征蜀，蜀受年的记载。据陈梦家先生研究，见于卜辞"在某""于某""至某"之例者，对殷王朝有如下义务：卜其年则当有人贡其谷物的义务；参加殷王室征伐多方的战役；入龟于王室；来其牛马等；载王事③。这种义务，蜀多少是需履行的。此外卜辞还有"王敦缶于蜀"的记载，表明蜀此时已经是殷王伐缶的军事据点或者是军事同盟，符合"参加殷王室征伐多方的战役"的对殷义务。可见，此时蜀族依然活动于黄河流域，但实力已大不如前，已成为殷王朝的方国，《元和姓纂》卷二载："庸蜀，殷时侯国。"卜辞所见之蜀，虽所处地望需要仔细辨析，但族群所聚相对比较集中，组织模式也以方国的形式展现，所在地位于今河南省境内，并不见早先活动在鲁东的记载，这可能又同二里岗上层文化时期殷人的东进打破了东夷集团的分布格局、政治结构、经济文化面貌有关④。

殷王朝中期，中原的蜀族有部分西迁，来到汉水流域，帮助武王伐纣，部分留在原地，后为周所灭。《尚书·牧誓》记载："王曰：'嗟！我友邦冢君，御事：司徒、司马、司空、亚旅、师氏、千夫长、百夫长，及庸、蜀、羌、髳、微、卢、彭、濮人。称尔戈，比尔干，立尔矛，予其誓。'"《史记·周本纪》的记载大致相同。《华阳国志·巴志》亦记载："周武王伐纣，实得巴蜀之师，著乎《尚书》。"周原甲骨文有两条关于蜀的记载：（1）伐蜀兹（H11：68）；（2）克蜀（H11：97）⑤。此两条记载皆无年代，根据殷周之际形势，可以断在周文王之时。又据《逸周书·世俘》记载："二月既死魄。越五日甲子朝至，接于商，则咸刘商王纣，执矢恶臣百人。……庚子，陈本命伐䣈、百韦，命伐宣方，新荒命伐蜀。乙巳，陈本命新荒（自）蜀、䣈至，告禽霍侯、艾侯、俘佚侯、小臣四十有六。禽御八百有三百两，告以馘俘。"庚子伐蜀，乙巳自蜀至，前后仅6日，按《诗经·六月》毛传："师日行卅里"算，6日则为180里。又按《穀梁传·宣公十五年》云："古者三百步为里，名曰井田。井田者，九百亩，公田居一。"可见180里的距离并不远。这又从另一侧面证明了蜀就在殷的附近，为尚未迁入汉水流域而留居本土之蜀。

在周人伐蜀、灭蜀（见于卜辞之蜀）后，位于汉中一带的蜀族也相继南迁，进入四川盆地，同当地族群渐渐融合，中原地区文献基本不再见到有关于蜀族的记载，"不得与春秋盟

---

① 《孟子·滕文公上》。
② （清）梁玉绳：《史记志疑》，北京：中华书局，1981年，第1222页。
③ 陈梦家：《殷虚卜辞综述》，北京：中华书局，1988年，第316页。
④ 朱继平：《从商代东土的人文地理格局谈东夷族群的流动与分化》，《考古》2008年第3期。
⑤ 陈全方：《陕西岐山县凤雏村甲骨文概论》，《四川大学学报丛刊》第10辑。

会，君长莫同书轨"①。至此，蜀族完成了从中原地区到今四川地区的迁徙。

二、蜀地的得名

蜀地的得名应与蜀族有关，如卜辞所言："癸巳卜，我贞，至蜀亡祸"（《合集》21723），卜辞中的蜀即为地名，为蜀地无疑。这样的例子在卜辞中还有很多，如"口寅卜，殷贞，共人（征）蜀"（《合集》6858），等等，兹不赘述。有地有人，可能就有组织形式，或称之为蜀国。总之，蜀地也好、蜀国也罢，总是同蜀族息息相关。这便是《谷梁传·桓公二年》引孔子言语所说的"名从主人，物从中国"的体现。

今天的四川地区②，在古时候最早称为什么，由于文献的缺失并不知情，加之巴蜀文字尚未能识别，因而当地人对自己生活土地或者国家如何称呼，可能是今后研究的一个方向。但是我们知道，第一，蜀见于中原文献记载，是他称而非自称，且这种称呼最早出现在中原地区，此时中原人士对今天四川地区的情况尚无多少认知。第二，在古时候当地（今四川地区）人的历史记忆里，只有五个王，即蚕丛、柏灌、鱼凫、杜宇、开明，而他们既是酋邦首领、是共主③，同时又是王朝的代号，如开明王朝，"鳖灵即位，号曰开明帝"④，"开明氏十二世都称开明"⑤，同蜀关联不大。第三，称四川地区为蜀地，称当地这些王为蜀王，是后代学者的以今例古的笔法。据《华阳国志·蜀志》记载："地称天府，原曰华阳"，意为原本这里称之为华阳，华阳即华山之南，这种原始的命名方式较为符合先民最初的意识形态。《古本竹书纪年》载曰："夷王二年，蜀人、吕人来献琼玉。宾于河，用介珪。"吕地在今河南南阳西，《国语·郑语》："当成周者，南有申、吕。"清人顾祖禹《读史方舆纪要·河南六》："吕城，在府西三十里。虞夏时国，周亦为吕侯国。穆王以吕侯为司寇，作《吕刑》。《国语》史伯曰：当成周者，南有申、吕，是也。后亦并于楚。汉吕后封昆弟子吕恕为吕城侯，邑于此。今名董吕村。"蜀、吕并举，表明蜀有一支族人在当时仍活动在今河南省境内，为中原人士所知。反观蜀地最早定为今天四川地区，从现有的文献记录来看，应该在春秋末、战国初这一时期，《史记·六国年表》对此记载道："（前475）蜀人来赂"；又云："（前387）蜀取我南郑"。与此同时，中原地区再无蜀族的身影出现，至迟在这个时期，蜀已经成了今四川地区的专称。

按照人类学的相关理论，人类族群的迁徙有"名从主人"的命名规律。如今天美国的东北部地区，那里是欧洲移民者最早到达"新大陆"的据点之一，至今当地有新英格兰（New England）、纽约（New York）、普利茅斯（Plymouth）的称呼，而England、York、Ply-

---

①《华阳国志·蜀志》。

②从有关的记载来看，蜀地并非占据今整个四川地区，但考虑到上古时期并无今天定义的政治意义上的国界，而是以族群的分合为重要考虑因素，故本文不对蜀地的范围做具体的考证，而是通称为今四川地区。

③彭邦本：《古城、酋邦与古蜀共主政治的起源——以川西平原古城群为例》，《四川文物》2003年第2期。

④《蜀王本纪》。

⑤蒙文通：《巴蜀古史论述》，成都：四川人民出版社，1981年，第42页。

mouth 均是"旧大陆"的地名，均为欧洲移民者带往"新大陆"的"产品"。英国人第一个在美国建立的"新世界"即詹姆斯镇便是以当时的英国国王詹姆斯一世命名。但是需要指出的是，这些地名之所以可以在当地生根发芽，源于两个基本的前提：第一，这些称呼均是欧洲中心论的产物，都是欧洲移民者的产品，而非当地原住民的自称；第二，这种外来的名称的确立，是伴随着移民者统治地位的确立而被定格下来的，即由上而下的推动，无论原住民是否愿意接受，结果都是这些源自欧洲的名称的固化。从这一视域来看蜀的情况：第一，蜀是他称呼而非自称，是中原中心论的产物，是中原士人对这一族群的命名；第二，伴随着中原王朝统治范围的南下，四川这一区域被纳入进了统一管辖之中，无论当地的原住民接不接受蜀的命名，都不妨碍中原统治者对其的命名。自黄帝时期到西周初期，蜀同中原的关系都十分密切，因而伴随着蜀族的南下入川，中原人对于不了解的四川地区的命名取自熟悉的蜀族，并无不妥的地方，如同上文所谈到的今天美国的很多地名取名自欧洲一样，在人类学上是不足为奇的。徐中舒、蒙文通、冯汉骥等老前辈们运用文献资料谈及四川的历史之所以是从秦灭巴蜀开始，而非更早的历史时期，无疑是具有丰富之深意的。以秦灭巴蜀时四川地区为蜀地定之前时期四川地区就为蜀地，可能会掉进"以后推前""以今度古"的思考模式，容易应了"倒放电影"[①]"结果驱动的现象"[②]等线性历史观的说法。

总而言之，蜀地的得名与蜀族有关，是他称而非自称，这支先秦时期的族群本活动在中原地区，后由于种种原因辗转迁徙至今天的四川省境内。由于中原人对该地区的不熟悉，遂以自身熟悉的蜀族之名命名当地，称其为蜀地，意为蜀族所到之地，但对该地区的情况并无了解，"不得与春秋盟会，君长莫同书轨"[③]。四川地区被纳入中原大一统的王朝之后，当地土著族群彻底丧失话语权，蜀之名称遂成为定制，一直流传至今。

作者简介：钟周铭，男，博士，重庆工商大学马克思主义学院讲师。

[①] 罗志田：《民国史研究的"倒放电影"倾向》，《社会科学研究》1999年第4期。
[②] 李怀印：《重构近代中国——中国历史写作中的想象与真实》，北京：中华书局，2013年，第278页。
[③]《华阳国志·蜀志》。